맑스사전

엮은이 마토바 아키히로+우치다 히로시+이시즈카 마사히데+시바타 다카유키 옮긴이 오석철+이신철

도서출판 b

□ 엮은이 □
마토바 아키히로(的場昭弘)___ 1952년 생. 가나가와 대학 경제학부 교수 (경제사상사)
우치다 히로시(內田 弘)___ 1939년 생. 센슈 대학 경제학부 교수 (경제학)
이시즈카 마사히데(石塚正英)___ 1949년 생. 도쿄 전기 대학 이공학부 조교수 (사회사상사)
시바타 다카유키(柴田隆行)1___ 949년 생. 도요 대학 사회학부 교수 (철학사 · 사회사상사)

□ 옮긴이 □
오석철(吳錫哲): 일본 주오대 문학부 사회학과를 졸업하고, 도쿄대 대학원 인문사회계연구과 석사를 마쳤다. 전공은 미디어론과 문화 연구이다. 옮긴 책으로『삼취인경륜문답』(공역)『도쿄 스터디즈』『왜 다시 친미냐 반미냐』『기타 잇키』(공역) 등이 있다.
이신철(李信哲): 연세대학교 철학과를 졸업하고 건국대학교 대학원에서 철학박사 학위를 받았다. 지은 책으로는『진리를 찾아서』『주체사상과 인간중심철학』『한국철학의 탐구』, 옮긴 책으로는『순수이성비판의 기초개념』『우리는 어디로 가는가』『학문론 또는 이른바 철학의 개념에 관하여』『역사 속의 이성』『헤겔사전』『칸트사전』 등이 있다.

간행에 즈음하여

19세기에 태어난 맑스의 사상은 러시아 혁명 이후 맑스주의로서 일거에 세계를 석권한 사상이 됨으로써 20세기를 살아가는 사람들에게 커다란 영향을 주었습니다. 그 배경에는 소련을 비롯하여 그 밖의 맑스주의를 표방하는 국가들의 존재가 있었습니다. 그러나 1989년 베를린 장벽의 붕괴 및 1991년 소련의 붕괴 이래로 맑스주의에는 신랄한 비판이 가해지고, 또한 맑스의 사상 및 인물의 사회적 영향력에도 커다란 타격이 가해졌습니다.

지금 여기서 『신맑스학 사전』이라는 제목을 내걸고서 맑스 사전을 만드는 우리는 바로 그러한 사정을 인지하고 있는 까닭에 굳이 이 시점에서 본 기획을 입안했던 것입니다. 왜냐하면 맑스주의를 주의(主義)로 하고 있는 국가와 여러 세력들로부터 맑스의 사상을 결정적으로 분리하고, 또한 21세기를 맞이하는 현재에 있어 맑스 사상을 다시 생각해 보기 위해서는 오히려 지금이야말로 좋은 기회이기 때문입니다. 우리의 의도는 20세기의 '해석된 맑스'에서 다시 한 번 '19세기의 맑스'로 되돌아가는 데 있습니다. 그것은 그야말로 여러 번 덧칠을 해서 모양이 바뀐 그림을 다시 한 번 본래의 모습으로 되돌리는 작업과 같습니다. 20세기를 통해 맑스 사상이 걸어온 전개과정(실천적인 경험과 교훈, 이론적인 발전과 논쟁 등의 긍정적・부정적인 유산)과는 무관하게 19세기의 맑스를 복원하고자 하는 시도는 도리어 맑스의 사상이 갖는 현실성을 박탈하게 되는 것은 아닐까 하는 비판도 있을 것입니다. 그러나 현재와 같은 상황 속에서 진정으로 맑스 사상의 현실성을 말하기 위해서도 19세기의 맑스의 본래 모습으로 돌아갈 필요가 있습니다. 맑스의 담론을 '현실에 적용하는 것'이 사상의 '현실성'의 증거라고 한다면 분명 우리는 그러한 '현실성'과는 거리가 있습니다. 눈앞에서 일어나고 있는 사태나 발생하려고 하는 사건에 대해 맑스가 어떻게 대처했는지를 맑스의 '현실'에 입각해 다시 한 번 파악함으로써 비로소 우리는 교조나 프로파간다에 빠지는 일 없이 '사상의 현실성'의 진수를 끄집어낼 수 있을 것입니다.

19세기를 살고 있는 맑스의 사전을 만들자는 것이 21세기의 문을 여는 우리의 의도입니다. 과거의 역사를 복원한다는 것은 우리 자신이 그 시대로 퇴행하는 것을 의미하지 않습니다. 역사의 복원은 오히려 후세의 경험과 고도의 학문적 축적을 바탕으로 해서만 비로소 가능합니다. 본 기획이 시대착오적인 것이 아니라 오히려 시대를 선취하는 것임을 자부하는 까닭입니다. 그것은 그동안의 모든 지식을 동원해야만 비로소 가능합니다. 이러한 의미에서 기존에 출판된 수많은 맑스 관련 사전들은 결코 우리를 만족시킬 수 없었습니다. 1989년 이후의 역사적인 대변화를 예상하지 못한 시대에 간행된 종래의 사전들은 맑스의 현대성을 강조하려고 하면 할수록, 충실하든 비판적이든 간에 '20세기적 전통'에 사로잡혀 있을 수밖에 없었습니다. 본 사전이 19세기라는 역사적 공간에서의 맑스를 정확하게 복원하는 데 주안점을 두고 20세기의 맑스주의에 관한 항목을 두지 않은 이유는 바로 여기에 있습니다.

『신맑스학 사전』이라는 제목을 붙이면서 우리는 그것에 '20세기적 전통에 입각한 맑스주의' 사전이 아니라

'19세기의 맑스' 사전이라는 점을 명확히 한다는 의도를 담았습니다. '맑스학(Marxology)'이라는 표현은 일본어로서는 아직 완전하게 정착한 술어가 아니지만, 서구에서는 말할 것도 없이 일본에서도 실질적으로는 그 축적을 자랑할 만한 수준에 도달했습니다. 맑스와 그의 사상・이론을 그것이 탄생한 19세기의 시대 상황에 비추어 학문적인 방법에 입각해 연구하는 것, 바로 그것이 맑스학입니다.

본 사전의 특색은 19세기의 정치・사회・사조・문화뿐만 아니라 이론・사상・개념 등도 동시대 상황 속에서 살펴본다는 점에 있습니다. 따라서 기존의 사전에는 없었던, 언뜻 보아 맑스와는 직접 관련이 없는 것처럼 보이는 항목도 포함되어 있습니다. 맑스의 사상・이론 내용을 알기 위해서는 그가 관여한 시대를 폭넓고 보다 정확하게 파악할 필요가 있기 때문입니다. 본 사전의 이용자들은 맑스의 저작을 독해하기 위해 시간을 거슬러 올라가게 될 것입니다. 본 사전은 맑스에 관한 사전의 지금까지의 개념을 바꾸게 될 것입니다. 21세기를 맞이하는 현재, 다음 세기를 향한 가교로서 본 사전이 의미 있는 공헌을 할 수 있기를 바랍니다.

그리고 간행에 이르기까지 수년간 편집위원들과 고락을 함께 한 고분도 편집부의 우라쓰지 유지로(浦辻雄次郎) 씨에게 감사의 말을 전합니다.

2000년 4월

편집위원 마토바 아키히로(的場昭弘)
우치다 히로시(内田 弘)
이시즈카 마사히데(石塚正英)
시바타 다카유키(柴田隆行)

옮긴이 서문

이미 출간된 『칸트사전』, 『헤겔사전』과 곧이어 출간될 『니체사전』, 『현상학사전』과 더불어 도서출판 b의 현대철학사전 시리즈를 구성하는 이 『맑스사전』은 일본의 고분도弘文堂 출판사에서 2000년에 출간한 『新マルクス學事典』(Neo Maxology)을 옮긴 것이다. 물론 표제 항목들은 우리말 순서에 따라 다시 편집했다. 맑스 철학을 비롯한 다양한 관련 분야에 대한 전문적인 연구 성과를 내놓은 일본의 120여 명의 학자들이 집필자로 참여한 이 『맑스사전』은 맑스 사상의 기본 개념들 및 맑스 연구와 관련된 기본적인 사항들을 망라하여 설명하고 있다. 철학적·경제학적으로 중요한 개념들과 연구사의 중요 쟁점들의 경우에는 거의 하나의 논문 분량으로 해설하고 있기도 하다. 나아가 이 『맑스사전』에는 맑스의 생애에 관한 간략한 연표, 전집과 유고집들의 편집 역사, 맑스·엥겔스 전집(신MEGA)의 간행 상황, 맑스와 관련된 자료를 보존하고 있는 기관들, 맑스의 체류지 그리고 맑스 가의 가계도와 베스트팔렌 가의 가계도 등 맑스 연구에 있어 필수적이고 기본적인 내용들도 덧붙여져 있다. 상세하고 치밀하게 마무리된 사항 색인과 인명 색인 및 저작명 색인도 포함되어 있어 독자들의 사전 이용에 도움을 주고 있음은 물론인데, 한국어판 『맑스사전』은 이 색인들도 충실히 반영하여 빠짐없이 정리했다. 한편 옮긴이들은 거기에 새롭게 '한국어판 맑스·엥겔스 저작 및 연구문헌 일람'을 덧붙였다.

19세기 후반부터 20세기의 세계에 가장 큰 사회적·정치적 영향을 미친 사상가는 누가 무어라 해도 칼 맑스일 것이다. 하지만 그의 사상적 영향 하에서 실행된 세계적 규모의 장대한 사회적 실험은 20세기의 후반을 거치면서 결정적으로 좌절한 것처럼 보인다. 그 이유는 무엇일까? 현실 사회주의의 붕괴 이후 이미 20여 년이고 21세기도 벌써 10여 년이 지나고 있지만, 그 좌절의 원인에 대한 해명, 총괄, 평가가 중요한 과제가 되고 있는 듯하다. 왜냐하면 우리 사회에서뿐 아니라 세계 도처에서 발견되는 사회적·정치적 삶의 혼돈 속에서 그 과제에 대한 해명은 앞으로 우리가 어디로 나아가고 무엇을 어떻게 해야 할지를 모색하는 데서 필수적인 작업일 것이기 때문이다. 그러나 이를 위해서는 무엇보다도 먼저 맑스라는 인간과 그의 사상의 본래적인 모습이 어떠했는지가 명확히 확인되지 않으면 안 된다. 왜냐하면 20세기의 맑스 수용사와 영향사는 달리 말해 맑스에 대한 오해나 왜곡과 착잡하게 뒤얽혀 있는 역사이기도 한데, 이 점은 앞의 해명 과제와 긴밀히 연결되어 있기 때문이다. 따라서 맑스 본래의 인간과 사상에 대한 확인이야말로 긴급한 과제일 것이다.

이 과제와 관련하여 이 『맑스사전』이 지니는 의의를 일본판의 '간행에 즈음하여'가 잘 보여주고 있다. 이 사전의 편집자들은 현실 사회주의의 붕괴 이후 괴멸적인 타격을 받게 된 맑스 연구 상황을 고려하여 맑스주의를 표방하는 국가나 여러 세력들로부터 맑스의 사상을 결정적으로 분리함으로써 20세기의 '해석된 맑스'에서 다시 한 번 본래적인 '19세기의 맑스'로 되돌아갈 것을 목표로 하고 있다. 그리하여 본 사전은 맑스의 개념들과 이론들을 그가 관여한 19세기의 상황 속에서 살펴보기 위해 동시대의 사상과 사조뿐만 아니라 당대의 정치, 사회, 문화 등 언뜻 보아 맑스와 직접 관련이 없는 것처럼 보이는 항목들도 망라하여 포함하고 있다. 가령 본서의 항목들에는 쾰른, 트리어, 바르멘, 라이프치히, 암스테르담, 빈, 맨체스터, 로잔 등의 도시들, 바우어, 프루동, 바쿠닌, 바이틀링, 라살레, 베르나이스 등의 인물들 그리고 『폴크슈타트』, 『라인 신문』, 『팔 말 가제트』, 『레드 리퍼블리컨』 등의 저널리즘, 그리고 출판, 검열제도, 도서관, 공중위생 등, 요컨대 맑스가 직간접적으로 관여한 당시의 수많은 사항들이 수록되어 있다. 우리 옮긴이들은 이 항목들을 접할 때마다 자연스럽게 다시 한 번 맑스가 살았던 시대와 그 인간 자체로 되돌아가 살펴보고 싶다고 생각하게 되었다. 맑스의 저작을 독해하거나 맑스의 사상을 이해하기 위해 이 사전을 이용하는 독자들도 그야말로 시간을 거슬러 19세기의 현실 속에서 살아 숨 쉬는 맑스의 본래 모습을 확인하게 될 것이다.

하지만 일본판 편집자들도 우려하고 있듯이 20세기의 실천적인 경험과 무관하게 19세기의 맑스를 되살리고자 하는 시도는 맑스를 박제화하고 그의 사상의 현실성을 박탈하는 것이라는 비판이 있을 수 있다. 그런데 거기서 지적되는 맑스 사상의 현실성은 그저 맑스의 이론을 현실에 적용하는 것, 그리고 거기서 얻어지는 이른바 교훈인 듯하다. 그러나 그런 의미의 현실성을 획득하기 위해서도 우리는 동시대의 사건들이나 발생하려고 하는 사건들을 맑스가 어떻게 바라보고 대처했는지를 맑스의 '현실'에 입각하여 다시 파악할 필요가 있다. "철학자는 세계를 그저 다양하게 해석해왔을 따름이다. 중요한 것은 세계를 변혁시키는 것이다"라는 것은 「포이어바흐 테제」에 있는 맑스의 가장 잘 알려져 있는 구절이지만, 맑스가 여기서 이야기하는 것이 세계를 해석하는 것을 부정하고 오로지 실천에 매달려야 한다는 것은 아닐 것이다. 왜냐하면 그러한 태도는 단적으로 이론과 실천을 분리하는 것이기 때문이다. 따라서 문제는 세계의 해석 방식, 이론의 모습에 있으며, 거기서 비로소 이론과 실천의 통일, 사상의 현실성을 말할 수 있을 것이다.

그렇다면 이 사전은 맑스에 관한 지금까지의 파악방식을 바꾸어 새로운 맑스 이해의 지평을 열고 있다고 할 수 있다. 왜냐하면 새로운 시대에 새로운 맑스의 모습을 묻는 사람들을 위해 20세기적 전통에 사로잡히지 않고서 맑스의 사상과 인간의 전체 모습을 그 시대와 더불어 묘사하는 것은 20세기적 전통에 사로잡혀 있을 수밖에 없었던 과거의 이해와는 달리 오히려 후세의 다양한 경험과 고도의 학문적 축적을 바탕으로 해서만 가능할 것이기 때문이다. 그리고 맑스를 하나의 사상가로서 그 시대적 현실에 비추어 바라보는 것이 바로 오늘날의 우리 현실인 까닭에 이 사전은 일본판 편집자들이 자부하고 있듯이 시대를 선취하는 것이자 새로운 세계로의 교두보를 구축하는 의의를 지닌다 할 것이다.

때마침 최근 우리 학계 일각에서는 신MEGA에 준거하여 맑스의 전집을 번역하는 방대한 작업이 준비되고 있다는 전언이다. 맑스 사상이 지닌 중요성과 그에 대한 우리의 관심에 비추어볼 때 이는 대단히 고무적인 현상이라 할 수 있을 것이다. 그러나 맑스의 저작들을 충분한 이해를 갖추어 독해해 나가고 각각의 주제와 관련된 맥락들을 충실히 정리하여 온전한 번역들을 성취하는 것은 그리 쉽지 않은 일이다. 아니 맑스가 다루고 있는 주제의 방대함과 그 가닥을 찾기 어렵게 얽혀 있는 개념들의 그물망, 그리고 다양한 해석의 역사는 그때마다의 텍스트 독해 시도를 일종의 미로헤매기로 만들기까지 한다. 하지만 이러한 어려운 상황은 우리에게 맑스의 텍스트를 독해할 수 있는 개념적 지도와 해석의 다양성을 가늠하기 위해 필수적인 기초적 사항들에 대한 설명이 주어져 있지 않은 데 기인한다고 할 수 있다. 그런 의미에서 맑스 당대의 현실에서 그와 관련한 사항들을 망라해 펼쳐 보이는 이 『맑스사전』은 우리에게 맑스 사상의 기초 개념들과 기본 사항들 및 그것들의 체계적 · 역사적 연관을 제공함으로써 우리로 하여금 맑스의 텍스트들을 거침없이 독해해 나갈 수 있게 해주는 출발점을 제공한다고 할 수 있을 것이다. 이제 옮긴이들로서는 이 『맑스사전』이 그러한 출발점을 발견하고자 하는 사람들의 노력에 자그마하나마 도움이 될 수 있기를 바랄 뿐이다.

옮긴이들은 이 『맑스사전』을 번역, 출판하는 과정에서 많은 분들의 도움을 받을 수 있었다. 그 분들 모두에게 일일이 거명하며 고마움을 표현하지 못하는 것은 죄송스런 일이지만, 그럼에도 고병권 선생께만큼은 특별히 이름을 들어 감사드리지 않을 수 없다. 고 선생은 번역 초고 전체를 읽고는 헤아릴 수 없는 많은 조언을 주었다. 오히려 그 귀중한 조언 모두를 마무리 작업에 반영하지 못한 게 아닐까 하는 것이 두려울 따름이다. 마지막으로 도서출판 b에게 감사와 존경의 뜻을 표현하고자 한다. 이런 저런 어려움 속에서도 조기조 대표와 편집부의 백은주, 김장미 두 선생께서는 이 사전 기획을 완수하고자 하는 가운데 우리 옮긴이들의 지체되는 작업을 인내의 아량으로 기다려 주시고 또 여러 불비한 점을 능란한 솜씨로 이렇듯 훌륭하게 마무리해 주었다.

2011년 9월

오석철 · 이신철

집필자 및 협력자 일람

◉ 편집위원

마토바 아키히로(的場昭弘), 우치다 히로시(內田 弘), 이시즈카 마사히데(石塚正英), 시바타 다카유키(柴田隆行)

◉ 편집 협력자

다카기 후미오(高木文夫), 다카쿠사기 고이치(高草木光一), 다키구치 기요에이(瀧口清榮), 무라카미 슌스케(村上俊介)

◉ 집필자

가와고에 오사무(川越 修), 가와나미 요이치(川波洋一), 가와카미 린이쓰(河上倫逸), 가토 히사타케(加藤尙武), 고마쓰 요시히코(小松美彦), 고바야시 마사토(小林昌人), 고스기 다카요시(小杉隆芳), 고타니 히로유키(小谷汪之), 구로사키 쓰요시(黑崎 剛), 구로스 준이치로(黑須純一郞), 구마가이 지로(熊谷次郞), 구스이 도시로(楠井敏朗), 기무라 히로시(木村 博), 기야스 아키라(喜安 朗), 기타미 히로시(喜多見 洋), 나가이 요시오(永井義雄), 나오에 기요타카(直江淸隆), 나카노 데쓰조(中野徹三), 나카다 쓰네오(中田常男), 나카무라 슈이치(中村秀一), 나카미야 데루타카(中宮光隆), 나카타니 다케시(中谷 武), 노무라[나카자와] 마리(野村[中澤]眞理), 노지 히로유키(野地洋行), 니시무라 시즈야(西村閑也), 니시무라 히로시(西村 弘), 니시오 오사무(西尾 修), 니시오 하루코(西尾治子), 니시카와 나가오(西川長夫), 다나카 쇼지(田中正司), 다나카 히카루(田中ひかる), 다무라 신이치(田村信一), 다무라 이치로(田村伊知朗), 다바타 미노루(田畑 稔), 다이 다카히코(田井貴彦), 다카기 후미오(高木文夫), 다카야마 미쓰루(高山 滿), 다카오 도시카즈(高尾利數), 다카쿠사기 고이치(高草木光一), 다카하시 노리오(高橋則雄), 다카하시 마코토(高橋 誠), 다케나가 스스무(竹永進), 다케모토 히로시(竹本 洋), 다케우치 유키오(竹內幸雄), 다쿠미 미쓰히코(侘美光彦), 다키구치 기요에이(瀧口淸榮), 도모 시게키(塘 茂樹), 리타 쓰토무(森田 勉), 마쓰모토 유이치(松本有一), 마쓰무라 마사이에(松村昌家), 마에다 도시후미(前田俊文), 마토바 아키히로(的場昭弘), 모치다 유키오(望田幸男), 모토야마 요시히코(本山美彦), 모무라카미 슌스케(村上俊介), 미나미즈카 신고(南塚信吾), 미이치 마사토시(見市雅俊), 미조바타 다케시(溝端 剛), 미즈타 다마에(水田珠枝), 미즈타 히로시(水田 洋), 사사키 다카오(佐々木隆生), 사사키 마사노리(佐々木政憲), 사사키 지카라(佐々木 力), 사이토 요시노리(齊藤悅則), 사이토 히카루(齋藤 光), 사콘 다케시(左近 毅), 센가 시게요시(千賀重義), 스즈키 도시오(鈴木俊夫), 시게토미 기미오(重富公生), 시노하라 도시아키(篠原敏昭), 시노하라 히로하루(篠原洋治), 시모사토 도시유키(下里俊行), 시바 리코(柴 理子), 시바타 다카유키(柴田隆行), 시바타 다케오(柴田武男), 시바타 히데키(柴田英樹), 시이나 시게아키(椎名重明), 신도 마사아키(新戶雅章), 아리에 다이스케(有江大介), 아비코 시게오(安孫子誠男), 아사노 도시야(淺野俊哉), 아오키 고헤이(靑木孝平), 아이다 신이치(相田愼一), 안도 다카호(安藤隆穗),

안보 노리오(安保則夫), 야마나카 다카지(山中隆次), 야마모토 도오루(山本 通), 야마모토 아키요(山本明代), 야마이 도시아키(山井敏章), 야스카와 에쓰코(安川悅子), 에나쓰 미치오(江夏美千穗), 오바 다케시(大庭 健), 오시마 고지(大島幸治), 오쓰루 아쓰시(大津留厚), 오야부 류스케(大藪龍介), 오카모토 미치히로(岡本充弘), 오쿠다 다카시(奧田 敬), 오타니 데이노스케(大谷禎之介), 와타나베 고지(渡辺孝次), 요네다 쇼헤이(米田昇平), 요시다 노리오(吉田憲夫), 우노우라 히로시(鵜浦 裕), 우부카타 스구루(生方 卓), 우에무라 구니히코(植村邦彦), 우에무라 다다오(上村忠男), 우에무라 히로야스(植村博恭), 우치다 히로시(內田 弘), 이노우에 다쿠토시(井上琢智), 이노우에 야스오(井上泰夫), 이사카 세이시(伊坂青司), 이시즈카 료지(石塚良次), 이시즈카 마사히데(石塚正英), 이즈모 마사시(出雲雅志), 이케가미 슈(池上 修), 이토 나리히코(伊藤成彦), 이토 마코토(伊藤 誠), 하라 쓰요시(原 剛), 하마모토 다카시(浜本隆志), 핫토리 겐지(服部健二), 호리 다카히코(堀 孝彦), 후카가이 야스노리(深貝保則), 히라카와 가나메(平川 要), 히지카타 나오부미(土方直史)

사용 안내

【항목 표제어와 배열】

1. 사항(지명, 저작, 잡지 · 신문을 포함), 인명을 가리지 않고 가나다순으로 배열했다.
2. 사항 표제어에는 필요에 따라 (독)(영)(불)의 원어를 덧붙였다. 다만 일반적인 용어의 표제에 대해서는 생략했다.
3. 인명 표제어에는 원래의 표기(일본인명은 한자 표기)와 생몰연월일을 덧붙였다.
4. 저작 · 잡지 · 신문 항목의 표제는 한국어로 일반화된 명칭을 표기하고, 원래 타이틀과 간행연도(잡지 · 신문의 경우에는 간행 기간)를 덧붙였다. 전체 타이틀이나 약칭은 표제어 뒤에 { } 안에 병기했다.

【인용처와 전거의 표시】

인용처나 전거는 본문의 맥락에서 알 수 있는 것을 제외하고 본문 속에 [ ] 안에 표시했다.

1. 맑스, 엥겔스의 저작을 표시할 경우에는 다음과 같은 원칙을 따랐다.

① 저작명의 표기; 아래 4의 '주요 저작 표기의 원칙'에 기재되어 있는 저작은 그 표기를 사용한다. 번잡하게 될 경우에는 <약칭>란의 표기도 병용했다. 그 이외의 저작은 오쓰키쇼텐(大月書店)판 『맑스 · 엥겔스 전집』 일본어 역의 저작명을 참조하여 우리말로 표기했다.

② 인용처의 표시; 문맥에서 저작명이 자명한 경우를 제외하고 인용문 뒤의 [ ] 안에 '저작명'과 출전의 권:쪽을 표시했다.

(1) 오쓰키판 『맑스 · 엥겔스 전집』에 일본어 번역본이 있는 저작(단 『잉여가치학설사』를 제외)은 이 전집의 권:쪽으로 표시했다.

[예] 4:62-63(일본어 번역본 제4권의 62-63쪽에서 인용)

(2) 『독일 이데올로기』, '포이어바흐 편'은 가와데쇼보신샤(河出書房新社)판(廣松涉 편집)의 일본어 번역본의 쪽을 표기한다.

[예] 廣42(廣松涉 편집판 일본어 번역본 42쪽에서 인용)

'포이어바흐 편' 이외에는 일본어 번역본 전집의 권:쪽으로 표기한다.

(3) 『자본론 초고집』(大月書店판)에서의 인용은 권수와 일본어 번역본 쪽수를 표기한다.

[예] 초1:248(『자본론 초고집』 일본어 번역본 제1권 248쪽에서 인용)

또한 전집의 『잉여가치학설사』에 대해서는 초고집의 권:쪽으로 표기하기로 했다.

(4) 신MEGA에 수록되어 있고 일본어 번역본이 없는 것은 이 전집의 부와 권수, 쪽으로 표기한다.

[예] MEGA Ⅳ/1:321(신MEGA 제4부 제1권 321쪽에서 인용)

(5) 프랑스어판 『자본론』과 같이 상기 사항의 어디에도 해당하지 않는 경우에는 그때그때 개별적으로

표기했다.

2. 맑스・엥겔스 이외의 저작에서의 인용은 독자의 오해가 없는 범위에서 주로 우리말로 번역된 명칭을 사용하기로 했으며, 필요에 따라 인용한 장 제목과 쪽수 등도 표기했다.
3. 위의 1과 2의 경우에도 번역문은 집필자의 판단에 따라 적절히 변경한 경우가 있다.
4. 맑스와 엥겔스의 주요 저작에는 다음과 같은 명칭 또는 < >의 약칭을 사용했다.

맑스

데모크리토스와 에피쿠로스의 자연철학의 차이 <데모크리토스> 또는 <학위 논문>
프로이센의 최신 검열훈령에 대한 견해 <검열훈령>
헤겔 법철학 비판 서설 <법철학 비판 서설>
경제학・철학 초고 <경・철 초고>
포이어바흐에 관한 테제 <포이어바흐 테제>
프랑스에서의 계급투쟁 <계급투쟁>
루이 보나파르트의 브뤼메르 18일 <브뤼메르 18일>
쾰른 공산주의자 재판의 진상 <쾰른 재판의 진상>
정치경제학 비판 요강 <요강>
자본주의적 생산에 선행하는 형태들 <형태들>
재런던 독일인 노동자교육협회의 폴란드인에 관한 격문 <폴란드인에 관한 격문>
임금, 가격, 이윤 <임금・가격・이윤>
프랑스 내전 <내전>
독일 노동자당 강령 평주 <고타 강령 비판>

공저

신성 가족, 혹은 비판적 비판에 대한 비판—브루노 바우어와 그 일파를 논박한다 <신성 가족>
독일 이데올로기 <독・이데>
공산당 선언{공산주의자 선언} <선언>
공산주의자동맹 중앙위원회의 동맹원을 향한 호소 <3월 회람장>
사회민주동맹과 국제노동자협회 <헤이그 대회 보고>

엥겔스

국민경제학 비판 개요 <개요>
영국 노동자계급의 상태 <상태>
공산주의의 원리 <원리>
독일 농민전쟁 <농민전쟁>
독일에서의 혁명과 반혁명 <혁명과 반혁명>
송빌리에 대회와 인터내셔널 <송빌리에 대회>
뒤링 씨의 과학의 변혁 <반뒤링론>
공상에서 과학으로의 사회주의의 발전 <공상에서 과학으로>
가족, 사유재산 및 국가의 기원 <기원>
공산주의자동맹의 역사에 관하여 <동맹사에 관하여>

루트비히 포이어바흐와 독일 고전철학의 종언 <포이어바흐론>

【참고문헌】

각 항목의 끝에 독자들이 좀 더 상세하게 조사할 수 있도록 참고문헌을 제시했다. 일본어 역이 있는 것은 일본어 역만 게재했다. 또한 편집위원의 판단으로 덧붙인 것도 있다.

【기타】

1. 빈 표제어에서 보아야 할 표제어는 ⇨로 표시했다.
2. 본문과 관련하여 참조해야 할 다른 항목은 각 항목 끝에 ☞로 표시했다.
3. 본문 안에 *가 표시되어 있는 용어와 인명은 본 사전의 항목으로 실려 있음을 나타낸다. 다만 표기가 완전히 표제어의 표기와 동일하지 않은 경우도 있다.
4. 문장 중의 고유명사 등의 표기는 외래어 표기법 등을 고려하여 역자의 판단에 따라 최종적으로 통일했다.

ㄱ

가격 價格 [(영) price (독) Preis]

시장*에서 모든 상품*은 가격을 지니고 나타난다. 가격에 따라 상품은 교환된다. 가격이라는 말에는 아무런 애매함도 없는 듯 보인다. 쌀 가격, 옷 가격, 구두 가격. 가격이 매일 변동하는 것도 누구나 알고 있다. 그러나 상품의 가격이 경제학에서 문제가 되는 것은 그것이 어떠한 요인으로 결정되고 또 변동하는가 하는 것이다. 맑스는 고전경제학*, 특히 리카도*의 경제학을 비판적으로 계승했다. 리카도는 경제학의 기초에 투하노동가치론을 두었다. 상품가격은 기본적으로는 그 가치*, 즉 그 상품의 생산에 사회적으로 필요한 노동*의 상대량에 의존한다. 상품들의 가격비는 그것들에 투하되는 노동량의 비율에 따라 결정되는 것이다.

【Ⅰ】가격변동의 중심

상품이 실제로 매매되는 가격을 시장가격*이라 하며, 그것은 수요와 공급의 관계로 나타나는 시장의 상태에 좌우된다. 시장가격은 상품들이 완전히 동일한 생산조건에서 생산되고 있더라도(투하노동량의 비율에 변화가 없더라도) 매일 변동할 수 있다. 그러나 가격변동에는 기준, 중심이 있다. 가격변동의 중심을 고전학파는 자연가격이라 불렀다. 리카도는 자연가격이 투하노동량에 의해 결정되는 상품가치에 규정된다는 원리가 엄밀하게 들어맞는 것은 '초기의 미개사회'에서이며, 기계*와 같은 고정자본이 사용되게 되면 그 원리는 수정된다고 주장했다. 하지만 맑스는 이를 리카도의 분석의 불충분함에 따른 것이라며 비판한다.

맑스에게 리카도의 생각은 가치나 가격을 논할 때의 논리 차원의 혼동으로 보였다. 맑스는 '가격'을 논리 차원의 단계를 바탕으로 논의한다. 『자본』* 제1권에서 가격은 가치의 화폐*에 의한 표현으로서 나타난다. "금에 의한 한 상품의 가치표현은 그 상품의 화폐형태 또는 그 상품의 가격이다"[23a:126]. 가격 그대로의 교환은 가치 그대로의 교환이다. 『자본』 제2권까지는 상품가격이나 자본*의 금액은 모두 가치 그대로의 크기로 나타난다. 동등한 가치끼리의 교환에 의해 어째서 잉여가치*가 발생하는가 하는 자본주의 경제의 비밀이 해명되는 것이다. 그러나 현실의 거래에서는 가치 그대로의 교환은 우연에 지나지 않는다. 상품들의 시장가격비는 가치의 비율로부터 괴리된다. 하지만 "다양한 생산 부문의 상품들이 그 가치 그대로 팔린다는 가정이 의미하는 것은, 물론 다만 상품의 가치가 중심이며, 상품들의 가격은 이 중심을 둘러싸고 운동하고, 가격의 부단한 등락은 이 중심에 균등화된다고 하는 것이다"[25a:224-225]. 그리하여 맑스는 상품의 가치와 시장가격의 관계를 『자본』 제3권에서 시장가치, 생산가격*과 같은 개념을 매개로 논의하는 것이다.

【Ⅱ】시장가격

현실에서는 동일한 종류의 상품이 각기 다른 생산조건에서 생산된다. 개개의 투하노동량이 달라도 동일한 종류의 상품은 사회적으로는 동일한 가치의, 즉 동일한 노동량의 생산물로 간주된다. 이것이 시장가치이다. 맑스는 "어떤 상품의 개별가치는 시장가치 이하일 것이고, 다른 것의 개별가치는 시장가치 이상일 것이다. 시장가치는 한편으로는 하나의 부문에서 생산된 상품들의 평균 가치로 간주되어야 하고, 다른 한편으로는 그 부문의 평균적 조건들 하에서 생산되어 그 부문의 생산물의 대부분을 이루는 상품들의 개별가치로 간주되어야 할 것이다"[25a:225]라고 규정한다. 다만 『자본』에는 '불명료한 부분'이라 불리는 다소 다르게 규정한 기술이 있다. 시장가격은 상품에 대한 수요와 공급의 관계에 의해 변동하는데, 시장가치는 시장가격 변동의 중심을 이룬다. 상품 생산자는 좀 더 큰 이윤*(잉여가치)을 얻기 위해 좀 더 저렴한 생산비로 생산하려고 한다. 이것이 자본가 간의 경쟁*이다. 경쟁은 동일 생산부문 안에서만 행해지는 것이 아니다. 다른 생산 부문들 사이에서도 경쟁은 있다. 자본은 좀 더 높은 이윤을 찾아 이동한다. 자본들의 경쟁은 낮은 이윤의 생산부문에서 자본을 철수시켜 좀 더 높은 이윤을 가져다주는 부문으로 자본을 이동시킨다. 그 결과 동일 자본액에 대해서는 동일 이윤액이 얻어지게 된다. "경쟁이 우선 처음에 하나의 부문에서 이루어 내는 것은 상품들의 서로 다른 개별가치로부터 동일한 시장가치 및 시장가격을 형성하는 것이다. 그러나 서로 다른 부문들에서의 자본들의 경쟁이야말로 비로소 서로 다른 부문들 간의 이윤율을 균등화하는 생산가격을 산출한다"[25a:227]. 이제 생산가격이 시장가치를 대체한다. "생산가격 그 자체가 또한, 나날의 시장가격이 그것을 둘러싸고 운동하고 일정한 기간에 그것으로 평균화되는 중심이다"[같은 책:226].

【Ⅲ】 생산가격

설령 하나의 생산부문에서는 상품이 모두 동일한 조건에서 생산되고 있더라도(시장가치=개별가치), 서로 다른 생산부문들에서는 생산조건이 다르다. 생산조건의 차이는 자본의 유기적 구성*의 차이로 나타나며, 다른 유기적 구성 하에서 생산된 상품이 개별가치 그대로의 가격으로 판매되었다면 생산부문 간에 서로 다른 이윤율이 발생한다. 경쟁에 의해 균일한 일반적 이윤율(평균이윤율)이 성립했을 때의 가격이 생산가격이다. 생산가격은 일반적으로는 개별가치로부터 괴리된다. 생산가격이 개별가치와 일치하는 것은 자본의 유기적 구성이 중간(평균적)인 생산부문의 생산물의 경우뿐이다.

그렇다면 투하 노동량에 따른 가치 규정은 어떻게 될 것인가? 자본의 유기적 구성이 중간이 아닌 생산부문의 생산가격은 그 가치로부터 괴리되지만, 총생산가격=총가치, 총이윤=총잉여가치가 성립하는 것을 보임으로써 맑스는 가치에 의한 가격의 규제를 주장했다. 상품의 가치는 가격형태를 취하여 현상하지만, 논리차원의 단계에 따라 가치 그대로의 가격, 시장가치, 생산가격, 시장가격 등의 모습으로 나타나는 것이다.
☞시장, 시장가격, 생산가격, 자본의 유기적 구성

참 高須賀義博, 『現代價格體系論序説』, 岩波書店, 1965. 置塩信雄, 『マルクス經濟學』, 筑摩書房, 1977. 高木彰, 『市場價値論の研究』, 御茶の水書房, 1987. 中谷武, 『價値, 價格と利潤の經濟學』, 勁草書房, 1994.

—마쓰모토 유이치(松本有一)

가격혁명 價格革命 [(영) price revolution]

16세기에 스페인령의 신대륙에서 대량의 금은이 유럽으로 유입되었다. 1503년부터 1660년까지 스페인이 수입한 금은 181톤, 은이 16,886톤이었다고 한다. 이 영향을 받아 1세기 반에 걸쳐 서유럽에서는 물가상승이 지속되었다. 이 시기에 물가는 3배나 상승했다고 한다. 이것이 '가격혁명'이라고 이름 붙여진 현상이다.

당시 영국에서는 격렬하게 농지 인클로저 운동이 진행되어 농지와 생산수단을 빼앗긴 프롤레타리아트가 도시*로 유입되어 슬럼에 거주하고 있었다. 이러한 빈민이 산출하는 노동력 공급 압력으로 인해 공장노동자의 화폐임금 수준이 물가 상승의 속도를 따라잡지 못하여 영국을 비롯한 유럽의 노동자의 생활 상태는 매우 악화되었다. 또한 임금상승을 저지하는 법률도 아직 존속하고 있었다. 오랫동안 셰익스피어*의 작품으로 여겨지고 있던 1581년의 『현재 우리나라 각계의 일반적 불만에 관한 약간의 조사』에서는 지속적인 물가상승이 생산과 상업 활동을 자극했다는 것을 증언하고 있다. 지방의 농촌지대에 산재해 있던 방직기계가 도시의 대작업장에 집적되었다. 대작업장에 빼곡히 들어선 방직기계, 임금노동자*를 몰아붙여 자본가는 잉여가치*의 대량 취득에 성공하고, 그것이 또 다시 지방의 방직업을 몰아냈다. 다시 말해 원시적 축적 과정이 가격혁명에 의해 추진되었던 것이다. 또한 화폐가치의 지속적 하락은 영국의 차지계약 농가에게 이익을 주었다. 당시 차지계약은 99년간이라는 기간도 드물지 않을 정도로 장기간에 걸친 것이었기 때문에, 명목가격으로 고정되어 있던 지대*는 계속해서 상대적으로 저렴할 수 있었다. 가치하락을 계속하는 노동임금과 지대라는 유리한 조건에 뒷받침되어 16세기 영국에서는 부유한 자본가 차지 농업가가 배출되게 되었다. 그리고 이 농업혁명이 도시의 비농민층의 식량을 확보하여 기계제 대공업*을 지탱하는 기초가 되었다. ☞본원적 축적, 지대, 농업

참 望月清司, 『マルクス歴史理論の研究』, 岩波書店, 1973. 角山榮, 『經濟史學』, 東洋經濟新報社, 1970.

—모토야마 요시히코(本山美彦)

가공자본 架空資本 ⇨**의제자본**{가공자본}

『가난한 죄인의 복음 家難—罪人—福音』 [*Das Evangelium eines armen Sünders*, 1845]

의인동맹* 스위스 지부 주변의 독일 수공업 직인들에게 혁명을 선전할 목적으로 1843년 봄까지 바이틀링*이 기초한 팸플릿. 당시 스위스에서는 그가 지도하는 의인동맹의 정적으로서 청년 독일파*가 힘을 얻어 무신론*과 아나키즘*을 기조로 하는 결사 활동을 전개하고 있었다. 그리하여 바이틀링은 명확히 기독교적인 입장에서 새롭게 사회혁명을 선전하기로 했다. 물론 그는 정통파 가톨릭・프로테스탄트는 전면적으로 부정하지만 예수와 12사도에 대해서는 전면적으로 긍정하며, 그 집단을 코뮤니온, 그 구성원을 코뮤니스트라 칭했다. 그는 최후의 만찬에서 보이는 '공동의 식사'를 분명히 사회적(sozial)인 행위로 보고 신약성서는 예수 안에서의 공동(Gütergemeinschaft)의 존재를 증명하는 것이라고 생각했다. 그에 의하면 예수=그리스도에서 원시로부터의 공동사회가 완성의 영역에 도달했으며 그 후의 인류사는 타락의 길을 걷고 있다. 그렇기 때문에 도래해야 할 혁명*에서 요구되는 이상사회는 원시기독교적인 재산공동체(Gütergemeinschaft)여야만 한다. 이와 같은 이론은 신과 기독교회를 모독하는 것이라고 하여 취리히 경찰은 1843년 6월, 이 저작을 기초했다는 구실로 바이틀링을 체포하고 스위스에서 추방했다. ☞바이틀링, 『바이틀링에게서 압수한 자료에 의한 스위스의 공산주의자』

참 石塚正英, 『三月前期の急進主義—青年ヘーゲル派と義人同盟に關する社會思想史的研究』, 長崎出版, 1983. 石塚正英, 『ヴァイトリングのファナティシズム』, 長崎出版, 1985.

—이시즈카 마사히데(石塚正英)

가르니에 [Germain Garnier 1754-1821]

애덤 스미스* 『국부론』의 프랑스어본 번역자이자 정치가. 나폴레옹 시대의 원로원 의원이고, 왕정복고 후에도 권력을 계속 유지하여 국무장관이 되며, 곡물거래의 자유*와 출판*의 자유를 제창했다. 맑스는 1844년, 1802년에 출판된 가르니에 번역의 『국부론』(전 5권)을 사서 노트*에 정리했다. 이 노트는 그 후에도 『자본』*에 이르기까지 여러 차례 이용된다. 1843년에 뷔레*와 아돌프 블랑키*에 의한 개정 번역판이 나왔으나 맑스는 굳이 가르니에의 번역본을 사용했다. ☞뷔레, 노트, 블랑키2, 스미스

참 A. Guillard, "Garnier (Germain)", *Nouvelle Biographie Générale*, Paris 1857. マルクス(杉原四郎・重田晃一 譯), 『マルクス經濟學ノート』, 未來社, 1962.

—마토바 아키히로(的場昭弘)

『가르텐라우베』 [*Die Gartenlaube*, 1853-1944]

삽화가 들어간 독일의 주간 가정잡지. 소시민적 경향을 지닌다. 1853년에 카일에 의해 라이프치히*에서 창간. 당초에는 적극적으로 진보적인 움직임을 보이고 있었다. 창간 연말에 6,000부, 1861년 10만부, 1875년에는 최고인 38만 2,000부의 예약 구독자를 헤아린다. 당국의 압력 등으로 정치적인 소재를 포기하는 1866년 이후 대폭 체제에 순응하는 자세를 취한다. 계몽적인

읽을거리나 가벼운 오락소설을 주로 게재했다. 1884년, 1904년에 발행소는 바뀌지만 라이프치히에서 계속 발행된다. 1926년부터 베를린*으로 발행지를 변경, 1938년에 지명을 『노이에 가르텐라우베』로 바꾸어 월간지가 되고, 1944년에 폐간되었다. 맑스와 엥겔스*는 예전의 동지로 점차 소원해지고 있던 시인 프라일리그라트*를 『가르텐라우베』가 평가하고 그 무렵 프라일리그라트가 시에서 멀어져간 원인을 맑스에게서 찾았다는 것을 파악하고, 그 원인은 오히려 프라일리그라트 자신의 재능에 있다며 부정적이고도 신랄하게 반론했다(1859년 11월의 두 사람 간의 왕복 서간). 망명*하고 있던 프라일리그라트는 1865년 말, 그때까지 일하고 있던 런던*의 은행에서 해고된다. 이 무렵부터 독일과의 화해를 시작한 시인 프라일리그라트를 위해 리터하우스는 귀국을 가능하게 하고자 『가르텐라우베』에서 모금을 호소하며, 그 결과 프라일리그라트는 '국민시인'으로서 귀국했다. ☞프라일리그라트

—다카기 후미오(高木文夫)

가리발디 [Giuseppe Garibaldi 1807-82]

니스에서 태어난 선원. 1833년 여름 마르세유에 기항했을 때 '청년 이탈리아'에 가맹. 1835년 말 남미의 독립전쟁에서 활약. 1848년에 밀라노, 49년에 로마의 혁명에 참가. 그 후에 마치니*의 '행동당'에 접근. 60년 4월의 팔레르모의 반란에 호응하여 5월, '천인대(千人隊)'를 이끌고 시칠리아 원정을 감행. 9월에 나폴리에 입성. 카타네오가 '인민회의' 개최를 진언했으나 10월에 사르데냐 국왕 비토리오 에마누엘레에게 두 시칠리아 왕국을 헌상한다. 그 후 의회 내 좌파를 조직하여 인터내셔널*에도 접근.

㊟ Giuseppe Garibaldi, *I Mille pre fazione di Bettino Craxi*, Cappelli 1982.

—구로스 준이치로(黒須純一郎)

가변자본 可變資本 ⇨**불변자본/가변자본**

가정교사 家庭教師 ⇨**맑스 가**

『가족, 사유재산 및 국가의 기원 家族私有財産—國家—起源**』**

[*Der Ursprung der Familie, des Privateigentums und des Staats*, 1884]

이 책(이하 『기원』)은 부제 「루이스 H. 모건의 연구를 계승하며」가 보여주고 있듯이, 모건의 『고대사회』*(1877, 부제 「야만에서 미개를 거쳐 문명에 이르는 인류 진보의 계열의 연구」)를 계승하면서 유물론적인 역사관(유물론적 역사관*)을 발전시킨 엥겔스*의 저서. 서문에 있는 바와 같이 "어느 정도까지 {맑스의} 유언을 집행한 것"이기도 하다. 1891년에 대폭 증보・개정된 제4판이 나와서 이것이 현재까지 계속해서 읽혀지고 있다.

【Ⅰ】모건과 맑스와 엥겔스

1860년대부터 인류의 원시상태에 관한 연구가 잇달아 발표되었다. 이후에 민족학 혹은 문화인류학이라 불리게 되는 분야의 초창기인 셈이다. 맑스는 1870년대 중반부터 주로는 『자본』*을 완성하기 위해 자본주의 이전 사회에 대한 집중적인 연구를 진행하여 79~81년에 고대사회에 관한 일련의 발췌노트를 작성했다. 그 대부분을 차지하는 것이 모건의 『고대사회』의 노트이다(맑스의 코멘트도 다수 기록되어 있다). 맑스 사망 후에 모건 노트를 발견한 엥겔스는 이를 간결하게 소개하려고 생각했지만, 자신도 『고대사회』를 구입해서 읽고 단순한 소개가 아닌 일정한 유보와 자기 학설의 적극적인 전개를 끼워 넣은 독립된 저서를 내놓게 되었다. 이리하여 『기원』은 최우선 과제였던 『자본』 제2권과 제3권의 편집을 중단하고 1884년 4~5월에 집필되었다. 독일에서는 사회주의자 단속법에 따른 탄압이 예상되었기 때문에 스위스의 출판사에서 10월에 간행되었다.

【Ⅱ】가족과 씨족

『기원』에서 특별한 무게를 지니는 것은 제2장 「가족」으로, 다른 장의 약 4배의 분량을 차지한다. 거기서 전개된 가족의 발전도식(혈연가족 → 푸날루아가족

[punaluafamilie] → 대우혼[對偶婚]가족 → 단혼[單婚]가족)은 오늘날 의문시되고 있지만, 단혼가족(일부일처제)과 부권제를 역사적으로 상대화하는 기본적인 관점은 타당성을 잃고 있지 않다. 당시나 지금도 인류는 초기 단계에서부터 단혼제였다고 하는 견해가 뿌리 깊게 존재하지만, 이는 오늘날의 가족형태를 원시상태에 투영한 것으로 가설의 영역을 벗어나지 않는다. 『기원』은 수상(樹上)생활에서 지상생활로 막 이행한 초기 인류가 무리 생활을 하고, 거기서는 '무규율 성교'[21:37, 41-42]가 이루어지고 있었다고 추정한다(오늘날에는 침팬지나 보노보가 이러한 '난교'적 사회라는 것이 알려져 있다). 이 원시상태에서 가족이 발생하여 집단혼에 이르는 과정은 성교=혼인의 허용범위로부터 근친자를 점차 배제해 가는(현대식으로 표현하자면 근친상간을 회피해 가는) 과정으로서 파악된다. 씨족제도에서는 씨족 내에서의 통혼금지가 확립되고, 더 나아가 다른 씨족의 혈연자에게까지 통혼금지가 확대되어 간다. 이리하여 집단혼은 사실상 불가능하게 되고 대우혼으로 대체되기에 이른다. 집단혼에서는 자식의 아버지가 누구인가는 불확실하고 모친 쪽만 확실하여 출생이 모계에 의해서만 이어져왔기 때문에 씨족은 모계제였다. 대우혼에서도 여성은 자신의 씨족 내에 머물고 남성이 다른 씨족으로 전출하는 외가쪽 거주로서 모계제이다. 단혼은 대우혼과 마찬가지로 한 쌍의 남녀로 이루어지지만 부계제이다. 모계(모권)제에서 부계(부권)제로의 전환은 근친상간(incest) 회피라는 생물학적 차원과는 다른 "사회적 추진력"[같은 책:62]에 의해 수행되었다. 즉 부와 재산(소유*)의 발전이다. "모권제의 전복은 여성의 세계사적 패배"[같은 책:62]이며, "인류가 체험한 가장 통렬한 혁명* 중 하나"[같은 책:61]였다. 오늘날에는 인류가 일률적으로 모계에서 부계로 옮겨왔다고 하는 견해에 대해서는 의문이 제기되고 있고, 지역이나 집단에 따라서는 모계를 경유하지 않는 부계나 쌍계(雙系) 등의 경우도 지적되고 있다. 하지만 현존하는 '미개사회'에서는 많은 모계제 사회가 보인다는 점 또한 사실이다. 부계제 사회 안에도 모계제의 흔적이라고 이해할 수밖에 없는 사항들이 산재한다. 적어도 오늘날과 같은 부권적 일부일처제를 인류 탄생 이래의 보편적인 것으로 간주할 수는 없다.

일부일처제에 대한 『기원』의 비판은 문명비판이기도 하다. "단혼은 결코 개인적 성애의 열매가 아니라" "편의혼"에 지나지 않는다. "그것은 자연적 조건이 아니라 경제적 조건에, 즉 본원적 · 자연발생적인 공동소유에 대한 사적 소유의 승리에 기초한다"[21:67-70]. 그것은 여성에 대한 남성의 지배이다. 형식상의 일부일처제는 사실상으로는 매매춘이나 간통에 의해 뒷받침되고 있다. 개인적 성애의 발전은 문명기의 성과이지만, 부르주아적 단혼은 재산과 그 밖의 제약 아래에 있으며 성애 이외의 요소에 의해 규정되고 있다. 이러한 사실로부터 엥겔스는 다음과 같이 예측한다. 즉 자본주의 이후의 사회에서는 이들 제약은 없어질 것이고, 새로운 세대는 순수하게 애정만으로 맺어질 것이며, 그때 양성의 평등*이 진정으로 실현된 것이라고[같은 책:79-81, 85-86].

【Ⅲ】 씨족과 국가*

제3~8장에서는 씨족의 발전과 몰락, 국가의 등장이 역사적으로 검토되고, 마지막 장에서는 맑스주의 국가론의 고전적 정식화로 알려진 국가의 개념적 규정이 주어진다. "씨족제도는 분업*과 그 결과인 사회의 계급분열에 의해 분쇄되어", "국가로 대체되었다". 국가는 "씨족제도의 폐허 위에" 성립한 것이며, "외부에서 사회에 강요된 권력이 아니다"[21:168-169]. "사회에서 발생했으면서도 사회에 대해 초연하고 자신을 더욱더 사회로부터 소원한 것으로 만들어가는 권력, 이것이 국가이다"[같은 책:169]. "국가는 계급대립을 제어할 필요에서 성립했다. 하지만 그와 동시에 이들 계급의 항쟁의 한가운데서 성립했다. 따라서 그것은 통상적으로 가장 유력한, 경제적으로 지배하는 계급*의 국가이다"[같은 책:170].

국가의 기원과 존재 근거의 분석은 국가의 사멸이라는 전망과 관련된다. 계급들의 소멸과 더불어 "국가도 불가피하게 몰락"할 것이다. "생산자들의 자유*롭고 평등한 연합(아소시아시옹*)을 기초로 하여 새롭게 생산을 조직하는 사회"는 더 이상 국가를 필요로 하지 않을 것이다[21:172]. 거기에 이르는 도정을 자세히 예상하는 일은 『기원』의 과제가 아니다. 『기원』은 원시상태에서 문명기에 이르는 장대한 인류사의 과거와 현재를 통해 어떠한 미래가 가능한가를 전망하는 기초를 놓았다. 그런 의미에서 맑스주의*의 고전이라고 부를 만하다. ☞『고대사회』, 국가

㊟ J. Herrmann/J. Köhn (hrsg.), *Familie, Staat und Gesellschaftsformation*, Akademie-Verlag, Berlin 1988. 布村一夫, 『原始共同體研究—マルクス・エンゲルスとL. H. モルガン』, 未來社, 1980. 伊谷純一郎, 『靈長類社會の進化』, 平凡社, 1987. 江守五夫, 『家族の起源—エンゲルス「家族, 私有財産および國家の起源」と現代民族學』, 九州大學出版會, 1985. 山極壽一, 『家族の起源—父性の登場』, 東京大學出版會, 1994. 廣松涉, 『唯物史觀と國家論』, 講談社學術文庫, 1989. 同, 『生態史觀と唯物史觀』, 講談社學術文庫, 1991(두 권 모두 『著作集』, 岩波書店, 第11卷 수록).

-고바야시 마사토(小林昌人)

가치[1] 價値 [경제학] [(독) Der Wert]

가치라는 개념은 맑스의 주저인 『자본』* 제1권의 첫 장인 '상품*'에서 상품의 두 가지 요인 중 하나로서 등장한다. 거기서부터 제3권의 마지막 편에 위치하는 '삼위일체 정식'에 이르기까지 전 저작을 관통하는 가장 기본적인 개념이며, 맑스의 자본주의 경제 분석의 모든 장면에 깊이 관련된다. 가치 개념의 경제학 체계에서의 이러한 위치부여는 단지 맑스의 이론에 한정된 것이 아니라 『자본』과 마찬가지로 19세기의 경제학인 고전파나 신고전파에서도 공통된 점이다. 가치론을 어떠한 것으로서 구상하느냐가 현재도 여전히 경제학적 사고의 유력한 패러다임 중 하나인, 19세기에 태어난 다양한 경제학의 성격을 결정하고 있다고 할 수 있다.

여기서는 오직 19세기 중엽에서의 맑스의 경제학 연구 과정에 입각하여 그의 자본주의* 이론에서의 가치라는 개념의 특징에 대해 살펴보고, 마지막으로 약간의 문제점에 대해 간단히 언급하기로 한다.

【Ⅰ】1840년대의 경제학 연구

맑스는 엥겔스*의 「국민경제학 비판 개요」*(1844)에 자극을 받아 경제학 연구를 시작했는데, 당초에는 이 「개요」의 강한 영향 아래 리카도* 등의 고전파 경제학*의 노동(비용)가치론을 강하게 부정하고, 자본주의 경제를 오로지 무정부적인 것으로서만 파악하며, 개개인의 사적 이해의 추구에 의한 경제적 질서의 형성을 부인하는 입장을 취하고 있었다. 그러나 『독일 이데올로기』*의 집필 시기를 경계로 하여 맑스는 노동가치론*을 전면적으로 승인하는 데로 이론적 입장을 크게 전환하게 되었다. 이리하여 저술된 1840년대 후반의 대표적인 경제학적 저작이 『철학의 빈곤』*과 『임금노동과 자본』*이다. 이 둘 모두 19세기 전반기의 경제학의 세계에서 이해되고 있던 리카도의 '투하노동가치론'과 그의 체계를 전면적으로 승인하는데, 이에 따라 노임은 '노동*의 가치'로 간주되고, 가격론은 고전파적인 자연가격과 시장가격*의 관계에 의해 설명되며, 잉여가치*는 단지 상품의 판매에 의해 회수되는 화폐액의 투하자본액에 대한 초과분으로서 제시되는 데 그쳤다.

【Ⅱ】1850년대의 경제학 연구와 '정치경제학 비판'의 체계화

1848년 혁명의 패배 후 런던*으로 망명*한 맑스는 거기서 다시 한 번 방대한 경제학 문헌을 연구하고, 리카도의 이론에 대해서도 재검토하게 되었다. 이 시기는 아마도 나중의 『자본』의 토대가 형성된 대단히 중요한 의미를 지니는 것으로 보이지만, 50년대 전반기의 맑스의 경제학 공부에 대해서는 아직 충분한 자료가 공개되지 않았고 앞으로의 연구를 기다려야만 하는 점이 많다. 어쨌든 이 시기를 거쳐 그는 고전파 경제학에 대해 비판적인 거리를 두면서 독자적인 가치 이론을 구상하게 되었다. 50년대 후반에 다시금 시작된 공황*에 떠밀리듯이 자신의 경제학(비판)의 체계화를 시도하기 위해 초인적인 속도로 집필한 초고가 『정치경제학 비판 요강』*이었다. 이 집필과 병행하여 그는 몇 차례 정치경제학 비판체계의 계획 초안을

셨는데, 이 과정에서 점차 "가치를 한쪽의 요인으로 하는 상품이 체계의 서두에 놓인다"는 구상이 잡혔다. 상품에 대한 최초의 논구는 『정치경제학 비판 요강』의 '화폐에 관한 장'에 나오는데, 그 직접적인 계기가 된 것이 노동화폐론의 변종인 프랑스 사회주의의 은행개혁론이었다는 사실은 특기할 만한 사항이다. 요컨대 이 단계의 맑스에게는 이미 고전파 경제학과는 달리 상품교환은 화폐*와 떼어놓을 수 없다는 인식이 상품・가치를 고찰하는 전제로서 확고하게 자리 잡고 있었던 것이다.

『정치경제학 비판 요강』을 바탕으로 하여 이루어진 것이 『정치경제학 비판을 위하여』*(제1권)(1859)이었다. 이 책의 제1장 '상품'에서는 맑스의 체계 서두에 놓여야 할 상품론이, 따라서 가치 개념이 처음으로 전개되었다.

【Ⅲ】「1861-63년 초고」와 『자본』

맑스는 당초 『정치경제학 비판을 위하여』에 이어 『정치경제학 비판 요강』을 바탕으로 잇달아 분책 형식으로 저작을 발표할 생각이었다. 그러나 60년대 초에 다시 한 번 대규모의 학설사적 연구에 몰두하는 가운데 더 이상 『정치경제학 비판을 위하여』라는 제1분책을 그대로는 유지할 수는 없다는 견해에 도달하며, 1867년에 간행된 『자본』 제1권 초판은 『정치경제학 비판을 위하여』의 속편이 아니라 다시 새롭게 고쳐 쓴 '상품' 장에서 시작하게 되었다. 맑스의 상품론의 전개 구상에 중대한 변화를 가져온 계기는 1820년대에 철저한 상대주의・명목주의 입장에서 리카도의 가치론을 비판한 새뮤얼 베일리의 논의였다. 『자본』 제1장의 이론 구성(가치실체론에서 가치형태론, 그리고 물신성론 [Fetischismus])은 양자의 입장에 대한 맑스의 독자적인 입장을 당시의 독자들에게 명시한다고 하는 그의 전략적 배려에 따른 측면이 크다고 생각된다. 맑스의 가치 개념에 대해 살펴보기 위해서는 이러한 경위를 배후에 지니는 『자본』에만 의지할 것이 아니라 학설사적 배려로부터의 강한 제약을 받지 않고서 논의가 전개되고 있는 『정치경제학 비판 요강』(그리고 『정치경제학 비판을 위하여』)과 대비하면서 검토할 필요가 있을 것이다.

맑스의 상품론에서 가장 큰 특징은 상품교환이 물물교환이 아니라 화폐에 의한 매개에 의해서만 존립할 수 있다는 것을 보여준 가치형태론에 있다고 할 수 있을 것이다. 이에 반해 그 앞에 놓여 있는 이른바 가치실체론은, 마치 각각의 상품이 직접적으로 교환되고 상품들 간의 보편적인 교환이라는 '사실'로부터 상품 안에 그 사용가치와는 단적으로 다른 어떤 공통의 '제3자', 즉 가치가 존재하며, 그 내용이 각 상품의 생산에 투하된 노동량이라고 간주하는 것이다. 이와 같은 '논증'을 떠올리게 하는 절차—많은 논쟁의 표적이 되었지만, 실은 논증이라 할 수 없다—의 삽입도 앞서 언급한 학설사적 경위에 대한 배려에 따른 것이다. 그것은 어쨌든 여기에는 물물교환과 교환에 선행하는 이미 확정된 가치라는 두 가지 전제가 놓여 있다. 이 전제에 따르면, 상품은 사적인 생산단위 속에서 만들어졌을 때부터 이미 가치를 지니며, 이러한 것으로서 사회적으로 타당한 것(어떤 상품과도 일정한 비율로 임의의 교환가능성을 지닌다)으로 통용되게 되지만, 이는 맑스가 『정치경제학 비판 요강』을 저술하던 당초부터 이미 상품가치의 고찰에서 비판하고 있던 노동화폐론적인 시각이다. 『자본』의 상품론에는 화폐적 상품론과 물물교환적 상품론이 교차하고 있다고 생각된다. 이 두 가지는 서로 상용할 수 없는 성질의 것인데, 바로 그 화폐적 상품론에 맑스의 독자성이 존재한다. ☞노동가치론, 가치법칙, 『정치경제학 비판 요강』, 『정치경제학 비판을 위하여』

圖 宇野弘藏, 『價値論』, 河出書房, 1947. 廣松涉, 『資本論の哲學』, 勁草書房, 1984. 置塩信雄, 『マルクス經濟學』, 筑摩書房, 1977. ルービン(竹永進 譯), 『マルクス價値論槪說』, 法政大學出版局, 1993.

—다케나가 스스무(竹永 進)

가치[2] **價値** [철학] [(독) Wert (영) value (불) valeur]

가치에 대한 이론으로서 '가치론'이라 하면 맑스의 가치론을 의미할 정도로, 마치 고유명사 같은 형태로 취급되는 듯이 보였던 때도 있었다. 물론 1991년 소련 해체 이전, 좀 더 정확히 말해서 1968년의 '5월 혁명' 이전의 어느 한 시기의 일이다. 그러나 그것은 예를 들어 우노 고조(宇野弘藏)의 『가치론』으로 대표되듯이 경제학상의 가치론이었다. 하지만 1960년대 무렵부터 맑스주의*에서도 철학적 가치론이라 말할 수 있는 사태에 대한 관심이 겨우 조금씩 싹트기 시작하는 듯 보였다. 그 선구적인 시도 가운데 하나가 투가리노프의 가치론에서 보인다. 하지만 그것도 과거 이야깃거리의 하나에 지나지 않게 되었다. 지금 19세기의 맑스로 되돌아가 다시 생각해보고자 할 때, 오히려 그 의미가 좀 더 객관적으로 서로 반향하게 될지도 모른다. 특히 철학사적 시야에서는 19세기의 맑스의 시대야말로 원래 가치론의 '탄생' 시기에 해당되었기 때문이다.

【 I 】 가치문제의 철학사적 시대상황

'존재론'이라는 용어를 최초로 사용한 것이 17세기 데카르트학파의 J. 클라우베르크라고 말해지듯이, '가치론'이라는 용어가 사용되는 것도 결코 오래된 일이 아니다. 플라톤 이래로 가치문제는 그야말로 철학*의 근본문제로서 탐구되면서도 '가치론'이 가치에 대한 이론으로서 자각적으로 받아들여지는 것은 19세기의 30년대 헤겔* 이후라고 말할 수 있을 것이다. 이 시대의 커다란 변동기를 거쳐 비로소 프랑스 혁명*에서 실제로 시작되면서도 그 후의 반동기로 인해 은폐되어 있던, 전통적인 기독교적 가치체계가 동요하는 모습이 나타났던 것이다. 그와 같은 동요가 확실히 드러나지 않으면 개개의 가치문제가 총괄되어 가치론으로서 자각되는 일은 무리한 것이 아닐까 생각된다. 이러한 가치체계의 동요는 사회생활 측면에서는 일반적으로 도덕관념 내지 도덕의식의 심리적인 변용으로서 나타나지만, 그와 같은 가치 사태가 이론상으로 집약되어 결국 세 가지 국면에서 분명히 그 모습을 드러냈다고 할 수 있을 것이다.

첫째로, 이교문제로 동요한 B. 볼차노의 종교철학적 영위가 주로 주목되지만, 그 뒤 곧바로 헤겔 좌파*의 생생한 활동이 종교철학, 역사철학, 법철학에서 전면적으로 전개되고, 특히 종교 비판에서 시작된 점이 주목된다. 그리고 둘째로, 자본주의*의 진전과 더불어 이전 세기의 애덤 스미스*로부터 시작된 경제학적 영위가 W. 페티에서 시작되는 노동가치설을 밀고나가는 형태로 맑스의 가치론에 이르게 되는 것이다. 그런데 셋째로, 로체가 철학적으로 가치나 타당(Gelten)이라는 개념을 제시하고, 그것이 신칸트학파의 가치철학으로 이어진다는 것은 철학사에서는 주지의 사실이다. 이 이면에 일체의 가치의 전환을 요구한 니체가 있다는 사실도 잊어서는 안 된다.

이상과 같이 19세기 전반기에 세 가지 국면을 매개로 하여 가치론의 '탄생'이 이루어졌다는 점에 올바르게 주목할 때 비로소 맑스의 가치론을 다시금 냉정하게 전체적으로 자리매김하여 받아들이기 위한 철학사적인 전제에 설 수 있다.

【 II 】 맑스 가치론의 문제사적 좌표

맑스 가치론은 (가치[1] 항목에서처럼) 경제적 가치론에 다름 아닌데, 그 계보에서 본다면 노동가치설*이며, 『자본』* 제1권에서 전면적으로 구축된다. 그러나 철학사적 시야에서 생각한다면, 경제학의 근본원리로 환원하는 것 자체가 근본적인 문제성을 드러내는 것이라고 말할 수밖에 없다. 가치문제의 철학사적 시대상황에 대해 밝혔듯이 당시는 기본적으로 가치론 그 자체의 탄생시기에 해당된다. 주지하는 바와 같이 맑스 자신은 종교 비판으로부터 시작되는 헤겔 좌파의 동향과 깊은 관련을 맺고 있었다. 그리고 그는 「헤겔 법철학 비판 서설」*(1844)에서부터 맑스 본래의 길을 걷기 시작했다고 말할 수도 있을 것이다. 하지만 곧바로 헤겔 좌파와의 결별이 찾아온다. 그것이 바로 엥겔스*와의 협동으로 이루어진 『독일 이데올로기』*(1845)이다. 그러고 나서 또한 급격하게 맑스·엥겔스에서의 철학으로부터 경제학으로의 전환이라 할 수 있는 사태가 프루동 비판의 『철학의 빈곤』*(1847)이라는 매우 상징적인 제목을 지니는 저작과 함께 분명해진다. 그것이 1848년 『공산당 선언』*에 의해 결정적으로 되고, 『정치경제학 비판을 위하여』*(1859)로 그 성과가 제시되었던 것이다.

이와 같은 과정을 바탕으로 우리는 지금까지 너무

치켜세운 나머지 오히려 그에게 폐를 끼친 것은 아닐까. 다시 말해 두 가지의 극복, 즉 맑스・엥겔스에 의한 헤겔 좌파의 극복과 철학의 극복을 그야말로 이데올로기적으로 시인하고 나아가서는 칭찬까지 한 것이다. 이제 그 까닭이 극복이라는 견해의 오류에 따른 것이라는 사실이 밝혀진 이상, 다시 한 번 19세기의 철학사적 상황 속에 재배치할 필요가 있다. 요컨대 여기서의 극복이라는 파악 방식은 사적 전개라는 관점에서는 진보사관이나 목적사관 등, 이데올로기에 의거해서만 정당화된다는 의미에서 매우 부적절한 시각으로 생각되는 까닭에, 한편으로는 헤겔 좌파와의 관계를 재고하고, 다른 한편으로는 철학과의 관계를 재고할 것이 요구된다. 그 결과 비로소 맑스 가치론의 문제사적 좌표가 올바르게 측정될 수 있을 것이다. ☞철학, 비판, 『독일 이데올로기』

㊟ 宇野弘藏, 『價値論』, 青木書店, 1965. トゥガリノフ(岩崎允胤 譯), 『價値とはなにか マルクス主義の哲學的價値論』, 大月書店, 1979. 良知力, 『ヘーゲル左派と初期マルクス』, 岩波書店, 1987. 石塚正英 編, 『ヘーゲル左派 思想・運動・歷史』, 法政大學出版局, 1992. K. フォールレンダー(井原糺 譯), 『カントとマルクス』, 岩波文庫, 1937.

—가미카와 마사히코(神川正彦)

가치법칙 價値法則 [(독) Das Wertgesetz]

맑스는 19세기의 사상가로서 그의 사회과학적 사고 안에 그 당시의 자연과학*(특히 생물학, 화학, 물리학)적 발상과 개념을 많이 받아들였다. '법칙'이라는 생각도 원래 자연과학에 그 기원을 지니는 것이며, '만유인력의 법칙'에서 나타나는 바와 같이 사물 안에서 단순한 인과율(내지 그 조합)로 환원된 보편적이고 객관적인 규율성을 보여주고자 하는 근대과학의 발상에서 유래한다. 맑스(그리고 특히 엥겔스*)는 그의 경제학적 저술에서 자본주의 경제 속의 다양한 사태를 '법칙'으로 파악하기 위해 이 개념을 자주 사용하고 있다. '가치법칙'도 그 중 하나다. 그러나 『자본』*에서 가치법칙론이 언급되고 있는 것으로 생각되는 첫 번째 장 '상품'에서는 의외로 가치법칙이라는 용어가 전혀 사용되고 있지 않으며—따라서 상품교환이 일정한 규율성을 따른다고 하는 '법칙적 정식화'는 행해지고 있지 않다—, 『자본』 전 3권을 통해서도 사용 사례는 극히 드물다. 이 용어가 가장 많이 사용되는 것은 제3권의 편집자인 엥겔스가 집필한 제3권에 대한 서문과 보충(제3권 간행 후에 집필, 현행판에서는 제3권의 마지막에 놓여 있다)에서이다. 이와 같이 중요한 서두의 '상품' 장에서는 상품들이 그 생산에 사회적으로 필요한 노동*의 양에 따라 교환된다는 점이 딱히 '법칙'으로서 명시되어 있지 않음에도 불구하고, 나중에 이 점이 상기된다든지 아니면 수정된다든지 하는 경우에 『자본』의 논술이 이를 때마다 '가치법칙'이 마치 이미 '법칙'으로서 완전히 정립되어 있는 것처럼 제시되고 있는 것이다. 『자본』 그 자체에서의 '가치법칙'은 이와 같은 형태로만 언급되고 있다. 게다가 전체를 통해 소수의 부분에 한정된다.

『자본』에서 가치법칙이 가장 크게 다루어지고 있는 것은 앞서 언급했듯이 제3권의 편집자 엥겔스의 집필 부분이다. 제3권이 간행되자 거기에 포함된 투하자본과 평균이윤의 합계에 의해 구성되는 생산가격*에 대한 맑스의 논의에 대해, 투하노동을 기준으로 한 가치법칙과 모순된다고 하는 비판이 나올 것을 예상하여 엥겔스는 이 문제에 대해 편자 서문에서 많은 말을 들여 『자본』을 옹호하고자 했다. 특히 제3권에 대한 실제 반향을 확인한 후에 집필한 '보충'의 '1. 가치법칙과 이윤'은 이 문제에 대하여 본격적으로 논의하고자 하는 것이었다. 그리하여 엥겔스는 "맑스의 가치법칙은 {……} 단순 상품생산의 전 시대에 걸쳐, 즉 자본주의적 생산형태에 의해 단순 상품생산이 변화될 때까지 일반적으로 타당하다. {……} 따라서 가치법칙은 5000년에서 7000년이라는 기간에 걸쳐 지배해온 것이다"[25b:1148]라고 말하여 『자본』 전체의 논리의 진행을 역사적 시간의 경과와 병렬시키는 이른바 논리=역사설을 주창하고, 이에 의해 가치와 생산가격 사이에는 이론적인 모순은 없다고 주장했다. 이러한 엥겔스의 설명은 가치법칙 이해의 유력한 전거가 되었다.

☞『자본』, 노동가치론, 가치[1], 자연법칙

참 Gérard Duménil, *Le Concept de loi économique dans ≪Le Capital≫*, François Maspero 1978.

–다케나가 스스무(竹永 進)

가치혁명 價値革命 [(독) Die Wertrevolution]

자본*의 생산의 유일한 목적은 잉여가치*의 생산과 취득에 의한 자본규모의 확대(축적)이다. 자본들은 이 과정*을 상호간의 치열한 경쟁*을 통해 수행한다. 상품*을 생산해서 판매하는 입장에 있는 자본에게 있어 시장*에서의 경쟁의 가장 중요한 수단은 가격* 인하다. 평균적인 이익을 얻으면서 판매하는 상품의 가격을 내리기 위해서는 상품의 생산 비용을 낮추어야만 하는데, 이를 위한 가장 중요한 수단은 생산조직의 합리화와 기계체계로 나타나는 생산기술의 진보다. 이처럼 끊임없이 상품의 가치*를 저하시키는 것이 자본주의*의 기본적 특징 중 하나다. 그렇지만 다른 한편으로 자본은 그 자체가 끝없이 자기 증식을 계속해가는 운동체이며, 그 모든 부분이 상품자본・생산자본・화폐자본의 각 형태 사이를 끊임없이 계속해서 이동한다. 이러한 각 형태의 전환 속에서 개별 자본은 상품에서 화폐*로의 형태 전환을 자신의 생각대로 제어하지 못하고, 그때마다의 시장의 상태에 따라서는 예기치 못한 판매조건을 받아들일 수밖에 없다. 상품이 팔릴 때까지 필요한 시간도 그 가운데 하나다. 이와 같이 자본주의적 생산은 상품가치의 끊임없는 저하 경향을 본질적으로 지니지만, 더 나아가 갑작스런 신종 원재료의 출현이나 신제품의 개발도 어느 시기까지 생산되고 있던 상품의 가치를 크게 변동시키는 요인으로서 존재한다. 자본이 자신의 형태 전환의 운동 속에서 그 상품형태와 관련하여 받게 되는 단시간의 커다란 가치변동을 가치혁명이라고 한다. 이로 인해 해당 자본의 재생산* 조건은 교란되게 된다. ☞기계제 대공업, 재생산, 가치[1], 가격

–다케나가 스스무(竹永 進)

간스 [Eduard Gans 1797-1839]

헤겔학파*의 중심인물 중 한 사람으로 법학자. 유대인 은행가의 아들로서 베를린*에서 태어나며, 베를린, 괴팅겐, 하이델베르크 대학*에서 공부하고 하이델베르크에서 헤겔*의 강의를 수강한다. 1825년에 기독교*로 개종하고, 이듬해 베를린 대학 법학부 원외 교수직에 취임한다. 당시의 베를린 대학 법학부를 석권하고 있던 사비니의 역사법학에 대해 헤겔의 철학적 법학의 입장에서 격렬하게 대항한다. 헤겔학파의 중심적 기관지『베를린 연보』의 발간・편집의 중심으로서 활약하고 최초의 헤겔 전집의 편찬에도 관여했는데, 그의 사상의 공화주의적 경향이 당시의 황태자에게 우려를 낳게 했다. 생시몽주의*에도 관심을 기울여 공장노동자의 노예상태와 '중간계급과 프롤레타리아의 투쟁'을 아소시아시옹*에 의해 극복하려는 그들의 구상을 지지했다. 이는 간스가 헤겔의 법철학 사상으로부터 읽어낸 방향이기도 했다. 1830년의 7월 혁명*에 공감을 표하고, 1837년의 괴팅겐 사건*(하노버 왕이 자유주의적 헌법을 파기한 것에 대해 항의한 7명의 교수가 파면된 사건)에서는 적극적인 지원을 표명했다. 맑스는 1836-37년의 겨울학기에 사비니의 '판덱텐(Pandekten)'과 간스의 '형법'을 청강했는데, 특히 간스의 형법 강의를 열심히 청강했다는 기록이 남아 있으며, 그로부터 깊은 영향을 받았다는 것이 지적되고 있다. 맑스의「역사법학파의 철학적 선언」(1842)은 사비니의 역사법학에 대한 근본적 비판을 의도한 것이다. ☞헤겔학파, 역사법학파,『법철학』, 괴팅겐 사건, 생시몽주의

참 Hans Günter Reissner, *Eduard Gans. Ein Leben im Vormärz*, Tübingen 1965. 堅田剛,『歴史法學研究』, 日本評論社, 1992.

–우부카타 스구루(生方 卓)

갈 [Ludwig Gall 1791-1863]

발명가이자 독일 최초의 사회주의자로 일컬어지는 인물. 프랑스 지배 시대에 교육*을 받은 갈은 프랑스 공화제의 신봉자가 된다. 프로이센에 병합된 트리어*에 온 갈은 경제위기에 빠진 트리어 시민의 구제를

생각한다. 그의 생각은 인구*의 급격한 증가를 식량 공급이 따라가지 못하는 이상, 넘쳐나는 인구를 외국으로 이동시킬 수밖에 없다는 것이었다. 그 결과 그는 미국 이주를 촉진하는 단체를 설립하고 그 자신도 미국으로 건너간다. 그러나 이민*에 의한 새로운 마을 만들기 계획은 실패하고 1820년 귀국한다. 그 경험은 『미합중국 여행』이라는 책으로 정리되어 널리 읽혔다. 미국에서 기계문명의 가능성을 알게 된 갈은 기계*에 의한 생산력 증대로 식량문제를 해결하려고 한다. 이리하여 그의 관심은 생시몽*이나 푸리에*에게로 향하며, 그는 독일에 최초로 사회주의 학설을 소개한 인물이 된다. 그래서 저술된 것이 『무엇이 도움이 될 수 있는가』(1825)이다. 그는 거기서 생산을 관리하는 아소시아시옹*을 주장하지만, 그와 동시에 기술개량 연구로 나아간다. 그것은 와인 제조법 개선을 위한 연구로서 『와인 개선에 대하여』(1826)라는 책으로 결실을 맺는다(맑스 가*에는 이 책이 있었다). 갈리지어렌(Gallisieren)이라는 포도를 달게 하는 방법은 개발자인 그의 이름을 딴 것이다. 얼마 안 있어 파리*로 가서 사회주의자와 만나 그 체험을 『나의 희망과 나의 활동』으로 펴낸다든지 아틀리에 운동의 잡지를 발간한다든지 한다. 또한 1848년 혁명* 중에는 헝가리로 가서 코슈트*와 교우를 맺는다. ☞트리어, 코슈트, 아소시아시옹, 생시몽, 푸리에, 미국 이민

참 的場昭弘, 『トリーアの社會史』, 未來社, 1986. H. Stein, Ludwig Gall, *Rheinisch-Westfälische Wirtschaftsbiographie*, Bd. 1, Heft 3, 1932. L. Gall, *Was könnte helfen?*, Trier 1825.

—마토바 아키히로(的場昭弘)

갈리아니 [Ferdinando Galiani 1728-87]

한계효용론의 선구(슘페터)라고도 일컬어지는 이탈리아의 경제학자. 금속주의에 입각하여 국가채무상환을 위한 완만한 인플레 정책을 제언한 『화폐에 대하여』(1750)에서 뉴턴-로크주의의 준재로서 등장했다. 1759-69년에는 프랑스 주재 나폴리 왕국 대사의 비서관으로서 파리*에 체재, '소 마키아벨리'라고 불리며 그 재기발랄함으로 살롱의 총아가 된다. 이임에 즈음하여 디드로에게 맡긴 『곡물거래에 관한 대화』(1770)에서 중농주의의 논적으로서 전 유럽에 그 명성을 날린다. 귀국 후에는 관계의 중진으로 자리를 잡았지만, 보수적인 국권주의를 신봉하여 제노베시(Antonio Genovesi)에게서 시작되는 나폴리 계몽개혁운동의 신세대와 대립했다. 18세기의 "가장 심오하고 가장 뛰어난 형안을 지닌 인물, 게다가 아마도 가장 더러운 인물"(니체)이라고 평가되고 있듯이 '계몽의 냉소주의(cynicism)'의 전형이라 할 수 있다. 맑스의 이탈리아 경제학 연구는 쿠스토디가 편집한 『이탈리아 경제학 고전저작가 논집』 전 50권을 바탕으로 하는데, 그 관심의 중심은 1853년의 발췌 노트 이래로 『화폐에 대하여』에 있으며, 『정치경제학 비판을 위하여』*에서는 6회, 『자본』* 제1권에서는 8회의 언급이 논지의 전개에 광채를 더하고 있다. 예를 들면, "다소간에 적절한 착상으로 상품*의 올바른 분석에 접근하고 있는 이탈리아의 경제학자들"[『경제학 초고・저작 1858-1861년』, 초 3:254]이라고 하여 그 책에서 "노고(fatica)만이 사물에 가치*를 부여하는 유일한 것이다"라는 부분을 인용하고, "노동*을 'fatica'라 부르는 것은 남국인의 특징이다"라며 야유한다. 그야말로 "세련되고 뛰어난 갈리아니 신부"[23b:838]의 필법이다. 또한 비코*를 상기시키는 "무한순환(infinito nel giro)"[초2:743; 23a:201]의 개념은 엥겔스*의 『자연변증법』*[20:546]에서도 보인다. ☞화폐

참 F. Diaz/L. Guerci (eds.), *Opere di Ferdinando Galiani*, Milano/Napoli 1975. 堀田誠三, 『ベッカリーアとイタリア啓蒙』, 名古屋大學出版會, 1996.

—오쿠다 다카시(奧田 敬)

감성 感性 [(독) Sinnlichkeit (불) sensibilité (영) sensibility]

철학적 용어로서는 칸트*에게서 확립된 것이지만, 포이어바흐*가 사변철학 비판에서 가장 중요시한 개념. 감성 개념에 대한 『경제학・철학 초고』*에서의 높은 평가 및 『독일 이데올로기』*에서의 비판*은 포이

어바흐 평가와 깊이 관련된다.

포이어바흐는 인간*의 유적 본질*의 자기대상화라는 시각에서 기독교*를 비판하는 가운데, 헤겔적 관념론을 신학*의 합리적 버팀목으로 보고 그 극복이라는 자세를 명확히 한다. 감성 개념은 추상에서 구체로 나아가는 사변철학적 전도를 바로잡는 요체가 된다. 철학*의 출발점은 현실적인 감성적 세계에 있다. 이로부터 나와 너의 구별, 주관과 객관의 구별에 입각하면서 나와 너의 통일, 사유와 생활의 통일이 전망된다[『미래 철학의 근본명제』].

맑스는 『경제학・철학 초고』에서 포이어바흐의 업적을 헤겔 철학의 극복으로서, 그리고 또한 "참된 유물론*과 실재적인 학(學)을 정초한"[40:492] 것으로서 높이 평가한다. 거기에 근본원리로서 "'인간에 대한 인간의' 사회적 관계"가 놓여 있다는 사실, 또한 "감성적이고 확실한 것"이 출발점에 놓여 있다는 사실에 유의한다. 자연*의 일부인 인간은 활동적인 자연존재이며, 감성적이라 함은 대상과 관계한다는 것이다. 그러나 인간은 자연존재에 머물지 않는 유적 존재이기도 한바, 그 사실을 보일 수밖에 없다[같은 책:501]. 역사는 유적 존재에 조응하는 자연의 생성 및 자연에 입각한 인간의 생성이라는 의의를 지니는데, 이 위에서 공산주의*가 구상된다. '인간적 본질'이 대상적인 모습으로 전개됨으로써 비로소 "주체적인 인간적 감성의 풍부함"[같은 책:462]이 가능해진다. 맑스는 포이어바흐의 감성 개념에서 인간의 활동성, 역사성을 읽어 내는 가운데 "하나의 전체적 인간"[같은 책:460]을 구상하고자 했다. 나아가 감성은 언어*, 예술, 과학*이나 산업의 기초에 놓인다. 그러나 포이어바흐주의의 자기점검을 거친 「포이어바흐 테제」*는 그가 감성을 실천으로서 파악하지 못한다고 비판한다. 여기에는 포이어바흐 평가의 전환이 개재되어 있다.

『독일 이데올로기』는 포이어바흐가 규정하는 감성적 세계를 현실적 개인들의 대(對)자연적인 동시에 상호-인간적인 생산적 활동에 의한 역사적 소산으로서 다시 파악한다. 이러한 관점은 친숙한 감성적 확지(確知)의 대상으로부터 자연과학*에까지 미친다. 이 책은 포이어바흐가 인간을 '감성적 대상'으로 한 것을 평가하지만, 그가 현실적 인간주의를 표방하면서도 현실적으로 활동하고 있는 인간에게 도달하지 못하고 "인간이라는 것"[廣20]의 추상물에 머무르는바, 감성은 결국 '철학자'의 '눈'을 통해서 고찰한다고 하는 영역에 머물러 있다고 말한다. 포이어바흐는 현실적인 것의 시금석으로서 감성의 입장을 내세웠다. 맑스의 현실성 개념은 이러한 감성 개념에 대한 비판을 거쳐 제시되고 있다. ☞포이어바흐, 『독일 이데올로기』

㉾ S. ラヴィドヴィッツ(桑山政道 譯),『ルードヴィヒ・フォイエルバッハの哲學—起源と運命』 上・下, 新地書房, 1983, 1992.

―다키구치 기요에이(瀧口淸榮)

개인 個人 [(독) Individuum (불) individu (영) individual]

개인을 나타내는 서구어는 그 라틴어 어원과 함께 글자 그대로 '나눌 수 없는 것'을 의미하는데, 그것은 이전에는 어떤 전체의 최소 구성단위를 의미했다. 이는 개인을 언제나 공동체*의 일원으로 자리매김하는 생각과 일치한다. 근대에 이르러 개별은 나눈다고 하는 것이 거기서 성립하지 않는 하나의 전체로서 생각되게 되고, 개인은 단독자, 대체 불가능한 실존을 의미하게 되었다. 이는 독립 소생산자 층의 대두에 조응하여 종교적으로는 신앙의 단독성을, 철학적으로는 자기의식의 확립을, 사회사상사적으로는 자기보존을 목적으로 하는 자유*를 각각 지향하는 것이었다.

맑스가 근대에서의 개인의 자유와 평등*을 추구하는 동향에 동조하는 자였다는 것은 말할 필요도 없다. 하지만 그와 동시에 그는 헤겔*과 마찬가지로 개별 내지 개인을 단독자로 생각하는 것은 추상적 단계에 지나지 않는다고 보고, 언제나 개별을 구체적 보편으로서, 개인을 사회적 존재로서 파악하고자 했다. 맑스에 따르면 개인들은 공동체 안에서 공동체에 의해 자신의 자유를 획득하는 것이며(『독일 이데올로기』, 廣126), 인간*의 본질은 개인들 안에 내재하는 추상태가 아니라 사회적 관계들의 총체이다(「포이어바흐 테제』, 3:4). 맑스는 감성적으로 파악된 포이어바흐*의 '인간'도, 그것을 실체*라고 하여 비판한 슈티르너*의 '유일자'와 함께 추상물에 지나지 않는다고 비판한다. 그리고 오늘날의 시민사회*=부르주아 사회를 개인 원리가 관철된 것으로 자리매김하고, 거기서는 개인의 생존이 궁극 목적으로 간주되어 활동과 노동* 및 내실 등은 수단에 지나지 않는 것이 되었다고 지적하고(『헤겔 국법론 비판』, 1:321), 부르주아 사회의 이기적 개인을 인간의 원자화로 파악한다(『신성 가족』, 2:125).

맑스와 엥겔스*는 『독일 이데올로기』*에서 개인의 실태를 다음과 같이 분석한다. 인류사 전반의 첫 번째 전제는 살아 있는 인간 개인들이지만, 그 개인들은 그들의 물질적 생산 조건들에 의존하고 있다[廣25]. 혹은 이 물질적 생산 조건들은 또한 개인들의 교통형태에 조응한다[같은 책, 136]. 하지만 이 교통형태는 화폐*에 의해 우연적인 것이 된다. 분업*의 진전에 따라 생산력이 개인들로부터 완전히 독립하여 현상하고, 개인들은 추상화된다. 그리고 노동은 자기활동의 모습을 완전히 상실하고 개인들의 생활을 불쾌하게 만드는 것으로 변한다. 이와 같은 결과를 가져오는 종래의 모든 생산관계들 및 교통관계들의 기초를 전복하고 일체의 자연적인 전제들을, 그것들을 결합시키는 개인들의 위력 아래 굴복시켜 개인들을 해방*하는 것, 그것이 공산주의*이다[같은 책, 134]. 혁명적 프롤레타리아에 의한 공동사회에서는 개인들의 자유로운 발전과 운동의 조건들은 그들의 제어 아래 놓이며, 각인의 자유로운 발전이 만인의 자유로운 발전의 조건이 되는 사회=아소시아시옹*이 실현된다[『공산당 선언』, 4:496]. ☞ 공동체, 자유

참 大井正, 『唯物史観における個人概念の探究』, 未來社, 1970. A. ヘラー(良知力・小箕俊介 譯), 『個人と共同體』, 法政大學出版局, 1976.

―시바타 다카유키(柴田隆行)

객체와 주체 客體—主體 [(독) Objekt/Subjekt]

맑스는 사상 형성기에 근대세계에 특징적인 이원적 분열에 눈을 돌려 그것을 지양한다고 하는 모티브를 종종 표명한다. 이는 맑스가 헤겔*의 사상권역에서 출발했다고 하는 사정과 무관하지 않다. 주관과 객관의 이원성에는 정신과 물질*, 자유*와 필연, 보편과 개별, 본질과 실존 등, 다양한 변형태들이 있다. 맑스는 헤겔의 모티브를 그대로 받아들인 것은 아니지만, 특히 인간*과 자연*의 관계를 의식하면서 헤겔・헤겔 좌파적 사상권역과의 결별을 표명하는 『독일 이데올로기』*에서 그 이원적 분열과 그 통일이라는 문제에 대해 독자적인 시각에서 응답한다.

맑스는 『신성 가족』*에서 헤겔의 '절대정신'을 자연과 정신 혹은 스피노자적 실체와 피히테적 자기의식을 모순에 찬 형태로 통일하는 것으로 보고 있었다[2:146]. 맑스는 절대정신이라는 형이상학적으로 개작된 인간 대신에 포이어바흐적인 "자연이라는 기반 위에 선 현실적 인간"을 내세운다. 이로부터 "주관주의와 객관주의, 유심론과 유물론*의 대립"[『경제학・철학 초고』, 40:463]을 지양하고, "관념론*이나 유물론과 다르고, 더욱이 그와 동시에 양자를 통일하는 바의 진리"[같은 책:500], "인간주의=자연주의, 자연주의=인간주의"가 제기된다. 자기소외와 그 지양이라는 역사적 전망 속에서 유적 존재*로서의, 그리고 노동*을 본질로 하는 인간에 의한 인간과 자연의 통일이 구상된다. 이리하여 공산주의*는 인간과 자연의 통일이라는 의의뿐만 아니라 "자유와 필연의, 개별과 유(類) 사이의 투쟁의 참된 해결"[같은 책:457]이라는 의의까지 지니게 된다.

맑스는 포이어바흐주의의 자기 점검을 통해 그의 '유적 인간'이라는 입장에서 헤겔・헤겔 좌파적인 발상을 간취함으로써 시각의 전환을 요구받게 된다. 이리하여 맑스(및 엥겔스*)는 정신과 자연의 통일이라는 테마와 관련하여 '철학적 전제들'로부터 자각적으로 벗어나 이 문제를 현실적인 장면에 입각하여 재검토하게 된다. "인간과 자연의 관계에 관한 중대 문제는 다음의 것을 통찰하면 저절로 파멸된다"[『독일 이데올로기』, 廣18]. 그 열쇠는 '산업'에 있다. 인간과 자연을 추상적으로 내세워 그 관계를 논의하는 헤겔 좌파적인 수법이 물리쳐지고, 대(對)자연적인 동시에 상호-인

간적인 활동으로서 이루어지는 생산적 협동에 입각하여 인간-자연관계가 추구된다. "감성적 세계는 역사적 생산물이다"[같은 책:16]. 의식*도 뇌수의 기능으로 환원하는 속류유물론적인 수법이 물리쳐지고, 본원적으로 이 관계태(關係態)에 뿌리박고 있는 대타(對他)-대사적(對私的) 관계에서의 의식으로서 다시 파악된다. 여기서는 독자적인 시각에서 주관과 객관의 이원성의 지양을 문제화하고 있다. 이원성을 지양하는 『독일 이데올로기』의 시각은 사회관·역사관의 장면에서도 관철된다. ☞『독일 이데올로기』, 자연, 과정

㊟ 廣松涉, 『物象化論の構圖』, 岩波書店, 1983. 中野徹三, 『マルクス主義の現代的探求』, 青木書店, 1979.

-다키구치 기요에이(瀧口淸榮)

검열(제도) 檢閱(制度) [(독) Zensur (영·불) censure]

검열제도는 나라에 따라 다르다. 프랑스의 경우에는 검열 자체는 없었으나 신문을 발행하는 경우에 (1) 보증금 제도, (2) 우편요금의 격차, (3) 인지세 제도에 의해 규제되고 있었다. 신문발행에 필요한 보증금은 2,400프랑, 때로는 10만 프랑에 달하는 경우도 있어서 사업 참여에 장벽이 되고 있었다. 그러나 실제로는 보증금을 내지 않고 출판하는 신문(『포어베르츠』[1]* 등 독일인 신문이 그 예)도 있었다. 나아가 검열은 아니지만, 국왕을 공격하면 불경죄를 물어 엄한 벌금과 금고형이 기다리고 있었다.

이에 반해 프로이센에서는 엄격한 검열이 있었다. 1819년에 프로이센에서는 내무성·외무성·문화성을 중심으로 검열제도가 확립된다. 신문을 통제하기 위해 22년부터 73년까지 계속된 제도는 신문인지 제도였다. 이것은 신문 1부에 대해 매년 국내 판매의 경우에는 1탈러, 국외 판매의 경우에는 1탈러 10그로센의 세금을 거두는 제도였다. 또한 25년부터는 출판물에 대해 1보겐 당 3그로센의 검열 수수료를 출판사가 지불할 의무가 부과되었다. 이러한 상황에서 20년대에는 신문이나 출판*은 정체했다. 예니*의 모친 카롤리네와 친했던 호이벨 가의 친척으로 출판업자인 페르테스는 라인에는 정치적 신문이 거의 없었다고 말하고 있다. 이러한 상황은 30년대에도 이어졌다.

상황 변화는 1840년대에 찾아온다. 그것은 프리드리히 빌헬름 4세*에 의해 시작되는데, 기본적으로 검열은 견지되긴 하지만 운용 측면에서는 느슨해진다는 것이었다. 이윽고 42년이 되면 저자가 독일에 살고 정치적 폭언을 하지 않겠다고 약속한 경우에 한해 청년독일파*의 금서도 해금되게 되고, 10월에는 20보겐을 초과하는 모든 서적의 검열이 폐지되었다. 이리하여 쾰른에서는 『쾰른 신문』*이 가톨릭 색채를 강하게 드러내면서 쾰른 교회투쟁*을 지지하는 신문이 되고, 42년에는 『라인 신문』*이 등장하게 된다. 그리고 같은 해 12월 메비센은 출판의 자유에 대해 주장하고, 라인 주 의회에서도 이 문제가 다루어졌다. 이리하여 라인 지역이 정치활동의 중심지로 대두하게 된다. 그러나 곧바로 그러한 움직임에 대한 반동이 곧바로 일어났다. 내무성으로 통괄된 검열업무는 더욱 강화된다. 학문이나 문학 영역에서의 검열이 완화되는 반면, 신문에 대한 검열은 강화되었다. 43년에 상급검열법원이 설립되어 『라인 신문』, 『라이프치히 신문』 등이 발매금지 처분을 당한다. 이리하여 정부계 신문으로서 『라이니셔 베오바흐터』*가 탄생하게 되지만, 라인 지역에서 이 신문은 결국 성공하지 못했다. 그리고 3월 혁명*과 더불어 『신라인 신문』*이 등장한다. ☞출판, 『라이니셔 베오바흐터』, 『포어베르츠』[1], 베스트팔렌 가, 청년독일파, 『쾰른 신문』, 『라인 신문』

㊟ *Histoire générale de la presse française*, tome Ⅱ, 1815 a 1871, Paris 1969. 的場昭弘 『パリの中のマルクス』, 御茶の水書房, 1995. A. Hermann, "Regierung und Presse am Rhein im Vormärz", in: *Historische Aufsätze*, 1927. A. Huth, *Pressfreiheit oder Censur*, Würzburg 1975.

-마토바 아키히로(的場昭弘)

게드 [Jules Guesde (본명 Mathieu Basile) 1845-1922]

프랑스의 사회주의자. 파리 코뮌*을 변호하는 신문 기사를 작성했다가 탄압을 피해 1871년 9월에 제네바

로 망명*했다. 에로 형사법원의 결석재판에서 5년 형을 받았다. 망명 중에 그는 맑스에게 반대하는 반권위주의자를 자임하고, 제네바에서는 바쿠닌*을 지지하는 '프로파간다 행동지부' 소속으로 송빌리에 대회에 출석해 서기를 맡았다. 1872년 봄부터는 로마로 옮겼는데, 헤이그 대회를 둘러싸고 툴루즈에서 맑스파의 당트레그와 브루스 사이에 벌어진 논쟁에서는 브루스를 지지했다. 이 시기의 그는 명백히 무정부주의적이었다[1873년 3월에 작성된 『쥐라연합 회보』(*Bulletin de la Fédération jurassienne ...*) 4월 15일호에 게재된 그의 기사 참조].

1876년 9월, 신문법 위반죄의 시효가 끝나면서 귀국하여 주간지 『에갈리테』(*L'Égalité*)를 창간・편집했다. 그 후 라파르그를 알게 된 것을 계기로 맑스주의*로 기울어 프랑스에 그것을 수입・소개하게 되었다. 1880년에 런던*으로 가서 맑스와 엥겔스*를 만나 맑스주의에 대한 신념을 굳힘과 동시에 라파르그와 노동당을 결성하여 강령을 기초・출판했다. 같은 해 11월, 맑스는 미국의 조르게에게 "게드는 우리 편이 되었다"라고 쓴다. 1904년 8월의 제2인터내셔널 암스테르담 대회에서 조레스의 '절충주의'에 반대했으나 대회 결의에 따라 조레스와 함께 통일사회당 창립에 힘을 기울였다. 그러나 제1차 세계대전의 발발과 더불어 국가주의적으로 되었다.

㉾ Jean Maitron, *Dictionnaire biographique du mouvement ouvrier français*, tome 4, Paris 1967. tome 12, Paris 1974. Jean Elleinstein (éd.), *Histoire mondiale des socialismes*, tome Ⅱ, Paris 1984.

—와타나베 고지(渡辺孝次)

게르첸 [Aleksandr Ivanovich Gertsen(Hertsen) 1812-70]

맑스가 "딜레탕트의 사회주의자"[「스테파노니와 인터내셔널 재론」, 18:80]라고 그 성격을 규정한 러시아의 급진적 사상가이자 망명활동가. 1829년에 모스크바 대학에 입학하자 오가료프 등과 급진적인 그룹을 결성하여 생시몽파를 연구하기 시작한다. 그 후 1840년대 초의 모스크바에서 슬라브파와 서구파로 나뉘기 시작하고 있던 급진적 지식인・사상가들 중에서 게르첸은 서구파의 지도적인 존재가 되었다. 그는 유형지인 우라지밀에서 모스크바로 돌아온 후 헤겔 철학을 연구하여 그 반동성을 깨달으며, 이후 헤겔 좌파*인 체시코프스키*의 역사철학에 주목하고, 나아가서는 동시에 유물론*에 친밀감을 자각해간다. 1850년에 최종적으로 러시아에서 망명*할 것을 결심하고, 1852년에 런던* 교외에 거주한다. 이듬해부터 인쇄소를 시작하고, 57년부터는 러시아어 신문 『코로코르』를 발행하여 조국의 농노해방 등을 호소하는 등 혁명적 프로파간다에 착수했다. 69년에는 파리*에 건너가 거기서 맑스가 지도하는 인터내셔널*에 주목했다. 그와 같이 맑스에 대해 관용적인 상황에 이르러 병사한 게르첸을 맑스는 다음과 같이 혹평하고 있다. "인터내셔널이 창립되기 약 10년 전에 나는 러시아의 범슬라브주의자 게르첸 씨와 나란히 어느 공개 시위집회에서 연설자로서 단상에 올라가는 것을 거절했다"[같은 책, 18:79]. 맑스는 게르첸이 "나에 대한 소문이 가득 실려 있는 책"[같은 책:80]을 유작으로 간행한 데 대해 화를 냈다. 그러나 맑스의 게르첸 이해에도 문제는 많았다. ☞러시아 사상, 『망명자 위인전』

㉾ ゲルツェン(金子眞彦 譯),『ロシヤにおける革命思想の發達について』, 岩波文庫, 1950. 森宏一,『19世紀ロシアにおけるユートピア社會主義思想』, 光陽出版社, 1994.

—이시즈카 마사히데(石塚正英)

『게젤샤프츠슈피겔』 [*Gesellschaftsspiegel*, 1845-46]

헤겔 좌파*의 모제스 헤스*가 엥겔스*의 협력을 얻어 편집하여 엘버펠트*의 베데커 사에서 발행한 2권짜리 서적. 부제는 '국민의 무산계급을 대표하여 현대의 사회 상태에 빛을 비추는 기관지'. 헤스는 영국에서 철도 건설이 절정에 달하고 독일에서 철도 부설 거리가 7,000킬로미터에 달한 1845년, 라인 지방의 공장노동자를 주요 독자로 하여 사회문제・노동문제에 관한 본격적인 정보지를 발행했다. 이 잡지의 사명은 각지에서 발생하고 있는 사회적 폐해에 대하여 통계자료* 등을 구사하여 파악하고, 사실에 기초한 논증으로 빈곤의 원인이나 배경을 확실하게 인식하는 것이었다. 현재 심각해지고 있는 문제들은 일시적인 감상이나 치유로 해결될 일이 아니다. "우리는 슐레지엔 폭동 때 온갖 신문과 잡지가 순식간에 이른바 사회주의*로 넘쳐나는 것을 보았다. 하지만 폭동이 잦아들자 빈민들은 다시금 얌전히 굶주리게 되었다"[헤스의 서문 「『게젤샤프츠슈피겔』 독자와 기고자에게」]. 헤스는 독일 각지와 스위스, 영국, 프랑스 각 도시의 노동운동 지도자와 사회주의자에게서 통신원을 모으고, 그들에 대해 "노동자의 정신적, 지적, 도덕적인 상태와 더불어 신체적 상태도 고찰 범위에 넣을"[같은 곳] 것을 요구한다. 1845년 2월, 헤스는 엥겔스, 쾨트겐과 함께 엘버펠트에서 노동자 집회를 개최하여 강연을 행하고, 잡지 발행뿐만 아니라 독일의 선진공업지대에서의 실천적인 활동에도 전력을 기울였다. ☞헤스

참 廣松涉, 『エンゲルス論』, 盛田書店, 1968.

—이시즈카 마사히데(石塚正英)

경건주의 敬虔主義 [(독) Pietismus (영) Pietism]

루터*의 종교개혁은 국민국가의 성립을 촉진했어야 함에도 불구하고 봉건적인 독일에서는 다수의 영방교회(Landeskirche)를 탄생시키고, 그것이 고정되어 영방절대주의의 뜻대로 위로부터의 근대화를 이루고 있었다. 경건주의는 넓은 의미에서는 "교회들의 내부에서 발생하는 교파(Sekte)의 이상에 대한 그치기 어려운 충동"(트뢸치)이라고 말해지고 영국의 퓨리터니즘의 각 파들과 메소디스트를 포함하지만, 슈페너의 『경건한 소망』(1675)에서 시작되는 독일 경건주의는 좁은 영방국가에 갇혀 있는 루터 정통파(영방교회)의 교조주의・관료화・교의의 스콜라화에 대한 반발로서 태어났다. 슈페너 자신은 '교회 내 교회'에 머물면서, 기독교*는 지식이 아니라 실천으로서 함께 모여 성서*를 읽고 사상의 수련을 행하며 신의 뜻에 따른 삶을 살아감으로써 루터의 초심으로 되돌아가 내적 인간을 건설하는 일에 힘을 기울였다. 그는 베를린*으로 가서 프로이센 교회 행정에도 관여했다. 실천적 지도자인 프랑케는 할레 대학 교수가 되어 고아원을 운영하기도 했다. 당초에 그것은 독립파(크롬웰)와 정신적 친근성을 지니며, 서남독일에서는 영국형 발전의 가능성을 지니면서 프로이센 절대주의에 의한 위로부터의 근대화 노선에 적합한 양분을 주고, 결국 거기에 흡수되어 그 첨병이 되기도 한다. 그러나 그 가장 좋은 부분은 '아름다운 영혼'(괴테)으로서, '계몽된 경건주의'라 불리는 사람들에 의해 독일 이상주의(칸트*)에서부터 낭만주의*(슐라이어마허, 『종교론』, 1799)에 이르는 사상의 저류를 물들이고 있었다. 북미 유학 중이던 우치무라 간조(内村鑑三)에게 절대적인 영향을 준 것으로도 알려진 애머스트 대학의 J. H. 실리 학장은 19세기 신경건주의의 대표자 톨룩으로부터 1852년 할레 대학에서 공부한 인물이었다.

슈타인-하르덴베르크 개혁에 의해서도 교회의 자립과 아래로부터의 의사형성은 이루어지지 못하고 오히려 권위주의적 영방교회의 성격이 강화되었다. 따라서 19세기의 각성운동인 신경건주의가 나설 차례였으나 귀족・관료를 담지자로 하여 다시금 영방교회에 편입되어간다. 수공업자・상인을 포함한 민중적인 서・남부 경건주의도 사회적으로 확산되지 못하고 사회문제에 등을 돌렸으며, 인간관계에서 이 운동과 가까운 지점에 있었던 청년 엥겔스*도 반발하며 떠나갔다. 신경건주의는 국내의 전도와 구제 사업에 힘썼지만, 자기형성보다 원조와 가족의 역할을 중시했기 때문에 기독교적 부조사상을 거부한 노동조합*을 이해할 수 없었다.

19세기 독일 프로테스탄티즘의 주류는 신학상의 합리주의와 자유주의 신학이었다. 종교*를 이성종교(=도덕*)로 환원한 칸트를 일면적으로 해석하여 그의 경건주의적 측면(모친과 학교를 통해 경건주의의 영향이 크다)을 무시하고 단조로운 계몽신학이 19세기의 40년대에도 침투함으로써 사람들이 교회에서 떠나는 사태가 벌어진다. 그 담지자는 교수・변호사・관료 등 독일 특유의 교양시민층인데, 독일 이상주의의 세

례를 받은 고답적인 시민은 신학적 합리주의에 만족하지 못하고 급진화하여 자유주의 신학을 일으켰다. 기독교를 근대문화에 적합한 것으로 만들고자 하는 교양층이 그 중심을 이루었기 때문에 민중에 대한 멸시는 피할 수 없었으며, 당시 목사의 양성・임명・인사권도 프로이센 정부가 장악하고 있었다. 여전히 국가*에 의존하고 있는 영방교회는 자발적인 종교운동을 민중들 속에서 발전시킬 수 없었으며, 새롭게 등장한 사회문제・노동자문제라는 절호의 기회에 또다시 응답할 수 없었다. 합리주의든 이에 반발하는 경건주의든 간에 그 속물성을 절실히 느낀 맑스와 엥겔스 등이 그것들을 현실의 개혁을 무산시키는 '아편'으로 보았던 것은, 후년의 맑스주의*에 의한 내면적인 것의 거부는 차치하더라도 그 자체는 오히려 이해할 만하다. 교양시민층의 지도에 의해 태어난 노동자교육협회*는 노동자를 종속적으로 보고 있었다. 그에 반발하는 자유종교가・빛의 벗*의 흐름, 그리고 무신론자들로부터 노동자운동이 시작되고 사회민주당에 이르는 과정에서, 사회생활의 격변에 이리저리 떠밀리기 시작한 민중의 내면생활을 지탱하고 그들을 사회개혁으로 향하게 하는 것은 존재하지 않았다. 영방교회에서 한 발짝만 밖으로 나가면 암흑의 진공상태였고 거기서는 자유로운 시민사회는 발견될 수 없었다. ☞신학, 계몽사상, 빛의 벗, 자유신앙교회

㊂ シュペーナー(堀孝彦 譯),「敬虔なる願望」,『世界教育寶典(キリスト教教育編) V』 수록, 玉川大學出版部, 1969. M. シュミット(小林謙一 譯),『ドイツ敬虔主義』, 教文館, 1992. 野田宣雄,『教養市民層からナチズムへ』, 名古屋大學出版會, 1988. 伊藤利男,『敬虔主義と自己証明の文學』, 人文書院, 1994.

-호리 다카히코(堀 孝彦)

경쟁 競爭 [(독) Konkurrenz (영) competition]

맑스는 주저의 제1초고를 『정치경제학 비판 요강』*(1857-58)으로서 집필하고, 이어서 그 최초의 두 장을 『정치경제학 비판(제1분책)』*(1859)으로서 출판할 무렵, 부르주아 경제 체제를 대략 다음과 같은 순서로 고찰할 계획을 가지고 있었다. 자본*, 토지 소유, 임금노동. 국가*, 외국무역*, 세계시장*. 최초의 자본에 관한 항은 더 나아가 자본 일반, 경쟁, 신용*, 주식자본*으로 구분되는데, 『요강』의 주된 이론구성은 이 가운데 자본 일반에 한정되며, 잉여가치*가 다수 자본의 경쟁을 매개로 하여 이윤*, 이자, 지대*로 분화되어 가는 원리는 아직 다루어지고 있지 않았다.

그럼에도 불구하고 『요강』의 맑스는 이미 "경쟁은 다수 자본 상호간의 교호작용으로 나타나 실현되는 자본의 내적 본성"[초2:23]이라고 하고, 더 나아가 "자본은 자기의 생산양식*의 포교를 국제적 경쟁에 의해 강요한다"[같은 책:528]며 자본이 자유경쟁을 통해 생산력을 증진시키면서 세계적으로 자본의 문명화 작용*을 끼친다는 것도 밝히고 있다. 동시에 자본의 자유경쟁을 인간적 자유의 궁극적인 발전으로 착각하는 어리석은 '환상'에 대해서도 비판을 가하고 있다[같은 책:410].

『자본』*에 이르면, 『요강』의 자본 일반의 체계에서는 제외되어 있던 다수 자본의 경쟁을 통해 잉여가치가 분화되어 가는 형태들이 체계적으로 해명되기에 이른다. 특히 산업 간의 자본 경쟁을 매개로 하여 생산물의 가치*가 생산가격*으로 전화되는 논리는 고전파 경제학*이 해결할 수 없었던 노동가치설*과 이윤율 균등화 원리의 원리적 관계를 밝히는 것이었다. 상업자본과 상업이윤, 신용제도와 이자의 형태와 기능도 이윤율을 둘러싼 자본들의 경쟁을 효율적으로 매개하여 가치법칙*의 현실적 관철 기구를 형성하는 것으로서 자리매김되어 해명된다.

산업 간에 이윤율의 균등화를 가져오는 자본들의 경쟁은 산업 내에서는 상이한 생산조건을 지닌 자본들의 생산물에 대해 동일한 시장가치 내지 시장생산가격을 형성하고, 뛰어난 생산조건에 의한 자본에게는 초과이윤을 가져온다. 생산조건의 우열이 기술에 의한 것이라면, 초과이윤은 맑스가 말하는 '특별잉여가치'를 그 내실로 하는데, 생산력의 발전을 추진하는 자본의 경쟁 동인이 되어 기술의 고도화 과정에서 개별 자본에게 경과적으로 취득되고는 사라져간다. 다른

한편으로 생산조건의 차이가 토지로 대표되는 독점 가능한 자연력에 의한 경우, 그것에 수반되는 초과이윤은 자본의 토지 임대료를 둘러싼 경쟁을 매개로 하여 차액지대로 전화됨으로써 이윤율 균등화의 원리가 관철된다.

자본의 자유경쟁은 고전파 경제학이나 신고전파 경제학이 상정하고 있듯이 효율적이고 조화로운 경제 질서를 일면적으로 초래하는 것은 아니다. 맑스는 경쟁이 자본축적*을 과도하게 촉진시켜 공황*이나 불황을 불러일으키며, 격렬한 투쟁 하에서 상호 가치파괴를 초래하는 불안정성을 내포하고 있는 측면에 대해서도 검토를 진행하고, 그 연장선상에서 신용제도나 주식자본의 투기적 파괴 작용에 대해서도 고찰을 행하고 있다. 시장원리에 의한 경쟁을 세계적으로 다시 강화하고 있는 현대 자본주의의 동태에 있어서도 맑스의 이러한 경쟁론은 참고할 만한 점이 많다. ☞가치법칙, 공황, 『정치경제학 비판 요강』, 『자본』, 신용, 생산가격, 이윤

참 久留間鮫浩 編, 『マルクス經濟學レキシコン1 競爭』, 大月書店, 1968. R. ロスドルスキー(時永淑 外 譯), 『資本論成立史』, 全4卷, 法政大學出版局, 1973.

—이토 마코토(伊藤 誠)

경제적 사회구성체 經濟的社會構成體 [(독) ökonomische Gesellschaftsformation (영) economic social formation]

【Ⅰ】개념

『정치경제학 비판을 위하여』* '서문'에 따르면, 생산양식*은 역사적 형성물인 사회의 경제구조, 즉 실재적 토대이며, 그 상층의 사회적 심급(사회적 의식 형태들)과 정치・법* 등의 이데올로기* 심급으로 이루어지는 상부구조를 조건짓는다. 이러한 토대와 상부구조의 복합체가 '사회구성체'이다. 이 개념은 자본가적 생산양식의 경제적 심급의 규정성을 중시한 경우에는 "경제적 사회구성체"[13:7]라고 말해진다. 맑스의 경제적 사회구성체 개념에는 두 가지 규정이 있다. 첫째로, 상부구조와 하부구조를 포함한 전체, 즉 경제적 사회구성체와 생산양식을 동일시하는 견해[같은 곳]이다. 둘째로, 지배적 생산양식과 종속적 생산양식들의 중층적인 접합관계로 이루어진 전체를 경제적 사회구성체라고 부르는 견해[같은 곳]이다.

'서문'의 핵심은 다음에 놓여 있다. 19세기의 영국 자본주의 사회를 전형으로 하는 근대 시민사회의 경제적 사회구성체는 영국의 안팎에서 과거에 역사적 단계들로서 존재했고 맑스의 동시대에도 여전히 현존하는 아시아적, 고전 고대적, 봉건적 생산양식들과 근대 부르주아적 생산양식의 중층적인 접합체로서 실재한다. 여기서는 계기적인 역사적 단계들의 사실(史實)이 문제되고 있는 것이 아니다. 영국 자본에 의한 식민지 인도로 대표되는 아시아적 생산양식*, 미국의 노예제 면화 플랜테이션 생산양식, 국내외에서의 봉건적, 영주제적 생산양식과 그 유제의 접합・재편성의 역사이론이야말로 그 주제인 것이다.

【Ⅱ】경제적 사회구성체 개념의 실상

『정치경제학 비판을 위하여』 '서문'의 경제적 사회구성체의 두 번째 규정은 영국 산업자본을 축으로 하여 세계적 규모로 전개되기 시작한 세계자본주의 체제의 동향을 시야에 둔 역사・구조분석의 성과이다. 19세기 후반에 영국 자본은 증권투자 형태로 사실상의 해외 직접투자를 식민지*와 외국의 기반시설에 전개하고 있었다. 영국 산업자본은 그것을 기반으로 주변 사회를 자신의 대공업을 위한 원료공급지 및 세계시장*으로서 접합하고 개발=착취*한다. 주변은 중심의 자본*에 의해 세계자본주의 체계로 편입되기 이전에는 몇몇 기존의 생산양식(공동체*, 지주제, 수공업, 자영업 등)이 역사적으로 자연스러운 사회적 분업관계를 유지하고 있었지만, 이 접합은 식민지 지배(세계경제로의 강제적 편입)로 인해 파괴되었다. 주변사회는 중심 자본에 의해 내적 경제 편성이 탈구(비접합)=개편되어 세계자본주의 체계에 종속적 생산양식들로서 직접적으로 편입된다. 이후 세계자본주의 체계는 선・비자본가적 생산양식들을 접합하는 유일한 경제적 사회구성체로서 수렴하는 내재적 경향을 갖는다. ☞생산양식, 이행논쟁, 영국 자본주의

참 I. ウォーラーステイン(藤瀬浩司 外 譯),『資本主義世界經濟 I 中核と周邊の不平等』, 名古屋大學出版會, 1987. S. アミン(野口祐 外 譯),『世界資本蓄積論—世界的規模における資本蓄積 ≪第1分冊≫』, 拓植書房, 1979.

–다카하시 마코토(高橋 誠)

『경제학 · 철학 초고 經濟學哲學草稿』 [Ökonomisch-philosophische Manuskripte, 1844년 집필]

【Ⅰ】 성립 배경

맑스가 본격적인 경제학 연구를 시작한 1844년의 파리 시절에 집필된 초고집. 당시 유럽의 선진적인 경제 · 사회 · 철학 사상이었던 영국 고전경제학, 프랑스 사회주의, 독일 고전철학의 비판적 섭취를 통해 획득한 노동소외론을 중심으로, 맑스 최초의 인류사관과 정치경제학 비판* 및 사회주의* · 공산주의* 사상이 나타난다. 맑스 사후에 오랫동안 미공개였지만, 1930년대에 그 전모가 구MEGA에 공간되어 많은 관심을 모은 초기 맑스의 대표적인 문헌 가운데 하나다.

그것은 세 묶음으로 이루어지며, 각각 '제1초고', '제2초고', '제3초고'라고 오늘날 불리는데, '제2초고'는 당시 거의 동시에 집필된 「밀 평주」*(맑스가 표시한 페이지로 S. XXXIII에서 중단)의 마지막 부분(맑스가 표시한 페이지로 S. XL-XLIII의 4페이지 분량)에 해당하고, '제3초고'는 그 바로 앞부분, 지금은 남아있지 않은 부분(S. XXXIV-XXXIX의 6페이지 분량)의 S. XXXVI 및 S. XXXIX에 대한 '보론'으로서 작성된 것으로 추정된다.

【Ⅱ】 제1 · 제2초고

'제1초고'는 내용적으로 전반부와 후반부로 나뉘는데, 전반부에서는 서두의 '자본*, 토지 소유, 노동*의 분리는 노동자에게 치명적'이라는 명제를 핵심 개념으로 하여 주로 스미스*의 『국부론』을 인용하면서 자본주의 경제의 발전에 수반하는 3대 국민소득인 임금, 자본이윤, 지대*의 변동을 분석함으로써 임금노동자*의 궁핍화*, 자본가와 지주의 구별 해소, 그리고 자본주의 '사회가 유산자와 무산노동자'의 양대 계급으로 분열 · 대립으로 수렴될 수밖에 없음을 밝히고 있다.

이를 이어받아 후반부에서는 이러한 '자본, 토지'의 생산수단과 '노동'자의 분리에 기초한 자본제 '사적 소유' 하에서의 임금노동자에게서 보이는 노동생산물 및 노동 그 자체의 소외*와, 그 이론적 귀결로서 인간*의 본질인 의식적(주체적) 사회적 존재의 소외, 그리고 그 결과로서의 인간 상호간의 소외라는 4가지 노동소외론을 전개하고, 따라서 이러한 자본제 '사적 소유'가 지양 · 극복되지 않는 한 임금의 인상 내지 평등*을 도모하더라도 그것은 노동 및 인간 소외의 해소로는 되지 않는다는 점을 지적하고(프루동 비판), 마지막으로 이러한 노동의 소외를 인류의 발전사 속에서 어떻게 자리매김할 것인지를 과제로 제기한다.

'제2초고'는 그 후의 맑스의 리카도*, 제임스 밀 등의 경제학에 대한 연구 성과에 서서 임금노동을 단순히 소외의 관점에 머물지 않고, 좀 더 경제학적인 내용에 입각하여 상품*으로서의 노동자관이나 생산 비용으로서의 노동임금론에로 비판적으로 전개한다. 또한 노동이나 자본이 자연적, 신분적, 정치적 요소로부터 해방* 내지 탈피하여 공업적 산업자본으로서 제패한 것을 '자본의 문명적 승리'로 파악하는 동시에, 그와 같이 순화된 산업자본과 부의 원천이라는 위치를 부여받으면서도 실은 소외되어 있는 임금노동자의 대립이 극단에까지 도달했을 때 그것은 이 자본제 '사적 소유의 관계'의 '몰락'을 의미하는 것으로 파악한다.

【Ⅲ】 제3초고

'제3초고'는 앞서 지적한 바와 같이 '제2초고' 바로 앞의, 지금은 남아 있지 않은 부분의 '보론'으로서 우선 쓰기 시작하는데, 앞서 파악한 산업자본 하에서의 임금노동과 자본의 관계, 그 대립과 몰락을 좀 더 원리적으로, 즉 '사적 소유의 주체적 본질'임에도 불구하고 '소유로부터 배제되어 있는 노동'과 '사적 소유의 객체적 노동'임에도 불구하고 '노동을 배제하고 있는 자본'의 '내적 대립의 발전된 모순'으로서, 따라서 이 모순의 '해소로 향하는 역동적인 관계'로서 파악한다. 이리하여 노동 및 인간 소외의 근거로서의 자본제 '사적 소유'의 지양 · 극복으로 관심을 이행시키고 있던 맑스는,

여기서 이미 '보론'의 틀을 뛰어넘어 약 9페이지에 걸쳐 공산주의・사회주의의 문제를 논한다.

즉, 우선 주로 프랑스를 중심으로 한 각종 사회주의・공산주의 사상을 비판적으로 전망하면서 맑스의 그것이 반문명적이자 사악한 평등주의가 아닐 뿐더러 국가사회주의도 아니고, 자본제 '사적 소유의 적극적 지양'으로서 자본주의 경제의 역사적 발전의 성과 위에 그 필연성으로서 산출되는 공산주의 운동이며, 그 결과로서 성립하는 사회주의 사회는 노동에서의 인간성의 회복, 인간의 창조성과 개성의 전면적 발전을 보증하는 사회임이 강조되는 것이다. 거기서는 앞서 언급한 「밀 평주」에서 전개한 인간의 주체성과 사회성이 소외되는 일 없이 실현되어 있는 인간 사회의 모습이 재현된다.

이어서, 이러한 노동 및 인간 소외 극복의 역사적 변혁으로서의 공산주의 운동론과 관련하여 헤겔*이 『정신현상학』*(1807)에서 전개한 의식*(인간 주체)의 대상 극복의 논리가 검토된다. 즉 맑스는 그 논리를 특별히 정신사적인 인류사론으로서 파악하는 동시에, 거기서 보이는 헤겔의 사변성을 포이어바흐*의 감성적 유물론에 기초하여 비판*하면서 사회적 존재로서의 인간이 소외의 형식을 통해 노동의 성과로서 형성된다고 하는 '부정의 부정'으로서의 변증법적인 노동 본질론으로 발전시키고, 그러한 관점에서 자본주의 사회와 그 극복으로서의 공산주의의 인류사적 자리매김을 시도한다. 또한 약 15페이지에 걸친 장문의 이 「헤겔 변증법 비판」과 나란히, 「밀 평주」와 마찬가지로, 그러나 좀 더 경제학적인 내용으로 욕구*, 생산(분업*), 교환의 양태를 중심으로 자본주의*와 사회주의의 비교를 행하고 있는 3개의 단편(11페이지 분량)이 남아 있다. 거기서는 '욕구의 체계'로서의 헤겔 시민사회론을 근거로 하여 소외된 형태에서의 인간 본질로서의 사회성의 실현이라는 시민사회론이 다시 부상하고 있다.

'제3초고'에서는 마지막으로 이상과 같은 『경제학・철학 초고』나 「밀 평주」를 바탕으로 하여 당시의 맑스가 첫 번째의 『정치경제학 비판을 위하여』*로서 어떠한 의도와 구상을 갖고 있었는지를 살펴보는 데서 귀중한 자료라고 말해야 할 '서문' 초고(2페이지 분량)가 기술되며, 이어서 이른바 '화폐의 물신성'을 전개하고 있는 단편(3페이지 분량)으로 끝나고 있다.

이 당시 의도하고 있던 맑스의 『정치경제학 비판을 위하여』는 안타깝게도 실현되지 않았지만, 위와 같은 『경제학・철학 초고』에서 드러난 노동소외론을 중심으로 하는 초기 맑스의 최초의 '정치경제학 비판' 구상이나 시민사회론은 이어지는 『독일 이데올로기』*나 후기의 『자본』*, 나아가서는 맑스의 미래사회상 이해에 하나의 불가결한 시각을 제공하는 것이라 말할 수 있을 것이다. ☞「밀 평주」, 『신성 가족』, 헤겔, 헤겔 좌파, 스미스, 시민사회

圖 細谷昻・畑孝一・中川弘 外, 『マルクス經濟學・哲學草稿』, 有斐閣新書, 1980.

—야마나카 다카지(山中隆次)

경험론 經驗論 [(영) empiricism]

인식이나 지식의 근거를 경험이나 관찰에서 찾는 철학적 입장. 이성주의나 합리주의가 인식의 근거를 이성*의 활동에서 찾는다는 점에서 지식을 선험적으로 간주하는 것과는 대조적으로, 경험론의 입장에서 지식은 후험적인 것으로 이해된다. 고전고대에 원자론적 감각주의를 주창한 데모크리토스나 중세에 보편의 실재를 부정하고 직각적 인식을 강조한 오컴 등의 주장이 선구적인 존재. 좁은 의미로는 주로 17세기부터 18세기에 걸쳐 영국에서 전개된, 대륙의 합리주의와 대조적인 계보를 말하며, 로크*, 버클리, 흄이 그 대표적인 사상가이다.

16세기 말부터 활약한 F. 베이컨은 이러한 좁은 의미에서의 계보의 선구자였다. 그는 『학문의 혁신』(1605)에서 중세 스콜라학으로부터의 쇄신을 꾀한 뒤, 『노붐 오르가눔』(1620)에서 종족・동굴・극장・시장이라는 네 가지 이돌라(환영, 우상)를 비판하는 논의를 전개했다. 아리스토텔레스*가 『오르가논』에서 제시하는 연역적 삼단논법은 편견이나 착오를 증폭시키는 사변

적인 극장의 이돌라에 다름 아니며, 지식을 확대하기 위한 올바른 방법으로서는 실험이나 경험의 축적으로부터 단순 매거를 넘어선 귀납법적인 추론을 지향할 필요가 있다고 주장했다.

지각을 둘러싸고 이성주의를 비판한 것이 J. 로크의 『인간지성론』(1689)이다. 그는 마음은 본래 타불라 라사(Tabula Rasa, 깨끗이 닦인 석판)라고 하여 케임브리지 플라톤학파와 데카르트 등의 생득관념론을 부정했다. 일체의 관념은 감각적인 경험과 반성에 의해 형성되는 단순 관념이든가, 그 복합에 의해 반성적으로 획득되는 복합 관념에 다름 아니라고 간주된다.

18세기 전반기에 아일랜드*에서 활약한 G. 버클리는 "존재한다는 것은 지각된다는 것이다"라는 단적인 표현으로, 지각되지 않는 물질이 존재한다는 것(외적인 실재)을 부정하고 경험주의적인 입장을 철저화했다. 그에 의하면 지각되지 않는 추상관념은 존재하지 않으며, 보편관념이란 동종의 무수한 개물들을 대표하는, 그 자체는 개별적인 하나의 관념에 다름 아니다. 버클리의 입장은 19세기의 리카도 가치론의 비판자로서 경제학사에 알려진 S. 베일리*가 주목한 것을 중계점으로 하여, 오늘날에는 기호론·언어론적인 관점에서도 주목받고 있다.

18세기 중반의 스코틀랜드 최고의 사상가라고도 말할 수 있는 흄은 『인간지성론』(1739-40)과 『도덕원리의 연구』(1751)에서 원초적 지각(original perception)으로서의 인상으로부터 그것의 "어렴풋한 이미지"로서의 관념이 도출되며, 이것이 기억, 창조, 사고, 반성, 상징의 도구가 된다고 주장했다. 이와 같이 인상과 관념이라는 두 종류로 이루어진 지각을 핵심어로 하여 인식의 구조를 보여준 점에서 관념을 핵심어로 한 로크와의 차이가 보인다. 꿈이나 능동적인 상상 등에서 신념이 발생하는 경우도 있지만, 흄은 이런 종류의 경험에 의해 뒷받침되지 않는 가설을 배제하고 감각과 반성을 통해 획득되는 지식에 의거하고자 했다. 그는 관념들 간의 관계를 지식으로서 체계화함에 있어 필연적인 결합과 개연적인 결합이라는 두 종류의 관계를 들었다. 이와 같은 흄의 논의는 모럴이나 지식의 선험적 성격을 정면에서 부정하는 것이었기 때문에 단지 회의주의적일 뿐만 아니라 무신론*이라고 간주되어 『인간지성론』이 출판된 당시에는 거의 받아들여지지 않았다.

영국 경험론의 계보는 그 후에 T. 리드 이후의 상식철학에 밀리는 경향이 있었다. 그러나 19세기 말 이후에 실증주의 인식론이 대두하는 가운데 특히 흄의 인식론*이 지식의 개연성의 관점에서 각광을 받게 되었다.

덧붙이자면, 독일 관념론의 사변적 경향을 지니는 맑스에게 있어 영국 경험론의 계보는 거리가 있었다.

㉾ D. Garrett/E. Barbanell (eds.), *Encyclopedia of Empiricism*, Westport, Conn. 1997.

—후카가이 야스노리(深貝保則)

계급 階級 [(독) Klasse (영) class]

일정한 생산관계·생산양식* 혹은 분업*의 전개에 규정되어 성립하고, 생산수단의 유무 내지 보유하는 생산수단의 종류에 의해 상호 구별되는 사회적 및 정치적인 집단들. 여기서 계급의 경제학적 규정을 생산의 발전단계에 결합시킨 것이 맑스의 독창성이다. 맑스는 1844년에 기초한 『경제학·철학 초고』*에서 자본제 사회에 성립하는 계급으로서 자본가와 노동자, 지주와 차지인을 들고 있다. 이 계급 구분은 『자본』*에서도 계승되는데[25b:1131], 44년의 초고 단계에서는 자신의 용어라기보다는 애덤 스미스*의 『국부론』에서 인용·차용한 형태로 '계급'이라는 술어를 사용하고 있다. 그리고 다음과 같이 요약한다. "이러한 결과로 자본가와 지주라는 구별은 사라져 없어지고, 이리하여 전체로서 노동자계급과 자본가들의 계급이라는, 인구*의 두 부류밖에 더 이상 존재하지 않는다"[40:425]. 이 초고에서 맑스는 계급의 성립을 소외*를 키워드로 하여 설명한다. 즉 본래 인간*은 유적 존재*인데, "소외된 노동은 인간으로부터 (1) 자연*을 소외시키고, (2) 인간 자신을, 바꾸어 말하자면 인간 자신의 능동적 움직임, 인간의 생활 활동을 소외시킴으로써 인간으로부터 유(類)를 소외시킨다. 그것은 인간에게 있어 유적 생활을 개인적 생활의 수단이게끔 한다"[같은 책:436].

맑스는 엥겔스*와의 공저 『독일 이데올로기』*의 '포이어바흐'라는 장에서 계급이 폐지된 미래 사회를 다음과 같이 묘사하고 있다. "공산주의 사회에서는 사회가 생산 전반을 규제하고 있고, 바로 그런 까닭에 가능한 것이지만, 오늘은 이것을, 내일은 저것을, 아침에는 사냥을 하고, 오후에는 낚시를 하고, 저녁에는 가축을 몰고, 그리고 식후에는 비판을 한다"[廣34]. 이처럼 목가적인 탈계급사회를 상정하는 맑스는, 그러나 계급의 폐지에 대해서는 결코 시인과 같은 발언을 하지 않는다. 1852년 3월 5일자의 바이데마이어*에게 보낸 서간에서 계급의 존재와 그 폐지에 대해 대략 다음과 같이 말하고 있다. 즉, 자본가 곧 부르주아지와 노동자 곧 프롤레타리아트와 같은 근대적 계급들에 주목한 것은 맑스가 처음이 아니라 종래의 부르주아 경제학자들의 공적이겠지만, 다음의 것은 맑스 자신이 증명했다는 것이다. "계급투쟁은 필연적으로 프롤레타리아트 독재*로 이어진다는 것", "이 독재 그 자체는 모든 계급의 폐지로, 계급 없는 사회로 나아가는 과도기를 이루는 것에 지나지 않는다는 것"[28:407]. 이리하여 맑스는 프롤레타리아트 곧 노동자계급에 대해 자신과 인류 총체의 해방*을 향한 세계사적 임무를 부여하는 것이다. ☞프롤레타리아트 독재, 룸펜 프롤레타리아트

참 淡路憲治, 『西歐革命とマルクス, エンゲルス』, 未來社, 1981.

—이시즈카 마사히데(石塚正英)

계몽사상 啓蒙思想 [(영) Enlightenment (불) Lumières (독) Aufklärung]

18세기 유럽을 지배한 지적 혁신운동으로 이성*의 빛에 비추어 낡은 지식과 구제도의 폐해를 철저하게 비판했다. 영국(특히 스코틀랜드), 프랑스, 독일의 계몽이 잘 알려져 있지만, 이탈리아, 스페인, 러시아 등 전 유럽적인 규모로 폭넓게 전개되었다. 영국 계몽은 베이컨의 경험론*에서 시작되어 로크*가 기초를 쌓았다. 로크는 생득관념에 철학적 사망진단을 내리고, 자연권론과 사회계약의 관념을 경험론의 틀에서 발전시켰다. 로크를 뒤이은 것이 샤프츠버리, 허치슨, 흄, 스미스* 등인데, 그들은 18세기 중반에 도덕철학, 역사, 법*, 경제, 수사학, 문학 등의 영역에 걸쳐 새로운 인간*과 사회에 대한 사고를 전개했다. 그들의 주변에는 케임스, 리드, 로버트슨, 밀러, 퍼거슨 등이 있었고, 그들 밑에서 새로운 세대를 짊어진 스튜어트*, 매킨토시 등이 자라나고 있었다. 영국 계몽은 다양한 활동 가운데 전체적으로 근대국가의 수립, 정치와 법의 혁신, 문명사 인식의 심화를 지향하고, 또한 상업사회를 둘러싼 '부와 덕'의 문제를 초점으로 하여 근대사회의 논리와 모럴을 제시했다.

프랑스의 계몽은 볼테르의 합리주의와 몽테스키외의 상대주의를 선구로 하여 디드로, 달랑베르가 편찬한 『백과전서』(1751-80년 간행)로써 전성기를 맞이한다. 전체적으로 감각론 · 유물론*을 철학적 기조로 하며, 무신론*이나 이신론에 기초한 종교적 관용론을 전개했다. 또한 인간과 자연*의 모든 영역에 걸쳐 자연주의적이자 기술주의적인 인식을 수립하여 보급하고자 했다. 이성에 대한 신뢰는 진보 관념과 결부되며, 중농주의자와 튀르고*는 농 · 공 분업에 의한 부유화 위에서 문명과 학문이 개화해간다는 인류사를 전망했다. 정치적으로는 계몽적 전제론을 기본으로 했지만, 그 틀 안에서도 합리주의 관료에 의한 통치를 구체화하고자 한 중농주의자와 이코노미스트, 몽테스키외적인 제한군주제론, 자연법론을 민주주의화한 디드로적인 조류 등 다양한 전개가 있었고, 그 변이로서 루소*의 인민주권론이 출현했다. 독일에서는 프로이센 국왕 프리드리히 2세, 러시아에서는 에카테리나 2세의 지지를 얻어 18세기 후반에 각각 계몽사상이 개화했다. 독일 계몽은 라이프니츠*와 나아가서는 볼프*와 토마지우스의 뒤를 이어 바움가르텐, 레싱*, 멘델스존, 칸트* 등이 이성적 인식, 합리주의, 종교적 관용론 등을 전개했다.

맑스는 예를 들어 『신성 가족』*에서 계몽사상을 초기 부르주아지의 사상으로 파악하고 있는데, 한편으로 그 사회성 파악을 평가하면서도 다른 한편으로 노동*과 역사형성 과정에 대한 인식의 결여를 지적하고

있다. ☞스미스, 루소, 칸트, 라이프니츠, 유물론

참 E. カッシラー (中野好之 譯),『啓蒙主義の哲學』, 紀伊國屋書店, 1962. P. ゲイ (中川久定 外 譯),『自由の科學 Ⅰ・Ⅱ』, ミネルヴァ書房, 1986.

–안도 다카호(安藤隆穗)

계절협회의 봉기 季節協會—蜂起 [(불) insurrection de la Société des saisons]

1839년 5월 12・13일에 비밀결사* '계절협회'가 정치권력 탈취를 위해 일으킨 무장봉기. 블랑키주의를 상징하는 사건으로 알려진다.

【Ⅰ】 협회의 조직

1834년의 결사금지법 때문에 지하활동을 할 수밖에 없게 된 공화파의 일부는 비밀결사인 '가족협회'를 조직하는데, 36년 화약밀조 사건으로 지도자가 체포되었기 때문에 괴멸하며, 그 발전적 조직으로서 37년에 만들어진 것이 마찬가지로 비밀결사인 '계절협회'이다. 왕정타도와 공화정 혁명 권력의 수립을 목적으로 했다. 7명으로 이루어진 '주'를 기초 단위로 하여 이를 '일요'가 지도한다. '주'가 네 개 모여 '월', '월'이 세 개 모여 '계절', '계절'이 네 개 모여 '년'을 구성한다. 각 단위의 지도자가 다른 동급 단위의 지도자를 알고 있을 뿐, 전체 구성은 회원에게도 비밀이다. 39년 당시에 세 개의 '년'이 있었다고 하며, 블랑키*, 바르베스*, 마르탱 베르나르가 이를 통괄했다.

【Ⅱ】 봉기의 경과

봉기가 계획된 것은 몰레 내각이 퇴진(1839년 3월)한 후의 정치적 공백기이자 전반적 불황기였다. 5월 12일 아침, 소집명령이 발동되어 오후 3시경에는 200~300명이 모이며, 얼마 안 있어 500명 규모가 되었다. 총포점에서 대량의 총과 탄약을 탈취한 후에 시청사로 밀고 들어가 여기서 임시정부의 각료 명부가 발표되었다. 다만 일반민중은 봉기자의 호소에 거의 반응하지 않아 봉기 집단은 고립되었다. 오후 4시에는 헌병대가 결집하기 시작하고 국민군과 정규군도 이에 가담하여 오후 10시 반경에는 바리케이드가 해제되었다. 13일에는 소규모 전투가 일어났을 뿐이다. 그 결과 군 측 20명 이상, 봉기 측 60명 이상의 사망자를 냈다. 체포자는 사건 후의 일제 검거로 약 700명에 이르렀다. 블랑키, 바르베스에게는 사형(후에 감형), 베르나르에게는 국외 추방형이 내려졌다. 덧붙이자면, 이 봉기의 실패는 파리*의 의인동맹에게도 영향을 주어 샤퍼*는 런던*으로 망명*하고, 바이틀링*은 스위스로 활동 거점을 옮기게 된다.

【Ⅲ】 봉기의 성격

체포자와 사상자 리스트를 보면 봉기의 참가자는 압도적으로 숙련노동자층이었음을 알 수 있다. 평균 연령은 20대 후반이고, 지방출신자가 60% 이상으로 많으며, 약 10%가 외국인으로 국적도 다양하다. '인권협회'(1832년)가 노동자를 대량으로 조직 내에 편입시켜 조직 확대를 꾀하고 공화파 운동과 노동운동의 접합을 시도한 것을 생각하면, '계절협회'는 비밀결사라는 형태로 이 접합을 심화시킨 것으로 생각할 수 있으며, 단순한 봉기주의와는 다른 블랑키주의*의 의의를 환기시킨다. 또한 이 봉기의 실패는 공화파에게 '40년의 전회(轉回)'라 불리는 의회주의로 기울어지게 함으로써 시대의 전환점이 되었다. 노동자운동이 '노동자 아소시아시옹*'으로의 방향성을 발견하는 것도 40년이다. ☞블랑키[1], 바르베스, 비밀결사, 7월 왕정기의 프랑스, 블랑키주의, 노동자 아소시아시옹

참 ブランキ(加藤晴康 監譯),『革命論集』, 彩流社, 1991. ジェフロワ(野澤協・加藤節子 譯),『幽閉者—ブランキ傳』, 現代思潮社, 1973. Société d'histoire de la révolution de 1848 et des révolutions du XIXe siécle (éd.), *Blanqui et les blanquistes*, Paris 1986.

–다카쿠사기 고이치(高草木光一)

『고대사회 古代社會』 [*Ancient Society or Researches in the Lines of Human Progress from Savagery through Barbarism to Civilization*, 1877]

미국의 인류학자 루이스 헨리 모건의 주저. 모건은 인류학자가 되기 전에는 변호사・사업가이자 미국

선주민의 교육 진흥을 목적으로 한 결사 '고르디우스의 매듭'의 멤버였다. 그는 그 결사의 활동을 통해 미국 선주민과 알게 되고, 신뢰를 얻어 이로쿼이 부족의 조사 · 연구를 심화시켜 『이로쿼이 동맹』(*League of the Ho-de-no-sau-nee or Iroquois*, 1851)을 저술했다. 그 후 뉴욕 주 선출 하원의원(1861-68년), 상원의원(1868-69년)으로 활약하면서 그 연구를 『인류의 혈연 · 인척 제도』(*Systems of Consanguinity and Affinity of the Human Family*, 1870)로 좀 더 발전시킨 다음, 『고대사회』 및 그 제5편으로서 구상한 『미국 선주민의 주거』(*Houses and House-Life of the American Aborigines*, 1881)에서 미국 선주민에 관한 조사 · 연구를 집대성했다. 『고대사회』(『미국 선주민의 주거』를 포함)의 특징은 미국 선주민의 역사와 생활의 구체적인 관찰 · 조사 · 연구에 의거하면서 그 결과를 미국 선주민에만 그치지 않고 인류의 생활 발전사로서 고찰했다는 점에 있다. 1877년에 방미한 러시아의 젊은 인류학자 M. 코발레프스키*는 이 책에 주목하여 구입하고 맑스에게 소개한다. 맑스는 고대의 공산제 사회와 민주주의*의 모습을 실증적으로 묘사한 이 책에 감동하여 상세한 발췌(「고대사회 노트」 1880-81)를 작성한다. 맑스 사후 엥겔스*는 맑스의 그 유고를 발견하고 감격, 그것을 바탕으로 맑스의 '유언 집행'이라는 생각을 담아 『가족, 사유재산 및 국가의 기원』*(1884)을 저술했다. ☞코발레프스키, 『가족, 사유재산 및 국가의 기원』

㊟ モルガン(青山道夫 譯), 『古代社會』(上 · 下), 岩波文庫, 1961. クレーダー 編(布村一夫 譯), 『マルクス古代社會ノート』, 未來社, 1976. 「モーガン『古代社會』摘要」, 『マルクス · エンゲルス全集補卷 4』 수록, 大月書店, 1977. エンゲルス(戶原四郎 譯), 『家族 · 私有財産 · 國家の起源』, 岩波文庫, 1965.

—이토 나리히코(伊藤成彦)

고전경제학 古典經濟學 [(영) classical political economy; classical economics (독) klassische (politische) Ökonomie]

【Ⅰ】 협의의 정리—영국 고전파 경제학

역사상의 경제이론 중에 무엇이 고전적인 경제학이고 누가 여기에 분류될지에 대해서는 딱히 정설은 없다. 가장 좁은 의미로는 보통 고전파 경제학(classical political economy)으로 번역되는 경우의 스미스* 이후 리카도*, 맬서스*, J. S. 밀*까지의 영국 경제학을 가리킨다. 그들은 산업혁명*을 거친 영국을 모델로 삼아 근대사회를 자본가 · 지주 · 임금노동자*라는 3대 계급으로 구성된 경쟁적인 상업사회라고 보는 점에서 공통적이다. 계급관계에 대한 견해나 사회의 미래상이 낙관적인가(스미스) 비관적인가(밀) 하는 차이는 있지만, 이 학파는 상업사회의 경제구조를 생산, 분배, 교환, 소비*의 관점에서 분석하여 주로 가격이론 · 분배이론 · 자본축적론을 발전시킴으로써 이후의 경제이론의 원형을 만들었다. 또한 자유주의적인 경제정책을 지지 내지 주장했다.

【Ⅱ】 광의의 정리들

19세기 초두에 프랑스에서도 영국 고전파 경제학에 대응하는 이론 구성을 지닌 세이*나 시스몽디*가 등장했다. 세이의 수급균형론, 자본이론, 기업가론은 영국의 리카도파의 경제학과 J. S. 밀에 커다란 영향을 주었다. 시스몽디는 영국에서는 맬서스 이외에 의해서는 받아들여지지 않았지만, 거시 균형론의 선구가 되는 재생산론과 계급대립과 결부된 공황론 등은 현대의 근대경제학, 맑스 경제학 쌍방으로부터 재평가되고 있다. 이와 같이 가장 표준적으로는 영국과 더불어 프랑스의 19세기 중엽까지의 이들 경제학자의 이론을 고전파 경제학이라 부르고 있다.

또한 1860년대까지 영국 고전파 경제학에 대한 대항이론으로서 산업화의 진전에 따른 계급대립의 격화와 빈곤화, 주기적 공황의 발생 등에 의한 사회문제에 대한 대처를 염두에 둔 경제이론이 태어났다. 빈부의 확대를 산업화와 도시화의 결과로 간주하고 상업사회에 대한 강한 비판을 특색으로 하는 영국, 프랑스, 독일의 초기 사회주의 경제이론이 그것이다. 또 하나의 대항이론이 역사적 방법에 입각한 경제이론이다. 리카도를 비판한 리처드 존스*가 영국에서는 저명하지만 대표자는 독일의 리스트*이며, 19세기 후반 이후 독일 역사학파로서 발전했다. 리스트는 고전파적인 경제적 자유주의를 무역에서도 받아들일 경우에는 후진국 독일의 경제적 자립은 있을 수 없다고 생각하고 보호주의를 주장했다. 영국 고전파 경제학을 포함해 19세기 중반까지의 이상과 같은 모든 경제학을 고전적인 경제이론(classical economics)으로 간주하는 가장 넓은 의미의 정리도 보인다.

【Ⅲ】 근대 경제학에서의 정리

근대 경제학에서 고전적인 경제이론이라고 하면 케인즈가 『일반이론』에서 비판의 대상으로 삼은 리카도, 밀, 마샬, 피구 등의 이론을 가리킨다. 수요이론에서 공급은 그 자체의 수요를 낳는다는 '세이의 법칙'을 전제로 하고, 임금이론에서 임금*은 노동*의 한계생산물과 대등하며 임금의 한계효용과 노동의 한계불효용은 대등하다는 두 가지 공준(公準)을 채택하고 있기도 해서 그들은 케인즈에 의해 일괄적으로 고전파라고 불렸다.

【Ⅳ】 맑스에 의한 정리

맑스는 『정치경제학 비판을 위하여』*(1859)에서 다음과 같이 고전파 경제학의 성과를 개괄했다. "상품*을 이중 형태의 노동으로 분석하는 것, 사용가치를 현실적 노동 또는 합목적적인 생산 활동으로, 교환가치를 노동시간* 또는 동등한 사회적 노동으로 분석하는 것은 영국에서는 윌리엄 페티에서, 프랑스에서는 보아규베르에서 시작되어 영국에서는 리카도로, 프랑스에서는 시스몽디로 끝나는 고전파 경제학의 1세기 반 이상에 걸친 연구의 비판적 최종 성과다"[13:36]. 또한 『자본』*(1867)에서는 다음과 같이 규정했다. "나는 W. 페티 이래의 부르주아적 생산관계의 내적 연관을 탐구하는 경제학 모두를 속류경제학*과 대립시켜 고전파 경제학이라 부른다"[23a:108-109]. 일본에서는 맑스의 이러한 정리를 바탕으로 고전'파'가 아니라 '고전'경제학이라 칭하는 경우가 있는데, 본 항목의 표제어도 그 예이다.

맑스는 프랑스를 중심으로 한 초기사회주의 사상을 계승하여 19세기 후반의 상업사회를 비판할 때 그 사회 시스템을 자본주의*라고 특징짓고, 빈곤과 계급 대립을 낳는 부정의 근원을 자본가에 의한 노동자의 잉여노동*의 착취*에 있다고 간주했다. 사상적으로는 헤겔*이 중시하는 정신적 노동을 인간*의 자기실현 과정*으로서의 현실적인 노동으로 바꾸어 읽고, 이론적으로는 영국 고전파 경제학의 구체적 노동의 투입량에 의한 가격결정론을 사회적 평균으로서의 추상적 인간노동의 투하노동가치론으로 재편했다. 맑스가 말하는 상품의 두 요인 가운데 사용가치(자연적 유용성)가 아니라 가치*(가격*으로서 나타나는 보이지 않는 본질)에 대응하는 실체를 사회적・추상적인 노동으로 간주하는 방법은 포퍼가 말하는 본질주의(essentialism)이다. 표층으로서의 현상 배후에 가로놓여 있는 본질적인 실재를 서술하는 것이 과학적 이론이라는 본질주의에 입각하는 맑스 입장에서 보면, 노동에 자리 잡고서 생산관계의 보이지 않는 "내적 연관을 탐구하는 경제학"이야말로 과학*으로서의 고전경제학이게 된다. 따라서 맑스에게 고전경제학의 담당자는 착취를 이끄는 이론인 노동가치론*의 선구자이기도 하며, 페티 등 이외에 스튜어트*, 스미스, 케네*, 튀르고*, 프랭클린 등을 들고 있다.

맑스가 고전경제학을 가장 높이 평가하는 것은 상품가격의 결정 요인을 생산에 소비된 노동시간으로 환원하는 점이다. 역으로 자본주의를 주어진 영원한 것으로 바라본데다가 노동과 노동력의 구별, 노동의 이중성의 파악 및 가치형태의 정립에 실패했다고 주장한다[23a:107-109]. 그러나 페티의 관측 가능한 사실에서 출발하는 경험론*, 스미스의 4단계론에서 보이는 역사주의, 세이의 경제학 방법론으로서의 실증주의, 리카도의 연역적 방법과 비교생산비설, 지대론, 밀의 사회주의론, 많은 논자에게서 볼 수 있는 자유경쟁과 수급론 등, 맑스의 비판에도 불구하고 고전경제학 내지 고전파 경제학은 현대경제학까지 이어지는 경제이론의 보고로서 독자적인 의의를 지금도 여전히 지니고 있다. ☞스미스, 리카도, 맬서스, 밀, 시스몽디, 세이, 노동가치론, 시장

㉊ 早坂忠・時永淑 編, 『古典派經濟學研究』 I-IV, 雄松堂出版, 1984-87. S. ホランダー(千賀重義 外 譯), 『古典派經濟學』, 多賀出版, 1991. 米田康彦 外, 『勞働價値論とは何であったのか

—古典派とマルクス』, 創風社, 1988.

–아리에 다이스케(有江大介)

고전주의 문학[독일]古典主義文學[獨逸] [(독) Deutsche Klassik]

18세기 말에서 19세기 초에 걸쳐 일어난 사조. 고전주의는 문학 이외에 거의 동시기의 철학* 등에서도 볼 수 있다. 문학은 바이마르가 중심이었기 때문에 '바이마르 고전주의 문학(Weimarer Klassik)'이라 불리기도 한다. 기간은 괴테와 실러가 우정을 나누며 서로 협력한 약 10년간(1794-1805년)을 가리키며, 그에 선행하는 괴테의 이탈리아 여행(1786-88년)까지 거슬러 올라가 포함시키는 경우도 있다.

【Ⅰ】용어의 유래와 선구자

Klassik이라는 말은 최상급 계급을 가리키는 고대 로마의 라틴어 classicus에서 유래하는데, 훗날 문학에 전용되어 유럽 각지에서 고대 그리스 및 로마의 고전문학 그 자체와 그것을 모범으로 하는 문학 사조를 나타내는 말로 사용되게 되었다. 독일에서는 다른 나라들보다 조금 늦게 18세기 중반의 미술사가 빙켈만의 『회화와 조각에서 그리스 작품의 모방에 관한 고찰』에서 고전주의적인 예술관의 시초를 찾을 수 있다. 이 무렵의 바이마르에서는 안나 아말리아와 그의 아들 칼 아우구스트가 시대를 대표하는 수많은 문화인들을 초대하여 그 궁정은 '뮤즈의 궁정'이라 불렸다. 여기에 모인 헤르더, 빌란트 등은 조화(Harmonie)와 인간성을 지도 이념으로 하여 고전주의의 선구가 됨으로써 일개 지방도시인 바이마르를 독일 문화의 중심지로 끌어올렸다.

【Ⅱ】괴테와 실러

바이마르 궁정의 갑갑함에서 벗어나 약 2년간 이탈리아를 여행한 괴테는 거기서 고대 로마의 고전문화와 북국 독일에서는 볼 수 없는 남국의 단순명쾌한 생활상, 청명한 기후풍토를 접하고 세계관 및 예술관의 전환을 꾀하게 된다. 그는 이탈리아에서 인간의 근원적인 모습을 눈에 보이는 형태로 파악하고자 노력하는데, 그 일단은 문학뿐만 아니라 자연과학* 연구로 향했던 것에서도 드러난다('원식물[原植物, Urpfanze]'의 개념, 뉴턴과는 다른 광학·색채론, 동물학 등). 그가 지향한 것은 자연*을 유기적이고 통일적으로 파악하는 것이었다. 또한 편협한 내셔널리즘을 배척하고 세계시민으로 나아가는 길을 자각했다('세계문학'의 개념). 문학에서도 그리스 고전에서 소재를 가져온 희곡 『타우리스 섬의 이피게니에』(1778) 등에서 고전문학의 운율법을 사용하는 표현형식을 획득. 1787년에 바이마르로 이주한 실러도 같은 무렵 고대문화와 접촉하고, 에우리피데스의 희곡 두 편의 번역과 시 『그리스의 신들』(1788)에서 고전주의로의 길을 걷기 시작한다. 1794년 괴테와 실러는 쌍방의 자질의 다름을 서로 인정하면서 우정을 맺는다. 두 사람이 공동 작업을 함으로써 바이마르 고전주의는 그 두 사람이 중심이 된다(두 사람의 왕복 서간집이 증언). 괴테는 실러의 권유로 교양소설 『빌헬름 마이스터의 수업시대』를 완성하고(1795), 『파우스트』의 작업도 재개한다. 전자는 주인공의 인간형성 과정을, 즉 시민사회*에서의 개인*이 조화로운 인격으로서 성장하는 것을 주제로 하는데, 이후의 독일 소설의 모범이 되었다. 1796년 두 사람은 2행 시집 『크세니엔』에서 첫 공동 집필을 하게 된다. 이듬해에는 두 사람의 '발라드의 해'로 그리스풍의 헥사메터(hexameter, 6보격)를 구사한 이야기 시(발라데)를 탄생시킨다(괴테의 『마법사의 제자』, 『코린트의 신부』, 실러의 『이비쿠스의 두루미』, 『인질』, 『잠수부』 등). 실러가 발행한 『호렌』(*Horen*), 『문예연감』(*Musenalmanach*)이나 괴테의 『프로필렌』(*Propylaen*)이 바이마르 고전주의의 주요한 기관지다. 실러는 그것들에 많은 이론적인 저작을 발표(『우미와 존엄』 1793, 『인간의 미적 교육에 대하여』 1795, 『소박한 문학과 감상적 문학에 대하여』 1795/96), 이것들이 이론적 지주가 된다. 1797년 괴테가 서사시 『헤르만과 도로테아』를 완성하고, 여기서 프랑스 혁명*에 대한 대응으로서 건전한 시민정신을 추구한다. 실러는 고전주의적 희곡을 잇달아 발표하며(『발렌슈타인』 1799, 『마리아 슈투아르트』 1800, 『오를레앙의 처녀』 1801, 『메시나의 신부』 1803, 『빌헬름

텔』 1804, 유고 『데메트리우스』 1805), 등장시킨 주인공은 역사의 모순에 저항하면서도 자신을 결정하는 자유*를 확보하고 미래를 추구하는 이상을 지니고서 비극적 결말을 맞이한다. 괴테는 『빙켈만과 그의 세기』(1805)로써 독일 고전주의의 발단이 된 빙켈만에 대해 독자적인 판단을 행하고 마무리를 짓는다. 괴테와 실러의 우정과 공동 작업은 실러의 죽음으로 끝나게 되는데, 그것은 동시에 바이마르 고전주의의 종언이기도 했다. 괴테는 이 이후 새로운 전개를 보여준다.

㊟ 山下肇 外 編譯, 『ゲーテ全集』, 全15卷 別卷 1, 潮出版社, 1979-92. *Meyers Kleines Lexikon Literatur*, Mannheim/Wien/Zürich 1986. Claus Träger (hrsg.), *Wörterbuch des Literaturwissenschaft*, Leipzig 1986. *Autorenkollektiv, Geschichte der deutschen Literatur in 19. Jahrhundert*, Berlin 1987.

—다카기 후미오(高木文夫)

「고타 강령—綱領」 [Gothaer Programm, 1875]

1875년 5월, 전독일노동자협회*(라살레파)와 사회민주주의 노동자당*(아이제나흐파)이 고타에서 합동대회를 개최하여 독일 사회주의 노동자당*을 새로이 결성했을 때 채택된 강령. 당의 기본원리와 목적을 서술한 부분과 당의 요구를 제시한 부분으로 이루어지며, 특히 전자에는 '임금철칙'이나 '노동수익'과 같은 라살레파의 명제와 슬로건이 다수 받아들여져 맑스파의 사상은 「아이제나흐 강령」*보다 그 그림자가 희미해지고 있다. 1875년 2월, 맑스는 강령 초안에 대해 엄격한 이론적 검토를 가한 『고타 강령 비판』*을 브라케에게 써 보내 리프크네히트*를 비롯한 아이제나흐파의 주요 멤버들에게 회람시켰지만 채택된 강령에는 반영되지 않았다. 이는 리프크네히트 등이 이론적인 명확화보다 두 파의 화해에 의한 합동이라는 조직상의 배려를 우선시했기 때문이라고 하지만, 라살레파 약 15,000명, 아이제나흐파 약 9,000명이라는 두 파의 조직적 역량의 반영이기도 했다. 당의 요구를 제시한 부분은 6항목의 정치적 요구와 8항목의 사회적 요구로 이루어지는 것으로서 두 파의 종래의 강령을 이어받은 것인데, 여기서도 국가원조의 생산협동조합이라는 라살레파의 요구가 여전히 내세워져 있다. 1891년에 당 명칭이 독일 사회민주당으로 바뀌어 맑스와 엥겔스*의 영향이 강한 「에르푸르트 강령」*으로 대체되었다. ☞독일 사회주의 노동자당, 「아이제나흐 강령」, 「에르푸르트 강령」, 『고타 강령 비판』

㊟ F. メーリング(足利末男 外 譯), 『ドイツ社會民主主義史(下)』, ミネルヴァ書房, 1969. D. フリッケ(西尾孝明 譯), 『ドイツ社會主義運動史 1869-1890年』, れんが書房, 1973.

—시노하라 도시아키(篠原敏昭)

『고타 강령 비판—綱領批判』 [*Kritik des Gothaer Programms*, 1875]

1875년의 고타 합동대회에서 채택된 독일 사회주의 노동자당의 강령, 즉 「고타 강령*」 초안에 대한 맑스의 비판의 통칭. 정확하게는 『독일 노동자당 강령 평주』. 맑스의 만년의 공산주의 이론, 국가론을 살펴볼 수 있는 얼마 안 되는 저작 가운데 하나. 1872년 2월, 사회민주주의 노동자당*(아이제나흐파)과 전독일노동자협회*(라살레파)의 합동 준비회의는 새로운 강령 초안을 「독일 노동자당 강령」으로서 발표한다. 같은 해 5월, 맑스는 아이제나흐파의 브라케에게 이 「평주」를 써 보내 베벨*, 리프크네히트* 등 당의 지도적 멤버에게 회람시켰지만, 라살레파의 반발을 고려하여 당시는 공표하지 않았다. 또한 리프크네히트 등이 이론적 명확화보다 합동이라는 조직상의 배려를 우선시했기 때문에 채택된 강령에 맑스의 비판은 거의 반영되지 않았다. 『평주』는 1891년 1월 「고타 강령」 개정의 준비기간에 독일 사회민주당 지도부의 승인 없이 카우츠키*가 『노이에 차이트』지에 발표(엥겔스*의 서문을 넣어)해서 당 내에 파문을 일으켰다.

『평주』는 길고 짧은 네 개의 부분으로 이루어진다. 첫 번째 부분에서는 '노동*의 전체 수익'이라는 라살레*의 명제를 비판하면서 "자본주의 사회로부터 막 탄생한 공산주의 사회"와 "발전한 공산주의 사회"라는 상이한 단계에서의 소비수단의 분배에 관한 견해가 제시된다. 그에 따르면 전자는 아직 '옛 사회의 모반(母斑)'을 몸에 지니고 있고, 거기서 생산물의 분배는 상품교환을 규제하는 것과 동일한 원칙에 의해 지배되며, 평등한 권리도 부르주아적인 제약을 지니고 있다. 개개의 노동자는 (공동기금 부분을 공제한 뒤) 제공한 노동량을 나타내는 증서를 사회로부터 받아서 이 증서로 그와 동등한 양의 소비수단을 사회적 비축으로부터 인출한다. 후자에서 개인들은 분업*에 종속되어 있지 않으며, 정신노동과 육체노동의 대립이 사라져 개인들의 전면적인 발전에 따라 생산력도 성장하고 협동조합적인 부의 분배도 부르주아적 권리의 지평을 넘어서서 "각인은 그 능력에 따라, 각인은 그 필요에 따라"라는 원칙에서 이루어지게 된다고 주장된다. 두 번째 부분에서는 라살레의 '임금철칙'론이, 세 번째 부분에서는 "국가 보조에 의한 생산협동조합"이라는 라살레의 구상이 비판된다. 네 번째 부분에서 국가*와 민주주의*에 관한 맑스 자신의 견해가 제시되어 자본주의 사회와 공산주의 사회 간의 "정치적인 과도기"에서의 국가는 "프롤레타리아트의 혁명적 독재 이외의 그 무엇일 수 없다"는 점이 강조된다. 또한 민주주의적 공화제라는 부르주아 사회의 '최후의 국가형태'에서 계급투쟁이 철저히 펼쳐진다는 것이 서술되어 있다. ☞「고타 강령」, 독일 사회주의 노동자당, 라살레

참 岸本重陳, 「『ゴータ綱領批判』」, 『マルクス・コメンラール V』 수록, 現代の理論社, 1973. カール・マルクス(望月清司 譯), 『ゴータ綱領批判』, 岩波文庫. 1975.

—시노하라 도시아키(篠原敏昭)

곡물법 穀物法 [(영) Corn Laws]

넓은 의미에서는 영국의 중세 이래의 곡물 수출입에 관련된 법률을 가리키지만, 가장 널리 알려지고 또 맑스가 주목한 것은 1815년에 제정된 곡물법이다. 영국은 18세기 중반까지는 곡물 수출국이었지만, 산업혁명*에 따른 공업화 진전이 도시화와 인구*의 증대를 가져와 18세기 말에는 곡물 수입국이 되었다. 하지만 프랑스 혁명*이 대불전쟁을 불러일으키고, 그것이 나폴레옹 전쟁*으로 발전하여 나폴레옹*에 의한 대륙봉쇄가 펼쳐짐으로써 곡물수입에 장애가 생겨났기 때문에 영국에서 곡물생산이 확대되었다. 그러나 나폴레옹의 패배와 함께 곡물가격이 폭락하고, 전후에는 그것이 농업불황을 발생시키는 가운데 의회를 장악하고 있던 지주를 중심으로 곡물 수입을 제한하는 곡물법(밀에 대해서는 1쿼터 당 가격이 80실링 이하의 경우에는 수입 금지)이 1815년 3월에 제정되었다. 이 법에 대한 맑스의 평가는 "반(反) 자코뱅 전쟁 중에 이상하리만큼 증대한 총 지대의 존속을 유한(有閑) 토지 소유자들에게 확보해주기 위해 이 나라에 부과된 빵 세금" [『자본』, 25b:809]이라는 것이었다. 이 법의 시비를 둘러싸고 영국의 국론은 양분되어 맬서스*와 리카도*로 대표되는 경제논쟁이 생기며, 또한 부르주아지를 중심으로 반곡물법동맹이 결성되어 자유무역운동이 고양되는 가운데 1846년에는 폐지되었다. ☞리카도, 맬서스, 나폴레옹 전쟁

참 金子俊夫, 『イギリス近代商業史—反穀物法運動の歴史』, 白挑書房, 1996.

—센가 시게요시(千賀重義)

골트만 [Karl Eduard Goldmann 출생년도 불명-1863 무렵]

『유럽 오두정치』(*Die europäische Pentarchie*, Leipzig 1839)의 저자. 1820-30년대 유럽의 국제정세는 일련의 동방문제로 크게 요동치고 있었다. 그런 상황에서 골트만은 1839년 이 책을 간행하고 러시아・오스트리아・프로이센・영국・프랑스 5대국에 의한 보수적 국제동맹의 재건을 제안했다. 이에 대해 모제스 헤스*는 『유럽 삼두제』*를 간행하여 공산주의*의 입장에서 반론했다. ☞『유럽 삼두제』

참 谷口健治, 「ヘスとマルクス」, 『史林』, 京都大學史學硏究會, 第9巻 第1号, 1976.

—이시즈카 마사히데(石塚正英)

공동체 共同體 [(독) Gemeinwesen; Kommune; Gemeinde]

맑스의 'Kommunismus'는 그의 공동체 개념과 불가분의 관계에 있다. "프롤레타리아트와 마찬가지로 …… 자연의 힘 및 {인간*의} 사회적 힘들"이 해방되어 "인류 발전의 담당자로서 나타난다"와 같은 "좀 더 고도한 경제적 사회구성"[「F. 리스트의 ≪정치경제학의 국민적 체계≫에 관한 초고」]이라는 그의 구상은, 자본주의*의 성과=사회적 생산력과 선행하는 공동체의 적극적 측면=공동 소유와 공동 노동의 긍정 위에 입각한다. "자본주의적 생산에 선행하는 형태들"은 생산자에 의한 생산수단 소유의 "두 형태", 즉 공동체적 소유와 개인적 사적 소유로 크게 구별된다. 그것을 "본원적 축적*에 선행하는 과정"으로 본다면, 공동체적 토지 소유와 그 해체로부터 발생하는 "소규모의 자유 토지 소유"의 역사가 나타난다[초2:117]. 자유로운 소토지 소유—혹은 좀 더 일반적으로는 직접 생산자에 의한 생산수단의 사적 소유—는 역사상 "보편적인 현상이었던 적은 한 번도 없다"[「프랑스 노동당의 강령 전문」, 19:234]. "역사가 보여주는 바에 따르면 오히려 공동 소유가 소유의 본원적 형태"이다[초1:32]. 즉 '아시아적 공동체', '로마・그리스적(고전 고대적) 공동체', '게르만적 공동체'가 그것이다[「자본주의적 생산에 선행하는 형태들」, 초2:117 이하]. 『자본』*의 본원적 축적과정에서 고찰되는 영국의 농촌공동체는 「베라 자술리치의 편지에 대한 답신(초고)」에 따르면, "게르만 인이 자신이 정복한 국가들에 도입한 새로운 공동체"이다. 즉 경지는 '사적 소유'로, 방목지・목초지・삼림은 '원시적 특징들'을 남기는 '공동체적 소유'로 되어 있으며, 거기에 "중세 전체를 통한 자유*와 인간 생활의 유일한 근원"으로서의 의의가 존재했다[19:389]. 다시 말하면, 중세 농촌공동체(농경공동체)의 '이원성'—공동 소유・공동 노동과 사적 점유(경지・목초지)・사적 소유(생산물 등)의 결합—은 이 공동체를 "공동 소유에서 사적 소유로의 과도기, 제1차 구성에서 제2차 구성으로의 과도기"[같은 책:391]이게끔 한다. 그러나 "사적 소유의 요소가 집단적 요소를 이긴다"는 것이 맑스의 "보편적 발전의 역사철학적 이론"[같은 책:117]인 것은 아니다. 옛 게르만족의 원시적 공동체에 가까운 러시아의 미르 공동체에 "좀 더 고차적인 형태에서의 부활"의 길이 있을 수 있다고 생각한 것도 "자본주의 제도에 의해 만들어진 긍정적 성과들"을 자본주의*를 부정한 후의 사회적 생산력들로서 계승하는 모체에 눈을 돌렸기 때문이다. 그러나 맑스는 그의 고향에 남아 있는 원시적 공동체의 각인의 '보존'에 대해서는 아무런 말도 하지 않으며, 하물며 아시아적 공동체나 고전 고대적 공동체의 '부활'에 대해서도 말하지 않는다. 왜냐하면 '총체적 노예제(allgemeine Sklaverei)'나 노예제*와의 조응관계 또는 역사적 단계성과 관련된 학문적 관심보다도 실천적 과제에 대한 관심이 강했기 때문이다. ☞아시아적 생산양식, 리스트

㊟ 大塚久雄, 『共同體の基礎理論』(著作集VII), 岩波書店, 1969. 布村一夫, 『共同體の人類史像, 長崎出版, 1983. 椎名重明, 「マルクスの土地公有論」, 『マルクスの自然と宗教』 수록, 世界書院, 1984.

—시이나 시게아키(椎名重明)

공리주의 功利主義 [(영) utilitarianism]

사회적으로 목표로 삼아야 할 선의 기준을 개인들의 효용(utility)의 증대와 결부된 사회적 효용의 향상에서 찾는 입장. 전형적으로는 18세기 말 무렵에 벤섬*이 정식화했다. 현대의 도덕론적 논의에서는 헤어 등이 대표적으로, 행위에 관한 도덕적인 명령은 영향을 받는 모든 당사자에게 선호충족이 좀 더 잘 달성되는 점에서 발견되어야 한다고 주장하고 있다. 현대의 경우, 개별적 행위에 대해 이 원리를 적용해야 한다는 행위공리주의와 규칙의 방식을 선택하는 수준에서 이 원리가 적용되어야 한다는 규칙공리주의로 입장이 나누어진다.

엘베시우스나 베카리아 등의 대륙의 사상가들로부터 영향을 받아 18세기 말 무렵부터 영국에서 활약한 벤섬은 커먼로(common law)에 의한 형벌 운용은 자의적이고 가혹해지기 쉽다고 보고 있었다. 그리하여 자

의성을 배제하기 위해서는 형법을 실정법으로 제정할 필요가 있다고 주장하고, 범죄를 미연에 예방할 것을 구상했다. 그는 그 기초 원리로서 『도덕과 입법의 원리 서설』(1789)을 저술하여 행복은 쾌락의 증대와 고통의 감소에 의해 초래된다는 쾌락고통 계산의 원리를 제시했다. 여기에 볼 수 있는 것은 어떤 사람에게는 쾌락을 가져다주더라도 타자에게 고통(해악)을 주는 행위를 예방하기 위해 형벌을 명문화함으로써 행위자가 다른 행위를 선택하도록 촉진한다는 발상이다. '최대다수의 최대행복'이라는 표현[『서설』 제2판]이 단적으로 보여주는 바와 같이 벤섬은 이런 의미에서의 행복에 대하여 집계 양의 크기뿐만 아니라 분배의 방식에도 유의했다. 덧붙이자면, 만년에 벤섬은 다양한 법*의 제정 차원에서의 잘못을 방지하기 위해서는 의회개혁이 필요하다고 생각하기에 이르렀는데, 그 영향 하에 이른바 철학적 급진주의의 움직임이 형성되었다.

벤섬의 공리주의에 대해서는 그 쾌락적 인간관은 개인주의적 · 이기주의적이고 인간성의 이해로서 편협하다는 비판과, 형벌이라는 수단을 통해 사람들의 행위를 관리하거나 사회의 행복 증대를 위해 소수자를 희생하는 사상이라는 비판이 이루어졌다. 전자의 비판은 헤즐릿과 칼라일* 등 동시대의 낭만주의적 논조가 이미 가했던 것인 데 반해, 후자는 푸코를 비롯한 현대의 논자들에 의해 제기되고 있다. 전자 유형의 공리주의 비판에 대한 대응을 시도한 이가 J. S. 밀*이다. 밀 자신도 벤섬의 인간성 이해는 편협하다면서 양심의 중요성이나 쾌락의 질적 차이 등을 지적했지만, 사회적인 목표를 공리성의 달성으로 설정하고 있는 데서 알 수 있듯이 벤섬으로부터의 이탈이 아니라 그 보완을 지향하고 있었다. 밀의 프로그램은 인간성의 실정에서 동떨어지지 않도록 유의하면서 인간성의 향상을 지향하는 것으로서 점진주의적인 것이었다.

시지윅 등 공리주의를 계승하는 사람들 사이에서도 쾌락의 질적 차이라는 밀의 논의는 양적인 차이로 환원될 수밖에 없으며, 또한 효용의 개인 간 비교에는 어려움이 있기 때문에 서열짓기(선호)의 논의로서 재정식화되어야 한다는 등의 논의가 전개되었지만, 20세기 초두에 무어가 자연주의적 오류라는 비판을 하고서부터 공리주의에 대한 관심은 쇠퇴했다. 역사적인 계보에서 보면 공리주의는 19세기 전반기의 낭만주의*나 어소시에이션(association)의 구상, 19세기 후반기의 유기적 사회관의 침투 등과 더불어 19세기 영국을 특징짓는 사회사상 가운데 하나였다.

덧붙이자면, 맑스는 벤섬의 영향을 받은 사회 개혁적 프로그램과 실천적으로 대치하게 되었지만, 공리주의 사상 그 자체를 깊이 파고들어 검토하지는 않았다.

㊟ 關嘉彦 責任編集, 『ベンサム/ミル』, 世界の名著38, 中央公論社, 1967. J. R. ディンウィディ(永井義雄・近藤加代子 譯), 『ベンサム』, 日本經濟評論社, 1993. A. Sen/B. Williams (eds.), *Utilitarianism and Beyond*, Cambridge 1982.

—후카가이 야스노리(深貝保則)

공민 公民 [(불) citoyen (독) Staatsbürger]

헤겔 법철학을 극복하고 헤겔 좌파*를 뛰어넘고자 하는 도상에서 청년 맑스는 시민사회*와 정치적 국가가 분리된 근대에서의 인간*의 존재방식에 대해 고찰했다. 거기서 공민이란 당시의 이론적 이해 그대로 시민사회의 구성원과는 구별된 국가*의 구성원 또는 자연 상태에서의 인간에 대한 국가상태에서의 인간이었다.

당초의 「헤겔 국법론 비판」*에서 맑스는 근대에서의 시민사회와 정치적 국가의 분리, 이원적 일체성에 대응하는 시민(Bürger)과 국가공민(Staatsbürger)으로의 인간의 자기 분할, 시민의 국가공민으로의 전환을 헤겔*의 논의에서 섭취했다. 그 경우 '욕구*의 체계'인 시민사회에 대해 '인륜적 이념의 현실태'로서 국가를 자리매김하고, 인간의 본래적인 참된 모습을 국가공민이라는 데서 찾은 헤겔의 문제 구성에 여전히 이끌리면서 "국가 구성원으로서의 규정이 …… 그의 인간적 규정으로 나타난다"[1:321]는 견해를 보이고 있었다. 이어지는 「유대인 문제에 대하여」*에서 B. 바우어*를 비판하며 근대의 '정치적 해방'의 한계를 주시하는 인권 논의 속에서 맑스는 프랑스 혁명*의 「인간 및 공민의 권리선언」이나 미국 독립혁명의 인권선언 논리를 흡수해서 새로운 견해를 획득하고 있었다. '정치적 해방'은 한편으로는 시민사회의 구성원, 현실적이고 이기적인 독립된 개인*으로의, 다른 한편으로는 정치적 국가의 구성원, 추상적인 공민으로의 인간의 분열이었다. 하지만 그러한 인권선언들에서는 "공민은 이기적인 인간의 하인이라고 선언되어 …… 공민으로서의 인간이 아니라 부르주아로서의 인간이 본래의 참된 인간이라고 생각되었다"[1:403]. 이러한 공민에 관한 파악의 전환은 참된 정치적 공동체로서의 국가에서 환영적인 공동체*로서의 국가로 국가관이 전환한 것에 조응했다. 근대의 정통적인 자연법학을 구현하는 프랑스나 미국의 인권선언 연구를 매개로 하여 맑스는 헤겔 법철학의 국가공민론의 독일적 도착성을 깨닫고, 또한 인권선언에서 표명되는 공민의 인위적이고 비본래적인 성격도 파악하고 있었다. 그와 동시에 근대에서의 인간의 자기 분열을 지양하는 전망을 "현실의 개인적 인간이 추상적인 공민을 자신 안에 되찾는다" [같은 책:407]는 방향에서 제시하게 되었다.

맑스의 공민 관념은 헤겔의 국가주의적인 국가공민에서 프랑스 혁명의 인권선언 등에서의 자유주의적인 공민으로 전회했다. 그러나 그 공민 관념은 'citoyen'을 'Staatsbürger'로 번역한 독일의 전통과, 개인과 국가의 이분법을 취하며 중간집단을 배제한 근대의 정통적 자연법학에 의해 이중으로 제약되어 다소 좁았다. 다만 한 가지 지적할 것은 맑스의 몇몇 저술들로부터 'Bürgerliche Gesellschaft'가 부르주아 사회(société bourgeoise)와 시민사회(société civile)로 분화되어 있음을 읽어낼 수도 있다는 점이다. 그리고 또 하나는 경제와 국가를 접합하는 중간 영역으로서의 '사회적 생활과정'[『정치경제학 비판을 위하여』, 13:6]에 대한 심도 있는 분석적 연구는 부족했으나, 그럼에도 후기의 맑스는 계급들이 결성하는 이런저런 집단으로서 (주식)기업, 노동조합*, 협동조합, 정당*, 신문사 등에 대해서도 주목하여 분석의 대상으로 삼았다는 점이다. 이것들을 바탕으로 국가뿐만 아니라 정치사회와 시민사회도 시야에 넣어 공공성의 범위를 확충함으로써 초기 맑스의 공민 개념을 재정립할 필요가 있을 것이다. ☞시민사회, 국가

㊟ 福田歡一, 「<市民>について」, 『近代政治原理成立史序說』 수록, 岩波書店, 1971. J. ハーバーマス(細谷貞雄 譯), 『公共性の構造轉換(第2版)』, 未來社, 1994.

—오야부 류스케(大藪龍介)

『공산당 선언 共産黨宣言』{『공산주의자 선언 共産主義者宣言』} [*Manifest der kommunistischen Partei*, 1848]

【Ⅰ】 선언을 발표하는 공산주의자

독일 수공업 직인을 중심으로 한 비밀결사*인 공산주의자동맹*의 간부가 동맹원인 맑스와 엥겔스*에게 집필을 의뢰하여 만들어진 강령 문서. 1847년 가을에 그때까지 런던*을 거점으로 활동하고 있던 의인동맹*을 새로운 조직 · 공산주의자동맹으로 재편한 샤퍼* 등의 동맹 간부는 새로운 조직에 어울리는 강령의 기초를 맑스와 엥겔스에게 의뢰했다. 그래서 우선 엥겔스가 「공산주의의 원리」*를 기초했다. 하지만 그것은 이전의 비밀결사에 종종 있을 법한 문답형식을 취하고 있어 엥겔스 자신도 마음에 들어 하지 않았다. 그리하여 그는 1847년 11월 23일자의 맑스에게 보내는 서간에서 "나는 문답형식을 그만두고 그것을 공산주의 선언이라는 제목으로 하는 것이 가장 좋다고 생각하네"[27:100-101]라고 전했다. 그에 대해 동맹의 간부는 1847년 11월의 조직 재편 대회에서 채택한 규약에서 "당의 이름 아래 선언을 발표한다"[4:616]고 하고 있었다. 또한 1848년 1월 25일자의 공산주의자동맹 중앙위원회(런던)에서 브뤼셀 지구 위원회(맑스)에게 보낸 통신 「1월 24일의 중앙위원회 결의」는 맑스에 대해 새로운 강령 「K당 선언」을 2월 1일까지 런던으로 보내도록 재촉한다. 여기서 보이는 약자 K는 kommunistischen('공산주의*의' 내지 '공산주의자의')의 첫 글자이다. 이와 같은 경위를 거쳐 맑스는 1월에 『공산당 선언』을 탈고하여 런던으로 발송하고, 이것이 다음 달 24일에 런던에서 인쇄 · 발행되었던 것이다. 저자명이 인쇄되어 있지 않은 것은 동맹의 방침이라 하더라도,

당시의 인쇄에는 실수가 많았던 데다가 인쇄도 몇 차례로 나누어서 했기 때문에 장정이나 페이지 수가 다른 인쇄본과 재판본이 나도는 사태를 낳았다.

『선언』은 4장으로 이루어지며, 각 장의 제목은 다음과 같다. 제1장 '부르주아와 프롤레타리아', 제2장 '프롤레타리아와 공산주의자', 제3장 '사회주의적 및 공산주의적 문헌', 그리고 제4장 '각종 반대당에 대한 공산주의자의 입장'. 그 가운데 제3장은 또 다시 다음과 같은 절로 나누어져 있다. 제1절 '반동적 사회주의'(a 봉건적 사회주의, b 소부르주아적 사회주의, c 독일 사회주의 또는 '진정'사회주의), 제2절 '보수적 사회주의 또는 부르주아 사회주의', 제3절 '비판적 유토피아적 사회주의 및 공산주의'.

『선언』 서두에 나오는 "유럽에 유령이 떠돌고 있다—공산주의라는 유령이다"[4:475]라는 구절은 로렌츠 슈타인*이 1842년에 라이프치히*에서 간행한 저작 『오늘날 프랑스의 사회주의와 공산주의』*의 제1장 '프롤레타리아트'에 들어가 있는, 프랑스 공산주의에 관련된 다음의 한 구절과 매우 흡사하다. "{생시몽주의*, 푸리에주의} 이 양자와 더불어 공산주의라는 소름끼치고 엄청난 유령이 모습을 드러낸다." 맑스는 슈타인의 이 저작을 비할 바 없는 열의를 가지고 읽었지만, 그는 여기에서 직접 힌트를 얻어 공산주의=유령이라고 했다고 스스로 단언하고 있는 것은 아니다. 그러나 『선언』에는 슈타인의 저작에서 적지 않은 영향을 받은 공산주의자동맹 간부인 직인 혁명가들의 정치적 견해나 사회적 의식이 반영되어 있다. 형식적이긴 하나 이 문장은 런던에서 활동하는 샤퍼 등의 동맹 간부가 맑스와 엥겔스에게 기초를 위임하고 있는 것이며, 그런 점에서 보더라도 이 문장은 엄밀한 의미에서 맑스 자신의 저작이 아니고, 엥겔스와의 공저에도 들어가지 않는다.

【Ⅱ】『선언』에서의 맑스

그럼에도 불구하고 『선언』에는 1848년 당시에 맑스와 엥겔스가 파악하고 있던 공산주의나 유물론적 역사관*의 관념들이 분명히 들어가 있다. 예를 들면 제1장에서 "오늘날까지의 모든 사회의 역사는 계급투쟁의 역사이다"라고 한 다음, 한편으로 상인자본・산업자본으로 전개되는 유럽의 경제발전・생산관계들의 변혁을 서술하고, 다른 한편으로는 정치적 지배자로서의 부르주아계급의 대두와 그들에 의한 근대적 대의제 국가의 확립, 정치적 중앙집권화의 과정을 서술하고 있다. 그리고 가족형태나 교통형태 등, 기존의 온갖 사회적 관계들의 변화를 유물론적 역사관의 입장에서 논의하고 있다. 거기서 더 나아가 다른 생산물과 마찬가지로 하나의 상품*인 노동력 및 노동자의 존재형태로 논의가 진전되어 가는 것이다. 기존의 중산계급과 달리 "대공업 특유의 생산물"[4:485]인 프롤레타리아트는 머지않아 "경쟁에 의한 고립화 대신 협동(Assoziation)에 의한 혁명적 단결을 만들어낸다"[같은 책:487]. 그들의 운동과 이익을 국경을 넘어서서 대표하는 것이 공산주의자의 임무이다. 제2장에서는 이와 같은 임무에 대하여 논의하고 있다.

제3장에서는 18세기부터 19세기에 걸쳐 유럽에 존재한 다양한 사회주의 조류들에 대한 비판적인 분석이 행해진다. 그 주된 대상은 독일의 진정사회주의*이다. 그 밖에 생시몽*, 푸리에*, 오언*, 프루동* 등이 비판적으로 논의된다. 그리고 마지막 제4장에서는 당시의 유럽에 존재한 다양한 급진주의적 부르주아적 정당들, 노동자 정당들에 대한 공산주의자의 입장이 논의되고 있다. 또한 여기서는 "독일이 부르주아 혁명의 전야에 있다"[같은 책:507]고 한 다음, 독일에서의 부르주아 혁명의 가능성을 적극적으로 이야기하고 있다. 즉 공산주의자는 독일에 대해서는 프롤레타리아 혁명이 아니라 먼저 부르주아 혁명을 전망해야 한다고 말하는 것이다.

이와 같은 내용을 지닌 『선언』은 책 제목에서 보자면 '공산당'의 선언이지만, 1848년 2월까지 런던에 존재한 공산주의자동맹은 근대적인 의회정당이 아니며, 하물며 20세기적인 국민정당은 더더욱 아니다. 의회가 아니라 직접 행동에 의해 사회혁명을 기도하는 비밀결사이며, 국민 일반이 아니라 프롤레타리아트의 이익 실현을 지향하는 공산주의자의 운동단체, 행동위원회였다. 맑스는 나중에 파리 코뮌*을 평가할 때 프롤레타리아트와 국가*의 관계에 대해 이렇게 말했다. "노동자 계급은 단지 이미 존재하는 국가기관을 장악하는 것만으로는 그것들을 자기의 목적을 위해 이용할 수 없다" [『프랑스 내전』, 17:312]. 여기에 기록된 프롤레타리아트와 국가의 관계는 프롤레타리아트와 당 내지 공산주의자와 당의 관계에도 타당하다. 맑스의 사상권역에는 다양한 경향을 지닌 사람들로 구성된 노동자당은 존재했지만, 공산주의자만으로 구성된 공산당은 존재하지 않았다. ☞공산주의자동맹, 「공산주의의 원리」, 「독일에서의 공산당의 요구」, 비밀결사

㊟ 篠原敏昭・石塚正英 編,『共産黨宣言―解釋の革新』, 御茶の水書房, 1998. 橋本直樹,「『共産黨宣言』1872年ドイツ語版の刊行經緯」, 鹿兒島大學經濟學會,『經濟學論集』, 第39号, 1993. Th. Kuczynski (hrsg.), Das Kommunistische Manifest von Karl Marx und Friedrich Engels, Nr. 49, *Schriften aus dem Karl-Marx-Haus*, Trier 1995.

―이시즈카 마사히데(石塚正英)

공산주의 共産主義 [(독) Kommunismus (불) communisme (영) communism]

맑스가 취한 사회혁명의 입장. 다만 공산주의에 대한 맑스의 생각은 시대와 함께 변화하며, 공산주의 그 자체도 그것을 주창하는 사람에 따라 내용이 다양하다. 『독일 이데올로기』*에서 맑스는 공산주의라는 것은 창출되어야 할 하나의 상태나 이상이 아니라 현실적인 운동이라고 말하고 있다[廣37]. 이러한 생각에 따른다면, 공산주의가 시대상황이나 그것을 주장하는 사람에 따라 다양한 형태를 취한다 하더라도 이상할 것이 없으며, 학설이 통일되지 않았다고 비난받을 이유도 없게 된다. 그렇지만 사적 소유의 부정에 의한 평등사회의 실현을 지향한다는 점에서는 모두 일치한다.

【Ⅰ】어의

공산주의라고 번역되는 구미어는 모두 라틴어인 communis에서 유래하며 공동이나 공유를 의미한다. 그랑종의 연구에 따르면 코뮤니즘보다 코뮤니스트라는 말이 일찍부터 사용되고 있는데, 그 가장 이른 사용례는 실비 부자가 쓴 『이성의 책』(1706)에서 발견된다. 다만 거기서는 공동체*의 이익을 배려하는 양식 있는 사람의 다른 표현으로서 사용되고 있으며, 공동체의 구성원이라는 정도의 의미다. 이 용어에 완전한 평등*이라는 의미를 부여한 것은 바뵈프인데, 그는 1793년에 평등클럽을 코뮤니스트의 클럽이라고 바꿔 말하고 있다. 바뵈프는 평등원리를 제1원리로 삼은 인물로서, 바뵈프주의*를 완전평등주의라 부르며, 나아가 그것을 공산주의로 바꿔 말하는 예가 1840년대의 문헌에서 적지 않게 보인다. 빈*의 자코뱅파 헤벤슈트라이트는 재산공유를 주장한 사람인데, 같은 파에 속한 리델이 1794년에 쓴 심문조서에서는 헤벤슈트라이트주의를 공산주의라고 바꿔 말하는 예가 있다.

또한 부오나로티*가 1828년에 정리한 『바뵈프의 이른바 평등을 위한 음모』에는 평등의 구체적 내용으로서 노동*과 향유의 공동을 내세운 문헌이 있으며, 이상과 같은 재산공유에 의한 평등사회의 실현, 노동과 향유의 공동에 기초하는 공동체 형성이 그 후의 공산주의에 대한 공통된 이해의 바탕이 되었다. 드 비트리의 『공산주의란 무엇인가』(1848)라는 소책자에는 "공산주의는 분배가 아니라 생산력의 협동화이고, 부의 유포가 아니라 집중이며, 개인주의가 아니라 사회주의*이다"라는 문장이 보이는데, 이것은 공산주의의 독자성의 강조로도 그것에 대한 비난으로도 읽을 수 있다. 재산공유제만을 공산주의의 원리라고 한다면, 예를 들어 수드르의 『공산주의의 역사』(1849)처럼 라케다이몬과 크레타 섬의 공산주의에서 시작하여 플라톤의 공화국, 기독교*, 위클리프, 후스, 뮌처, 토마스 모어의 유토피아*, 캄파넬라의 태양의 도시, 모렐리, 마블리, 루소* 등도 바뵈프나 카베* 등과 나란히 모두 공산주의에 들어가게 되며, 나아가 레보의 『현대의 개혁가』(1840)처럼 여기에 해링턴의 오세아나, 프랜시스 베이컨의 뉴 아틀란티스, 디포의 무인도, 페늘롱의 쾌락도, 생피에르, 레티프 드 라 브르톤느 등도 포함할 수 있고, 또한 디거스의 농촌공산주의도 포함하게 됨으로써 그 범위가 얼마든지 넓어지게 되어 끝이 없게 된다. 이와 같은 경향을 로렌츠 슈타인*은 『오늘날

프랑스의 사회주의와 공산주의』*(1842)에서 비판하는데, 이들 유토피아 사상과 사회주의나 공산주의를 혼재시키는 것은 후자를 그것이 발생하는 사회적 배경으로부터 단절시켜 생각한 결과로서 잘못이라고 지적하고 있다.

【Ⅱ】 역사적 개관

1845년경까지 슈타인과 엥겔스*를 예외로 하여 일반적으로 공산주의와 사회주의는 서로 명확히 구별되지 않고서 이해되어 왔다. 예를 들면 로버트 오언*은 『마인츠 신문』 1840년 3월호에 게재된 「로버트 오언과 사회주의」라는 익명의 논문에서 평등주의 입장에 서서 여성과 지상의 모든 재산의 공유를 주창한 사회주의자로서 소개되고 있는데, 이듬해 3월 21일자로 샤퍼* 등이 쓴 「영국에서의 사회체제의 진보」(1842년 5월에 간행된 『젊은 세대』 제5집에 수록)에서 오언은 재산공동체의 원칙을 설파한 영국의 공산주의의 아버지로 불리고 있다. 앞서 언급한 바와 같이 바뵈프 및 바뵈프주의자는 일찍부터 공산주의자로 불리고 있었다.

카베는 1840년 1월에 『이카리아 기행』이라는 대저를 공간하여 공산주의 사회의 필연성과 그 유토피아 사상과의 차이를 해명하고 있다. 또한 같은 해 11월에는 『왜 나는 공산주의자인가』, 이듬해에는 『공산주의 신조 고백』을 발표하는 등, 프랑스의 공산주의 역사 속에서 데자미*나 게이 등의 신바뵈프주의자를 제치고 스스로 새로운 조류를 만들어냈다. 평등주의, 생산과 향유의 공동이라는 것 이외에 카베의 공산주의에서 새로운 것이라 한다면, 우애의 강조와 노동의 조직화, 교육*의 평등화 등을 들 수 있다. 영국에서는 오언 및 오언주의 외에 1840년에 바름비에 의해 공산주의 보급협회가 설립되었다는 점, 차티스트의 운동이 공산주의와 동일시되는 경우가 있었다는 점, 런던*을 중심으로 슈탐비츠나 샤퍼 그리고 엥겔스와 맑스 등의 독일인이 공산주의 결사를 만들어 활동했다는 점 등을 지적할 수 있다.

독일의 공산주의자의 대표격은 편력직인인 바이틀링*인데, 그는 프랑스, 스위스, 독일 각지의 노동자나 직인들과 교류하면서 수많은 글을 썼고, 또한 『독일 청년의 구원을 외치는 목소리』*라는 잡지를 편집하는 등, 공산주의 보급에 노력했다. 경찰에 압수당한 그의 글이 블룬칠리*에 의해 고발의 속셈으로 공표되어 바이틀링의 이름과 사상이 독일 전역에 퍼지는 행운도 있었다(『바이틀링에게서 압수한 자료에 의한 스위스의 공산주의자』*). 바이틀링의 경우에는 공산주의를 기독교와 결부시켜 설명하는 방법이 종종 사용되며, 그의 저서 가운데 하나로 『가난한 죄인의 복음』*(1845)이라는 제목의 책도 있다. 이것은 생시몽*이나 라므네* 등에게서도 나타나는 경향으로 당시는 대중 교화에 유효한 방법이었다.

독일에서의 공산주의와 사회주의의 보급에 크게 공헌한 것은 앞서 언급한 슈타인의 저서이다. 그는 거기서 생시몽과 푸리에* 및 그 지지자들에 의한 사회주의와, 바뵈프주의 및 카베에 의한 공산주의, 그 중간에 위치한다고 할 수 있는 라므네, 르루*, 프루동*, 루이 블랑*의 학설을 상세하게 소개하고 있다. 하지만 이 책의 최대 공적은 공산주의와 사회주의를 현재의 산업사회의 구조 및 그 필연적 결과로서의 프롤레타리아트의 실태와 결부시켜 이해한 점에 있다. 또한 공산주의와 사회주의를 인격적 소유에 대한 평가에 의해 구별한 점도 그 특색으로서 지적할 수 있다.

엥겔스도 이 양자를 일찍부터 구별하여 이해하고 있으며, 1844년 4월경에 작성되었다고 생각되는 「독일에서의 공산주의의 급속한 발전」에서, 사회주의는 공동사회제도까지 나아갈 결심을 하지 못하는 막연한 공상에 지나지 않는다고 하고[2:546], 그에 맞선 공산주의를 라인 공업지대에서의 그의 실천 활동에 입각해 소개하고 있다. 엥겔스는 또한 『영국 노동자계급의 상태』*(1845)에서, 사회주의의 출신은 부르주아지이며 공산주의와 융합하는 일은 있을 수 없다고 쓰고 있다[같은 책:473]. 엥겔스에 의한 이와 같은 구별 제시가 맑스에게 직접 영향을 주었다(맑스에 대해서는 뒤에서 서술). 아우구스트 베커는 1844년에 공산주의에 대한 논문을 3편 발표하고, 거기서 공산주의는 평등의 자연권에 기초한 공동체학설을 가리키며, 형제애에 의한 인간*의 완성과 만인의 행복을 목적으로 한다고 서술하고 있다. 제미히는 「공산주의, 사회주의, 인간주의」(1845)에서 앞서 언급한 엥겔스의 사회주의 비판을 어리석은 자만심이라고 비판하면서, 공산주의와 사회주의는 궁극적으로는 인간주의로 해소된다고 한다. 『독일 이데올로기』에 그에 대한 반비판이 실려 있다.

1845년경부터 공산주의는 일반적으로도 사회주의와 명확히 구별되기에 이르며, 또한 그 움직임도 활발해졌다. 45년 12월에 맑스와 엥겔스 등에 의해 브뤼셀* 에서 공산주의 통신위원회*가 조직되고, 또한 1836년 이래로 활동을 계속하고 있던 의인동맹*은 1847년 6월에 런던에서 공산주의자동맹*으로 명칭을 바꾼다. 그리고 그 강령으로서 맑스와 엥겔스가 연명으로 쓴 『공산당 선언』*이 48년 2월에 런던에서 공간된다. 그러나 이로써 공산주의가 맑스와 엥겔스에게 독점된 것은 아니며, 때마침 같은 해 2월의 파리*, 3월의 베를린*에서 시작된 혁명(1848년 혁명*) 속에서 공산주의 각 파벌은 세력을 넓혔으나, 동시에 또한 그 패배에 의해 공산주의 운동 총체가 재점검을 촉구 받았다. 혁명 후 경찰의 추적을 피하기 위해, 혹은 새로운 사회건설의 장을 찾아 미국으로 건너간 활동가들이 거기서 각각 공산주의 내지 사회주의의 실현을 지향했다.

【Ⅲ】맑스의 공산주의

엥겔스를 만나기 전까지의 맑스는 공산주의에 대해 부정적 내지 소극적인 태도를 견지하고 있었다. 맑스가 공산주의에 긍정적・적극적 평가를 내리게 되는 것은 이른바 『경제학・철학 초고』*(1844)부터이다(그 상세한 집필 시기는 불명확하다. 44년 9월부터 11월에 걸쳐 작성된 것으로 보이는 엥겔스와의 공저 『신성가족』*에는 이미 공산주의를 유물론*과 결부시켜 긍정적으로 평가하는 경향이 보인다). 『경제학・철학 초고』에서 맑스는 종래의 공산주의를 조야한 공산주의라고 비판하며 인간의 자기소외로서의 사적 소유의 적극적 지양인 공산주의를 새롭게 제기하고, 그것을 인간과 자연* 간의, 또한 인간과 인간 간의 투쟁의 참된 해결이자 역사의 수수께끼가 풀린 것이라고 하고 있다[40:457]. 다만 그는 동일한 초고모음 속에서 사회주의로서의 사회주의라는 것을 상정하고, 그것과 비교하면 공산주의는 아직 역사적 발전의 필연적이고 현실적인 계기이며, 인간적 발전의 도달 목표나 인간적인 사회의 모습이 아니라고 쓰고 있다[같은 책:467].

「헤겔 법철학 비판 서설」*(1844)에서 프롤레타리아트의 입장에 설 것을 선언한 맑스는 엥겔스와의 공저 『독일 이데올로기』(1845)에서 공산주의를 프롤레타리아트에 의한 혁명*과 결부시켜 이해하고, 앞서 언급한 바와 같이 이것을 창출되어야 할 상태, 즉 이상이 아니라 현실적인 운동이라고 하며, 종래의 모든 생산관계들 및 교통관계들의 기초를 뒤엎는 것이라고 하고 있다[廣134]. 하지만 공산주의 사회에서는 사회적 생산관리에 의해 각 개인은 임의의 부문에서 자기형성을 이룰 수 있으며, "오늘은 이것을, 내일은 저것을 하고, 아침에는 사냥을 하고 오후에는 낚시를 하고, 저녁에는 가축을 몰고 식후에는 비판을 한다"[같은 책:34]라는 꿈도 언급되고 있다.

『공산당 선언』에서는, 공산주의는 유령이라 불리는 메르헨이 아니라 이제 엄청난 하나의 세력이 되었다고 선언하고, 최후의 계급투쟁이 되어야 할 부르주아지와 프롤레타리아트의 투쟁에 의해 부르주아 사회를 계급대립과 함께 지양하여 각 개인의 자유로운 발전이 만인의 자유로운 발전의 조건이 되는 아소시아시옹*을 형성하는 것이 공산주의의 목표라고 말하고 있다[4:475, 496]. 그런 다음 지금까지의 다양한 사회주의와 공산주의 세력들을 모두 반동적, 봉건적, 소시민적, 보수적, 부르주아적, 유토피아적 등등의 형용사를 붙여 비판하고 있다. 이 『선언』의 영향력은 대단히 커서 그 이래로 현재에 이르기까지 일반적으로 공산주의라 하면 맑스주의*를 가리키는 것으로 보는 생각이 지배적으로 되었다. ☞아소시아시옹, 사회주의, 유토피아, 바뵈프주의, 카베, 바이틀링, 엥겔스, 공산주의자동맹, 「공산주의의 원리」, 『공산당 선언』{『공산주의자 선언』}, 미국의 노동자운동

㊟ A. Sudre, *Histoire du Communisme ou Réfutation historique des utopies sociales*, Bruxelles 1849. F. Kool/W. Krause (hrsg.), *Die frühe Sozialisten*, Olten und Freiburg im Breisgau 1967. (*Dokumente der Weltrevolution*, Bd. 1.) *Der Bund der*

Kommunisten. Dokumente und Materialien, 2 Bde., Berlin 1970. W. Schröder, “Utopischer Sozialismus und Kommunismus”, in: M. Hahn (hrsg.), *Vormarxischer Sozialismus*, Frankufurt a. M. 1974. J. Grandjonc, *Communisme / Kommunismus / Communism. Origine et développement international de la terminologie communautaire prémarxist des utopiste aux néo-babouvistes 1785-1842*. 2 vol., Trier 1989. 柴田隆行, 「社會主義と共産主義という言葉―1840年代のドイツ」, 石塚正英・篠原敏昭 編, 『共産黨宣言―解釋の革新』 수록, 御茶の水書房, 1998.

—시바타 다카유키(柴田隆行)

「공산주의의 원리 共産主義―原理」 [“Grundsätze des Kommunismus”, 1847]

공산주의자동맹* 제1회 대회(1847년 6월)에서 채택된 강령 초안인 「공산주의의 신조 표명」의 개정안으로서 엥겔스*가 11월에 집필하고, 제2회 대회(11월 말~12월)에 파리 지구로부터 제출된 문답식 문서. 엥겔스는 “간결하게 서술하고 있지만 마무리도 대충하고 서둘러 쓴 것이다. 공산주의*란 무엇인가에서 시작해 곧바로 프롤레타리아트―성립사, 이전의 노동자와의 차이, 프롤레타리아트와 부르주아지의 대립의 발전, 공황*과 그 귀결로 이루어진다”, “몇 가지 아주 세세한 점을 제외하면 적어도 우리의 견지에 반하는 것은 포함되지 않도록 마무리하고 싶다”[맑스에게 보내는 서간(1847. 11. 23), 27:101]고 설명하고 있다. 개정안으로 작성되었기 때문에 문답식이라는 형식이나 몇몇 설문과 대답의 문언은 「신조 표명」과 동일(내지 유사)하지만, 전체 구성은 일신되어 장래의 공산주의 사회에 대한 서술이 압축되고 현존 자본주의 사회에 대한 비판*에 비중이 두어졌다. 공산주의 사회에 대해서도 「신조 표명」에서는 평등주의적 재산공유의 함축을 남기는 ‘재산공동체’라는 용어가 사용되었으나 「원리」에서는 ‘아소시아시옹*’[4:393]으로 다시 규정된다. 결국 제2회 대회에서는 「신조 표명」과 「원리」 모두 채택되지 않고 새로이 「선언」 형태로 초안을 작성하기로 결정되어 맑스에게 위임되었다. 이리하여 성립한 것이 『공산당 선언』*이다. 「원리」에서 전개된 명제들 가운데 여럿이 『선언』에 포함되었지만, 「원리」에는 공산주의 사회에 대해 『선언』 이상으로 상세히 논의되고 있는 측면도 있다. ☞공산주의자동맹, 『공산당 선언』{『공산주의자 선언』}, 공산주의

㊟ 杉原四郎, 『マルクス・エンゲルス文獻抄』, 未來社, 1972. B. Andréas (hrsg.), *Gründungsdokumente des Bundes der Kommunisten (Juni bis September 1847)*, Hamburg 1969.

—고바야시 마사토(小林昌人)

공산주의자동맹 共産主義者同盟 [(독) der Bund der Kommunisten]

의인동맹*의 조직개편으로 1847년에 결성된 공산주의자의 비밀결사*. 그 강령적 문서로서 출판된 것이 『공산당 선언』{『공산주의자 선언』}*. 48/49년 혁명 당시에는 맑스가 편집하는 『신라인 신문』*이 기관지의 역할을 담당하고, 동맹원들은 각지에서 혁명*의 선두에 서서 싸웠다. 그러나 혁명 과정에서 점차 조직으로서의 통합성을 잃고, 50년에는 재건된 중앙위원회도 분열, 1851년의 쾰른 공산주의자 재판*과 동시에 해산했다.

【Ⅰ】 동맹의 결성과 『공산당 선언』

의인동맹 중앙본부에 의해 소집되어 47년 6월 런던*에서 개최된 의인동맹 대회가 공산주의자동맹의 결성대회(제1회 대회)가 되었다. 대회는 동맹의 명칭을 변경하고 「공산주의자동맹 규약」(제1차 규약)을 채택했다. 의인동맹 규약에 있었던 동맹원의 ‘독일인’ 조항이 철폐되고 동맹의 목적에서도 ‘독일의 해방*’이라는 문구가 삭제되어 국적과 민족*을 넘어선 단결이 추구되었다. 이는 의인동맹이 실제로 키워온 사항이 규약에 표현된 것이다. 새로운 규약은 또한 조직이 민주적 규칙에 따라 운영되도록 각종 절차를 명확히 하고, ‘집행 권력으로서의 중앙위원회’와는 별도로 ‘입법기관’으로서 ‘대회’를 신설했다. 운영규칙은 민주화되었으나 동맹 그 자체는 어디까지나 비밀결사로서 동맹원은 비밀 준수 의무를 짊어졌다. 대회는 강령도 일신하여 샤퍼*가 기초한 초안 「공산주의의 신조 표명」을

채택했다. 대회를 주도한 것은 런던의 의인동맹 지도부(샤퍼파)로 공산주의자동맹의 결성에 관한 한 맑스파는 최대의 협력자이긴 했으나 주역을 맡지는 않았다.

새로운 규약과 강령(초안)은 "대회의 입법결정은 모두 승인 또는 기각을 위해 각 반에 제기된다"는 새로운 규약 제21조에 입각하여 하부 토론에 맡겨졌다. 각종 이의나 개정 의견이 제출되어, 이들은 11월 말~2월 초 또 다시 런던에서 개최된 제2회 대회에서 토의되었다. 규약은 이 대회에서 대폭 개정되었다(제2차 규약). 동맹의 목적은 "재산공동체의 이론의 보급 및 가급적 신속한 실천적 도입에 의해 인간*을 노예상태에서 해방하는 것"으로부터 전면적으로 변경되어 "부르주아지 지배의 타도, 프롤레타리아트의 지배, 계급대립에 기초한 낡은 부르주아 사회의 폐기, 그리고 계급*과 사적 소유가 없는 새로운 사회의 창설"이라고 명기되었다. 제1차 규약의 목적 조항이 의인동맹의 도달점의 표현이었던 데 반해, 제2차 규약의 그것은 공산주의자동맹의 고유한 입장을 명시하고 있다. 조직운영 규약은 좀 더 치밀하게 명문화되어 이전보다 민주적인 것이 되었다. 다만 비밀결사라는 것은 계속해서 엄수되고 있다. 맑스파(브뤼셀 지구)는 동맹의 대중적 영향력 획득을 위해 동맹원이 다른 정치적 단체에 참가할 수 있도록 할 것, 혁명 정세가 도래한 경우에 동맹의 행동력・기동력이 상실되지 않도록 조직운영의 민주적 절차에 일정한 제한을 둘 것을 제안하고, 이는 제2차 규약에 채택되었다. 강령 초안에 대해서는 엥겔스*가 개정안 「공산주의의 원리」*를 파리 지구의 안으로서 제출했지만 이것을 그대로 채택하게끔 할 의도는 없었고, 결국 대회에서는 신규 초안 작성이 맑스에게 위임되었다. 이러한 대회 결정에 따라 공산주의자동맹의 강령적 문서로서 (동맹의 문서들과 토론에 기초하여) 집필된 것이 『공산당 선언』이다. 동맹은 비밀결사이기 때문에 『선언』은 동맹원이 지도하고 있던 계몽적 합법단체 '노동자교육협회'의 출판물로서 48년 2월에 발행되었다.

【Ⅱ】1848년 혁명*과 공산주의자동맹

『공산당 선언』을 인쇄하던 중에 프랑스 2월 혁명*이 발발했다. 동맹은 이에 호응하여 대륙에 활동 거점을 마련하기 위해 중앙위원회를 런던에서 브뤼셀*로, 이어서 파리*로 이전했다. 파리에서의 잠정적인 지도는 맑스에게 전권 위임되었다. 파리에서는 바이틀링파도 가담하여 지구 조직을 재건했다. 거기에 독일 3월 혁명*이 발발했다. 맑스와 엥겔스는 곧바로 「독일에서의 공산당의 요구」*를 집필하여 중앙위원회의 동의를 얻어 전단지로 인쇄했다. 이것은 독일 국내로 돌아가는 동맹원들의 손으로 배포되었다. 4월에는 중앙위원회 멤버가 각각 국경을 넘어 쾰른*으로 들어가 독일 국내의 조직화에 착수한다. 하지만 동맹 조직들은 점차 혁명의 파도에 휩쓸려 각각의 동맹원과 중앙위원회의 연락망이 단절되어 있었다. 맑스는 6월에 쾰른에서 일간지 『신라인 신문』을 창간하여 각지의 동맹원과 프롤레타리아트에 대한 호소를 계속했다. 이 신문은 동맹의 지도적 멤버에 의해 편집되어 실질적으로 동맹 기관지의 역할을 담당했다. 혁명 과정에서 동맹원들은 각지에서 부르주아 민주주의자와 제휴하면서 노동자 단체에 지도적 영향을 끼치고, 바리케이드에서는 선두에서 가장 용감하게 싸웠다.

반혁명의 공세로 『신라인 신문』은 49년 5월로 폐간되고, 중앙위원회는 국외로 피했다. 맑스는 49년 8월 말 내지 9월 초 무렵에 런던에서 중앙위원회를 재건하고, 50년 3월에 월간지 『신라인 신문・정치경제 평론』*을 창간한다. 동맹은 다시 한 번 혁명적 고양이 머지않아 도래하리라는 전망 아래 차티스트 좌파와 런던에 있는 블랑키파 등과도 연대를 강화했다(4월에 '혁명적 공산주의자 만국협회'를 결성). 이 시기에 맑스는 『신라인 신문・정치경제 평론』에서 처음으로 '프롤레타리아트 독재*' 개념을 제기했다[『프랑스에서의 계급투쟁』, 7:86]. 혁명이 퇴조한 후 동맹의 재건은 중앙위원회나 개개의 지구 단위로는 진행되긴 했으나 또다시 대회를 여는 데는 이르지 못하며, 50년 여름에는 중앙위원회 내부에 대립이 생겼다. 이른바 빌리히・샤퍼파는 혁명이 절박했음을 예측하고, 맑스파는 전반적 호황기를 맞이했다는 상황 분석 위에 당면해서는 혁명의 가능성이 멀어졌다고 판단, 장기적 전망에서의 재조직화를 도모하게 된다. 빌리히・샤퍼파는 중앙위원회에서는 소수파에 머물러 있었지만, 런던의 동맹 조직 전체에서는 압도적 다수파를 차지, 새로운 중앙위원회를 독자적으로 결성하여(이른바 '분리동맹') 맑스파의 쾰른 신중앙위원회에 의해 12월에 제명당했다. 이리하여 동맹은 분열했다.

쾰른의 동맹조직은 반년 후인 51년 5월에 동맹원이 일제 검거되었고, 압수된 문서에서 동맹의 존재도 드러났다. 10월에 대역죄로 기소된 피고 대부분이 다음 달에는 금고형을 선고받았다. 그러나 혐의의 대상이 된 것은 분리동맹의 활동과 관련된 것으로 피고들은 무죄였기 때문에, 맑스는 『쾰른 공산주의자 재판의 진상』*을 저술하여 재판의 부당성을 호소하고 피고들을 변호했다(이 목적을 위해 논조는 대역죄 '음모'의 부정에 중점을 두었다). 이 탄압에서 쾰른의 중앙위원회는 괴멸했다. 재판 직후인 11월 17일, 동맹의 런던 지구도 맑스의 제안으로 해산했다. 분리동맹은 그 후에도 잔존했으나 53년에는 해체되었다. 공산주의자동맹은 없어졌지만, 혁명과 그 전후를 포함한 동맹의 교훈은 64년에 결성된 '국제노동자협회'(이른바 제1인터내셔널)로 계승되어 간다. ☞의인동맹, 『공산당 선언』{『공산주의자 선언』}, 『신라인 신문』, 『신라인 신문・정치경제 평론』, 쾰른 공산주의자 재판, 샤퍼, 빌리히, 「공산주의의 원리」, 「공산주의자동맹의 역사에 관하여」, 노동자교육협회

㉾ Institut für Marxismus-Leninismus beim ZK der SED/Institut für Marxismus-Leninismus beim ZK der KPdSU, *Der Bund der Kommunisten, Dokumente und Materialien*, 3 Bde, Berlin 1970-84. Martin Hundt, *Geschichte des Bundes der Kommunisten 1836-1852*, Frankfurt am Main 1993. 松岡晋, 「四八年革命における共産主義者同盟」, 良知力 編, 『一八四八年革命』 수록, 大月書店, 1979. 服部文男, 『マルクス主義の發展』, 青木書店, 1985. 小林昌人, 「『共産黨宣言』と共産主義者同盟」, 篠原敏昭 外 編, 『共産黨宣言―解釋の革新』, 御茶の水書房, 1998.

―고바야시 마사토(小林昌人)

「공산주의자동맹의 역사에 관하여 共産主義者同盟―歷史―**」**

["Zur Geschichte des Bundes der Kommunisten", 1885]

맑스의 소책자 『쾰른 공산주의자 재판의 진상』*(1853)의 제3판(1885)에 엥겔스*가 서문으로서 쓴 짧은 글. 의인동맹*의 결성에서 공산주의자동맹*으로의 조직 개편, 48/49년 혁명 후의 해산까지를 간결하게 묘사하고 있다. 이 서술이 동맹의 역사 그 자체로서 인용되어 통설이 된 시기도 있었지만, 근래에는 독일 초기 공산주의의 역사적 연구가 독립적으로 진행되어 이 글의 기술에 대해서는 역사적 사실이라는 점에서 이의나 회의도 제기되고 있다. 늙은 엥겔스의 기억 잘못도 있지만, 동맹에 대한 맑스와 엥겔스의 관여가 오로지 이론적인 측면에서 언급되고 실천적인 측면에 대해서는 많은 중요 사항이 숨겨져 있는 등, 당사자의 증언이니만큼 도리어 액면 그대로 받아들일 수 없다는 복잡한 사정도 존재한다. 의인동맹에서 공산주의자동맹으로의 "민주화"[8:572]라는 측면이 강조되고 있지만, 이것은 이 글이 서문으로서 덧붙여진 맑스의 소책자의 논조(피고인 공산주의자동맹원을 옹호하고 음모적 성격을 부정한다)와의 정합성을 도모할 필요나, 1878~90년의 사회주의자 진압법 하에서의 독일 노동운동의 진전 상황 등, 여러 조건과 무관하지 않다. 공산주의자동맹은 음모단체에서는 벗어나 있었지만, 통설로 말해지는 것과 같은 민주단체가 아니라 어디까지나 비밀결사*였다. 역사적 사실과 대조하면 엥겔스의 서술이 여러 곳에서 미묘한 뉘앙스를 수반하고 있음을 알 수 있다. 「공산주의자동맹의 역사에 관하여」의 하나의 증언으로서 역사적 사실과 서로 비추어봄으로써 새롭게 당사자에 의한 기술로서 역사적 의의가 인정될 수 있을 것이다. ☞쾰른 공산주의자 재판, 『쾰른 공산주의자 재판의 진상』, 의인동맹, 공산주의자동맹

㉾ 小林昌人, 「義人同盟の"民主的"改組とマルクス」, 『情況』, 1991年 12月号.

―고바야시 마사토(小林昌人)

공산주의 통신위원회 共産主義通信委員會 [(독) Das

Kommunistische Korrespondenzkomitee]

1846년 초, 늦어도 2월 중순까지 브뤼셀*에서 맑스와 엥겔스*를 중심으로 하여 결성된 클럽. 그 목적은 학문적 문제들의 토의, 통속적 서적에 대한 비판*, 독일에 대한 공산주의*(내지 사회주의*. 이하 동일)적 프로파간다 등을 통해 (1) 독일인 공산주의자와 프랑스, 영국의 공산주의자와의 연대를 도모하는 것, (2) 독일에서의 공산주의적 운동에 대해 외국에 소식을 전하는 것, (3) 역으로 프랑스와 영국의 공산주의의 진전에 대해 독일에 정보를 전하는 것이었다. 브뤼셀에서의 멤버로는 슐레지엔 출신의 교사 빌헬름 볼프*, 맑스의 처남 에드가 폰 베스트팔렌*, 저술가이자 전 바이틀링파의 세바스티앙 자일러 등이 있었다. 영국과의 연락을 위해 런던*에 있는 독일인으로 의인동맹* 런던 지부의 지도자이자 독일인 노동자교육협회 창설자의 한 사람이기도 한 칼 샤퍼*, 샤퍼와 친했던 영국인으로 차티스트 좌파의 줄리언 하니*에게 협력을 구하고, 프랑스에 대해서는 조제프 프루동*에게 협력을 요청한다. 독일에 대해서는 쾰른*, 킬, 라인 지방, 베스트팔렌 지방에 통신원을 두고 있었다. 또한 1846년 8월에는 엥겔스가 파리*에 도착하여 그곳의 의인동맹 내에서 통신위원회를 위한 조직 활동을 전개했다.

결성 당초에 프랑스에서는 프루동의 협력은 얻을 수 없었고, 파리에 있는 의인동맹은 칼 그륀*과 빌헬름 바이틀링*의 영향이 강해 연대가 곤란했다. 또한 런던에서도 이 통신위원회가 노동자를 내쫓은 '학자귀족제'를 이루고 있다는 평판 때문에 하니와 샤퍼도 협력에는 신중했다. 그러나 46년 6월의 단계에서 샤퍼는 런던에 통신위원회를 만들어 브뤼셀과 연결을 갖겠다는 뜻을 브뤼셀에 알린다.

이 연대가 성립한 것은 1846년 1월부터 3월에 걸쳐 런던과 브뤼셀에서 동시에 표면화한 반(反)바이틀링의 경향이 계기가 된 것으로 보인다. 하지만 런던에서는 바이틀링의 봉기주의가 아니라 노동자의 계몽을, 브뤼셀에서는 '철학적 공산주의'나 바이틀링적인 '수공업자 공산주의'의 극복을 지향했던 한에서 런던과 브뤼셀의 연대는 동상이몽이었다.

그러나 이 연대로부터 1847년 1월에는 맑스와 엥겔스는 의인동맹원이 되고, 같은 해 6월과 11-12월에 런던에서 열린 공산주의자동맹*(의인동맹 런던 지부의 조직개편) 대회에 협력하게 된다. ☞의인동맹, 공산주의자동맹, 노동자교육협회

㉿ *Der Bund der Kommunisten, Dokumente und Materialien*, Bd. 1, Berlin 1970. M. Hundt, *Geschichte des Bundes der Kommunisten 1836-1852*, Frankfurt a. M. 1993. K. Obermann, "Zur Geschichte der kommunistischen Korrespondenzkomittees in Jahre 1846, inbesondere in Rheinland und in Westhalen", in: *Beiträge zur Geschichte der Arbeiterbewegung*, Sonderheft 1962.

—무라카미 슌스케(村上俊介)

『공상에서 과학으로의 사회주의의 발전空想—科學—社會主義—發展』{**『공상에서 과학으로**空想—科學—』} [*Die Entwicklung des Sozialismus von der Utopie zur Wissenschaft*, 1880]

유물론적 역사관*과 잉여가치*에 관한 학설들에 기초하여 사회주의*는 과학*이 되었다고 주장하는 엥겔스*의 저작.

엥겔스에 따르면, 프랑스에서 1789년 혁명이 성공하여 부르주아지가 정치적 지배권을 획득했을 무렵 영국에서는 산업혁명*이 시작되어 부르주아지가 경제적 지배권을 장악하고, 그 결과 유럽에서는 자본주의*가 본격화하여 개인적 생산을 대신해서 사회적 생산이 등장했다. 그러나 후자는 무정부적인 확대를 보이고, 또한 생산은 사회적 성격을 띠면서도 취득은 자본가 내지 주주에 의한 개인적 내지 사적인 형태를 유지한다고 하는 모순이 생겨났다. 그리하여 다음에는 이러한 사회적 생산의 무정부 상태를 지양하고 계획적인 생산 규제를 행할 필요성이 생긴다. 거기서 중요하게 되는 것은 상품생산 혹은 '인간 자신의 사회적 행위'에 갖춰진 '법칙들'에 주목하는 것이다. 그것은 종래 "인간*을 지배하는 외적인 자연법칙*으로서 인간과 대립해왔지만, 앞으로는 인간이 충분한 전문지식을 갖추고 이들

법칙을 응용하고, 따라서 지배하게 된다"[19:223]. 그리고 이러한 자연적 법칙을 발견하고 지배하며 사람들의 사회적 행위에 응용할 수 있게 되기 위해서는 유물론적 역사관과 잉여가치에 관한 학설의 수립이 전제조건이었으며, "이들의 발견에 의해 사회주의는 과학이 되었다"[같은 책:206].

'공상에서 과학으로의 사회주의 발전'을 묘사하는 엥겔스는 상품생산을 규제하는 사회적인 힘들에 대해, 그것도 "자연력과 전적으로 동일하게 작용한다. 즉 우리가 그것을 인식하지 않고 고려하지 않는 동안에는 무자각적으로, 폭력적으로, 파괴적으로 작용"하지만, "그것을 인식하고 그 활동과 방향과 결과를 파악했다고 한다면, 그것들을 더욱더 우리의 의지*에 따르게끔 하고, 그것들을 수단으로 삼아 우리의 목적을 달성"할 수 있다고 생각한다[같은 책:219].

이러한 발상은 맑스와 엥겔스의 공저『독일 이데올로기』*에서는 찾아볼 수 없다. 이에 따르면 자연력으로서 발현하는 사회적 힘들은 물상적인 힘이며, 그것은 지양의 대상이다. "인격적인 위력들(관계들)의, 분업*을 매개로 한, 물상적인 그것으로의 전화{이러한 물화*가 발생하는 사태}는 사람들이 그에 대해 품는 보편적 표상을 뇌리에서 끄집어냈다고 해서 지양할 수 있는 것이 아니라 오로지 각 개인이 이들 물상적인 위력들을 다시금 자신에게 속하게 함으로써만, 그리고 분업을 지양함으로써만 지양할 수 있다"[廣126]. 물상적인 힘은 결코 "자연력과 전적으로 동일한" 것이 아니다. 지양하는 대상이지 "우리의 의지에 따르게끔 하는" 것이 아니다. 엥겔스는 인간들에게 대항하는 물상적인 힘의 화신인 상품*(상품생산)이 제거되고, 그와 같은 힘이 더 이상 자연적 법칙을 수반한 자기운동을 하지 않게 된 시점에서도 여전히 이 법칙을 존속시키려고 생각한다. 유물론적 역사관의 곡해는 얄궂게도 그 창시자의 한 사람에 의해 시작되었던 것이다. 그와 같은 문제를 남기고 있는 이 저작에 대해 맑스는 1880년 '프랑스어판 서문'에서 "이것은 과학적 사회주의의 입문서라고도 불러야 할 것이 되었다"라며 끝을 맺었다[19:183].

㊟ 杉原四郎・降旗節雄・大藪龍介 編,『エンゲルスと現代』, 御茶の水書房, 1995. 石塚正英 編,「特集 : エンゲルス沒100年—批判と繼承と」,『月刊フォーラム』, 1995年 7月号. 石塚正英,「唯物論的歷史觀再考察」,『立正西洋史』, 第1号, 1978. T. カーヴァー(內田弘 譯),『マルクスとエンゲルスの知的關係』, 世界書院, 1995.

—이시즈카 마사히데(石塚正英)

공장법 工場法 [(독) Fabrikgesetze (영) factory act]

노동시간*의 제한, 최저 취업연령, 야간노동의 금지, 휴일・휴식시간, 보건・교육조항의 규정 등, 직장의 노동조건에 관한 법적 규제를 내용으로 하는 노동자 보호 입법. 맑스는『자본』* 제1권 제8장 '노동일'과 제13장 '기계와 대공업'에서 공장법 문제를 상세하게 논하고 있다.

【 I 】 맑스와 영국 공장법

맑스의『자본』에서의 공장법에 대한 분석은 잉여가치 생산을 지상목적으로 하는 자본주의 생산 하에서의 표준 노동일의 확정에 관한 논리적 분석에 그치지 않고, 공장법의 성립과 전개에 관한 역사적 고찰에 방대한 지면을 할애하고 있다는 점에 특징이 있다. 맑스는 그 고찰의 무대를 세계에서 선구적으로 산업혁명*을 이룬 영국에서 찾았는데, 그것은 기계제 대공업*의 출현과 더불어 일반 남성 노동자와 나란히 공장에서 일하는 아동이나 연소자, 여성들 사이에 저임금과 장시간 노동이 확산되고, 그 비참한 노동실태가 사회문제로 대두되었기 때문이다. 그리고 이러한 사태를 배경으로 노동자계급의 '반항'이 시작되어 의회로부터 공장법 제정을 이끌어내기에 이르렀던 것이다[23a:365].

19세기에 들어서서 제정된 일련의 공장 입법 중에서 맑스가 주로 다루고 있는 것은 1833년 이후의 그것이다. 왜냐하면 영국 공장법의 효시로 간주되는 1802년의「도제의 건강 및 풍기에 관한 법률」 이후 1819년, 25년, 31년에 잇달아 공장법이 제정되었지만, 그것들은 모두 '사문'화되었기 때문이다.

1833년 법은 목면, 양모, 아마, 견직물 공장을 적용대상으로 하여 9세 미만 아동의 고용금지, 13세 미만 아동의 노동시간 1일 8시간으로의 제한, 18세 미만 연소자의 노동시간 1일 12시간으로의 제한, 아동·연소자의 야간노동 금지, 공장 아동에 대한 교육*의 의무화 등을 규정했다. 또한 이 조항들을 준수시키기 위해 공장에 들어가 규칙·명령을 발포할 권한을 지닌 공장감독관 제도를 창설하여 법 시행의 실효성을 높였다.

그 이후 1844년 법에서 18세 이상의 여성이 보호대상에 첨가되고, 1일 12시간의 제한과 야간노동 금지가 규정되었다. 이어서 1847년 법에 의해 연소자와 여성의 노동시간이 1일 10시간으로 단축되었다. 맑스는 "그러한 것들의 정식화와 공인 및 국가*에 의한 선언은 오랜 기간에 걸친 계급투쟁의 결과였다"[23a:371]라고 기술하고 있는데, 이른바 「10시간법」의 제정은 당시 노동자계급 사이에서 격렬히 불타오른 차티스트 운동*과 노동시간 단축운동의 활성화를 배경으로 한 것이었다. 그리고 1850년 법에서 연소자와 여성의 표준 노동일이 확정되고, 53년에 아동에 대한 표준 노동일의 적용이 실현되었다.

한편, 공장법의 적용범위도 섬유산업에서 그 밖의 산업부문으로 순차적으로 확장되고 있었다. 1845년에는 날염공장, 60년에는 표백공장과 염색공장, 그 다음 61년에는 직물공장과 양말공장, 나아가 64년에는 토기제조, 성냥, 뇌관, 탄약통, 벽지, 면비로드 공장이 규제하에 놓였다. 또 1867년에는 「공장법 확장법」과 「작업장 규제법」이 제정되어 노동자 50명 이상의 공장과 50명 미만의 작업장이 규제 하에 놓였다. 덧붙이자면, 1878년에는 그동안의 모든 공장법을 통합한 「공장 및 작업장법」이 성립되었다는 것이 엥겔스*에 의해 보충되고 있다.

【Ⅱ】공장법의 역사적 의의

이와 같이 19세기를 통해 공장법은 점차 발달하고 있었지만, 그 법적 보호는 18세 이상의 남성 노동자에게는 적용되지 않았다. 성인남성은 자유로운 노동계약에 맡겨졌지만, 실제 생산과정에서는 아동이나 연소자, 여성과의 협력이 불가결하기 때문에 노동일의 제한은 간접적으로 성인남성 노동자에게도 영향을 미치게 되었다.

이러한 공장법 실시에 따른 직간접적인 영향을 포함하여 당시 공장노동의 실태는 『공장 감독관 보고서』나 『아동노동조사위원회 보고서』(1863-67) 등에 의해 점차 드러나게 되었다. 공장법의 적용 하에 있더라도 여러 방법으로 이를 위반하거나 규칙을 무시하고 그 허점을 이용해 탈법행위를 반복하는 공장주의 실태와, 공장법이 적용되지 않는 산업부문에서 많은 아동, 연소자, 여성이 열악한 직장 환경 하에서 과도한 노동을 강요받고 있는 상황에 대한 풍부한 사례를 인용함으로써 맑스는 『자본』의 분석에 실증적인 내용을 담았다.

그러나 이러한 공장노동의 실태에 대해서는 단지 맑스만이 관심을 기울인 것은 아니었다. 보고서에서 폭로된 놀라지 않을 수 없는 사실에 많은 사람들이 관심을 보이는 가운데 자본가의 저항은 점차 약해지고, 여론의 동향도 공장법을 한층 더 촉진하는 방향으로 변화하고 있었다. 공장법은 일단 그것이 실시되자 자본 간의 경쟁조건의 균등화를 요구하여 미규제 산업으로의 확장 적용을 촉진하는 동시에, 기계*의 도입과 생산증강으로 나아가는 새로운 자극을 낳았다. 요컨대 공장법은 "대공업의 하나의 필연적인 산물"이라는 것이다. 그와 동시에 맑스는 공장법의 교육조항의 성과로서 공장 아동에게 실시되는 공장교육을 통해 "전면적으로 발달한 인간*"을 육성하기 위한 가능성이 주어졌다는 것을 평가했다[23a:626-630]. 그리고 『자본』의 마지막 가까이에서 "노동일의 단축"이야말로 "참된 자유*의 나라"에 도달하기 위한 "근본조건"이라는 전망을 제시하고 있다[25b:1051]. ☞노동시간, 여성 노동/아동 노동, 공장제도, 기계제 대공업, 임금노동자

참 戸塚秀夫, 『イギリス工場法成立史論』, 未來社, 1966. B. L. ハチンズ/A. ハリソン(大前朔郎 外 譯), 『イギリス工場法の歷史』, 新評論, 1976. J. T. Ward, *The Factory Movement, 1830-55*, London 1962.

–안보 노리오(安保則夫)

공장제도 工場制度 [(독) Fabriksystem (영) factory system]

자본주의적 생산에 가장 적합한 방식으로 편성·수행되는 공장 경영의 형태. 맑스가 『자본』*에서 주로 다루고 있는 것은 가내공업이나 매뉴팩처*를 거쳐 기계제 대공업*이 확립되는 단계에서의 공장제도의 실태이며, 그 자본주의적 특질과 역사적 의의를 해명하는 데 주안점을 두고 있다.

【Ⅰ】공장제도의 확립과 그 자본주의적 특질

공장제도가 기계체계를 기초로 본격적인 형태로 확립되는 것은 18세기 중엽에서 19세기 초두에 걸쳐 영국에서 일어난 산업혁명*을 계기로 하고 있는데, 그 역사적 변혁 과정*은 "어느 한 산업부문에서의 생산양식*의 변혁은 다른 산업부문에서의 변혁을 불러일으킨다"[23a:500]라고 맑스가 말하고 있는 바와 같이 매우 극적인 형태로 진전되었다. 즉 기술적 변혁 과정으로서는 기계*의 발명과 도입에 따른 기계제 대공업의 출현이라는 형태를 취했지만, 사회적 변혁 과정으로서는 자본*-임금노동 관계를 기축으로 하는 사회관계의 광범위한 재편성이라는 형태를 취했다.

이것은 생산의 기본단위인 공장을 중심에 두고서 말한다면 공장에서의 공정 편성방식이 다음과 같이 변화했음을 의미한다. 즉 공장의 기술적 과정의 내실을 이루는 기계나 설비·장치 등의 사물 관계와 작업현장을 담당하는 인간집단의 사회적 관계라는 두 측면이 공정의 구체적인 편성방식 속에 일정하게 체계화된 형태로 들어가 있다는 것이다. 다시 말하면, 기계가 출현하기 이전의 매뉴팩처에서는 수공업적 분업에 기초한 협업에 입각하여 공정 편성이 이루어졌지만, 기계제 대공업에서는 생산과정이 각종 공정으로 분할되고 그에 대응하여 기계가 설치·조합되고, 이어서 노동자의 배치와 작업 분담이 결정되는 방식으로 공정이 편성되는 것이다.

따라서 여기서 노동수단은 같은 종류의 작업기에 의한 협업과 함께 여러 다양한 종류의 작업기에 의한 상호보완적인 분업*을 조합하고, 나아가 그 전체를 강력한 원동기와 전동기구에 의해 연속적으로 운동하게끔 하는 방식으로 공장 내에 설치된 일련의 자동기계장치로서 나타난다. 그와 동시에 그러한 기계체계 하에서는 종래의 수공업적 숙련이 해체·무용지물로 되기 때문에, 공장에서 기계에 부수적으로 배치되는 노동자는 공정에 따른 단순한 반복 작업을 중심으로 부분적·보조적인 노동*을 강요받게 된다. 이리하여 노동자와 노동수단의 주객이 전도되어 후자가 전자를 지배·억압하는 권력으로서 노동자를 상대하게 된다는 점에서 맑스는 공장제도의 자본주의적 특질을 발견하고 있다[23a:552-553].

【Ⅱ】공장제도의 실태와 그 역사적 의의

19세기 영국에서의 공장제도의 실태에 대해서는 엥겔스*가 1845년에 출판한 『영국 노동자계급의 상태』*에서 극명하게 묘사하고 있다. 훗날 맑스는 이 책에 대해서 "이 얼마나 자본주의적 생산양식의 정신을 깊이 파악한 것이더냐"라며 칭찬하고 있지만, 엥겔스의 이 『상태』로부터 약 20년이 지난 『자본』에서 맑스 자신이 보게 된 것은 이젠 '세계의 공장'으로서 군림하기에 이른 영국 자본주의*의 웅장한 모습이었다. 하지만 그 번영을 가져다준 비밀의 열쇠가 번영의 그늘에 가린 '어둡고 열악한 공장'에 있다고 한다면 무엇보다 먼저 공장제도의 실태를 밝히고 그 사회적 모순을 해명하는 데 노력을 기울일 필요가 있다.

그런 의미에서 맑스는 공장제도 하에서 "기계 경영이 노동자에게 미치는 직접적 영향"[23a:514]에 대해 고찰하고 다음과 같은 점들을 지적한다. 즉 (1) 기계 경영으로 노동의 단순화가 진전되어 여성이나 아동·연소자의 고용이 확대되는 한편, 성인남성 노동자의 축출과 그 지위 저하가 초래되었다는 점, (2) 노동일의 무제한적인 연장에 대한 새로운 동기가 생겨나 "노동일의 관습적 제한과 자연적 제한을 모두 제거해버린다고 하는 근대 산업사에서의 주목할 만한 현상"[같은 책:532]이 생겨났다는 점, (3) 나아가 공장법*에 의해 일단 노동시간*의 단축이 강제되면, 이번에는 상대적 잉여가치의 생산에 전력을 기울이는 자본 하에서 노동강도의 계통적인 상승이 이루어졌다는 점이 그것들이다.

또한 공장 내에서는 노동자의 노동을 자동장치의 규칙적이고 연속적인 운동에 합치시킬 필요가 있기 때문에, '병영적인 규율'을 만들고 노동자를 '산업병졸과 산업하사관'으로 분할하여 감독자의 감시 하에서 통제를 도모하는 직장 관리 체제가 산출되고 있었다[23a:554]. 그로 인해 노동자는 규율준수와 작업능력 증대의 요구에 부응하고자 신경을 곧추세우는 한편, 위험하고 유해하며 비위생적인 직장환경 속에서 가혹한 노동에 종사하여 종종 건강을 해치는 일조차 있었다.

한편 맑스는 기계제 대공업을 중심으로 하는 이른바 근대적 대공장에 대해서뿐만 아니라 공장이라고 하기에는 거리가 먼 상태에 있는 가내공업이나 매뉴팩처에 대해서도 수많은 구체적 사례를 들어 공장제도의 실태에 다가서고 있다. 다락방이나 오두막을 작업장으로 하여 이루어지는 견직물이나 뜨개질, 의복, 신발, 장갑 등의 제조가 그것이다. 이러한 소규모의 영세경영에서는 노동자에 대한 착취*는 본래의 공장에서보다 훨씬 노골적인 형태를 취하는 경향이 있었다.

하지만 이러한 공장제도의 다양한 실태에 대하여 맑스가 그저 단순히 실증적인 관심을 보인 것은 아니다. 그는 "사회적 경영양식의 변혁은 여러 잡다한 과도기적인 형태가 뒤섞이는 가운데 실현"되지만, "그러나 과도기적인 형태의 잡다함에 의해 본래의 공장경영으로의 전화 경향이 은폐되는 것은 아니다"라고 말한다[23a:617]. 다시 말해 공장경영은 이러한 각종의 잡다한 과도기적 형태에까지 파급되어 그것들을 공장제도 하에 들여옴으로써 "생산의 기술적 기초와 더불어 노동자의 기능이나 노동과정의 사회적 결합"을 부단히 변혁하고, 공장 내 분업과 협업 체제를 사회 전체 규모로까지 확대해간다[같은 책:634]. 그와 동시에 이 과정은 공장제도의 모순을 사회적 모순으로서 확대, 전화시켜 간다. 이리하여 맑스는 공장제도의 발전과 확대를 통해 "새로운 사회의 형성 요소와 낡은 사회의 변혁 계기"가 성숙해 간다는 사실을 전망했던 것이다[같은 책:654]. ☞영국 자본주의, 기계제 대공업, 매뉴팩처, 공장법, 분업

㊟ 中岡哲郎, 『工場の哲學—組織と人間』, 平凡社, 1971. E. J. ホブズボーム(鈴木幹久・永井義雄 譯), 『イギリス勞働史研究』, ミネルヴァ書房, 1968. 同 (浜林正夫 外 譯), 『産業と帝國』, 未來社, 1984. A. Ure, *The Philosophy of Manufactures*, London 1835. J. T. Ward, *The Factory System*, Newton Abbot, 1970.

—안보 노리오(安保則夫)

공중위생 公衆衛生 [(영) public health]

맑스와 엥겔스*의 이론 형성에 19세기 중엽의 영국이 결정적인 의미를 갖고 있다는 사실은 주지하는 바와 같다. '세계의 공장'에서의 자본주의 경제의 전개. 그리고 그 착취*로 신음하는 도시*의 프롤레타리아트. 전자가 맑스에게 『자본』*의 경제학상의 분석 재료를 제공했다고 한다면, 산업혁명*의 중심지인 맨체스터*는 청년 엥겔스에게 『영국 노동자계급의 상태』*의 사회학적인 재료를 제공했던 것이다. 그러나 최근의 역사인구학 및 질병・위생사 연구의 성과는 자본주의*의 전개 → 도시로의 인구집중 → 도시문제 발생 및 근대 공중위생 체제의 확립이라는 구도에 대해 커다란 수정을 요구하고 있다.

【Ⅰ】도시문제의 발생

질병・위생사의 관점에서 보면, 도시 '문제'는 고대 농업혁명에 의해 인류가 좁은 장소에 집중하여 정주생활을 하게 된 그 순간에 발생했다. 높은 인구밀도를 요건으로 하는 전염병이 탄생되었기 때문이다. 그 이후 유럽사를 보면, 18-19세기까지 도시에서는 언제나 농촌보다 훨씬 높은 빈도로 각종 전염병이 유행하고, 그로 인해 사망률이 높아져 특히 대도시에서는 사망자 수가 출생자 수를 웃도는 상태가 이어졌다. 영양 상태와 관련해서는, 도시와 농촌의 일반 민중 사이에 두드러진 격차는 보이지 않았다. 사망률 격차의 주된 원인은 주택이나 상하수도를 비롯한 물리적인 환경의 차이였다. 전염병의 유행 빈도와 사망률의 차이. 이러한 인구 동태에서의 메커니즘은 '부와 건강의 네거티브한 관계'를 낳았다. 도시에서 경제활동이 활발해지면 농촌에서의 유입 인구가 증가하게 되는데, 그것은 본래적으로 열악한 환경 속에 거주하는 인구*가 늘어난다는 사실을 의미하며, 그 결과 경제적인 호황과 사망

률의 악화라는 역설적인 사태를 불러일으키는 일이 종종 있었던 것이다.

【Ⅱ】생활수준 논쟁

영국 산업혁명기 노동자의 생활 상태를 둘러싸고 일찍이 격렬한 논쟁이 있었다. 오늘날에는 이 논쟁은 임금*으로 측정되는 생활의 '양'적인 측면에서의 개선과 거주환경 등의 '질'적인 측면에서의 사태 악화라는 양자를 모두 인정한다는 형태로 일단은 매듭지어졌다. 사망률의 동향을 상세히 살펴보면 영국에서는 18세기부터 사망률 개선이 현저해지지만, 19세기가 되면 그 개선 경향에 그늘이 드리워지게 되며, 특히 세기의 중반—맑스가 말하는 "자본주의적 축적의 연구"에 있어 가장 "좋은 기회"[『자본』, 23b:844]—에는 실질임금의 상승이 있었음에도 불구하고 사망률의 동향에는 개선이 보이지 않았다. 그 이유 가운데 하나가 바로 1840년대에 엥겔스가 맨체스터에서 목격한 대도시로의 인구집중과 그에 따른 도시환경의 악화였다. 그러나 19세기 후반에 접어들면 생활 상태의 질과 양의 양측면의 개선은 누가 보더라도 명확해진다. 사망률은 저하되고, 그 상태는 거의 중단되는 일 없이 현재에 이른다. 이와 같이 역사인구학의 입장에서 보면, 종래에 말해져온 산업혁명기의 도시 노동자의 열악한 생활 상태란 『영국 노동자계급의 상태』나 『자본』의 제1권 제7편 제23장 「자본주의적 축적의 일반적 법칙」에서 상정되고 있는 것과는 달리 고대 농업혁명 이래의 전통적인 도시공간에서의 '부와 건강의 네거티브한 관계'의 최종 국면으로 바라보아야 한다.

【Ⅲ】하수의 재이용

유럽에서의 공중위생의 역사는 14세기 이탈리아 도시의 페스트 대책에서 시작되었다. 18세기 후반 내지 19세기 전반기 경까지는 페스트나 천연두 같이 치사율의 높은 전염병이 돌발적으로 발생한 경우의 '사후' 조치가, 그 후에는 결핵으로 대표되는 만성적인 질병에 대한 '예방' 조치가 중심적인 과제가 된다. 전자의 시기에서는 평균수명에 계급적인 격차는 그리 크지 않았다. 하지만 후자의 시대가 되면 영양상태가 사망률을 크게 좌우하게 되어 계급 차이에 따른 평균수명의 차이가 분명해진다. 그 가운데 도시의 하층민중의 건강상태가 '사회문제'로 의식되어 우량 노동력의 창출이라는 과제와 밀접하게 연동되면서 근대적인 공중위생이 탄생한다. 영국에서는 공리주의자 채드윅이 그 최대 이데올로그가 되었다. 채드윅의 도시환경 개선계획의 중심이 된 것이 하수도의 정비이다. 채드윅은 19세기 후반에 실현되어 가는 근대적인 하수도와는 다른 것을 제창했다. 그것은 도시주민의 배설물을 하천으로 흘려보내는 것이 아니라 농촌에 보내 비료로 재이용하고자 하는 계획이었다. 의회에서는 하수문제에 관한 조사위원회가 설치되어 비료 재이용에 관한 논쟁이 벌어졌고, 런던* 근교에서는 실제로 실험도 이루어졌다. 이러한 영국에서의 하수도 재이용 구상의 화학적인 근거를 제공한 이가 독일의 농학자 리비히* 이다. 리비히의 '지력보충의 법칙'은 맑스의 자본주의적 자연수탈 비판에 영향을 주며, 나아가 엥겔스의 「주택문제」*에서의 '도시와 농촌의 대립'의 '폐지'[18:278]론으로도 이어지는 것이었다. 공중위생 제도가 확립되어 가는 가운데 이와 같은 '유토피아*'적인 측면은 사라져 가지만, 19세기 중엽에 채드윅과 엥겔스라는 정치적 신조를 전혀 달리하는 인물들이 하수의 재이용이라는 꿈을 공유할 수 있었다는 점은 주목할 만하다. ☞빅토리아기의 생활수준, 「주택문제」, 『영국 노동자계급의 상태』, 『자본』, 리비히

㊟ E. A. Wrigley/R. S. Schofield, *The Population History of England 1541-1871*, Cambridge 1981. 椎名重明, 『農學の思想—マルクスとリービヒ』, 東京大學出版會, 1976. 見市雅俊, 「衛生經濟のロマンス」, 阪上孝 編, 『1848—國家裝置と民衆』 수록, ミネルヴァ書房, 1985. 同, 「榮養・傳染病・近代化」, 『社會經濟史學』, 53卷 4号, 1987. 同, 『コレラの世界史』, 晶文社, 1994.

—미이치 마사토시(見市雅俊)

공화정 共和政 ⇨**정체**

공화주의 共和主義 [(영) republicanism (독) Republikanismus]

헤겔 좌파*에 속해 있을 무렵의 맑스에게서는 "자유인, 그것은 공화주의자이어야 한다"[「『독불연보』로부터의 편지」, 1:374]와 같은 언설이 보인다. 공화주의는 역사적으로는 군주주의를 부정하며 등장한 개념이었다. 당시의 맑스에게 있어 공화주의란 독일에서는 여전히 유력한 군주주의를 극복하고 전진하고자 하는 입장의 표명이자 민주주의*와도 같은 뜻이었다고 말할 수 있을 것이다.

공화주의의 고전적 전통을 부활시켜 근대에 전달한 것은 르네상스 시기 피렌체의 마키아벨리*였다. 헤겔 좌파로부터 이탈하는 도중에 맑스는 크로이츠나흐 노트에서 『군주론』에 대해서도 학습했다. 하지만 그는 마키아벨리의 저작에 대한 관심을 일관되게 마키아벨리즘에 기울이고 있으며, 『로마사론』의 공화주의 사상에 주목하는 것은 별로 없었던 듯하다. 영국에서 공화주의를 창도한 해링턴의 『오세아나 공화국』에 대해서도 맑스의 언급은 보이지 않는다.

맑스가 긴급한 테마로서 공화주의 문제에 실천적으로 당면한 것은 1848년 혁명*, 특히 프랑스 2월 혁명*에 즈음해서였다. 2월 혁명에서는 '나시오날'파로서 알려진 라마르틴을 비롯한 "부르주아 공화파"[『계급투쟁』, 7:33]나 통칭 '레포름'파라 불렸던 르드뤼 롤랭* 등의 "소부르주아 공화파"[같은 곳], 그리고 사회경제적으로는 아소시아시오니즘이지만 정치적으로는 민주공화제를 내건 루이 블랑*으로 대표되는 사회주의파도 가담하여 공화주의의 사상과 운동이 역사의 무대에 뛰어올라 승리를 거두며, 그리하여 제2공화제가 수립되기에 이르렀다. 이들 공화파가 왕통왕조파와 오를레앙파로 구성되어 왕당주의에 입각하는 질서당과 또한 신흥 보나파르트파 등과 벌인 소용돌이치는 당파투쟁, 계급투쟁으로서 제2공화제를 둘러싼 공방이 펼쳐진 어지럽고 복잡한 변천과정을 맑스는 『계급투쟁』*, 『브뤼메르 18일』*에서 논평했다. 거기서 맑스는 "부르주아 공화주의"[같은 곳]에 대해 "순수 공화주의적인" [『브뤼메르 18일』, 8:118], 요컨대 단지 정치적인 성격에 지나지 않는 것이라고 하여, 또한 '소부르주아 공화파'와 사회주의파가 합체되어 "사회-민주주의적 공화제, 즉 적색공화제"[『계급투쟁』, 7:81]를 지향하는 사회·민주당의 사회-공화주의에 대해서는 계급 협조주의적이고 의회주의적이라고 하여 각각에 대해 단죄했다. 그러한 공화주의 비판은 비록 원칙적이긴 했으나 맑스 자신이 상황 인식과 전망에서 프롤레타리아 혁명의 시기가 도래했다는 주관주의적 착오를 범하고 있었기 때문에 독단적이고 편향된 성격을 벗어나지 못했다.

시간이 흘러 맑스는 남북전쟁*을 축으로 하여 미합중국에 대해 분석적으로 연구한 기회에 건국 시기의 공화주의에도 관심을 기울였다. 그리고 "위대한 공화국의 사상이 처음으로 탄생한 땅"[「미합중국 대통령 에이브러햄 링컨에게」, 16:16] 미합중국의 독립혁명의 아버지로서의 "워싱턴, 제퍼슨, 애덤스의 헌법"[「영국에서의 미국문제」, 15:289]에 대해, 또한 제퍼슨의 『버지니아 각서』에 대해 적극적인 평가를 부여했다. 그 밖에 미국인을 독립과 공화주의로 향하게 하는 데서 커다란 역할을 수행한 페인과 관련하여 『인간의 권리』를 언급하고 있는데, 페인은 그 책에서 민주제보다 우월한 공화제의 의의를 높이 드러내고 있었다. 맑스는 1860년대의 사상적, 이론적 약진과정에서 미국 독립혁명의 공화주의의 존재가치에 대해 터득하는 바가 있었던 것이다.

그 후 1871년의 파리 코뮌*의 경험에서 배운 원숙한 맑스는 새로운 사회·국가의 모습과 관련하여 아소시아시옹형 사회에 코뮌형 국가를 접합시키는 구상에 도달했다. 사회적인 운동이 되지 않는 한 공화주의 운동은 진정한 힘이 될 수 없다. 이러한 근본 견해의 구체화로서 그는 생산협동조합 등 여러 협동조직의 네트워크로서 편성되는 사회에 유기적으로 결합되는, 지방자치단체가 연합하여 참된 민주주의로 관철된 공화정 국가를 그려냈다. 공화주의에 대해 프랑스 2월 혁명이나 미국 독립혁명의 공화주의를 해체적으로 섭취하여 코뮌 국가의 공화제로 지양한 것이었다.

독자적인 정치학 비판, 국가론 건설의 과제를 수행할 수 없었던 맑스는 공화주의에 대해서도 약간의 언급을 했을 따름이다. 자유주의*가 개인*의 자유나 권리를 중시하는 데 반해, 공화주의는 그 무엇보다 공공선이라는 가치에 역점을 둔다. 이러한 자유주의나 민주주의와의 구별과 관련을 포함하여 공화주의에 대한 자세한 이론적 고찰을 맑스의 논고에서 이끌어내는 것은 불가능하다고 말할 수밖에 없다. ☞자유주의, 민주주의, 정체, 2월 혁명

—오야부 류스케(大藪龍介)

공황 恐慌 [(독) Krise (영) crisis]

【Ⅰ】19세기의 공황

공황은 맑스의 생존 중에 여러 차례 발생했다. 특히 영국에서 자본주의적 생산이 확립된 1820년대부터 1860년대까지는 주요한 공황은 영국에서 발생하여 이 나라의 '세계의 공장' 및 '세계의 은행' 기능을 매개로 하여 많든 적든 세계시장* 전체로 파급되었다. 더구나 거의 10년 주기(1825, 37, 47, 57, 66년)로 발생했다. 그러나 1870년대 이후에는 주로 미국이나 독일에서 발생하며(그 전형은 1873년 공황), 영국은 단지 그 공황의 영향을 받는 데 그쳤다. 주기도 상당히 불규칙해졌다. 통상적으로 그것들은 순환성 공황이라 불리는데, 1860년대까지는 다음과 같은 특징을 갖고 있었다.

우선 호황기에 생산증가, 물가상승, 신용확장 등이 일어나지만, 그 말기에는 특히 원료 · 식료(수입상품)의 가격*이 급등하고, 그것이 기업이윤을 압박하는 동시에 무역수지를 악화시킨다. 이로 인해 대외 금 유출이 증가하고 잉글랜드 은행*의 금 준비가 감소하여 금리가 높이 오른다. 이것이 기폭제가 되어 금융경색이 강화되고, 기업도산이나 은행도산이 급증한다.

이것이 공황발생의 출발점이 되는데, 일단 공황이 발생하면 사회적 수요의 급격한 수축으로 인해 생산의 축소, 물가의 급락, 실업*의 증대(산업공황)가 잇따르고, 경제 전체가 순식간에 전반적 과잉생산 상태에 빠진다. 그러나 수입의 감소 등에 기초하는 무역수지의 개선, 대외 금 유입에 의해 금융공황은 종식된다. 그 후에 잠시 동안(1년 정도) 산업공황 현상이 계속되지만, 물가 하락 · 생산 감소가 멈추어 공황은 불황으로 전환된다.

이 불황기에 과잉된 자본*(약소기업이나 유휴설비)이 정비되어 점차 생산성 상승을 포함한 갱신설비투자가 확대되고, 이것이 다음 호황을 준비하는 기초가 된다.

이와 같이 당시의 경기순환은 <호황—공황—불황>의 반복이며, 공황은 호황기에서의 생산 · 물가의 팽창을 급격하게 수축으로 전환시키는 매개점이자 과잉자본과 과잉노동력을 정리하여 다음의 자본주의적 발전을 준비하는 경기순환의 필연적 고리였다.

【Ⅱ】맑스의 공황론

맑스의 공황론은 『자본』*의 곳곳에서 논의되고 있지만, 전체로서는 미완성이다. 대표적인 부분은 제3권 제3편 '이윤율의 경향적 저하의 법칙'의 제15장 '이 법칙의 내적 모순들의 전개'(1863-65년경 집필)이다.

그러나 이 장에서 전개되고 있는 공황 원인론은 반드시 수미일관한 것은 아닌데, 일반적으로 거기에는 다음과 같은 두 가지 논리가 교착하고 있는 것으로 이해되고 있다. 하나는 자본 · 임금노동이라는 적대적 분배관계를 기초로 하는 대중*의 소비력에는 제한이 있고, 이 제한적 수요에 비해 상품생산이 과잉하게 된다는 논리(이른바 상품과잉론)이며, 다른 하나는 자본의 축적이 과도하게 이루어져 자본 자신에 대해 과잉하게 된다는, 즉 추가투자가 이루어져도 충분한 이윤율을 취득할 수 없게 된다는 논리(이른바 자본과잉론)이다.

어째서 이와 같은 두 가지 논리가 교착하고 있는가 하는 점에 대해서는 다음과 같이 생각할 수 있다. 당초 맑스는 공황이 일어나면 자본주의적 생산 그 자체가 붕괴하고, 그에 의해 혁명적 운동이 촉진된다는, 즉 공황이란 일종의 붕괴공황이라고 생각하고 있었다(『공산당 선언』*, 50년대의 『뉴욕 데일리 트리뷴』*의 논문 등). 따라서 제15장에서 공황을 논할 때도 '이윤율의 경향적 저하의 법칙'이라는 자본주의 경제의 장기적 경향의 결과로 공황이 일어난다는 논리가 지배적이었다. 이 논리가 자본축적*의 장기적 경향의 결과로

생산이 제한적 소비를 초과한다는 상품과잉론이었다. 이른바 궁핍화론도 이 논리의 계보에 속한다.

하지만 다른 한편으로 맑스는 현실의 공황을 분석하는 가운데 그것이 규칙적·주기적으로 발생한다는 것, 즉 순환운동이야말로 자본주의*의 '경제적 운동법칙'임을 분명히 인식하게 되었다. 공황이 자본주의 경제의 붕괴라고 하는 생각이 사실상 부정되었던 것이다. 『자본』 제1권의 서문과 제2판의 후기(1867년 이후에 집필)에는 이 점이 명확하게 드러나 있으며, 이 무렵에는 『자본』에 위치지어져야 할 공황론에 대한 의미부여가 완전히 변화되어 있었다. 그리고 이 순환성 공황론에 접속되는 공황론이 자본과잉론인데, 거기서는 <호황–공황–불황>이라는 순환과정 속에서, 따라서 호황기 말기에서의 원료가격이나 임금*의 상승이 공황의 직접적 원인(추가투자를 하면 일시적으로 급속한 이윤율 저하가 일어나 이윤량마저 급감한다는 '자본의 절대적 과잉'론)으로 인식되었다. 이와 같이 제15장에서는 방법적 문제가 아직 충분히 정리되어 있지 않았던 것이다.

덧붙이자면, 맑스는 그 후 1873년 이후의 새로운 공황을 분석하는 과정에서 순환성 공황의 형태가 변화했음을 인식하게 되며, 특히 엥겔스*는 '만성적 불황'론을 주장하게 되었다. 그러나 그것은 충분하게는 체계화되지 못하고 끝났다. ☞자본축적, 실업

㊟ 宇野弘藏, 『恐慌論』, 岩波書店, 1953(『宇野弘藏著作集』, 第5卷, 岩波書店, 1974, 수록). 山之內靖, 『マルクス・エンゲルスの世界史像, 未來社, 1969. 鈴木鴻一郎 編, 『恐慌史研究』, 日本評論社, 1973. 三宅義夫, 『マルクス・エンゲルス/イギリス恐慌史論(上・下), 大月書店, 1974. 侘美光彦, 『世界資本主義』, 日本評論社, 1980.

—다쿠미 미쓰히코(侘美光彦)

과잉생산 過剩生産 ⇨공황

과정 過程 [(독) Prozeß (불) processus (영) process]

다른 개념과 결합해서 하나의 술어가 되는 경우가 많다. 술어로서는 『독일 이데올로기』*에서의 '생활과정*' 개념으로 처음 출현한다. 맑스는 과정 개념에 대해 프랑스어판 『자본』* 제1권에 덧붙인 주해에서 이 개념이 화학과 생리학 방면에서 점차 학문적 용어로서 사용되게 되었으며, "그 현실적 조건들의 전체에서 고찰된 하나의 발전"[프랑스어판 『자본』 일본어 역, p. 168]이라는 의미를 지닌다고 한다. 이 주해는 헤겔*과의 개념사적 관계를 말해주는 것은 아니지만, 기본적인 시각의 중첩을 보여준다. 헤겔에게 있어서는 '개념'에 입각하여 명확한 목적을 지닌 '발전'의 입장에 반해, '과정'은 통일의 논리에 대해 자각을 결여하는 것이라고 여겨진다. 다만 문제 장면을 생성·변화의 모습에서 바라보고, 그것을 형성하는 요인들을 자립화하지 않고 상관성 아래에 두는 점은 맑스의 시각이기도 하다. 맑스는 이런 함의를 활용하여 과정 개념을 구사한다.

『독일 이데올로기』에 등장하는 생활과정 개념은 생산과 재생산*을 포괄하는 것이며, 그 아래에서 변화하는 물질적 교통 및 개인들의 교통*을 시야에 모으고 있다. 다양한 의식 형태들도 이와 같은 생활과정의 "필연적인 승화물"[廣31]로서 취급된다. 인간*은 이 과정 속에서 "일정한 조건들 하에 있는 인간"[같은 책:33]이며, 이 과정을 1차적으로 규정해가는 주체가 아니라 이 과정을 짊어지는 주체적 계기로 파악된다. 이는 인간의 본질을 "사회적 관계들의 총화(ensemble)"[「포이어바흐 테제」(제6테제), 3:4]로 보는 관계론적 시각으로 이어진다. 과정 개념은 헤겔·헤겔 좌파*가 내세우는 각별한 주체 개념을, 또한 역사를 포함한 다양한 사태를 실체적 본질–현상의 틀에서 받아들이는 관점을 물리치는 지점에서 술어화되고 있다.

과정 개념은 사회적 현실을 둘러싼 중심적 개념이기도 하다. 자본제적 생산과정은 사회적 생산과정의 역사적으로 규정된 한 형태로서 파악되는데, 부르주아 사회를 총체로서 볼 때 "언제든 사회적 생산과정의 최종 결과로서 사회적으로 서로 관련된 인간 자신이 나타난다. 생산물 등등과 같은 고정된 형태를 지닌

모든 것은 이 운동의 계기로서만 나타난다. 직접적 생산과정 그 자체도 여기서는 단지 계기로서 나타나는 데 지나지 않는다"[초2:501]. 과정을 성립시키는 조건들이나 거기에 대상적으로 형태화되어 있는 것, 그것들이 '과정의 계기들'로서 충분히 파악되게 될 때에 자신의 관계를 생산―재생산하는, 다시 말해 어떤 역사적 한계를 뛰어넘는 상호 관계적 개인들이 마침내 문제로 된다. 여기에 있는 것은 역사적으로 규정된 전제들을 바탕으로 관계를 기조로 하여 대상적 계기와 주체적 계기를 총체적으로 파악하는 관점이다. ☞생활과정, 체계와 방법, 『독일 이데올로기』

참 花崎皐平, 『增補改訂 マルクスにおける科學と哲學』, 社會思想史, 1972. 中野徹三, 『マルクス主義の現代的探究』, 青木書店, 1979.

―다키구치 기요에이(瀧口淸榮)

과학 科學 [(영) science (독) Wissenschaft]

【 I 】 맑스와 엥겔스에게 있어서의 과학

맑스와 엥겔스*에 의해 형성된 고전적 맑스주의는 특별히 '과학적 사회주의(wissenschaftlicher Sozialismus)'라고 일컬어진다는 점에서 '과학적' 교설로 간주되는 경우가 있다. 이와 같은 시각이 반드시 부당한 것은 아니다. 왜냐하면 엥겔스는 그의 계몽적 저서 『공상에서 과학으로의 사회주의의 발전』*에서 분명히 자신들의 학설을 '과학'으로 간주하며, 이러한 용법은 맑스에 의해서도 추인되고 있기 때문이다. 문제는 '과학' 내지 '과학적'이라는 말로 그들이 어떠한 것을 함의하고 있었는가 하는 점이다.

우선 엥겔스가 앞서 언급한 저서에서 '과학'을 '공상(Utopie)'과 대비시켜 사용하고 있다는 사실에 주의해야만 한다. 그는 비현실적인 단순한 '공상' 내지 '관념론적'인 것에 지나지 않는 이전의 '사회주의*'와 대비하여 '과학적'인 논의에 기초한 '사회주의'를 제창하고자 하는 것이다. 그리하여 이번에는 '과학적'이라는 것의 내실을 살펴볼 필요가 있다. 19세기 후반에 '과학적'이라는 것을 강조하고 있던 사상조류로서는 우선 콩트*의 실증주의가 떠오른다. 그러나 맑스가 콩트적 실증주의를 부정적으로 보고 있었다는 사실은 1873년에 쓴 『자본』* 제2판 후기[23a:19]에서 분명히 드러난다. 다음으로 뷔히너 등의 '자연과학적 유물론'과의 관계가 문제로 제기되어야만 한다. 엥겔스는 맑스의 『정치경제학 비판을 위하여』* 제1권의 서평을 『폴크』*에 발표하고, 거기서 독일에서 유행하고 있던 '자연과학적 유물론'을 명쾌한 어조로 비판하고 있다[13:475, 초3:437]. 그리고 또한 엥겔스의 유고 『자연변증법』*의 집필 동기 가운데 하나가 '자연과학적 유물론' 비판에 있었다는 점에 대해서도 유의해야만 한다. 맑스 또한 이러한 사상 경향을 부정적으로 보고 있었다는 사실은 『자본』 제1권에서의 "역사적 과정을 배제하는 추상적·자연과학적 유물론의 결함은 그 대변자들이 자신의 전문 분야 밖으로 뛰쳐나가자마자, 그들의 추상적이고 이데올로기적인 표상들로부터도 이미 간취된다"[23a:487]라는 언명에 비추어 의심의 여지가 없다.

위에서 검토한 두 가지 '과학적' 사조는 모두 근대 자연과학을 모델로 하는 것이었다. 그렇다면 맑스와 엥겔스가 자신들의 교설이 '과학적'이어야만 한다고 생각하고 있을 때의 '과학적'이란 어떠한 의미였던 것일까? 그들이 우선 의거하고자 한 사상적 유산은 헤겔*의 학문체계였다. 헤겔의 사상에서 청년시절의 그들에게 매력적으로 비쳤던 것은 그 첨예한 '비판적' 사유 자세(그것은 '변증법적'이라는 말로 표현되었다)와 "그 기초를 이루고 있는 거대한 역사적 감각"[초3:439]일 것이다. 그러나 헤겔의 학문적 체계는 '관념론적' 형태, 다시 말하면 철학적 체재를 취하고 있었다는 점에서 그들에게는 만족할 수 있는 것이 아니었다. 그들에게 있어 헤겔이 학문의 최고 형태라고 생각한 철학적 체재는 결국 극복되어야 할 것으로 생각되었다. 받아들여야 할 학문적 형태는 예를 들면 '정치경제학 비판*'과 같은 형식으로 나타나는 '역사과학'일 수밖에 없었다. 그것은 과거의 사태를 본래 있었던 그대로 재구성한다는 의미에서의 랑케적인 역사학이 아니라, 현 상태를 비판적으로 바라보는 이론적 추상이 행해지는 '역사과학'에 다름 아니었다. 그런 까닭에 맑스의

'과학'은 비판적인 이론적 개념들에 의해 들춰내진 역사적 현실이자 역사적 변혁에 모종의 의미에서 시사점을 던져줄 수 있는 것이어야만 했다. 이리하여 고전적 맑스주의의 '과학적'이란 헤겔의 철저한 비판의 사상적 도구인 변증법*에 의해 파악된 '역사과학'에 기초하는 것이었다고 이해할 수 있다. 다시 말하자면, 맑스와 엥겔스는 첨예한 역사의식을 학문 속에 끼워 넣었다는 점에서 헤겔의 후계자였지만, 헤겔에게 있어 모순은 단지 철학적 개념들 속에서 해결할 수 있는 것으로 여겨졌던 데 반해, 그들 헤겔의 제자들에게 있어 모순은 역사적 현실에서 해결되어야만 하는 것이었다.

그런 까닭에 맑스와 엥겔스가 말하는 '과학적'은 '비판적'이라는 뉘앙스를 강하게 지니며, '교조주의(dogmatism)'와는 대척적인 방향을 지향하는 것이었다. 따라서 자연과학적이라는 의미를 농후하게 지닌 '과학적'이라는 용어보다는 '학문적'이라는 용어가 적당할지도 모른다. 그와 같은 번역어는 19세기 후반에는 영어의 'scientific'조차 '정밀 자연과학적'이라는 의미로 고정되어 있지 않았다는 점에서도 뒷받침된다. 이러한 인식에 덧붙여, 맑스와 엥겔스가 이해하는 '법칙'(특히 '역사법칙')은 결코 결정론적인 의미에서의 근대 자연과학적 법칙이 아니라 헤겔적인 의미에서 주체가 참가할 수 있는 개연적으로 '법칙적인 사항'을 의미하고 있었다는 점에 주의해야 한다. 따라서 그들이 사회주의 사회의 도래를 '법칙적'으로 확실한 것이라고 예견했다 하더라도, 그것은 당시의 역사적 상태로부터 개연적으로 예측할 수 있다고 생각한 것에 지나지 않는다. 가만히 앉아서 좌시하더라도 미래는 그렇게 될 것이라고 생각했다고 해석하는 것은 얼토당토않은 잘못이다.

【Ⅱ】고전적 맑스주의 과학관의 발전과 왜곡

여기서 고전적 맑스주의가 이해하는 '과학적'이라는 것과 관련하여 두 가지 사항을 특별히 지적해 둘 필요가 있다. 첫째로, 맑스는 『자본』의 1863년 초고에서 명확하게 자연과학의 자본주의 체제에서의 친자본가적인, 따라서 반노동자적인 기능을 파악하고 있었다는 점이다. "과학자들은 이러한 과학들이 자본에 의해 치부의 수단으로서 이용되는 이상, 그 때문에 또한 과학 자체가 그 연구자에게 있어서도 치부의 수단이 되는 이상, 과학의 실제적 응용의 발견에 앞 다투어 경쟁을 벌인다. 다른 한편으로는 발명이 특유의 직업이 된다"[초9:266]. 맑스와 엥겔스는 근대 자연과학을 이렇게 이해하는 한편, 과학과 기술이 앞으로 도래해야 할 사회에서 어떻게 작동할 것인가에 대해서는 명확한 단정을 피했다. 그 점을 현실적으로 어떻게 전망할 것인가는 현대에 남겨진 과제일 것이다. 둘째로, 고전적 맑스주의의 '과학'의 이해를 극도로 교조적으로 왜곡한 경향이 확실히 인식되어야 한다. 그 경향은 제2인터내셔널 하에서도 존재했다고 말할 수 있을지도 모르지만, 본격적으로는 1929년 이후 소련에서의 스탈린의 권력 장악에 수반하여 전개된 '문화혁명'과 더불어 생겨났다. 여러 문제를 내포한 레닌의 철학서 『유물론과 경험비판론』(초판 1909, 제2판 1920)이 성전처럼 신격화되기 시작한 것은 이 시기 이후, 좀 더 정확하게 말하면 스탈린이 행정적인 지령을 내린 1930년 말 이후였다. 1931년 이후, 각국 공산당도 그 레닌의 책을 '맑스-레닌주의'의 핵심 저작으로서 수용하게 되었다. '맑스-레닌주의'의 과학 개념은 플레하노프*나 레닌이 옹호한 '철학적 유물론'을 비속하게 해석하여 도식화한 '자연과학적 유물론'의 변종이라 규정할 수 있는 사상 형태에 의해 해석된 것이었다. 이러한 관점에서는 마흐주의적 철학의 적지 않은 영향을 받은 상대성이론이나 양자역학의 '정통적' 해석은 억압될 수밖에 없었다.

그런 까닭에 맑스주의*를 현대적으로 재생시키려고 생각하는 이는 고전적 맑스주의의 '과학'의 이해가 어떠한 것이었는가를 문헌학적으로 엄밀하게 재구성하고, 그것과 1929년 이후에 정착하기 시작한 '맑스-레닌주의'의 과학 개념을 엄밀하게 구별하지 않으면 안 된다. 더 나아가 맑스주의를 도그마로 받아들이지 않는 본격적인 비판적 정신을 유지하고자 하는 이는 맑스와 엥겔스가 유지한 것과 같은 첨예한 '역사과학'적 방법으로 자본주의*의 현 상황, 나아가서는 중국을 비롯한 '노동자국가'의 정치경제정책도 비판적으로 파악하고, 그 일환으로서 그러한 체제들에서의 과학과 기술의 기능을 분석해야만 한다. 맑스주의의 소생과 현대 자본주의를 예리하게 분석하여 비판적 대안을 제시하는 작업은 병행적으로 진척되어야만 하는 것이다. ☞자연과학, 자연법칙, 비판

참 George E. McCarthy, *Marx' Critique of Science and Positivism: The Methodological Foundations of Political Economy*, Kluwer 1988. 廣松涉, 『マルクス主義の地平』, 講談社學術文庫, 1991. 佐々木力, 『マルクス主義科學論』, みすず書房, 1997. 同, 『科學革命の歷史構造』 (下), 講談社學術文庫, 1995.

—사사키 지카라(佐々木 力)

관계와 실체 關係—實體 [(독) Verhältnis und Substanz]

맑스가 전 생애에 걸쳐 싸운 상대는 실체이다. 즉 실체로서의 국가*, 실체로서의 자기의식, 실체로서의 인간*, 실체로서의 화폐*, 실체로서의 자본*, 실체로서의 공산주의* 등등.

【Ⅰ】 실체론의 변천

실체란 자신의 외부에 자기 이외의 존립기반이나 원인을 지니지 않는 기체 그 자체를 의미하며, 아리스토텔레스*에 의해 명확히 정의된 이래로 가장 중요한 철학 개념의 하나가 되었다. 기독교*에서 그것은 신이고, 데카르트에서는 정신과 물질*이며, 라이프니츠*에서는 단자였지만, 근대 이후에는 현대에 이르기까지 실체는 일반적으로 부정되는 경향에 있다. 헤겔*은 『정신현상학』*에서 참된 것은 단순히 실체가 아니라 주체라고 주장하여 실체를 능동적이고 변증법적으로 파악하는 입장을 명확히 했다. 맑스에 의하면, 헤겔은 스피노자*의 실체와 피히테*의 자아를 통합한 것이었다. 더 나아가 이것을 자기의식으로까지 승화시킨 것이 브루노 바우어*이다. 그러나 맑스는 바우어가 남들을 비판함에 있어 실체의 수렁에 빠져 절대적 자기의식으로까지 전진하지 못한다고 말하면서도, 그 바우어 자신이 자기의식이라는 실체의 수렁에 빠져들고 있다고 비판한다[『신성 가족』, 2:146]. 포이어바흐*는 신학*의 비밀은 인간학이라고 하여 실체로서의 신을 해체하고 감성적 현실적 인간의 입장을 표명했지만, 이에 대해 슈티르너*가 유일자의 입장에서 포이어바흐의 인간은 추상적 실체로서의 인간에 지나지 않는다고 비판했다. 그러나 이 유일자라는 것 그 자체가 또한 단순한 추상적 실체에 다름 아니라고 비판된다.

【Ⅱ】 사변적 실체론에 대한 비판

맑스가 행한 가장 뛰어난 실체론 비판은 엥겔스*와의 공저 『신성 가족』*에서 볼 수 있다. 거기서 그는 다음과 같이 논하고 있다. 우리는 현실에 존재하는 사과와 배 등으로부터 과일이라는 일반적 표상을 얻지만, 사변철학에 따르면 과일이야말로 사과와 배 등의 본질*이자 실체이다. 그러나 현실에서 감성적으로 파악될 수 있는 사과와 배 등이 과일이라는 실체의 완전한 가상(假象)이라는 의미는 아니다. 역으로 말하자면, 과일은 결코 죽은 무(無)구별적인 정태적 존재가 아니라 자기를 자기 안에서 구별하는 살아 있는 동태적 존재인바, 사과와 배 등은 실체로서의 과일이 자기를 그와 같은 것으로서 정립한 것이다. 이와 같은 실체의 구현화, 육화를 헤겔은 "주체로서의 실체"라고 파악했다[2:56-59]. 분명히 사태를 정태적이 아니라 동태적으로 파악하는 것은 중요하겠지만, 그것을 헤겔처럼 신비화해서는 안 된다.

이와 같이 맑스가 헤겔의 실체론을 비판하는 목표는 헤겔의 실체=주체론이 헤겔의 국가의 논리가 되고 있음을 밝힘으로써 그 국가=실체론을 비판하는 데 있었다. 이 작업은 1843년 3월부터 44년 여름에 걸쳐 작성된 그의 「헤겔 국법론 비판」*에서 이미 완료되어 있었다. 따라서 맑스의 다음 과제는 헤겔의 실체=주체론을 비판적으로 극복하는 새로운 세계관을 제시하는 데 있었다. 그리고 그것은 다음의 『독일 이데올로기』*에서 이루어진다. 그것이 실체론에 맞선 관계론의 입장이다.

【Ⅲ】 관계론

동물은 그 무엇과도 관계하지 않으며, 애당초 관계한다는 것을 하지 않는다. 동물에 있어서는 다른 것과 관련된 그의 관계는 관계로서는 실존하지 않는다. 맑

스와 엥겔스는 이와 같이 '관계'라는 핵심어를 사용해서 인간과 동물을 구별하고[廣28], 인간을 관계존재로서 파악한다. 즉 인간존재를 현실적인 생활과정*으로서, 혹은 사회적 관계들의 총체로서 파악한다. 이러한 현실적인 사회적 관계들의 구조와 그 발생과정을 분업*에 기초한 인간의 교통관계로서, 혹은 생산력과 생산관계들 및 그 양자의 관계로서 파악하는 것이 한층 더 계속해서 요구되고 있었다. 하지만 거기서도 언제나 맑스는 상품*과 화폐*와 자본* 등을 실체로서 파악하는 경제학자들과 논전을 벌이지 않으면 안 되었다. ☞본질과 현상, 『신성 가족』, 「헤겔 국법론 비판」, 『독일 이데올로기』, 포이어바흐, 바우어[1], 헤겔

㊔ 廣松渉, 『マルクス主義の地平』, 勁草書房, 1969. 同, 『物象化論の構圖』, 岩波書店, 1983.

—시바타 다카유키(柴田隆行)

관념론 觀念論 [(독) Idealismus]

철학사적으로 관념론은 실재론의, 또한 유물론*은 유심론의 맞짝개념으로 사용되고 있었다. 17세기부터 사용되기 시작한 유심론에 대립된 유물론으로서는 18세기 프랑스의 유물론을 염두에 둘 수 있다. 맑스는 의도적으로 관념론과 유물론을 맞짝개념으로 내세운다. 이 경우 유물론은 더 이상 18세기 프랑스의 기계론적 유물론이 아니라 맑스적 의미에서의 유물론이며, 그와 동시에 관념론은 인식론적 맥락에서 문제가 되는 관념론이 아니다.

맑스는 헤겔*에 대해 비판적인 자세를 취하면서도, 학위 논문에서부터 1843년 9월 「루게에게 보내는 서간」에 걸쳐 이념 내지 이성*의 세계성을 신뢰하고 그것을 실현한다고 하는 자세를 견지했다. 여기에 헤겔적 관념론에 대한 실천적인 재해석이 있었다. 그 후에 맑스는 "주관주의와 객관주의, 유심론과 유물론의 대립"[『경제학·철학 초고』, 40:463]을 지양하고 "관념론과도 유물론과도 다른"[같은 책:500] 것을 "인간주의=자연주의, 자연주의=인간주의"라고 부른다. 여기서의 관념론은 "자연*으로부터 분리되어 형이상학적으로 개작된 정신"[『신성 가족』, 2:146]이라는 입장을 의미한다. 헤겔의 통일은 앞의 대립을 형이상학적으로 개작한 것일 뿐인 데 반해, 포이어바흐*의 현실적 인간주의가 참된 통일을 제시했다고 한다.

포이어바흐는 헤겔 비판에 있어 "존재는 자기 자신 안에 근거를 가짐"에도 불구하고 "자연 또는 실재가 이념에 의해 정립되어 있다"[『철학 개혁을 위한 예비 명제』]는 점을 문제 삼으며, 나아가 그것을 신학*의 철학적 완성판으로 보고 주어와 술어(존재와 사유)를 올바르게 위치시키고자 한다. 다만 이 존재는 감성적으로 직접적=현실적인 것으로 간주된다. 그는 실천적으로는 '이상주의자(관념론자 Idealist)'이면서도 이론적으로는 유물론을 명확히 언급하여[『기독교의 본질』 제2판 서문] 관념론과 유물론이라는 문제 장면을 제시했다.

맑스는 슈티르너*의 『유일자와 그 소유』*에 의한 논쟁 와중에서 포이어바흐주의의 비판적 검토를 할 수밖에 없게 되면서 「포이어바흐 테제」*에서 유물론의 입장을 명확히 밝히고, 『독일 이데올로기』*에서 엥겔스*와 함께 유물론적인 역사관을 표명할 때에 포이어바흐를 선례로 하여 명확히 관념론을 유물론의 맞짝개념으로 제시한다. 이 경우 유물론이 본원적으로 질료·물질(Materie)주의를 함의하는 데 반해, 관념론은 현실적으로 있는 것의 존재 근거를 이념적인(ideal) 것에 두는 이념(Idea)주의를, 즉 그것의 근대판으로서의 헤겔적 관념론을 의미한다(나중의 엥겔스의 『포이어바흐론』*에서의 규정도 이와 동일한 선상에 있다). 특수한 개개인이 자신의 본질로서 자각해야 할 각별한 주체를 상정하고, 이를 기축으로 역사를 구성한다—『독일 이데올로기』는 관념론적인 역사관을 이렇게 특징짓고 비판한다. 또한 관념론적이라는 말은 무엇보다 우선 현실적 관계라는, 자신의 사상의 발생기반을 망각한 상태를 가리킨다. 허위의식이나 주관적 사념이라는 어의는 나중에 이로부터 파생된 것이다. ☞유물론, 철학, 『독일 이데올로기』

㊔ 廣松渉, 『マルクス主義の地平』, 講談社學術文庫, 1991. 石塚正英 編, 『ヘーゲル左派—思想·運動·歷史』, 法政大學出版

局. 1992.

―다키구치 기요에이(瀧口清榮)

괴레스 [Joseph von Görres 1776-1848]

코블렌츠에서 태어난 저널리스트. 이미 김나지움* 재학 시절부터 프랑스 혁명*에 감격하며, 마인츠의 자코뱅 클럽에도 관여했다. 1797년에 '코블렌츠 민중 협회'의 멤버가 되어 라인 강 좌안 독립운동(시스레난 운동)에서 지도적 역할을 수행한다. 라인 좌안의 공화국 설립을 목표로 하여 『붉은 신문』이나 『뤼베찰』지 등을 통해 정보선전 활동을 하지만, 프랑스의 군사지배에는 반대했다. 그로 인해 1799년 10월에는 단기간 투옥 당하게 된다. 얼마 후 라인 강 좌안의 독립파 대표로서 파리*에 들어간다. 여기서 프랑스 혁명이 변질되고 있는 현실을 자신의 눈으로 확인하고, 권력을 장악하고 있던 나폴레옹*의 주변국에 대한 점령정책에도 실망하게 된다. 아울러 프랑스와 독일의 깊은 골과 국민성 차이를 인식하고, 이러한 체험들을 『나의 파리 부임의 결말』에 기록한다. 그 후에 하이델베르크 대학 등에서 교편을 잡는 가운데 그 지역의 낭만파*와 교류하면서 독일의 민족주의적인 입장으로 기울어진다. 1814년부터 『라이니셰 메르쿠르』지를 통해 입헌주의적인 정치운동을 하지만, 이 잡지는 1816년에 발매금지를 당한다. 나아가 1817년에는 프로이센이 입헌주의 국가의 선두에 서도록 하르덴베르크에게 요청한다. 그러나 빈 체제*하에서 운동은 탄압받고, 1819년에 스트라스부르*로 망명*할 수밖에 없게 되었다. 그 곳에서 가톨릭주의에 경도된 그는 얼마 후 보수파의 논객으로서 낭만주의적 가톨릭주의의 중심인물이 되며, 1827-48년까지 뮌헨 대학의 역사학 교수로 근무했다.

㊟ G. Bott (Hrsg.), *Freiheit Gleichheit Brüderlichkeit*, Nürnberg 1989. 十河佑貞『フランス革命思想の研究―バーク・ゲンツ・ゲルレスをめぐって』, 東海大學出版會, 1976.

―하마모토 다카시(浜本隆志)

괴테 ⇨고전주의 문학[독일]

괴팅겐 사건―事件 [(독) Die Göttinger Sieben]

1837년 12월에 독일의 하노버 왕국에서 발생한 반자유주의적인 탄압 사건. 1833년에 자유주의적인 신헌법을 제정하여 입헌군주국이 된 하노버 왕국은 당시 국왕 윌리엄 4세(재위 1830-37년) 치하에서 하노버 조(朝) 영국과 동군연합(同君聯合)에 있었다. 그 당시의 영국은 제1차 선거법 개정(1832년)으로 상징되는 바와 같이 자유주의적 개혁을 추진하고 있었다. 그러나 이 국왕이 사망하고 영국에 빅토리아 여왕이, 하노버에 에른스트 아우구스트가 즉위하자 보수적인 에른스트 아우구스트 왕은 1833년 헌법에 무효 선언을 했다. 그 폭거에 대해 하노버의 괴팅겐 대학 교수들은 헌법옹호파와 국왕 지지파 그리고 침묵파로 나뉘었는데, 7명의 교수(달만, 에발트, 야콥 그림*, 빌헬름 그림*, 알브레히트, 게르비누스, 베버)는 국왕에 맞서 과감히 항의했다. 그들 가운데 달만과 게르비누스는 국외로 추방당하고 다른 5명도 파면되었다. 그러나 다른 몇몇 독일 영방들과 자유주의 세력들은 국왕의 폭거를 비난했고, 또한 7명의 교수는 다른 대학에 다시 취직하게 되었다. 그들이 행한 항의 행동의 영향은 하노버 국왕을 넘어서서 독일 전역에 미쳤다. 그 과정에서 입헌국가는 국왕 개인보다 높은 차원에 위치한다는 것과 국민은 국왕의 권한이 아니라 법의 불가침성에 기초하여 의지를 결정해야 한다는 점을 각 영방 민중들에게 각인시켰다. ☞자유주의, 포어메르츠기

㊟ 東畑隆介, 『ドイツ自由主義史序說』, 近代文藝社, 1994.

―이시즈카 마사히데(石塚正英)

교육 教育

18세기 말 독일(프로이센)의 교육제도는 오늘날과는 전혀 다른 상황에 있었다. 한편으로는 고등교육기관인 대학*이 있는 동시에, 다른 한편으로는 초등교육기관인 민중학교가 병존하고 있었지만, 양자는 교육적

인 상하관계에 있는 것이 아니라 그야말로 횡렬적인 병존 상황에 있었다. 또한 양자를 연결하는 중등학교도 없었다. 다시 말해 초등・중등・고등이라는 3단계 교육체제는 독일, 더 나아가서는 널리 유럽에서는 20세기로 이행하는 과정에서 형성된 것이다.

【Ⅰ】김나지움*(Gymnasium)과 실업계 중등학교의 형성

이러한 교육사회의 상황에 새로운 구조적 변동을 일으킨 것은 프로이센 정부에 의한 대학 진학 억제 정책이었다. 당시에는 대학에 입학하기 위해 이렇다 할 자격을 필요로 하지 않았다. 그렇기 때문에 상대적으로 입학과잉에 처해 있었고 사회불안을 배양할 가능성이 있었다. 그리하여 정부는 대학에 입학하기 위해 특정한 중등학교에 재학하고 졸업시험에 합격한 사람에게 대학 입학 자격(아비투어)을 수여하기로 하고, 이 중등학교를 김나지움이라 부르기로 했다. 나아가 1834년에 각 대학의 독자적인 입학시험을 폐지하기로 결정함으로써 김나지움은 대학 입학으로 가는 길을 독점하게 되었던 것이다.

그런데 정부는 김나지움을 설립하는 데 있어 기존의 라틴어학교(교회 등에 의한 성직자 양성의 예비교육기관) 중에서 설비와 교원이 충실한 곳을 승격시켰는데, 그러한 혜택을 받지 못한 라틴어학교는 실업계 중등학교로 전환함으로써 계속 존속할 수 있는 길을 발견하고 있었다. 여기서 대학 진학을 위한 엘리트 중등학교로서의 김나지움과 더불어 직업코스라 할 수 있는 실업 김나지움과 고등실업학교라는 모두 세 가지 계열의 중등학교가 형성되었던 것이다.

이러한 세 계열의 중등학교 커리큘럼의 특징에 대해 1882년 시점에서 말한다면, 김나지움에서는 라틴어・그리스어가 필수로 전체 수업시간의 약 40%를 차지하고, 실업 김나지움에서는 라틴어만 필수로 약 20%이며, 고등실업학교는 고전어로부터는 해방되어 그 대신에 현대어(영어・프랑스어)가 약 30%, 자연과학*・도화가 약 22%를 차지하고 있었다. 다시 말해 김나지움에서는 고전어 중심의 인문적 교양을 중시하는 교육이 행해졌고, 고등실업학교에서는 현대어・자연과학 등의 실학적인 교양교육이 중점적으로 주어졌으며, 실업 김나지움은 양자의 중간적인 특징을 갖고 있었다. 더욱이 중요한 것은 이들 세 계열의 중등학교가 커리큘럼에서 각각의 특징을 갖고 있을 뿐만 아니라 대학 입학권에서의 격차가 존재하고 있었다는 점이다. 1901년까지 김나지움은 대학의 모든 학부에 입학권을 갖고 있었던 데 반해, 실업 김나지움은 철학부에만, 고등실업학교는 수학・자연과학 코스에만 입학권을 갖고 있었던 데 지나지 않았다. 즉 라틴어・그리스어라는 고전어 습득의 범위와 정도에 따라 교육제도상의 순위가 설정되어 있었던 것이다.

그 밖에도 이러한 9년제 중등학교와 더불어 뒤에서 언급하는 초등학교=민중학교를 졸업 또는 4년 수료한 뒤 취학하여 주로 직업적 지식을 습득하는 4~5년제의 학교가 존재하고 있었다. 이러한 학교들에게는 실업학교라든가 시민학교와 같은 다양한 명칭이 붙어 있었지만, 일반적으로 대부분 '중간학교(Mittelschule)'라 불리었고, 민중학교는 연령적으로나 지능・지식적으로나 사회적으로 부족하다고 여겨진 아이들의 취학기관이었다.

【Ⅱ】민중학교의 기능

그런데 프로이센에서는 중등학교의 설립에 앞서 18세기 초부터 잇따른 정부의 교육령에 의해 민중교육이 장려되고, 특히 1763년의 '학사통칙'(일반 지방학교령)에 의해 5~14세의 취학의무제도가 실시되었다. 그 배경에는 영방절대주의 국가 프로이센의 농민정책・군대정책이 있었다. 즉 국가*는 농민의 자제가 납세의 무자로서, 또한 병역의무자로서 걸맞은 의식・행동양식을 습득하는 데 관심을 기울이고 있었다. 이 때문에 기본적인 읽기・쓰기・계산 및 종교*를 주요한 내용으로 하는 민중교육을 추진했던 것이다.

이리하여 의무교육 8년제 하에서 초등교육=민중학교(Volksschule)가 성립되어 갔는데, 여기서 주목해야 할 것은 의무교육 8년제란 반드시 민중학교에서 8년간 공부해야 한다는 것을 의미하지는 않았다는 점이다. 예를 들어 4년간만 민중학교에 재학하고 나머지 4년간은 공립과 사립의 중등학교나 중간학교 등에 취학해도 상관이 없었다. 또한 부유한 가정의 자제가 가정교사로부터 교육을 받는 것으로 대신해도 무방했다. 이와 같은 의무교육의 양태는 바이마르 공화제의 성립까지 기본적으로는 변하지 않았다. 이로 인해 장래에 김나지움에 진학하고 나아가서는 대학 입학을 뜻하고 있던 아이들 중에는 민중학교에 가지 않고 사립 예비학교(Vorschule)에 다니는 경우도 있었다. 그 이유는 19세기 독일의 민중학교의 설비와 교원은 매우 참담한 상황에 처해 있어 김나지움 진학의 예비교육을 감당하지 못했기 때문이다.

따라서 19세기의 민중학교(특히 상급학년)는 실질적으로는 중등학교나 대학까지 진학할 의지가 없는 아이들의 취학기관이었다고 할 수 있을 것이다. 덧붙이자면, 민중학교 4학년에서 5학년으로 올라가는 시점의 진로 선택별 비율을 대략적으로 나타내면, 그대로 민중학교 상급학년에 머무는 학생은 90%, 상급학교에 진학하는 학생은 불과 몇%(이 가운데 거의 절반이 김나지움에 진학)이며, 나아가 김나지움에 진학한 학생들 중 약 절반이 고등교육=대학교육의 길로 들어섰다. 여기에 19세기 독일의 교육상황이 집약적으로 나타나 있다. ☞김나지움(제도)

㊟ 梅根悟, 『近代國家と民衆教育—プロイセン民衆教育政策史』, 誠文堂新光社, 1978. P. ルントグレーン(望田幸男 監譯), 『ドイツ學校社會史慨觀』, 晃洋書房, 1995. 增井三夫, 『プロイセン近代公教育成立史研究』, 亞紀書房, 1996. 遠藤孝夫, 『近代ドイツ公教育體制の再編過程』, 創文社, 1996. 寺田盛紀, 『近代ドイツ職業教育制度史研究』, 風間書房, 1996.

—모치다 유키오(望田幸男)

교통 交通 [(독) Verkehr (영) commerce]

맑스와 엥겔스*가 특히 『독일 이데올로기』*에서 구사한 사람들의 상호관계와 사회의 구조적・역사적 양태에 관련된 개념. 거기서의 '생산력—교통형태'라는 맞짝개념은 나중에 『정치경제학 비판을 위하여』*나 『자본』*에서 정식화되는 '생산력—생산관계'라는 맞짝개념의 원형을 이루기도 한다.

【Ⅰ】'교통'이라는 용어의 폭

『독일 이데올로기』의 주요 부분을 마무리한 후에 맑스는 유물론적 역사관*의 기본적 명제를 간결하게 담은 안넨코프*에게 보내는 편지(1846년 12월)에서 "나는 교통(commerce)이라는 용어를 독일어의 교통(Verkehr)이 지니고 있는 것과 같은 매우 넓은 의미로 이해하고 있다"[27:390, MEGA Ⅲ/2:72]라고 말했다. 'Verkehr'에는 ① 운송, 통행, 왕래 등, 한국어의 교통에 가까운 의미 외에, ② 상품*・화폐*의 유통, 상거래, 통상, 무역, 교역 등, 상업적인 의미가 있으며, ③ 일상어로서는 교제, 교류, 교섭 등, 사람과 사람의 관계를 나타내는 식으로, 그 자체가 다의적인 의미를 지닌다. 헤스*는 「화폐체론」*(1845, 집필은 1844년)에서 ②와 ③의 양의성을 살리는 형태로 ③에 자리 잡고, 포이어바흐*가 인간*의 본질로 간주한 '유(類)'를 인간의 '협동*(Zusammenwirken)' 및 '교통'으로 바꾸어 읽었다. "교통이야말로 인간의 현실적 본질"이며, 이것이 소외*되고 전도되어 상업과 화폐의 지배가 생겨나게 된다. 맑스도 「밀 평주」*(1844)에서 교환거래나 상업을 "사회적 교통의 소외된 형태"[40:370, 372]라고 비판하여 헤스와 같은 취지의 시각을 보이고 있다. 슈티르너*도 ③의 의미에서의 교통에 자리 잡고서 국가나 사회에 의한 외적 강제를 받지 않는 에고이스트(유일자)들의 자발적인 '교통'과 '연합(Verein)'을 『유일자와 그 소유』*(1844)에서 설파하여 일종의 아소시아시옹론을 전개했다.

【Ⅱ】『독일 이데올로기』에서의 '교통'

(1) 『독일 이데올로기』의 '교통' 개념은 포괄적이어서 앞서 언급한 ①②③ 모두를 포함한 의미에서 사용되고 있다. 운송적 교통과 상업적 교통 그리고 인격적 교통 모두 '교통'의 다양한 양태의 구체적 형상으로서 적극적으로 다시 파악된다. 예를 들면 운송이든 상업이든 간에 교통의 확대는 지방들・국민들을 서로 의존하고 영향을 미치는 관계 속으로 끌어들이며, 따라서 또한 사람과 사람의 관계를 국지적인 것에서 국민적인 것, 더 나아가 세계적인 것으로 확대한다. 세계항로나 세계시장*의 형성은 동시에 사람들의 '세계교통'[廣39,

102]의 형성을 수반한다. 교통에 대한 이러한 포괄적인 파악은 맑스・엥겔스의 관계주의적인 세계관과 밀접히 관련된다. 그들은 "자연에 대한, 그리고 개인들 상호간의 역사적으로 창조된 하나의 관계"[같은 책:50]라는 생태학적・총체적인 관계에 자리 잡고 있다. 교통은 이 관계의 항(項)으로서 도출된다. 교통은 그 자체가 하나의 관계이다. 그것은 실체로서의 인간과 사물 사이에서 이차적으로 맺어지는 것도, 또 실체들을 결합하는 제3의 실체(매개물, 매개 수단)도 아니다. 서로 교통하는 인간과 사물은 교통이라는 일정한 관계 속에 들어감으로써 비로소 바로 그 인간, 바로 그 사물로서 존재한다.

(2)『독일 이데올로기』에서는 대부분의 경우 '교통'은 '생산'과 한 쌍으로 사용되고 있다. 생산도 하나의 관계이다. 그것은 실체로서의 인적・물적 요소들의 결합에서 이차적으로 생겨나는 것도, 또 실체로서의 생산력인 사물의 자립적인 활동도 아니다. 원료, 도구・기계*, 노동*(력) 등은 모두 생산이라는 일정한 관계에 들어감으로써 비로소 생산의 현실적 계기가 된다. 그런 까닭에 생산은 본원적으로 개인들의 '협동'이다. 협동의 편성에 따라서는 개인들의 힘의 총계 이상의 생산결과가 얻어진다. "협동의 양식 그 자체가 하나의 '생산력'인 것이다"[廣26]. '협동'도 헤스에게서 유래하는 술어이지만, 헤스의 경우에는 근대적 대공업 이전의 '소상인 세계'를 모델로 했기 때문에 '협동'과 '교통'은 거의 중첩되고 양자가 호환적인 용어법을 보이고 있었다. 맑스와 엥겔스는 생산의 장면을 기초적 차원으로서 도출하면서, 그러나 거기로는 환원되지 않는 교통의 장면을 상대적으로 구별하여 '생산과 교통', '생산관계와 교통관계' 등으로 상보적으로 표기한다. 나아가 협동에서 생겨나는 생산력이 역으로 강제력으로서 개인들에게 있어 물화*된 형상으로 진전한다고 하는 사태, 다른 한편으로는 이 생산력이 일정한 발전단계에서 기존의 교통 양태와 모순을 일으킨다고 하는 사태, 이러한 생산과 교통의 동태적 구조에 비추어 '생산력과 교통형태(Verkehrsform)'라는 맞짝개념이 자주 사용되게 된다(용어법상 어느 정도 정착하는 것은 집필이 상당히 진척된 시점).

【Ⅲ】교통 개념의 전개

『정치경제학 비판을 위하여』 서문에서의 유물론적 역사관*의 '정식화'에서는 생산력의 일정한 발전단계에 조응하는 '생산관계'를 법적・정치적인 '상부구조'나 사회적 의식형태와 구별하여 '토대'라 규정하고, 또한 혁명적인 변동과 변혁이 초래되는 역사적 국면에서는 그 근저에 생산력과 생산관계가 모순에 빠져 후자가 질곡으로 변하는 토대의 구조변동이 존재한다는 사실을 지적한다[13:6-7]. 이 입론은 실질적으로『독일 이데올로기』에서 이루어지는 논의의 요약이다. 차이는 '교통형태'라는 용어가 '생산관계'로 치환되었다는 점에 있다. 이는 물론 맑스의 경제학 이론의 진전과 무관하지 않은데, 치환의 경위와 이유, 의미에 대한 탐구는 경제학상의 하나의 과제를 이룬다. 그러나 문제는 경제학으로 환원될 수 없다.『독일 이데올로기』의 '교통'에는 '생산관계'로 지양되는 '교통형태'뿐만 아니라 개인들의 "상호적 관계행위(Verhalten)"[廣38, 76]라는 보편적인 사회적 행위 연관이 함의되어 있었다. 생산 또는 경제라는 범주로는 완전히 수렴되지 않는 "정신적 교통"[같은 책:29]이나 "개인들로서의 개인들의 교통"[같은 책:144, 146] 등의 개념은 맑스의 경제학 이론상의 전개에서 지양되었다기보다 전개되지 않은 채로 남겨졌다고 생각된다. 오늘날 사회학의 커뮤니케이션 행위론 등에서 시행되고 있는 것과 같이 '교통' 개념의 계승적 전개가 새롭게 요구되고 있다. ☞『독일 이데올로기』,『정치경제학 비판을 위하여』,「밀 평주」,「화폐체론」, 협동, 헤스, 슈티르너

圏 廣松渉,『唯物史観の原像』, 三一新書, 1971(『著作集』, 岩波書店, 第9巻 수록).

―고바야시 마사토(小林昌人)

교통/통신 交通/通信 [(독) Verkehr]

19세기를 그 이전의 과거 세기와 구별하고 있는 것은 세계라는 의식이다. 세계라는 의식을 사람들이 가지게 된 가장 큰 이유는 교통기관의 발전이며, 나아가서는

그에 따른 우편제도의 발전과 통신제도의 발전이었다. 교통의 발전은 그때까지 군인, 상인, 관리와 같은 특수한 사람들에게만 열려 있던 여행을 일반인들에게도 열어주었다. 급격하게 증가하는 이민*이나 단체여행은 특권계급을 위한 것이었던 여행을 변화시켜간다. 교통기관의 발달로 호텔 등의 시설이나 여권 등의 제도들이 변하고, 여행회사, 철도회사, 선박회사가 설립되고 저렴한 여행 가이드북이 출현했다. 사람들은 여행지에서 세계의 정보, 사건, 문화를 우편이나 통신으로 소개하고, 그것이 신문이나 잡지에 게재되며, 나아가 그것이 전 세계에 유포되어 사람들의 지식을 크게 확대함으로써 세계 속에 살고 있다고 하는 자각을 만들어내고 있었다.

【 I 】 철도—국가 형성과 세계

철도의 혁명은 증기기관차의 발명과 철로 네트워크에서 비롯된다. 영국의 조지 스티븐슨이 발명한 증기기관차에 의한 철도는 스톡턴-더블린 간의 철도로서 실용화되며, 그 후 1830년에 맨체스터*-리버풀 간을 시작으로 해서 세계적으로 확장되어 간다. 벨기에에서는 35년 브뤼셀*-메헬렌 간에서, 독일에서는 푸르트-뉘른베르크 간에서 시작되었다.

독일의 경우 불과 7킬로미터의 철도였지만, 속도와 대량수송이라는 점에서 우편마차보다 뛰어났기 때문에 비싼 운임에도 불구하고 순식간에 우편마차 시장을 잠식했다. 1840년까지는 548킬로미터, 1850년까지는 6,044킬로미터로 철도망이 확장되었다.

철도가 승리를 거둔 요인은 그 속도에 있었다. 함부르크*-빈* 간을 마차로 갈 경우에는 1주일에서 2주일이 걸렸지만, 철도는 그것을 순식간에 30시간으로 단축시켰다. 또한 운임도 식사비와 숙박비를 고려하면 오히려 더 저렴했다. 철도의 평균시속은 처음부터 24킬로미터로서 마차의 평균속도를 크게 넘어서고 있었지만, 그 속도는 점차 40킬로미터, 50킬로미터로 빨라지고 있었다.

유럽 전체를 보더라도 철도망의 발전은 매우 빨랐다. 1830년에 33킬로미터였던 것이 50년에는 3만 8,022킬로미터로까지 확장되어간다. 적어도 50년 전후를 경계로 하여 유럽 내에서 주요 도시 간의 교통수단은 철도로 대체되었다. 그 점은 여행 가이드북을 보더라도 분명히 드러난다. 1840년대 중반까지는 철도의 해설 페이지는 마차 뒤쪽이었지만, 50년에 이르면 철도가 앞부분을 차지하면서 마차에 대한 설명은 보충으로 다루어진다.

승차감과 관련해서도 철도가 훨씬 좋아지게 된다. 도로망 정비나 숙박소 정비에 의존하고 있던 마차에 비해 철도는 난방, 가스등, 화장실 등의 차량 정비, 그리고 터널과 교량기술의 진보에 의한 거리 단축화 등에 의해 마차를 능가하고 있었다. 또한 철도가 관심을 끈 것은 건설에 드는 대규모 자본*을 손에 넣기 위해 주식회사 방식이 채택되고, 그것이 철도 투기 붐을 일으켜 경제 호황을 만들어냈기 때문이다. 그러나 철도가 가져온 가장 큰 성과는 사람들 의식의 변화를 산출한 점이다.

철도망은 유럽뿐만 아니라 세계를 연결하는 역할을 수행하게 되었다. 독일과 같은 작은 국가*로 분열되어 있던 지역에서 철도망의 확대는 독일 통일, 즉 소국가의 소멸로 이어지는 위험을 내포하고 있었다. 그 때문에 선로는 구불구불해져 매우 불편한 상황을 만들어냈지만, 프리드리히 리스트*와 같은 통일론자에게는 다행스런 일이었다. 적어도 철도로 연결되면 그에 더하여 운임과 시각표 등의 국제적 기준이 시행되어야만 함으로써 국가의 경계가 점차 소멸해갈 수밖에 없었기 때문이다.

유럽 전체를 보더라도 주요 간선에는 국제열차를 운행시키게 되었기 때문에 국제규약의 체결로 나아간다. 이리하여 외국에 대한 사람들의 견해가 크게 변하게 된다. 대량운송에 따른 비용 인하는 일반인들의 여행을 쉽게 만들기 시작했다. 토마스 쿡 같은 단체여행회사에 의한 투어 시작, 나아가서는 미국 이민*을 위한 단체여행회사의 등장은 이러한 의식의 변화를 의미하고 있었다. 19세기 초기까지 여행 가이드북에 있었던 문학적인 설명이나 명소와 유적에 대한 긴 해설이 점차 숙박시설이나 어디를 보아야 하는지와 같은 요점 설명 등의 실용적인 기사로 대체되어 가는 것도 마찬가지다.

그러나 철도의 발달은 반드시 평화적인 이용이라는 점에 그 중심이 있었던 것은 아니다. 처음에 군주가 관심을 가진 것은 철도와 군의 관계였다. 철도를 이용한 대량수송은 군의 작전행동을 크게 바꾸었다. 하루에 대규모의 군대를 이동 가능케 하는 철도망의 완성은 한 나라의 방위에 있어 함정이 될 가능성을 내포하고 있었다. 그것이 최초로 드러난 것이 1848년 혁명* 때의 덴마크 침공이며, 바덴 봉기* 때의 프로이센 연합군의 침공이었다. 그러나 결정적인 것은 프로이센-프랑스 전쟁에서의 프로이센 군의 전격작전이었다. 이리하여 철도는 한편으로는 이웃나라와의 거리를 단축시켰지만, 다른 한편으로 경계를 강화해 주요 간선 이외에서의 교통을 저지하게 되었던 것이다.

철도의 발전은 도시 간 교통수단으로서의 마차를 몰아냈지만, 한편으로 도시교통 체계에서 마차의 우위는 흔들림이 없었다. 파리*에서 태어난 승합마차(옴니버스)는 런던* 등의 도시*에서도 보급되어 도시교통의 주역이 된다. 노면전차, 지하철, 가솔린 자동차가 출현할 때까지 도시교통의 주역은 마차였다.

참고로 맑스의 여행에 대해 살펴보면, 1840년대까지는 마차나 배를 이용하고 있었다. 처음으로 철도를 이용한 것으로 보이는 것은 1845년에 파리에서 추방되었을 때인데, 몽스에서 브뤼셀까지였다. 그 이후에는 대부분의 경우 철도를 이용하고 있지만, 때때로 마차를 이용하기도 했다.

【Ⅱ】 선박—이민 시대와 세계의 개막

육로에서의 철도혁명과 같은 현상은 선박 세계에서도 일어났다. 그것은 증기선의 발명과 스크루의 등장이다. 미국인 풀턴에 의한 증기선 발명은 그때까지의 범선의 속도를 혁명적으로 바꾸게 되었다. 1819년, 증기선의 등장으로 미국과 유럽의 도항 일수가 26일로 감소했다. 범선을 이용하면 바람에 따라 빠르면 한 달, 늦으면 두 달 이상이었던 것을 생각하면 그야말로 대혁명이었다. 그러나 증기선은 철도와 달리 그 이후 20년 동안 정체가 이어지게 된다. 증기선에 대한 선박회사의 저항이 보급을 1838년까지 늦추었기 때문이다. 1838년에 다시 등장한 증기선은 미국으로의 도항기록을 잇달아 갱신하게 된다.

다음 혁명은 스크루선의 등장이었다. 청년 엥겔스*는 1840년 10월 브레머하펜에서의 스크루선의 등장에 대해 『아우크스부르거 알게마이네 차이퉁』에 매우 흥미로운 기사를 보냈다. 그가 본 것은 막 등장한 스크루선 아르키메데스호였다. "브레멘*에서 매년 1만 4,000명의 사람들이 미국으로 운송된다. 범선의 스피드는 당연히 전적으로 우연성에 의존하고 있어서 잘 될 경우라 하더라도 베자 강에서 미국으로 가는 데는 26일이 걸리고, 60일에서 75일이 필요한 경우도 종종 있다—스크루가 달린 증기선은 일정의 절반의 날씨가 나쁘더라도 3분의 1이면 족하다. 게다가 도항비용은 4분의 1 가량 비쌀 뿐이다"[MEGA I/3:197].

선박의 혁신은 이민에 가장 큰 영향을 미쳤다. 19세기 중반부터 급격히 증가하는 이민은 선박의 혁신으로 가능케 되었던 것이다. 범선의 대부분은 여객선이 아니라 미국에서 면화를 운반하는 화물선이었다. 돌아가는 선박의 짐이 부족할 경우 이를 메우기 위해 간단하게 고친 다음 이민을 태웠던 것이다. 이민은 식당도 없는 배에 타는 셈이어서 처음부터 2개월 분량의 식량을 사서 선상에서 요리를 했다. 그로 인해 여행 일정이 늦어지면 심각한 식량위기를 초래할 가능성을 내포하고 있었다. 증기선의 등장은 이러한 불안을 제거하는 데 도움이 된다. 그러나 당초의 증기선은 운임이 비싸서 이민의 대부분은 범선을 선택했다(선박 총 숫자에서 증기선이 우위를 차지하는 것은 1890년대이다).

선박의 혁신은 선체 자체에서만 이루어진 것이 아니다. 증기선의 도입으로 거대해져가는 배를 위한 항만설비의 개선, 거대자본을 가진 선박회사의 설립, 운하의 굴삭, 기상학의 진보 등도 커다란 영향을 주고 있었다. 특히 함부르크, 브레머하펜, 르아브르, 사우샘프턴에서 뉴욕*으로의 정기항로의 확립은 미국이라는 나라에 대한 유럽인의 이미지를 크게 바꾸어 놓았다. 19세기 최대의 여객선회사인 브레멘의 북독일 로이드(1857년 창립)는 뉴욕으로 주 2편의 여객선을 운행하고 있었다. 이러한 점은 영국의 큐나드(1840년), 화이트

스타 등에 대해서도 말할 수 있는 일이었다. 맑스가 『뉴욕 데일리 트리뷴』*에 매주 정기적으로 기사를 보낼 수 있었던 것은 이러한 정기선 덕분이었다고 할 수 있다. 정기선은 대서양에 한정되어 있었던 것은 아니다. 항로는 남미, 아시아, 아프리카, 오스트레일리아에까지 닿았고, 19세기 중반에는 세계는 거의 정기선에 의해 단단히 연결되어 있었던 것이다.

【Ⅲ】 우편과 통신—정보혁명과 세계

교통기관에 의한 혁명은 정보 분야에서의 혁명도 가져왔다. 유럽에서 우편제도가 본격화하는 것은 17세기의 탁시스에 의한 우편국 망의 설립에서 비롯된다. 그러나 19세기 중반까지 우편은 각 지역의 장벽과 그에 따른 비싼 우편요금으로 인해 저해되어 왔다.

특히 소국가로 나누어져 있던 독일에서 어려움은 대단했다. 그 어려움의 원인 가운데 하나는 우표나 스탬프가 없어서 후불제였던 점이다. 더구나 그 요금은 국내, 국외를 불문하고 거리에 따라 가산되었기 때문에 원거리에서 오는 통신은 수취하는 쪽에서는 상당한 부담이 되었다. 두 번째 원인은 각 지역의 우편제도가 제각각이었기 때문에, 우편마차가 그 지역을 통과하지 못하고 지연되거나 그냥 지나쳐버렸다고 해도 할증요금이 가산된다든지 하는 식이어서 사람들에게 큰 희생과 불안을 자아내고 있었다는 점이다. 1840년대까지의 신문은 우편으로 배송되었기 때문에 지방 독자는 비싼 우편요금을 지불할 수밖에 없는 불이익을 당하고 있었다. 또한 이는 신문의 전국적인 확대도 저지하고 정보의 지연도 초래하고 있었다.

이러한 우편제도 문제를 해결한 것이 철도나 선박의 혁명에 의한 스피드화와 사람들의 이동이었다. 한편 운송의 혁신은 국제협약의 필요성을 만들어내고 있었다. 혁명은 1840년대에 영국에서 시작되었다. 그것은 영국 국내 어디라도 1페니라는 편지요금의 설정이었다. 그와 동시에 1페니 스탬프와 우표가 도입되었다. 이에 따라 1839년에 7,500만 통이었던 영국 편지 양은 1840년에는 1억 7,000만 통으로 일거에 2배 이상으로 증가하게 되었다. 이리하여 국내에서의 우편요금 격차가 소멸하여 신문 등의 정보 보급도 촉진되게 되었다.

그러나 소국가로 나누어져 있던 독일의 경우 1850년에 독일-오스트리아 우편제도가 확립할 때까지 영국식의 통일된 우편체계는 존재하지 않았다(러시아 1848년, 프랑스 1849년). 더군다나 통일된 것은 소국가 내에서의 우편요금뿐이고, 소국가 내에서 부과되고 있던 세금이나 통과거부가 소멸하는 것은 세계우편협회의 설립 이후이다.

독일 우편제도의 방대한 역사를 쓰고 우편제도 개선을 위해 노력을 기울인 슈테판은 1874년에 베른에서 세계우편협회를 설립했다. 그 이후 몇 년마다 개최되게 된 세계우편협회 대회에서 다양한 국제협약이 체결되어 간다. 1878년의 파리 대회에서는 전 세계의 편지요금이 20페니히, 엽서가 10페니히로 설정되었다. 이리하여 국내에서 실현된 가격 격차 시정이 국제적으로도 적용되기에 이른다. 1885년의 리스본 대회에서는 우편환제도가 확립되고, 91년의 빈 대회에서는 신문, 잡지에 관한 낮은 우편요금 설정 등이 체결되어 세계의 정보유통은 가속되어 간다.

우편제도와 더불어 19세기를 혁신한 것은 통신 시스템의 혁명이었다. 통신제도의 혁신에 공헌한 것은 미국인인 사무엘 모르스의 모르스 신호였다(1837년). 워싱턴-볼티모어 간에서 이루어진 전신은 1840년대에 이르면 유럽으로 보급되어 간다. 새로운 통신수단은 정보혁명을 가져왔다. 『포어베르츠』[1]*를 발행하고 있던 H. 뵈른슈타인*은 음악, 연극 기사를 각 신문에 송부하는 일을 하고 있었는데, '독일을 위한 출판, 커미션의 중앙 뷰로'라는 통신사를 만들었다. 이 조직은 여행대리점 업무나 통신 업무를 했지만, 나중에 뢰벤펠스에게 팔린다. 카셀 출신의 독일인 로이터도 모르스 통신으로 전 세계의 뉴스를 신문에 공급하는 통신사 로이터통신을 설립하지만, 뵈른슈타인이야말로 최초의 통신사를 만든 인물일지도 모른다.

통신사의 발달과 우편제도의 국제기준 적용으로 정보는 더욱더 빠르게 세계적으로 유통되기에 이르렀다. 그로 인해 신문은 속보성을 요구받게 되어 저널리즘* 세계도 크게 변하게 된다. 19세기 말에는 통신케이블이 유럽대륙, 미국대륙, 아시아대륙, 오스트레일리아대륙 간에 부설되게 되어 세계 각지에서 벌어지는 사건이 그날 안에 전 세계에 타전되기에 이르렀다. 사람들의 이동 속도 상승과 우편·통신의 속도 상승은 사람들의 관심을 국내와 유럽의 문제뿐만 아니라 세계의 문제로 확대하게 되었다. 맑스가 『뉴욕 데일리 트리뷴』에 쓴 폭넓은 기사의 범위는 그러한 사람들의 관심의 변화와 교통·통신혁명의 결과로 가능해진 것이었다. ☞리스트, 세계시장, 미국 이민, 브레멘, 엥겔스, 뵈른슈타인, 저널리즘

참 W. シヴェルシュ(加藤二郎 譯),『鐵道旅行の歴史』, 法政大學出版局, 1982. 荒井政治,『レジャーの社會經濟史』, 東洋經濟新聞社, 1989. M. Geistbeck, *Weltverkehr*, Freiburg im Breisgau 1895. A. Kludas, *Die Geschichte der deutschen Passagierschiffahrt*, Bd. 1, *Die Pionier-Jahre von 1850 bis 1890*, Hamburg 1986. H. Stephan, *Geschichte der Preußischen Post von ihrem Ursprunge bis auf die Gegenwart*, Berlin 1859. 星名定雄,『郵便の文化史』, みすず書房, 1982. 的場昭弘,「19世紀ドイツ人移民の旅」, 宮崎揚弘 編,『ヨーロッパ世界と旅』 수록, 法政大學出版局, 1997. *Zug der Zeit, Zeit der Züge, Deutschen Eisenbahn 1835-1985*, Berlin 1985. 山之内靖,『マルクス・エンゲルスの世界史像』, 未來社, 1969. Chartier Roger dir., *La correspondance, les usages de la lettre au XIXe siècle*, Fayard 1991.

—마토바 아키히로(的場昭弘)

『교회개혁 敎會改革**』 ⇨자유신앙교회**

구빈제도 救貧制度 [(영) poor relief]

일반적으로 구빈제도라 하면, 무언가의 원인으로 인해 곤궁상태에 빠져 자립생활이 곤란해진 사람들을 대상으로 교회나 자선단체 혹은 지방자치체(교구)나 국가*가 조직적으로 행하는 구제 사업을 총칭하는 것이지만, 15세기 말부터 19세기에 걸쳐 그 근간을 이룬 것은 구빈법(Poor Law)이라 불리는 일련의 빈민구제 입법이었다. 특히 그 전형을 이루는 영국 구빈법에 대해 말하자면 1601년에 집대성된 엘리자베스 구빈법과 1834년에 크게 개혁된 구빈법 개정법이 유명한데, 전자의 구구빈법은 자본주의 사회의 성립에 선행하는 자본*의 본원적 축적과정에, 후자의 신구빈법은 자본주의 사회가 성립하는 산업혁명* 이후의 자본축적과정에 각각 조응하고 있다.

즉, 자본의 본원적 축적과정에서는 토지를 빼앗겨 생산수단으로부터 분리된 빈민이 대량으로 창출되는데, 그 빈민들의 처우를 위한 기반이 된 것이 구구빈법이었다. 이것은 정책 주체의 의도에서 보자면 구사회질서의 유지를 도모하려 한 지주적 의도에 기초한 것이었지만, 빈민대책으로서는 빈민의 구제 그 자체가 아니라 오히려 빈민의 억압을 목적으로 한 것이었다. 이 법은 부랑빈민을 강제적으로 일하게 함으로써 결과적으로는 임금노동자화를 촉진시키는 역할을 수행했던 것이다.

이에 반해 산업혁명 후의 자유주의 시기의 산업사회에 부응하는 근대적 구빈제도를 확립한 것이 1834년의 신구빈법이었다. 그 입법 취지는 독립노동자=자립생활자와 피구제 빈민 사이에 명확한 분할선을 그음으로써 피구제 빈민에 대한 구체적인 처우 원칙과 세부항목을 규정하는 데 있었다. 그런 까닭에 이 법은 '곤궁'(indigence)과 '빈곤'(poverty)을 구별하여 법적 구제는 전자에 대해서만 실시해야 한다고 했다. 왜냐하면 구제가 '곤궁'을 넘어서서 '빈곤'에까지 확장될 때, 다시 말하면 독립노동자의 상태를 상회하는 상태에서 구제가 이루어질 때 그것은 '태만과 악덕에 대한 장려금'이 되기 때문이며, 이를 방지하기 위해 피구제 빈민에 대해 '노역장'으로의 수용을 의무화하여 '열등처우의 원칙'을 엄격하게 적용하고자 했던 것이다.

이러한 구빈정책 하에서 생활 곤궁자는 구빈법에 의한 구제를 받는다 하더라도 그것은 결코 무조건적인 구제가 아니었다. 그들이 자립생활에 실패하고 공공의 구제를 받지 않으면 살아갈 수 없는 상태에 있는 것은 본래 그 사람 자신에게 근면과 절약의 덕을 갖춘 존경할 만한 시민으로서의 자질이 결여된 점이 있었기 때문이라고 간주되었다. 구빈법은 그와 같은 생활 곤

궁자=구제 신청자에게 피구제 빈민으로서의 '낙인'을 찍어 오로지 차별적 · 징벌적인 처우를 부과하고자 했던 것이다.

따라서 여기서 말하는 피구제 빈민이란 구빈법이 피구제 빈민에 대해 낙인을 찍은 하나의 사회적 범주에 다름 아니며, 맑스는 『자본』*에서 이들 '피구제 빈민'을 "상대적 과잉인구의 가장 밑바닥의 침전물"로 자리매김하고, 현역 노동자 집단에 대해 그들이 "산업예비군이라는 무거운 짐"을 이루고 있음을 지적하고 있다 [23b:838-839].

덧붙이자면, 이러한 자유주의적 빈곤관에 기초한 구빈정책은 19세기 말의 대중적 빈곤이라는 현실을 눈앞에 두고 그 모순을 드러내며, 20세기에 들어서자 곧바로 공적 부조정책으로 전환될 수밖에 없게 된다. 그리고 전후 1948년의 '국민부조법'에서 구빈법은 최종적으로 폐지를 선고받는 한편, 각종 사회보험제도와 더불어 전후 영국 사회보장체계의 일환을 이루는 국민부조로서 재편성된다.

㉾ 小山路男, 『西洋社會事業史論』, 光生館, 1978. モーリス・ブルース(秋田成就 譯), 『福祉國家への歩み—イギリスの辿った途』, 法政大學出版局, 1984. Sydney and Beatrice Webb, *English Local Government, English Poor Law Policy*, London 1910. Derek Fraser (ed.), *The New Poor Law in the Nineteenth Century*, London 1976.

-안보 노리오(安保則夫)

국가 國家 [(독) Staat (영) state]

맑스에게 있어서도 정치 세계의 중추를 이루는 것은 국가이며 정치학은 단연코 국가론이었다. 헤겔 국가론 비판으로부터 독자적인 사상과 이론의 형성에 나서 1845년에는 정치학 비판의 계획[3:596]을 기초하기도 한 맑스는 국가를 주제로 한 정치학(비판) 저술 구상을 계속해서 지니고 있었지만, 그러나 1850년대 이후 정치경제학 비판*과 『자본』*의 완성에 학문적 연구를 집중하게 되어 끝내 국가론 건설의 과제를 수행할 수 없었다. 초기부터 후기까지 맑스가 달성한 국가론 연구를 차례대로 더듬어보면, (1) 헤겔 국가론 비판, (2) 유물론적 역사관*으로서의 국가관의 형성, (3) 프랑스 국가의 현 상태에 대한 분석적 연구, (4) 영국 국가의 현 상태에 대한 분석적 연구, (5) 정치경제학 비판, 『자본』에 들어 있는 국가에 대한 언급, (6) 국가의 소멸 및 그로 향한 과도기에서의 프롤레타리아트 독재*, 코뮌 국가의 구상으로 크게 나눌 수 있을 것이다. 본 항목에서는 (4)에 대해서는 할애하고, (6)에 대해서는 별도 항목에서 논하도록 한다. 덧붙이자면, 독일 국가의 현 상태에 대한 분석적 연구는 엥겔스*가 떠맡았다.

【 I 】헤겔 국가론 비판

청년 맑스는 오늘날 「헤겔 국법론 비판」*이라는 제목이 붙어 있는 초고에서 헤겔* 『법철학』*(1821)의 국가론 부분에 대해 각각의 조항을 따라가며 비판적인 평주를 달았다. 그 논의영역은 근대의 정치적 국가의 내부 체제로서의 군주(권력), 관료제, 의회, 대표제, 선거제 등에 걸쳐 있다. 여기서는 관료제에 한정해 논하기로 한다. 시민사회*와 정치적 국가의 분리와 함께 성립한 관료제는 "시민사회의 '국가형식주의'"이자 "국가의지"를 체현하여 "국가 내적인 하나의 특수한 닫힌 사회"를 이룬다. 관료제의 위계제는 "지식의 위계제"이며, 그 내부에서는 "수동적 복종, 권위신앙, 고정화한 형식적 행위방식" 등이 만연한다. 개개 관료의 경우에는 "국가 목적은 그의 사적 목적이 된"다[『헤겔 국법론 비판』, 1:282-283]. 관료제를 인륜적 공동체인 국가를 핵심적으로 담당하는 보편적 조직으로서 자리매김한 헤겔과는 반대로, 맑스는 관료제가 시민사회로부터 상대적으로 독립하여 폐쇄성, 비밀주의, 권위주의, 오랜 관행 묵수, 입신출세주의 등을 특질로 하여 특수 권익을 추구하는 조직임을 폭로하고 프로이센적인 관료제의 생리와 병리를 예리하게 분석해냈다. 관료제라는 용어가 겨우 보급되고 있던 시대에 고전적인 관료제론의 하나로서 평가될 수 있을 것이다.

【 II 】유물론적 역사관으로서의 국가관

근대에서 시민사회로부터의 정치적 국가의 분리라는 사태를 바탕으로 맑스는 유물론적 역사관 형성의 일부로서 국가를 어떻게 파악할 것인지를 밝혀 나갔다.

유물론적 역사관 형성에 한 획을 그은 엥겔스와의 공저 『독일 이데올로기』*에는 기본적으로 두 가지의 국가론 계통이 들어 있다. 하나는 인륜적 공동체로서 국가를 신성화한 헤겔 이하의 독일에서 지배적인 국가론을 유물론적으로 전도시킨 "환상적 공동체"[廣 126], "공동성의 환상적 형태"[같은 책:35]와 같은 파악이다. 또 하나는 사유재산을 방어하는 기구로서 국가를 자리매김한 스미스*로 대표되는 영국 등에서의 자유주의 국가론을 원천으로 한 "부르주아는 국가라는 것에서 그들의 소유를 옹호했다"[『독일 이데올로기』, 3:379-380]와 같은 파악이다. 그 후 맑스의 국가론 고찰은 한층 더 자유주의 국가론의 비판적 계승으로 기울어졌다. 『공산당 선언』*에서는 "근대의 국가권력은 부르주아계급 전체의 공동 사무를 처리하는 위원회에 지나지 않는다"[4:477], "본래적인 의미의 정치권력은 다른 계급*을 억압하기 위한 한 계급의 조직된 폭력이다"[같은 책:495]라며 간명하게 계급 국가론적 정의를 내렸다. 국가란 지배계급이 그 계급적 이해를 지키고 피지배계급을 억눌러 두는 통치기구, 게다가 단연코 폭력적인 억압기구였다. 나아가 훗날의 『정치경제학 비판을 위하여』* 서문에서의 잘 알려져 있는 유물론적 역사관 정식에서는 정치, 법*과 함께 국가에 대해서 경제적인 토대 위에 서 있는 "법적, 정치적 상부구조"[13:6]로서 규정했다.

【Ⅲ】 프랑스 국가의 분석적 연구

맑스가 남긴 국가론 연구의 대표작은 근대세계의 중심을 차지하는 유럽에서 계급들 간 투쟁의 가장 중요한 무대가 된 프랑스에서의 2월 혁명* 후의 제2공화제로부터 제2제정으로의 변환 과정을 분석한 『계급투쟁』*, 『브뤼메르 18일』* 및 파리 코뮌* 사건을 둘러싸고서 논평한 『내전』*의 이른바 프랑스 3부작이었다. 3부작의 앞의 두 책의 글과 마지막의 그것 사이에는 프랑스의 경제, 사회, 국가의 비약적 발전과 맑스 자신의 이론적인 전환=약진이 개재되어 있어 제2제정 보나파르티즘*론을 비롯해 중대한 변경이 자리 잡고 있지만, 맑스의 일관된 문제 관심은 자본주의 경제구조에 기초하면서도 계급들 간의 관계 및 투쟁을 매개로 하여 상대적으로 자립된 부르주아 국가의 구조를 프랑스적 특질에서 해명하는 데 있었다. 연구의 도달을 보여주는 『내전』에서 맑스는 "상비군, 경찰, 관료, 성직자, 재판관이라는, 도처에 편재한 기관들—체계적이고 위계제적인 분업 방식에 따라 만들어진 기관들—을 지닌 중앙집권적인 국가권력"[17:312]에 주목하여 그 국가 구축물이 대혁명 이래로 자본주의 경제의 발달이나 프롤레타리아 계급투쟁의 전진에 따라 단계적으로 발전을 이루어 온 모습들을 대체로 정확하게 묘사하고 있다.

【Ⅳ】 『자본』에서의 국가에 대한 논급

정치경제학 비판 체계 계획에는 하나의 항목으로서 국가(의 경제적 반작용)가 들어가 있었으며, 『자본』의 서술 과정에는 국가와 법에 대한 언급이 산재한다. 그것들은 원숙한 맑스가 『자본』에 이은 형태로 계획하고 있던 부르주아 국가의 본질론적 연구에 관한 구상을 살펴보는 실마리로서 귀중하다. 그 중에서도 국가의 매개로 '법(Recht)'이 "국가 제정법(Staatsgesetz)"[23a:397]으로서의 '법률(Gesetz)'로 발전한다는 전개로부터는 근대 자연법학의 비판적 개작으로서의 도덕*–국가–법이라는 상향적 경로를 이끌어내고, 또한 "자유*, 평등*, 소유 그리고 벤섬*"[같은 책:230]의 언명으로부터는 산업자본주의의 확립에 조응하여 필수적인 것이 된 정치, 국가, 법의 민주주의적 개혁의 주창자였던 '벤섬'에 착안하여 부르주아 국가의 전형적 발달형태인 자유민주주의 국가의 비판적 해부라는 과제 수행으로의 정치학 비판상의 입각점을 확정할 수 있을 것이다.

맑스 사후 엥겔스는 맑스가 수행하지 못했던 국가론 창조의 과제에 몰두하여 『기원』*의 국가론 부분을 저술하고, 그것이 20세기에는 맑스주의 국가론의 정설로 받아들여져 왔다. 하지만 『기원』의 국가론은 엥겔스에게 고유한 국가론의 전시이자 방법적으로도 내용적으로도 난점이 많았다. ☞정체, 시민사회, 공민

㊟ V. I. レーニン(宇高基輔 譯), 『國家と革命』, 岩波文庫, 1957. 大藪龍介, 『マルクス・エンゲルスの國家論』, 現代思潮社, 1978. 同, 「エンゲルス國家論の地平」, 杉原四郎 外 編, 『エンゲ

ルスと現代』 수록, 御茶の水書房, 1995. 鎌倉孝夫, 『國家論のプロブレマティク』, 社會評論社, 1991.

–오야부 류스케(大藪龍介)

국민경제 國民經濟 [(영) national economy]

【Ⅰ】 국민경제의 개념

자본*의 헤게모니에 의해 구성되는 사회적 총생산의 유기적 체제가 국민경제라 불리는 것의 내실이다. 따라서 이는 글자 그대로 해당 사회의 경제 총체와 관련된 개념이다. 본래 인간*은 자연*에 작용을 가해 그것을 제어하면서 자기의 생존에 필요한 것을 산출하여(생산력) 스스로의 물질적 재생산을 행하는 것이지만, 이 자연과의 물질대사* 관계는 인간 상호의 관계를 통해 비로소 성립할 수 있다. 이러한 인간 대 자연과 인간 상호 관계의 총체가 '경제구조'의 측면에서 파악한 사회이다. 이러한 사회의 존재방식은 역사적으로 다양했는데, 자본주의 사회는 사회의 존속, 발전의 근원을 이루는 노동력까지도 상품*으로 만드는 전면적 상품경제에 의해 사회적 재생산의 전체 편성을 행한다는 점에서 두드러진 특징을 보인다. 그런 의미에서 국민경제는 자본주의적 사회의 성립과 궤를 같이 하는 역사적 형성체이다.

【Ⅱ】 국민경제의 생성

지금 그 성립과정을 역사적으로 거슬러 올라가면 15세기 말에서 16세기에 걸친 '신대륙 발견'이나 동인도의 신항로 개척을 계기로 하는 세계시장*의 극적인 확대와 전개가 그 기점을 이룬다. 이 충격이 그동안 자급적인 현물경제를 기조로 한 폐쇄적, 국지적 생산체제로서의 봉건영주 경제를 근저에서 뒤흔들고, 이러한 격동에 대응하는 새로운 통합적 정치권력으로서의 절대왕정과 그것이 주도하는 중상주의 정책체계를 산출했다. 이 중상주의 정책체계(특허무역, 국내산업 조성, 근대적 조세제도, '국채'제도, 식민지 경영 등)에 의해 결과적으로 새로운 경제체제로서의 자본주의 생산의 형성이 강력하게 추진되었다. 이러한 과정을 통해 상품생산·유통의 흐름은 급격하게 국지적 범위를 뛰어넘어 확대되고, 마침내 통일적 국내시장 형성에 이르렀다. 세계시장으로 이어지는 이러한 전국적 규모에서의 시장 전개의 결정적 계기를 이루는 것은 맑스의 이른바 '본원적 축적*' 과정에서의, 농공합체의 현물경제를 영위하고 있던 예속농민층의 토지로부터의 분리, 무산노동자화, 소비재 상품 수요자로의 전화이다.

【Ⅲ】 국민경제와 국민국가

또한 이러한 전국적 규모에서의 상품, 화폐 관계의 전개를 매개로 한 사람들의 개방적 교류에 더하여 공통의 언어*, 습관, 문화, 종교* 등을 배경으로 새로운 사회의 지배계급과 그 궁극적인 수호자인 국가권력은 노동자를 핵심으로 한 피지배계급을 '국민'으로서 통합해 간다. 상대적으로 자립된 국가*는 국민적 교육제도나 노동관계 입법 등에 의해 이러한 통합의 틀을 갖추어나간다. 거기서는 피지배자 측에게도 환상적, 의제적이긴 하지만 '국민'적 통합 의식이 형성되어 간다.

【Ⅳ】 국민경제의 확립

이리하여 사회적 재생산의 전(全) 기구적, 유기적 편성은 국민경제라는 틀 아래에서 실현된다. 구사회로부터 새로운 사회로의 이러한 전환을 최종적으로 완성한 것이 바로 기술–경제·사회혁명으로서의 산업혁명*이 낳은 기계제 대공업*이다. 자본주의적 대공업은 필연적으로 그 거대한 산출력이 만들어내는 방대한 상품의 판매처로서의 세계시장의 끊임없는 확대를 추구할 수밖에 없다. 생산력적인 기반의 강함과 약함을 어쩔 수 없이 반영하는 세계시장에서의 자본들의 경쟁*은 각각의 국가권력을 배경으로 한 국민적 자본들 간의 각축과 대항으로서 나타난다. 맑스가 직시하고 『자본』* 체계를 가지고서 이론적으로 설명한 것이 바로 이 모순으로 가득 찬 19세기 자본주의 국민경제의 빛과 그림자였다. ☞본원적 축적, 세계시장, 산업혁명

참 下木悅二, 『國民經濟の理論』, 有斐閣, 1979. 下木悅二·村岡俊三 編, 『資本論體系8 國家·國際商業·世界市場』, 有斐閣, 1985. 大塚久雄, 「國民經濟」, 『大塚久雄著作集 第6卷』 수록, 岩波書店, 1969.

—다카야마 미쓰루(高山 滿)

「국민경제학 비판 개요 國民經濟學批判槪要」 [“Umrisse zu einer Kritik der Nationalökonomie”, 1844]

『독불연보』*(1844년 2월)에 발표된 엥겔스*의 최초의 경제학적 논문. 몇 개월 후에 경제학의 비판적 연구를 시작한 맑스는 본 논문의 발췌를 만들어 연구의 실마리로 삼았다. 맑스는 「개요」를 “내용이 풍부하고 독창적인 역작”[『경제학 · 철학 초고』, 40:387-388], “경제학적 범주들의 비판*을 위한 천재적인 개설”[『정치경제학 비판을 위하여』, 13:7]이라며 칭찬하고 있다.

1842년 12월 이래로 맨체스터*에 있던 엥겔스는 영국 노동자계급의 비참함과 그들의 힘찬 투쟁을 직접 보고서 사회혁명과 공산주의*의 필연성(필요성)을 통감하고, 또한 의회의 항쟁이 주의주장이 아니라 경제적 이해관계에 기초를 가진다는 점, 경제적 사실들이야말로 결정적인 역사적 힘이며 계급대립이 기저임을 통찰하기에 이르고 있었다. 이러한 입장에 서서 현실의 경제과정과 그 이론적 표현인 국민경제학을 내재적으로 비판한 것이 「개요」다. A. 스미스*에서 시작되는 근대의 국민경제학을 역사적으로 자리매김하고 그 공과 죄를 판정하는 관점, 리카도 류의 ‘노동가치’설과 세이 류의 ‘효용가치’설의 대립을 모두 추상으로 단정하고 ‘경쟁*’의 현실에 자리 잡는 일종의 관계주의적 가치론의 제기, 3대 계급(지주 · 자본가 · 노동자)으로의 분화 경향에 대한 지적, 경쟁에 의한 독점화와 궁핍화*, 그리고 공황*과 사회혁명의 불가피성에 대한 단정, 맬서스 인구론에 대한 비판, 과학기술 · 기계*의 반노동자적 측면의 지적 등, 「개요」는 얼마 안 있어 맑스가 『자본』*에서 이론적으로 명확히 하는 논점을 독창적인 형태로 맹아적으로 포함하고 있다. 시민사회*의 내재적 비판과 융합하여 해당 사회의 논리와 현실의 이론적 표현인 국민경제학의 모순(현실과의, 또한 내적 논리의)을 폭로하고 그 이데올로기성을 대자화(對自化)하는 「개요」의 자세는 맑스가 경제학 연구를 언제나 정치경제학 **비판***으로서 수행해 가는 학문적 영위의 원형을 이룬다.

그렇지만 「개요」는 그대로 훗날의 정치경제학 비판으로 직결되는 것은 아니다. 그 이전의 엥겔스와 맑스, 헤겔 좌파*의 논의 수준과 대비하면 「개요」는 특별히 경제(학)에 내재한 것이긴 하지만 비판의 시각은 포이어바흐적인 인간주의의 큰 틀 내에 설정되어 있으며, 그런 한에서 시민사회에 외적인(이상화된) 규준을 적용해 재가한다는 외재적 · 초월적 비판 자세를 취하고 있기 때문이다. 엥겔스는 당시 헤스*의 영향도 있고 해서 공산주의적 · 혁명적인 입장에서 포이어바흐 철학의 실천적 적용에 막 착수한 참이었다(「개요」와 동시에 『독불연보』에 게재된 「영국의 상태—칼라일론」 [1:570-603] 참조). 이것이 헤겔*의 이성국가론에 의거한 헤겔 좌파 운동의 전환기를 맞이해 국가*에서 시민사회로, 그 경제적 기초의 해명으로 향하는 방향성에 선구적인 역할을 하게 되어 맑스와 의견의 일치를 보게 된 까닭이기도 하다. 「개요」의 ‘철학’적 색채는 곧바로 엥겔스 자신에 의해 극복되지만, 바로 그 시대 상황에서는 실천적 의의를 갖고 있었다. ☞『자본』, 『독불연보』, 포이어바흐, 헤스, 헤겔 좌파

[참] 杉原四郎, 『ミル · マルクス · エンゲルス』, 世界書院, 1990. 廣松渉, 『エンゲルス論』, 盛田書店, 1968(『著作集』, 岩波書店, 第9卷 수록). 杉原四郎 外 編, 『エンゲルスと現代』, 御茶の水書房, 1995.

—고바야시 마사토(小林昌人)

국제노동자협회 國際勞動者協會 ⇨**인터내셔널{국제노동자협회}**

군주정 君主政 ⇨**정체**

궁핍화 窮乏化 [(독) Verelendung]

【I】『자본』의 궁핍화론

『자본』*에서 ‘궁핍화’가 논의되는 것은 우선 ‘제3편

절대적 잉여가치의 생산'의 '제8장 노동일', 그리고 '제4편 상대적 잉여가치의 생산'의 '제13장 기계와 대공업'에서인데, '제13장'에서는 다음과 같이 서술되어 있다. "기계*로 인해 여분의 인구*가 되어버린 노동자계급 부분은 한편으로는 파멸하고 다른 한편으로는 노동시장에 흘러넘치며, 따라서 노동력의 가격*을 그 가치*보다 저하"[23a:563]시키고, 또한 "자본주의적 생산은 도시 노동자의 육체적 건강도 농촌 노동자의 정신생활도 파괴한다. …… 생산과정의 자본주의적 변혁은 생산자의 수난사로서, 노동수단은 노동자의 억압수단, 착취수단, 빈곤화 수단으로서, 노동과정의 사회적인 결합은 노동자의 개인적인 활기와 자유와 독립의 조직적 압박으로서 나타난다"[같은 책:656-657]. 또한 산업순환기 중의 공황*기나 불황기 등에서의 '궁핍화'의 실상에 대해서도 제법 상세히 언급되어 있다[같은 책:592-594].

그리고 위의 '제13장'의 '궁핍화'를 계승하면서 '제7편 자본의 축적과정'의 '제23장 자본주의적 축적의 일반적 법칙'이 등장한다. 여기서는 우선 자본의 유기적 구성*이 고도화함에 따라 자본주의적 축적의 진전이 끊임없이 과잉인구인 산업예비군을 창출하고, 이번에는 이 창출이 역으로 축적을 한층 더 촉진하는 지렛대가 되는 관계를, 즉 축적과 산업예비군이 상호작용하여 양자의 확대 재생산을 자동적으로 영속화시키는 관계를 밝혔다[23b:821-825]. 이어서 '자본주의적 축적의 일반적 법칙', 나아가서는 '궁핍화'에 대해 다음과 같이 말하고 있다. "산업예비군의 상대적인 크기는 부의 힘과 함께 증대한다. 그러나 또한 이 예비군이 현역 노동자 집단에 비해 많아지면 많아질수록 고정적 과잉인구는 더욱더 많아진다. 마지막으로 노동자계급 가운데 극빈층과 산업예비군이 많아지면 많아질수록 공인된 구제를 받는 빈민층도 더욱더 많아진다. **이것이 자본주의적 축적의 절대적인 일반적 법칙이다.** 그것은 실현에 있어서는 여러 다양한 사정으로 인해 변화를 겪게 되지만"[같은 책:839]. 그리고 더 나아가 "산업예비군을 축적의 규모 및 에너지와 부단히 균형을 이루게 하는 법칙은 자본의 축적에 조응하는 빈곤의 축적을 필연적이게 한다. 따라서 한편에서의 부의 축적은 동시에 반대편에서의—자신의 생산물을 자본으로서 생산하는 측에서의—빈곤, 노동고, 노예상태, 무지, 난폭함, 도덕적 타락의 축적인 것이다"[같은 책:840]라고 말한다. 마지막 부분의 "무지, 난폭함, 도덕적 타락의 축적"에 이르러서는 그야말로 인간* 그 자체의 엄청난 파괴이자 '궁핍화'의 극치라고 말할 수밖에 없을 것이다. 그 후에 계속해서 앞서 언급한 '제13장'의 서술이 다시 이야기되고 있다.

【Ⅱ】'절대적 궁핍화'의 '예증'

(1) '일반적 법칙' 내지는 '궁핍화'의 마지막 마무리는 그것의 '예증'이다. 이 '예증'은 "최근 20년간(자유무역이 시작된 1846년부터 1866년의 공황 이듬해까지)—자본주의적 축적의 연구에 있어 더없이 좋은 시대—"[23b:844]에 대하여 행해진 것이다[같은 책:844-931]. '예증' 부분은 '제23장' 전체 서술의 그야말로 3분의 2를 차지하고 있어서 '예증'이 갖는 각별한 무게를 살펴볼 수 있게 해줄 것이다.

굉장히 많은 예증 중에서 다음의 사례는 특히 주목할 만하다. 그것은 글래드스턴*의 1863년 예산 연설에 대한 반박이다. 그 사정은 이렇다. 1843년에는 노동자계급의 '궁핍화'를 한탄한, 다름 아닌 글래드스턴이 20년 후인 1863년에는 변절하여 '궁핍화는 줄었다'고 주장했다. 그 주장은 "사람을 도취시킬 듯한 부의 증가도 전적으로 유산계급에게만 한정되어 있지만, 그것은 일반적인 소비 물자를 저렴하게 하므로 노동자에게 있어서도 간접적인 이익이다. 부자는 더욱더 풍요롭게 되었지만, 빈자 또한 가난함이 줄어들었다"[23b:849]는 것이다. 『자본』은 생활수단의 상승을 들어 반박하고 '궁핍화'를 '예증'했다[같은 책:849-850].

(2) '예증'은 어디까지나 '예증'일 뿐이어서 그 영역을 넘어서는 것이 아니다. '일반적 법칙', 나아가서는 '궁핍화'에 합치하지 않는 현실의 사태를 들자면 끝이 없을 것이다. 따라서 『자본』은 앞서 언급한 대로 "'일반적 법칙'은 여러 다양한 사정으로 인해 변화를 겪게" 된다고 단정했던 것이다. 그뿐만 아니라 심지어는 "공장법*을 적용받은 노동자는 육체적으로 상당히 개선

되었다'[23a:386]고 말하기도 한다. 게다가 설령 노동자의 저항 등 세상사 일들을 아무리 끄집어내더라도 '예증'을 배제할 수는 없다. ☞빅토리아기의 생활수준, 인구, 자본축적

참 井村喜代子, 「窮乏化論」, 遊部久藏 編, 『資本論研究史』 수록, ミネルヴァ書房, 1958, 岸村英太郎 編, 『資本主義と貧困』, 日本評論新社, 1957.

—에나쓰 미치오(江夏美千穗)

귀족정 貴族政 ⇨정체

그륀 [Karl Theodor Ferdinand Grün 1817-87]

맑스와 엥겔스*에 의해 진정사회주의자라고 비판받은 독일의 저널리스트이자 사상가. 베스트팔렌의 루텐샤이트에서 민중학교 교사 사무엘 그륀의 장남으로 태어났다. 모친 소피의 아버지 드 그로테는 프로이센 궁정 고문관・의사이며, 네덜란드의 법학자 휴고 그로티우스의 후예다. 김나지움*을 졸업한 뒤 본 대학 신학부에 들어갔지만, 곧바로 철학 연구에 뜻을 품고 1838년 베를린 대학으로 옮겨 39년 철학박사 학위를 취득. 그해 알자스 지방 코르마르의 콜레주에서 독일어 교사직을 얻었다. 1841년 말에는 독일로 돌아가 만하임에서 『만하임 석간지』의 편집자가 되며, 입헌군주적 틀 내에 있는 독일의 자유주의적 개혁파 입장에서 이 신문을 편집하고 출판의 자유를 주장했다.

1842년 10월, 출판규제로 인해 바덴으로부터 추방명령을 받으며, 1843년 8월에 프로이센 정부의 허가를 얻어 쾰른*으로 간다. 이 시기에 『나의 바덴 추방』을 저술하고, 또한 쾰른 체류 기간 중에 사회주의*의 영향을 받았다. 이듬해인 44년에 파리*에서 저널리스트로 활동할 뜻을 품는다.

파리에서는 『프랑스와 벨기에에서의 사회운동』(1845)을 저술하여 벨기에와 프랑스의 사회주의 이론을 독일에 소개. 동시에 포이어바흐*의 인간주의를 기초로 하여 프루동*의 아소시아시옹 이념을 끌어들인 자신의 사회주의 사상을 전개했다(『노이에 아넥도터』, 1845, 『사회개혁을 위한 라인 연보』, 1845/46). 그는 또한 파리에 거주하는 독일인 직인을 대상으로 사회주의적 계몽활동을 하면서 파리의 의인동맹*에서 일정한 영향력을 얻었다. 그는 이 시기에 문예평론 분야에서도 괴테나 실러에 대한 책을 저술한다. 1847년에는 맑스가 『다스 베스트펠리셰 담프보트』에서, 엥겔스가 『브뤼셀 독일인 신문』*에서 그를 '진정사회주의*'자라며 비판했다.

의인동맹과의 관계로 인해 그륀은 1847년 3월에 파리에서 추방당해 벨기에로 간다. 이듬해인 48년에 독일에서 3월 혁명*이 발발하자 귀국하여 트리어*를 거점으로 43년 이래로 관계가 있었던 『트리어 신문』* 편집인으로서, 또한 민주협회의 의장으로서 활동하고, 같은 해 10월에 트리어 근처인 비트리히에서 프로이센 국민의회*의 대의원 대행에 선출되어 의회 내에서 극좌파로서 활동한다. 같은 해 12월 5일에 의회가 해산된 후, 49년 2월 흠정헌법 하의 하원의원에 재선되었다. 4월 27일, 동 의회의 해산 후에는 라인 지방에 돌아가 '헌법투쟁'에 참가한다. 5월 19일, 라인 지방 각지의 무장봉기 주모자들 중 한 명으로 체포되었다. 1850년 1월, 트리어에서의 재판에서 결국 그는 무죄를 선고받기는 했지만, 다시 체포될 것을 우려해 2월에 벨기에령 아를롱으로 탈출했다.

1850년대에 그는 브뤼셀*에 체류하며, 61년에는 특별사면으로 독일로 귀국할 수 있게 되고, 62년에 프랑크푸르트 암 마인의 고등실업학교의 교수(음악・문화)가 된다. 3년 후에 그 자리를 그만두고 하이델베르크로 가서 오로지 강연활동만 한다. 68년, 빈*에 거처를 정하고 활발한 저술활동을 전개했다(『루트비히 포이어바흐, 서간・유고 및 그 철학적 특성의 전개』, 1874, 『16세기의 문화사』, 1872, 『17세기의 문화사』, 1880, 『프랑크푸르트의 독일 체조 축제』, 1880). 1887년 2월에 사망. ☞진정사회주의, 아소시아시옹[독일]

참 Wilhelm Sauerländer, *Karl Theodor Ferdinand Grün und der "Wahre Sozialismus"*, VHS Lüdenscheid (hrsg.), Lüdenscheid 1958. Emil Zenz, "Die Trierer Zeit Karl Grüns", in: *Kurtrierisches*

Jahrbuch, 1964. James Strassmaier, *Karl Grün und die Kommunistische Partei 1845-1848 (Schriften aus dem Karl-Marx-Haus)*, Heft 10, Trier 1973. *Allgemeine Deutsche Biographie*, Bd. 49. *Die historische Commission bei der Königl. Akademie der Wissenschaften Neudruck der I. Auflage von 1904.* Berlin 1971. 村上俊介, 「マルクスと'眞正社會主義'」, 『マルクスを讀む』 수록, 情況出版, 1999.

—무라카미 슌스케(村上俊介)

그리스 신화—神話 ⇨**신화**

그림 형제—兄弟 [Jacob Grimm 1785-1863/Wilhelm Grimm 1786-1859]

독일의 언어학자, 문헌학자. 하나우에서 태어남. 마르부르크 대학에서 법률학을 공부. 카셀에서의 도서관 근무 등을 거쳐 1830년에 괴팅겐 대학으로 옮기며, 이어서 교수가 된다. 1837년, 하노버 국왕이 헌법을 부인한 것에 항의한 '괴팅겐 7교수사건*'에 가담해 파면 추방 처분을 받았다. 1840년, 베를린*에 초빙되어 대학*에서 강의를 시작한다. 1846년에 프랑크푸르트에서 제1회 게르마니스트 회의가 개최되어 야콥이 의장을 맡는다. 그는 게르마니스트의 의미를 법률학자에서 역사학자·문헌학자로까지 확대했다. 1848년 혁명기에는 야콥이 프랑크푸르트 국민의회*의 대의원에 선출된다. 만년에는 형제 모두 연구에 전념했다. 형제의 작업은 법학, 언어학, 민화(메르헨) 수집 등 여러 분야에 걸쳐 있지만, 출발점은 사비니의 역사법학의 영향 아래 있으며, "법과 시는 같은 요람에서 자랐다" [야콥, 『법에 있어서의 시에 대하여』, 1816]라는 이념에서 행해졌다. 일반적으로 가장 잘 알려진 『어린이와 가정을 위한 민화(메르헨)집』(초판, 1812)은 주로 빌헬름의 손으로 제7판(1857)까지 개정되었다. 『독일 전설집』(1816/17) 및 『독일 신화학』(1835, 야콥)도 같은 분야다. 언어학에서는 『독일어 문법』(1819, 야콥)이나 『독일어 사전』(1854/1961). 법률학에서는 『독일법 고사지(故事誌)』(1826, 야콥)와 『판례집』(1840, 야콥)이 유명하다. ☞괴팅겐 사건, 역사법학파

㉔ Hermann Gerstner, *Brüder Grimm*, Reinbek 1987. 小澤俊夫·谷口幸男 外 譯, 『グリム兄弟』(ドイツ·ロマン派全集 第15卷), 國書刊行會, 1989. 河上倫逸, 『法の文化社會史』, ミネルヴァ書房, 1989.

—다카기 후미오(高木文夫)

글래드스턴 [William Ewart Gladstone 1809-98]

영국의 정치가. 리버풀의 부호상인의 가정에서 태어나 이튼과 옥스퍼드를 거쳐 1832년에 하원의원이 되었다. 당초에는 토리당에 속했지만, 1846년에 제출된 필의 곡물법 폐지 법안에 찬성하고 자유무역파로서 필파에 가담했다. 애버딘 내각(1852-55년), 파머스턴 내각(1859-66년)의 재무장관이 되어 재정 개혁과 자유무역을 추진하고, 파머스턴*의 사후에 존 러셀에 이은 자유당의 지도자로서 선거법 개혁을 추진했다. 러셀 사후에 자유당의 지도자가 되어 내각(1868-74년)을 조직하며, 이때를 포함해서 모두 4번에 걸쳐 수상이 되었다. 제1차 내각에서는 아일랜드 국교 폐지(69년), 제1차 아일랜드 토지법(70년), 교육법(70년), 무기명투표법(72년), 제2차 내각(1880-85년)에서는 제2차 아일랜드 토지법(81년), 제3차 선거법 개정(84년) 등의 개혁을 추진했다. 제3차 내각(1886년 2월-7월)에서는 아일랜드 문제의 해결을 시도했으나 조셉 체임벌린 등의 통일파의 반대를 받아 당의 분열을 초래하며, 또한 제4차 내각(1892-94년)에서도 이 문제에 대한 상원의 지지를 획득할 수 없어 퇴진, 1895년에 정계에서 물러났다. 문필가로서 『호메로스와 그의 시대』(1855)라는 저서가 있다. 맑스가 빈부의 격차 확대의 논증으로서 『자본』*에서 글래드스턴의 1843년 2월과 63년 4월의 하원에서의 연설을 인용하며, 그 인용의 정확함을 둘러싸고 논쟁이 있었다는 사실을 『자본』 제4판 서문에서 엥겔스*가 기록하고 있다. ☞파머스턴, 곡물법, 선거법 개정

㉔ 神川信彦, 『グラッドストン—政治における使命感』, 潮出

版, 1975. J. Morley, *The Life of William Ewart Gladstone*, London 1908. H. G. Matthew, *Gladstone, 1809-1874*, London 1986.

—오카모토 미치히로(岡本充弘)

금본위제 金本位制 [(영) Gold standard (독) Goldwährung]

『자본』*이나 『잉여가치학설사』에서는 금본위제라는 말은 발견되지 않는다. 그러나 맑스는 가치척도 기능을 수행하는 화폐상품으로서 가장 적합한 재화는 금이라고 했다. 일국 내에서 국민통화의 1단위를 금의 일정량으로 정의하고 있을 때 그 국가는 금본위에 있다고 말한다. 1931년까지 영국은 1영파운드=순금 7.3224그램으로 정의하고 있었다. 이 정의가 현실에서 유효하기 위해서는 (1) 금 지금(地金)의 금화로의 자유주조, (2) 은행권의 금 태환, (3) 금 수출입의 자유라는 세 가지가 보증될 필요가 있다. 또한 많은 금본위 국가에서는 노임 지불 등 일반적 유통의 수단은 금화가 주된 것이었다. 화폐*로서의 금에 대해서는 『자본』에서 상세한 논의가 전개되어 있지만 문제가 없는 것은 아니다. 상품*으로서의 금의 가치*는 그 생산에 투하된 추상적 인간노동의 사회적 필요량이다. 그러나 금은 다른 상품과는 달리 소비*에 의해 소멸하는 일이 없다. 그렇다면 그 가치는 고대 이래로 산출되어온 금 스톡의 가치의 가중평균인 것일까, 아니면 새롭게 산출된 금의 가치가 전 스톡의 가치를 규정하는 것일까? 덧붙이자면, 해마다 새롭게 산출된 금의 양은 전 스톡에 대해 1~2%에 지나지 않는다. 이는 미해결의 문제이며, 20세기 초엽에 이루어진 금 가치논쟁의 주제 중 하나가 되었다. 『자본』 제3권에서는 경기순환 과정에서의 금의 대외 유출입을 문제로 하고 있다. 대외 금 유출 → 신용불안으로 인해 신용화폐에 의한 거래 상쇄가 이루어지지 않게 되어 금화나 잉글랜드 은행권의 수요가 급증하고, 그로 인해 이자율이 급등하여 패닉이 발생한다는 것이 강조되고 있다. 맑스는 통화학파를 비판하며 금 유출 → 통화 공급 감소는 물가를 끌어내리는 것이 아니라 이자율 상승을 가져올 뿐이라고 한다. 그러나 문제는 이자율 상승의 실물경제에 대한 반작용이다. 이에 대해서 맑스는 아무런 말도 하지 않는다.

맑스의 시대는 전신에 의해 세계의 시장*이 통합되기 이전이었다. 1870년대부터 해저전선에 의해 원격지 간의 단자・환거래가 순식간에 이루어지게 되고, 국제금리 격차와 외환의 금 현송점(現送点) 간의 거리는 일거에 축소되었다. 특히 기축통화국인 영국에서의 금리상승은 단자와 금을 유입시키므로 대폭적인 금 유출로 인해 패닉이 발생하는 일은 없어졌다. 그리고 영국의 경기상승 → 노임 지불 증가 → 금화 유출 증가 → 잉글랜드 은행*으로부터 국내로의 금 유출 → 잉글랜드 은행 금 준비・은행부 준비 감소 → 공정보합 인상 → 민간 단기금리 상승 → 단자 유입 → 금 유입으로 되었다. 불황기에는 이 반대의 움직임이 생긴다. 결과적으로 잉글랜드 은행의 준비의 변동 폭은 적어지고, 이자율의 극단적인 상승은 발생하지 않게 되었다. 나아가 이 메커니즘에 의해 물가의 지속적이고 일방적인 상승=인플레이션도 발생하지 않았다. 또한 금본위 국가 간의 환 시세는 금 평가에 규정되는 고정 시세인 까닭에 국제적인 재화・서비스 거래가 활성화되어 주요 공업국 간에서는 물가와 경기의 동조가 발생했다. 이 또한 금의 대외유출입의 규모를 한정하여 국제적 경제관계의 안정에 기여했다. 이러한 안정을 파괴한 것은 직접적으로는 제1차 세계대전이지만, 근본적으로는 주요국 간의 불균형 발전, 특히 기축국인 영국의 상대적인 경제력 감퇴이다. ☞화폐, 세계시장, 런던, 잉글랜드 은행

㊟ 西村閑也, 『國際金本位制とロンドン金融市場』, 法政大學出版局, 1980. 浜野俊一郎・深町郁弥 編, 『資本論體系6 利子・信用』, 有斐閣, 1985.

—니시무라 시즈야(西村閑也)

급진주의 急進主義 [(독) Radikalismus]

19세기, 특히 그 전반기부터 중엽에 걸친 유럽에서 출현한 공화주의적 내지 민주주의적인 정치세력 및

평등주의적인 사회세력의 총칭. 나폴레옹 전쟁*이 종료되고 여러 국가들에 보수적 체제가 정비되고 있던 1810년대부터 20년대에 걸쳐 유럽 각지에서는 반동의 부활을 저지하고 민주주의*와 공화주의*의 신장을 기대하여 반란과 조직결성의 움직임이 강화되었다. 독일에서의 부르셴샤프트의 결성, 이탈리아에서의 카르보나리당의 반란, 그리고 러시아에서의 데카브리스트의 봉기 등이 그 대표라 할 수 있다. 이러한 사건들이 지니는 의의는 그 자체의 역량으로 보수적 국가체제를 타도할 수 있었는지의 여부가 아니라 이들이 제기한 정치적 및 사회적 변혁사상이 갖는 현실 유효성이다. 예를 들면 부르셴샤프트의 극좌파와 또한 함바흐 축제*에 결집한 독일의 지식인과 수공업자들의 일부는 프랑스나 영국, 스위스의 도시들로 망명*하여 독일 통일 내지 독일공화국 수립의 정치운동을 강화했다. 또한 카르보나리는 프랑스에서도 샤르보느리(charbonnerie)로서 확대되어 특히 1830년 프랑스 7월 혁명* 이후의 공화주의적 · 공산주의적 비밀결사 운동의 일익을 담당하게 된다. 그 다음으로 러시아에서는 데카브리스트의 자유주의적 이념을 사상적인 배경으로 하여 1830년대에 성립한 스탄케비치(Stankevich) 서클 내에서 한편으로 벨린스키와 게르첸* 같은 서구파(자파드니키)의 공화주의자 · 사회주의자가 생겨났고, 다른 한편으로는 악사코프와 사마린 같은 애국파(슬라보필)의 자유주의자 · 공화주의자가 생겨났다. 이상과 같은 집단들 및 이와 동일한 부류 내지 동일한 계열의 세력들을 일괄하여 급진주의자라 칭한다.

1830년대 독일에서는 농민운동을 지도한 뷔히너와 바이디히의 인권협회가 급진파의 대표이다. 그 밖에 문학 영역에서의 청년독일파*, 철학* 영역에서의 헤겔좌파*도 정치적 급진주의의 형성에 공헌했다. 그와 같은 과정에서 1843년 말~44년 1월에 맑스는 개념으로서의 급진주의에 관련된 중요한 논문 「헤겔 법철학 비판 서설」*을 집필했다. "래디컬하다는 것은 사물을 근본에서 파악한다는 것이다. 그런데 인간*에게 근본이란 인간 그 자체이다. 독일적 이론이 래디컬리즘이라는 것, 따라서 그것이 실천적 에너지를 갖는다는 것의 분명한 증거는 그것이 종교*의 결정적이고 적극적인 지양에서 출발했다는 점이다"[1:422]. "독일에서는 래디컬한 혁명*, 즉 보편적이고 인간적인 해방*이 유토피아*적인 꿈이 아니라 부분적인, 단지 정치적일 뿐인 혁명, 집의 기둥을 그대로 남겨두는 혁명이야말로 유토피아적인 꿈이다"[같은 책:424]. 여기서 청년 맑스가 사용하고 있는 '급진주의'가 반드시 맑스의 독자적인 술어로까지 심화된 것은 아니다. 맑스가 급진주의라는 용어를 이와 같이 사용하고 있는 것은 매우 드문 일이다. 그는 오히려 엥겔스*와 함께 일하게 되면서부터 앞서 언급한 민주주의적 · 공화주의적인 집단들의 일부 내지 전체의 총칭으로서 사용하는 경우가 많다. 그러나 그러한 급진주의적 세력들 중에도 래디컬한, 즉 실천적 에너지를 지닌 자가 존재한다면 이를 솔직하게 평가했다. ☞공화주의, 바뵈프주의, 비밀결사, 헤겔 좌파, 『헤센의 급사』, 유토피아

㊟ G. Mayer, *Radikalismus, Sozialismus und bürgerliche Demokratie*, Frankfurt a. M. 1969. P. Wende, *Radikalismus im Vormärz, Untersuchungen zur politischen Theorie der frühen deutschen Demokratie*, Wiesbaden 1975. 石塚正英, 『三月前期の急進主義—青年ヘーゲル派と義人同盟に關する社會思想史的硏究』, 長崎出版, 1983.

—이시즈카 마사히데(石塚正英)

기계 機械 [(독) Maschine (영) machine]

기계란 무엇인가에 대한 완전한 정의는 존재하지 않지만, 일반적으로는 "저항이 있는 물체의 조합에 의해 역학적인 운동이나 작업을 행하는 것"이라는 정의가 채용되고 있다. 맑스는 역사적인 관점의 중요성을 이야기하고, 매뉴팩처*에서 직인이 도구를 사용하여 행하던 작업을 대체한 것이 기계라고 간주했다. 기계를 구성하는 요소로서는 동력기, 전동기구, 작업기(도구기)가 있다. 동력기란 증기기관처럼 기구 전체의 원동력으로 작동하는 부분이다. 전동기구란 톱니바퀴나 벨트처럼 운동을 작업기에 전달하거나 힘의 방향을 바꾸거나 하는 부분이다. 그리고 작업기란 대상에

작용을 가해 도구를 대신하여 작업을 하는 부분이다. 이러한 구성에 기초한다면 도구란 동력기와 작업기가 일체가 된 것이라 생각할 수 있다.

기계기술의 역사는 고대의 지렛대, 도르래, 수레바퀴, 녹로, 쐐기, 나사, 풀무, 펌프 등에서 시작되어 중세의 활, 투석기 등의 무기, 교회의 오르간 등의 악기, 르네상스 이후의 기계시계, 자동인형, 정원에 설치된 장치 등의 제작을 통해 발달했다. 이러한 것들에 동력기의 풍력과 수력이 조합되어 점차 대형이면서 복잡한 기계가 만들어지게 되었다. 18세기 이후 산업혁명*에 의해 기계기술은 비약적인 발달을 이루었다. 최초로 발달한 것은 방적기와 직기 등의 작업기로, 이에 의해 직인의 숙련을 전제로 하지 않는 작업이 가능케 되어 매뉴팩처에서의 동종 작업기 간의 단순한 협업에서 이종 작업기 간의 분업*에 의한 협업으로 발전했다. 더 나아가 와트의 증기기관과 조합됨으로써 기계의 전 체계가 자연조건에 따른 제약으로부터 자유롭게 되어 기계제 대공업*으로 발전했다. 기계화의 진전 그 자체는 노동생산성의 향상을 가져와 노동*의 경감과 노동시간*의 단축 등, 노동자의 복지에 공헌하는 가능성을 지닌다. 그러나 기계의 도입이 현실에 가져온 것은 노동의 강화, 기계에 대한 인간*의 종속, 성인노동의 여성이나 연소자 노동으로의 대체, 실업*의 증가, 임금인하 등 완전히 반대되는 것이었다. 그 원인을 맑스는 기계가 노동자의 복지가 아니라 잉여가치*의 생산수단으로 사용되기 때문이라며 이를 기계의 자본주의적 사용에 고유한 문제로 간주했다. 자본주의*에서는 기계가 상품*을 저렴하게 생산함으로써 노동력의 가치*는 저하하고 잉여노동*으로서 자본*에 흡수된다. 그 결과 노동자는 비인간적인 상황에 내몰리게 되는 것이다.

19세기 이후 공작기계의 발달과 부품의 표준화, 기계공학의 탄생, 전동기 등의 동력기의 발달, 자동차와 항공기 등의 운송수단의 개발로 기계공업은 더욱더 발달했다. 20세기에는 흐름작업에 의한 대량생산 시스템이 등장하고, 20세기 후반에는 일렉트로닉스와 컴퓨터에 의한 자동제어 시스템이 출현했다. 이러한 생산형태의 변화로 인해 맑스가 제기한 문제는 상대적으로 축소되고 있지만, 그 근저에 있는 기계에 의한 소외비판은 현대에도 여전히 유효하다. 기계는 예부터 우주나 인간, 사회 등을 생각할 때의 모델로서 이용되어왔다. 근대가 되면 데카르트로 대표되는 기계시계 모델이나 자동인형 모델, 19세기에는 공장 모델, 20세기에는 자동제어 모델이 등장했다. 현대에는 기계와 인간을 대립적으로 파악할 뿐만 아니라 새로운 '기계-인간계'로서 기계와의 공생을 찾는 사고도 모색되고 있다.

☞기계제 대공업, 오토메이션, 배비지

㊟ S. リリー(伊東新一 外 譯),『人類と機械の歴史』, 岩波書店, 1968. 坂本賢三,『機械の現象學』, 岩波書店, 1975. 村上陽一郎,『技術とはなにか』, 日本放送出版協會, 1986.

—신도 마사아키(新戸雅章)

기계제 대공업 機械制大工業 [(독) die auf Grundlage der Maschinerie aufgebauten große Industrie (영) great industry by machinery]

발달된 기계*는 동력기, 전동장치, 작업기라는 세 가지 구성부분으로 이루어지는데, 전동장치를 매개로 공통의 동력기로부터 운동을 받아들이는 작업기들의 편성으로서의 기계체계는 하나의 자동기구라는 모습을 취한다. 이러한 기계체계를 기술적 기초로 한 공장제도*에 기초하는 대규모 생산양식*을 기계제 대공업이라 한다. 그것은 노동생산력을 비약적으로 높여 자본*에 의한 상대적 잉여가치 생산의 가장 강력한 수법을 제공하는 동시에, 운수·교통수단의 혁신을 일으켜 세계시장*을 창출하는 기반을 이루었다. 『요강』*의 맑스가 "보편적 과학적 노동, 자연과학들의 기술학적 응용"[초2:482]에 초점을 맞추어 기계제 대공업의 특히 긍정적인 측면을 묘사했다고 한다면, 『자본』*의 맑스는 기계제 대공업의 기술적 기초, 노동자와 생산편성에 대한 영향, 사회형성적 의의에 대해 그것이 지닌 긍정적 계기와 부정적 계기의 모순을 좀 더 극명하게 부각시키고 있다.

【Ⅰ】기술적 기초

"생산양식의 변혁은 매뉴팩처*에서는 노동력을 출발점으로 하고, 대공업에서는 노동수단을 출발점으로 한다"[23a:485]고 말하듯이, 맑스는 수공업을 기초로 하여 부분작업을 담당하는 노동력의 편성인 매뉴팩처와 대비하면서 기계제 대공업의 기술적 기초에 대해 논하고 있다. 기계제 대공업은 18세기 후반에 면 방적업에서의 작업기의 혁신이나 증기력의 도입으로 시작되어 19세기 전반기에 공작기계의 생산이 형성됨으로써 완결되는 산업혁명*을 통해 성립되었다. 다시 말하면, 면 방적업에서 작업기 → 동력기 → 전동장치라는 순서를 이루어 객체적인 자동장치가 산출되는 한편, "개개의 기계부분에 필요한 엄밀하게 기하학적 형태"[23a:502]를 기계에 의해 생산하는 기계공업이 곧이어 형성됨으로써 자본제적 생산은 그에 걸맞은 기술적 기반을 창출했던 것이다. 매뉴팩처에서의 노동편성이 수공업에 의한 부분 노동자들의 '주체적 결합'을 기초로 하고 있었던 데 반해, 기계제 대공업은 모든 가능한 공정에서 "자연력들에 의한 인간력의 대체 및 자연과학*의 의식적 응용에 의한 경험적 숙련의 대체"[같은 책:503]를 극적으로 추진했다. 거기서는 기계의 수・규모・속도 사이의 대상적 관계에 의해 규정되는 "객체적인 생산유기체"[같은 곳]가 형성되어 특수한 과정들의—분립성이 아닌—연속성이 확보되고, 노동자는 집합적인 형태로 기계체계의 리듬에 종속된다. 즉 "기계는 직접적으로 사회화된, 또는 협동적인 노동*에 의해서만 기능하며, 이리하여 이제는 노동과정의 협업적 성격이 노동수단 그 자체의 본성에 의해 부과된 기술적 필연이 된다"[같은 곳].

【Ⅱ】 노동자와 생산편성에 대한 영향

『자본』의 맑스는 노동자에게 미치는 기계경영의 직접적 영향 및 사회적 분업에 미치는 공장제도*의 영향을 해명하는 것을 통해 기계제 대공업이 자본의 증식 본성에 가장 적합한 생산양식이라는 것을 밝히고 있다. 노동자에 대한 직접적인 영향으로서는 기계의 채용이 여성과 아동 노동*을 추가노동으로서 생산과정에 투입함으로써 남성 노동력의 가치*를 저하시키는 것, 또한 기계경영은 노동의 생산성을 증대시키기 위한 유력한 수단일 뿐만 아니라 기계가치의 감가에 대처하기 위해 노동일을 연장시키는 유인이 되거나 기계의 속도 증대와 감시해야 할 기계의 범위 확대에 의해 노동의 강도를 높이거나 하는 것이 곳곳에서 관찰되고 있다. 기계제 대공업은 상대적 잉여가치 생산의 강력한 수법을 제공할 뿐만 아니라 절대적 잉여가치의 생산도 촉진시킨다. 나아가 사회적 분업에 대한 영향으로서는 기계제 대공업이 종래의 매뉴팩처나 가내공업을 해체하면서 산업 부문들 간의 사회적 분업을 급속히 심화시키는 동시에, 종래의 경영형태나 분업구조를 공장제도의 외연부에서 재생산*하는 것도 주목되고 있다. 이리하여 공장 내 분업과 사회적 분업 모두에서 "생산과정의 정신적 역량이 손노동으로부터 분리된다는 점과 이 역량이 노동에 대한 자본의 권력으로 전화한다는 점은 기계를 기초로 하여 수립된 대공업에서 완성된다"[23a:553].

【Ⅲ】 사회형성적 의의

기계제 대공업은 자연과학들의 발견과 발명의 끊임없는 기술학적 응용을 기초로 한다는 의미에서 본래적으로 혁신적이며, 따라서 노동과정의 편성이나 사회적 분업을 끊임없이 변혁하고 그에 즉응할 수 있는 "노동의 변환성, 기능의 유연성, 노동자의 전면적 이동성"[23a:634]을 불가피하게 요청한다는 점을 맑스는 역설하고 있다. "대공업은 노동의 변환을 하나의 사활적인 문제로 만든다. 어떤 특수한 사회적 기능의 담당자일 뿐인 부분적으로 발달한 개인은, 여러 사회적 기능들이 서로 교체되는 활동양식이라 할 수 있는 전면적으로 발달한 개인으로 대체되어야 한다"[같은 곳]. 맑스는 이와 같은 보편적 개인이 형성되기 위한 조건으로서 노동과정과 교육과정이 결합될 필요성을 특히 중시했다. 부르주아의 자녀를 위한 이공계 학교나 농업학교, 노동자의 자녀를 위한 각종 직업학교는 대공업의 기초 위에 자연발생적으로 발달한 이러한 결합의 제도화이며, 미래 사회에서는 이론적・실천적인 기술학적 교육이 한층 더 제도화되어야만 할 것이다. 대공업이 편협한 전문가가 아니라 "전면적으로 발달한 개인"을 도야한다는 점에 기대를 건 맑스의 생각은 다음 구절에 잘 드러나 있다. "'본분을 지켜라!' 라고 하는 저 수공업적 사려의 절정은 시계공 와트가 증기기관을, 이발사 아크라이트가 수력방적기를, 보석세공사 풀턴이 증기기선을 발명한 순간부터 무서운 어리석음이 되었다"[23a:635]. 이리하여 맑스는 기계제 대공업의 발전이 "새로운 사회의 형성적 요소들과 옛 사회의 변혁적 계기들"[같은 책:654]을 숙성시켜 자본주의 변혁으로의 주체적이고 객체적인 여러 조건을 형성한다고 생각했다. ☞자본의 유기적 구성, 오토메이션, 매뉴팩처, 공장제도, 여성 노동/아동 노동, 자유시간, 분업, 기계

참 内田義彦, 『資本論の世界』, 岩波書店, 1966. 中岡哲郎, 『工場の哲學—組織と人間』, 平凡社, 1971. 平田清明, 『經濟學批判への方法敍說』, 岩波書店, 1982.

—아비코 시게오(安孫子誠男)

기능자본가 機能資本家 [(영) functioning capitalist (독) fungierender Kapitalist]

기능자본가는 이윤*의 이자와 기업자 이득으로의 질적 분할에 대응하여 분리된, 화폐자본가에 대립하는 자본가 범주다. 일반적으로 그 기능대상은 산업자본·상업자본이다.

【Ⅰ】개인기업과 기능자본가 규정

자기 자본으로 사업을 할 경우에 자본가는 소유자본가인 까닭에 기능자본가이다. 자본 소유와 자본 기능은 동일 주체 안에 합일되어 있어 이윤의 분할은 발생하지 않는다. 이윤은 모두 그의 것이다. 차입 자본으로 사업을 할 경우에 기업자본은 소유자본과 기능자본으로 분리되고, 그에 따라 자본가도 소유를 대표하는 화폐자본가와 기능을 대표하는 기능자본가로 분리되어 양자의 범주적 구별이 정립된다. 후자는 소유자본가는 아니지만, 자본 기능을 대표하는 자로서 기능자본가이다. 그는 생산수단의 소유자로서 노동자와 대립한다. 이러한 자본*과 임금노동, 착취*와 피착취의 관계는 기업자본이 자기 자본인가, 차입 자본인가에는 영향을 받지 않는다. 이제 화폐자본가는 재생산 과정 외부에서 단지 자본을 소유하는 것만으로 이자를 취득하고, 기능자본가는 기능자본의 회전을 관리함으로써 기업자 이득을 취득한다. 이자는 자본 소유의 열매로서, 기업자 이득은 자본 기능의 열매로서 나타난다. 이자와 기업자 이득은 모두 타인의 노동 착취에 의한 잉여가치*·이윤의 전화 형태이며, 동일한 원천임에도 불구하고 전혀 다른 두 가지 원천으로서 나타난다.

이윤의 질적 분할의 표상이 확립되면, 자기 자본을 사용하는 기능자본가의 경우에도 이윤의 질적인 분할이라는 관념이 발생한다. 그는 이윤 전부를 취득함에도 불구하고 자본 소유의 대표자로서 이자를, 자본기능의 대표자로서 기업자 이득을 취득하는 것으로 생각된다. 그는 자기 자신을 한편으로는 자본 소유자로서 단순한 기능자본가와 구별하고, 다른 한편으로는 자본 기능자로서 재생산 과정과는 무관한, 태만한 자본 소유자와 구별하기 때문이다. 그는 전적으로 다른 인격으로 분열한다. 이윤은 자본과 임금노동의 소산이라는 사실이 은폐되고, 기업자 이득은 잉여가치의 일부가 아니라 감독 임금으로서 표상된다. 기능자본가의 착취노동은 착취당하는 노동*과 동일시되고, 그는 노동자에 대립하지 않고 자본 소유자에 대립하는 것으로서 나타난다. 자본제 생산과정은 노동과정 일반으로 환원되어 기업자 이득=노임이라고 생각된다.

【Ⅱ】주식회사와 기능자본가 규정

기업 자본은 결합 자본이지만, 그 자본은 의제자본*과 현실자본으로 이중화되며, 그에 대응하여 자본의 소유와 기능이 제도적으로 분리되고 소유도 분열되어 나타난다. 자본 소유자는 원래의 공동 출자자=기능자본가로부터 화폐자본가의 지위로 전화한다. 그는 재생산 과정에서 기능하는 현실자본의 직접적인 소유자가 아니라 주식증권의 소유자로서 나타난다. 주식*은 현실자본의 지분을 보여주는 소유 명의이지만, 수익청구권으로서 증권화되어 기능자본의 운동과는 전혀 관계없이 증권 시장에서 매매됨으로써 의제자본으로서 독자적인 유통운동을 형성한다. 각각의 주주에게 있어서는 이자 낳는 자본*의 운동으로서 나타나서 주주는 화폐자본가와의 형태적 동일성을 부여받는다. 이러한

주식의 의제자본화 과정은 주식회사 법제사에서는 전 주주의 유한책임제, 양도가 자유로운 등액주권제의 확립이다. 주주는 최대한의 이윤 취득이라는 자본의 목적을 실현하기 위한 관리기능의 담당자, 기업의 대표자가 아니다. 그 역할을 담당하는 자는 이사회=경영자이다. 경영자야말로 기능자본가이다. 그러나 기업 자본의 소유자는 주주이다. 각각의 주주는 그 부분적 소유자에 지나지 않지만, 자본 소유를 대표하는 주주총회는 자본기능을 대표하는 이사를 임면하고 경영활동의 승인권한을 갖는다. 여기서는 1표1의결제가 결정 원리이며, 소수의 다수 주식 소유자에게 지배의 집중이 실현된다. 그와 동시에 그 권한의 이사회로의 위임이 경영자 지배로서 나타난다. 이러한 자본관계에서 경영자는 소유자본가는 아니지만, 자본기능의 대표자로서 기능자본가이다. ☞의제자본{가공자본}, 주식, 이자 낳는 자본, 이윤

참 浜野俊一郎・深町郁彌 編,『資本論體系6 利子・信用』, 有斐閣, 1985.

—나카다 쓰네오(中田常男)

기독교 基督教 [(독) Christentum]

【Ⅰ】독일 관념론과의 격투

19세기 독일의 기독교가 직면한 문제는 칸트*에 의해 제기된 이성*과 계시의 대립을 어떻게 극복할 것인가 하는 것이었다. 그는 순수이성에 의해서는 신을 인식할 수 없으며 실천이성에 의해 요청될 뿐이라는 일종의 이원론을 남겼는데, 이러한 조정이 과제로서 의식되었다. 우선 슐라이어마허가 이에 몰두했다. 경건주의* 속에서 자라며 칸트와 낭만주의*에 영향을 받은 그는『종교론』(1799) 및『기독교 신앙론』(1821-22)에서 종교*의 독자적인 영역을 이성이나 윤리*가 아니라 "우주에 대한 단적인 의존의 감정"에서 찾았다. 그것은 주객의 대립을 넘어서서 우주에 단적으로 속한다는 본래적인 직관・감정이며, 게다가 역사의 예수에 의해 매개된 공동적이고 인격적인 직관・감정에 대한 참여로서 인식・체험되는 현실이라고 하는 주장이었다. 그와 같은 이해는 근대적인 철학*과 자연과학*과 역사학에 위협받지 않는 종교의 독특한 영역이라고 인식되었다. 그의 영향은 절대적이었다.

헤겔 철학도 신학*에 커다란 영향을 주었다. F. C. 바우르는 헤겔*의 변증법*을 원시 기독교 연구에 적용하여 '튀빙겐학파'를 형성했지만, 헤겔 좌파*에서 나온 슈트라우스는『예수의 생애』*(1835)를 써서 복음서 이야기를 신화*로서 비판*・해체하고, 원시교회라는 공동체*가 낳은 '시대정신'을 파악하는 것이 현대 기독교의 과제라고 주창했다. 이리하여 그는 '역사적 예수'에 대한 역사적・비판적 연구의 기초를 형성하게 되었다. 그리고 그를 비판하면서 한층 더 과격한 기독교 비판을 수행한 것이 B. 바우어*였다.

【Ⅱ】헤겔 좌파・맑스의 도전

이들을 이어받아 헤겔 좌파의 포이어바흐*가『기독교의 본질』*(1841) 등에서 "신학의 비밀은 인간학이다"라고 역설했다. 그는 인간*의 본질을 지성에서만이 아니라 '연민・함께 고통당함(Mitleiden)'과 같은 감성・심정에서 발견하고, '수고(受苦)・수난(Pathos-Passio)'의 수동성에서의 주체인 자아(Subjekt)가 대격(Objekt)인 자기와 하나로 융합하는 구조 속에서 기독교의 삼위일체의 비밀을 발견함으로써 객관화되어 실체화된 기독교 교의를 인간학으로 해체했다. 헤겔뿐만 아니라 슐라이어마허의 영향도 분명하지만, 맑스가 포이어바흐의 비판적 작업으로써 "독일에서 종교 비판은 원리적으로 끝났다"[「헤겔 법철학 비판 서설」]라고 선언할 수 있었던 것도 신학이 이러한 흐름들을 계승 심화할 수 없었음을 보여주고 있다.

그런데 맑스가 포이어바흐의 철학을 여전히 인간의 참된 현실에 즉응하는 것이 아니라 감성*이나 관념의 수준에서만 이루어지는 비판에 머물러 있다고 하고, 나아가 종교 비판을 철저히 하여 결국 "종교는 민중의 아편이다"라고 비판했던 것이지만, 신학 측도 이러한 비판에 대응할 수밖에 없었다. 거기서 기독교적 복음은 단지 내면적인 구원을 설파하는 것이 아니라 현실사회 속에서의 정의나 공정에 기초하는 공동체의 창출에 이바지하는 것이라는 주장이 이루어지게 되었다. 그

흐름은 프로테스탄트의 '자유주의 신학'이라 불리는 운동에서 전개되었다. 그것은 리츨과 하르나크 등으로 대표되었던 것으로서, 그들은 칸트의 '목적의 왕국'이라는 개념에 입각하여 '신의 나라' 이념을 전개하고, 사랑과 정의의 이상에 의해 지상에 윤리적인 공동체를 형성하는 것이야말로 기독교의 사명이라고 주장했다. 이러한 운동은 맑스주의* 등의 비판이나 요구에 호응했다는 측면을 지니지만, 동시에 사회정의 실현을 위해서는 단지 제도의 문제가 아니라 인간 주체의 측면에 대한 깊은 파악이 불가결하다는 주장이기도 했다. 그러나 이러한 방향이 맑스주의 등에 의한 사회·생산구조에 대한 비판에 참으로 대응하는 것이었는지의 여부는 큰 의문이다. 오히려 다시금 내면주의로 도피하는 호교론(護教論)에 지나지 않는다며 역비판될 측면을 갖고 있었을 것이다.

트뢸치는 역사적·비판적 연구의 철저화 끝에 독일의 문화적 프로테스탄티즘의 흐름으로부터는 기독교의 절대성을 더 이상 주장할 수 없음을 명확히 했다. 이러한 흐름 속에서 기독교는 더욱더 곤란한 상황에 직면하게 되었다.

더 나아가 기독교는 철학적·자연과학적 유물론, 니체에 의한 '신의 죽음'의 선언, 쇼펜하우어나 하르트만의 페시미즘, 실증주의나 진화론 등으로부터도 비판받아 심각한 대응을 요구받았으나 그것들에 충분히 대응할 수 있었다고는 말하기 어렵다.

【Ⅲ】 실존주의와의 관련

헤겔 철학은 기독교를 철학 용어로 변증한 것이라는 것은 종종 지적되는 점이고, 맑스가 헤겔 철학의 관념성을 역전시켰다는 것도 주지의 사실이지만, 헤겔 철학의 방향성이 단지 사변적·관념적일뿐만 아니라 체계로서의 객관성에 안주하는 경향을 갖고 있음을 '인간 실존'의 측면에서 날카롭게 비판한 것은 키르케고르였다. 그는 참된 변증법은 신과 인간 사이와 같은 질적·절대적 단절의 관계에 있는 역설적·실존적인 것이라고 말하고, 인간은 지성에 의해서만이 아니라 오직 일회적인 실존으로서 근원적인 불안을 끌어안으면서 주체적으로 살아갈 수밖에 없는 '단독자'로 파악하며, 인간 소외의 가장 심각한 내용은 외재적인 소외*가 아니라 내면적·실존적인 것이라 주장하며 "주체성이야말로 진리다"라고 호소했다. 그는 미적·윤리적인 단계에서의 삶은 결국 권태나 불가능이라는 아이러니에 의해 붕괴할 수밖에 없고 종교적 단계로 비약할 수 있다고 말한다. 하지만 영속적 평안을 추구하는 수준에 지나지 않는 것을 '종교적 단계 A'로 파악하고, 그것도 불신이라는 아이러니에 의해 붕괴한다고 보았다. 그 단계를 초월할 수 있는 것은 완전히 차원을 달리하는 역설적인 복음으로서의 '신의 말씀의 수육'이라는 사건에 조우하는 것이며, 그것이 다름 아닌 본래적인 '종교적 단계 B'라고 역설했다. 키르케고르는 그러한 비판적 작업은 직접적으로 맑스를 향했던 것이 아니라 헤겔을 향했던 것이지만, 인간 존재의 현실성을 응시하는 것으로서 이를테면 인간의 외재적인 측면에 집중했다고 할 수 있는 맑스에 대해서도 깊은 비판적인 의미를 갖는 것일 터이다.

베르자예프의 공산주의 비판도 그에 호응하는 것일 터이다. 그는 러시아 혁명을 거쳐 성립한 러시아 공산주의가 인간 실존의 어두운 심연을 응시하지 못하고 역사의 과정을 안이하게 법칙화·교조화한 한에서 다시금 일종의 종교화에 빠진 것이라고 비판했다.

【Ⅳ】 변증법 신학의 응답

이러한 비판적 작업들은 20세기의 신학, 특히 칼 바르트가 대표하는 '변증법 신학'에 의해 계승, 발전되었다. 그는 대저 『19세기 프로테스탄트 신학』에서 포이어바흐도, 더 나아가 맑스도 인간을 참으로 현실적으로 보고 있지 않았다고 비판하지만, 이제 '사회주의*'의 전면적 붕괴라는 역사적 현실 한가운데서 살아가고 있는 우리로서는 그러한 문제 제기에도 진지하게 귀를 기울여야만 할 것이다. ☞신학, 『예수의 생애』, 『기독교의 본질』

㊟ カール・バルト(佐藤敏夫 外 譯), 『19世紀のプロテスタント神學』, 上・中・下, 新教出版社, 1971. 大井正, 『ヘーゲル學派とキリスト教』, 未來社, 1985. 小田垣雅也, 『キリスト教の歴史』, 講談社學術文庫, 1995. 金子晴男, 『キリスト教思想史入門』, 日本基督教團出版局, 1983. W. ウォーカー(竹内寛 監修),

『近・現代のキリスト教』, ヨルダン社出版部, 1986. 青木茂, 『ヘーゲルのキリスト論』, 南窓社, 1995. 古屋安雄 監修, 『キリスト教神學事典』, 教文館, 1995. 高尾利數, 『キリスト教を知る事典』, 東京堂出版, 1996.

―다카오 도시카즈(高尾利數)

『기독교의 본질 基督敎―本質』 [*Das Wesen des Christentums*, 1841]

포이어바흐*의 대표적인 저작의 하나. 이 책이 유물론*을 옥좌에 앉혀 맑스에게 커다란 영향을 주었다고 하는 엥겔스*의 견해는 의심스럽다. 포이어바흐는 자연*과 화해한 이성*의 입장, 범신론적 전통과 헤겔적 동일철학을 통합하고자 하는 입장에 서 있었다. 그 입장에서 종교적 표상을 품을 수밖에 없는 인간*의 종교성을 해명하고, 인간중심주의적인 근대 신학을 비판했던 것이다. 제2판(1843)에서는 루터 연구의 성과가 받아들여지는 동시에 초판의 헤겔주의가 극복되었다. ☞포이어바흐

―핫토리 겐지(服部健二)

기조 [François Pierre Guillaume Guizot 1787-1874]

프랑스 근대 역사학의 창시자 중 한 사람이자 7월 왕정기의 지도적인 정치가이다. 님에서 변호사를 하고 있던 부친은 공포정치시기에 연방주의자(fédéraliste)로서 처형당하며, 망명지인 제네바에서 엄격한 프로테스탄트 교육을 받았다. 1805년에 파리*에서 법률을 공부하고, 1812년에는 소르본 대학의 역사학 교수의 자리를 얻는다. 순리파(doctrinaires)의 루아예 콜라르와 손잡고 한때는 정부 내의 중요한 지위를 차지했다. 1822년에는 극우 왕당파 빌렐 내각에 의해 소르본의 교수직에서 쫓겨났지만, 1828년에 복귀할 때에는 자유주의적인 학생들의 열광적인 환영을 받았다. 『유럽 문명사』는 복귀 후 첫 번째 강의를 정리한 것인데, 거기서 기조는 프랑스 혁명*의 원리를 제3신분의 입장에서 옹호하고 있다. 기조에 의하면, 문명사란 국민국가 형성(중앙집권)과 인간정신의 해방*(자유*)의 통일적 발전이며, 양자의 모순의 폭발이 혁명*이 된다. 양자를 결합하는 것으로서의 본연의 대의제에 대한 탐구가 기조의 중요한 작업이었다.

7월 혁명*의 자유주의적 이데올로그가 2월 혁명*에 의해 타도되는 권력의 대표(수상)가 된 것은 역사의 아이러니가 아닐 수 없다. 7월 왕정 하에서 기조가 수상에 임명된 것은 1847년 9월이지만, 기조는 내무장관, 문부장관, 외무장관 등을 역임하며, 1840년 이후에는 실질적으로는 기조 정권이었다. 1843년 10월에 파리로 이주하고, 1845년 2월에는 파리에서 추방당했다. 맑스는 이 부르주아 정권의 지도자에게 가차 없는 비판을 퍼붓고 있지만, 역사가로서의 기조에 대해서는 일정한 평가를 부여하면서 자신의 계급투쟁사관을 기조를 비롯한 프랑스의 역사가로부터 배웠음을 인정하고 있다. 덧붙이자면, 『유럽 문명사』는 일본 메이지 시기의 문명 개념에 가장 큰 영향을 준 서적 가운데 하나이며(후쿠자와 유키치(福澤諭吉)의 『문명론의 개략』을 보라), 몇 차례 번역이 시도되었다. 최근 프랑스에서는 기조 재평가 움직임이 있으며, '부르주아지의 그람시'(로장발롱)와 같은 해석도 나오고 있다. ☞2월 혁명

㊟ フランソワ・ギゾー(安士正夫 譯), 『ヨーロッパ文明史―ローマ帝國の崩壞よりフランス革命に至る』, みすず書房, 1987. Pierre Rosanvallon, *Le moment Guizot*, Paris 1985.

―니시카와 나가오(西川長夫)

김나지움(제도)―(制度) [(독) Gymnasium]

【 I 】 김나지움의 성립 배경

김나지움은 대학 입학 자격의 수여권을 1901년까지 거의 독점적으로 차지하고 있던 중등학교이다. 그 성립 배경을 근대 독일의 교육체제를 주도한 프로이센에 입각하여 살펴보도록 하자. 김나지움은 18세기 말 프로이센에서의 대학 진학 억제책으로서 등장했다. 당시의 대학*은 절대주의 국가를 위한 관리・성직자・의사 등의 소수 엘리트를 양성하는 장이었는데, 일정한

입학 자격을 필요로 하지 않았고 입학시험에 합격하기만 하면 되었다. 그리하여 많은 청년들이 병역을 피하기 위해서도 대학에 입학하고, 결국에는 졸업해도 취직을 하지 못하는 사람들이 발생하여 사회불안의 온상이 될 가능성이 있었다. 이와 같은 상황에 직면한 정부 당국은 대학 진학을 억제하기 위해 김나지움이라는 9년제 중등학교를 설치하고, 이곳의 졸업시험 합격을 대학 입학의 자격요건(아비투어{Abitur}라고 부른다)으로 삼았다. 하지만 당초에는 대학의 독자적인 입시도 존속하고 있었기 때문에 김나지움에서 아비투어를 취득한 경우에는 장학금을 받을 수 있다는 특혜 조건을 설정하고 있었다. 그렇지만 대학 진학 억제책으로서는 충분치 못했다. 대학에 의한 독자적인 입시가 폐지되고 김나지움이 대학 입학 자격의 수여권을 명실상부하게 독점하게 되는 것은 1834년의 일이었다.

【Ⅱ】김나지움의 교육 내용

이렇게 해서 설립된 김나지움에서는 어떠한 교육* 이 실시되었던 것일까? 그 커리큘럼의 형성을 살펴보면서 이 점에 대해 이야기해보자. 프로이센 정부는 김나지움을 설립함에 있어 당시 존재했던 라틴어학교 중에서 설비와 교원이 충실한 곳을 김나지움으로 격상시켰다. 라틴어학교란 다양한 명칭으로 불리고 있던 곳들의 총칭인데, 주로 교회 등이 성직자 양성의 예비 교육 시설로 하고 있었던 곳으로서 라틴어로 성서*의 강독 등을 행하고 있었다. 이러한 설립 배경은 김나지움의 교육 내용에 라틴어 우위라는 그림자를 드리우게 되었다. 그에 더하여 김나지움의 교육 내용에 중대한 영향을 끼친 것은 19세기 초엽에 교육개혁이 단행되어 김나지움에 관한 법률적 정비가 진행되었다는 점이다. 여기서는 신인문주의의 깃발 아래 그리스・로마문화가 이상으로 간주되고, 그것을 배움으로써 인간성의 전면적인 개화를 도모하고자 하는 정신운동의 일환으로서 교육개혁이 착수되었다. 이것은 김나지움의 교과과정에 반영되어 고대 그리스・로마의 고전을 고전어(그리스어・라틴어)로 학습하는 교육이 중시된다고 하는 결과를 초래했다. 이와 같은 김나지움에서의 고전어 중시는 더 나아가 지적 세계 일반에서 고전어가 차지하고 있던 중요성에 의해 뒷받침되고 있었다. 고전어, 특히 라틴어는 일찍이 중세에서는 지식인과 성직자의, 즉 학문과 교회의 언어*로서 군림하고 있었다는 전통이 있고, 이미 19세기에는 일상적으로 사용되지 않는 '사어(死語)'이긴 했지만 여전히 '교양인의 언어'로 간주되고 있었던 것이다.

이리하여 김나지움의 커리큘럼에서는 고전어, 특히 라틴어의 학습(수업시간 수 전체의 약 30%)을 중심으로 한 그리스・로마의 고전문화의 흡수가 중시되고, 역으로 영어는 없고 프랑스어나 자연과학*은 몇 %와 같은 실학적 교과의 경시라는 결과가 초래되었다. 또한 고전문화는 독일 근대문화를 대표하는 괴테의 문학이나 칸트* 철학*의 원류로 간주되기도 했다. 이와 같은 교육이 지향한 것이 바로 독일 교양주의라 일컬어지는 것이다. 시간의 흐름 속에서 사회적으로는 공업화의 진전에 따른 실학의 효용이 증대하는 가운데 분명 고전어의 비중은 약간 줄어들고 있었지만, 고전어 중시라는 커리큘럼의 기본적 성격은 그 후에도 변함이 없었다.

【Ⅲ】김나지움의 문화적・사회적 기능

이와 같은 교육 내용을 지닌 김나지움이 대학 입학 자격의 수여권을 독점하게 되자 그 문화적・사회적 영향은 엄청났다. 근대 독일의 대학은 관리・성직자・의사, 대학이나 김나지움의 교사라는 정치・사회・문화의 엘리트적 담당자 양성의 장으로서, 각각 법학부・신학부・의학부・철학부에서 전문적 지식이 교육되고 있었다. 근대 독일에서는 이러한 대학 수료자를 교양시민층이라 부르고, 기업가나 상인 등의 경제시민층과 구별된 보다 높은 사회적 위신을 지닌 존재로 간주하고 있었다. 김나지움은 이와 같은 대학의 이를테면 교양교육을 담당하고 있었다고 할 수 있기 때문에, 이런 의미에서 김나지움은 교양시민층의 생산 메커니즘의 중요한 구성 부분이며, 그 교육은 교양시민층의 교양 목록의 기초를 형성하는 것이었다.

마지막으로 김나지움의 진학률에 관해 언급하기로 하자. 그것은 제1차 세계대전까지 동일 세대의 3~4%이고, 바이마르 시기에서도 본질적 차이는 없었다. 게다가 9년 동안 재학하고 졸업시험에 합격하여 아비투어를 취득한 자는 동일 세대의 2%를 넘지 않았다. 이를테면 김나지움 진학자는 소수 엘리트이고, 아비투어 취득자는 한층 더 극소수의 엘리트 집단이었다.

이상과 같은 체제는 기본적으로 1901년까지 존속했다. 이 해에 김나지움 이외의 실업계 중등학교에도 전 학부의 아비투어 수여권이 인정되어 김나지움의 아비투어 독점은 붕괴하게 된다. 그러나 이는 법률상의 대등화일 뿐이어서 교육사회의 현실에서도 대등화가 실현되기 위해서는 바이마르 말기까지 기다리지 않으면 안 되었다. ☞교육, 대학(제도), 비텐바흐

참 M. クラウル(望田幸男 外 譯),『ドイツ・ギムナジウム200年史』, ミネルヴァ書房, 1986. 望田幸男,『ドイツ・エリート養成の社會史』, ミネルヴァ書房, 1998. 野田宣雄,『ドイツ教養市民層の歷史』, 講談社, 1997. J. C. Alibisetti, *Secondary School Reform in Imperial Germany*, New Jersey 1983.

—모치다 유키오(望田幸男)

ㄴ

나폴레옹 1세 [Napoléon Bonaparte 1769-1821]

프랑스 혁명*의 동란 속에서 파리 사관학교 출신의 이탈리아 방면 군사령관으로서 정치적 두각을 나타냈다. 브뤼메르의 쿠데타(1799년 11월 9일)에 의해 시에예스 등과 함께 집정정부를 수립하고 제1집정이 되었다. 1802년에는 종신 통령(統領)이 되어 독재로 향하는 길을 열고 마침내 제위에 올랐다(1804년 12월 2일). 나폴레옹 법전을 편찬해 프랑스의 근대법제도의 기초를 형성하고 학제, 사법, 행정을 재편성해 근대적 국가제도를 정비했다. 프랑스 은행을 설립하는 동시에 보호정책에 의해 대륙으로부터 영국 경제력의 영향을 배제함으로써 프랑스 산업의 발전을 촉진했다. 나폴레옹은 귀족이나 식민지 노예제도의 부활 등 프랑스 혁명에 역행하는 정책도 전개했지만, 전체적으로 제정이라는 형식 아래 부르주아 사회와 국민국가의 제도들을 확립했다고 말할 수 있다. 그 체제는 산업가계층의 안정을 축으로 농민의 지지를 얻어 노동자계급을 통제하는 것으로서, 후에 보나파르티즘*이라 불리며 맑스 및 맑스주의*의 정치사회 분석상의 중요 개념이 되었다. 대외적으로 나폴레옹은 프랑스 혁명을 방어하기 위해 유럽 열강들과 싸웠다. 전쟁은 혁명*의 수출과 침략이라는 이중의 성격을 띠고 있었지만, 나폴레옹은 모스크바에서 패하여 몰락하고 엘바 섬으로 유배되었다(1814년). 1815년 파리*로 복귀해 자유*의 제국을 구상했지만 '백일천하'로 끝나며, 세인트헬레나 섬에 유배되어 거기서 생애를 마쳤다. ☞프랑스 혁명, 나폴레옹 전쟁, 빈 체제, 보나파르티즘

참 西川長夫, 『フランスの近代とボナパルティズム』, 岩波書店, 1984.

—안도 다카호(安藤隆穗)

나폴레옹 3세 [Charles Louis Napoléon Bonaparte 1808-73]

루이 나폴레옹 보나파르트는 나폴레옹 1세*의 13명의 형제자매 중 4남(나폴레옹 1세는 차남)인 루이 보나파르트(네덜란드 왕)와 나폴레옹 1세의 첫 황후인 조세핀이 데려온 딸인 오르탕스와의 사이에서 태어난 세 번째 아들이었다. 이 나폴레옹 1세의 조카가 나폴레옹 3세라는 명칭을 쓰기 시작하는 것은 나폴레옹 1세의 유일한 아들이었던 나폴레옹 2세(로마 왕)가 1832년 사망한 뒤부터지만, 원래 정통적인 후계자였던 것은 아니다. 루이 나폴레옹이 나폴레옹 3세가 될 수 있었던 것은 무엇보다도 그가 프랑스 혁명*의 유산과 나폴레옹 1세의 유지를 이어받아 그것을 정치적 이념(『나폴레옹적 관념』, 1839)으로 만들어내고, 그것을 실현하는 데 성공했기 때문이다.

나폴레옹 3세만큼 조소와 매도의 대상이 된 인물은 거의 없을 것이다. 나폴레옹 1세와 비교해서 "한 번은 비극으로, 또 한 번은 희극으로"라고 쓴 것은 맑스였다. 『루이 보나파르트의 브뤼메르 18일』*에서의 맑스의 독설은 철저한 것이어서, 생각할 수 있는 한에서의 모든 모욕적인 언사를 이 "룸펜 프롤레타리아트*의 수령"에게 쏟아 붙고 있다. 동시대인인 위고도 『소 나폴레옹』*(1852)이나 그 후의 작품에서 쿠데타의 위법성과 비인간성을 비판하고, 루이 보나파르트의 비겁함과 무능함, 무정견을 가차 없이 비난하고 있다. 루이 보나파르트의 출현은 당시 공화주의자나 사회주의자들에게 있어 그들의 존엄성을 훼손하는 참기 어려운

스캔들이었다.

위고와 공화정의 지지자들에게 있어 나폴레옹 3세의 존재는 정치적인 것의 의미를 근저에서 뒤집는 것이다. 정치는 더 이상 명망가나 지식인을 필요로 하지 않으며 교양이나 용기나 웅변도 아니고 사기꾼이나 모리배들, 테크노크라트적인 관료나 군인들에 의해 이루어질 수 있음을 나폴레옹 3세가 증명해 보였던 것이다. 더군다나 바탕이 의심스러운 이 모험가는 『빈곤의 절멸』(1844)이라는 제목의 사회주의적인 서적의 저자이며, 보통선거와 인민투표에 의해 압도적 다수로 선출 신임 받아 20년간의 장기간에 걸쳐 정권을 유지했고, 그 사이에 프랑스는 예외적인 고도성장을 기록했다. 역사적인 대개조가 이루어진 파리*에서 새로운 문학과 예술이 꽃을 피운 것도 제2제정기라 불리는 이 시대이다.

맑스에게 있어 나폴레옹 3세의 출현은 48년의 맑스의 정치적 프로그램을 완전히 깨부수는 것이었다. 『공산당 선언』*이나 『프랑스에서의 계급투쟁』*에 기록된 노동자계급의 혁명적 봉기, 세계전쟁, 프롤레타리아트 독재*와 같은 공산주의 사회로 향하는 길을 막아선 것이 이 "나이든, 교활한 방탕자"였다. 맑스는 새롭게 나폴레옹 전설과 농민이라는 불가해한 존재의 힘을 알게 되고, 50만의 군대와 50만의 관료를 갖춘 거대한 국가장치와 대결할 수밖에 없게 된다[『브뤼메르 18일』]. 인민은 공화주의*의 의회가 아니라 독재자 나폴레옹 측에 붙는다. 게다가 "이 의회제도를 살해한 제정은 의회제도 자신의 창조물이었다"[『내전』, 초고]. 맑스가 루이 보나파르트의 악몽에서 해방되기 위해서는 파리 코뮌*을 기다려야만 했는데, 그것이 참된 해방*이었는지의 여부를 판단하는 것은 후세의 우리에게 달려 있을 것이다. ☞제2제정기의 프랑스, 보나파르티즘, 『루이 보나파르트의 브뤼메르 18일』, 르드뤼 롤랭

참 河野健二 編, 『フランス・ブルジョア社會の成立』, 岩波書店, 1973. 西川長夫, 『フランスの近代とボナパルティズム』, 岩波書店, 1984.

—니시카와 나가오(西川長夫)

나폴레옹 전쟁—戰爭

프랑스 혁명*이 급진화하는 가운데 국경을 넘어서 진전되기 시작한 1792년에 영국과 프랑스 간에 전쟁이 발발, 그것이 1799년에 독재자가 된 나폴레옹*에 의해 계승되어 1815년에 종결된 전쟁이다. 영국이 전쟁을 선포한 배경에는 프랑스 혁명의 공포정치, 국왕 처형, 네덜란드 침략 등에 대한 영국 여론의 비등이 있었는데, 맑스는 "지주들이 영국이라는 이름으로 행한 반(反)자코뱅 전쟁"[『자본』, 23b:786]으로 자리매김하고 그 반동성에 주목하고 있다. 실제로 피트 정권은 프랑스 혁명에 대한 공포를 산업혁명*이 낳은 프롤레타리아트에 대한 공포로 전환해 전쟁 개시와 더불어 '결사금지법'의 제정, 인신보호법의 정지, 집회・출판*의 자유*의 제한 등 의회개혁운동이나 노동운동을 철저하게 탄압하며, 다른 한편으로 지주는 곡물가격의 상승으로 높은 이익을 얻었다. 곡물가격 상승은 인클로저를 추진해 도시 노동자를 증가시켰지만, 전쟁 중의 막대한 공채의 발행이나 곡물가격 상승으로 인플레가 발생하고, 증가된 기계*의 도입이나 노동시간*의 연장으로 인해 노동자의 생활은 불안정하게 되어 러다이트운동 등 노동운동도 격화되었다. 다른 한편으로 전쟁 중에 나폴레옹이 행한 대륙봉쇄에 대해서는 영국 공업제품의 유입에 대한 방파제 역할을 수행하여 대륙의 자본주의*의 확립에 기여했다고 하는 Fr. 리스트* 등의 평가가 있다. ☞프랑스 혁명, 나폴레옹 1세, 리카도, 맬서스

참 E. J. ホブズボーム(安川悦子・水田洋 譯), 『市民革命と産業革命』, 岩波書店, 1968.

—센가 시게요시(千賀重義)

남북전쟁南北戰爭 [(영) Civil War in America]

1861-65년에 미합중국에서 일어난 내전. 1860년 11월의 대통령 선거에서 공화당의 에이브러햄 링컨이 당선된 것을 계기로 사우스캐롤라이나 주를 비롯한 남부 7개 주가 합중국에서 이탈, 1861년 2월 앨라배마 주의 몽트고메리에서 아메리카 연합국(Confederated States of America)에 결집, 신헌법을 제정하고 제퍼슨 데이비스를 대통령에 임명함으로써 남북 양 섹션간의 긴장이 높아지고, 같은 해 4월 연방군이 수비하는 섬터 요새에 대한 남부군의 발포로 개전되었다. 이어서 버지니아를 비롯한 4개 주도 남부연합에 참가, 이후 약 4년간 전쟁이 계속되다가 1865년 4월 남부군의 항복으로 종결되었다. 그간에 양측의 사상자는 약 100만 명. 그 중 사망자는 50만 명으로 제2차 세계대전의 사망자를 웃돌았다. 맑스는 『뉴욕 데일리 트리뷴』*에 4편, 『프레세』*에 26편의 논문을 기고한 것 외에 엥겔스*에게 서간을 30통 이상 보내며, 남북전쟁의 동향에 주목하여 그 원인과 역사적 의의에 관해 체계적이고 뛰어난 논평을 남겼다.

남북전쟁의 본질은 '대항해시대' 이래로 18세기까지 진행된 유럽 중상주의 정책의 역사적 산물, 근대 노예제 해체의 미국적 형태였다는 점이다. 여기서 중상주의 정책이란 봉건제가 해체되고 있던 서유럽 열강들이 특권적 무역업자를 통해 '대항해시대' 이래로 개발된 글로벌한 상거래를 장악하고, 발흥하고 있던 산업자본의 형성에 필요한 '자본'의 본원적 축적을 달성하고자 한 정책에 다름 아니다. 이 경우 근대 노예제는 서인도무역의 특산물(사탕, 담배 등)의 생산을 위해 유럽－서인도－아프리카를 잇는 삼각무역으로 구입한 아프리카 선주민을 노예로서 사역하고, 체사피크 만(灣)으로부터 브라질에 이르는 카리브해 지역에 발달한 독자적인 생산형태이다. 중상주의시기에 형성된 카리브해 지역의 근대 노예제는 영국 산업혁명 후 자유주의 경제사상이 일어나는 가운데, 19세기 전반기에 다양한 형태로 해체되어 갔다. 하지만 합중국에서는 이와는 별도의 독자적인 형태(내전)를 취했다. 우선 노예제*는 '자연권 사상'에 의해 부정되는 일 없이 잔존하고 '세계의 공장'으로서 발달하기 시작한 자유주의시기의 영국 면업 자본이나 국내 면업 자본을 위해 그 주요 원료인 면화를 공급하는 특수한 지위를 갖게 되었다. 원면의 수출은 이 시기 수출 총액의 2분의 1 이상을 차지했기 때문에 남부는 '면화는 왕(Cotton is King)'이라는 자부심을 갖게 되었다.

남북전쟁의 직접적인 원인은 관세논쟁 등이 아니었다. 그것은 궁극적으로는 1840년대에 취득된 새로운 영토를 '자유로운 노동'을 위한 토지로 할 것인지, '노예제'의 토지로 할 것인지를 둘러싼 정치문제였다. 1840년대는 장기불황기였을 뿐만 아니라 이민*이 격증한 시기이기도 했기 때문에 북부의 근로자는 이들 새로운 토지(공유지)의 무상 불하를 요구했다. 다른 한편으로 노예무역의 금지(1808년) 후에 노예의 안정적인 공급을 자연적인 증가에 의존할 수밖에 없게 된 남부의 농장주들은 리스크와 코스트가 드는 노예의 육성에 대한 부담을 생산성이 높은 비옥한 처녀지의 획득으로 만회할 수밖에 없게 되었다. 남북전쟁의 결과 노예제는 폐지되었다(수정헌법 13조). 성인남성에게 160에이커의 공유지를 무상 불하하는 것을 규정한 자영농지법도 제정(1862년)되었다. 그것은 북부의 근로민중들의 요구에 부응하는 정책이었다. 하지만 남북전쟁으로부터 재건시기에 기반을 확립한 공화당 정권의 과제는 노예제의 폐기 후에 어떠한 국민국가를 형성하는가에 놓였다. 국법은행제도의 설립에 따른 안정된 은행제도의 정비. 보호관세정책의 확립에 의한 신흥 철강산업의 육성. 전비 조달의 하나의 편법으로서 발행된 합중국 지폐를, 금 태환(兌換)을 전제로 한 발행 속행에 의한 은행 준비의 공급. 농업기술자 양성을 위한 교육기관 설치를 목적으로 한 주 정부에 대한 공유지의 불하. 대륙횡단철도의 설치를 위한 연방정부의 지원 등이다. 맑스는 링컨에 의한 '노예해방선언' 발포(1863년 1월)를 반기면서 그의 재선에 축사를 보냈다. 하지만 이 시기 미국에서의 개혁이 맑스가 기대한 만국의 노동자들의 연대에 의한 '프롤레타리아 혁명'으로는 귀결되지 못하고 자본주의가 크게 진전되는 계기로 끝난 이유는 바로 재건기에 시도된 위에서 언급한 국민경제 확립을 위한 정책이 이와 같은 움직임을 봉쇄할 정도로 강력하고 체계적인 것이었기 때문이다. ☞미국 자본주의, 노예제{노예무역}, 면공업, 인터내셔널, 『뉴욕 데일리 트리뷴』

참 楠井敏朗, 『アメリカ資本主義と民主主義』, 多賀出版, 1986.
R. P. シャーキー(楠井敏朗 譯), 『貨幣, 階級および政黨』, 多賀

出版, 1988. 辻内鏡人,『奴隷制と自由主義』, 東京大學出版會, 1997.

—구스이 도시로(楠井敏朗)

낭만주의 浪漫主義 [(영) romanticism (독) Romantik]

18세기 후반부터 19세기 전반에 걸쳐 서구를 중심으로 확산된 문학·예술·사상운동으로, 본래 근대적 원리로서의 이성*을 재심에 부치는 그 주장은 혁명기의 시대의 추세를 민감하게 비추어내면서 역사의 변동과 더불어 다음과 같이 변용했다.

【Ⅰ】 형성기

이미 프랑스 혁명 전의 J. J. 루소*, 독일에서는 '질풍노도(Sturm und Drang)' 시대의 괴테 등에서 맹아적으로 볼 수 있듯이 그 형성기에서는 전통적 인습으로부터의 자아의 해방*이나 자연* 회귀를 지향하는 전기 낭만주의(pre-romanticism)가 나타났다. '감정철학'을 설파하고 독일의 젊은 지식인들의 지지를 받은 것은 F. H. 야코비이다. 그는 엄격한 칸트적 이성으로부터의 해방을 지향하여 이성에 대한 '감정'의 우위를 이야기하고, '신앙의 철학'에 의해 신과의 만남을 개인*의 내면적 감정에서 찾았다. 이와 같은 자기감정의 각성에 의해 젊은 지식인들은 전통적 권위로부터의 해방을 지향하고자 했다. 그 후 프랑스 혁명*에 대한 기대로부터 환멸로 시대정신이 변이하는 가운데 근대 원리로서 지배적이었던 이성을 대신하는 원리로서, 그동안 이성의 그늘에 숨겨져 있던 개인의 내면적 감정이나 자연의 생명성 등을 기본적인 모티브로 하여 명확한 주장을 지니는 낭만주의 운동이 자각되기에 이르렀다.

【Ⅱ】 전기

특히 독일에서는 18세기 말부터 19세기 초에 걸쳐 초기 낭만주의 운동이 다양한 영역으로 확산되어 폭넓게 영향을 미치게 되었다. 문학·예술 영역에서는 Fr. 슐레겔에게서 전형적으로 볼 수 있듯이 '낭만주의'는 '고전주의(Klassik)'에 대립하는 개념으로서 사용되며, 보편적인 질서를 해체하는 창조적인 '아이러니(Ironie)'가 중시되었다. 종교* 영역에서는 이미 기성 권위가 되어 있던 프로테스탄티즘에 대해 개인의 내면적 신앙심을 중시하는 '경건주의*(Pietismus)'가 낭만주의의 종교적 정조를 형성했다. 철학*·사상 영역에서는 이성을 만능으로 하는 계몽사상*에 대해서는 '감정'의 복권, 과학*·기술에 의한 사회의 산업화에 대해서는 근원적인 '자연생명'으로의 회귀가 근대적 원리의 한계를 넘어서는 것으로서 추구되었다.

초기 낭만주의 운동은 철학적으로는 당초 <자아의 절대성>을 주장하는 피히테*의 '자아철학'에서 거점을 발견하고자 했다. 그러나 '자아철학'은 근대적인 원리의 틀을 넘어서는 것이 아니어서 자연생명으로의 회귀라는 또 하나의 모티브를 실현하기 위해 낭만주의는 '자아철학'에 대해 '자연철학'을 그 철학적 원리로서 구성했다. 그 배경에는 산업사회가 서구 전체로 확산되려고 하는 시대 배경이 있었다고 말하지 않으면 안 된다. 낭만주의적인 '자연철학'이 고대 그리스의 자연철학과 다른 것은 근대 자연과학의 실천적 응용으로서의 기술에 의한 자연파괴에 대해 윤리적 반성이 개재되어 있다는 점에 있다.

셸링*이나 바더* 등에 의해 18세기 말에 형성된 '자연철학'의 특징은 근대 역학을 모델로 하는 기계론적인 자연관에 대해 살아 있는 생명을 모델로 하는 유기체론적인 자연관에 있다. 자연에 대한 이와 같은 관점의 전환은 야코비가 불을 붙인 '범신론 논쟁'에 의한 스피노자 범신론('신 즉 자연')의 부활이 사상적 배경이 되고 있다. 이리하여 낭만주의적인 '자연철학'은 스피노자*의 '산출하는 자연(natura naturans)'의 사상에 기초하여 자연 그 자체 안에 기계론에 의해서는 파악할 수 없는 '자기산출성'(셸링)이나 '자발성'(바더)과 같은 무한한 생명력을 보고자 했다. 그러나 그 후 '자연철학'은 자연과학들의 세분화·전문화로 인해 단순한 철학적 사변으로서 배척당하게 된다. 셸링은 일찍이 19세기 초에는 '자연철학'에서 '동일철학'으로 전환하여 나아가고자 하는데, 거기서 그는 '절대자'를 <자연과 정신의 동일성>으로서 내세워 그것을 대립과 모순을 해소하는 '절대적 무차별'로 삼았기 때문에 그의 철학은 생명력을 결여한 '형식주의'에 빠졌다. 또한 바더는 초기의 자연철학에 뵈메의 신지학(神智學)을 융합해 점차 신비주의적 경향을 강화해 갔다. 헤겔*의 『정신현상학』*은 셸링의 '형식주의'를 비판*하고 낭만주의 비판의 선봉에 섰다.

【Ⅲ】후기

낭만주의는 그 형성기부터 전기에 걸쳐 근대적 자아의, 즉 '감정'의 발로와 '자연철학'의 창출이라는 역사적 과제를 내걸었지만 나폴레옹 독재에 대한 반동으로부터 19세기 전반에 생겨난 복고주의라는 시대의 흐름 속에서 당초 지니고 있던 발랄한 생명력을 잃고 가톨릭주의로 회귀하는 등 중세의 역사적 과거로 퇴행하게 된다. 프로이센의 근대화 개혁을 비판하고 베를린*을 떠난 A. 뮐러는 중세적인 신분제와 길드적 동업조합(Zunft)을 기초로 한 종교국가의 부활을 외치며 메테르니히*의 반동체제가 지배하는 빈*으로 갔다. 전기 낭만주의 시대에 활약한 Fr. 슐레겔이나 J. 괴레스* 등도 가톨릭주의로 개종하여 활약의 장을 빈에서 찾고 복고주의 입장에서 민족*의 역사나 고대신화 연구에 종사했다.

맑스와 엥겔스*의 시대에 영향을 남기고 있던 것은 이러한 복고주의 시대에 나타난 후기 낭만주의이다. 엥겔스는 『반뒤링론』*에서 초기 셸링 등의 낭만주의적인 '자연철학'에 대해서는 뒤링에 의한 "매음적인 사이비 철학"[20:46]이라는 공격으로부터 옹호하고, 자연의 변증법적인 운동을 전체로서 포괄하는 새로운 '자연철학', 즉 '자연변증법'을 구상하고 있다. 그러나 후기의 셸링이나 그를 추종하는 신셸링파, 혹은 바더 등의 후기 낭만주의에서 볼 수 있는 신비주의적 경향에 대해서는 격렬하게 비판하고 있다. ☞고전주의 문학[독일], 셸링, 바더

㊟ E. Behler, *Studien zur Romantik und zur idealistischen Philosophie*, Paderborn 1988. J. Sánchez de Murillo, *Der Geist der deutschen Romantik*, München 1986. D. Baumgardt, *Franz von Baader und die philosophische Romantik*, Halle 1927. 伊坂青司・森淑仁 編, 『シェリングとドイツ・ロマン主義』, 晃洋書房, 1997.

―이사카 세이시(伊坂青司)

낭만파 浪漫派 [(독) Romantische Schule (영) romanticist (불) romantique]

낭만주의*는 18세기 말에서 1830년경까지 유럽에서 일어난 다층적인 정신사 및 예술사상의 조류로, '낭만파'는 주로 예술의 각 분야에서 크고 작은 다양한 그룹을 만들어 활동한 낭만주의적인 경향의 사람들을 표현하는 경우가 많다. 다만 그들은 자신을 '낭만파'라고 부른 적은 없다. 낭만주의는 계몽주의의 합리적 사고나 고전주의의 형식세계에 대한 반발로서 태어나 극히 비합리주의적, 주관주의적인 색채를 지닌다. 감정, 공상이나 무의식의 세계를 중시하고 주관적인 자아를 강조, 시민사회*의 관습이나 도덕*의 기성의 틀을 거부했다. 이러한 경향은 이미 18세기 중반에 맹아를 볼 수 있다(독일 문학에서의 '질풍노도[Sturm und Drang]' 등).

독일 문학사에서의 낭만파는 몇 시기로 구분된다. 1798년 예나*에서 최초의 그룹(초기 낭만파)이 탄생했다. 모인 이는 노발리스, 슐레겔 형제, 티크 등이다. 잡지 『아테네움』(1798-1800)이 거점이 된다. 초기 낭만파의 특징은 강한 사변적 이론에로 정향된 정신적 전체성으로, 대표는 슐레겔 형제이다. 근교인 바이마르에 살고 있던 괴테의 교양소설 『빌헬름 마이스터의 수업시대』(1795)에 대한 열광과 반발로부터 그들의 문학 경향이 태어난 사실은 잘 알려져 있다. 그 외에 요절한 시인 바켄로더가 중요하게 여겨진다. 1805년 하이델베르크에서 두 번째 그룹이 탄생한다. A. 폰 아르님, 브렌타노, 아이헨도르프, 괴레스 등이다. 프랑스의 영향을 배제하고 계몽주의나 고전주의에 반발하며, 독일의 '민족정신(Volksgeist)'의 각성을 지향한다. 주요한 성과는 민요(Volkslied), 민화(Volksmärchen), 민중전설(Volkssage), 민중책(Volksbuch)의 수집이다. 1808년경에 드레스덴 그룹이 탄생한다. 19세기 초에는 베를린*이 몇 차례 중심이 된다. 라엘 레빈이나 헨리에테 헤르츠의 문예 살롱에 모인 사람은 슐레겔 형제 외에 샤미소, 푸케 등이다. 나아가 아르님과 브렌타노도 참가했다. 이를 전후로 해서 남독일의 슈바벤 지방에서도 한 그룹이 탄생하며, 중심인물은 울란트, 쾨르너,

슈바프, 하우프 등이다. 전체를 통틀어 독일의 '낭만파'라 불리는 사람들에게 공통되는 색조는 공간 및 시간에서의 멀리 떨어진 곳에 대한 동경이고, 그것이 이국(티크, 슐레겔 등에 의한 셰익스피어*, 『돈키호테』 등의 번역 소개)이나 중세에 대한 관심과 새로운 정신세계의 발견이라는 공적으로 이어지지만, 한편으로 민족주의의 맹아도 함께 지녀 후세에 다양한 영향을 주었다. 작품 형식에서도 규범이 거부되고 장르의 혼연, 형식의 통일의 결여가 보이며, 미완성 작품이나 단편이 많다. 미술에서도 문학과 동일한 색조에 의해 작품이 만들어졌다. 대표적인 화가로 프리드리히, 룽게 등이 있다.

영국에서는 독일과 거의 같은 시기에 워즈워스나 콜리지(호반파) 등이 낭만주의적인 작품을 낳고 있으며, 프랑스에서도 스탈 부인의 『독일론』(1810)에 의해 독일의 낭만파가 소개되어 위고 등의 낭만주의 문학이 태어나는 계기가 되었다. 미술에서도 들라크루아와 제리코 등이 낭만주의적인 작품을 남겼다. ☞고전주의 문학[독일], 비더마이어 시대

—다카기 후미오(高木文夫)

내용 內容 ⇨형식과 내용

『노던 스타』 [*The Northern Star*, 1837-52]

1837년 11월 리즈에서 주간으로 발행되어 차티스트 운동*의 형성과 더불어 그 기관지로서의 역할을 수행한 신문. 운동의 최대 지도자였던 퍼거스 오코너(Feargus O'Conner)가 사실상의 소유자이며, 그의 주장이나 동향을 비롯해 전국헌장협회 등의 조직들과 각지의 운동 상황, 나아가서는 외국의 정치적 상황이나 개혁적 운동의 상황을 극명하게 보도하여 차티스트 운동의 전국적 통합과 이론 형성에 매우 커다란 역할을 수행했다. 1844년에 발행 장소를 런던*으로 옮겨 『노던 스타 앤드 내셔널 트레이스 저널』(*The Northern Star and National Traces Journal*)로 명칭을 바꾸고 52년 3월까지 계속 간행되었다. 1839년에는 인쇄부수가 주당 평균 36,000부, 가장 많을 때에는 50,000부에 달했다고 이야기되는 것을 비롯해 42년까지는 적어도 평균적으로 10,000부 전후의 발행부수를 보였다. 45년부터 50년까지는 하니*가 편집자를 맡았고, 또한 어니스트 존스*도 46년부터 문예란의 편집자를 맡았다. 특히 하니가 편집자였던 시기에 지면은 해외의 개혁적 활동가들에게 널리 개방되며, 이미 43년 11월부터 기사를 집필하고 있던 엥겔스*는 해외의 동향을 전하는 집필자 중의 한 명이었다. 그러나 차티스트 운동의 후퇴와 지도자 간의 불화로 존스와 하니가 모두 오코너와의 협력관계를 끊었기 때문에 발간을 계속하기가 어렵게 되어 52년 1월에 오코너의 손을 떠나 3월에는 『스타』(*The Star*)로 명칭을 바꾸었다. 그 후 하니가 매수해 『스타 오브 프리덤』(*The Star of Freedom*)이라는 명칭으로 발행을 계속하고자 시도하지만 같은 해 11월에 폐간되었다. ☞차티스트 운동, 하니, 존스[2], 엥겔스

㊂ J. A. Epstein, "Feargus O'Connor and the Northern Star", *International Review of Social History*, vol. 21, pt. 1, 1976.

—오카모토 미치히로(岡本充弘)

노동 勞動 [(영) labour (독) Arbeit (불) travail]

일본어의 노동에 대응하는 모든 유럽어는 일한다는 의미인 동시에 고통, 노력, 산고라는 의미도 지니고 있다. 경제학을 산출한 서구사상의 두 가지 원천인 헬레니즘, 헤브라이즘 양쪽에서 노동은 인간*의 활동에 있어 피해야 할 부정적인 것으로 생각되고 있었다. 아리스토텔레스*는 인간의 활동을, 가장 높은 자리의 테오리아(생각하기의 학문: 철학*) 및 프락시스(행하기의 학문: 정치・군사), 포이에시스(만들기의 학문: 예술)라는 세 가지로 구분했는데, 노동을 의미하는 포노스(노고)는 말하는 도구로서의 노예가 행하는 작업에 지나지 않았다. 생존의 유지라는 필요의 결과로서의 노동은 필연성에 사로잡힌 행위이며, 인간이 본래 이루어야 하는 자유롭고 창조적인 정신활동에서 배제되어야 하는 것이다. 한편, 『구약성서』의 「창세

기』에서는 최초의 인간인 아담과 이브가 범한 원죄에 대한 신의 저주가 여성의 출산의 고통과 먹을 것을 얻기 위해 평생 피할 수 없는 남성의 노고의 근원이라는 것이 제시되어 있다. 기독교*에서 노동은 인간이 죄에 빠진 것에 대한 신의 벌인 것이다. 이들 양자가 합체된 노동 멸시 사상이 고대・중세를 통해 현대에 이르기까지의 서구 사상사의 근저에 숨어 있다.

그런데 한나 아렌트로 대표되는 것과 같은, 근대에 노동은 부정적인 것에서 인간에게 있어 긍정적・적극적인 의미를 지닌 것으로 전환했다는 견해가 있다. 로크*의 노동소유론, 스미스*의 부의 노동기원론, 맑스의 노동의 인간본질 발현론 등이 그 논거로서 제시되는 경우가 많다. 더 나아가 『프로테스탄티즘의 윤리와 자본주의의 정신』에서 직업 소명관의 성립을 거론하는 베버 테제도 이러한 견해를 확산시키는 역할을 수행했다. 노동가치론*에 기초하는 맑스 경제학이 독자적으로 발전하고 오쓰카 히사오(大塚久雄) 이래로 베버 연구가 활발한 일본의 아카데미즘에서는 헤겔*의 정신적 노동론, 맑스나 루카치의 소외론 등도 원용되고 전통적인 니노미야 긴지로(二宮金次郎)적인 근면관과도 맞물려 근대에서의 노동관의 격상이라는 변화를 말하는 이러한 견해가 다수파이다.

그러나 시몬느 베유는 자신의 공장노동의 체험에 대한 철학적인 통찰을 바탕으로, 형태는 어떻게 변하더라도 노동 안에는 필요성에 지배되고 있는 불멸의 예속적 요소가 있기 때문에 노동에 대한 부정적 평가는 근대 이후에도 변하지 않았다는 견해를 나타냈다. 노동의 적극성이라는 것은 한 번도 공장에서 일한 경험이 없는 자의 잠꼬대라는 것이다. 이는 프랑스에서 인구에 회자되고 있는 유명한 말인 <인간이라는 존재는 일을 하도록 창조되지 않았다. 일을 하면 지친다는 것이 바로 그 증거이다'라는 것과 상통하는 관점이다. 사실상으로도 고용계약에서의 육체노동에 대한 낮은 평가는 역사적으로 일관되어 있다. 또한 스미스가 노동을 노고와 고통(toil and trouble)으로 특징짓고, 현대의 노동법에서 임금*이 그러한 고통의 대가・보상, 요컨대 보충으로 간주되고 있다는 것은 경제이론적으로 노동은 인간에게 있어 피해야 할 부담에 지나지 않음을 의미하고 있다. 요컨대 현실의 사회제도 속에서는 노동 멸시로부터 적극적 노동관으로의 전환 따위는 존재하지 않는 것이다.

맑스의 경우에 노동은 그의 사상의 중심 개념이고 노동가치론이 그의 경제이론의 핵심이다. 맑스에 따르면 인간의 능동적인 유적 생활이 생산이며 그 과정*으로서의 목적의식적 활동이 노동이다. 노동은 또한 인간과 자연*의 관계, 인간들끼리의 관계를 매개한다. 요컨대 맑스는 노동을 인간이 인간임을 나타내고 사회를 형성하기 위한 본질적인 생명 활동이라고 보고 있는 것이다[『경제학・철학 초고], 40:431, 『자본』, 23a:234-235]. 이는 노동을 자유*・휴식・여가・행복의 희생이라고 보는 스미스 이후의 고전파 경제학이나 현대의 신고전파 경제학과는 정반대의 견해이다. 맑스는 노동에 대한 이러한 평가를 기축으로 도시화・산업화로 특징지을 수 있는 19세기 서구사회가 안고 있는 빈곤과 부의 불평등한 분배와 계급대립의 원인을 찾고자 했다. 자본주의*라고 이름 붙여진 사회 시스템에서는 형식적으로 평등*한 고용계약에 숨겨진 부등량 노동교환에 의해 임금노동자*의 잉여노동*이 자본가에게 착취*되고 있는 것이 사회의 부정의와 온갖 문제들의 근원적 이유이며, 거기서의 인간의 노동은 단지 '돈벌이 활동(Erwerbstätigkeit)'으로 소외*되어 있다고 간주한다. 착취에 대한 정량적인 설명을 시도한 것이 『자본』* 제1권에서 전개된 노동가치론이다. 이 이론을 수미일관한 것으로서는 완성할 수 없었지만, 노동을 바탕으로 한 하나의 철학적이고 총체적인 근대 사회 비판으로서 맑스의 논의는 지금도 여전히 유효성을 잃고 있지 않다.

그러나 20세기 말에 이르러 선진국에서의 19세기적 육체노동의 소멸, 놀이의 비대화, 복지사회에서의 노동 불능의 장애자・고령자의 증가 등의 새로운 상황을 눈앞에 두고 모든 것을 노동이라는 일원적 요소로 환원하여 평가하는 맑스적인 노동의 사상은 전기를 맞이하고 있다. ☞아리스토텔레스, 노동가치론{설}, 인간, 자연, 임금노동자

참 ハンナ・アーレント(志水速雄 譯),『人間の條件』, 中央公論社, 1973. シモーヌ・ヴェーユ(黑木義典・田辺保 譯),『勞働と人生についての省察』, 勁草書房, 1986. 杉村芳美,『脫近代の勞働觀』, ミネルヴァ書房, 1990. 有江大介,『勞働と正義』, 創風社, 1990.

—아리에 다이스케(有江大介)

노동가치론 勞動價値論{설설} [(독) Arbeitswerttheorie (영) labour theory of value]

노동가치론은 맑스에 의해 주창되었다고 일반적으로 간주되고 있지만, 맑스 자신은 노동가치론의 정의나 논증에 관해 정돈된 서술을 남기지는 않았고 노동가치론이라는 용어도 사용하고 있지 않다. 노동가치론이 지배적이었던 맑스의 시대에는 굳이 노동가치론이라는 용어를 사용할 이유가 없었던 것은 아닐까? 노동가치론이라는 용어는 그 후 효용가치론이 등장하고 노동가치론이 상대화될 때에 비로소 사용되게 된 용어라고 추측된다.

그렇다고 해서 노동가치론이라는 용어로 포괄할 수 있는 어떤 특정한 이론의 계보를 맑스가 상정하지 않았는가 하면 그렇지는 않다. 예를 들면 『정치경제학 비판을 위하여』*의 다음 구절 등은 본래적으로는 노동가치론이라는 용어를 사용해도 좋을 맥락이다.

"상품*을 이중의 형태의 노동*으로 분석하는 것, 사용가치를 현실적 노동 또는 합목적적인 생산 활동으로, 교환가치를 노동시간* 또는 동등한 사회적 노동으로 분석하는 것은 영국에서는 윌리엄 페티에서, 프랑스에서는 보아규베르에서 시작되어 영국에서는 리카도*로, 프랑스에서는 시스몽디*로 끝나는 고전파 경제학*의 1세기 이상에 걸친 연구들의 비판적 최종 성과이다"[13:36].

여기서는 교환가치라고 씌어져 있지만 이것은 가치*라고 바꿔 읽어도 좋다. 따라서 노동가치론이란 "가치를 노동시간 또는 동등한 사회적 노동으로 분석하는 것"이라고 해석해도 좋을 것이다. 맑스 자신은 아마도 이 명제 자체가 논증되어야 할 성격의 것이라고는 생각하지 않았던 것으로 보인다. 후에 보르트키에비치나 뵘바베르크* 등이 맑스와는 다른 이론적 입장에서 맑스의 이론을 재심에 부칠 때 논증되어야 할 명제임을 굳이 주장했던 까닭일 것이다.

그렇지만 이 명제 자체는 가치라는 것의 정의가 별도로 준비되어 있지 않는 한에서 논증되어야 할 사항이 아니라 가치를 정의한 명제라고 하지 않을 수 없다. 뵘바베르크는 이른바 가치와 생산가격의 관계를 둘러싼 전형문제와 결부시킴으로써, 즉 가치를 가격*과 링크시킴으로써 이 명제를 논증 가능한 명제로 전환시키고자 했다고 말할 수 있다. 그러나 그와 같은 시도가 맑스 본래의 의도에 따른 것인지의 여부는 새롭게 검토되어야 할 것이다.

이 명제를 사실에 입각해 검증하고자 한다면 가치와 경험적으로 검증 가능한 가격과의 관계를 명시할 뿐만 아니라 노동시간이라는 것을 어떻게 측정할 것인가 하는 점에 대해서도 밝혀야만 한다. 맑스 자신의 서술에서 그와 같은 사항에 대해서까지 읽어내는 것은 아마 불가능할 것이다. ☞가치[1], 잉여가치, 노동, 노동시간, 임금, 리카도

참 M. ドッブ(岸本重陳 譯),『價値と分配の理論』, 新評論, 1973.

—이시즈카 료지(石塚良次)

노동과정 勞動過程 ⇨『자본』

노동력 勞動力 ⇨노동

노동시간 勞動時間 [(영) hours of work (독) Arbeitszeit]

인간*은 노동하지 않고서는 생존할 수 없다. 인간은 노동하는 권리와 의무를 지닌다. 노동하는 능력도 의욕도 사회적으로 결정되기 때문에 인간은 노동*의 권리와 의무를 실질화할 사명이 있다. 노동시간은 다음 세대의 육성도 포함하여 일하는 능력(노동력・노동능력)을 재생산하기 위해 일하는 '필요노동시간'과 그것

을 넘어서서 장래의 재해에 대비하는 축적이나 생활수준을 향상시키는 축적을 위해 일하는 '잉여노동시간'으로 나뉜다. 노동은 원래 진지한 활동이다. 바로 그렇기 때문에 자유시간*은 반드시 필요하다. 노동생산성 향상에 의한 노동시간 단축은 인류사를 관철하는 염원이다.

자본주의적 생산양식이 지배하는 사회(자본주의*)에서는 어떤 생산물을 생산하기 위한 '사회적 필요노동시간'이 그 경제적 가치*를 뒷받침하는 근거=실체(Substanz, substance)가 된다. 실체는 원래 신학 용어로, 우주의 사물은 모두 신이 창조한 것이라고 하는 '보편성'과 그것들은 신의 피조물이기 때문에 실존할 수 있다고 하는 '근거'를 의미한다. 맑스는 기독교*와 자본주의에 상동성(相同性, homology)이 있다고 생각하기 때문에 이러한 신학적 정의를 경제적 존재에 적응시킨다. 부는 인간 노동의 생산물이라고 하는 보편성과 인간 노동이 행해져 실존하게 되었다고 하는 근거를 지닌다. 맑스의 이러한 실체관은 자본이라는 형상인(forma)과 임금노동이라는 질료인(materia)에 근원적으로 의거한다고 하는 유물론(Materialismus)의 입장에 서 있다. 자본주의에서 임금노동자*는 근로소득(임금*)으로밖에 생활할 수 없지만, 노동할 수 있다 하더라도 노동하지 않고서 자산소득으로 살아가는 것이 승인되고 있다. 필요노동시간은 임금노동자가 자기의 노동력을 재생산하는 임금을 위해 일하는 시간이 되고, 잉여노동시간은 자본가의 이윤*을 낳는 시간이 된다. 개개의 자본가가 특별이윤(잉여가치*)의 획득을 위해 노동생산성을 상승시키는 기계투자에 힘쓴 결과 노동자용 생활수단을 생산하는 부문의 노동생산성이 상승하고 상대적 잉여가치가 모든 자본가에게 돌아간다. 기계투자에 따른 노동생산성 상승은 노동시간 단축의 가능성을 가져온다. 그러나 노동시간이 길수록 잉여가치가 늘어나기 때문에 임금노동자가 저항하지 않게 되면 노동시간은 연장되고 고정자본(기계장치 등)의 회전기간을 단축해 연간 이윤율을 상승시키기 때문에 노동시간을 연장하고자 하는 충동이 작용한다. 때문에 기계투자는 노동시간 단축과 노동시간 연장의 가능성을 모두 내포한다.

19세기 초까지는 노동하는 날(노동일)과 노동하지 않는 날(휴일)로 나뉘어 있어서 노동일의 노동시간은 애매했다. 사용자가 '끝'이라고 말할 때까지 노동이 계속되었다. 노동시간의 절대적 연장이 초래하는 피로・질병・요절에 임금노동자가 저항하고 이러한 사태를 문제시하는 사람들이 나오면서 노동하는 시간적 기준을 노동일로부터 노동시간으로 전환해 노동시간을 단축하는 투쟁이 시작되었다. 19세기 전반기의 노동시간법을 포함한 초기 공장법*으로 임금노동자 계급이 영국 시민사회의 구성원이 됨으로써 영국 시민혁명*이 성립하는 것이다. 1833년부터 64년까지의 노동시간의 법제적 제한의 역사가 『자본』* 제1권 '제8장 노동일'의 제6절에 기술되어 있다. 맑스는 일찌감치 『경제학・철학 초고』*[40:397]에서 노동시간의 연장에 주목하고 『철학의 빈곤』*[4:105], 「자유무역에 대한 연설」[같은 책:463], 『공산당 선언』*[같은 책:484]에서 '10시간 노동법안'에 관심을 기울이며, 평생 그 관심을 지속했다. ☞노동, 임금노동자, 가치[I][경제학], 자유시간, 영국 자본주의, 공장법

참 内田弘, 『自由時間』, 有斐閣, 1993.

—우치다 히로시(内田 弘)

『노동의 조직 勞動—組織』 [(불) *Organisation du travail*]

루이 블랑*의 주저. 원형은 『진보평론』지의 1840년 8월호에 게재된 같은 제목의 논문이다. 1840년의 초판 이후 1841년의 제2판, 1845년의 제4판, 1847년의 제5판, 1850년의 제9판에서 가필・수정이 이루어져 있다. 제2판에서 초판에 대한 다양한 반론이 부록으로 수록되고, 제4판에서 문예, 제9판에서 농업*, 신용*에 관한 부분이 새롭게 첨가되었다. 사회악의 근원에 있는 빈곤은 경쟁*과 개인주의 체제에 의해서 초래되었다고 하여, 그것을 대신하는 아소시아시옹*의 체제를 구축하는 것이 각 판을 관통하는 테마이다. 구체적으로는 정부가 '법*의 형식과 힘'을 지닌 '사회적 작업장(ateliers sociaux)'을 설립하고, 이를 기초단위로 해서 일국 전체

의 노동*의 조직화가 기도된다. 각 산업에서 일정 기간 사기업과의 경쟁관계가 상정되고 있지만, 경제적 · 도덕적 이점에 의해 사회적 작업장이 결국 보편화할 것으로 기대하고 있다. 두 번째 해 이후에는 정부 주도가 아니라 노동자의 자율적인 조직이 된다고 생각되었다. 7월 왕정기의 공화파 운동과 노동자 아소시아시옹* 의 운동을 접합함으로써 당시 프랑스에서 압도적인 영향력을 지녔다. 그 영향력은 의인동맹* · 공산주의자동맹*에도 미치고 있다. ☞7월 왕정기의 프랑스, 블랑, 아소시아시옹, 노동자 아소시아시옹

㊟ 河野健二 編,『資料フランス初期社會主義—二月革命とその思想』, 平凡社, 1979. 阪上孝,『フランス社會主義—管理か自立か』, 新評論, 1982. 高草木光一,「ルイ・ブラン『勞働の組織』と七月王政期のアソシアシオニスム」,『三田學會雜誌』, 87卷 3号, 4号.

—다카쿠사기 고이치(高草木光一)

노동일 勞動日 ⇨노동시간

노동자교육협회 勞動者敎育協會 [(독) Arbeiterbildungsverein]

1840년대 독일에서 협회운동의 일환으로 탄생한, 노동자를 대상으로 하여 그들을 계발하거나 부조하기 위한 협회 조직. 덧붙이자면, 이 경우의 노동자란 수공업 직인, 특히 게젤레(Geselle, 고용된 직인) 신분이 대부분이고 공장노동자는 아직 소수이다. 또한 노동자를 위한 협회*라고 해서 반드시 노동자들이 직접 만든 것만은 아니다. 1840년대에 도시 노동자의 빈곤이 사회문제로 대두하고 특히 1844년 슐레지엔의 직조공 폭동* 을 계기로, 같은 해 10월 베를린*에서는 노동자계급의 복지를 위한 '중앙협회'가 공장주들에 의해 만들어져 국왕이 이를 승인하고 자금을 제공했다. 이 협회는 독일의 여러 도시에 설립되었지만, 1년 후에 프로이센 정부는 그에 대한 인가를 거부한다. 또한 1844년 11월에는 베를린의 중앙협회를 모델로 하여 쾰른*에서도 '쾰른 전국구제 · 교육협회'가 자유주의적 자본가로부터 관리 및 공산주의자에 이르기까지 폭넓은 사람들에 의해 만들어지게 되고, 12월에는 규약이 나왔다. 그 주요 목적은 노동자의 '물질적 상태의 개선'과 '교육(주로 직업교육)=Ausbildung'이었다.

노동자의 독자적인 조직에 의한 노동자교육협회는 1840년 2월 의인동맹* 런던 지부의 주요 멤버들(칼 샤퍼*, 요제프 몰, 하인리히 바우어 등)에 의해 설립된 것이 알려져 있다. 이 경우에 의인동맹은 비밀결사*였기 때문에 노동자교육협회는 말하자면 그것의 공개 조직이라 할 수 있다. 런던*에 거주하는 독일인 노동자들을 위한 이 협회의 주요 목적도 노동자의 계발 · 교육과 빈곤의 상호 구제에 있다. 이 협회는 1846년의 시점에서 약 250명의 회원들을 가지고 있었지만, 직인들은 봄부터 여름에 걸쳐 런던에 들어왔다가 일자리가 줄어드는 겨울에는 그곳에서 빠져나가기 때문에 숫자는 유동적이다. 활동 내용은 각 요일마다 사회문제에 관한 강의와 토론, 역사나 지리 혹은 천문학 등의 수업, 노래 레슨, 어학 · 필기, 댄스 등의 노동자 교육, 도서실 설치(약 500권, 각국어 신문), 런던 거주 외국인들과의 교류 등이며, 나아가 빈곤자를 위해 몇 사람이 공동생활을 하도록 하고, 또한 공동금고를 설치해 상호 구제를 조직했다.

런던에는 독일인 성직자들이 독일인들을 위해 만든 교회 및 협회가 조직되어 있어 노동자교육협회는 이들과 경합을 벌이고 있었다. 포이어바흐*의 인간주의적 무신론이 이 협회에서 읽힌 이유는 여기에 있는 것으로 보인다.

독일 국내에서도 1840년대 후반기에는 각지에서 노동자들 자신에 의한 협회가 생기며, 1846년에는 런던의 노동자교육협회를 모범으로 하는 '함부르크 노동자를 위한 교육협회'가 만들어진다. 런던의 협회와 동일한 과목을 야간수업에 풍부하게 마련한 이 협회의 경우에는 상호 구제 조직의 성격은 배경으로 물러나고 교육적 성격이 강하다. 이와 같은 독일 국내외의 노동자들에 의한 교육협회 내지 협회는 1848/49년 혁명 때에 민주주의자와 연대한 노동자의 투쟁 거점이 된다. ☞협회, 의인동맹

참 的場昭弘, 『パリの中のマルクス』, 御茶の水書房, 1995. 同, 『フランスの中のドイツ人』, 御茶の水書房, 1995. *Der Bund der Kommunisten, Dokumente und Materialien*, Bd. 1, Berlin 1970. 石塚正英, 「ロンドン勞働者教育相互扶助協會圖書目錄・1845年度」, 『ヴァイトリングのファナティシズム』 수록, 長崎出版, 1985.

—무라카미 슌스케(村上俊介)

노동자 아소시아시옹 勞動者— [(불) association ouvrière]

뷔셰*에 의해 정식화되어 프랑스 7월 왕정기에 광범위한 영향력을 지닌 노동자 생산협동조직을 가리킨다. 1831년 12월, 『정치・도덕과학』지의 「도시 임금노동자의 처지를 개선하기 위한 방안」에서 뷔셰는 "곧바로 실행 가능한 방안"으로서 일정수의 동일 직종 노동자들이 르 샤플리에 법의 그물을 빠져나가 민법・상법상의 '특정사회'를 만들고, 지금까지 청부업자들이 가로채는 것과 동일한 액수를 출자하여 그 가운데 20%를 불가분하고 양도할 수 없는 '사회적 자본'의 형성에 사용할 것을 제안했다. 이는 잠재적 경영능력이 있는 '숙련을 주요한 자본*으로 하는 노동자'에게만 적용할 수 있는 방안이지만, 여기서 임금노동자*로부터 생산수단의 협동 소유자로의 길이 제시되었다. 한편, 이 구상의 원형이 되는 것은 1830년 10월의 『아르티장』(*Artisan*)지에서 볼 수 있다.

1833년 파리*에서는 재봉공, 제화공, 인쇄공 등의 대규모 파업이 일어나는데, 여기서 노동자 자신이 생산협동조직이라는 의미뿐만 아니라 지금까지의 직인조합을 대신하는 새로운 노동자 조직으로서, 또한 노동자 전체의 계급연대의 이념으로서 아소시아시옹*을 말하고 있다. 이 시기부터 노동자 아소시아시옹의 이념은 공화파 운동과 노동운동 속에 침투해 갔다.

1840년에 창간된 노동자 신문 『아틀리에』*가 뷔셰의 제안을 전면적으로 채용한 데서 노동자 아소시아시옹은 노동운동 속에 정착하고, 비록 큰 성공을 거두지는 못했지만 금박 보석공 등 몇몇 노동자 아소시아시옹이 실제로 설립된다. 또한 노동운동뿐만 아니라 당시의 다양한 사회개혁 플랜에도 이러한 노동자 아소시아시옹의 이념과 운동은 받아들여지고 있었다.

노동자 아소시아시옹의 실현을 위해서는 대부자금이 필요하고 국가*의 원조가 요구된다. 『아틀리에』파는 보통선거에 의한 사회적 공화정의 수립과 노동자 아소시아시옹의 실현을 연계시킴으로써 정치운동과도 결합하게 되었다. 1848년 혁명*에서 공화정이 성립하자 노동자 아소시아시옹의 설립은 현실적인 것이 되고, 4월의 선거에서 입헌의회 의원이 된 『아틀리에』의 주간 코르봉이 노동자 아소시아시옹 조성법(7월 5일법)의 제정에 힘을 쏟아 300만 프랑의 정부 지원이 결정되었다. 이 법률은 '고용주와 노동자의 아소시아시옹'에도 지원한다고 하는 완전히 알맹이가 빠진 법으로 실효성을 지니지 못해 노동자 아소시아시옹의 꿈은 1848년에 일단 좌절하지만, 그 이념은 생디칼리슴이나 자주관리의 연원으로서의 의의를 갖는다. ☞아소시아시옹, 『아틀리에』, 1848년 혁명, 르 샤플리에

참 河野健二 編, 『資料フランス初期社會主義—二月革命とその思想』, 平凡社, 1979. 阪上孝, 『フランス社會主義—管理か自立か』, 新評論, 1981. 谷川稔, 『フランス社會運動史—アソシアシオンとサンディカリスム』, 山川出版社, 1983. 的場昭弘・高草木光一 編, 『一八四八革命の射程』, 御茶の水書房, 1998.

—다카쿠사기 고이치(高草木光一)

『노동자연합』 勞動者聯合』 [*L'Union Ouvrière*, 1843]

페루 여행을 기록한 『어느 파리아의 편력』, 수차례에 걸친 영국 여행의 체험을 집약한 『런던 산책』을 거쳐 플로라 트리스탕*이 마지막에 도달한 전 노동자(남성・여성)의 해방*을 호소하는 말년의 저작. 여기서 플로라는 "남성의 생활 속에서 여성은 전부이다. 여성은 그들의 계시이다. 만약 여성이 그들에게 결여되어 있다면 모든 것이 결여된 셈이다"라고 단언하고, 새로운 사회구축에는 여성을 포함한 전 노동자의 인간적 권리들의 획득이 필수적인 조건이라고 하는 근대 페미니즘의 선구적 사상을 제시했다. 1844년 플로라는 조르

주 상드*를 비롯해 당시의 수많은 진보적 지식인들의 자금 원조를 받아 완성한 이 『노동자연합』을 손에 들고 새로운 사회 건설의 첫걸음으로서 "같은 나라에 살고 있는 모든 남녀노동자들 사이에 직업의 구별 없이 조직되는 전체적인 유니온"의 결성을 호소하는 선교 여행 '프랑스 순례'를 시작했다. 어떤 마을에서는 경멸과 무시, 또 어떤 마을에서는 노동자계급의 열렬한 환영을 받는다든지 하며(리옹) 과거 중세 이래의 직인계층이 걸어간 길을 충실히 따라가면서 고난의 여행을 계속해 갔지만, 1844년 9월 보르도에서 병으로 쓰러져 11월, 큰 뜻을 펼치는 도중에 사망했다. ☞트리스탕

㊂ 黑木義典,『フロラ・トリスタン』, 青山社, 1980. フロラ・トリスタン(小杉隆芳・浜本正文 譯),『ロンドン散策』, 法政大學出版局, 1987. 井手伸雄,「フローラ・トリスタンとフランス初期勞働運動」,『歴史科學と教育』(千葉大學教育學部), 第3号, 1984.

―고스기 다카요시(小杉隆芳)

노동자우애회 勞動者友愛會 [(독) Arbeiterverbrüderung]

혁명*의 해인 1848년 9월에 결성된 독일 최대의 노동자 조직(1850년 6월에 해산). 1850년 2월의 시점에서 구성원이 18,000~20,000명에 달했다고 한다. 다만 '우애회'는 독일 각지의 노동자 조직의 느슨한 연합체에 지나지 않으며, 구성원 숫자의 크기가 그대로 조직 전체로서의 힘을 보여주는 것은 아니다. 어떤 추계에 따르면 혁명기의 노동자협회 335개 가운데 '우애회'에 참여한 것은 112개였다. 당초에 중심이 된 것은 북부·중부 독일의 노동자협회이며, 특히 베를린*과 라이프치히*의 노동자가 주도적인 역할을 수행했다. '공산주의자동맹*'의 독일에서의 거점이자 당시 최대의 노동자협회였던 쾰른 노동자협회는 '우애회'에 참여하고 있지 않다. 다만 결국 수십 명의 멤버가 있었던 데 지나지 않고 게다가 내부대립을 반복하면서 해체되어 간 '동맹'에 비해 '우애회'의 영향력은 훨씬 컸다. 1848년 혁명* 하의 독일의 노동자운동에 대해서는 통상적으로 사회보수적, 사회개량적, 사회혁명적이라는 세 가지 조류의 존재가 지적되는데, '우애회'는 이 가운데 사회개량적 조류를 대표하는 것으로 종종 이해되고 있다. 실제로 특히 1849년 후반기 이후—요컨대 혁명의 최종적 패배 이후—그 활동은 편력 원조나 질병 원조 등의 공제제도에 집중해 가게 되지만, 다만 '우애회'는 결성 당초부터 이러한 공제활동들과 더불어 단결권, 보통선거권, 나아가서는 상비군 폐지와 민중무장 등 활발한 정치적 프로파간다를 전개하고 있었다. 또한 '우애회'의 지도자 보른*은 협동조합(아소치아치온)적 생산·유통의 전면화에 의해 자본주의적 생산양식의 극복을 지향하는 '아소치아치온 사회주의'라고도 말해야 할 사상을 창도하고 있다. '우애회' 운동의 성격은 혁명의 추이와 더불어 변화하며, 또한 각 지역에 따른 차이도 간과할 수 없다. 혁명기의 노동자운동 전반과 마찬가지로 '우애회' 그 자체도 복합적 성격을 가진다고 말해야 할 것이다. ☞아소시아시옹[독일], 3월 혁명, 공산주의자동맹, 쾰른

㊂ 山井敏章,『ドイツ初期勞働者運動史研究—協同組合の時代』, 未來社, 1993. 川越修,『ベルリン 王都の近代—初期工業化・1848年』, ミネルヴァ書房, 1988.

―야마이 도시아키(山井敏章)

노동조합 勞動組合 [(영) trade union (독) Gewerkschaft (불) syndicat]

노동조합에 관한 맑스의 생각이 가장 잘 정리되어 제시돼 있는 것은 1865년의 『임금, 가격, 이윤』*에서이다. 거기서는 우선 노동력의 가치*가 그 재생산*에 필요한 생활필수품의 가치에 의해 결정된다고 하는 기본원리가 확인된 다음, 사실은 이 가치에 조응하는 임금*마저 그것을 부단히 인하하고자 하는 자본가에 대한 노동자의 임금인상 투쟁을 통해 비로소 확보된다고 말해진다. 나아가 맑스에 따르면 생활필수품의 가치라는 위에서 말한 생리적 요소에 더하여 역사적·사회적 관습에 의해 규정되는 전통적인 생활수준 역시 노동력의 가치의 결정 요인을 이루는 것이며, 따라서 전통·

관습이 나라 내지는 지역에 따라 다른 이상 노동력의 가치는 불변적인 것이 아니다. 또한 본래 임금의 최저한이 생리적 최저한에 의해 결정된다고 하더라도, 그것을 상회하는 얼마만큼을 노동자가 임금으로서 획득하고 얼마만큼을 자본가가 이윤*으로서 수중에 넣는지는 자본*과 노동*의 끊임없는 투쟁에 의해 결정된다[16:141-150]. 이미 1847년의 『철학의 빈곤』*에서 맑스는 "이윤과 임금의 등락은 자본가와 노동자가 한 노동자의 생산물의 분배에 관여하는 비율을 나타내는 데 지나지 않는다"[4:184]라고 말하여 파업 및 노동조합의 의의에 부정적인 프루동*—및 당시의 지배적 사조—을 비판하고 있었다. 과거의 이러한 견해가 지금은 경제학의 이론적 검토를 바탕으로 확인되었다. 다만 그에 기초하여 맑스는 자본주의적 생산의 발전이 자본의 축적만큼은 노동에 대한 수요의 증진을 수반하지 않으며 임금의 평균수준은 생리적 한계를 향해 저하하는 경향을 보인다는 점, 노동자의 임금인상 투쟁은 이러한 경향 자체를 역전시킬 수 있는 것이 아니라는 점을 지적하고, 노동조합은 경제투쟁뿐만 아니라 정치투쟁에도 종사하고 임금노동과 자본 지배의 제도 그 자체의 폐기를 위해 투쟁해야만 한다고 논했다[16:150-154, 195-196].

이와 같은 변혁의 주체로서 맑스가 당초 가장 기대한 것은 영국의 노동자들이다. 『철학의 빈곤』에서 그는 영국의 노동조합이 전국적 조직으로 결집하여 8만 명을 조직하고, 나아가 이와 병행해서 차티스트 운동*이라는 노동자의 정치투쟁이 전개되고 있음을 지적하고 있다[4:188]. 또한 1848년 8월의 『쾰른 신문』*에 기고한 기사에서 엥겔스*는 "프롤레타리아트와 부르주아지의 대립이 영국만큼 발전한 나라는 찾아볼 수 없다"고 말했다[「『쾰른 신문』의 영국 상태론」, 5:282, cf. 10:125-127]. 하지만 그들의 이와 같은 기대는 결국 배반당하게 된다. 1870년에 맑스는 "계급투쟁과 노동조합에 의한 노동자의 조직화가 어느 정도의 성숙과 보편성을 획득하고 있는 단 하나의 나라"라고 영국을 평가하면서, 다만 영국인에게는 "혁명적 정열"이 결여되어 있다고 한탄하고 있다[「총평의회에서 라틴계 스위스 연합평의회에」, 16:380-381, 409]. 차티스트 운동의 쇠퇴 이래로 영국에는 독자적인 노동자 정당이 존재하지 않고 오히려 노동자들은 영국의 경제발전의 이익을 누리면서 체제내화하고[「영국의 선거」, 18:487], 특히 노동조합으로 조직된 숙련노동자들은 '노동귀족'이 되었다[「1845년과 1885년의 영국」, 21:199-200, cf. 36:330-331]. 1889년에 영국에서 항만 노동자·가스 노동자들이 파업을 일으켜 가스 노동자·일반 노동자조합이 성립했을 때 만년의 엥겔스는 이들 미숙련노동자의 새로운 조직 활동에 큰 기대를 걸었다[「엥겔스가 조르게에게 보낸 편지」(1890.4.19), 37:343-355]. 다만 이러한 이른바 '신조합주의(new unionism)'도 결국 체제내화하게 된다. 맑스가 내세운 경제투쟁과 정치투쟁의 결합이라는 노동조합 운동의 과제는 해결되지 않은 채 반복해서 계속 논의되는 과제였다. ☞궁핍화, 임금노동자

참 マルクス(全集刊行委員會 譯),『勞働組合論』, 大月書店(國民文庫), 1954. 中林賢二郎,「資本主義のもとでの勞働組合運動についてのマルクス, エンゲルス, レーニンの理論」,『勞働組合運動の理論』, 第1卷 수록, 大月書店, 1969. 安川悅子,『イギリス勞働運動と社會主義』, 御茶の水書房, 1982.

—야마이 도시아키(山井敏章)

노예제 奴隷制 { **노예무역** 奴隷貿易 } [(영) slavery (독) Sklaverei (불) esclavage { (영) slave trade }]

【 I 】개념

노예란 타인에게 재산으로서 소유되고 자유*와 권리 모두 혹은 대부분을 박탈당한 인간*을 가리킨다. 노예제란 자유의지에 의하지 않는 예속적 노동의 형태들을 노동력으로서 수탈하는 강제적 경제시스템이다. 현대를 포함한 거의 모든 시대와 세계 각 지역에 걸쳐 존재해왔다. 제도로서의 노예제는 정착농업의 발전과 더불어 확대되는데, 그것이 가장 조직화된 것은 서구에서의 고전고대의 노예제와 근대 노예제이다. 전자의 대농장 노동노예제라는 통상적인 표상은 과장된 이미지이다. 이 노동노예제의 실태는 소경영에 포괄된 '파밀리아(Familia) 노예제'이다. 후자는 근대의 '대서양

시스템'에서의 대서양 흑인노예무역을 지탱한 미국 남부 주들의 '인종노예제 플랜테이션 생산양식'(이케모토 고조池本幸三)이 전형이다. 이 생산양식*은 인종차별이라는 관념(사회적 심급)을 창출했는데, 중핵 자본은 그것을 이용하여 주변 노동력을 확보했다. 이러한 세계적 규모에서의 중핵 자본에 의한 노동력의 본원적 축적*은 민족문제의 주요한 하나인 흑인 인종차별의 기원이 되었다.

【Ⅱ】 자본주의*와 노예제의 접합

E. 윌리엄스는 영국 경제의 발전과 영국-서아프리카-서인도제도를 잇는 삼각무역(triangular trade)의 밀접한 관계에 주목했다. 런던*, 브리스톨, 리버풀에서 출항한 100-200톤 정도의 노예무역선은 주류, 무기, 면포, 장신구 등을 서아프리카로 수송하고, 이 상품*들을 아프리카 오지에서 연안부의 상업기지로 보내온 흑인노예와 교환한다. 그 노예는 사망률이 20%에 달하는 악명 높은 '중간항로(middle passage)'를 경유해 자메이카 등의 경매시장에서 상품으로서 매각된다. 서인도제도에서 본국으로는 세계상품으로서의 주요 환금상품(staples)인 사탕이나 면화를 가져오는 삼각무역이 성립했다. P. D. 커틴의 수치를 미세 조정한 P. E. 러브조이의 추계에 따르면 1450년부터 1900년까지 아프리카에서 남북아메리카 및 구세계의 일부로 수출된 노예의 숫자는 978만 명이다[『近代世界と奴隷制』, p. 127]. 예부터 아프리카 남부에 노예매매의 교역 루트가 존재하고 있었던 것은 사실이다. 하지만 서구=중핵 자본의 주도로 대서양 삼각무역 시스템은 이를 스스로에게 접합하고 재편성함으로써 현지 아프리카의 왕이나 수장을 독촉하여 중개업자를 매개로 한 서구의 노예상인과의 노예무역을 극적으로 가속화시켰다. 대서양 흑인노예무역은 아프리카에 청·장년 노동력의 격감에 따른 생산력의 쇠퇴와 경제·사회·정치구조를 뒤흔드는 중대한 변용을 초래했다. 이와 같은 역사와 구조로 이루어진 인종노예제 플랜테이션 생산양식이 전개되는 최종 국면에 맑스의 동시대, 미국 남북전쟁*의 시대가 있었다.

【Ⅲ】 노예제에 대한 맑스의 문제의식

맑스에게 있어 노예제의 구체적인 역사 서술은 문제관심의 중심이 아니다. 그에게는 '현대'(맑스의 동시대)의 세계를 통찰하기 위해서만 노예제/농노제의 역사이론 연구가 필요했다. 맑스는 선·비자본주의적 생산양식들에서 노예제가 지배적인 한에서 자본관계는 산재적·종속적으로 나타날 뿐이지만, 역사적·지역적으로 자유로운 임금노동자*가 산재한 지역에서는 "노예제가 **없었다면** 자본가적 생산양식이 발달했을 것이 틀림없다"[초9:744]라고 말한다. 자발성이 억압되어 있는 노예노동의 저생산성과 기술혁신의 결여를 문제시하고 있는 것이다. 자본*의 본원적 축적(원시적 축적)은 시민적 게젤샤프트에 이르는 도정의 '필연적인 통과점'으로서 존재한다. 원시적 축적을 경과하여 자본가적 생산양식이 성립하는 전 과정의 기점은 자기노동에 기초하는 소유*의 담지자인 자유로운 독립생산자에게 있다. '공동체에서 시민사회로'라는 세계사의 기본 도식에 입각하여 원시적 축적의 대상은 노예나 농노일 수 없다고 단언한다. 노예제는 세계 원시적 축적에서의 중핵 자본에 의한 선·비자본가적 생산양식들의 접합('생산양식 간 가치이전')의 하나의 대상이 되는 데 지나지 않는다. 맑스는 남북전쟁의 추이를 주의 깊게 관찰하여 노예제를 지니는 남부의 주들이 분리=독립하는 단기적·현실적 가능성은 있긴 하지만 장기적으로는 북부 산업자본·자유를 주장하는 주들이 남부의 노예제 과두세력에게 승리하리라는 것을 확신하고 있었다[「영국에서의 미국 문제」, 15:288-298, 「합중국의 내전」, 같은 책:322-331]. 맑스에 의하면 세계자본주의 시스템은 미국 남북전쟁의 시대에 중핵의 대공업에서의 '간접적 노예제'(자유 임금노동)와 주변의 '직접적 노예제'(부자유 노동)의 접합구조 위에 존립했다. 맑스의 역사이론은 인류가 이 두 가지의 자유롭지 못한 노동시스템에서 해방*될 것을 전망한다. 사람들의 직접적 노예제로부터의 해방 없이 간접적 노예제로부터의 해방은 없는 것이다[「영국의 면화무역」, 같은 책:302].

세계자본주의 시스템에는 중핵 자본이 제국주의·식민지주의·인종차별이라는 정치적·사회적 심급을 매개로 부자유 노동을 접합하고 자본축적*을 위해 부단히 그들의 노동력을 재생산*하여 이용하는 억압적 메커니즘이 존재한다. ☞남북전쟁, 해방

참 望月清司,『マルクス歴史理論の研究』, 岩波書店, 1973. E. ウィリアムズ(川北稔 譯),『コロンブスからカストロまで―カリブ海域史, 1492-1969』, Ⅰ·Ⅱ, 岩波書店, 1978. 本田創造,『アフリカ黑人の歴史』(신판), 岩波新書, 1991. 池本幸三·布留川正博·下山晃,『近代世界と奴隷制―大西洋システムの中で』, 人文書院, 1995. 室井義雄,「强制移民としての大西洋奴隷貿易」,『岩波講座 世界歴史19』 수록, 岩波書店, 1999.

–다카하시 마코토(高橋 誠)

노이슈타트 ⇨함바흐 축제

『노이에 차이트』 ⇨카우츠키[1]

노트 [(독) Entwürfe; Exerpte; Notizen; Marginalien]

【Ⅰ】 노트의 종류와 성격

맑스는 생전에 방대한 노트를 작성했다. 한마디로 노트라 하더라도 거기에는 「『자본』 초고」*,『독일 이데올로기』*,『경제학·철학 초고』* 등과 같은 맑스 자신의 논고를 비롯해 경제학, 철학*, 역사학의 텍스트에서 발췌한 것이나 평주에 이르기까지 다양한 종류가 있다. 그러나 그러한 종류 구분은 그렇다 치더라도 공개적으로 발표되지 않은 것을 일괄해서 노트로 생각한다면 맑스 작품의 압도적인 부분이 이 노트라는 셈이 된다.『자본』에 관한 노트는 신MEGA에서는 제2부 '자본과 예비 초고'에 모여 있으며,『경제학·철학 초고』와『독일 이데올로기』는 제1부 '작품, 논문, 초고'에, 발췌와 평주는 제4부에 모여 있지만 본래는 노트로서 일괄해야 할 것이다.

【Ⅱ】 중요한 노트

특히 주목해야 할 노트는 (1) 크로이츠나흐*에서 시작되어 브뤼셀*까지 이어지는 노트(여기에는 프랑스 혁명사, 경제학에 관한 노트,『경제학·철학 초고』,『독일 이데올로기』가 포함되어 있다), (2) 런던 망명 후 대영도서관에서 취급된 노트, 초고(여기에는 경제학에 관한 노트, 「『자본』 초고」가 포함되어 있다), (3) 그 밖의 중요한 노트(1840년대 초의 학위 논문과 철학 노트, 1870년대의 고대사 노트)이다.

【Ⅲ】 노트의 상태

맑스의 노트에는 제본되지 않은 한 장의 종이에 쓴 것에서부터 제본된 노트에 쓴 것에 이르기까지 다양한 종류가 있다. 또한 맑스 이외의 필적으로 씌어진 노트도 있다. 맑스의 초고를 둘러싸고 그 집필시기, 집필자, 편별 구성을 특정하는 데서 많은 어려움이 생겨나 큰 논쟁을 불러일으킨 것도 이러한 상황에 기인한다. 또한 맑스의 작고 갈겨쓴 것 같은 글자체와 맑스의 독특한 생략 문자 등은 종종 잘못된 독해를 불러일으켜 왔으며, 편집에 방대한 시간을 낭비하게 하고 말았다. 그러나 전체적으로 보면 이들 노트는 비교적 잘 보관되어 있었기 때문에, "쥐가 갉아먹도록 내버려 두었다"고 말해지는『독일 이데올로기』조차 손상은 적다.

【Ⅳ】 크로이츠나흐에서 브뤼셀까지의 노트

1843년 맑스는 크로이츠나흐에서 예니*와 결혼하는데, 거기서 프랑스 혁명사 노트를 작성한다. 파리*로 옮기는 것과 거의 동시에 노트의 대상은 경제학으로 이동한다. 스미스*나 세이*의 경제학을 노트에 정리하면서 다른 한편으로『경제학·철학 초고』를 집필해간다. 1845년 초에 레스케와『정치학과 정치경제학 비판』의 집필 계약을 맺는데, 염두에 프랑스 혁명*과 경제학 노트가 있었던 것으로 보인다. 그러나 계획은 실현되지 않았고『경제학·철학 초고』도 출판*되지 않았으며, 도중에 출판할 예정이었던『국민공회사』도 출판되지 않았다. 경제학 노트는 브뤼셀에서 보다 충실해진다. 그것은 1845년 7월부터 8월에 걸쳐 맑스와 엥겔스*가 영국을 방문하기 때문이다. 그때까지 프랑스의 경제학이 중심이었던 노트가 이 맨체스터 노트에서부터 영국의 경제학으로 이동한다. 브뤼셀에서는 경제학 노트뿐만 아니라 귈리히로부터 방대한 역사에

관한 노트가 정리되고, 그와 동시에 『독일 이데올로기』의 초고가 집필되어 간다.

【V】 런던 노트

1849년 런던*으로 망명*한 후 맑스는 대영도서관에서 24권의 방대한 노트를 만들기 시작한다. 맑스의 노트 중 가장 큰 부분을 차지하는 경제학 노트가 이것이다. 이 노트와 병행해서 초고 『정치경제학 비판 요강』*, 『정치경제학 비판을 위하여』*, 「『자본』 초고」가 집필되고 『자본』 제1권(1867)으로 결실해 간다. 그러나 1850년대의 노트에는 식민・기술학・중세사・국가학・문학사・여성사・문화사・인도사・덴마크사・풍속사・의회연설사에 관한 노트, 역사에 관한 노트, 정치에 관한 노트, 아일랜드*에 관한 노트, 폴란드*에 관한 노트, 크리미아 전쟁*에 관한 노트, 시사문제에 관한 노트도 있어, 1850년대 맑스의 관심이 완전히 이른바 정치경제학 비판에 특화되어 있었다는 결론을 내릴 수는 없다. 실제로 발표된 것 가운데 가장 큰 부분을 차지하는 『뉴욕 데일리 트리뷴』*의 기사는 그러한 노트를 반영하고 있는데, 맑스 자신이 경제학 이외의 분야에 대한 관심을 결코 잃지 않았다는 것은 분명하다.

【VI】 그 밖의 중요한 노트

경제학에 관한 노트 이외의 것들 중에서도 특히 주목해야 할 노트로서 철학에 관한 노트, 고대사회에 관한 노트가 있다. 학위논문을 집필한 시기의 노트나 본 시대의 노트 「예술사 및 종교사를 위한 발췌」에는 철학, 종교*, 예술에 관한 발췌가 이루어져 있다. 고대사회의 노트는 1870년대에 들어서고서부터 작성된다. 마우러의 저서에 대한 「마우러 노트」(1876), 코발레프스키*의 저서에 관한 「코발레프스키 노트」(1879), 모건의 『고대사회』*(1877)에 관한 「모건 노트」(1881), 러보크의 저서에 관한 「러보크 노트」(1882) 등도 이루어진다. 맑스는 비교 고전 민족학 연구로서 그 성과를 정리할 생각이었다. 물론 이러한 연구는 1883년의 그의 죽음으로 중단된다. 만년의 맑스의 연구대상은 노트를 보는 한 맑스 자신도 감당하지 못할 정도로 점차 확대되어간 듯하다. 수학, 광물학, 농학, 지학, 지리학, 천문학, 생리학, 기술사 등의 자연과학 연구를 비롯해 토지소유사, 법제도사, 영국사, 그리스사, 민족학, 러시아문제, 농업사, 급기야는 로마시대로부터 현재까지의 연표 작성과 같은 무모할 정도로 보이는 노트는 맑스의 연구가 무한히 확대되었음을 의미하는 동시에 그로부터 맑스 자신의 체계의 거대함을 상상할 수 있다. 미세한 글씨로 가득 채워진 작은 노트에는 끊임없이 지적 탐구를 추구하는 학도의 모습이 드리워져 있다. ☞『경제학・철학 초고』, 『독일 이데올로기』, 「『자본』 초고」, 도서관, 「수학 초고」, 『고대사회』, 코발레프스키, 「데모크리토스와 에피쿠로스의 자연철학의 차이」, 러시아의 공동체, 아일랜드, 폴란드, 프랑스 혁명

참 マルクス(杉原四郎・重田晃一 譯), 『マルクスの經濟學ノート』, 未來社, 1962. M. リュベル(吉田靜一 譯), 『マルクスにおける經濟學の形成』, 未來社, 1977. クレーダー 編(布村一夫 譯), 『マルクス古代社會ノート』, 合同出版, 1962. 石塚正英, 『フェティシズムの思想圏』, 世界書院, 1991.

—마토바 아키히로(的場昭弘)

농업 農業 [(독) Agrikultur (영) agriculture]

맑스는 근대 이전의 농업에 대해서는 물론이거니와 근대적 농업이나 자본주의 세계의 전근대적 농업 등에 대해서도 체계적으로 논술하고 있지 않다. 수많은 저작에서 나타나는 다방면에 걸친 논술들로부터 맑스의 농업관을 개괄한다면, 인간*과 자연*의 물질대사 과정의 기초인 농업이 공동노동에 의해 영위되는 형태와 대비하여 역사상에서 생기하는 그 밖의 농업생산 형태는 상대적으로 소극적인 위치를 부여받고 있다고 해도 과언이 아니다. 예를 들어 '원시 고대적' 공동체나 그 특징들을 남기고 있는 중세 유럽의 '농경공동체', 나아가 농노해방 이후의 러시아의 미르 공동체에 대한 긍정적 평가는 공동노동—및 그 기초로서의 토지의 공동소유(점유)—에 대한 것이다. "중세 전체를 통한 자유*와 인민생활의 아궁이{근원}"라 불리는 것은 자유 보유나 농민적 소유가 아니라 공동체적 소유이다 [「베라 자술리치의 편지에 대한 답신(초고)」, 19:389].

"자영농민의 자유로운 분할지 소유(Parzelleneigentum)"도, 그리고 "소경영의 …… 가장 정상적인 형태"라 하더라도 결국은 농업 발전의 "하나의 필연적인 통과점"[『자본』, 25b:1033-34]에 지나지 않는다. 본원적 축적*(=농민으로부터의 토지수탈)이나 농업혁명(agrikole Revolution) 등이 "구사회의 보루인 '농민'을 파멸"시키고 "가족적 유대를 갈기갈기 찢으며", 더 나아가서는 "진부하고 불합리한 경영 대신에 과학의 의식적·기술적 응용을 가져온다"[같은 책, 23a:656, 23b:935, 977, etc.]고 하더라도 일반적으로 자본제 농업의 '진보'는 "노동자나 토지로부터 약탈하는 기술의 진보"[같은 책, 23a:657]이며, "인간과 토지 사이의 물질대사*를 교란"하는[같은 책:656] 것으로 간주된다. 요컨대 농업 측면에서의 근대적·자본주의적 발전의 '긍정적 성과들'인 사회적 생산력들의 발전이라는 측면도 그것이 '자본*의 생산력'으로서 나타나는 이상 근대 농업의 소극적인 측면과 불가분한 것이다. 따라서 맑스는 "근대 농업의 소극적인 측면의 전개는 리비히*의 불후의 공적"[같은 책:657]이라고 평가한다.

'본원적 축적과정' 및 그것과는 구별되는 '자본가적 차지농의 창세기', '자본제 지대의 생성' 과정으로서 묘사되는 맑스의 영국 농업발달사에 대한 개관은 오늘날에는 불충분한 것이 되었다. 동시에 산업혁명*(혹은 '농업혁명[die agrikole Revolution]')으로부터 19세기 말 '대불황'기에 걸친 영국 자본제 농업, 특히 '3분할제(tripartite division)'에 대한 그의 실태 파악도 일면적인 것이 되었다. 맑스가 예상한 자본제 농업의 '전면화' 대신에 그가 반대한 '분할지 소유의 강화'가 나타나 '급진적 부르주아지의 토지 국유론'은 공유지의 공공녹지화 운동으로 이어지고, '콘스탄티노플에서 일생을 보낼' 터인 지주들은 지력 유지를 위한 '차지권(tenant right)' 보상법을 가결하기에 이른다. ☞자연, 지대, 공동체, 리비히

참 椎名重明, 『近代的土地所有—その歷史と理論』, 東京大學出版會, 1973. 同, 『農學の思想—マルクスとリービヒ』, 東京大學出版會, 1976.

—시이나 시게아키(椎名重明)

『뉴 모럴 월드』 [*The New Moral World*, 1834-45]

1834년 11월 1일 런던*에서 『뉴 모럴 월드 앤드 오피셜 가제트』의 뒤를 이어 로버트 오언*에 의해 발간된 주간지. 오언주의의 기관지로서 이상주의적 공동체, 협동조합운동을 주장했는데, 오언의 만년의 활동을 반영하여 합리적 종교의 입장에 서는 주장이 많이 게재되었다. 1835년 10월에 『뉴 모럴 월드 오어 밀레니엄』으로 개칭된 뒤 1845년 8월에 『모럴 월드』로 바뀌며, 같은 해 11월에 간행을 정지했다.

참 *The New Moral World*, reprinted by Greenwood, New York 1969.

—오카모토 미치히로(岡本充弘)

『뉴요커 슈타츠차이퉁』 [*New Yorker Staatszeitung*, 1834-?]

뉴욕*에서 1834년에 독일어로 창간된 민주주의적 신문. 발간 당초의 주간에서 일간으로 바뀐 뒤부터 급속하게 구독자 수가 증가했다. 민주당으로 기울어진 경향을 지니는 이 신문은 뉴욕에 거주하는 독일인 노동자들의 이해와 운동에 관심을 보였는데, 그것은 민주당으로 표를 모으기 위한 목적을 지닌 것으로 반드시 노동자의 독자적인, 혹은 독일에서 이주해온 데서 기인하는 다양한 경제문제, 정치문제를 다룬 것은 아니었다. ☞미국 이민, 미국의 노동자운동, 뉴욕

참 的場昭弘, 「移民の社會史—ニューヨークのドイツ人コロニー」, 『社會史の魅力』(神奈川大學評論叢書 第7卷) 수록, 御茶の水書房, 1996.

—이시즈카 마사히데(石塚正英)

뉴욕 [New York]

독일인 이주민이 많이 살고 있던 도시*. 미국에서의 맑스파의 중심지. 뉴욕은 1848년 혁명* 후 독일인 이민의 중심으로 발전하게 된다. 그 이유는 뉴욕이 당시 미국 이민*의 최대 기항지였기 때문이다. 독일인은 맨해튼 섬 남부의 10구, 11구, 13구, 17구에 독일인 거주구역 '리틀 저머니'를 형성하고 있었다. 당시 뉴욕

의 독일인 인구는 15만으로 베를린*, 빈*에 이어서 마치 독일의 제3의 도시인 것 같은 양상을 보이고 있었다. 정착한 독일인의 직업을 보더라도 가구 직인, 구두 직인, 재봉사가 압도적으로 많았고 그러한 사람들 사이에 공산주의 운동이 보급되어 갔다.

뉴욕에서도 다른 독일인 이민 도시와 마찬가지로 '독일인협회'와 같은 독일인의 부조조직이나 체조협회, 사격협회, 합창협회 등이 만들어졌는데, 1845년에는 공산주의자 단체로서 '사회개혁협회'가 설립되며 크리게*, 바이틀링*이 그 주요 멤버였다. 1848년 혁명 후에는 더 많은 망명자들이 가담해 뉴욕은 런던*과 함께 독일인 혁명가들의 본거지가 되었다. 그리하여 맑스는 바이데마이어*의 『레볼루치온』*에게 그러한 사람들의 조직을 맡긴다. 이 신문에는 맑스의 『브뤼메르 18일』*이 게재되었지만 겨우 2호를 내는 것으로 끝난다. 바이틀링의 『노동자의 공화국』은 5년간 지속되었지만 마지막으로 남은 것은 『뉴요커 슈타츠차이퉁』*뿐이었다. 뉴욕은 1872년의 헤이그 대회에서 차기 인터내셔널*의 개최지로 결정되지만 결국 개최되지 못했다. ☞협회, 망명, 미국 이민, 『레볼루치온』, 『뉴요커 슈타츠차이퉁』, 바이틀링, 인터내셔널{국제노동자협회}, 헤이그, 크리게

㊟ 的場昭弘, 「移民の社會史—ニューヨークのドイツ人コロニー」, 『社會史の魅力』 수록, 御茶の水書房, 1996. S. Nadel, *Little Germany*, Urbana and Chicago 1990.

—마토바 아키히로(的場昭弘)

『뉴욕 데일리 트리뷴』 [*New York Daily Tribune*, 1841-1924]

맑스와 엥겔스*가 기사를 쓰고 있던 뉴욕*의 주요 신문. 호레이스 그릴리(Horace Greeley)가 1841년에 뉴욕에서 창간한 신문으로 1924년까지 발행되고 있었다. 논조는 공화당을 지지하는 것으로 노예제*에 반대했다. 맑스를 끌어들인 이는 편집자였던 찰스 데이나로 맑스의 집필은 1851년 8월부터 시작된다. 그러나 최초의 논고 대부분은 엥겔스가 쓴 것이었다. 맑스는 거의 매주 2회분의 기사를 미국으로 보냈다. 따라서 그의 기사는 일주일에 2번은 정기적으로 게재된다. 맑스가 담당한 것은 유럽의 상황을 총체적으로 분석하는 유럽 통신이라고도 말해야 할 것이었다. 그 때문에 맑스는 영국의 신문뿐만 아니라 모든 나라의 신문을 실로 주의 깊게 읽어 유럽의 논조를 파악하고자 했다.

맑스는 당시 유럽의 상황을 러시아의 남하정책에 대한 유럽 나라들의 동향이라는 시각에서 일관되게 보고 있었다. 다루어진 문제는 무엇보다도 우선 크리미아 전쟁*이었다. 러시아의 끊임없는 영토욕에 대한 맑스의 우려에서는 1848년 혁명*의 공통어였던 "러시아의 야만으로부터 몸을 지킨다"는 테마가 반복해서 나타나고 있다. 영국 정치에 대한 비판, 인도문제도 이 문제와 관련해서 말해지고 있다. 맑스가 이 신문과 관계를 끊게 되는 것은 맑스의 논고에 대한 신문 편집부의 태도 때문이었다. 그의 논고가 정확하게 게재되지 않는 것에 대해 맑스가 분노를 폭발시켰지만, 신문도 맑스에게 의뢰하는 원고의 수를 줄였다. 1862년 3월에 게재된 「멕시코의 분쟁」이 마지막 기고였다. 맑스가 이 신문에 쓴 기사를 모두 합치면 『자본』*보다 큰 저작이 된다. 그리고 또한 무엇보다도 맑스에게 있어 가장 길게 지속된 정기적인 일이었다. ☞러시아—터키 전쟁, 크리미아 전쟁, 인도론·중국론, 남북전쟁

㊟ J. A. Iseley, *Horace Greeley and the Republican Party 1835-1861*, Princeton 1949.

—마토바 아키히로(的場昭弘)

ㄷ

다름슈타트 ⇨바덴 봉기

다윈 [Charles Robert Darwin 1809-82]

영국의 박물학자, 생물진화론자. 의사이자 시인인 조부 에라스무스도 진화 사상의 소유자. 다윈은 자유주의적인 의사 가정에서 자랐지만 도자기를 제조하는 웨지우드 가 출신인 부인은 독실한 신자였다. 에든버러 대학 의학부를 중퇴하고 케임브리지 대학 신학부에 입학했지만 몸에 익힌 것은 박물학이다. 졸업 후 박물학자로서 비글호를 타고 남미, 갈라파고스제도, 오스트레일리아를 탐험하는 등 각지에서 정력적으로 박물학 채집을 행했다(1831-36년). 귀국 후 채집한 것들을 정리하면서 '자연선택'설을 착상하게 된다. 그 골자는 1856년의 린네학회에서 월리스와 공동으로 발표되었다. 『종의 기원』*(1859)에서는 줄기에서 갈라져 나오는 종 분화에 따른 생물진화의 증거를 들어 '자연선택'설을 본격적으로 부연하고, 『인류의 기원』(1871)에서 그것을 사람에게 적용해 당시의 기독교적인 빅토리아 사회를 놀라게 했다. 만년에는 식물학의 저작도 많다. 『종의 기원』이 각국에서 번역됨에 따라 19세기 말 그의 진화론은 전 세계에 퍼져나가 생물학, 지질학, 인류학, 심리학, 사회학 등 여러 학문에 영향을 주었다. 자신의 학설의 사회적 영향을 극도로 우려하고 있었던 반면, 자유방임주의 시대에 산출된 그의 학설에는 맬서스*의 『인구의 원리』의 영향이 보이며 '생존경쟁' '선택' 등의 개념에는 당시의 경제이론이 반영되어 있다. 스펜서*의 '적자생존' 개념을 받아들였기 때문에 진보사관을 지탱하는 역할을 짊어지게 되고, 또한 유물론적인 접근법은 맑스와 엥겔스*로부터 높은 평가를 받았다. 사회과학에서는 찬양받았지만, 일부 기독교 신자들로부터는 오늘날에도 혐오의 대상이다. ☞『종의 기원』, 진화론 논쟁, 다윈주의, 맬서스

圏 松永俊男, 『近代進化論の成り立ち』, 創元社, 1988. ピーター・J. ボウラー (鈴木善次 外 譯), 『チャールズ・ダーウィン—生涯・學說・その影響』, 朝日選書, 1997. ミア・アレン (羽田節子・鵜浦裕 譯), 『ダーウィンの花園』, 工作舍, 1997.

—우노우라 히로시(鵜浦 裕)

다윈주의—主義{**다위니즘**} [(영) Darwinism]

1864년 토마스 헨리 헉슬리가 만든 말. 다양한 변이를 지니는 다수의 개체 속에서 생존투쟁에 의해 환경에 적응한 변이를 지니는 개체가 살아남아 자손을 남김으로써 오랜 시간 속에서 그 변이가 축적되어 종이 분기적(分岐的)으로 변화해간다는 다윈*의 생물진화론을 긍정하는 입장을 말한다. 이와 같은 '자연선택'설이나 '공통 기원'설, 그리고 '분기' 원리 외에 이 입장에는 유물론적인 태도, 지구의 긴 역사, 생물종의 연속적 변화 등의 전제도 포함된다. 박물학자들 사이에서는 19세기 중엽까지 생물의 구조나 행동, 생물끼리의 포식관계가 생물계 전체의 유지와 조화에 적절히 형성되어 있는 것은 신의 예지의 나타남이라고 하는 자연신학의 입장이 우세했다. 또한 신에 의한 세계의 창조, 아리스토텔레스* 이래의 목적론적 설명, 지구의 짧은 시간, 종의 불변, 자연*에서의 다른 생물과는 다른 인간*의 특수한 지위 등이 전제되어 있었다. 그러나 다윈을 비롯하여 J. D. 후커와 T. H. 헉슬리는 이러한 전통적

세계관을 타파하고 그 지지자를 대신하여 과학계를 지도하게 되었다. 그 결과 인간이 동식물과 연속된 생물로 간주되고, 여러 학문에서 인간이 연구대상이 되었다. 따라서 과학*에서의 이러한 혁신운동에서 다윈주의는 이데올로기적인 역할을 수행했다고 말할 수 있다. '코페르니쿠스 혁명'에 비교하여 이 19세기 후반의 세계관의 전환과 과학계 재편을 총칭해서 '다윈 혁명'이라 부르는 경우도 있다.

다윈주의 중에서도 특히 '경쟁* → 도태 → 적응진화'라는 개념은 스펜서*의 진화철학과 더불어 19세기 후반에서 20세기 전반기의 사회사상에 커다란 영향을 주며, '사회 다윈주의'라 불리는 갖가지 사회적 주장을 생물계와의 유비에 의해 정당화했다. 본래 신종 형성 작용뿐만 아니라 종의 유지 작용도 있었던 도태 개념은 사회현상에 적용되었을 때에도 마찬가지로 보수 · 혁신의 양쪽을 정당화하는 역할을 수행하고 있다. 예를 들면 한편으로 개인 간의 경제적인 자유경쟁이 경제나 사회의 번영을 초래한다고 하는 자유방임주의에 '과학적' 근거를 주어 국가*에 의한 간섭을 부정했지만, 다른 한편으로는 바조트와 키드 같이 국가 간이나 인종 간의 생존투쟁을 강조하는 제국주의의 정당화에도 원용되었다. 더 나아가 골턴의 우생 사상이나 게르만 민족의 우수성을 주장하는 로렌츠의 인종주의와 결합하여 '열등한' 개인이나 '열등한' 인종의 도태에도 근거를 제공했다. 물론 이러한 것들은 편견, 차별, 침략 행위 등의 정당화일 따름이지만 '사회 다윈주의'에는 이러한 경향이 강해서 강자의 논리라고 말해지는 까닭이다. 다윈주의를 수용한 비서양 나라들에서도 '사회 다윈주의'의 전개가 보이며, 각국에서 이런저런 이데올로기*의 정당화에 원용되었다. 메이지 시기의 일본에서도 국권파와 민권파, 자본주의자와 사회주의자, 불교도와 기독교도가 각각 자신들의 입장을 다윈주의로 설명할 수 있다고 주장한 일도 있다. ☞진화론 논쟁, 다윈

참 エルンスト・マイヤー(八杉貞雄・新妻昭夫 譯),『進化論と生物哲學』, 東京化學同人, 1994. 松永俊男,『近代進化論の成り立ち』, 創元社, 1988. ピーター・J. ボウラー(鈴木善次 外 譯),『進化思想の歷史』, 朝日選書, 1987. 柴谷篤弘 外 編,『講座≪進化≫ 第2卷 進化思想と社會』, 東京大學出版會, 1991.

–우노우라 히로시(鵜浦 裕)

대중 大衆 [(독) Masse]

3월 전기(포어메르츠기*)의 헤겔 좌파*의 내부 논쟁에서 사회구성의 주체였던 국민을 대신해 주장된 개념. 이 개념에 대해 주로 『일반문예신문』, 『북독일신문』에 기고한 브루노 바우어*, 에드가 바우어*, 셀리가, 쾨펜 등에 의해 비판이 수행되었다. 그들은 맑스와 엥겔스*의 공저 『신성 가족』*에서 "샤를로텐부르크 신성 가족"이라 총칭되면서 비판 대상이 된다. 그러나 이 '신성 가족'에 의한 대중비판은 개개의 논자들에 따라 그 논리 구성을 달리 하고 있어 동렬에 두고 논하기는 어렵다. 여기서는 에드가 바우어의 대중비판을 거론하기로 한다. 바우어에 따르면 근대사회에서 사회변혁으로 이어지는 사회주체는 대중으로서밖에 현존할 수 없다. 비판이론의 과제는 대중의 사회의식과 그 존재양식을 변혁하는 것이다. 그는 대중의 사회의식을 변혁함으로써 근대의 자기의식에 대응한 새로운 사회주체를 형성하고자 했다. 대중이 현존하는 정치제도에 사로잡힌 사회주체인 이상, 그 의식의 도야 형성을 수반하지 않는 사회운동(가령 대중의 조직화)은 현존하는 사회의 변혁으로 이어지지 않기 때문이다. 그것은 현존하는 사회의식에 따라 '자본주의적 귀족제'로 전화할 따름이다. 그에 대해 맑스와 엥겔스는 대중의 규정된 방식을 노동자로 간주하고 그 조직화(=노동조합*의 형성)를 높이 평가했다. ☞바우어[2], 『신성 가족』

참 田村伊知朗,『近代ドイツの國家と民衆—初期エドガー・バウアー研究(1842-1849年)』, 新評論, 1994. L. Koch, *Humanistischer Atheismus und gesellschaftliches Engagement, Bruno Bauers ≪Kritische Kritik≫*, Stuttgart 1971.

–다무라 이치로(田村伊知朗)

대학(제도) 大學(制度)

【Ⅰ】 근대적 대학의 길

유럽에서는 이미 1500년경까지 약 80개의 대학이 있었지만, 독일에서도 1700년 시점에서 40개 정도의 대학(학생 수 약 8,000명)이 존재했다. 하지만 프랑스혁명*의 파고가 휘몰아치는 가운데 학생 수도 5,000명 정도로 하락하고 전쟁 와중에 학생도 교수도 감소한다든지 하여 18개 대학이 폐교하게 되었다. 그러나 살아남은 16개 대학에 프로이센의 3개의 신설대학(1810년에 베를린*, 1818년에 본*과 브레슬라우)이 더해져 이들 19개 대학이 근대 독일에서의 고등교육의 핵심을 형성했다(1872년에 프랑스로부터 슈트라스부르크 대학이 계승된다). 이러한 대학의 위기적 상황은 고등교육에서의 새로운 개혁적 조류를 낳았고 길드적 대학에서 탈피해 근대적 대학으로의 길을 열어가게 되었다. 프로이센에서 시작되는 신인문주의에 기초하는 대학개혁이 그것이다.

개혁의 첫 번째는, 대학교수는 기존 지식의 반복적 전수가 아니라 무엇보다도 학문을 최고의 사명으로 삼고 교사이자 학자이어야 한다고 생각되었다는 점이다. 그리고 '빵을 위한 학문'이 아니라 '학문을 위한 학문'이야말로 본연의 이상으로서 창도되었다. 1810년에 창설된 베를린 대학은 이와 같은 의미에서의 학술・교육*의 장으로서의 대학을 지향하는 경합적 분위기를 촉진하는 동시에 독일에서 대학의 일반적 모델이 되었다. 이 베를린 대학에서는 지금까지와 같은 신학부를 정점으로 한 학부 편성의 방식을 취하지 않고 '신학*의 시녀'로 간주되고 있던 철학*을 '모든 학문의 여왕'으로 삼고 철학부가 전문 분화되어 가는 학문을 아우르는 '지붕' 역할을 수행하는 동시에 김나지움 교사 양성의 장이 되었다. 그리고 그 밑에 신학부・법학부・의학부를 두고 각각 성직자・관리・의사를 양성하는 체제를 취했다.

대학의 근대적 개혁의 두 번째는 대학에 대한 재정적 보장이었다. 그에 의해 교수들의 급여도 기일 내에 지급되게 되고 그들의 부업적인 일들도 경감됨으로써 능력 있는 젊은이들에게 학문의 길에 관심을 갖게 하는 데 공헌했다.

개혁의 세 번째는 '대학교수 자격제도' 확립을 향한 흐름이다. 그동안에도 대학교수의 지위를 얻기 위해서는 다양한 명칭으로 불린 학위를 취득해야만 했지만, 18세기 중엽에는 대학교수 자격이 요구되기 시작하고 19세기 초두에는 각 대학들의 학칙에 규정되기에 이르렀다. 그 최초가 베를린 대학 학칙 제8장(1816년)으로, 여기서 대학교수의 길은 박사 학위를 전제로 하여 교수자격(하빌리타치온{Habilitation})의 취득이라는 2단계 관문을 통과한다고 하는 독일적 제도가 확립된 것이다.

주로 프로이센에서 착수된 근대적 대학의 길은 이윽고 독일 전체로 확산되어 갔다. 이러한 프로이센적 실천의 파급은 학생도 교수도 필요에 따라 대학을 이동하는 독일적 관행에 의해 촉진되었다.

【Ⅱ】 대학의 구조변동

그런데 대학은 이념으로서는 '학문을 위한 학문'을 창도하면서도 다른 한편으로는 고급관리, 재판관, 성직자, 대학이나 김나지움*의 교사 등 지적 엘리트 직업의 양성기관이었다. 19세기 후반 이후가 되면 산업사회의 고도화와 더불어 후자의 측면이 전면에 내세워지게 되었다. 그에 대응해서 전문의 세분화나 실험적 연구가 활성화되었고 대학과 산업사회의 결합이 조장되었다.

대학의 내부구조도 변화해 갔다. 그것은 학생 수의 증가가 기동력이 되었다. 19세기의 30~40년대에는 총수 12,000명을 넘지 않았지만, 80~90년대에는 20,000명을 넘어서며 20세기 초두에는 40,000명을 넘어섰다. 대학 수는 변하지 않았기 때문에 개별 대학들에서의 학생 수의 증가는 두드러졌다. 이에 따라 교원들도 증가했는데, 정교수 수의 증가는 완만했기 때문에 원외교수나 사강사(Privatdozent)의 교육부담 증대에 의해 충당되었다. 여기서 정교수를 정점으로 하는 대학운영이나 연구체제의 관료기구화에 맞서 원외교수나 사강사의 지위 보장과 대우 문제(대학에서의 '사회문제')가 발생했다.

더 나아가 지금까지의 '모든 학문을 유기적으로 통

일하는 종합대학(Universität)'에 더하여 19세기 중엽 이후 공과대학이 등장했다. 응용기술적인 영역은 종합대학에서는 별다른 지위를 부여받지 못했고 독립적인 기술학교나 공업교육 기관에서 발전해 왔는데, 그 기관들이 이젠 공과대학으로서 고등교육의 일익을 담당하게 되었다. 하지만 당초에 공과대학은 박사 학위 수여권 등을 갖지 못하고 전통적인 종합대학보다 낮은 지위를 감수하지 않을 수 없었다. 공과대학에 대해서도 박사 학위 수여권이 인정되는 것은 19세기 말까지 기다려야만 했다. 이 두 가지 고등교육 기관의 동격화를 둘러싼 싸움은 중등학교 수준에서의 김나지움과 실업계 학교의 싸움에 조응하는 것이었다.

19세기 말부터 20세기 초두에 걸쳐 공과대학과 함께 상과대학, 임업대학, 수의대학, 농과대학 등이 그때까지의 전문학교라는 지위에서 전문단과대학으로 발전했다. 이 대학들은 그 후에 기존의 공과대학이나 종합대학에 통합된 곳도 많지만, 이러한 전문단과대학의 출현은 산업사회의 고도화에 대응한 전문자격의 수요 증가에 따른 것으로서 종래의 김나지움=종합대학 형태의 전통적인 인문주의적 지식에 맞서 또 하나의 실학적인 새로운 지식의 형태의 도래를 알리는 것이었다. ☞김나지움(제도), 교육, 베를린, 본

㉭ 潮木守一,『近代大學の形成と變容』, 東京大學出版會, 1973. H.-W. ブラール(山本尤 譯),『大學制度の社會史』, 法政大學出版局, 1988. 望田幸男 編,『近代ドイツ=「資格社會」の制度と機能』, 名古屋大學出版會, 1995. C. E. McClelland, *State, Society, and University in Germany 1700-1914*, London 1980.

—모치다 유키오(望田幸男)

『데모크라티셰스 보헨블라트』 [*Demokratisches Wochenblatt*, 1868-69]

라이프치히*에서 발행되고 있던 리프크네히트*와 베벨*의 작센인민당의 기관지. 1868년 1월 4일에 제1호가 발행되는데, 거기에는 전년도에 출판된 『자본』*의 서문이 인용되어 있다. 발간 당초부터 독일에서의 맑스파의 신문이었다. 그 후 엥겔스*의 『자본』에 관한 논문, 디츠겐*의 『자본』 서평이 게재되었다. 1869년 사회민주주의 노동당의 성립과 더불어 『폴크스슈타트』*가 되고, 1876년에 『포어베르츠』2*로 바뀐다. ☞베벨, 리프크네히트, 라이프치히, 『폴크스슈타트』, 『포어베르츠』2[사회주의 노동자당]

㉭ K. Koszyk, *Deutsche Presse im 19 Jahrhundert*, Berlin 1966.

—마토바 아키히로(的場昭弘)

『데모크라틱 리뷰』 [*The Democratic Review of British and Foreign Politics, History & Literature*, 1849-50]

1849년 6월부터 1850년 9월까지 월간으로 간행된 잡지. 편집자는 하니*. 하니가 주요한 논설적 기사를 집필하고 있었지만, 급진파의 차티스트였던 조지 화이트, 『공산당 선언』*의 번역자였던 헬렌 맥팔레인 등도 기고했다. 그에 더하여 당시 영국에 망명*해 있던 루이 블랑*, 마치니*를 비롯하여 코슈트*, 푸리에*, 카베*, 그리고 맑스, 엥겔스* 등의 주장도 게재되며, 1848년 혁명* 이후의 대륙의 정치적 상황이나 사상을 영국에 소개하는 역할을 수행했다. ☞하니, 블랑, 마치니, 코슈트, 푸리에, 카베, 엥겔스

㉭ *The Democratic Review*, reprinted, London 1968. 岡本充弘, 「『共産黨宣言』とイギリス—最初の英語譯」, 篠原敏昭・石塚正英 編,『「共産黨宣言」—解釋の革新』 수록, 御茶の水書房, 1998.

—오카모토 미치히로(岡本充弘)

「데모크리토스와 에피쿠로스의 자연철학의 차이—自然哲學—差異」 [(독) "Differenz der demokritischen und epikureischen Naturphilosophie"]

맑스의 학위 논문. 1836년 10월 베를린 대학으로 옮긴 맑스는 얼마 안 있어 헤겔*을 연구하고 청년 헤겔학파와 친하게 되었다. 38년 겨울학기부터 「에피쿠로스 철학 · 제1-제7 노트」[40:15 이하]를 만들고, 40년부터 41년 3월에 걸쳐 학위 논문 「데모크리토스와 에피쿠로스의 자연철학의 차이」[같은 책:187 이하]를 완성하

고 41년 4월에 예나 대학에서 학위를 취득했다.

학위 논문은 맑스의 처녀작이자 고유하게 철학을 다루는 유일한 논문이기도 하다. 테마는 <데모크리토스의 단순한 모방자로서의 에피쿠로스>라는 정설을 뒤엎고 에피쿠로스를 '자기의식의 철학*'에 입각한 '그리스 최대의 계몽가'로 그리는 것에 있다. 유물론*을 일종의 (불철저한) '자기의식의 철학'으로 보는 관점은 이미 헤겔에게서 보이지만, 맑스가 당시 커다란 영향을 받은 B. 바우어*에게 특히 두드러지게 나타난다[『헤겔에 대한 최후 심판의 나팔』(『포자우네』), 1841]. 이성* 스스로 정립한 것 이외의 일체의 권위에 대한 복속을 거부하는 계몽이라는 의미에서, 유물론은 동맹군 사상으로서 맑스 앞에 모습을 드러내고 있었다.

한편으로 에피쿠로스의 우연론적이고 자유론적인 '자기의식의 철학'으로부터 구별되는 <한에서의> 데모크리토스의 기체론적이고 결정론적인 '자연철학'에 대한 맑스의 비판*, 다른 한편으로 헤겔=맑스의 '이성적 자기의식'으로부터 구별되는 <한에서의> 에피쿠로스 '자기의식'의 '유적(有的)' '감성적' 성격에 대한 맑스의 비판—학위 논문은 유물론에 대한 이러한 2단계로 구성된 비판으로 이루어진다. 맑스는 에피쿠로스의 원자의 직선 낙하에서 물질 일반의 운동을, '빗겨나가는(클리나멘)' 운동에서 자기반성을, 상호 반발에서 개별의지(개인들) 사이의 감성적 관계를 읽어낸다. 특히 상호 반발론은 맑스 사상의 지반(감성적 실천)에 관련되는 테마로 주목된다. "물질적 관계행위"[40:213]란 개인들이 타자(내적인 타자로서의 신체, 신체적 타자, 외적인 물건, 상호 고립적 타자)와의 관계 행위로서만 자기 자신과 관계하는 방식, 요컨대 '자기의식'의 저차적인 방식이다. 이러한 '물질적 관계행위'에 대한 맑스의 비판은 당시 그의 이성주의적 존재론을 표현하는 것인 동시에 이미 사물화(물화*)론의 모티브를 내포하는 것이며 맑스 유물론의 이중구조적 전개로 연속되어간다.

학위 논문에서 또 하나 주목되는 것은 '제2장 주2'에서 전개된 "철학의 외부로의 전화"[40:257], "철학의 실천"[같은 책:256]론이다. 이것은 역사적 현실 속에서 계속해서 격투를 벌인 맑스의 사상적 출발과 <뜻>을 나타내는 기념비적인 표현이다. ☞철학, 자연, 물질, 유물론, 바우어[1], 헤겔 좌파

㊟ Bruno Bauer, *Die Posaune des jüngsten Gerichts über Hegel*, 1841, Neudruck, Darmstadt 1969. Eberhald Braun, ≪*Aufhebung der Philosophie*≫—*Marx und die Folgen*, Stuttgart/Weimar 1992. 田畑稔, 「哲學に對するマルクスの關係(中)—マルクスと哲學・4つの基本モデル」, 季報, 『唯物論硏究』, 56/57号, 1996.

—다바타 미노루(田畑 稔)

데무트 [Helene(Helena) Demuth 1820-90]

맑스 가*의 봉공인. 맑스 가에서는 렌헨, 님, 니미라고 불렸다. 1820년 12월 31일(혹은 1823년 1월 1일)에 트리어*의 남동쪽 마을 장크트 벤델(St. Wendel)에서 태어났다. 아버지 쪽의 가계는 대대로 빵 직인과 농가였다. 그녀는 어렸을 때(1837년 무렵이라는 설도 있다) 베스트팔렌 가*의 봉공인이 되었다고 한다. 칼 맑스와 예니*의 결혼 후 두 사람의 봉공인이 된다(파리*에서 합류했다는 설, 브뤼셀*에서 합류했다는 설이 있다). 맑스 가의 망명*과 행동을 함께 하고, 1883년 맑스가 죽을 때까지 맑스 집안에 머물렀다. 그 이후 엥겔스 가*의 봉공인이 되어 생애를 마쳤다. 맑스에게 있어 헬레네는 두 가지 사건에서 중요하다. 하나는 1851년 6월 23일 헬레네가 낳은 프레데릭의 아버지를 둘러싼 문제, 또 하나는 1862년 12월 23일에 맑스 집에서 급사한 헬레네의 여동생 마리안네의 문제다. 프레데릭은 엥겔스*의 도움으로 양자로 보내져 노동자로서 그 생애를 마친다. 그의 부친을 둘러싸고 맑스라는 설이 있었지만 일반에게 알려지게 된 것은 블루멘베르크의 전기가 나온 이후이다. 마리안네는 맑스 가의 봉공인이었는데, 1862년 말에 예니가 혼자서 파리 여행을 마치고 돌아온 그날 급사했다. 그 사인을 둘러싸고 불분명한 부분이 있고 맑스와 무언가 관계가 있었던 것은 아닐까 의심하는 문헌도 있다. 헬레네는 1890년 4월 4일 장암으로 사망했는데, 생전의 맑스 일가의 희망에 따라

맑스 부부가 잠든 하이게이트의 같은 묘지에 매장되었다. ☞맑스 가*, 맑스², 베스트팔렌 가

참 W. Blumenberg, *Karl Marx in Selbstzeugnissen und Bilddokumenten*, Reibeck 1962. G. Bungert/M. Grund (hrsg.), *Karl Marx Lenchen Demuth und die Saar*, Dillingen 1983. H. Gemkow, "Helene Demuth: eine treue Genossen", *Marx-Engels Jahrbuch* 11, 1989. Y. Kapp, *Eleanor Marx*, Vol. I, London 1972. 大村泉, 「フレデリック・デムートの出生をめぐって」, 『マルクス・エンゲルス・マルクス主義研究』, 22号, 八朔社, 1994. 的場昭弘, 『トリーアの社會史』, 未來社, 1986.

—마토바 아키히로(的場昭弘)

데자미 [Théodore Dézamy 1808-50]

프랑스의 공산주의자. 와인 거래상의 아들로 방데(Vendée) 지방의 뤼송(Luçon)에서 태어나 1835년경 파리*에서 공산주의자 카베*의 비서가 된다. 카베파의 기관지 『르 포퓔레르(민중)』의 편집에 협력하는 한편 1840년 『평등주의자』를 창간, 또한 같은 해 피요 등과 제1회 공산주의자 연회를 대규모로 개최했다. 그는 자신의 주저인 『공유제의 법전』(1842-43)을 계기로 카베와 결별하고 그의 유토피아적 · 기독교적 공산주의를 비판했다. 1842년 게이 등과 『공유제 연감』을 간행해 유물론적 공산주의의 대표적인 존재가 되고 파리의 노동자들에게 영향력을 갖는다. 모렐리와 푸리에*의 영향을 받아 형성된 데자미의 공산주의 사회는 코뮌을 공동생활을 기초 단위로 삼으며 기존의 가족은 이제 존립기반을 상실한다. 코뮌 상호간의 조정기관으로서 중앙관리국이 설정되어 있다. 공산주의*에 이르는 방법으로서는 노동자의 단결과 정치투쟁을 중시하고 보통선거 운동에 대해서는 부정적이며, 또한 자본주의*에서 공산주의로의 과도기나 독재의 개념은 인정하지 않았다. 1848년 혁명*에서는 3월에 『인권』지를 간행하여 좌파세력의 결집을 외쳤고, 또한 블랑키*의 정치 클럽 '중앙공화협회'에 협력했다. 저작으로서는 앞서 언급한 것 외에 『자기 자신에 의해 논박당한 라므네 씨』(1841){맑스는 이 책을 읽었다[MEGA IV/3]}, 『카베 씨의 중상모략과 정략』(1842), 『자유와 보편적 행복의 조직』(1846) 등이 있다. ☞푸리에주의, 카베, 블랑키¹, 라므네, 1848년 혁명, 푸리에

—다카쿠사기 고이치(高草木光一)

도덕 道德 [(독) Moral (영) moral (불) morale]

맑스는 도덕을 종교*나 형이상학과 더불어 이데올로기*의 하나로 가르친다. 도덕은 본래 습속 · 습관을 의미하며, 일정한 인간관계 속에서 긴 안목으로 보아 이득이 되는 행위규범 내지 사회규범을 가리키는 것으로 윤리*와 동일한 의미였다. 17-18세기의 영국의 철학 사상가들에게 있어 도덕적이라는 말은 정신적이라는 정도의 매우 넓은 의미에서 사용되었지만, 독일에서 칸트*가 『실천이성비판』(1788)에서 인간* 의지*의 자유* · 자율을 나타내는 것으로서 도덕법칙을 내건 이래로 도덕은 주체적 · 실천적인 것이 되었다. 헤겔*은 『법철학』*(1821)에서 칸트의 이 주체적인 도덕법칙을 주관적인 것으로 보고 객관적 · 객체적인 추상적 법 권리에 대한 행위주체의 마음의 법칙, 기도 · 의도라고 간주했다. 헤겔에 의하면 가장 중요한 것은 객관적인 추상적 법 권리로서의 자유를 자신의 것으로서 주체화하면서, 더 나아가 그것을 자유로운 주체의 상호관계, 자유로운 공동체*의 존재방식으로 발전시키는 것이다. 그는 이를 윤리(인륜, Sittlichkeit)라 부르며 도덕과 구별했다. 맑스는 엥겔스*처럼은 도덕에 대해 언급하는 일은 없는데, 엥겔스와의 공저 『독일 이데올로기』*에서 도덕을 이데올로기의 하나로 파악하며[廣 31], '정의'라든가 '평등*'과 같은 추상적인 도덕적 설교를 늘어놓는 것을 모두 거부했다. 이와 같은 맑스의 도덕관은 칸트에서 헤겔에 이르는 도덕의 주체화=주관화의 흐름과 무관하지 않다. ☞이데올로기, 윤리

참 E. カメンカ(藤野渉 · 赤澤正敏 譯), 『マルクス主義の倫理學的基礎』, 岩波書店, 1965.

—시바타 다카유키(柴田隆行)

「**도덕적 비판과 비판적 도덕** 道德的批判—批判的道德」 [“Die moralisierende Kritik und die kritisierende Moral”]

맑스의 혁명 전략이 기술되어 있는 논문으로, 「칼 하인첸에 대한 반론으로서, 독일 문화사에 대한 칼 맑스의 기고」라는 부제를 지니며, 1847년 10월 28일부터 11월 25일에 걸쳐 『브뤼셀 독일인 신문』*에 5회로 나뉘어 연재되었다[4:347-377]. 이것은 이 신문 84호에 게재된 하인첸*의 엥겔스* 비판에 대한 반비판이라는 형태를 취하고 있는데, 맑스는 하인첸의 비판은 반론할 만한 가치가 없으며 여기서는 분석을 재미있게 하는 재료로 사용한 것에 지나지 않는다는 주석을 붙이고 있다. 분명히 여기에서 문제가 되고 있는 것은 도덕*도 독일 문화사도 아닌 프롤레타리아트에 의한 혁명*의 목표와 그 방법이다. 맑스에 의하면 영국이나 미국에서 노동자가 싸우고 있는 것은 하인첸이 말하는 봉건제인가 공화제인가가 아니라 노동자계급에 의한 지배인가 부르주아지에 의한 지배인가를 둘러싸고서이다. 그러나 부르주아지*가 아직 계급*으로서 정치적으로 형성되지 않은 독일에서 노동자계급은 스스로의 혁명을 수행하기 위한 조건으로서 부르주아 혁명에 참여할 수 있으며 또한 참여해야만 한다. 이와 같은 맑스와 엥겔스의 계급투쟁사관에 대해 하인첸이 인간*은 반드시 언제나 계급으로서 규정되는 것은 아니라며 인간이나 건전한 인간지성과 도덕을 들고 나온 것이 이 논문명의 유래이지만, 이는 또한 진정사회주의*에 대한 간접적 비판이 되고 있다. ☞하인첸, 진정사회주의, 『브뤼셀 독일인 신문』

—시바타 다카유키(柴田隆行)

도서관 圖書館

맑스는 상속받은 W. 볼프*의 장서도 포함하면 1,500권에 이르는 장서를 갖고 있었다고 한다. 1840년대의 연구를 뒷받침한 것은 도서관보다는 그의 장서였다. 다니엘스가 기록한 40년대 맑스의 장서만으로도 방대한 것이었다. 맑스가 파리*, 브뤼셀*에서 도서관을 이용한 증거는 없지만 가능성은 있다. 파리의 국립도서관은 『포어베르츠』[1]*지 편집부 바로 옆에 있었으며, 당시 이미 하루 300명 정도가 이용하고 있었던 것이다. 당시 장서 20만 권을 갖고 있던 브뤼셀의 왕립도서관도 일반인들에게 공개되고 있었고 일요일과 수요일 이외에는 개관했다. 그리고 거기는 맑스의 주거지에서 그리 멀지 않았다.

맑스와 도서관의 관계에서 유명한 일화로서 1845년 엥겔스*와 맨체스터*를 여행했을 때 체담 도서관에서 경제학 관련 자료를 조사한 것과, 50년 이후 런던*의 대영박물관에 거의 매일같이 다닌 것을 들 수 있다. 체담 도서관은 1656년에 창설된 오랜 역사를 가진 도서관이었다. 맑스가 대영박물관에 다니기 시작하는 것은 1850년 6월 12일에 입실 허가증을 받고서부터이다. 대영박물관에는 설립 당초부터 도서관이 병설되어 있었다. 맑스가 다닌 것은 이 도서관, 즉 열람실이었다. 이 당시 이탈리아의 망명자 파니치가 비좁아진 독서실과 서고를 개선하기 위해 원형 열람실을 고안하고 있는 중이었다.

대영도서관은 1851년 당시 장서 약 50만 권이고, 납본제도 덕택으로 매년 16,000권씩 증가하고 있었다. 1753년에 창설되었는데, 입관은 무료이고 입관 허가증만 있으면 누구라도 이용할 수 있었다. 대열람실이 생길 때까지는 좌석 수 169개이고, 하루 평균 입관자는 228명, 입관 허가자 수는 1년에 대체로 1,000~1,500명으로 연간 291일 개관했으며 하루 이용되는 책 수는 786권이었다. 등록자 수는 1만 명이 넘어서며, 열람실은 상당히 비좁아지고 있었다. 당시에는 좌석에 번호가 붙어 있지 않았기 때문에 맑스가 어디에 앉아 있었는지는 불분명하다. 낡은 열람실은 1857년 4월 30일에 폐쇄되었다.

최초 설계자인 스머크의 안을 파니치가 개량해서 완성된 원형 대열람실은 1857년 5월 18일에 문을 열었다. 좌석 수는 302석으로 거의 배로 늘었다. 그에 의해 57년 5월 이후 하루 입관자 수도 398명으로 거의 배로 늘었다. 연간 입관 허가증의 발행 수도 2,500으로 확대되었다. 그 때문에 61년부터 21세 이하의 이용이 금지되었다. 하루 이용되는 책 숫자도 1,500권으로 늘었다.

입관자 수의 증가와 더불어 대열람실 담당자는 13명으로 늘었지만 도난도 증가했다.

맑스와의 관계에서 유명한 담당자는 가네트이다. 아버지 뒤를 이어 16살에 도서관원이 된 그는 대열람실의 감독관으로서 오랫동안 근무했다. 그는 대영박물관 관장이 된 파니치와 달리 맑스 등 열람자들에게 직접 봉사한 경험이 풍부한 인물이었다. 맑스는 이 대영박물관의 살아 있는 사전 가네트로부터 자료상의 일로 많은 도움을 받았다고 한다. ☞볼프[1](빌헬름), 맨체스터, 독서 클럽, 출판

㉾ *Ex Libris, Karl Marx und Friedrich Engels*, Berlin 1967. P. R. Harris, *A History of British Museum Library 1753-1973*, London 1998.

—마토바 아키히로(的場昭弘)

도시 都市 [(독) Stadt (영) city]

19세기 유럽의 주요 도시 가운데 맑스와 깊은 관련이 있는 곳으로 파리*가 있다. 1830년대의 프랑스는 공업화가 시작되어 수도 파리로 인구*가 집중하기 시작했다. 맑스는 1843년 10월에 그와 같은 파리로 이주하는데, 뇌브 생로랑 등 노동자 거리에는 살지 않고 자산평가가 높은 건물이 즐비한 시민의 거리 바노 거리에 정착했다. 19세기 전반 파리 시중의 아파트는 2층이 가장 고급으로 그보다 상층일수록 임대료가 저렴했다. 맑스 일가는 시민을 위한 방 또는 상류계층을 위한 방을 빌렸다. 프랑스 혁명*이 발발했을 때 상퀼로트 폭동이 빈발한 생 탕트완느 거리 등은 변호사의 아들이자 귀족의 딸과 결혼한 맑스에게는 불편한 곳이었다. 요컨대 파리의 맑스는 독일에서 온 편력 직인*이나 망명 노동자들과 침식을 함께 하고 있었던 것이 아니다. 그런 의미에서 파리로 대표되는 유럽 도시는 오히려 맑스(이론)와 노동자(현실의 운동)를 떼어놓는 현장이었던 것이다. 1845년의 프랑스 추방으로 브뤼셀*로 옮겼을 때도 맑스는 노동자들이 많이 살고 있는 플랑드르어권이 아니라 왕궁 주변의 프랑스어권에 살았다. 몇 년 후 런던*에서 살게 된 맑스는 무엇보다도 우선 도서관*이 있는 대영박물관에 다녔다. 시중의 서점에서 열리는 일시적인 정치집회는 물론이거니와 성 월요일*의 선술집에서의 봉기 모의에는 관계하려 하지 않았다. 노동자들이 들끓는 19세기의 도시들은 사상가 맑스를 성장시키긴 했으나 도시 노동자들은 그를 제단에 모셔놓았다. ☞파리, 브뤼셀, 분업, 런던

㉾ 的場昭弘, 『パリの中のマルクス』, 御茶の水書房, 1995. 石塚正英・柴田隆行・的場昭弘・村上俊介 編, 『都市と思想家』, 全2巻, 法政大學出版局, 1996.

—이시즈카 마사히데(石塚正英)

『도이체스 뷔르거부흐』 [*Deutsches Bürgerbuch für 1845, 46*]

퓌트만이 편집한 잡지로, 굳이 번역하자면 『독일시민의 책』. 제1년도(1845)와 제2년도(1846)의 두 권이 간행되었다. 제1년도는 1844년 12월에 다름슈타트의 레스케 사에서 출판*되었다. 당시 인쇄전지(보겐) 20매(통상 320쪽) 이하의 출판물은 사전검열을 받아야만 했기 때문에 그것을 넘어선 분량으로 출판되었지만 발행 직후에 경찰에 몰수되며, 이듬해 3월에 검열법원에 의한 발행금지 처분을 받았다. 다음 년도 발행은 6개월이나 지연된 46년 6월(내지는 7월)이며, 출판사도 만하임의 호크 사로 변경되었다. 퓌트만은 이른바 '진정'사회주의자로서 맑스와 엥겔스*로부터 후에 비판받게 되지만, 잡지는 (같은 시기 퓌트만이 편집한 『라인 연보』*와 마찬가지로) 반드시 어느 한 경향에 편중되어 있었던 것은 아니다. 주요 게재 논문으로 다음의 것이 있다. 45년호에는 헤스*의 「현대사회의 궁핍과 그 구제책에 대하여」, 그륀*의 「포이어바흐와 사회주의자」, W. 볼프*의 「슐레지엔의 빈곤과 폭동」, 페네다이*의 「신조 표명」, 베르트*의 「황무지의 빈민」, 엥겔스의 「근대에 성립하여 여전히 존속하고 있는 공산주의적 이주지에 대한 기술」 등이 있다. 그 밖에 베르트, 드롱케*, 뷔르거스, 프라일리그라트*, 퓌트만 등의 시가 권말에 정리되어 있다. 46년호에는 엥겔스 편역의 「푸리에 상업론의 한 단편」, 퓌트만의 「바뵈프의 재

판」, 익명(퀴트만?)의 「부오나로티에 의한 바뵈프의 교의 해설」, 퀴트만의 「루트비히 갈」, 뤼닝(서평)의 「엥겔스 저 『영국 노동자계급의 상태』」 등이 있다. 맑스도 집필 의뢰를 받았지만 기고하지는 않았다. ☞ 진정사회주의

참 Hans Pelger, "Dokument einer literarischen Opposition in Deutschland 1844/45", in: *Deutsches Bürgersbuch für 1845*, Neu herausgegeben von Rolf Schloesser, eingeleitet von Hans Pelger, Köln 1975.

—고바야시 마사토(小林昌人)

『독립평론』 ⇨『르뷔 엥데팡당트』{『독립평론』}

『독불연보』獨佛年譜』 [*Deutsch-Französiche Jahrbücher*, 1844]

루게*와 맑스가 파리*에서 1844년에 출판한 잡지. 1843년 루게는 『독일연보』*가 폐간으로 내몰린 것을 이어서 새로운 잡지를 기획하는데, 당초에는 스트라스부르*, 브뤼셀*, 스위스 등도 출판지 후보로 거론되고 있었다. 그러나 파리*로 낙착된다.

『독불연보』는 그 이름이 보여주듯이 독일과 프랑스의 집필자가 참여하는 잡지로서 기획되었다. 1840년대의 프랑스에서는 프랑스의 오리엔트 정책을 봉쇄하고자 하는 유럽 열강들과의 전쟁 위기가 다가오고 있었다. 특히 라인 강 좌안에 펼쳐진 프로이센 영토는 프랑스에게 있어 방위상 위험한 지역으로 자연국경설에 따라 라인 강 좌안 지역을 프랑스령으로 하라는 여론이 들끓고 있었다. 라인 강 좌안은 나폴레옹 시대에는 프랑스령이었기 때문에 반프로이센 분위기가 강한 지역이었고, 프로이센의 자유주의자는 프랑스의 자유*와 독일 통일 중 어느 한쪽을 선택할 것인가 하는 딜레마에 빠져 있었다. 루게가 저널리스트로서 초점을 맞춘 것이 바로 그 점이었다. 루게는 파리로 가서 이러한 점을 둘러싸고 독일과 프랑스의 공동 토론의 장을 만들자고 생각했다. 그러나 프랑스 측으로부터는 어느 누구의 참가도 얻어낼 수 없었다. 당시 그가 방문한 사람은 라마르틴, 루이 블랑*, 콩시데랑*, 라므네*, 카베*, 데자미*, 조르주 상드*, 르드뤼 롤랭*, 플로라 트리스탕*, 르루*, 프루동*이었다고 한다.

루게는 독일 측 인사들만으로 출판하기로 결정하고 맑스와 함께 엥겔스*, 헤스*, 베르나이스*, 하이네*와 연락을 취한다. 출판을 지원한 것은 스위스의 프뢰벨*이었지만 그는 루게의 자산을 기대하고 있었기 때문에 실제로는 자본을 내지 않았다. 그 때문에 처음부터 재정위기에 빠진다. 나아가 이러한 장래에 대한 불안과 함께 맑스와의 사상적인 대립도 명확해지면서 1/2호 통합호 출판과 동시에 폐간되는 운명에 처한다.

『독불연보』는 1844년 2월 말에 인쇄되어 가게 앞에 진열될 예정이었다. 대부분은 파리가 아니라 독일로 보내는 것이었다. 그러나 프로이센 정부는 『독불연보』를 단속하기로 결정했기 때문에 몰수를 지시한다. 결국 대부분이 몰수당함으로써 재정적인 어려움에 처하게 된다. 한편 『독불연보』에 대한 서평이 곧바로 『포어베르츠』1*와 『르뷔 엥데팡당트』*에 게재된다. 『포어베르츠』는 기대에 미치지 못했다고 하면서도 각 논문을 높이 평가하고 있었지만, 프랑스의 『르뷔 엥데팡당트』는 루게가 주창하는 독불연합에는 무리가 있다며 격렬하게 비판했다. 그러나 『독불연보』는 당초의 독불연합 구상으로부터 공산주의* 쪽으로 사상을 이동시키고 있었으며, 그 점에서도 루게의 구상은 파탄되고 있었다. 뉴욕*의 『도이체 슈넬포스트』(*Deutsche Schnellpost*, 1843-51)가 『독불연보』가 대역죄의 논문을 게재한 것을 비판한 데서 루게와 휴머니즘에 관한 논쟁이 벌어지고 급기야 『포어베르츠』로 불똥이 튀어 루게의 휴머니즘을 맑스가 비판하면서 두 사람의 관계는 결렬된다. ☞검열(제도), 출판, 『독일연보』, 루게, 『르뷔 엥데팡당트』{『독립평론』}, 파리, 트리스탕, 콩시데랑, 블랑, 라므네, 카베, 르루, 데자미, 조르주 상드, 르드뤼 롤랭, 프루동, 헤스, 베르나이스, 프뢰벨, 하이네

참 的場昭弘, 『パリの中のマルクス』, 御茶の水書房, 1995. *Deutsch-Französiche Jahrbücher*, 1844. reprint, 1973. E. Bottigeli, "Les "Annales Franco-Allemandess" et l'opinion française", in: *La Pensée*, No. 110, 1963. G. Mayer, "Der Untergang der Deutsch-Französischen Jahrbücher und des Pariser Vorwärts", in: *Archiv für die Geschichte des Sozialismus der Arbeiterbewegung*, N. 3, Leipzig 1913.

—마토바 아키히로(的場昭弘)

독서 클럽 讀書— [(불) cabinet de lecture]

19세기에 프랑스에서 왕성했던 회비를 지불하고 독서를 하는 클럽. 책의 가격이 수십 프랑(노동자의 일당이 2~4프랑이던 시대)이고 신문 가격도 상당히 비쌌던 시대(연간 예약 구독료 60프랑)에 책이나 신문을 구입한다는 것은 쉽지 않은 일이었다. 중산계급이라 하더라도 자비로 구입할 수 없었던 까닭에 파리* 각지에 있던 독서 클럽의 회원이 되어 거기서 신문이나 책을 읽는 경우가 많았다. 공공도서관이 설립되는 것은 1860년대이며, 왕립도서관을 간단하게 이용할 수 없는 이상 독서 클럽이나 독서하는 장소는 제공하지 않는 책 대여점을 이용할 수밖에 없었다. 거기서는 특히 신문의 경우에 여러 종류의 신문을 읽을 수 있을 뿐만 아니라 또한 거기서의 화제에 참여함으로써 더 많은 정보를 얻을 수 있는 이점이 있었다. 그러나 얼마 안 있어 벨기에로부터 책의 해적판이 대량으로 유입되고 지라르댕의 『프레스』처럼 연재소설이 게재되면서 신문이 대량의 구독자를 획득하기 시작함에 따라 독서 클럽은 점차 소멸해간다.

19세기 전반기의 파리에는 무려 520개의 독서 클럽이 있었다. 특히 출판사나 인쇄업자들이 북적거리고 있던 팔레 루아얄 지역, 카르티에 라탱 지역에 수많은 독서 클럽이 있었다. 엥겔스*가 이용한 독서 클럽은 팔레 루아얄에 있던 발루아였다. 수많은 독일인이 가까운 증권거래소를 이용해 파리에서 통신을 보내고 있었다. 독일인이 자주 다닌 몽팡지에와 코지뷔르도 이 지역에 있었다. 또한 독일계의 독서 클럽도 이 가까이에 몇몇이 있었고, 『포어베르츠』1*의 편집부도 이 지역에 있었다.

독서 클럽은 도서목록을 출판하고 있었는데, 이에 따르면 많은 곳에서는 3만 권, 4만 권의 장서를 갖고 있었다. 독서 클럽이라 하더라도 순수한 독서 클럽도 있었고 출판사나 서점을 겸하는 경우도 있었으며, 책을 빌려줄 뿐만 아니라 판매하는 곳도 있었다. 클럽에서 신문이나 책을 읽는 경우의 이용요금은 클럽의 위치 · 규모 등에 따라 달랐지만 하루 5-30상팀, 월 3-5프랑이었다. 물론 이 가격도 책의 크기나 신간인가 아닌가에 따라서도 달랐다. 또한 독서실에서 읽지 않고 한 번에 4, 5권을 빌리는 경우에는 5프랑 정도의 보증금을 내야 했다. 문을 여는 시간은 오전 7시부터 오후 10시 정도까지로, 일요일과 축제일 등의 휴일도 없었다.

독서 클럽이 가장 큰 역할을 수행한 것은 신문과 도서의 보급에서였다. 신문이나 도서를 독서 클럽이 구매할 뿐만 아니라 충분한 매상을 올렸기 때문에 신문과 도서의 발행부수는 급속도로 증가했다. 그러나 1830년대부터 시작되는 신문 연재소설에 의해 신문이 대중화하고, 그에 따라 발행량이 폭발적으로 늘어나 독서 클럽에서 신문을 읽는 시대에서 자택에서 신문을 읽는 시대로 바뀌었다. 동시에 연재소설은 염가본으로 만들어져 일반 독자들이 구입할 수 있는 가격으로 떨어진다. 이리하여 독서 클럽은 쇠퇴해 갔다. ☞도서관, 저널리즘, 출판, 독토르 클럽{박사클럽}, 파리

㊟ F. Parent-Lardeur, *Les cabinets de lecture*, Paris 1982.

—마토바 아키히로(的場昭弘)

독일 가톨릭교회 獨逸—敎會 [(독) Deutsch-katholische Kirche (영) German-Catholic Church]

1840년대 중엽의 독일에서 로마 가톨릭교회의 권위를 전면 부정하면서 등장한 독립 기독교 세력. 1844년 8월부터 10월에 걸쳐 라인란트의 트리어*에서 그 지구의 가톨릭교회가 30여 년 만에 성의순례(그리스도가 최후에 몸에 걸치고 있었다고 전해지는 상의 조각을 배례하는 의식)를 거행하자 슐레지엔의 전 사제 요하네스 롱게는 이를 우상숭배라고 비난했다. 나아가 롱게는 이와 같은 행사를 인가해주는 로마교황청은 전제

히에라르키의 정점이며 이에 따를 것을 거부하겠다고 선언했다. 그리고 같은 해 12월, 슐레지엔에서 급진적 민주주의자 로베르트 블룸*과 더불어 로마교황청으로부터 분리 독립한 독일 가톨릭교회를 창립하기에 이르렀다. 롱게가 설파하는 기독교*는 인간*의 이성*과 사랑에 대한 끝없는 확신과 그에 따른 현세긍정을 특징으로 하고 있다. 게르비누스는 1845년에 『독일 가톨릭 교파의 사명』을 발표하고, 이 독립교회는 독일 국민에게 참된 교회와 정치적 자유를 가져다줄 것이라고 말했다. 독일 전체가 혁명*의 와중에 들어선 1848년, 이 독립교회도 남아 있는 민주주의 세력의 운동에 합류하여 교회, 학교, 수공업자협회, 체육협회, 부인협회 등의 사회적 영역들에 개입했다. 그들의 행동을 추적하면 19세기의 대중*을 추상적으로가 아니라 매우 구체적으로 이해할 수 있다. ☞3월 혁명, 자유신앙교회, 빛의 벗

참 石塚正英, 『三月前期の急進主義—青年ヘーゲル派と義人同盟に關する社會思想史的硏究』, 長崎出版, 1983. 下田淳, 「1840年代の宗教現象としてのドイツカトリシズム」, 『友史』, 青山學院大學史學會, 第20号, 1988.

—이시즈카 마사히데(石塚正英)

『독일 농민전쟁 獨逸農民戰爭』 [*Der deutsche Bauernkrieg*, 1850]

엥겔스*가 쓴 독일 농민전쟁(1524-25년)의 역사서. 1850년 런던*에서 씌어져 같은 해 『신라인 신문 · 정치경제 평론』*(함부르크)에 게재되었다. 자료적으로는 빌헬름 침머만의 『대농민전쟁 개략사』(1841-43)에 기대고 있음을 엥겔스 자신이 말하고 있다. 엥겔스는 1849년 6월 바덴—팔츠 봉기에 참가하여 스위스로 패주한 뒤 런던에 도착해 「독일 헌법전쟁」(1850)을 『신라인 신문 · 정치경제 평론』에 게재한 직후 「독일 농민전쟁」을 이 신문에 발표했다. 이 글의 독자성은 독일 농민전쟁을 종교 · 정치적 대립으로서가 아니라 계급투쟁으로서 그렸다는 데 있다. 그는 당시의 국민을 3대 진영, 즉 보수적 · 가톨릭적 진영(제후, 귀족, 성직자 등), 시민적 온건파로서의 루터파 진영(유산적 시민, 하급귀족 등), 평민적 혁명파로서의 뮌처파 진영(평민, 농민)으로 분류하고, 뮌처의 사상과 그가 지도하는 싸움과 그 밖의 각지에서의 반란의 개략, 나아가 그러한 싸움들이 지방적으로 분산된 것이었다는 데서 기인한 패배 및 1848/49년 혁명과의 비교에 대해 말하고 있다. 이 글은 독일 농민전쟁 그 자체의 내재적 연구의 글이라는 점 이상으로, 오히려 1848/49년 혁명의 열기가 식지 않은 시기에 1년여의 혁명*의 체험과 교훈을 약 300년 전의 독일 농민전쟁에 가탁(假託)한 글이라고 말할 수 있다.

참 ペーター・ブリックレ(前間良爾・田中眞造 譯), 『1525年の革命—ドイツ農民戰爭の社會構造史的硏究』, 刀水書房, 1988. ギュンター・フランツ(寺尾誠 外 譯), 『ドイツ農民戰爭』, 未來社, 1989.

—무라카미 슌스케(村上俊介)

독일 사회주의 노동자당 獨逸社會主義勞動者黨 [(독) Sozialistische Arbeiterpartei Deutschlands]

1875년 5월, 전독일노동자협회*(라살레파)와 사회민주주의 노동자당*(아이제나흐파)이 고타에서 합동대회를 개최해 새롭게 결성한 사회주의 정당. 두 파는 다양한 점에서, 특히 독일 통일에서의 프로이센의 역할에 또한 평가를 둘러싸고 대립하고 있었지만 1871년의 독일제국 창설로 큰 대립점이 해소되며, 사회주의 운동에 대한 제국정부의 탄압이 강화되는 가운데 합동을 향한 길을 모색하고 있었다. 합동대회는 라살레주의적 색채가 짙은 「고타 강령」*을 채택, 중앙기관지로서 『포어베르츠』2*를 발행했다. 그러나 1876년에 당은 독일 각지에서 기관지의 발행 등의 활동을 금지당하며, 1878년에는 사회주의자 진압법의 시행으로 비합법화되었다. 1879년 9월에는 취리히*에서 새로운 중앙기관지 『사회민주주의자』(*Der Sozialdemokrat*)가 발행되고(1888년 10월-90년 9월까지는 런던* 발행) 그 밖의 사회주의 문헌도 국외에서 간행되었지만, 국내에서는 「로테 펠트포스트(Rote Feldpost, 붉은 야전 우편)」의 네트

워크가 탄압에도 굴하지 않고 판매와 보급에 노력했다. 당 대회도 스위스 등 국외에서 개최되었다. 유일하게 합법적인 활동은 제국의회 선거를 위한 활동과 의회에서의 의원 활동이었고 1880-90년에는 제국의회 의원단 본부가 사실상 당의 지도부로서 기능했다. 또한 이러한 활동들을 통해 진압법 하에도 불구하고 당의 세력은 확대되었다. 1890년 9월의 진압법 폐지 후인 10월, 할레에서 개최된 당 대회에서 당명을 독일 사회민주당으로 변경, 이듬해 91년 10월의 에르푸르트 당 대회에서 「고타 강령」을 대체하는, 맑스와 엥겔스*의 영향이 강한 「에르푸르트 강령」*을 채택했다. ☞「에르푸르트 강령」, 「고타 강령」, 『포어베르츠』[2]{독일 사회주의 노동자당}, 라살레, 라살레주의, 사회민주주의 노동자당, 전독일노동자협회

㊟ F. メーリング(足利末男 外 譯), 『ドイツ社會民主主義史(下)』, ミネルヴァ書房, 1969. D. フリッケ(西尾孝明 譯), 『ドイツ社會主義運動史 1869-1890年』, れんが書房, 1973.

—시노하라 도시아키(篠原敏昭)

「독일에서의 공산당의 요구 獨逸—共産黨—要求」

["Forderungen der Kommunistischen Partei in Deutschland", 1848]

1848년 독일 3월 혁명*의 발발 직후에 파리*에서 인쇄되어 독일 국내에서 배포된 전단지. 여기서 말하는 '공산당'은 고유명사가 아니라 공산주의자들, 혹은 공산주의*의 정치적 입장에 서는 자들이라는 의미다. 집필자는 맑스와 엥겔스*, 전단지 서명인은 그 밖에 샤퍼*, H. 바우어, 몰, W. 볼프*로, 모두 공산주의자동맹*의 간부들이다. 동맹은 비밀결사*였기 때문에 그 자체가 공개적으로 등장하는 일은 없었고 동맹원은 각지의 노동자협회에 참가하거나 부르주아 민주주의자와 공동으로 투쟁하며 활동했다. 동맹의 주장은 『공산당 선언』{『공산주의자 선언』}*을 비롯하여 각종 소책자와 전단지 그리고 그 밖의 인쇄물을 통해 (동맹의 이름은 숨긴 채) 전해졌다. 「요구」도 그러한 선전의 하나다. 「요구」는 4월 초에 베를린*, 만하임, 트리어*, 라이프치히* 등의 민주주의적 신문에도 전재되었다. 동맹은 『선언』에서 "부르주아 혁명의 전야에 있는 독일"에 주목하고 "독일의 부르주아 혁명은 프롤레타리아 혁명의 직접적인 서막이 된다"[4:507]는 것을 전망하고 있었다. 실제로 혁명*이 발발하자마자 발표된 「요구」의 17개조는 공화제, 보통선거, 봉건적 부담들의 폐지, 정교분리, 상속권의 제한, 고도 누진세, 보통교육의 무료화 등 부르주아 혁명의 과제 중에서도 "프롤레타리아트, 소부르주아, 소농민의 이익"[5:4]과 직결되는 사항을 내걸며, 또한 봉건적 영지나 사적 은행, 운수기관의 국유화 등 부르주아 혁명에 의해서도 가능한, 그리고 프롤레타리아 혁명을 준비하게 되는 여러 방안들을 요구하고 있다. ☞『공산당 선언』{『공산주의자 선언』}, 3월 혁명, 공산주의자동맹

—고바야시 마사토(小林昌人)

『독일에서의 혁명과 반혁명 獨逸—革命—反革命』

[*Revolution and Counter-Revolution in Germany*, 1851-52]

3월 혁명*의 발발과 패배의 필연성을 독일의 사회경제적 상태로부터 설명한 엥겔스*의 논설. 1851년 7월 말에 『뉴욕 데일리 트리뷴』*이 맑스에게 이 테마로 기고를 부탁했지만 그는 전년도부터 경제학 연구에 집중하고 있었고 또 영어로 집필하는 데 아직 자신감이 없기도 해서 엥겔스에게 집필을 의뢰했다. 논설은 맑스의 이름으로 1851년 10월부터 약 1년간 19회에 걸쳐 연재되며, 1913년에 서간집이 간행될 때까지 맑스의 저작으로 여겨지고 있었다. 강력한 봉건귀족의 잔존, 공업 부르주아지와 노동자계급의 유약함, 다수의 소상공업자와 방대한 소농업자의 존재. 이와 같은 계급관계의 복잡함이 독일 혁명의 모순에 가득 찬 전개의 원인이고 부르주아지가 농민계급을 배신하여 봉건세력과 타협한 것이 혁명*이 실패한 최대 요인이라고 주장되며, 독일에서는 시민혁명*은 영구히 불가능하게 되었다고 판단되고 있다. 이러한 결론은 『신라인 신문』*의 논설들에서의 맑스의 혁명 총괄과도 일치한다. 맑스의 논설들과 비교할 경우에 나타나는 이 논설

의 가장 큰 특징은 오스트리아 제국 내의 '사멸하고 있는' 슬라브계 민족들의 독립운동을 '반역사적'인 까닭에 '반혁명적'이라고 단정하고 그들의 '게르만화'를 지지하고 있다는 점이다. 맑스도 기본적으로 동일한 역사적 판단을 공유하고 있었지만 적어도 엥겔스와 같은 형태로 공공연히 소수민족에 대한 적개심과 대국주의를 표명한 적은 없었다. ☞3월 혁명, 민족

참 良知力, 『向う岸からの世界史』, ちくま學藝文庫, 1993. Roman Rosdolsky, "Friedrich Engels und das Problem der 'geschichtslosen' Völker", in: *Archiv für Sozialgeschichte*, Bd. Ⅳ, Hannover 1964.

—우에무라 구니히코(植村邦彦)

『독일연보—독일의 학예를 위한 獨逸年譜—獨逸—學藝』 [*Die Deutsche Jahrbücher für deutsche Wissenschaft und Kunst*, 1841–43]

헤겔 좌파*의 한 명인 아르놀트 루게*가 1841년 여름 이후부터 43년 1월까지 드레스덴*에서 발행한 정치적 논쟁지. 할레 대학의 루게는 1838년에 동료인 에히터마이어와 함께 『할레 연보』(*Die Hallische Jahrbücher*)라는 제목의 학문·문예평론지를 창간했는데, 이것은 이듬해에는 자유주의적·반낭만주의적인 경향을 띠기 시작했다. 그 원인 중 하나는 편집인인 루게 자신이 정치적으로 급진화했다는 것이고, 다른 하나는 스스로 자유주의적인 변혁을 이루고자 하지 않는 프로이센 정부에 대한 비판적 세력의 신장이 있었다는 것이다. 1840년 왕위 교체가 있고 그때 새로운 왕 프리드리히 빌헬름 4세*에 대한 혁신세력의 기대가 실망으로 바뀌자 그 세력의 일원인 루게는 41년 2월부터 과감하게 프로이센 정부를 비판하기 시작했다. 그 결과 그는 정부의 억압을 받게 되고 그해 여름에 작센의 드레스덴으로 도망가 잡지 간행을 계속했다. 그 때 잡지명을 『독일연보』로 변경하고 이듬해 42년 10월에는 러시아에서 온 망명자 미하일 바쿠닌*의 논설 「독일에서의 반동」을 게재하며, 다음 해 43년 1월에는 자신의 논설 「자유주의의 자기비판」을 게재하여 기치를 선명하게 내세웠다. 하지만 잡지의 그와 같은 급진화를 프로이센 정부가 묵인할 리가 없었고, 43년 1월 중에 이 잡지는 프로이센 정부의 요구를 받은 작센 정부에 의해 발행금지 처분을 받았다. ☞루게

참 田中治男, 「アーノルト・ルーゲとその時代 一~三」, 『思想』, 599, 601, 605号, 1974. 山中隆次, 『初期マルクスの思想形成』, 新評論, 1972. 石塚正英, 『三月前期の急進主義—青年ヘーゲル派と義人同盟に關する社會思想史的硏究』, 長崎出版, 1983.

—이시즈카 마사히데(石塚正英)

『독일 이데올로기 獨逸—』 [*Die Deutsche Ideologie*, 1845–46]

헤겔 좌파* 운동을 사상적으로 총괄하는 것으로서, 맑스와 엥겔스*가 일부분 헤스*의 참여를 받아 공동으로 집필한 초고. 유물론적 역사관*의 탄생을 알리는 문헌으로서 유명하다. 맑스·엥겔스는 종종 이 초고에 대해 언급하고 있는데, 생존 중에는 완성·간행에 이르지 못했다. 이 때문에 초고를 어떻게 편집해야 할 것인지를 둘러싼 논쟁이 내용적인 해석과도 결부되면서 전개되고 있다.

【Ⅰ】전체의 구성과 집필 경위

(1) 현존하는 초고의 전체는 헤겔 좌파 비판의 제1권과 진정사회주의 비판의 제2권으로 이루어진다. 제1권에는 '1. 포이어바흐—유물론적 시각과 관념론적 시각의 대립', '2. 성 브루노'(바우어* 비판), '3. 성 막스'(슈티르너* 비판)의 세 편이 포함된다. 제2권에는 『라인연보』*에 수록된 제미히와 마티의 논문에 대한 비판(제1편), 그륀* 비판(제4편), 쿨만* 비판(제5편, 헤스 집필)이 포함된다. 그 밖에 엥겔스의 「시와 산문에서의 독일 사회주의」(1847), 「진정사회주의자들」(1847)이 원래는 제2권용으로 집필된 것이라는 점, 또한 제2권에는 원래는 헤스가 집필한 루게* 비판 편이 포함되어 있었다는 점 등이 알려져 있다.

(2) 그러나 이 책은 애초부터 위에서 언급한 구성 방침으로 집필된 것이 아니다. 원고를 집필하게 된 직접적인 계기는 바우어가 「포이어바흐의 특성 묘사」

(1845)에서 행한 맑스·엥겔스·헤스 비판에 대한 응수에 있었다. 바우어 논문은 그 나름대로 헤겔 좌파를 총괄한 것으로서, 개개의 논점에서의 반론이 아니라 맑스 등이 자신들의 총괄을 제시하지 않고서는 반비판이 될 수 없는 성격을 가지는 것이었다. 게다가 이 논문은 맑스를 비롯한 그들을 포이어바흐*의 단순한 아류로서가 아니라 어떤 의미에서는 발전적인 '귀결'로 대우하는 것으로서, 맑스 등의 포이어바흐 철학에 대한 자기이해에도 재검토를 촉구하는 것이었다. 바우어에 대한 응수에서 맑스 등은 어쩔 수 없이 헤겔 좌파의 총괄을, 게다가 예전의 자신들의 포이어바흐주의에 대한 자기 총괄과 동시에 제시해야만 했다. 이리하여 최초로 씌어진 기저원고의 필세는 바우어에 대한 직접적 비판이라는 영역을 넘어서서 자신들의 학설의 전개와 포이어바흐 철학의 비판=자기비판으로 향하게 된다.

(3) '포이어바흐' 편이 완성되지 않는 가운데 포이어바흐 철학을 기초로 한 진정사회주의*를 비판할 실천적 필요가 생겼다. 맑스 등이 46년 여름부터 제휴를 시작하여 개입과 조직화의 발판으로 삼고자 한 의인동맹* 내의 반(反)바이틀링 일파가 예상 이상으로 진정사회주의의 강한 영향 하에 있다는 사실이 밝혀졌다. 이에 대한 비판이 초미의 과제가 되어 제2권의 집필이 우선시 될 수밖에 없었다.

【Ⅱ】 소외론에서 물화론으로

(1) 이 책에서 수행된 소외론에서 물화론으로의 전환은 개별 이론상의 발전이라는 차원이 아니라 세계관적 틀, 기본적인 발상의 뼈대 그 자체 차원에서의 전환(패러다임 전환)이다. 소외론은 자기를 소외*하고 다시 자기에게로 귀환하는 바의 특수한(헤겔*·헤겔 좌파적인) 주체 개념을 전제로 했다. '유적 존재*'로서의 '인간*', 요컨대 개개인을 초월한 '인간이라는 것'이다. 『경제학·철학 초고』*에서는 '인간이라는 것'이 역사 관통적인 주체=실체로까지 높여지고 그에 의해 소외론이 장대한 역사철학적 시야에서 전개되었지만 『독일 이데올로기』는 이러한 주체 개념을 단적으로 물리친다. '철학자들'은 역사의 진행을 "'인간이라는 것'의 발전과정", "'인간이라는 것'의 자기소외 과정"으로 파악하고 "'인간이라는 것'을 역사의 구동력으로서 서술"했지만, 이는 "현실적 조건들을 사상(捨象)하는 전도"이다[廣152]. 역사에서는 "본래의 처음부터 이미 인간들 상호간의 유물론적인 연관이 보이고", "이 연관은 끊임없이 새로운 형태를 취하며, 그런 까닭에 하나의 '역사'를 나타낸다"[같은 책:26]. 요컨대 역사란 각별한 주체(=실체)의 자기전개가 아니다. 본원적인 유물론적 연관의 형태 변화 그 자체가 역사인 것이다. 이 '연관'은 인간의 상호관계에 그치지 않는다. "대(對)자연 및 개인들 상호간의 하나의 관계"[같은 책:50]라고 하는 생태학적인 관계이다.

(2) 소외론적 주체 개념을 배격하고 '관계'에 자리잡음으로써, 예컨대 개인들의 협동 연관이 생산력으로서 물화*되는 과정이나 개인들의 관계 행위가 '물상적 강제력', '사회적 위력'으로서 물화되어 이것이 마치 역사를 주재하는 것처럼 나타나는 과정이 밝혀진다. 이리하여 유물론적 역사관은 관계의 천이를 통시적으로, 동시에 또한 관계의 모습들을 구조적으로 파악하고, 구조변동의 동태성을 내포하면서 역사적 세계를 파악하게 된다. 유물론적 역사관이 단순한 역사이론이 아니라 역사관, 세계관이라 일컬어지는 까닭이다. 소외론에서 물화론으로의 전환과 더불어 성립한 이 세계관은 근대사상의 실체주의를 극복하는 관계주의적 패러다임을 개척한 것으로서, 맑스·엥겔스의 사상형성사에서뿐만 아니라 철학*·사상사에서도 획기적인 의의를 지닌다.

【Ⅲ】 편집 문제

유물론적 역사관에 대한 기본적인 동시에 적극적인 서술은 제1권 제1편 '포이어바흐'에 대체로 응축되어 들어가 있다. 하지만 해당 편의 초고는 이 책 전 2권의 가장 오래된 층과 가장 새로운 층을 포함하기 때문에 집필 동기나 술어의 용법 등이 일관되지 않으며, 게다가 전체로서 완성되지 않은 채로 남겨졌다. 여기서 제1편의 특별한 편집 문제가 발생한다. 그것은 단순한 편집 기술상의 문제가 아니다. 히로마쓰 와타루(廣松涉)는 어떻게 편집되어 있는가에 따라 전혀 다른 저작이 된다는 것을 지적했다. 편집 순서에서는 ① a. 초고의 오래된 층 · 새로운 층을 대조함으로써, 또한 b. 수정 · 퇴고의 흔적을 실마리로 삼음으로써 사상의 형성과정을 거슬러 올라갈 수 있고, ② 맑스와 엥겔스 각각의 역할과 지분을 구별한 데 기초하여 양자의 분업적 협동의 실태를 간파할 수 있으며, ③ 당시의 유물론적 역사관의 구상을 엿볼 수 있다. "이러한 ①②③을 가능케 하는 형태"로 독자적으로 편집된 것이 히로마쓰판 『독일 이데올로기』(1974)이다. 현재는 암스테르담*에 보관되어 있는 초고의 치밀한 조사 · 검토를 바탕으로 편집된 시부야 다다시(渋谷正)의 새로운 번역(1998, 일본어판뿐이지만 단순한 번역이 아니라 실질적으로 독자적인 편집판)을 이용할 수 있다. 위에서 언급한 ① b.와 ②의 점에 관해서는 시부야판에 의해 새로운 문헌학적 사실이 드러났다. ① a.와 ③의 점에 관해서는 시부야판과 히로마쓰판은 서로 다른 양상을 드러내는데, 이 점이 내용 이해에 좀 더 깊이 파고드는 검토와 논의를 새로운 차원에서 전개하기 위한 기초를 제공하고 있다. ☞철학, 유물론적 역사관, 물화, 『경제학 · 철학 초고』, 포이어바흐, 헤스, 바우어[1], 헤겔 좌파, 진정사회주의

㊟ 廣松渉 編譯, 수고 복원 · 신편집판, 『ドイツ・イデオロギー』(원문 텍스트 편 · 일본어 역 텍스트 편, 두 권으로 분책), 河出書房新社, 1974. 澁谷正 編譯, 초고 완전 복원판, 『ドイツ・イデオロギー』(별권 주 · 해제의 두 권으로 분책), 新日本出版社, 1998. Inge Taubert, "Manuskripte und Druke der 'Deutschen Ideologie', Probleme und Ergebnisse", in: *MEGA-Studien*, 1997/2, Amsterdam 1998. 廣松渉, 『マルクス主義の成立過程』, 至誠堂, 1968(『著作集』, 岩波書店, 第8巻 수록). 同, 『物象化論の構圖』, 岩波書店, 1983(『著作集』, 岩波書店, 第13巻 수록). 林眞左事(=小林昌人), 「『ドイツ・イデオロギー』の世界觀」, 『インパクション』, 第24, 25, 27号, 1983-84.

—고바야시 마사토(小林昌人)

『독일 청년의 구원을 외치는 목소리 獨逸青年―救援―』

[*Der Hülferuf der Deutschen Jugend*, 1841]

의인동맹* 스위스 지부의 지도자 바이틀링*이 편집한 월간지. 1841년 5월 제네바에 자리를 잡은 바이틀링은 그 시기에 스위스에서 세력을 확대하고 있던 비밀결사* 청년독일파*와의 투쟁에서 승리하기 위해 활발한 선전활동을 시작한다. 정적인 청년독일파는 무신론*과 아나키즘*을 주의로 삼고 있었지만 바이틀링은 그것과는 반대로 기독교*와 공산주의*를 주의로 삼고 있었다. 그와 같은 사상적 기축을 스위스 체류 독일인 노동자들을 향해 선명하게 내세우기 위해 그는 1841년 9월에 이 월간지를 창간했다. 약 1,000부를 인쇄해 그 가운데 300부를 동맹의 파리 지부에, 100부를 런던 본부에 보냈다. 11월호에서 그는 논설 「코무니온과 코무니스텐」을 발표하여 예수와 사도의 최후의 만찬을 코무니온, 그 참가자를 코무니스텐이라고 했다. 이 잡지는 1842년 1월부터 잡지명을 『젊은 세대』(*Die Junge Generation*)로 변경하여 43년 5월까지 계속되었다. 그 1월호에는 침머만의 신간 『대농민전쟁』(1841-43)이 소개되어 직인들에게 토마스 뮌처의 혁명신학이 전해졌다. 또한 바이틀링은 같은 해 6월호에 실은 논설 「우리 원리에서의 통치형태」에서 프랑스 혁명*의 성과인 '법* 앞의 평등*'을 넘어서는 사회혁명, 19세기라는 현재를 살아가는 노동자의 자기해방을 역설하고 있다. ☞바이틀링, 『조화와 자유의 보장』

㊟ 石塚正英, 『三月前期の急進主義—青年ヘーゲル派と義人同盟に關する社會思想史的研究』, 長崎出版, 1983. 同, 『ヴァイトリングのファナティシズム』, 長崎出版, 1985.

—이시즈카 마사히데(石塚正英)

독토르 클럽{박사 클럽} [(독) Doktorklub]

1837년 말부터 맑스가 다닌 베를린*의 클럽. 이 클럽은 베를린의 예거 가와 샤를로텐 가 모퉁이에 있었던 카페 슈테리에서 매주 열렸다. 여기에는 80개의 신문이 놓여 있어 학생이나 교사들의 모임 장소로 되고 있었다. 드롱케*에 따르면 독서협회가 많지 않은 베를린에서는 카페가 독서실 대신에 이용되었다고 한다. 여기에 모인 학생이나 박사 학위를 가진 비교적 젊은

사람들은 헤겔 철학, 시, 연극에 대해 서로 이야기를 나눴다. 그들은 자작시나 희곡을 들고 와서 거기서 낭독했다. 맑스는 당시 시작에 몰두했고 그의 「음유시인」은 독토르 클럽 동료의 잡지 『아테네움』에 발표되었다(엥겔스*도 1842년 이 클럽에서 발전한 '프라이엔[Freien=자유인들]' 클럽에 출입하게 되었다). 거기에는 바우어 형제, 루텐베르크, 쾨펜*, 슈티르너*가 있었다. 맑스가 9살 연상인 브루노 바우어*(당시 사강사)와 친해진 것도 이곳에서의 일이었다. 맑스의 친구인 쾨펜(당시 레알슐레{실업학교}의 교사), 『라인 신문』*의 편집을 맑스에게 권유한 루텐베르크(베를린의 사관학교 교사) 등은 이 클럽의 단골이었다. 맑스는 이 클럽을 통해 베티나 폰 아르님*과도 알게 된다. 아르님은 이 독토르 클럽의 멤버를 그녀의 저택에 초대하곤 했다. ☞맑스의 시, 베를린, 엥겔스, 아르님, 슈티르너, 쾨펜

㉿ E. Dronke, *Berlin*, Berlin 1987. W. Oschilewski, *Große Sozialisten in Berlin*, Berlin.

—마토바 아키히로(的場昭弘)

돈키호테 [Don Quijote]

세르반테스*의 소설(정편, 1605. 속편, 1616) 제목이자 등장인물. 시골 향사로 망상에 사로잡혀 모험 여행에 나서지만, 향리에서 죽음 직전에 제정신으로 돌아온다. 맑스는 논쟁적 맥락 속에서 상대를 즐겨 '돈키호테적'이라고 형용한다. 현실에 대한 일면적인 착각 혹은 현실과 동떨어진 몽상가를 의미한다. 첫 등장은 『신성 가족』* 제8장[2:220]으로, 이후 『독일 이데올로기』* 및 수많은 평론에 등장한다. ☞세르반테스, 산초 판사

—다키구치 기요에이(瀧口清榮)

드레스덴 [Dresden]

재통일 이후 현재 작센 주의 주도(州都). 10세기 이래로 독일인에 의한 동(東)엘베의 슬라브인 정복이 이루어져 마이센 성을 중심으로 한 마이센 변경백령(邊境伯領)을 11세기 말에 베틴 가문이 봉토로 얻는다. 드레스덴이라는 명칭은 1206년의 기록에서 보이는데, 이 지역에도 변경백의 성이 만들어졌다. 1403년 도시권을 획득하고, 15세기 말 베틴 가문의 영지분할 때에 드레스덴이 한쪽의 수도가 된다. 그 후에 작센 선제후국(選帝侯國)의 궁정도시로서, 특히 17세기 말부터 18세기 전반기에 걸쳐 프리드리히 아우구스트 1세(겸 폴란드 왕) 하에서 전성기를 맞이했다. 1806-13년 '라인동맹'국으로서 나폴레옹* 측에 섰기 때문에 작센은 빈 회의에서 영토의 절반을 잃게 된다. 1848/49년 혁명에서는 상업도시 라이프치히*와 함께 작센에서의 혁명*의 중심지가 되고, 특히 1849년에는 혁명의 막바지에 독일국헌법투쟁의 하나로서 이곳에서 5월 봉기가 일어난다.

㉿ W. Mönke,"Marx in Dresden", in: *Beiträge zur Geschichte der Arbeiterbewegung*, 6, 1974.

—무라카미 슌스케(村上俊介)

드롱케 [Ernst Andreas Dominikus Dronke 1822-91]

독일 코블렌츠에서 태어난다. 부친은 김나지움* 교사. 본*, 베를린* 등에서 법률학을 공부. 1844년부터 작가로서 활동한다. 베를린에서는 공산주의자동맹*의 집회에 참가하며, 더 나아가 헤스*를 통해 쾰른*의 공산주의자 그룹과도 접촉한다. 1846년 불경죄 및 공산주의 활동으로 2년의 금고형에 처해진다. 이 사이 공산주의자동맹에 가맹. 1848년 혁명* 직전에 브뤼셀*로 도망가서 엥겔스*와 밀접한 공동 작업에 종사한다. 이후에 공산주의자동맹의 위탁으로 혁명*에 활발히 참가한다. 1848년 3월 파리*의 맑스 그룹에 가담하고 동맹의 밀사로서 코블렌츠, 마인츠, 프랑크푸르트로 간다. 『신라인 신문』* 창간 후 편집부에 소속되어 특히 프랑크푸르트 국민의회*의 통신원으로서 활약한다. 같은 해 9월 쾰른 안전보장위원회의 구성원이 된다. 『신라인 신문』 종간 후에는 파리에서 『신독일 신문』의 통신원으로 일한다. 1850-51년에는 스위스에서 공산주의자동맹의 재건에 힘쓴다. 1852년 영국으로 망명*. 상인으로서 생계를 꾸리기 위해 노력해 성공을 거둔다.

그 후에도 맑스와 엥겔스 등 옛 동지들과의 관계를 유지하지만, 점차 정치나 문필에서 멀어진다. 1891년 리버풀에서 사망.

낭만파*의 강한 영향 하에서 시 작업을 시작하는데, 시집 『사형수의 목소리』(1845)에서는 사회의 곤궁상태를 그리고, 단편집 『민중 속에서』 및 『경찰 이야기』(1846)에서는 사적 소유와 자유경쟁에 의한 계급대립을 그리는 것이 그의 기본적인 경향이 된다. 저널리스트로서 집필한 통신이 바탕이 된 『베를린』(1846)은 3월 혁명* 이전의 베를린의 일상을 다층적이고 극명하게 그리고 있는 동시에 프로이센의 사회 상태를 폭넓게 분석하면서 비판하고 있다. ☞공산주의자동맹, 『신라인 신문』

참 N. Ter-Akopjan, "Ernst Dronke", in: *Marx-Engels und die deutsche erster proletarischen Revolutionäre*, Berlin 1965. H.-J. Singer, *Ernst Dronke. Einblick in sein Leben und Werk*, Koblenz 1988.

―다카기 후미오(高木文夫)

드 브로스 [Charles de Brosses 1709-77]

계몽기 프랑스의 사상가, 비교민족학자, 휴머니스트. 부르고뉴의 디종에서 태어나 21세에 부르고뉴 고등법원의 평정관(評定官)에 취임한 드 브로스는 한편으로 역사・지리・언어 및 문학을 포함한 고전 연구에 열정을 쏟았다. 그리고 평생 다음과 같은 저작들을 집필해간다. 『도시 헤르쿨라네움의 현 상황』(1750), 『남방지역 항해사』(1756), 『페티쉬 신들의 숭배』(*Du Culte des dieux fétiches*, 1760), 『언어형성의 메커니즘론』(1765), 그리고 말년의 저작인 『공화제 로마 7백년사』(1777). 이 저작들을 집필하기에 앞서 1739-40년에 이탈리아를 여행하고 기행문을 썼는데, 그것은 문예・건축 등에서의 중세 원리의 경시와 휴머니즘에 대한 예찬을 특징으로 지닌다. 그런데 박식함과 실증 정신의 소유자인 드 브로스는 1760년에 익명으로 앞서 언급한 『페티쉬 신들의 숭배』를 간행하고 거기서 인류의 가장 오랜 신앙형태를 페티시즘*이라고 명명했다. 이 저작의 독일어 번역판이 훗날 맑스의 눈에 띄게 되어 페티시즘은 그의 이론 형성에서 핵심 개념의 하나가 된다. 번역자 서문에는 원저작자로서 드 브로스의 이름이 밝혀져 있었다. 그러나 맑스는 드 브로스의 이름을 공적으로든 사적으로든 어떠한 문서에도 평생 기록하지 않았다. ☞페티시즘

참 古野清人, 「シャルル・ド・ブロスと實証的精神」, 『宗教生活の基本構造』 수록, 社會思想社, 1971. 鳥越輝昭, 「ヴェネツィアと文人たち(8)―ド・ブロス議長と美醜の混在する快樂の都ヴェネツィア」, 『ヴェネツィアの光と影』 수록, 大修館書店, 1994.

―이시즈카 마사히데(石塚正英)

디츠겐 [Joseph Dietzgen 1828-88]

독학으로 유물론*과 변증법*에 입각한 철학*을 창조한 독일인 수공업자. 쾰른 근교의 제혁업을 하는 집안에서 태어나 초・중학교에 다닌 뒤 부친의 작업장에서 가죽 무두질을 습득하지만 친구의 자극을 받아 학문에 흥미를 갖게 되었다. 일을 하면서 프랑스어와 문학・철학*・경제학을 독학하면서 점차 사회주의 사상에 이끌리게 되었다. 1848년 혁명* 속에서 『신라인 신문』*을 구독하고 혁명운동에도 참가했기 때문에 반동세력이 승리한 뒤 고향을 떠났다. 49년에 미국으로 건너가 2년여 간 여러 지역을 방랑하고 자본주의 공업 발흥기의 사회를 관찰했다. 51년 말에 귀향하여 제혁공장 등을 운영하면서 반나절은 생업에, 나머지 반나절은 학문에 몰두하는 생활을 계속했다. 그는 평생 이런 생활태도를 바꾸지 않았다. 그 후로 포이어바흐*의 철학에 매료되어 편지도 주고받게 되었다. 나아가 『공산당 선언』*에서 너무도 큰 감명을 받고, 맑스나 엥겔스*의 저작들을 깊이 연구하여 프롤레타리아트 해방을 위한 철학, 특히 인식론*의 창조를 지향하기 시작한다.

1859년에 다시 미국으로 건너가 알라바마에서 제혁공장을 운영하는 한편 노동운동과 흑인해방운동에도 관여하지만 남북전쟁의 발발로 사업은 파탄했다. 그리

하여 61년에 귀향해서 부친의 제혁공장의 경영을 물려받는 가운데 청빈한 생활 속에서 철학 연구를 계속했다. 그 과정에서 조우하게 된 맑스의 『정치경제학 비판을 위하여』*는 그에게 커다란 교훈을 주었다. 64년에는 페테르스부르크의 관영 제혁공장에 기술 지도자로 초대받아 5년간 체류하면서 큰 공헌을 하는 동시에, 67년부터는 맑스와도 편지를 주고받기 시작하여 유물론적 역사관*에 대한 이해를 심화시켰다. 『자본』* 제1권이 출판되자 대학교수들이 이 책을 묵살하는 가운데 책에 대한 서평을 주간지에 연재해서 맑스에게 용기를 주었다. 69년에 독일로 돌아와 제혁업을 운영하지만 생활은 어려워져 갔다.

다른 한편 처녀작이자 주저의 하나인 『인간의 두뇌활동의 본질』의 간행을 비롯하여 연구 · 저술활동과 사회주의 운동에 대한 참여는 활발해졌다. 맑스도 그의 집을 방문해 친분을 쌓았고 국제노동자협회* 제5회 대회에서 맑스는 그를 "우리의 철학자"라고 소개했다. 또한 그는 사회민주당의 기관지에 다수의 논문을 기고하여 유물론과 변증법에 입각한 인식론 · 종교 비판 · 도덕이론이나 사회주의론 등을 발전시켰다.

그로 인해 비스마르크 정부의 박해를 받아 1884년 최종적으로 미국으로 이주했다. 그곳에서 사회주의적 저널리즘 활동에 활발하게 종사하는 동시에, 정치 · 사상문제를 논한 다수의 논문과 철학 저작들을 발표했다. 그리고 1888년 4월 15일, 프롤레타리아트를 위한 투쟁과 연구에 평생을 바친 그는 시카고의 자택에서 사회문제에 대해 친근한 이와 대화를 나누던 중에 심장마비로 사망했다.

엥겔스는 『포이어바흐론』*에서 디츠겐은 맑스와 엥겔스와는 별개로, 또한 헤겔*로부터도 독립하여 유물론적 변증법을 창조한 "노동자 철학자"라고 쓰고 있다. 또한 맑스도 디츠겐의 업적을 "그의 전적으로 독립된 작업이다", 그는 "가장 천재적인 노동자 중 한 명이다"라며 칭송하고 있다. ☞유물론적 역사관

㊂ *J. Dietzgens Gesammelte Schriften*, Hrsg. v. E. Dietzgen, 4te Aufl. Berlin 1930. Dietzgen, *Schriften in drei Bänden*, hrsg. v. der Arbeitsgruppe für Philosophie an der Deutschen Akademie der Wissenschaften zu Berlin, Berlin 1961. ディーツゲン(森田 勉 譯), 『一手工業勞働者が明らかにした人間の頭腦活動の本質』, 未來社, 1979. Dietzen, *Streifzüge eines Sozialisten in das Gebiet der Erkenntnistheorie*, 1886. id., *Das Akquisit der Philosophie*, 1887.

G. Huck, *Joseph Dietzgen (1828-1888). Ein Beitrag zur Ideengeschichte des Sozialismus im 19 Jahrhundert*, Stuttgart 1979. A. Hepner, *Josef Dietzgens Philosophische Lehren*, Stuttgart/Berlin 1922.

-모리타 쓰토무(森田 勉)

딜크 ⇨**자유시간**

ㄹ

라므네 [Félicité Robert de Lamennais(La Mennais) 1782-1854]

프랑스의 종교사상가이자 사회주의자. 생말로(Saint-Malo)에서 태어나 1816년 사제가 된다. 당초에는 교황권 지상주의자로 『종교적 무관심에 관한 시론 Essai sur l'indifférence en matière de religion(제1권)』(1817)으로 가톨릭계에 명성을 높인다. 1830년 『미래』지를 창간하여 정교분리, 보통선거 실시, 신앙・교육*・출판*・결사의 자유 등을 설파한다. 1834년 『어느 신자의 말』을 간행, 로마교황청으로부터 파문당하지만, 복음서 안에서 민중의 정의, 자유*와 평등*의 원리를 발견하는 이 저작은 각국어로 번역되어 유럽 전역에서 압도적인 반향을 불러일으켰다. 40년에 출판한 『국가와 통치』는 체제 비판의 책으로 간주되어 1년의 금고형을 받는다. 『민중의 과거와 미래에 대하여』(1841)에서는 노동자계급의 해방* 조건들을 구체적으로 고찰하고 있다. 라므네 자신은 사적 소유를 부정하지 않고 공산주의*나 사회주의*를 비판*하고 있지만, 노동자의 정치적 권리들의 획득과 협동(아소시아시옹*)을 기초로 하는 소유*의 획득을 요구하는 입장은 뷔셰*와 함께 넓은 의미의 가톨릭적 사회주의를 대표한다고 말해진다. 1848년 혁명*에서는 『입헌적 민중』지에서 논진을 펼치고 입헌의회・입법의회에 선출되지만, 51년의 나폴레옹*의 쿠데타 이후에는 정치 활동에서 은퇴했다. ☞아소시아시옹, 뷔셰, 1848년 혁명

참 河野健二 編,『資料フランス初期社會主義—二月革命とその思想』, 平凡社, 1979. ルイ・ル・ギュー(伊藤晃 譯),『ラムネーの思想と生涯』, 春秋社, 1989.

—다카쿠사기 고이치(高草木光一)

라살레 [Ferdinand Gottlieb Lassalle 1825-64]

19세기 독일에서는 맑스, 엥겔스*와 어깨를 나란히 하는, 혹은 그 이상의 권위로 간주된 적도 있는 사회주의자, 노동자운동의 지도자. 브레슬라우(현 브로츠와프)의 부유한 유대인 상인 가에서 태어난다. 1843-45년에 브레슬라우 대학과 베를린 대학에서 공부하며, 사회주의 사상을 헤겔 철학으로 근거지어 자신의 입각점으로 삼지만, 1846년에는 남편의 불성실함과 냉대에 고통을 받고 있던 명문귀족 하츠펠트 백작 부인에게 동정심을 느끼고 그녀의 이혼소송에 몸을 던졌다. 1848년 혁명* 속에서 맑스를 알게 되고 『신라인 신문』*의 민주주의* 당파에 속해 활동, 같은 해 11월에는 무장봉기를 선동했다는 혐의로 반동세력에게 체포되어 1851년 4월까지 구금되었다. 1854년에 백작부인의 재판을 승리로 이끌고, 1857년에는 베를린*으로 옮겨 『헤라클레이토스의 철학』(1858)으로 학계에 데뷔, 『기득권의 체계』(1861)에서는 혁명*의 법철학적인 근거짓기를 시도했다. 1859년에는 맑스의 『정치경제학 비판을 위하여』*의 출판을 알선하는 한편, 자신이 쓴 사극 『프란츠 폰 지킹겐』의 작극법과 『이탈리아 전쟁과 프로이센의 임무』(1859)의 혁명 전략을 둘러싸고 맑스 및 엥겔스와 의견이 대립했다. 프로이센 헌법분쟁 와중에 『현대의 역사적 시대와 노동자 신분의 이념의 특수한 관련』{『노동자 강령』}(1862)을 발표하여 활동을 시작하며, 『공개 답서』(1863)에서 보통선거권을 국가 원조의 생산협동조합의 실현 수단으로 제기하고, 이를 바탕으로 같은 해 5월 라이프치히*에서 전독일노동자협회*를 결성, 초대회장으로서 선동활동을 전개하고 『바스티아-슐체 폰 델리치』(1864) 등의 저서도 출판했다. 이

사이에 프로이센 수상 비스마르크*와도 접촉한다. 1864년 8월, 제네바에서 한 여성과의 약혼을 둘러싸고 벌인 결투에서 목숨을 잃었다. ☞전독일노동자협회, 라살레주의, 지킹겐 논쟁

圖 F. メーリング(足利末男 外 譯), 『ドイツ社會民主主義史(上・下)』, ミネルヴァ書房, 1968-69. G. Mayer, *Lassalle als Sozialökonom*, Berlin 1894. id (hrsg.), *Ferdinand Lassalle, Nachgelassene Briefe und Schriften*, 6 Bde., Berlin 1919-25.

―시노하라 도시아키(篠原敏昭)

라살레주의—主義 [(독) Lassalleanismus]

1863년 5월에 결성된 전독일노동자협회*에 초대회장 라살레*가 부여한 정치적・사회적 강령의 총칭, 또는 전독일노동자협회가 취하는 정책의 총칭. 대부분은 라살레가 『공개 답서』(1863)에서 전개한 명제로, 임금철칙의 관철, 노동조합* 및 파업운동의 부정, 국가원조의 생산협동조합에 의한 노동 수익의 실현, 국가원조의 실현 수단으로서의 보통선거권 요구, 회장의 독재적 지도, 협회에 찬동하지 않는 자를 노동자계급의 적으로 간주하는 태도 등을 들 수 있다. 1864년 8월의 라살레 사후에 전독일노동자협회에서 생겨난 라살레 숭배가 고양되는 가운데 이러한 이론이나 방침은 불가침의 교조로 화하고, 라살레에게서 슈바이처로 이어진 프로이센에 의한 독일 통일 정책에 대해 용인하는 태도와 맞물려 라살레주의라는 말은 특히 반프로이센적인 사회민주주의 노동자당*(아이제나흐파) 측으로부터 비난의 의미를 내포하여 사용되었다. 그러나 1860-70년대 독일의 사회주의적인 노동운동에서 라살레 사상의 영향력은 라살레파와 대립한 사회민주주의 노동자당의 「아이제나흐 강령」*(1869년)에도 미치고 있으며, 특히 아이제나흐파와 라살레파가 합동해서 만들어진 독일 사회주의 노동자당*의 「고타 강령」*(1875년)에는 그 영향이 강하게 남아 있다. 라살레주의가 불식된 것은 독일 사회민주당의 「에르푸르트 강령」*(1891년)에서였다. ☞전독일노동자협회, 라살레, 「에르푸르트 강령」

圖 F. メーリング(足利末男 外 譯), 『ドイツ社會民主主義史(下)』, ミネルヴァ書房, 1969.

―시노하라 도시아키(篠原敏昭)

라슈타트 [Rastatt]

15세기 이래로 바덴 변경백(邊境伯, Markgraf)에 귀속되고, 1705년부터 1771년까지 바덴-바덴 가문이 거주하는 성 소재지. 이 시는 라인 강 좌안의 프랑스와 직접 대치하는 위치에 있었기 때문에 17세기 이래의 성채가 1841년에 국경 경비를 위한 독일연방 요새로서 강화되었다. 1849년 5월 11/12일에 일어난 이 요새의 연방군 병사들의 반란이 바덴 혁명 임시정부 성립(5월 16일)의 계기가 되었다. 6월에 바덴과 팔츠의 혁명군은 연방군과의 전투에서 퇴각을 계속하여 스위스로 도망간다. 일부(약 5,600명)는 라슈타트에서 농성하나 7월 23일에 프로이센군의 포위에 따라 항복한다. 1848/49년 혁명의 최후를 상징하는 장소가 된다. 1870/71년 프로이센-프랑스 전쟁 중에는 포로수용소가 되었지만 1888년에 요새는 폐쇄되고 1920년 베르사유조약에 의해 모두 철거되었다. ☞바덴 봉기

―무라카미 슌스케(村上俊介)

『라이니셔 베오바흐터』 [*Rheinischer Beobachter*, 1844-48]

1844년부터 1848년 혁명* 후까지 쾰른*에서 발행된 일간지. 이 신문의 한 논설 기사, 즉 외견상 프롤레타리아트 측에 서서 사회적 빈곤 해결을 자유주의*에 의해서가 아니라 군주제적 기독교 국가에 의해 이루어야 한다는 기사에 대해 맑스는 『브뤼셀 독일인 신문』*(1847년 9월 12일자)에서 이를 날카롭게 비판한다. 맑스는 자유주의에 대한 모든 환상을 배제하면서도 『베오바흐터』지의 군주제적 기독교 국가 '사회주의*' 입장에서 펼치는 자유주의 비판이 더 해롭다고 강조했다.

―무라카미 슌스케(村上俊介)

라이프니츠 [Gottfried Wilhelm Leibniz 1646-1716]

라이프치히*에서 태어난다. 학문적 활동은 철학*을 비롯하여 수학 등 다방면에 걸쳐 있다. 맑스는 학위 논문을 준비하던 중에 그의 철학적 저작에서 발췌한 노트를 만든다. 학위 논문에서 그는 에피쿠로스 원자론에 대한 철학사적인 오해의 예증으로서 등장한다. 또한 '모나드(단자)'는 차이성을 지닌다는 "형태의 규정"[40:218-219]을 부정하는 것으로서 비판적으로 파악된다. 나중에 시민사회*의 고립된 개인*도 '모나드'와 유비적으로 파악된다[「유대인 문제에 대하여」, 1:402]. ☞「데모크리토스와 에피쿠로스의 자연철학의 차이」

—다키구치 기요에이(瀧口清榮)

라이프치히 [(독) Leipzig]

동독 중부의 공업도시. 독일에서의 인쇄・출판업의 중심지로 엥겔스의 『영국 노동자계급의 상태』*의 초판(1845)도 여기서 출판되었다. 1848년 혁명*기부터 일관해서 공업화가 진전된 작센뿐만 아니라 독일 전체에서의 노동자운동의 중심지였다. 1863년에는 라살레*를 중심으로 하는 전독일노동자협회*가 이곳에 설립되었지만, 동시에 노동자교육협회*를 기반으로 라살레주의*에 대항하는 베벨*이나 빌헬름 리프크네히트*의 활동거점이 되기도 했다.

㊀ 村上俊介, 「ライプツィヒとブルム」, 石塚正英 外編, 『都市と思想家 II』 수록, 法政大學出版局, 1996.

—가와고에 오사무(川越 修)

『라인 신문—新聞』 [*Die Rheinische Zeitung*, 1842-43]

쾰른*의 자유파의 신문이자 헤겔 좌파*의 신문. 『쾰른 신문』*에 대항하기 위해 1840년에 기획된 『라인 알게마이네 신문』의 후계지. 전신인 신문이 재정문제로 파탄되었기 때문에 『라인 신문』은 주식회사로서 자금을 모았다. 경영의 중심에는 G. 융과 D. 오펜하임이 앉고 실질적인 경영과 신고 책임은 출판사의 레나르트가 담당했다. 신문에는 감사위원회가 설치되고 그 위원으로 9명이 선출되어 신문의 내용에 대해 체크를 행하고 있었다. 자본은 3만 탈러로, 25탈러의 주식이 1,200주 발행되었다. 주주로는 G. 메비센, L. 캄프하우젠 등이 있었다.

신문은 주로 헤스*에 의해 구상되었지만 헤스는 편집장이 되지는 못하고 프랑스의 통신원에 머물렀다. 또한 F. 리스트*는 편집장에 대한 취임 요청을 거절했다. 결국 『아우크스부르거 알게마이네 차이퉁』*의 회프켄이 편집장이 되어 당초에는 이 신문의 스타일을 답습한다. 그러나 융과 회프켄이 신문의 방침을 둘러싸고 대립했기 때문에 회프켄이 떠나고, 역으로 『아우크스부르거 알게마이네 차이퉁』과 대립한다. 회프켄 다음으로는 맑스의 친구 루텐베르크가 취임한다. 그러나 그는 프로이센 경찰의 감시를 받고 있는 몸이었고 쾰른의 행정구 장관 게를라흐는 그를 좋게 보지 않았다. 프로이센 정부는 『라인 신문』을 가톨릭에 반대하는 신문이라고 하여 환영하고 있었지만, 그리하여 신문에 대한 검열*을 강화한다. 루텐베르크가 신문을 떠난 후 실질적으로는 맑스가 편집장이 되지만 명목적인 편집장은 프로이센 정부가 좋아하는 라페였다. 그러나 신문의 논조는 맑스가 장악하고 있었기 때문에 프로이센 정부의 탄압은 그치질 않으며, 맑스가 1843년 3월 17일 편집부에서 떠난 직후인 3월 31일자로 『라인 신문』은 폐간되었다.

『라인 신문』의 특징은 쾰른의 유력자가 참여한 주식회사였다는 점과 발행부수가 적었음에도 불구하고 외국에 많은 통신원들을 두고 있었다는 점이었다. 통신원의 면면으로는 프랑스의 헤스와 로렌츠 슈타인*, 영국의 엥겔스*, 스위스의 헤르베크*, 빌헬름 슐츠*, 프뢰벨*, 벨기에의 쿠란다가 있었고, 나아가서는 루게*와 브루노 바우어*도 기사를 썼다.

『라인 신문』은 헤겔 좌파 색채가 농후해짐에 따라 적대시되게 되었다. 프로이센 정부는 1842년 1월 1일의 창간으로부터 얼마 지나지 않은 3월 11일에 벌써 발행금지 처분을 내릴 것을 검토하고 있었다. 다만 『라인 신문』 경영자의 면면들과 가톨릭파에 대한 견제를 고려해 곧바로 금지 처분을 내리는 데까지는 나아갈 수 없었다. 그 때문에 라인 지방의 장관 폰 샤퍼*, 검열장관 아이히호른*, 폰 벨로, 폰 아르님 보이첸부르크와 신문 사이에서 싸움이 시작된다. 신문의 발행부수는 1,000부 전후로 경영적으로 어려운 상황이었고 결국 1843년 1월 21일에 당국에 의해 발행금지 처분을 통보받게 되었다. ☞검열(제도), 『아우크스부르거 알게마이네 차이퉁』, 저널리즘, 『쾰른 신문』, 리스트

참 Reprint, Leipzig 1974. W. Klutentreter, *Die Rheinische Zeitung von 1842/43*, Dortmund 1966. *Karl Marx. Text aus der Rheinische Zeitung von 1842/43*. hrsg. H. Pelger, Trier 1984.

―마토바 아키히로(的場昭弘)

『라인 연보―年譜』 [*Rheinische Jahrbücher zur gesellschaftlichen Reform*, 1845-46]

1845년에 헤르만 퓌트만을 편집자로 하여 "현재의 사회적 상태를 해명하고 공산주의*의 교리를 과학적으로 서술한다"는 취지로 창간된 잡지. 당초 계간지로 발행할 예정이었지만 경찰의 발행금지 조치로 인해 뜻을 이루지 못하고 이듬해인 1846년에 제2권이 나온 것이 마지막이었다. 주로 '진정사회주의자들'의 기고가 많았다. 그러나 엥겔스*도 기고자 중 한 명으로 참여하고 있는데, 제1권에 엘버펠트 집회(1845년 2월 8일과 15일)에서의 그의 두 차례의 연설이 모제스 헤스*, 구스타프 아돌프 쾨트겐의 연설과 나란히 게재되며, 제2권에는 「런던에서의 국민들의 축제」가 실려 있다. 1845-46년에 이미 맑스와 엥겔스는 『독일 이데올로기』*에서 '진정사회주의*' 비판을 시작하고 있었지만, 진정사회주의(특히 칼 그륀*의 그것) 비판이 공공연해지는 것은 1847년으로, 이 시점에서는 아직 협력 가능했다고 보아야 할 것이다. 제1권에는 헤스의 「화폐체론」*, 그륀의 「정치와 사회주의」, 헤르만 제미히의 「공산주의, 사회주의, 인간주의」 등이 있으며, 단문이긴 하지만 「런던의 독일인 노동자에 의한 요하네스 롱게에게 보내는 청원」의 말미에는 칼 샤퍼*와 요제프 몰 등 런던*의 독일인 노동자교육협회 지도자들의 이름이 보인다. 제2권에는 그륀의 「신학과 사회주의」, 헤스의 「바트 공화국 입법부의 사회문제에 대한 심의」, 나아가 헤르만 에버베크, 에밀 O. 벨러의 논문 등이 배치되어 있다. ☞진정사회주의

―무라카미 슌스케(村上俊介)

『래너크 주에 보내는 보고―報告』 [*Report to the County of Lanark*, 1820]

로버트 오언*의 저작. 영국과 프랑스의 전쟁 이후 스코틀랜드의 래너크 주에서 실업문제의 구제책에 대한 자문을 의뢰받은 로버트 오언은 협동 공동체(Co-operative Community)의 구상을 답신으로 보내고 협동사회주의 사상을 전개했다.

300~2,000명 규모의 농업*과 공업을 함께 지닌 공동체에서는 공동노동・공동생활을 영위하고, 원칙적으로 필수품・위안품을 자급하면서 평등한 분배를 보증한다. 이를 위해 1,500~3,000에이커의 토지 중앙에 평행사변형의 건물을 지어 그 주변을 정원과 경지로 둘러싸고, 녹지 바깥에 공장과 작업장을 배치하며, 공동소유 시설을 자주적으로 관리하는 것을 지향한다. 여기서는 생산물 교환의 척도로서 화폐*(인위적 가치표준)를 폐지하고 생산에 필요한 노동시간*을 척도로서 채용하며, 노동시간을 표시한 노동지폐(자연적 가치표준)로 교환하는 것이 제안되었다. 이로써 원가에 따른 공정한 교환이 가능하게 되고 생산량과 동등한 교환수단이 공급되어 과잉생산이 회피될 것으로 기대했다. ☞오언

참 オーウェン(永井義雄 外 譯), 『ラナーク州への報告』, 未來社, 1970. 永井義雄, 『ロバアト・オウエンと近代社會主義』, ミネルヴァ書房, 1993.

―히지카타 나오부미(土方直史)

러셀(존) ⇨영국 사회과학진흥협회

러시아 사상—思想

【Ⅰ】19세기 러시아 사상의 특징과 흐름

중세 비잔틴의 흐름을 이어받는 러시아 정교가 국가의 비호와 통제 하에 놓이는 가운데 18세기 이후 프랑스 계몽사상 등 동시대의 서구사조가 상층 귀족들에게 수용되고 있었다. 19세기의 러시아 사상의 특징 가운데 하나는 동시대의 서구사회나 서구문화에 대한 귀족과 잡계급 출신 인텔리겐치아의 양가적인(ambivalent) 태도이다. 그들은 서구문화에서 보편적 가치를 찾아 그로부터 러시아의 현 상황을 비판한다든지, 역으로 서구사회나 러시아 사회에 내면화된 서구적 문화를 비판하기 위해 러시아 고유의 문화나 가치관을 강조하거나 그 전 인류적인 보편성을 주장한다든지 했다. 이와 같은 맥락에서 맑스의 사상도 다양하게 해석되었다.

19세기의 흐름을 개관하면, 대(對) 나폴레옹 전쟁에서 서구에 원정한 청년 장교들 중에 자국의 전제와 노예제에 대한 비판의식이 생겨나 그들은 차르의 사망을 계기로 봉기하기에 이른다(1825년의 데카브리스트 봉기). 이를 진압한 새로운 황제 니콜라이 1세는 비밀경찰에 의한 사상통제를 강화하고 '정교・전제・민족성'을 기둥으로 하는 관제 민족성 이론을 창도했다. 40년대에는 서구에 없는 농촌공동체와 정교 신앙에 입각한 러시아의 독자적인 길을 이야기하는 슬라브주의자에 맞서 서구와 궤를 같이 한 러시아의 발전을 전망하고 농노제를 비판한 서구주의자가 논전을 벌이는 한편으로, 프랑스 사회주의를 연구하고 있던 서클이 적발되었다. 서구파였던 게르첸*은 망명지에서 1848년 혁명*을 비판적으로 받아들여 농촌공동체에 입각한 독자적인 '러시아 사회주의'를 제기했다. 크리미아 전쟁* 패배 후 새로운 황제 알렉산드르 2세가 1861년의 농노해방을 비롯해 일련의 자유주의적인 개혁을 진행하자 다양한 입장의 지식인들의 언론이 활발해졌다. 그러나 농노해방의 방식을 둘러싸고 자유주의자와 급진주의자가 대립하며, 66년의 황제 암살미수사건을 계기로 탄압이 강화되고 여론이 보수화되는 가운데 급진적인 지식인의 체포, 유형과 망명*이 잇따랐다. 70년대에는 망명 혁명가들의 세 가지 조류(바쿠닌*, 라브로프, 트카초프)가 생겨나 국내에서 '브나로드(인민 속으로)' 운동이나 나로드니키(Narodniki) 혁명 조직이 결성되는 동시에 러시아-터키 전쟁*(1877-78년)을 배경으로 슬라브주의적인 사상도 활성화되었다. 1881년의 황제 암살은 결과적으로 새로운 황제 알렉산드르 3세의 반동체제를 초래하며, 혁명사상이 쇠퇴하는 한편으로 지방자치단체(젬스트보) 활동가들을 중심으로 민생의 향상을 지향하는 온건 자유주의적인 '작은 사업' 운동이 융성했다. 19세기 말에 걸쳐 정부의 공업화 정책에 의한 공장노동자의 출현을 배경으로 하여 맑스주의자가 대두하는 동시에 서구적 가치를 중시한 자유주의자나 나로드니키의 전통을 계승하는 사상이 활발해지고 실증주의나 신칸트주의, 독특한 종교철학 등이 융성하게 되었다.

【Ⅱ】1860년대까지의 맑스의 수용과 교류

러시아에서는 1840년대에 『독불연보』*, 『철학의 빈곤』* 등이 일부 지식인들 사이에서 읽히며, 60년대에는 『영국 노동자 계급의 상태』*나 『정치경제학 비판을 위하여』* 서문에서의 '토대-상부구조' 테제가 소개되었다. 또한 60년대 말부터 70년대 초두에 「국제노동자협회 잠정규약」이 독일의 노동자 문제에 관한 번역서의 부록으로서 유포되었다. 69년에는 바쿠닌이 번역한 『공산당 선언』*이 네차예프 등의 손으로 제네바에서 1,000부가 인쇄되며, 그 일부는 국내에도 밀수되었다. 또한 70년 말에 『내전』*의 러시아어 번역이 모스크바의 '차이코프스키단'에 의해 취리히*에서 인쇄되어 국내에 밀수되었다. 다른 한편, 러시아 농민의 참상을 고발한 베르비 플레로프스키(Bervi Flerovskii)의 『러시아에서의 노동자계급의 상태』(1869)는 맑스의 러시아 연구의 출발점이 되었다.

【Ⅲ】1870년대의 망명 러시아인의 협력과 불화

1870년대 전반기의 러시아인 망명자 사회에서는 총평의회파의 우틴, 반총평의회파의 바쿠닌, 트카초프, 그리고 중간파인 라브로프가 서로 논쟁을 벌였다. 먼저 1870년에 국제노동자협회*에 가맹한 우틴 등의 제네바 러시아인 지부는 『인민의 사업』지에서 총평의회의 입장을 선전했다. 라브로프는 70년에 망명하여 맑스와 알게 되고, 파리 코뮌*에 참가한 후 73년에 취리히에서 농민에 대한 평화적 선전을 중시한 『전진!』지를 창간했다. 그는 바쿠닌과는 다른 입장이었지만, 『헤이그 대회 보고』에 관해서는 인신공격이라고 비판했다. 74년에 망명한 트카초프는 엥겔스*의 「망명자 문헌」에 반론을 제기하여 『F. 엥겔스에게 보내는 공개서간』을 독일어로 발표하고, 서구와는 다른 러시아의 독자적인 혁명노선의 필요성을 주장했다. 이에 응답하는 형태로 엥겔스의 『러시아의 사회상태』가 집필되게 되었다.

【Ⅳ】『자본』*의 러시아어 번역과 수용

『자본』 제1권의 최초의 번역인 러시아어판은 1872년에 페테르부르크에서 출판되었다(3,000부). 번역은 처음에는 로파틴이 맑스의 조언을 받으면서 시작하며, 그 후 다니엘슨이 이어받아 최종적으로 번역 감수했다. 1877년에는 국내 지상에서 『자본』의 해석을 둘러싸고 논쟁이 벌어졌다. 후에 국립은행 총재가 되는 주코프스키가 이 책을 개인 소유의 원리에 입각한 것이라며 비판했다. 재야의 평론가 미하일로프스키는 전자의 해석을 오류라고 하면서도 본원적 축적론을 러시아에 적용하는 것의 문제점을 지적했다. 이에 대해 대학교수 지베르는 오히려 자본주의*의 역사적 필연성을 강조했다. 이 논쟁에 촉발되어 맑스는 「『조국잡기』 편집부에 보내는 편지」를 집필하게 된다.

【Ⅴ】'인민의 의지'당과의 연대

1880년대에 들어서자 국내에서는 '인민의 의지'당이 정치테러 노선을 강화하고 81년에 황제 암살을 성공시켰다. 80년에 '인민의 의지'당의 가르트만은 라브로프의 소개로 맑스와 만나 협력관계에 들어가며, 라브로프, 가르트만 등이 편집한 「러시아 사회혁명 총서」(제네바)의 하나로서 플레하노프*가 번역한 『선언』(1882)과 제이치가 번역한 『임금노동과 자본』*(1883)이 출판되었다.

【Ⅵ】맑스 사후의 동향

83년~94년에 걸쳐 제네바에서는 '노동해방'단이 맑스 저작의 번역 · 소개를 하는 한편, 이에 대항해서 『인민의 의지 통보』가 「『조국잡기』 편집부에 보내는 서간」(1886)을 발표하고, 라브로프가 번역한 『법철학 비판 서설』의 러시아어판(1887)이 출판되었다. 89년의 파리 국제노동자대회에서는 라브로프가 러시아 대표로서, 또한 플레하노프가 러시아 사회민주주의자의 대표로서 연설했다.

국내에서는 다니엘슨이 『자본』 제2권(1885), 제3권(1896), 「『조국잡기』 편집부에 보내는 서간」(1888)을 러시아어로 번역하고, 『우리나라의 개혁 후의 사회경제 개관』(1893)에서 국가 보호 하에서의 러시아의 자본주의화가 농민층의 몰락을 초래하고 있는 상황을 분석해 첨단적인 농 · 공업과 농촌공동체와의 접합에 따른 생산력의 발전과 사회화된 생산의 창출을 전망하고 있었다. ☞플레하노프, 바쿠닌

㉟ 和田春樹, 『マルクス・エンゲルスと革命ロシア』, 勁草書房, 1975. A. ヴァリツキ(日南田靜眞 外 譯), 『ロシア資本主義論爭』, ミネルヴァ書房, 1975. *Kinga v Rossii 1861-1881*, Moskva 1988.

—시모사토 도시유키(下里俊行)

러시아의 공동체—共同體 [(러) mir; obshchina]

일반적으로 미르라 불렸던 러시아 농촌공동체는 단지 역사적 생산형태로서 경제구조 분석의 대상이 되어왔던 것에 그치지 않고 경제발전 모델설이나 근대 러시아 사회론, 나아가서는 혁명*의 전술논쟁과 맞물려 그 위치부여가 논의되어왔다. 그 배경에는 다시 말하면 러시아에 1861년의 농노해방 이후에도 광대한 국토에서, 비록 지역차가 있긴 하지만, 확고하게 농촌공동체가 존속해온 사실이 놓여 있다. 이 때문에 러시아에서는 근대의 개막과 더불어 민족적인 고유성과 보편성의 주장이 사회발전의 과정을 둘러싸고 서로 격돌하는 양상을 보이는 가운데 농촌공동체의 역사적 사명이 그 소용돌이의 중심에 자리하는 형태가 되었다. 다만 러시아의 농촌공동체 자체가 역사 시간의 변천에 따라 기능과 역할을 다양하게 변용시킴으로써 문제를 한층 복잡하게 했다. 요컨대 국가통치의 첨병기관으로

서의 기능이 우월하던 시기의 공동체 조직으로부터 구성원인 농민들 자신의 자치기능이 높아져 가는 시대의 농촌공동체에서는 성격이 상당히 달라지고 있었다. 20세기 초두에 등장한 스톨리핀의 개혁은 바로 이러한 변질을 염두에 둔 러시아 국가시책이었다. 1917년 혁명이 러시아 농촌공동체의 재생과 부활에 가져온 당초의 극적인 효과는 기억될 만하다. 그러한 사회동태의 현실 속에서 네오 나로드니키주의와 같이 경제적 평등과 공동체*의 옹호를 강령으로 내건 그룹도 한때 대두했다. 이윽고 1930년대에 들어서서 급속히 진전된 농촌집단화의 폭풍 속에서 전통적인 러시아 농촌공동체는 쇠퇴하고, 마침내 그 자치기능도 박탈당하는 결과가 되었다.

이미 『정치경제학 비판 요강』*에서 자본제 생산에 선행하는 형태들의 분석에 착수한 적이 있는 맑스는 원시공동체에 대해 일정한 관념을 획득하고 있었지만 체르니셰프스키*나 코발레프스키*의 러시아 농촌공동체를 둘러싼 저작을 접하고, 또한 코발레프스키로부터 모건의 『고대사회』*를 소개받기에 이르러 다시 한 번 사회발전의 미래에서 공동체의 잠재적 가능성 문제에 관심을 갖게 되었다. 그러던 와중에 자술리치*로부터 질문장이 도착하여 해당 테마에 대한 맑스의 고찰을 심화시키는 단서를 제공하고, 나아가 엥겔스*가 집필한 것으로 보이는 『공산당 선언』 러시아어판 서문에서는 맑스・엥겔스 두 사람의 러시아 혁명에 대한 기대의 증대를 반영해서 러시아 농촌의 토지공유제도가 공산주의적 발전의 출발점이 될 수 있다는 것을 명기하게 되었다.

한편, 일본에서는 1960년대 말부터 1970년대에 걸쳐 베버의 『러시아 혁명론』을 단서로 하여 러시아 농촌공동체의 기본적인 성격, 즉 아시아적 특징의 유무나 스탈린 체제에 대한 사회적 기반 제공의 유무 등을 둘러싸고 여러 논자들이 참여한 논쟁이 전개되었다. 구소련이 붕괴한 오늘날 러시아형 농촌공동체의 귀추에 대하여 그 에토스의 측면도 포함한 새로운 고찰과 논의가 기대된다. ☞자술리치

참 林道義, 『スターリニズムの歴史的根源』, 御茶の水書房, 1971. チェルヌイシェフスキー(石川郁男 譯), 『農村共同體論』, 未來社, 1983. 保田孝一, 『ロシアの共同體と市民社會』, 岡山大學文學部, 1993.

—사콘 다케시(左近 毅)

러시아-터키 전쟁—戰爭 [(독) Russisch-türkischer Krieg]

1875년 터키령 내의 발칸에서 발생한 슬라브족들의 반란을 계기로 하여 1877년에 러시아가 터키에 전쟁을 선포하고 승리한 전쟁. 당시의 러시아 황제 알렉산드르 2세(재위 1855-81년)는 농노해방, 젬스트보(지방자치단체) 설치, 사법제도 개혁, 군제 개혁 등을 단행했지만 모두 철저하지 못하게 끝나고 민중의 불만은 증대되어 각지에서 반란이 발생하기 시작하고 있었다. 그리하여 황제는 민중들의 불만을 밖으로 돌리고자 하여, 또한 러시아의 시장개발을 노리고서 터키와의 전쟁을 일으켰다. 이 전쟁에 대하여 맑스는 터키 측의 승리를 기대했다. 그는 1877년 7월 18일자의 엥겔스에게 보낸 서간에서 "유럽 터키령에서의 러시아 군의 패퇴가 직접적으로 러시아에서의 혁명*으로 이어질"[34:42] 것이라는 추측을 적고 있으며, 78년 2월 4일자의 리프크네히트*에게 보낸 서간에서 "만약 러시아 군이 패배한다면 그것은 그 요인들이 대량으로 존재하고 있던 러시아의 사회변혁을, 또 그와 동시에 유럽에서의 격변을 크게 앞당길 것이기 때문이다"[같은 책:253]라고 적었다. 그 당시 맑스는 러시아의 공동체 연구자 코발레프스키*와 몇 차례 만나고 있었으며, 미하일로프스키의 논문에 대한 답신으로 쓴 문장(미발송)에서 러시아는 자본주의*의 길을 회피하여 미래로 발전할 수 있는 가능성을 지닌다고 적었다. 마우러의 저작 등을 읽으며 고대연구에 전념하는 맑스는 러시아-터키 전쟁에서의 러시아의 패배에 의해 옛날부터 내려오는 오프시치나(공동체*)를 기반으로 해서 러시아 혁명이 성취되고 그것이 유럽으로 파급되기를 기대했던 것이다. ☞코발레프스키, 러시아의 공동체, 러시아 사상

참 山之内靖, 『マルクス・エンゲルスの世界史像』, 未來社, 1969.

—이시즈카 마사히데(石塚正英)

런던 [London]

19세기 유럽 최대의 도시*로 맑스가 망명*한 도시이기도 하다. 맑스는 1849년부터 1883년까지 34년간 여기서 살았다. 1850년의 런던 인구*는 210만 명으로 파리*의 두 배에 달했다. 런던의 인구가 급격히 팽창한 것은 19세기에 들어선 이후의 일이다. 예를 들어 1801년에 88만 명이던 인구는 1850년에 두 배 이상으로 증가한다. 런던의 인구는 영국 남부로부터의 이주, 아일랜드*로부터의 이민뿐만 아니라 맑스 등과 같은 대륙으로부터의 망명자들이나 이민으로 팽창해 갔다. 망명자는 30만 명이라고 말해지기도 한다.

【Ⅰ】변모하는 런던

1837년부터 시작되는 빅토리아 시대는 런던이 대변모를 이룬 시대이다. 빅토리아 이전과 이후를 나누는 것은 첫째로 도시의 경관, 둘째로 도시의 통치기구에 있다. 먼저 도시의 경관이란 18세기의 조지 왕조풍 건축양식을 일소하고 근대 도시 런던을 형성하는 빅토리아조 양식이다. 둘째의 것은 19세기 초까지 분열된 런던 행정을 조직화한 점이다.

런던을 상징하는 건물이나 거리는 19세기에 만들어진 것이다. 국회의사당, 로열 앨버트 홀, 대영박물관, 잉글랜드 은행* 등의 빅토리아풍 고딕 건축물, 리젠트 스트리트, 리젠트 파크, 트라팔가 광장 등의 거리나 공원도 19세기가 되어 만들어진 것이다. 당시 화려하고 장엄한 건축물이 런던에 생각보다 적었던 이유는 귀족이 시골 장원에 성을 축조하고 런던에서는 비교적 작은 테라스하우스에 살고 있었기 때문이다. 파리*가 오스만이라는 인물에 의해 인공적으로 바뀌어 만들어진 데 반해 런던은 자연발생적으로 만들어져 갔다.

기념비적 공공건축물뿐만 아니라 끝없이 확산되는 런던 교외 주택도 이 시대에 만들어져 갔다. 빅토리아풍의 테라스 하우스(terrace house), 세미 디태치드 하우스(semi-detached house), 디태치드 하우스(detached house)는 특히 북서부로 확산되어 가는데, 맑스 가*가 1856년부터 살았던 그래프턴 테라스의 집은 그러한 테라스 하우스의 하나였다. 도시의 중심에 확산되는 빈곤과의 동거를 피하고 싶은 중산계급은 교외의 주택을 찾아간다. 그 결과 중심부는 빈곤지역으로 변해갔다.

런던이라는 도시를 일괄해서 통괄한 최초의 조직은 1829년에 태어난 런던 경시청이다. 정치, 종교가 분리된 상태였던 런던에 일종의 통합을 만들어낸 것이 바로 이 런던 경시청이었다. 런던의 7개 공중위생위원회에 대한 비판으로부터 생겨난 채드윅의 수도위생위원회도 런던 전체를 통괄하는 기관으로서 성립했다. 정치적 경계가 분명치 않았던 런던에 명확한 형태를 만들어낸 것은 이러한 조직들이었다.

【Ⅱ】빈곤과 비위생적인 런던으로부터의 탈피

도시의 위생개선은 도시 개조와 결부되어 있었다. 채드윅은 콜레라의 원인으로서 공기를 통해 전염된다고 하는 장기설(瘴氣說)을 생각하고 있었기 때문에 런던의 상하수도 개선, 똥구덩이의 오물 처리에 힘을 쏟았다. 맑스가 런던에 온 1849년 8월은 콜레라가 런던에 만연하고 있던 때였다. 맑스 가의 아이들은 55년까지 3명이 사망하는데, 그 사인은 콜레라가 아니다. 49년의 콜레라 발생 때에는 장기설이 유력했기 때문에 하수도 오염을 제거하려 하다가 도리어 전염 지역을 확산시키고 말았다. 9월에는 6,500명이 죽었다고 한다. 템스 강에 오수를 직접 투기하는 것이 전염병을 확대시킨다는 것이 명확했기 때문에 상수도와 하수도가 완비되고 수세식 화장실이 보급되어 갔다. 50년대의 맑스 일가의 런던 주거는 훌륭한 것은 아니었지만 화장실은 공동 이용이긴 하지만 수세식이었고 위생 상태는 나쁘지 않았다. 66년을 마지막으로 콜레라가 발생하지 않게 된 것도 공중위생 대책 덕분이었다. 그러나 예니 맑스*는 60년에 천연두에 걸린다.

【Ⅲ】사회진보의 상징인 런던—중산계급 문화의 융흥

19세기의 런던은 매력이 넘치는 도시이기도 했다. 연극이나 레저, 대(大)박람회, 철도의 발전이 도시에 약동감을 주고 있기도 했다. 연극과 관련해서는 1843년 '극장법'이 성립하여 미풍양속이나 치안을 어지럽히는 연극 이외의 모든 연극이 허가됨으로써 런던은 연극의 중심이 되었다. 맑스는 홀본의 새들러스 웰에서 셰익스피어*의 희곡을 봤다고 하는데, 거기서는 1844년부터 62년까지 30편의 희곡이 상연되고 있었다. 또한 당시 큰 명성을 누리고 있던 헨리 어빙을 맑스가 높이 평가한 것은 라이시엄 극장에서 상연된 셰익스피어 극을 본 이후이다.

소비문화도 발전하고 파리의 백화점 영향도 있어 화이틀리 백화점이 1863년에 오픈하여 중산계급의 유행을 형성해갔다. 1851년의 대박람회 이후에도 디오라마나 파노라마와 같은 볼거리가 나타나 사람들의 마음을 사로잡았다. 상설 유원지 클레만 공원 등도 인기를 누렸다. 나아가 럭비, 축구, 크리켓, 테니스 등 스포츠도 발전하고 그동안 지배적이었던 닭싸움이나 교수형 구경 등이 쇠퇴하여 중산계급 문화가 빅토리아조 문화로서 구석구석까지 침투하기 시작한다. 철도의 발전도 단체여행이나 교외 주택을 탄생시켜 중산계급 문화의 힘을 강화하게 되었다. 철도의 발전과 관련하여 참고로 말하자면, 맑스는 런던의 노스웨스튼 철도의 취직시험을 치렀지만 실패했다. ☞망명, 맑스의 병, 빅토리아기의 영국 중산계급의 생활, 빅토리아기의 생활수준, 공중위생

㊟ A. ブリッグス(大内秀明 監修・小林健人 譯),『マルクス・イン・ロンドン』, 社會思想社, 1983. J. R. Mculloch, *London in 1850-1851*, London 1851. J. D. Olsen, *The Growth of Victorian London*, Middlesex 1976. L. C. B. シーマン(社本時子・三ッ星堅三 譯),『ヴィクトリア時代のロンドン』, 創元社, 1987.

—마토바 아키히로(的場昭弘)

『레드 리퍼블리컨』 [*The Red Republican*, 1850]

1850년 6월 22일부터 11월 30일까지 24호에 걸쳐 런던*에서 주간으로 발행된 신문. 편집자는 하니*. 하니가 차티스트 운동*의 중심적 지도자였던 오코너와 대립하고 『노던 스타』*의 편집자의 지위에서 물러난 것이 발행의 동기가 되었다. 차티스트 운동의 최종적 국면을 대표하는 신문으로, 당시의 하니의 정치적 입장을 반영하여 자본주의*에 대한 철저한 비판*, 화폐*에 대한 비판, 부르주아지와 프롤레타리아트의 비타협적인 계급적 대립, 국가권력의 탈취 필요성과 같은 주장이 많이 게재되어 있었지만, 그 중에서도 정치개혁과 사회개혁의 결합 필요성이 강조되었다. 헬렌 맥팔레인에 의한 『공산당 선언』*의 영어 번역이 간단한 서문을 덧붙여 21호(11월 9일)부터 마지막 호에 걸쳐 게재된 것으로도 알려져 있다. 하니와 함께 헬렌 맥팔레인의 펜네임이었다고 생각되는 '하워드 모턴'이 중심적 기사를 집필했지만, 그 외에도 마치니*, 루이 블랑*, 르드뤼 롤랭* 등의 주장이 자주 게재된 것을 비롯하여 바쿠닌*, 샤퍼*, 피에르 르루*, 슈람, 카베* 등 당시의 공화주의적, 사회주의적 활동가들의 동향이나 사상이 망라되어 게재되고 있다. 지명이 너무 급진적이라는 이유로 인해 1850년 12월부터는 『프렌드 오브 더 피플』*로 명칭을 바꾸어 계속 발행됐다. ☞하니, 『노던 스타』, 차티스트 운동, 마치니, 블랑, 르드뤼 롤랭, 바쿠닌, 샤퍼, 르루, 카베, 『프렌드 오브 더 피플』

㊟ *The Red Republican and the Friend of the People*, reprinted with an introduction by John Saville, London 1966. 岡本充弘,「『共産黨宣言』とイギリス—最初の英語譯」, 柴原敏昭・石塚正英 編,『「共産黨宣言」—解釋の革新』 수록, 御茶の水書房, 1998.

—오카모토 미치히로(岡本充弘)

『레볼루치온』 [*Die Revolution*, 1852]

J. 바이데마이어*가 뉴욕*에서 편집・발행하고 맑스의 저작 『루이 보나파르트의 브뤼메르 18일』*을 게재한 잡지. 1852년 1월 바이데마이어는 주간지 『레볼루치온』을 창간했지만 재정난으로 2호를 간행한 후 부정기 간행이 되었다. 같은 해 5월의 부정기 간행 제1호로 위의 맑스의 저작이 처음으로 발표되었다. 6월의 부정기 간행 제2호에는 프라일리그라트*의 G. 킨켈* 비판문 『두 개의 시적 서간』이 게재되었다. ☞바이데마이어, 『루이 보나파르트의 브뤼메르 18일』

㊟ 野村達朗,「1850年代初頭のアメリカにおけるドイツ人亡

命者政治」, 『硏究報告集』, 第6号, 愛知縣立大學外國語學部「1848年」共同硏究會, 1979.

—이시즈카 마사히데(石塚正英)

레스너 [Friedrich Leßner 1825-1910]

맑스의 친구. 작센의 바이마르에서 태어난다. 재봉직인의 도제가 되어 17세에 편력 직인*이 된다. 함부르크*에서 사회주의*를 알게 되고, 병역을 피하기 위해 런던*으로 망명*하여 노동자협회의 멤버가 된다. 『공산당 선언』*의 원고를 인쇄소에 전한 것으로도 알려져 있다. 1848년 혁명*으로 독일로 돌아가 쾰른 공산주의자 재판*에서 5년형을 선고받는다. 런던으로 돌아간 후 맑스파가 되어 제1인터내셔널 등에서 활약한다. 맑스 가*의 양복을 만들기도 했다. ☞런던, 망명, 인터내셔널{국제노동자협회}, 편력 직인

참 F. Leßner, *Sixty years in the social-democratic movement*, London 1907(Reprint, Berlin 1976).

—마토바 아키히로(的場昭弘)

레싱 [Gotthold Ephraim Lessing 1729-81]

독일의 극작가. 계몽주의 문학의 대표적 존재. 작센의 한촌에서 가난한 목사의 가정에서 태어난다. 라이프치히*에서 신학*을 공부한다. 문학에 전념하여 극작과 평론에 종사. 이후 고정된 직업을 갖지 않고 극빈을 견디면서 자유로운 문필 활동을 계속한다. 또한 많은 논쟁을 일으킨다. 대표작으로 희곡 『에밀리아 갈로티』, 평론 『함부르크 연극론』 등. 합리주의적인 사고를 바탕으로 『현자 나탄』에서는 독일의 대표적인 유대인 사상가 모제스 멘델스존을 모델로 종교상의 관용을 이야기한다. 한편, 맑스는 『레싱 전집』(1824/25) 전권을 갖고 있었다.

—다카기 후미오(高木文夫)

레오폴드 1세 [Léopold I 1790-1865]

맑스가 벨기에에 머물고 있던 시절의 국왕. 벨기에는 1830년 7월 혁명*의 여파로 네덜란드로부터 독립을 달성했다. 독립 후의 벨기에에서는 군주정이냐 공화정이냐를 둘러싸고 보수파와 자유파가 항쟁을 벌이지만, 11월에 군주정 헌법이 성립되어 국왕을 다른 나라에서 맞이하게 되었다. 이리하여 1831년 6월 4일에 국왕에 즉위한 것이 코부르크 출신의 레오폴드 1세였다. 프랑스에서 밀려오는 2월 혁명*의 압력에 대해 왕정을 지켜내고 혁명의 파급을 저지했다. ☞브뤼셀, 민주주의협회{민주협회}, 조트랑

참 L. Bertrand, *Historie de la démocratie et du socialisme en Belgique depuis 1830*, 2 vols., Bruxelles 1906-07.

—마토바 아키히로(的場昭弘)

로라 몬테즈 ⇨**몬테즈**

로빈슨 이야기 [(독) Robinsonade]

맑스는 다니엘 디포의 로빈슨 크루소 이야기를 몇 군데서 언급하고 있다. 이 경우에도 맑스가 인용하는 문헌은 그의 문제 시각에 따라 다른 측면을 보인다. 『철학의 빈곤』*에서는 두 명의 인간*(파울로 · 페테로) 사이에 상품교환이 없어지는 경우를 "로빈슨의 상태"[4:104]라고 말한다. 『자본』*의 예[23a:102-103]는 상품*이 없는 세계이다. 로빈슨은 '생산 과정 일반을 담당하는 인간 일반'을 대표한다. 자립한 개인*이 자신의 욕망을 채우기 위해 어떤 생산물을 얼마나 생산할 것인지를 계획하고 필요한 노동시간*을 배분하며 활동과 성과를 기록한다. 상품이 없는 세계에서도 인간은 자원과 노동시간을 합리적으로 배분하지 않으면 안 된다. 그곳은 경제원칙이 투명하게 되는 세계이다. 『정치경제학 비판 요강』*[초1:25]에서 로빈슨 크루소를 거론하는 방식은 다르다. 맑스에 따르면 스미스*나 리카도*가 거론하는 사냥꾼 · 어부의 예와 같이 로빈슨은 과거에 있었고 미래에 부활해야 할 인간상으로 제시되어왔지만, 그 자립적 개인상은 근대 시민사회의

생성과정에서 구상되어온 역사적 형상물이다. 인격적 자립은 상품=화폐*라는 물상적 의존관계에 뒷받침되고 있다. 자립적 개인은 부를 지배하는 화폐를 소유함으로써 낡은 인격적 종속에서 자유*롭게 된다. 그러나 그들은 화폐의 노예이며 화폐의 힘으로 임금노예 · 직접노예를 지배한다. 대항해 시대 이래로 "식민지*를 가치 있는 것으로 만든 것은 노예제도*이다. 세계무역을 만들어낸 것은 식민지이다"[4:135]. 맑스의 동시대의 영국의 면공업은 임금노예를 고용하고 미국 남부의 여러 주의 면화 플랜테이션의 직접노예제에 의존하고 있었던 것이다.

무역상인 · 투기가 · 저널리스트인 디포가 익명으로 1719년에 런던*에서 항해기 형태로 출판한 『요크의 선원 로빈슨 크루소의 생애와 이상하고 놀라운 모험』은 롱 셀러가 되고 유럽에서 널리 알려지게 되었다. 맑스는 이처럼 잘 알려진 로빈슨 크루소 이야기를 배경으로 언급하고 있다. 실은 그 이야기의 무대는 '절해의 고도'가 아니다. 이야기에서는 구스페인령(현 베네수엘라 공화국)인 오리노코 강에서 동쪽으로 70킬로미터 떨어진 섬으로 상정되고 있다. 영국은 1713년의 유트레히트 조약으로 스페인령 아메리카에 대한 노예무역권을 스페인으로부터 획득했다. 영국 왕실은 그 권리를 남해회사에 기탁했다. 디포는 『로빈슨 크루소』 출판 2개월 전에 어느 잡지에서 오리코노 강에 해군의 보호를 받는 영국 식민지를 남해회사가 왕실의 비용으로 건설할 것을 제안하고 수지타산은 충분히 맞을 것이라고 역설했다. 이 제안의 배경에는 18세기 초부터 홍차에 밀크와 설탕을 넣어 마시는 애프터눈 티 습관이 영국의 중산계급에도 보급되면서 생긴 '설탕 붐'이 있다. 설탕 붐에 대응하기 위해서는 식민지로 보내진 계약노동자 · 범죄자 · (크롬웰이 아일랜드* · 스코틀랜드에서 보낸 다수의) 정치범으로는 노동력이 부족했다. 이러한 부족을 아메리카 흑인노예로 보완함으로써 결국 흑인노예가 다수를 차지하게 된다. 독립생산자 로빈슨 크루소를 따르는 흑인노예 프라이데이는 디포가 제안한 오리코노 식민지 경영을 상징하고 있는 것이다. ☞노예제{노예무역}

[참] 大態信行, 「マルクスのロビンソン物語」, 『經濟本質論』 수록, 日本評論社, 1941. ヤン・コット(石原達二 譯), 『古典作家の學校』, せりか書房, 1970. 增田義郞, 『略奪の海—カリブ』, 岩波新書, 1989. 岩尾龍太郞, 『ロビンソンの砦』, 青土社, 1994.

—우치다 히로시(內田 弘)

로잔 [Lausanne]

레만 호반에 있는 칸톤 보의 수도. 1850년경의 인구 약 2만 명. 1830년대부터 독일인의 혁명운동이 왕성하여 바이틀링*의 도착과 동시에 의인동맹*과 '청년 독일' 사이에 종파 투쟁이 전개되었는데, 그가 체포된 이후에는 두 파의 운동 본부가 된 것 같은 모습이 있었다. 사실 두 파의 기관지는 이곳에서 발행되었다. 그러나 1845년에 이를 눈치 챈 그 지역의 보수파가 이 사실을 급진파 공격의 소재로서 이용했기 때문에 급진파는 타협을 강요받으며, 그해에 주요 멤버 대부분이 추방 명령을 받았다. ☞청년독일파, 의인동맹, 브베

[참] August Becker, "Geschichte der religiösen und atheistischen Frühsozialismus", (1847), in: Ernst Barnikol (hrsg.), *Christentum und Sozialismus. Quellen und Darstellungen*, VI, Kiel 1932. Wilhelm Marr, *Das junge Deutschland in der Schweiz*, Leipzig 1846, rpt. Glashütten im Taunus 1976.

—와타나베 고지(渡辺孝次)

로크 [John Locke 1632-1704]

맑스가 '경제학의 철학자'라고 부른 로크는 서 잉글랜드의 젠트리(Gentry) 집안에서 태어나 옥스퍼드의 클라이스트 처치에서 학생 생활을 보내고, 후에 도덕 철학의 교무감이 되었다. 그의 학생 시절의 옥스퍼드는 왕당파의 거점이었기 때문에 그의 사상도 처음에는 반혁명적이었지만, 학생 시절부터 이미 '새로운 과학'에 관심을 갖고 있던 그는 의학 연구에 뜻을 두고 보일과 함께 왕립과학협회의 창설에 관여하는 한편, 시드넘의 영향을 받아 역사적 경험적 방법을 익히고 일체의 생득관념을 부정한 자연법*의 경험적 인식 가

능성을 모색했다. 그 성과가 1690년에 간행된 『인간지성론』이다. 다른 한편 의학이 마련해준 인연으로 1667년 이후 애슐리(이후의 초대 샤프츠버리 백작)의 비서가 된 그는 그때까지의 아카데믹한 세계와는 다른 넓은 세계의 사람이 되어 경제문제와 그 밖의 현실문제에 관여하는 한편, 프랑스로 여행하는 등으로 하여 자유주의적인 경향을 강화했다. 80년 전후의 왕위배척 법안을 둘러싼 정쟁 과정에서 왕당파의 로버트 필머의 『가부장론』을 논파하기 위해 집필한 『정부론』(1689년 말 간행)은 소유의 증대에 따른 상품 관계의 일반화 속에서 시민정부 형성의 근거를 찾은 것인데, 그 중심을 이루는 노동에 의한 소유의 이론은 맑스로 대표되는 노동가치설* 형성에 불가결한 이론을 제공하는 것이었다. 맑스도 『잉여가치학설사』에서 로크의 원문을 대폭적으로 인용하고 주석을 붙이고 있다. 맑스는 또한 로크의 『이자 · 화폐론』에도 주목하고 로크의 경제이론 속에서 잉여가치 분석으로 이어지는 계기를 발견하고 있다. 맑스가 『정치경제학 비판 요강』* 등에서 전개한, 화폐의 가치 인상을 둘러싼 로크와 라운즈의 논쟁에 대한 언급 등도 그가 자신의 가치척도론 구축 과정에서 로크의 화폐론이 지니는 의의를 그 나름대로 평가하고 있었다는 것을 엿볼 수 있게 해준다. 로크는 1683년 이후 네덜란드에 망명*해 있었지만, 명예혁명 후 귀국하여 『관용 서간』이나 『교육론』 등의 저작을 잇달아 발표하는 한편, 혁명정권의 지적 지도자로서 활약하고 잉글랜드 은행*의 창설에도 참여했다. ☞잉글랜드 은행, 화폐, 노동가치론

㊟ 田中正司, 『ジョン・ロック研究』, 未來社, 1968.

—다나카 쇼지(田中正司)

로트베르투스 [Johann Karl Rodbertus 1805-75]

독일의 경제학자, 국가사회주의자. 베를린 대학 등에서 법학을 공부하고 프로이센의 사법관리가 된 후 장기간의 유학(遊學)을 거쳐 고향 폰메른 주의 야게초에 정착했다(1836년). 1847년에 주의회의 의원으로 선출, 1848년의 3월 혁명* 후에는 프로이센 국민의회*의 의원으로 선출되고 곧바로 문부장관에 취임했지만 보름 만에 사임했다. 그 이후 단기간의 정치활동을 거친 뒤 야게초로 돌아가 주로 사회문제의 경제학적 연구에 전념했다. 당시의 '빈곤과 판로 정체'의 원인과 처방전을 제시하기 위해, 같은 문제를 논하는 폰 키르히만에게 보내는 서간이라는 형식을 취해 자신의 주장을 전개했다. 리카도 지대론의 비판*을 주제로 하는 제3서간(1851), 맑스의 주저와 같은 제목의 제4서간=유고 『자본』(1883) 등이 있다. 이 저작들에서 리카도 비판이라는 형태로 독자적인 '임대료(Rente)'=잉여가치론 및 절대지대론을, 또한 국민생산물의 분배에서 차지하는 임금률 저하에 따른 과소비공황론 등을 전개하고 있다. 맑스는 『잉여가치학설사』에서 그의 지대론에 내재하여 로트베르투스에게서 생산물 가치의 분할과 사용가치의 분할의 혼동, 농업*에서의 원료가치를 간과한 절대지대의 논증 등에 비판을 가했다. 또한 맑스가 잉여가치론을 표절했다고 하는 로트베르투스 등의 논란이 있지만, 그에 대해 엥겔스*는 『자본』* 제2권의 서언에서 그 논란의 무효성을 주장하고 있다. 로트베르투스는 국가*에 의한 점차적인 개량으로 토지와 자본*의 사유를 폐지하자고 제언하여 F. 라살레*, A. H. G. 바그너*에게 적지 않은 영향을 주었다. ☞프랑크푸르트 국민의회, 지대, 잉여가치, 리카도

㊟ J. ロートベルトゥス(山口正吾 譯), 『地代論』, 岩波書店, 1928. 同(平瀨巳之吉 譯), 『資本』, 日本評論社, 1949.

—아비코 시게오(安孫子誠男)

루게 [Arnold Ruge 1802-80]

맑스와 『독불연보』*의 공동 편집을 맡았던 민주주의자이자 저널리스트로, 1840년대에는 헤겔 좌파*의 한 사람. 발트 해상의 뤼겐 섬(1815년에 프로이센령)의 베르겐에서 차지농의 아들로서 태어난다. 1821년부터 할레, 예나, 하이델베르크 대학에서 고전문헌학을 공부했다. 같은 해 부르셴샤프트의 지도적 인물 칼 폴렌에 의해 결성된 청년동맹(Jünglingsbund)에 참가하며, 이듬해인 1822년 뷔르츠부르크에서 열린 회의에 출석

했다. 이 회의를 영방국가의 공동 단속기관인 마인츠 중앙조사위원회가 탐지하고, 그는 1824년에 체포되어 재판 끝에 1826년, 다른 27명의 멤버들과 함께 15년의 금고형을 받는다. 5년간 콜베르크에서 복역한 뒤 1830년에 특별사면을 받고 할레로 돌아와 1832년부터 할레 대학 역사철학 및 철학*의 사강사가 된다. 1836년 대학의 사강사를 그만두고 1838년부터 『학문과 예술을 위한 할레 연보』를 발행하며, 여기에 헤겔 좌파의 다수가 기고하게 되었다. 그 자신도 단호한 민주주의자 입장에서 이성의 획득을 중시한 공화주의*를 지향하게 되었다. 이 잡지는 1841년에 프로이센 정부로부터 발행금지 처분을 받았기 때문에 그는 이웃나라 작센의 드레스덴*으로 옮겨 잡지명을 『학문과 예술을 위한 독일연보』(『독일연보』*)로 바꾸어 발행을 계속했다. 이 잡지도 1843년에 발행금지 처분을 받아 그는 활동 장소를 파리*로 옮겼다. 그곳에서 1844년에 맑스와 공동 편집을 한 『독불연보』를 출판한다. 그러나 독일과 프랑스의 지적 연합이라는 꿈이 실패로 끝나고 맑스와의 충돌도 있고 해서 1846년에 라이프치히*로 돌아와 그곳에서 서적 출판업을 한다.

1848년 3월, 라이프치히에서 로베르트 블룸* 등과 함께 조국협회(민주주의협회*) 창설 멤버가 되며, 5월 초에 바쿠닌*의 중개・알선으로 브레슬라우에서 선출된 프랑크푸르트 국민의회* 대의원이 된다. 그러나 온건자유주의가 지배적인 의회에 실망하고, 같은 해 8월 프랑크푸르트를 떠나 라이프치히, 브레슬라우를 거쳐 프로이센 국민의회*가 구권력기구와 대결 자세를 강화하고 있던 베를린*으로 향했다. 그곳에서 7월 이래로 그가 발행하여 사실상 극좌파의 기관지가 되어 있던 잡지 『개혁』의 편집에 직접 참여하면서 민주주의 그룹 내에서 활동한다. 10월 26일부터 베를린에서 열린 제2회 민주주의자회의에서도 빈 혁명에 대한 지원을 호소하는 성명 발표에서는 주요한 역할을 수행했다.

같은 해 11월, 반동세력이 우세한 상황 속에서 루게는 베를린에서 추방되어 라이프치히로 향한다. 1849년 봄, 프랑크푸르트 국민의회의 헌법 승인을 촉구하는 드레스덴에서의 민중봉기 때에 라이프치히로부터의 의용군 파견에 노력을 기울였지만 커다란 성과는 얻지 못했다. 드레스덴 함락 직전인 5월 7일, 그는 라이프치히를 떠나 파리를 경유하여 런던*에 망명한다. 런던에서는 이탈리아의 마치니* 등과 함께 유럽 민주주의 중앙위원회를 설립했다. 1850년 이후에는 브라이튼으로 옮겨 교사로 은둔 생활을 한다. 사상적으로는 프로이센의 강국화를 지지하게 되며, 1866년 프로이센-오스트리아 전쟁*, 1870년 프로이센-프랑스 전쟁에서는 프로이센의 승리와 제국 창설을 환영했다. 1877년에는 비스마르크*로부터 특별 공로금을 받는다. 80년 12월 31일 그곳에서 사망한다. ☞『독일연보』, 『독불연보』

㊟ 石塚正英, 『三月前期の急進主義―青年ヘーゲル派と義人同盟に關する社會思想史的研究』, 長崎出版, 1983. W. Neher, *Arnold Ruge als Politiker und politischer Schriftsteller*, Heidelberg 1993.

—무라카미 순스케(村上俊介)

루소 [Jean-Jacques Rousseau 1712-78]

제네바 공화국에서 태어나 16세 때에 방랑생활에 들어갔지만, 샹베리의 바랑스 부인의 비호를 받으며 교양을 몸에 익히고, 음악비평・창작가로서 1740년 파리*로 찾아갔다. 디드로 등의 계몽사상가들과 교류하고 1750년에는 『학문예술론』이 디종 아카데미 현상논문에 당선됐다. 거기서 루소는 학문과 문명의 진보가 도덕*의 부패와 병행한다고 논하여 사상계에 충격을 주며, 이어서 『인간 불평등 기원론』(1755)을 출판하여 행복한 자연 상태에서 사회적 불평등으로 인간*이 타락하는 과정을 좀 더 이론적으로 보여주었다. 이 문명비판의 격렬함은 루소를 계몽 주류와의 결별로까지 이끌었지만, 그것은 루소의 독자적인 사상 전개를 향한 출발이기도 했다. 루소는 대작 『신엘로이즈』(1761), 『에밀』(1762), 『사회계약론』(1762)을 잇따라 집필한다. 『에밀』은 근대 교육론의 고전이 되며, 『사회계약론』은 자유*로운 개인*의 사회계약에 의한 공화국의 수립을 논해 프랑스 혁명*의 원리를 제공하는 것이 되었다. 만년에는 『고독한 산책자의 몽상』(1776-78), 『고백』(1782-89) 등을 써서 개인의 자유로운 내면 탐구로 향했다. 이 저작들은 『신엘로이즈』와 더불어 낭만주의*에 거대한 영향을 미치게 되었다. 맑스는 「유대인 문제에 대하여」*에서 루소가 사회계약에 의해 창출하고자 한 인간 공동의 '고유한 힘'을 미래사회 구상의 기본에 놓았다. 이후 맑스에게 있어 루소의 사상은 길을 이끄는 별의 하나였다. ☞로빈슨 이야기

참 桑原武夫 編, 『ルソー研究』(第2版), 岩波書店, 1968. 酒井三郎, 『ジャン・ジャック・ルソーの史學史的研究』, 山川出版社, 1960.

—안도 다카호(安藤隆穗)

루이 나폴레옹{**루이 보나파르트**} **⇨나폴레옹 3세**

『루이 보나파르트의 브뤼메르 18일』 [*Der achtzehnte Brumaire des Louis Bonaparte*, 1852]

2월 혁명*의 발발부터 1851년 12월 2일의 루이 보나파르트*(나폴레옹 3세)의 쿠데타에 이르는 프랑스의 정치과정을 프랑스 혁명*에서 나폴레옹*의 제1제정에 이르는 역사를 모방하면서 반복하는 '희극=제정의 패러디'로 묘사하는 가운데, 남성 보통선거권에 기초한 공화제라는 민주주의적 체제 하에서 루이 보나파르트의 쿠데타에 의한 독재권력 장악이 가능해지고, 더군다나 인민투표로 광범위한 지지를 획득할 수 있었던 이유는 무엇인가 하는 물음에 답하고자 한 책. 1852년 1월부터 뉴욕*에서 정치 주간지 발행을 계획하고 있던 바이데마이어*의 기고 의뢰에 응하여 1851년 12월부터 이듬해 3월에 걸쳐 집필되었지만, 자금난으로 인해 주간지가 2호로 좌절했기 때문에, 새롭게 5월에 부정기 간행 잡지로서 재출발한 『레볼루치온』* 제1호에 전문이 게재되었다. 그 후 1869년에 제2판이 단행본 형태로 함부르크에서 간행되었지만, 그때에는 초판 문장의 다수가 삭제되고 다시 씌어져 있다. 이 책에서 맑스는 루이 보나파르트의 쿠데타 성공의 역사적 조건들을 프랑스의 계급투쟁으로부터 설명하고자 하지만, 그 설명은 『공산당 선언』*에서 정식화된, 근대 국가권력은 한 계급이 다른 계급*을 억압하기 위한 조직된 폭력이며, 부르주아계급의 공동 사무를 보는 위원회에 지나지 않는다고 하는 인식을 수정하는 것이었다.

이 책의 고찰의 중심은 계급관계의 복잡함과 국가*의 자립성에 있다. 의회에서의 정치적 당파들이 토지소유・금융・공업 등의 부르주아지의 분파들을 대표하는 것이라는 점이 상세히 분석된 뒤에, 그 개개의 분파 단독으로는 더 이상 지배 권력이 유지될 수 없고, 게다가 분파들 간의 이해를 둘러싼 항쟁이 부르주아지 전체에 의한 직접적 지배를 좌절시키는 정황 하에서 프랑스 인구의 압도적 다수를 차지하는 분할지 농민의 나폴레옹 환상이 이데올로기적 지지 기반이 됨으로써 모든 계급*을 대표한다고 자칭한 루이 보나파르트의 독재권력 장악이 가능하게 된 것이 설명된다. 일종의 계급투쟁의 균형상태 속에서 직접적으로는 어떤 계급도 정치적으로 대표하지 않는 국가권력이 성립할 수 있다는 것을 맑스는 인정했던 것이다. 게다가 그는 이 국가권력 자체가 방대한 관료제 조직과 군사 조직을 지니는 "무서운 기생체"[8:192]로서 시민사회*에 대한 상대적 자립성을 획득하고 있다는 것을 지적한다. 다만 맑스는 루이 보나파르트의 정책이 모순으로 가득 차 있고 농민의 나폴레옹 환상에 대한 환멸도 임박해 있다고 보고 있으며, 이와 동시에 농민과의 동맹 없이는 프롤레타리아 혁명의 승리는 있을 수 없다는 것을 강조하고 있다. 양대 계급간의 대립이 첨예화하고 그 결전이 다음 공황*에 이어서 확실히 일어난다고 하는 『프랑스에서의 계급투쟁』*의 예언은 철회되었던 것이다. 그러나 1869년의 제2판에서 이 노농동맹론은 삭제되며, 그 대신에 군사적・관료제적 정부기구의 해체 필요성을 강조하는 문장이 덧붙여졌다. ☞의회제 민주주의, 『공산당 선언』, 『프랑스에서의 계급투쟁』, 나폴레옹 3세

참 西川長夫, 『フランスの近代とボナパルティズム』, 岩波書店, 1984. 植村邦彦, 「マルクスにおける歴史認識の方法」, 『關西大學經濟論集』, 第47卷 第5号, 1998.

—우에무라 구니히코(植村邦彦)

루이 필리프 [Louis-Philippe Ier, roi des Français 1773-1850]

7월 왕정기의 프랑스 왕(재위 1830-48). 평등공(Philippe-Égalité)이라 불린 부친 오를레앙 공 루이 필리프 조제프는 루이 16세의 조카뻘이었지만 혁명파로 변신해 국민공회 의원으로 선출되며, 루이 16세의 사형에 찬성했다. 하지만 뒤무리에의 반혁명 음모와의 관계를 빌미로 1893년에 처형된다. 장자인 루이 필리프도 부친과 함께 혁명파가 되어 자코뱅 클럽에도 가입한다. 뒤무리에의 부관으로서 발미 전투에 참가했지만, 총사령관과 함께 오스트리아 측으로 옮겨갔기 때문에 사형을 모면했다. 스위스, 독일, 북구, 미합중국, 영국 등 각지에서 망명생활을 보낸 후, 왕정복고로 1817년에 귀국했다. 루이 18세는 루이 필리프에게 오를레앙 가문의 막대한 재산을 되돌려줬지만 궁정에는 접근하지 못하며, 루이 필리프는 자유주의자들에게 접근해 『콘스티튜쇼넬』이나 『나시오날』지를 지원했다. 30년 7월의 혁명*에 즈음해서는 C. 페리에와 라피트 등 부르주아 자유파 은행가들의 추천으로 '프랑스인의 왕'으로서 왕위에 오른다. 맑스에 따르면 "7월 왕정은 프랑스의 국부를 먹잇감으로 삼기 위한 하나의 주식회사"[『프랑스에서의 계급투쟁』, 7:11]에 다름 아닌데, 그 지배인이 루이 필리프였다. 48년 2월의 혁명으로 프랑스 최후의 왕정은 붕괴하고 루이 필리프는 망명지 영국에서 2년 뒤에 사망한다. 친 영국파라는 점이 그의 낮은 인기를 한층 더 강화했던 듯이 보이지만, 최근에는 '자유주의*'에 대한 재평가와 함께 7월 왕정기에 대해서도 재검토 움직임이 있다. 다수의 문학자와 예술가들을 배출하고 근대적 저널리즘이 형성된 시대였다. ☞2월 혁명

—니시카와 나가오(西川長夫)

루터 [Martin Luther 1483-1546]

종교 개혁자 루터의 중심적 관심은 죄의 용서·구원의 확실함이라는 절실한 종교적 물음이었다. 신의 의로움이란 죄인을 무조건 용서하는 '은총의 의로움'이라는 복음을 재발견하고[『로마서』, 3:21ff.], 구원의 방법으로서의 로마 가톨릭교회의 성례전관(聖禮典觀)과 권위 일체를 근거가 없다며 부정하고, 신의 은혜·신앙·성서*에만 의거하는 '프로테스탄트 3원칙'을 견지했다. 그 결과 통일적 기독교 권역은 붕괴되고 제도로부터 내면으로의 침잠이 중심 주제가 되며, 원죄는 끝없는 '자기 추구'로 간주되고 성속의 계층제가 붕괴하여 '실존'의식의 발단이 열리게 되었다. 그의 '만인사제설'은 '소명(Beruf)' 의식의 세속화·근대적 '직업(Beruf)'관의 전개를 촉진하며, 성속의 '두 왕국설'은 종교*의 개인화와 정교분리를 향한 길을 열고, 자유관과 노예의지론의 역설은 근대적 자아의식이 싹트는 것을 자극했다. 농민전쟁에 대한 그의 관여는 현실세계에서의 평등* 실현의 어려움을 표면화했다. 성서에 대한 고착은 역설적으로 성서의 역사적·비판적 연구의 사상적 토대가 되었다. 루터는 현실 문제에도 주목하여 「고리론」을 써서 이자의 필요성을 인정했지만 고리대금을 단죄하고 정당한 가격설정의 중요성을 설파했다[『목사들에게, 고리대금에 반대하여』]. 맑스는 그를 "독일 최고(最古)의 국민경제학자"라고 평가하여 『자본』*에서도 자주 언급하고 있지만, 루터의 내면으로의 침잠과 신에 대한 의존성이라는 측면을 여전히 극복되어야 할 주관성으로서 비판했다. ☞칼뱅, 성서

㉆ K. H. ブラシュケ(寺尾誠 譯),『ルター時代のザクセン』, ヨルダン社出版部, 1981. E-G. レオナール(渡辺信夫 譯),『プロテスタントの歷史』, 白水社, 1968. 出村彰 外編,『宗教改革著作集3 ルターとその周邊』, 敎文館, 1983. 服部文男,『マルクス主義の形成』, 青木書店, 1984. 倉松功,『ルター神學とその社會敎說の基礎構造』, 創文社, 1977. 金子晴勇,『ルターとその時代』, 玉川大學出版部, 1985. 高尾利數,『キリスト教を知る事典』, 東京堂出版, 1996.

—다카오 도시카즈(高尾利數)

룸펜 프롤레타리아트 [(독) Das Lumpenproletariat]

맑스가 『자본』*에서 "부랑자나 범죄자나 매춘부 등"

을 중심으로 하는 사회계층을 일괄적으로 지칭하기 위해 사용한 호칭[23b:838]. 맑스와 엥겔스*는 이 사람들을 "계급 탈락분자(déclassé)"[「사회민주동맹과 국제노동자협회」, 18:325]라고도 부르며 항상 비판의 대상으로 하고 있다. 그 이유는 『공산당 선언』*에 분명하게 적혀 있다. "룸펜 프롤레타리아트, 구사회의 최하층인 이러한 수동적인 부패분자들은 때때로 프롤레타리아 혁명에 의해 운동에 휘말려들지만 그 생활상의 지위 전체에서 보건대 오히려 기꺼이 반동적 음모에 매수될 것이기"[4:485] 때문이다.

19세기 전반기의 유럽 사회는 전근대의 공동사회로부터 근대의 시민사회*로의 이행을 아직 완료하지 못한 상태였다. 기존의 신분질서나 법제도는 붕괴했지만 새로운 사회관계나 소유 관념은 충분히 확립되어 있지 못했다. 따라서 그 무렵까지 각지에는 다양한 계층 출신의 유랑민과 무법자(outlaw)가 있었다. 그 중에는 지배계층들의 사적인 용병이 되는 자들이나 사회적인 도적단이 되어 지주나 상인 등 지배층들의 저택을 습격하는 자들도 있었다. 그들과 유사한 사람들은 19세기를 통해 산업혁명*의 동진에 따라 유럽의 서부에서 동부에 걸친 도시들에 산재하게 된다. 이 탈계급적 계층은 19세기 당시의 노동자・일상생활자의 실제 그대로의 모습을 원형적으로 보여주고 있으며, 이러한 처지와 무관한 자들은 없어 잠재적으로는 모두 룸펜 프롤레타리아트였다. ☞계급, 본원적 축적, 『루이 보나파르트의 브뤼메르 18일』

참 良知力, 『向う岸からの世界史——一つの四八年革命史』, 未來社, 1978. 石塚正英, 『ヴァイトリングのファナティシズム』, 世界書院, 1985.

—이시즈카 마사히데(石塚正英)

르드뤼 롤랭 [Alexandre Auguste Ledru-Rollin 1807-74]

7월 왕정기 말부터 제2공화정에 걸쳐 활약한 프랑스의 정치가・저널리스트, 공화파 변호사로서 저명했는데, 1841년에 하원에 선출되어 급진파의 극좌에 자리를 차지한다. 43년에 『레포름』지를 창간해 플로콩*과 루이 블랑*과 함께 논진을 펼친다. 47년의 개혁연회에서는 주류를 이루는 부르주아 공화파의 『나시오날』지에 대항하여 보다 급진적인 보통선거와 민주적 사회적 공화국을 주장함으로써 민중들의 갈채를 받았다. 48년 2월의 혁명*에서는 임시정부의 내무장관에 선출되며, 라마르틴이나 마라스트 등 부르주아 공화파가 주도하는 임시정부 내에서 플로콩, 루이 블랑, 알베르 등과 함께 민중과 노동자 측에 선다. 하지만 국립작업장을 둘러싼 6월 봉기*에서는 반란을 선동하는 한편 탄압을 지지하는 언동으로 인해 노동자들의 지지를 잃었다. 12월의 대통령 선거에서는 루이 보나파르트*가 553만 표를 얻은 데 반해 37만 표밖에 얻지 못했다(2위 카베냐크*는 145만 표). 이듬해인 49년의 입법의회 선거에서는 급진공화파(몽타뉴파)의 약진에 따라 다섯 곳에서 선출되었지만, 프랑스 군의 로마 원정을 헌법위반이라며 항의하는 6월 13일의 반정부시위 운동에 실패하고 런던*으로 망명*했다. 런던에서는 유럽 민주주의중앙위원회에 참가하고, 마치니*, 코슈트*, 루게* 등 수많은 망명 혁명가들과 교섭이 있었다. 개혁연회로부터 2월 혁명*에 이르는 르드뤼 롤랭의 언동에 주목하여 처음에는 호의적인 보도를 하고 있던 맑스와 엥겔스*는 얼마 안 있어 프티부르주아 민주주의자라는 꼬리표를 붙여 비판으로 전환한다. '보통선거의 아버지'라 불리는 르드뤼 롤랭이 보통선거를 교묘하게 이용해서 권력에 오른 루이 보나파르트에게 완패한 것은 역사의 아이러니이다. ☞나폴레옹 3세, 2월 혁명, 블랑

—니시카와 나가오(西川長夫)

르루 [Pierre Leroux 1797-1871]

프랑스의 사회주의자. 파리*에서 태어나 인쇄공을 거쳐 1824년 자유주의 신문 『지구』에서 저널리스트로서 출발한다. 일찍부터 생시몽주의자들과 교류를 가지며, 31년에는 그 파의 멤버로서 교의를 보급하기 위해 각지를 방문하는 등 적극적으로 활동하지만 그해 말 최고 교부인 앙팡탱*과 바자르의 대립 당시에 후자를 지지하고 그로부터 탈퇴한다. 이후 『백과전서평론』지

를 거점으로 하는 동시에 레이노와 『신백과전서』를 간행한다(1834-41). 40년 『인류론』(맑스의 장서 중에 이 책이 있다)에서 모든 종교*를 포괄하는 인류라는 개념에 의해 인간적 연대의 이념을 제시했다. 41년, 르루에게 사상적 영향을 받은 조르주 상드* 등과 『독립평론』지를 간행하고 경제・사회문제에 관한 논고를 발표한다. 43년에 부삭(Boussac)에 인쇄소를 열고, 45년에 『사회평론』지를 간행한다. 『금권정치론』(1848)에서는 프랑스에서의 자본의 집중*과 계급분화의 실태를 통계적으로 밝혔다. 1848년 혁명기에는 부삭의 수장, 입헌의회 의원이 되며, 이듬해 입법의회에도 선출되지만 1851년의 나폴레옹*의 쿠데타로 영국으로 도망하며, 1859년 귀국 후에는 정치활동은 하지 않았다. 생시몽주의*를 기초로 독자적으로 사회주의적 사상을 전개하고, 낭만파* 작가들에게 영향을 주는 등 폭넓은 평론활동을 했지만, 현실의 운동과의 접점을 결여하여 48년 이후에는 영향력을 지니지 못했다. ☞상드{조르주 상드}, 생트 뵈브

—다카쿠사기 고이치(高草木光一)

『르뷔 엥데팡당트』{『독립평론』} [*Revue Indépendante*, 1814-48]

『독불연보』*가 독일인과 프랑스인의 공동작업의 장으로서 제휴 목표로 삼은 프랑스의 잡지. 피에르 르루*와 조르주 상드*가 편집하고 있었다. 제휴 상대가 되어야 했던 루이 블랑*은 이 잡지에 『독불연보』 비판을 쓴다. 즉 『독불연보』의 무신론*에 대한 비판, 분권주의에 대한 비판, 『독불연보』가 독일령이라고 주장하고 있던 라인 강 좌안의 프랑스에 대한 할양을 요구한다. 나아가 뒤프라의 『독불연보』에 대한 서평도 게재되었는데, 거기서는 루게*의 서문만이 다루어지는데, 블랑과 마찬가지의 비판이 이루어지고 있었다. ☞르루, 조르주 상드, 블랑, 『독불연보』

㊟ 的場昭弘, 『パリの中のマルクス』, 御茶の水書房, 1995.

—마토바 아키히로(的場昭弘)

르 샤플리에 [Isaac René Guy Le Chapelier 1754-94]

프랑스 혁명기의 정치가. 렌느(Rennes)에서 태어나 변호사가 된 후, 1789년 렌느의 제3신분 의원으로 선출된다. 자코뱅 클럽의 전신인 브르통 클럽을 랑쥐네와 함께 창설한다. 봉건적 특권들의 폐지를 결정한 89년 8월 4일의 국민의회 의장을 맡는다. 헌법위원회 등에서 구제도의 철저한 폐지를 위해 활약했다. 그 후 자코뱅파를 떠나 푀이양파에 들어가 국민공회 소집 이후 일시적으로 영국으로 도망갔지만 귀국해서 체포되며, 94년에 처형되었다.

1791년 3월 2-17일의 알라르드 법(le décret d'Allard)에 따라 동업조합이 폐지되고 영업의 자유, 직업의 자유가 승인된 데 이어 1791년 6월 14-17일의 르 샤플리에 법(la loi Le Chapelier)은 노동자의 단결과 파업을 영업의 자유를 침해하는 것으로서 금지했다. 이 법률은 이후 1884년의 발데크-루소 법까지 거의 1세기 동안 노동조합*의 합법화를 저지하고 19세기의 노동운동뿐만 아니라 산업의 조직화 구상에도 커다란 질곡이 되었다. 샤플리에는 국가*와 개인* 간에 있는 모든 중간집단을 개인의 자립과 국가의 공동성이라는 관점에서 부정하고 있는데, 이러한 루소・자코뱅주의적 발상은 19세의 아소시아시옹 개념과의 명료한 대립을 보여주고 있다. ☞프랑스 혁명, 아소시아시옹, 노동자 아소시아시옹

㊟ 河野健二 編, 『資料フランス革命』, 岩波書店, 1989.

—다카쿠사기 고이치(高草木光一)

리비히 [Justus von Liebig 1803-73]

독일의 화학자. 맑스는 "자연과학* 입장에서의 근대 농업의 소극적 측면의 전개"를 "리비히의 불후의 공적의 하나"로서 높이 평가한다[『자본』, 23a:657]. "자본제 농업의 진보"는 "토지로부터 약탈하는 기술의 진보"이며, "인간*과 토지 사이의 물질대사*, 즉 식량 및 입을 것의 형태로 소비된 토양성분의 토지로의 복귀를, 이리하여 토지의 비옥도 유지의 영원한 자연조건을 교란"하는 것이라는 맑스의 표현[같은 책:656]은 리비히의 연구에 바탕하고 있다. 가축을 "물질대사 기계

(Stoffwechselmaschinen)"라 말하고, "토지의 자연력을 황폐화시켜 파괴하는" 것은 "노동력 즉 인간의 자연력을 황폐화시키는 동시에 파괴시키는" 것과 통한다고 말하는 것도 마찬가지이다[25b:1041-42]. 그런 의미에서 "근대 농업의 소극적 측면의 전개"에서뿐만 아니라 "인간과 자연*의 물질대사의 일반적 조건이자 인간생활의 영원한 자연조건"으로서 전개되는 노동과정론[23a:241-242]에도 리비히는 짙은 그림자를 드리우고 있다. 다만 "토지는 올바르게 다루면", 즉 "자각적·합리적으로 취급"하면 "끊임없이 좋아진다"[25b:1001-1002]라고 말하는 한편으로 리비히의 자연과학적 '수확체감의 법칙' 즉 '최소양분의 법칙(Minimumgesetz)'을 비판하고 있는[23a:657-658] 것은 타당성을 결여한다. ☞물질대사, 농업

참 椎名重明, 『農學の思想—マルクスとリービヒ』, 東京大學出版會, 1976.

—시이나 시게아키(椎名重明)

리스트 [Friedrich List 1789-1846]

후진국 독일의 산업자본의 이데올로그, 독일 국민경제학의 아버지. 로이틀링겐에서 태어나 독학으로 관리 등용 시험에 합격, 진보적 관료로서 뷔르템베르크 왕국의 헌법투쟁에 참가한다. 그 후 튀빙겐 대학의 행정학 교수로 임명되고(1817년), 전독일상공업동맹을 형성, 법률고문이 된다(1819년). 이듬해 영방의회 의원으로 선출되지만 전독일적 관세동맹의 설립을 둘러싸고 정부와 대립, 1825년에 미국으로 망명*한다. 당시의 미국 체제파 경제학의 확립 단계에서 리스트는 저널리스트로서 그 미국 체제 옹호 진영에 가담해 『미국경제학 강요』(1827)를 쓴다. 리스트의 경제사상의 진수—스미스*의 '만국경제학'에 대한 리스트의 힘과 부와 농상공의 조화를 지도 원리로 한 '정치경제학'—가 묘사되어 있다. 나아가 미국에서의 경험을 살려 독일의 국가적 철도제도를 실현하려고 노력하는 한편, 파리*의 도덕·정치과학 아카데미 현상논문에 응모하고 『정치경제학의 자연적 체계』(1837)를 쓴다. 독일로 귀국(1840)한 후 주저인 『정치경제학의 국민적 체계』(1841)를 쓴다. 케네*, 스미스, 세이*의 전 인류의 복지 향상을 목적으로 한 '세계주의 경제학'에 대해 특정한 국민의 복지와 문명과 세력에 한정한 '정치경제학'을 대치시키고, 전자의 '교환가치 이론'에 대한 독자적인 '생산력 이론'을 전개하고 있다. 그 후 리스트는 토지제도에서 본 국민경제론=『농지제도론』(1842)을 집필한다. 그 이후에는 저널리즘 활동에 전념하며, 1846년에 독일과 영국의 협력을 추구하여 영국으로 건너가지만 별 성과를 거두지 못한 채 실망 속에서 귀국하며, 권총 자살을 시도한다. 한편 맑스는 1843-44년에 『정치경제학의 국민적 체계』의 발췌를 노트로 작성한다[MEGA Ⅳ/2:506-546].

참 小林昇, 『小林昇經濟學史著作集Ⅵ·Ⅶ·Ⅷ』, 未來社, 1978-79.

—미조바타 다케시(溝端 剛)

리옹 봉기—蜂起 [(불) L'insurrection Lyonnaise]

1831년 11월 21일부터 10일간에 걸친 리옹 견직물공의 봉기와, 1834년 4월에 다시 일어난 봉기를 가리킨다. 리옹은 16세기 이래로 견직물업의 중심지로 발전했는데, 19세기에 들어서면 점차 리옹 주변의 농촌지대로 산업기반을 옮겨 농촌 가내공업에도 의존하기 시작했다. 이 변화는 서서히 일어났지만, 리옹 시의 견직물업에 불안한 그림자를 드리워 노동자의 임금*을 조금씩 악화시켰다. 리옹 시의 견직물업은 상인제조업자라고 불리는 기업가 계층에 의해 생산과 유통이 지배되고 있는데, 1831년의 봉기 당시 그 숫자는 750명으로, 그들은 직기(2~8대)를 소유하는 직장주들에게 배포하고 있었다. 직장주는 각각 직인이라 불리는 노동자를 독자적으로 고용해 자신의 임금과 노동자의 임금을 상인제조업자로부터 수취하여 견포를 짜고 있었다. 1831년 10월에 직장주와 노동자는 협동해서 최저임금 요구를 내놓고 임금표의 개정을 실현한다. 그러나 기업가 측은 정부를 움직여 이 임금표의 무효를 선고하도록 했기 때문에, 직장주·노동자의 반란이 일어났다. 반

란 진압에 정부는 2만 명의 군인과 황태자인 오를레앙 공과 육군 장관 술트(Nicolas Soult)를 파견했다. 봉기를 지도한 라콩브라는 인물은 직기 6대와 8명의 노동자를 부리는 직장주였다.

1834년 4월의 봉기도 임금문제에서 발단한 것이었지만 이번에는 공화주의*의 결사인 '인간의 권리협회'가 중요한 역할을 수행하며, 노동자의 상호부조 조직과의 연대도 볼 수 있었다. 지난번과 마찬가지로 군대와의 대결로 진압되었다. ☞블랑키[1]

참 Fernand Rude, *L'insurrection Lyonnaise de novembre 1831. Le mouvement ouvrier à Lyon de 1827-1832*, Paris 1969. R. J. Bezucha, *The Lyon Uprising of 1834. Social and Political Conflict in the Early July Monarchy*, Cambridge 1974.

―기야스 아키라(喜安 朗)

리카도 [David Ricardo 1772-1823]

영국 고전파 경제학*을 스미스*와 함께 대표하는 인물. 네덜란드에서 귀화한 유대인 증권 중개인의 아들로서 런던*에서 태어났지만, 퀘이커교도의 딸과의 결혼을 계기로 부친과 단절, 유니테리언으로 개종하는 동시에 증권 중개인으로서도 독립한다. 사업에 성공하여 굴지의 재산가가 되었지만, 훗날의 금융왕 로스차일드와 공채 인수를 둘러싼 다툼에서 패한 것을 계기로 실업계를 은퇴한 뒤 경제학 연구에 매진한다. 동시에 하원의원을 맡는 한편 초등교육의 보급 활동 등도 행했다. 실업가였던 그가 경제학사에 불후의 이름을 남기게 된 계기는 나폴레옹 전쟁* 하의 인플레의 원인을 둘러싸고 벌어진 이른바 '지금논쟁(地金論爭)'에 신문 투고를 통해 참가한 데 있다. 이를 계기로 그는 맬서스*와 제임스 밀과 알게 된다. 맬서스와는 좋은 라이벌로서 공적·사적인 논쟁을 통해 경제이론을 절차탁마해 가게 되며, 밀과는 곡물법* 반대나 의회개혁 운동, 리카도 자신의 저작활동이나 의원활동에 글자 그대로 일체가 되어 나아가는 관계를 쌓게 되었다. 특히 곡물법에 반대하기 위해 리카도가 쓴 소책자 『곡물의 높은 가격이 자본의 이윤에 미치는 영향에 대한 시론』(1815)을 발전시켜 주저인 『경제학 및 과세의 원리』(1817)를 간행하도록 강력하게 권유한 사람이 밀이며, 의원이 될 것을 권유한 이도 밀이었다. 이러한 점에서 리카도는 밀이 이끄는 철학적 급진파=벤섬주의자들의 일익을 형성했다고 하는 평가도 있다. 그 외의 저작으로서는 『경제적이고 안정된 통화를 위한 제안』(1816)이나 『농업보호론』(1822)이 있다.

리카도는 인플레 방지를 위해 잉글랜드 은행*의 은행권 발행을 지금(地金)의 양에 따라 관리하는 제안을 하고, 나폴레옹 전쟁 후의 경제 불황에 대해서는 전후의 경제구조 변동에 자본들의 적정한 배치가 따라가지 못하는 것에 지나지 않은 과도기적인 것이라는 진단을 내리고, 재정 균형을 위해 국채를 삭감하기 위한 재산세를 제안했다. 또한 의회개혁에 대해서도 지주 지배를 타개하는 제안을 행하는 등 주목할 만한 활동을 전개했지만, 무엇보다도 곡물법에 반대하는 이론을 확립한 점이 획기적인 의의를 가질 것이다. 그는 『경제학 및 과세의 원리』에서 스미스에게 나타났던 투하노동과 임금*의 혼탁을 극복하여 투하노동과 그 노동*에 대한 보수(임금)는 별개이고 투하노동이야말로 교환가치를 규정하며 임금은 이윤*(잉여가치*)과 함께 교환가치를 서로 나눈다고 하는 임금·이윤 상반론을 밝혔다. 아울러 그는 임금의 크기(가치*)는 일정한 임금재(곡물 등 생활필수품과 편익품)에 투하된 노동량에 의해 규정된다는 것도 해명한 것으로부터 저렴한 곡물 수입이나 그 밖의 임금재의 노동생산성의 상승은 임금가치를 내리고 이윤을 증대시킨다(그 반대는 반대)는 결론을 제출했다. 나아가 그는 지대*의 본질을 비옥한 토지의 희소성이 초과이윤=지대를 발생시키는 것으로 파악하고(차액지대론), 외국무역*은 각국이 그 노동생산성이 상대적으로 높은 산업에 집중함으로써 쌍방에게 있어 보다 저렴한 상품*을 조달할 수 있게 한다는 인식(비교생산비설)도 획득하며, 이리하여 『경제학 및 과세의 원리』는 곡물법 반대에 체계적인 이론적 근거를 제공할 수 있었던 것이다.

그러나 맑스는 리카도의 시론(時論)적 의의에 대해서는 전혀 고려하지 않고, 한편으로는 "리카도가 계급들의 경제적 대립을—그 내적 관련이 보여주는 대로—폭로했다"는 "과학적 공적"[초6:235]을 지니는 가치론=분배론을, 다른 한편으로는 "리카도가 자본제 생산의 고찰에 있어 생산력들의 발전만을 안중"에 두고서 "자본의 역사적 임무 및 권한"[『자본』, 25a:324-325]을 드러내는 자본축적론을 제기했다고 하여 그 이론적 의의를 높이 평가했다. 후자에 관해서는 리카도가 임금재의 노동생산성을 중시했을 뿐만 아니라 노동가치론*은 "고정자본으로서의 기계*의 사용에 의해 적지 않게 수정된다"는 이른바 '가치수정론'을 전개한다든지, 또한 『경제학 및 과세의 원리』 제3판(1821)에서 추가한 '기계에 대하여'라는 장에서, 이전에 품고 있던 기계의 채용은 사회 전체의 이익이 된다는 생각을 철회하고 노동자계급에게 종종 유해하게 된다는 견해를 발표하는 등, 기계의 경제학을 전개한 것을 염두에 둔 평가로 볼 수 있다. 물론 맑스는 리카도가 가치의 크기 분석에 시선을 빼앗겨 가치의 형태를 발견할 수 없었던 점, 그리고 그 깊은 원인이 부르주아 사회를 "사회적 생산의 영원한 자연형태라고 착각"[『자본』, 23a:108]하고 있는 점에 있다는 것을 지적했다. 그러나 리카도가 "과학적 공평과 진리 애호"를 가지고서 부르주아적 생산관계의 내적 관련을 탐구한 점에 대해 페티 이래의 영국 '고전파 경제학'의 최후의 대표자라는 영예를 부여하고, 리카도 이론을 자신의 정치경제학 비판론으로 재조직하는 최대의 비판 대상으로 선택했던 것이다. ☞고전경제학, 맬서스, 나폴레옹 전쟁, 곡물법

㊟ Sraffa版(일본어 역), 『リカードウ全集』, 雄松堂出版, 1965-78. 羽鳥卓也, 『リカードウ研究』, 未來社, 1982. 千賀重義, 『リカードウ政治經濟學硏究』, 三嶺書房, 1989. 中村廣治, 『リカードウ經濟學硏究』, 九州大學出版會, 1996.

—센가 시게요시(千賀重義)

리프크네히트 [Wilhelm Liebknecht 1826-1900]

독일의 사회주의적 저널리스트, 정치가. 1842-47년에 베를린*, 마르부르크 등의 대학*에서 공부하고 스위스에서 교사가 되지만, 1848년 2월 혁명* 소식을 듣고는 파리*로 가며 같은 해 9월에는 바덴의 공화파 봉기에 가담해 체포되어 다음해인 49년 5월까지 구류 당한다. 1849년 5-7월의 제국헌법전쟁에 참가한 후 스위스로 도망가 제네바의 독일인 노동자협회에서 활동한다. 1850년 2월에 스위스에서 추방, 영국으로 건너가며, 이후 12년 동안 런던*에서 곤궁한 망명생활을 보낸다. 이 사이에 맑스 가족과 친밀하게 교제하고 맑스와 엥겔스*로부터 커다란 사상적 영향을 받는다. 1862년 8월, 특별사면으로 독일로 돌아가 저널리스트로 활동, 1863년에는 라살레*의 전독일노동자협회*에 가입해 협회의 기관지 『사회민주주의자』(*Der Sozialdemokrat*)의 기고자가 되지만, 의견 대립으로 제명된다. 1865년 7월에는 프로이센에서 추방당해 라이프치히*의 노동자교육협회*에서 활동, 1866년 8월에 반프로이센적인 작센인민당을 결성한다. 1867년 북독일연방의회의 의원으로 선출되며(1871년까지), 1868년 『데모크라티셰스 보헨블라트(민주주보)』(*Demokratisches Wochenblatt*)를 창간, 1869년에는 베벨* 등과 아이제나흐에서 사회민주주의 노동자당*을 결성, 당의 기관지 『폴크스슈타트』*의 편집자가 된다. 1870-71년의 독불전쟁에 반대한 대역죄를 이유로 2년간의 금고형에 처해진다. 1874년에는 제국의회 의원에 선출. 1875년의 고타 합동 이후 당 기관지 『포어베르츠』[2]*의 공동 편집자가 되지만 사회주의자 진압법으로 인해 또 다시 체포된다. 1887년에 다시 제국의회 의원으로 선출(사망할 때까지). 진압법 폐지 이후 사회민주당의 새로운 기관지 『포어베르츠』[3]*의 편집에 종사, 베른슈타인*과 수정주의에는 반대 태도를 취했다. ☞사회민주주의 노동자당, 『폴크스슈타트』, 『포어베르츠』[2][사회민주주의 노동자당], 『포어베르츠』[3][사회민주당]

㊟ Wadim Tschubinski, *Wilhelm Liebkenecht. Eine Biographie*, Berlin (DDR) 1973. Pelz (ed.), *W. Liebknecht and German social democracy. A. documentary History*, Westport 1994.

—시노하라 도시아키(篠原敏昭)

ㅁ

마이스너 [Otto Carl Meissner 1819-1902]

『자본』*의 출판자. 지방의 우체국장 아들로 태어나 1833년 학교를 마친 뒤 헤일리히스호펜의 서점에서 도제수업을 쌓는다. 7년간의 수업을 마친 뒤 함부르크* 로 가서 캄페라는 서점에서 일한다. 1847년에 결혼한 후 독립하여 48년에 시르게스와 함께 출판*과 서적 중개 회사를 설립한다. 당시 손댄 것은 포이어바흐*, 그륀*, 라살레* 등의 작품이었다. 얼마 안 있어 시르게스가 떠나고 마이스너가 단독으로 경영하게 된다. 1865년 서적 중개업 쪽은 베레와의 공동출자로 되며, 출판업과 분리하여 베르크 거리 26번으로 이사한다. 이 중개업도 1879년에는 마이스너의 단독회사가 되어 1902년 83세로 마이스너가 사망할 때까지 이어진다.

1865년 3월에 맑스와 『자본』(제1권)의 출판 계약을 교환한다. 그에 따르면 5월에 원고를 건네고 10월에 출판하기로 되어 있었지만 최종적으로 이 기일은 계약에서 삭제되었다. 실제로 최종 원고가 건너간 것은 1867년 4월로, 맑스 자신이 직접 함부르크까지 들고 갔다. 『자본』은 라이프치히*의 오토 비간트*의 인쇄소에서 인쇄되었다. 오토 비간트란 1841년에 설립된 출판사를 가리키는데, 인쇄는 오토의 아들 알렉산더가 44년에 설립한 비간트 인쇄에서 이루어졌다. 출판은 67년 9월 하순이다. 엥겔스*는 그 후 『자본』 제2권(1885), 3권(1894)도 마이스너에서 출판했다. ☞출판, 『자본』, 비간트

㊟ *Zum 50 jährgen Jubeltage der Sortiments-und Verlags-Buchhandlung von Otto Meissner in Hamburg, 16 Juni*, 1898. "Otto Carl Meissner", in: *Börsenblatt für den Deutschen Buchhandel*, Leipzig, Donnerstag 14 August, 1902.

—마토바 아키히로(的場昭弘)

마치니 [Giuseppe Mazzini 1805-72]

이탈리아 리소르지멘토(국가의 독립과 통일운동)의 혁명가, 사상가. 1827년 22세에 제노바 대학 법학부를 졸업, 카르보네리아에 가맹하여 정치활동을 시작한다. 1831년 2월 국외로 추방당하고, 12월 마르세유에서 '청년 이탈리아'를 결성한다. 이 결사는 카르보네리아의 지역주의, 비밀성을 배제하고 국민주의, 통일공화주의를 정치 강령으로 내걸었다. 1832년 9월 부오나로티*의 결사 '참된 이탈리아인 협회'와 혁명협정을 맺지만 1834년 3월의 사보이아 원정 계획을 둘러싸고 대립한다. 마치니는 원정 계획의 무참한 실패 후 베른으로 망명*. 그곳에서 '청년 독일', '청년 폴란드'와 함께 피억압 민족의 국제적 연대를 지향하는 '청년 유럽'을 결성한다.

1837년 1월 마치니는 런던*으로 이주. 그 후 만년에 이르기까지 이곳을 거점으로 하여 이탈리아 해방운동, 이탈리아인 이민노동자 · 망명자 자제들을 위한 민족 교육 활동을 계속한다. 그는 37년 9월에는 J. S. 밀*과, 40년에는 T. 칼라일* 부부와 친교를 맺는다. 44년 영국 당국이 마치니에게 보낸 사문서 개봉사건이 일어나서 영국 여론의 동정을 사게 된다. 차티스트 운동과도 교류를 갖는다. 48년 4월 북이탈리아 혁명 지원을 위해 임시정부 하의 밀라노로 이동한다. 마치니는 밀라노에서 독립 통일을 우선 목적으로 삼아 군주주의와의 타협도 마다하지 않으며, 연방공화주의자 카타네오, 페라리의 협력 요청을 거절하고, 8월 밀라노를 떠난다.

1849년 7월 '프랑스 공화국에 의한 로마 공화국의 암살' 이후, 1850년 7월에 런던으로 돌아와 르드뤼 롤랭*, A. 루게*, A. 다라시, D. 브라티아노와 '유럽 민주중앙위원회'('인민의 신성동맹')를 결성한다. 나아가 53년 3월에는 이탈리아의 민주세력을 규합하여 '행동당'을 결성한다. 그러나 '행동당'은 실체적 조직이나 구체적 강령도 없었고 마치니의 영향력은 이미 저하되고 있었다. 이리하여 마치니의 사상은 '청년 이탈리아' 시기의 네오 바뵈프주의로부터 '청년 유럽' 시기의 생시몽주의*로 변질되었다. 그 후의 봉기 계획에도 불구하고 사상적으로 마치니는 변혁자에서 예언자로, 혁명가에서 포교자로 이행했다. 그것은 1864년 9월의 '제1인터내셔널'에 대한 가맹과 맑스파에 대한 반발에 따른 탈퇴에서 상징적으로 드러난다. 만년의 마치니 사상에는 계급대립을 기조로 하는 혁명론보다도 협조, 우애를 주장하는 교육론(종교론)이 두드러진다. 그는 생산・소비조합, 우애 아소시아시옹을 물질적으로 근거짓는 과학*, 생산력의 발전은 용인하지만 개인 간의 자유경쟁을 부추기는 기술신앙에 대해서는 부정적이다. 그는 주저 『인간의 의무들에 대하여』에서 18세기의 '개인*과 권리'의 관념에 더하여 19세기의 '사회와 의무'의 관념의 우위를 주장한다. 더 나아가 그는 자비심, 우애를 기르는 장으로서의 가정을 중시하고 가정교육, 모성을 의무 관념 함양의 기초로 자리매김한다. ☞청년독일파, 국제노동자협회, 루게, 부오나로티, 가리발디

참 B. Bracalini, *Mazzini Il sogno dell' Italia onesta*, Milano 1993. 黑須純一郎, 『イタリア社會思想史』, 御茶の水書房, 1997.

—구로스 준이치로(黑須純一郎)

마키아벨리 [Niccolò di Bernardo dei Machiavelli 1469-1527]

이탈리아 르네상스를 대표하는 정치사상가. 공화제 도시국가 피렌체의 버젓한 가문이긴 하지만 가난한 법률가의 아들로 태어나 관료로서 시정에 참가하며, 주로 외교관으로서 활동했다. 이 시기 그의 경험은 주저 『군주론』에 활용되고 있다. 군주가 그 지위를 유지하기 위해서는 종교*나 도덕*에 사로잡히지 않고 여우의 교활함과 사자의 강한 힘을 가져야 한다든지 운명의 여신(fortuna)을 힘(virtú)으로 제어해야만 한다고 설파했다. 바로 여기서 목적을 위해서는 수단을 가리지 않는다고 하는 마키아벨리즘이라는 관념이 생겨났지만 이는 마키아벨리 해석으로서는 오해이며, 그 자신은 그 밖의 저서가 보여주듯이 공화주의자이고 그의 군주는 신・구의 두 개의 질서 틈바구니에서 아직 맹아에 지나지 않는 근대적 개인의 고립된 삶의 방식을 나타내는 것이었다. 맑스는 한편으로 "마키아벨리적 배신의 파렴치한 수법"[「이오니아제도의 문제」, 12:630]이라고 말하듯이 부르주아 정치가의 모략주의를 마키아벨리즘으로서 비판하면서, 다른 한편으로는 그를 단테와 함께 이탈리아의 천재 기질의 대표자로 본다[「프로이센, 프랑스, 이탈리아」, 15:174]. 엥겔스*도 『자연변증법』*에서 마키아벨리를 근대 초기의 대표적 사상가의 한 사람으로 간주하고, 특히 그의 군사평론에 주목하고 있다[20:342]. 『독일 이데올로기』*에서는 홉스*, 스피노자*, 보댕과 함께 '힘은 정의'라는 근대 사상의 대표자로 거론되고 있지만[3:337], 어쨌든 맑스에게 있어서도 엥겔스에게 있어서도 중요한 역할을 지닌 사상가는 아니며 그들의 이해도 충분하지 않다.

참 『マキァヴェッリ全集』, 全6卷, 筑摩書房, 1998. 佐々木毅, 『マキアヴェッリの政治思想』, 岩波書店, 1970. 同, 『マキアヴェッリ』, 講談社, 1978.

—미즈타 히로시(水田 洋)

만국박람회 萬國博覽會 [1851년]

정식 명칭은 '만국 산업 제작품 대박람회(Great Exhibition of the works of Industry of All nations)'. 세계 최초의 만국박람회는 런던*에서 1851년 5월 1일부터 10월 11일까지 매주 일요일을 제외하고 141일에 걸쳐 개최되었다.

【 I 】 수정궁 탄생

빅토리아 여왕의 부군 앨버트 공을 총재로 하는

왕립위원회가 이 거대 이벤트를 실현하기 위해 활동을 시작한 것은 1850년 1월이다. 3월 21일의 밤에 만국박람회 추진을 위한 대연회가 런던 시장의 공관인 맨션 하우스에서 열렸다. 그 자리에서 앨버트 공은 내외의 정재계 귀빈들에게 만국박람회 개최의 취지를 밝히고, 만국박람회의 의의는 "전 인류가 현재까지 도달한 발전의 정도를 정직하게 따져 묻고, 그 참된 모습을 비추어내는 것"에 있다는 점, 그리고 이를 위해서는 "모든 국가들의 평화와 애정과 자발적인 도움이 불가결"하다는 점을 강조했다.

왕립위원회의 조직에서부터 개회일로 설정된 1851년 5월 1일까지는 겨우 16개월, 효율적인 준비가 필요했음에도 불구하고 정작 중요한 대회장의 설계가 순조롭게 진척되지 않았다. 개회에 임박해서 정원사 출신인 J. 팩스턴이 등장하여 철골구조와 유리로 이루어진 '수정궁(Crystal Palace)'이 탄생하게 되었다.

수정궁은 동서의 길이가 1,848피트, 폭 408피트, 높이 64피트라는 식으로 8을 매직넘버로 삼아 설계된, 모듈(조립식) 방식의 건조물이다. 참고로 이 건물에 사용된 유리의 총량은 대체로 90만 평방피트, 세로 49인치, 가로 10인치의 표준판 유리로 해서 29만 366장에 이른다.

하이드파크의 로튼 로우 일대가 만국박람회장 건설 부지가 된다는 것이 공표됨과 동시에 공원 내의 수목벌채에 대한 맹렬한 반대운동이 일어나 한때는 행사진행이 위기에 처하기도 했지만, 그것도 팩스턴의 아이디어로 극복할 수 있었다. 즉 바닥 위 108피트의 높은 반원형의 트랜셉트(transept, 익랑翼廊)를 붙임으로써 세 그루의 거대한 느릅나무를 건물 안에 넣도록 기본설계에 수정을 가했던 것이다. 그가 데본셔 공작의 전속 정원 관리자로서 채스워스 저택에 대온실을 만들었을 때의 경험이 여기에 활용된 것이다.

이 트랜셉트로 거대한 느릅나무를 둘러싼다는 아이디어는 수목의 구제라는 점뿐만 아니라 장대한 유리궁전의 옥내 경관을 만들어낸다는 점에서도 훌륭한 효과가 있었다. 그리고 트렌셉트와 네이브(nave, 신랑身廊)가 교차하는 중앙부에 만국박람회 전시품의 대표로서 인기를 모으게 되는 크리스탈 유리로 만든 대분수가 설치되어 훌륭한 옥내 정원이 만들어지게 된다.

【Ⅱ】 런던 만국박람회의 대성공

1851년 5월 1일, 분수와 한 그루의 거대한 느릅나무를 전경으로 하고 나머지 두 그루를 배경으로 한 유리궁전의 옥내 정원에서 세계 최초의 만국박람회 개회식이 성대하게 열렸다. 광대한 옥내 공간에 여왕과 앨버트 공이 임석한 것을 중심으로 내외의 수많은 고관 귀족들이 늘어선 가운데 평화의 제전 개막이 선언되었던 것이다.

이 만국박람회의 출품자 수는 영국 본국과 식민지에서 7,381명, 다른 외국에서 6,556명으로 합계 13,937명, 출품 건수는 10만을 넘었다. 그 전시품들 중에서 유난히 인기를 끈 것은 '코이누르'였다. 106캐럿의 커다란 인도산 다이아몬드로 1850년 초에 빅토리아 여왕에게 헌상된 이후로 왕실의 소유물이 된 것이었다. 이 다이아몬드를 포함해 전시품의 총 가격은 거의 200만 파운드였다고 한다.

대회장 입장료는 정기권 이외에는 회기 중에 수차례 변동이 있었다. 정기권은 남녀에 따라 다른데, 남성용은 3기니(1기니는 1파운드 1실링), 여성용은 2기니로 정해지고, 정기권 소지자는 전 회기를 통해 입장이 가능한 동시에 개회식에 참가할 수 있는 특권이 주어졌다. 정기권 소지 입장객 총수는 연 77만 3,766명. 개회된 뒤 이틀 동안만으로 한정해서 발매된 1파운드권 입장객은 1,042명, 그 다음으로 5실링권(발매일 연 28일) 입장객 24만 5,389명, 2실링 6펜스권(발매일 연 30일) 입장객 57만 9,579명, 그리고 1실링권(발매일 연 80일) 입장객 443만 9,419명으로 총 합계는 603만 9,195명, 하루 평균 4만 2,831명이라는 성황이었다.

만국박람회가 141일이라는 회기를 통해 얻은 총 수입은 52만 2,179파운드였던 데 비해 지출액은 33만 5,742파운드였고, 따라서 수익금은 18만 6,437파운드라는 결과가 되었다. 그 가운데 500파운드는 회장 설계의 공로자인 팩스턴에게 지급되었다. 오늘날의 금전감각으로는 이 수익액을 제대로 실감할 수는 없지만 그 장대한 수정궁 건축에 들어간 경비의 총액이 약

17만 파운드였다고 하는 데서 그것을 16,437파운드를 상회하는 수익금의 크기를 상상할 수 있다. 준비 기간이 짧았었던 데다가 여러 가지 장애 요인이 있어 국회의원 중에는 십소프 대령처럼 마지막까지 박람회에 대해 집요하게 적의를 불태웠던 사람이 있었음에도 불구하고 1851년의 런던 만국박람회는 대성공으로 막을 내렸다. 이른바 '기아의 40년대'를 극복한 영국은 이 국제적인 거대 이벤트에 의해 대영제국의 위력을 전 세계에 과시하는 동시에 팍스 브리태니커를 구가하는 번영의 시대를 향해 전진을 계속하게 된다.

【Ⅲ】 폐막 후

만국박람회 폐막 후 수정궁은 해체되어 좀 더 큰 규모의 철골 유리 건조물로서 런던 남쪽 교외의 시든엄 언덕에 재건되었다. 그리고 팩스턴의 꿈이었던 윈터가든은 여기서 실현된다(1936년 화재로 소실).

하이드파크에 인접한 켄싱턴 일대의 약 90에이커의 토지에는 지금도 다양한 형태로 박람회의 기념비가 세워져 있다. 빅토리아 앤드 앨버트 박물관, 과학박물관, 박물학 자료관, 지질학 자료관, 제국 과학기술전문학교, 왕립 미술전문학교, 왕립 음악전문학교, 로열 앨버트 홀 등등. 세계에 자랑하는 이들 과학과 예술의 전당들은 모두 만국박람회의 수익금이 낳은 문화유산이다.

맑스는 런던 만국박람회에 대해 그것이 준비될 때부터 주목하고, 영국이 부르주아적 우주의 데미우르고스(조물주)로 등장하고 있다고 지적했다[7:450]. ☞런던, 자본의 문명화 작용, 영국 자본주의, 세계시장

㊂ 浜口隆一・山口廣,『萬國博物語』, 鹿島硏究所出版會, 1966. 松村昌家,『水晶宮物語—ロンドン萬國博覽會1851』, リブロポート, 1986. 吉見俊哉,『萬國博の政治學』, 中央公論社, 1992.

—마쓰무라 마사이에(松村昌家)

맑스(예니) [Jenny Marx 1814-81]

칼 맑스의 부인.

【Ⅰ】 유년기

예니는 루트비히 베스트팔렌*과 카롤리네 호이벨의 장녀로서 1814년 2월 11일에 잘츠베델에서 태어났다. 당시 잘츠베델에서는 나폴레옹군과 프로이센 연합군이 공방을 되풀이하고 있었다. 예니는 이곳의 마리엔 교회에서 세례를 받는다. 당시의 그녀에 대해 알려져 있는 것은 금발이라는 것과 오빠 페르디난트*와 닮은 눈을 갖고 있다는 것뿐이다. 프로이센군의 점령과 동시에 나폴레옹파였던 부친 루트비히는 트리어*로 좌천되게 되고, 예니도 트리어*로 옮겨가게 된다. 동생인 에드가는 트리어에서 1819년에 태어났다.

트리어에서는 노이에가세의 커다란 저택을 구입해 그곳에 정착한다. 칼 맑스가 태어난 1818년 무렵 예니는 악성 부스럼으로 고생하고 있었다. 당시의 예니는 장난꾸러기였고 트리어 사투리를 쓰고 있었다. 그녀가 받은 교육*에 대해서는 확실한 것은 알려져 있지 않다. 초등교육에 관해서는 가정교사의 교육을 받았다는 것이 타당할 것이다. 트리어에는 가톨릭계와 프로테스탄트계 학교가 있었지만 그 어느 쪽의 졸업명부에도 그녀의 이름은 없다. 부친 루트비히는 트리어에서는 가정에서 딸 교육을 담당할 수 있을 정도의 한직에 있었기 때문에 부친이 교육의 중심에 있었을 가능성이 높다. 그의 편지 중에 산책 도중에 영어를 가르치고 있다는 기술이 있다. 또한 베스트팔렌 가*에는 셰익스피어*나 호메로스 등의 장서가 있었다고도 한다.

머지않아 교육을 마친 예니는 귀족의 딸로서 사교계에 등장한다. 16세 때 폰 판네비츠라는 남성과 맞선을 보고 약혼한다. 그는 1830년 7월 혁명*의 소란 진압을 위해 파견된 프로이센 사관이었다. 그러나 이듬해 약혼은 파기된다. 이 약혼에는 오빠 페르디난트가 관여하고 있었는데, 그 뒤 맞선 이야기는 모두 거부된다. 이리하여 다른 약혼도 성립하지 못한 채 1836년 칼 맑스와 약혼하게 된다. 베를린*에서 맑스가 쓴 시는 대부분 예니에게 바친 것이다. 그러나 결혼에 이르는 길은 멀었다. 갖가지 장애물과 지나치게 긴 청춘을 넘어서서 43년 6월 겨우 결혼에 다다르게 된다. 두 사람의 금전에 대한 무감각은 이미 이때부터 시작되고 있었다. 두 사람은 돈을 가방에 넣고서 속을 들여다보지도 않고 사용했다고 한다.

【Ⅱ】 결혼 후의 생활

두 사람의 결혼식은 크로이츠나흐*에서 거행되었다. 결혼식을 올린 뒤 곧바로 맑스가 루게*와 함께 『독불연보』*를 파리*에서 발행하게 되어 파리로 향한다. 파리에서의 생활은 경제적으로도 충분하고 주거도 만족스러운 것이었다. 1844년 장녀 제니가 태어난다. 그 후 트리어에 체류하며, 거기서 『포어베르츠』[1*]에 슐레지엔의 직조공 폭동*과 트리어의 성의순례를 관련시킨 재기 넘치는 논문 「어느 독일 부인에게서 온 편지」를 보낸다. 그 후 프랑스에서 추방당한 맑스를 뒤쫓아 브뤼셀*로 옮긴다. 이때의 그녀는 라우라를 임신한 상태였다. 브뤼셀에서는 처음으로 금전적인 어려움에 직면하는 동시에 굴욕적인 체험을 경험한다. 48년 3월 4일 맑스가 체포된 후 예니도 체포되어 하루 동안 감옥에 들어갔다. 그러나 브뤼셀에서는 아직 예니 자신은 노동자협회에서 시를 낭독한다든지 파티에 참가한다든지 하여 그녀의 자존심이 완전히 상처받은 것은 아니었다.

【Ⅲ】 맑스의 여성 관계와 예니의 고뇌

예니의 자존심이 상처받는 것은 1849년 런던*으로 옮기고서부터이다. 51년 초여름에 그 사건은 일어난다. 예니는 회상록에서 "1851년 초여름에는 또 하나의 사건이 일어났다. 그 때문에 안팎으로 걱정거리는 점점 더 늘어날 뿐이었다. 이에 대해서는 상세히 언급하고 싶지 않다"[『モールと將軍 1』, 國民文庫, p. 194]라고 쓰고 있다. 현재 이것은 맑스 가의 하녀 헬레네 데무트*와 맑스 사이의 아이 문제인 것으로 여겨지고 있다. 맑스의 여성문제는 이때에 시작된 것이 아니다. 크로이츠나흐에서의 결혼식 전에 베티나 폰 아르님*이 맑스를 찾아와 교외로 소풍을 가기도 했고, 예니는 그것을 가슴에 담아두고 있었다. 맑스의 자료에서 생각할 수 있는 여성 관계를 들어보더라도 하노버의 쿠겔만 가에서 알게 된 텡게 부인, 잘츠봄멜에 살고 있는 맑스 자신의 조카 나네테와의 관계 등 몇 가지가 있다. 예니도 맑스의 숙적 빌리히*에게서 사랑의 고백을 받는다든지 맑스의 부인이라는 사실을 모르는 페르디난트 볼프*가 집요하게 뒤를 따라다닌 적은 있었지만 높은 기품으로 인해 사람들이 쉽게 다가서지 못했다. 예니는 데무트의 출산 이후 천연두에 걸려 미모도 잃고 급속하게 울적한 상태가 지속되게 된다. 그런 의미에서 맑스 가*는 건전한 상태가 아니게 되어간다.

예니는 그러한 기분을 변화시키기 위해, 또 본래의 귀족의식을 과시하기 위해 딸의 교육, 요양, 무도회 등의 비용을 엥겔스*에게 요구하게 된다. 사립 여학교에 다니며 피아노나 승마를 배우는 맑스 가의 딸들은 맑스 가의 재정을 압박한다. 이러한 점에서 보면 맑스 가의 빈곤은 수입의 부족이 아니라 예니와 맑스의 귀족적 금전감각에 따른 많은 소비에 그 원인이 있었다. 그녀는 람스게이트나 브라이튼*의 사교계에서 '폰 베스트팔렌'이라는 귀족 칭호가 들어간 명함을 돌리고, 체면을 유지하기 위해 헬레네 데무트*의 재산을 전당포에 맡기기도 했다. 1864년에 커다란 저택으로 이사한 뒤 곧바로 폰 베스트팔렌이라는 이름으로 무도회를 개최하는데, 맑스도 그에 대해 아무런 말도 하지 않는다. 지금까지 예니는 원만한 부부관계를 유지한 부인으로서 언급되어왔지만, 최근 연구에서는 남편에게 절망한 부인이라는 관점에서 말해지는 경우가 많다.

☞베스트팔렌 가, 베스트팔렌[1](루트비히), 셰익스피어, 맑스의 시, 크로이츠나흐, 『포어베르츠』[1], 데무트, 빅토리아기 영국의 중산계급의 생활, 맑스의 병, 아르님

㊟ 的場昭弘, 『トリーアの社會史』, 未來社, 1986. 同, 『フランスの中のドイツ人』, 御茶の水書房, 1995. F. ジルー(幸田礼雅 譯), 『イェニー・マルクス』, 新評論, 1995.

-마토바 아키히로(的場昭弘)

맑스(하인리히) [Heinrich Marx 1777-1838]

칼 맑스의 부친으로 변호사. 트리어*의 랍비 출신으로 프랑스 병합 때까지 법조계를 지망할 생각은 전혀 없었고 빈곤에 허덕이고 있었다. 프랑스 병합과 더불어 유대인의 직업선택의 자유가 보장되어 변호사에의 길을 뜻하게 된다. 막 30세가 되려고 하고 있던 하인리히는 베를린 대학에서 청강하고 코블렌츠에 생긴 법학

교에 다닌다. 정식으로 졸업은 하지 못했지만 나폴레옹*의 패배, 프로이센 병합과 같은 혼란스러운 상황 속에서 트리어의 지방법원 변호사가 된다. 그리고 트리어의 젊은 유능한 변호사로서 출세가도를 달려 나간다. 변호사회의 중심에 서서 시의 평의원이 되고자 하지만 1838년에 이 세상을 떠나면서 그 꿈은 실현되지 못했다.

종래 루소*나 볼테르의 사상적 영향을 받은 인물이라고 말해져 왔지만 실제로 그들의 책을 읽은 흔적은 없다. 다만 그가 쓴 것을 읽을 때 거기서 프랑스 혁명*의 영향을 찾아볼 수 있다. 「나폴레옹의 유대인 법에 대하여」(1815)에서 나폴레옹 자신이 유대인에 대한 차별법을 만든 것을 프랑스 혁명의 관점에서 비판한다. 또한 「상업심사의 가치에 대하여」(1817)에서는 재판관이 아니라 유대인에 편견을 갖고 있는 상인이 재판을 하는 프랑스의 관습이 비판되고 있다. 이상의 논문들에서 그의 사상이 프랑스 혁명에 의해 형성된 인권이라는 사상에 영향을 받았음을 알 수 있다. 그러나 그 이상으로 중요한 것은 하인리히가 유대인의 이익이 침해당했을 때 보여주는 철저한 비판 정신이 칼 맑스에게 영향을 주었다는 사실이다. ☞루소, 나폴레옹 1세, 유대인 문제

㊟ 的場昭弘, 『トリーアの社會史』, 未來社, 1986. A. Kober, "Karl Marx und das napoleonische Ausnahmegesetz gegen die Juden 1808", in: *Jahrbuch des Kölnischen Geschichtsvereins*, Nr. 14, 1932.

―마토바 아키히로(的場昭弘)

맑스 가—家 [(독) Die Familie Marx]

【Ⅰ】칼 맑스의 선조

칼 맑스의 부친 하인리히*는 트리어 근교 자르 루이(Saar Louis)에서 트리어의 랍비였던 레비의 차남으로 태어났다. 유대인이 트리어에 살기 시작한 이후 1847년까지 랍비의 대부분은 맑스 가가 차지해왔다. 하인리히의 형 자무엘은 부친의 뒤를 이어 랍비가 된다. 하인리히의 선조를 거슬러 올라가면 폴란드* 크라쿠프의 랍비, 이탈리아 파도바의 랍비 등이 있다.

맑스의 모친 헨리에테는 네덜란드의 나이메헨에서 태어나지만, 그녀의 부친 이자크는 슬로바키아의 블라티슬라바에서 태어났다. 그녀의 집안의 성은 프레스부르크(Pressburg), 즉 슬로바키아어로 블라티슬라바였다. 빈*으로 옮겨 살았던 같은 프레스부르크 가문의 자손이 시인 하인리히 하이네*이다.

하인리히와 헨리에테는 1814년, 나이메헨의 노넨스트라트에 있는 시나고그에서 결혼식을 올린다. 같은 장소에서 몇 년 후 헨리에테의 여동생 조피와 리온 필립스의 결혼식도 거행된다. 이 두 사람은 전기회사 필립스의 창시자의 조부모가 된다.

【Ⅱ】칼 맑스의 형제

칼 맑스는 1818년 5월(생일에 대해서는 2일, 4일, 5일의 세 가지 설이 있다), 트리어의 현재 칼 맑스 하우스로 되어 있는 건물에서 태어난다. 차남이었지만 장남은 칼이 태어난 뒤 곧바로 사망했기 때문에 사실상 장남으로서 자란다. 칼에게는 위로 조피라는 누이가 있었다. 그녀는 마스트리히트의 슈말하우젠과 결혼한다. 칼의 하나 아래로는 3남 헤르만이 있었지만 그는 브뤼셀*의 상업학교를 나오고 나서 얼마 지나지 않아 사망한다. 그 밑에 또 하나 아래에는 차녀 헨리에테가 있었다. 그녀는 성의순례가 있던 1844년 건축가와 결혼했지만 얼마 안 있어 사망한다. 또한 5녀 카롤리네와 4남 에두아르트도 일찍 사망했다. 대부분의 사망원인은 폐병이다. 3녀 루이제는 잘츠봄멜의 유타와 결혼하여 남아프리카에서 살았다. 결국 트리어의 맑스 가에 마지막까지 남은 것은 트리어의 수도국 직원 콘라디와 결혼한 4녀 에밀리에뿐이다. 오래 살게 된 조피, 칼, 루이제, 에밀리에는 서로 종종 편지를 주고받았다.

【Ⅲ】개종

맑스 가의 커다란 문제로서 유대교로부터 프로테스탄트로의 개종 문제가 있다. 하인리히가 개종을 결심한 것은 변호사라는 직업을 유대인이 가지는 것이 인정되지 않게 되었기 때문이다. 1817년 무렵에 하인리히가 세례를 받고, 칼을 포함한 아이들도 24년 이후에 세례를 받게 된다. 그러나 아이들과 유대인과의 관계

는 개종에 의해 끝난 것이 아니다. 랍비였던 형이 27년에 사망하게 되어 이후로 하인리히는 유대인 사회를 돌보게 되었고, 맑스 가와 유대인 사회의 관계는 끊어지지 않았다. 이는 그 후 장녀 조피, 3녀 루이제가 시집간 곳이 유대인인 필립스 가*(후에 개종)와 관계가 있다는 것을 보더라도 분명하다.

【Ⅳ】 칼 맑스의 아이들

칼 맑스는 1843년 6월 크로이츠나흐*의 교회에서 예니 베스트팔렌과 결혼한다. 그 후 제니, 라우라, 에드가, 귀도, 프란체스카, 엘리노어가 태어난다. 맑스가 가장 기대한 장남 에드가는 9살에 죽게 되고, 결국 성장한 것은 제니, 라우라, 엘리노어의 세 명의 딸뿐이게 된다. 칼은 세 명의 딸을 런던*의 사립 기숙학교에 입학시켜 숙녀교육을 받게 한다. 그녀들은 학교에서 괴테, 볼테르, 셰익스피어* 등을 배우며, 기대대로 좋은 성적을 받고 있었다. 예를 들어 제니는 58년 사우스햄스테드 여자 칼리지에서 영어 1등상의 상품으로 W. 스콧의 시집을 받았다. 이렇게 해서 세 딸은 완전한 영국 중산계급의 숙녀로 자란다. 딸들은 독일어보다 오히려 영어가 능숙하며 편지 대부분은 영어로 적혀 있다. 졸업 후 딸들은 입주 가정교사(governess)를 한 적은 있었지만 결국 결혼을 할 때까지 부친 곁에서 떠나지 않았다.

장녀 제니는 프랑스인인 샤를 롱게와 1872년 10월에 결혼한다. 롱게는 런던에서의 망명시절 킹스칼리지에서 프랑스 문학 교사를 하여 생계를 꾸려나가면서 인터내셔널*에서 활동하고 있었다. 얼마 안 있어 프랑스로 돌아간 롱게 부부는 파리*의 아르장퇴유*에 거주한다. 그러나 제니는 장녀를 출산한 후유증으로 83년 1월 11일 갑자기 사망한다. 그녀는 아일랜드 문제*에 대한 논문을 썼다. 또한 차녀 라우라는 68년에 역시 프랑스인으로 인터내셔널에서 활동하고 있던 폴 라파르그와 결혼한다. 후에 라파르그 부부는 파리에서 동반 자살한다(1911년). 막내 딸 엘리노어는 프랑스인인 리사가리와의 관계도 있었지만, 처자식이 있는 에이블링*과 부친의 사후 동거생활에 들어가고 1898년 음독자살을 한다.

【Ⅴ】 맑스 가의 자손

라파르그 부부에게는 세 명이 아이들이 있었지만 모두 일찍 사망한다. 롱게 부부에게도 여섯 명의 아이들이 있었지만 장, 에드가, 마르셀, 제니가 성장해 현재 칼 맑스의 자손은 이 롱게 일족만 남은 셈이다.

【Ⅵ】 프레데릭(프레디) 데무트 문제

칼 맑스의 아이들에 관해 언급함에 있어 잊어서는 안 될 문제로서 프레데릭 데무트 문제가 있다. 프레데릭은 과연 맑스와 하녀 헬레네 데무트* 사이에서 태어난 아이인가 하는 문제가 그것이다. 그러나 현재까지 확실히 증명되어 있는 것은 없다. 프레데릭은 곧바로 양자로 보내지며, 도제수업을 쌓아 직인이 됨으로써 맑스 가의 사람들과 달리 전적인 노동자계급의 사람이 된다. 하지만 프레데릭과 맑스 가의 교류는 그 후에도 계속 이어지며, 프레데릭이 데무트의 아들로서 맑스 가에서는 그 나름대로 인지되고 있었다는 것도 사실이다. ☞파리, 교육, 여자 교육, 필립스 가, 런던, 베스트팔렌 가, 크로이츠나흐, 브뤼셀, 빈, 유대인 문제, 맑스의 시, 빅토리아기의 영국 중산계급의 생활, 데무트

㉾ 的場昭弘, 『トリーアの社會史』, 未來社, 1986. M. Schönke, *Karl und Heinrich und ihre Geschwister Lebenszeugnisse, Briefe, Dokumente*, Bonn 1993. H. Monz, *Karl Marx, Grundlagen der Entwicklung zu Leben und Werk*, Trier 1973.

—마토바 아키히로(的場昭弘)

맑스의 병—病

【Ⅰ】 맑스의 가계

맑스가 태어난 가정에는 병이 둥지를 틀고 있었다. 동생 헤르만은 어릴 적부터 병에 자주 걸렸고 브뤼셀*의 상업학교를 졸업한 뒤 폐병으로 사망한다. 누이 헨리에테도 폐결핵을 앓고 있었는데, 1844년 성의순례(聖衣巡禮, 트리어*에서 행해진 종교제전) 기간 중에 결혼해 이듬해 사망한다. 마침 이때 부인 예니*가 장녀 제니를 출산한 뒤 요양을 위해 트리어에 귀성해 있었다. 이미 헨리에테의 병은 말기적 증상을 보이고 있었지만 예니도 헨리에테의 죽음을 각오한 결혼에 찬성했

다. 또 그 밑의 누이 카롤리네도 47년에 사망하게 된다.

1830년대 후반부터 맑스 가에는 불행의 그림자가 닥쳐온다. 1837년의 동생 에두아르트와 38년의 부친 하인리히의 죽음으로 시작되는 일가의 불행은 1840년 말까지 이어졌다. 에두아르트의 병은 맑스가 베를린* 으로 출발한 직후부터 시작된다. 11살인 그의 죽음은 맑스 가* 전체를 불행의 나락으로 내몰았다. 게다가 그가 사망한 당시 이미 부친 하인리히도 병에 걸린 상태였다. 수입의 감소와 죽음에 대한 불안이 맑스 가를 덮친다. 부친 하인리히의 사인은 폐결핵이었는데, 맑스 가 사람들의 당시 사망원인 대부분이 이 폐병이었다. 맑스도 폐결핵에 걸렸기 때문에 병역을 면제받는데, 맑스 가는 폐가 약한 가계(家系)였던 것으로 보인다. 맑스가 베를린 시절에 쓴 편지에서는 자기 자신, 부친, 형제들의 병에 관한 것이 수많이 언급되고 있다. 베를린에서는 맑스도 폐결핵을 앓으며, 베를린 근교인 슈트랄로우에서 요양한다. 한편 그 당시 부친도 바트 엠스에서 요양을 하고 있었다. 또한 누이 조피도 이 무렵 기관지를 앓고 있었다.

맑스의 가계에는 또 하나 기관지가 약하다는 특징이 있었다. 맑스도 겨울이 되면 기관지염으로 고통을 받았다. 1855년에 장남 에드가가 장결핵으로 사망하는데, 처음에는 기관지염이었지만 점차 악화되면서 폐렴, 폐결핵에 걸리는 순서로 여러 가지 병을 함께 앓게 된다.

【Ⅱ】 맑스 가의 병

맑스 및 맑스와 예니의 가정에 병마가 밀어닥치는 것은 1850년대이다. 1849년 런던*으로 망명*한 맑스 일가는 처음으로 곤궁한 생활을 체험한다. 곤궁은 경제적 문제만은 아니었다. 맑스와 예니 사이의 신뢰관계에 균열이 생긴 것이 가장 큰 문제였다. 51년 여름에 일어난 맑스와 헬레네 데무트* 사이에서 태어났다고 생각되는 아이 문제는 예니를 실의에 빠지게 한다.

1849년 11월에 태어난 차남 귀도가 50년 11월에 한 살의 나이로 죽게 된다. 이 해 여름에 예니는 젖먹이 아이를 두고서 갑자기 네덜란드로 여행을 떠난다. 얼마 안 있어 51년 3월에 3녀 프란체스카가 태어나고 6월경 데무트의 아이 프레데릭*이 태어난다. 그런 가운데 프란체스카도 52년 4월에 죽게 된다. 이러한 일련의 죽음은 빈곤만이 아니라 부부관계의 악화에 따른 예니의 정신적 쇠약에 원인이 있다고 말할 수 있을 것이다. 예니의 다음과 같은 말이 그것을 보여준다. "1851년 초여름에는 또 하나의 사건이 일어났다. 그 때문에 안팎으로 걱정거리는 점점 더 늘어날 뿐이었다. 이에 대해서는 상세히 언급하고 싶지 않다"[「파란만장한 생활의 스케치」, 『モールと將軍』1, 大月文庫, 1976, p. 194]. "너무나 고통스러운 시기였다—이 외로운, 그 누구도 위로해주는 이 없는 겨울"[같은 책, p. 207]. 55년 1월에 엘리노어가 태어나지만 이듬해 56년 4월의 장남 에드가의 죽음으로 예니에 대한 타격은 결정적이게 된다. 그런 와중에 예니는 60년 11월 천연두에 걸린다. 예니는 이 병으로 얼굴에 천연두 흔적을 남기게 된다.

맑스는 이러한 환경 속에서 본래 갖고 있던 지병들과 싸우게 된다. 지관지염, 폐결핵, 간장병, 종기와 같은 피부병 등 내내 병마와 싸우고 있었다고 해도 과언이 아닌 상태였다. 증명은 어렵지만 이러한 병과 예니의 관계가 미묘한 영향을 미치고 있었음은 분명하다. 부부는 서로 병에 걸렸으면서도 요양에 관해서는 부부가 같이 떠나는 일은 드물었고 단독으로 가든가 아이를 동반해서 가는 경우가 많았다. 때때로 드러나는 맑스의 상궤를 벗어나는 언동과 행동은 이러한 병에서 기인하는 것일지도 모른다.

【Ⅲ】 맑스의 사인과 예니의 사인

맑스와 예니의 불화 관계가 영원히 계속되었는지의 여부는 불분명하지만 두 사람 사이가 일반적으로 말해져 왔듯이 이상적인 부부관계였다는 점에 대해서는 최근에는 분명히 의문이 제기되고 있다.

예니는 맑스와 비교하면 건강한 가정에서 자랐다. 이복형제들도 장수했고 동생 에드가도 장수했다. 1838년에 요양을 하기 위해 알자스에 간 적은 있었지만 별다른 지병은 없었다. 부친 루트비히*와 모친 카롤리네도 사인은 노쇠였다. 예니의 사인은 암이었지만 그것이 맑스와의 곤궁한 생활의 결과인지는 불분명하다. 그러나 1850년대부터 끊임없이 찾아오는 병마는 맑스와의 결혼의 결과라 말해도 좋다. 부부관계의 불화에 따른 정신적 충격이 예니의 육체를 병들게 한 것은 분명하다. 또한 정신적 불안정도 그녀의 이해하기 어려운 여행 등으로 증명 가능하다.

한편 맑스는 오랜 여행의 피로와 장녀의 죽음에 따른 충격으로 기관지염에서 폐렴으로 악화되어 사망하는데, 그의 지병이 끊임없이 덮쳐온 까닭도 이러한 부부관계에 있다고도 말할 수 있다. ☞맑스 가, 맑스의 요양, 맑스(예니)

㊟ 的場昭弘, 『トリーアの社會史』, 未來社, 1986. F. Renault, “Les Maladies de Karl Marx”, in: *Revue anthropologique*, Paris 1933. W. Körner, “Eine eigenhändige Krankengeschichte von Jenny Marx und ein Brief von Karl Marx”, in: *Beiträge zur Geschichte der Arbeiterbewegung*, Bd. 1, 1966. A. Lawrence, “Über drei unveröffentlichte Schreiben von Karl Marx an seinen Arzt auf der Insel Wight vom Januar 1883”, in: *Marxistische Studien*, Jahrbuch 4, 1981.

—마토바 아키히로(的場昭弘)

맑스의 시—詩

맑스는 베를린 대학 시절 초기까지 시인을 지망하고 있었다. 그렇다면 잔존하는 맑스의 작품에서 가장 오래된 것은 시집이 되는 셈이다. 맑스가 시인을 지망한 것은 트리어*의 김나지움*에 있을 무렵이었다. 본 대학에 진학한 뒤에도 시 클럽에 들어갈 뿐만 아니라 낭만파*의 중심인물이었던 아우구스트 슐레겔 등의 수업을 적극적으로 수강한다. 나아가서는 부친 하인리히* 에게 시집 출판을 위한 비용을 요구하기까지 한다. 그에 대해 부친은 아들의 시 재능을 평가하면서도 어중간한 출판은 장래의 명성에 흠이 된다며 아들이 상처받지 않도록 부드럽게 중지를 권했다.

맑스의 시는 괴테나 실러의 시대를 방불케 하는 낡은 스타일이었다. 그런 의미에서 부친도 맑스의 시인으로서의 재능에 다소 의문을 품고 있었을지도 모른다. 그러나 맑스는 아달베르트 샤미소의 『독일시집연보』에 자신의 시를 게재해 줄 것을 부탁한다. 물론 이 요구를 샤미소는 거부한다. 출판된 맑스의 시는 통틀어서 『아테네움』(1841)에 게재된 2편 이외에는 없다.

맑스의 시에 대한 열정은 베를린*으로 옮겨서도 계속되었다. 약혼한 예니*에게 바치는 시가 매우 많아졌지만, 헤겔 에피그람 등의 시에서 볼 수 있듯이 점차 헤겔 철학으로 흥미가 옮겨가고 있다는 것도 알 수 있다. 그러나 시에 한계를 느꼈던 것인지 맑스의 창작 의욕은 소설, 나아가서는 희곡으로 발전해간다. 『스콜피온과 펠릭스』(1837)라는 소설의 단편은 대가의 작품을 끌어 모은 것으로, 결국 완성되지는 못했다. 소설을 체념한 맑스는 희곡으로 나아가 비극을 집필하지만, 부친은 성공하기 위해서는 프로이센 국왕에 대한 예찬이 필요하다고 충고한다. 그러나 맑스는 그것을 무시한다. 부친은 법률 공부에 전념하도록 하기 위해 엄중한 발언을 하게 되고 맑스 자신도 문학적 재능이 없음을 깨닫기 시작한다.

1837년 여름, 맑스는 헤겔*을 읽게 되고 급속히 철학 청년으로 변모해갔다. 맑스는 시에 대한 열정을 헤겔에게로 돌린 것이다. 이리하여 어느새 시인이 되겠다는 소망은 사라져버렸다. 후에 이 청년기의 시에 대한 몰입을 젊은 시절의 객기였다고 차녀 라우라에게 말하게 된다. 그러나 맑스는 예니, 부친, 누이 조피 등에게 자신의 시집(노트)을 보내고 있는데, 그것이 현재도 상당수 남아 있다는 사실에서 보건대 단순한 젊은 시절의 객기였다고 할 정도의 것은 아니었음을 알 수 있다.

노트에 시를 써서 건네는 습관은 아마 맑스처럼 시인을 지망한 젊은이들만의 전매특허였던 것은 아니다. 잔존하는 누이 조피의 시집 중에 맑스 이외의 시가 있다. 이것은 누이 조피가 필립스 가*의 종형제들에게 부탁해서 받은 시이다. 이를 보더라도 당시의 젊은이들 사이에 시를 노트에 써서 건네는 습관이 있었음을 알 수 있다. ☞낭만파, 맑스 가, 필립스 가

㊟ S. S. Prawer, *Karl Marx and the world literature*, Oxford 1978. P. デーメツ(船戸滿之 譯), 『マルクス, エンゲルスと詩人たち』, 紀伊國屋書店, 1972.

—마토바 아키히로(的場昭弘)

맑스의 요양—療養

런던* 시절의 맑스 가*의 생활은 병마와의 싸움이었다. 그 때문에 맑스 가의 사람들은 매년 수개월씩 요양지를 찾아 떠났다. 이러한 요양지는 단지 병을 치료하는 장소였을 뿐만 아니라 사교의 장이기도 했다. 요양을 떠나는 것은 당시 영국의 중산계급 생활의 반영이기도 했다. 1851년의 맨체스터*를 시작으로 82년의 알제리 여행*까지 맑스는 거의 매년 1, 2개월은 런던을 벗어나 있다. 떠나는 계절은 대개 봄이나 겨울이었다. 이는 여행비용이 저렴하다는 이유뿐만 아니라 여름에 방문하는 부르주아 계층이 떠난 이후가 귀족계층의 사교의 장이 되고 있었기 때문이다. 맑스 가는 귀족적 사교의 장을 좇아다니고 있었다.

맑스 가의 요양방법으로서는 우선 해안에서의 요양을 들 수 있다. 맑스뿐만 아니라 아이들을 위해서도 해수를 마시는 치료법을 행할 목적도 겸해서 영국의 해안에 있는 요양지에 가곤 했다. 특히 자주 찾은 곳은 람스게이트, 마게이트, 저지 섬 등이었다. 1870년대에 맑스는 종기와 같은 피부병으로 고통을 당해 그 치료를 위해 유명한 요양지를 선택했지만, 그 치료법은 해수에 몸을 담그고 해수를 마시는 것이 주된 것이었다.

맑스 가의 요양방법 중에서 가장 중요한 것은 온천치료였다. 칼스바트*에는 세 번, 노이엔아르에는 한 번 방문한다. 이는 맑스 가의 가정의였던 맨체스터의 굼페르트의 지시에 따른 것이었다. 엥겔스*는 이러한 여행을 위해 상당한 금액을 마련해준다. 예를 들면 1874년의 칼스바트 여행을 위해 30파운드를 송금하는데, 실제 여행비용은 이 액수를 크게 상회한다. 요양의 목적은 간장병을 치료하기 위한 것이었다. 치료는 다음과 같은 식이었다. 매일 아침 6시에 솟아오르는 샘이 있는 병원에 가서 7잔의 온천수를 15분 간격으로 마신다. 그 동안 병원 내를 여기저기 돌아다니고, 마지막 한 잔을 마신 뒤 1시간의 산책을 하고서 커피를 마시는 것으로 끝난다. 맑스는 이러한 치료의 효과를 믿고 있었던 것으로 보인다. "내 간장은 이젠 그 비대했던 흔적을 찾아볼 수 없다네"[맑스가 엥겔스에게 보낸 1877년 8월 17일자 편지, 34:63]라고 칼스바트의 치료에 대해 편지에 쓰고 있다.

본* 가까이에 있는 노이엔아르는 맑스가 마지막으로 방문한 독일의 마을이다. 1856년에 온천이 발견되어 개발이 이루어졌지만 칼스바트에 비하면 지명도가 낮고 저렴했다. 1877년 8월에 부인과 딸을 데리고 셋이서 방문하는데, 그 마을에서 제일 호화로운 호텔인 플로라에 머물렀기 때문에 여행비용이 부족해져 엥겔스에게 수표를 보내달라고 부탁한다. 또한 '온천증'에 23마르크를 지불하는데, 맑스는 이것으로 도서관*이나 레크리에이션 시설을 이용하고 있었다.

자택에서의 치료로서 맑스는 딸들의 병약한 체질을 고치기 위해 샴페인 요법과 와인 요법을 시도한다. 이는 와인이나 샴페인을 마심으로써 건강을 회복한다는 것으로, 이 치료를 위해 맑스는 엥겔스에게 상당한 양의 와인을 매년 보내도록 하고 있었다. ☞빅토리아기의 영국 중산계급의 생활, 알제리 여행, 칼스바트, 맑스의 병, 맑스 가

㊟ H. Gemkow, *Karl Marx' letzter Aufenthalt in Deutschland*, Wuppertal. 的場昭弘, 「ヴィクトリア時代のマルクス家の生活」, 野地洋行 編著, 『近代思想のアンビバレンス』 수록, 御茶の水書房, 1997.

—마토바 아키히로(的場昭弘)

맑스주의—主義 [(독) Marxismus (영) Marxism (불) Marxisme]

맑스의 사상에 충실하다는 공동환상. 또한 그 환상을 공유하는 집단을 맑스주의자라고 부르기도 한다. 맑스 자신과 나아가 엥겔스*는 당파적 행동을 위해 그러한 환상을 적절히 이용하고 있었다. 그러나 엥겔스에 따르면 맑스는 생전에 "내가 알고 있는 것은 내가 '맑스주의자'가 아니라는 것뿐이다"[「『작센 아르바이터차이퉁Sächsische Arbeiter-Zeitung』 편집부에 대한 답신」(1890), 22:67]라며 자신은 맑스주의자가 아니라고 주장하고 있었다고 한다. 하지만 여기서 맑스가

맑스주의자가 아니라고 말하고 있는 것은 왜곡된 맑스주의자가 아니라는 것이지 결코 맑스 자신이 맑스주의자가 아니었다는 것을 의미하지 않는다. 맑스 자신은 정치적인 면에서 매우 당파적이고 맑스주의적이었기 때문이다.

【 I 】 맑스주의자 맑스

맑스는 공산주의자동맹*에서의 패권 장악을 위해 당파적 행동을 취했다. 맑스는 기본적으로는 소수파이고, 공산주의자동맹이 맑스와 엥겔스의 지혜를 빌리기에 이른 것은 그들이 소수파였기 때문이다. 그러나 맑스는 전체에서 소수파라는 것과 집행부에서 소수파라는 것은 다른 것이라고 생각하고 있었다. 그 때문에 전체 중에서의 다수파 공작은 행하지 않고 집행부에서의 다수파 공작을 시도한다. 맑스와 엥겔스 주변에는 그들에게 충실한 자들이 모여 그들이 집행부에서의 다수파를 형성해 간다. 맑스주의자가 형성되었다고 한다면 1850년대 초에 공산주의자동맹에서 권력을 잡은 때이다. 그러나 공산주의자동맹 전체의 다수파로부터 공격을 받아 결국 공산주의자동맹을 해체하는 폭거에 나선다. 결국 맑스주의자들은 많은 동맹원들로부터 신랄한 비판을 받게 된다.

공산주의자동맹에서 집행부의 권력을 빼앗긴 빌리히*는 "인간은 맑스에게 있어 두 개의 당으로 나뉜다. '맑스의 당인가, 그 이외인가'"[S. Weigel, *Der negative Marx*, Stuttgart 1976. S. 114]라고 말하고 있으며, 샤퍼*도 "런던*의 노동자협회와 공산주의자동맹은 분명히 둘로 분리되었는데, 그것은 원리에 의해서가 아니라 공산당의 새로운 수령, 달라이 라마의 왕관을 얻기 위해 우리를 여기서 발판으로 이용한 무리가 그 원인이다" [같은 책: S. 114]라고 말하고 있었다.

맑스와 엥겔스는 다음으로 제1인터내셔널에서도 같은 수법을 사용하지만 여기서도 권력을 장악한 후에 결국 제1인터내셔널을 해체하게 되어 맑스주의자의 세력 확대에 공헌하지는 못한다.

【 II 】 맑스주의자 엥겔스

맑스는 정치적으로 맑스주의자였다고 하더라도 이론적으로는 자신의 사상을 좁은 범위에 밀어 넣고 그것을 동료들에게 강요한다든지 하지는 않았다. 맑스 사상의 주형을 만들어 그것을 사람들에게 강요한 것은 엥겔스였다. 그런 의미에서는 엥겔스야말로 최초의 완전한 맑스주의자이다. 엥겔스는 맑스의 금전적인 측면에서의 후원자이자 사상적인 측면에서의 좋은 이해자이고 맑스의 유일한 친구이다. 그런 의미에서 엥겔스가 맑스의 유언집행인 자리에 올라선 것은 당연한 일이었다.

엥겔스의 일은 맑스의 사후에 급격하게 늘어난다. 그 일은 『자본』*의 나머지 권을 완성하는 것, 맑스가 생전에 출판한 책을 다시 펴내는 것, 맑스의 번역 체크 등 넓은 범위에 걸쳐 있다. 이 일은 때때로 이상한 일탈까지 포함하고 있었다. 예를 들면 "만일 맑스가 오늘날 이 수고를 발표한다 하더라도 아마 그 자신도 이렇게 할 것이다"[「칼 맑스, 『고타 강령 비판』에 대한 서문」(1891), 22:87]라고 말하며 맑스의 문장을 마음대로 바꾼 것이다. 게다가 엥겔스는 재판을 찍을 때마다 반드시 서문을 써 붙이고 있다. 그 서문은 맑스 사상의 요약으로, 독자들은 맑스의 사상을 읽기 전에 엥겔스의 사상에 의한 필터를 필연적으로 통과하게 된다.

엥겔스는 맑스의 저작 번역에 관해 대단히 큰 관심을 갖고 있었다. 엥겔스는 다채로운 어학능력을 갖고 있어 모든 번역과 번역자를 체크한다. 「어떻게 맑스를 번역해서는 안 되는가」(1885)라는 논문까지 써서 번역자로서의 엄격한 조건을 내걸고 있다. (1) 독일어에 능통할 것. (2) 각각의 모국어에 능통할 것. (3) 뛰어난 전문능력을 갖고 있고 맑스 사상에 정통할 것[21:233]. 요컨대 이 세 가지를 다 갖추고 있는 인물은 어학의 천재인 엥겔스밖에 없는 것이다. 엥겔스의 해석에서 조금이라도 벗어나는 번역에는 엥겔스에 의해 공인 마크가 찍히지 않았다.

엥겔스는 맑스 사후에 맑스의 가장 큰 발견에 관해 다음 두 가지를 들었다. (1) 다윈*의 진화론의 사회과학판인 유물론적 역사관*의 발견, (2) 노동자 착취*의 수수께끼이자 자본주의 경제의 아킬레스건이기도 한 잉여가치*의 발견. 맑스주의라 말해지는 것은 이 두 가지 이론을 지키는가 지키지 않는가라는 점에서 결정되고 있다. 그러나 맑스는 미간의 대작 『자본』에서 자신의 사상을 이렇게 단순하게 정식화하지 않았다. 그런 의미에서 엥겔스는 맑스 사상을 정식화하고 그 정식에 의해 당파적 집단을 만든 최초의 맑스주의자였다. ☞엥겔스, 맑스 평전, 인터내셔널, 공산주의자동맹

㉾ 的場昭弘, 「マルクスをマルクスとして見るために今行わねばならないこと」, 『大航海』, 25号, 1998.

—마토바 아키히로(的場昭弘)

맑스 평전—評傳

엥겔스*가 맑스 사후에 쓴 맑스에 관한 평전 몇 가지가 있는데, 그 후의 맑스주의*로서 유포되는 맑스관을 결정짓는다. 엥겔스가 처음으로 발표한 것은 맑스의 장례식 때의 연설[『사회민주주의자』(*Der Sozialdemokrat*) 1883년 3월 22일][19:335-336]이다. 거기서 엥겔스는 맑스가 인간의 역사발전법칙을 발견했다고 지적하고, 경제발전이 법률이나 예술을 규제한다는 단순한 역사적 유물론을 피력하며 이 법칙과 잉여가치*의 발견이 맑스의 최대 공적이라고 주장하고 있다.

엥겔스는 맑스 생존 시에도 『폴크스칼렌더』(*Volkskalender*, 1878)에 「맑스」를 썼다. 비교적 정확하게 집필되어 있지만 매우 당파적인 전기로, 장례식 때의 연설과 거의 같은 내용이었다. 그러나 역사적 유물론이라는 표현은 정치, 철학*, 종교* 이전에 문제로 해야 할 것이 경제라고 하는 소극적인 표현에 그치고 있어 분명하게 단언하고 있는 것은 아니다. 또한 잉여가치의 발견이라는 문제에 대해서도 그것이 자본*과 임금노동 간의 관계에 대한 설명이지 잉여가치를 발견한 것이 맑스라고 말하고 있는 것은 아니다.

엥겔스는 더 나아가 『국가학사전』(*Handwörterbuch der Staatswissenschaften*, 1889-94)[22:343-350]에서 「맑스」라는 항목을 집필한다. 거기에는 맑스의 위대한 두 가지 발견에 관한 내용은 없다. 그러나 여기서 엥겔스는 1844년 이래로 맑스와 공동 작업을 행한 인물로 격상되며, 특히 제1인터내셔널에서의 프루동*이나 바쿠닌* 비판은 더욱 격렬해지고 있다. 또한 『자본』*이 모두 3권을 예정하고 있고 이미 원고가 완성되어 있다는 것도 언급되어 있다. 그리고 마지막으로 엥겔스 이외의 맑스 전기는 오류투성이로, 『폴크스칼렌더』의 「맑스」만이 정확하다고 주장하고 있다. ☞맑스주의, 엥겔스

—마토바 아키히로(的場昭弘)

망명亡命

정치적 신조나 종교적 신조 등의 차이로 나라를 버리고 새로운 나라로 건너가는 것을 말한다. 17세기 프랑스의 박해를 피한 위그노가 유명하지만, 여기서는 1848년 혁명*의 패배 이후 독일에서 쫓겨난 사람들을 문제로 삼는다. 그들의 주된 목적지는 영국과 미국이었다. 혁명 이전에는 망명지로서 스위스, 프랑스, 벨기에를 선택하는 경우가 많았다. 폴란드 독립운동에 참가한 폴란드인, 프로이센에서 정치운동에 관계한 독일인 등이 망명한 곳도 프랑스, 스위스, 벨기에였다.

그러나 1848년 혁명은 영국, 미국을 제외한 많은 유럽 나라들에 파급되었기 때문에 혁명의 반동과 그 영향을 두려워하는 나라들의 소극적인 태도로 인해 망명자들의 목적지는 일시적 체류를 제외하고는 영국과 미국으로 한정되게 된다.

【Ⅰ】 런던의 독일인 콜로니

1849년 중반부터 들어온 독일인 망명자 대부분은 우선 런던*에 정착했다. 망명 이유는 혁명의 실패였지만 그들의 정치적 입장은 제각기 전적으로 달랐다. 맑스나 엥겔스*와 같은 공산주의자동맹*의 일원들로부터 블린트*와 같은 공화주의자, 킨켈*과 같은 입헌주의자, 루게*와 같은 민주주의자 등의 모습으로 다양했다. 직업적으로도 레스너*나 에카리우스*와 같은 재봉사, 구두수선공, 가구 직인과 같은 노동자계급으로부터 맑스 등의 저널리스트, 예술가, 교사와 같은 지식인들까지 다양한 영역에 걸쳐 있었다.

망명자가 영국을 선택한 이유는 영국이 자유의 나라였기 때문이 아니라 조국과 가장 가까운 유럽이었기 때문에 지나지 않았다. 더욱이 영국인들 자신도 외국

인을 거부하지는 않았지만 그렇다고 환영한 것도 아니었다. 이민배척을 행할 수 있는 이민법이 1793년에 성립해 있었지만 그것을 한 번도 적용하지 않은 것도 영국이었다.

1861년의 통계에 따르면 영국에 있는 독일인 인구는 28,644명이며, 런던에는 그 절반이 넘는 16,802명의 독일인이 있었다. 독일인 콜로니 안에는 빈부의 차이가 존재하고 있었다. 가난한 사람들의 콜로니는 화이트차펠, 소호, 세인트 판크라스, 토트넘코트 로드, 유스턴이었다. 직종은 항만 노동자, 피혁 노동자, 웨이터 등이었다. 부유한 독일인은 시드넘, 햄스테드 방면에 살고 있었다. 직업적으로는 교사, 실업가, 목사 등이었다.

독일인 콜로니의 조직으로서는 가난한 사람들을 돕는 '독일인 자선협회', 호크니의 독일인 병원, 양로원, 고아원, 문화단체로서는 괴테협회, 독일 아테네움, 실러협회*, 체조협회 등이 있었다. 또한 급진적인 정치조직으로서 공산주의자 노동자교육협회, 공산주의자동맹, 독일인 선동협회 등이 있었다.

1849년에 혁명에 패한 망명자들은 대량으로 런던에 상륙한다. 52년의 통계에서는 독일인 1,300명, 프랑스인 4,500명, 폴란드인 2,000명이었다. 이 숫자는 미국으로의 도항이나 59년의 나폴레옹 3세*의 특별사면, 61년의 프로이센의 특별사면에 따라 변동한다.

런던의 독일인 망명자들의 콜로니는 정치적으로 보면 독일인 상류층의 살롱을 형성하고 있던 킨켈의 그룹, 그 라이벌이기도 했던 루게의 민주주의 그룹, 그리고 공산주의 운동가인 맑스와 샤퍼* 등의 그룹으로 나뉘어 있었다. 물론 그 중심에는 프로이센 대사 분젠 백작을 중심으로 한 공적인 콜로니가 있었지만 망명자들의 콜로니는 그것과는 일정한 거리를 두고 있었다. 하지만 일자리를 얻지 못한 망명자는 후트가, 로스차일드 가와 같은 독일계 자산가의 가정교사를 한다든지 하고 있었다.

킨켈의 콜로니는 독일인 콜로니 중에서도 가장 활기를 띠고 있었다. 그것은 킨켈이 형무소에서의 탈옥으로 영국에서 명성을 얻고 있었기 때문이었다. 베를린*의 슈판다우 감옥을 칼 슈르츠*의 도움으로 탈옥한 킨켈은 런던에서 상류계급을 상대로 한 살롱을 만든다. 유치원을 영국에 확산시킨 롱게, 말비다 폰 마이젠부크, 브루이닝 남작 부인과 같은 사람들이 모이는 살롱은 미남이면서 영웅인 킨켈의 존재에 의해 보다 많은 사람들을 끌어들이게 되었다. 맑스는 『망명자 위인전』*에서 킨켈의 삶의 방식에 대해 질투 섞인 긴 비판의 문장을 쓰고 있다. 그러나 킨켈파의 슈르츠는 맑스에 대해 "지금까지 나는 그 행동거지가 이렇게도 사람에게 상처를 주는, 참을 수 없는 오만함을 지닌 인물을 만난 적이 없었다"[C. Schurz, *Reminiscences of Carl Schurz*, Vol. 2, New York 1907. p. 77]며 신랄한 비판을 가했다. 루게의 '선동 클럽'은 킨켈의 '망명자 클럽'과 가장 적대적인 조직이었는데, 이 두 조직의 싸움을 맑스는 "개구리와 쥐의 싸움"이라고 부르고 있었다.

맑스가 소속되어 있던 공산주의자동맹 쪽도 내부투쟁으로 세월을 보내게 되었다. 샤퍼-빌리히파와 맑스-엥겔스파의 대립은 매우 격렬한 것이었다. 인텔리를 중심으로 한 맑스-엥겔스파의 이론투쟁 노선과 노동자를 중심으로 한 샤퍼-빌리히파의 폭력혁명 노선의 대립은 쾰른 공산주의자 재판*을 둘러싸고 내부 분열로 치닫는다. 맑스는 『쾰른 공산주의자 재판의 진상』*에서 그들을 신랄하게 비판했다. 한편 샤퍼파는 맑스파에 대해 "런던의 노동자협회와 공산주의자동맹은 분명히 둘로 분열했지만, 그것은 원리에 의한 것이 아니라 공산당의 수령, 새로운 달라이 라마의 왕관을 얻으려고 우리를 발판으로 삼아 이용한 무리들이 그 원인이다"[S. Weigel, *Der Negative Marx, Marx im Urteil seiner Zeitgenossen*, Stuttgart 1976, S. 114]라며 비판하고 있었다.

맑스는 이러한 혁명 후의 망명자들 상호간의 반목 속에서 점차 과묵해져 갔다. 그러나 1861년 이후 킨켈을 비롯한 많은 망명자들이 독일로 돌아가거나 빌리히*처럼 미국으로 건너가는 가운데 맑스, 루게, 샤퍼 등은 망명생활을 계속하게 된다.

【Ⅱ】 뉴욕의 독일인 콜로니

영국에 실망한 망명자를 불러들인 곳은 뉴욕*이었다. 뉴욕은 미국의 현관이고, 망명자들 대부분이 여기를 통해 미국에 상륙했다. 물론 아메리카 대륙에는 시카고, 밀워키, 세인트루이스, 신시내티, 필라델피아 등 독일인들이 많이 거주한 도시*가 있었지만 뉴욕이 그 중심이 되고 있었다.

1855년의 뉴욕의 독일인 인구는 15만 명에 이르러 미국 최대의 독일인 도시가 된다. 독일인은 로우어 이스트사이드 지역(10구, 11구, 13구, 17구)에 집중하여 거주하고 있었다. 하층의 사람들의 직업을 보면 재봉직인, 구두직인, 가구직인이 많았는데, 이는 파리*에서도 볼 수 있었던 것으로 독일인들이 특기로 하는 직업이었기 때문이다. 뉴욕에서 신문을 발행하는 바이틀링*은 재봉직인이었다.

상류층을 보면 아스토어 가나 벨몬트 가를 필두로 많은 실업가들이 군림하고 있었다. 그러나 독일인의 명성을 일거에 높이는 것은 1848년 혁명의 망명자들의 출현이다. 정치망명자 대부분은 이미 독일에서 그 나름의 지위에 올라 있던 사람들인데, 그들은 망명지에서도 정치, 신문, 문학, 의학 등의 연구, 교육에 새로운 바람을 불어넣고 있었다.

뉴욕의 망명자 사회는 공산주의 운동이라는 점에서는 1840년대부터 뿌리를 내리고 있던 바이틀링파와 맑스파의 바이데마이어* 등으로 나뉘었다. 그러나 런던과 달리 바이틀링파의 영향력은 절대적이었다. 50년에 이미 바이틀링은 필라델피아에서 독일인 노동자회의 아메리카 전국대회를 개최했는데, 그 때의 참가자는 무려 4,400명에 이르렀다. 1850년대부터 60년대에 걸쳐 미국의 독일인 노동운동은 바이틀링의 이름과 결부되어 있었다. 바이틀링은 뉴욕에서 재봉직인 일을 하면서 『노동자의 공화국』이라는 신문을 발행하고 있었다. 1851년 1월부터 월간으로 시작했지만, 점차 매상이 늘어나자 같은 해 4월에 격주간으로, 같은 해 5월부터 54년 12월까지 주간으로 계속 발행되었다.

바이틀링의 조직은 1845년에 설립된 사회개혁협회로, 이것은 의인동맹*의 미국 지부였다. 맑스와 대립한 헤르만 크리게*와 바이틀링이 이 조직의 중심에 있었다.

이에 반해 맑스파는 바이데마이어에 의한 『레볼루치온』*을 발행한다. 그러나 이 잡지는 평판이 나빠서 1호를 낸 뒤 자금난에 빠져 곧 소멸되고 말았다. 프롤레타리아트 동맹이라는 조직도 결성되지만 뉴욕에서 힘을 지니지는 못했다. 그 때문에 바이데마이어는 미국 중부로 장소를 바꾸게 되었다.

미국에서의 맑스파와 바이틀링파의 패권 투쟁은 미국에서의 자금조달이라는 형태로 전개되었다. 런던의 망명자들은 1850년대 영국에서의 자금부족을 보충하기 위해 미국에서 자금을 모으고자 획책한다. 킨켈과 헝가리의 코슈트*는 그 명성을 내세워 미국으로 건너오지만 충분한 성공을 거둘 수는 없었다. 미국에서는 런던에서 보였던 킨켈파, 루게파, 맑스파보다도 바이틀링파의 힘이 우세했던 것이다.

이러한 독일인 망명자들의 운동을 완전히 변화시킨 것이 남북전쟁*이었다. 망명자들의 최대 관심은 유럽에서의 민주혁명이었다. 민주혁명을 뒷받침하는 것은 미국의 민주주의*였기 때문이다. 미국의 민주주의를 근본으로부터 뒤흔든 것이 노예제* 문제였다. 노예제 반대운동은 미국에 망명한 독일인들이 최초로 몰두해야만 할 과제였다. 1854년에 성립한 캔자스-네브래스카 법(Kansas-Nebraska Act)은 미시시피 강 이서(以西)를 노예 주(州)로 하는 법률이었는데, 뉴욕에 혁명 이전부터 거주하고 있던 독일인들은 당초 이에 찬성했다. 이를 근본적으로 변화시킨 것이 망명자들이었다.

1854년 바이데마이어의 발의로 뉴욕에서 반(反)네브래스카 법안회의가 개최된 것을 시작으로 각지에서 운동이 전개되어간다. 그때 문제가 된 것은 노예제와 유럽 민주혁명의 관련이었다. 미국의 노예제는 노예와 같은 비인간적인 제도라는 점뿐만 아니라 노예제를 지탱하고 있는 고립주의가 한편으로 유럽의 반동세력을 묵인하고 있다는 점에서 문제가 있었다. 노예제의 폐지는 참된 민주주의의 완성이자 그것이 유럽의 반동에 대한 엄중한 비판이 되는 것이었다. 본래 독일인들은 노예해방에 의해 흑인들이 북쪽에 넘쳐나 실업문제를 일으키는 것은 아닐까 하는 우려에서 노예제에 대해 찬성하고 있었지만, 56년의 대통령선거에서 망명자들이 노예제를 반대하는 공화당에 대한 지지를 표명함으로써 독일인 전체가 노예제 반대로 나아갔다.

1860년 공화당의 링컨이 대통령에 당선된 뒤 남북전쟁이 발발한다. 당연히 독일인들은 북쪽을 응원하게 되었는데, 여기서 활약한 것이 바덴 봉기*를 뚫고 나온 강인한 망명자들이었다. 빌리히, 칼 슈르츠, 쉼멜페니히, 헤커 등이 독일인 군단을 지휘하게 되었다. 독일인 군단의 기초를 이룬 것은 뉴욕을 비롯해 각지에 있던 사격협회나 체조협회 면면들이었다. 독일인 군단은 남북전쟁에서 눈부신 활약을 한다. 이러한 공적으로 슈르츠와 지겔은 미국에서 확고한 지위를 구축하게 되었다.

노예해방과 남북전쟁에 대한 참가는 미국에서의 망명자들에게 다시금 1848년 혁명의 정열을 불러 일깨웠다. 그것이 1850년대에 계속되고 있던 유럽의 번영과 보수화에 대한 커다란 타격이 되고, 그 충격이 유럽의 반동을 몰아내리라고 생각되었던 것이다. 그러나 망명자들의 예상은 링컨이 노예제 반대라는 점에서는 관심을 보였지만 유럽의 민주화에 대한 지원이라는 형태로 확대되는 것을 거부함으로써 물거품이 되고 말았다. 그러나 남북전쟁은 유럽의 노동자들 사이에 민주주의를 위해 남부에 가담하지 않겠다는 결속을 다지게 해주었으며, 이 문제를 둘러싸고 유럽의 노동자들이 인터내셔널*로서 국제조직을 만드는 움직임으로도 연결되어 갔던 것은 망명자들의 의도가 반드시 틀린 것만은 아니었다는 것을 보여준다.

그러나 남북전쟁을 경계로 해서 망명자들의 움직임에도 커다란 변화가 일어난다. 미국의 정치에 깊이 참여함으로써 더 이상 망명자들은 망명자가 아니라 명예로운 미국 국민이 되어버린 것이다. 유럽의 혁명을 기대하며 귀국할 날만 기다리는 망명자가 어느 사이엔가 미국에 정주하게 되고, 나아가서는 미국에서의 입신출세라는 방향으로 진로를 변화시켜버렸던 것이다. 이러한 움직임은 미국의 독일인 사회 전체에서 가장 널리 읽히고 있던 신문 『뉴요커 슈타츠차이퉁』*(1834)이 폐간에 내몰릴 정도로 독일인들 사이에 미국화가 진행된 사실에서도 드러난다.

영국에서는 귀국이냐 은둔생활이냐 하는 선택이었지만 미국에서는 미국인이 되는 선택지가 채택되어갔다. 이런 움직임을 추진한 것이 독일인 망명자들 자신이고 독일인 사회 자체였다는 것이 커다란 특징이었다. 독일인 사회는 남북전쟁을 경계로 해서 조국 독일의 민주화보다도 미국의 독일화에 관심을 갖게 되었다. 이리하여 조국 독일에서는 달성하지 못한 자유*와 민주주의를 미국에서 달성하는 것에 목표를 둠으로써 1848년 혁명의 이념은 독일에서가 아니라 미국에서 달성되는 목표로 변화해 갔던 것이다. 런던의 망명자들이 언제나 계속해서 조국에 관심을 가졌던 데 반해 미국 망명자들은 조국을 버리게 되었던 것이다. ☞망명자 클럽, 『망명자 위인전』, 런던, 뉴욕, 루게, 킨켈[1], 바이데마이어, 『레볼루치온』, 남북전쟁, 1848년 혁명, 노예제, 코슈트, 슈르츠(칼), 협회

참 R. アシュトン(的場昭弘 監譯), 『小さなドイツ』, 御茶の水書房, 2000. 的場昭弘, 『フランスの中のドイツ人』, 御茶の水書房, 1995. 同, 「1848年革命の精神と革命家」, 的場昭弘・高草木光一 編, 『一八四八年革命の射程』 수록, 御茶の水書房, 1998. 同, 「移民の社會史—ニューヨークのドイツ人コロニー」, 『社會史の魅力』, 御茶の水書房, 1996. B. Porter, *The Refuge question in mid-Victorian Politics*, Cambridge 1979.

—마토바 아키히로(的場昭弘)

『망명자 위인전 亡命者偉人傳**』** [*Die großen Männer des Exils*, 1852]

1852년 맑스, 엥겔스* 및 에른스트 드롱케*에 의해 집필된, 런던*에서의 1850년부터 51년에 걸친 독일인 정치망명자 군상. 특히 고트프리트 킨켈*, 아르놀트 루게*를 중심으로 1848/49년 혁명을 싸운 저명한 망명자들 거의 대부분의 행태를 조소하고 비난한 글이다. 오늘날 읽을 수 있는 것은 예비원고이고, 간행은 1930년의 러시아어판이다. 1853년 5월에 미국에 있는 독일인 신문에 쓴 맑스 자신의 증언에 따르면 본래의 원고는 간행을 중개한 헝가리인 반자라는 인물의 손에서

프로이센 경찰에게 넘어갔다고 한다. 반자는 경찰의 스파이*였다. 이 글이 집필되고 있던 시기의 런던은 그야말로 망명자들의 유럽 센터이고, 그들은 조직을 만들어 서로 대립하고 있었다. 1850년 6월 마치니*가 제창한 '유럽 민주주의 중앙위원회'에는 르드뤼 롤랭*, 루게, 킨켈, 구스타프 슈트루페*, 요하네스 롱게 등이 결집하고, 51년 2월 칼 샤퍼*와 아우구스트 빌리히* 등에 의한 '유럽 사회민주주의 중앙위원회'에는 루이 블랑* 등이 참여하며, 이 두 조직은 라이벌 관계에 있었다. 덧붙이자면, 50년 9월에는 공산주의자동맹* 중앙위원회 내에서 맑스파는 빌리히-샤퍼파와 분열한다. 맑스 등은 위에서 언급한 모두를 통렬히 매도할 수 있을 정도의 위치에 있었다. 이 글로부터 알 수 있는 것은 1850-51년의 런던에서의 망명자 사회의 실정과 그 정보를 빼돌린 경찰 스파이의 암약이다. ☞망명, 스파이{비밀경찰}, 루게, 킨켈[1], 빌리히

참 R. アシュトン(的場昭弘・大島幸治 譯),『リトル・ジャーマニー—ヴィクトリア期の英國におけるドイツ人亡命者たち』, 御茶の水書房, 2000.

-무라카미 슌스케(村上俊介)

망명자 클럽 亡命者— [(독) Emigranten Klub]

런던*의 망명자 그룹으로 루게*의 선동파 클럽(Agitation Klub)과 대립한 킨켈*과 빌리히*의 클럽. 1850년대 전반기 런던의 독일인 사회에는 다양한 대립이 있었다. 그 대립 중에서도 "개구리와 쥐의 전쟁"이라고 말해지는 이 두 파의 대립은 망명자들 사이에서 유명했다. 맑스는 이 두 파에 대해 비판적이었다. 맑스는, 간행되지 못한 채 끝났을 뿐만 아니라 반자 대령(스파이)에 의해 경찰 손에 넘어가버린 『망명자 위인전』*(1852)에서 두 파에 대해 상세히 비판하고 있다. 두 파의 대립은 루게의 남부독일파와 킨켈의 북부독일파의 대립이기도 했다. 킨켈은 유럽 민주중앙위원회에서 독일을 대표하고 있는 루게에 대항하기 위해 망명자 클럽을 조직하고, 미국에서의 모금활동과 공채의 발행을 결정한다. 이 자금을 둘러싼 문제는 후에 포크트에 의해 맑스에게 책임이 전가된다. 포크트는 맑스파의 공격에 대해 1859년 『아우크스부르거 알게마이네 차이퉁』*에 대한 개인적 비방서를 발표하는데, 거기에는 맑스가 혁명*의 음모를 위해 많은 사람들을 속이고 있다는 비판이 기록되고 있다. 이미 맑스는 『망명자 위인전』을 쓰고 있었지만 출판사를 찾지 못하고 초고 상태 그대로였다. 그 때문에 망명자 클럽이나 선동클럽에 대한 자신의 결백의 증명은 『포크트 씨』*에 맡겨진다. 거기서 동시에 쾰른 공산주의자 재판*에 관해 음모 결사로 여겨지고 있던 맑스파가 망명자 클럽 같은 음모 조직이 아님을 분명히 말하고 있다. ☞루게, 킨켈[1](고트프리트), 『포크트 씨』, 런던, 망명

참 R. アシュトン(的場昭弘 監譯),『小さなドイツ』, 御茶の水書房, 2000.

-마토바 아키히로(的場昭弘)

매뉴팩처 [(독) Manufaktur (영) manufacture]

맑스는 『자본』*의 '상대적 잉여가치의 생산'(제1권 제4편) 부분에서 먼저 '협업'에 대해서 서술하고, 이어서 '분업*과 매뉴팩처'를 문제 삼고 있다. 그는 다음과 같이 말한다. "분업에 기초한 협업은 매뉴팩처에서 그 고전적인 모습을 갖춘다. 매뉴팩처가 자본주의적 생산과정의 특징적인 형태로서 우세해지는 것은 …… 본래적 매뉴팩처 시대의 일이다"[23a:441]. 즉 16세기 중반부터 산업혁명*이 시작되는 1760년대까지가 '본래적 매뉴팩처 시대(die eigentliche Manufakturperiode)'이며, 그 시대의 서양, 특히 영국의 자본주의적 공업에서 우세했던 '분업에 기초한 협업'의 형태를 본래적인 의미에서의 매뉴팩처라고 말하는 것이다.

매뉴팩처의 기원에는 두 가지가 있다. 그 중 하나는 마차나 시계와 같이 각 부품을 제조하는 독립수공업 노동자들이 한 명의 자본가의 작업장 내에 모여 결합노동을 하게 되는 길이며, 다른 하나는 바늘과 활자 내지 종이와 같이 동일한 제품을 만드는 노동자가 자본가의 작업장 내에 모여 그 단순협업에서 작업의 분할이 진행됨으로써 분업에 기초한 협업으로 발전하는 길이

다. 전자는 영세한 수공업의 결합이고, 후자는 하나의 수공업적 생산과정에 대한 '분업의 도입'이다. 이러한 구별은 독립수공업으로부터 매뉴팩처로 이행하는 두 유형을 이루는 것일 뿐만 아니라 그 후에도 매뉴팩처의 두 가지 기본적 형태—맑스의 이른바 '이종적 매뉴팩처'와 '유기적 매뉴팩처'—를 이룬다. 그리고 '결합 매뉴팩처(매뉴팩처와 매뉴팩처의 결합)'가 다양한 형태로 발전하는데, 매뉴팩처와 도매제(Verlagssystem, Putting-out system)의 결합과 더불어 그 역사에 대한 언급은 맑스에게는 없다.

맑스의 매뉴팩처에 대한 역사적 평가는 두 가지 측면을 갖고 있다. 즉 적극적・긍정적 평가와 소극적・부정적 평가이다. 전자는 주로 협업의 측면에 대한 평가—"동일한 생산과정 또는 관련이 있는 몇 가지 생산과정에서 많은 사람들이 계획적으로 함께 협력해서 노동하는"[23a:427] 공동 노동의 사회적 생산력에 대한 평가—이다. 그것이 자본*에 의해 발전하게 된다는 의미에서는 "자본주의*의 긍정적 성과들"에 대한 평가로도 이어진다. 물론 그 사회적 생산력(사회적 자연력)이 "자본의 생산력이 되는" 생산관계의 긍정은 아니다. 다른 한편 후자는 주로 분업과 관련되어 있다. 협업에 의한 "전체 노동"("매뉴팩처 시대의 기계"로서의 "전체 노동자"[같은 책:458])의 발전은 "부분 노동"의 불완전화, 노동자의 "개인적 생산력(자연력)의 빈곤화" "불구화(Verkrüppelung)"[같은 책:472, 474]이기 때문이다. ☞협업, 분업

㊟ 宇野弘藏, 『經濟原論』, 岩波全書, 1964. 大塚久雄, 『資本主義社會の形成Ⅱ』(著作集Ⅴ), 岩波書店, 1969.

—시이나 시게아키(椎名重明)

맨체스터 [Manchester]

세계 최초의 산업도시이며 엥겔스*가 20년 이상에 걸쳐 살았던 도시*. 이 지명은 맨체스터인을 가리키는 맨큐니언(Mancunians)의 기원인 로마 시대의 요새 명칭(Mancunium)에서 유래한다. 맨체스터는 어웰 강과 메드록 강 유역에 펼쳐져 있다. 공업도시가 되기 전에는 500년 이상 모즐리 가문이 소유하는 장원(manor)이었다. 그 때문에 의회에 대표를 보내는 정치적 권리를 갖지 못하며, 1832년의 선거법 개정에 의해 비로소 의회에 두 명의 대표를 보내는 권리를 갖게 되었다. 45년에 맨체스터 시는 모즐리 가문의 장원권을 구입해 독립된 도시가 된다.

산업도시로서의 맨체스터의 시작은 면공업*의 발전에 있었다. 장원이었기 때문에 독점적 직인조합이나 상인조합이 존재하지 않아 그 점이 공업도시로서의 발전을 용이하게 했다. 아크라이트가 최초의 증기기관으로 움직이는 면 공장을 건설한 것이 1789년이었다. 그 후 1802년이 되면 52개의 면 공장이 건설되어 있으며, 1830년에는 그 두 배의 숫자가 된다. 이러한 공장의 증가와 더불어 도시인구도 급격히 늘어난다. 1774년에는 인구* 2만 2,481명이었던 것이 1841년에는 31만 1,263명으로 팽창하며, 인접한 샐퍼드를 포함하면 인구는 50만 명을 넘어서 있었다.

이러한 인구 증가는 도시의 빈곤을 산출해 간다. 맨체스터 인구의 64%는 노동자계급이고 근린 도시에서는 90%나 되고 있었다. 또한 그 최하층에는 20% 가량의 아일랜드인 노동자가 있었다. 1819년 8월 16일에 세인트 피터스 필드에서 일어난 노동자와 경찰의 충돌은 워털루 전투에 빗대어 피털루 사건으로서 역사에 이름을 남기고 있다. 이 사건은 몇 사람의 사망자와 수백 명의 부상자를 낸 참극이었다.

노동운동이 격렬해진 이유는 맨체스터의 노동자계급의 빈곤문제에 있었다. 빈곤 지구는 올드타운, 앤코츠, 딘스게이트, 뉴타운, 가장 빈곤한 지역이라 말해지는 리틀 아일랜드였다. 이들 지역에서의 생활은 비참한 것이었다. 그 때문에 케이가 최초의 빈곤조사를 행하며, 그 결과는 『1832년 맨체스터 노동자계급의 도덕적, 물질적 상태』(1832)라는 제목으로 출간되었다. 이 책은 그 후 맨체스터에 살고 있던 두 명의 인물, 즉 엥겔스와 채드윅에게 커다란 영향을 주는데, 전자는 『영국 노동자계급의 상태』*(1845), 후자는 『영국의 노동자 인구 건강 상태에 관한 보고』(1842)를 저술했다. 또한 프랑스의 『위생학연보』의 빌레르메에게도

영향을 주며, 뷔레*의 『영국과 프랑스에서의 노동자계급의 빈곤에 대하여』(1840), 포셰의 『영국에 관한 연구』(1845)를 출간하는 계기가 되었다.

또한 당시의 맨체스터에는 코브던과 브라이트를 중심으로 하는 맨체스터학파가 있어 반곡물법운동을 추진하고 있었다. ☞사회조사, 엥겔스, 에르멘 앤드 엥겔스 상회

㉾ S. Marcus, *Engels, Manchester & workingclass*, New York 1975. H. Schimidtgall, *Friedrich Engels' Manchester-Aufenthalt 1842-1844*, Schriften aus dem Karl-Marx-Haus, Nr. 25, 1981. S. Messinger, *Manchester in the Victorian age, The Halfknown city*, Manchester 1985.

—마토바 아키히로(的場昭弘)

맬서스 [Thomas Robert Malthus 1766-1834]

영국의 사회사상가, 경제학자. 루소*에 심취한 부유한 지방지주 집안에서 태어나 케임브리지의 지저스 칼리지를 졸업한 뒤 국교회 사제가 됨과 동시에 동인도회사가 설립한 동인도대학의 역사 및 경제학 교수를 맡았다. 산업혁명*에 따른 도시노동자의 증대와 그 빈곤, 프랑스 혁명*에서 촉발된 급진적인 사상의 출현이라는 불온한 사회정세 속에서 부친과의 소박한 논쟁을 체험했다. 그것을 계기로 집필된 『인구의 원리(인구론)』(초판 1798)는, 식량은 산술급수적으로만 증가하는데 인구*는 양성(兩性) 간의 정욕에 의해 기하급수적으로 증가하는 경향을 지니기 때문에 바로 인구를 제한하기 위해 전쟁・질병・기근 등에 따른 사망률의 상승, 낙태・유아살해・매춘 등에 의한 출생률의 억제가 일어난다고 설파하고, 당시의 빈곤과 악덕을 인류에게 있어 불가피한 것이자 오히려 인간*을 향상시키기 위해 신이 부여한 시련이라고 주장하여 커다란 반향을 불러일으킴으로써 그를 일약 유명하게 했다.

그는 그 후 『인구의 원리』에 포함되어 있던 제조업의 급격한 확장에 대한 회의・농업을 중시하는 주장을 발전시켜 곡물법*에 찬성하는 논진을 펼치고, 『외국곡물 수입제한 정책에 관한 견해의 근거들』(1815)을 발표, 곡물법에 반대하는 리카도*와의 공과 사에 걸친 논쟁을 벌이며, 그 성과는 『경제학 원리』(1820)나 『경제학에서의 정의들』(1827) 등으로 열매를 맺었다. 그의 경제학의 특징은 산업혁명의 진전과 나폴레옹 전쟁*의 종결이 겹쳐져 생겨난 19세기 초두의 경제 불황을 급속한 자본축적*=공업화에 따른 일반적 과잉생산, 즉 '유효수요'의 부족에서 찾았다는 데 있다. 그는 상품*의 교환가치는 오로지 생산비=투하노동량에 의해 규정된다고 한 리카도에 반대하여 그것은 수요에 의해서도 규정된다고 하고, 문명국에서는 투하노동량이 아니라 지배노동량(그 상품이 몇 인분의 임금재화와 교환되는가)에 의해서만 가치*가 규정된다고 하는 스미스*의 설을 계승했다. 또한 지대론에 관해서도 지대*의 본질은 오로지 비옥한 토지의 희소성에 있다고 한 리카도에 반해, 농업생산물은 공업품과 달리 자연*의 혜택에 따른 높은 생산성이 있고 식량이라는 점에서 스스로 수요를 창출하는 힘을 지니는 것도 지대의 원인이라고 했다. 이와 같이 농업*의 보호에 의한 지대의 증대에서 불황을 극복하는 유효수요 창출력을 인정한 맬서스 경제학은 나중의 1930년대의 불황에 즈음하여 유효수요 확대책을 중시한 케인즈에 의해 높은 평가를 받았다.

맑스의 맬서스 평가는 "인구론의 전체가 파렴치한 표절이다"라는 신랄한 것으로, 인간의 진보와 발전을 요구하는 일체의 열망을 근절하기 위해 보수적 지배층에게 봉사한 이가 맬서스라고 하는 것이다. 하지만 맑스는 수요의 경제학으로서의 맬서스에게는 일고의 가치도 두지 않았지만 맬서스가 공업화의 부정적 측면, 노동자의 실업*이나 가혹한 장시간 노동, 지주의 낭비가 자본주의*에 불가피하다는 것을 사실상 인정하고 있다는 점에 주목하고 있다. ☞인구, 리카도, 곡물법, 나폴레옹 전쟁

㉾ 大村照夫, 『マルサス研究』, ミネルヴァ書房, 1985. D. ウィンチ(久保芳和・橋本比登志 譯), 『マルサス』, 日本經濟評論社, 1992. ジョン・プレン(溝川喜一・橋本比登志 譯), 『マルサスを語る』, ミネルヴァ書房, 1994.

—센가 시게요시(千賀重義)

메링 [Franz Mehring 1846-1919]

독일의 저널리스트이자 역사가. 라이프치히*와 베를린*의 대학에서 공부하며, 1868년 이후 저널리스트로서 활동한다. 민주주의파와 보수파 사이에서 동요했지만 맑스의 저작을 읽고 비스마르크식의 사회정책은 사회적 해방을 가져오지 않는다는 것을 확신하여 1891년 독일 사회민주당에 입당하며, 이후 당의 저널리스트이자 역사가로서 활약한다. 1898년에 『독일 사회민주주의의 역사』, 라우라 라파르그의 신임을 얻어 1902년에는 『맑스, 엥겔스, 라살레 유고집』을 간행, 1918년에는 『맑스 전기』를 저술했다.

㊟ H. グレービング/M. クランメ(平井俊彦 譯),「メーリング」,『ドイツの歷史家』, 第2卷 수록, 未來社, 1983. W. Beutin und W. Hoppe(hrsg.), *Franz Mehring(1846-1919)*, Frankfurt a. M. 1997. *Franz Mehring Gesammelte Schriften*, 15 Bde., Leipzig 1960-66.

—시노하라 도시아키(篠原敏昭)

메테르니히 [Clemens Wenzel Lothar, Fürst von Metternich 1773-1859]

오스트리아 재상(1821-48년). 코블렌츠에서 태어난다. 1795년, 오스트리아 재상이었던 카우니츠의 손녀 엘레오노레와 결혼한다. 1806년, 나폴레옹* 통치하의 주(駐) 프랑스 오스트리아 대사를 역임한 후, 1809년부터 오스트리아 외무장관으로서 1810년의 마리 루이즈와 나폴레옹의 결혼 실현에 힘썼다. 그 후 1813년 이후 러시아와 프로이센과 동맹을 맺고 나폴레옹 체제 타도에 공헌했다. 1814-15년의 빈 회의를 주재하고 나폴레옹 이후의 유럽 질서를 열강간의 세력 균형에 기초하여 재건했다. 그 질서를 유지해가기 위해 신성동맹, 4국동맹을 만들어 유럽 협조체제를 연출했다. 그러나 그것은 나폴레옹 전쟁* 때에 해방된 민주주의*, 자유주의*, 민족주의 운동을 억제함으로써 비로소 실현되는 체제였다. 메테르니히는 그것을 위해 오스트리아 국내의 검열제도, 국경에서의 엄격한 출입국관리, 마인츠에 거점을 둔 국외 정보망으로 이루어지는 정보조작 시스템을 만들어냈다. 유럽 협조체제는 나폴레옹 이후의 유럽에 안정을 가져왔지만 벨기에와 그리스의 독립으로 균열 조짐을 보이며, 정치적인 억압에 대한 반발은 1848년 혁명*으로 폭발했다. 메테르니히 자신은 빈*의 3월 혁명*으로 실각하고 영국으로 망명*했다. 혁명 후인 1851년, 메테르니히는 빈으로 돌아와 오스트리아의 국내 정치에서는 일정한 정치력을 유지하지만, 1859년에 사망했다. ☞1848년 혁명, 나폴레옹 전쟁, 빈 체제, 스파이{비밀경찰}

㊟ クレメンス・W. L. メッテルニヒ(安齋和雄 監譯),『メッテルニヒ回想錄』, 恒文社, 1994.

—오쓰루 아쓰시(大津留厚)

면공업 綿工業 [(영) cotton industry (독) Baumwollindustrie (불) industrie cotonnière]

대공업 도시를 “마치 마법의 지팡이의 일격으로 대지 속에서 불러낸 것처럼 갑자기 발생시킨”(엥겔스* [『상태』, 2:236]) 것이 영국의 면공업이었다. 엥겔스의 부친이 경영하는 ‘에르멘 앤드 엥겔스 상회’는 그 대공업 도시 맨체스터*의 방적회사였다. 1842년의 늦가을에 그 상회에서 사무를 보기 위해 영국으로 건너간 엥겔스는 자신이 가장 선진적인 자본주의의 심장부라고 생각한 맨체스터에서 자본주의*의 관찰과 분석과 비판을 행했는데, 엥겔스와 맑스의 협력관계는 이 면공업 도시 맨체스터에서의 엥겔스의 생활 없이는 성립하지 않았을 것이다.

산업혁명*을 주도한 영국 면공업은 맑스가 런던*에서 망명생활의 발판을 마련하기 시작한 19세기 중엽에 국민소득의 약 10%를 생산하여 그 가운데 약 절반을 수출하고 있었다. 영국의 국산품 수출액(재수출은 제외)에서 차지하는 면제품의 수출 비율도 거의 50%에 달하고 있었다. 면공업은 생산과 수출 및 사회관계들(예를 들면 노동운동이나 공장법 제정 문제 등)에서의 중요성이라는 점에서 다른 산업을 압도하고 있었다. “목면공업 노동자는 노동운동의 선두에 서 있다. 그것은 그들의 고용자인 공장주, 특히 랭커셔의 공장주가 부르주아지 선동의 선두에 서 있는 것과 마찬가지이다"[2:366]라고 엥겔스가 단언한 까닭이다.

부르주아지의 선두에 선 랭커셔 면공업 자본가, 즉 "영국 부르주아지의 전위, 맨체스터파"는 "생산비의 절감, 대외무역의 확장, 이윤*의 증대, 토지귀족의 주요한 수입 원천과 영속적인 권력의 축소, 자기의 정치적 권력의 향상"(맑스「존 러셀 경」, 11:397])을 내걸고서 1846년에 곡물법*의 폐지를 실현하며, 자유무역 정책을 영국 자본주의*의 근간으로 삼는 데 성공한다. 이리하여 영국 면공업은 자유무역 정책(자유무역 제국주의)을 바탕으로 후진자본주의 국가들 및 식민지를 원료시장, 제품시장으로서 포섭함과 동시에 자본주의의 자유주의적 단계에서 세계적인 경기순환을 주도하는 산업이 된다.

면공업의 활황은 다른 산업에 파급되고 그 결과 원면을 비롯한 공업원료와 소비재를 영국에 공급하는 지역들도 호황을 누리며 런던의 금융시장도 이를 반영해서 활황을 보인다. 그러나 해외의 원료와 소비재의 생산은 공급의 비탄력성이라는 장벽과 투기활동이 맞물려 가격급등을 불러일으키며, 비용 상승과 이윤율 저하를 필연적으로 만든다. 다른 한편 영국의 수입액 급증은 국제수지를 악화시키며 금의 유출과 잉글랜드 은행*의 금 준비 저하, 금융 경색, 이자율 상승을 초래한다. 이자율 상승은 비용 상승으로 어려움을 겪고 있는 면공업을 비롯한 산업자본에 타격을 주고 공황*이 발발한다.

이와 같이 맑스 시대의 영국 면공업은 잉여가치 생산에서의 중요 부문(노동시간*을 둘러싼 노자 대립의 중심 부문, 자본축적 메커니즘의 중추)이자 무역정책, 금융정책, 경기순환을 좌우하는 핵심 산업이었다. ☞맨체스터, 남북전쟁, 자본축적, 공황, 외국무역, 에르멘 앤드 엥겔스 상회

圖 角山榮,「イギリス綿工業の發展と世界資本主義の成立」, 河野健二・飯沼二郎 編著,『世界資本主義の形成』 수록, 岩波書店, 1967. 吉岡昭彦,「綿業」, 吉岡昭彦 編著,『イギリス資本主義の確立』 수록, 御茶の水書房, 1968. 熊谷次郎,『イギリス綿工業自由貿易論史―マンチェスター商業會議所 1820-1932』, ミネルヴァ書房, 1995.

―구마가이 지로(熊谷次郎)

모리스 [William Morris 1834-1896]

영국 빅토리아 시대의 시인・문학자, 예술가・공예가, 실업가, 그리고 사회주의자. 당초 성직자에 뜻을 두지만 옥스퍼드 대학에서 에드워드 번 존스와 만나고 칼라일*과 러스킨의 저작을 통해 예술과 건축에 눈뜨며, 로세티 등 라파엘 전파(前派)의 예술가들과 교류함으로써 자신도 예술가의 길을 걷기 시작한다. 미와 실용이 수작업 내에서 통합되어 있던 중세사회를 하나의 이상으로 간주하고 그 현대적인 부흥을 지향하여 1861년에 모리스 마셜 포크너 상회를 설립한다. 그 활동은 유럽 각국에 파급되어 근대 디자인 운동의 원점이 된 각지의 아트 앤드 크래프트 운동의 모범이 되었을 뿐만 아니라 일본의 공예나 민예운동에도 커다란 영향을 주었다. 1876년, 동방문제를 계기로 정치 무대에 등장하며, 77년에는 건축물보존협회 설립에 참가한다. 1883년 1월, 하인드먼*이 지도하는 민주연맹에 가맹했지만, 1884년 12월에 백스*, 엘리노어 맑스, 에이블링* 등과 함께 새로이 사회주의자연맹을 결성한다. 더 나아가 1890년 10월에는 햄머스미스 사회주의 협회를 조직하는 등 19세기 말 영국 사회주의 운동의 중요한 담당자가 된다. 엥겔스*로부터는 "감상적인 사회주의자"[엥겔스가 라우라 라파르그에게 보낸 서간」(1886. 9. 13), 36:466]라는 평가를 받았지만, 마지막 20년 동안 600여 회에 이르는 강연과 집회연설을 하면서 노동*이 인간*의 기쁨이 되는 이상사회에 대한 꿈과 희망을 열정적으로 이야기해 나갔다. 예술과 사회주의*를 한 인간에게 결합시킨 모습이 다방면에 걸친 그의 경이적인 활동에서 비쳐지고 있다. ☞하인드먼, 에이블링

圖 小野二郎,『ウィリアム・モリス―ラディカル・デザインの思想』, 中公文庫, 1992. L. パリー 編(多田稔 監譯),『決定版ウィリアム・モリス』, 河出書房新社, 1998.

―이즈모 마사시(出雲雅志)

모스트 [Johann Joseph Most 1846-1906]

독일어권과 미국에서의 아나키즘* 운동의 선구자. 아우구스부르크 출신의 제본공으로 1860년대에 스위스 체류 중에 사회주의*에 눈을 뜨고 젊은 활동가로서 등장한다. 70년대에는 독일의 사회민주주의파에서 저널리스트, 연설가, 제국의회 의원으로 활동한다. 이 시기에 『자본』*을 요약한 팸플릿 『자본과 노동』을 저술한다. 그 제2판은 맑스의 교열을 거쳐 출판되었다. 하지만 이 사실은 맑스의 사후에 공표되었다. 1878년에 사회주의자 진압법이 시행된 후에는 런던*으로 건너가 그곳의 독일인 노동자와의 협력을 바탕으로 사회민주주의파의 기관지 『프라이하이트』를 창간하고 그 편집자가 된다. 얼마 안 있어 이 기관지는 독일 사회주의 노동자당* 내의 개량주의적 경향에 반발하여 사회혁명 노선을 거친 후에 아나키즘 노선을 채택하기에 이른다. 그 후 이 신문과 함께 모스트는 뉴욕*으로 거점을 옮겨 미국에서의 아나키즘파의 전국조직 결성을 주도하고, 또한 노동조합*에 대한 영향력 확대를 시도했다. 다른 한편 구지배계급에 대한 철저한 탄압 과정으로서의 혁명*과 그룹들의 연합으로 뒤덮인 자유사회를 구상했다. 80년대에는 노동시간*에 따라 개인*별로 보수가 분배되는 집산주의를 지지하며, 다른 한편으로 유럽에서의 혁명 발발이 가까이 다가왔다는 예측 하에 '행동에 의한 프로파간다'와 노동자의 무장을 주장했다. 헤이마켓 사건 이후부터 발언은 신중해지며, 90년대에 들어서면 미국에서는 테러의 효과가 없다고 선언하는 한편, 개인의 욕구*에 따른 자유*로운 소비*에 기초하는 공산주의*를 지지한다. 만년에는 『프라이하이트』를 유지하기 위해 노력하지만 연설여행 도중에 사망한다. 뛰어난 선동가(agitator)이며, 그의 연설에 매료되어 운동에 참여한 사람들이 적지 않다. 그 영향은 미국의 독일계 및 유대계 이민, 더 나아가 유럽의 독일어권에 미쳤다. ☞아나키즘

㊔ J. J. モスト(大谷禎之介 譯),『資本論入門』, 岩波書店, 1986. R. Rocker, *Johann Most. Das Leben eines Rebellen*, Berlin 1924/1925, rpt. Berlin/Köln 1994. 田中ひかる,「『フライハイト』紙の主張の變遷―1879-82」,『一橋論叢』, 第112卷 第2号, 1994.

―다나카 히카루(田中ひかる)

몬테즈 [Lola Montez 1818-1861]

1846년부터 48년에 걸쳐 바이에른 국왕 루트비히 1세의 총애를 받은 아일랜드* 출신의 무희. 국왕이 그녀를 영방백작의 지위로 대우하는 사태로 인해 1848년 2월 학생들은 반대운동을 일으키며, 결국 국왕이 패배했다. 이 사건과 관련하여 독일 각지에서 누드 모습의 롤라가 캐리커처로 묘사되었는데, 이는 왕권의 정치적 전복과 민중의 사회적 해방, 성의 해방을 표현하는 것이었다. ☞1848년 혁명, 여성운동

㊔ 石塚正英,「(卷末解說)カリカチュア風俗史家フックスとその時代」, 高橋憲夫・石塚正英 編,『諷刺圖像のヨーロッパ史』 수록, 柏書房, 1994.

―이시즈카 마사히데(石塚政英)

몰레스호트 [Jacob Moleschott 1822-1893]

네덜란드 출신의 생리학자. 이른바 속류유물론의 대표적 논자의 한 사람. 하이델베르크 대학에서 의학을 공부하고 해부학 연구로 학위를 취득. 귀국 후 유트레히트에서 생리학적 화학의 연구에 종사하지만 고국에서의 대학의 교직을 단념하고 1847년부터 하이델베르크 대학에서 생리학 및 인류학의 사(私)강사를 맡는다. 학생 시절 때부터 괴테나 헤겔*에 친숙하지만, 후에 헤겔 좌파* 특히 포이어바흐*의 자연주의에 경도되어 그와 개인적으로 교류하기에 이른다. 그 후 반동 독일을 떠날 수밖에 없게 되어 56년부터 스위스의 취리히 대학 생리학 및 해부학 교수, 61년부터 이탈리아의 토리노 대학, 79년부터 로마 대학 교수를 역임한다.

그의 연구의 주된 관심은 동물 및 식물의 신진대사에 있었다. 『영양수단의 생리학』(대중판은 『국민을 위한 영양수단론』, 둘 다 1850년)에서 그는 생명이란 곧 물질대사*라는 주장을 전개하고 인간*의 실존과 정신에 대한 영양학적인 설명을 시도했다. 포이어바흐가

이 책을 격찬하고 "인간이란 그가 먹는 것이다"라는 테제를 제시한[「자연과학과 혁명」] 것은 유명하다. 주저 『생명의 순환』(1852)에서는 '힘'이란 물질*과 나누어질 수 없는 속성의 하나라는 입장을 취하고 전자기력이나 중력·화학력과 견줄 수 있는 특유의 힘으로서 '생명력'을 상정하는 리비히*의 견지에 대해 물질과 따로 떨어진 원리를 인정하는 것이라며 비판했다. 인간의 사상에 관해서도 그것이 뇌를 형성하는 물질의 운동·전화이며 사상 활동은 뇌의 하나의 속성이라고 하는 물질일원론적인 학설을 전개했다. 또한 만년에는 진화론에 대해서 다윈*과 함께 라마르크와 셸링*을 중시하는 입장을 표명했다. ☞과학, 자연과학, 유물론, 진화론 논쟁

㊟ Dieter Wittich (hrsg. u. eingeleitet), *Vogt, Moleschott, Büchner: Schriften zum kleinbürgerlichen Materialismus in Deutschland*, Berlin 1971. Frederick Gregory, *Scientific materialism in nineteenth century Germany*, Boston 1977.

-나오에 기요타카(直江清隆)

몰리에르 [Molière 1622-1673]

프랑스 고전주의 세대를 대표하는 극작가. 코미디 프랑세즈의 전신인 몰리에르 극단을 주재했다. 극중 인물에 유별난 감정·정신을 불어넣음으로써 인간 본래의 약점이나 악덕을 밝혀내는 새로운 양식의 코미디(희극)를 확립했다. 궁중귀족과 신흥 부르주아계급이 활보하는 루이 14세 치하의 풍속과 진실의 묘사, 인간성에 관한 새로운 관점의 도입 등 세상의 갈채를 받은 반면 반대세력의 공격도 매우 거셌다. 대표작으로 『타르튀프』, 『인간 혐오자』, 『수전노』, 『서민귀족』 등이 있다.

㊟ 『モリエール全集』, 中央公論社, 1973. 小場瀬卓三, 『フランス古典喜劇成立史—モリエール硏究』, 法政大學出版局, 1970. 水林章, 『ドン・ジョアンの埋葬—モリエール「ドン・ジョアン」における歴史と社會』, 山川出版社, 1996.

-니시오 오사무(西尾 修)

무신론 無神論 [(독) Atheismus (불) athéisme (영) atheism]

헤겔 좌파*의 특질은 종교 비판에 있고 이를 철저화하면 무신론이 된다. 맑스는 자기의식의 철학에서 철저한 무신론을 표명하는 B. 바우어*와 베를린 대학에서 가까운 관계에 있어 그의 무신론에 일찍부터 익숙했다. 바우어의 익명의 저서 『포자우네』*(『무신론자이자 반그리스도인 헤겔에 대한 최후 심판의 나팔』, 1841)는 맑스와의 공저라는 풍문이 있을 정도였다. 그러나 바우어의 무신론은 나중에 '대중*' 비판에서 순수한 비판*의 입장으로 승화한다. 맑스의 무신론의 특질은 바우어와의 분기에 있다. 「헤겔 법철학 비판 서설」*의 서두는 "독일에서 종교*의 비판은 본질적으로는 이미 끝났다. 그리고 종교의 비판은 모든 비판의 전제이다"[1:415]라고 말한다. 이는 바우어나 포이어바흐*를 염두에 둔 것이다. 종교는 '민중의 아편'이며 민중에게 '환상적 행복'을 주는 도착된 세계의식에 다름 아니다. 종교의 폐기는 그와 같은 환상을 필요로 하는 상태를 폐기하는 것에 있다. 맑스는 이러한 도착된 세계의식이 발생하는 기반이 되는 국가* 및 사회의 모습으로 소급하는 자세를 보여준다. 이러한 자세는 평생 이어지게 된다. 참고로 「포이어바흐 테제」*(제4 테제)는 "세속적 기초 자체가 그 자신 안에서 모순된 것으로 이해되어야만 할 뿐만 아니라 또한 실천적으로도 변혁되어야만 한다"[3:4]라고 말한다. 한편 종교는 아편이라는 표현은 맑스뿐만 아니라 바우어나 M. 헤스*의 표현이기도 하다.

맑스는 더 나아가 고유의 공산주의*를 구상하게 된 『경제학·철학 초고』에서 "공산주의는 무신론과 더불어 곧바로 시작된다"[40:458]라고 말한다. 무신론(포이어바흐)은 신의 지양으로서 "이론적 인간주의의 생성"이라는, 또한 공산주의는 사유재산의 지양으로서 "현실적 인간주의의 생성"[같은 책:506]이라는 의미를 지닌다. 또한 『신성 가족』*은 17세기 프랑스에서는 기존의 종교와 형이상학을 무력하게 만드는 형태로 무신론과 유물론이 모습을 드러내고, 나아가 그것의 18세기 유물론이 "직접적으로 사회주의*와 공산주의에 쏟아지고 있다"[2:136]라고 말한다. 이 배경에는

독일 철학의 한계를 타파한 포이어바흐 철학과 사회주의・공산주의의 결합이라는 구상이 존재한다. 공산주의와 무신론의 결합과 또한 포이어바흐 철학과 사회주의의 결합은 헤스가 「사회주의와 공산주의」(1843)와 또한 「독일에서의 사회주의 운동」(집필 1844년 5월, 발표 45년)에서 제기한 것이기도 했다. 맑스는 포이어바흐주의의 자기점검을 통해 45년 후반에는 무신론 내지 포이어바흐 철학과 공산주의의 결합을 내거는 '철학적 공산주의'를 물리친다. 무신론의 의의는 『신성 가족』에서와 같은 역사적 맥락에 놓이고 공산주의는 유물론적인 역사관[『독일 이데올로기』] 속에서 정초된다. ☞헤겔 좌파, 종교

㊟ 良知力, 『ヘーゲル左派と初期マルクス』, 岩波書店, 1987. 山中隆次, 『初期マルクスの思想形成』, 新評論, 1972.

—다키구치 기요에이(瀧口淸榮)

무역 貿易 ⇨**외국무역**

무정부주의 無政府主義 ⇨**아나키즘**

물신숭배 物神崇拜 ⇨**페티시즘**

물질 物質 [(독) Materie]

맑스의 물질 개념은 후기 엥겔스*의 "운동하는 물질"도 레닌의 "의식*으로부터 독립된 객관적 실재"도 아닌, 바로 "인간들의 물질적 생활"[廣22, 『정치경제학 비판을 위하여』, 13:6 등]의 개념에 다름 아니다. 그것은 언제나 이미 역사적 피(被)매개성 내에서 자연적-문화적, 자생적-자각적, 사회적-개인적으로 영위되는 인간들의 기본적인 생활 활동의 영역이며, 다음과 같은 일련의 계기로 재구성 가능할 것이다.

【Ⅰ】자연 개념

맑스의 물질 개념은 자연 개념이 아니다. 자연*은 '물질적 생활'의 지반(element), 문화-역사적 형성이 언제나 이미 그것을 전제, 지반, 소재로 삼는 직접적 소여이다. 이 자연은 "인간 자신의 자연"과 "그를 둘러싸는 자연"으로 분할되어 있으며[『자본』, 23b:664], 인간*의 생활(생명) 활동은 환경적 자연과의 '부단한 과정'(질료 전환과 형태 전환의 연쇄) 속에 있다. 두 개의 자연은 모두 '잠재력(Potenzen)'을 역사적으로 전개한다.

【Ⅱ】물질적 생활의 생산

인간들은 환경적 자연과의 이 과정을 "자기 자신의 행위에 의해 매개한다"[『자본』, 23a:234]. <자연-행위-질료/형태 전환>, <자연-생산/교환수단-생활수단>, <자연-사회/타자-개인>이라는 매개성을 지니고서 '물질적 생활'은 영위된다. 그것은 또한 생산, 분배, 교환, 소비*로 이루어지는데, 이 가운데 생산은 역사적 변용을 전체적으로 제약하는 '포괄적(übergreifend) 계기'이다.

【Ⅲ】물건의 이중성격

인간들 자신과 마찬가지로 사물(Ding)도 대(對)자연, 대(對)타자라는 이중의 관계성에서 '물건(Sache)'으로서 나타난다. 사물은 자연적 속성을 지니는 동시에 "인격들 상호의 물건화된 관계로서의 물건"[『1857-58년의 경제학 초고』, 초1:142]으로서도 나타나며, 일반적으로 말하자면 사회적 가치나 사회적 의미를 지니고서 나타난다.

【Ⅳ】제약의 유물론과 생활의 실재론

"물질적 생활의 생산양식은 사회적・정치적・정신적 생활과정 일반을 제약(bedingen)한다"[『정치경제학 비판을 위하여』, 13:6]. 제약의 유물론*은 환원의 유물론도 목적의 유물론도 아니다. 맑스에게 있어 '현실'은 여러 계기들을 작용적(wirklich=wirkend)으로 '관통하는' 총체이지 물질적 생활과 동일한 것이 아니다. 목적은 '필연의 나라'의 제약 위에 '자유*의 나라'를 구축하는 것이지 물질적 생활이 자기목적은 아니다.

또한 인간들이 자신의 외부에 독립적인 타자나 사물을 갖는다 하더라도 단지 (레닌처럼) 의식의 대상, 지각의 대상으로서가 아니라 "존재의 대상"[『경제학・철

학 초고』, 40:500]으로서 갖는 것이다. 이런 의미에서 맑스의 실재론은 생활(생명)의 실재론, '감성적 실천'의 실재론이다.

【Ⅴ】 형태 규정성의 유물론

분석에 의해 형태(형상)들을 실질(질료)로 환원할 뿐인, 형상에 무관심한 질료주의가 아니라 언제나 이미 일정한 형태 규정성에서 어떤 질료로부터 일정한 형태를 전개하고자 하는 것이 "유일하게 유물론적이며 학문적인 방법"이다[『자본』, 23a:487].

또한 이론적 정식화에는 실재 영역에서의 형태의 '역사적 추상'이 선행하는 것이며, 그런 의미에서 "관념적인 것은 인간의 두뇌 속에서 치환되고 번역된 물질적(소재적)인 것이다"[『자본』, 23a:22].

【Ⅵ】 '보편노동'으로서의 과학적 인식

이 '번역'은 "보편적 노동"[『자본』, 25a:131]이라는 관점에서 이해된다. '보편적 노동'은 역사적으로 주어진 분업*과 협업과 교환의 내부에서 역사적으로 주어진 노동수단인 물적 수단과 관념적 수단(패러다임이나 범주 체계나 방법)을 이용해 일정한 범위의 개별 현상들에 타당한 '보편적 등가형태'를 기호적・물질적으로 생산하는 것이다. 따라서 과학적 인식의 순수한 개인 모델, 초역사 모델은 거부된다.

【Ⅶ】 자연과학적 물질상

미크로-마크로의 물리적 세계상도 이론 인식으로서 순수하게 자립해 있는 것이 아니다. 분업적으로 생성되는 확장된 생활세계 수준에서 인간들이 복잡하게 얽혀 있는 자연의 미크로-마크로적 차원과의 실천적 생활관계들 속에 과학적 자연 인식이 짜여 들어가 있다. 맑스의 물질 개념에서는 자연과학적 물질 개념들은 출발점이 아니라 귀결인 것이다. ☞유물론, 자연, 물질대사, 감성, 현실성

참 田畑稔, 「マルクスとレーニンの差異について」, 『社會主義理論學會年報』, 창간호, 1992. A. シュミット(元濱清海 譯), 『マルクスの自然概念』, 法政大學出版局, 1972. A. シュミット 編(花崎皐平 外 譯), 『現代マルクス主義認識論』, 河出書房新社, 1973.

-다바타 미노루(田畑 稔)

물질대사 物質代謝 [(독) Stoffwechsel]

【Ⅰ】 맑스와 리비히*

맑스가 "인간*과 자연*의 물질대사"라고 말하는 경우에 그것은 리비히적인 자연과학적 개념으로서뿐만 아니라 맑스의 독자적인 사회과학적 개념으로서 사용되고 있다. 즉 맑스가 "자연적 물질대사 과정"이라고 부르는 것은 리비히 식으로 말하자면 "인간 없이 계속되지만 인간이 가담할 수 있는, 자연력들의 일대순환(ein großer Kreislauf)"을 가리키는 것이며, 지리적 규모에서의 신진대사=질료변환을 의미한다. 그러나 "인간과 자연의 물질대사"를 "인간과 자연 사이의 하나의 과정"인 "노동과정"으로서 파악할 때에는 그 물질대사를 "인간이 그 자신의 행위에 의해 매개하고 규제하고 제어하는" 측면에 역점이 놓인다[『자본』, 23a:234]. "철이 녹슬고, 나무가 썩는" 것은 동식물이나 인간이 죽어서 다시 땅으로 되돌아가는 것과 마찬가지로 자연적 물질대사 과정이지만, 도구가 녹슬거나 썩거나 하는 것은 가축이 죽는 것과 마찬가지로 노동과정에서는 "자연적 물질대사의 파괴력"[같은 책:240]이나 다름없으며, 그 자연력은 이용되는 것이 아니라 거꾸로 "규제하고 제어"되어야만 한다.

【Ⅱ】 노동과정

"노동과정의 단순한 계기들"은 "노동 그 자체와 노동대상과 노동수단"이다[23a:235]. 도구나 기계*, 그 밖의 노동수단은 물론이거니와 원료, 종자, 비육용 가축 등의 노동대상도 그것을 생산하기 위한 "구체적 유용노동"의 산물인 동시에 기술적 개량의 산물이자 "역사의 선물"이다. 노동수단을 가지고서 노동대상에 작용을 가하는 노동 그 자체—따라서 노동과정—에도 많든 적든 "인간 노동을 매개로 하여 계속된 변화"[같은 책:238]가 각인되어 있다.

【Ⅲ】 자연력들—개량과 황폐

그러나 그 계속적 변화-개량은 맑스의 인간학 혹은 인간 해방의 시각에서 본다면 "인간과 토지 사이의 물질대사를 교란"[23a:656]하는 것이 되기도 한다. 우선 첫째로, 자본주의*의 발전은 "노동생산물의 물질대사"를 상품교환이라는 "사회적 물질대사 과정" 혹은

"사회적 노동의 물질대사" 과정[같은 책:138, 140, 151]으로 바꿀 뿐만 아니라 농공분리를 통해 도시*와 농촌의 물질대사를 확대한다. 농산물의 대부분은 도시에서 소비되고 토양성분은 다시 원래의 토지로 되돌아가지는 않는다. "근대 농업은 세련된 약탈농업이다"라고 말하는 리비히를 인용하는 맑스는, "자본제 농업의 모든 진보는 노동자로부터 약탈하는 기술의 진보인 동시에, 토지로부터 약탈하는 기술의 진보……, 토지의 비옥도의 항구적 원천을 파멸시키기 위한 진보이다"[같은 책:657]라고 말한다.

둘째로, 노동자가 "잉여가치 생산기계"로 간주되고 가축이 "비료 제조수단" 혹은 "물질대사 기계(Stoffwechselmaschinen)"로 간주될[23a:239, 509] 때, "기계는 그저 낡아질 뿐"이지만 살아 있는 자연력들은 "올바르게 다루면 끊임없이 좋아진다"[25b:1001-1002]는 것조차도 망각된다. 포도린스키를 비판하며 엥겔스*도 말하듯이 "공업에서는 에너지는 그저 소비될 뿐"이지만 "농업*에서는" "인간이 노동*에 의해 의도적으로 행하고 있는 것을 식물이 무의식적으로 행하고", 그 "저장 에너지가 가축에게 이행된다"[「엥겔스가 맑스에게 보낸 편지」(1882. 12. 19), 35:110-111]라고 하는 그 차이가 망각된다.

셋째로, 자본*의 생산력으로서 나타나는 자연력들을 자신의 소유물로 간주하는 "부르주아적인" 사고방식은 자본가들뿐만 아니라 "노동만이 모든 부의 원천"인 것처럼 생각하는 노동자들 중에서도 볼 수 있게 된다. 맑스는 『고타 강령 비판』*에서 다음과 같이 말한다—라살레*와 같이 "모든 부의 원천은 노동이다"라고 말하는 것은 "모든 노동수단과 노동대상의 첫 번째 원천인 자연에 대해 처음부터 소유자로서 대하고, 이 자연을 인간의 소유물로서 다루는" "부르주아적인 말투"이다[19:15].

맑스에게서 "노동과정"이 "인간과 자연의 물질대사의 일반적 조건이자 인간생활의 영원한 자연조건"[『자본』, 23a:241]이라는 것의 참된 의미는 생산자에 의한 생산수단(노동수단과 노동대상)의 소유가 인간해방인 것은 아니라는 것이다. 생산수단의 소유에 의한 생산자의 해방*은 인간해방을 위한 하나의 과정이긴 해도 그 자체가 목표인 것은 아니다. 무릇 살아 있는 자연력들의 소유를 전제로 하는 노동과정은 영속적일 수 없는 "특정한 역사적 형태"[같은 책25b:1129]이다. "인간과 자연의 완성된 통일"인 것과 같은 사회[『경제학・철학 초고』, 4:458]에서는 "지구에 대한 개개인의 사유(私有)"가 "한 사람의 인간의 다른 인간에 대한 사유와 같이 터무니없는 것으로서 나타날"[『자본』, 25b:995] 뿐만 아니라 "자연을 인간의 소유물로서 다루는" 것과 같은 인간의 오만 그 자체가 부정된다. 그것은 '토지 국유'라든가 생산수단의 '사회적 소유'('부정의 부정')론을 넘어서는 맑스의 시각이다. ☞자연, 리비히

㉾ 椎名重明, 『農學の思想—マルクスとリービヒ』, 東京大學出版會, 1976.

—시이나 시게아키(椎名重明)

물화 物化 [(독) Versachlichung (영) reification]

이 개념이 맑스의 이론체계에서 중추적인 위치를 차지한다는 것을 널리 알린 것은 G. 루카치라고 생각되고 있지만, 그의 『역사와 계급의식』과 같은 1923년에 나온 루빈의 『가치론 개설』이 이해의 정확성과 깊이에서 더 뛰어나다. 루카치는 오히려 이 개념을 사실상 소외론과 동일한 것으로 간주하고 있었던 한에서 물화론의 속류화에 기여했다고 해야 할지도 모른다. 히로마쓰 와타루(廣松涉)의 지적을 기다릴 필요도 없이 맑스의 이론에서의 이 개념의 의의를 밝히기 위해서는 오히려 소외론과의 차이를 문제 삼아야만 할 것이다.

물화 개념이 체계 구성상 중요한 위치를 차지하는 것은 『자본』*에 이르러서부터이지만, 이미 『독일 이데올로기』*에서 그 맹아를 볼 수 있다. 맑스는 다음과 같이 쓰고 있다. "사회적 활동의 이러한 자기 교착, 우리 자신의 생산물이 우리를 제어하는 하나의 물상적인 강력해지는 이 응고, 그것은 우리의 통제를 벗어나 우리의 예기에 어긋남을 초래하고 우리의 예상을 교란시키는 근저의 것인데, 이것이야말로 종래의 역사적 발전에서의 주요 계기 가운데 하나다"[廣36].

『자본』에서도 반드시 정리된 서술이 주어져 있는 것은 아니다. 주로 제1권 제1장 제4절 '상품의 물신성 성격과 그 비밀'이라는 제목의 절에서 볼 수 있는 다음과 같은 기술이 『자본』에서의 물화 개념의 주된 내용이라고 볼 수 있을 것이다.

"상품형태는 인간* 자신의 노동*의 사회적 성격을 노동생산물들 그 자체의 대상적 성격으로서, 이러한 사물들의 사회적인 자연 속성으로서 인간의 눈에 반영시키고, 따라서 또한 총노동에 대한 생산자들의 사회적 관계를 그들의 외부에 실존하는 대상들의 사회적인 하나의 관계로서 인간의 눈에 반영시킨다……. 이러한 치환(quid pro quo)에 의해 노동생산물들은 상품*—감성적이자 초감성적인 또는 사회적인 사물—이 된다"[23a:97-98].

"생산자들에게 있어서는 그들의 사적 노동들의 사회적 관련이 그 모습 그대로 현상하는, 즉 그들의 노동들 그 자체에서의 사람과 사람의 직접적으로 사회적인 관계로서가 아니라 오히려 사람과 사람의 물상적 관계 및 물상과 물상의 사회적 관계로서 현상한다"[같은 책:99].

물화(Versachlichung)라는 말 자체는 『자본』 제1권 제1편 제3장 제2절 (a) '상품의 자태변환'에서의 잘 알려진 "공황*의 형식적 가능성"에 대하여 언급한 구절에서 "물상의 인격화와 인격의 물화의 대립"이라는 용례에서 나타나지만, 거기서는 그 말에 대한 설명이나 부연은 존재하지 않는다. 또한 제3권 제7편 제48장 '삼위일체 정식'에도 "생산관계들의 물화 및 생산 당사자들에 대한 생산관계들의 자립화"라는 기술이 있지만 개념 그 자체에 대해서는 상세한 설명이 이루어지고 있는 것은 아니다. 따라서 맑스의 '물화론'이라는 것은 그와 같은 『자본』의 몇몇 부분에서 나타나는 기술을 재구성하여 얻을 수 있는 개념이다.

따라서 물화 개념은 시스템이 자기준거적인 완성도를 높이고 있는 현대적인 정황 하에서 현실성을 갖는 개념으로서 맑스 안으로 읽어 들인 것인바, 논자에 의해 확장적으로 해석되어 사용되고 있는 경우가 적지 않다는 점에 주의하지 않으면 안 된다. ☞소외, 『독일 이데올로기』

㊟ 廣松涉 編, 『資本論を一物象化論を視軸にして一讀む』, 岩波書店, 1986.

—이시즈카 마사히데(石塚正英)

뮌처 ⇨『독일 농민전쟁』

미국의 노동자운동 美國—勞動者運動

【Ⅰ】잡다한 노동자, 잡다한 노동자운동

19세기 유럽에는 민주주의*를 국시로 내건 나라는 존재하지 않았지만, 미국에서는 이미 민주주의가 국가*의 통치원리였다. 이 나라에서는 일찍이 19세기 전반기에 제퍼슨 민주주의(Jeffersonian democratcy)와 잭슨 민주주의(Jacksonian democracy)라는 이름으로 민주주의 정체(政體)가 존재하고 있었다. 하지만 이러한 19세기 미국의 민주주의는 20세기적인 의미에서의 그것과 결코 동일한 것이 아니었다.

미국은 독립 이전의 식민지 시대에는 영국 본국의 후기 중상주의 경제권 내에 있었다. 북부에는 연계봉공인(年季奉公人)이라 불리는, 본국의 상인이나 현지의 경영자로부터 도항비용을 빌려서 건너온 노동자도 포함하여 매우 다양한 소생산자·노동대중이 존재하고 있었다. 또한 남부에는 흑인노예와 그들을 지배하는 플랜터와 소상인들이 역시 본국의 경제적 지배하에 놓여 있는 가운데 좀 더 작은 틀에서의 지배·피지배 관계를 형성하고 있었다. 그러나 1776년, 식민지 인민이 독립을 선언하고 영국의 직접 지배에서 벗어나 합중국이라는 하나의 독립국가를 구축하자 이번에는 북부에서는 상업자본·매뉴팩처*가 잡다한 소생산자·도시직인을 지배하기에 이르고, 남부에서는 영국자본에 좌우되면서도 제철 플랜터와 그 밖의 대지주가 흑인노예와 푸어 화이트, 그리고 그 밖의 노동대중을 압박하게 된다.

【Ⅱ】계급대립이 첨예화하지 않는 노동자운동

하지만 그 지배·피지배 관계는 19세기에 들어서서

북부를 중심으로 시작된 산업혁명*에 의해 얼마간 수정된다. 즉 미국 산업자본의 진전과 함께 북부에서는 산업자본이 임금노동에 기초하여 종래의 생산양식*을 크게 전환시키는 한편, 남부에서는 영국 산업자본과의 무역에 의존하는 대(大)플랜테이션이 성립된 지 얼마 되지 않는 북부 산업자본을 압박하기 시작한 것이다. 그런 의미에서 19세기 전반기의 미국에서는 자국 산업자본(북부)과 영국 산업자본(남부)이라는 두 가지에 그 근원이 놓여 있는 잡다한 지배·피지배 구조가 확대되었다고 말할 수 있다. 더 나아가 광대한 서부로의 노동자·농민의 이주는 특히 북부의 공업지역에서 <자본-임금노동>에서 발생하는 계급대립을 끊임없이 해소시키고 있었다. 다시 말해서 19세기 전반기의 미국 사회에는 산업자본은 존재했어도 산업자본가의 전면적인 지배권은 확립되지 않았고, 또한 그것을 기반으로 대량으로 산출된 임금노동자*도 사회문제·노동문제로 곤경에 빠지는 것을 피해 본인과 가족의 생계유지에 충분한 토지(160에이커)를 갖기 위해 서부로 이주했던 것이다.

그와 같은 상황 속에 놓여 있는 19세기 미국 사회에서의 노동자운동은 당연히 동시대 유럽의 그것과는 다르게 전개된다. 예를 들면 조지 헨리 에반스를 지도자로 하는 전국개혁협회(통칭 내셔널 리포머)는 정치적 차원이 아니라 사회적 차원에서의 민주주의를 요구했다. 그것은 "각 가정에 경지를, 그러나 각 가정에 160에이커까지 소유를 제한한 경지를"이라는 그 협회의 정치 강령에 드러나 있다. 이러한 민주주의는 정치와 경제의 전체를 관통하는 사회적 평등주의를 특징으로 한다. 극단적으로 말하자면 현대 민주주의가 유물론*과 개인주의로 특징지어질 수 있는 데 반해, 이 19세기 미국의 민주주의는 종교*와 공동주의에 의해 특징지어지는데, 그것은 동시대의 유럽에서는 이미 과거의 유물이 되고 있었다. 이러한 사회적 평등주의 이념을 계속 품고 있는 미국의 노동대중은 자본가와의 비타협적인 계급대립으로 돌입하는 경우는 없든가, 있더라도 극히 드물었다. 이 점을 간파한 맑스는 1852년 3월 5일자의 바이데마이어*에게 보낸 서간에서 "합중국에서는 계급투쟁이 눈에 보일 만큼 부르주아 사회가 아직 성숙하지 않았다"[20:407]라고 적었다. 또한 같은 해에 간행된 『루이 보나파르트의 브뤼메르 18일』*에서는 다음과 같이 말했다. "이 북아메리카 합중국에서는 분명히 계급*은 이미 존재하고 있으나 아직 고정되지 않은 채 끊임없이 유동하면서 그 구성요소를 계속 바꾸어 서로 뒤섞이고 있으며, 거기서는 근대적인 생산수단이 그대로 정체적인 과잉인구를 의미하지 않고 도리어 머리와 손의 상대적인 부족을 보충하는 것으로 되고 있고, 마지막으로 물질적 생산의 열광적이고 젊디젊은 운동은 하나의 새로운 세계를 개발하는 사명을 짊어지고 있기 때문에 옛 망령의 세계를 처리할 시간도 기회도 남기지 않는다"[8:115-116].

【Ⅲ】 맑스의 평가

19세기 전반기의 미국에서는 맑스가 기대하는 것과 같은 계급투쟁으로서의 노동자운동은 당시 아직 본격화하고 있지 않았다. 그렇지만 미국으로 이주한 독일 수공업 직인인 바이틀링*의 입장에서 보면 여전히 사회적 평등주의의 이념을 품고 있는 미국 도시 직인들의 세계는 노동자 공화국을 실현하기에 매우 유리한 조건을 갖추고 있었다. 그러한 도시 직인들의 노동자운동은 1830년대에는 내셔널 트레이드 유니온이라는, 합중국에서 최초의 노동조합 전국조직에 의해 지도되며, 또한 1840년대에는 뉴잉글랜드 노동자동맹 및 앞서 언급한 전국개혁협회가 북부의 노동자운동을 이끌고 있었다. 맑스의 기대에 합치되는 운동은 1850년대 후반 이후에 등장한다. 맑스는 1878년 말에 『뉴욕 데일리 트리뷴』*지의 인터뷰에서 다음과 같이 대답하고 있다. "미국에서는 1857년 이래 처음으로 노동자운동이 제법 큰 의의를 획득하게 되었다. …… 미국에서의 사회주의*가 외국의 원조 없이 오로지 자본의 집중 및 노동자와 기업가 사이의 관계 변화에 의해 발생했음을 보여준다"[34:423]. 여기서 맑스가 1857년을 기점으로 삼은 근거는 아마도 그해에 뉴욕*에서 전국노동자동맹이 결성되었기 때문일 것이다. 그 전신에 해당되는 미국 노동자동맹(1853년 결성)에는 맑스의 동지 바이데마이어가 참가하고 있었고, 재편조직의 시카고 지부는 독일에서 온 이민노동자들이 결성했다. 그러나 그들의 다수는 숙련공들인데, 그런 의미에서 보자면 세기말에 사무엘 곰퍼스가 등장하여 피날레를 장식하기까지는 사회적 평등의 직인적인 이념이 미국의 노동자들을 사로잡고 있었던 것이다. ☞미국 이민, 미국 자본주의, 남북전쟁, 크리게, 토크빌, 『뉴욕 데일리 트리뷴』

참 Hermann Schlüter, *Die Anfänge der deutschen Arbeiterbewegung in Amerika*, Stuttgart 1907, reprint New York 1984. 野村達朗, 「1850年代におけるマルクス・エンゲルスのアメリカ論—1848年以前と比較して」, 『硏究報告集』, 第3号, 愛知縣立大學外國語學部 '1848年' 革命共同硏究會, 1976. 安武秀岳, 「トマス・スキドモアとその思想」, 『西洋史學』, 第129号, 1983. 石塚正英, 「三月革命人と19世紀アメリカ社會」, 『立正史學』, 第57号, 1985. 同, 『ヴァイトリングのファナティシズム』, 長崎出版, 1985.

—이시즈카 마사히데(石塚正英)

미국 이민 美國移民

【Ⅰ】미국으로, 미국으로

나폴레옹 전쟁* 중 영국과 교전 상태였던 미국은 1815년 뉴올리언스 전투에서 승리했다. 이로써 대서양에 평화가 되돌아오자 얼마 안 있어 바다를 항해하여 유럽에서 미국으로 이주하는 사람들이 늘어나기 시작한다. 이른바 '미국 열풍'이다. 통계로 보면, 1820년대에 약 15만 명, 30년대에 약 60만 명, 40년대에 약 170만 명, 그리고 1850년대에는 약 260만 명으로 증가하며, 절정기인 1900년대에는 약 880만 명이 도항하기에 이른다. 또한 그러한 미국 이민을 출신지역별로 보면, 19세기 중반(1840-60년)에는 아일랜드*(약 290만 명)와 독일(약 150만 명) 출신이 압도적으로 많았고, 20세기 초반(1900-20년)에는 동유럽과 남유럽이 절대 다수를 차지하는데, 특히 발칸 방면을 중심으로 한 동남유럽(약 350만 명), 이탈리아(약 320만 명), 러시아・폴란드*(약 252만 명) 순이었다.

미국 이주의 제1절정기는 유럽에서의 1848년 혁명*과 미국에서의 1849년 캘리포니아 금광 발견 및 그에 기인하는 골드러시에 의해 발생한다. 미국사에서는 1848년 혁명을 계기로 이주해온 사람들을 일괄적으로 'Forty-eighters'라 부르고, 1849년에 캘리포니아로 급행한 사람들을 'Forty-niners'라 부른다. 유럽에서 미국을 향해 증기선으로 출항하는 사람들은 당시 그 대부분이 프랑스의 르아브르에 모였다. 이 항구를 이용하는 것이 여러 가지 의미에서 가장 경제적이었기 때문이다. 그러나 1850년대 후반이 되면 미국 이민의 전문 항구라고도 할 만한 독일의 브레머하펜이 르아브르 이상으로 도항자들로 붐비게 된다. 이민*의 흐름이 르아브르 경유에서 브레머하펜 경유로 변화한 이유 가운데 하나로, 후자에는 '이민의 집'으로 상징되는 이민을 위한 숙박시설이나 위생적인 측면에서 꼼꼼한 배려가 있었다는 점을 들 수 있다. 이와 같이 유럽 쪽의 출항지가 변하는 것과 더불어 이민자를 받아들이는 미국 쪽의 항구도 초기의 보스턴, 필라델피아, 볼티모어 등에서 전성기의 뉴욕*으로 변해간다. 최전성기에는 이민의 75%가 이 항구에 상륙했다. 그대로 이 도시*에 정착하는 사람들도 있었지만, 어떤 이들은 노동력 부족으로 어려움을 겪고 있는 다른 북부 공업도시로 옮겨가고, 또 어떤 이들은 중북부의 농업지대로 가거나 아니면 같은 고향 사람들이 기다리는 콜로니적인 도시들로 향했다.

【Ⅱ】미국 이민의 동기

미국으로 건너간 유럽인들 중 1848년 혁명 직후의 이주자들에게는 하나의 공통된 특징이 있다. 그것은 이주 동기의 중심이 그때까지의 경제적인 것에서 정치적인 것으로 옮겨가고 있다는 점이다. 예를 들면, 48년 혁명 이전에 아일랜드에서 감자 기근이 발생했을 때 이 지방의 빈농은 대거 미국으로 이주했는데, 이것은 경제적인 동기에 따른 이민이다. 이로 인해 파생된 사회현상에 대해 맑스는 후에 『뉴욕 데일리 트리뷴』*지 제5741호(1859년 9월)에서 다음과 같이 논하고 있다. "기이하게도 연합왕국 가운데 범죄가 현저하게, 대체로 50%, 아니 75%나 감소한 유일한 지역은 아일랜드이다. …… 기근과 대량출옥, 그리고 아일랜드인 노동자에 대한 수요를 확대한 사정들의 총화의 결과에 지나지 않는다"[13:495]. 이 대기근을 피해 미국으로 건너간 아일랜드계 이민은 미국에서도 고향에 있는 것과 마찬가지의 생활을 하기 위해 가능한 한 가족이나 이웃, 친구와 함께 도시에 살았다. 그러나 1848년 혁명의 패배 이후 미국으로 망명*하다시피 건너온 유럽인, 그 중에서도 특히 독일계의 민주주의적 경향의 이민은 오히려 잇달아 개통되는 운하를 이용하여 중북부의 농업지대로 이주했다. 그들은 맥주 제조 등 독일풍의 산업과 생활양식을 일으킴과 동시에, 독일어 신문을 발행하여 적극적으로 사회개혁과 정치개혁에 몰두하고 있었다.

【Ⅲ】 맑스의 미국 논평

1850년대와 60년대에 독일계와 그 밖의 민주주의적인 유럽인이 대서양을 건너 미국 사회로 녹아들어가는 것을 런던*에서 바라보고 있던 맑스는 『자본』* 제1권 제7편 제25장 '근대적 식민이론'(프랑스어판은 제8편 제33장—옮긴이)에서 남북전쟁 후의 미국을 다음과 같이 논평하고 있다. "이 거대한 공화국도 노동자 이민에게 약속의 땅이 아니게 되었다. 거기서는 임금 하락이나 임금노동자*의 종속이 아직 유럽의 평균수준으로까지 떨어지지는 않았다고 하지만, 자본주의적 생산은 거인의 발걸음으로 전진하고 있다"[23b:1009]. 19세기 미국사회에 대한 맑스의 분석은 적중했다. 이 나라는 남북전쟁*으로 국내시장의 통일을 이루고 국민국가 체제를 갖추자 곧바로 자본주의적인 재건의 길을 걷기 시작한다. 즉 서부에서의 홈스테드 법 제정과 대륙횡단 철도의 완성, 남부에서의 노예제* 폐지 등을 통해 1859년에는 16억 8,000만 달러였던 공업생산 총액이 1879년에는 53억 7,000만 달러에 달하여 거의 3배로 성장했던 것이다. 이리하여 농업국에서 공업국으로 급전회한 미국에서는 자본*의 독점화가 진행되어 1900년 카네기 제강소는 미국 전체의 4분의 1, 세계 제1위의 생산고를 올렸다. 여기서 미국 이민의 두 번째이자 최대의 절정기를 맞이했던 것이다.

【Ⅳ】 미국 이민의 제한

그러나 제1차 세계대전에서 세계 최대의 채권국이 된 미국은 더 이상 유럽으로부터 대량의 이민을 받아들일 수 없었다. 잡다한 국적과 출신으로 이루어진 이민의 집합사회가 아니라 미국인이라는 국민의식이 필요했던 것이다. 독일 병사와 서로 죽이는 전투를 경험한 미국인은 더 이상 미국인을 죽인 적이 있는 독일인을 자국민으로서 받아들일 수 없었던 것이다. 그 이외의 요인도 작용하여 결국 미국 정부는 1924년에 이민법을 제정하고 연간 이민자 총수를 16만 5,000명으로 제한했다. 약 100년간 계속해서 증가해온 미국 이민은 여기서 퇴조기를 맞이했던 것이다. ☞미국의 노동자운동, 이민

㉾ 野村達朗, 『「民族」で讀むアメリカ』, 講談社現代新書, 1992. 的場昭弘, 「移民の社會史—ニューヨークのドイツ人コロニー」, 『社會史の魅力』(神奈川大學評論叢書 第7卷) 수록, 御茶の水書房, 1996. 同, 「十九世紀ドイツ人移民の旅—アメリカへの大西洋橫斷の旅の姿」, 宮崎揚弘 編, 『ヨーロッパ世界と旅』 수록, 法政大學出版局, 1997.

—이시즈카 마사히데(石塚正英)

미국 자본주의 美國資本主義

【Ⅰ】 맑스 생존 시대의 미국

맑스가 태어난 1818년의 합중국은 제2차 대영전쟁(1812-14년) 후에 일어난 투기활동(상품투기와 토지투기)의 절정기였다. 이 투기는 이 시기에 번성한 주법은행(스테이트 뱅크)의 대출 증가에 자극을 받아 일어난 것이었다. 맑스가 사망한 1883년은 남북전쟁*(1861-65년) 후의 정치적·경제적 재건이 달성되고 미국 최초의 트러스트 기업인 스탠더드 오일 트러스트 컴퍼니가 설립된 이듬해이다. 1880년대의 합중국은 철도, 전신·전화 시스템의 정비를 토대로 석유정제업, 아마인유, 설탕 제조업 외에 식품공업, 농기구, 담배, 성냥, 필름, 비누, 철강 등의 산업의 발달과 거대 법인기업의 성립을 특징으로 들 수 있는 시대였다. 당시 합중국은 루이지애나, 플로리다, 텍사스, 오리건, 캘리포니아, 뉴멕시코 등 광대한 토지를 할양 내지 병합하여 1850년까지 거대 대륙국가로 발전해 있었다. 1810년에는 대략 722만 명이었던 인구*는 자연증가에 더하여 계속 유럽

(아일랜드*나 독일 등)에서 들어오는 이민*으로 1850년에 2,326만 명, 1880년에 5,026만 명으로 급증하고, 합중국에 가입한 주(州)의 숫자도 1790년 13개 주였던 것이 1860년에 33개 주, 1880년에 39개 주로 3배 증가했다. 농업, 광업, 제조업 부문의 연간 부가가치를 총부가가치와 비교해보면, 1839년에는 총액 약 10억 달러 가운데 각각 7억 달러, 0.1억 달러, 2.4억 달러였던 것이 1884년에는 총액 약 71억 달러 중에서 각각 28억 달러, 2억 달러, 31억 달러가 되어 이 사이에 달성된 미국 제조업의 눈부신 급성장을 확인할 수 있다.

【Ⅱ】 독립혁명과 해밀턴 공업화 정책

미국 자본주의의 성립조건은 이미 식민지 시대에 갖추어져 있었다. 즉 뉴잉글랜드 식민지나 펜실베이니아 식민지에서 갖추어져 있었던 것이다. 이러한 식민지*들에서는 이주해온 식민자들에 의해 이주시기에 할당받은 얼마간의 토지를 기반으로 독립 자영농민으로서의 경제활동이 이루어지고, 곡물생산이나 목축업 외에 부업으로 가내공업이 영위되고 있었다. 자본주의*의 성립에 있어 결정적으로 중요한 의미를 지녔던 것은 그들의 영위가 18세기 초에서 중반에 걸쳐 독립자영의 전문 직인을 배출한 점, 그리고 이들 독립 자영의 직인이나 농민이 자신들의 생산물을 상호간에 서로 매매하는 시장경제 관계에 들어섰다는 점(국지적 시장권의 형성)이었다. 본국으로 보낼 특산물(담배, 설탕, 소금, 철 등)을 생산하게 하려는 영국정부의 의도에 반하여 일상생활품의 생산과 판매가 현지의 이해관계자들 사이에서 이루어지게 되었다는 사실에 주목해야만 한다. 이와 같은 독립화를 조장하는 경향은 당연히 본국 정부의 산업규제 정책을 불러 일으켰다. 모직물 조례, 모자 조례, 철 조례 등이 그것이다. 따라서 미국 독립혁명(American Revolution, 1775-83년)은 미국 자본주의의 성립이라는 관점에서 본다면 이러한 '규제'들로부터의 해방*에 다름 아니었다.

하지만 미국 자본주의의 성립과 전개는 앞서 살펴본 중상주의 규제의 철폐에 더하여 의식적이고 계획적인 정책을 반드시 필요로 했다. 식민지 시대에 자생적으로 성립한 시장경제 시스템을 자유방임하는 것만으로는 산업혁명*을 경험한 영국 경제와의 경쟁*을 견뎌내지 못했고, 독립혁명 시기에 떠안은 거액의 채무(외채 · 내채)의 변제계획의 전망조차 서지 않았기 때문이다. 그로 인해 연방정부의 성립(합중국 헌법의 제정, 1787년)과 국민의 의지를 통일시키는 경제정책은 반드시 필요했다. 초대 재무장관인 A. 해밀턴의 경제정책은 이 점을 강하게 의식하여 내세워진 것이었다. 즉 (1) 전국적인 조세제도의 정비, (2) 화폐제도의 통일, (3) 독립혁명에 필요했던 거액의 채무의 상환방법의 책정, (4) 연방정부의 은행*이자 산업자본의 은행일 것을 의도한 연방은행(National Bank, 제1합중국은행)의 설립으로 이루어진 재정금융정책과 제조업의 보호육성 · 산업 시스템의 형성에 중점을 둔 산업정책이 그것이었다.

1820년대의 국민공화당(National Republicans)의 경제정책은 이 '해밀턴 구상'의 현실적 적용이었다. 이 정책은 '브리티시 체제'로부터 독립한 '아메리카 체제'의 구축을 목적으로 했다. 그리고 성공했다. 그 경제정책의 내용은 다음과 같다. (1) 당시 세계경제 재편성의 전략적 산업의 의미를 지녔던 면공업의 이식과 발전. '남부'의 특산물인 면화에 대한 국내수요의 증가에 따른 '노예제 남부' 경제의 '내부화'. (2) 에리 운하의 개통과 컴버랜드 국도의 건설에서 자극받은 운수교통로의 정비, 그리고 이에 의해 촉진된 주제(州際)상업의 발전에 따른 '동부'와 '남부'의 이해관계의 긴밀화. (3) 니콜라스 비들이 제안한 제2합중국은행(사상 두 번째의 연방은행, 1816-36년)의 금융정책(특히 내국외환 거래업무의 정비와 확장)에 의한 주제 상업에 대한 금융지원과, 합중국의 수출 총액 가운데 2분의 1 이상을 차지하고 개발에 필요한 영국 파운드화 획득의 유력한 수단이었던 면화의 수출 외환의 독점적 매점에 의한 외국 외환시장 관리. (4) 보호무역 정책에 의한 제조업 육성과 국고 잉여금의 공공사업비 충당.

【Ⅲ】 잭슨 민주주의에서 남북전쟁으로

하지만 연방정부의 지원에 의한 미국 자본주의의 성립은 민주주의*의 성장과 반드시 일치하는 것은 아니다. 사상 최초의 근로민중의 정당인 민주당(A. 잭슨의 정당)은 1830년대에 이 정책들을 근저에서 폐기했다. 잭슨 민주주의(Jacksonian democracy)의 성립이다.

식민지 시대에 성립한 독자적인 시장경제 시스템은 발전도상에 있던 1820년대의 '북서부'에서 계속 전개되어 그것을 토대로 한 지역경제를 전개시키고 있었다. 건국 후 30년을 거쳐 미시시피-오하이오 계곡으로의 이주도 진행되고, 펜실베이니아 주 서부의 피츠버그를 중심으로 철 공업이 성립하는데, 이것이 지역의 농민에게 농기구를 비롯한 철제품을 공급하여 새로운 산업 기반을 정비하고 있었다. 이러한 이해(利害)상황 속에서 농민경제를 토대로 발전하고 있던 '북서부'의 소부르주아 경제와, 영국의 기술이나 주식제도를 도입하여 산업혁명을 도모하고 지역 간 분업·주제상업을 기초로 국민경제의 발전을 바라는 '동부'의 기업경제는 1820년대 말에 심각한 대립관계에 들어서고 있었다. '남부'에서도 '아메리카 체제'를 지원하는 노예제 대농원주와 '주(州) 주권'에 의해 이것을 비판하는 농원주나 고(高)남부의 독립자영농민 사이에서 이해대립이 일어나고 있었다. 이러한 가운데 잭슨 시기의 경제정책은 '아메리카 체제'의 정책을 합중국 헌법 위반이라며 탄핵하고, '주 주권'과 '지역경제'의 발전을 전면에 내세우면서 (1) 제2합중국 은행의 폐지, (2) 보호무역 정책의 부정, (3) 연방자금에 의한 공공사업의 부정을 축으로 하여 진행되었던 것이다.

그렇지만 그 결과로 초래된 것은 안정된 질서 있는 경제활동이 아니었다. '규제' 완화 속에서 각 주는 각각 독자적인 개발을 시작했다. '남부'에서는 면작 플랜테이션 개발을 위해 토지은행이 설립되었고, '북서부'에서는 운하 개발에 따라 조성된 호경기로 주법(州法)은행이 방만한 대출을 함으로써 소비*와 토지의 구입을 촉진시켰다. 영국에서의 공업제품의 수입은 급증하고, 공유지(public land) 매각은 투기 대상이 되었다. 그리고 이러한 호경기는 결국 1837-39년 공황에 이르러 막을 내렸다. 이리하여 1840년대는 장기 불황에 빠진 시기가 되었다. 연방정부는 타개책을 찾지 못하고 오로지 외교에서 그 활로를 구했다. 텍사스 병합, 멕시코전쟁, 오리건 할양, 자유무역 정책의 채용과 극동으로의 통상사절의 파견 등이 그것이다. 대부분의 주는 1830년대의 호경기 시기에는 지역개발을 위해 거액의 주채(州債)를 발행하고 런던*의 머천트 뱅커와 관계를 긴밀히 하여 자금을 확보했지만, 공황*에 의해 개발 사업이 파산된 후에는 거액의 채무를 끌어안은 채 변제 전망도 세우지 못하고서 채무 지불 정지라는 굴욕적 상황으로 내몰리고 있었다. 겨우 전망이 열린 것은 우연히 찾아온 캘리포니아 금광의 발견(1848년) 이후인데, 이를 계기로 1850년대는 '번영'의 시대가 되었다.

맑스가 미국에 주목한 것은 바로 이 1840년대~50년대 이후였다. 그는 1820년대의 미국에서의 경험을 바탕으로 이론을 세운 프리드리히 리스트*의 보호관세론을 비판하고, 자유무역이 수행하는 프롤레타리아트의 국제적 연대에 미치는 의의를 평가한 것만이 아니다. 1840년대의 불황기에 '서부'에서 새로운 토지를 찾는 '동부'의 노동자나 이민 운동에 공감하고 그들의 '흑토분할'론을 지지했다. 바로 그 후의 운동은 남북전쟁 시기에 '자영농지법'으로서 열매를 맺었던 것이다. 1850년대의 미국은 크리미아 전쟁시기(1853-56년)의 곡물 수출의 증대, 철도 건설의 진전, 자유은행제도(free banking system)의 확충에 의해 '번영'의 시대를 맞이했다. 이 시대의 최대의 정치·경제문제는 할양한 광대한 영토를 '자유로운 노동의 토지'로 할 것인지, '노예제*의 육성지'로 할 것인지를 둘러싼 지역(section) 간 이해투쟁이었다. 그리고 남북전쟁이 발발한 것이다. 남북전쟁으로부터의 재건기, 노예제가 폐지된 합중국에서 공화당의 주도로 통일적 국민국가·국민경제* 구축을 위한 강력한 정책이 추진되었다. 그리고 1880년대는 미증유의 성장기가 되었다. ☞남북전쟁, 미국의 노동자운동, 웨이크필드, 노예제{노예무역}

참 楠井敏朗, 『アメリカ資本主義と産業革命』, 弘文堂, 1971. 鈴木圭介, 『アメリカ經濟史』, Ⅰ, Ⅱ, 東京大學出版會, 1972, 1988. 中村勝己, 『アメリカ資本主義の成立』, 日本評論社, 1964. 楠井敏朗, 『アメリカ資本主義と民主主義』, 多賀出版, 1986. 同, 『アメリカ資本主義の發展構造』, Ⅰ, Ⅱ, 日本經濟評論社, 1997.

-구스이 도시로(楠井敏朗)

미라보 [Victor Riqueti, marquis de Mirabeau 1715-89]

중농주의의 보급에 공헌한 케네*의 제자. 미라보의 명성을 일거에 높인 것은 『인간의 벗 혹은 인구론』(전 3부, 1756)의 출판이다(1758-60년에 더 나아가 3부가 추가되었다). 그는 처음에는 부(富)의 원인으로서 인구*를 중시하는 다인구주의자였지만, 이 책을 출판한 직후 케네로부터 그의 인구론은 "소 앞에 쟁기를 매는 것"과 같다며 비판을 받자 하룻밤 사이에 케네의 중농주의로 '개종'했다고 한다. 이후 미라보는 케네 학설의 최초의 그리고 열렬한 신봉자로서 그 보급에 힘썼다. 케네와의 공저 『인간의 벗 혹은 인구론』 제6부 속편 「설명이 달린 경제표」와 『농업철학』(1764)은 그 주된 성과인데, 거기서 그(와 케네)가 노력을 기울인 것은 중농주의의 이론적 정수인 '경제표'의 전개와 해설이다. 특히 농산물과 가공품에 대한 소비수요의 상대적 변화에 따라 발생하는 균형체계의 교란을 불균형 분석으로서 제시한 점이 주목받는다. 미라보는 또한 『조세의 이론(조세론)』(1760)에 의해 중농주의의 정치론과 조세론을 처음으로 체계화했다. 그것은 봉건적 요소를 여전히 강하게 남기는 것으로, 맑스에 따르면 케네의 '귀족적 추종자'인 미라보의 '가부장적' 성격을 보여주는 것이었지만, 절대왕정을 비판한 탓에 필화사건을 일으켜 이후 케네와 미라보는 한동안 침묵을 강요받았다. 기대를 걸었던 튀르고*의 개혁 좌절과 중농주의 비판의 고양에도 불구하고 그의 확신에는 흔들림이 없었다. 미라보가 그 생애를 마친 것은 그의 전망을 훨씬 뛰어넘어 구체제를 일소한 프랑스 혁명*이 일어나기 바로 전날이었다. 덧붙이자면, 그의 아들이자 혁명 당시의 저명한 정치가인 미라보 백작과 구별하기 위해 그는 '아버지 미라보' 등으로 불린다. ☞케네, 튀르고, 프랑스 혁명

㊟ 木崎喜代治, 『フランス政治經濟學の生成』, 未來社, 1976. Société des Études Robespierristes, *Les Mirabeau et Leur Temps*, Actes du Colloque d'Aix-en-Provence, Paris 1968.

―요네다 쇼헤이(米田昇平)

민족 民族 [(독) Nation; Volk (영·불) nation]

일반적으로 '민족'이라고 번역되는 Volk라는 말을 맑스는 주로 정치적 주체로서의 '인민/민중'이라는 의미로 사용하고 있으며, 고유의 언어*·문화·역사·전통 등을 공유하는 민족적인(ethnic) 공동체*라는 의미로는 거의 사용하지 않았다. 다른 한편으로 그는 민족적인 공동체로서의 '민족'이 아니라 오로지 근대국가를 형성한 '국민'을 지시하는 것으로서 Nation이라는 말을 많이 사용하며, 국민 간의 구별을 강조하는 경우에는 '국민성(Nationalität)'이라는 표현을 사용하고 있다. 『공산당 선언』*은 부르주아지가 세계시장*에서의 자신의 계급적 이해를 확보하기 위해 정치적인 중앙집권에 의해 국민국가를 형성하고 국민적 이해라는 미명하에 각 지방의 분산된 주민을 하나의 관세선(關稅線) 속에 집어넣었다는 것을 지적한 뒤 그에 대항하기 위해 프롤레타리아트는 우선 정치적 지배를 획득하여 스스로를 '국민'으로 구성해야만 한다고 주장했다. 그리고 문명국들에서의 프롤레타리아 혁명의 승리에 의해 다른 국민에 의한 어느 한 국민의 착취*도, 국민들의 분리와 대립도 소멸한다는 것이 맑스의 장기적 전망이었다. 따라서 맑스에게는 '민족'에 관한 정의도 없고 민족에 관한 언급은 거의 시론적인 것에 머무르는데, 그의 '민족/국민'에 관한 이해는 민족을 본원적인 언어공동체로 간주한 피히테*의 계보가 아니라 국민적 동일성을 국가조직의 정신과 기술에 의해 응집할 수 있는 근대적 형성물로 파악한 헤겔*의 계보에 위치한다.

이와 같이 맑스는 국민국가의 형성을 기본적으로 부르주아지의 계급적 이해와 관련된 것이자 프롤레타리아트에 의한 계급투쟁의 형식상의 틀을 이루는 것으로 간주하고, 민족이나 민족독립을 그 자체로 가치 있는 것으로는 보지 않았다. 따라서 1848년 혁명*에서 분출한 동구의 피억압 민족의 독립운동도 무엇보다도 우선 당면한 독일혁명에 있어 그것이 어떠한 역할을 수행할 것인가, 또한 그것이 근대적 국민국가를 형성할 수 있는가의 여부에 따라 지지해야 할 것인지 아닐지가 결정되었던 것이다. 그리하여 폴란드*나 헝가리

의 독립운동은 반동적 러시아제국으로부터 서유럽의 혁명*을 지키는 방벽으로서의 역할이 기대되면서 지지받았지만, 체코나 크로아티아와 같이 '국민'으로 되는 생명력이나 문명도를 지니지 않는다고 판단된 소수민족의 경우에는 독립운동은 역사에 역행하는 반동적・반혁명적인 것으로서 부정되었다. 그런 한에서 맑스는 동화주의자이다. 『프랑스에서의 계급투쟁』* 에서 그는 심지어 폴란드나 헝가리의 민족독립혁명에서도 이미 "그 운명은 프롤레타리아 혁명의 운명에 종속되어, 그 외견상의 자주성을 빼앗겼다"[7:31]라고 단언하고 있다. 그는 평생 일관되게 프롤레타리아트의 계급적 이해를 민족독립보다 우선시했으며, 계급투쟁 자체가 형식상으로는 국민적일지라도 "경제적으로는 세계시장의 틀 안에 있으며 정치적으로는 각 국가 시스템의 틀 안에 있다"[『고타 강령 비판』, 19:24]는 점을 반복해서 지적했다. ☞혁명, 폴란드, 『독일에서의 혁명과 반혁명』

圏 良知力, 『向う岸からの世界史』, ちくま學藝文庫, 1993. 丸山敬一 編, 『民族問題』, ナカニシヤ出版, 1997. 植村邦彦, 「プロレタリアートの國民性をめぐって」, 篠原敏昭 外編, 『共産黨宣言―解釋の革新』 수록, 御茶の水書房, 1998.

—우에무라 구니히코(植村邦彦)

민주정 民主政 ⇨정체

민주주의 民主主義 [(독) Demokratismus]

1848/49년 혁명기의 독일에서 보수주의*, 자유주의*와 대항하는 정치세력과 그 사상. 이미 19세기에는 민주주의 개념 속에 스위스의 지방 코뮌에서와 같은 직접민주주의는 함의되지 않으며, 대의제에 의한 국민의 자기통치가 상정되고 있었다. 게다가 1830년대까지는 자유주의와 민주주의의 분화는 거의 없었다. 이 시기의 대표적인 자유주의자 칼 폰 로텍의 경우 민주주의란 인민 전체의 의사가 실현되는 것이며 그것을 보장하는 체제라면 민주제는 심지어 군주제(다만 개명적인)와도 친화적일 수 있다.

사회운동으로서의 자유주의파와 민주주의파가 나뉘는 것은 1840년대이다. 특히 1847년 9월 오펜부르크 집회와 같은 해 10월 헤펜하임 집회에서 양자의 강령적 차이가 명확해진다. 민주주의자에 의한 「오펜부르크 요구」는 정부(바덴)에 대해 반동적인 연방결의를 거부할 것을 요구하고 인격・사상・결사의 자유*, 노동*과 자본*의 조정을 요구하는 데 반해, 자유주의자에 의한 헤펜하임 결의의 중심에는 독일 통일을 향한 관세동맹의 강화 확대 요구가 자리 잡고 있다. 그리고 1848/49년 혁명*의 발발과 동시에 온건한 자유주의파와 급진적인 민주주의파는 각각 따로 협회*를 조직하며, 이 혁명의 최종 단계(독일 헌법투쟁)에서는 민주주의파가 끝까지 싸우게 된다.

민주주의파의 프로그램에서는 국민주권을 대원칙으로 하여 일원제, 보통・평등・직접선거를 내세운다. 그러나 입헌군주제인가 공화제인가 하는 장래의 국가체제 구상에서는 애매함이 남는다. 자유주의파는 명확히 입헌군주제를 강령화하는 데 반해, 민주주의파의 경우에는 바덴과 같이 공화제를 내세우는 곳이 있는가 하면 작센과 같이 딱히 입헌군주제를 거부하지 않는 곳도 있다. 작센의 경우 광범위한 계층의 지지를 노리고 전술적으로 체제문제를 거론하지 않았다는 측면도 있으나 애당초 어떠한 체제 하의 국민주권인가 하는 문제에서는 스스로 명확하지 못했던 것이며 이는 작센만의 문제가 아니다. 이 점에서 급진적인 민주주의파라 하더라도 1849년 봄의 혁명의 최종 국면기에서조차 결연한 반혁명에 선 군주제와 명확하게는 대치할 수 없었던 지역이 많다.

민주주의파는 1848/49년 혁명기에 노동자협회와도 연대하며, 1848년 6월에는 프랑크푸르트 암 마인에서 제1회 민주주의자회의를 여는데, 거기에는 율리우스 프뢰벨*, 철학자 루트비히 포이어바흐*, 독일 가톨릭교회*의 지도자 요하네스 롱게, 쾰른 노동자협회 지도자 안드레아스 고트샬크 등 많은 저명인사들이 모였다. 나아가 같은 해 10월에는 베를린*에서 제2회 민주주의자회의가 열려 혁명의 수행을 확인했다. 이 회의에는

많은 공산주의자동맹*의 멤버들도 참가했다. ☞ 협회, 급진주의, 자유주의, 입헌주의

㊟ Wolfram Siemann, *Die deutsche Revolution von 1848/49*, Frankfurt a. M. 1985. 柳澤治, 『ドイツ三月革命の研究』, 岩波書店, 1973.

—무라카미 슌스케(村上俊介)

민주주의협회 民主主義協會 { **민주협회** 民主協會 } [(불) Association démocratique]

브뤼셀*에서 창설된 민주파와 노동자협회와의 연합 조직. 창설의 계기는 1847년 9월 27일 브뤼셀에서 개최된 '노동자 연회'에 있다. 이 '연회'는 보른슈테트*, 엥겔스*, 조트랑* 등에 의해 조직되었는데, 협회는 11월 7일 브뤼셀의 '메종 데 무니에'에서 결성되었다. 조직의 기초는 영국의 우애회(Fraternal Democrats)의 사상에 있으며, 전 세계 우애 조직과의 연합을 목적으로 삼고 있었다. 이 모임의 목적은 "모든 인민의 연합과 우애"이며 "나라, 직업, 신분에 관계없이" 누구라도 자유롭게 참가할 수 있었다. 조직은 비밀결사*가 아니라 벨기에의 헌법에 보장된 결사였다. 회원의 구성은 그러한 국제성을 보여준다. 11월 15일의 임원 선거에서 명예의장으로 프랑스 사람인 멜리네 장군, 부의장에 프로이센 국적은 상실했지만 독일계인 맑스가 선출된 것이 그것을 보여준다. 협회에는 통역이 4명 있어 회의에서는 복수의 언어가 사용되고 있었다. 협회의 구체적 과제도 플랑드르(Flandre)의 민족운동, 스위스의 민주운동, 폴란드*의 독립운동에 대한 지원 등이었다. 또한 협회에서 결의된 내용이 노동자협회나 그 밖의 조직에서도 결의되며, 1848년에는 민주주의자의 국제대회가 열리게 되었다. ☞보른슈테트, 조트랑

㊟ 的場昭弘, 「『共産黨宣言』とブリュッセル」, 篠原敏昭・石塚正英 編, 『共産黨宣言—解釋の革新』 수록, 御茶の水書房, 1998. F. Sartorius, "L'Association démocratique (1847-1848)", in: *Socialisme*, No. 135, 136, 1976.

—마토바 아키히로(的場昭弘)

밀 [John Stuart Mill 1806-73]

제임스 밀의 장남으로 벤섬*과 함께 대표적인 공리주의 사상가. 스코틀랜드 출신인 제임스는 1802년에 런던*으로 가서 문필 활동을 시작했다. 1808년 벤섬으로부터 능력을 인정받고 그의 사상에 공명하며, 장남 존을 벤섬 사상의 사도로 만들기 위해 영재교육을 시작. 존은 20살이 되었을 무렵 연상심리학적인 부친의 교육방침이나 쾌락−고통으로 분명히 나누는 벤섬의 인간관에 의문을 느끼고는 '정신적인 위기'에 빠졌다. 존은 이를 계기로 시와 예술의 중요성을 이해하고 낭만주의 사상에 접근하는 등 시야를 넓혔다. 1823년 이후에는 동인도회사에 근무하며, 1830년 전후부터 정력적으로 집필 활동을 시작한다. 1830년에 만난 유부녀 해리엇과는 그녀의 남편 존 테일러가 사망한 뒤 1851년에 결혼한다. 『자서전』에서 해리엇으로부터 지적으로 배운 바가 많았다고 표명했다. 이 체험은 밀이 페미니즘적인 담론의 선구자의 한 사람이 되는 중요한 복선이었다. 만년에는 하원의원으로서 활약하고(1865-68년), 토지보유개혁협회에 참여하는 등 실천적인 정치의 장에 관여한다. 아일랜드*에서의 부재지주제의 존재나 자메이카 반란에 대한 탄압(1866년)을 비판하는 등 본국과 주변국과의 관계에 대해 자유주의적인 논조를 펼쳤다. 최근 편집된 저작집은 33권에 이른다(*Collected Works of John Stuart Mill*, 1963-91).

벤섬 사후의 논설(1833) 등에서 밀은 쾌락과 고통이 인간의 행위를 결정한다는 벤섬의 인간관의 편협함을 비판하고, 『공리주의론』(잡지 1861, 단행본 1863)에서는 쾌락의 양뿐만 아니라 질의 구별도 중요하다며 벤섬의 공리주의*를 수정했다. 토크빌*의 『미국의 민주주의』(1835, 40)의 영향을 받아 『자유론』(1859)에서 '다수의 전제'라는 키워드로 대중사회 상황의 약점을 파악했다. 이는 의견이나 습관의 획일성은 개성이나 독창성의 발휘를 억압한다고 하는 경고이다. 또한 케임브리지의 휴얼이나 허셜 등 귀납주의와의 고투를 통해 과학방법론을 정식화하고, 콩트*를 원용해서 자연과학*과 사회과학의 방법적 관계를 정리하여 『논리학 체계』(1843)를 저술했다. 오늘날에는 밀의 방법적

진수는 귀납적인 근거짓기를 지니는 연역법이라는 이해가 확산되고 있다. 다만 밀이 '국민성격학'을 완성하는 데 실패한 일도 있고 해서 「경제학의 정의와 방법」(1830년경 집필), 『논리학 체계』, 『경제학 원리』(1848)의 셋이 지니는 방법적 관계에 대해서는 해석이 나뉜다. 경제학의 이론 수준에서는 리카도 이론을 바탕으로 19세기 전반기의 경제학을 종합했다. 생산과 분배의 이분법을 사용해 사회제도의 역사적 가변성을 제시했다. 『경제학 원리』 제3판(1851)으로 상징되듯이 시장사회를 상대화하고, 사회주의* 시도는 인간적 진보의 가능성을 찾는다는 의미에서 실험할 가치가 있다고 하는 견해를 피력했다. 만년에 이르기까지 사회주의의 실험에는 경쟁*이라는 요소를 빼놓을 수 없다고 주장했는데, 이는 획일화를 꺼리는 견해와 조응하고 있다.

밀과 맑스는 같은 시기에 약 30년 가까이 런던을 거점으로 활동했다. 그러나 경제학의 체계구성으로서 한때 자본 일반의 플랜을 구상한 것이나 토지보유 개혁문제를 둘러싼 대항에서 볼 수 있듯이 맑스가 밀을 강하게 의식하고 있었던 데 반해 밀은 맑스의 존재를 별로 의식하지 않았다.

㊟ 杉原四郎・山下重一・小泉仰 責任編集, 『J. S. ミル研究』, 御茶の水書房, 1992. 杉原四郎, 『ミル・マルクス・エンゲルス』, 世界書院, 1999.

—후카가이 야스노리(深貝保則)

「밀 평주」 ["Bemerkungen zu James Mill", 1844년 집필]

맑스가 처음으로 본격적인 경제학 연구를 시작한 1844년의 파리 시절에 작성한 수많은 경제학 노트의 하나로, 제임스 밀의 『경제학 강요』(프랑스어 역, 1823)로부터의 발췌 노트에 써넣은 분량이 많은 맑스 자신의 '평주'. 두 개의 묶음으로 이루어지는데 오늘날에는 각각 '제1평주', '제2평주'로 불리며, 초기 맑스의 대표적 문헌인 『경제학・철학 초고』*와 깊은 관계를 지닌다.

'제1평주'는 밀의 『경제학 강요』가 제3장 '교환'에서 '교환수단'으로서의 '화폐'론을 논하고 있는 부분(제6절 이하)에 자극을 받아 거기서 발췌한 것과 관련하여 우선은 사적 소유자로서의 인간 상호의 관계(사회관계)가 금속화폐*라는 외적 물적인 것을 통해 매개될 수밖에 없는 상품*・화폐경제의 사회적 '소외*'의 필연성과 화폐의 '물신성'을 전개한다. 이어서 이 금속화폐에서 종이화폐로, 그리고 신용제도로 이러한 인간*의 사회관계의 매개수단으로서의 화폐와 신용제도의 발전을 소외의 지양, 인간성의 회복으로 파악하는 견해에 대해 맑스는 그것은 오히려 신용*이라는 인간의 인격적 요소마저 이 소외된 경제사회의 기반으로 간주될 정도로 소외가 심화된 것에 지나지 않는다고 파악하고, 그에 따라 이와 같은 신용제도의 발전을 축으로 시장경제에서 볼 수 있는 무정부적 경쟁의 폐해를 극복하여 사회의 재조직화를 도모하고자 하는 생시몽주의자의 사회개혁안을 비판*한다. 그리고 이를 대체하는 맑스 자신의 소외 극복의 길을 찾는 방법원리로서 다시금 인간 본질로서의 노동*과 사회적 존재의 소외형태로서의 분업*과 교환의 상품・화폐경제의 시민사회론(=소외된 형태에서의 인간 본질인 공동형태의 실현)이 전개된다.

'제2평주'는 밀의 『강요』가 제4장 '소비'에서 인간 각인이 욕구*하고 있는 것만을 생산하고 있는, 수요와 공급이 직결되어 있는 자급자족 경제와 대비하여 사적 소유에 기초한 분업(잉여생산)과 교환의 상품・화폐경제에서의 수요와 공급의 사회적 매개성을 논한 부분(제3절)에 자극을 받아 거기서 발췌한 것과 관련하여 우선 이 후자의 상품・화폐경제 하에서의 생산과 교환과 소비*(욕구충족의 방식)의 소외상황을 그린다. 이어서 그것과 대비하여 이 상품・화폐경제의 소외의 기초로서의 사적 소유가 극복・지양되어 노동이 자유*로운 생명의 발현으로서, 또한 상호간에 사회적으로 욕구되고 있는 유용물이 생산되어 사회적 존재로서의 인간 본질이 실현되고 있는 사회의 본래적인 생산과 교환과 소비의 모습을 그리고 있다.

이상과 같이 당시의 『경제학・철학 초고』의 '제1초고'의 소외론이 자본・임금노동 관계에서의 노동소외를, 즉 종적인 종속적 소외관계를 중심으로 하고 있었다고 한다면, 이 『밀 평주』는 사적 소유자로서의 상품 생산자들 사이의 횡적이고 '자유 · 평등*'한 분업 · 교환사회에서의 인간 및 노동의 소외를 대상으로 삼아 그 비판을 통해 본래적인 생산과 사회의 모습을 논한 것으로 특징지을 수 있을 것이다. 그것은 나중에 『자본』*에서의 상품 · 화폐론과 자본론의 관계, 나아가서는 오늘날의 어소시에이션(아소시아시옹)론 내지 협동조합 사회주의론에도 하나의 시각을 제공하는 것이라 할 수 있을 것이다. ☞ 『경제학 · 철학 초고』, 생시몽주의, 시민사회

圏 細谷昂 · 畑孝一 · 中川弘 外, 『マルクス經濟學 · 哲學草稿』, 有斐閣新書, 1980.

—야마나카 다카지(山中隆次)

ㅂ

바그너 [Adolph Heinrich Gotthilf Wagner 1835-1917]

독일의 경제학자. 에를랑겐에서 태어난다. 도르파트 대학, 프라이부르크 대학 교수를 거쳐 1870년 베를린 대학 교수에 취임. 학문적으로는 국민경제학과 재정학의 체계화를 시도하는 한편, 영국 고전학파의 자유방임주의에 반대하고, 사회개량을 추진하는 입장에서 실천 활동에도 정력적으로 관여했다. 슈몰러나 브렌타노와 함께 사회정책학회의 결성에 참가했지만, 이후에 탈퇴하여 비스마르크*의 정책을 열렬히 지지하고 기독교 사회당 설립에 가담하며, 또한 보수당 소속의 프로이센 하원의원이 되기도 했다. 그의 기본사상은 프로테스탄트적 기독교 윤리*를 기초로 하면서 로트베르투스*나 라살레*의 계보로 이어지는 국가사회주의로, 비(非)맑스주의적 사회주의자에 커다란 영향을 주었다. 독일의 국민경제학은 왕령지(王領地)의 관리학인 관방학(국가경제)과 시장*의 경제학인 고전학파(사경제=영리 경제)의 절충에 의해 성립했지만, 양자를 통합하기 위해 노동가치설*을 거부하고 재화의 유용성(사용가치)을 가치론의 중심에 두며, 국가 활동을 개인*을 넘어선 공동체*의 욕구*를 만족시키는 사회적・객관적인 사용가치의 생산으로 파악하여 그 생산적 성격을 강조한다. 그는 이러한 가치론을 발전시키면서 역사로부터 얻어진 '국가 활동 팽창의 법칙'과 '국가 경비 팽창의 법칙'을 결부시켜 철도・광산・은행*・보험*의 국유화와 누진세를 제창했다. 맑스의 「바그너의 『경제학 교과서』에 대한 방주」[19:354-385]는 리카도*와 결부시켜 맑스 가치론을 비판*한 바그너에 대한 반론이다. ☞로트베르투스, 라살레

㊂ T. リハ(原田哲史 外 譯),『ドイツ政治經濟學』, ミネルヴァ書房, 1992. B. P. プリッダート(原田哲史 譯),「ドイツ經濟學における主觀價値の理論」,『四日市大學論集』, 第10卷 第1号, 1997.

—다무라 신이치(田村信一)

바더 [Franz Xaver von Baader 1765-1841]

뮌헨에서 태어난 자연철학・신지학자(神智學者). 산업혁명* 하의 영국에서 광산기술을 습득하여 1796년에 귀국한 뒤 '생명에너지' 이론을 기초로 한 '자연철학'을 형성해 셸링*과 함께 낭만주의 사상에 영향을 주었다. 또한 영국 체류 중에 W. 고드윈의 사회철학으로부터 영향을 받아 사회개혁의 필요성을 사랑의 원리에 의한 공장주와 노동자의 융화를 바탕으로 이야기했다. 그러나 J. 뵈메를 수용한 그의 신비주의적인 신지학은 엥겔스*에 의해 "몽유병적인 신비주의와 비철학"[「알렉산더 융,『독일 현대문학 강의』」, 1:484]이라고 비판되었다. ☞낭만주의, 셸링

㊂ 伊坂青司,「バーダーの自然哲學」,『ドイツ觀念論と自然哲學』 수록, 創風社, 1994.

—이사카 세이시(伊坂青司)

바덴 봉기—蜂起 [(독) Der badische Aufruhr]

1848년 4월 12-23일, 같은 해 9월 21-24일, 1849년 5월 8일-7월 23일에 일어난 바덴의 급진적 민주주의자들에 의한 공화제 수립을 위한 무장봉기.

서남독일은 3월 혁명*의 전년 9월의 오펜부르크 집회에서 13개조의 민주적 요구가 결의되고 10월의 헤펜

하임(헤센-다름슈타트) 집회에서는 자유주의적인 요구가 나오는 등 독일연방 내의 정치적 선진 지역이었다. 이 지역은 1848년 프랑스 2월 혁명*의 소식에 대해 독일에서 가장 빨리 반응을 보이는데, 1848년 2월 27일에는 만하임에서 2,500명 규모의 집회가 열리고 바덴에서는 3월 19일 오펜부르크 집회에서 민주주의자들에 의한 조국협회가 설립되었다.

3월 혁명 발발 후 만하임의 변호사 프리드리히 헤커는 전 올덴부르크 대공국 관리이자 만하임의 변호사인 구스타프 폰 슈트루페* 등과 함께 이 나라에 공화제를 선언하고 임시정부 수립을 계획했다. 4월 12일 남 바덴에서 4개의 무장부대 4,000-5,000명이 수도 카를스루에로 북상을 시작했다. 20일 바덴, 뷔르템베르크, 바이에른, 헤센, 나사우의 군 30,000명과 교전했다. 23일에는 게오르크 헤르베크* 등이 편성한 파리*의 독일인 부대 650명이 바덴 혁명군과의 합류를 시도하고 스위스와의 국경 부근 니더도센바흐 근교에서 뷔르템베르크군과 교전하지만 모두 패배한다. 헤커는 미합중국으로, 슈트루페는 스위스로 도주했다.

9월 21일, 정치 정세의 유동화에 편승해 슈트루페가 바젤에서 뢰라흐로 돌아와 그날 밤 시청사의 시민군 앞에서 공화국 선언을 발표했다. 가까운 시골에서 의용병이 결집하며, 23일 프라이부르크로 향하는 병사들 속에는 당시 22세의 빌헬름 리프크네히트*도 있었다. 24일 슈타우펜에서 정부군과 충돌하고, 의용군은 해체된다. 슈트루페는 체포되어 투옥되었다.

1849년 3월 말 이후 독일의 헌법투쟁의 최종 국면에서는 5월 8일의 라슈타트* 요새에서의 바덴 군 병사들의 반란을 계기로 14일 바덴 대공이 도망하고 임시정부가 수립되었다. 지도자는 만하임의 변호사 로렌츠 페터 브렌타노. 이어서 팔츠도 임시정부를 수립한다. 6월에 약 45,000명의 독일 제국군과 프로이센군에 맞서 바덴에서는 27,000명의 혁명군이 충돌했다. 아우구스트 빌리히*, 요제프 몰(전사), 프리드리히 엥겔스* 등 공산주의자동맹* 멤버들도 다수 의용병으로 참가했다. 6월 15일, 16일 폴란드인 미에로슬라프스키 지도하의 바덴 혁명군이 라덴부르크 근교에서 최초의 공격을 해서 승리한다. 그러나 6월 21일 바쿠호이젤 근교에서 팔츠를 횡단해온 프로이센군과 격렬한 전투를 벌였다. 혁명군의 패배 후 6월 25일 브렌타노 임시정부는 붕괴했다. 혁명군은 남하하여 6월 29일 무르크 호반의 전투에서 패배하며, 라슈타트 요새의 약 5,000명은 포위되고 남은 부대는 7월 12일 국경을 넘어 스위스로 넘어간다. 7월 23일 라슈타트 요새의 혁명군이 항복하고, 세 번에 걸친 바덴 봉기는 여기서 막을 내렸다. ☞1848년 혁명, 3월 혁명, 서남독일 자유주의, 라슈타트

㊟ 林健太郎,『ドイツ革命史』, 山川出版社, 1990. シュターデルマン(大内宏一 譯),『1848年ドイツ革命史』, 創文社, 1978.

-무라카미 슌스케(村上俊介)

바르멘 [Barmen]

엥겔스*가 태어난 곳. 현재는 부퍼탈 시의 일부. 당시 인구는 3만 명으로, 엥겔스가 태어난 것은 부퍼 강가의 엥겔스-브루흐라고 하는 지역에 있던 부친의 공장 안에서였다. 바르멘은 15, 16세기에 시작된 염색으로 성장한 마을로, 엥겔스 가*의 공장은 그 중심에 자리잡고 있었다. 바르멘은 압도적으로 복음파 세력이 강하고 조부는 비잔틴 양식의 복음파 교회의 창설자 중 한 명이기도 했다. 그러나 엥겔스가 다닌 학교는 종교색이 엷었다. ☞엥겔스, 엥겔스 가, 「부퍼탈 통신」, 경건주의

㊟ W. Köllmann, *Sozialgeschichte der Stadt Barmen im 19 Jahrhundert*, Tübingen 1960. 的場昭弘,「ヴッパータールとエンゲルス」, 石塚正英・柴田隆行・村上俊介・的場昭弘 編,『都市と思想家 II』 수록, 法政大學出版局, 1996.

-마토바 아키히로(的場昭弘)

바르베스 [Auguste Armand Barbès 1809-70]

프랑스의 공화주의자, 혁명가. 서인도제도의 과들루프(Guadeloupe) 섬에서 의사의 아들로 태어난다. 1814년 일가는 남프랑스로 이주. 32년에 파리*로 가서 7월 왕정에 대항하는 공화파 운동에 가담하며, 가장 전투

적인 활동가가 된다. 34년 탄압정책 하에서 결성된 공화파의 비밀결사* '가족협회'에서 지도적인 역할을 수행하지만, 36년의 화약밀조사건으로 체포된다. 뒤이어서 블랑키*, 마르탱 베르나르와 비밀결사 '계절협회'를 조직하고, 39년 5월 정치권력 탈취를 노리고서 계절협회의 봉기*를 결행한다. 부상을 당해 체포되어 사형을 선고받지만 위고 등이 탄원 활동을 펼쳐 무기형으로 감형된다. 48년 2월 혁명* 발발과 더불어 파리로 돌아와 정치 클럽 '혁명 클럽'을 주재하면서 공화파 정치가와 논객을 모으고, 또한 국민군 제12연대 지휘관을 맡기도 한다. 3월 말에 발표된 계절협회의 내부 폭로 문서(「타슈로 문서」)를 둘러싸고 블랑키를 배신자로 단정하고 결정적으로 대립했다. 4월의 선거에서 입헌의회 의원으로 선출되지만, 5월 15일 사건(민중 데모의 의회 침입 사건)으로 체포된다. 1854년 나폴레옹 3세*에 의해 사면된 후에는 프랑스를 떠나 두 번 다시 프랑스로 돌아오지 않으며, 그 후 여러 나라를 전전하다가 네덜란드 헤이그*에서 사망했다. 일생 동안 15년을 감옥에서 보내며, 정리된 저작은 남기지 않았다. ☞블랑키[1], 계절협회의 봉기, 7월 왕정기의 프랑스

㊂ Roger Merle, *Armand Barbès*, Paris 1968.

—다카쿠사기 고이치(高草木光一)

바뵈프주의—主義 [(불) babouvisme]

프랑스의 혁명가이자 공산주의자인 바뵈프(François Noël [Gracchus] Babeuf 1760-97)에서 유래한다. 1796년의 '바뵈프의 음모' 단계에서 바뵈프와 비밀총재 정부의 주요 멤버가 공유하고 있던 사상을 가리킨다.

【 I 】 바뵈프의 생애와 바뵈프의 음모

바뵈프는 피카르디 지방 생캉탱(Saint-Quentin)의 가난한 가정에서 태어나 토지대장 감사관 일을 통해 봉건제의 모순과 농민의 빈곤상태를 자세히 관찰하고, 또한 루소*와 마블리의 영향을 받아 평등사상에 눈을 떴다고 한다. 프랑스 혁명* 발발과 더불어 파리*로 가서 『영구토지대장』(1790)을 발행, 빈농의 입장에서 세제 개혁을 외치는 동시에 농지균분법을 주창했다. 1790년, 피카르디 지방에서의 세금 반대운동으로 인해 투옥되지만 출옥 후 『피카르디 통신원』을 발행하고 지방행정관 등의 자리에 오른다. 자코뱅 독재 하에서는 반(反)로베스피에르 입장을 취하며, 테르미도르의 쿠데타(1794년 7월) 때에도 『출판자유신문』에서 로베스피에르와 공안위원회를 비판했다. 그 뒤 『호민관』(『출판자유신문』을 개칭)에서 테르미도르 체제의 반동적 성격을 비판하고 로베스피에르를 재평가하는 쪽으로 전환한다. 95년 옥중에서 부오나로티* 등을 알게 되고 출옥 후 『호민관』을 통해 총재 정부 비판을 계속하지만, 96년 2월 총재 정부가 판테온 클럽을 폐쇄한 것을 계기로 부오나로티, 마레샬, 다르테 등과 93년 헌법의 부활을 내걸고 비밀 총재 정부를 결성, 혁명 공작원・군사 공작원을 갖추어 파리 민중이나 군대로부터 동조자들을 모으는 등의 준비를 진행했다. 1796년 5월 총재 정부의 전복을 도모하는 봉기 계획을 세우지만 내부 밀고로 사전에 체포되었다. 이듬해 97년 5월 바뵈프와 다르테에게는 사형, 부오나로티와 마레샬에게는 유형이 선고되었다.

【 II 】 바뵈프주의

비밀 총재 정부는 출생과 경력을 달리하는 멤버로 구성되었지만, 내부에는 일정한 사상적 통일성이 있었다고 이해할 수 있는데, 이를 '바뵈프주의'라고 부른다. 그것의 두드러진 특징은 공산주의 사상을 처음으로 정치혁명과 결부시킨 점에 있다. 그 공산주의 사상은 자연 상태에서의 개인들의 평등*에서 출발해 사회의 목적을 불평등의 철폐, 공동의 행복을 창출하는 데 둔다. 바뵈프는 초기에는 농지균분법의 사상을 품고 있었지만 음모단계에서는 사적 소유의 평등이라는 관념은 부정하고 있다. 공동의 행복의 실현은 사적 소유의 폐지, 공동 소유를 기초로 한다. 생산물을 공동 창고에 보관하는 것을 의무화하고 그것을 엄밀히 평등하게 분배할 것이 추구된다. 여기에서는 생산력의 관점은 희박하며, 19세기에 '아소시아시옹*'의 이념 아래 전면적으로 전개되는 생산의 협동성은 전면에 나오지 않는다. 바뵈프파의 운동은 파리의 상퀼로트(sans-culotte) 층을 기반으로 하고 있긴 하지만, 이러한 사적 소유 부정의 논리는 바뵈프의 출생지인 피카르디의 농촌경제에서 얻은 발상을 짙게 남기고 있다고 지적되기도 한다. 이와 같은 공산주의 사회를 실현하기 위해 비밀 총재 정부에 의한 봉기 전술이 취해졌다. 정치권력의 탈취 후에는 헌법에 기초하는 새로운 정부의 수립 이전에 대중계몽의 기간이 필요로 되며, 과도기적인 혁명독재가 상정되고 있다. 프랑스 혁명의 '평등'의 이념을 로베스피에르적인 사유재산의 평등으로부터 '재화와 노동*의 공동체*'라는 궁극적인 형태로까지 밀고나간 이 운동은 매우 첨예한 것이었던 한편 1793-94년의 상퀼로트 운동의 혁명 의식 위에 형성된 것이자 지극히 민중적인 운동이기도 했다.

【Ⅲ】 19세기에 대한 영향

바뵈프주의는 부오나로티의 『바뵈프의 이른바 평등을 위한 음모』(1828)를 매개로 해서 1830-40년대의 프랑스의 정치운동으로 계승되었다. 비밀결사*에 의한 봉기, 정치권력 탈취와 혁명독재라는 개념에서 바뵈프와의 공통성을 지닌 블랑키*는 노년의 부오나로티로부터 바뵈프의 음모를 직접 들었다고 하지만, 바뵈프와 블랑키의 결부를 뒷받침해주는 자료는 대단히 적다. 일반적으로 7월 왕정기에 새로이 부흥한 혁명적 공산주의를 총칭해서 '네오바뵈프주의'라고 부르지만 그 대표적인 존재는 데자미*, 라퐁느레, 라오티에르, 피요 등이며, 이 시기에 『유마니텔』, 『지식』, 『공화통지』, 『평등주의자』 등 많은 공산주의 신문이 발행되었다. 1840년에는 제1회 공산주의자 연회가 대규모로 개최되어 파리의 노동자층에 대한 일정한 침투를 보여주고 있다. ☞데자미, 부오나로티, 블랑키[1], 아소시아시옹

㊟ 柴田三千雄, 『バブーフの陰謀』, 岩波書店, 1968. 岩本勳, 『フランスにおける革命思想』, 晃洋書房, 증보판, 1980. 河野健二 編, 『資料フランス革命』, 岩波書店, 1989. フランソワ・フュレ/モナ・オズーフ(河野健二・阪上孝・富永茂樹 監譯), 『フランス革命事典1・2』, みすず書房, 1995. Allain Maillard/Claude Mazauric/Eric Walter (sous la direction de), *Présence de Babeuf: Lumières, Révolution, Communisme*, Paris 1994.

—다카쿠사기 고이치(高草木光一)

바스티아 [Claude Frédéric Bastiat 1801-50]

프랑스의 자유무역론자. 당초 상인이었으나 애덤 스미스*의 자유주의 경제이론이나 케어리*의 조화론에서 영향을 받는 동시에 곡물법*의 폐지에 공헌한 리처드 코브던과도 교우 관계를 맺으며, 보르도와 파리*에서 자유통상협회를 설립하고(1846년) 협회 기관지를 창간했다. 나중에는 헌법제정의회 의원, 입법의회 의원도 역임했다(1849년). 주저는 『경제조화론』(*Harmonie écomiques*, 1848). 전형적인 계급조화주의자로 2월 혁명(1848년) 이후에는 사회주의자와의 논쟁에 노력을 기울였는데(『신용의 무상성』(*Gratuité du crédit*, 1850)은 프루동*과 바스티아의 논쟁서이기도 하다), 조화론적인 그의 이론은 국경을 넘어 독일・맨체스터학파의 대표자인 프린스 스미스 등에게도 커다란 영향을 주었다. 바스티아는 이익의 조화를 원리에 두고 자연법*에 기초한 자유로운 세계관에 입각하여 자유무역을 주장하며 봉건적 유제와 국가*의 간섭을 비판*했지만 그의 이데올로기*와 경제학적 내용은 맑스의 통렬한 비판을 받게 되었다. 맑스는 수고 「바스티아와 케어리」[초1:3-22]나 『정치경제학 비판 요강』*에서 풍부한 통계와 자료를 구사하여 미국의 특수한 입장으로부터 영국과의 관계에서 '모순'을 발견하는 케어리와 대비하고, 바스티아의 이론은 국가의 제한을 주장하는 것 이외에는 자국의 현실적 관계를 무시한 것으로서, 프랑스의 낮은 생산력을 "영국-미국적 관계들의 가상적 관념형태"에서 조화적으로 "공상"[초1:10]한 모순적 전개 없는 아류 경제학에 지나지 않는다며 격렬히 비판했다. 임금제도를 단순한 집단결합(Assoziation)으로 환원한다든지 임금*과 이자(Zins)의 고정성을 미화하여 자본주의*를 변호한 점이나 그 밖의 바스티아의 경제이론이 『요강』의 곳곳에서 비판되고 있다. ☞「서설」, 『정치경제학 비판 요강』, 「『자본』 초고」, 2월 혁명, 프루동, 스미스, 케어리

㊟ 藤田勝次郎, 『プルードンと現代』, 世界書院, 1993. 山田鋭夫,

「マルクス『バスティアとケアリ』の世界像」,『彦根論叢』, 第190号, 1978.

—니시무라 히로시(西村 弘)

바우어[1] [Bruno Bauer 1809-82]

헤겔 좌파*의 대표적인 논객으로 대학 시절의 맑스에게 커다란 영향을 주었다. 도자기 채색 직인의 장남으로 태어난 그는 미래의 성직자로서 촉망받으며 베를린 대학에 입학한다. 이미 입학 1년 후인 1829년에는 칸트*의 미학을 논한 현상논문으로 헤겔* 등 철학 교수진으로부터 칭찬을 받는다. 헤겔의 타계(1831년) 후 1834년에 학위 취득. 1839년에 본 대학 신학부 사강사가 된다. 베를린 대학 시절에는 헤겔의 『종교철학』(마르하이네케판, 1840) 개정 편집에 종사, 본 시절에 『프로이센 복음영방교회와 학문』(1840), 『공관복음사가와 요한복음사 비판, 제1-3권』(1841-42) 등, 잇따라 저서를 발표하여 무신론*적 입장을 분명히 했다. 그의 공관복음서 비판은 기독교*가 역사적인 시대정신을 구현한 공관복음사가의 '자기의식'에 의한 창작이라고 하는 것으로, 복음사를 집단적인 신화에 의한 것이라고 한 슈트라우스의 『예수의 생애』*(1835/36)를 한 걸음 더 전진시켜 더욱 구체적으로 인간 주체의 산물이라고 주장했다. 이 책이 계기가 되어 1842년 그는 대학에서 쫓겨난다.

그가 무신론자로서 명확한 입장을 표명한 것은 『무신론자이자 반그리스도인 헤겔에 대한 최후 심판의 나팔』(『포자우네』* 1842, 익명 논문) 및 『폭로된 기독교』(1843)인데, 인간*의 역사적 과제로서 헤겔의 '절대정신'에 해당하는 '보편적 자기의식'을 획득할 것을 주장하는 동시에 기독교가 보편적 자기의식 획득의 장애임을 역설했다. 나아가 기독교와 국가*의 분리, 자기의식을 획득한 비판철학과 국가의 결합을 주장했다. 하지만 그는 보편적 자기의식을 실체화한 나머지 1844년에는 보편적 자기의식에 도달하지 못한 채 반체제 운동을 전개하는 자를 모두 '대중*'이라 부르고 이에 대한 비판으로 향하게 된다[바우어 편, 『일반문예신문』, 1843-44, 수록 논문들]. 그리고 1848년에는 이 대중으로서의 '시민'혁명*의 어정쩡함을 날카롭게 비판했다[『독일-가톨릭 운동의 시작에서 현대까지의 독일의 시민혁명』, 1849]. 그 후의 그는 보수파 헤르만 바게너의 『국가·사회 사전』의 편찬에 협력하는 한편 『러시아와 게르만』(1835), 『러시아와 영국』(1854), 만년에는 『비스마르크 시대에 관한 방향정립을 위하여』(1880), 『디즈레일리의 낭만주의적 제국주의와 비스마르크의 사회주의적 제국주의』(1882) 등을 저술하여 유럽 세계의 해체와 붕괴라는 그의 시대인식을 표명했다.

맑스는 바우어의 영향을 받으면서 헤겔 철학을 배웠지만, 1843-44년에 걸쳐 『경제학·철학 초고』*에서의 바우어 비판에 의해 실질적으로 그의 영향에서 벗어났다. ☞『포자우네』

㊟ 良知力・廣松涉 編,『ヘーゲル左派論叢 第4巻』, 御茶の水書房, 1987. 石塚正英 編,『ヘーゲル左派—思想・運動・歴史』, 法政大學出版局, 1992. 渡辺憲正,『近代批判とマルクス』, 青木書店, 1989.

—무라카미 슌스케(村上俊介)

바우어[2] [Edgar Bauer 1820-86]

헤겔 좌파*의 사상가. 독일 3월 전기(포어메르츠기*)의 국가사상 영역에서 독자적인 의의를 지니며, 1848년 혁명*에 참가했다. 이 혁명을 경계로 하여 그의 사상을 초기와 후기로 나눌 수 있는데, 여기서는 초기 바우어에 한정해서 언급한다(덧붙이자면, 그는 혁명 이후 1860년대에는 헤겔 좌파로서의 사상적 입장을 버린다). 샤를로텐부르크에서 태어난 바우어는 1842년에 『라인 신문』*, 『독일연보』*에 정력적으로 기고하는 한편, 『브루노 바우어와 그 논적』을 공표했다. 그는 이 저작에 의해 형 브루노*의 사상('자기의식의 철학')을 일반화하는 동시에 그것을 국가이론에 적용하고자 했다. 이듬해 그는 『교회와 국가에 대한 비판의 투쟁』을 출판했다. 이 책에서 그는 국가*의 본질을 종교성으로 환원하고 근대 국가 일반을 지양한 국가 없는 미래 사회상을 제시했다. 그것은 '사회혁명적인 아나키즘*'이라고 명명해야 할 것으로, 3월 전기에서의 반권위주의적 급진주의의 전형을 제시하고 있다. 그는 이 책을 집필한 이후 『일반문예신문』 등에 기고하여 대중 비판을 전개했다. 그러나 『교회와 국가에 대한 비판의 투쟁』이 "왕실과 교회에 대한 모독"에 해당된다고 하여 그는 4년의 금고형을 선고받고 마그데부르크 요새에 수감되었다. 그는 이 옥중시절에 18세기의 독일과 프랑스 계몽주의와 7월 혁명기의 정치 과정에 관한 연구를 심화시켰다. 1848년 혁명의 발발로 그는 베를린*으로 귀환하여 '민주클럽'에서 지도적인 역할을 담당했다. 덧붙이자면, 그는 1842년에 엥겔스*와 『신앙의 승리』를 공동으로 집필했다. 엥겔스의 사상 발전에서 그가 수행한 역할은 재검토되어야 할 과제일 것이다. ☞헤겔 좌파, 3월 혁명, 포어메르츠기, 1848년 혁명, 대중

㊟ 田村伊知朗, 『近代ドイツの國家と民衆―初期エドガー・バウアー研究(1842-1849年)』, 新評論, 1994. E. Gamby, *Edgar Bauer. Junghegelianer, Publizist und Polizeiagent*, Trier 1985.

―다무라 이치로(田村伊知朗)

바이데마이어 [Joseph Arnold Wilhelm Weydemeyer 1818-66]

맑스의 친구로 저널리스트. 그의 생애는 세 시기로 나뉜다. 첫 번째는 군인이 되기까지의 시기, 두 번째는 1845년 『트리어 신문』*의 편집자가 된 후부터 51년 미국으로 건너가기까지의 저널리스트로서의 시기, 세 번째는 미국에서 52년 『레볼루치온』*을 편집하고 곧이어 노동운동과 남북전쟁*에 참가한 뒤 1866년 콜레라로 사망하기까지의 시기이다. 그가 주목받고 있는 이유는, 예를 들어 두 번째 시기에 그가 맑스에게 접근하여 미간행 저서인 『독일 이데올로기』*의 출판을 매개했다는 사실(초고의 일부는 그가 깨끗이 다시 썼다), 그리고 또한 세 번째 시기에 뉴욕*에서 맑스의 『루이 보나파르트의 브뤼메르 18일』*, 『공산당 선언』* 등을 출판한 사실 때문이다. 또한 그에게 보낸 맑스의 공표된 서간이 맑스의 사상 파악을 위해 좋은 재료로서 이용되었기 때문이기도 하다. 그 때문에 그는 미국에서의 맑스의 가장 충실한 제자로 간주되기도 한다. 그가 미국에 왔을 무렵에는 마침 크리게,* 바이틀링* 등의 제1세대 활동가들이 힘을 잃고 노동운동이 노동조합운동으로 변화한 시기였다. 그는 임금투쟁이나 노동시간투쟁과 같은 조합투쟁에 적극적으로 참가하고, 링컨을 대통령 선거에서 지지하는 등, 맑스와 엥겔스*의 의향에 따라 움직였다. ☞『트리어 신문』, 『레볼루치온』

㊟ K. Obermann, *Joseph Weydemeyer, ein Lebensbild 1818-1866*, Berlin 1968.

―마토바 아키히로(的場昭弘)

바이틀링 [Wilhelm Christian Weitling 1808-71]

19세기 30년대~40년대의 유럽 도시들에서 독일 수공업 직인의 결사운동을 지도하고, 1850~60년대의 뉴욕*에서 이민노동자의 사회건설을 주창한 독일인 혁명가.

【Ⅰ】유럽 시절의 바이틀링

바이틀링은 나폴레옹군 점령기의 마크데부르크에서 프랑스인 주둔병이던 아버지와 가난한 여성 노동자인 어머니 사이에서 태어났다. 부친은 모스크바 원정에 나선 후 돌아오지 않았고, 1822년, 어린 나이에 부인복 재봉사의 도제가 된다. 당시 독일의 수공업 직인은 예부터의 수련상의 관례로서, 또한 보다 좋은 노동조건을 찾아 유럽의 도시들을 돌아다녔다. 바이틀링도 1826-27년경, 기술 하나로 생계를 꾸리는 편력 직인*이 되어 고향을 떠났다. 1830년부터 32년 가을까지는 라이프치히*의 부인복 재봉작업장에서 일했다. 그 후 빈*으로, 그리고 35년에는 파리*로 간다. 그는 원래 혁명 소요가 많은 도시인 파리에서 망명 독일인의 공화주의적 결사인 추방자동맹*에 가입한다. 그 후 36년 4월에 일단 빈으로 가며, 37년 9월에 다시 파리로 돌아와 이번에는 독일 수공업 직인이 중심이 된 새로운 결사인 의인동맹*에 가입한다. 이 단계까지 바이틀링은 18세기 프랑스 계몽사상과 19세기 프랑스 사회주의 사상을 독학으로 습득하고 있었다. 그리고 그 성과를 1838년

말에 기초 · 간행한 처녀작 『인류, 그 현실과 이상』*에 담아냈던 것이다. 이 글에서 그는 기계화의 촉진에 의한 노동*의 경감 및 노동시간 단축에 의한 자유시간*의 창출을 요구하고, 농민이나 직인이 동시에 예술가나 사색가인 공동사회 '재산공동체(Gütergemeinschaft)'를 묘사했다.

1839년 5월 파리에서 의인동맹은 블랑키* 등이 계절협회의 폭동에 연루되어 조직적으로 타격을 입지만, 바이틀링 자신은 이 시점에서 파리를 떠나 있어 체포를 면했다. 그 후 의인동맹의 재건을 기도하여 스위스의 제네바로 옮겨가 잡지 『독일 청년의 구원을 외치는 목소리』*를 창간하고 주저 『조화와 자유의 보장』*을 간행한다. 이 저작은 마침 스위스에 와있던 러시아의 망명자 바쿠닌*에 대해 아나키즘* 사상을 형성하는 데서 지대한 영향을 미치며, 또한 청년 맑스에 대해서는 공산주의* 사상을 형성하는 데서 강한 인상을 주었다. 그 후 1843년에는 『가난한 죄인의 복음』*을 완성하는데, 거기서는 토마스 뮌처적인 천년왕국론 · 메시아 공산주의(제2의 메시아)를 특히 강렬하게 설파하고, 실천적인 측면에서는 사회적 비적(Sozialbandit)에 의한 철저한 소유권 공격을 제기했다. 그러나 바이틀링은 『복음』을 기초했다는 구실로 취리히 주 경찰에 체포되어 그해 가을에는 스위스에서 프로이센으로 호송된다. 이듬해인 44년에는 프로이센에서도 추방당해 그해 8월 런던*에 도착한다. 이곳에서는 의인동맹 런던 본부의 샤퍼* 등과 '혁명인가 계몽인가'라는 노선을 둘러싼 연속 토론을 전개하고, 46년 3월에는 런던에서 브뤼셀*로 건너가 이번에는 맑스와 혁명론을 둘러싸고 격론을 벌인다. 이들 논쟁은 모두 결렬되었고, 그 일 때문에도 바이틀링은 1846년 말에 대서양을 건너 뉴욕에 상륙하여 해방동맹(Befreiungsbund)을 설립한다.

【Ⅱ】뉴욕 시대의 바이틀링

바이틀링은 1848년 혁명*이 발발했을 때 일시적으로 독일로 돌아가지만, 1850년에는 뉴욕에서 이주 독일인 노동자를 대상으로 한 선전기관지 『노동자 공화국』(*Republik der Arbeiter*)을 발행하고, 1851년 아이오와 주 클레이튼에서 공산주의적인 콜로니 '코뮤니아'(1847년 설립)의 운영에 참가했다. 더 나아가 1852년에는 노동자동맹(Arbeiterbund)을 결성한다. 이처럼 바이틀링은 미국에서도 정력적으로 사회개혁 · 노동운동을 계속해나가지만, 뉴욕에 온 이후 바이틀링의 사상과 행동에는 프랑스의 사회주의자 · 아나키스트인 조제프 프루동의* 영향이 갑자기 강렬하게 나타난다. 그것은 교환은행과 협동기업, 한 마디로 표현하자면 노동자 아소시아시옹의 표방이다. 노동자 협동기업과 교환은행의 제휴에 의한 아메리카 대륙횡단철도의 건설 시도는 그 절정이다. 그러나 미국 사회의 급격한 자본주의적 전환 와중에 노동자 협동사회를 전망하는 바이틀링의 구상은 막다른 길에 봉착하여 1860년대에는 정치적 · 사회적 활동을 그만 둔다. 그리고 1871년 1월, 인터내셔널* 뉴욕 지부의 친목회에 참석한 직후 사망한다.

바이틀링의 실천은 유럽과 미국에 걸쳐 있지만, 그 생애에 형성된 그의 사상적 특징은 다음과 같은 점들로 요약할 수 있다. (1) 역사인식. 언제나 노동자만이 진보로서의 역사를 만들어내며, 부르주아지는 진보와 양립하지 않는다. 산업의 발전은 노동(자의 활동)의 결과이며, 자본*(가의 지배)에 기인하지 않는다. (2) 기독교*. 가톨릭, 프로테스탄트 등 기존의 정통 종교는 전면적으로 부정되지만, 예수와 그 사도들의 코뮤니온, 뮌처 및 그의 혁명신학으로 제후들과 투쟁하는 농민 집단 등에는 재산공동체가 뿌리내리고 있다. (3) 혁명*의 주체. 직인, 광부, 빈농 및 철도건설공과 같은 새로운 형태를 포함한 모든 노동자층이 주체이다. (4) 혁명의 수단. 비합법 하의 유럽에서는 비밀결사*와 하층대중의 봉기에 의한 정치권력 탈취, 합법 하의 북아메리카에서는 노동자 교환은행과 협동기업의 창출에 의한 경제혁명 주도(현대적인 의미에서는 자주관리 사회주의). (5) 과도기론. 19세기 전반기의 유럽에서는 부르주아 지배에 대한 최종적인 일격으로서의 단기독재, 민주주의 국가 미국에서는 경제혁명의 최종적인 보증으로서의 단기독재=뉴욕 코뮌.

1848년 이전의 전기와 50년대의 후기 양쪽에 일관된 바이틀링 사상의 특징은 공산주의적인 동시에 아나키즘적이었다는 점이다. 그 근거는 3월 이전 시기 바이틀링의 독재이론과 청년 바쿠닌의 그것을 비교하고, 50년대 바이틀링의 아소시아시옹론과 프루동의 그것을 비교해보면 명확하게 인식할 수 있다. ☞미국 이민, 미국의 노동자운동, 의인동맹, 『인류, 그 현실과 이상』, 『조화와 자유의 보장』, 『가난한 죄인의 복음』, 『독일 청년의 구원을 외치는 목소리』, 비밀결사

㊟ 良知力, 『マルクスと批判者群像』, 平凡社, 1971. 森田勉, 『初期社會主義思想の形成』, 新評論, 1972. 石塚正英, 『三月前記の急進主義―青年ヘーゲル派と義人同盟に關する社會思想史的硏究』, 長崎出版, 1983. 同, 『ヴァイトリングのファナティシズム』, 長崎出版, 1985. 同, 『社會思想の脫・構築―ヴァイトリング硏究』, 世界書院, 1991.

—이시즈카 마사히데(石塚正英)

『바이틀링에게서 압수한 자료에 의한 스위스의 공산주의자—押收—資料—共産主義者』 [*Die Kommunisten in der Schweiz, nach den bei Weitling gefundenen Papieren*, 1843]

취리히 주 정부 고문관 요한 카스퍼 블룬칠리*가 독일인 공산주의자 빌헬름 바이틀링*으로부터 압수한 문서들을 기초로 작성한 보고서. 독일 국외에서 활동하는 바이틀링은 1843년 6월 취리히 시내에서 지역 경찰에게 체포되어 그가 관계된 곳에서 많은 극비문서들을 압수당했다. 블룬칠리는 그 자료를 표제의 보고서로 정리하여 다음 달에 공표했다.

19세기의 저명한 법학자 블룬칠리는 1833년부터 48년까지 취리히 대학 교수를 역임하면서 1843년 당시 주 정부의 위임으로 스위스에서 활동하는 급진적 활동가나 공산주의적 노동자의 행동을 조사했다. 그러한 활동가의 대표가 바이틀링이었다. 블룬칠리에 따르면, 바이틀링이 기초한 새로운 저서 『가난한 죄인의 복음』*은 기독교*를 심하게 모독하는 것이고, 또한 바이틀링 주변의 일파가 획책하는 공산주의*의 본성은 악질적이고 위험한 것이었다. 그리하여 주 정부는 스위스에서의 공산주의자의 비밀행동을 상세히 조사하고, 이를 단속하기로 결정했다. 이 보고서—이른바 『블룬칠리 보고서』—는 다음과 같은 구성으로 되어 있다. 제목이 붙어 있지 않은 서론, Ⅰ '공산주의자의 원리', Ⅱ '수행 수단', Ⅲ '최종 제의'. 블룬칠리 및 주 정부는 이 보고서를 공표함으로써 스위스 내외의 대중 사이에서 공산주의에 대한 경계심이 강화되기를 기대했다. 하지만 이 보고서의 반향은 반드시 블룬칠리가 의도한 대로 된 것은 아니어서, 어떤 의미에서는 현 상황에 불만을 품은 활동가나 수공업 직인들에게 공산주의를 관의 허락 하에 선전한 셈이 되어 그들에게 적절한 이론적 무기를 제공하는 역할을 했다. 즉 이 보고서는 (1) 주저 『조화와 자유의 보장』*에 담겨 있는 바이틀링 사상의 요체를 수공업 직인들에게 전했을 뿐만 아니라, (2) 독일인 공산주의 운동의 확립에 커다란 영향을 주었다고 여겨지는 로렌츠 슈타인*의 저작 『오늘날 프랑스의 사회주의와 공산주의』*의 내용도 부분적으로나마 수공업 직인들에게 전달하고, 나아가 (3) 급진적 철학자 집단인 헤겔 좌파*와 수공업 직인 결사인 의인동맹* 사이에 존재한 교류를 두 집단에게 각인시키게 되었다. 이리하여 블룬칠리 보고서가 공간됨으로써 스위스로부터 영국에 걸쳐 독일인의 공산주의 사상전선은 한층 더 활기를 띠고 다양해졌다. 덧붙이자면, 이 보고서에 대해서는 엥겔스*의 「대륙에서의 사회개혁의 진전」[1:535]에서 언급되며, 또한 맑스와 엥겔스의 공저 『독일 이데올로기』*의 「라이프치히 종교회의, Ⅲ 성 막스」[3:213, 224, 339, 355]에서도 언급되고 있다. ☞바이틀링, 『가난한 죄인의 복음』, 블룬칠리

㊟ 良知力, 『マルクスと批判者群像』, 平凡社, 1971. 大井正, 『マルクスとヘーゲル學派』, 福村出版, 1975. 石塚正英, 「義人同盟とヘーゲル左派―ブルンチュリ報告書を手掛りに」, 同 編, 『ヘーゲル左派』 수록, 法政大學出版局, 1992.

—이시즈카 마사히데(石塚正英)

바쿠닌 [Mikhail Aleksandrovich Bakunin 1814-76]

【Ⅰ】 서구로의 망명과 인터내셔널

인터내셔널*의 운동방침과 조직운영을 둘러싸고 맑

스와 대립한 러시아인 사상가 · 사회운동 지도자. 독일에 유학하여 철학*을 공부하는 가운데 점차 현실 정치에 대한 문제의식을 높여 사회주의 운동에 관여하며, 망명*의 몸이 되어 유럽 나라들을 전전하는 동안 파리*에서 맑스를 알게 된다. 한편으로는 프루동*에 경도되면서도 맑스의 깊은 학식에 매료되는 동시에 경제학에 대한 관심을 갖게 되었다. 또한 1846년 무렵부터 범슬라브주의*의 주장을 내건 탓에 바쿠닌을 러시아 정부의 스파이라고 하는 속설이 사회주의 운동 그룹에 유포되며, 『신라인 신문』* 지상에서 그 진위를 둘러싼 논쟁이 한때 전개되는 가운데 특히 엥겔스*의 의혹을 초래했다. 1849년, 드레스덴의 혁명봉기에 참가하여 체포 · 투옥된 뒤 신병이 러시아로 인도되어 요새 감옥에 수감되었다. 황제에게 보낸 탄원서로 시베리아 유형으로 감형되며, 1861년에 유형지인 이르쿠츠크 탈출을 시도해 성공, 지구를 반 바퀴 돌아 런던*으로 망명하여 게르첸*과 합류했다. 폴란드 봉기 소식을 접하고 이를 지원하기 위해 스톡홀름으로 갔지만 봉기는 실패로 끝나며, 혁명 전술을 둘러싼 게르첸과의 대립을 심화시키는 결과가 초래되었다. 1864년 런던에서 맑스를 다시 만나 맑스로부터 인터내셔널에 대한 협력과 이탈리아에서의 조직 활동을 의뢰받았다. 그러나 바쿠닌은 그에 구속받는 일 없이 이탈리아에서는 오히려 아나키즘*에 기초한 사적인 혁명조직 국제동포단을 구상하여 그 강령이라고 해야 할 『혁명의 카테키즘』을 저술했다. 그 후 이탈리아에서의 지부 건설은 진전을 보지 못하고 양자 사이에는 타진과 해명의 교신을 주고받았다. 그러나 두 사람의 관계에 결정적인 결렬을 초래하는 계기가 된 것은 1868년에 '평화자유연맹' 제2회 대회에 만족하지 못한 바쿠닌이 '국제사회민주동맹'을 결성한 일이다. 이 조직의 강령 및 규약을 읽은 맑스는 그간의 개인적 신뢰가 희박해지는데 머물고 있던 바쿠닌에 대한 불신감을 일거에 증대시켜 인터내셔널에 이 동맹을 가입시키기는커녕 회람장 『국제노동자협회와 국제민주동맹』을 집필하여 분파 활동을 격렬하게 비판했다. 그리고 이듬해 9월의 바젤에서의 제4회 대회 석상에서 상속권 폐지를 둘러싼 두 파벌의 대립, 마침내는 바쿠닌파를 배제한 런던 비밀협의회 개최 등, 그 이후의 양자의 관계 악화와 인터내셔널의 조직 자체의 분열과 붕괴에 대해서는 잘 알려져 있는 바와 같다.

【Ⅱ】맑스 비판

여기서는 그 후의 바쿠닌 측에서 행한 맑스 비판의 대강을 지적하고자 한다. 1871년에 쓴 『맑스와의 개인적 관계』에서의 비판의 기조는 맑스 개인의 교조주의와 자기의 절대화, 이단의 배제이며, 그의 '국가공산주의'에 대해 범게르만주의라는 성격을 부여하고, 이후 『반맑스론』에서는 인터내셔널마저도 범게르만주의라고 비판, 국가 숭배라는 점에서 맑스는 비스마르크*와 동일하다고 단언했다. 이 비판 내용의 변화를 추적해 보면 당초에는 개인적 기질이나 성격에 대한 비판이었던 것이 권위와 자유*, 개인*과 국가* · 조직, 조직과 민족*, 나아가서는 혁명 전술과 전략의 문제로까지 확대되어 간 상황이 간취될 것이다. 더군다나 최종 단계에서는 인종적 대립, 요컨대 슬라브 민족과 게르만 민족의 대립 구도로까지 발전하기에 이른다. 맑스 측에서 보면 양자의 대립의 발단은 조직 원칙을 둘러싼 이해의 차이에 있는 듯이 보이지만 그 자체에 대해서도 바쿠닌에게는 분파 활동이라는 인식은 없었다. 1872년 9월의 바쿠닌파에 의한 생티미에 대회 결의가 보여주고 있듯이 오히려 반권위주의를 고집하는 이탈리아 연합을 옹호하면서도 다른 한편으로는 각국 연합과의 우호와 제휴 · 연대를 유지하고 정기 교신을 유지하는 여지를 남겨 인터내셔널의 통일을 바탕으로 조직 내부에서 자치연합을 강화해나가는 구상이었다. 요컨대 말하자면 느슨한 결속에 기초한 조직론을 주장하고 있었던 셈이다. 어쨌든 대립의 논리는 자기를 관철하여 끝없이 확대되고, 마침내는 분열이라는 불행한 사태를 초래했다.

바쿠닌이 절필하게 된 미완의 대저 『국가제도와 아나키』(1874)의 기조도 반권위적인 것이며, 인터내셔널의 두 가지 흐름을 범게르만주의파와 사회혁명파로 규정하고 이후의 논술 내용을 남유럽에서의 연합파의 발전, 맑스 · 엥겔스와의 대립, 총평의회, 국가공산주의에 대하여 좀 더 자세히 서술할 것을 예고했다. 맑스는 이 저작을 많은 관심을 갖고 숙독하고 이른바 『바쿠닌 노트』(1874-75)를 남기고 있다고 알려져 있다. 거기서 가장 중요한 것으로 보이는 지적과 코멘트는 이른바 프롤레타리아 독재*의 이해와 관련된 것인데, 맑스의 "프롤레타리아트의 완전한 승리와 함께 프롤레타리아트의 지배도 끝난다. 왜냐하면 프롤레타리아트의 계급적 성격이 끝나기 때문이다"[18:643]라는 반론은 주지하는 바와 같이 결국 스탈린주의의 출현과 소련의 붕괴라는 역사의 현실에 의해 배반당하게 되었다.

바쿠닌의 맑스 비판에는 대립의 최종 단계에서 민족적 반발이나 유대인에 대한 편견이 혼입되어 비이성적인 요소를 포함해간다. 더군다나 반권위의 바쿠닌파 조직 그 자체가 권위적 존재로 변모하지 않으리라는 보증은 없을 것이다. 한편으로 맑스 비판에서는 타당성을 찾아볼 수 있다 하더라도 바쿠닌의 사상에도 자기모순과 함정이 있었다는 점을 간과해서는 안 된다. 어쨌든 지난 세기의 국제노동운동에서의 이러한 사상 및 원리의 대규모적인 상극은 국가와 조직의 양태를 둘러싸고 사색을 심화시키는 계기를 가져오기도 했다. ☞『신과 국가』, 인터내셔널{국제노동자협회}

㊟ E. H. カー(大澤正道 譯), 『バクーニン』, 上・下, 現代思潮社, 1965. 外川繼男・左近毅 編, 『バクーニン著作集』, 全6巻, 白水社, 1973-74. N. M. ピルーモヴァ(佐野努 譯, 左近毅 解說), 『バクーニン傳』, 上・下, 三一書房, 1973.

—사콘 다케시(左近 毅)

바흐오펜 [Johann Jakob Bachofen 1815-87]

그리스 신화 속의 선사인류의 모권적 사회조직을 통찰하고 고대 로마법에서 부계출생에 선행하는 모계출생을 발견한 신화학자이자 로마법학자. 출생지인 바젤에서 공소심 판사(1845-66년)의 자리에 있으면서 고대사 연구에 몰두한 바흐오펜은 1861년에 주저 『모권론』(*Das Mutterrecht*)을 간행하고, 그 속에서 가장 오랜 인류의 혼인형태를 헤테리스무스(Hetärismus)라고 했다. 19세기 당시에 그 용어는 일부일처제를 전제로 한 혼인 외의 성교를 의미했지만, 그가 신화* 속에서 발견한 것은 그것이 아니라 아무런 제도도 성립해 있지 않은 시원적인 것이었다. 그리하여 그는 나중에 미국의 고전 민족학자 모건을 따라 프로미스퀴테트(Promiskuität, 난혼)라고 바꿔 부른다. 그 시원적 형태는 모계 출생을 특징으로 하고 거기서 이윽고 동일 부족 내에서의 다른 씨족 간의 집단혼이 성립했다고 한다. 이것이 모권제 사회이다. 바흐오펜에 대한 모건의 영향은 커다란데, 1880년과 85년에 간행한 『고대서간』(*Die Antiquarische Briefe*, 전 2권)은 그것을 증거하고 있다. 맑스는 만년인 1880-81년경에 모건의 『고대사회』* 및 러보크의 『문명의 기원』(1870)을 읽고서 『모권론』을 알게 되어 각각의 독서 노트에 그에 관한 중요한 요점을 정리하고 그것들을 자료로 한 고대 연구의 구상을 세웠다. 그러나 1883년 3월 맑스의 죽음은 그로부터 그것을 실행할 시간을 영구히 앗아갔다. ☞신화, 『고대사회』, 페티시즘

㊟ 布村一夫, 『原始, 母性は月であった』, 家族史硏究會, 1986. 同, 『神話とマルクス』, 世界書院, 1989.

—이시즈카 마사히데(石塚正英)

『반뒤링론—論』 [*Anti-Dühring*, 1878]

엥겔스*의 저서 『오이겐 뒤링 씨의 과학의 변혁』(*Herrn Eugen Dührings Umwälzung der Wissenschaft*)의 통칭. '서설', 제1편 '철학', 제2편 '경제학'(제10장은 맑스 집필), 제3편 '사회주의'로 이루어져 맑스주의*의 포괄적인 개설로 알려져 있는데, 체계적인 서술을 노린 것이 아니라 논쟁의 책이다.

1875년, 전독일노동자협회*(라살레파)와 독일 사회민주 노동자당(맑스와 엥겔스가 지지하고 있던 아이제나흐파)의 합동(고타 대회)으로 독일 사회주의 노동자당*(훗날의 사회민주당)이 결성되었지만 잡다한 이론과 사상이 혼재되어 있었던 탓에 점차 뒤링의 영향이 강해졌다. 뒤링은 63년 이래로 시력을 잃은 맹인 사강사로서 베를린 대학에서 인기를 누렸고, 60년대 중반부터 잇달아 간행한 저서는 학생들뿐만 아니라 폭넓은

지지층을 획득하고 있었다. 전공은 철학, 자연과학*, 경제학이지만 70년대에는 사회주의자를 자임하면서 적극적인 논진을 펼쳐 라살레파와 아이제나흐파의 간부들 중에서도 지지자를 갖게 되었다. 74년에는 베벨*조차 아이제나흐파 중앙기관지 『폴크스슈타트』* 에서 『자본』* 이후의 경제학에서의 "가장 뛰어난 것 가운데 하나"라며 뒤링의 이론을 치켜세웠을 정도다. 이러한 상황을 우려한 리프크네히트*는 고타 합동대회 직전인 75년 4월, 엥겔스에게 편지를 보내 뒤링 비판의 필요성을 호소했다. 거듭되는 요청과 당내에서의 뒤링에 대한 관심이 급속히 만연되는 것을 보고 엥겔스도 마침내 "이 시큼한 사과를 깨물 결심"[20:5]을 할 수밖에 없게 되어 당 중앙의 기관지 『포어베르츠』[2]*에 연재 논문으로서 비판*을 발표했다(77년 1월~78년 7월). 연재 시작과 동시에 논쟁이 벌어져 77년 5월의 당 대회에서는 모스트에 의해 연재 중지를 요청하는 동의까지 제출되었다(이로 인해 제2편 이후는 본지가 아니라 학술부록 면에 게재되었다). 연재가 끝난 직후인 78년 7월에 엥겔스는 『오이겐 뒤링 씨의 과학의 변혁. 철학 · 경제학 · 사회주의』라는 제목으로 서문을 붙여 단행본으로서 출판하고, 그가 생존 중에 제2판(86년), 제3판(94년)을 냈다(나중에 나온 판에서는 책 제목의 부제는 생략). 이 책에서 발췌해 가필 · 편집한 것이 엥겔스의 『공상에서 과학으로의 사회주의의 발전』*(1880)으로, 여기서의 개정은 이 책 제3판에 채택되어 있다.

본서의 제1편 '철학'은 후기 맑스가 철학 그 자체를 주제로 하여 논하고 있지 않다는 점도 있고 해서 훗날 '맑스주의 철학의 주요 저작'으로 간주되게 되었지만, 오늘날에는 이 '엥겔스의 철학'을 '초기 맑스의 철학'과 대립하는 것, 스탈린주의 철학의 원천이라고 비난하는 논조도 존재한다. 그렇지만 여기서 엥겔스가 자연과학과의 관계에서, 또한 자연과학을 많이 참고하면서 철학을 논한 것은 어디까지나 뒤링과의 논쟁이라는 사정에서 기인한다는 점, 그리고 이 책에서의 입론 가운데 일부는 본서 다음에 집필된 『자연변증법』*에서 정정 내지는 철회되기도 한다는 점 등을 토대로 하여 종합적으로 이해될 필요가 있다. 제2편 '경제학'은 맑스와의 분업으로 엥겔스가 당시 '문외한'이었던 영역이기 때문에 설명의 불충분함이 지적된다. 다만 이에 대해서도 뒤링이 이용한 『자본』이 초판이었던 탓으로 엥겔스도 여기에 의거할 수밖에 없었던 논쟁 사정이 관계되어 있다. 또한 '좁은 의미의 경제학'과 '넓은 의미의 경제학'의 구별이나 '폭력론' 등은 『자본』과는 독립적으로 평가되어야 하는 논의거리를 이루고 있다. 제3편 '사회주의'에서는 선행 사회주의 · 공산주의에 대한 간결한 평가뿐만 아니라 뒤링의 '경제 코뮌'을 모의 실험한 부분 등 미래사회론 · 아소시아시옹론으로서도 중요한 논의거리를 찾아볼 수 있다. ☞『고타 강령 비판』, 『포어베르츠』[2], 『자연변증법』, 『공상에서 과학으로의 사회주의의 발전』{『공상에서 과학으로』}

참 リャザノフ(土居三郎 譯), 「『反デューリング論』回顧」, 『マルクス・エンゲルス遺稿考證』 수록, 同人社, 1931. ラスキーヌ(片野有一 譯), 『エンゲルスとデューリング—反デューリングのために』, 耕進社, 1932. H.-J. シュタインベルク(時永淑・堀川哲 譯), 『社會主義とドイツ社會民主党』, 御茶の水書房, 1983.

—고바야시 마사토(小林昌人)

발자크 [Honoré de Balzac 1799-1850]

100편 가까운 작품으로 이루어진 연작 소설 모음 『인간희극』으로 알려진 프랑스의 작가. 대혁명 이후의 시민계급의 흥륭과 더불어 양성된 근대사회의 현실을 서술 · 투시하는 발자크류의 리얼리즘은 시적 혹은 환시적 상상력으로 뒷받침된 세밀한 심리 · 풍속 묘사를 통해 철학*, 과학*, 역사, 정치, 종교*, 사회와 같은 온갖 분야에 걸친 인간적 영위를 생생하게 묘사함으로써 '소설'이라는 장르를 19세기 이후 최대 문예양식으로 끌어올렸다. 1829년, 10년간의 삼류작가 · 신문기자 시절의 경험을 바탕으로 두각을 나타낸 발자크는 『고리오 영감』(1834)의 성공으로 문학적 명성을 확립했다. 이후 이 작품에서 처음으로 사용된 인물 재등장 수법

(동일 인물이 여러 작품에 등장한다)을 구사하면서 정계와 재계・저널리즘*의 혹독한 현실을 그린『환멸』제2부(1839)의 발표를 정점으로 하는 다작의 시절을 거쳐 1842년『인간희극』이라는 총제목 하에 방대한 작품들을 유기적으로 통합・구조화하려는 구상을 품는다. 이리하여 왕정복고기, 7월 왕정기를 무대로 하는 온갖 직업과 계층으로 이루어진 2,000명에 이르는 작중 인물들이 등장하는 광대한 소설 공간이 창조되었다. 발자크는 "현실 사정에 대한 깊은 파악에 의해 두드러진다"[『자본』, 25a:48]라고 평가한 맑스나 역사와 경제에 대해 그 어떤 서적보다도 "발자크로부터 좀 더 많이 배운"[「엥겔스가 라우라 라파르그에게 보낸 서간」(1888. 4. 10), 37:36-37] 엥겔스*에게 기댈 것도 없이 현실 세계에 대립하는 상상에서의 전체 세계『인간희극』이 후대에 미친 영향은 크며, 그 성립 과정의 독창성이 밝혀지고 있는 현대에 다양하고 새로운 관점으로부터의 접근이 기대된다. 위에서 언급된 것 이외에 대표작으로는『나귀가죽』,『시골 의사』,『외제니 그랑데』,『골짜기의 백합』,『종매 베트』,『종형 퐁스』,『농민』,『풍류골계담』등이 있다. ☞저널리즘, 출판, 자연주의 문학[프랑스]

㊟『バルザック全集』, 東京創元社, 1976. 安士正夫,『バルザック研究』, 東京創元社, 1960. 寺田透,『人間喜劇の平土間から』, 現代思潮社, 1967. アルベール・ベガン(西岡範明 譯),『眞視の人バルザック』, 審美社, 1973. 霧生和夫,『バルザック』, 中公新書, 1978. シュテファン・ツヴァイク(水野亮 譯),『バルザック』, 早川書房, 1984. ピエール・バルベリス(河合亨・渡辺降司 譯),『バルザック―レアリスムの構造』, 新日本出版社, 1987. E. R. クレティウス(小竹澄榮 譯),『バルザック論』, みすず書房, 1990.

—니시오 오사무(西尾 修)

방법 方法 ⇨**체계와 방법**

배비지 [Charles Babbage 1792-1871]

현대 컴퓨터의 선구라고 할 수 있는 기계식 계산기의 원리를 발견한 영국의 수학자이자 경제학자. 런던* 교외의 마을에서 태어나 케임브리지에서 공부했다. 학생 시절 케임브리지의 수학의 몰락을 안타까워하여 수학 교육의 개혁운동에 몰두했다. 1816년에 왕립협회의 회원이 되며, 왕립천문협회, 통계협회의 창설에 노력했다.『잉글랜드 과학의 쇠퇴와 그 원인에 대한 고찰』(1830)에서는 정부의 과학정책을 비판하여 학계에 이른바 '쇠퇴론 논쟁'을 불러일으켰다. 1820년대에 수표(數表)계산의 필요에서 간단한 대수계산을 할 수 있는 기계식 계산기 '계차 엔진' 개발에 착수했지만 자금난으로 계산 기구의 일부를 만들었을 뿐 결국 좌절했다. 30년대에는 프로그램 제어 방식의 선구가 되는 범용계산기 '해석(解析) 엔진'에 몰두했지만 이것도 자금이 이어지지 않아 완성에 이르지 못했다. 높은 정밀도를 요구받는 계산기의 제작 작업은 결과적으로 영국의 정밀기계 공학의 발전에 공헌했다. 발명가로서 잠수기구, 의료기구, 철도의 속도계, 신호용 명멸장치 등을 발명, 응용수학자로서 생명보험의 여명표를 일신하고 우편의 균일요금제나 소포 우송 시스템 등을 제안했다. 이것들에 사용된 수법은 현대의 오퍼레이션 리서치의 모범이 되었다. 또한 19세기 전반기의 영국의 공장제도*를 과학적으로 조사 분석해『기계와 제조의 경제에 대하여』(1832)를 저술했다. 맑스는『자본』*을 집필하면서 배비지의 분석을 참고했지만 그 견해에 대해서는 부정적이었다. ☞기계, 기계제 대공업, 공장제도, 오토메이션

㊟ A. Hyman, *Charles Babbage. Pioneer of the Modern Computer*, Princeton 1982. 星野力,『誰がどうやってコンピュータを創ったのか』, 共立出版, 1995.

—신도 마사아키(新戸雅章)

백스 [Belfort Bax 1854-1926]

영국의 사회주의자. 가족의 엄격한 종교정신에 대한 반발에서 사회주의*에 흥미를 가졌다. 독일에 유학하여 독일어를 이해할 수 있었다는 점에서 그가『근대사

상』에 쓴 논문 「근대사상의 지도자들. 13화 칼 맑스」(1881)는 맑스에 대해 쓴 그 어떤 영국인의 문헌보다도 맑스로부터 높은 평가를 받았다. 맑스는 그의 논문을 복사해서 친구들에게 나누어주었다. 그 후 엥겔스*와 맑스 가*와 친하게 된다. 맑스는 백스의 이 논문을 죽음이 임박해 누워 있는 부인에게 읽어주었다. ☞모리스, 하인드먼, 쇼

㊟ J. Cowley, *The Victorian Encounter with Marx*, London 1992. B. Bax, *Reminiscences and reflexions of a mid-and late victorian*, 1894 (Reprint, New York 1967).

—마토바 아키히로(的場昭弘)

번스 자매—姉妹 [Mary Burns 1821-63/Lydia Burns 1827-78]

두 사람 모두 엥겔스*의 애인이자 가정부. 메리 번스는 1821년 9월 29일 염색공의 딸로 태어났다. 아일랜드계 여공으로서 무학인 채로 맨체스터*의 목면 공장에서 일했다. 1842년경 엥겔스와 만나 애인이 된다. 45년 여름 엥겔스와 함께 브뤼셀*을 방문해 맑스 일가를 알게 된다. 46년 그녀가 영국으로 돌아갔기 때문에 엥겔스와 재회한 것은 50년이었다. 엥겔스와 메리는 서로 다른 집에 살고 있었다. 메리와 여동생 리디아를 위해 엥겔스가 따로 집을 빌려 거기에 다니고 있었다. 메리는 1863년 1월 6일 심장병으로 급사한다.

여동생 리디아(통칭 리지)는 메리와 동거하고 있었는데, 엥겔스의 다음 애인이 된다. 리디아는 1870년 엥겔스가 이전함에 따라 런던*으로 이사한 뒤 동거한다. 78년 9월 암으로 사망한다. 그녀는 병상에서 엥겔스에게 혼인신고를 해주도록 간청하고, 엥겔스는 9월 11일 결혼한다. 런던의 그녀 묘지에는 '엥겔스의 부인'이라고 적혀 있다. 런던의 엥겔스 집에는 메리 엘렌 번스라는 리디아의 조카(통칭 펌프스)가 있었다. 펌프스는 1881년 상인인 퍼시 로셔와 결혼하는데, 엥겔스로부터 많은 액수의 유산을 받는다. ☞아일랜드, 맨체스터, 빅토리아기의 영국 중산계급의 생활, 엥겔스

㊟ H. Gemkow, "Fünf Frauen an Engels' Seite", in: *Beiträge zur Geschichte der Arbeiterbewegung*, 37 Jg., 1995.

—마토바 아키히로(的場昭弘)

범슬라브주의汎—主義 [(영) Pan-Slavism]

스스로를 슬라브 민족이라고 생각하는 민족들의 연대를 지향하는 운동. 이 운동의 시작은 19세기 초의 합스부르크 제국 내의 슬라브 민족들의 연대를 지향하는 운동('오스트로 슬라브주의'라 불린다)이었다. 슬로바키아의 얀 콜라르나 파볼 샤파리크 등이 제국 내 슬라브인의 언어적·문화적인 연계를 강조하고 이어서 체코의 팔라츠키가 제국 내 슬라브인의 정치적 연대를 지향하여 1848년에는 프라하에서 최초의 슬라브인 회의를 개최했다. 여기에는 러시아의 미하일 바쿠닌*도 참가했다. 뒤이어 크리미아 전쟁*에서 러시아가 패배한 뒤 1860년대의 러시아에 범슬라브주의가 나타났다. 예를 들면 미하일 포고딘은 러시아의 지도하에서의 슬라브 민족들의 통일을 주장하고, 니콜라이 다니레프스키는 슬라브인의 인종적 우월성을 설파하여 범슬라브주의의 교의를 제공했다. 그리고 1867년에 모스크바에서 범슬라브 회의가 개최되었지만 러시아의 우위를 주장한 탓에 다른 슬라브 민족들이 반발해 운동은 점차 식어갔다.

이 사이에 맑스와 엥겔스*는 범슬라브주의와 그것을 지도하는 바쿠닌을 일관되게 비판했다. 1849년의 「민주적 범슬라브주의」에서는 독일인, 마자르인 등의 혁명*에 대항하는 '역사 없는 민족'인 슬라브인의 연대를 비판하고, 51-52년의 『독일에서의 혁명과 반혁명』*에서도 이를 반복했다. 나아가 73년의 '사회민주동맹과 국제노동자협회'는 범슬라브주의가 차르의 도구에 지나지 않는다고 비판했다.

사실 운동으로서는 반드시 성공했다고 할 수 없는 이 범슬라브주의도 권력정치 내에서는 의미를 지니는데, 범슬라브주의에 대한 대항을 외교적 구실로 삼아 1867년에는 오스트리아와 헝가리가 이중군주국을 형성했다. 러시아 정부 자신은 러시아—터키 전쟁*(1877-78년) 등의 경우에 이를 외교적으로 활용해 발칸의 슬라브 민족들을 동원했다. 1878년의 베를린 회의 후 범슬

라브주의는 러시아 정부 입장에게도 필요 없게 되었지만 1880년대에 대두한 범게르만주의는 그 '가상적'으로서 범슬라브주의를 계속 중요시하여 범슬라브주의와 범게르만주의의 대립은 여전히 국제정치에서 무시할 수 없는 요인이었다. 20세기 초두에는 좀 더 부르주아적 기반에 입각하는 '네오 슬라브주의'라 불리는 운동이 다시금 흥륭했다. 1908년에는 프라하에서 제1회 네오 슬라브 회의가 열려 슬라브 민족들 간의 경제적 상호협력 등이 의제가 되었다. 1917년의 러시아 혁명 후 범슬라브주의는 소련 정부에 의해 억제되었지만 제2차 세계대전에 임해서는 이것이 이용되었다. 또한 대전 후의 동구 사회주의권의 형성에서도 범슬라브주의 경향을 인지하는 논의가 있다. 소련·동구의 사회주의 체제가 붕괴한 현재 범슬라브주의와 그에 대한 대항이라는 관계가 다시금 생겨나지 않으리라는 보장은 없다.

덧붙이자면, 이 범슬라브주의의 이론적 이데올로그로서 18세기의 요한 고트프리트 헤르더의 이름이 거론된다. 분명 그는 그의 저서『인류사의 철학에 대한 이념』(1784-91)에서 슬라브 민족들의 뛰어난 특성을 언급하고 있지만, 다른 민족*에 대해서도 마찬가지의 특성을 거론하고 있어(그런 한에서 그는 범게르만주의의 이데올로그로도 생각되었다) 그는 오히려 코스모폴리탄이었고 다름 아닌 바로 민족들의 공생을 주장했다고 생각해야 한다. ☞러시아-터키 전쟁, 크리미아 전쟁

㊟ Hans Kohn, *Pan-Slavism, Its History and Ideology*, New York 1953. P. F. シュガー/I. J. レデラー 編(東歐史硏究會 譯),『東歐のナショナリズム』, 刀水書房, 1981. B. A. ディヤコフ(早坂眞理 外 譯),『スラヴ世界―革命前ロシアの社會思想史から』, 彩流社, 1996.

—미나미즈카 신고(南塚信吾)

법 法 [(독) Recht; Gesetz (불) droit; loi]

맑스는『정치경제학 비판을 위하여』* 서문에서 자신의 연구를 회고하고, 처음에는 법률학을 전공했지만 이윽고 법적 관계는 그 자체로부터도 인간정신의 발전으로부터도 이해할 수 없다는 것을 깨닫고 점차 연구테마를 시민사회의 해부로 옮겨갔다고 고백하고 있다[13:6]. 따라서 후기의 경제학 연구의 전개는 결코 처음의 법학 비판의 뜻을 방기한 것이 아니라 오히려 법 이데올로기의 물신성 비판을 근거지어가는 과정이었다고 생각된다.

맑스는「헤겔 법철학 비판 서설」*에서 헤겔*의 '정치적 국가'와 '시민사회*'의 주어와 술어 관계를 전도시키고, 이어지는「유대인 문제에 대하여」*에서는 인간*의 정치적 해방의 한계를 설명하여 그것은 인간을 서로 적대하는 원자적 개인의 세계로 해소시키는 시민사회의 물질주의의 완성에 지나지 않는다고 주장한다. 이런 관점에서 법을 공민*의 권리(droits du citoyen)와 사람의 권리(droits de l'homme)로 분류한다. 정치적 국가에 대한 공동 참여를 내용으로 하는 공민권과 구별된 사람의 권리 즉 인권이란 프랑스 1793년 헌법에서 말하는 평등*·자유*·안전·소유의 자연법적 권리이다. 그것은 공동체*에서 분리된 시민의 에고이즘의 표명에 다름 아니다[1:402-403]. 맑스에게 있어 법이란 시민사회의 이데올로기적 표현으로서의 Recht, droit이며 이에 대한 비판적 자세는 평생 변하지 않았다.

다른 한편『독일 이데올로기』*나『공산당 선언』*에서 법은 '시민사회'에서가 아니라 오히려 "국가* 및 그 밖의 관념적 상부구조" 속에 위치지어진다. 시민사회의 모순은 "지배계급의 공동 이해관계의 총괄"[4:491]로서의 국가를 산출하며, 법은 "지배계급의 생존 조건들의 표현"[3:453], "계급* 전체의 총체적 이해관계의 표현"[같은 책:219]이자 "그들의 의지에 국가 의지로서의, 법률(Gesetz)로서의 일반적 표현을 부여한 것"[같은 책:347]이게 된다. 이 시기의 맑스는 법을 단순한 인간 의지의 소산으로 보는 슈티르너*에 대한 비판을 염두에 두고서 법률이라는 국가권력의 제재(sanction)를 통해서만 지배계급의 의지가 관철될 수 있다는 것을 강조한다. 그러나 이러한 법을 국가의 법률(Gesetz, loi)로서만 자리매김하는 이해는 경제학 연구의 진전과 더불어 점차 소극적으로 되어간다.

『자본』* 제1권 제2장 '교환과정'에서 맑스는 상품교환에서의 의지관계를 법률적으로 발전해 있든 그렇지 않든 그대로 법적 관계(Rechtsverhältnis)라고 한다[23a:113]. 일설에 따르면 이러한 법 개념은 단순상품생산의 것에 지나지 않으며 자본주의 생산 하에서는 부정되어 반대물로 전화한다는 전유법칙의 반전*론[23a:760]에 의거한 이해도 있다. 그러나 오히려 법적 관계는 상품경제가 전면화하는 자본주의 시스템 하에서야말로 비로소 전면적 체계적으로 완성되는 것으로 보아야 할 것이다. 사실 '화폐*의 자본*으로의 전화' 부분에서는 "노동력의 매매가 그 한계 속에서 이루어지는 유통 또는 상품교환의 국면은 천부인권의 참된 낙원이었다. 거기서 지배하고 있는 것은 오직 자유·평등·소유 그리고 벤섬*이다"[23a:230]라고 서술하고 있다. 이에 의해 법을 시민사회의 에고이즘적인 권리로 보는 초기 맑스의 이해가 자본주의*의 구조적 이데올로기로서 재정립되었다고 볼 수 있을 것이다. 『자본』에는 그 밖에도 상품*의 물신성, 화폐에 의한 물상적 의존관계, 노동임금 형태(제1권), 신용론, 이자와 기업가 이득의 분리, 토지 소유론, 삼위일체 정식(제3권) 등에서 경제적 범주를 인격화하여 법적 개념으로 치환하는 기술을 볼 수 있다. 즉 맑스는 국가-법률(Gesetz)을 대신하여 자본주의라는 경제 시스템을 그 물신성의 완성 형태로서의 법(Recht)에 의해 총괄하고 있다고 말할 수 있을 것이다. ☞이데올로기, 국가, 시민사회, 물화

참 大藪龍介, 『マルクス, エンゲルスの國家論』, 現代思潮社, 1978. 山本哲三, 『資本論と國家』, 論創社, 1983. 青木孝平, 『資本論と法原理』, 論創社, 1984.

—아오키 고헤이(青木孝平)

법전 논쟁 法典論爭

'국민들의 회전(會戰)'이 있은 지 얼마 후에 A. W. 레베르크는 「나폴레옹 법전과 그것의 독일 도입에 대하여」라는 논고를 발표하여 이미 독일의 일부 지역에 도입되어 있던 '프랑스 민법전'의 배제를 주장했다. 이에 대해 1814년 초겨울에 판데크텐 법학의 전문가로서 명성이 있던 하이델베르크 대학 교수 A. F. 티보가 「독일 일반 민법전의 필요성에 대하여」라는 반론을 발표했다. 바로 이 티보에 호응하여 예나 대학의 K. E. 슈미드는 『독일의 재생』에서, 현 단계에서는 제반 사정으로 인해 '프랑스 민법전'과 더불어 계몽주의적인 '오스트리아 민법전'을 독일 전체가 채용해야 한다고 주장했다. 이에 대해 젊은 독일 법학계의 기수인 F. K. v. 사비니는 이들 논자의 어디에도 가담하지 않고 훗날 '역사법학파*'의 '강령논문'이라 불리게 되는 『입법과 법률학에 대한 현대의 사명에 대하여』(1814)라는 저서를 발표했다. 그것은 '빈 체제*'의 정통복고주의 하에서는 자유주의적인 '통일독일 시민법전'의 편찬과 그것을 독일 전체에 적용하는 것은 무리이며, 또한 독일 법학이 자신의 법전을 편찬할 정도로는 학문적으로 성숙되지 않았다는 사실 인식에 기초하여 법학의 학문적 심화와 그 과정에서의 독일 법학의 통일, 그리고 그 학문적 성과에 기초한 통일 독일 법체계의 형성을 지향하는 것이었다. 멀리 돌아가긴 했지만, '독일 민법전'은 결과적으로는 사비니 주장의 연장선상에서 편찬되어 1900년에 시행되었다. ☞역사법학파

—가와카미 린이쓰(河上倫逸)

『법철학 法哲學』 [*Grundlinien der Philosophie des Rechts*, 1820]

헤겔*의 사회철학 방면의 대표적 저작. 서술은 최초의 추상적 규정이 내재적으로 규정되어 내용이 풍부한 구체적 규정으로 나아간다. 선행하는 단계들은 보다 높은 단계의 계기로서 다시 파악된다. 맑스의 「정치경제학 비판에 대한 서문」은 역사성과 논리성의 관계에 유보적인 입장을 취하면서 이 서술방법을 평가한다. 헤겔의 모티브는 특수적 자유와 보편적 자유가 독자적인 영역을 이루면서 상호적으로 침투하는 인륜적 공동체에 있다. 그것들은 권리와 법*이 활동하는 영역이며 <시민사회-국가>체제로서 제시된다. 헤겔이 목격한 것은 봉건적 사권(私權)의 발호이자 공적인 것의 사적 찬탈이었다. 여기에는 법의 지배라는 공적인 의식*과

법을 실체로서 아는 권리의 의식, 개인*의 자유라는 근대의 성과가 확립되어 있지 않다. 공과 사를 근대 시민사회 위에 재구축하는 것이 주안점이 된다. 군주권의 집행권으로부터의 분리를 특징으로 하는 '입헌군주제' 개념은 프랑스의 복고 왕정기에 등장해 의원내각제와 밀접히 연결되지만(논객으로서는 콩스탕*, 샤토브리앙), 헤겔은 동시대의 이 개념을 채용하여 군주권을 공과 사의 재구축이라는 관점에서 받아들인다. 국가론에는 당시의 시대성이 각인되어 있으며, 독해에는 상당한 폭이 생겨났다.

공동체*와 개인의 직접적인 일체화는 광신주의(fanaticism)와 공포정치를 낳는다. 이는 헤겔이 프랑스혁명에 대해 총괄한 것의 하나이며, 공과 사의 영역적 분리는 근대의 긍정적 소산으로 간주된다. 맑스는 이 분리를 「헤겔 국법론 비판」*에서는 근대의 심각한 모순으로 본다. 헤겔 법철학 비판의 작업은 그 사변성 비판에서 소재 비판으로 바뀌어 가지만[『경제학 · 철학 초고』], 여기서 부와 빈곤이라는 내재적 모순으로 파고드는 헤겔 시민사회론이 주시된다. 『정치경제학 비판을 위하여』* '서문'은 법적 관계들, 국가형태들의 토대로서의 물질적인 생활관계들이라는 시각에서 헤겔의 시민사회 개념을 다시금 상기한다. ☞「헤겔 국법론 비판」

참 瀧口清榮, 「憲法闘争と『法(權利)の哲學』の成立」, 加藤尙武 編, 『ヘーゲル哲學への新視角』 수록, 創文社, 1999.

—다키구치 기요에이(瀧口清榮)

베르나이스 [Karl Luwig Bernays 1815-79]

파리 시절의 맑스의 저널리스트 동료. 『포어베르츠』[1]*(1844)의 편집자. 베르나이스가 『포어베르츠』의 편집에 참여한 것은 1844년 7월부터였는데, 그 이후 신문에는 맑스와 엥겔스* 등이 기사를 쓰기 시작하여 프로이센의 감시를 받게 된다. 베르나이스가 쓴 「프로이센 국왕 암살미수사건」(1844년 8월 3일)은 프랑스 정부로부터 간섭을 받아 신문의 보증금 체불로 인해 폐간에로 내몰리는 원인이 되었다. ☞『포어베르츠』[1], 검열(제도), 뵈른슈타인

참 H. Hirsh, "Karl Ludwig Bernays", in: *Heine Jahrbuch*, 74, Jg. XIII, 1974.

—마토바 아키히로(的場昭弘)

베르트 [Georg Ludwig Weerth 1822-56]

독일의 시인. 엥겔스*는 1880년에 그를 회상하는 글을 『사회민주주의자』(*Der Sozialdemokrat*)지에 기고하고, 베르트를 "독일 프롤레타리아트의 최초로 가장 중요한 시인"이라고 불렀다.

데트몰트에서 태어난다. 부친은 신교 관구 총감독이었지만, 선조 대대로 상업에 종사한 집안으로 그 자신도 상업에 종사한다. 비슷한 집안에서 태어난 엥겔스와는 먼 친척관계에 있다. 1836년 엘버펠트*에서 상인의 견습 수업을 시작하며, 1840년부터 41년에 걸쳐 쾰른*에서 일한 후, 본*으로 옮겨 친척 회사에서 일한다. 이 무렵 시를 쓰기 시작한다. 1843년 말에 잉글랜드의 공업도시 브래드포드의 독일계 상사에서 장부담당자로 일하기 시작한다. 이 무렵 엥겔스와의 교우가 시작되어 맨체스터*에 있는 그를 빈번하게 방문한다. 같은 시기에 스코틀랜드인 의사 존 맥미컨(John McMichan)을 알게 되어 그와 함께 브래드포드의 노동자 거리를 돌아다니며 노동자의 비참한 실태를 보게 된다. 또한 잉글랜드의 선거법 개정 운동의 급진파 중 한 사람인 존 잭슨과도 알게 되어 그를 통해 잉글랜드의 노동운동의 실상을 알고 차티스트들과도 교류하게 된다. 한편 엥겔스의 도움을 받아 철학*, 사회주의 사상과 경제학을 공부한다. 이때의 견문을 바탕으로 서정시 모음 『랑카시아의 노래』를 헤스*가 편집하는 잡지 『게젤샤프츠슈피겔』*(1845) 및 퓌트만(Herman Püttmann)이 편집한 사화집 『앨범』(1847)에 발표한다. 나아가 다양한 잡지와 신문에 잉글랜드의 실태를 전하는 산문을 기고하고, 후에 이를 『영국 스케치』(1849)로 정리하지만, 1848년 혁명*의 패배로 인해 간행되지 못하고 만다. 또한 소설 집필도 시도하는데, 간행되지 못한 단편 외에 독일 부르주아지의 실태를 풍자적으로 폭로한

『독일 상업생활의 유머러스한 스케치』를 우선 『쾰른 신문』*에 발표하고, 중단된 후에는 『신라인 신문』*에 속편을 게재한다.

1846년, 건강을 잃은 베르트는 마치 엥겔스의 뒤를 쫓듯이 브뤼셀*로 가서 브래드포드의 섬유상사의 영업담당자로 프랑스, 네덜란드, 벨기에를 돌아다닌다. 이 무렵 브뤼셀에서 맑스와 알게 된다. 공산주의자동맹*에 가맹한 것도 이 무렵이다. 1847년 9월, 브뤼셀에서 개최된 자유무역회의에서 노동자의 입장을 대변하는 연설을 하여 갈채를 받는다. 1848년, 2월 혁명*이 일어나자 파리*로 급행한다. 혁명*이 독일로 비화하자 쾰른*으로 가서 맑스와 엥겔스 등의 『신라인 신문』 창간에 참가하고, 문예란 편집을 담당한다. 이 신문에 서정시, 에세이, 소설 등을 게재하여 펜으로 혁명에 참가한다. 이때에 연재한 소설 『저명한 기사 슈나프한스키의 생애와 활동』이 독일 국민의회의 의원이기도 한 귀족 리히노프스키를 비방 중상한 혐의로 금고형을 선고받고, 혁명 후인 1850년에 상업 활동의 장애를 없애기 위해 3개월간 쾰른에서 복역한다. 1849년의 『신라인 신문』의 발행 정지에 따라 붉게 인쇄한 마지막 호에는 『여자들에게 보내는 포고』를 발표한다. 이후로는 펜을 꺾고 상업에 전념하여 서유럽 각지를 돌아다닌다. 1851년에는 염원이 이루어져 병상에 있던 하이네*를 파리에서 방문한다. 1852년부터 55년에 걸쳐 맨체스터의 섬유회사의 위탁을 받아 서인도제도 및 중남미를 영업활동으로 돌아다닌다. 한때 유럽으로 귀환한 다음, 1855년 말에 다시 카리브해 및 아메리카 대륙으로 상업목적의 여행에 나서, 그 도중인 1856년 7월 말에 하바나에서 열병으로 사망하여 맑스와 엥겔스 등 친구들을 낙담시켰다. ☞『신라인 신문』

참 Uwe Zemke, *Georg Weerth 1822-1856 Ein Leben zwischen Literatur, Politik und Handel*, Düsseldorf 1989.

–다카기 후미오(高木文夫)

베른슈타인 [Eduard Bernstein 1850-1932]

독일 사회민주당의 가장 저명한 수정주의자. 베를린*의 유대인 소시민 가정에서 태어나 김나지움을 중퇴한 뒤 은행원이 되는 동시에 아이제나흐파에 가입하여 활동한다. 그 후 엥겔스*의 『반뒤링론』*을 읽고 맑스주의자가 된다. 그리고 사회주의진압법 시절인 1880년에 독일 사회민주당의 비합법 기관지 『사회민주주의자』(*Der Sozialdemokrat*)의 편집에 참여하며, 1888년 런던*으로 망명한 뒤 엥겔스와의 친교를 심화시키게 된다. 하지만 런던 망명 중에 그는 점차 맑스주의 이론에 회의를 품게 되고, 1895년의 엥겔스의 사후에 「사회주의의 문제들」(1896-98)이나 수정주의의 바이블이라 말해지는 『사회주의의 전제들과 사회민주주의의 과제』(1899) 등의 저작에서 유물론적 역사관*, 노동가치론*, 자본주의*의 붕괴론=생산의 사회화론, 계급투쟁론 등의 맑스주의*의 이론적 근간을 비판했다. 그리고 그는 독일 사회민주당의 현실의 모습인 '민주적–사회주의적 개량 정당'에 부합한 맑스주의의 수정과 더불어 사회주의 운동에서의 윤리*와 주체성의 계기를 중시한 '윤리적 사회주의'의 필요성을 주장했다. 이러한 수정주의의 주장은 현 상태의 유지를 첫 번째로 생각하는 당의 관료층에게 받아들여지지 않았을 뿐만 아니라 카우츠키*, 로자 룩셈부르크, 쿠노 등의 맑스주의 '정통파'로부터의 반격도 받게 되었다. 1901년에 귀국해 제국의회 의원으로서 활약했다. 하지만 제1차 세계대전 중에 독일 사회민주당의 전쟁 지지 정책을 비판했기 때문에 그의 그 후의 정치적 경력은 이전의 논적 카우츠키의 그것과 마찬가지로 독립사회민주당에 대한 참가 → 독일 사회민주당으로의 재입당이라는 궤적을 그리게 되었다. ☞카우츠키[1]

참 P. ゲイ(長尾克子 譯), 『ベルンシュタイン―民主的社會主義のディレンマ』, 木鐸社, 1980. 關嘉彦, 『ベルンシュタインと修正主義』, 早稻田大學出版部, 1980. 龜嶋庸一, 『ベルンシュタイン―亡命と世紀末の思想』, みすず書房, 1995. H.-J. シュタインベルク(時永淑・堀川哲 譯), 『社會主義とドイツ社會民主党―第一次世界大戰前のドイツ社會民主党のイデオロギー』, 御茶の水書房, 1983. Christian Gneuss, "Um den Einklang von Theorie und―Eduard Bernstein und der Revisionismus", in: *Marxismus-Studien*, Bd. 2, 1957. Sven

Papcke, *Der Revisionismusstreit und die politische Theorie der Reform*, Stuttgart 1979. T. Brandenburg, *Eduard Bernstein und Karl Kautsky*, Köln 1992.

—아이다 신이치(相田愼一)

『베를리너 레포름』 [*Berliner Reform*, 1816-68]

1861년부터 68년까지 베를린*에서 발행된 일간지. 맑스는 당초 슈바이처가 편집하는 라살레* 사후의 전독일노동자협회*의 기관지 『사회민주주의자』(*Der Social-Demokrat*)(1864년 12월 창간)에 기고자로서 참여하고 있었지만, 얼마 지나지 않아 슈바이처와 정치전술 및 라살레에 대한 평가를 둘러싸고 대립하여 1865년 3월에는 관계를 끊는데, 그때 관계 단절의 원인에 관한 성명 등을 이 신문에 게재했다. ☞전독일노동자협회

참 G. Mayer, *Johann Baptist von Schweitzer und die Sozialdemokratike*, Jena 1909.

—시노하라 도시아키(篠原敏昭)

베를린 [(독) Berlin]

프로이센 왕국의 왕도였던 1848년 혁명*기에는 슈테판 호른*을 중심으로 한 노동자우애회의 탄생지가 되었다. 1871년 이후에는 독일제국의 수도, 나아가서는 독일 공업화의 중심지의 하나로서 대량의 노동자층을 흡인하며, 1907년에는 인구 200만 명의 대도시가 되었다. 그간에 베를린은 독일에서의 다양한 정치운동이나 사회・문화 활동, 특히 노동자운동 및 시의회에도 뿌리를 내린 사회민주당의 활동 중심무대가 되었다. 제2차 세계대전 후에는 독일연방공화국과 독일민주공화국의 성립에 따라 동서로 분할되며, 1961년부터는 '베를린 장벽'이 '두 개의 베를린' 사이를 차단하고, 동베를린은 독일민주공화국의 수도로 되어 있었다. 미국과 소련을 중심으로 한 냉전체제의 상징이 되기도 한 '베를린 장벽'도 동유럽의 사회주의 정권의 붕괴와 더불어 1989년에 개방되고, 이듬해 90년의 독일 통일에 따라 베를린은 다시금 독일연방공화국의 수도로 정해졌다.

맑스는 1835년에 김나지움*을 마친 후 본에서의 1년간의 대학생활을 거쳐 1836년 10월부터 1841년 3월까지의 9학기를 베를린에서 법학부 학생으로서 지냈다. 1840년경의 베를린(인구 약 32만 명)은 1838년에 베를린-포츠담 간의 철도가 개설되어 공업화의 길로 접어들고 있었지만, 주변 약 15킬로미터의 성벽이 남아 있고 여전히 군인과 관리들이 많은 군사・행정 도시이자 나아가 산업적인 측면에서도 수공업도시의 흔적을 강하게 유지하고 있었다. 베를린 대학(프리드리히 빌헬름 대학)은 대(對)나폴레옹 전쟁* 패배 후 일련의 프로이센 개혁의 흐름 속에서 빌헬름 폰 훔볼트의 지도 아래 1810년에 창설된 새로운 대학이었지만 슐라이어마허, 피히테*, 사비니 등이 소속되어 있어서 설립 당초부터 높은 평가를 받고 있었다. 맑스가 재학한 1840년의 베를린 대학의 학생 수는 1,677명, 그 가운데 법학부에는 514명의 학생들이 등록해 있었다고 기록되어 있다.

베를린 시절의 맑스는 간스* 등으로부터 법률을 배우는 동시에 1818년에 초빙되어 1831년에 콜레라로 쓰러질 때까지 베를린 대학에서 가르친 헤겔*의 철학 연구에 몰두하며, 브루노 바우어* 등 헤겔 좌파*와 교우를 맺고 독토르 클럽*에도 출입하고 있었다. 그 성과인 「데모크리토스와 에피쿠로스의 자연철학의 차이」*를 박사 학위 청구논문(학위는 논문이 제출된 예나 대학에서 수여받았다)으로서 완성시킨 맑스는 1841년 봄에 베를린을 떠났다. 그리고 맑스와 엇갈리는 형태로 같은 해 가을부터 이듬해 가을에 걸쳐 엥겔스*가 근위포병대의 일년 지원병으로서 베를린에 체류했다. 맑스는 1848년 9월에 혁명*의 와중에 있었던 베를린을 다시 방문한다. ☞독토르 클럽{박사클럽}, 대학(제도), 「데모크리토스와 에피쿠로스의 자연철학의 차이」

참 M. Kliem (hrsg.), *Karl Marx. Dokumente seines Lebens. 1818 bis 1883*, Leipzig 1970. 川越修, 『ベルリン 王都の近代』, ミネルヴァ書房, 1988. B. Sawadzki/S. Miller, *Karl Marx in Berlin, Beiträge zur Biographie von Karl Marx*, Berlin 1956. M. Kliem, "Karl Marx und die Berliner Universität 1836 bis 1841", in:

Beiträge zur Geschichte der Humboldt-Universität zu Berlin, Nr. 21, Berlin 1988.

—가와고에 오사무(川越 修)

베벨 [August Bebel 1840-1913]

독일의 사회주의적 정치가. 프로이센의 하사관의 아들로 태어나는데, 부모를 일찍 여의고 14살에 학교를 그만두고 도르래 세공사의 도제수업을 받는다. 남부독일에서 수공업 직인으로서 편력한 후, 라이프치히*로 이주하여 1864년 장인으로서 독립한다. 영업을 하는 한편 노동자교육협회*에서 활발히 활동하고, 라살레*가 일으킨 전독일노동자협회*에 대항하는 자유주의파가 주도하는 독일노동자협회연맹 운동에 참가하지만, 라살레의 저작을 통해 점차 자유주의파의 영향에서 벗어나 라이프치히에서 알게 된 리프크네히트* 등과 1866년 8월에 반(反)프로이센적인 작센인민당을 결성한다. 1867년에는 이 당으로부터 북독일연방의회 의원으로 선출되며, 리프크네히트의 영향 아래 맑스의 이론적 입장을 취하기에 이르고, 1869년 9월 아이제나흐에서 사회민주주의 노동자당*의 창립에 참가한다. 1871년에는 독일제국의회 의원에 선출(1871-81년 및 1883-1913년)되며, 독불전쟁 때에는 당초 독일의 방위를 지지했지만 파리 코뮌*에 대해 의회에서 연대를 표명해 리프크네히트 등과 함께 대역죄 혐의로 2년의 금고형을 받는다. 1875년의 「고타 강령」*의 작성에서는 지도적 역할을 담당하지 않지만, 1878-91년의 사회주의자 진압법 시절에는 의회에서 비스마르크*의 정책에 대해 예리한 웅변으로 대항하는 동시에 재삼 구류를 당하면서도 끈질긴 비합법적 활동을 전개하며, 옥중에서 『여성과 사회주의』*(1879) 등을 저술했다. 또한 이 무렵 맑스와, 특히 엥겔스*와 빈번히 의견을 교환했다. 진압법이 폐지된 이후인 1891년에는 「에르푸르트 강령」*의 작성에 참가하며, 독일 사회민주당이 대중정당으로 성장하는 가운데 당 간부회 의장, 의원단장으로서 지도력을 발휘하고, 베른슈타인* 및 수정주의와 대결하면서도 교조적인 급진주의에 대해서도 반대하는 태도를 취했다. 회상록으로 『내 생애에서』(전 3권, 1910-14)가 있다. ☞사회민주주의 노동자당, 「에르푸르트 강령」, 『여성과 사회주의』, 리프크네히트

㊟ Ursula Herrmann u. a., *August Bebel. Eine Biographie*, Berlin (DDR) 1989.

—시노하라 도시아키(篠原敏昭)

베스트팔렌[1] [Ludwig Westphalen 1770-1842]

맑스의 부인 예니*의 부친. 괴팅겐 대학에서 법학을 공부한 후, 1794년 브라운슈바이크 공의 비서가 된다. 98년에 참의관이 되지만, 갑자기 퇴직하여 부인 리제테 벨트하임(베스트팔렌)과 전원생활을 시작한다. 나폴레옹*의 등장과 더불어 잘츠베델의 장관으로서 관리로 복귀하지만, 1809년 프로이센이 이 지역을 점령한 후에 그 지위를 빼앗긴다. 그 이유는 그가 나폴레옹에 대한 충성심을 버리지 않았을 뿐만 아니라 비리사건에 연루되었기 때문이기도 했다. 16년, 프로이센에 병합된 라인란트의 트리어* 시 참사로서 좌천되고 만다. 트리어에서도 관리로서의 일에는 의욕이 없이 법률적인 다양한 문제도 일으키며, 결국 32년에 은퇴하여 연금 생활자가 된다. 그러나 연금생활을 하는 동안 그는 독서나 사교를 즐겼다. 소년 맑스와 대화를 나눌 수 있었던 것도 이러한 생활 덕분이었다.

맑스는 1841년의 박사논문을 루트비히 베스트팔렌에게 바친다. 그가 일에서 실패자였던 것은 프랑스적 자유정신을 갖고 있었기 때문이 아니었다. 1830년대의 빈곤에 대해 그는 프로이센 국가의 힘에 의한 빈곤의 해결을 요청했는데, 그것은 그러한 대책이 없다면 트리어에 무정부적 행동이 일어날 가능성을 예상했기 때문이었다. 물론 프랑스 시대의 장점도 인정하고 있다는 점에서 프랑스 정신을 갖고 있었다고 말할 수도 있을 것이다. 그러나 본질적으로 트리어 시민의 프랑스 심취를 비판하는 프로이센의 관료 그 자체였다. 따라서 그런 그가 생시몽 사상을 맑스에게 가르쳤다는 설이 있지만, 그 가능성은 극히 낮다. ☞베스트팔렌

가, 트리어, 나폴레옹 1세, 생시몽주의

참 的場昭弘, 『トリーアの社會史』, 未來社, 1986. L. Krosigk, *Jenny Marx*, Wuppertal 1976. "Zur Persönlichkeit von Marx' Schwiegervater Johann Ludwig von Westphalen", in: *Schriften aus Karl Marx Haus*, Heft 9, Trier 1973.

—마토바 아키히로(的場昭弘)

베스트팔렌[2] [Ferdinand Westphalen 1799-1876]

맑스의 부인 예니*의 오빠로 프로이센의 내무장관. 괴팅겐 대학, 할레 대학, 베를린 대학에서 공부한 후, 프로이센의 관료가 된다. 1838년부터 43년까지 트리어*의 고급행정관, 1850년에는 프로이센의 내무장관이 된다. 예니와 사이가 좋지 않다는 말도 있었지만, 실제로는 예니의 결혼 상대를 찾는다든지 맑스의 취직자리를 알아본다든지 했다. 사상적으로는 프랑스 헌법을 숭배하고 있었다. 다만 성격은 우직한 관료 타입이었다. ☞베스트팔렌 가, 베스트팔렌[3](루트비히), 맑스[2](예니)

참 的場昭弘, 『トリーアの社會史』, 未來社, 1986. F. Westphalen, *Westphalen der Sekretär des Herzogs Ferdinand von Braunschweig-Lüneburg*, Berlin 1866.

—마토바 아키히로(的場昭弘)

베스트팔렌[3] [Edgar Westphalen 1819-90]

맑스의 부인 예니*의 남동생으로, 맑스와는 김나지움*의 동급생이자 친구. 그는 베스트팔렌 가*의 희망으로서 김나지움을 맑스 이상의 우수한 성적으로 졸업하고, 베를린 대학 법학부에서 공부하면서 법률가를 목표로 했다. 대학을 졸업하고 트리어*의 법원에서 근무한다. 그러나 순수하고 외골수 같은 성격으로 인해 어떤 일에도 오래 견디지 못했다. 트리어 시절 카롤리네 쉴러와 약혼했지만 결혼에 이르지는 못하며, 그 후에 텍사스로 이민*한다. 덧붙이자면, 쉴러는 맑스 가와 친하게 되어 맑스는 훗날 그녀에게 『자본』*을 증정한다. 에드가 베스트팔렌은 세 번에 걸쳐 미국 이민*을 실행하지만 번번이 실패한다. 이민을 위해 그의 형제나 친구들이 모은 돈은 600탈러에 이르렀다. 더욱이 그를 위해 많은 자금이 송금되었다. 자금을 준비한 인물 가운데 한 사람으로서 베를린 대학 시절의 친구인 베르너 벨트하임은 에드가의 순수한 마음에 이끌렸다. 그러나 그는 에드가가 맑스의 공산주의 사상에 영향을 받아 이용당하는 것은 아닌가 하고 걱정하고 있었다. 결국 에드가의 이민은 실패로 끝나고 베를린*의 법률사무소에서 일하게 된다. 그 후로는 『하벨란트』(*Havelland*)라는 시를 쓰는 등, 베를린 교외에서 조용한 생활을 보냈다. 그는 젊은 시절에 "새는 자유롭다. 그것은 자신의 노래를 부르기 때문이다"라고 썼지만, 결국 그는 그렇듯 자유롭게 살았기 때문에 변호사로서도 이민자로서도 또 공산주의자로서도 모두 어정쩡한 인생을 보내게 되었다. ☞베스트팔렌 가

참 的場昭弘, 『トリーアの社會史』, 未來社, 1986. "Zur Persönlichkeit von Marx' Schwiegervater Johann Ludwig von Westphalen", in: *Schriften aus Karl Marx Haus*, Heft 9, Trier 1973.

—마토바 아키히로(的場昭弘)

베스트팔렌 가—家 [(독)Die Familie Westphalen]

맑스의 부인 예니*의 집안으로, 영국 아가일 가의 혈통을 잇는 남작 가문. 베스트팔렌 가는 원래 중급 관료의 집안이었다. 브라운슈바이크의 우체국에서 일하는 아버지 밑에서 태어난 예니의 조부 필립은 할레 대학을 졸업하고 세 살 위의 브라운슈바이크 공의 비서로 일한다. 1756년부터 시작되는 7년 전쟁에서 큰 활약을 한 그는 64년 남작의 반열에 오르고, 나아가서는 65년 영국의 아가일 가의 혈통을 잇는 제니 위샤트 오브 피타로우와 결혼한다. 당시 제니는 네덜란드 국경 근처의 베젤에 있는 언니 집에 머물고 있었다. 언니의 남편은 영국군의 베크빌 장군이었다. 제니의 아버지는 에든버러의 사제 조지 위샤트였다. 선조로는 스코틀랜드의 개혁자 조지 위샤트가 있다. 제니의 모친 앤 캠벨은 아가일 가문의 후예인데, 맑스가 런던

시절에 전당포에 맡긴 은식기에 아가일 가문의 문장이 새겨져 있었던 것은 이런 이유에서였다.

예니의 부친 루트비히*는 그 집안의 4남이었다. 루트비히의 첫 부인(귀족출신)에게서 태어난 아이가 페르디난트*, 리제테 루이제, 프란치스카, 칼이고, 두 번째 부인(평민출신)에게서 태어난 아이가 예니와 에드가*였다. 페르디난트는 프로이센의 내무장관(그의 부인 루이제는 플로랑쿠르 가 출신으로 보수파인 프란츠는 그녀의 형제였다)을 역임하고, 루이제는 크로시크 가(히틀러 시대에 재무장관을 배출)로 시집간다. 예니의 모친 카롤리네 호이벨의 사촌형제는 출판업자 페르테스였다. ☞베스트팔렌[1](루트비히), 베스트팔렌[2](페르디난트), 트리어, 맑스 가, 맑스(예니), 베스트팔렌[3](에드가)

㉾ L. Krosigk, *Die Große Zeit des Feuers*, Tübingen 1957. id., *Jenny Marx*, Wuppertal 1976. 的場昭弘,『トリーアの社會史』, 未來社, 1986.

—마토바 아키히로(的場昭弘)

『베스트펠리셰 담프보트』 [*Das Westphälische Dampfboot*, 1844–48]

뤼닝이 편집한 월간지. 부편집장은 뤼닝의 처남 바이데마이어*. 1845년 빌레펠트에서 월간지로 창간되었지만, 1846년부터 48년 3월까지 파더보른에서 간행된다. 1848년 혁명* 후에는 4월부터 주 2회 간행되는 신문이 되지만, 약 2개월 만에 폐간되었다. 그 후 뤼닝과 바이데마이어는 다름슈타트의 레스케에서 『신독일 신문』(*Neue Deutsche Zeitung*, 1848-50)을 발행한다. 원래 『베스트펠리셰 담프보트』는 만하임의 『만하이머 아벤트 신문』(*Mannheimer Abendzeitung*, 1838-50)에서 손을 뗀 그륀*이 『트리어 신문』*의 편집을 담당하면서 만든 것이기 때문에 본래는 진정사회주의자의 잡지였다. 바이데마이어가 『트리어 신문』에서 이 잡지의 부편집장으로 변신한 것은 그런 관계 때문이기도 하다. 그러나 바이데마이어가 맑스에게 접근함으로써 맑스파의 잡지가 된다. 바이데마이어는 브뤼셀*에서 『독일 이데올로기』*를 집필하고 있던 맑스와 엥겔스*를 만나 그 일부인 「칼 그륀의 『프랑스와 벨기에에서의 사회운동』」을 잡지에 발표하게 된다. 1840년대의 독일에서 『게젤샤프츠슈피겔』*과 『베스트펠리셰 담프보트』는 맑스파에 가까운 잡지였다. ☞바이데마이어, 『트리어 신문』, 『독일 이데올로기』, 『게젤샤프츠슈피겔』, 그륀

㉾ Reprint, Taunus 1971. K. Koszyk, *Das 'Dampfboot' und der Rheder Kreis, Dortmunder Beiträge zur Zeitungsforschung*, 2 Bd., Dortmund 1958.

—마토바 아키히로(的場昭弘)

베이컨(프랜시스) ⇨경험론

베일리 [Samuel Bailey 1791–1870]

영국의 실업가이면서 동시에 영국 경험론의 계보로 연결되는 철학자 · 사상가. 특히 리카도*의 가치론에 대한 독자적인 비판을 전개한 이색적인 경제학자로서 명성이 높다. 셰필드에서 칼을 파는 상점의 아들로 태어나 마을의회 의원에 선출된 뒤에는 그 재능을 인정받아 "할람셔의 벤섬"이라는 칭송을 받았다. 국회의원 선거에서 낙선한 후 셰필드 뱅킹 컴퍼니를 설립, 평생 그 대표이사의 직을 맡으면서 지방행정 · 문화 · 경제의 발전에 노력하고 다방면에 걸쳐 여러 저작을 남겼다.

경제학에 관한 주저로는 익명의 저서로 출판한 *A Critical Dissertation on the Nature, Measures and Causes of Value*, London 1825.(鈴木鴻一郎 譯, 『리카도 가치론의 비판リカアド價値論の批判』, 世界古典文庫, 日本評論社, 1947)가 있다. 리카도는 상품*의 가치*는 해당 상품의 생산에 들어간 노동량에 따라 결정된다고 하는 노동가치론*을 주장하면서, 아울러 그러한 투하노동량에 의해 규정되는 '절대가치'와 상품들 간의 교환비율로 나타나는 '상대가치'를 구별하고자 했다. 하지만 베일리에 의하면 양자는 다른 시점에서의 가치 비교의

아포리아를 내포할 수밖에 없게 됨으로써 서로 양립할 수 없는 것이고, 또한 '상대가치'의 변동의 사례를 분석하는 것으로는 '절대가치'를 그 자체로서 도출할 수 없으며, 따라서 리카도의 '절대가치'는 투하노동량이 이미 알려진 것으로 간주되는 '불변의 가치척도'의 사전의 존재를 전제로 해서만 성립할 수 있는 데 지나지 않는다. 그리고 투하노동량이 불변인 '불변의 가치척도'가 존재할 수 없는 이상 리카도의 '절대가치', 더 나아가서는 상품들 사이에서의 '상등물(相等物)' 또한 존재할 수 없는 것으로 간주된다. 이리하여 베일리에 의하면 가치란 바로 '두 대상 간의 하나의 관계'에 다름 아닌 것이다.

『잉여가치학설사』에서의 맑스는 베일리를 평가하면서 "가변이라는 것이 바로 가치의 특징이다"라는 것을 논증하고, "상품의 가치는 전적으로 상대적인 것이기 때문에 재생산*에 필요한 시간이 변하게 되면, 예를 들어 그 상품에 현실적으로 포함되어 있는 노동시간*은 변하지 않는다 하더라도 그 상품의 가치는 변화한다"[초7:191]라고 주장한다. 요컨대 베일리의 리카도 가치론 비판은 맑스에게는 타당하지 않은 것이다. 그렇지만 "가치는 {베일리가 말하듯이 '두 대상 간의 하나의 관계'가 아니라} 사람과 사람 간의 하나의 관계 즉 사회적인 관계의 물적 표현에 지나지 않으며 인간*이 자신들의 상호적인 생산적 활동에 대해 지니는 관계"[같은 책:190]이다. 그런 의미에서 "베일리는 물신숭배론자이다"[같은 책:217]. 그렇다면 맑스로서는 자신과 리카도 그리고 베일리를 양면적으로 구분해야 하고, 저 "재생산을 위해 사회적으로 필요한 노동*"과 "추상적 인간적 노동"을 정합적으로 설명할 필요가 있게 된다. 요컨대 "추상적 인간적 노동" 개념을 사회적 형태 규정성에서 적극적으로 규정해 보여야만 하는 것이다. 이것이야말로 화폐*의 게네시스(생성)론과는 구별되는 맑스의 가치형태론의 또 하나의 과제에 다름 아니다. ☞가치[1], 리카도, 물화

참 廣松涉, 『新版 資本論の哲學』(廣松涉著作集 第12卷), 岩波書店, 1996. R. M. Rauner, *Samuel Bailey and the Classical Theory of Value*, London 1961.

—요시다 노리오(吉田憲夫)

베커[1] [Johann Philipp Bekker 1809-86]

제네바에서의 제1인터내셔널의 조직화에서 지도적 역할을 수행한 인물. 팔츠에서 태어난 브러시 제조 직인인 베커는 1832년 함바흐 축제*, 1848-49년 독일혁명(바덴 혁명) 등에 참가하고, 급진적・공화주의적인 정치운동에 관여해 왔다. 그 후 1860년대에 들어서서 맑스와 라살레* 등과 연락을 취하면서 제1인터내셔널 제네바 지부의 설립(1865년 4월)과 그 운영에 힘쓰게 된다. 1866년에는 월간 『포어보테』(*Der Vorbote*)를 창간해 편집을 맡았다. 맑스는 이 잡지를 지원하고자 생각하고 있었다. 예를 들면 병상에 있던 맑스를 대신해 부인 예니*가 대필한 1866년 1월 29일자의 베커에게 보낸 서간과 다음해 67년 10월 5일자의 베커에게 보낸 서간은 각각 『포어보테』 제2호(66년 2월), 제10호(67년 10월)에 게재되었다. 베커가 1860년대 말부터 한때 아나키스트인 바쿠닌*에게 접근했기 때문에 맑스는 불신의 생각을 품었지만, 베커는 얼마 지나지 않아 바쿠닌과 대립하고 다시금 맑스, 엥겔스*와 친교를 맺게 되었다. 바쿠닌에게 접근했을 무렵의 베커에 대해 맑스는 독일 사회주의 노동자당 위원회에 보낸 통신에서 다음과 같이 논평하고 있다. "때때로 선전열에 들떠서 이성을 잃어버리는 J. Ph. 베커가 얼굴 마담으로 이용되었다"[16:404]. 베커는 수공업 직인을 주체로 하는 인터내셔널*의 활동을 맑스 이상으로 실천적으로 체험했다고 말할 수 있다. ☞인터내셔널{국제노동자협회}

참 渡辺孝次, 『時計職人とマルクス—第1インターナショナルにおける連合主義と集權主義』, 同文館, 1994. N. Rjazanoff, "Zur Biographie von Johann Philipp Becker", *Archiv für die Geschichte der Sozialismus und der Arbeiterbewegung*, Bd. 4, Leipzig 1913/14. R. Dlubek, *Johann Philipp Becker. Von radikalen Demokraten zum Mitstreiter von Marx und Engels in der 1 International (1848-1864)*, Ph. Diss., 1964.

—이시즈카 마사히데(石塚正英)

베커[2] [Hermann Heinrich Becker 1820-85]

독일 3월 혁명* 중에 쾰른*에서 맑스 등과 함께 행동하고, 혁명 후 공산주의자동맹*에 가입한 활동가. 정치 정세가 가장 고양된 48년 8월부터 10월에 걸쳐 베커는 라인란트에서의 민주주의자의 연대 강화를 향한 인민집회 개최 등으로 바쁘게 뛰어다닌다. 맑스는 그의 서명이 함께 들어간 각종 성명문을 『신라인 신문』*에 게재한다. 혁명 후인 1851년, 베커는 쾰른에서 『칼 맑스 논문집』 제1권을 자비로 출판했다. ☞『신라인 신문』

㊟ 廣松涉・井上五郎, 『マルクスの思想圈』, 朝日出版社, 1980. W. Kühn, *Der junge Hermann Becker, Ein Quellenbeitrag zum Geschichte der Arbeiterbewegung in Rheinpreußen*, Giessen 1934.

—이시즈카 마사히데(石塚正英)

벤섬 [Jeremy Bentham 1748-1832]

맑스가 벤섬을 알게 된 것은 프랑스어를 자유롭게 사용할 수 있게 된 지 얼마 지나지 않은 시점으로, 프랑스어판 『형벌과 표창의 이론』을 통해서이다. 더군다나 만년 『잉여가치학설사』의 이자론의 역사를 쓸 때 『고리 옹호론』을 읽을 때까지 계속해서 그 한 권으로 논했다. 맑스의 벤섬론이 왜곡되어 있는 것은 이 때문이다. 맑스는 벤섬의 기본사상인 '최대다수의 최대행복'을 알지 못하고 있었고, 벤섬이 기본적으로 법학자, 특히 형법학자로서 발언하고 있다는 것을 배려하지 못했다. 푸코의 몰이해와 같은 맥락이다.

맑스의 독설의 피해자 가운데 고유명사가 보통명사화된 이는 벤섬 정도일 것이다. 맑스의 독단과 편견의 대표적 사례가 "자유*, 평등*, 소유 그리고 벤섬"[『자본』, 23a:230]이다. '벤섬'은 자신의 일밖에 생각하지 못하는 인간을 의미한다. 벤섬의 비판적 법학, 민주주의자의 측면(매년 선거, 남성 보통선거 등 차티스트의 선구라고 말해야 할 안들을 제창)은 맑스의 눈에 들어오지 않았다. 벤섬이 "부르주아적 어리석음에 관해서는 걸출한 인물"[23b:795]이라고 평가된 것은 노동재원을 고정적으로 생각한 속물의 원조라는 의미에서였다. 표현의 타당성은 그렇다 치더라도, 이 점에서 맑스는 예리하지만, J. S. 밀*이나 바우링을 통해서 벤섬을 생각했기 때문에 19세기 영국의 개혁사상가 벤섬을 이해할 수 없었을 것이다. ☞밀, 차티스트 운동

㊟ 永井義雄, 『ベンサム』, 講談社, 1982. E. Halévy, *La formation du radicalisme philosophique*, Paris 1901-04.

—나가이 요시오(永井義雄)

변증법 辨證法 [(독) Dialektik]

일반적으로는 "하나의 사물을 대립된 두 개의 규정의 통일로서 파악하는 방법"이다. 예를 들면 "사랑은 충족과 결핍의 통일이다." 동일한 사물이 대립된 규정을 지닌다는 것은 속담이나 전승문학에서 그 어떤 것에 대해서도 일면적인 견해를 가져서는 안 된다는 경구로서 말해지고 있다. 여기서 회의주의자는 그 무엇에 대해서도 일의적인 규정을 부여할 수 없다고 생각해서 "아무것도 말할 수 없다"라는 결론을 도출한다. 어떤 사람에게 있어 단 것도 다른 사람에게는 쓰다. 그러나 하나의 행위가 한편으로는 선이고 다른 한편으로는 악이 되면 행위하는 것은 비극에 빠진다. 집안의 규율을 지키기 위해 오빠를 장사지낸 안티고네의 행위는 반역자의 매장을 금지하는 국법에 비추어 보면 죄이다. 비극만이 아니다. 희극에서도 자신의 부인을 하녀로 착각해서 유혹하는 백작처럼 동일물의 대립하는 규정이 있다. 변증법의 원형은 속담, 회의, 비극, 희극 등에서 "사태는 일면적으로 보아서는 안 된다"라는 교훈의 형태로 나타난다.

두 가지 측면이 동일한 것에게 술어화된다는 것으로부터 두 개의 대립하는 규정이 동일하고 모순을 형성하지만 그 모순이 필연적이며 실재한다고 생각되면 '변증법 논리'라고 불리게 된다.

그 모순(대립의 통일)을 참인 동시에 필연으로 간주할 것인가 아니면 우연인 동시에 가상으로 간주할 것인가? 운동의 존재를 주장하는 것에 포함되는 '아킬레스와 거북이'와 같은 모순을 지적하여 운동・변화・다양의 존재를 부인한 제논은 아리스토텔레스*에

의해 변증법의 아버지로 간주되었다. 제논의 논리를 인정하는 동시에 운동의 존재를 인정하는 자는 "운동이 모순의 실재를 증명하고 있다"고 주장한다. 특히 맑스주의*는 운동의 예를 들어 '모순의 실재성'을 주장했다.

운동을 모순으로 설명함으로써 운동의 내재적인 원인을 보여줄 수 있다는 것이 맑스주의의 입장이 되었다.

"만물은 유전한다"고 말한 것으로 많은 사람들이 간주해온 헤라클레이토스는 "사람은 같은 강에 두 번 들어갈 수 없다"고 말한다. 그에 의하면 우주는 끊임없이 꺼지면서 타고 있는 불과 같은 것이다. 정지하여 존속하고 있는 사물도 실제로는 두 개의 대립하는 힘이 균형을 유지하고 있는 불안정한 상태에 있다. 헤겔*은 존재를 끊임없이 신진대사에 의해 자기를 외부로 발산시키는 동시에 자기를 회수하여 동일함을 유지하는 것이라고 파악하고 있다.

주렴계(周濂溪)의 「태극도설」에는 다음과 같은 말이 있다. "무극이면서 태극이다. 태극이 움직여 양을 낳고 움직임이 극에 달하면 고요해지고 그 고요함이 음을 낳는다. 고요함이 극에 달하면 다시 움직인다. 한 번 움직이고 한 번 고요한 것이 서로 뿌리가 되어 음으로 나뉘고 양으로 나뉘면서 양의(兩儀)가 서게 된다. …… 만물은 끊임없이 생성하며 변화는 다함이 없다." 이와 같은 근원이 되는 일자(一者)가 변용하여 만물이 된다는 사상에서는 언제나 대립을 그 속에 내포한 전체적인 것의 역동적인 자기 형성이라는 이야기가 된다.

근원이 되는 존재의 변용이라는 이야기에서는 "만물이 하나의 존재를 이루고 있다. 만물은 변화하면서 동일하다. 만물은 세계 모든 다양한 것으로 변용한다. 모든 변화는 운동과 정지, 양과 음, 건조함과 습함, 뜨거움과 차가움 등의 대립하는 상태로의 변화이다"라는 전제로부터 거의 불가피하게 근원 일자(一者)는 대립물의 통일로서 이해된다.

뉴턴 역학에서는 운동하는 물체는 외부로부터 힘이 가해지지 않는 한 원래 상태를 지속한다는 운동 원인의 외재성의 입장을 유지하고 있다. 헤겔은 뉴턴 역학을 질점(質點)의 요소주의로 이해하고 있었다. 모든 요소주의 · 원자론을 부정하는 최종적인 근거는 만물의 근원은 일자라는 점에 있다. 근원의 존재 그 자체에 운동의 내재 원인이 있다고 생각했다.

맑스주의와 '변증법' 개념과의 결합은 엥겔스*의 『반뒤링론』*에서 제시되고 있다. 엥겔스는 변증법을 "양적 변화의 질적 변화로의, 또한 그 역의 전화의 법칙", "대립물의 상호침투의 법칙", "부정의 부정의 법칙"이라는 세 가지 법칙으로 집약하고 있다. 유물론*이 뉴턴 역학의 수용을 포함하는 것이기 때문에, 또한 동시에 운동 원인의 내재성의 입장을 취하는 변증법이 가능한지 어떤지, 힘의 개념이 19세기 말에 이르러서도 아직 확립되지 않았던 탓도 있고 해서 만년의 엥겔스도 소박한 내재주의를 채용하는 데 머무르고 있다.
☞헤겔, 유물론적 역사관, 체계와 방법

㊟ ヘーゲル(加藤尚武 譯), 『自然哲學』, 岩波書店, 1999. M. ヤンマー(高橋毅 · 大槻義彦 譯), 『力の槪念』, 講談社, 1979.

—가토 히사타케(加藤尙武)

보나파르티즘 [(독) Bonapartismus (불) bonapartisme (영) bonapartism]

보나파르티즘은 맑스주의*의 용어 중에서도 상당히 특수한 위치를 차지하고 있다. 맑스 자신은 보나파르티즘이라는 용어를 사용하여 보나파르티즘을 논하고 있지는 않기 때문이다. 보나파르티즘이라는 용어와 개념은 주로 엥겔스*에 의한 맑스 해석의 텍스트에서 유래한다. 엥겔스의 보나파르티즘 개념을 요약하면, 부르주아지와 프롤레타리아트의 계급적 균형 위에 입각하는 과도기적 · 기만적인 정치권력이라는 것이 될 것이다. 이 개념은 20세기에 들어서서 한때 러시아와 일본의 근대의 특수한 권력구조 분석에 사용되면서 맑스주의 이론 안에서 독자적인 자리를 차지하게 된다. 따라서 보나파르티즘론이 역사적으로 일정한 역할을 수행했다는 것은 부정할 수 없다. 하지만 맑스와 맑스의 텍스트(특히 '프랑스 3부작'이라 불리는 『프랑스에서의 계급투쟁』*{1850}, 『루이 보나파르트의 브뤼메르 18일』*{1852}, 『프랑스 내전』*{1871})에 입각하여 새롭게 맑스를 19세기의 역사적 현실 속에 자리매김할 때 이와 같은 엥겔스적인 해석이 과연 올바른 것이었는가 하는 의문은 부인할 수 없을 것이다.

엥겔스와 엥겔스에 의거하는 보나파르티즘론의 근본적인 잘못은 아마도 1848년의 2월 혁명*으로부터 1852년의 루이 보나파르트*(나폴레옹 3세)의 등장에 이르는 동안에 일어난 맑스의 중요한 변화를 간과하고서 『루이 보나파르트의 브뤼메르 18일』을 『공산당 선언』*이나 『프랑스에서의 계급투쟁』의 연장선상에서 해석하고 말았다는 점에 있을 것이다. 그렇지만 '부르주아지와 프롤레타리아트의 계급투쟁'이나 '프롤레타리아트의 독재' 등이라는, 48년에 맑스가 품은 성급한 혁명의 환상은 루이 보나파르트의 등장에 의해 남김없이 분쇄되었다. 『루이 보나파르트의 브뤼메르 18일』의 문제 구성은 그때까지의 맑스의 저작과는 전혀 다른 새로운 것이었다. 거기서 새롭게 문제가 된 것은 50만 명의 군대와 50만 명의 관료를 갖고 있는 거대하고 정교한 국가기구, 프랑스 사회의 최대다수를 차지하지만 지금까지 정치의 표면에 떠오르지 못한 농민(분할지 농민), 나폴레옹의 조카라는 사실 이외에 아무런 권위도 당파적 기반도 지니지 못한 평범한 인물과의 투쟁에서 파괴되어 스스로 무너져가는 공화주의적 의회 등등이다. 맑스는 여기서 처음으로 근대의 국가장치의 전체와 정면으로 마주하고 그것을 보나파르티즘이라 불리는 현실 속에서 파악하고자 했던 것이다. 엥겔스적인 보나파르티즘론은 맑스의 국가론의 출발점이 되어야 할, 이론에서의 이러한 혁명적 전환을 덮어버리는 결과를 가져왔다. 하지만 맑스 자신도 그 이후 이 영역에서의 이론적 발전을 시도하지 않으며, 파리 코뮌*은 맑스를 다시금 혁명의 환상에 빠지게 하여 국가*의 최종 형태인 제2제정의 참된 반대물을 코뮌에서 발견하게 되었다. 그 결과 보나파르티즘론은 여전히 맑스 이론에서 미완성의 열려 있는 부분으로서 남겨져 있다. ☞제2제정기의 프랑스, 나폴레옹 3세, 『루이 보나파르트의 브뤼메르 18일』, 파리 코뮌

㊟ 河野健二 編, 『フランス・ブルジョア社會の成立』, 岩波書店, 1973. 西川長夫, 『フランスの近代とボナパルティズム』, 岩波書店, 1984. ジェフリー・メールマン(上村忠男・山本伸一 譯), 『革命と反復』, 太田出版, 1996.

－니시카와 나가오(西川長夫)

보른 [Stephan Simon Born 1824-98]

전독일노동자우애회의 지도자. 프로이센 행정구 포젠의 리사에서 유대인 중개인 마이어 부터밀히의 아들로 태어난다. 김나지움*에 다니지만 학자금이 계속되지 않아 15살에 진학을 단념하고 베를린*에서 식자공 수련을 쌓는다. 수련 중에 베를린 대학의 청강생으로서 문학을 공부한다. 수련 후에는 수공업자협회의 열렬한 회원이 된다. 1846년 파리*로 가서 F. 엥겔스*와 알게 되고 그의 권유로 의인동맹*에 가맹, 1847년에는 엥겔스의 대리로 공산주의자동맹* 대회에 출석하기 위해 런던*으로, 그 후에는 동맹의 임무로 리옹과 스위스에 파견되며, 나아가 브뤼셀*에서 맑스와 엥겔스의 『브뤼셀 독일인 신문』*의 발행을 돕는다. 1848년 3월 베를린으로 돌아오며, 거기서 단기간에 노동자운동의 조직자가 되어 '노동자를 위한 중앙위원회' 창설에 기여하고 이 위원회의 의장이 된다. 같은 해 8월 제1회 독일 노동자회의를 조직하며, 전독일노동자우애회가 창설되자 그 지도자가 되고 또한 기관지 『우애』의 편집에 종사했다. 중앙위원회가 라이프치히*에 설치됨과 동시에 보른도 그곳으로 옮겨갔다. 1849년 5월 3일, 드레스덴 봉기(→3월 혁명*) 때에 우연히 그곳에 있던 보른은 총을 들고 작센-프로이센군과 싸우며, 그 도중에 시민군의 사령관이 되어 드레스덴으로부터의 시민군의 퇴각을 지휘했다. 스위스로 망명한 뒤 취리히 대학에 입학하며, 졸업 후에는 김나지움 교사, 공업학교 교수 등을 거쳐 바젤 대학의 독일 및 프랑스 문학의 조교수가 되었다. 또한 민주주의적인 『바젤 보고』의 편집인으로서도 활동하며, 많은 저서를 남겼다. ☞노동자우애회

㊟ S. Born, *Erinnerungen eines Achtundvierzigers*, Berlin/Bonn

1978. 東畑隆介, 「シュテファン・ボルンとドイツ勞働運動」, 『史學』(慶應大學), 第32巻 第4号, 1960.

—무라카미 슌스케(村上俊介)

보른슈테트 [Adalbert von Bornstedt 1808-51]

『포어베르츠』[1]*와 『브뤼셀 독일인 신문』*의 경영자 겸 편집자. 프로이센의 스파이*라는 설도 있다. 『포어베르츠』와 관련해 1845년 2월 파리*에서 추방당해 브뤼셀*로 간다. 브뤼셀에서는 『브뤼셀 독일인 신문』을 발행하며, 맑스와 함께 1847년에 노동자협회를 설립하고 나아가 민주주의협회*의 설립에도 참가한다. 그러나 2월 혁명* 후 브뤼셀에서 추방당해 파리에서 헤르베크*와 함께 '독일인 군단'을 결성해 독일로 향한다. ☞『포어베르츠』[1], 『브뤼셀 독일인 신문』, 헤르베크, 뵈른슈타인, 민주주의협회, 1848년 혁명

참 K. Koszyk, “Adalbert von Bornstedt—Spitzel und Publizist”, in: *Publizistik*, No. 3, 1958.

—마토바 아키히로(的場昭弘)

보수주의 保守主義 [(독) Konservativismus]

19세기 전반기 독일에서 군주제 원리, 기독교 국가, 분방주의, 가부장적 원리에 기초하는 사회적 하층민의 보호를 근간으로 삼아 자유주의*·민주주의* 세력의 대두에 대항하여 나타난 사상·운동. 보수주의는 지역적으로는 프로이센에서 명확한 정치세력이 되었지만 남부독일과 서남독일에서는 사회운동으로서 민중들 사이에서 발판을 다지지 못했고 입헌주의적 협회나 가톨릭협회에 대한 참가라는 형태를 취했다.

1841년 빅토르 A. 후버가 그의 저서 『독일에서의 보수적 당파의 기본, 가능성, 필요성』에서 보수주의 프로그램을 제기한다. 그에 의하면 국민이 그 시대와 영원한 신성함을 위해 필요로 하는 모든 조건을 기독교 교회와 군주제 국가가 제공한다고 한다. 1848년의 혁명기, 프로이센 국민의회*에서의 우파 분파도 국왕의 절대적 거부권을 유지하는 데 소극적인 태도를 취하는 등 입헌주의* 틀 안에 있었기 때문에 보수파의 불만은 높아졌다. 자유주의자나 민주주의자가 협회* 조직을 기초로 하여 정치적 자기실현을 도모하고자 하는 움직임에 대응해 보수주의자들도 1848년 5월 이후, 특히 같은 해 후반에 협회 설립을 향해 움직이기 시작했다. 3월 혁명*의 이른바 '3월 요구'를 인정하면서도 일원제 의회를 거부하고 이원제 견지를 주장하는 온건한 '입헌왕제를 위한 애국협회', 그밖에 공화제에 강하게 반대하는 '입헌왕제를 위한 프로이센 협회', 보수파의 중앙당 조직으로 간주된 '왕국과 조국을 위한 협회', 혹은 농원 소유자를 주체로 하여 면세특권 폐지 반대를 계기로 설립된 정치성이 옅은 '토지 소유의 이익옹호와 모든 국민계급의 복지촉진을 위한 협회' 등이 있다. 1848년 말에는 약 2만 명의 회원들이 이들 협회에 조직되고, 1849년 봄에는 약 3배로 늘어난다. 회원 구성은 프로이센 내에서도 지역적으로 차이가 있는데, 모두 다 토지 소유자, 성직자, 군인, 관리, 상류층 시민이 높은 비율을 차지하긴 하지만 소도시나 농촌 등의 지방협회에서는 수공업 장인층에 더하여 하층 노동자들도 가담하고 있었다.

보수파를 위한 신문으로는 1848년 6월 16일부터 간행된 에른스트 폰 게를라흐가 주도하는 『신프로이센 신문』, 별칭 『십자신문』이 있는데, 당초의 3,000부에서 1849년 초에는 5,000부로 발행부수를 신장시키고 있다.

보수주의는 19세기 전반기에서의 기존의 사회적 관계들의 해체에 대한 위기의식에 대응하여, 특히 1848/49년 혁명기에 농업*·소영업의 전통적 관계가 견고한 프로이센에서 사회운동으로서 구체화할 수 있었다. 보수협회는 가부장적인 형식에 의한 사회적 빈곤의 해결을 프로그램에 포함시킴으로써 대중성을 어느 정도 획득했던 것이다. 이 시기의 보수주의에는 귀족적 요소에 대중적(중간 신분·농민) 요소가 더해지고, 비스마르크 시기*에는 이러한 양자의 균형이 유지되었다. 그러나 1890년대가 되면 기존의 귀족적 요소가 배경으로 물러나고, 민족적인 급진적 보수주의가 반유대주의를 수반하며 농촌지역에서 기반을 획득한다. ☞협회, 비스마르크 시기의 독일

[참] Wolfgang Schwentker, *Konservative Vereine und Revolution in Preußen 1848/49*, Düsseldorf 1988.

—무라카미 슌스케(村上俊介)

보험 保險 [(영) insurance]

보험은 추상적으로는 모든 사회에서 예기치 못한 우발적 사실(자연재해 등), 위험에서 발생하는 재생산 과정상의 혹은 구성원의 생활상의 장애, 어려움에 미리 대비하는 장치라고 말할 수 있겠지만, 이와 같은 우발적 사태가 초래하는 경제적 불이익이나 손해에 대해 미리 대비하는 방식·양식은 사회존속의 기초를 이루는 사회적 생산의 특수한 역사적 형태·구조에 따라 달라진다. 따라서 보험, 특히 제도로서의 그것은 역사적 관점에 서서 파악해야만 한다. 우발적 사실에 기초하는 불이익에 대한 경제적 준비가 화폐거래를 매개로 하는 준비형성이라는 특수한 역사적 형태를 취하여 근대 보험제도로서 보험이 사회적으로 확립되는 것은 자본주의 사회에서이다. 이 제도의 특수한 역사성은 사유재산제와 전면적 상품, 화폐경제를 근간으로 하는 자본주의 사회에서 예측 불가능한 우발적 위험에 대해 사회적, 공동적으로 대응하는 방식 대신에 구성원 개개인의 자기책임에 따른 대응이라는 원칙이 지배한다는 점에서 확인할 수 있다.

【Ⅰ】자본주의와 보험

자본주의 사회에서는 예측 불가능한 우발적 사실에 대비해 기업은 자본*의 재생산순환의 유지를 위해, 또한 개인은 그 가계의 안정적인 유지를 위해 화폐준비(준비금 적립, 저축)를 필요로 하지만, 그 본성상 발생시기, 발생원인, 손해의 정도 등을 미리 확정하기 어려운 우발적 위험에 대해서는 이와 같은 개별적 사전대응은 반드시 합리적인 것은 아니며, 오히려 다수의 경제 주체의 결합적 준비방식 쪽이 훨씬 효과적인 동시에 합리적이다. 후자의 경우 다수자의 준비 결합과 이른바 대수법칙이라는 통계 처리방법의 원용에 의해 보험 참가자 부담의 경감과 위험의 평준화가 가능해진다. 이것이 개별적으로 준비되는 준비금이나 저축자금을 보험료 형태로 집중하고 이를 기초로 하여 위험의 현실적 발생에 즈음하여 보험금을 지불하는 것을 업으로 삼는 독립적인 하나의 자본, 즉 보험자본의 등장을 가능케 하는 사정이다. 보험자본은 한편으로는 그 업무내용에서 보건대 분명히 보험료 형태로 준비금의 집중적 출납, 관리를 행하는 화폐취급 자본이지만, 동시에 그것은 자기에게 대량으로 집중된 화폐*를 이자 낳는 자본*으로서 자신의 권한과 책임으로 운용하여 이익을 올리기 위해 노력함으로써 금융기관의 일익을 담당하고 있다. 이 점에서 근대 이전의 상호부조의 공동적 시스템과 그 성격을 달리 하는 근대 보험제도의 고유한 특징을 확인할 수 있다.

【Ⅱ】각종 보험제도의 생성

근대 보험제도의 역사는 해상보험에 의해 그 막을 올리게 된다. 그렇긴 하지만 그 역사는 오래인데, 특히 중세 이탈리아의 항구도시에서 해상무역에 종사하고 언제나 예측 불가능한 위험에 노출되는 경향이 있는 상인들 사이에서 이른바 '모험대차' 등의 형식으로 이루어졌다고 전해지고 있지만, 근대적 해상보험은 롬바드 상인들을 매개로 하여 자본주의 생산의 고전적 무대가 된 영국에서 뿌리를 내리고 꽃을 피웠다. 영국의, 그리고 세계의 해상보험사에 그 이름을 남긴 것은 런던*의 커피점에서 시작된 해상보험 거래로, 그 중에서도 E. 로이드 커피점이 이채를 발하고 있었다. 로이드의 사망 뒤에도 거기에 모이는 보험업자들이 로이즈(Loyd's)라는 이름으로 영업을 계속했다. 이밖에도 18세기에는 두 개의 특허보험회사도 등장한다. 그러나 어느 것이든 이들 보험업이 본격적인 근대 해상보험제도로서 자립하는 것은 자본주의*라는 새로운 생산양식*이 17~18세기에 걸친 매뉴팩처 시대로부터 나아가 19세기의 산업혁명*을 거쳐 그 거대한 생산력에 의해 국내는 물론이거니와 세계시장*을 향해 방대한 상품*을 방출하기에 이르러서의 일이다. 세계시장을 제패한 영국을 중심으로 하는 해외무역의 세계적 전개는 그 거래에 불가피하게 수반되는 예측 불가능한 위험에 따른 손실보장을 떠맡는 근대 해상보험업의 확립에 길을 열었다. 로이즈를 중심으로 하는 해상보험업은

19세기 중엽에 걸친 영국 자본주의*의 확립과 궤를 같이 하여 자본주의 생산에 있어 결정적으로 중요한 산업의 일익을 담당하게 되었다.

근대 해상보험의 확립에 바로 뒤이어 화재보험이라는 새로운 보험제도가 등장한다. 해상보험의 근대화를 이끈 자본주의적 생산양식의 확립을 결정적으로 만든 기계제 대공업*이 전개하는 근대 공업도시에서의 대규모 공장들, 그것들이 갖추고 있는 고액의 고정자본 설비의 형성은 우발적 재해에 따른 그것들의 파손, 소실에 대한 보장을 떠맡는 자립적 자본기업의 성립을 필요로 하고 또 가능케 했다. 화재보험제도는 해상보험제도와 더불어 총체로서의 자본주의적 재생산의 운행에 불가결한 부문으로서의 지위를 확립해 간다.

나아가 앞의 두 보험에 이어서 생명보험이라는 새로운 보험제도가 그 역시 산업혁명의 진전, 따라서 자본주의 생산의 확립에 따라 생성, 발전해 간다. 기계제 대공업을 지탱하는 노동자계급은 그 노동력의 대가로서의 임금*을 유일한 생활수단으로 하는 까닭에 불시의 재해(자연적, 사회적)에 본인 스스로의 책임으로 대비해야만 한다. 전반적 사회보장제도의 성립이 이루지지 않은 단계에서는 특히 예측 불가능한 재해에 대한 사전의 화폐적 경제 준비는 매우 긴요한 일이 된다. 기본적으로 노동력의 재생산비에 한계를 안고 있는 노동자의 소득 내에서 상당한 사전적 화폐 준비를 부단히 준비하는 것이 대단히 어려운 상황 하에서 19세기 중엽 영국에서 소액의 정기 지불 간이보험제도가 자본기업에 의해 시작되었다. 기업보험으로부터 자본주의 생산에 전면적으로 포섭된 노동자를 중심으로 하는 대중*을 대상으로 한 가계보험제도의 창설에 이르러 사유재산제 하의 개인의 자기책임을 원칙으로 하는 사회에 적합한 보험제도가 이윤추구를 유일한 추진동기로 하는 자립적 보험자본에 의해 완성되기에 이른다. ☞산업혁명, 세계시장

참 水島一也, 『現代保險經濟 {第5版}』, 千倉書房, 1997. 印南博吉, 『新訂 · 保險經濟』, 白桃書房, 1967. 庭田範秋, 『保險經濟學序說』, 慶應通信, 1960.

—다카야마 미쓰루(高山 滿)

본 [Bonn]

맑스가 학생 시절을 보낸 도시. 맑스는 1835년 10월 13일 트리어*를 떠나 14일 본에 도착한다. 그곳의 본 대학, 즉 프리드리히 빌헬름 대학에 입학하여 겨울학기에 6과목, 여름학기에 4과목, 총 10과목의 강의에 등록한다. 당시의 본 대학에는 F. G. 벨커, W. 슐레겔 등 저명한 교수들이 있었는데, 맑스는 벨커의 로마 그리스 신화학, 슐레겔의 호메로스론 등을 청강했다. 1836년 8월 22일의 베를린 대학으로의 전학증명서에는 "소란과 만취에 따른 1일의 금고"와 "쾰른*에서 금지되고 있는 무기 휴대"라는 주의항목이 기재되어 있다. 본 대학에서는 '트리어 향토단체'에 가입해 있었다. 트리어의 향토단체는 마르크트 광장에 있는 '룰란트(Ruland)'에서 집회를 열고 있었는데, 이러한 단체에서의 활동이 주의항목의 원인이 되었다. 본 교외의 버드 고데스베르크의 선술집 '바이센 로스(Weissen Ross)'에서의 트리어 향토단체 집회의 리트그라프 속에 그려져 있는 맑스의 초상은 맑스의 가장 젊었을 때의 모습이다. 그러나 부친 하인리히*는 이러한 맑스의 위험한 행동을 걱정해서 그 자신도 청강한 적이 있는 베를린 대학으로 전학시켰다.

맑스는 1841년 7월 베를린 대학을 졸업하자 브루노 바우어*를 의지해 본 대학에서의 사강사 자리를 찾아 다시 본으로 온다. 그 일이 뜻대로 되지 않자 쾰른의 『라인 신문』*의 편집 일을 얻지만, 1842년까지 본에 거주하고 있었다. ☞맑스(하인리히), 바우어[1](브루노), 낭만파, 베를린

참 E. Gockel, *Karl Marx in Bonn*, Bonn 1989.

—마토바 아키히로(的場昭弘)

본원적 축적 本源的蓄積 [(독) ursprüngliche Akkumulation (영) primitive accumulation (불) accumulation primitive]

【Ⅰ】 개념

자본*의 본원적 축적이란 자본 '관계'의 본원적인 축적을 의미하며, 원시적 축적(원축)이라고도 일컫는다. (1) 시동 원축, (2) 가속 원축, (3) 추가 원축의 과정을

통해 자본가적 생산양식의 형성에 필요한 물적인 요소들, 곧 (4) 자금 원축—(5) 노동력 원축과, 제도적인 접합양식, 곧 (6) 폭력 원축—(7) 조용한 원축, (8) 국가 원축—(9) 민간 원축, (10) 체계 원축—(11) 산발 원축, (12) 국내 원축—(13) 대외 원축(세계 원축)의 접합과정을 의미하는 이행기의 역사이론적 개념이다. 스미스* 의 『국부론』의 선행적 축적론과 티에르의 『소유론』에서는 이른바 본원적 축적이란 단순한 생산자와 생산수단의 분리를 의미하는 데 지나지 않는다. 그들은 원축의 폭력적 계기를 간과했다. 맑스는 이 개념의 적용을 서구에 한정하여 역사적 사회 시스템으로서의 자본가적 생산양식을 창출하는 고유한 개념으로서 『자본』* 에서 재편성한다. 맑스의 시대에서조차 이미 약 400년에 이르는 원축의 역사의 총체를 해명하는 것은 곤란한 작업이다. 그러나 본원적 축적론의 진수는 원축을 종교사에서 말하는 '원죄'와 마찬가지로 인류사에 있어 가혹하긴 하지만 장래의 시민적인 게젤샤프트의 구축을 위해서는 반드시 통과해야만 하는 '필연적인 통과점'으로서 엄연히 존재케 한다는 점에 놓여 있다.

【Ⅱ】 본원적 축적론의 계보

(1) 『요강』*의 본원적 축적론은 가치법칙*에 기초하는 시민적 원축의 계보를 기축으로 한다. '자기 노동에 기초하는 소유*'를 체현하는 직접적 생산자가 임금노동자*와 자본가로 양극 분해되고 자본가적 생산양식에서 전자는 후자에게 노동력 상품으로서 착취*·소외*되지만, 이 연옥을 경과함으로써만 자유로운 노동주체의 개인적 소유가 높은 차원에서 부활한다는 '전망의 소외론'이라는 시각에 선다. 맑스의 본원적 축적론은 스미스와는 달리 자본가적 생산양식의 역사적 개체성을 논증한다.

(2) 『1861-63년 초고』의 본원적 축적론은 시민적 생산양식을 개념화하며, 역사이론적 전유법칙의 반전론의 배경에 시민적 생산양식으로부터 자본가적 생산양식으로의 전회가 존재한다는 사실을 지적한다. 동시에 근대적 토지 소유를 "봉건적인 것"[초6:217]이라고 말한다. 자본가적 생산양식에 의한 봉건적 생산양식의 접합에서 '생산양식*의 접합' 이론의 착상을 읽어낼 수 있다.

(3) 『자본』의 본원적 축적론은 『요강』의 소외론 시각을 답습하지만, 동시에 비시민적 원축의 국면들을 전면에 내세운다. 중핵 자본은 가속·추가 원축에서 선자본가적·비자본가적 생산양식들을 접합하면서 세계자본주의 시스템으로서의 구조를 구축하는데, 이러한 세계 원축의 역사적 사실의 전개에 중점을 두고 있다.

【Ⅲ】 본원적 축적의 역사·구조이론

(1) 시원으로서의 본원적 축적. 본원적 축적을 구성하는 필수 요소는 노동력 원축과 자금 원축이다. 원축론은 이 양대 요소를 서구의 중세 말기로부터 시작되는 봉건사회 내부의 농민층의 임금노동자와 자본가로의 양극분해에서 구한다. "이 농업혁명의 순수한 경제적 동기"[23b:944], 즉 자연성장적인 '조용한 원축'이야말로 원시적 축적 과정을 관통하는 기본선이며 여기에서 자본가적 생산양식에 필수적인 두 요소가 준비된다고 본다. 전유법칙의 반전론의 실재적 기저에는 이러한 조용한 원축, 즉 '시민적 시동 원축'의 역사이론이 있으며, 특히 『요강』은 전유법칙의 반전*과 본원적 축적이 상호 보완적인 관계에 있음을 강조하는 구성으로 이루어져 있다.

(2) 현대 원축으로서의 세계 원축. 19세기를 살아간 맑스에게 있어 동시대의 서구 주요 나라들의 자본에 의한 세계적 규모의 현대 원축은 눈앞의 사실이었다. "미국에서의 금은 산지의 발견, 원주민의 절멸·노예화·광산으로의 몰아넣음, 동인도에서의 정복과 약탈의 시작, 아프리카의 상업적 흑인 수렵장으로의 전화, …… 이러한 목가적 과정들이 본원적 축적의 주요한 계기들이다. 그것들 뒤에 이어지며 일어난 것이 지구를 무대로 하는 유럽 국가들 간의 상업전쟁이며, 그것은 …… 중국에 대한 아편전쟁 등등의 형태로 지금도 계속해서 이루어지고 있다"[23b:980]. 『자본』 제1부 프랑스어 초판(1872)의 원시적 축적론은 본래적 축적과 접합된 동시대의 현대 원축의 수행과정을 비시민적인 세계 원축으로서 기술하고 있다. 1688년의 명예혁명에 의해 성립한 새로운 지주계급과 대(大)무역상인

계층의 중상주의적 연합정권은 '체계적 정책 원축'을 감행하고, 선자본가적 · 비자본가적 생산양식들을 접합하여 세계적 규모의 가속 원축을 시작한다. 산업혁명*을 경유하여 18세기 후반부터 19세기 초두에 걸쳐 기계제 대공업*이 성립하는데, 그 성립에 따라 원재료의 확보와 시장*의 개발에 더욱 박차를 가함으로써 가속 원축에서 추가 원축의 단계로 달려 나간다.

맑스의 원시적 축적론은 봉건적 사회구성체의 내부에서 태생한 시민적 생산양식이 자본가적 생산양식으로 자기전회(시동 원축)하고, 이 자본가적 생산양식이 역사적 · 공간적 기원을 각각 달리하는 원시적 축적 요소들을 원축 정책들의 대상으로서 활용하기 위해 선자본가적 · 비자본가적 생산양식들을 접합(현대세계 원축)하면서 세계자본주의 시스템으로 전개되는 전체 구조를 보여주고 있다.

【Ⅳ】 현대 원시적 축적론의 역사이론적 의의

원시적 축적이란 자본의 전사에 시동 원축으로서만 존재하는 것이 아니다. 그것은 자본가적 축적과 병행해서 각각의 동시대에 현대 원축으로서 동시에 존재한다. 자본가적 생산양식은 본래적으로 봉건적 생산양식을 비롯해 선자본가적 · 비자본가적 생산양식들을 온존 접합하면서 수탈하고 그로부터 가치*를 이전하는 메커니즘을 갖추고 있다. 맑스의 원시적 축적론은 중핵 자본의 생성과 그것이 세계자본주의 시스템으로 전개되는 시동 · 가속 · 추가 · 현대 원축의 원시적 축적의 역사 총체를 중핵 자본에 의한 '생산양식의 접합'으로서 분석하고 앞서 언급한 '생산양식 간 가치이전이론'(모치즈키 세이지望月清司)의 맹아를 개발했다. 이 두 개의 분석 장치는 현대의 세계자본주의 시스템의 역사 · 구조분석에도 유효하다. ☞생산양식, 이행논쟁, 인클로저, 노예제{노예무역}

㊂ 望月清司, 『マルクス歴史理論の研究』, 岩波書店, 1973. 同, 「本源的蓄積論の視野と視軸」, 『思想』, 1982年 5月号. 同, 「第三世界研究と本原的蓄積論—マルクス原蓄論活性化の試み」, 『經濟評論』, 1981年 12月号.

―다카하시 마코토(高橋 誠)

본질과 현상 本質—現象 [(독) Wesen und Erscheinung]

맑스가 '본질과 현상'을 존재론적 개념으로서 사용할 때에는 헤겔*의 용법이 전제되어 있다. 헤겔의 논리학에서 '본질'이란 '존재(Sein)'와 '개념(Begriff)' 사이에 놓인 영역이며, '매개' 혹은 '관계'의 존재양식을 나타낸다. 본질은 변전하는 직접적인 '존재'의 자립성을 부정하여 자기의 관계항으로 만들고, 그것들의 존재 근거가 되어 있는 통일이다. 그러나 그 부정 방식은 그것들을 자기의 계기로 떨어뜨리고 있는, 참으로 자립적인 주체인 '개념'의 경우와는 달리 아직 직접적인 것과의 상관관계에 머문다. 따라서 본질 쪽도 직접적인 것의 존재를 자신의 존재 근거로서 전제하고 있는 것이며, 직접적인 것은 관계항의 한쪽으로서 본질과는 구별된 자립적인 형태를 유지하면서 본질 전체의 하나의 계기가 되어 본질을 전제하고 있다. 이와 같은 동적인 상호 부정=상호 전제=상호 매개적인 상관적 통일의 관계 전체를 나타내는 존재양식이 '본질'이며, 그 운동을 헤겔은 '반성(Reflexion)'이라 부른다. 그리고 '현상'이란 내적인 통일인 본질에 상관적인 타자가 통일을 결여한 다양한 형태를 취하여 실재 세계 속에 나타난 것을 가리킨다. 따라서 본질과 현상은 반성 개념이고, 본질이란 현상의 총체를 나타내며, 현상이란 본질의 한정된 형태들을 나타내고 있다.

맑스는 본질과 현상이라는 말을 헤겔을 따라 자각적으로 이러한 반성 개념으로서 사용하고 있는데, 그가 많이 사용하는 '현상 형태'라는 말에는 반드시 그것의 존재 근거로서의 타자가 제시되고 있으며, 또한 과학*의 임무로서 사물의 본질과 현상 형태의 일치를 요구하는 발언[『자본』, 25a:391, 25b:1047] 등은 실증주의적인 의미가 아니라 양자가 헤겔이 말하는 반성 개념이라는 것을 염두에 두고 이해해야만 한다.

문제가 되는 것은 이를 방법론적 개념으로서 파악할 때이다. 종래의 맑스주의*는 한편으로는 실증주의를, 다른 한편으로는 이를 비판하는 현상학을 채용한다. 전자는 현상-본질 관계를 현상을 분석해서 본질로 환원하는 인식 절차론으로 파악하며, 후자는 그것을 존재론적으로 파악하지만 주관 내에서의 양자의 상관

관계를 문제로 삼는 데 머무르는데, 어느 것이든 현상–본질론의 틀 내에서의 맑스 해석이다. 이에 반해 맑스의 방법은 헤겔로부터 받아들인 '개념 파악(Begreifen)'이다. 그는 예를 들어 신용제도 현상을 그 본질로 환원하여 그 상관관계를 드러내는 것이 아니다. 신용제도를 자본*에 매개하여 그것이 자본의 형태임을 보여주고, 자본은 생산관계에, 생산관계는 자연사에 매개하는 식으로 개별적인 것이 주체로서의, 즉 보다 보편적인 것의 매개 형태라는 것을 사회존재의 존재방식으로서 서술하는 것이다. 따라서 지금까지의 통설에 반해 맑스가 자각적으로 개념 파악의 방법을 취하고 있다는 것을 재검토할 필요가 있다. ☞헤겔 논리학, 변증법, 인과성

囹 見田石介,『科學論と弁証法』(見田石介著作集 第2巻), 大月書店, 1976. 岩崎允胤・宮原將平,『現代自然科學と唯物弁証法』, 大月書店, 1972. 有井行夫,「マルクスの<實踐的唯物論>と<概念的把握>と<方法>」, 駒澤大學經濟學會,『經濟學論集』, 第28巻 第3・4 합병호, 1997.

–구로사키 쓰요시(黑崎 剛)

볼프[1] [Wilhelm Wolff 1809-64]

맑스와 엥겔스를 *1846년에 브뤼셀에서 알게 된 이후로 평생의 친구로 지낸다. 별명은 볼프(늑대)의 라틴어 루푸스(Lupus). 독일 브레슬라우의 세습예농 출신의 가정교사・저널리스트, 브뤼셀 통신위원회 위원・공산주의자동맹*원・『신라인 신문』* 편집위원・프랑크푸르트 국민의회* 브레슬라우 출신 의원. 페르디난트 볼프*는 남동생. 1851년, 런던*으로 망명*, 1854년에 엥겔스가 있는 맨체스터*로 이주하여 사망할 때까지 거기에 거주했다. 저서『슐레지엔의 10억』(1849)에서 토지귀족의 하인・일용직 노동자에 대한 반봉건적 지배와 근대적 경영의 접합에 대해 기술했다.

맑스는 1867년『자본』* 독일어판 제1권을 볼프에게 바쳤다. 거기에는 다음과 같은 사정이 있다. 1863년, 엥겔스는 내연의 여인 메리 번스*의 죽음을 맑스에게 편지로 전했다. 맑스는 답장에서 엥겔스에게 간단한 위로의 말을 전한 후, 생활비를 둘러싼 부인 예니*와의 다툼을 언급하면서 얼마 전에 받은 돈은 이미 다 썼다며 금전적인 지원을 부탁했다. 엥겔스는 이 답신을 메리의 시신이 아직 매장되지 않았을 때 받았는데, 맑스에게 보낸 답장에서 메리의 사망을 "자네의 냉정한 사고양식이 뛰어나다는 것을 주장하는 좋은 기회였네"라며 비판했다[30:251]. 맑스는 잠시 시간을 두고 엥겔스에게 사과의 편지를 보냈는데, 거기서도 맑스가*의 경제적 어려움을 상세히 언급하고 개인파산 선언을 할 생각이라든가, 어려움을 엥겔스에게 충분히 알리지 않았다며 부인이 자신에게 따졌다는 일 등을 적어 "아내는 내가 모르는 사이에 직접적인 생활필수품을 위해 루푸스에게 1파운드를 부탁했고, 그는 그녀에게 2파운드를 송금해줬네. 내게 이 사실은 불쾌하지만 사실은 사실이네"라는 불만을 엥겔스에게 토로했다[같은 책:253-254]. 엥겔스는 맑스에게 100파운드의 어음을 보내고 "나한테 송금은 너무 기대하지 말게"라고 부탁했다. 맑스는 곧바로 서간으로 엥겔스에게 "내면의 법정"에서 고민했다고 고백했다. 20일간의 침묵 끝에 맑스가 먼저 나서서 둘은 화해한다.

맑스는 이 무렵부터 볼프의 건강을 염려하여 엥겔스에게 보내는 편지에서는 거의 매번 "루푸스에게 안부 전해주게"라고 쓴다. 볼프는 뇌충혈로 1864년 5월 9일 사망한다. 맑스는 볼프의 장례식을 위해 머물고 있던 맨체스터에서 부인에게 볼프가 맑스 가에 많은 유산을 남겼다고 알렸다. 볼프는 유언에서 성실히 모아둔 재산의 대부분, 즉 600파운드 내지 700파운드(루벨의 추산으로는 800파운드)와 장서 등을 맑스 가에 남겼다[30:531]. 이 유산은 당시의 노동자 임금의 약 30년분에 해당된다. 맑스는 장례식에서 마음이 떨려 목소리를 다잡아 조사를 했다고 부인에게 썼다[같은 책:532]. 이 유산으로 비로소 맑스 일가는 경제적 어려움과 빚으로부터 해방되었다. 맑스의 부인은 어느 한 편지에서 볼프를 "우리의 너무나 사랑하는 볼프"라고 불렀다[같은 책:558]. 엥겔스는 맑스에게 볼프의 전기를 쓰자고 제안했다. 맑스는 볼프의 전기를 준비했지만 결국 쓰지 않았다. 그 대신『자본』독일어판 제1권을

볼프에게 바쳐 맑스 일가에 대한 볼프의 유지에 깊은 감사의 뜻을 표시했다고 생각된다. 엥겔스가 1876년에 전기 『빌헬름 볼프』[19:55-96]를 집필했다. ☞맑스 가, 맑스(예니), 번스 자매, 빅토리아기의 영국 중산계급의 생활, 볼프[2], 슐레지엔의 직조공 폭동

참 内田義彦,『資本論の世界』, 岩波新書, 1966. M. Rubel / M. Manale, *Marx without myth*, Oxford 1975. W. Schmidt, *Wilhelm Wolff, sein Zug zum Kommunisten, 1809-1840*, Berlin 1963.

－우치다 히로시(内田 弘)

볼프[2] [Ferdinand Wolff (der rote Wolff) 1812-95]

1846년 이후부터 1850년대 초반까지 맑스와 행동을 함께 한 활동가, 통칭 '빨간 볼프'. 브뤼셀 공산주의 통신위원회*, 공산주의자동맹*, 『신라인 신문』* 편집 등으로 활약하고, 각종 성명에서 맑스와 연명으로 서명했다. 독일혁명 후에도 런던*에서 맑스와 함께 있었고, 예니 맑스*로부터도 '빨간 볼프'라 불리며 친밀한 관계에 있었다. 제1인터내셔널에서도 맑스와 함께 위원이 된다. ☞공산주의 통신위원회, 공산주의자동맹, 『신라인 신문』

참 F. メーリング(足利末男 外 譯),『ドイツ社會民主主義史』, ミネルヴァ書房, 1968-69. W. Schmidt, *Ferdinand Wolff, Zur Biographie eines kommunistischen Journalisten an der Seite von Marx und Engels 1848/49*. Berlin 1983.

－이시즈카 마사히데(石塚正英)

뵈르네 [Ludwig Börne (유년기 이름 Juda Löw Baruch) 1786-1837]

독일의 작가・저널리스트. 부유한 유대인 상인의 아들로 프랑크푸르트의 게토에서 태어난다. 먼저 가정교사에게서, 이어서 1800년부터 기센의 기숙학교에서 교육*을 받는다. 2년 후 의학을 공부하기 위해 베를린*의 마르쿠스 헤르츠 밑에 들어간다. 나폴레옹 점령하에서 독일의 유대인에게도 평등한 시민권이 부여됨으로써 관리가 되는 길이 열려 의학을 단념하고 부친의 주선으로 프랑크푸르트 시의 경찰 서기가 되지만 프랑스의 왕정복고로 휴직한다. 이 무렵 일생 동안의 정신적인 반려인 자네테 볼과 만나게 된다. 1818년 기독교*로 개종. 같은 해 잡지 『저울』(*Die Waage*)을 창간하여 저널리스트가 되며, 이 잡지 등에 문학과 연극 등의 평론을 발표한다. 칼스바트 결의 이후 언론탄압이 강화되어 뵈르네의 잡지도 발행이 불가능해진다. 이 사이에 수차례 파리*로 도주. 1824년 무렵부터 폐결핵에 걸려 평생 고통을 받게 된다. 1830년 7월 혁명* 후 파리로 직행한다. 파리의 정경을 『파리 소식』(1831-34)으로 정리해 간행, 대표작이 된다. 이 책에서는 혁명*을 칭송하면서도 일찌감치 7월 왕정의 본질을 간파하고 신랄한 글을 쓴다. 반체제파로부터 열광적인 환영을 받아 독일 자유주의파의 총아가 된다. 이 무렵 같은 출신과 비슷한 과정을 거쳐 파리*에 온 하이네*와 친교를 맺지만 얼마 지나지 않아 적대적인 관계에 들어갔다. 뵈르네는 하이네의 『프랑스의 상태』를 신랄하게 비평했다. 만년에는 프랑스어 잡지를 간행하여 코즈모폴리턴의 관점에서 독일과 프랑스 양국의 정신적인 교류를 촉진한다. 멘첼로부터 반유대적인 비방을 받으며, 최후의 저작인 『프랑스인 식충이 멘첼』에서 반격했다. 사망 후 페르 라셰즈 묘지에 매장되었다. ☞청년독일파, 하이네

참 I. u. P. Rippmann (hrsg.), *Ludwig Börne Sämtliche Schriften*, Düsseldorf/Darmstadt 1964-68. Walter Hinderer, "Ludwig Börne", in: *Deutsche Dichter. Bd. 5 Romantik, Biedermeier und Vormärz*, Stuttgart 1989. 木庭宏,『ハイネとベルネ―ドイツ市民社會の門口で』, 松籟社, 1996. ベルネ(道家忠道 譯),『パリだより』, 日本評論社, 1949.

－다카기 후미오(高木文夫)

뵈른슈타인 [Heinrich Börnstein 1805-92]

『포어베르츠』[1*](1844)의 경영자 겸 편집자. 1842년 극단의 단장으로서 파리*에 온다. 거기서 파리의 연극이나 음악에 대한 기사를 독일의 신문에 보낸다. 동생과 함께 '독일을 위한 출판, 커미션의 중앙 뷰로'라는 통신사를 파리에서 창립한다. 이 회사는 1844년 파리박

람회를 위한 여행대리업까지 하고 있었다. 마이어베어의 자금으로 『포어베르츠』를 만들고, 독일인 구제협회 일도 인수했다. ☞교통/통신, 『포어베르츠』[1], 베르나이스, 보른슈테트

[참] H. Börnstein, *Fünfundsiebzig Jahre in der Alten und Neuen Welt. Memoiren eines Unbedeutenden*, Leipzig 1881.

—마토바 아키히로(的場昭弘)

뵘바베르크 [Eugen von Böhm-Bawerk 1851-1914]

오스트리아학파의 경제학자, 재무부 관료. 칼 멩거의 주관가치론을 다른 시점 사이로 확장한 시차설과 우회생산의 잉여수익성(자본의 물적 생산성)을 전제로 한 생산기간 모델(주저 『자본 및 자본이자』의 제2부 「자본의 적극이론」{*Positive Theorie des Kapitales*, 1889} 최종장)에 의해 근대경제학사에 이름을 남김과 동시에 맑스 비판으로도 유명하다.

그 비판의 논점은 노동가치설 비판과 더불어 주로 두 가지다. 첫째, 『맑스 체계의 종결』(*Zum Abschluß der Marxschen System*, 1896)에서 전개된 논점으로, 『자본』* 제1권의 가치법칙*과 엥겔스*에 의해 공표된 제3권의 생산가격*의 형성론과의 사이에 존재하는 모순을 지적하는 것이었다. 이는 2년 후에 영역되어 힐퍼딩과 보르트키에비치의 반론 뒤 잠시 잊혀 있었지만, 스위지에 의한 재편집(*Karl Marx and the Close of his System*, 1949)을 계기로 전형(轉形)문제의 출발점으로서 언제나 참조되기에 이른다. 두 번째 논점은 뵘바베르크의 주저 제1부 「자본이자론의 역사와 비판」(*Geschichte und Kritik der Kapitalzins-Theorien*, 1884)의 '착취론' 장에서 전개되었다. 그것은 임금 지불 시점과 그 노동 성과인 상품*이 가치 실현하는 시점과의 시차를 고려해야만 한다고 주장하는 것이었다.

세 번째의 재무장관(1900-04)을 사임하고 빈 대학으로 돌아와 주재한 뵘바베르크의 세미나는 슘페터, 오토 바우어, 미제스, 레데러 등이 참가하여 오스트리아 한계효용학파와 오스트리아 맑스주의자들의 좋은 토론의 장이었다. ☞가치법칙, 가격

[참] Shigeki Tomo, *Eugen von Böhm-Bawerk: Ein großer österreichischer Nationalökonom zwischen Theorie und Praxis*, Metropolis Verlag 1994. ベーム=バベルク(本木幸造 譯), 『マルクス體系の終結』, 未來社, 1969. R. ヒルファディング(玉野井芳郎・石垣博美 譯), 『ヒルファディング マルクス經濟學研究』, 法政大學出版局, 1955. 八木紀一郎, 『オーストリア經濟思想史研究—中歐帝國と經濟學者』, 名古屋大學出版會, 1988.

—도모 시게키(塘 茂樹)

부오나로티 [Filippo Michele Buonarroti 1761-1837]

양친 모두 귀족 가계로 예술가 미켈란젤로 동생의 후예. 21세에 피사 대학 법학부를 졸업. 루소*, 모렐리, 마블리, 엘베시우스, 몽테스키외의 사상적 영향을 받는다. 프랑스 혁명*에 공명하여 1790년 피사를 뛰쳐나와 코르시카 섬으로 건너간 뒤, 로베스피에르의 인격과 정책에 심취하여 93년 프랑스에 귀화한다. 테르미도르의 반동 후, 1795년 3월에 체포되어 9월까지 플레시에 투옥된다. 그곳에서 바뵈프와 만나 평등파의 음모에 가담한다.

음모가 발각된 후 처형은 면했으나 쉘부르, 프레섬, 오레롱 섬에 유형. 그 후에도 부오나로티는 유럽적 규모에서 혁명운동을 계속한다. 1828년에는 브뤼셀*에서 『바뵈프의 이른바 평등을 위한 음모』(*Conspiration pour l'égalité dite de Babeuf*)를 출판하여 바뵈프의 사상을 세상에 알렸다. 그의 활동 수단은 '완전지고한 지도자들', '세계', '이탈리아 해방자 평의회' 등의 비밀결사*였다. 특히 1830년대의 '개혁 카르보네리아', '참된 이탈리아인 협회'는 파리*를 중심으로 하는 그의 가장 중요한 비밀결사였다. 그의 궁극 목표는 평등사회의 실현이며 그 수단은 철저한 혁명독재였다. 그러나 평등사회의 실현이라는 결사의 궁극 목적을 알 수 있는 것은 부오나로티가 심취해 있던 로베스피에르와 같은 최고위의 자리에 있는 고결한 인물뿐이었다. 따라서 부오나로티의 혁명독재는 맑스의 프롤레타리아트 독재*와는 이질적인 소수의 엘리트 독재이다. 이 개념은 블랑키*에게 비판적으로 계승된다. ☞바뵈프주의, 프

롤레타리아트 독재, 프랑스 혁명, 마치니, 블랑키[1]

㉾ Armando Saitta, *Filippo Buonarroti*, 2Vol., Roma 1972. Elizabeth L. Eisenstein, *The First Professional Revolutionist, Filippo Michele Buonarroti (1761-1837)*, 1959.

–구로스 준이치로(黑須純一郎)

「부퍼탈 통신—通信」 ["Briefe aus dem Wuppertal", 1839]

엥겔스*가 오스발트(Oswald)라는 이름으로 1839년 『텔레그라프 퓌어 도이칠란트』*에 게재한 처녀 논문. 엥겔스는 이 논문에서 당시의 부퍼탈(당시는 엘버펠트*와 바르멘*이라는 두 개의 마을. 현재는 부퍼탈로서 하나의 도시가 되었다)과 종교*와의 관계, 노동자의 빈곤과의 관계, 교육*과의 관계라는 세 가지를 논했다. 논술 방법은 『영국 노동자계급의 상태』*와 유사하다.

종교와의 관계에서는 크룸마허의 사상이 비판된다. 즉 모든 것이 신의 뜻대로 이루어진다는 예정설이 비판되는 것이다. 엥겔스는 경건주의적인 가정에서 자랐지만, 학교 교육을 받으면서 점차 비판적으로 되고 있었다. 다만 조부가 건설한 교회에 관해서는 높이 평가한다. 학교 교육에 관해서는 특히 엥겔스 자신이 다닌 엘버펠트의 김나지움*과 바르멘의 레알슐레를 높이 평가하고 있다. 평가의 이유는 종교색이 엷고 프랑스어 등의 실천 교육을 가르친다는 점에 있었다. 엥겔스는 이 지역의 노동자를 이미 프롤레타리아트라 말하고 있지만, 실제로는 직인들이 많았다. 또한 노동자에게 폐병이 많은 원인으로 음주를 들고 있는데, 본래의 원인인 지나치게 혹독한 노동과 저임금에 대해서는 언급하지 않는다. 비판적 논점에서는 『상태』 쪽이 더 날카롭지만, 엥겔스의 고향에 대한 생각을 살펴보는 데서, 또한 그 이후로 사회비판에 대한 눈이 열렸다는 점에서 주목해야 할 작품이다. ☞『텔레그라프 퓌어 도이칠란트』, 엘버펠트, 『영국 노동자계급의 상태』, 엥겔스, 바르멘

㉾ 的場昭弘, 「ヴッパータールとエンゲルス」, 石塚正英・柴田隆行・的場昭弘・村上俊介 編, 『都市と思想家 II』 수록, 法政大學出版局, 1996.

–마토바 아키히로(的場昭弘)

『북방의 빛北方—』 [*Das Nordlicht*, 1835]

청년독일파*의 K. 크라츠와 G. 에어하르트가 스위스에서 편집한 공화주의적 잡지. 독일 통일을 지향하는 망명 지식인・수공업 직인들에 의해 1835년 1월부터 9월까지 3호가 발행되었다. 그 사상적 기조는 군주를 부정한 공동체(Gemeinde) 자치론에 있는데, 이것은 바덴의 자유주의자 로텍의 발상과 공통된 것이다. 그러나 로텍과 같이 의회주의에 의한 개혁이 아니라 급진적인 혁명*을 요구했다. ☞서남독일 자유주의

㉾ 石塚正英, 『三月前期の急進主義—青年ヘーゲル派と義人同盟に關する社會思想史的研究』, 長崎出版, 1983.

–이시즈카 마사히데(石塚正英)

분업分業 [(영) division of labour (독) Teilung der Arbeit]

【Ⅰ】 편성 원리로서의 분업

분업이란 일반적으로 '노동*의 분할'을 의미하지만, 분할된 노동은 접합되어 생산물을 산출하기 때문에 분업이란 사회 전체가 필요로 하는 총노동을 '접합지(Glied)'[23a:141]로 분절화하고 접합하는 것을 의미한다. 노동의 분절화–접합은 (1) 노동의 기술적인 분절화–접합에 의한 분업(기술적 분업)이 있는 작업장에서 이루어지는 경우, 즉 '작업장 내 분업'과, 기술적 분업을 기초로 하여 상품관계로 분절화–접합되는 분업, 즉 '사회적 분업'이 있다. 자본주의 경제에서는 이 두 가지 분업은 기본적으로 개별자본이 조직한다. 개별자본 내부의 '작업장 내 분업'은 '자본 내 분업'이며 개별자본 간의 상품관계에 매개되는 '사회적 분업'은 '자본 간 분업'(산업의 개별자본에 의한 부문 분할)이다.

『자본』* 제1권 제12장에서 일반적 분업(농업*・공업・상업 등)・특수적 분업(각 산업 내부의 분업)・개별적 분업(작업장 내 분업)의 구분에 대해 언급하지만 (23a:460-461), 자본 내 분업과 자본 간 분업이야말로 맑스의 분업의 기본범주이다. 자본 간 분업에서의 가

격・비가격 경쟁은 제품 개발・소재 에너지 개량・노동생산성 상승・생산비 삭감・노동자 훈련-교육(나아가 현대에서는 연구개발) 등을 촉진하고 자본 내 분업・자본 간 분업을 재편한다. 기술적 분업을 기초로 이윤 원리에 이끌려 다른 개별자본을 흡수한다든지 개별자본 자체를 분할함으로써 자본 내 분업과 자본 간 분업은 상호적으로 전화한다.

『자본』이 거론하는 자본 내 분업의 생산요인은 협업・분업・기계*라는 세 가지다. 다른 개별자본의 세 가지 요인에는 자본 간 분업을 통해 접합한다. 자본 내 분업의 세 가지 요인은 『철학의 빈곤』*[4:157-158]에서 '결집(réunion)-분업-기계'로 파악되고, 『요강』*[초2:297]에서 '협업-분업-기계'로 분석되었다. 협업은 자본*이 조직한 숙련노동자가 일정한 작업장에서 동일한 일련의 작업을 병행해서 떠맡는 가장 단순한 공동노동(병렬분업)이다. 협업에서 인간*은 사회적 본성(연대의식・경쟁심・활력)을 발휘한다. 고유의 분업은 단순협업에서의 일련의 숙련작업을 복수의 작업으로 분할하고 각 작업에 노동자들로 하여금 전념케 하는 형태이다(분업에 기초한 협업). 기계제 생산에서는 도구에 의한 숙련노동을 기계로 흡수-대체하여 '기계의 <분업에 기초한 협업>'을 조직하고, '단순노동자의 병렬분업'으로 보완한다. '병렬분업'・'분업에 기초한 협업'・'기계의 분업에 기초한 협업-단순노동자의 병렬분업'이라는 식으로, 협업・분업・기계라는 세 가지 요인에는 '분업의 원리'가 관철된다. 나아가 자본 내 분업의 결과와 전제는 자본 간 분업(상품관계)에서 접합한다. 이와 같이 자본 내・자본 간의 분업은 자본주의적 생산양식에 조응하는 생산력들-교통형태들을 편성하는 원리이다.

【Ⅱ】사회적 분업과 계급분업

사회적 분업의 발생에는 두 가지 계보가 있다. 첫째로, 이질적인 잉여생산물이 생산-생활과정*에서 관련된 인간 개인들의 공존권역(Gemeinwesen) 사이에서 교환되게 되는 경우이다. '도시*와 농촌의 분리'야말로 사회적 분업의 출발점이다[廣80(엥겔스의 필적), 4:149, 초4:451, 23a:462]. 둘째로, 공존권역의 생산기관들이 공존권역 간 교환이라는 주요한 충격(Hauptanstoß)으로 분리-자립하여 상품*을 생산하게 되는 경우이다[廣34(엥겔스의 필적), 4:156, 초4:471, 23a:461]. 공존권역의 잉여생산물뿐만 아니라 노동력의 재생산재인 필요생산물이 상품화할 때 노동력의 상품화도 시작된다. 따라서 사회적 분업이 철저해지면 자본가의 정신노동(생산에 관한 결정・지휘명령)과 임금노동자*의 육체노동(자본가에 대한 복속)의 '계급분업'이 발생한다[초4:504, 25b:1124].

『자본』 제1・2권에서는 계급분업을 기초로 자본 내 분업・자본 간 분업에서 분절화-접합되는 생산 요소들의 유기적 구조를 분석한다. 『자본』 서두에서 상품이 생산수단과 생활수단으로 구분되고[23a:47-48], 분업론에서 서두의 상품생산-상품유통이 회고되는 것은[23a:463, 초4:241] 서두의 상품이 자본 간 분업(생산부문들)의 결과(상품자본)의 추상적 규정태이기 때문이다. 가치형태-교환과정론에 의한 화폐 발생의 논증은 상품 소유자(산업자본가의 추상적 규정태)가 각자의 분업-재생산*에 필요한 조건들을 찾는 교환관계에서 전개된다. 화폐*는 자본 간 분업-재생산을 조정하는 관계태이며, 자본 간 분업에서 성립하는 생산가격*이라는 "생산 일반의 조절기"[25b:1004]를 표현하는 형태이다.

『요강』에서는 '하나의 자본'의 작업장 내 분업에서 생산되는 생산수단과 생활수단 가운데 후자만이 임금노동자와 자본가에게 판매된다고 전제하고 있었다. 『1861-63년 초고』에서는 기계의 자본주의적 이용의 유인은 노동력의 기계로의 대체에 의한 특별이윤의 획득 가능성에 있다고 보고, 기계의 결정적 요인은 작업기에 있다고 규정했다[초9:95, 30:257-259]. 그러한 규정은 생활수단과 생산수단의 부문 분할(두 개의 자본)을 기준으로 하는 자본 간 분업에 조응하며, 자본 간 분업을 사상(捨象)한 가치*의 재생산-축적론(후의 『자본』 제1권 제7편)과 자본 간 분업을 매개로 한 가치・사용가치의 재생산-유통론(제2부 제3편)은 분리된다. 이러한 분리는 가치론의 재편을 촉진한다. 즉 자본 간 분업에서 산출되는 '자본으로서의 상품'의

가치의 추상-표현양식을 매년 재생산하는 사태를 가장 추상적인 차원에서 분석하는 가치형태론과, 자본간 분업의 산출물-상품자본의 가치·사용가치의 동시실현을 가장 추상적인 차원에서 전개하는 교환과정론은 『정치경제학 비판을 위하여』*(1859)에서는 분화되지 않았지만, 『자본』 초판(1867) 이후로 분리된다. 제3권의 이윤*·이자·지대*·임금론은 계급분업에 기초한 수입형태론이다. 이와 같이 '분업의 원리'는 『자본』 체계를 관통한다. "분업은 경제학의 전 범주 중의 범주이다"[초4:427].

【Ⅲ】 맑스 분업론의 문제

스미스*는 사회적 분업을 실물경제의 관점에서 작업장 내 분업으로 일괄하고, 분업을 노동생산성 상승의 요인으로 좁혀서 파악했다. 이에 반해 맑스는 『경제학·철학 초고』*에서 노동상품의 양도=소외*의 관점에서 작업장 내 분업과 사회적 분업을 범주적으로 구별했지만, 「자본 장 계획 초안」(1859)의 '분업' 항목에로의 『요강』으로부터의 인용이 한 군데밖에 없듯이[초3:451], 『요강』까지 기술적 분업의 지식은 부족한 상태였다. 이러한 부족은 『1861-63년 초고』(특히 노트 19)에서 보충된다. 『독일 이데올로기』*에서는 분업으로 인해 "개인들의 관계들은 그들로부터 자립한다"며 소외*=물화* 문제를 제기한다[廣164(맑스의 필적)]. 그렇다면 분업은 폐지해야 하는가, 또는 폐지될 수 있는가? 그는 사회적 본업의 무정부성에 작업장 내 분업의 전제적 계획성을 대조시켰지만, 작업장 내 분업의 완전계획은 불가능하고 계획-실행하는 내부조직 사이의 조정과 외부환경과의 조정이 실천 가능한 양식일 것이다. 그는 단순한 분업노동자가 기계의 부속품으로서 수동화되고 소수의 기술자가 복잡한 분업노동에서 기계-인간체계를 관리=제어한다고 지적했지만, 생산력들의 자본주의적 전개에 호응한 직업생활·교육기관·시민사회*의 도야 기능에서 배양되는 능력과 그 실현 가능성과의 격차(능력상의 실업)가 발생하고 있다.

맑스는 전면적으로 발달한 인간[4:163, 23a:630]으로의 단순노동자의 성장과 분업 없는 사회를 전망했다. 오늘날의 과제는 개성적인 힘을 지니는 생산자가 전문능력을 기초로 서로 소유하는 경영체를 구축하는 것이며 그 경영체들 사이의 사회적 분업 네트워크를 전개하는 것일 터이다. 형식적 보편성을 전제로 하는 자본주의적 분업이 자산·성·민족*·문화 등의 차이를 포섭-지배하는 구조를 기본적 인권과 개성을 기준으로 재심-재편하는 과제는 그 네트워크를 구축하는 가운데 실질적으로 실현될 수 있을 것이다. ☞『정치경제학 비판을 위하여』, 시민사회, 자본의 문명화 작용, 『자본』, 『독일 이데올로기』

㊟ 望月清司, 『マルクス歴史理論の研究』, 岩波書店, 1972. Ali Rattansi, *Marx and the Division of Labour*, Macmillan 1982. Rob Beamish, *Marx, Method, and the Division of Labour*, University of Illinois Press 1992.

-우치다 히로시(内田 弘)

불변자본/가변자본 不變資本/可變資本 [(영) constant capital/variable capital (독) konstantes Kapital/variables Kapital]

『자본』* 체계를 관통하는 맑스의 기본적인 자본 개념. 두 개념은 『자본』 제1권 '제6장 불변자본과 가변자본'에서 정의되어 있다. 두 개념은 『요강』*에서 확립되었지만 그 이론 범위는 『1861-63년 초고』에서 거의 확정되었다.

【Ⅰ】 노동의 이중작용

맑스는 『자본』의 첫 장에서 "상품*에 포함되어 있는 노동*의 이중의 성질은 내가 처음에 비판적으로 지적한 것이다. 이 점은 경제학의 이해에 있어서 결정적인 도약점이다"[23a:56]라고 역설하고 있다. 노동의 이중의 성질이란 사용가치를 생산하는 구체적 유용노동과 가치*를 생산하는 추상적 인간노동이다. 첫 장에서는 노동의 생산물의 가치가 어떠한 요소로 분석될 수 있는지는 문제로 되지 않는다. 그러나 자본주의적 생산양식이 지배하는 사회의 부는 대부분 상품형태를 취하기 때문에 상품은 기본적으로 자본*의 생산물, 상품자본이다. 따라서 상품은 상품자본으로서 재정의되며, 노동의 이중작용도 자본에 고용된 임금노동자*

의 노동의 이중작용으로서 재정의된다. 임금노동자는 "자본의 사항(Sache)"[초1:450], 즉 자본가치의 유지=증식이라는 이해관심을 짊어지는 '활동'이며, 그 '조건(생산수단)'을 생산적으로 소비*하여 자본의 이해관심을 실현한다[헤겔, 『엔치클로페디 논리학』, §148 이하 참조]. 새로운 생산물은 낡은 생산물을 전제로 해서 생산될 수 있다. 구체적 노동은 생산수단의 옛 사용가치를 사상(해체)함으로써 생산수단을 생산하는 데 소요된 노동시간*을 새로운 사용가치로 추상(이전=보존)한다. 구체적 노동의 작용과 동시에 추상적 인간노동은 노동자의 고용에 투하된 자본가치를 재생산* 하고 그 가치를 넘어서는 가치(잉여가치*)를 창조한다. 생산수단의 구매에 투하된 자본가치는 변함없이(constant) 생산물로 이전=보존되기 때문에 불변자본(constant capital: C)이라고 규정되며, 노동력의 구매에 투하된 자본가치는 유지되고 더 나아가 잉여가치를 생산하는 방향으로 변화할 수(variable) 있기 때문에 '가변자본(variable capital: V)'이라고 규정된다. 새로운 생산물의 가치는 '불변자본(C)+가변자본(V)+잉여가치(M)'로 규정된다.

시니어*는 노동의 이중작용을 이해하지 못하고 노동자는 먼저 생산수단의 가치를 생산하고 이어서 임금*의 가치를 생산하며 최후의 1시간으로 이윤*을 생산한다고 오독했다(최종 1시간설).

【Ⅱ】유기적 구성의 이론적 범위

(1) 불변자본과 가변자본은 잉여가치의 원천(가변자본)과 그 착취조건(불변자본)이다. (2) 가변자본에 대한 불변자본의 비율(C/V)은 아마도 리비히*의 유기합성(organische Zusammensetzung)의 화학에서 힌트를 얻어 『1861-63년 초고』 이래로 '유기적 구성*'이라고 정의된다. (3) 자본주의적 생산양식의 발전과 더불어 유기적 구성이 고도화되어(C/V가 크게 되어) 상대적 과잉인구(실업자군)가 누적된다. 상대적 과잉인구는 노동자들로 하여금 구직에서 서로 경쟁케 하고, 임금을 노동력의 재생산비를 크게 웃돌지 않는 수준으로 억제하고(산업예비군 효과), 경기순환의 변동에 따라 부족한 노동력을 공급하거나 혹은 과잉된 노동력을 흡수하는 제도적 안전판이다.

(4) 『자본』 제2권 제3편의 '재생산 표식*'은 생산수단 부문과 소비수단 부문이라는 2부문 분할을 전제로 두 부문의 생산물가치(불변자본・가변자본・잉여가치) 사이에 일정한 등식(단순 재생산 표식{$C_2=V_1+M_1$}; 확대 재생산 표식{$C_2+\Delta C_2=V_1+\Delta V_1+\alpha M_1$: ΔC_2, ΔV_1=축적기금, αM_1=자본가의 소비기금})이 성립할 때에 자본주의적 생산양식이 장기적 평균적으로 재생산 가능하다는 것을 보여준다.

(5) 『자본』 제3권의 이윤론에서는 불변자본・가변자본은 이윤율의 정의식{$r=M/(C+V)=e\times[1/(C/V+1)]$: r=이윤율, e=착취율}에 사용된다.

맑스는 산업부문들 사이의 상호작용에 의해 부문들의 유기적 구성의 격차는 어떤 일정한 범위 내로 수렴된다는 상정 하에 '총잉여가치=총이윤, 총가치=총생산가격'이라는 '총계일치 명제'는, 개개의 관측치의 평균치로부터의 편차는 상쇄된다고 하는 케틀레*의 생각에 기초하여 "매우 복잡한 근사적인 방식에서만"[25a:205] 일치한다고 주장했다. 맑스가 상정하는 경제는 경제 요소들이 끊임없이 진동하면서 접합(분리=결합)하고 상대를 자기 내로 포섭하여 상대에게 다시금 작용을 가하는 생산유기체이다. 생산유기체는 요소들이 진동하면서 자기를 재생산하는 한에서 회귀하는 기준=평균화 작용을 갖는다. 평균이윤율은 기본적으로 양(陽)의 수치의 장기적 이윤율이며 자본주의적 생산양식의 재생산=존속 가능성을 나타낸다. 연구대상을 결정론적・균형론적 접근의 내부로 받아들이는 맑스 분석은 그의 경제상에 적합하지 않다.

(6) 그가 상정하는 경제는 더 나아가 선구적 개별자본이 시장가치를 일시적으로 지배할 수 있는 '경쟁적 과점 경제'이다. 맑스의 초과이윤론을 부연하면 다음과 같다. 선구적 개별자본은 초과이윤(특별잉여가치)을 획득할 수 있는 기술, 즉 동일한 제품을 사회적 가치보다 작은 개별적 가치로 생산할 수 있는 기술(그러나 유기적 구성이 고도화하는 기술)을 도입한다. 그 기술은 동일한 생산비로 증산할 수 있으며, 생산비는 증산율분만큼 저렴해진다. 증산율이 최대 초과이윤

율이다. 증가한 생산량 전체를 팔아치울 수 있도록 최대 초과이윤율의 일부를 가격인하에 할당해 박리다매한다. 가격인하로 수정된 초과이윤율을 포함하는 이윤율(1+r′)은 증산율(1+y)·가격인하율(1−x)·평균이윤율(1+r)의 곱과 같다{(1+r′)=(1+y)(1−x)(1+r)}. 얼마 안 있어 그 기술은 다른 자본에도 파급된다. 자본들은 판매경쟁으로 인해 결국 초과이윤율이 영으로 될 때까지 서로 가격을 인하한다. 새로운 기술 도입 이전의 이윤율에 대한 초과이윤율이 영이 되었을 때의 이윤율의 비율은 가격인하율과 같아진다{(1+r″)/(1+r)=(1−x)}. 이러한 동향은 대부분의 산업부문에서 전개되고 부문들 사이에서 상호적으로 침투한다. 그 결과 일반적 가격수준은 저하하고 유기적 구성은 고도화되며 일반적 이윤율은 저하하는 경향을 지닌다.

(7) 토지가 사회적 지위(귀족)의 근거인 까닭에 지주는 토지를 팔지 않기 때문에 농업부문은 자본의 부문간 이동에서 제외된다고 맑스는 생각했다. 일반적으로 농업*의 유기적 구성은 공업의 그것에 비해 낮기 때문에 이윤율은 높다. 그 초과이윤율은 지주에게 절대지대로서 취득된다.

이상과 같이 불변자본과 가변자본은 『자본』의 이론체계를 편성하는 기본개념이다. ☞잉여가치, 인구, 재생산 표식, 생산가격, 『자본』, 리비히

㊊ 根岸隆, 『經濟學の歷史』, 東洋經濟新報社, 1983. 內田弘, 『經濟學批判要綱の硏究』, 新評論, 1982.

—우치다 히로시(內田 弘)

『붉은 공화주의자—共和主義者』 ⇨ **『레드 리퍼블리컨』**

뷔레 [Eugène Buret 1810(11)–42]

맑스가 『경제학·철학 초고』* 및 「뷔레 노트」에서 인용한 『영국과 프랑스에서의 노동자계급의 빈곤에 대하여』(*De la misère et des classes laborieuses en Angleterre et en France*, Paris 1840)의 저자. 이 저작은 1840년 프랑스의 정치과학 아카데미의 현상논문에서 1위가 된 작품이다. 거기서 뷔레는 국민경제학에 의한 자동조절기구가 현실에서는 작동하지 않으며 도덕적 기준이 필요하다고 주장한다. 맑스는 자유경쟁에 의해 일어나는 노동자의 빈곤에 대해 이 작품에서 배웠다. ☞사회조사, 노트, 『경제학·철학 초고』, 공중위생, 맨체스터

㊊ 的場昭弘, 『パリの中のマルクス』, 御茶の水書房, 1995.

—마토바 아키히로(的場昭弘)

뷔셰 [Philippe-Joseph-Benjamin Buchez 1796–1865]

프랑스의 기독교 사회주의자. 벨기에에서 태어난 뷔셰는 카르보나리당에 참가한 뒤 1824년에 생시몽주의*에 접근하며, 1829년에는 기독교 민주주의자가 된다. 그는 사상적으로는 페쾨르*, 블랑* 등에 영향을 주었다. 2월 혁명*에서는 파리*의 대표로 선출되어 헌법제정의회의 의장이 된다. 그러나 나폴레옹 3세*의 쿠데타가 일어난 후 공적인 장소에서 멀어지며, 몇 권의 책을 집필한 뒤 1865년 로데스에서 사망했다. 맑스가 그에게 관심을 가진 것은 기독교 사회주의보다는 프랑스 혁명*에 관한 그의 연구 때문이었다. 뷔셰는 1834년부터 『프랑스 혁명 의회사』(전 40권)를 루 라베르뉴와 함께 편집했다. 이는 국민의회의 자료집으로, 편집방침은 정부 측에 선 자료집을 비판하고, 그와 동시에 프랑스 혁명의 역사적 의의를 인정하도록 하는 것이었다. 그런 의미에서 이 자료집은 그간의 프랑스 혁명사 연구를 완전히 바꾸어 놓았다. 뷔셰의 해석은 바뵈프, 부오나로티*에 이은 혁명*의 혁신성이라는 점에서 당시의 연구자들에게 커다란 영향을 주었다. 『신성 가족』*에서의 뷔셰의 인용은 독일의 역사가 바흐스무트의 『혁명시대의 프랑스사』(1840-44)를 읽은 맑스가 거기서 뷔셰의 자료집을 발견한 데 따른 것으로 보인다. ☞페쾨르, 블랑, 프랑스 혁명

㊊ Isambert, *Politique, religion et science de l'homme chez Buchez (1796-1865)*, 1967. A. Cuvillier, "P. J. Buchez et les origines du socialime chretiens", *Collection du centanaire de la Révolution de 1848*, 1948. P.-J.-B. Buchez/P.-C. Roux-Lavergne,

Histoire parlementaire de la Révolution française, ou Journal des assemblées nationales, depuis 1789-jusqu'en 1815. T. 1-40, Paris 1834-38.

—마토바 아키히로(的場昭弘)

브라이튼 [Brighton]

영국 남부의 도시*. 루게 부부가 살고 있던 도시. 루게*는 여기서 사진관을 시작했지만 실패. 그 후에는 번역업, 집필업, 강사로 생활을 꾸려간다. 맑스 가*는 이곳을 방문할 때 루게에게 주의를 기울이고 있었다. 왜냐하면 브라이튼은 유한계급의 사교지로 프롤레타리아 계급을 지지하는 맑스의 부인 예니*는 이곳의 사교계에서 귀족 폰 베스트팔렌의 명함을 뿌리고 다녔는데, 그것이 루게에게 알려지는 것을 두려워했기 때문이다. 참고로, 엘리노어 맑스는 이곳에서 입주 가정교사를 하고 있었다. ☞맑스 가, 빅토리아기의 영국 중산계급의 생활, 맑스의 요양

㊟ R. アシュトン(的場昭弘 監譯),『小さなドイツ』, 御茶の水書房, 2000.

—마토바 아키히로(的場昭弘)

브레멘 [Bremen]

엥겔스*가 도제수업을 받은 독일 북부의 도시. 1838년 7월, 부친의 지인이 경영하는 하인리히 로이폴트 상회의 사무원이 된다. 이 상회에서의 일은 주로 작센과 슐레지엔의 마포를 미국으로 수출하고 커피나 설탕을 수입하는 일이었다. 엥겔스가 미국행 이민선에 대해 상세한 기사를 『모르겐블라트』(*Morgenblatt für gebildete Leser*, 1810-65)에 쓴 것도 그가 이 지역에서 경험한 이러한 일과 관계가 있다. ☞「부퍼탈 통신」, 엥겔스

㊟ 的場昭弘,「19世紀ドイツ人移民の旅」, 宮崎揚弘 編,『ヨーロッパ世界と旅』 수록, 法政大學出版局, 1997.

—마토바 아키히로(的場昭弘)

브뤼셀 [Bruxelles; Brussels]

벨기에의 수도. 맑스가 1845년 2월부터 48년 3월까지 살았던 도시*. 1830년대에 벨기에는 네덜란드로부터 독립하는데 브뤼셀은 그 수도로서 발전한다. 브뤼셀에서는 플랑드르어권에 있으면서도 프랑스어권을 포함하는 지역의 수도였기 때문에 프랑스어도 사용되고 있었다. 40년대에는 안트베르펜–아헨 간(1843년)과 브뤼셀–파리* 간(1846년)의 철도가 개통되었는데, 브뤼셀은 그 중심에 위치하고 있었다.

1840년대 인구*는 12만 8천 명으로 교외의 인구도 포함하면 16만 명이었다. 브뤼셀의 독일인 인구는 약 1,600명으로 전체 인구의 1%였다. 40년대에 벨기에와 프로이센의 관계는 친밀했다. 안트베르펜으로부터 생산물을 수출·수입한다는 것이 그 이유였다. 그 때문에 망명*한 프로이센인에 대한 감시는 철저했다. 그러나 브뤼셀에서의 노동운동이나 민주주의 운동은 비교적 자유로웠으며, 이미 의회 선거가 있었던 벨기에에서는 정치활동도 공공연히 할 수 있었다.

맑스가 공산주의 통신위원회*를 결성하고 공산주의*와 처음으로 접한 곳도 바로 브뤼셀이었다. 맑스도 참가한 민주주의협회*가 당당하게 회의를 개최할 수 있었던 것은 브뤼셀에서의 자유*와 불가분의 관계에 있다. 물론 벨기에는 프랑스어를 우선시하고 플랑드르어권의 사람들에 대한 간접적인 탄압을 하고 있었다. 그러나 플랑드르어권의 사람들은 민주주의협회에 참여하고 선거권의 확대와 보다 큰 자유를 요구하는 점에서 반드시 반정부적이었던 것은 아니다.

벨기에인과 맑스 등의 독일인 망명자의 관계는 브뤼셀 자유대학에 있던 독일인 교수에 의한 바가 크다. 그 대학 교수 아렌스나 마인츠는 맑스의 친구였는데, 그들을 매개로 하여 맑스 등은 민주주의협회의 조트랑*에게 접근한다. 게르만주의자와 플랑드르주의자의 교류는 게르만주의가 아니라 다언어·다민족으로 이루어진 민주주의 운동의 국제주의로 연결되어 간다. 이는 노동자협회에도 반영되어 독일인에 의한 독일인을 위한 공산주의 운동·민주주의 운동이 유럽 전체의 운동으로 나아간 것은 브뤼셀이 지니는 국제성이 그

요인이었다고 말할 수 있다. 그러나 벨기에 자체는 왕정이고, 의회정치라 하더라도 제한선거를 바탕으로 한 것이며, 완전한 자유가 보장되고 있었던 것은 아니다. 그 점은 1848년 2월 혁명*의 발발과 동시에 브뤼셀에서 폭동이 진압되고 위험한 망명자들이 일제히 추방되었던 것에서 나타나 있다. 그런 의미에서 맑스의 국제주의는 브뤼셀 체류 이후 변화해간다. ☞망명, 민주주의협회, 공산주의 통신위원회, 조트랑, 1848년 혁명

참 E. De Maesschalck, *Karl Marx in Brussel (1845-1848)*, 1983. 的場昭弘, 「ブリユッセルとマルクス」, 石塚正英・柴田隆行・村上俊介・的場昭弘 編,『都市と思想家』수록, 法政大學出版局, 1996. 同,「『共産黨宣言』とブリユッセル」, 篠原敏昭・石塚正英 編,『共産黨宣言―解釋の革新』수록, 御茶の水書房, 1998. L. Sommerhausen, *Humanisme agissant de Karl Marx*, Paris 1946.

—마토바 아키히로(的場昭弘)

『브뤼셀 독일인 신문―獨逸人新聞』 [*Die Deutsche-Brüsseler-Zeitung*, 1847–48]

브뤼셀*의 독일인 망명자 보른슈테트*의 신문이자 노동자협회의 신문. 1840년대 벨기에에는『그렌츠보텐』(*Grenzboten*, 1842-47) 등의 독일인 신문이 몇 개 있었지만 공산주의자 운동에 관계한 신문은 그밖에는 없었다. 신문의 창설자는 파리*에서『포어베르츠』[1]*를 편집하다가 브뤼셀로 추방당한 보른슈테트였다. 당초 신문의 주장은 출판*의 자유*, 교회와 국가*의 분리, 시민의 자유였다. 1847년 1월에 발간되었지만 이미 프로이센에서는 자유사상이라는 사실만으로 수입을 금지당하며, 벨기에 정부를 통한 보른슈테트의 추방작전이 시작된다. 보른슈테트의 추방을 획책한 이는 브뤼셀 경찰인 오디였다. 47년 4월 11일에 이미 그의 추방이 결정되어 있었으나 집행이 늦어지고 있었다. 그 이유는 벨기에에서는 언론의 자유가 보장되어 있었을 뿐만 아니라 벨기에인 자체가 이 독일어 신문을 직접 읽을 수 없어서 그 영향을 추측할 수 없었기 때문이다. 물론 벨기에에서는 출판의 자유가 보장되고 있었다 하더라도 인지세가 비싸고, 때로는 가격의 40%에 상당하는 경우도 있어서 완전히 자유로웠던 것은 아니다.

신문의 편집자는 보른슈테트였지만 실제로 활약한 것은 빌헬름 볼프*였다. 1847년 2월 28일호에 최초의 기사를 게재하지만, 그 이후 수많은 기사를 집필한다. 볼프는 이미 맑스파와 연결고리가 있어 맑스의 영향이 신문에 나타나기 시작한다. 맑스가 신문에 참여하는 것은 47년 7월이나 8월의 일이다. 이는 8월의 노동자협회 결성과 관계가 있다. 맑스, 볼프, 보른슈테트는 노동자협회의 회원이고, 나아가서는 그 협회의 의장 발라우는 신문의 인쇄업자이며 회원인 포클러도 신문의 판매를 담당하고 있었다. 맑스와 엥겔스*가 기사를 집필하는 것은 9월 중순, 때마침 민주주의협회*의 결성을 보른슈테트가 발기한 때였다. 민주파와 공산주의자와의 공동전선이 형성되고 있었던 시기와 신문에 공산주의적 기사가 등장하는 시기가 일치하고 있었다.

신문은 주 2회 발행되고 부수는 약 300부였다. 실제로 판매된 것은 200부 정도였던 것으로 추정된다. 따라서 재정적으로는 상당히 궁핍한 상황이었다. 판매는 예약제였지만 역에서도 판매되었다. 그러나 프로이센에서의 판매에는 어려움이 따랐다. 1847년 2월에 쾰른*에서 몰수된 후에는 네덜란드나 함부르크*를 경유하여 판매되었다. 한편, 파리나 런던*의 독일인에게는 유포되고 있으며, 영국의『노던 스타』*나 프랑스의『레포름』(*Réforme*, 1843-50)과 마찬가지로 민주주의 조직에게 읽혀지고 있었다. 신문이 48년 2월 27일에 폐간된 것은 혁명으로 인해 보른슈테트가 3월 5일에 추방되었기 때문이다. 맑스는 무슨 까닭에서인지 이 신문의 1847년판을 전부 소중하게 보관하고 있었다. ☞『포어베르츠』[1], 민주주의협회, 보른슈테트,『노던 스타』, 볼프[1](빌헬름)

참 Reprint, Brüssel 1981. G. Ros, *Adalbert von Bornstedt und seine Duetsche-Brüsseler Zeitung*, München 1993.

—마토바 아키히로(的場昭弘)

브베 [(불) Vevey (독) Vivis]

레만 호반에 있는 스위스의 소도시. 19세기의 프랑스어권 스위스에서는 급진파가 정권을 잡은 칸톤(주)이 많았는데, 브베가 속한 칸톤 보(Vaud) 역시 그러했다. 그 때문에 망명자 정책도 비교적 관용적이고 정치적 자유가 보장되어 있었기 때문에 3월 전기(포어메르츠기)의 독일인에게 이곳은 혁명운동의 중심적 위치를 차지하고 있었다. 독일인 노동자교육협회의 역사는 여기서는 1830년대까지 거슬러 올라가며, 1841년 이후에는 바이틀링*이 이끄는 의인동맹*과 그에 대항하는 '청년 독일(Das junge Deutschland)'(마치니*의 '청년 유럽'의 독일지부로서 1834년에 결성된 조직이 그 후에 재편된 것)이 세력투쟁을 전개했다. 바이틀링의 주저인 『조화와 자유의 보장』*(1842)이 이곳에서 출판되며, 또한 이에 이은 『가난한 죄인의 복음』*(1845)도 이곳에서 출판하기로 계획했으나 취리히*로 출판 장소를 옮기고, 그것이 바이틀링의 체포를 초래했다는 사실은 잘 알려져 있다.

그 후의 제1인터내셔널 시기에 칸톤 보의 도시들의 조직은 제네바와 쥐라의 논쟁 사이에서 비교적 눈에 띄지 않는 존재에 머물렀다. 덧붙이자면, 맑스는 그의 만년인 1882년 여름에 로잔의 라파르그 부부를 방문한 후 휴양을 위해 약 한 달간 이곳에 머문다. ☞바이틀링, 인터내셔널{국제노동자협회}, 청년독일파

참 良知力, 『マルクスと批判者群像』, 平凡社, 1971. 良知力 編, 『資料 ドイツ初期社會主義』, 平凡社, 1974. Wolfgang Schieder, *Anfänge der deutschen Arbeiterbewegung. Die Auslandsvereine im Jahrzehnt nach der Julirevolution von 1830*, Stuttgart 1963.

—와타나베 고지(渡辺孝次)

블랑 [Jean Joseph Louis Blanc 1811-82]

프랑스의 사회주의자. 마드리드에서 태어나 1830년대에 파리*에서 저널리스트로서 두각을 나타낸다. 『양식(良識)』의 편집자를 거쳐 1839년 『진보평론』지를 창간하고, 여기에 게재한 논문을 바탕으로 1840년 『노동의 조직』*을 출판하여 일약 저명인사가 된다. 정부가 '사회적 작업장'을 설립하여 노동*의 조직화를 꾀한다는 구상은 보통선거를 요구하는 공화파의 운동과 노동자 아소시아시옹*의 연결을 시도한 것으로, 당시 노동자계층에게도 열광적으로 받아들여졌다. 루게*나 맑스도 1843년 『독불연보』*에 루이 블랑을 끌어들이고자 시도한다. 1848년 2월 혁명*이 발발하자 임시정부에 각료로 들어가 뤽상부르 위원회의 의장이 되어 노동문제 해결에 전념하지만 예산도 권한도 없는 검토위원회로는 유효한 방도를 찾을 수 없었고, 또한 언제나 일국의 전체적 이해관계를 추구하고자 하는 그의 지침은 노동자의 자율적인 운동을 통제하는 힘을 가질 수 없었다. 임시정부가 설립한 국립작업장은 단순한 실업대책 사업으로 '사회적 작업장'의 구상과는 거리가 먼 것이었지만 이 국립작업장의 폐쇄가 계기가 되어 같은 해 6월 봉기*가 일어나자 그의 정치생명은 끊어지고 영국으로 망명*했다. 1870년 제2제정의 붕괴를 계기로 귀국해 1871년 국민의회 의원으로 선출되지만 이전과 같은 영향력은 없었고 파리 코뮌* 측에도 서지 않았다. ☞1848년 혁명, 『노동의 조직』, 아소시아시옹, 노동자 아소시아시옹, 생시몽주의

참 河野健二 編, 『資料フランス初期社會主義—二月革命とその思想』, 平凡社, 1979. 的場昭弘, 『パリの中のマルクス—1840年代のマルクスとパリ』, 御茶の水書房, 1995. 的場昭弘・高草木光一 編, 『一八四八年革命の射程』, 御茶の水書房, 1998.

—다카쿠사기 고이치(高草木光一)

블랑키[1] [Louis Auguste Blanqui 1805-81]

프랑스의 사회주의자, 혁명가. 니스 근교의 퓌제-테니에(Puget-Théniers)에서 태어난다. 부친은 전 국민공회 의원, 형 아돌프*는 경제학자. 19세기 프랑스의 혁명・반란들의 대부분에 모종의 형태로 관여하며, 생애 중에 33년간 이상을 옥중에서 지냈다.

복고왕정 하에서는 10대 무렵부터 비밀결사* 카르보나리에 참가하며, 7월 혁명*(1830년) 후 공화파 운동에 가담한다. 공화파 결사인 '인민의 벗 협회'의 15인 재판

의 피고인 진술에서 두각을 나타낸다. 결사금지법(1834년) 등의 탄압정책 하에서 '가족협회', '계절협회'를 비밀결사로서 조직, 1839년 5월의 계절협회의 봉기*로 체포된다. 2월 혁명*(1848년)이 발발하자 파리*에 나타나 '중앙공화협회'를 정치클럽으로서 조직, 3월 17일의 보통선거 연기를 요구하는 데모에서는 카베*와 함께 지도적인 역할을 수행했다. 3월 31일에 블랑키가 계절협회의 내막을 폭로했다고 하는 「타슈로 문서」가 『회고지』에 게재되어 궁지에 몰리게 된다. 공화정 정부 하에서는 계절협회 유형의 소수부대에 의한 봉기 전술은 취할 수 없었지만 5월 15일 사건(민중 데모의 의회 침입사건)으로 체포된다.

'혁명의 화신'인 블랑키는 수많은 청년들을 매료시켰고 제2제정기에는 블랑키파라 불리는 세력을 결집했다. 그 정치혁명 노선은 프루동주의*의 영향 아래 있던 제1인터내셔널 파리 지부와 대립적인 관계에 있었다. 블랑키는 정치개혁 없는 사회혁명이라는 이념의 비현실성을 지적할 뿐만 아니라 '국민적 대(大)아소시아시옹'인 국가*의 형성은 일반 이해관계를 사고하는 주체로서의 '시민'의 형성에 다름 아니라는 것을 주장하고 "노동자들 중의 시민을 파괴하는" 사회개혁 노선에 강한 우려를 드러내고 있었다.

맑스는 1851년, 엥겔스*와 함께 블랑키의 「인민에게 고함」을 독일어와 영어로 번역하고, 61년에는 블랑키의 재판 비용 조달을 위해 노력한다. 66년에는 런던 총평의회의 폴 라파르그가 블랑키에게 제1인터내셔널에 대한 협력을 간절히 원하는 정중한 편지를 보내고 있어 맑스 측이 그와의 정치적 연대를 의도했다는 것을 엿볼 수 있다.

1848년 혁명*을 모델로 한 60년대의 '파리 독재'론은 블랑키 사상의 골격에 해당된다. 독재기의 과제는 세속・무상・의무의 종합적 공교육체계의 정비와 노동자 아소시아시옹*의 보호・장려이다. 이에 의해 보통선거가 실제적 효력을 지니게 됨으로써 '시민'에 의한 공산주의 사회*가 도래한다고 주장했다. 그의 공산주의*란 "부분적인 아소시아시옹*으로부터 서서히 형성되어 잇따른 연합에 의해 팽창하는 나라 전체의 종합적 아소시아시옹(association intégrale)"이라는 이미지를 지니고 있다. 1870년, 제2제정이 붕괴하고 국방정부가 성립하자 『조국은 위기에 직면하다』지를 발행했다. 파리 코뮌*(1871년)에는 블랑키 자신은 그 직전에 체포되었기 때문에 참가할 수 없었지만 블랑키파가 다수파를 차지하여 중요한 역할을 수행했다. 주저로는 사후 출판된 『사회비판』(전 2권, 1885)이 있다. ☞1848년 혁명, 파리 코뮌, 계절협회의 봉기, 카베, 프루동, 바르베스

㊟ ブランキ(加藤晴康 監譯),『革命論集』, 彩流社, 1991. ジェフロワ(野澤協・加藤節子 譯),『幽閉者―ブランキ傳』, 現代思潮社, 1973. 社會思想史の窓刊行會 編,『アソシアシオンの想像力―初期社會主義思想への新視角』, 平凡社, 1989.

―다카쿠사기 고이치(高草木光一)

블랑키[2] [Adolphe Blanqui 1798-1854]

세이* 문하의 경제학자. 블랑키[1]의 형. 1830년 고등상업학교 교장, 33년 세이의 후계자로서 공예학원 교수, 38년 도덕・정치과학 아카데미 회원. 46년 지롱드현에서 선출된 하원의원. 조사를 위해 각지를 여행하여 수많은 보고서를 저술하고 폭넓은 시각으로 경제학을 파악했다. 자유무역론자로서도 알려진다. 저작으로는 『유럽 경제학사』(1837), 『1848년의 프랑스 노동자계급』(1848) 등이 있다. 참고로, 맑스에 의한 전자의 발췌가 남아 있다[MEGA Ⅳ/3:424-425]. ☞블랑키[1], 세이, 가르니에

―다카쿠사기 고이치(高草木光一)

블랑키주의—主義 [(불) blanquisme]

19세기 프랑스의 혁명가 블랑키*의 이름에서 유래하는 것으로 블랑키 및 블랑키파의 사상을 가리키지만, 일반적으로 맑스주의*와 대비하여 말해진다. 엥겔스*는 「블랑키파 코뮌 망명자의 강령」(1874)에서 블랑키를 "과거 세대의 혁명가"라고 자리매김하고 대중*에 의거하지 않는 혁명적 소수자의 급습에 의한 혁명*과,

'프롤레타리아트 독재*'와는 다른 혁명적 소수자의 독재로서 블랑키주의를 파악하고 맑스주의와 엄격히 구별했다[18:521-528]. 이러한 평가는 폭동주의라는 블랑키주의의 이미지를 고정화하는 역사적 역할을 수행하여 오늘날까지 일정한 영향력을 갖고 있다. 이에 대해 E. 베른슈타인*은 『사회주의의 전제들과 사회민주주의의 과제』(1899)에서 블랑키주의의 본질을 "혁명적 정치권력과 그 발현인 혁명적 수탈이 헤아릴 수 없는 창조력을 갖는다는 이론"이라고 파악하고, 비밀결사*나 폭동주의는 상황의 산물에 지나지 않는다고 주장했다. 또한 맑스주의에 대해, 폭동주의의 배척은 블랑키주의의 극복에 이르지는 못한다고 주장했다. 한편 근래에는 블랑키주의를 프랑스사의 맥락에서 적극적으로 자리매김하고자 하는 방향이 보인다. 무장봉기 조직에 의한 권력 탈취, 전 인민의 무장, 혁명독재를 골자로 하는 블랑키의 혁명사상은 민중운동과의 관계라는 관점에서 재파악되고 있으며 혁명의 주체에 대해서도 논의가 이루어지고 있다. ☞블랑키[1], 계절협회의 봉기, 엥겔스, 베른슈타인, 바뵈프주의

㊟ ブランキ(加藤晴康 監譯),『革命論集』, 彩流社, 1991. 石塚正英,『叛徒と革命—ブランキ・ヴァイトリング・ノート』, イザラ書房, 1975.

—다카쿠사기 고이치(高草木光一)

블룬칠리 [Johann Casper Bluntschli 1808-81]

스위스의 법학자이자 취리히 대학 교수. 후에 독일로 망명*해 뮌헨 대학, 하이델베르크 대학 교수를 역임. 1840년대 전반기 취리히 주 정부의 추밀고문관의 자리에 있었던 블룬칠리는 당시 스위스 각 주에서 비밀결사*를 조직해 급진적인 정치활동을 전개하고 있던 독일 수공업직인들이나 망명 지식인들의 실태를 구명하는 위원회에 소속되어 있었다. 그 작업은 1843년 6월 취리히*에서의 공산주의자 바이틀링* 체포와 문서 압수에 의해 성공리에 진전되며, 사후에 보고서가 공표되었다. 그 보고서를 보면 블룬칠리 자신이 반드시 극단적인 보수・반동주의자는 아니라는 것을 알 수 있다. 보수적이긴 하지만 공화주의* 전통에 입각한 취리히 주의 자치적 지방행정 제도에 공감하고, 빈부의 격차가 비교적 작은 사회 상황을 긍정적으로 평가하며 자유주의적인 경향을 표명하고 있다. 그러나 1848년에 종교문제로부터 발전한 분쟁을 계기로 독일로 망명한 이후에는 사회에 대해서보다도 국가에 대해 관심을 심화시키고 정치적으로도 국권주의적인 경향을 드러내며, 그 과정에서 다음과 같은 저작들을 간행한다. 『일반 국법론』(1851-52), 『독일 사법』(1853), 『근대 국가법』(1875). 그 가운데 『일반 국법론』은 제4판이 『국법범론(國法汎論)』(加藤弘之 譯)이라는 제목으로 메이지 초기의 일본에도 소개되었다. 맑스는 주로 1843년에 간행된 보고서와 관련한 의미에서의 블룬칠리에 주목했다. ☞『바이틀링에게서 압수한 자료에 의한 스위스의 공산주의자』

㊟ 大井正,『マルクスとヘーゲル學派』, 福村出版, 1975. 石塚正英,「義人同盟とヘーゲル左派—ブルンチュリ報告書を手掛りに」, 石塚正英 編,『ヘーゲル左派—思想・運動・歷史』 수록, 法政大學出版局, 1992.

—이시즈카 마사히데(石塚正英)

블룸 [Robert Blum 1807-48]

1848년 11월에 빈 혁명에서 사형에 처해진 독일의 급진적 민주주의자. 쾰른*에서 통 직인의 아들로 태어나 어릴 적 부친을 잃고, 그로스 마르틴 가톨릭교회의 시자(侍者)가 되어 교회학교에서 교육*을 받았다. 그 후에 병역을 사이에 두고서 식목 직인 견습, 가로등 제작공장 회계원, 극장 직원, 법원 사서 등의 직업을 전전하다가 32년에 라이프치히*로 극단의 흥행에 동행한다. 이곳에서 시립극장 회계원 자리를 얻는 동시에 쾰른에서 시작한 문필 활동도 계속했다. 이미 쾰른에서 1830년 프랑스 7월 혁명*의 영향을 받으며, 라이프치히에서는 봉건적 사회제도의 타파를 위한 협회운동(실러협회*, 문학자협회 혹은 독일 가톨릭교회*)의 조직자・지도자가 된다. 45년 8월 독일 가톨릭교회 운동에 대한 탄압에서 비롯된 라이프치히의 민중폭동의

에너지를 드레스덴*에 대한 항의 행동으로 향하게 함으로써 블룸은 시 당국과 민중들의 양쪽으로부터 일약 진보적 명사로 주목받게 되었다. 48년의 작센에서의 3월 혁명*에서는 라이프치히에서 조국협회를 설립 · 지도하는데, 이 협회는 작센 전 지역에서 민중운동의 결집 장소가 된다. 나아가 그는 프랑크푸르트 준비의회 · 본 의회의 중심적 의원으로서 좌파에 속하여 활동한다. 그러나 극좌파와 온건 자유주의파 사이에서 동요했다. 10월의 빈 혁명의 한가운데서 스스로 프랑크푸르트 국민의회* 좌파 의원의 사자(使者)에 지원해 빈*에 부임했다. 10월 27-31일의 이 도시에서의 황제군과 시민군의 싸움에서 블룸도 바리케이드의 지휘를 맡아 싸웠지만 빈이 함락된 후 군에 체포되어 군법회의 끝에 사형 판결을 받고 11월 9일 총살되었다. ☞협회, 독일 가톨릭교회, 프랑크푸르트 국민의회

참 村上俊介, 「ライプツィヒとロベルト・ブルム」, 石塚正英 · 柴田隆行 外 編, 『都市と思想家 II』 수록, 法政大學出版局, 1996. E. Newmann, *Restoration Radical. Robert Blum and the Challenge of German Democracy 1807-48*, Boston 1974. S. Schmidt, *Robert Blum. Vom Leipziger Liberalen zum Märtyerr der deutschen Demokratie*, Weimar 1971.

—무라카미 슌스케(村上俊介)

블린트 [Karl Blind 1826-1907]

맑스의 친구이자 논적. 바덴 봉기* 참가 후, 1849년 8월에 맑스와 함께 런던*에 도착했다. 그는 『모닝 에드버타이저』(*The Morning Advertiser*)의 기자가 되어 영국의 수많은 정기간행물에 논문을 게재했다. 이를 두고 맑스는 '런던의 명사'라며 비아냥거리고 있다. 1859년 블린트는 포크트가 루이 나폴레옹*의 스파이*라는 사실을 맑스에게 알렸다. 블린트가 작성했다고 하는 문장을 리프크네히트*가 『아우크스부르거 알게마이네 차이퉁』*에 게재하는데, 포크트로부터 고소를 당한다. 그렇지만 사태의 중대함에 놀란 블린트는 그 문장을 쓴 것은 자신이 아니라고 주장한다. 맑스가 포크트 문제에 대해 중립을 지키는 블린트를 공격하면서 둘의 관계는 험악해진다. 블린트가 그와 같은 중립적 태도를 취한 것은 그 무렵 개최된 실러 탄생 100주년 기념제의 실행위원을 맡고 있었기 때문에 독일 통일을 향한 독일인 망명자들의 동향 속에서 중립적인 입장을 지키고 싶었기 때문이었다. 그는 공화정을 지지하면서도 비스마르크*를 지지하는 실러협회*의 중심에 있었다. 그렇지만 비스마르크 비판을 행하고, 1866년 블린트의 양자 페르디난트가 비스마르크 암살미수사건으로 체포되어 옥중에서 자살한다. 맑스도 1855년에 죽은 아들 에드가의 유년시절 친구였던 페르디난트의 운명에 눈물을 흘린다. 블린트 자신도 비스마르크를 비판하는 논문을 썼기 때문에 프로이센으로부터 소환 명령을 받고 있었지만 영국이 그것을 거부한 덕분에 무사할 수 있었다. 그러나 아들이 무모한 행동에 나서고 말았다. 맑스는 블린트의 경솔한 비판이 양자를 무모한 행동으로 내몰았다고 격렬히 비판했다. ☞『포크트 씨』, 나폴레옹 3세, 『아우크스부르거 알게마이네 차이퉁』, 비스마르크, 실러협회

참 G. Mayer, "Letters from Karl Marx to Karl Blind", in: *International Review for Social History*, No. 4, 1939.

—마토바 아키히로(的場昭弘)

비간트 [Otto Wigand 1795-1870]

헤겔 좌파와 관계된 서적 출판업자. 괴팅겐에서 태어나 김나지움*을 졸업한 후 서적업 견습생이 되었고, 병역을 피해 괴팅겐을 떠난 후 헝가리의 프레스부르크와 페스트에서 형과 함께 서적업을 경영하며 출판인으로서도 활동한다. 이 시기에 『헝가리 백과사전』을 출판. 그 후 라이프치히*로 옮겨 출판* · 서적업자로서 헤겔 좌파*의 저작을 상당수 출판한다. 라이프치히에서 아르놀트 루게*와 알게 되어 그가 편집한 『할레 연보』(1838-41), 『독일연보』*(1841-43), L. 포이어바흐*의 『기독교의 본질』*(1841), 브루노 바우어*의 『공관복음사가와 요한복음사 비판』(1841-42), 막스 슈티르너*의 『유일자와 그 소유』*(1845), F. 엥겔스*의 『영국 노동자 계급의 상태』*(1845), 그리고 『비간츠 계간지』(1844-45)

의 출판을 맡는 등, 1840년대 전반기에 그의 출판사는 헤겔 좌파의 출판 센터와 같은 역할을 했다. 그 자신도 잡지 『디 에피고넨』(1846)을 편집했다. 그는 또한 라이프치히 시의회 의원이 되는데, 1848년 4월 라이프치히에서의 입헌군주제를 내건 독일협회의 설립 호소에는 시의원이라는 직함으로 서명인에 참여했다. 그 후 작센란트 의회의 의원이 되며, 그 후 64년에 은퇴. 70년 사망. ☞『독일연보』

참 *Allgemeine Deutsche Biographie*, Bd. 42, Berlin 1971. 石塚正英, 「『ヴィガント四季報』掲載の宣傳廣告に「三月前」をよみとる」, 『社會思想史の窓』, 創刊号, 1984.

―무라카미 슌스케(村上俊介)

비더마이어 시대—時代 [(독) Biedermaierzeit; Biedermeierzeit]

【Ⅰ】시대구분과 어원

독일 문화사에서의 시대구분으로 빈 회의 후의 1815년부터 1848년의 3월 혁명* 발발까지를 가리킨다. 나폴레옹*에 의해 크게 개변된 유럽의 질서를 프랑스 혁명* 이전으로 되돌리고자 하는 노력에서 탄생한 체제의 시대이기 때문에 '왕정복고 시대'라고도 불린다. '비더마이어'라는 명칭은 자우터라는 호사가의 '우직(Bieder)'한 시를 쿠스마울이 아이히로트와 자신의 패러디를 섞어 뮌헨의 유머 잡지에 1855년부터 57년에 걸쳐 발표한 『슈바벤의 교사 고트리프 비더마이어의 시집』에 그 기원을 지닌다.

【Ⅱ】적용 개념의 확대

'비더마이어'는 처음에는 단순히 소시민적인 속물을 나타내는 부정적인 말이었지만 1900년경에 먼저 주거문화에, 특히 가구의 하나의 양식을 표현하는 말로서 사용되었다. 비더마이어 시대의 주거는 18세기의 영국에서 볼 수 있던 과도한 장식이 없는 소박함을 무미건조하고 즉물적인 합리성으로 전개한 점에 특징이 있다. 가구는 간소하고 알기 쉽게 만들어지고 경쾌함과 쾌적함이 선호되며, 양질의 소재와 손작업에 중점이 두어졌다. 장식에 즐겨 사용된 것은 꽃이 흩어진 모양. 소재의 특성을 살린 가구는 시민들의 주거를 간소하고 실질적인 공간으로 만들었다.

이 말은 다음으로 회화에 적용된다. 비더마이어풍의 회화는 역사상 낭만주의*와 리얼리즘 사이에 위치하는 것으로 선행하는 낭만주의 회화의 주관주의적인 경향에 대한 분명한 반발을 확인할 수 있으며, 『플리겐데 블레터』의 협력자이기도 했던 슈피츠베크의 대표작 『가난한 시인』(1839)으로 상징되는 간소함이나 좁은 공간의 편안함을 특징적으로 표현한다. 처음에는 정확한 초상화에서 볼 수 있는 사실성(寫實性)이 지배적으로 되고, 점차 소시민적인 협애함이 감상적인 표현을, 더 나아가 익살스러운 풍속화를 낳는다. 테오도르 호제만도 서적, 잡지에 다수의 비더마이어풍의 삽화를 그려 다양한 계층의 사람들에게 사랑받았다. 그 밖에 리히터, 슈빈트 등이 있다.

문학사에 대한 적용은 1927년 문예학자 클루크혼의 제창에 의해 낭만주의에 이은 세대를 '비더마이어'라는 개념으로 특징짓고자 한 데서 시작된다. 독일 문학사에서는 1830년부터 1848년까지의 문학은 '3월 전기*(포어메르츠)'라는 명칭으로 시대가 구분되는 경우가 있지만, '비더마이어'가 적용될 때는 구분의 시작이 1815년으로 되는 것이 일반적이다. 전자가 30년대의 '청년독일파*' 등 급진적이고 정치나 사회 문제에 적극적으로 관여하여 3월 혁명의 전(前) 단계를 체현하는 조류를 나타내는 데 반해, 거의 동시대이면서도 후자는 사회의 소란에 거리를 두든가 자기의 내부나 친근한 공간에 틀어박히는 소시민적인 경향을 지니는 문학을 표현한다. 그러나 문학을 의도적으로 정치・사회운동의 수단으로 삼아 이론화하는 3월 전기의 문학이나 이전 세대의 낭만파처럼 의식적인 집단 결성 등과 같은 정돈된 이론이나 파벌이 있는 것은 아니며, 문학상의 '비더마이어 시대'라는 개념은 대체적인 경향을 문학사에서 포괄적으로 파악하고자 하는 것이기 때문에 문학사가에 의해 대상으로 간주되는 시인・작가에 일관성이 없고 다루는 방식이나 개념 규정에도 어긋남이 있다. 또한 대상으로 간주되는 작품에서도 명확한 형식 의지에 따르지 않고 소형식(스케치, 심상풍경, 메르헨 등)의 빈번한 사용이나 다양한 장르의 혼효를 엿볼 수 있다. 보통 '비더마이어 문학'에 속하는 것으로 간주되는 사람은 극작가 F. 그릴파르처, 오스트리아 빈의 민중극 배우 F. 라이문트와 J. 네스트로이, 서정시 『갈대의 노래』의 N. 레나우, 교양소설 『화가 놀텐』이나 서정시의 E. 뫼리케, 특이한 단편소설 『유대인의 너도밤나무』와 시집으로 잘 알려진 드로스테 휠스호프, 나아가 단편소설집 『여러 가지 돌』의 A. 슈티프터, 스위스에서 목사로서 농민 교화를 위해 농촌소설을 다수 쓴 이색적인 작가 J. 고트헬프 등이다. 그들에게 공통된 것은 자기 충족을 자각하는 겸손, 열정의 억제, 운명의 감수, 중용과 절도, 주변의 행복, 역사나 자연*에 대한 애착의 표현이다.

패션에서도 왕정복고기의 분위기를 반영하는 밝고 질서정연한 것이 선호되었다. 여성들은 창이 아주 긴 모자, 폭이 넓은 옷깃이 달린 스커트, 꽉 죄는 속옷, 넓은 소매, 어깨까지 내려오는 데코르테에 특징이 있으며, 남성들은 밝은 색의 발꿈치까지 꼭 들어맞는 판탈롱, 연미복, 다양한 색상의 프록코트, 짧은 조끼를 걸치고, '부친 살해의 칼라'라고 불리는 높고 딱딱한 옷깃을 느슨하게 묶은 넥타이 위로 접어서 입었다.

음악에서도 극히 부분적으로 이 말이 적용된다. C. 뢰베나 L. 슈포어 등 검소함이나 감상적인 것, 편안함이 선호되었다. 가정이나 그룹(남성합창단 등)에서의 연주와 감상이 가능한 피아노 앨범, 가곡, 합창곡이 애호되고 작곡되었다. ☞포어메르츠기, 낭만파

참 マックス・フォン・ベン(飯塚信雄 外 譯),『ビーダーマイヤー時代』, 三修社, 1993. 前川道介,『愉しいビーダーマイヤー』, 國書刊行會, 1993. 藤村宏,『ロマン主義とリアリズムの間』, 東京大學出版會, 1973.

—다카기 후미오(高木文夫)

비밀결사 秘密結社 [(독) Der Geheimbund]

대중*의 직접적인 행동에 의해 현존하는 정치권력이나 사회질서 등의 전복・재편할 것을 목적으로 하여 자율적으로 결성된 소수의 사람들로 이루어진 행동체로, 의회나 선거에 의한 승인 등을 전제로 하지 않는 반체제의 비밀조직. 1789년에 발발한 프랑스 혁명* 말기에 결성된 바뵈프, 부오나로티 등의 평등당, 1830년대 중반에 프랑스에서 결성된 블랑키*, 바르베스* 등의 계절협회는 그 전형이다. 예를 들어 이 협회 지도자인 공산주의자 블랑키 등은 프랑스 경찰에 대한 엄격한 비밀유지를 목적으로 결사원은 자기가 소속된 세포조직의 구성원들 이외에 상호 확인할 수 없도록 했다. 기본조직은 '주(週)'이며, 그것은 7명의 '일(日)'로 구성되고 '일요일'이 지도한다. 이 '일요일'만이 그 밖의 세 개의 주의 지도자를 알고 있다. 4개의 주로 '월(月)'을 만들고 3개의 월로 '계절'을 만든다. 각급의 장은 그와 동급의 장을 알고 있다. 사계로 '년(年)'을 만들고 이를 '봄'의 장이 지도한다. 이런 형태는 이탈리아의 비밀조직 카르보나리에서 힌트를 얻은 것이라고도 한다.

프랑스인 공산주의자의 이와 같은 비밀결사 운동은 1830년대부터 40년대에 걸쳐 독일의 도시들에서 파리*로 편력 내지 망명*해온 수공업 직인들의 조직형성에도 일정한 영향을 미쳤다. 예를 들면 1830년대 파리에서 결성된 독일인 가창협회는 그 후 32년에 독일인 조국협회로 통합되고, 그것은 1834년에는 명확한 정치결사인 추방자동맹*이 되며, 더 나아가 그로부터 1836-37년에 걸쳐 의인동맹*이 파생되었다. 그것들은 크든 작든 프랑스인 비밀결사를 본 따 조직을 만들었다.

의인동맹은 1847년에 맑스와 엥겔스*의 가입을 받으면서 같은 해 말에는 공산주의자동맹*으로 다시 태어난다. 그 당시 결사의 구성은 이전의 계절협회적인 비밀성을 불식시키고 이른바 민주주의적인 조직으로 개편되게 되었다. 그렇긴 하지만 이 새로운 조직은 정당*이 아니라 결사이다. 공산주의자동맹은 협의와 통신 및 행동의 위원회로서 자율적으로 성립한 것이지 그 누구의 이익을 대표하는 것이 아니다. 결사를 구성하는 개개인은 계급이라든가 국민이라든가 하는 어떤 집단의 대표 따위가 아니다. 공산주의자동맹을 예로 해서 말하자면 이 결사는 공산주의*의 실현이라는 이념이나 원칙 등에 찬동하는 자에게 널리 개방된 자유참가형 집단이다. 결사 내부는 어떤 의미에서 일목요

연한 것이다. 이념에 대립이 발생하면 결사는 스스로의 책임으로 분열할 뿐이다. 그러나 외부의 압력 특히 국가권력의 간섭으로부터 조직을 지키기 위해 결사는 그것들에 대해 언제라도 비밀을 원칙으로 삼았다. 공산주의자동맹은 체제전복을 노리는 결사인 이상 조직 내부에서의 민주주의*와 더불어 조직 외부에서의 비밀주의를 관철했던 것이다. 어떤 시대에서든 국가* 측에서 본다면 결사는 대개 비밀조직의 요소를 포함하는 것이다. ☞공산주의자동맹, 정당, 블랑키[1], 의인동맹

참 石塚正英,「開かれた結社と閉ざされた政党」,『月刊フォーラム』, 1995年 9月号;『ソキエタスの方へ』 수록, 社會評論社, 1999. 澁澤龍彦,『秘密結社の手帖』, 河出書房新社, 1984.

—이시즈카 마사히데(石塚正英)

비스마르크 [Otto Eduard Leopold Fürst von Bismarck 1815-98]

프로이센 왕국 수상 및 초대 독일제국 재상. 프로이센 왕국 브란덴부르크 주 쇤하우젠의 융커 집안에서 태어난다. 괴팅겐 및 베를린* 대학에서 공부하며, 1836년에 프로이센의 관리, 1847년에는 프로이센 연합 주의회 의원이 되어 반자유주의적인 왕당파로서 정치무대에 등장. 1848년 혁명*에서는 왕권과 융커의 이익을 위한 활동을 전개, 보수파의 『신프로이센 신문』의 발간에 협력한다. 1849년에 프로이센 국민의회*의 의원에 당선되고, 1849-50년에는 오스트리아와 러시아의 압력에 의한 프로이센 주도의 소독일주의 정책의 좌절을 정치가로서 체험한다. 1851년에는 재건된 독일연방의회 프로이센 대사에 임명되고, 1859년부터 주 러시아 대사, 1862년에는 주 프랑스 대사를 역임. 이 사이에 이전의 편협한 보수파의 사고에서 벗어나 보나파르티즘*으로 시야를 넓혀간다. 1862년 9월 헌법분쟁 하에서 수상에 임명되며, 철혈 연설로 자유주의파의 반발을 초래하지만 군비확장 정책을 강행하는 한편, 독일 통일 문제에서는 오스트리아의 압력을 물리치는 외교를 전개. 1864년의 대(對)덴마크 전쟁에서 독일영방들과 동맹하여 승리, 나아가 1866년에는 슐레스비히・홀슈타인의 귀속을 둘러싼 오스트리아와의 전쟁에서도 승리하고, 자유주의파의 지지를 획득해 오스트리아를 배제한 프로이센 중심의 북독일연방을 결성한다. 이어서 1870년에는 나폴레옹 3세*의 프랑스와의 전쟁에서 승리, 남독일 국가들의 북독일연방으로의 참가를 촉진함으로써 1871년 1월 프로이센 국왕 빌헬름 1세를 황제로 하는 독일제국 창설을 달성하고 초대 제국 재상에 취임한다. 1890년에 새로운 황제 빌헬름 2세와 의견이 대립하여 사임할 때까지 재상 자리에 있었다. (1871년 이후에 대해서는 '비스마르크 시기의 독일' 항목을 참조하라.) 사임한 뒤에는 정계에서 물러났지만 은연한 영향력을 지니고 있었다고 한다. ☞비스마르크 시기의 독일, 보나파르티즘

참 L. ガル(大内宏一 譯),『ビスマルク—白色革命家』, 創文社, 1988.

—시노하라 도시아키(篠原敏昭)

비스마르크 시기의 독일—時期—獨逸

1871년 1월에 창설된 독일제국은 통상적으로 3기로 구분되는데, 초대 제국 재상 비스마르크*가 사임하는 1890년까지를 제1기, 비스마르크 시기라 부른다. (제2기는 제3대 황제 빌헬름 2세가 통치하기 시작한 빌헬름 시기{1890-1914년}, 제3기는 제1차 세계대전 시기{1914-18년}). 비스마르크 시기는 더 나아가 제국 정부가 자유주의적 정당들과 협조한 전반기와 보수파 정당들과의 연대로 기운 후반기로 나뉜다. 경제적으로는 공업화가 진행된 시기로, 제국 창설 직후에 회사 설립 붐이라 불리는 호황기가 있었지만, 1873-74년 공황 이후에는 긴 불황이 이어졌다.

【Ⅰ】제국의 통치기구와 재정구조

독일제국은 프로이센 왕국을 맹주로 하여 22개 군주국(4개 왕국, 6개 대공국, 4개 공국, 8개 후국)과 3개 자유도시의 25개 지방(支邦)으로 이루어진 연방제 국가로, 비스마르크가 재상을 맡은 제국 정부는 제국 전체의 군사・외교・재정을 담당하고 다른 부문은 지방에 위임되었다. 헌법상으로는 황제(프로이센 국왕이 세

습)에 군사·외교 대권, 제국 재상의 임명권, 의회의 소집·정회권 등의 권한이 집중되어 있었는데, 재상 비스마르크는 초대 황제 빌헬름 1세의 신임이 두터워 황제 권력의 대리 집행자로서 기능했다. 제국의회는 보통선거권(남자 25세 이상)에 기초해 법안의 발의·심의권을 갖고 있긴 했지만 지위는 낮아 최종 결정권은 지방 정부 대표자들로 이루어진 연방 참의원(의장은 제국 재상)이 장악하고 있었다. 그러나 제국의회의 영향력은 선거를 거듭하면서 커져갔다.

제국 재정은 관세나 소비세 및 우편·전신 수입을 재원으로 삼고 있었지만 부족분은 각 지방의 분담금에 의존하고 있었다. 비스마르크는 제국 재정의 자립을 위해 당초 추진하고 있던 자유무역 정책을 보호주의로 전환, 1879년 보수파 정당들 등의 지지를 얻어 관세를 인상했지만 분담금의 폐지에까지는 이르지 못하며, 지방으로부터의 제국 재정의 자립화는 달성되지 않았다.

【Ⅱ】문화투쟁과 사회주의자 진압법

독일제국의 최초 20년 동안에 비스마르크는 '제국의 적'으로 지목되는 세력을 공격하여 제국의 통일성 강화를 도모하는데, 전반기에는 가톨릭을 '제국의 적'으로 하는 문화투쟁을 전개하고, 후반기에는 사회주의 세력을 '제국의 적'으로서 탄압하는 사회주의자 진압법을 시행했다.

가톨릭 신도는 새로운 제국에서는 인구*의 약 3분의 1로 소수파였지만, 반프로이센 의식이 강한 남독일 및 서남독일에 많았고, 중앙당을 결성해 의회에 진출하여 제국 정부에 대한 대항 자세를 분명히 했다. 비스마르크는 제국의 정치나 교육* 등을 종교*와 분리할 목적도 있었지만 가톨릭교회의 정치적·사회적 영향력의 배제를 목적으로 한 다양한 입법을 프로테스탄트파의 자유주의 정당들의 협력을 얻어 행했다. 중앙당과 가톨릭교회는 격렬히 저항하고 선거에서는 오히려 의석을 크게 늘렸다. 그 결과 비스마르크는 후퇴할 수밖에 없게 되고 1878년에는 타협이 성립하여 분쟁은 수습되었다.

비스마르크는 노동자층에 대해서는 노동자 보호와 사회보장을 제공하여 제국에 대한 충성심을 높이고자 하는 한편, 사회주의 운동에 대해서는 탄압 정책을 취했다. 1871년에 제국의회에 2명의 의원밖에 없었던 사회주의 세력은 1877년에는 12개의 의석을 차지하게 되기까지 했지만, 1878년의 황제 암살미수 사건을 계기로 비스마르크는 사회주의자를 새로운 '제국의 적'으로 만들어내 공포를 부추기고, 보수파와 자유주의 우파의 찬성을 얻어 사회주의자 진압법을 성립시켰다. 이 법률에 의해 사회주의적인 단체는 존립과 활동을 금지 당했지만 독일 사회주의 노동자당*은 국외에서 인쇄한 기관지를 들여와 지하조직에 의한 활동을 전개하고, 또한 당 의원의 활동과 선거운동을 통해 영향력은 1880년대가 되면서 오히려 확대되어 1884년에는 의회에 24개의 의석, 1890년에는 35개의 의석을 차지하기에 이르렀다. 비스마르크의 탄압 정책은 사회주의자 진압법을 폐지하여 국민융화를 도모하고자 하는 새 황제 빌헬름 2세의 의향과 대립하게 되고, 비스마르크는 1890년 3월에 재상을 사임했다.

【Ⅲ】비스마르크 외교

비스마르크의 외교정책의 기본은 한편으로는 창설한 지 얼마 되지 않은 제국 자체가 영국과 러시아를 기축으로 하는 종래의 유럽적 질서의 교란자가 되지 않도록 하고, 다른 한편으로는 프랑스의 대(對)독일 복수주의를 경계하여 프랑스를 외교적으로 고립화시켜 두는 것에 있었다. 비스마르크는 1873년에 발칸 문제로 불신감을 갖고 있던 오스트리아와 러시아를 서로 양보하게 하여 독일도 포함해 삼제협약(三帝協約)을 체결하게 하고, 1878년에는 베를린 회의를 개최해 러시아-터키 전쟁* 처리를 둘러싼 영국·오스트리아·러시아·터키 간의 분규를 조정했다. 러시아의 반독일적 자세가 분명히 드러나자 1879년에는 독일-오스트리아 동맹을 체결하지만, 러시아-오스트리아 관계가 발칸을 둘러싸고 악화하자 비스마르크는 1881년에 삼제조약(三帝條約)을 체결하여 이해관계의 조정을 시도했다. 이들 동맹관계는 동시에 프랑스의 국제적 고립을 도모하는 비스마르크 외교의 일환이기도 했는데, 이탈리아가 입식해 있던 북아프리카의 튀니지를 프랑스가 보호령으로 만들자 비스마르크는 1882년 오스트리아, 이탈리아와 3국 동맹을 체결해 프랑스에 대항했다. 1887년에는 러시아와 다시 보장조약을 맺었지만 러시아와의 관계는 안정되지 않고, 러시아는 비스마르크가 회피하고자 한 프랑스와의 동맹 쪽으로 가까워져 갔다.

1880년대부터 독일에서도 식민지 획득 요구가 높아져 비스마르크는 민간의 식민사업에 정부 지원을 제공하고, 1884-85년에는 아프리카의 토고, 카메룬이나 동아프리카 연안 지역, 북동부 뉴기니와 남서태평양 제도를 보호령으로 만들었다. 비스마르크는 국가사업으로서는 식민정책을 추진하지 않았으나 열강의 식민지 획득의 움직임을 유럽 외교에 이용했다. ☞독일 사회주의 노동자당, 비스마르크

㉾ 成瀬治・山田欣吾・木村靖二 編, 『ドイツ史2 1648-1890年』, 山川出版社, 1996. L. ガル(大内宏一 譯), 『ビスマルク—白色革命家』, 創文社, 1988.

—시노하라 도시아키(篠原敏昭)

비코 [Giambattista Vico 1668-1744]

이탈리아의 철학자. 주저로는 1725년에 제1판이 세상에 나온 뒤 1730년, 1744년의 두 번에 걸쳐 개정된 『새로운 과학』이라고 불리는 저작이 있다. 본인의 교열을 거친 최종 결정판이 된 1744년판의 제목 전체는 『국민들에게 공통된 자연본성에 대한 새로운 과학의 원리들』이다. 참된 의미에서의 지식이란 사물이 만들어질 때의 양식에 대한 지식을 가리키는데, 그와 같은 지식을 가질 수 있는 것은 해당 사물의 제작자 자신에 한정된다는 지식이론을 바탕으로 신의 창조물로 이해된 자연계에 대한 지식의 달성 가능성을 거부하는 한편, "이 국민들의 세계 또는 국가제도적 세계(questo mondo delle nazioni, o sia mondo civile)는 분명히 인간*들에 의해 만들어진 것이기 때문에, 그 원리들은 우리 인간의 지성 자체의 양태들 안에서 발견될 수 있을 것이다"라는 전망을 바탕으로 문명의 기원에 대한 새로운 학문적 이해의 길을 개척한 것으로 알려진다.

이 비코의 이름이 『자본』* 제1권 제13장의 주 89에 등장한다. 다윈*은 "자연*의 테크놀로지의 역사" 즉 "동식물의 생활을 위한 생산도구로서의 동식물 기관의 형성"에 관심을 기울였지만, 본래적인 의미에서의 테크놀로지의 역사, 바꾸어 말하자면 "사회적 인간의 생산적 기관들의 형성사"도 똑같은 주의를 기울일 가치가 있는 것은 아닐까. 게다가 이 형성사 쪽이 한층 더 용이하게 제공될 수 있는 것이 아닐까. "왜냐하면 비코도 말하고 있듯이 인간의 역사가 자연의 역사와 구별되는 것은 전자는 우리가 만든 것이지만, 후자는 그렇지 않다는 점에 있기 때문이다"라고[23a:487].

이는 역사 인식의 가능성에 대한 맑스의 생각을 이해하는 데서 주목할 만한 언급이지만, 비코로부터의 영향을 운운하기에는 그 언급이 너무 간단하다. 또한 비코가 해명하고자 한 것은, 지성적 판단력이 아직 전무하고 감각과 상상력의 덩어리였던 '최초의 인간들'이 문명의 길로 들어선 것은 그들이 그 천부적인 시적 창작의 능력을 발휘하여 경험을 신들과 영웅들과 같은 형상으로 이루어진 '시적 기호(carattere poetico)'의 체계로 분절화해 감으로써 가능했다는 것이었다. 이에 반해 맑스는 오히려 도구를 개발하면서 자연에 능동적으로 관여하고 있던 공작인(homo faber)의 모습으로 자리매김한 것으로부터 추리를 전개하고자 한다는 것도 간과할 수 없다. 다만 비코는 초기의 저작 『라틴어의 기원에서 도출되는 이탈리아인의 태고의 지혜』(1710)에서는 『새로운 과학』의 기초에 놓인 것과 동일한 지식이론을 실험적 자연학의 근거짓기에도 적용하고 있다. 맑스의 발언은 비코의 지식이론에 잠재하는 이러한 방향성을 계승・발전시키고자 한 것이었다고 볼 수 있을 것이다. 덧붙이자면, 맑스는 『새로운 과학』을 1844년에 나온 '『가톨릭 교의의 형성에 관한 시론』의 저자'(벨조이오소 후작 부인 크리스티나 트리불치오)에 의한 프랑스어 완역본으로 읽은 것으로 보이는데, 이는 1862년 4월 28일자의 라살레에게 보낸 서간에서 엿볼 수 있다[30:503-504].

㉾ G. Tagliacozzo (ed.), *Vico and Marx. Affinities and Contrasts*, Atlantic Highlands, N. J. 1983. 木前利秋, 「トピカと労働の論理

—ヴィーコとマルクス」,『思想』, 第752号(特集 ≪ヴィーコを讀む≫), 1987. 上村忠男,『ヴィーコの懷疑』, みすず書房, 1988. K. レーヴィット(上村忠男 外 譯),「ヴィーコの基礎命題 <眞なるものと作られたものとは相互に置換される>—その神學的諸前提と世俗的諸歸結」,『學問とわれわれの時代の運命』 수록, 未來社, 1989.

—우에무라 다다오(上村忠男)

비텐바흐 [Johann Hugo Wyttenbach 1767-1848]

맑스가 졸업한 김나지움*의 교장. 트리어 대학을 졸업한 후, 트리어*의 부호인 목재업자 네루 가 등의 가정교사가 되며, 1798년 트리어에서 교육위원회의 일을 시작한다. 1792년 8월 25일, 괴테가 트리어를 방문했을 때 그를 안내하고, 그 후로도 학문적 교류가 이어졌다. 1804년에는 프랑스 체제하의 세콘드슐레(중학교) 교장이 된다. 그의 교장 생활은 프로이센 지배하에서 세콘드슐레가 김나지움으로 바뀐 후에도 계속된다. 또한 교장인 동시에 트리어 시립도서관장도 겸했다.

그는 많은 저작을 집필했다(저작 22권, 논문 81편). 그의 교육관의 기초에는 종교*에서 벗어난 시민교육이라는 개념이 있다. 그리스・로마 고전교육을 장려하고, 이러한 난해한 고전교육을 통해 우회하는 교육*이야말로 진정한 엘리트를 양성할 수 있다고 생각했다. 인간*이 다른 존재들보다 뛰어난 이유는 이성*과 자유의지를 갖고 있기 때문인바, 높은 곳에서 세계를 보는 이성에 대한 절대적인 신뢰는 프랑스 혁명*의 영향이다. 다분히 인간중심주의에 빠질 위험이 있을 정도의 이성 신앙은 맑스에게도 커다란 영향을 주었다. 이상국가는 공화정 국가이고, 국왕이 없는 의회제 민주주의 국가야말로 그의 이상이었지만, 이는 프로이센 정부의 교육과 분명히 대립하고 있었다. 트리어의 김나지움에는 그 이외에도 프랑스 체제를 예찬하는 많은 교원이 있었는데, 이것이 학생들의 반프로이센 의식을 고양시켰던 것이다. ☞계몽사상, 칸트, 김나지움(제도), 트리어

㊟ 的場昭弘,『トリーアの社會史』, 未來社, 1986. H. Wyttenbach, *Aussprache des reinen Herzens und der philosophischen Vernunft über die der Menschheit wichtigsten Gegenstände*, Bd. Ⅰ, 1801, Ⅱ, 1808.

—마토바 아키히로(的場昭弘)

비판 批判 [(독) Kritik]

맑스의 사상적 특질을 보여주는 개념. 종종 저작의 제목으로서도 나타난다. 철학사적으로는 칸트*에게서 중요한 의미를 갖게 되었다. 거기서는 경험으로부터 독립된 인식에 관해 이성*의 능력 일반의 범위나 한계를 명확하게 한다는 의미가 있었다. 또한 헤겔*에게서는 지성에 의한 고정적・고립적인 규정성을 자기 지양하고 내재적인 연관과 필연성 아래로 가져온다는 의미가 있지만 그것은 참다운 학문적 지식을 전제로 하여 이루어지는 것이었다.

맑스는 학위 논문에서 이성의 존재와 세계성을 전제로 하여 "개개의 현 존재를 본질에서 측정하고 특수한 현실을 이념으로 측정하는 것이 비판이다"[40:256]라고 말한다. 비판은 '이론적 정신'이 내적으로 완성되어 그 외부로 향할 때 이념의 실현을 지향하는 활동이다. 그 바탕에는 헤겔적 관념론이 있고 의식*의 각성이 문제로서 제시된다[루게에게 보내는 서간(1843. 9) 1:379-383]. 그러나 포이어바흐*를 적극적으로 평가하는 가운데 비판의 의미가 변한다[『경제학・철학 초고』]. 헤겔의 "겉보기의 비판주의"[40:504]는 현실적 인간을 사상한 자기의식이나 절대정신을 주체로서 내세우는 점에 기인한다. 자연*에 입각하는 유적인 현실적 인간의 입장에서 "현실적 생활의 소외*"[같은 책:458]가 문제로 된다. 이러한 인간 개념을 발판으로 삼아 국민경제학적인 "사실의 개념"이 "소외된 노동*"[같은 책:438]으로서 파악된다. 사실을 소외로서 파악하고 그것을 지양한다고 하는 과제 속에 비판 고유의 활동이 있다.

포이어바흐의 인간 개념도 도마 위에 올리는『독일 이데올로기』*는 헤겔 좌파*에 의한 여러 비판이 헤겔의

이데아주의(관념론*)의 지반 내지 종교적인 지반을 벗어나지 못했다고 말한다. 관념 · 사상 · 철학*의 '자립화'를 현실적 관계들로 되돌리고 이러한 전도를 노정시켜 사상과 현실의 관련을 묻는 것에 비판의 활동이 있다. 이러한 자세는 사회적 생산관계들과 경제학적 범주들의 관련을 무시하고 또한 현실적, 역사적인 지반을 무시하여 범주들의 자립적인 운동을 구성하는 프루동*에 대한 비판과 통한다.

정치경제학 비판*의 체계적 서술에 있어서 우선 문제로 되는 것은 "경제학적 범주들의 비판", "부르주아 경제학의 비판적 서술"이며, 게다가 그것은 "체계의 서술"인 동시에 "서술에 의한 체계의 비판"이라고 말한다[라살레에게 보내는 서간(1858. 2. 22), 29:429]. 참된 것으로서 타당하게 통용되는 범주들을 역사적으로 규정된 일정한 생산관계에서의 것으로서 상대화하고 그 유래를 밝히며, 그것들의 기본적인 것에서부터 체계적인 서술을 하는 가운데 각각의 국면에 조응하는 의식 형태를 차례대로 비판적으로 다시 파악한다. 비판은 이러한 작업을 담당한다. 비판은 이와 같이 맑스의 학문적인 과제 설정과 깊은 연관을 갖는다. 비판의 의미는 이로부터 보다 명확하게 파악될 것이다. ☞체계와 방법

㊂ 廣松涉, 『物象化論の構圖』, 岩波書店, 1983. 高橋洋兒, 『物神性の解讀』, 勁草書房, 1981.

—다키구치 기요에이(瀧口清榮)

빅토리아기의 문예—期—文藝

맑스가 빅토리아기 문학자로서 주목하고 있는 것은 디킨스, 새커리, 샬롯 브론테, 가스켈이지만, 『차티즘』 등의 저자인 칼라일*도 시야에 넣어둘 필요가 있을 것이다.

【 I 】 브론테(Charlotte Brontë 1816-55)

『폭풍의 언덕』(1847)으로 유명한 에밀리 브론테, 『아그네스 그레이』(1847)와 『와일드펠 홀의 거주자』(1848)로 알려진 앤 브론테의 언니. 최초의 작품 『교수』(1857년 사망 후 출판)는 출판에 실패했지만, 두 번째 작품인 『제인 에어』(1847)로 일약 인기작가가 되었다. 고아 제인의 파란만장한 편력을 그렸는데, 여자로서의 자아의 주장, 격렬한 정열과 분별의 갈등 모습은 지금도 강한 호소력을 지닌다. 그 밖에 『셜리』(1849), 『빌레트』(1853)가 있다.

【 II 】 칼라일(Thomas Carlyle 1795-1881)

스코틀랜드에서 태어나 목사가 되기 위해 에든버러 대학에 입학했지만, 종교적 회의에 빠져 단념한다. 독일문학과 철학에서 사상적 영향을 받는다. 1833년부터 34년에 걸쳐 『프레이저스 매거진』에 『의상철학』을 연재하고, 1834년에 런던*의 첼시로 이주하고부터는 『프랑스 혁명』(1837)을 써서 대성공을 거두었다. 역사의 담지자가 된 '영웅'들을 독특한 문체로 논의한 『영웅과 영웅숭배』(1841), '영국의 상황'에 비추어 정치경제를 통렬하게 비판한 『차티즘』(1839), 『과거와 현재』(1843) 등이 있다.

【 III 】 디킨스(Charles Dickens 1812-70)

빅토리아기를 대표하는 소설가로, 『자본』*에도 그의 작품 『올리버 트위스트』(1838)에 대한 언급이 있다. 소년 시절에 부친이 채무자 감옥에 투옥되었기 때문에 구두약 공장에서 일할 수밖에 없게 되어 굴욕과 고통의 나날을 경험한 적이 있다. 법률사무소의 사무원, 보도기자로서 일하면서 작가를 지망하여 1836년에 『보즈의 스케치집』을 간행, 이듬해에는 『피크위크 클럽의 기록(*Pickwick Papers*)』을 출간하여 폭발적인 인기를 누렸다. 현실과 판타지를 뒤섞은 독특한 리얼리즘의 작풍을 지니며, 다섯 편으로 이루어진 『크리스마스 북스』(1843-48), 자전소설 『데이비드 카퍼필드』(1850) 외에 『황량한 집』(1853), 『어린 도릿』(1859), 『위대한 유산』(1861), 『서로의 친구』(1865) 등의 명작을 남겼다.

【 IV 】 가스켈(Elizabeth Gaskell 1810-65)

런던에서 태어나 일찍이 어머니를 여의고 백모의 양육을 받으며, 1832년에 맨체스터의 유니테리언파의 목사와 결혼, 빈민구제 사업 등의 활동을 시작했다. 1845년, 어린 아들을 잃은 슬픔을 달래기 위해 『메리 바턴』(1848)을 쓴다. 맨체스터의 빈곤 노동자의 비참한 생활을 중심으로 차티스트 운동*과 노사의 대립,

연애, 살인사건을 뒤얽은 작품이다. 그 외에 '추락한 여자'를 주제로 한 『루스』(1853), 사회소설로서 대표적인 『북과 남』(1855) 등이 있다.

【Ⅴ】 새커리(William Makepeace Thackeray 1811-63)

디킨스와 나란히 언급되는데, 동인도회사의 세무관의 외아들로 태어나 전형적인 중류가정에서 자랐다. 명문 퍼블릭 스쿨을 거쳐 케임브리지 대학에 진학했지만, 도박에 열중하여 1년 만에 중퇴. 잠시 동안 『펀치』 등에 작품을 발표한 후, 자신의 삽화를 넣은 『허영의 시장』(1848)을 발표함으로써 대작가로서의 지위를 굳혔다. 이어서 『펜더니스 이야기』(완결은 1850), 『헨리 에스먼드』(1852), 『뉴컴 가』(1855) 등의 대작을 발표하고, 1860년 『콘힐 매거진』의 창간에 즈음해서는 그 주필이 되어 『방황의 기록』, 『필립의 모험』 등을 연재했다. ☞런던

참 ルイ・カザミアン(石田・臼田 譯), 『イギリス社會小說・1830-1850』, 硏究社, 1958. J. P. ブラウン(松村昌家 譯), 『19世紀イギリスの小說と社會事情』, 英宝社, 1987. 內田毅 監修, 『イギリス文學展望』, 山口書店, 1992.

―마쓰무라 마사이에(松村昌家)

빅토리아기의 생활수준 ―期―生活水準

빅토리아 여왕이 즉위한 1837년에 이르기까지 수십 년간 영국 사회는 산업혁명*을 경험했다. 이 시기의 영국 노동자계급의 생활수준에 대해서는 그것이 저하했다는 비관론과 상승했다는 낙관론이 있다. 최근의 낙관론으로서는 실질임금이 평균해서 1760-80년의 시기에는 저하했지만, 1780-1820년의 시기에는 연 0.56%, 1820-50년의 시기에는 연 1.27% 상승했다고 하는 추계가 있다. 연구들을 종합하면, 현 단계에서는 실질임금이 1820년을 지날 때까지 정체하고 그 이후 상승으로 전환된 것으로 보이는데, 그 상승률로서 1800-40년에는 35~55%라는 수치가 제시되고 있다. "자본*의 축적욕망이 노동력 또는 노동자 수의 증대를 상회하고, 노동자에 대한 수요가 그 공급을 상회한다"[『자본』, 23b:800]라고 맑스가 쓴 상황이 지배적이었던 것이다. 그러나 새로운 기계*와 경쟁*한다든지, 기계에 의해 일자리를 빼앗긴 사람들의 경우에는 실질임금이 저하한 것은 말할 필요도 없다. 더 나아가 국민 일인당 소비*는 1820년 이후에 증가했지만, 1801-40년의 일인당 실질 국민소득의 증가율이 78%였음에도 불구하고 부유층의 1801-40년의 평균소득 상승률이 98%였던 점이나 1790-1850년의 시기에 국민소득의 임금*으로의 분배율이 6~14% 감소한 사실을 감안하면, 소비수준의 상승이 부유층과 노동자계급에 의해 균등하게 향유되지 않았음은 확실할 것이다.

1850년 이후, 1901년 1월에 빅토리아 여왕이 사망할 때까지 영국인의 국민소득은 2배가 되었고 평균 실질임금도 2배가 되었다. 앞서 언급한 자본과 노동*의 관계가 계속되었던 것으로 보인다. 그뿐만 아니라 "근대산업이 진행될수록 …… 간단하고 저급한 일이 복잡하고 고급한 일을 대신한다"[『임금노동과 자본』, 6:417]고 하는 맑스의 말과는 반대로, 적어도 19세기 동안에는 전 취업자 중에서 차지하는 저임금 취업자의 비율이 감소했다. 실질임금 상승의 4분의 1은 그것에 기인했다고 추계되고 있다. 다만 19세기 후반을 통해 국민소득의 임금으로의 분배율은 거의 일정했기 때문에 저임금 직종에 머물러 있던 노동자의 상대적 빈곤 정도는 증대했다. 19세기 말의 부스에 의한 런던* 조사나 라운트리에 의한 요크 조사에서 인구*의 약 3분의 1 정도는 최저 생활수준을 유지할 수 없으며, 그 가운데 약 3분의 1 정도는 아무리 절약하더라도 생존에 필요한 식료품의 확보조차 곤란했다.

'필요욕망', 요컨대 생활수준이 역사적 산물이라는 것은 고전파 경제학자와 마찬가지로 맑스도 인정하고 있는데[『자본』, 23a:224], 19세기 말의 노동자의 평균적 소비내용은 수십 년 전의 수준보다 높아져 있었다. 따라서 실질임금이 1882-99년에 평균해서 연 1.58% 상승하더라도 그 생활수준을 유지하기 위한 노동자의 고투는 쉽지 않았다. 1834년에 인구의 8.8%를 차지한 구빈수당 수급자가 1900년에는 2.5%로 줄었으나 여전히 많은 노동자가 영양섭취를 희생하며 생활하고 있었

다는 사실은 1901년에 병역 지원을 한 맨체스터*의 노동자 11,000명 중 8,000명이 신체적으로 부적격자로 처리되었다는 점에서도 확인할 수 있다. 사회의 밑바닥 아이들이 "즐기는 것은 부자, 고통 받는 것은 가난뱅이"[W. 우드러프, 『사회사의 증인』 일본어 역, 374쪽]라는 노래를 부르며 자란 것도 무리가 아니었다. ☞빅토리아기의 영국 중산계급의 생활, 『영국 노동자계급의 상태』, 런던, 맨체스터

㊟ N. F. R. Crafts, "The New Economic History and the Industrial Revolution", in: Peter Mathias/John A. Davis (ed.), *The First Industrial Revolutions*, Basil Blackwell 1989. Harold Perkin, *The Origins of Modern English Society 1780-1880*, Routledge & Kegan Paul 1969. Charles Booth, *Life and Labour of the People of London*, 1902-03. B. Seebohm Rowntree, *Poverty: A Study of Town Life*, 1902. C. H. Feinstein, "What really happened to real wages? …… 1880-1913", in: *Economic History Review*, vol. 43, 1990. Arnold White, *Efficiency and Empire*, London 1901. ウィリアム・ウッドラフ(原剛 譯), 『社會史の証人』, ミネルヴァ書房, 1997.

—하라 쓰요시(原 剛)

빅토리아기의 영국 중산계급의 생활—期—英國中産階級—生活

1849년 8월, 맑스는 영국의 수도 런던*으로 망명*했는데, 그 이후 사망하게 되는 1883년 3월까지 약 33년간 영국에 머물게 된다. 빅토리아기란 빅토리아 여왕이 즉위한 1837년부터 사망하는 1901년까지를 말하지만, 맑스의 런던 시절은 바로 빅토리아기의 주요 시대와 겹치게 된다. 이 시기의 특색으로 중산계급의 확대가 있다. 영국 경제의 번영 속에서 직인이나 회사원이 노동자와의 차이화를 시도하기 위해 하층 중산계급으로서 중산계급의 관습, 가치관, 생활을 점차 받아들인다. 빅토리아 모럴의 침투는 이러한 하층 중산계급에 의거하는 측면이 크다. 도심의 주택에서 교외의 주택으로의 이전, 직장과 주거의 분리에 따른 전업주부의 출현, 아이들에 대한 신사・숙녀 교육, 여가와 레저의 확대와 같은 빅토리아 시대의 생활 스타일은 중산계급의 증대와 밀접하게 관련된다. 맑스 가*는 본래의 중산계급이었지만, 맑스는 이러한 영국 중산계급의 관습, 가치관, 생활에서 커다란 영향을 받게 된다. 맑스 가의 생활을 알기 위해서는 당시의 중산계급의 생활을 살펴볼 필요가 있다. 맑스 가의 주거 이전, 가정부와의 정사, 세 딸의 교육*, 요양지 여행 등 모든 것이 당시의 영국 중산계급의 관습, 생활, 가치관과 깊게 결부되어 있다.

【Ⅰ】도시와 주택

빅토리아기는 도시 인구가 급격히 확대된 시대다. 이미 당시 200만 명을 넘어선 런던의 인구*는 20세기 초에는 400만 명으로 팽창하게 된다. 1848년 혁명* 이후에 망명해 온 맑스와 같은 독일인 망명자들에게 있어 최초의 난제는 주택의 확보였다. 런던에는 베스날 그린이나 화이트 차펠과 같은 빈민지구가 있었는데, 그러한 지역의 주택은 배수구나 하수도도 없는 비위생적인 상태였다. 맑스가 처음에 거주한 소호 지구는 그에 비하면 비교적 좋은 편이었다. 딘 가 28번지에 있는 집은 조지 왕조풍의 18세기 전반기의 건물로, 이미 수세식 화장실도 있었고 수도도 완비되어 있었다. 그러나 꼭대기 층의 방은 연 22파운드의 임대료에 비해 좁고, 1849년부터 종종 발생하고 있던 콜레라의 중심지역 중 하나가 소호였다는 점도 있고 해서 위생환경은 결코 좋지 않았다. 맑스의 일찍 세상을 떠난 아이들인 에드가, 귀도(폭시), 프란체스카는 콜레라로 죽은 것은 아니지만, 모두 비위생적인 환경이 영향을 미쳤다는 점은 부정할 수 없다.

계속 증가하는 도시 인구와 함께 도시*는 교외로 확장되기 시작한다. 소호 서쪽의 켄싱턴과 시티 동쪽의 이스트엔드는 그 양 극단이다. 켄싱턴이 중산계급 이상의 주택지였던 데 반해, 이스트엔드는 빈민의 주택지였다. 켄싱턴이 목가적인 농촌에서 풍요로운 중산계급의 모델적인 주택지로 되었던 데 반해, 이스트엔드는 교외의 한가로운 주택지에서 급변하여 도심으로부터 이동해 오는 노동자 주택이나 공장의 밀집지역이 되었다.

이렇듯 교외로 주택지가 확대되는 가운데 1856년 맑스는 북쪽의 켄티스타운에 중산계급용의 테라스하우스를 빌리게 된다. 지하 1층, 지상 3층의 그래프턴 테라스 집은 1850년대에 잇달아 건설된 교외의 테라스하우스의 전형이었다. 1층이 거실, 안쪽에 식당, 2층에 세 개의 침실, 그리고 다락방으로 이루어진 주택은 영국 각지에서 볼 수 있었지만, 그 가치는 넓이와 장식 그리고 고급스런 교외 주택지에 있는지의 여부에 따라 결정되고 있었다. 맑스의 주택은 그러한 의미에서 북쪽의 비교적 고급 주택지에 있었는데, 1860년대에 미들랜드 철도가 부설됨에 따라 소음과 공해의 노동자계급의 주택지로 변모해간다. 맑스는 64년에 이 테라스하우스에서 아주 가까이 있는 메이트랜드 파크로드의 모데나 빌라스 1번지의 세미디태치드 하우스(한 채를 둘로 나눈 집)로 이사한다. 여러 개의 방이 있는 이러한 주택은 중산계급으로서의 긍지를 상징하는 것이었다.

【Ⅱ】빅토리아풍 모럴과 중산계급의 세계

빅토리아기는 중산계급이 확장된 시대였다. 이른바 노동자와 다른 계급으로서의 직인이나 회사원 등이 점차 소득을 올려 본래의 중산계급의 생활을 모방하고, 하층 중산계급으로서 교외의 주택으로 옮겨 살게 되었다. 그들은 직장과 가정을 분리하고, 가정에 가정부를 둠으로써 여성을 가사노동으로부터 해방하여 남녀의 분업체제를 확립하는 동시에, 노동*과 자유시간*을 분리하여 노동자로서의 정체성보다 가정 내의 남편과 부인, 교외의 지역주민으로 변모해 간다. 이러한 과정에서 확립되어 가는 것이 빅토리아풍 모럴이다.

맑스 가는 본래의 중산계급이지만, 그 생활과 모럴은 이러한 변화에서 큰 영향을 받고 있었다. 맑스가의 연간 수입은 1850년대는 100-200파운드, 60년대는 200-1,000파운드 정도였던 것으로 추정된다. 하층 중산계급의 최저 연간 수입 120파운드를 기준으로 보건대 50년대는 별도로 하더라도 60년대에는 언제나 그 기준을 넘고 있었다. 더 나아가 맑스 가에는 가정부가 언제나 한두 명은 있었다.

중산계급의 세계는 도심으로 일하러 가는 남편과 그 남편의 귀가를 기다리는 정숙한 부인과 아이들, 가정부에 의해 지탱되고 있었다. 가사노동은 가정부가 담당하는 까닭에, 부인의 일은 아이들의 교육 관리와 남편의 평온함을 유지하는 극히 사적인 세계에 한정된다. 이러한 남녀 분업체제에서 가정을 최우선시하는 빅토리아풍 모럴이 발생한다. 가정의 화목이라는 환상에서 발생하는 윤리*는 불륜과 성의 일탈행위를 철저하게 배제하고 가정이라는 성역을 만들어 내게 된다. 그러나 다른 한편으로 이러한 빅토리아풍 모럴은 가정 이외에서의 남성의 불륜이나 성의 일탈행위를 방치하게 되었다.

가정에 있는 부인 이외의 여성인 가정부는, 가정부로서는 가정 내의 화목을 지탱하는 중요한 요소였으나 그 화목을 파괴하는 최초의 외부 요인이기도 했다. 중산계급의 상징이었던 가정부는 오히려 남성의 입장에서 보면 빅토리아기의 엄격한 모럴 속에서는 도리어 유혹을 유발하는 악마의 손이기도 했으며, 성적 서비스를 체현한 존재이기도 했다.

맑스와 가정부 헬레네 데무트* 사이에서 프레데릭이라는 아들이 태어났다는 사실은 당시 상황에서는 특별한 일이 아니었다. 프레데릭은 양자로 보내지지만, 이러한 일도 특별한 이야깃거리가 아니었다. 가정부가 여주인에게 호소하는 일도 적지 않았고, 가정부가 소개도 없이 다음 일자리를 얻지 못하는 이상 그녀들의 다음 직업은 본격적인 성적 서비스업, 즉 매춘부 이외에는 없었다.

매춘부는 빅토리아풍 모럴의 엄격함의 사생아였다. 가정 내에서의 엄격한 모럴은 그 바깥에서의 자유롭고 방탕한 세계를 산출하고 있었기 때문이다. 한 번 부정을 저지른 여성은 자유연애를 할 수 있는 여성으로 전락하여 매춘부가 된다. 한편 남성은 가정 내의 화목을 파괴하지 않는 가정 바깥의 매춘부를 찾게 되어 매춘부의 공급량은 방대해져 갔다.

맑스가 매춘부가 아닌 가정 내의 가정부를 건드린 것이 바깥에서 찾을 만큼의 금전이 부족해서인지 참된 애정을 갖고 있어서인지는 분명하지 않지만, 당시의 모럴에서 보건대 특별한 것은 아니라 하더라도 아무래도 리스크는 큰 것이었다.

【Ⅲ】 자녀교육

이러한 중산계급의 생활을 반영하여 중산계급의 자녀들은 남자는 사회에 나가기 위한 고등교육, 여성은 가정주부가 되기 위한 숙녀교육을 받게 된다. 남녀 간의 분업체제는 교육에서도 중요한 역할을 담당하고 있다.

맑스 가의 세 딸은 모두 숙녀교육을 받는다. 장녀 제니와 차녀 라우라는 사립여학교 사우스 햄스테드 칼리지에 다니며, 거기서 프랑스어와 고전을 배운다. 32파운드에 달하는 수업료는 상당한 부담이었지만, 그에 더하여 가정 내에서의 숙녀로서의 교육도 받는다. 당시 중산계급의 딸들의 교양 기준은 어학 능력과 편지 서식을 익히는 것 그리고 피아노 연주였는데, 어느 것에서든 맑스 가에서는 충분한 교육이 이루어지고 있었다. 맑스 가에서는 임대로 피아노를 마련하고, 강사료로 매년 7파운드를 지불하고 있었다. 나아가 맑스 가의 딸들은 부친과 마찬가지로 승마도 익혔다.

숙녀들은 이러한 교육을 받게 되면 곧 이어 결혼 기회를 기다리게 된다. 결혼은 그에 걸맞은 사교계에서 상대를 찾아야 했기 때문에 자택에서 파티를 열 필요가 있었다. 맑스는 메이트랜드 파크로드의 집에서 1864년에 파티를 열었는데, 그 때의 초대장에는 당연히 박사라는 직함과 부인 예니*가 귀족이라는 점이 강조되어 있었다. 영국 사회에서 좋은 인연을 얻기 위해서는 그러한 배경이 유효했기 때문이다.

숙녀가 결혼하기 전에 사회에 나가 일을 하는 것은 부끄러운 것으로 간주되고 있었다. 그러나 맑스 가의 딸들은 대단히 짧은 기간이긴 하지만 가정교사 일을 하게 된다. 그러나 당시에는 가정교사는 하층 중산계급의 딸의 몰락한 모습이라고 하는 이미지가 침투해 있었기 때문에 맑스는 수치심을 느끼고 있었다. 분명히 가정교사는 집안 일꾼의 하나에 지나지 않았다.

당시의 관습에서는 중산계급의 결혼식은 교회에서 올리게 되어 있었는데, 그것은 바로 모럴을 지키는 중산계급임을 과시하는 것과 체면 때문이었다. 라우라의 결혼 상대 라파르그는 의사이고 프랑스의 중산계급이었기 때문에 문제는 없었지만, 두 사람의 결혼은 돈이 들지 않는 혼인신고에 의한 결혼이었다. 맑스 가에서는 체면을 구기지 않기 위해 딸이 프로테스탄트, 상대가 가톨릭이라는 점을 강조함으로써 극복하고자 한다.

【Ⅳ】 여가와 레저

빅토리아 시대에 발전한 것이 여가와 레저이다. 철도의 발달에 따라 상류계급의 전매특허였던 해안이나 온천지에서의 휴양이 하층 중산계급으로까지 보급되어간다. 바스, 브라이튼*, 하로게이트, 람스게이트와 같은 휴양지는 계급적인 살롱이 열리는 장소이기도 해서 그러한 지역에서 휴가를 보내는 것은 중산계급이라는 증거들 중 하나였다.

가장 저렴한 레저가 산책이었다. 대낮부터 거리를 어슬렁어슬렁 걷는 습관은 노동자에게는 없고, 런던의 중산계급이 자기과시욕을 숨기고 행하는 것이었다. 햄스테드 히스로 가는 일요일 피크닉은 맑스 가에 있어 그러한 의미를 상징하고 있었다. 맛있는 음식과 지적인 대화를 포함한 이러한 피크닉은 당시 중산계급의 취미를 그대로 보여주는 것이기도 했다.

철도의 발달과 더불어 발전한 것이 브라이튼과 람스게이트였는데, 이러한 해변 지역의 인구증가는 맨체스터* 등의 공업도시 이상이었다. 해변 도시의 발전은 당시 행해지고 있던 해수요법에 그 요인이 있었다. 피부병, 선병, 쿠루병에 대한 치료에는 해수를 마시는 것과 해수에 몸을 담그는 냉수요법이 효과적이라고 여겨졌기 때문이다. 맑스는 종기와 같은 피부병으로 고생하고 있었기 때문에 해안에서의 요양이 필요했다. 그가 즐겨 찾아간 곳은 람스게이트였다.

그러나 이러한 요양지는 단지 치료에 머무르지 않고 레저 지역으로 발전해간다. 치료 손님을 위한 호텔이나 유희시설은 점차 유흥만을 즐기는 레저 손님들을 위한 시설에 자리를 내주게 된다. 특히 여름에는 부르주아 계급, 가을에는 귀족계급이 런던에서 몰려왔기 때문에 사교생활 전체가 휴양지로 이전하는 사태가 일어나고 있었다. 다시 말해 휴양지에 간다는 것은 사교생활을 유지하는 것이기도 했다. 예니와 딸들은 종종 사교생활을 즐기기 위해 브라이튼이나 람스게이트에 갔다. 물론 사교생활을 유지하기 위해 시계나 옷은 그때마다 전당포에서 빌리지 않을 수 없었다. 그러나 남작부인이라는 명함의 효과는 절대적이었기 때문에 예니는 이것을 충분히 활용했다. 그렇지만 맑스는 숙적 아르놀트 루게*가 거주하고 있던 브라이튼에서의 명함 활용에 대해서는 자제하도록 못 박고 있었다.

해변 도시로의 여행은 이윽고 중산계급에서 노동자로 확산되지만, 온천지에서의 요양은 이 시대의 노동자계급에까지 확산되지는 않았다. 영국의 온천지 바스가 19세기에 들어서 쇠퇴한 탓도 있었지만, 온천지의 사교생활이 노동자계급에게는 충분히 열려 있지 않았기 때문이다. 온천지에서 요양하기 위해서는 한 달이 필요했고, 여비와 호텔비용, 온천의 이용료를 고려하면 중산계급 이상이 아니면 불가능했다. 당시의 온천에서 온천치료 시간은 아침뿐이었고, 대부분의 비어 있는 시간을 도서관*, 레저 시설, 독서실 등에서 지내야만 했기 때문에 사교생활이 중요한 위치를 차지하고 있었다. 맑스는 간장병 치료를 위해 온천지를 몇 차례 방문했는데, 그가 행한 치료란 주로 아침의 온천음용이었고, 남는 시간은 사람과의 접촉, 독서, 피크닉 등으로 보냈다. 이러한 사교생활을 하면서 그는 온천대장에 '철학박사' 혹은 '금리생활자'라고 기록했다. 이것은 감시받지 않기 위해서라기보다는 사회적 지위를 유지하는 것이 목적이었다.☞데무트, 망명, 맑스 가, 맑스의 요양, 런던, 맑스의 병, 루게, 브라이튼, 칼스바트

참 的場昭弘,「ヴィクトリア時代のマルクス家の生活」, 野地洋行 編,『近代思想のアンビバレンス』 수록, 御茶の水書房, 1997.

—마토바 아키히로(的場昭弘)

빈 [(독) Wien (영) Vienna]

현재는 오스트리아 공화국의 수도. 알프스 산맥의 동쪽 끝, 도나우 강변에 위치하며, 교통*의 요충지이다. 로마제국의 북쪽 수비를 위해 숙영지가 설치된 데서 유래한다. 후에 바벤베르그 가와 합스부르크 가의 거성(居城) 도시로서 발전했다. 1754년에 처음으로 실시된 인구조사에서 인구*는 17만 5,000명이었다. 1814-15년에는 나폴레옹 전쟁* 후의 유럽 질서를 결정하는 국제회의가 개최되었다.

1848년, 파리*의 2월 혁명이 빈에도 파급되어(3월 혁명*), 당시의 오스트리아 재상 메테르니히*는 실각했다. 혁명*은 프라하와 헝가리 등 제국 전체로 확산되어 5월에는 황제도 빈을 탈출하는 사태를 맞이했다. 이때에 이르러 빈에서는 시민자치가 실현되었다. 그 담당자인 유산시민은 국민군을 만들어 시의 치안유지에 나섰는데, 8월 23일에 공공토목사업의 임금인하에 항의하는 노동자 데모대가 시내로 들어오려고 했을 때 그것을 힘으로 억제한 것이 국민군이었다. 그런 가운데 8월 27일 저녁 무렵에 빈에 들어온 맑스는 28일에 민주주의협회*의 집회에서 연설하며, 빈의 현 정세가 프롤레타리아트와 부르주아지의 투쟁임을 주장했다. 맑스는 9월 7일에 빈을 떠났지만, 그 후 황제정부는 헝가리의 혁명을 군사력으로 억누르기 위해 크로아티아의 옐라치치군과 함께 빈의 부대를 헝가리에 파견하려고 했다. 이에 항의하는 국민군의 일부와 노동자가 육군 장관을 살해하여 빈의 혁명은 다시 한 번 활성화되었다(10월 혁명). 그러나 프라하의 혁명을 제압한 빈디슈그레츠군과 옐라치치군에 의해 빈의 혁명도 제압당했다. 맑스는 『신라인 신문』*에 논문을 게재하고, 빈의 혁명이 패배한 원인을 부르주아지의 배신에 돌렸다.

빈은 19세기 말에 시 영역이 확대되어 많은 산업노동자를 포함하게 되었다. 제1차 세계대전의 패전과 더불어 합스부르크 제국은 붕괴하고, 빈은 오스트리아 공화국의 수도가 되며, 시정(市政)은 사회민주당이 담당하게 되었다. 사회민주당의 시정은 노동자의 거주환경을 개선하는 동시에, 자신들의 선거 기반을 다지기 위해 노동자를 위한 집합주택 건설을 추진했다. 그러한 집합주택을 대표하는 것이 빈 교외의 하일리겐슈타트에 건설된 칼 맑스 호프였다. 1930년에 준공된 이 칼 맑스 호프는 정면 벽면이 1,200미터에 이르고, 총

호수는 1,600에 달했다. 칼 맑스 호프는 1934년 2월에 돌푸스 정권에 대한 사회민주당의 저항 거점이 되는데, 정부군의 공격을 받아 크게 손상되었다.

빈은 나치스 독일에 의한 오스트리아 병합(1938년) 이후에 수도의 지위를 상실했지만, 제2차 세계대전 후 부활된 오스트리아 공화국의 수도로 되돌려져 오늘에 이르고 있다. 칼 맑스 호프도 보수공사를 하여 오늘날에도 집합주택으로 이용되고 있다. ☞빈 체제, 3월 혁명, 메테르니히

㊟ ヘルバート・シュタイナー(増谷英樹 譯),『1848年ウィーンのマルクス』, 未來社, 1998. Felix Czeike, *Geschichte der Stadt Wien*, Wien/München/Zürich/New York 1981. 森田勉,「ウィーンとシュタイン」, 石塚正英 外 編,『都市と思想家』, 第2巻 수록, 法政大學出版局, 1996.

—오쓰루 아쓰시(大津留厚)

빈 체제—體制 [(독) Das Wiener System (영) the Viennese System]

나폴레옹 전쟁*이 끝난 뒤 빈*에서 개최된 국제회의 후에 유럽에서 성립한 군주국 간의 협력체제.

【Ⅰ】반동적 군주 간의 유럽연합

1815년 6월에 조인된 빈 의정서에는 프랑스 혁명*에서 나폴레옹 전쟁에 걸친 동란기에 변경된 왕위와 국경을 혁명 전의 상태로 되돌린다고 명시되어 있었다. 이 원칙을 유지하기 위해 오스트리아 수상 메테르니히*를 중심으로 각국 군주들이 정치적으로 결탁하여 신성동맹, 4국 동맹(후에 5국 동맹) 등을 성립시켰다. 유럽 각국은 이들 국제기관을 방패막이로 삼아, 예를 들면 독일에서는 예나 대학에서 시작된 부르센샤프트(Burschenschaft, 대학생 학우회) 운동을 탄압하고, 러시아에서는 데카브리스트(Dekabrist, 12월 혁명당원)의 운동을, 스페인에서는 리에고 등의 입헌혁명을, 이탈리아에서는 카르보나리당의 결사운동을 각각 탄압하고 있었다. 그 사이 독일에서는 1821년에 분할령이 발포되어 공동지가 강제적으로 분할되고, 빈농을 중심으로 농민층의 임금노동자화가 진행되었다. 그와 반비례하여 영주(융커)의 직영지는 특히 엘베 강 동쪽에서 한층 더 확대되고, 여기서 융커 경영이 시작되어간다. 동 엘베의 호엔촐레른가는 봉건영주적 존재에서 농업 부르주아지로 전화되고 있던 융커 층의 정치적 권력을 한 몸에 집중시키고, 관료나 군대를 융커 출신자로 구성하고 있었다. 이에 비해 라인란트를 중심으로 한 독일의 산업부르주아지는, 예를 들어 프로이센 정부가 주도하여 1834년에 결성한 독일 관세동맹과 같은 지배자의 위로부터의 개혁에 만족했다. 또한 그들은 선진국 프랑스에서 나날이 확대되는 노동운동이나 민주주의적 언론・출판 활동에 불안을 느끼기 시작했다. 이리하여 독일의 부르주아지는 유럽의 어느 나라 부르주아지보다 보수적인 국제질서인 빈 체제를 받아들이고 있었다.

그러나 빈 체제는 유럽 내에서는 1820년대를 통해 영국에서 강화되어 가는 자유주의적 무역정책에 의해 무너지기 시작하며, 또한 유럽 밖에서는 라틴 아메리카에서 타오르기 시작한 독립운동에 의해 해체 속도를 더하게 된다. 즉 라틴 아메리카에서는 1810년대 이래로 시몬 볼리바르 등을 지도자로 하여 잇달아 독립이 달성되며, 또한 나폴레옹 전쟁 이래로 라틴 아메리카와 경제적으로 결부되어 온 영국의 지지를 받은 미합중국이 1823년 먼로선언 이후 빈 체제 국가들의 라틴 아메리카 간섭을 배제했던 것이다. 같은 무렵 유럽 본토에서도 1821년에 그리스가 오스만투르크로부터의 독립전쟁을 시작했다. 이와 같이 라틴 아메리카 나라들과 그리스의 독립운동으로 흔들리기 시작한 빈 체제는 1830년에 프랑스에서 발생한 7월 혁명*과 그 영향 아래 한층 더 해체가 진행된다.

【Ⅱ】빈 체제 하에서 살며 이를 논평하는 맑스

빈 체제 하에서 라인란트의 트리어*에서 소년 시절을 보낸 맑스는 당시의 프로이센이 한편으로는 정치적으로 여전히 낡은 체질을 유지하면서도 다른 한편으로는 법적 및 경제적으로 근대화 내지 산업화의 방향을 취하기 시작한 것에 대해 강한 관심을 보였다. 특히 그의 눈길을 끌었던 것은 아버지 하인리히*가 변호사로서 1826년부터 34년까지 관여한, 모젤 지방의 농민에

대한 공동지에서의 공동이용권 금지의 철폐를 요구하는 운동이다. 1820-30년대 당시의 프로이센에 있어 빈 체제란 결코 보수반동・구체제를 고집하기 위함이 아니라 정부의 지도하에 한 걸음 한 걸음 법적・경제적 제도들을 정비해가기 위한 방파제로서 존재한 것이었다. 따라서 빈 체제 하의 프로이센이 일찍이 프랑스 혁명 후의 프랑스가 나아간 것과 같은 대담한 정치개혁을 단행하는 것은 대체로 생각할 수 없었다. 프로이센 독일의 그와 같은 정세에 대해 청년 맑스는 「헤겔 법철학 비판 서설」*에서 다음과 같이 대응했다. "그렇다면 독일 해방의 실질적인 가능성은 어디에 있는 것일까? 대답은 이렇다. 그것은 철저하게 쇠사슬에 묶여 있는 한 계급을 형성하는 데 있다. 시민사회*의 계급*에 속하지 않는 시민사회의 한 계급, …… 한 마디로 말하자면 인간*의 완전한 상실이며, 따라서 인간의 완전한 회복에 의해서만 자기 자신을 획득할 수 있는 한 계급, 이것을 형성하는 데 있다"[1:427]. 분명히 맑스는 1842-43년의 『라인 신문』*에 보낸 기고문에서는 무엇보다도 우선 봉건 독일을 비판하고 있다. 그 아래에서 고통 받는 것은 비단 인민대중뿐만 아니라 자유주의적인 부르주아지도 그러하다. 이 시점에서의 그의 비판은 봉건제도를 향한 것이어서 아직 명확하게 부르주아지 비판을 전개하고 있지 않다. 하지만 다른 한편으로 맑스는 1840년대의 독일 부르주아지가 1789년의 프랑스 부르주아지와 다르다는 사실도 충분히 인식하고 있었다. 빈 체제 하의 독일은 이미 만인이 부르주아지의 이해관계에 자연히 결부되는 조건을 결여하고 있었다. 독일의 현 상황을 변혁할 수 있는 주체는 프롤레타리아트이다. 또한 변혁의 내용은 결코 부분적이고 정치적인 혁명*이 아니라 총체적이고 사회적인 혁명이다. 빈 체제의 붕괴가 여기저기서 관찰되게 된 1840년대 중엽, 맑스는 프롤레타리아트를 철학*과 결부시킴으로써 비참한 독일을 일거에 해방시키는 구상을 하고 있었던 것이다. 또한 맑스는 『자본』* 제1권 제2판 후기(1873년 1월)에서 빈 체제 하의 유럽에 대해 언급하는데, 영국에서는 주기적 공황이 시작되고 전체적으로는 빈 체제 하에서 생산수단 소유의 지배가 토지 소유의 지배를 대체하고 있다는 점을 서술하면서도 독일을 중심으로 신성동맹 주위에 모인 정부들이나 제후들에 의한 토지 소유의 힘이 아직 쇠퇴하고 있지 않다는 점을 지적하고 있다[23a:16]. ☞괴팅겐 사건, 슐레지엔의 직조공 폭동, 비더마이어 시대, 포어메르츠기

㊟ 石塚正英, 『三月前期の急進主義―青年ヘーゲル派と義人同盟に關する社會思想史的硏究』, 長崎出版, 1983. 的場昭弘, 『トリーアの社會史―カール・マルクスとその背景』, 未來社, 1986. ヘルムート・G. ハーシス(壽福眞美 譯), 『共和主義の地下水脈―ドイツ・ジャコバン派1789-1949』, 新評論, 1990. 東畑隆介, 『ドイツ自由主義史序說』, 近代文藝社, 1994.

—이시즈카 마사히데(石塚正英)

『빈곤의 철학 貧困の哲學』 [*Système des contradictions économiques, ou Philosophie de la Misère*, 1846]

프루동*의 주저. 프루동은 이 책의 또 다른 이름인 『경제적 모순의 체계』가 보여주는 그대로 경제 사태를 모순의 계열적 연쇄로서 체계적으로 파악하고자 한다. 1840년의 저작인 『소유란 무엇인가』*에서 묘사된 집합력 이론(전체는 개체의 총화 이상의 것이라고 보는 견해)이 더욱 확대되고, 1843년의 저작 『인류에서의 질서 창조』*에서 발견된 계열변증법과 합체되어 그 응용이 시도된다. 즉 경제의 영위는 모두 다 인간*에게 있어 좋은 것을 지향하면서도 그와 동시에 반드시 폐해를 초래하지 않을 수 없다. 새로운 차원에서 그 악폐를 극복하고자 하는 영위 역시 그와 마찬가지의 도정을 밟게 된다는 것이다.

분업*・기계*・경쟁*・독점・조세・무역・신용*・소유*・공유・인구*라는 10개의 범주 각각에 긍정적인 측면과 부정적인 측면이 있다. 하나의 범주의 부정적인 측면을 부정하는 형태로 다음 범주가 나타나는데, 이 또한 새로운 부정적 측면을 불가피하게 수반한다. 오로지 선(긍정적 측면)만을 보존하고 악(부정적 측면)만을 제거하고자 하더라도 그것은 헛된 일이다. 왜냐하면 양자는 모두 그 범주의 본질적인 속성이며

모두 필연적으로 등가의 존재 이유를 갖고 있기 때문이다. 프루동은 이러한 관계를 칸트 풍으로 이율배반(Antinomie)이라고 이름 붙이고 현실의 경제사회를 이율배반의 연쇄(즉 모순의 체계)로서 묘사하고자 했다. 경제 사태의 내적 대립이 경제에 역동성을 가져오고 바로 이율배반이 있기 때문에 사회는 전진한다. 모순이 없는 상태란 정체이고 생기의 결여이며 죽음과 같은 무(無)와 마찬가지다. 예를 들면 사적 소유의 폐해를 보고서 공유를 찬양하는 쪽으로 향하는 것은 흔히 있을 법한 도식이지만 이러한 공산주의*에 영원한 낙원을 기대하는 것은 어리석은 동시에 위험하다. 물론 사적 소유의 폐해를 무시하는 것은 더더욱 난센스인 동시에 유해하다. 우리는 어디까지나 모순과 더불어 살아갈 것을 각오하지 않으면 안 된다.

프루동은 1846년 11월 7일자의 편지에서 그의 본래의 목적을 이렇게 적고 있다. "보편적인 모순을 통해 보편적인 화해로." 즉 완전하고 영속적인 균형은 있을 수 없다는 관념을 전제로 하여, 그렇지만 여전히 우리는 끊임없이 균형을 잡으려는 노력을 하지 않으면 안 된다는 것이다. 『빈곤의 철학』에서 프루동은 경제학의 초석으로서 '가치*'를 생각하고 가치의 이율배반(사용가치와 교환가치의 모순)의 근거를 생산의 관점과 소비*의 관점의 차이에서 찾았다. 경제학적 범주의 최종항목인 '인구'에서는 인구증가가 생산력의 증대로도 식량부족(소비의 증대)으로도 이어진다는 이율배반을 지적했다. 이리하여 서술은 최초와 최후가 이어지는 원환적인 형태를 취하고 경제적 모순의 해결을 생산과 소비의 중간(=교환・유통의 장면)에서 찾는 방향이 시사되었다. 맑스는 이 책에 대한 공격의 글인 『철학의 빈곤』*을 이듬해 출판한다. ☞가치[1], 공산주의, 『철학의 빈곤』, 변증법, 『인류에서의 질서 창조』

참 P. アンサール(齊藤悅則 譯), 『プルードンの社會學』, 法政大學出版局, 1981. サント=ブーヴ(原幸雄 譯), 『プルードン』, 現代思潮社, 1970.

―사이토 요시노리(齊藤悅則)

빌리히 [August Willich 1810-78]

포젠의 귀족 출신의 급진주의적 활동가. 중위가 되어 프로이센군의 포병대장을 맡았지만, 그의 급진적 언동으로 인해 제대한 후 그 후 목공 일을 배우기 시작한다. 1848-49년의 혁명에 참가하며, 특히 49년 5월의 바덴 봉기*에 가담하여 엥겔스*를 부관으로 삼아 의용군을 지휘한다. 혁명이 패배한 후, 엥겔스 등과 함께 스위스로 망명*했지만, 10월에 엥겔스의 추천장을 들고서 런던*의 맑스를 방문하며, 맑스는 그를 공산주의자동맹* 중앙위원회 멤버로 맞이했다. 하지만 빌리히는 다음해인 50년 가을, 동맹 내에서 샤퍼* 등과 결탁하여 맑스 등에게 반대하는 행동을 취하게 되었다. 대립의 요인과 관련하여 맑스는 『쾰른 공산주의자 재판의 진상』*에서 다음과 같이 말하고 있다. "소수파는 비판적 견지 대신 독단적인 견지를 내세우고, 유물론적인 견지 대신 관념론적 견지를 내세우고 있다. 소수파에게 있어 혁명*의 추진력을 이루는 것은 현실의 관계들이 아니라 단순한 의지*이다"[8:398].

빌리히는 얼마 안 있어 1853년에 북아메리카로 이주한다. 합중국으로 건너간 빌리히는 당초에는 재차 독일에서의 봉기를 목표로 하고 있었다. 이를 목적으로 하여 여러 주를 광범위하게 여행하고, 독일공화국 수립을 위한 재미 독일인 조직의 확충에 노력했다. 그 일환으로서 그는 신시내티를 거점으로 『신시내티 리퍼블리컨』이라는 신문을 발행했다. 하지만 그 사이에 빌리히의 활동은 또 다시 독일혁명을 목표로 하는 것이 아니라 합중국에서의 '보편적 인간성・사회개혁・정치도덕'을 기반으로 한 새로운 정당* 결성을 목표로 삼게 된다. 그 때 빌리히는 독일혁명 때에 보여준 조직적 지도력을 합중국에서도 유감없이 발휘한다. 예를 들면, 남북전쟁*이 발발하자 그의 지도로 독일인으로 이루어진 제9오하이오 연대가 몇 시간 만에 창설되었다.

남북전쟁이 끝나고 1870년, 60세가 되었을 때 빌리히는 독일에 일시적으로 귀국했다. 가능하면 프로이센 왕실과 관련된 일에 종사하고 싶다는 뜻을 당국에 표시했지만 거절당했다. 그 일도 있고 해서 빌리히에 대해 호엔촐레른 가 출신이라는 소문이 나돌았다. 또한 런던의 맑스는 뉴욕*의 바이데마이어*의 정보를 바탕으로 일관되게 빌리히를 혹평하고 있었다. 그렇지만 미국 시절의 빌리히는 결코 '단순한 의지', '관념론적인 견지'에서 행동하는 것이 아니라 오히려 노동하는 이민*의 나라인 미국에 가장 어울리는 정치형태로서의 노동자 공화국 건설을 추진하기 위해 실천적인 노력을 거듭했던 것이다. 만년을 보낸 땅 신시내티 교외의 세인트 메리에는 빌리히의 기념비가 세워져 있다. ☞미국 이민, 미국의 노동자운동, 쾰른 공산주의자 재판, 샤퍼, 바덴 봉기

㊀ F. メーリング(足利末男 外 譯),『ドイツ社會民主主義史』, 上卷, ミネルヴァ書房, 1968. 的場昭弘,『フランスの中のドイツ人—1848年革命後の移民, 亡命者, 遍歴職人と社會主義運動』, 御茶の水書房, 1995. T. Vickers, *August Willich*, Cincinatti 1878.

—이시즈카 마사히데(石塚正英)

빛의 벗 [(독) Die Lichtfreunde (영) The Friends of Light]

1840년대 전반기의 독일, 특히 작센과 프로이센에서 민중운동을 지도한 민주주의적·합리주의적 프로테스탄트 세력. 1841년 6월 마그데부르크 교외에서 진테니스, 울리히, 쾨니히 등 합리주의적 프로테스탄트 목사들과 베크샤이더 등 자유주의적 신학자는 프로이센 영방교회 내의 반대파인 빛의 벗이라 칭하는 협회*를 결성하고 같은 해 할레에서 개최된 제2회 집회에서는 지도자인 울리히가 다음과 같은 원칙을 발표했다. "우리는 우리의 신앙 안에서 공동으로 스스로를 강화하고 발전하고자 한다." "우리는 우리에게 종교*로서 제시된 모든 것을 자신의 이성*으로 심사하고 받아들여 발전시킨다." 또한 그들이 의도하는 합리주의란 결코 아카데믹한 것이 아니라 어디까지나 실생활에 밀착된 것이어야만 했다. 결성 당초에 협회가 주최한 집회 참가자 수는 불과 수십 명에 지나지 않았지만 지도부가 급진적인 대중단체화 방침을 강화한 1843년 이후에는 참가자가 급증하여 1845년에는 2,000명에서 3,000명에 달했다. 그리하여 프로이센 정부와 작센 정부는 1845년 여름, 빛의 벗 협회에 대해 현존 질서를 파괴하고 국가*를 전복시키는 의도를 지닌 단체로 규정하여 집회를 금지했다. 빛의 벗 협회가 지향한 개혁들과 이념들은 그 후 정치적으로도 종교적으로도 더욱더 급진적인 후속 단체인 자유신앙교회*(Die Freie Gemeinde)로 계승되어간다. ☞자유신앙교회, 독일 가톨릭교회

㊀ 石塚正英,『三月前期の急進主義—青年ヘーゲル派と義人同盟に關する社會思想史的硏究』, 長崎出版, 1983. 下田淳,「ドイツにおける<心性の近代化>とキリスト教」,『社會思想史の窓』, 第96号, 1992. 同,「ドイツ1840年代の自由プロテスタンティズムと權力の論理」,『歷史學硏究』, 第637号, 1992.

—이시즈카 마사히데(石塚正英)

ㅅ

48년 혁명 四八年革命 ⇨1848년 혁명

사회민주연맹 社會民主聯盟 [(영) Social Democratic Association]

1884년에 하인드먼*을 중심으로 결성된 사회주의적 단체로, 전신은 1881년에 결성된 '민주연맹'이다. 생산, 분배, 교환 수단의 국유화 등을 주장했다. 엘리노어 맑스, 윌리엄 모리스* 등이 참가하며, 1884년 3월에는 런던*에서 맑스의 1주기 추도행렬을 조직했지만 하인드먼과의 개인적 대립도 있고 해서 그해 연말에 엘리노어와 모리스 등은 탈퇴했다. 1889년 제2인터내셔널에 참가하며, 또한 노동당의 결성 때에는 일익을 담당하기도 했으나 의회주의적 경향과는 잘 맞지 않아 곧바로 탈퇴했다. 또한 개량주의적인 노동조합운동에 대해서도 비판적인 입장을 취한 경우도 있으며, 영국의 사회주의 운동과 노동운동에는 큰 영향을 주지는 못했다.
☞하인드먼, 모리스

㉾ Y. Kapp, *Eleanor Marx*, vol. Ⅱ, London 1976.

—오카모토 미치히로(岡本充弘)

사회민주주의 노동자당 社會民主主義勞動者黨 [(독) Sozialdemokratische Arbeiterpartei]

1869년 8월, 아이제나흐에서 열린 전독일노동자협회연맹 대회에서 맑스파의 리프크네히트*, 베벨* 등에 의해 결성된 독일 최초의 사회주의 정당의 하나. 반(反)프로이센적인 작센인민당과 브라케 등의 전독일노동자협회 반(反)슈바이처파가 합류했다. 전독일노동자협회*의 라살레파에 대비하여 아이제나흐파라 불렸다. 결성대회에서 채택된 「아이제나흐 강령」*에서는 맑스의 영향과 함께 라살레*로부터의 영향을 알아볼 수 있다. 당은 민주주의적인 조직을 지니고 국제노동자협회(제1인터내셔널)의 지부를 자임했다. 당 기관지는 『폴크스슈타트』*. 독일 통일 문제에서는 전독일노동자협회가 프로이센의 맹주적 지위를 용인한 데 반해 반프로이센, 연방제적 대독일의 입장을 취했다. 독불전쟁에서는 처음에는 독일 방위를 지지했지만 엘자스=로트링겐의 병합에는 반대했고, 또한 파리 코뮌*에는 국제주의 입장에서 연대를 표명했다. 1871년의 독일제국 창설로 전독일노동자협회와의 큰 대립점이 없어지고 사회주의 운동에 대한 탄압이 강화되는 가운데 1875년 5월 고타에서 열린 대회에서 전독일노동자협회와 통합되어 독일 사회주의 노동자당*이 되었다.
☞「아이제나흐 강령」, 독일 사회주의 노동자당, 『폴크스슈타트』, 리프크네히트, 베벨

㉾ F. メーリング(足利末男 外 譯), 『ドイツ社會民主主義史(下)』, ミネルヴァ書房, 1969. D. フリッケ(西尾孝明 譯), 『ドイツ社會主義運動史 1869-1890年』, れんが書房, 1973.

—시노하라 도시아키(篠原敏昭)

사회성 社會性 [(불) sociabilité]

어떠한 사회에서든 인간*은 다양한 사람과 사람의 결합관계=사회적 유대 속에서 살아왔으며 또 현재도 살고 있다. 그러므로 사회적 유대는 사회적 존재로서의 인간 행동의 성격을 역동적으로 표현하는 것이라고 생각되며, 사회운동이나 사회구조를 그 기반에서 지탱하는 중요한 요인으로 볼 수 있다. 이러한 결합관계는

사회학이나 역사학에서 사회성이라는 용어 아래 구체적 연구에 사용되는 개념이 되었다. 일본에서는 인적 결합 또는 사회적 결합관계라고 불리는 경우도 있다. 그러나 사회성이라는 개념은 대단히 유동적인 것이다. 그것은 이 개념이 지시하는 대상이, 예컨대 가족・친족, 이웃, 직업, 종교*나 사교에 의한 관계, 또한 거기에 내포되는 상하관계나 사회위계와 그에 따른 질서에도 미치는 것인 동시에 시간 또는 공간에 의한 차이를 포섭하고 있기 때문이다.

그럼에도 불구하고 이 개념의 중요성이 인식되기에 이른 것은 사회운동이나 사회구조, 또는 국가통합 등에 대한 분석을 하는 데서 기존에 사용되어 온 개념으로는 더 이상 새로운 연구의 진전을 기대할 수 없다는 사실이 명확해졌기 때문이다. 예를 들면 이러한 대상에 대한 분석을 계급*, 민족*, 이데올로기*, 정당* 등의 기존의 개념으로 행하면 아무래도 연구는 국민국가라는 틀 속에 갇혀버리고 마는 것이다. 그것은 앞서 언급한 개념이 국민국가를 기본적인 틀로 삼아 성립한 19세기의 사회과학에 의해 산출된 것이었기 때문이다. 사회성에 의한 접근은 무엇보다도 우선 사람들의 일상생활에서의 행위와 교섭, 요컨대 일상적 실천에 의해 짜여 있는 사람과 사람의 관계성에 입각해 그로부터 보다 넓고 또 보다 특정화된 사회적 결합의 해명으로 향한다. 이 때 일상적 실천에 있어 국민국가나 근대사회 시스템은 기존의 사태로서 존재하고 있는 것은 아니며, 시스템화에 간극을 만들어 저항이나 옆으로 미끄러지는 우회로를 생성하는 것이다.

이러한 사회성 개념의 중요성은 일본에서는 사회운동사 연구 분야에서, 프랑스에서는 사회사 연구 분야에서 대체로 1970년대 전후에 동시에 인식되기에 이르렀다. 하지만 특히 프랑스의 역사가 모리스 아귈롱은 남프랑스의 지중해 연안인 프로방스 지방의 18-19세기를 대상으로 구체적인 연구를, 그리고 그에 이어서 사회성론에 대한 방법론적 검토를 행하여 주목받게 되었다. 그는 18세기부터 19세기 중엽에 걸친 위에서 언급한 지방에서의 종교적 신심회, 프리메이슨, 샹블레, 상호부조회 등의 단체=아소시아시옹*의 실태를 상세하게 검토하고 그 지방에는 독특한 강한 밀도의 사람과 사람의 결합관계가 존재했음을 밝혔다. 이 연구에 대해서는 그러한 사람과 사람의 결합관계가 남프랑스에 특유한 것이라기보다는 지역을 넘어서서 존재하는 것이라는 비판이 나왔고 이러한 비판을 받아 그는 사회성론을 확대하여 19세기 전반기의 프랑스 전체에 대해 논하게 된다.

아귈롱은 거기서 부르주아 계층으로 발전한 서클이라는 사교적 집단에 주목한다. 19세기에는 서클이 융성하고 서클로부터 각종의 학술단체나 사상단체가 파생되며, 부르주아 계층에서 우선 서클형의 아소시아시옹이 증대해 가지만, 동시에 이 서클은 민중계층에도 매개층을 통해 모방되게 되어 이 계층에서도 서클형의 아소시아시옹이 급격하게 증대한다고 한다. 그가 여기서 제출한 구도는 부르주아 계층에서 서클을 중심으로 다양한 아소시아시옹이 횡단적으로 증대하는 동시에 아래를 향해 서클의 모방을 통해 민중계층에서도 아소시아시옹이 증대한다는 것이었다.

아귈롱은 이상과 같이 검토하는 가운데 "증대하고 다양화해가는 자발적인 아소시아시옹의 출현"은 "사회성의 전진적인 발전"을 보여준다고 지적하고 있다. 그는 사회성을 '형태를 취하지 않는 것'=사회성 일반과 '형태를 취하는 것'=아소시아시옹으로 구별하고 있는데, 전자에서 후자로 사회성이 단계적으로 발전한다는 이 지적은 아소시아시옹을 중시하는 것이라는 비판을 받았다. 그는 나중에 양자를 병립하고 있는 것이라고 하여 이 비판을 받아들이지만, 그렇다면 양자가 어떠한 관계에 있는가 하는 것은 모호한 상태 그대로 남았다. 그러나 이 점은 좀 더 적극적으로 생각해야만 하는 것이다. 우선 첫째로, 사회성론이 전제로 해야 할 것이 아소시아시옹이라 할지라도 '형태를 취하지 않는 사회성'의 그물눈에 의해 뒷받침되고 있다는 점이다. 이 점에 입각하지 않으면 아소시아시옹의 성격 그 자체를 제대로 파악하지 못하게 된다. 그러나 둘째로, 아소시아시옹이 증대해간다는 사태는 '형태를 취하지 않는 사회성'의 성격에 변화가 생기고 있다는 것을 나타내는 징후, 한 걸음 더 나아가서 그 변화를 표상하고 있는 것으로 파악할 필요가 있는 것은 아닐까 하는 점이다. 그리고 이 변화를 사회성이 유지하는 공동성과 그것을 구성하는 개인* 간의 관계성에 발생한 변화로 생각하는 것이 가능하며, 이 변화가 전제가 되어 아소시아시옹의 증대가 발생하고 있다고 생각할 수 있는 것이다. 참고로 이렇게 지적했다고 해서 '개인의 자립' 등을 진보라고 파악하고 있는 것은 아니다. 어디까지나 '개체와 공동성' 안에서의 관계성 문제인 것이다. 또한 비록 변화에 주목한다고 하더라도 아소시아시옹에 모든 것이 수렴하는 것도 아니다. 그것은 사회성 일반에 뒷받침되고 있는 것이며 상황에 따라 변화는 가역적일 수 있다.

사회성 연구에 기초하는 역사학은 일상적 실천의 수준을 기반적 연구로 하면서도 보다 폭넓은 사회적 세계와 정치의 창출 문제로 향해야만 한다. 아귈롱의 사회성 연구도 19세기 프랑스의 공화주의의 발전을 사회사로서 검토하고자 하는 것이었다. 사회구조나 국가통합에 대해서도 많은 문제가 나오게 되겠지만 구체적 연구는 지금부터이다. ☞아소시아시옹

㊟ 喜安朗, 『フランス近代民衆の<個と共同性>』, 平凡社, 1994. 同, 『夢と反亂のフォブール―1848年パリの民衆運動』, 山川出版社, 1994. 二宮宏之, 『結びあうかたち』, 山川出版社, 1995. Mauric Agulhon, *Pénitent et Francs-Maçons de l'ancienne Provence. Essai sur la sociabilité méridionale*, nouvelle éd., Paris 1984. id., *La République au village. Les populations du Var de la Révolution à la IIe République*, Paris 1979. id., *Le cercle dans la France bourgeoise 1810-1848. Etude d'une mutation de sociabilité*, Paris 1977. id., "Classe ouvriére et sociabilité avant 1848", in: *Histoire vagabonde*, 2 vols, tome I 1988. id., "Les association depuis le début du XIXe siècle", *Les associations au villag*, ACT SUD 1981.

–기야스 아키라(喜安 朗)

사회조사 社會調査 [(불) l'enquêtes sociales]

1820년대부터 1840년대까지 이루어진 프랑스에서의 빈곤조사의 총칭. 이러한 조사의 결과로 빈곤문제에 대한 파악 방식은 이전과는 크게 바뀌게 되었다. 그때까지 빈곤은 개인*의 책임이라고 생각되고 구제는 개인의 자선에 맡기고 있었지만, 사회조사의 결과로 빈곤문제는 사회문제로 파악되고 구제에는 사회가 적극적으로 관여해야 한다는 의견이 많아졌다. 이러한 사회에 의한 구제는 한편으로 빈곤으로 인해 일어날 수 있는 반정부적 조직을 없애려는 대책이기도 하며, 이리하여 사회조사는 사회경제학이라는 프랑스의 독특한 학문을 낳는다.

【Ⅰ】사회경제학의 탄생

타느기 뒤샤텔의 『자선에 관한 정치경제학의 고찰』(1836), 모로그의 『궁핍에 대하여, 걸식에 대하여』(1834), 제란도의 『공공자선사업에 대하여』(1839) 등의 초기의 사회조사와 1840년대에 시작되는 뷔레*의 『영국과 프랑스에서의 노동자계급의 빈곤』(1840), 프레지에의 『대도시 인구에서의 위험한 계급과 개선의 수단』(1840), 빌레르메의 『면・양모・비단공장에 고용된 노동자의 육체적・도덕적 상태』(1840) 등의 사회조사는 크게 다르다. 초기의 사회조사는 빈곤문제를 영국의 맬서스적 인구론 수준에서 다루고 있을 뿐으로 빈곤을 중요한 경제현상이나 사회현상으로서 다룰 수 없었다. 그에 반해 1840년대의 사회조사는 빈곤문제를 필연적으로 발생하는 경제, 사회현상으로 파악하고 빈곤문제가 해결되지 않으면 사회는 중대한 위기를 맞이하게 될 거라고 경고하게 된다. 경제학 분야에서 시스몽디*(『신경제학 원리』, 1819, 『사회과학 원리』, 1836)가 경제학의 불균형을 문제로 삼아 경제적 위기(공황*)의 가능성을 지적함으로써 프랑스에서는 경제학이 이론경제학에서 사회경제학으로 부상하고 있었다. 한편 1829년에 『공중위생연보』가 발간되어 빈곤의 의학적 조사가 진행된다. 이러한 빈곤에 대한 의학적 관심이 단순한 인구통계 데이터뿐만 아니라 직업이나 사회조건 등의 통계 데이터의 작성을 촉진하고 의학과 경제학을 접근시켜간다. 나아가 경제공황과 전염병 등의 공중위생상의 위기가 프랑스에서의 경제학과 의학의 관계를 좀 더 밀접하게 만들었다. 이러한 접근에 적극적인 역할을 수행한 것이 '도덕과학・정치과

학 아카데미'였다. 아카데미의 주최로 1840년에 이루어진 현상논문 테마는 "빈곤은 어떻게 해서 일어나는가, 각각의 나라에서 어떠한 특징을 지니는가, 또한 그 원인은 무엇인가"로, 22편의 응모가 있었고 뷔레가 일등상을 획득했다.

【Ⅱ】 사회조사의 의미

사회조사의 의도는 개인적인 태만에 의한 빈곤과 사회현상에 의한 빈곤을 명확하게 구분하는 것이었다. 전자의 빈곤이 부와 대립하는 데 반해 후자의 빈곤은 사회와 대립하는 것이며 사회의 대응을 필요로 한다. 그런 의미에서 후자의 빈곤은 사회 전체의 조화에 있어서 위기가 된다. 빈곤의 '반사회성'을 제거하는 것은 태만에 의해 생겨나는 자연의 빈곤을 배제하는 것이 아니다. 따라서 사회조사 안에 사회적 불평등을 없애고자 하는 사회주의적 사고는 없다. 반사회성의 근원은 빈곤 그 자체가 아니라 빈곤에서 생겨나는 사회불안, 무질서를 만들어내는 자들(프레지에의 말을 빌리면 '위험한 계급*') 속에 있다. 당시의 사회가 안정의 중심으로 생각한 것은 가족이며, 가족이 없는 부랑자, 독신자, 매춘부 등은 사회의 위협이 된다. 이리하여 그때까지 자유*로웠던 노동자의 이동, 외국인 노동자의 유입에 감시의 눈이 향하게 된다. 그런 의미에서 파랑 뒤샤틀레의 매춘부 조사(『파리의 매춘부에 대하여』, 1836), 프레지에의 불온한 계급에 대한 조사가 커다란 의미를 지니게 된다.

【Ⅲ】 맑스에 있어서의 사회조사

맑스가 프랑스의 사회조사에 관심을 가지는 것은 1844년 여름부터 1845년 봄까지의 일이다. 그 이후 특별히 관심을 갖는 일은 없다. 파리 시대부터 브뤼셀 시대에 걸쳐 작성한 노트*를 보면[MEGA Ⅳ/2, Ⅳ/3], 스미스*, 리카도*, 밀* 등의 고전파 경제학 노트를 작성한 뒤, 뷔레로부터 발췌 노트를 작성하고, 샹보랑(『고대와 현대의 빈곤에 대하여』, 1842; 파랑 뒤샤틀레를 언급), 빌누브 바르지몽(『기독교 정치경제학』, 1834; 뒤느와예를 언급)의 노트를 작성한다. 그러나 맑스가 언급한 것은 이것뿐만이 아니다. 그는 "구입해야만 할 책과 사회문제"[MEGA Ⅳ/3:8-10]라고 적힌 메모용지에 빌레르메, 타느기 뒤샤텔, 모로그, 셰르뷜리에의 책 제목을 적어 놓고 있어 매우 광범위하게 문헌을 조사하고 있음을 알 수 있다.

그 중에서 특히 긴 발췌가 뷔레다. 맑스는 『경제학·철학 초고』*에서도 뷔레를 인용하고 있는데, 사회조사 중에서도 뷔레의 작품을 선택한 것은 혜안이라고 할 수 있을 것이다. 그것은 뷔레의 경제학이 반고전파 경제학이었다는 점이나 노동자계급의 빈곤을 다루고 있었기 때문만은 아니다. 뷔레가 빈곤을 문명의 적으로서 다루면서 빈곤 대책을 부(富)와의 관계보다도 반사회적인 것으로 생각하고 있었기 때문이다. 빈곤에 대해 근본적인 해결책을 모색하는 사회주의자, 공산주의자에 대해 뷔레는 사회에 의한 자기조정을 주장한다. 맑스가 문제로 삼아야만 했던 것은 빈곤에 대한 자기조정의 가능성이었다. 이러한 자기조정은 그 후 사회정책으로서 발전해간다. ☞뷔레, 노트, 시스몽디

㊟ G. Procassi, *Gouverner la misère, la question sociale en France 1789-1848*, Paris 1993. L. シュヴァリエ(喜安朗 外 譯), 『勞働者階級と危險な階級』, みすず書房, 1993. 的場昭弘, 『パリの中のマルクス』, 御茶の水書房, 1995.

-마토바 아키히로(的場昭弘)

사회주의 社會主義 [(독) Sozialismus (불) socialisme (영) socialism]

사적 소유를 공산주의*와 같이 전면적으로 부정하는 것이 아니라 노동*의 조직화와 재화의 합리적 분배에 의해 평등* 사회를 실현하고자 하는 사회개량 사상을 말한다.

【Ⅰ】 어의

사회주의를 나타내는 서구어는 라틴어 socialis에서 유래하며, 공산주의의 어근인 communis와 마찬가지로 공동을 의미하는데, 이 말이 사회주의로 번역되는 단어로 발전하기 위해서는 정치적 국가와 구별된 사회 개념의 성립이 불가결하다. 따라서 공산주의를 재산 공유제로 규정하여 플라톤의 공화국까지 거슬러 올라가 그 역사를 생각하는 것은 가능하지만 사회주의를

근대 이전으로 소급시킬 수는 없다.

사회주의의 어원적 역사는 크게 나누어 세 가지 흐름을 지닌다. 하나는 그로티우스와 푸펜도르프, 토마지우스 등 근대 자연법*의 흐름인데, 그것이 사회적 자연법이라 불린 데서 그 자연법론자들을 사회주의자로 보는 시대가 있었다. 1753년의 데징이나 1764년의 피네티의 저작를 시작으로 1803년의 헤겔*의 자연법 논문까지 그 예를 볼 수 있다. 이 흐름을 단지 어원적 동일성으로서만 생각하는 것이 아니라 바뵈프에서 헤스*에 이르는 사회주의를 근대 자연법의 역사 속에 자리매김해서 이해하는 알리히 마이어의 연구(1977)와 같은 것도 있다. 두 번째 흐름은 루소*의 『사회계약론』(1762)에 있는 사회의 개념에서 파생하는 것으로, 루소의 저작 중에 사회주의라는 용어가 있는 것은 아니지만 그의 사회 개념 및 공화국 사상은 이후의 사회주의자에게 커다란 영향을 주었다. 이탈리아의 파치네이(1765)나 줄리아니(1808) 등은 루소의 자연법 사상에 대해 사회주의 내지 반사회주의라는 규정을 부여하고 있지만, 이는 앞의 첫 번째 흐름에 속하는 사항이다. 세 번째 흐름은 비네(1831)나 르루*(1833)의 저작에서 예를 볼 수 있는 것으로, 개인주의에 대립하는 것으로서 사회주의라는 용어가 사용되고 있다.

이리하여 만들어진 사회주의라는 말이 공산주의와 같은 뜻으로 사용되어 오언*이나 생시몽*, 푸리에* 등을 사회주의자라거나 공산주의자라고 불렀다. 그 후에 일반적으로 사회주의자라고 불리고 있는 사람은 영국에서는 오언과 오언주의자, 프랑스에서는 생시몽과 생시몽주의자, 푸리에와 푸리에주의자, 라므네*, 르루, 프루동*, 블랑* 등, 독일에서는 헤스와 그륀*, 포이어바흐* 등이다.

【Ⅱ】역사적 개관

사회주의를 어원적 역사 이외의 다른 것에서 개관하는 데는 약간의 어려움이 따른다. 왜냐하면 사회주의는 예나 지금이나 종종 공산주의와 혼동되거나 처음부터 자각적 내지 무자각적으로 양자를 동일한 것으로 생각하는 사상가가 적지 않기 때문이다. 엥겔스*와 로렌츠 슈타인*처럼 거의 일관되게 양자를 엄밀히 구별하는 경우는 오히려 드물다. 이 경우 슈타인은 사회개량의 적극적 방법으로서 사회주의를 승인하고 공산주의를 부정하기 위해, 엥겔스는 사회주의를 부르주아 사상이라며 부정하고 공산주의를 주창하기 위해 그렇게 한 것이다. 맑스는 『경제학 · 철학 초고』*에서 공산주의는 사적 소유의 지양을 매개하지만 사회주의는 종교*의 지양에 의해 매개되는 일이 없는 적극적인 인간*의 자기의식이라고 규정하고 있는데[40:467], 그 후 엥겔스의 영향을 받아 공산주의 입장에 서서 사회주의를 반동적 내지 유토피아적이라고 하여 비난하게 된다. 그러나 그 후에도 혁명적 사회주의라고 말하고 이를 공산주의라고 바꾸어 말하는 예[『계급투쟁』, 7:86]도 있어서 반드시 일관된 것은 아니다. 하지만, 엥겔스의 경우에도 『공상에서 과학으로』*라는 제목의 만년의 저작이 있는데, 거기서 자신의 공산주의를 과학적 사회주의라고 부르고 있다. 여기서 비판되고 있는 공상적 사회주의란 오언이나 생시몽, 푸리에의 사회주의를 가리키는데, 이것들을 공상적 내지 유토피아적이라 이름붙인 것은 맑스의 『공산당 선언』* 제3장 원안 부분에서부터다.

하지만 공상적이라 불린 생시몽이나 푸리에는 스스로 자신의 학설을 과학적이라고 일컫는데, 전자는 뉴턴과학에 기초하여, 후자는 독자적인 '4운동의 법칙'에 의해 설명했다. 푸리에주의자는 사회주의를 사회과학이라 부르고 있다. 한편 영국에서는 호지스킨과 그레이, 톰프슨 등 경제학자가 오언의 영향을 받아 반자본주의를 내걸고 독자적인 사회주의 그룹을 형성하고 있었다. 헤스는 『독일에서의 사회주의 운동』(1845)에서 독일의 사회주의는 프랑스에서 결사를 만든 독일인 직인들과 인간주의로까지 도달한 독일 철학의 양쪽으로부터 자극을 받았다고 설명하고, 그 위에서 슈타인을 비판하여 슈타인이 사회주의를 오로지 위장(胃腸)의 필요에서 생긴다고 주장하고 있는 것은 잘못이며, 올바르게는 사회주의는 마음의 문제이고 나아가 그에 못지않게 두뇌의 문제라고 말하고 있다. 그리고 사회주의를 최고의 종교*인 동시에 최고의 과학*이라고 하고 있다. 19세기는 과학적, 실증적이라는 것이 가장 존중받던 시대였는데, 사회주의도 그 예외가 아니었던 것이다.

하지만 맑스 등의 공산주의가 과학적 사회주의라고 말해지는 이유는, 그것이 도덕주의적인 이상이 아니라 자본제 생산양식의 체계적인 분석으로부터 필연적으로 도출되는 사회상이라고 생각되었기 때문이다. ☞ 공산주의, 유토피아, 오언, 생시몽, 푸리에, 『공상에서 과학으로의 사회주의의 발전』{『공상에서 과학으로』}

㉶ Hans Müller, *Ursprung und Geschichte des Wortes SOZIALISMUS und seiner Verwandten*, Hannover 1967. Ahlrich Meyer, *Frühsozialismus. Theorien der sozialen Bewegung 1789-1848*, München 1977. L. シュタイン(柴田隆行 譯),「ドイツにおける社會主義と共産主義暫見, およびその將來」,『社會思想史の窓』, 第83号, 1991. 同,「イギリスにおける社會運動と社會主義」, 同前, 第91, 105号, 1991, 1993. 同,「アメリカの社會主義と共産主義」, 同前, 第93号, 1992.

―시바타 다카유키(柴田隆行)

산업혁명 産業革命 [(영) the Industrial Revolution]

【Ⅰ】맑스-엥겔스와 산업혁명

18세기 말엽 이후의 영국에서 일어난 산업상의 변화를 프랑스 혁명*에 필적하는 세계사적 사건으로 간주하고 이를 '산업혁명'이라 부르는 것은 19세기 전반부터 행해지고 있었다. 엥겔스*는 『영국 노동자계급의 상태』*(1845)에서 산업혁명에 대한 이와 같은 파악방식을 이어받으면서 심화시켰다. 이 책에서의 엥겔스의 관찰 결과와 해석은 맑스에 의한 자본주의 분석의 중요한 소재가 된 것으로 보인다. 맑스는 산업혁명에 대해 체계적인 기술을 하지 않으며, '산업혁명'이라는 용어를 사용하는 것도 드물었다. 이는 그가 자본제적 생산양식을 확립시키는 산업혁명의 분석이 아니라 이미 성립한 자본제적 생산양식의 구조 해명에 노력을 기울였기 때문이다. 그러나 『자본』* 제1권, 제4편 제13장, 제7편 제23장, 제24장 등을 참조하여 그가 '산업혁명'의 내용으로서 무엇을 생각했는지를 밝히는 것은 가능하다. 그는 18세기 말의 증기기관과 면업기계의 발명으로 공장제가 성립하여 산업혁명이 시작되고, 이 산업혁명이 봉건적 생산양식을 폐기하여 자본*-임금노동 관계를 기축으로 하는 자본제적 생산양식을 확립시켰다고 생각한다. 수세기에 걸친 본원적 축적 과정을 전제로 하여 산업자본이 확립되는데, 이에 의해 실현되는 자본제적 생산양식은 역사필연적으로 그 자신의 부정을 산출한다고 여겨진다. 맑스의 『자본』이나 「형태들」, 나아가 엥겔스의 저작들 속에서 전개된 역사발전에 대한 역동적인 파악방식은 제2차 대전 후의 일본의 서구 근대사 연구자들에게 커다란 영향을 주며, 맑스주의적인 이해를 전제로 하는 산업혁명론도 심화시켜왔다. 그러나 서구의 근대사 연구자들에 대한 맑스 이론의 영향은 매우 한정된 것이었다.

【Ⅱ】산업혁명을 둘러싼 논쟁

산업혁명을 둘러싼 영미에서의 논쟁은 복잡하고 논점은 다양한 영역에 걸쳐 있지만, 논쟁사는 대략 네 개의 시기로 구분할 수 있다. 우선 영국에서의 고전적 산업혁명론은 A. 토인비의 『영국 산업혁명 강의』(1884)에서 시작되며, 웨브 부부에 의해 다듬어져 대중화되었다. 이에 따르면 1760년경부터 1830년경까지 영국에서 국민경제 전체의 급격한 자본주의화, 즉 산업혁명이 일어났다. 산업혁명은 자유경쟁 원리가 승리한 산물이며 농업인구의 감소, 공장제도의 성립, 사회적 불평등에 기초한 계급분열 및 대중*의 궁핍화*를 그 기본적 특징으로 한다고 이해되었다. 이 견해에는 맑스-엥겔스의 견해에서와는 달리 봉건사회 속에서의 생산력의 발전이 봉건사회의 생산관계와 모순된다는 점에 대한 이해가 결여되어 있다. 그 때문에 산업혁명 이전의 대중의 생활이 목가적으로 그려지고 산업혁명에 의해 생겨난 대중의 궁핍상태가 정부의 정책으로 개선되었다고 이해되었다.

고전적 산업혁명론에 대한 비판은 J. 클래펌의 『근대 영국 경제사』(1926)에서 시작되는데, T. S. 애슈턴이나 D. C. 콜먼으로 이어져 현재도 영국에서의 근대경제사 연구의 정통설이라는 위치를 유지하고 있다. 대단히 개별적이고 구체적인 사례나 통계적인 연구 성과를 바탕으로 클래펌은 해당 시기의 경제구조의 이행이 연속적 · 장기적인 동시에 지역적인 과정이었다고 논했다. 따라서 클래펌은 영국사의 중대한 전환점으로서 '산업혁명'이 존재했다는 생각을 부정하고, 개별적인 기술혁신 각각을 산업혁명으로 표현하여 '산업혁명' 개념을 한정적으로 사용했다. 또한 그들은 대중의 생활수준이 전체적으로는 오히려 개선되었다고 논했지만, 이는 해당 시기에 대한 '생활수준 논쟁'을 불러일으켰다.

서구 자본주의 국가들에서 급격한 경제성장이 나타난 1950년대 이후에는 미합중국에서 경제성장론이 매우 번성하며, 지속적인 경제성장의 기점으로서의 산업혁명의 의의가 강조되게 되었다. 「하나의 비공산주의자 선언」이라는 부제를 단 W. W. 로스토의 『경제발전의 단계』(1960)가 이러한 '경제성장사학'의 산업혁명론의 대표라고 할 수 있다. 로스토에 따르면 특정 공업 부문이 급성장해서 다른 공업 부문들을 리드하는 것이나 국민소득에 대한 생산적 투자비율의 급격한 상승이 전통적인 사회로부터 공업화 사회로의 '이륙'을 가능케 한다. 맑스의 경우와는 전혀 다른 의미이긴 하지만, 이러한 이른바 '경제성장사학'에서도 '산업혁명'은 세계사에서 결정적으로 중요한 획기적 시기로서 인식되었다. 따라서 공업국들의 공업화의 전제조건이나 공업화 과정에 대한 비교사적인 연구가 진전되기 시작했다.

서구 자본주의 국가들의 경제성장에 어두운 그늘이 보이고 남북문제가 첨예화하기 시작하는 1970년대에는 경제성장 모델 적용의 의의와 유효성에 대한 의문과 비판이 전개되었다. 1980년대에는 미합중국에서 '신경제사'(클리오 메트릭스cliomertrics라고도 한다)가 등장했다. 이것은 신고전파 경제학의 미시와 거시 이론들을 기초로 한 모델을 이용하여 경제사를 분석하는 것이다. 이른바 산업혁명 시기에 대해서는 이 방법을 채택한 N. F. R. 크래프츠의 『산업혁명기 영국의 경제성장』(1985) 등이 해당 시기의 경제성장률이나 공업생산 성장률을 종래 생각되던 것보다 훨씬 낮게 수정하는 결론을 제시함으로써 현재 새로운 논쟁을 불러일으키고 있다. 그러나 종종 오해되기도 하지만, 크래프츠는 '산업혁명'의 개념을 부정하지 않았다. 그는 낮은 경제성장률에도 불구하고 해당 시기의 영국은 "토지와 인구*의 균형에 의해 특징지어지는 경제구조로부터 기술변화와 자본축적*에 의해 특징지어지는 경제구조로"의 전환을 이루었다고 생각했다.

'산업혁명'을 둘러싼 연구와 논쟁의 역사는 단순한 이데올로기* 투쟁이 아니라 개별 사회 경제현상을 정밀하게 조사하는 방법의 개량을 수반하고 있었다. 따라서 해당 시기의 사실들에 대한 지식은 가속도적으로 축적되어 왔다. 그러나 해당 시기의 역사의 역동성을 구조적으로 파악하는 방법에 대해서는 서구의 경제사학계의 현 상황은 혼미 속에 있다고 말할 수 있을 것이다. ☞기계제 대공업, 면공업, 자본의 유기적 구성, 『영국 노동자계급의 상태』, 『자본』

참 M. ドッブ(京大近代史研究會 譯), 『資本主義發展の研究 I · II』, 岩波書店, 1954. 高橋幸八郎 編, 『産業革命の研究』, 岩波書店, 1965. 矢口孝次郎, 『産業革命研究序說』, ミネルヴァ書房, 1967. D. Cannadine, "Past and Present in the English Industrial Revolution 1880-1980", in: *Past and Present*, No. 103. 道重一郎, 「イギリス産業革命像の再檢討—經濟發展の連續性と斷絶性をめぐって」, 『土地制度史學』, 第141号, 1993. P. オブライエン(川北稔 譯), 「産業革命論の現在」, 『西洋史學』, 第183号, 1996.

—야마모토 도오루(山本 通)

산초 판사 [Sancho Pansa]

세르반테스*의 『돈키호테』의 등장인물. 시골 향사 돈키호테*의 가까운 마을에 사는 백성인데, 돈키호테의 꼬임에 넘어가 주종관계의 인연을 맺는다. 망상에 사로잡혀 편력하는 돈키호테를 마지막까지 따라다닌다. 종잡을 수 없는 점에서는 주인 못지않다. 맑스는 『독일 이데올로기』*에서 슈티르너*를 '산초'라고 부르며 환영과의 싸움에서 법석을 떠는 모습을 비꼰다. ☞세르반테스, 돈키호테

—다키구치 기요에이(瀧口淸榮)

3월 전기 三月前期 ⇨**포어메르츠기**

3월 혁명 三月革命 [(독) Märzrevolution]

【Ⅰ】 유럽혁명으로서의 3월 혁명

1848년 2월 22일부터 파리*에서 시작된 프랑스 2월 혁명*을 발화점으로 하여 독일어권 및 헝가리, 체코, 이탈리아로 확산되는 민족적인 성격을 지닌 광범위한 반봉건적 혁명. 2월 27일 바덴 대공국 만하임에서의 대중집회를 필두로 남서독일에서 시작된 각 영방국가 정부에 대한 반대투쟁이 3월이 되어 독일연방의 주요 대국인 오스트리아 제국, 프로이센 왕국으로 확대되어 각국에서 민주화 요구가 일시적으로 실현된다. 그러나 같은 해 가을 이래로 반혁명이 힘을 회복하고, 1849년 5월부터 7월에 바덴에서의 최후의 대규모 무력충돌에 따른 혁명군의 스위스 패주(7월 12일)와 라슈타트* 요새의 함락(7월 23일)으로 인해 이 혁명*은 최종적으로 패배로 끝난다. 이와 같이 3월 혁명이란 1848년 3월부터 시작되는 1년여의 반봉건운동이라고 한다면 1848/49년 혁명이라고 칭하는 편이 더 적절할 것이다.

이 혁명에 앞서 1830년대부터 시민계급을 중심으로 한 협회조직이 각 도시에서 형성되어 혁명을 담당하게 되는 조직형성과 네트워크 구축의 훈련은 민중 측에서 이미 완료되어 있었다. 그 대표적인 사례가 1832년의 팔츠 지방을 중심으로 한 '자유로운 출판을 지원하기 위한 독일조국협회'이며, 같은 해 이 조직이 중심이 되어 개최된 함바흐 축제*이다. 1840년대에는 사회 각 계층별 내지 계층 횡단적인 조직체인 협회*가 군생하고, 이 협회를 전 독일적인 운동의 조직 원리로 내세운 바덴의 오펜부르크 집회가 1848년 3월 19일에 열렸다. 경제적으로는 1845년부터 46년에 걸친 농업*의 심각한 부진으로 인해 1846/47년에는 농산물 가격이 급등하고, 여기에 47년에 영국에서 시작되는 경제공황이 더해져 이 해에는 독일 각지에서 식량폭동이 빈발한다. 이러한 민중운동 속에서 잔존하는 봉건적 제도들의 폐지, 독일 통일, 출판과 집회의 자유, 신분의회 개혁, 독일연방의 개혁 등, 이른바 '3월 요구'가 각지에서 표출되기에 이르지만, 이것 또한 이미 1830년대부터 제기되고 있었다.

【Ⅱ】 혁명의 네 국면

1848/49년의 1년여의 혁명운동은 다음과 같은 네 가지 국면의 추이를 보여준다. (1) 1848년 3월의 이른바 '3월 사건들'. 3월 13일의 빈*에서의 민중 데모에 의한 메테르니히*의 추방, 18일 베를린*에서의 바리케이드 투쟁이 정점을 이루고, 이에 의해 3월 요구는 각 영방국가에서 커다란 저항 없이 받아들여져 각국에서 자유주의적인 내각('3월 내각')이 태어난다. 3월부터 4월에 걸쳐서는 전 독일에서 시민, 노동자의 협회조직이 설립되었다. (2) 민중의 에너지는 독일 통일을 지향하기 위해 프랑크푸르트 국민의회* 선거로 향하게 된다. 4월 1일부터의 준비의회로부터 전 독일의 본 선거를 거쳐 5월 18일 파울로 교회에서 본의회가 개최되었다. 이 의회의 존속 기간 중(1849년 6월 18일까지 13개월) 보결도 포함하는 의원 총수 800여 명 가운데 대학 졸업자는 600명을 넘어서며, 직업에서는 공무원이 400명을 넘어선다는 점에서 의회는 온건한 자유주의*가 지배하게 되었다. 사실 좌파 분파인 '도이처호프'와 '도너스베르크'를 합쳐도 온건파 분파인 '카지노'가 우세했다. (3) 프랑크푸르트 국민의회가 종래의 영방국가 권력들과의 대결의 장이 될 수 없음이 분명해지면서 혁명의 에너지는 9월 이후 각지로 분산되는 동시에 반혁명 측도 태세를 갖추어 혁명 진압에 나서게 된다. 10월 28-31일 빈에서는 시민군과 황제군의 격렬한 공방으로 이 도시가 황제군의 수중에 들어간다. 또한 3월 이래 코슈트*의 지도 아래 오스트리아로부터의 독립을 목표로 하는 헝가리도 12월부터 이듬해 1월에 걸쳐 오스트리아군에 의해 진압되었다. 11월 1일 프로이센에서는 브란덴부르크 백작 내각이 성립하고, 봉건적 제도 폐지를 목표로 구세력과 대결자세를 강화하고 있던 프로이센 국민의회*도 12월에는 강제적으로 해산당했다. (4) 1848/49년 혁명의 최종 단계는 12월 21일의 프랑크푸르트 국민의회에 의한 '독일 국민의 기본권' 결의와, 1849년 3월 27일의 '독일국 헌법(Deutsche Reichsverfassung)' 가결에 의해 이들에 대한 승인을 각

국 정부에 요구하는 운동으로서 전개되었다. 특히 5월 3일부터 9일에 걸친 작센왕국 수도 드레스덴*에서의 인민궐기, 바덴에서의 5월 12일 라슈타트 요새의 병사 반란, 다음 날 13일 오펜부르크에서의 대규모 집회에 의해 활발해졌다. 그러나 팔츠, 바덴 및 전국에서 온 의용병이 가세한 혁명군과 왕후군의 전투 끝에 7월 23일 라슈타트 요새의 함락으로 혁명은 패배로 끝난다. 이들의 진압에는 대부분 프로이센군이 지원을 위해 출병했다.

【Ⅲ】 3월 혁명의 역사적 의미

3월 혁명은 봉건적인 제도들을 타파하고자 하는 민중운동이었다. 시민 및 사회적 하층 민중은 무수한 협회조직을 형성하여 그곳을 거점으로 선거투쟁, 무장투쟁을 행했다. 그러나 구체제를 타도할 수 없었다는 점에서 이 혁명은 '패배' 내지 '좌절'이었다. 혁명이 좌절된 원인으로는 운동의 지역적 분산, 혁명을 영도해야 할 시민계급의 온건파와 급진파로의 분열 등을 들 수 있다. 그렇지만 1850년대의 반동시대에서도 비록 '위로부터'이긴 하나 산업화의 이륙을 보증하는 제도들의 개혁이 이를 계기로 주저 없이 계속 이루어져 1860년대 이후의 시민, 노동자의 새로운 조직화를 가능케 했다. 또한 프랑크푸르트 국민의회에 의한 헌법을 현대 독일 기본법의 원점으로 평가하는 견해도 있다. 그런 의미에서 이 혁명은 독일에서의 근대화의 출발점이라고 말할 수 있다.

3월 혁명의 또 하나의 특징은 민족주의의 발흥이었다. 민족주의는 소국으로 분립되어 있는 상태를 극복하기 위해 독일 통일을 지향한 이 혁명에 기여했다. 그러나 1848년에 표면화된 슐레스비히-홀슈타인 문제*에서는 민중 역시 대외적으로 강력한 국가를 원했다. 이는 19세기 말 독일에서의 제국주의 시기의 자유주의자로 계승되는 특징이다. ☞1848년 혁명, 1848년 혁명 후의 독일, 바덴 봉기, 2월 혁명, 프랑크푸르트 국민의회, 라슈타트

㊂ R. シュターデルマン(大内宏一 譯),『1848年ドイツ革命史』, 創文社, 1978. 良知力 編,『{共同硏究} 1848年革命』, 大月書店, 1979. 阪上孝 編,『1848 國家裝置と民衆』, ミネルヴァ書房, 1985. 川越修,『ベルリン王都の近代』, ミネルヴァ書房, 1988. 同,「1848年革命」, 木村靖二 外 編,『世界歴史大系ドイツ史2』 수록, 山川出版社, 1996. 林健太郎,『ドイツ革命史1848・49年』, 山川出版社, 1990. 村上俊介,「ザクセンにおける一八四八/四九年革命と協會運動——一八四八年五月蜂起を中心に」, 的場昭弘・高草木光一 編,『一八四八年革命の射程』 수록, 御茶の水書房, 1998. 同,「1848/49年革命150周年で祝われたもの」,『專修大學社會科學月報』, No. 433, 1999.

—무라카미 슌스케(村上俊介)

삼위일체 정식{범식} 三位一體定式{範式} ⇨**상품**

상대적 과잉인구 相對的過剩人口 ⇨**실업**

상드{조르주 상드} [George Sand 1804-76]

19세기 프랑스 최대의 여류작가. 7월 왕정 이래로 40여 년간에 걸친 창작활동에서 100편 이상의 소설, 극작을 남겼다. 최근『서간집』26권의 출판 완결과 함께 새로운 관점에서 연구・재평가의 기운이 높아지고 있다. 발자크*, 플로베르, 위고, 보들레르, 리스트, 쇼팽, 들라크루아, 미슐레, 마치니*, 맑스 등 시대를 대표하는 작가, 예술가, 사상가에게 보낸 약 2만 통의 편지가 수록되어 있어 그 자료적 가치가 높다. 사상적으로는 '루소*의 딸'을 자임하면서 라므네*나 르루*와의 만남을 거쳐 사회주의 사상에 공감하고, "펜으로 문학이나 사상을 세상에 보급하는" 작가임을 스스로의 이상으로 삼았다. 인습적 결혼생활을 버리고 참된 사랑을 구하는 여주인공을 그린 충격적 출세작『앵디아나』(1832) 이후『렐리아』,『모프라』 등의 전기 작품들에서는 여성을 예속상황에서 해방*하려는 페미니즘적 경향이 강하다. 30년대 중엽 이후의 공화파 탄압, 정부의 우경화 흐름은 관헌에 의한 학생과 노동자의 대량학살 사건을 그린『오라스』, 나아가서는『앙지보의 물레방아지기』,『프랑스 편력 직인』 등의 사회주의

소설을 탄생시키는 토양이 되었다. 2월 혁명*에서는 임시정부 측에 서서 민중과 농민, 여성을 계몽하기 위한 공보 집필활동, 투옥된 동료를 망명*시키기 위한 정치활동 등을 추진했다. 앞서 언급한 작품 외에 대표작으로 『콩쉬엘로』, 전원소설 『사랑의 요정』, 『버려진 아이 프랑수아』, 『마의 늪』 등이 있으며, 프루스트와 도스토예프스키 등 후대에 커다란 영향을 주었다. 사생활에서는 뮈세와 쇼팽과의 연애 등으로 유명하다.

☞저널리즘, 출판, 라므네, 발자크, 르루, 마치니

㊟ ジョルジュ・サンド(宮崎嶺雄 譯), 『愛の妖精』, 岩波書店, 1951. 同(長塚隆二 譯), 『捨て子のフランソワ』, 角川書店, 1952. 同(篠田知和基 譯), 『フランス田園伝説集』, 岩波書店, 1988. アンドレ・モロワ(河盛好藏・島田昌治 譯), 『ジョルジュ・サンド』, 新潮社, 1954. 長塚隆二, 『ジョルジュ・サンド伝』, 讀賣新聞社, 1977. ユゲット・ブシャルドー(北代美和子 譯), 『ジョルジュ・サンド』, 河出書房新社, 1991. 坂本千代, 『愛と革命―ジョルジュ・サンド』, ちくまプリマーブック, 1992. 持田明子, 『ジョルジュ・サンドからの手紙』, 藤原書店, 1996. 小坂裕子, 『マヨルカの冬』, 藤原書店, 1997.

–니시오 하루코(西尾治子)

상업 商業 ⇨시장

상업혁명 商業革命 [(영) Commercial Revolution]

대항해시대에서 산업혁명*까지의 유럽의 상품* 유통과 소비*의 일대 전환을 말한다. 16-17세기의 유럽 대륙에는 방대한 금과 은이 신대륙으로부터 유입되어 물가를 급격하게 상승시키는 가격혁명*을 불러일으켰다. 가격혁명은 스페인 → 프랑스 → 영국으로 파급되었다. 어떤 조사[참고문헌, Burnett, p. 60]에 따르면, 영국의 12품목으로 이루어진 식품 바스켓의 가격*은 1500년대를 기준으로 하면 1550년대에는 2.9배, 1590년대에는 4.4배, 1690년대에는 6.8배로 급등했다. 화폐임금과 화폐지대는 그대로 고정되어 있었기 때문에 그것을 바탕으로 자본주의*가 역사적으로 성립하는 데 필요한 자금의 축적이 상업자본가나 고리대금 하에서 진행되었다. 신세계・유럽・아시아를 연결하는 세계시장*은 동시에 유럽에 소비혁명을 불러일으켰다. 아시아로부터는 인도산 면제품・홍차・후추가, 신대륙으로부터는 설탕・담배가 유럽에 유입된다. 그러한 산물들은 당시의 유산계급에서 시작되는 소비혁명과 "지위를 상징하는 생활양식(respectability)"의 대표였다. 동인도산 홍차에 서인도산 설탕을 넣고 영국산 우유를 넣어 마시는 에프터눈 티는 우선 상류계급의 특권적인 라이프스타일로서 보급되었다. 17세기 후반에서 18세기에 걸쳐 목면제품이 동인도에서 유럽과 신대륙에 수출되어 애호되었다. 훗날 영국은 산업혁명으로 그때까지의 인도 면제품의 소비를 바탕으로 면공업*을 일으켜 면제품을 수입품에서 수출품으로 전환시켰다. 서인도 제도로 이주한 담배・설탕의 노예제 플랜테이션의 경영자도 그 젠틀맨적인 소비양식을 모방하게 되었다. 다니엘 디포의 『로빈슨 크루소』의 배경에는 디포가 설탕 붐에 편승하고자 하여 남미에 건설할 것을 제안한 '설탕 플랜테이션'이 있다. 로빈슨 이야기*에 등장하는 노예 프라이데이는 설탕 소비 붐으로 아프리카에서 강제 이주당한 흑인노예를 상징한다. 프라이데이는 독립생산자 로빈슨의 소유물이다. 유산자는 수주(受注)생산물(피복・서적 등)을 주문해서 입수했다. 노동자는 유산자가 사용하여 낡은 것을 중고시장에서 구입하고 유산자가 폐기한 헌책을 헌책시장에서 사서 읽었다. 그러나 유산자에서부터 시작된 소비혁명은 비교적 여유가 있는 노동자에게도 침투해 갔다. 19세기 후반이 되면 확대되는 소비시장을 노리고 불특정다수의 소비자에게 소량의 수주를 받아 생산하는 것이 아니라 대량의 구입생산으로 대응하게 되었다. 예컨대 기성복 생산은 1850년대에 본격적으로 발전한다.

맑스와 엥겔스*는 『독일 이데올로기』*에서 상업혁명은 상업자본의 주도에 의해 전개된 것으로 보았다. 그들은 "18세기는 상업의 세기였다"[廣112]라고 쓰고, "상업은 우리 세기의 특기다"라고 하는 I. 핀토를 인용한다[같은 곳]. 영국 초기자본주의는 본원적 축적* 과정의 제2기(17세기 중반부터 18세기 말까지)에서의 스페인 무적함대 격파・영국–네덜란드 전쟁・영국–프랑스 전쟁이라는 일련의 중상주의 전쟁에 의해 세계의 패권을 장악해 나간다. 맑스는 1847년 말 무렵에 「수요」라는 노트*에서 "수요의 세계사적 발전은 먼저 지구의 다양한 국가의 생산물이 서로 알려지는 데 달려 있다. 수요는 교역의 물질적 내실, 즉 교환 대상의 총체, 교환과 상업에 들어오는 상품의 총체이다"[보권1:215]라고 쓰고, 세계시장 도시(세계시장의 중심지)가 십자군 시대의 콘스탄티노플, 이탈리아의 도시들, 브뤼헤, 런던*으로부터 대항해시대(1498년 이래)의 리스본, 안트베르펜, 브뤼헤, 암스테르담* 등으로 이동했다고 기록하고 있다. 그 후에는 영국의 리버풀, 브리스틀, 글래스고로 옮겨간다. 맑스는 세계시장을 "전쟁・탐험여행 등 여러 민족들을 상호 결합하는 모든 역사적인 사건"의 형성물로 본다. 상업혁명은 15세기까지의 세계시장을 전제로 일어나 18세기 후반부터의 영국 산업혁명의 전제조건이 되었던 것이다. ☞세계시장, 외국무역, 자본의 문명화 작용, 소비, 산업혁명

㊟ 淺田實, 『商業革命と東インド貿易』, 法律文化社, 1984. 川北稔, 『洒落者たちのイギリス史』, 平凡社ライブラリー, 1993. John Burnett, *A History of the Cost of Living*, London 1969. James Walvin, *Fruits of Empire; Exotic Produce and British Taste, 1660-1800*, London 1997.

–우치다 히로시(內田 弘)

상품 商品 [(영) commody (독) Ware]

『자본』*의 기초용어이자, 따라서 그 체계를 구성하는 범주. 상품은 『자본』의 서두에서만 다루어지는 주제가 아니다. 상품형태는 자본주의적 생산양식이 전개하는 보편적인 형태다. 『자본』 전체는 상품에서 시작해 상품으로 끝나는 체계(W…W′)이다. 제1권은 상품에서 시작해 상품자본으로 끝나는 체계이며, 제2권은 화폐자본 순환(G′…G′)과 생산자본 순환(P…P)의 통일로서의 상품자본 순환(W′…W′)에서 재생산*=유통과정이 분석된다. 제3권은 상품자본에 포함되는 잉여가치*가 이윤*・이자・지대*라는 수입 형태들로 분화=뼈대가 형성되고, 상품*의 가격*이 이자・임금*・지대로 이루어지는 것으로 보이는, 전도되고 물화*된 구조의 발생 근거를 밝히고 있다. 『정치경제학 비판을 위하여』*에서 제시되고 있듯이 『자본』 서두의 상품은 세계시장*을 전제로 하고 있다. 세계시장은 상품관계를 기초로 조직된다. 19세기 영국 자본주의*는 세계시장으로부터 필요한 식량・원료를 수입하고 면제품・철강제품・기계 등을 수출하는 가공무역형 산업구조를 기초로 하고 있었다. 『자본』에 등장하는 상품(금, 차, 커피 등)은 대부분 세계상품이다. 『자본』은 서두의 장에서부터 정치경제학 비판 체계의 최종편인 '세계시장'을 염두에 두고 집필되고 있다.

【Ⅰ】보편적 형태로서의 상품

일반적으로 가격을 지니는 부(재화・서비스), 화폐*로 취득할 수 있는 것은 상품이다. 자본주의적 생산양식은 모든 것을 상품화하는 경향이 있는데, 통상적인 부가 아닌 것들(정신적・문화적 가치 등)도 상품형태를 취하게 된다. 이러한 경향을 밝히기 위해 『자본』은 상품의 분석에서 시작한다. 『자본』 제1권 제1장에서는 상품 종류의 기본적인 사례로 '생산수단과 생활수단'을 들고 있다. 그것들은 현실적으로는 자본*의 생산과정의 결과이자 자본의 재생산의 전제 조건들이 된다. 서두의 상품은 그 규정들을 사상(捨象)한 단순상품이며, 생산수단・생활수단으로서의 상품이 자본의 생산물(상품자본)이라는 것이 『자본』의 체계를 통해 논증된다.

상품은 일정한 육체적 욕망이나 정신적 욕망을 만족시키는 속성=사용가치와 타인의 부를 취득하는 수단으로서의 교환능력, 즉 교환가치로 이루어진다. 교환가치는 상품끼리의 교환비율이다. 상품을 서로 등치하는 상품 소지자의 관계행위가 상품을 생산한 구체적 노동을 사상하고 인간노동으로서 보편적인 추상적 노동(가치*의 실체)을 추상한다. 상품가치의 절대량끼리의 교환비율은 상이한 사용가치의 교환비율로 나타난다. 그것이 교환가치이다. 사용가치는 우선 개인적

소비욕망을 실현하는 속성이지만, 일반적으로 일정한 욕망을 실현하는 가능태이다. 욕망은 그 가능태를 소비*(사용)하여 실현한다. 상품의 사용가치와 가치는 다원적인 매개관계를 맺고 있다. 자본주의적 생산양식은 그 중층적인 매개구조=사회적 유기체이다. 사용가치는 가치의 질료적 담지자이며, 사용가치는 가치의 표현 매체가 된다. 화폐로서의 금 혹은 은은 사용가치로서 가치를 담지하는 질료(자연적 실체)로서 가장 적합하다. 현실적으로는 화폐로 살 수 있는 상품은 대부분 자본의 생산물이기 때문에, 가치형태론에서의 상품 가치의 '관념적 표현'의 소재가 되는 상품집합도, 교환과정론에서의 상품의 사용가치 및 가치의 '동시 실현'을 매개하는 상품집합도 현실적으로는 자본의 재생산과정의 결과인 상품자본의 집합이다. 상품의 교환관계들은 기본적으로는 자본의 재생산 조건들을 확보하는 관계들이다. 가치형태론과 교환과정론은 자본의 재생산 조건들의 확보과정의 가장 추상적인 관계들을 논한다. 화폐는 기본적으로 자본의 재생산의 매개태·'재생산 관계태'이며, 상품자본 집합이 잠재적으로 지니는 교환 가능성을 집약하는 보편적 형태이다. 일찌감치 「밀 평주」*(1844)에서 "시민사회*의 생산과 운동의 모든 접합지(Glieder)"[40:365-366]는 화폐로 생성된다고 파악하고 있었지만, 『자본』에서 그 접합지는 상품자본의 재생산 구조와 그것을 매개하는 화폐라는 자본주의*가 지속하는 기반으로 구체화한다고 파악된다. 가치는 본성상 자태가 변화하고 자기 증식하여 자기 유지할 수 있는 가치이자 자본으로 전화하는 가능태이다. "어떤 화폐액이라도 잠재적인 자본이다"[25b:1037].

잉여생산물뿐만 아니라 필요생산물도 상품화될 때 필요생산물로 재생산되는 노동력 역시 상품화된다. 그와 동시에 가치는 잉여가치를 생산하여 축적하는 자본으로 전화한다[『자본』 제1권, 제2편 이후]. 노동력 상품의 사용가치는 자본에 있어서의 사용가치, 잉여가치를 생산할 수 있는 가능태이다. 자본가치는 화폐 → 생산조건들(생산수단·노동력) → 상품 → 화폐로 자태를 변화시키면서 순환한다[제2권 제1편]. 화폐, 상품, 상품형태로 구입하는 생산조건들은 자본가치가 몸에 두르는 자태이다. 생산조건들의 차이로 인해 자본가치가 회수되는 회전시간이 다르고, 단편적으로 회수되는 고정자본(기계장치 등)과 전부가 회수되는 유동자본(원료·임금)으로 구분된다[같은 책 제2편]. 자본주의적 생산양식은 자기유지=재생산에 필요한 조건들을 상품형태로 생산하고 판매하며 구입한다. 재생산=유통의 조건들을 나타내는 재생산 표식*은 상품자본의 교환=형태변화로 분석된다[같은 책 제3편].

【Ⅱ】 삼위일체 정식

상품형태의 일상적 자태(Gestalt)는 자본주의적 생산양식이 물화된 형태들로 현상하는 자태이다. 『자본』 제3권은 이 일상적인 상품형태를 분석한다. 그 형태에서 자본은 이자를, 토지는 지대를, 노동*은 임금을 각각 낳는 원천으로서 현상한다. '자본-이자, 토지-지대, 노동-임금'은 자본주의적 사적 소유의 삼위일체(the Trinity)이다. 기독교*에서 유일신은 창조주인 하늘의 신, 속죄자 그리스도인 아들(예수) 신, 신앙 경험에 현시된 성령인 신이라는 세 가지의 자존자(페르소나)이자 하나의 실체(본질)로서 나타나는 삼위일체이다. 종교적인 삼위일체에 현세적으로 대응하는 것이 경제적인 삼위일체이다. 세 가지의 부르주아적 사적 소유는 세 가지의 서로 다른 수입의 원천인 점에서 동일하다. 종교적 삼위일체 정식(formula)과 경제적 삼위일체 정식은 상동적(相同的)이다.

프로테스탄트인 A. 스미스*는 『국부론』에서 가치분해론과 가치구성론이라는, 외견상으로는 서로 다른 가치론을 주장했다. 이 두 가지 가치론을 양자택일이 아니라 자본의 개념적 전개과정에서 통일적으로 파악하는 것이야말로 종교 비판의 철저화로서의 정치경제학 비판*의 과제이다. 맑스는 종교 비판이 정치경제학 비판과 상동적임을 지적하고 있던 「밀 평주」에서 "가치가 어떻게 해서 가격으로 생성하는가"라고 이 과제를 표기하고 있다[40:373]. 가치가 생성하는 가격이란 「밀 평주」에서 신용화폐가 언급되고 있듯이 단순화폐에 한정되지 않고 '이자·지대·임금'을 포함하는 가격 일반을 포괄한다. 『1861-63년 초고』에서 이 과제에 본격적으로 몰두하여 그 성과를 『자본』 제3권의 「주요 초고」(1864년 집필)에서 계승한다. 이미 『자본』 제1권 제17장의 임금론에서 임금, 즉 '노동의 가격'이 노동력 가치의 가격 표현이 아니라 임금노동자*가 행하는 총 노동의 가격이라고 보는 일상적인 사고가 오해하고 있음을 논증하고 있었다. 이에 대응하여 『자본』 제3권 최종편에서는 '자본의 가격=이자', '토지의 가격=지대'라는 통념이 비판된다. 자본이 생산한 잉여가치(이윤)는 자본의 합리적 운용을 행하는 기능자본가(기업가)의 수입인 기업가 이득과 소유자본가(출자자)의 수입인 이자로 나뉜다. 기업가 이득은 자본운용이라는 노동에 대한 보수로서 나타나고, 노동자의 임금이라는 수입과 동일시된다. 이자는 '자본을 일정기간 사용하는 권리의 가격'이 된다. 자본은 임금화하여 나타난다. 토지는 지대라는 경제적 수입의 원천이자 귀족신분의 물질적 근거이기 때문에 지주(토지귀족)는 토지를 쉽사리 내놓지 않는다. 그 때문에 농업부문으로의 자본의 유입이 저지된다. 일반적으로 농업부문은 공업부문보다 그 유기적 구성이 낮기 때문에 잉여가치율이 높다. 그 부분은 지주에게 절대지대로서 취득된다. 지력(地力)의 차이는 토지투자의 차이로 귀착된다. 차액지대는 개별적 잉여가치율을 높이는 노동생산성의 격차에 기초한다. 그러나 일상적 통념에서 지대는 지력이라는 자연력이 가져오는 과실로서 나타나고 토지의 자연력은 지주의 인격적 지배력으로서 나타난다. 지대는 지주에게 지불되는, '토지를 일정기간 사용하는 권리의 가격'이 된다. 자본주의적 생산양식은 모든 사물을 '가격을 지니는 것', 상품으로서 현상하게 한다. 경제적 삼위일체 정식은 만물 상품화 경향의 이론적 총괄이다. 여기에 이르러 상품의 가치는 지대・이윤(이자)・임금이라는 세 가지 가격으로 구성된다고 하는 스미스의 가치구성론은, 물화된 일상적 표상의 이론 형태라는 것을 알 수 있다. 임금・이윤・지대의 대비적 분석이라는 『경제학・철학 초고』* 이후의 정치경제학 비판의 발걸음은 『자본』 제3부 최종편에 총괄되어 있다. ☞가치[1], 화폐, 재생산, 『정치경제학 비판을 위하여』, 『정치경제학 비판 요강』, 물화

㊂ 『資本論體系』, 第2卷, 有斐閣, 1990. 片山寬, 『トマス・アクィナスの三位一體論硏究』, 創文社, 1995. 內田弘, 「再生産關係態としての價值形態」, 『專修經濟學論集』, 第31卷 第1号, 1996年 7月.

—우치다 히로시(內田 弘)

상품자본 商品資本 ⇨**자본의 순환**

생산가격 生産價格 [(독) Produktionspreis (영) price of production]

자본주의적 생산 시스템의 n부문 편성을 횡단하여 성립하는 평균이윤율(총이윤/총투하자본)에 의해 이상적으로 조절된 상품*의 시장가격*을 생산가격이라 한다.

맑스의 생산가격은 『자본』*의 제3권 제2편 제9장에서 전개되고 있다. 이 생산가격은 맑스의 경우에 경제변동을 추상적으로 압축한 이상적인 자본주의적 경제시스템에서 성립하는 재생산 가능 가격으로서 이론적으로 설계되어 있으며, 자본주의적 생산 시스템의 장기적인 "재생산조건"[25a:249]으로서 자리매김 되고 있다. 생산가격 성립의 현실적 메커니즘은 경기순환이라고 하는 것이 맑스 고유의 접근법이며, 그 방법적 기초는 자본*을 자기 증식하는 가치*로서 규정한 『자본』의 제1권에서 찾을 수 있다.

【Ⅰ】『자본』의 전형 절차

자기 증식하는 가치로서의 자본의 인격화인 자본가는 자본주의적 시스템 전체에서 생산된 총잉여가치를 자본주의적 행동에 있어서 무의식적으로 재분배하고 평균이윤율 성립의 기반을 만들어낸다. 그 현실적 메커니즘이 경기순환인데, 맑스는 이 경기순환의 조절 메커니즘으로부터 생산가격의 성립을 해명하지 않고 추상적으로 설계된 이론 공간에서의 가치의 전형으로서 총잉여가치의 재분배를 전개하여 평균이윤율과 생산가격을 산술적으로 결정했다.

맑스의 전형 절차는 (1) 균등잉여가치율, (2) 회전기

간 차이의 사상(捨象), (3) 자본의 유기적 구성*의 불균등성을 전제로 한다. 생산수단 투입계수 a, 노동투입계수 L, 총 생산량 X, 실질임금률 w, 균등잉여가치율 e, 가치 Λ, 자본의 유기적 구성 h, 제n차 생산가격 p^n, 제n차 평균이윤율 r^n으로 표기하고, 생산수단 부문 Ⅰ, 소비수단 부문 Ⅱ의 2부문 편성을 가정하면 맑스의 생산가격은 가치체계,

$$\text{I}\quad \Lambda_{\text{I}}X_{\text{I}}=(\Lambda_{\text{I}}a_{\text{I}}+\Lambda_{\text{II}}wL_{\text{I}}+\Lambda_{\text{II}}ewL_{\text{I}})X_{\text{I}}$$

$$\text{II}\quad \Lambda_{\text{II}}X_{\text{II}}=(\Lambda_{\text{I}}a_{\text{II}}+\Lambda_{\text{II}}wL_{\text{II}}+\Lambda_{\text{II}}ewL_{\text{II}})X_{\text{II}}$$

에서 출발하여 결정된다. 이윤율은,

$$r_1=ewL_{\text{I}}/(\Lambda_{\text{I}}a_{\text{I}}+\Lambda_{\text{II}}wL_{\text{I}})=e/(1+h_{\text{I}})$$

$$r_2=ewL_{\text{II}}/(\Lambda_{\text{II}}a_{\text{II}}+\Lambda_{\text{II}}wL_{\text{II}})=e/(1+h_{\text{II}})$$

인데, 맑스의 전제(3)으로부터 $r_1 \neq r_2$가 된다. 하지만 "계급적 공감"[25a:247] 아래 자본가는 노동자를 착취*하고 있고 자본가적 의식은 평등한 잉여가치*의 배분을 요구한다. 자본가의 생산 속행의 유인은 투하자본량에 적합한 이윤*과 평균이윤율이 실현되는 것이다. 따라서 불평균이윤율을 보정할 필요가 있다. 맑스는 $\Lambda_{\text{II}}ew(L_{\text{I}}X_{\text{I}}+L_{\text{II}}X_{\text{II}})$(총잉여가치)와 $(\Lambda_{\text{I}}a_{\text{I}}+\Lambda_{\text{II}}wL_{\text{I}})X_{\text{I}}+(\Lambda_{\text{I}}a_{\text{II}}+\Lambda_{\text{II}}wL_{\text{II}})X_{\text{II}}$(총비용가격)의 비율로부터 평균이윤율 r^1을 결정하고, 자본가적 의식에 적합한 생산가격 p^1,

$$\text{I}\quad p_{\text{I}}^1X_{\text{I}}=(1+r^1)(\Lambda_{\text{I}}a_{\text{I}}+\Lambda_{\text{II}}wL_{\text{I}})X_{\text{I}}$$

$$\text{II}\quad p_{\text{II}}^1X_{\text{II}}=(1+r^1)(\Lambda_{\text{I}}a_{\text{II}}+\Lambda_{\text{II}}wL_{\text{II}})X_{\text{II}}$$

를 도출하여 전형 절차를 중단했다. 맑스의 평균이윤율의 결정 방식으로부터 총가치=총생산가격, 총잉여가치=총이윤의 총계일치 2명제가 성립하고, 집계 차원에서 가치가 생산가격을 규제하고 있기 때문이다.

【Ⅱ】 전형문제 논쟁

맑스의 전형 절차는 비용가격을 생산가격화하지 않고 평균이윤율과 생산가격을 결정하고 있기 때문에 보르트키에비치를 효시로 하는 전형문제 논쟁이 일어났다. 하지만 맑스는 비용가격의 생산가격화의 필요성을 감지하고 있고[MEGA Ⅱ/4-2:236], 중단된 보정 절차를 계기적으로 반복함으로써 "수학적 극한에 도달한다"[25a:218]는 마르코프 과정을 시사하고 있다. 전형 절차의 마르코프 과정은 차라소프, 시바타 게이(柴田敬)를 개척자로 해서 1970년대에 오키시오 노부오(置塩信雄), 모리시마 미치오(森嶋通夫), 샤이크, 브로디에 의해 대수형태로 수리화되었다. 이 반복적 절차는 맑스가 도출한 p^1을 제1차 생산가격으로 삼아 제2차 생산가격 p^2를 도출하는 동시에 제1차 평균이윤율 r^1도 보정하고 제n차 생산가격과 제n차 평균이윤율이 수렴될 때까지 전형을 반복 실행하는 절차이다. 수렴해는 n부문 편성의 경우 페론−프로베니우스 정리(定理)에 의해 도출되지만, 2부문 편성이라면 수렴해 p_{I}^+, p_{II}^+, r^+를 미지수로 하는 다음과 같은 2원 연립방정식,

$$\text{I}\quad p_{\text{I}}^+=(1+r^+)(p_{\text{I}}^+a_{\text{I}}+p_{\text{II}}^+wL_{\text{I}})$$

$$\text{II}\quad p_{\text{II}}^+=(1+r^+)(p_{\text{I}}^+a_{\text{II}}+p_{\text{II}}^+wL_{\text{II}})$$

에서 평균이윤율 r^+ 및 상대생산가격 $T=p_{\text{I}}^+/p_{\text{II}}^+$를 결정할 수 있다. 매트릭스 형태로 변환하여 페론−프로베니우스 정리를 적용하면 $1/(1+r^+)$가 프로베니우스 근(최대 고유치), T가 프로베니우스 벡터이다. 그러나 위의 2원 연립방정식에서는 p_{I}^+, p_{II}^+의 절대적 차원은 확정되지 않는다. 맑스의 전형 절차는 노동시간 차원의 가치 Λ를 초기치로 하는 마르코프 과정이기 때문에 생산가격 p^+도 노동시간 차원에서 결정된다. p^+의 노동시간 차원의 절대적 차원을 확정하는 뉴메레르(numeraire)가 총계일치 2명제이다. 그러나 3미지수에 대하여 4원 연립방정식이 되어 과잉결정이 된다. 총계일치 2명제가 동시에 성립하기 위해서는 다음의 특수한 물량적 생산 편성, (1) 새뮤얼슨의 자본의 균등한 내부 구성, (2) 모리시마 미치오의 1차 종속적 산업, (3) 스라파의 표준 체계, (4) 노이먼 균형성장 경로, (5) 크라우제의 표준 환원 등을 전제로 할 필요가 있다. 또한 1980년대에 전형문제의 새로운 해법이 리피에츠, 폴리, 뒤메닐에 의해 전개되었는데, 그 특징은 임금 규정과 뉴메레르(총가치생산물=국민소득)에 있다. ☞가치[1], 가격, 자본의 유기적 구성, 시장가격, 이윤

㊟ 森嶋通夫(高須賀義博 譯), 『マルクスの經濟學―價値と成長の二重の理論』, 東洋經濟新報社, 1974. 置塩信雄, 『マルクス經濟學―價値と價格の理論』, 筑摩書房, 1977. I. Steedman, *Marx after Sraffa*, London 1977. U. クラウゼ(高須賀義博 譯), 『貨幣と抽象的勞働―政治經濟學の分析的基礎』, 三和書房,

1985. A. Freeman/G. Carchedi (ed.), *Marx and Non-Equilibrium Economics*, Cheltenham 1996.

—다이 다카히코(田井貴彦)

생산부문 生産部門 ⇨**재생산 표식**

생산양식 生産様式 [(독) Produktionsweise (영) mode of production]

【Ⅰ】 개념

생산양식이란 일반적으로 '생산의 방법'을 의미하는데, 그것을 경제학 및 역사이론의 개념으로서 규정한 것은 맑스이다. 그는 생산양식의 개념을 두 가지 의미에서 사용한다. 좁은 의미에서는 직접적 생산과정에서의 물질적 생산의 방법을 의미한다. 넓은 의미에서는 역사이론적인 관점에 서서 생산력들과 생산관계들이 상호 관련되어 있는 총체를 의미한다. 따라서 생산양식 개념은 물질적 생산에 그치지 않고 생산물의 유통·분배·소비*라는 요소들, 더 나아가 생산양식의 재생산*을 내포하는 개념이다.

【Ⅱ】 생산양식과 경제적 사회구성체

『정치경제학 비판을 위하여』*「서문」은 "물질적 생활의 생산양식이 사회적, 정치적, 정신적 생활과정 일반을 조건 짓는다"고 말한다. 생산양식은 사회의 경제구조, 즉 실재적인 토대를 이루고 그 상층의 사회적 심급(사회적 의식 형태들)과 정치·법* 등의 이데올로기* 심급이라는 상부구조를 조건 짓는다. 이 토대와 상부구조의 복합체가 경제적 사회구성체*(ökonomische Gesellschaftsformation)[13:6-7]인데, 맑스의 생산양식론은 개방계의 이론이지 결정론이 아니다. 생산양식, 즉 토대에 대한 정치·법률·사상 등의 이데올로기 영역에 일정한 자유도를 부여하는 역사이론이다. 「서문」은 자본가적 생산양식이 지배적인 경제적 사회구성체의 내부편성을 마치 지층과 같이 중층적인 역사적 단계들로서 나타나는 아시아적, 고전 고대적, 봉건적, 근대 부르주아적인 생산양식들의 접합체로서 인식한다. 생산력의 발전에 따라 그것이 낡은 생산관계들과 모순되는 사회혁명의 시대가 도래한다. 새로운 생산력들의 담지자는 그 발전을 저지하는 낡은 생산관계들과 대립하여 사회투쟁을 일으킨다. 새로운 생산력들에 조응하는 새로운 생산관계들이 형성되고 낡은 생산양식은 새로운 생산양식으로 대체된다. 생산력들이 생산양식을 변혁하는 기동력(prime mover)이다.

【Ⅲ】 생산양식의 위상들

(1) 시민적 생산양식 개념의 복위

시민적 생산양식이란 봉건적 사회구성체의 내부에서 태생되어 '자유시장'으로서 현현하는, 가치법칙*이 지배하는 자유로운 교환 시스템이다[초9:581]. 『요강』*은 역사이론적 전유법칙의 반전을 시민적 생산양식으로부터 자본가적 생산양식으로의 전회에서의 "최초의 방정식들"[초2:100]이라고 말한다. 시민적 생산양식 개념은 자본가적 생산양식의 성립과 그것이 선·비자본가적 생산양식들과의 중층적 접합체인 세계자본주의 시스템으로 전개하는 전 과정의 기점을 지탱하는 역사이론의 필수 범주이다.

(2) 생산양식들의 접합

『요강』「서설」*의 방법론에는 맑스 고유의 생산양식 접근법이 있다. 경제적 사회구성체는 지배적 생산양식과 종속적 생산양식들로 이루어지는 중층적인 접합구조라고 하는 것이다. 지배적 생산양식이 그 중층구조의 색조를 결정하는 "일반적인 조명—특수한 에테르(Äther)"[초1:59]이다. "문제인 것은 경제적 관계들이 다양한 사회구성체가 계기하는 가운데 역사적으로 차지하는 관계가 아니다. …… 오히려 문제는 근대 시민사회 내부에서의 그것들의 경제적 관계들의 Gliederung(편성)에 있다"[같은 책:61]. 후에 알튀세르는 이 용어를 articulation(접합)이라고 번역한다. P. P. 레이는 그 착상을 계승하여 『자본』*을 자본가적 생산양식과 봉건적 생산양식의 접합이론으로 재해석한다. 경제적 사회구성체론은 각 생산양식의 심급들의 접합이론과 생산양식들의 접합이론으로 구성된다. 「서문」·『요강』「서설」의 생산양식들의 접합이론과 『자본』의 생산양식에서의 심급들의 접합이론의 통일에서야말로 생산양식 접합이론의 현대적 발전 가능성이 놓여 있다.

(3) 생산양식에서의 심급들의 접합

자본축적론의 '단순 재생산'론[23b:752-753]에서의 잉글랜드 더럼 주의 'bondage' 사례에 따르면 1864년 시점에서도 신분적 예속(사회적 심급)이 존속하고 있었다. 자본가적 차지농업은 이 낡은 사회적 심급을 이용해서 과도기적인 지주적 생산양식과 접합시켜 노동력을 안정적으로 확보한다. 단순 재생산론에서는 생산양식에서의 심급들의 접합과 생산양식들의 접합은 역사이론적으로도 사례적으로도 서구에 한정되어 있다. '확대 재생산'론은 그 한정을 넘어서서 비서구의 생산양식들의 접합 사례[같은 책:779-780]를 기술한다. 여기서 세계적 규모의 세계자본주의 시스템론이 형성되는 이론적 가능성이 잉태된다. 산업자본의 유통과정에 선·비자본가적 생산양식들에서 나오는 생산물과 화폐*가 유통하게 됨에 따라 자본가적 생산양식과 선·비자본가적 생산양식들은 접합한다. 이 '유통과정 접합'을 논한 자본순환론의 '교차명제'는 위에서 언급한 가능성을 시사하고 있다. "산업자본이 화폐 또는 상품*으로서 기능하는 유통과정 내부에서는 화폐자본으로서든 상품자본으로서든 산업자본의 순환은 매우 상이한 사회적 생산양식—그것이 동시에 상품생산인 한에서는—의 상품유통과 교차한다(sich durchkreuzen)"[24:135].

맑스의 역사이론에 있어서는 생산양식 그 자체와 그 계기적 발전이 주요 문제가 아니다. 생산양식들이 자본*과의 교호작용에 들어설 때 비로소 그것은 역사이론의 대상이 된다. 자본의 눈앞에 존재한 19세기의 선·비자본가적 생산양식들이 문제가 되는 것은 자본주의*의 역사이론적 위치 및 인류의 장래 모습을 탐구할 필요에서이다. ☞경제적 사회구성체, 아시아적 생산양식, 본원적 축적

참 望月清司, 「生産様式接合の理論」, 『經濟評論』, 1981年 7月号. 同, 「生産様式の接合について・再考」, 『專修大學社會科學研究所月報』, 第224号, 1982年 4月. 高橋誠, 『世界資本主義システムの歷史理論』, 世界書院, 1998. 森田桐郎 著/室井義雄 編集, 『世界經濟論の構圖』, 有斐閣, 1997. L. アルチュセール(河野健二・田村俶・西川長夫 譯), 『マルクスのために』, 平凡社 ライブラリー, 1994. L. アルチュセール 外(今村仁司 譯), 『資本論を讀む』 上・中・下, ちくま學藝文庫, 1996-97.

—다카하시 마코토(高橋 誠)

생산 일반 生産一般 ⇨「서설」

생산자본 生産資本 ⇨자본의 순환

생산적 노동/비생산적 노동 生産的勞動/非生産的勞動 [(독) produktive Arbeit/unproduktive Arbeit]

생산적·비생산적 노동이라는 용어는 부란 무엇인가라는 문제와의 관련에서 원래 고전경제학*에 속해 있었다. 중상주의학파는 생산적 노동을 유통과정(상업)에서 찾으며, 케네*는 그것을 유통으로부터 생산과정(농업*)으로 환원하고, 스미스*는 농업뿐만 아니라 제조업으로까지 확장시켰다. 스미스나 케네는 부를 재생산*하는 관점에서 규정의 분석을 시도했는데 맑스도 이 점에서는 마찬가지다. 맑스에서의 생산적·비생산적 노동에 관한 규정의 검토는 주로 『잉여가치학설사』나 『직접적 생산과정의 결과들』에서 이루어지며, 『자본』*에서는 이곳저곳에 흩어져 있는 데 지나지 않는다. 그러한 경위는 다분히 그의 정치경제학비판 체계의 성립 사정과 관계되어 있다. 『학설사』에서 맑스는 잉여가치*가 그 밖의 범주들과 맺고 있는 관계들을 고전파 경제학의 비판적 성찰을 매개로 하여 검토한다는 자신의 과제에 봉착했지만, 생산적·비생산적 노동의 규정들도 이러한 협의·광의의 잉여가치론, 즉 잉여가치 그 자체와 잉여가치의 자본*으로의 재전화론(자본축적*=재생산론)과의 서로 분리될 수 없는 관계에서 검토되고 있다는 점이 확인되어야만 한다. 생산적 노동의 본원적 규정은 역사 관통적인 노동과정의 관점에서 노동* 그 자체로 파악되는데,

맑스가 고심한 것은 오로지 자본주의적 의미에서의 생산적 · 비생산적 노동의 규정이며, "잉여가치를 산출하는" 노동인가 아닌가 하는 측면과 동시에 앞서 언급한 과제에 입각해 "자본을 생산하는 임금노동"[초 5:171]인가 아닌가 하는 축적=재생산론 관점에서 검토되고 있다. 즉, 자본과 교환되고 선대(先貸)자본을 유지 · 증식시키는 노동이 생산적이며, 수입과 교환되는 노동은 비생산적이 되는 것이다. 그 경우 생산적인가 비생산적인가는 "노동의 특수성"이나 "생산물의 현상 형태"[같은 책:190]와는 관계가 없다. 바꾸어 말하면, 생산물이 물질적인 것인가, 이른바 서비스 노동의 형태를 취하는가는 여기서의 기준이 아니고 그 노동이 자본으로서 유지 · 재생산되는지의 여부가 생산적인가 아닌가의 기준을 이룬다. 그렇기 때문에 서비스 노동이라 하더라도 그것들이 자본으로 유지되고 잉여가치를 산출하는 노동이라면 생산적 노동에 속한다고 하는 것이 된다. 맑스는 결국 이러한 서비스 노동은 "자본주의 생산의 큰 양에 비한다면 전체로서 있을까 말까 하는 크기"이며 "전적으로 무시해도 좋다"[MEGA Ⅱ/4.1:113]고 생각했다.

맑스의 시대와는 달리 상업 · 물류부문과는 구별된 서비스 부문이 무시할 수 없는 비율을 차지하기에 이른 현대 자본주의에서도 생산적 · 비생산적 노동에 관한 위에서 말한 규정에는 변화가 없다. 서비스 상품의 생산에 종사하는 임금노동자*도 물질적 재화의 생산에 종사하는 노동자와 마찬가지로 생산적 노동에 의해 선대(先貸)자본을 유지 · 증식하는 것이다. 그러나 맑스에게서 선명하지 않았던 서비스 상품의 성격 규정(사용가치와 가치*)은 서비스 자본에 의해 고용되는 노동의 소산이 시장*에서 교환가치를 지니고 상품*으로서 매매되고 있다고 하는 구체적 사실로부터 추상하여 검토해야 하는 성질을 지니고 있는 것으로서 존재한다. 상품이 물질적인 형태뿐만 아니라 비물질적인 형태로 시장에 돌아다니고, 이와 동시에 서비스 상품의 대부분이 노동력의 가치형성에 관여하고 있다는 사실은 사회적 분업의 발전을 나타내는 동시에 그 성과를 임금노동자가 향유하고 있다고 하는 사항을 반영하고 있다. 인간은 지극히 정신적인 존재다. 임금의 최저한계는 신체의 유지에 불가결한 생활수단의 가치에 의존하고 있다 하더라도 일반적으로 노동력의 가치는 확장되는 물질적, 정신적 욕망의 범위, 즉 문화적 · 역사적 조건에 의존하고 있다. 서비스 상품의 소비가 사회의 관습으로서 정착하고 생활요구로서 존재한다면 그것도 또한 물질적 재화와 마찬가지로 노동력의 가치를 규정하는 것이며, 그러한 일 자체는 자본주의*에 있어서는 물질적 · 정신적 생활에서의 인간의 일반적 욕구가 상품형태를 통해 표시되는 경향을 지닌다는 것을 언표하고 있는 데 지나지 않는다. 생산적 · 비생산적 노동의 규정에는 이러한 관점에서 이루어지는 논의도 빼놓을 수 없다. ☞상품, 가치[1], 고전경제학, 케네, 스미스, 잉여가치, 임금, 자본축적, 재생산, 임금노동자, 『자본』, 재생산 표식

참 長田浩, 『サービス經濟論體系』, 新評論, 1989. 赤堀邦雄, 『價値論と生産的勞働』, 三一書房, 1971. 金子ハルオ, 『生産的勞働と國民所得』, 日本評論社, 1966. 同, 『サービス論研究』, 創風社, 1998.

―니시무라 히로시(西村 弘)

생시몽 [Claude-Henri de Rouvroy, Le comte de Saint-Simon 1760-1825]

맑스주의의 세 가지 원천 중 하나인 프랑스 사회주의의 선구자. 귀족의 장남으로 파리*에서 태어나 미국 독립전쟁에 프랑스군 장교로 참전. 혁명 중에 작위를 버리고 일개 시민으로서 재출발하지만, 국유재산의 투기활동 죄목으로 공안위원회에 체포, 투옥되었다가 테르미도르 사건에 의해 석방되어 구사일생으로 살아난다. 그 후에 새로운 사회이론 연구에 몰두한다. 궁핍 속에서 한 번은 자살을 시도하지만 미수에 그친다. 『어느 제네바 주민이 동시대인에게 보내는 편지』(1802)로부터 『인간과학에 관한 메모』(1813)에 걸쳐 인간과학 · 사회과학을 "관찰된 사실에 기초하는" 실증과학으로서 구축해야 한다고 주장한다. 『산업』(1816-18)의 단계에서부터 새로운 사회의 키워드

를 '산업'(industrie)에서 찾고 산업사회로서의 근대사회의 발전을 전망한다. 이어지는 『조직자』(1819-20), 『산업체제론』(1821-22)에서 이 새로운 시스템의 발전을 주도하는 '조직자'의 역할을 강조하고, 나아가 『산업자의 교리문답』(1824)과 『새로운 기독교』(1825)에서는 새로운 질서의 요체로서의 조직가의 정신적·윤리적 측면이 강조되어간다.

사회주의 사상의 선구자, 역사과학의 선구자, 사회학의 선구자, 실증주의의 창시자, 산업주의자, 테크노크라시의 아버지, 사회신비주의자, 유럽 통합사상의 선구자 등, 생시몽만큼 다양한 성격을 부여받아온 사상가도 드물다. 막심 르로와가 "근대 사회철학 전체의 출발점을 찾아내기 위해서는 생시몽까지 거슬러 올라가야만 한다"라고 말했듯이 각각의 해석은 그 나름의 이유가 있다고 할 수 있다. 옛 시스템이 붕괴한 뒤에 도래해야 할 새로운 시스템은 어떠한 요소로 구성되는지를 총체적으로 예견함으로써 그의 사상에서는 그 후 20세기에 이르기까지 다양한 영역에서 전개되는 다양한 사회이론의 맹아가 발견된다. 그의 사상은 결코 일의적으로 해석할 수 없다.

다만 그의 사상에 일관된 것은 후발자본주의 나라의 사상가에 걸맞게 새로운 사회 시스템을 의도적으로 조직하고자 하는 사상(사회조직 사상)이며, 의도하지 않은 결과로서 성립하는 질서를 중시하는 스미스 식의 자유시장 시스템 사상과는 이질적인 것이었다. 그런 의미에서 그의 사상은 사회주의적 특징을 갖고 있었다고 말할 수 있다. ☞아소시아시옹[프랑스], 콩트, 푸리에

참 森博編 譯, 『サン＝シモン著作集』, 全5卷, 恒星社厚生閣, 1987-88. 中村秀一, 『産業と倫理—サン＝シモンの社會組織思想』, 平凡社, 1989. フランク E. マニュエル(森博 譯), 『サン＝シモンの新世界』, 恒星社厚生閣, 1975.

—나카무라 슈이치(中村秀一)

생시몽주의—主義 [(불) Saint-Simonisme (영) Saint-Simonianism]

생시몽* 사후에 O. 로드리게, P. 앙팡탱*, S-A. 바자르 등 마지막 제자들을 중심으로 하는 일군의 젊은이들에 의해 생시몽학파가 결성되는데, 그 멤버들은 생시몽주의자(Saint-Simonien)라고 불렸다. 생시몽주의의 발전은 크게 세 시기로 구분된다. 우선 제1기는 1802년의 『어느 제네바 주민이 동시대인에게 보내는 편지』로부터 1825년의 『새로운 기독교』에 이르는, 스승 생시몽의 저작활동 시기다. 제2기는 생시몽이 사망하는 해(1825년)부터 시작되는 기관지의 발행, 강연회, 가두선전, 해외포교 등을 통해 제자인 생시몽주의자들이 스승의 사상을 전도하기 위해 활동하는 시기인데, 1832년 교부 앙팡탱의 투옥으로 조직이 해체될 때까지 이어진다. 1832년 이후의 제3기에는 생시몽주의가 크게 두 가지의 다른 경향으로 나뉜다. 하나는 뷔셰*, 장 레이노, 피에르 르루* 등의 분리파, 이교자(離教者)들의 활동이며, 다른 하나는 미셸 슈발리에*와 페레르 형제를 중심으로 후에 제2제정과 연결되어 철도와 운하건설, 신용*의 조직화 방면에서 눈부신 활동을 전개한 '실천적' 생시몽주의이다.

이러한 세 시기 가운데 생시몽주의의 이름을 가장 널리 세상에 알리고 생시몽주의 특유의 교리와 조직이 형성된 것은 제2기 때였다. 이 시기에 그들의 조직은 '학파'에서 '교단'으로 발전하여 1829년의 크리스마스 날에 '생시몽교'(Religion Saint-Simonienne)라는 일종의 종교 형식의 조직이 형성된다. 과학주의에서 출발한 생시몽의 도달점이 『새로운 기독교』였지만, 생시몽주의자들은 이것을 출발점으로 삼은 것이다.

이러한 제2기에는 『생산자』, 『생시몽의 교리 해설』, 『조직자』, 『지구』, 『설교집』과 같은 많은 출판물이 간행되며, 그들은 놀랄 만큼 정력적으로 사상활동·전도활동을 전개했다. 그러한 활동 속에서 그들이 생시몽교의 중심 개념으로 다듬어내고 있었던 것이 '보편적 아소시아시옹'(association universelle) 개념이었다. 그들은 이 개념을 "인류의 궁극적인 상태에 관한 생시몽의 구상"으로 이해했다. 그들에 따르면 '산업의 정신'의 발전은 '아소시아시옹*의 정신'의 발전을 수반하지 않으면 안 된다. 미래의 산업사회의 이상적 상태는 '대립'의 쇠퇴와 '아소시아시옹'의 부단한 진보에 의해

세계・지구가 하나로 결합되는 상태다. 생시몽주의자들은 이리하여 미래의 산업사회를 종교적 협동사회로서 묘사하고, 그 사회의 연대를 강화하기 위한 '종교감정'을 중시하고 있었다. 교단은 로드리게, 앙팡탱, 바자르라는 세 명의 '교부' 사이에서 벌어진 내부대립의 결과, 최종적으로 앙팡탱이 생시몽 교회의 유일한 '최고 교부'가 되고 교회는 한층 더 감정적・종교적 방향으로 순화되고 있었지만, 동시에 그들의 조직은 점점 더 경직되고 폐쇄적인 것으로 되어 갔다. 교단 순화의 과정은 수많은 우수한 인재의 이교자를 산출해 간 과정이기도 했다. ☞생시몽, 아소시아시옹, 크레디 모빌리에, 뷔셰, 슈발리에, 르루, 앙팡탱

㉾ 中村秀一, 「サン＝シモン教と普遍的アソシアシオン」, 「社會思想史の窓」 刊行會 編, 『アソシアシオンの想像力―初期社會主義思想への新視角』 수록, 平凡社, 1989. セバスチャン・シャルレティ(澤崎浩平・小杉隆芳 譯), 『サン＝シモン主義の歷史, 1825-1864』, 法政大學出版局, 1986. バザール 外(野地洋行 譯), 『サン＝シモン主義宣言』, 木鐸社, 1981.

—나카무라 슈이치(中村秀一)

생트 뵈브 [Charles Augustin Sainte-Beuve 1804-69]

낭만주의 세대를 대표하는 프랑스의 문예평론가. 문예비평・평론이라는 분야를 확립했다. 전기적 실증적 수법과 더불어 작가의 창작과정의 해명에까지 이르는 그 방법은 현대 비평방법의 선구라 할 수 있다. 고전주의적 인간관에 기초하는 강단비평을 규탄하고, 다양한 양식을 주장하는 낭만주의적 세계관을 옹호했다. 르네상스를 발굴하고 장세니슴(Jansénisme)을 연구하는 등, 선인들의 업적을 새로운 세대에게 소개한 공적은 크다. 대표작으로 『포르루아얄』, 『월요한담』, 『나의 독(毒)』, 『초상』 등이 있다. ☞저널리즘, 출판

㉾ サント＝ブーヴ(小林秀雄 譯), 『わが毒』, 養德社, 1947. ロジェ・ファイヨル(大野桂一郎 譯), 『フランス文學と批評』, 三修社, 1986. 土居寬之, 『サント・ブーヴ』, 世界評論社, 1948. プルースト, 「サント・ブーヴに反論する」, 『プルースト全集』 第14卷 수록, 筑摩書房, 1986.

—니시오 오사무(西尾 修)

생활과정 生活過程 [(독) Lebensprozess (영) life-process]

맑스의 인간관(인간학)을 그 총체성*에서 표현하고 있으나 맑스 자신에 의해 전면적으로는 전개되지 못한 개념. 맑스는 『독일 이데올로기』*의 '포이어바흐' 장에서 "의식*이란 의식되고 있는 존재(das bewußte Sein) 이외의 아무것도 아니며, 인간*들의 존재(das Sein der Menschen)란 그들의 현실적인 생활과정을 가리킨다" [廣29]고 적었다. 이 '인간=생활과정'론이 엥겔스*가 아니라 맑스에게서 유래한다는 것은, 위 문장이 분명히 맑스의 주도 하에 고쳐 씌어진 다른 원고('작은 묶음')에 속하고 게다가 이 짧은 원고에서만 생활과정이라는 말이 7회나 출현한다는 점, 이 원고 이외의 '기저 고(稿)'에서 단 한 번 출현하는 문장은 다름 아닌 맑스 자신의 필적에 의한("그들의 관계들은 그들의 현실적인 생활과정의 관계들이다"[廣164]) 것이라는 점 등에서 보더라도 확실하다[中野, 「グラムシの哲學とマルクスの哲學」].

여기서 맑스는 '인간들의 존재'를 '그들의 현실적인 생활과정'과 등치시켰지만 인간 존재를 정적인 '실체'로서가 아니라 "감성적・인간적인 활동, 실천으로서" [「포이어바흐에 관한 테제」, 3:3] 파악하는 이 활동적 인간관은 청년 헤겔학파의 일원이었던 초기부터 만년까지 그의 전 저작을 관통하고 있다. 그 선행자로서는 체시코프스키*나 브루노 바우어*, 헤스*의 '행위의 철학'이 있고, 특히 헤스의 영향은 크다("자아란 오직 변화 속에서만 파악되어야 하는 하나의 정신행위, 이념이다. …… 생이란 활동이다"[Moses Hess, *Philosophie der That*, S. 211]. 하지만 인용문이 이야기해 주듯이 헤스에게는 감성적・대상적인, 자연적인 인간 존재와 그 활동이 파악되고 있지 않다. 다른 한편 "자아가 아니라 **인간**이 사고한다"[『將來の哲學の根本命題』, 岩波文庫, p. 134]라고 한 포이어바흐*의 현실적 인간주의를 흡수한 맑스는 의식 또한 이 '의식하는 (인간) 존재'의 '**그들의** 의식'의 활동 및 그 산물로서 파악하고 있으며

[廣31], 이리하여 인간의 존재 전체는 그들의 대상적=물질적인, 그리고 또한(혹은) 의식적인 생활과정들의 총체로서 현상하는 것이다.

『정치경제학 비판을 위하여』* 서문에서 맑스는 "물질적 생활의 생활양식은 사회적, 정치적 및 정신적인 생활과정 일반을 조건 짓는다"[13:6]라고 함으로써 인간의 생활과정이 역사와 더불어 다양하게 분화・자립화하는 것을 제시했지만, 그가 그 해명에 집중할 수 있었던 것은 근대 부르주아 사회에서의 인간의 물질적 생활과정 총체의 '사회적 관련들'과 '조건들'이고, 그것은 '이 과정의 계기들'이어서 '과정의 주체들'은 역시 "이들 관련들을 생산하고 재생산*하는 개인들"이다[초2:501]. 물질적 생산의 기술적 계기로부터 소비생활과정까지를 내포하는 인간의 물질적 생활과정의 총체는 생산력들이나 생산관계들 등의 개념에 포괄되지 않고, 후자가 전자의 계기들이라는 것을 맑스 자신은 정확하게 파악하고 있었다. 『자본』* 제1권의 '노동과정'에 대한 놀라운 분석은 그 하나의 증좌이며, 프랑스어판에서는 '과정*(procès)' 개념을 "그 현실적 총체에서 고찰된 하나의 발전"으로서 설명하고 있고, 그것은 "아주 오래 전부터 유럽 전체의 과학적 용어가 되었다"고 말하고 있다. 이 개념과 이론의 전개는 맑스 인간학의 현대적 전개를 위한 첫 번째 초석이다(『옥중 노트』에서의 그람시의 정의 "인간은 …… 그의 행위들의 과정이다{l'uomo …… è il processo dei suoi atti}"[Gramsci, *Quanderri Del Carcere*, Ⅱ, p. 1244]는 『독일 이데올로기』와 접촉하지 않고서 그람시가 라브리올라를 매개로 하여 독자적으로 도달한 동질의 인간관('실천의 철학')의 표현으로서 주목할 만하다). ☞『독일 이데올로기』, 포이어바흐, 헤스, 체시코프스키, 『정치경제학 비판을 위하여』

㉆ 中野徹三, 『生活過程論の射程』, 窓社, 1989. 同, 「グラムシの哲學とマルクスの哲學」 上・中, 『ネアンデルタール』, 4-5号, 1998. Moses Hess, *Philosophische und Sozialistische Schriften 1837-1850*, Berlin 1961. Antonio Labriola, *Über den Historischen Materialismus*. hrsg. von Anneheide. Ascheri-Osterlow und Claudio Pozzoli, Frankfurt a. M. 1974. Antonio Gramsci, *Quanderri Del Carcere*, Giulio Einaudi editore 1977.

—나카노 데쓰조(中野徹三)

샤퍼 [Karl Schapper 1812-1870]

의인동맹*의 창설자이자 공산주의자동맹*으로 조직을 개편할 때는 의인동맹 런던 지부를 이끌고 그것을 정력적으로 추진한 인물. 이 과정에서 생겨난 맑스, 엥겔스와의 교류는 1848년 혁명 후의 한때를 제외하고는 평생 이어졌다. 또한 이후에 제1인터내셔널 총평의회의 위원을 맡았다. 바인바흐에서 지방 목사의 장남으로 태어나 1831년 기센 대학(임학과)에 입학. 곧바로 학생조합에 들어가 1833년의 프랑크푸르트 봉기에 가담하고 스위스로 건너가며, G. 마치니*의 이탈리아 사보아주 원정에서는 망명 폴란드인 부대와 행동을 같이 했다. 또한 독일인 수공업자 서클과 관계를 가지며 정력적인 선전활동에 의해 수공업 직인협회를 탄생시켰다. 1836년 스위스에서 추방되어 파리*로 옮겨가자 식자공 슈탕게와 함께 '청년 독일' 클럽을 설립한다. 이것은 독일에서 추방당한 활동가가 1834년 4월에 베른에서 발족시킨 것이었다. 덧붙이자면, 식자공으로서의 경력은 파리에서 시작된다. 샤퍼 등은 비밀결사적인 색채를 띤 추방자동맹*(1834년 발족)과 경합하고 그 일부를 흡수하면서 새로운 비밀동맹인 의인동맹(1836-47년 6월)을 창설하지만, 1839년 11월 계절협회의 봉기*와 관련해서 추방 처분을 받고 런던*으로 건너간다.

런던에서는 기존의 두 개의 독일인 협회에 개입하여 '독일인 노동자교육협회'를 창설한다(1840년 2월). 이것이 동맹의 런던 지부라는 공식 조직으로서 차티스트나 각국 망명활동가의 결집축이 된다. 차티스트 좌파의 G. J. 하니*와 샤퍼 등은 슐레지엔의 직조공 폭동*의 구원이나 폴란드*의 민족해방의 지원을 축으로 하여 좌익의 국제적 연대를 지향하는 '우애민주주의자협회'를 발족시킨다(1846년 3월). 이러한 가운데 런던 지부의 지도부는 종래의 블랑키-바이틀링적인 직접 행동・봉기 노선을 재고하기 시작했다. 샤퍼는 독자적인 단계혁명의 구상을 품고 의인동맹의 재편에 착수한다. 1846년 가을에 런던 지부가 동맹의 최강 지부로서 중앙본부가 되기에 이르러 이 작업은 본격화하지만(11월, 「중앙위원회 호소」), 바이틀링파 문제 및 대륙 각 지부의 확산 상황으로 인해 정체될 수밖에 없었다. 그 무렵 맑스와 엥겔스는 새롭게 공산주의자의 조직적 결집을 계획하고 있었지만 고립되어 있었다. 여기서 샤퍼는 곡절은 있긴 했지만 맑스 등과의 연대를 결단했다. 1847년 2월, 「중앙위원회 호소」를 발표하고 같은 해 6월에 마침내 공산주의자동맹 제1회 대회에 이르게 된다. 강령 초안 「공산주의의 신조」는 샤퍼의 주도로 나온 것이다. 11월에 제2회 대회가 개최되어 강령의 집필이 맑스에게 위촉되는데, 샤퍼의 교열을 거쳐 출판되었다(1848년 2월). 또한 1848년 혁명*에서는 쾰른*과 그 주변 지구에서 대중운동의 조직자로서 활약하며, 나아가 『신라인 신문』*의 간행에 참여했다. 혁명*이 좌절되자 런던에서 혁명의 전망을 둘러싸고 '빌리히-샤퍼파'로서 맑스파와 대립했지만 나중에 화해하게 되었다. ☞의인동맹, 공산주의자동맹

㊟ 瀧口清榮, 「共産主義者同盟と『宣言』, K. シャッパーの功績」, 『情況』, 1998年 7月号 別冊. A. Kuhnigk, *Karl Schapper. Ein Vater der europäischer Arbeiterbewegung*, Limburg 1980. A. Fehling, *Karl Schapper und die Anfänge der Arbeiterbewegung bis zur Revolution von 1848.* phil. Diss., Rostock 1922.

-다키구치 기요에이(瀧口清榮)

서남독일 자유주의 西南獨逸自由主義 [(독) Der Südwestdeutsche Liberalismus]

바덴 대공국이나 뷔르템베르크 왕국, 바이에른령(領) 팔츠 등 서남독일에서 포어메르츠기*에 탄생한 반봉건적인 사상과 운동. 그 대표자는 칼 폰 로텍과 테오도르 벨커 등이다. 서남독일은 프랑스 혁명* 이래로 그 영향을 받아온 지역으로, 1792년에는 프랑스군의 침입을 계기로 팔츠 각지에서 공화제 선언이 이루어지며, 비록 단기간이긴 하지만 마인츠 공화국이 탄생한다. 나폴레옹*의 독일 지배 하에서도 라인동맹에 참가함으로써 봉건적 제도들이 폐지된 시기를 경험했다. 이러한 배경 아래 빈 회의 직후 1820년까지 작센-바이마르-아이제나흐 대공국을 필두로 서남독일 국가들에서는 헌법이 성립했다. 또한 팔츠 지방도 빈 회의에 의해 바이에른의 영토가 되긴 했지만 나폴레옹 지배 이래의 이 지역의 근대적 제도들은 그대로 유지되었다. 그런 까닭에 프로이센과는 역사적 경험이 이미 다른 이 지역은 자유주의*를 받아들일 소지가 있었다.

1830년 프랑스 7월 혁명*의 영향은 특히 서남독일에서 현저하며 바덴에서는 자유주의적 내각이 성립한다. 프라이부르크 대학 교수인 벨커와 로텍 등의 지식인들이 의회 내외에서 활동했다. 그들은 독일연방회의의 국민대의제로의 재편성, 독일 국가들의 입헌제, 입법제도의 개혁, 봉건적인 부과(賦課)의 폐지, 시민적 자유의 확립, 이를 위한 공공적 의견 형성을 보증하는 출판의 자유, 이러한 주장들을 출판·의회활동을 통해 전개했다. 이 두 사람이 협력하여 편찬한 『국가사전』(초판은 1834, 제2판은 1845-48)은 서남독일 자유주의의 사상적 집대성이다. 로텍은 루소* 등 프랑스의 사상과 제도에 친근감을 갖고 독일의 입헌적 통일과 프랑스와의 동맹을 구상하며, 벨커는 오히려 영국의 의회제에 모범을 찾고자 하는 경향이 있듯이 사상적 방향성은 완전히 일치하는 것은 아니지만 봉건적 제도들에 반대하고 독일에 선행하는 영국과 프랑스의 영향을 받으면서 서남독일 민중들의 요구를 이념화한 점에 그들의 특징이 있다.

민중들 수준에서는 1832년 팔츠 지방 노이슈타트 교외의 함바흐 성 유적지에서 열린 함바흐 축제*가 서남독일 자유주의를 표현하는 것이라고 말할 수 있다. 이 집회에서도 출판의 자유를 위해 활동하고 있던 저널리스트, 바이에른 의회의 팔츠 대의원 등이 선두에 서서 조국통일·의회제 확립·출판의 자유를 주장했다.

이 서남독일 자유주의의 전통은 1848/49년 혁명에 계승되어 특히 바덴은 혁명이 진행되는 1년 몇 개월 동안 독일에서 가장 급진적인 지역이었다. ☞자유주의, 함바흐 축제, 바덴 봉기

참 ヘルムート・G. ハーシス(壽福眞美 譯),『共和主義の地下水脈—ドイツ・ジャコバン派1789-1848年』, 新評論, 1990.

—무라카미 슌스케(村上俊介)

「서설 序說」 ["Einleitung zur Grundrisse"]

맑스가 1857년 8월에 『정치경제학 비판 요강』*에서 집필한 정치경제학 비판*의 과제・방법・계획 등에 대한 초고. 그는 『정치경제학 비판을 위하여』*의 '서문'(Vorwort)에서 「서설」을 '일반적 서설'이라는 명칭으로 언급했지만 『정치경제학 비판을 위하여』에는 수록하지 않았다. 1903년에 처음으로 『노이에 차이트』에 공표되며, 카우츠키* 편 『정치경제학 비판을 위하여』(1907)의 '부록'으로 들어간 이후 널리 알려지게 되었다.

「서설」에 따르면 정치경제학 비판의 과제는 경제학이 상정하는 자연적 경제 질서(로빈슨적인 인간이 담당하는 생산 일반)가 실은 역사적인 실재라는 것을 해명하는 데 있다. 임금노동자*의 개인적 소비도 생산의 이미지를 환기하여 생산의욕을 낳지만, 경제학은 그들의 개인적 소비를 억제해야 한다고 보고 임금노동자에게 잠재하는 생산의 주체성을 사상(捨象)한다. 분배에는 소비수단의 분배뿐만 아니라 노동능력과 생산수단의 자본주의적 분배(분리=소외*)가 있다는 것, 교환에는 소비수단을 획득하는 교환뿐만 아니라 증식을 자기목적으로 하는 교환이 있으며 이것이야말로 부르주아 경제에서 지배적인 교환이라는 것을 경제학자는 논하지 않는다. 이러한 무시와 침묵에 부르주아 경제의 역사적 특수성이 표명되어 있다.

정치경제학 비판에 있어 "근대 시민사회 내부에서의 경제학적 범주의 관계들의 접합(Gliederung)이야말로 문제이다"[초1:61]. 생산・분배・교환・소비*는 모두 '하나의 총체의 접합지(Glieder)'를 이루며 그 내부에서 구별되어 있다. 유기체의 계기들 가운데 하나의 계기가 자기를 포함한 모든 계기를 매개하는 유기적 계기가 된다, 이것은 논리학적 통찰의 하나라고 하는 헤겔* 『법철학』*의 추론형식(§302)을 염두에 두고서, 판매(W_1-G)에서 획득하는 일반적・사회적으로 규정된 분배형태(이윤*・이자・지대*・임금*)와 구매($G-W_2$)에서의 개별적・우연적으로 규정된 교환은 상호적으로 규정하고, 이 분배와 교환에 출발점의 생산(P)과 종결점의 소비(K)는 매개되어 있다($P \cdots W_1-G-W_2 \cdots K$)고 본다. 역으로 "생산은 다른 계기(분배・교환・소비)와 대립적 규정에 있는 자기를 포섭하면서 다른 계기들을 포섭하고 있다"[초1:48]고 파악한다. 이와 같은 생산・분배・교환・소비의 계기들의 내적 접합에 의해 재생산과정이 구성되어 있다.

「서설」에서 정치경제학 비판의 주된 대상이 산업자본이라고 규정되는 것은 자본*이 재생산과정의 포섭적 계기인 생산을 지배하고 있기 때문이다. 미국 남부의 노예제 생산양식의 산물・면화가 영국 맨체스터*의 면업 자본에 수출되듯이 자본가적 생산양식과 다른 생산양식*의 외적인 접합 가능성은 양자의 생산양식의 갖가지 접합지에 놓여 있다. 경제현상들에 공통된 역사적 형태를 발견하는 분석과정(하향법)과 그 일반적 역사적 형태에 의해 경제현상들을 구조적으로 관계짓는 서술과정(상향법), 즉 근대 시민사회를 포섭하는 자본을 정신적으로 재생산*하는 과정*과는 구별된다. 헤겔이 범했듯이 구체적인 실재의 정신적 재생산과정을 그 실재의 재생산과정과 혼동해서는 안 된다. 경제학적 범주는 역사적 발생의 순서가 아니라 정신적 재생산에 적합한 순서로 관련지어진다. 서술의 최초 범주가 단순상품인가 생산 일반인가의 문제는 「서설」에서는 해결되지 않으며, 『요강』 말미의 '1) 가치'에서 단순상품으로 확정한다. 자본주의적인 물질적 생산의 서술에서의 범주의 접합이 기준이 되어 과거의 생산양식 하에서 정신적으로 생산된 범주가 평가된다.

『경제학・철학 초고』*에서는 자연*을 물질적 생산과 정신적 생산의 대상으로 하는 인간*의 유적 생활이 상품—화폐관계로 소외—매개되어 영위되는 근대 시민사회(국민경제*)를 분석했다. 「서설」에서는 물질적 생산과 정신적 생산의 불균등 발전과 정신적 소산의 역사적 계승을 묻는다. 물질적 생산이 미발전된 형태의 내부에서 좀 더 발전된 생산형태에 의해 한결 더

타당한 정신적 생산물이 생겨나는 이유는 무엇인가? 예컨대 로마 사법. 고대 그리스가 후대 인류의 예술제작의 규범을 낳을 수 있었던 이유는 무엇인가? 맑스는 그 힘이 인간의 상상력(구상력)에 있다고 본다. "모든 신화*는 상상(Einbildung) 속에서 · 상상에 의해" 사회를 포함한 모든 대상으로서의 "자연력을 극복 · 지배 · 조형한다. 따라서 신화는 자연력에 대한 현실적인 지배와 더불어 소멸"[초1:65]하지만 인간의 상상력은 계속 작동한다. 역사적 사회 속에서 바로 그것을 초월하는 상상력이 발동하기 때문에 이어지는 사회가 계승할 수 있는 것이 생겨난다. 상상력이 다음의 역사적 사회를 낳는 모태이다. 물질적 생산이 좀 더 발전된 사회에 살고 있는 인간은 자기의 상상력으로 인류의 유년시대에 개화된 인간의 진실을 보여주는 규범을 계승−재생산한다. 맑스가 '상상'에 의한 대상적 세계의 극복 · 지배 · 조형이라고 말할 때, 칸트*의 『판단력 비판』이나 헤겔의 『미학』을 표상하고 있을 것이다. 맑스가 로마 사법이나 그리스 예술작품을 예로 들어 논하고 있는 것은 상상력 문제이다. 근대 이전의 사회에서 상상된 정신적 소산이 근대 시민사회가 비추는 "일반적 조명"[초1:59] 아래 재정의−계승됨으로써 자본주의적인 물질적 생산의 계기들의 접합 관계를 분석하는 범주가 획득된다. 분업*론에서 플라톤과 크세노폰 등을 인용하고 있듯이 맑스가 여러 문헌들을 인용하는 기준은 여기에 있다. 그가 경제학적 범주는 역사적인 것이라고 말할 때 그 의미에는 정신적 소산의 역사적 계승이 포함되어 있다. ☞『정치경제학 비판 요강』, 헤겔 논리학, 칸트, 헤겔, 로빈슨 이야기

㉾ Margaret A. Rose, *Marx's lost aesthetic*, Cambridge 1984. 内田弘, 『經濟學批判要綱の硏究』, 新評論, 1984. 同, 「三木清の構想力論」, 『(專修大學)社會科學年報』, 第32号, 1998.

−우치다 히로시(内田 弘)

선거법 개정 選擧法改正

성인남성 보통선거권은 프랑스 혁명* 때의 1793년 헌법에 담겨 있었는데, 그 후 19세기에 들어서면 유럽 각국에서의 민주주의 운동의 기본적인 요구로서 내걸리게 되었다. 일찌감치 의회제도가 발달해 있던 영국에서는 선거구 간의 불평등이 심했는데, 포켓 선거구, 지명선거구로 불린 선거구에서 아주 극소수의 유권자에 의해 많은 의원들이 선출되었고, 또한 선거의 부패, 혼란도 두드러졌기 때문에 1830년대에 들어서면 프랑스의 7월 혁명*의 영향도 있고 해서 의회개혁운동이 급속하게 확대되었다. 이러한 가운데 휘그당의 그레이 내각에 의해 실현된 것이 1832년 6월의 제1차 선거법 개정이다. 이로써 도시 선거구에서는 연 가치 10파운드 이상의 가옥 소유자 또는 차지인, 주 선거구에서는 연 가치 10파운드 이상의 등본 토지 소유자와 장기 차지인 및 연 가치 50파운드 이상의 단기 차지인에게 선거권이 부여되었기 때문에 그때까지 16만 명이었던 유권자 수가 96만 명으로 증가되었고 또 선거구도 대폭 개편되었다. 이 개혁의 결과 휘그당은 의회 내에서 유리한 지위를 차지하게 된다. 또한 병행해서 실시하게 된 유권자 등록제도에 의해 정당조직이 정비되어 자유 · 보수라는 나중의 양대 정당제도의 기초가 만들어졌지만, 많은 노동자계층에게는 여전히 선거권이 부여되지 않았기 때문에 그들을 중심으로 하여 성인남성 보통선거권을 요구하는 차티스트 운동*이 형성되게 되었다.

그 후 성인남성 보통선거권의 요구는 1848년의 유럽 전체에 미친 민주주의적, 민족주의적 운동의 기본적 요구 항목의 하나로서 내세워지며, 2월 혁명*에 의해 이 제도가 확립된 프랑스에서는 그 후에는 정치제도의 기본적 원리로 정착하게 되었다. 영국에서도 보수파의 뿌리 깊은 저항에도 불구하고 1860년대에 들어서면서 다시금 의회개혁운동이 활발해지면서, 어니스트 존스* 등 이전의 차티스트 운동의 참가자들과 조지 하우엘, 벤자민 루크래프트 등 제1인터내셔널 참가자들이 가담하여 1865년 2월에 런던*에서 개혁연맹이 결성되었다. 이러한 가운데 실현된 제2차 선거법 개정은 선거구의 불평등을 새롭게 시정하는 동시에, 주 선거구에서는 연 가치 5파운드를 지니는 등본 토지 보유자와 장기 차지인 및 12파운드 가치 이상의 조세를 납부하는

단기 차지인에게, 도시 선거구에서는 구빈세를 납부하는 호주와 10파운드 이상의 연 가치가 있는 임대 숙박인에게 선거권을 부여했다. 이로써 유권자는 100만 명 이상 증가해 결과적으로는 수많은 노동자에게도 선거권이 부여되었다. 이 때 자유당의 존 러셀(제1차 선거법 개혁법안의 기초자)과 글래드스턴*이 추진한 선거법 개정 법안을 그들을 대신하여 보수당의 더비와 디즈레일리가 실현한 것은 영국정치사의 에피소드로서 잘 알려져 있다. ☞인터내셔널{국제노동자협회}, 글래드스턴, 존스, 차티스트 운동, 2월 혁명, 프랑스 혁명

참 橫越英一, 『近代政治史硏究』, 勁草書房, 1960.

—오카모토 미치히로(岡本充弘)

성서聖書 [(영) The Holy Bible]

기독교*의 '정전'(Canon)인 성서에는 구약성서 39권, 신약성서 27권, 전부 66권이 포함되어 있다. 구·신약성서라는 표현은 기독교에서만 사용된다. '약'이란 신의 계약·약속이라는 뜻으로 신이 메시아(그 그리스어 역이 크리스트)인 예수에게서 구약의 약속을 성취하고 그의 십자가와 부활에 의해 속죄와 구원의 사업을 완수하여 인류와의 새로운 계약을 맺는다고 생각되고 있다. 성서 전체는 신의 이러한 계시의 사건을 증언하는 것이며, 죽음·허무·무의미·죄를 모두 극복하는 복음을 알리는 것으로 생각되고 있다. 그런 의미에서 성서는 '신의 말씀'이며 신의 영감에 기초하는 것으로, 인간*의 궁극적인 신뢰·희망·사랑의 토대를 증언하는 것으로 간주되어 왔다. 마태복음에는 제자들 중 첫째인 베드로가 그리스도의 대리인으로서 '천국의 열쇠'를 받는다는 전승이 있고 초대 로마교황이 되었다고 해석되어 왔지만 이는 훗날 교회에 의한 삽입일 것이다. 예수의 십자가 위에서의 죽음과 부활에 기초하는 기독교 이해를 근거지은 것은 사도 바울이며 신약성서의 절반 가까이는 그의 편지이다.

역사의 예수와 신앙의 그리스도 사이의 괴리를 둘러싸고 근대 이래로 다양한 해석이 전개되어 왔다. 또한 근대 이래의 성서에 대한 역사적·비판적 연구는 성서가 역사적으로 형성된 책이며 유일절대적인 것이 아니라 상대적인 것이라는 것과 각 문서 간의 사상적·질적 차이를 밝혀 왔다. 18, 19세기에는 독일을 중심으로 경직화된 정통주의에 맞서 성서와 성령의 자유로운 활동을 강조하는 경건주의*가 일어났는데, 이는 영국이나 미국에까지 확산되어 신앙각성운동으로서 커다란 영향을 주었다. 거기서는 성서에 천지창조로부터 종말에 이르기까지의 신에 의한 구원의 역사가 명시되어 있다는 확신이 강조되고 성서의 학습이 중요시되었다. 그 점이 아이러니하게도 역사적·비판적 연구를 촉진했던 것이다. 이를 계기로 신앙의 유일한 거점으로 고백된 성서가 비판적으로 읽히게 되었던 것이지만, 그 점은 역사의 역설적인 전개의 중요한 한 예이며 프로테스탄티즘의 커다란 유산이다. ☞기독교, 신학, 경건주의, 루터

참 田川建三, 『書物としての新約聖書』, 勁草書房, 1997. 青野太潮, 『どう讀むか, 聖書』, 朝日選書, 1994.

—다카오 도시카즈(高尾利數)

성 월요일聖月曜日 [(불) Saint Lundi]

월요일에도 일터나 공장에 나가지 않고 '동료들의 날'이라며 선술집 등에서 지내는 노동자들 사이에 존재하고 있던 관습을 일컫는다. 이 관습은 18세기부터 19세기의 60년대까지의 영국이나 프랑스에서 가장 주목받았으며, 고용주들 등은 이를 경계의 눈으로 바라보고 있었다. 영국에서는 블루 먼데이(Blue Monday)라고 불린다. 1848년에 파리*의 상공회의소가 실시한 산업조사는 "월요일에도 일을 제멋대로 쉬어버리는 사태는 파리의 거의 모든 직업에서 노동자들의 도덕에 가장 곤혹스러운 영향을 미치고 있다"고 보고하고, "임금*이 가장 높은 무리들"이 가장 깊이 이 관습에 물들어 있음을 지적하고 있다. 성 월요일이 노동자의 도덕이나 생활을 악화시킨다는 것을 강조하는 언설은 18세기 말의 문인 메르시에의 저작 『파리생활 점묘』나 19세기 중엽의 이코노미스트나 저널리스트의 저작 등

에서 자주 나타난다. 그러나 이 관습은 파리 상공회의소의 조사가 보여주듯이 임금이 높은, 따라서 숙련도가 높은 노동자일수록 더 활용하고 있는데, 그것은 19세기 중반까지의 사회에 근대의 규율화가 아직 침투해 있지 않았음을 보여주는 것이다. 이와 동시에 노동자들은 일상생활 속에서도 이러한 사회의 규율화에 저항하는 수단을 지니고 있었다는 것도 보여주고 있다. 이리하여 일상생활 속에서 선술집에 모이는 노동자들의 관습은 그들 사이의 유대를 강화하는 것이었으며, 그렇기 때문에 사회적 위기의 시대에는 선술집이 소란의 소굴이 된다고 인식되었다. ☞사회성

㊟ 喜安朗, 『パリの聖月曜日―19世紀都市騷亂の舞臺裏』, 平凡社, 1982.

–기야스 아키라(喜安 朗)

세계시장 世界市場 [(독) Weltmarkt]

【Ⅰ】후반의 체계

여기서는 세계시장 그 자체가 아니라 맑스의 '서술 계획'에서의 '세계시장'의 자리매김을 설명한다. 맑스에게는 경제학의 체계를 어떻게 서술하면 좋을까 하는 몇 개의 '서술 계획'이 있으며 '세계시장'은 이른바 '후반의 체계'에 자리매김 되고 있다.

최초의 계획은 『정치경제학 비판 요강』*의 '서설 계획'인데, (1) 모든 사회에 적용되는 추상적 규정들, (2) 부르주아 사회의 내적 구조, (3) 국가형태에서의 부르주아 사회의 총괄, (4) 생산의 국제적 관계, (5) 세계시장과 공황*과 같은 5부 편성이 상정되며, 이른바 계획 논쟁에서는 (3)까지를 '전반의 체계', (4) 이후를 '후반의 체계'라고 명명되어왔다. 제2의 계획은 『요강』의 '화폐 장 계획'이라 말해지는 것으로, '서설 계획'의 (1)과 (5)의 내용이 좀 더 상세하게 언급되어 있다. "세계시장이 최종편이다. 이 세계시장의 편에서는 생산은 총체성으로서 정립된다. 그리고 또한 이 세계시장의 계기들의 모두가 이와 마찬가지로 (총체성으로서) 정립된다. 하지만 거기서는 동시에 모든 모순이 과정*에 등장한다. 세계시장은 이 경우 전체의 전제를 이루는 동시에 그 기초를 이룬다. 거기서 공황이 출현하는 것인데, 이 공황은 위의 전제를 극복하는 것에 대한 보편적인 표식이며 새로운 역사적 형태의 수용에 대한 촉진이다"[초1:252-253].

눈앞에 '있는' 상품*은 그 배후에 대단히 높은 정도로 유기적으로 편성된 역사성을 지니고 있다. 그것은 그 이전의 사회와는 구별된 자본가적 생산양식의 산물이다. 그리고 그 양식은 자신에게 적합한 상부구조를 산출하고 그것과의 위계편성에 의해 그 이전의 구성체에 비해 훨씬 심층부까지를 파악할 수 있는 정도의 대유기체가 되었다. 서술이란 이러한 유기체를 횡단적으로 절단해 그 속의 각 요소들 간의 상호 규정을 완전히 그려내는 일이다. 무규정의 요소에 하나하나 규정을 덧붙여 전체성을 부각시키고 각 규정이 상호적으로 규정이자 결과라고 하는 양태를 그리는 것, 요컨대 현실의 모사가 아니라 사유가 현실을 획득해가는 과정을 명시하는 것, 이것이 맑스의 서술 스타일이었다. 그러나 어째서 맑스가 '후반의 체계'를 첨가했는지는 불분명하다. 사유에 의해 획득된 부르주아 사회는 일단은 '국가*에 의한 총괄'로 완결되어 있을 것이다. 그럼에도 불구하고 맑스는 집요하게 '세계시장'을 사유의 범주에 덧붙인다. 그것은 '총체성*으로서 정립되는' 세계시장이다.

다음의 '자본 장 계획'[초1:310-311]에서는 자본 일반・임금노동・토지 소유와 같은 부르주아 사회의 내적 편성을 다룬 첫 번째 트리아데 다음에 국가・외국무역*・세계시장이라는 부르주아 사회의 두 번째 트리아데가 접속된다. 그때까지의 '계획'의 (1)과 (2)가 '자본 장 계획'에서는 (1) 자본 일반, (2) 임금노동, (3) 토지 소유라는 트리아데로 재편성되더라도 저차원의 무규정적 범주, 제한 정립, 고차원의 범주, 전제와 결과, 규정과 대자화(對自化)라는 사유의 왕복운동을 명시하고 있다는 데는 변함이 없다. 변한 것은 자본*의 생성・발전과정의 서술이 명확히 첨가되었다는 점이다. 이전의 계획에서는 부르주아 사회는 완성된 것으로 전제되어 있었지만 나중의 '자본 장 계획'에서는 완성으로 향하는 것으로 간주되고 있다. "총체성으로의 심화

발전은 사회의 모든 요소를 자기에게 종속시키든가, 혹은 아직 자기에게 결여되어 있는 기관들을 사회 안으로부터 창출하는 것에 다름 아니다"[같은 책, '자본에 관한 장']라는 서술은 사유가 정지된 완성사회의 유기성을 그대로 획득하는 것일 뿐만 아니라 이념적 부르주아 사회의 관점에서 보았을 때 눈앞의 사회에 빠져 있는 부분을 메울 수 있는 필연성과 과정을 이론화하고자 한 것이다. 요컨대 '과정의 이론'이 명시화된 것이다.

【Ⅱ】 장의 논리

여기서 비로소 세계시장은 명확히 자리매김 된다. 맑스는 '자본 장 계획'에서 자본의 생성・발전과정의 서술을 '자본 일반'의 외부로 가지고 나왔다. 임금노동, 토지 소유를 '자본 일반'의 외부에서 대자적으로 서술한다고 하는 스타일은 그대로 '후반의 체계'에도 원용된다. 여기서도 중요한 것은 과정의 논리다. 국가에 의해 총괄된 것이 아닌 세계시장은 자본을 규정한다. 자본은 자기의 순환을 완결하고 전개하기 위해서도 세계시장이 제공하는 '장'을 필요로 한다. 요컨대 세계시장은 '바깥쪽으로 향한 국가'의 개입 하에서 부르주아 사회의 결락을 메워가는 '장', 자본의 세계화를 실현시켜가는 과정의 장으로서 설정되게 된다. 따라서 부르주아 사회의, 분업*의 확산이 극에 달한 곳에는 자본에 필요한 한에서 재편성된 세계시장이 존재하게 된다. ☞자본의 문명화 작용, 시장, 『정치경제학 비판 요강』, 「서설」

㊟ 本山美彦, 『世界經濟論』, 同文館, 1976. 山之内靖, 『マルクス・エンゲルス世界史像』, 未來社, 1969.

—모토야마 요시히코(本山美彦)

세르반테스 [Saavedra Miguel de Cervantes 1547-1616]

『돈키호테』(정편, 1605. 속편, 1616)의 작자. 스페인의 국력이 급속히 쇠퇴하고 이전의 기사도 이야기도 퇴색되어 가던 시대에 이 작품을 집필했다. 시골 향사가 주야로 기사도 이야기를 탐독한 나머지 정신이 이상해져 스스로 기사라고 칭하며 세상의 부정을 바로잡기 위해 여러 나라로 편력여행을 떠난다. 낡은 시대의 허위와 종언이 기지와 풍자에 의해 묘사된다. 19세기 독일에서 이 작품을 재평가해 일반인에게 유포하는 선구적인 역할을 한 사람 가운데 하나가 H. 하이네*였다.

—다키구치 기요에이(瀧口淸榮)

세이 [Jean-Baptiste Say 1767-1832]

19세기 초 프랑스의 대표적 경제학자. 맑스에 의해 속류경제학자로서 비판되었다. 리옹에서 태어나 보험회사 사원, 잡지사 기자 등의 직업을 거치는 청년 시절 프랑스 혁명*을 경험한다. 그 후 1799년에는 나폴레옹 집정 정부에 등용되어 법제위원회 위원이 된다. 경제학자로서도 1803년에 주저 『경제학 개론』을 저술하여 세상에 내놓는다. 이 저작은 당시 프랑스에서 상당한 평가를 얻지만 거기서 주장하고 있는 견해를 둘러싸고 나폴레옹*과 대립하고 그의 기분을 상하게 하여 사직하게 된다. 재야로 물러난 세이는 제정기에는 방적업을 경영하기도 하지만, 나폴레옹이 실각한 후에 다시 학계로 복귀해 아테네 드 파리 등에서 경제학을 강의하면서 『맬서스 씨에게 보내는 서간』(1820)이나 『실천경제학 전 강의』(1828-29) 등의 저작을 출판하여 점차 경제학자로서 명성을 쌓아간다. 벤섬*, 리카도*, J. S. 밀* 등의 사상가, 경제학자와도 교류하며, 만년에는 콜레주 드 프랑스의 경제학 교수에 취임한다. 세이에 대해 종래에는 대륙에서의 스미스 경제학의 조술자라든가 근대경제학의 선구자라는 등의 평가를 내리는 경우가 많았지만 이러한 평가는 오늘날에는 불충분하다. 그의 경제학은 생산, 분배, 소비*라는 이른바 3분법의 구성을 취하여 부가 어떻게 형성, 분배, 소비되는가를 설명한 것이며, 부에 대한 독특한 개념을 바탕으로 세 과정을 연관적으로 묘사한 프랑스적 재생산의 이론으로 생각할 수 있다. 거기서는 유명한 세이의 법칙(판로설), 효용가치론, 생산용역 개념, 기업자론 등 당시의 경제학으로서 주목해야 할 점이 몇 가지 발견된다. ☞리카도, 스미스, 맬서스

㊟ Ernest Teilhac, *L'oeuvre économique de Jean-Baptiste Say*, Paris 1927. 山口茂, 『セイ「經濟學」』, 春秋社, 1948. 덧붙이자면 현재 프랑스에서 세이의 전집이 준비되고 있다.

—기타미 히로시(喜多見 洋)

셰익스피어 [William Shakespeare 1564-1616]

영국 엘리자베스 시대의 시인이자 극작가. 『소네트집』 외에 4대 비극 등 수많은 희곡을 저술하여 유럽뿐만 아니라 전 세계에 영향을 주었고 현재도 널리 사랑받고 있다. 독일에서도 괴테를 비롯하여 많은 사람들, 특히 극작가에게 모범으로서 수용되었다. 티크와 슐레겔에 의한 독일어 번역으로 좀 더 광범위한 독자를 매료시켰다(맑스도 이 독일어 역 전집을 몇 권 갖고 있었다). 맑스는 초기의 『경제학・철학 초고』*에서 화폐*의 본질에 대한 설명에서 괴테의 『파우스트』와 함께 『베니스의 상인』 등을 원용하고 있다.

—다카기 후미오(高木文夫)

셸링 [Friedrich Wilhelm Joseph von Schelling 1775-1854]

독일 관념론의 철학자로 낭만주의 운동에도 사상적 영향을 미쳤다. 초기에는 피히테*의 '자아철학'에 경도된 적도 있지만, 스피노자*에 의거하여 자연*에 자기산출성을 인정하는 범신론적인 '자연철학'을 주장했다. 그 뒤 '동일철학'으로 옮겨간 셸링은 '절대자'에서의 자연과 정신의 '절대적 무차별'을 내세워 헤겔*로부터 "모든 소가 검게 되는 깜깜한 밤"[『정신현상학』, 서문]으로 비판받았다. 후기는 '적극철학'을 표방하여 헤겔에게 대항하고, 베를린 대학에서 '신화와 계시의 철학'을 강의했다. 엥겔스*는 셸링을 칸트*에서 헤겔에 이르는 독일의 철학혁명 속에 자리매김하는[「대륙에서의 사회개혁의 진전」, 1:535-536] 한편, 만년의 셸링에 대해서는 신비주의로서 비판하고 있다. 알렉산더 융의 『독일 현대문학 강의』에 대한 서평(1842)에서 엥겔스는 셸링을 추종하는 융을 "환상가", "감정에 빠지는 자"라며 비판하고 있는데, 그것은 당시의 '신셸링파'[「알렉산더 융, 『독일 현대문학 강의』」, 1:481]를 향한 것이기도 하다. 맑스가 셸링을 비판적으로 논할 때 염두에 두고 있는 것은 그의 '동일철학'이다. 예를 들어 슈티르너*의 '유일자'가 무매개로 전제되고 있다는 것을 비판하는 맑스는 셸링의 '절대적 무차별'과 중첩시키고 있다[『독일 이데올로기』, 3:187]. 슈티르너의 내용 없는 형식주의에 대한 맑스의 비판은 『정신현상학』*에서의 셸링의 '형식주의'에 대한 헤겔의 비판[같은 책:117]을 바탕으로 한 것이다. ☞낭만주의, 바더, 슈티르너

㊟ H. Knittermeyer, *Schelling und die romantische Schule*, München 1929. 西川富雄 監修, 『シェリング讀本』, 法政大學出版局, 1994.

—이사카 세이시(伊坂青司)

『소 나폴레옹』 [*Napoléon le petit*, 1852]

1851년 12월 2일, 당시의 대통령 루이 나폴레옹*은 쿠데타에 의해 제2공화제를 무너뜨리고 이듬해 초엽에 스스로 황제를 칭하며 제2제정을 여는데, 이렇게 해서 권력을 잡은 주역 나폴레옹 3세를 격렬히 단죄한 장대한 정치 소책자. 저자인 빅토르 위고는 이 책이 나온 1852년 8월 5일 바로 그 날에 브뤼셀*을 떠나 저지 섬으로 망명*했다. 작품에서는 저자의 대혁명, 공화제, 의회제도, 사형제도, 검열법, 정치수법 등에 관한 역사적 사상적 분석이 잇달아 전개된다. 하지만 무엇보다도 이 책은 공격의 대상인 황제를 굳이 '소제(小帝)'라고 부른 제목에서도 알 수 있듯이 쿠데타라는 국가적 "범죄, 절도, 12월 2일의 배신" 끝에 권력의 자리에 앉은 "멍청이, 도둑, 찬탈자, 살인자, 사형집행인" 등 갖가지 죄목을 폭로하는 탄핵의 책이며, 혹은 이용당하고 배신당한 문학자의 분노의 책이었다고도 일컬어진다. 어쨌든 당시 예언자로 대우받기도 했던 대(大)시인 위고의 손으로 이루어진 이 정치 소책자는, 동일한 모티브 하에 집필되어 이듬해 브뤼셀에서 출판된 『징벌시집』과 함께 여론에 은밀한 영향을 주었다. 1870년 제정이 붕괴하고 제3공화제의 도래와 더불어

귀환한 위고는 1877년, 쿠데타의 4일간을 묘사한 미발표 작품(집필은 쿠데타 직후) 『어떤 범죄의 역사』를 세상에 내놓고 공화파를 추방하여 왕정복고 운동을 추진하는 현직 대통령 마크마옹에게 타격을 주었다. 덧붙이자면, 루이 나폴레옹의 쿠데타에 관해서는 『소 나폴레옹』과 같은 해에 나온 맑스의 『루이 보나파르트의 브뤼메르 18일』*이 유명하다. ☞나폴레옹 3세, 『루이 보나파르트의 브뤼메르 18일』

참 Victor Hugo, "Napoléon le Petit", in: *Œuvres complètes,* t. 8-1, Paris 1971. Hugo, *Napoléon le Petit*, Paris 1964. 복각판, 『ユゴー全集』, 第6卷, 本の友社, 1992. 辻昶, 『ヴィクトル・ユゴーの生涯』, 潮出版社, 1979. 辻昶・丸岡高弘, 『ヴィクトル・ユゴー——人と思想』, 清水書院, 1981.

—니시오 오사무(西尾 修)

소비 消費 [(영) consumption (독) Konsumtion]

소비란 일반적으로 일정한 욕망을 채우기 위해 재화나 서비스를 사용하는 것을 말한다. 생산과 소비는 상호적으로 관계한다. 맑스는 소비를 생산적 소비(혹은 산업적 소비)와 개인적 소비로 나누었다. 생산적 소비란 생산수단과 노동력을 소비하여 새로운 재화나 서비스를 생산하는 것을 말한다. 개인적 소비는 소비수단(임금재화)을 소비하여 노동력을 재생산*하는 경우와 그저 소비수단(사치품)을 소비할 뿐으로 생산에 기여하지 않는 경우, 즉 비생산적 소비로 나뉜다. 생산자가 소비수단을 소비하여 노동력을 재생산하고 생산수단을 생산적으로 소비하여 다시금 생산수단과 소비수단을 가져올 때, 어떤 경제는 재생산되고 지속된다. 부르주아 경제학은 생산에 관한 결정권을 자본가가 독점하는 것을 당연하다고 보아 생산의 결과를 단지 소득의 분배에서만 분석함으로써 생산수단이 누구에게 분배되고 소유되는가 하는 측면과 인간*이 개인적 소비의 결과로 생산의욕을 가지고 생산과정에 참가하고자 하는 측면을 문제 삼지 않는다. 맑스는 이러한 물음의 결여에 자본주의적 소유의 비밀과 생산에 관한 사항의 자본가에 의한 독점 문제가 숨어 있다는 것을 해명했다.

생산능력의 기초에는 소비능력이 있다. 생산하기 위해서는 능력이 필요하다고 생각되고 있지만, 소비하기 위해서도 능력(향유능력)이 필요하다. 음식을 먹는 데는 소화하고 섭취할 힘이 필요하듯이, 책을 읽는 데는 읽고 쓰는 능력과 이해력이 필요하다. 따라서 소비의 대상에는 물질적 부(富)뿐만 아니라 학문 예술 등 정신적 부도 포함된다. 인간의 소비욕망과 생산의욕은 단순한 자연적 규정이 아니라 사회적・역사적으로 규정된 것이다. 인간은 한정된 조건 아래 형성되는 각각의 능력에 따라 소비욕망과 생산의욕을 채우고자 한다. 어떤 인간의 생산능력과 소비능력을 육성하는 조건은 이윤*・임금* 등의 수입에 의존한다. 소비(향유)능력의 재생산과 발달에는 휴식・교육*이나 그것을 위한 생활시간・자유시간*이 필요하다. 능력은 발휘된 결과만으로 평가되는 경향이 있지만, 본래 능력은 잠재적인 것이다. 맑스는 인간의 능력을 잠재능력(뒤나미스)이라고 규정했다. 노동이 인간의 사회적 의무라고 한다면 잠재능력을 발달시키는 것은 본래 사적인 일이 아니라 공공적인 의무이다. 각 개인의 잠재능력이 어떻게 발달하고 있는가에 그 사회의 도덕성 수준이 드러난다. 맑스는 『자본』*에서 자본주의적인 생산적・개인적 소비가 인간과 자연*의 물질대사 과정을 교란하고 있지는 않는지를 묻는다[23a:655 이하]. 농촌의 생산물(식품과 공업용 원료)이 도시*에 집중한 인구*에 의해 소비되고 생활폐기물・산업폐기물이 도시에 퇴적되며 도시의 과학기술이 농촌에 침투하지 않는 당시의 상황을 지적하고 있다. 맑스는 『자본』 제3권의 끝에서 장래의 사회에서 부는 넘쳐나고 원하는 만큼 소비할 수 있다고 전망했다. 그 비전은 지금 다시 심의되고 있다. ☞임금, 자유시간

참 內田弘, 『經濟學批判要綱の硏究』, 新評論, 1982.

—우치다 히로시(內田 弘)

소외 疎外 [(독) Entfremdung (영) alienation]

맑스의 기본개념 가운데 하나. 소외란 인간* 각 개인

들의 행위가 초래한 사항(pragma, Sache)이 그들로부터 분리되고 주체가 되어 그들을 지배하는 사태를 의미한다. 이런 사태로부터 어떤 추상적인 주체가 구체적인 개물(個物)들을 낳는 주체인 것처럼 생각하는 실념론(實念論)이 생겨난다. 이 실념론은 기독교*에서 볼 수 있을 뿐만 아니라 '인간이라는 것'을 보편적 주체로 설정하고서 기독교를 그 '소외된 형태'로 보는 포이어바흐* 등 헤겔 좌파*의 사고방식에도 무의식적으로 공유되어 있다. 맑스에 따르면 근대의 실념론은 근대적 소유에 근거를 지니고 있다. 근대적 소유는 교환관계에 기초한다. 교환관계 그 자체는 교환되는 상품들에 공통된 추상적 기준이 되어 자립하고 상품들의 상이한 질(사용가치)을 사상(捨象)한다. 그 추상적 기준은 화폐*로 구체화된다. 화폐는 상품*을 지배할 뿐만 아니라 생산을 조직하고 개개의 상품을 산출한다. 이러한 경제 관계에도 보편적인 주체(화폐, 산업자본)가 개물(상품)을 낳는다고 하는 실념론적 양식이 존립한다. 인간의 정신적 생활의 기반은 그들의 물질적 생활에 있다고 보는 맑스는 근대 사회에서의 기독교나 헤겔 좌파의 실념론은 산업자본이 지배하는 경제 관계들에 근거를 지닌다고 판단한다.

인간의 본질(보편)은 현실태에서는 개인들(개물)의 사회적 관계들의 총체에 있으며, 그 관계들의 자립형태(이념·개념)가 실념론적 보편(인간이라는 것·자연*이라는 것)의 정체다. 이는 『경제학·철학 초고』*(이하 『초고』) 이래의 맑스의 인식이다. 그의 소외 개념은 헤겔*의 『법철학』* 물건(Sache)론의 비판적 섭취와 깊이 관련되어 있기 때문에 『초고』·『독일 이데올로기』*·『요강』*에서는 소유관계에 의해 사물이 물건으로서 인간으로부터 분리-대립하는 사태나 사적 소유자의 관계행위가 화폐 등으로 자립하는 사태를 '물상적(sachlich)'·'물화*(Versachlichung)', 혹은 '소원한(fremd)'·'소외'라고도 말한다. 『자본』*에서 두 개념은 구별되어 관련지어져 있다. '소외'는 소유관계상의 분리(노동력과 생산수단의 분리, 잉여가치*의 분배 등)를 의미하고[23b:743, 25b:1063], '물화'는 그 소유관계상의 분리가 자기를 매개하는 형태(상품·화폐·자본* 등)로 자립해 발생 근거를 은폐하는 사태를 의미한다[25b:1063].

맑스는 『초고』에서 헤겔의 『법철학』이 이야기하는 소유권이 초래하는 사태에서 소외의 규정태들을 분석한다. (1) 헤겔이 말하는 인격(Person)이란 물건(상품) 소유자를 가리키고 그의 자유의지란 소유의식을 가리킨다. 인격은 상호승인 아래 자기의 소유의식을 제외하고 활동능력을 포함하여 자기에게 상대하는 사물을 모두 소유의식의 지배하에 둘 수 있다[『법철학』, §41 ff.]. 사물들은 각 사람으로부터 분리-대상화되고 소유·양도가 가능한 물건으로 전화된다. 인간은 각종 물건의 소유자로 분리한다(『초고』에서 말하는, 인간과 자연의 분리=유적 생활로부터의 소외, 인간의 인간으로부터의 소외). (2) 인격은 물건으로부터 소유의식을 떼어내 타인에게 외화(外化)=양도하고 거래 상대로부터 전유하는 사물을 자기의 물건으로 만든다[같은 책, §65ff.]. (3) 하지만 인격이 시간을 정해 자기의 활동능력을 타인(자본가)에게 양도하고 임금노동자*가 되면 그의 노동*은 소유의식(자유의지)을 상실한 활동, 타인의 소유의식이 지배하는 강제노동, "물건으로서 행동하는 노동"[40:431]이 된다(노동 그 자체에서의 소외). (4) 노동의 생산물도 "자본의 지배하"[같은 책: 432]에 있는 물건이 된다(노동생산물로부터의 소외). (5) 소유의식은 물건의 형태들로 입출(入出)=관철될 수 있는 물적 형태, 즉 물건과 교환 가능한 매체·화폐로 전화=자립한다. 자기의 감각기관(귀·눈 등)을 포함해 만물을 소유의 상(相) 아래서 보는 "소유감각"[같은 책:461]·"물상적 소유의 지배"[같은 책:455]·"물상세계"[같은 책:431]가 태어난다. 헤겔이 말하는 소유권(Eigentumsrecht)으로부터 소유권 상실·강제노동 등 그가 말하는 불법(Unrecht)=법의 가상(Schein)이 필연적으로 발생한다. 여기서 언급한 다섯 가지 사태는 상품(물건)의 외화(Entäußerung)=양도(Veräußerung)가 초래한 사태이다. 이를 맑스는 "경제적 소외"[같은 책:458]·"현실적 소외"[같은 책:498]라고 말한다.

상품의 외화와 양도의 관련은 『자본』에 계승된다[23a:144]. 『초고』의 '소외된 노동'의 네 가지 규정은 앞서 언급한 소외 규정들 가운데 (4) '노동생산물로부터의 소외' → (3) '노동 그 자체에서의 소외' → (1) '유적 생활로부터의 소외' · '인간의 인간으로부터의 소외'이며, 그 순서는 '결과(4) → 과정(3) → 전제(1)=결과'라는 자기를 재생산*하는 생산유기체의 하향분석이다. (2)(5)의 소외 규정은 (1)(3)(4)의 소유관계상의 분리=소외관계와 그 관계를 매개하는 화폐 형태의 규정이다. 화폐는 어떻게 해서 생성되는지를 논증하는 과제는 『법철학』의 화폐론[§63 Z]을 원용하여 「제3초고」 · 「밀 평주」*[40:365] · 『독일 이데올로기』[3:442-443](엥겔스 필적) 이후 탐구된다. 물건의 소유=양도관계가 그 주관적 매개자에 내면화=주체화한 것이 "화폐정신"[40:366]이자 헤겔이 말하는 자아(인격)이다. 자아는 현실적 소외라는 자기의 실념론적 소외론의 발생 근거에 대해 무자각적이다. 자연과 인간은 자존한다고 보는 근원발생설(generatio aequivoca, 자연발생설)은 실재물을 실념론적인 창조주라는 것으로 소급하는 사유양식을 불가능케 했다[40:467]고 『초고』에서 확인되며, 『독일 이데올로기』에서도 재확인된다[廣19(엥겔스 추가보론 부분)].

『초고』에서의 포이어바흐에 대한 언급은 포이어바흐가 의거하는 '인간이라는 것'이라는 실념론적 발상을 낳는 현실적 근거=근대 시민사회를 그 자신에게 정치경제학 비판*으로 해명하도록 하기 위해 취한 맑스의 전략이다[27:368-371]. 인간 개인들의 본질을 현실적인 사회관계들에서 파악하고[40:459-460], 소외를 특별히 현실적 관계 개념이라고 보는 『초고』에서 확립한 관점[같은 책:440]은 실념론적 소외 개념을 현실적 소외관계에서 근거짓고=해체하는 시각이 된다. 이 해체작업은 『독일 이데올로기』로 계승된다. 거기서의 "이 '**소외**'—철학자들이 이해할 수 있도록 이 말을 계속 사용한다면"[廣37(맑스의 필적)]이라는 유보는 '철학자들'의 소외 개념의 실념론적 용법에 대한 비판*이다. "명백하게 주로 맑스의 것"[廣松涉, 『エンゲルス論』]인 '성 막스'에서 '소외'라는 말은 현실적 소외의 의미에서도 사용되고 있다. 예를 들면 "사적 소유는 인간의 개성뿐만 아니라 사물의 개성도 <폐기한다(aufheben)> 소외한다(entfremden). 토지는 지대*에, 기계*는 이윤*에 아무런 관계도 없다"[3:229(엥겔스 필적, 맑스는 엥겔스의 <폐기한다>를 지우고 '소외한다'로 정정했다)]라든가, "인격적 이익의 계급적 이익으로의 자립화 내부에서 <인격적 관계들은> 개인*의 인격적 관계 행위는 물화되고 소외되지 않을 수 없다(sich versachlichen, entfremden muß)"[같은 책:248(바이데마이어 필적. 그는 < > 안을 지우고 "개인의 …… 행위는"으로 정정했다. 맑스 · 엥겔스의 정정이 있는 일련의 초고 중의 글)]라고 적고 있다. 이 사태는 『신성 가족』*(맑스 필적 부분)에서 "물상적인 힘"[2:47]이라고 표현되어 있었지만 『독일 이데올로기』에서 "경쟁에서의 인격의 물화(Versachlichung)"[3:399(엥겔스의 필적)]라고 표현된다. 그리고 분업*이라는 "개인들의 관계들이 그들에 맞서 자립하는 사태를"[廣164(맑스의 필적)] 불러일으키는 것이라고 말한다.

물화와 소외를 같은 뜻으로 사용하는 표현은 『요강』에 계승된다. "화폐의 실존은 사회적 관련의 물화를 전제로 하고 있다. …… 화폐가 사회적 속성을 지닐 수 있는 것은 개인들이 바로 그들 자신의 사회적 관련을 대상으로서 자기로부터 소외시키고 있기 때문이다"[초1:142]. "이 {교환가치에 기초하는} 생산에 의해 비로소 개인의 자기 및 타자로부터의 소외의 일반성이 만들어진다"[같은 책:145]. 『요강』의 전유법칙의 반전*론에 『경제학 · 철학 초고』의 『법철학』 소유론 비판이 계승되어 자본가의 자기노동 · 등가교환에 의한 소유권은 자본순환=축적과정에서 타인노동 · 부등가교환에 의한 축적물로, 법의 "단순한 가상"[초2:97]=불법으로 전회하는 사태가 논증된다. 「『자본』 초고」*(1864-65)에서도 자본의 재생산과정은 "노동자 자신의 노동의 소외과정"[MEGA Ⅱ/4.1:65]이라고 규정된다. 실념론적 소외 개념을 분석=해체하는 현실적 소외 개념은 『자본』의 형성사를 관철하는 기본개념이다. ☞『경제학 · 철학 초고』, 『독일 이데올로기』, 물화, 분업

㊟ J. E. Elliot, "Continuity and change in the evolution of Marx's theory of alienation: from the Manuscripts through the Grundrisse to Capital", in: *History of Political Economy*, Vol. 11, No.

3, 1979. 廣松渉,『讀み直されるマルクス』, 情況出版, 1995. 內田弘,「初期マルクスの<社會的諸個人>把握」,『專修大學社會科學硏究所月報』, No. 322, 1990年 5月.

—우치다 히로시(內田 弘)

『소유란 무엇인가 所有—』 [*Qu'est-ce que la Propriété?*, 1840]

식자공이었던 프루동*이 스스로 학습을 거듭하여 완성한 저작. "소유*란 도둑질이다"라는 도발적인 문구와 그 논증의 정교함으로 저자를 일약 유명하게 만들었다. 프랑스 혁명*의 인권선언에서조차 "신성하면서 불가침의 권리"라고 한 소유권이지만, 프루동은 여러 학설들이 말하는 그 존립 근거를 하나하나 뒤집는다. 소유를 성립시킨 근거 그 자체에 의해 소유의 존립 불가능성을 증명해 보였다. 세이*, 맬서스*, 리카도* 등을 비판*하여 최신의 경제학에 정통한 사회주의자라는, 당시로서는 특이한 존재가 된다. 프루동은 자신의 입장을 '과학적 사회주의'라고 이름 짓는다. 청년 맑스는 크게 감동하여『신성 가족』*에서 다음과 같이 말하고 있다. "프루동은 경제학의 기초인 사유재산에 …… 최초의 결정적(이고) 과학적인 비판을 가한다. 이 점은 그가 이룩한 커다란 과학적 진보이며 경제학을 혁명*하여 참된 경제과학을 처음으로 가능케 한 진보이다"[2:29].

프루동은 '소유는 불가능하다'는 것을 증명한 뒤, 불가능한 것이 어째서 창설되었는가를 고찰한다. 그에 의하면 인간*의 본능인 사회성*(sociabilité, 사회를 이루려는 성향. 감성적 존재끼리의 내적 인력)이 우선 공동체*(공유)를 산출하고, 인간의 자유로운 능동성이 공동체의 속박이나 억압으로부터의 탈피를 추구하여 자신이 자신이라는 것의 증거를 얻고자 해서 소유를 낳았다. 공유나 소유 모두 선을 추구하여 악을 결과로 가지는 것은 인간의 사회적 본능이 의식화되지 못하고 인간의 자주성이 올바르게 사회화하지 않기 때문이다. 프루동은 헤겔식 표현으로 공유를 제1테제, 소유를 그 안티테제로 보고 인류에게 필요한 것은 진테제(종합)를 발견하는 것이라고 했다. 서로 대립하는 두 항의 모순을 고차적인 제3항이 해결한다는 도식은 후에 포기되며, 모순의 계[illegible]적인 연쇄야말로 사회의 역동성의 근거라고 생각되게 된다. 그러나 현존하는 것(제도)의 합리성과 불합리성을 모두 바라보고자 하는 발상의 스타일과 '아나키 속에서 질서를 찾는' 혁명관은 그 후에도 일관되게 유지된다.

이 책의 또 하나의 특징은 집합력의 이론이다. 노동자의 협업은 개인 노동의 단순한 총화를 넘어서는 성과를 가져오는데도 불구하고 자본가가 그 잉여부분을 빼앗고 있다는 소박한 주장에 머물지 않는다. 집합존재로서의 인간(=사회)은 개인*으로서의 인간과는 전혀 별개의 성격을 갖는다는 사회학적 이론으로서 발전해 간다. 선을 둘러싼 영위가 전체로서는 악을 낳는다고 하는 반어적인 메커니즘을 프루동은 추구해 가는 것이다. 사회 혹은 조직이 독특한 성질을 띠고 자율적인 운동을 전개하는 것임을 아는 것, 프루동에게는 바로 이것이 사회주의*를 과학*으로 만드는 요점이었다. ☞프루동, 소유와 점유, 협동, 분업, 잉여가치,『신성 가족』, 변증법

㊟ P. Haubtmann, *La philosophie sociale de P.-J. Proudhon*, Grenoble 1980. 佐藤茂行,『プルードン研究』, 木鐸社, 1975.

—사이토 요시노리(齊藤悅則)

소유와 점유 所有—占有 [(독) Eigentum und Besitz (불) propriété et possession]

맑스의 소유론은 양의적이다. 한편으로 고전경제학*의 영향을 강하게 받은 인간*의 자연*에 대한 물질대사* 과정 일반으로부터 직접 소유를 도출하는 견해가 있고, 다른 한편으로는 사람과 사람의 특수・배타적인 관계를 이데올로기*적으로 표현하는 것으로서 소유를 자리매김하는 이해가 보인다.

예를 들면『경제학・철학 초고』*는 인간의 본질을 노동*에서 찾고, 노동의 소외*에 의해 주체로서의 인간으로부터 객체로서의 생산물이 괴리하는 결과를 사적 소유로 간주하고 있다[40:440]. 이를테면 로크*나 스미스*의 자연법사상에 기초한 노동-소유관을 포이어바

호* 식의 인간 소외론으로 보강한 것이었다. 또한 『독일 이데올로기』*는 주체의 소외에서가 아니라 분업*이라는 사회관계에서 출발하는 이른바 물화론의 자세를 취한다. 그러나 그 소유론은 "노동과 소유는 같은 의미"이며 "노동의 분할{=분업}의 숫자만큼 소유의 다양한 형태가 있다"[廣82]고 말하는 인식에 머물러 여전히 소유의 불평등의 근거를 인간노동의 불균형한 지출에 직결시키는 발상이 보인다. 더 나아가 『정치경제학 비판 요강』*은 본원적 소유의 근거를 <노동과 노동조건의 결합 하에서의 주체에 의한 자연적 생산 조건들에 대한 관계 행위>[초2:143, 149]에서 찾고 자본주의*에 선행하는 다양한 소유형태를 해명한다. 거기서는 부족공동체 조직에 의한 노동·생산행위로서의 '소유(Eigentum)'와 그 개개의 구성원이 토지 구획 등의 노동조건에 세습적 내지 비세습적으로 관계하는 사실로서의 '점유(Besitz)'가 구별된다. 아시아적, 고대적, 게르만적 등과 같은 소유 형태들은 공동체적 소유에서 개별적 점유가 분리되어 자립하는 정도에 따라 유형화되는 것이다. 이에 반해 중세의 동업조합의 십장이나 자유로운 소토지 소유에 입각하는 자영농민에 있어서는 도구·토지와 그 밖의 생산수단의 소유와 점유는 일치한다. 자본주의적 생산양식은 이러한 일치를 부정하며, 노동자는 생산수단으로서의 토지·기계*·도구 등의 비소유자이자 자본가의 감독·지휘 아래 생산과정에서 점유만을 허용 받는 데 지나지 않는 존재가 된다. "소유권은 타인 노동을 전유하는 권리로 전환되고 자기의 노동 생산물과 노동 자체를 타인에게 속하는 가치*로서 침범해서는 안 되는 의무로 전환된다"[초2:97]. 프랑스어판 『자본』* 제1권 제32장에서는 이러한 직선적 연장선상에서 직접 생산자로서의 노동자가 생산수단들의 공동 점유(possession commune)를 기초로 개인적 소유(propriété individuelle)를 재건하는 것으로서 사회주의*를 전망하기도 한다.

하지만 다른 한편으로 맑스는 후기에 들어섬에 따라 리카도파 사회주의자들의 노동전수익권(勞動全收益權)으로서의 소유론을 비판하고, 소유를 오로지 <생산관계들의 법적 표현>[『정치경제학 비판을 위하여』, 서문, 13:6]으로서 다루게 된다. 『자본』의 '교환과정'에서 사적 소유(Privateigentum)는 유통의 표면에서의 상품 점유자(Warenbesitzer)의 상호 승인에 근거를 지니는[23a:113] 것으로 간주되며, "자유*·평등*·노동에 기초한 소유의 왕국"[엥겔스에게 보내는 맑스의 편지(1858. 4. 2), 29:249]은 유통(소유)이 생산(노동)을 편성하는 자본주의적 생산 위에 확립되는 법 이데올로기로서만 위치지어지게 된다. 고전파적 내지 자연법적인 노동−소유론, 바꾸어 말하면 점유와 소유의 일치에 기초한 개인적 소유 개념이 점차 불식되고 있었다고 볼 수 있을 것이다. ☞법, 이데올로기, 전유법칙의 반전, 아시아적 생산양식

참 廣西元信, 『資本論の誤譯』, 青友社, 1966. 平田清明, 『經濟學と歴史認識』, 岩波書店, 1971. 青木孝平, 『ポスト・マルクスの所有理論—現代資本主義と法のインターフェイス』, 社會評論社, 1992.

—아오키 고헤이(青木孝平)

속류경제학 俗流經濟學 [(독) Vulgärökonomie]

맑스에게 있어 속류경제학은 과학적 경제학으로서의 고전파 경제학*과는 명확하게 구별되어 있으며, 자본제적 생산양식의 연구에 있어 경제현상의 표층에 나타나는 물상들 간의 관련들을 피상적으로=외견적으로만 관찰하고 그것을 그와 같은 것으로서만 양적으로(요컨대 있는 그대로) 이론화함으로써 결과적으로는 자본가계급에 대한 추종과 그 변호론으로 시종일관하는 경제학의 총체를 의미하고 있다. 그런 의미에서는 평이함과 흔해빠진 체계성이 속류경제학의 특징이라고 할 수 있다. 따라서 속류경제학에서는 현상들을 그 심층부에서 성립시키고 있는 자본제적 생산양식의 내적인 관련들(=물상에 의해 매개되는 사람과 사람의 사회적 관계들)은 전혀 문제시되지 않게 되고 만다. 이 점은 속류경제학이 사람들의 대자연적·상호주체적인 관계가 마치 독립적인 물상인 것처럼 가현(假現)하고 있는 사태(맑스가 물화*라 부르는 사태)에 대해 무자각적이라는 것, 다시 말해 물화 현상에 대한 비

판*=정치경제학 비판*이라는 계기를 소실시킨 채 사람들의 일상적인 의식과 동일한 수준에서 이론적 작업을 수행하고 있음을 의미한다. 따라서 예를 들면 가치*에 관한 일체의 논의는 무용지물로서 방기되고 재화들의 교환 비율 내지는 가격*(물상 상호간의 양적 관계)만이 문제로 되며, 또한 이윤*에 대해서도 생산기간 중의 '최종 1시간'의 생산물이라든가 자본가의 '절욕'에 기초하는 것이라고 하는 변호론이 전개되게 되는 것이다. ☞정치경제학 비판, 물화, 시니어, 바스티아, 고전경제학

—요시다 노리오(吉田憲夫)

쇼 [George Bernard Shaw 1856-1950]

아일랜드* 출신의 극작가. 비평가로서도 유명하며 노벨 문학상을 받았다(1925년). 사회주의자로서도 알려지며 페이비언 협회*에 가담해 웨브 부부 등과 함께 점진적인 개혁을 주장했다. 『지식 부인을 위한 사회주의, 자본주의 입문』(1928), 『만인을 위한 정치 입문』(1944) 등의 저작이 있다. 극작가로서 1880년 중반에 당시 연극 활동에 관계하고 있던 에드워드 에이블링*-엘리노어 맑스 내외와 교류가 있으며, 에이블링을 모델로 하여 『의사의 딜레마』라는 희곡도 썼다. ☞페이비언 협회

㊟ John Ervine, *Bernard Shaw; his Life, Work and Friends*, London 1956. 日本バーナード・ショー協會 編, 『バーナード・ショー研究』, 學書房出版, 1986.

—오카모토 미치히로(岡本充弘)

수도水道{**상하수도**上下水道} ⇨**공중위생**

「수학 초고數學草稿**」** [(독) Mathematische Manuskripte (러) Matematicheskie Rukopisi]

맑스가 엥겔스*에게 보여주려고 쓴 미적분학과 그 역사에 대한 초고. 그 일부분의 러시아어 번역이 1933년 소련의 잡지 『맑스주의의 깃발 아래』와 논문집 『맑스주의와 자연과학』에 최초로 공간되었다. 맑스 사망 50주년 기념출판이었다. 일본에서도 그것이 공간된 직후 번역이 기획되어 야마나카 고조山中幸三(다마키 히데히코玉木英彦의 필명)의 번역이 『미분학의 기초와 변증법』이라는 제목으로 1934년에 간행된 것을 시작으로 전후에는 그 개정판인 『수학에 관한 유고』(玉木英彦・今野武雄 譯著, 岩波書店, 1949)와 『수학 수고』(菅原仰 譯, 大月書店, 1973)가 출판되었다. 맑스의 초고는 『자본』*을 집필하는 동안 시간을 쪼개어 작성되었고, 1870년대 말에는 그 일부분의 청서 원고가 엥겔스에게 건네졌다. 이것은 엥겔스의 『자연변증법』*에 대응하는 맑스의 비망록으로서의 성격을 갖고 있었다. 엥겔스의 자연과학 초고와 마찬가지로 헤겔*의 자연철학이나 논리학의 구상을 사변성을 없앤 형태로 실현하고자 하는 의도에서 태어난 것이라고 말할 수 있다. 내용은 라그랑주까지의 미적분학의 근거짓기와 그 역사에 대한 것으로, 19세기의 코시 이후의 역사에 대해서는 언급하고 있지 않다. 맑스의 독창적인 통찰력이 보이지 않는 것은 아니지만 수학자의 협력이 있었던 헤겔보다 부분적으로 후퇴하고 있다. 원래 맑스는 학창시절 때부터 수학을 어려워했었고 그와 같은 어려움의 의식을 극복하기 위한 학습을 목표로 묶여진 것으로 보인다. 야노프스카야에 의한 러시아어 번역의 초판이 간행된 것은 1933년이며, 스탈린주의 이데올로기 선전의 중심적 매체였던 잡지에 실렸다는 점이 수학에 대한 저작도 저술할 수 있는 '천재' 맑스라는 이미지를 만드는 데 기여했다는 사실도 부정할 수 없다.

㊟ Karl Marx, *Mathematical Manuscripts*, London 1983. 廣松涉, 「マルクスと數學」, 『廣松涉著作集第9卷』 수록, 岩波書店, 1997.

—사사키 지카라(佐々木 力)

슈 [Eugène Sue 1804-1857]

프랑스 7월 왕정 하의 베스트셀러 장편 소설 『파리의 비밀』*(1842-43)로 알려진 작가. 해군의 외과의사로서

출발하지만 부친의 유산 상속을 계기로 사교계를 돌아다니며 20대 중반부터 해적 · 범죄소설의 작가로서 두각을 나타낸다. 1820년대 이후, 이른바 낭만주의* 시대와 더불어 두드러지게 되는 문학양식(역사소설, 풍속소설, 암흑소설)에 정통하고 "프랑스의 페니모어 쿠퍼(『모히칸족의 최후』로 알려진 미국의 동시대 작가)"라 불렸다. 파란만장한 줄거리와 센티멘털리즘을 구사하는 『파리의 비밀』은 일간신문에 연재하던 당초부터 폭발적인 평판을 불러일으켰다. 작중 인물인 고결한 마음을 가진 매춘부 플뢰르 드 마리 등은 국민적 캐릭터로서 인기를 얻어 작가에게 명성과 엄청난 부를 가져다준 동시에 그 사회파적인 민주주의적 작풍이 시대에 미친 영향은 컸다고 생각된다. 로마네스크적인 암흑소설의 무대인 슬럼가, 사창가, 범죄조직에서, 그리고 넓게는 7월 왕정 하에서 살아가는 민중의 비참한 상황이 19세기 후반의 리얼리즘(문학 / 회화)을 견인하는 필치로 전개되는데, 거기서 소박한 의미에서의 푸리에*, 프루동*의 영향을 감지하고 위고의 인도주의에 대한 계승을 읽어낼 수도 있을 것이다. 하지만 열렬한 애독자 대부분이 사교계 · 부유계급의 사람들이었던 까닭에 자연스럽게 그 사상적 정치적 충격의 한계를 지적할 수 있을 것이다. 당대의 사실파로서 발자크*를 능가하는 유행작가였지만 그 문체적 완성도는 낮았다(생트 뵈브*의 평)는 점에서 후세의 문학적 평가는 혹독하다. 그 밖에 『방황하는 유대인』, 『7가지 대죄』 등이 있다.

참 Eugène Sue, *Les Mystères de Paris*, Bruxelles 1989. J. L. Bory, *Eugène Sue*, Paris 1962. *Eugène Sue*, Paris 1982.

—니시오 오사무(西尾 修)

슈르츠 [Carl Schurz 1829-1906]

1849년의 바덴 · 팔츠 봉기에 참가, 후에 미국에서 링컨과 친교를 맺은 공화주의적 활동가. 60년대까지는 공화당의 유력자가 되어 링컨은 그를 스페인 공사로 기용했다. 68년에는 미주리 주에서 상원의원으로 선출되며, 77년에는 헤이스 정권의 내무장관으로 임명되었다. 맑스와 엥겔스*는 그를 『망명자 위인전』*(1852년 집필)에서 "야망은 크고 재주는 작은 음모가"라고 비평했다[8:260]. ☞미국 이민

참 野村達朗, 「1850年代初頭のアメリカにおけるドイツ人亡命者政治」, 『政治報告』, 第6号, 愛知縣立大學外國語學部 「1848年」 共同硏究會, 1979. L. H. Trefosse, *Carl Schurz. A Biography*, Knoxville 1982. C. Schurz, *The Reminiscences of Carl Schurz*, Vol. 1, 2, New York 1907.

—이시즈카 마사히데(石塚正英)

『슈바이처리셔 레푸블리카너』 [Schweizerischer Republikaner]

취리히*에서 출판된 급진파 신문. 주 2회 발행. 평균 발행부수는 약 800부. '재생(Regeneration)' 운동의 주역인 스넬의 제안으로 1830년 9월에 창간되며, 31년 가을-33년에는 그가 직접 편집했다. 1839년 9월에 보수파에 의한 반혁명이 일어나 급진파가 야당으로 전락하는 위기를 맞아 스넬은 다시 한 번 편집을 맡게 되었다. 1842년 12월, 그의 뒤를 이어 프뢰벨*이 편집장 자리에 취임해 발행소를 취리히와 빈터투어의 'Das Literarische Comptoir'로 했다. 프뢰벨이 편집장으로 있던 시기에 이 신문은 국제적 시야를 넓혀 영국으로부터는 엥겔스*도 기고했다. 또한 그다지 알려져 있지는 않지만 이 시기에는 바쿠닌*도 기사를 썼다. 그러나 바이틀링*의 체포 사건을 계기로 공산주의*와의 관련을 의심받아 지역 급진파와의 대립이 드러나게 되자 프뢰벨은 독자의 지지를 묻기 위해 「레푸블리카너의 강령」을 공표하고 공산주의와는 선을 긋는다고 언명했다. 그러나 구독자 수를 700부에서 900부로 늘리긴 했지만 약속한 1,000부를 달성할 수 없었기 때문에 같은 해 여름에 사임했다. 순수한 취리히 사람으로 스위스에서 최초의 사회주의자라 부를 수 있는 J. J. 트라이힐러도 프뢰벨이 편집장으로 있던 시기에 이 신문에 협력했다. 이와 같이 이 신문은 3월 혁명 전기의, 더 나아가서는 48년 혁명* 후에도 취리히의 좌파운동에 있어 상징적인 존재였다. ☞프뢰벨, 취리히

참 渡辺孝次, 「バクーニンの初期著作『共産主義者ヴァイトリ

ングと自稱キリスト敎的な「ベオバハター(觀察者)」紙』(上・下)」,『えうゐ ロシアの文學・思想』, 第21-22号, 1991-1992. Regula Renschler-Steiner, *Die Linkspresse Zürichs im 19. Jahrhundert. Die Bestrebung der Unitarier, Frühliberalen, Radikalen, Liberal-Radikalen, Sozialisten, Demokraten und Sozialdemokraten im Lichte ihrer Zeitungen*, Zürich 1967. Beatrix Mesmer, "Das ≪Programm des Republikaners≫", in: *Festgabe von Greyerz zum sechzigsten Geburtstag*, Bern 1967.

-와타나베 고지(渡辺孝次)

슈발리에 [Michel Chevalier 1806-1879]

프랑스의 리모주에서 태어나 남프랑스 몽플레지르에서 사망. 엔지니어 이코노미스트에 속하는 19세기 프랑스를 대표하는 경제학자의 한 사람. 이공계 학교를 졸업한 후, 광업대학에 진학해 광업국에 근무하는 동안 많은 이공계 학교 졸업생과 마찬가지로 생시몽주의*에 경도하게 된다. 1830년부터 1832년까지 생시몽파의 기관지 『지구』의 편집에 관계하며, P. 앙팡탱*에 이은 이론적 지도자 중 한 사람이 된다. 『지구』에 발표된 『지중해 시스템론』은 생시몽주의의 '보편적 아소시아시옹'의 이상을 철도를 중심으로 한 교통 시스템의 확립・발전에 의해 실현하고자 한 슈발리에의 야심찬 저작이며, 이후의 그의 실천 방향을 결정짓는다. 1832년에 앙팡탱과 함께 풍기문란죄로 체포, 생트 페라지에 투옥되어 금고 1년 형에 처해진다. 복역 중에 앙팡탱과 교단의 비교적(秘敎的) 경향으로부터 이탈・전향하고, 출옥 후에는 정권 측에 접근하여 테크노크라트의 길을 걷는다. 1833년부터 1835년에 걸쳐 교통제도 조사단의 일원으로 산업혁명*이 진행 중인 미합중국을 시찰한다. 귀국 후 『북아메리카에 대한 서간집』을 저술하여 명성을 떨친다. 1840년부터 1852년까지 콜레주 드 프랑스 제3대 경제학 교수직을 맡고, 제2제정 하에서는 나폴레옹 3세*의 경제고문을 맡는다. 자유무역론과 국제협조론을 전개하고, 영국의 리처드 코브던과의 긴밀한 연대에 의해 1860년의 영불통상협정 성립에 커다란 역할을 수행한다. 1867년의 파리 만국박람회에서는 국제심사위원회 총재를 맡는다.

생시몽주의에서 출발하면서도 미국 체험, 프레데릭 바스티아*의 영향 등을 통해 점차 자유주의적 경향을 강화해 가며, 우파의 보호주의와 좌파의 사회주의*를 비판*한다. 『노동의 조직에 대한 서간』에서 '영업의 자유'를 주장하고 루이 블랑*의 『노동의 조직』*과 그 '국립작업장'의 아이디어를 비판했다. 그러나 자유주의적 경향이 강화되었다고 하더라도 국민의 복지 증대를 위한 신용*・교통*・교육제도의 개혁이라는 것이 그가 일생 동안 추구한 테마이며, 거기에는 생시몽주의의 이상이 일관되게 흐르고 있다. 자유주의적 자세와 정권의 힘을 이용한 것도 생시몽주의의 이상을 좀 더 실현 가능한 방법으로 추구하고자 한 실천가적인 자세의 표현이라고 말할 수 있다. 발슈에 따르면 슈발리에는 "실천적 생시몽주의의 경제학자"였다. ☞생시몽, 생시몽주의, 『노동의 조직』, 앙팡탱, 블랑

㊟ Michel Chevalier, *Cours d'économie politique*, 3 vols., Paris 1842-50. Jean Walch, *Michel Chevalier, economiste, Saint-Simonien*, Paris 1975. 上野喬,『ミシェル・シュヴァリエ研究』, 木鐸社, 1995.

-나카무라 슈이치(中村秀一)

슈타인[1] [Karl von Stein 1757-1831]

나폴레옹 점령하의 프로이센에서 국정개혁을 담당한 정치가. 1807년 틸지트 조약에서 프랑스와 굴욕적인 강화를 체결한 프로이센에서 수상 슈타인은 도시조례(1808년 11월)를 비롯한 일련의 근대화 개혁에 착수했다. 샤른호르스트의 군정개혁을 포함하는 이 개혁은 시민적인 개혁이 아니라 자유주의적인 관료에 의한 것이었지만, 그럼에도 슈타인은 나폴레옹*의 압력으로 사직했다. ☞나폴레옹 전쟁

㊟ 東畑隆介,『ドイツ自由主義史序說』, 近代文藝社, 1994.

-이시즈카 마사히데(石塚正英)

슈타인[2] [Lorenz von Stein 1815-90]

프랑스의 사회주의*와 공산주의 및 프롤레타리아트의 개념을 독일에서 처음으로 학문적으로 소개한 독일의 국가학자. 킬에서 헤겔 법철학과 역사법학을 공부하고, 나아가 예나*와 베를린*에서 공부한 뒤 1841년 10월부터 43년 3월까지 파리*에 유학하여 프랑스법사를 공부하는 한편, 콩시데랑*, 프루동*, 블랑*, 카베*를 비롯한 사회주의자와 공산주의자와 교류하며 거기서 얻은 지식을 바탕으로 『오늘날 프랑스의 사회주의와 공산주의』*(1842)를 저술했다. 킬 대학 재직 중에 슐레스비히-홀슈타인의 덴마크로부터의 독립운동에 참가하여 독일 해군 설립위원으로서 활약했지만 운동의 패배와 더불어 대학에서 추방당하고, 후에 빈*에서 자리를 얻어 국가학자, 행정학자, 재정학자로서 이름을 남겼다. 또한 저널리즘*에 적극적으로 관여해 『할레 연보』, 『라인 신문』*, 『일반문예신문』, 『현대』 등에 다수의 학술논문과 시사논문을 게재하는 한편, 『아우크스부르거 알게마이네 차이퉁』*의 기자로서 1,000편에 이르는 기사를 계속해서 써나갔다. 그의 주장은 정치적 법국가의 시대는 끝났고 앞으로는 사회의 시대이며, 국가*는 헌정과 행정을 두 기둥으로 삼아 사회문제와 씨름해야만 한다는 것이다. 맑스는 슈타인의 1842년 저서로부터 사회주의와 공산주의를 배웠지만, 슈타인은 동시대인인 맑스를 수많은 저작들 속에서 일관되게 계속해서 무시했다. ☞『오늘날 프랑스의 사회주의와 공산주의』, 사회주의, 공산주의

㉾ 大井正, 「ヘーゲル學派とローレンツ・シュタイン」, 大井正・西尾孝明 編, 『ドイツ社會主義』 수록, 勁草書房, 1989. 柴田隆行, 「ローレンツ・シュタインの社會主義觀」, 『社會思想史學會年報』, 第16号, 1992. 同, 「社會主義をめぐる理論と實踐—ヘス對シュタイン」, 『理想』, 第653号, 1994.

—시바타 다카유키(柴田隆行)

슈타인횔츨리 축제—祝祭 [Das Steinhölzli Fest]

스위스에 체류하는 독일인 수공업 직인들이 1834년 7월에 개최한 프랑스 7월 혁명* 기념제. 같은 해 4월에 막 결성된 청년독일파*의 샤퍼* 등은 베른 교외의 슈타인횔츨리에서 7월 혁명 및 함바흐 축제*를 기념하여 독일 통일을 향한 집회를 열었다. 이에 위협을 느낀 프로이센 정부는 취리히*를 비롯한 스위스의 각 주(州) 정부에 대해 급진적인 독일인 수공업 직인들의 행동을 감시하도록 요청했다. ☞샤퍼

㉾ 島崎晴哉, 『ドイツ勞働運動史』, 青木書店, 1963.

—이시즈카 마사히데(石塚正英)

슈트루페 [Gustav von Struve 1805-70]

1848-49년 바덴에서 혁명 운동을 지도하며, 그 후 미국으로 건너가 공화당 쪽으로 기운 민주주의자로서 활약한 인물. 뮌헨에서 태어나 하이델베르크와 괴팅겐에서 법학을 공부한 슈트루페는 한편으로는 『독일 국법 비판사』, 『국가학 대요』(모두 1847년, 만하임)와 같은 법학적 · 정치학적 저작을 간행했지만, 다른 한편으로는 독일 공화국 건설을 향한 실천적 정치운동을 전개해 나간다. 특히 1848년 2월 파리*에서 혁명*이 발발하자 헤커 등과 함께 바덴에서 민주주의공화국을 요구하는 대중운동을 강화하고, 가게른 등의 입헌군주제를 요구하는 다수파의 온건자유주의자와 대립했다. 소수파인 슈트루페는 최후까지 무장투쟁 노선을 관철하여 49년 5월 바덴 · 팔츠 봉기에 참가, 이에 연대했다. 그 후 스위스, 그리고 영국으로 망명*하며, 런던*에서는 수많은 민주주의자들과 교류했다. 1851년 미국으로 건너간 슈트루페는 열렬한 공화당원이 되어 이윽고 1861년에는 링컨 대통령의 열광적인 지지자가 되었다. 남북전쟁*에서는 맑스의 친구 바이데마이어*와 마찬가지로 북군 측에 지원했다. 그와 같은 슈트루페를 맑스는 일관되게 낮게 평가한다. 예를 들면 1851년 3월 22일자의 엥겔스에게 보낸 서간[27:194]에서는 "지칠 줄 모르는 강인한 물고기의 눈 수술자로 초식동물"이라든가 "노련한 어릿광대"라고 형용하고 있다. 그러나 맑스는 예를 들어 3월 혁명 중에 스스로도 "사회적-공화주의적 혁명"[「부르주아지와 반혁명」, 6:121]을 요구한 점에서 슈트루페와 일부 공통된 입장에 있었던 것은 분명하다. ☞미국 이민, 급진주의, 바덴 봉기

참 上野卓郎,「一八四九年バーデン革命の起点—同時代人のバーデン革命像」, 良知力 編,『[共同研究] 一八四八年革命』 수록, 大月書店, 1979. G. Struve, *Diesseits und Jenseits des Oceans*, Coburg 1864. id., *Geschichte der drei Volkserhebungen in Baden*, Bern 1849. (Reprint, Leipzig 1977)

—이시즈카 마사히데(石塚正英)

슈티르너 [Max Stirner 1806-56]

헤겔과 헤겔 좌파*에 대한 철저한 비판으로 알려져 있다. 본명은 요한 카스파 슈미트(Johann Kaspar Schmidt)이다. 주저인 『유일자와 그 소유』*(1844년 10월 말 간행)는 출판되자마자 논쟁의 소용돌이를 일으켰다. 맑스와 엥겔스*는 여기서 발생한 좌파 내 논쟁에 깊숙이 개입해 종래의 사상적 지반과의 자각적인 결별을 수행해 가게 된다. 그 성과가 『독일 이데올로기』*인데, 그들은 『유일자와 그 소유』를 표적으로 하여 전체의 3분의 2를 차지하는 '성 막스' 장을 완성한다. 이것은 슈티르너 문제의 크기를 보여주고 있다. 슈티르너는 베를린 대학 철학부에서 공부하고 헤겔*, 마르하이네케, 슐라이어마허 등의 강의를 듣는다. 나중에 베를린*에서 사립 여학교 교사가 되지만 『유일자와 그 소유』의 준비(1843년부터 44년 중반)를 위해 사직한다. 40년대에 들어서 '자유인' 그룹과 교류하게 되고, 42년에는 『라인 신문』*, 『라이프치히 일반신문』의 베를린 통신원으로서 수많은 통신과 논평을 쓴다. '자유인'들이 모이는 히펠의 술집에서는 과묵하고 눈에 띄지는 않는 존재였지만 『유일자와 그 소유』로 각광을 받게 된다. 이 시기는 헤겔 좌파의 분해 과정에 해당된다. 이 책은 포이어바흐*의 '인간*' 및 '유적 존재*'를 여전히 종교적인 지반에 서 있다고 비판하면서 본질 완전성을 본령으로 하는 보편적인 것에 개체가 종속될 수밖에 없는 사태를 파헤치고, 이 인간주의를 기초로 하는 헤겔 좌파적인 사회주의 · 공산주의론도 이 구조를 연장시키고 있는 경과를 드러낸다.

이 비판*은 포이어바흐의 인간주의뿐만 아니라 맑스도 포함하는 헤겔 좌파 전체에 미치는 것이기 때문에 다채로운 반향을 불러일으켰다. 슈티르너는 포이어바흐의 「『유일자와 그 소유』와 관련한 『기독교의 본질』」, M. 헤스*의 「최후의 철학자들」, 셀리가의 「M. 슈티르너 『유일자와 그 소유』」에 대해서는 「슈티르너의 비평가들」(1845)로 응전한다. B. 바우어*의 「포이어바흐의 특성 묘사」(1845)도 이 충격에 따른 것이다. 여기에 헤겔 좌파의 사상권역에 대한 재평가라는 과제가 떠오른다. 일찌감치 슈티르너를 평가한 것은 엥겔스였는데[맑스에게 보내는 서간(1844. 11. 19), 27:8-13], 맑스와 엥겔스는 포이어바흐적 사회주의의 선구자로 간주되고 있기도 해서 슈티르너 문제는 그들에게 스스로의 사상 기반을 점검하는 과제를 안겨주었다. 덧붙이자면, 슈티르너는 비간트 사의 『프랑스 · 영국 국민경제학 시리즈』에서 J. B. 세이*의 『정치경제학 개론』(1845-46), A. 스미스*의 『국부론』(1846-47)을 번역했다. ☞『유일자와 그 소유』, 『독일 이데올로기』, 헤겔 좌파

참 大澤正道,『個人主義—シュティルナーの思想と生涯』, 青土社, 1988. 瀧口清榮,「傳統との斷絶, あるいは知の轉換」,『理想』, 653号, 1994.

—다키구치 기요에이(瀧口清榮)

슐레스비히-홀슈타인 문제 [(독) Schleswig-Holstein-Frage]

1848년 3월 24일 킬에서 임시정부를 수립한 슐레스비히와 홀슈타인 두 공국의 불가분성과 덴마크 왕국으로부터의 독립 및 독일연방 귀속을 요구한 운동 전체를 가리키는 것으로 독일에서는 제1차 덴마크 전쟁으로 불리기도 한다. 두 공국과 덴마크 왕국의 관계는 15세기로 거슬러 올라가지만, 문제가 된 것은 1815년의 빈 회의 및 1846년 7월의 덴마크 왕에 의한 공개장에서 홀슈타인의 독일연방 귀속을 인정하는 한편, 슐레스비히는 덴마크 왕국에 속한다고 언명한 데서 비롯된다. 덴마크에서는 민족적 자유주의자들이 아이다 강까지가 덴마크라고 주장하는 운동을 전개, 1848년 3월 21일의 혁명*에서 정권을 획득, 이에 반발하는 슐레스비히-홀슈타인주의자도 그해 같은 달 14일에 임시정부를

수립하여 양자는 전쟁에 돌입했다. 프로이센과 독일연방은 당초 후자를 지지하여 군대를 파견했지만 러시아와 영국의 압력으로 철수, 같은 해 9월의 말뫼 휴전을 거쳐 51년 1월 슐레스비히-홀슈타인 임시정부 측은 완전히 패배했다. 그 후 1864년 제2차 덴마크 전쟁에서 프로이센은 오스트리아와 손잡고 두 공국을 덴마크로부터 탈취했을 뿐만 아니라 결국 오스트리아와 싸워 두 지역을 프로이센의, 후에는 독일제국의 영토로 만들었다. 엥겔스*와 맑스는 일찍부터 이 전쟁을 혁명전쟁으로 규정하고 적은 덴마크가 아니라 프로이센과 러시아임을 지적하고 있었다. 이 문제는 또한 막 탄생한 프랑크푸르트 국민의회*의 허약성을 드러내는 계기가 되기도 했다. ☞프랑크푸르트 국민의회, 1848년 혁명, 프로이센-오스트리아 전쟁

㊟ Lorenz Stein, *La Question du Schleswig-Holstein*, Paris 1848. Veit Valentin, *Geschichte der deutschen Revolution von 1848-49*, Bd. 1, Berlin 1930. *Der nationale Gegensatz*, Flensburg 1984. 柴田隆行, 「シュレスヴィヒ・ホルシュタイン問題と三月革命」, 的場昭弘・高草木光一 編, 『一八四八年革命の射程』 수록, 御茶の水書房, 1998.

—시바타 다카유키(柴田隆行)

슐레지엔의 직조공 폭동—織造工暴動 [(독) Der Aufstand der schlesischen Weber]

독일의 아마공업 및 목면공업의 중심을 이루는 슐레지엔 주의 페터스발다우, 랑엔비라우 등에서 참담한 빈곤에 허덕이고 있던 직조공과 그 가족들이 일으킨 폭동. 참가자 약 5,000명. 1844년 6월 4일, 페터스발다우의 직조공은 평소 가장 가혹한 공장주로 생각하고 있던 츠반치거에게 몰려가 임금 인상을 요구하고, 나아가서는 건물 내의 기계를 파괴하고 직조공의 채무를 기록한 장부들을 불태웠다. 그 뒤 페르만, 호프리히터 등의 공장주도 습격을 당했다. 5일에는 랑엔비라우에서도 같은 일이 벌어졌으나 6일 밤 슈바이드니츠에서 4문의 대포를 갖춘 프로이센 군의 4개 중대가 출동하면서 폭동은 패배했다. 곤궁한 직조공들의 경제 상태는 그 뒤에도 개선되지 않았다. 그러나 이 폭동은 독일을 떠나 망명*해 있는 수많은 활동가들의 주목을 받게 된다. 예를 들면 파리*에 있는 맑스는 1844년 8월 7일과 10일자 『포어베르츠』[1]*에서 다음과 같이 말하고 있다. "봉기의 직접적인 상대는 프로이센 국왕이 아니라 부르주아지였다"[1:430]. "슐레지엔의 봉기는 프랑스와 영국의 노동자 봉기가 끝난 곳에서, 요컨대 프롤레타리아트의 본질에 대한 자각으로부터 시작되었다"[같은 책:441]. 이 폭동에 대해서는 그 밖에 슐레지엔 출신인 빌헬름 볼프*의 상세한 리포트가 있다. ☞포어베르츠기

㊟ *Das Elend und der Aufruhr in Schlesien, in Deutsches Bürgerbuch für 1845*, Darmstadt 1845, Nachdruck, Köln 1975. 島崎晴哉, 『ドイツ勞働運動史』, 青木書店, 1963.

—이시즈카 마사히데(石塚正英)

슐츠 [Wilhelm Schulz 1797-1860]

헤센 다름슈타트 출신의 독일의 정치 활동가이자 이론가. 1815년에 입학한 기센 대학에서 부르셴샤프트에 가입한 이후 독일의 국민통일과 민주주의적 정치변혁을 위한 활동에 생애를 바친다. 1832년의 함바흐 집회에 참가한 후 대역죄로 유죄 판결을 받았지만, 요새 감옥에서 탈옥해 취리히로 망명*. 3월 혁명* 발발과 함께 귀국해 프랑크푸르트 국민의회*의 좌파 의원으로서 활동, 혁명이 패배한 뒤에는 다시 취리히로 망명해 거기서 생애를 마쳤다. 1837년의 논문 「푸리에의 사회이론—오언 및 생시몽파 학설과의 비교」에서는 초기 사회주의 사상을 상세히 소개하고, 1843년의 주저 『생산의 운동』에서는 물질적 생산에 의한 정신적 생산의 규정, 노동수단과 생산양식*에 의한 역사의 발전단계 구분, 생산력의 발전에 따른 자유시간*의 증대 가능성과 자본가적 착취와의 모순 등을 논했다. 또한 1846년의 논문 「공산주의」에서는 헤스*와 바이틀링*의 화폐 폐기론과 재산 공동체론을 비판하고, 자유로운 아소시아시옹* 형성을 그것에 대치시켰다. 이와 같이 역사의 경제적・사회적 발전법칙을 밝히고 그

법칙에 의해 사회변혁의 구상을 근거짓는 슐츠의 '유물론적 역사관'은 맑스에게 깊고 큰 영향을 주었다. 맑스는 『경제학 · 철학 초고』*와 「1861-63년의 정치경제학 비판 초고」에서 『생산의 운동』으로부터 대량의 발췌를 행하고, 『자본』*에서는 그것을 "많은 점에서 칭찬할 만한 저작"[23a:487]이라고 평하고 있다. ☞아소시아시옹, 유물론적 역사관, 『경제학 · 철학 초고』

㊟ 植村邦彦, 『シュルツとマルクス』, 新評論, 1990. Walter Grab, *Ein Mann der Marx Ideen gab: Wilhelm Schulz*, Düsseldorf 1979.

—우에무라 구니히코(植村邦彦)

스미스 [Adam Smith 1723-90]

【Ⅰ】 도덕철학자로서의 스미스

브리튼 18세기의 스코틀랜드 계몽을 대표하는 도덕철학자이자 경제학자. 글래스고 대학, 옥스퍼드 대학 베일리얼 칼리지에서 공부한다. 1751년부터 글래스고 대학에서 논리학, 도덕철학 교수를 역임하고 부총장을 거쳐 63년에 사임. 그 사이 최초의 저작인 『도덕감정론』(1759)을 출판한다. 1764년부터 2년 동안 귀족의 가정교사를 하며 주로 프랑스를 돌아다닌다. 그 사이에 친구인 흄의 소개로 돌바크, 엘베시우스 등과 교류하게 된다. 또한 제네바에서 볼테르를 방문했다. 1767년에 귀향한 뒤 『국부론』을 위한 연구에 전념하고, 1776년에 이것을 출판한다. 『국부론』은 역사상 가장 성공한 사회과학서이며, 이에 의해 스미스는 모든 경제학자들 중에서 가장 유명하게 되었다. 그 밖에 유고집 『철학논문집』(1795), 강의노트 『글래스고 대학 강의』(1896), 『수사학 · 문학 강의』(1963) 등이 있다.

스미스는 동시대의 제1급의 도덕철학자 · 문인으로서의 명성을 확립한 『도덕감정론』에서 계몽기의 사상가답게 신을 설명 원리로 삼지 않는 도덕이론의 구축을 지향했다. 이기심에 기초해서 행동하는 사람들이 현실생활 속에서 어떻게 서로 조정하며 질서를 유지해 나가는가를 공감(sympathy)이라는 개념으로 설명했다. 스미스에 따르면 대부분의 인간행위가 많은 사람들이 용인하는 범위에 자연스레 수렴되는 것은, 행위를 하는 당사자가 상상력을 발휘해 자신을 보고 있는 사정에 정통한 공평한 제3자라면 어디까지 자신의 행위나 감정에 공감할 수 있을까를 생각하기 때문이다. 요컨대 사람들은 제3자의 입장에 대한 공감의 정도에 따라 행위를 자기 규제하는 것이다. 그 경우 가장 중요한 사회적 규범이 정의이다. 그러나 그것은 이웃에게 해를 끼치지 않고 타인의 재산을 침해하지 않으면 된다고 하는 소극적인 덕성에 지나지 않는다. 일상생활의 계약이나 규칙 등 형식적인 정의만 지키면 사회는 사람들의 자유로운 행위를 통해 적절하게 유지되는 것이다. 이러한 이기적인 개인*이 자연스럽게 만들어 내는 질서는 그대로 『국부론』의 세계로 이어진다.

【Ⅱ】 경제학자로서의 스미스

맑스는 스미스를 "매뉴팩처 시대의 포괄적인 경제학자"[『자본』, 23a:457]라고 불렀지만, 예견도 포함해서 스미스는 산업혁명*의 태동기에 '욕구*의 체계'(헤겔*)로서의 근대 경제사회의 기초구조를 정확하게 기술했다. 특히 당시 지배적이었던 중상주의 정책에 의한 인위적인 규제를 비판하고, 자유로운 경제활동을 보장하는 것이야말로 일국 경제의 효율적인 편성을 낳아 결과적으로 국부의 증진으로 이어진다는 것을 강조했다. '사물의 자연적인 진행'이나 '신의 보이지 않는 손'이라는 말로 상징되는 경제적 자유주의의 주장은 초기의 자본주의*로부터 현대의 조직자본주의 시대에 이르기까지 강력한 패러다임으로서 계속 존재하고 있다. 『국부론』의 제1편은 가격이론, 제2편은 소득분석, 제3편은 경제사, 제4편이 경제학설사, 제5편은 경제정책을 각각 주제로 하고 있다. 이러한 구성에서 볼 수 있듯이 『국부론』이 경제학에 처음으로 체계적인 과학*의 모습을 부여했다고 말할 수 있으며, 동시에 그것은 고전파 경제학의 성립을 의미했다. 경제이론상의 특색은 부를 귀금속이 아니라 일상적으로 소비* · 이용되어야 하는 생활필수품이나 편익품으로 간주한 데 기초하여 그것들을 산출하는 분업*을 수반하는 노동생산력에 주목한 점이다. 노동*을 "일체의 모든 것에 지불된 최초의 대금"이라며 특별시하는 스미스의 시각은 맑스가 많은 비판을 하면서도 "나의 가치*, 화폐*, 자본*의 이론은 그 대강에서 보아 스미스-리카도의 학설의 필연적 발전이다"[23a:19]라고 표명하는 최대의 근거다.

【Ⅲ】 스미스와 현대

서양에 비해 뒤늦게 산업화・근대화를 지향한 후진국 가운데 하나인 일본은 기술과 함께 정책과학으로서의 경제학을 도입했다. 그렇게 함에 있어 스미스는 단순한 경제학자를 넘어서서 뒤처진 나라가 목표로 삼아야 할 사회의 구조 원리를 제시하는, 이를테면 근대화의 교조로서 수용되었다. 이는 1970년대 중반 이후 영어권의 정치사상사 연구에서 융성한 고전-르네상스적 공화주의, 즉 시민적 휴머니즘의 시각에서 제시되는 스코틀랜드 계몽에 대한 평가나 스미스 상과는 큰 괴리가 있다. 시민적 시각에서 보는 스미스는 농업*을 중시하고 상업사회의 진전에 따른 사회부패를 입법자의 입장에서 방지한다고 하는, 오히려 고전적, 중세적인 정치사상을 지닌 어디까지나 18세기의 도덕철학자로서 묘사되고 있다. 그 경우 경제학은 '입법자의 과학'(science of legislator)의 한 부문에 지나지 않는다는 점이 강조된다. 또한 1980년대 말의 구소련과 동구권의 붕괴 이후 시장화 움직임을 하나의 계기로 하여 다시금 스미스 연구가 주목받기 시작하지만, 거기서 드러나는 스미스 상은 여러 갈래로 나누어져 있어 결코 이전의 '경제학의 아버지'로 수렴되는 것이 아니다. 앵글로 아메리카와는 다른 문화적 세계에서, 세계적으로 보더라도 특이하리만큼 스미스 연구를 축적해온 일본 학계가 시민적 패러다임을 비롯한 다양한 해석과의 대치를 염두에 두고서 혼미를 거듭하는 시대에 대응한 스미스 상을 제시할 필요가 있다. 현대사회는 지금도 여전히 스미스가 제시한 욕구*와 자유*에 기초를 둔 경제적 사회인 것이다. ☞고전경제학, 계몽사상, 경험론

㊟ A. S. スキナー(田中敏弘 外 譯),『アダム・スミスの社會科學體系』, 未來社, 1981. 水田洋,『アダム・スミス』, 講談社學術文庫, 1997. Ian S. Ross, *The Life of Adam Smith*, Oxford 1996. ドナルド・ウィンチ(永井義雄・近藤加代子 譯),『アダム・スミスの政治學』, ミネルヴァ書房, 1989. 田中正司,『アダム・スミスの自然法學』, 御茶の水書房, 1989.

—아리에 다이스케(有江大介)

『스위스의 청년독일파—青年獨逸派』 [*Das Junge Deutschland in der Schweiz*, 1846]

함부르크 출신의 급진주의자 마르가 1846년에 라이프치히*에서 간행한 저작. 마르는 1840년대 중엽 스위스에서 독일 통일을 위한 정치결사 청년독일파*를 지도했다. 그는 당시 스위스에서 활동하고 있던 바이틀링*의 기독교적 공산주의에 반대하여 무신론*, 아나키즘*을 주창했다. 이 저작에는 제1부에서 바이틀링・의인동맹 비판, 제2부에서 청년독일파의 조직과 활동에 대해 언급되어 있다. ☞청년독일파,『독일 청년의 구원을 외치는 목소리』,『가난한 죄인의 복음』

㊟ 石塚正英,『三月前期の急進主義—青年ヘーゲル派と義人同盟に關する社會思想史的硏究』, 長崎出版, 1983.

—이시즈카 마사히데(石塚正英)

스튜어트 [James Steuart 1713-80]

맑스의 스튜어트 평으로는 "중금주의와 중상주의의 합리적 표현이다"[초5:10]라고 한 것이 사람들 입에 회자되고 있지만, 다른 한편으로 그를 "부르주아 경제학의 완결된 체계를 만들어낸 최초의 영국인"[『정치경제학 비판을 위하여』]으로 간주하고, 그 자격에서 스미스* 및 리카도*와 함께 '고전경제학(klassische Ökonomie)'을 구성하는 3인방 중 한 명으로 보는 것이었다[「『정치경제학 비판을 위하여』의 원초고」, 초3:138, 13:143]. 후자는 그 이후의 경제학사의 통설과는 다른 평가축이지만, 중상주의 개념의 건설적인 재규정이 이루어지지 않은 채로 그것이 안이하게 간섭주의・건설주의의 대체어로 간주되고 있는 현 상황에서는 이러한 '고전경제학' 규정이 오히려 신선하면서도 유효한 관점을 제공하고 있다.

스튜어트의 주저인 『경제의 원리』(1767)는 '경제학'

을 체계적인 학문으로서 처음으로 자각적으로 구축하고자 한 저작으로서, 스미스의 『국부론』(1776)과 더불어 기념비적인 의의를 지닌다. 그것은 실물과 화폐*의 이분법을 취하지 않고 실물과 화폐・신용*의 상호 규정관계를 단순한 경제관계로부터 보다 복잡한 경제관계로의 전개과정 속에서 순차적으로 분석함으로써 근대사회의 경제를 처음으로 시스템으로서 파악했다. 더 나아가 그에 입각하여 각국의 각각의 상황 속에서의 정책적 원리를 제시한다. 다른 한편으로 그는 경제현상들을 문화적・법적・정치적 제도들로부터 고립시키는 것을 좋아하지 않고 오히려 경제적 관계들이 그러한 것들과의 관련 속에서 근대사회의 중요한 편성계기가 될 수 있다는 것을 보여주고자 했다. ☞고전경제학, 리카도, 스미스

참 J. ステュアート(小林昇 監譯),『經濟の原理』, 名古屋大學出版會, 1993, 1998. 小林昇,『小林昇經濟學史著作集 X』, 未來社, 1988. 竹本洋,『經濟學體系の創成』, 名古屋大學出版會, 1995. 大森郁夫,『ステュアートとスミス』, ミネルヴァ書房, 1996.

―다케모토 히로시(竹本 洋)

스트라스부르 [Strasbourg; Straßburg]

프랑스 동부, 독일과 국경을 접한 알자스 지방의 도시*. 맑스가 루게*와 함께 『독불연보』*를 발행할 예정이었던 도시. 1830년대까지는 독일인 망명자들이 상당수 있었다. 망명자들이 이곳을 선택한 이유는 독일어가 통하는 프랑스 도시라는 점과 라인 강을 사이에 두고 독일과 가깝다는 입지 조건에 있었다. 1830년대에는 슈스터, 페네다이*, 빌헬름 슐츠* 등 수많은 망명자들이 이곳에 살고 있었다. 출판활동이라는 점에서도 『파리・독일인 신문』(*Deutscher Pariserzeitung*, 1831-32), 『입헌 독일』(*Constitutionelle Deutschland*, 1831-32), 『에르비나』(*Erwina*, 1838-39), 『브라가』(*Braga*, 1838-39) 등 독일인 대상의 신문이 발행되고 있었다. 스트라스부르 이외에도 알자스로렌 지역에는 많은 독일인들이 살고 있었다. 그러나 바덴 정부는 스트라스부르에서의 감시를 엄중하게 하고 있어서 독일과 가깝다는 것에는 부정적인 측면도 있었다. 3월 혁명*이 일어나자 맑스와 대립하고 있던 독일인 군단은 헤커 공화국을 지원하기 위해 이곳에 집결한다. 헤커의 봉기가 실패한 뒤 독일인 군단은 이곳과 브장송으로부터 몇 차례 침입을 시도한다. 이러한 움직임을 봉쇄하기 위해 프랑스 정부는 독일인 망명자가 프랑스 동부에 거주하는 것을 금지한다. 스트라스부르의 독일인은 서쪽으로 옮겨가게 되어 독일인 망명지로서의 역할은 끝난다. ☞『독불연보』, 『포어베르츠』[1], 바덴 봉기

참 的場昭弘,『フランスの中のドイツ人』, 御茶の水書房, 1995. O. Wiltwelger, *Die deutschen politischen Flüchtlinge in Straßburg von 1830-49*, Berlin und Leipzig 1910.

―마토바 아키히로(的場昭弘)

스파이{비밀경찰 秘密警察}

19세기에는 정치적 불온분자를 조사한 정치경찰을 의미한다. 맑스의 생애는 스파이에 의한 감시의 연속이었다. 그러나 독일 각지에 남아 있는 맑스에 관한 중요한 자료 대부분은 이러한 스파이들의 활동에서 나온 것들이다.

【Ⅰ】 마인츠 정보국

1830년 7월 혁명* 이후의 정치적 불온에 대해 메테르니히*는 당시 독일을 통일적으로 관할하는 경찰제도가 없었기 때문에 노에를 장관으로 한 마인츠 정보국을 설치하여 그것을 통해 정치적 불온분자를 조사했다(이 기록은 참고문헌에 제시한 한스 아들러가 편집한 자료집에서 볼 수 있다). 마인츠 정보국에서 활약하는 것은 에프너(프랑크푸르트 담당), 피셔(마인츠 담당), 징거(베를린* 담당), 셰퍼(파리* 담당)이다. 맑스에게 있어서는 에프너가 중요하다. 마인츠 정보국과 맑스의 관계는 1842년 『라인 신문』*이 발간되었을 때부터 시작된다. 마인츠 정보국은 이 신문에 대해 하나하나 상세한 정보를 메테르니히에게 보내고 있기 때문이다. 나아가 정보국은 맑스와 루게*가 『독불연보』*를 발간하는 것도 상세히 파악하고 있었다.

【Ⅱ】 프랑스의 경찰

마인츠 정보국은 파리로 옮긴 맑스와 루게의 활동도 추적했다. 그러나 프랑스 정부는 맑스를 비롯한 그들의 행동에 대해 관심을 갖고 있지 않았다. 프랑스에서는 계절협회의 봉기*(1839년) 이래로 독일인 이민에 대해서도 적으나마 관심을 보이게 되었지만 특별한 관심을 기울인 것은 아니었다. 외국인 노동자에 대한 관리도 매우 유연하고 규제를 하지도 않았다. 맑스의 이름이 프랑스 경찰과의 관련에서 등장하는 것은 『포어베르츠』[1]*(1844)가 저당금 미불과 불경죄에 대해 폐간이 결정되었을 때이다. 여기에는 마인츠 정보국이 깊이 관계되어 있으며, 맑스에 관한 보고가 남아 있다. 그러나 프랑스 경찰에는 맑스에 관한 보고자료가 거의 없다.

【Ⅲ】 벨기에 경찰

브뤼셀*로 옮긴 맑스는 브뤼셀 경찰에 거주신고서를 제출한다. 이때 벨기에 경찰의 엄중한 감시는 이루어지지 않는다. 그러나 프로이센 스파이에 의한 조사는 파리 이상으로 엄중해진다. 그 때문에 맑스는 프로이센 국적 이탈을 결심한다. 당시 벨기에와 프로이센은 우호관계에 있었기 때문에 프로이센 스파이의 자유로운 활동이 허용되고 있었다. 1848년 혁명*의 발발과 더불어 맑스는 벨기에 경찰에 체포된다. 이 체포는 나중에 잘못된 것으로 밝혀지지만 벨기에 경찰이 실은 은밀히 스파이 활동을 행하게 되었다는 사실이 드러나게 된다.

【Ⅳ】 1848년 혁명 이후

혁명*의 발발과 더불어 마인츠 정보국은 1848년 3월에 폐쇄되지만 그 활동은 그 후에도 이어진다. 오히려 비밀경찰의 활동은 독일 전체의 통일경찰을 지향한 체제로 전환됨으로써 강화되고 있었다. 1851년 베를린 경찰인 힌켈다이의 주도로 빈*의 바이스, 하노버의 베르무트, 작센의 에버하르트가 회합을 갖고 혁명가들에 대한 감시 강화를 위한 연합을 시도한 것이 통일적 경찰제도의 시작이 된다. 감시는 독일 내에 그치지 않고 런던*, 파리, 취리히*에까지 미쳤다. 그 최초의 성과는 맑스 자신도 휘말리게 되는 쾰른 공산주의자의 일제 검거였다.

【Ⅴ】 맑스는 스파이였는가?

맑스는 망명지인 런던에서 다양한 스파이 감시를 받게 된다. 영국의 스코틀랜드 야드(Scotland Yard, 런던 경찰국) 자체는 특별히 망명자를 감시하지는 않았지만, 1851년의 런던 만국박람회*를 계기로 각국 정부가 자국의 도둑이나 불온분자를 감시한다는 명목으로 런던에 비밀경찰을 보낼 계획을 세웠다. 영국은 이에 대해 감시활동에 대한 규제는 하지 않겠지만 스코틀랜드 야드는 어떠한 정보도 제공하지 않겠다는 뜻을 전했다. 1850년 4월에 맑스에게 접근해온 유명한 인물로 반자 대령(통칭 베른트)이 있다. 맑스는 반자 대령에게 『망명자 위인전』* 원고를 넘겨주게 되어 결과적으로 망명자들 상호간의 반목을 독일 경찰에게 알려주는 꼴이 된다. 다른 한편으로 맑스가 스파이였던 것은 아닐까 하는 의문도 있다. 맑스가 프로이센 내무장관의 처남이라는 것 등이 그 이유이다. 분명히 당시에는 가난으로 인해 스파이가 되는 망명자가 많이 있었다. 그러나 아직까지 그러한 사실을 증명하는 자료는 발견되고 있지 않다. 맑스의 친구 중 한 명인 에드가 바우어*는 덴마크 경찰의 스파이였고, 프랑크푸르트의 에프너의 친구 프라일리그라트*는 맑스의 친구이기도 해서 그를 통해 출판사 코타의 소개를 에프너에게 부탁한 적도 있었기 때문에 비밀경찰에게 간접적으로 맑스 자신이 말하는 정보가 들어갈 가능성은 얼마든지 있었다. 하지만 맑스 자신이 그들이 스파이라는 사실을 알면서도 역으로 그것을 이용했을 가능성도 있다. 공교롭게도 런던 시절의 맑스 가*의 생활을 자세히 알 수 있는 것은 맑스 가에 출입하고 있던 스파이 덕분이기도 하다. ☞바우어[2], 『망명자 위인전』, 쾰른 공산주의자 재판, 프라일리그라트, 『라인 신문』, 『포어베르츠』[1], 『독불연보』

㊟ H. Adler (hrsg.), *Literarische Geheimberichte*, Bd. 1, 2, Köln 1981. C. Emsley, *The English Police*, London 1991. G.-A. Euloge, *Histoire de la police, des origines à 1940*, Paris 1985. E. Gamby, *Edgar Bauer. Junghegelianer, Publizist und Polizeiagent*, Schriften aus dem Karl-Marx-Haus, Heft 32. Trier 1985. E. Hänisch, *Karl Marx und die Berichte der österreichi-*

schen Geheimpolizei, Schriften aus dem Karl-Marx-Haus, Heft 16, Trier 1976. L. Outrive etc., *Les polices en Belgique*. Bruxelles 1991. W. Siemann, *Der "Polizeiverein" deutscher Staaten*, Tübingen 1983.

—마토바 아키히로(的場昭弘)

스펜서 [Herbert Spencer 1820-1903]

영국 더비의 비국교 가정의 출신. 『사회정학』(1851)이 최초의 본격적 저작. 「진보에 대하여」(1857)에서 모든 것의 진화를 동질적인 단순 상태로부터 이질적인 요소가 유기적으로 결합한 복잡 상태에 이른다고 하는 '유기적 진보의 법칙'에 의해 설명했다. 『제1원리』(1862) 이후 방대한 '종합철학'의 구상으로 발전했다. 군사적 단계와 산업적 단계의 대비로 사회진화를 논하고 개인들이 분업*을 매개로 하여 이질적인 역할을 담당하는 후자에서는 유효한 능력을 획득한 자가 활약할 수 있다고 주장했다. 그의 적자생존론의 전제에는 획득형질의 유전이라는 라마르크적인 인식이 있기 때문에 스펜서를 표준적인 사회 다윈주의의 사상가로 간주하는 것은 부정확하다.

㊟ M. W. Taylor, *Men versus the State: Herbert Spencer and late Victorian Individualism*, Oxford 1992.

—후카가이 야스노리(深貝保則)

스피노자 [Benedictus(Baruch) de Spinoza 1632-77]

네덜란드의 철학자. 이단 심문으로 포르투갈에서 추방당한 유대인(마라노) 상인의 아들로 암스테르담에서 태어난다. 청년기에 유대교와 그 계율을 따르지 않았다는 이유로 파문당한 뒤 자유사상가 판 덴 엔덴 문하에서 데카르트와 홉스*의 사상을 접하면서 독자적으로 사상을 형성한다. 사유와 연장은 각각 자기원인으로서의 유일한 실체(=신=자연*)를 구성하는 속성이라고 보고 주저인 『에티카』에서 유물론*으로도 간주할 수 있는 존재론을 근거지었다. 『에티카』의 집필을 중단하고 익명으로 저술한 『신학정치론』(1670)에서는 성서*의 원전 비판을 통한 근본적인 이데올로기 비판을 전개. '무신론자'로서 격렬한 비난을 받게 되었다. 절필하게 된 『정치론』에서는 군중(다중)(*multitudo*)의 힘을 기반으로 한 역학적 관점에서 정치와 국가*를 다시 파악하고 사회계약론에 의거하지 않는 특이한 국가론을 구축했다. 오늘날 그의 철학*·정치론의 혁신성과 급진성이 재평가되고 있다.

맑스는 1842-43년에 걸쳐 스피노자를 집중적으로 읽고 있으며, 『신학정치론』 및 『서간집』으로부터 대량의 발췌를 남겼다[MEGA Ⅳ/1:233-276, Apparat 777-818]. 특히 『신학정치론』 발췌로부터는 그가 스피노자의 성서 비판의 방법과 표상(상상력*imaginatio*)의 이론으로부터 국가의 이데올로기 장치의 분석, 종교*와 철학의 본질 및 그것들의 분리 필요성, 자유*에 기초한 국가의 기초 요건 등의 착상을 얻어 자신의 법철학 사상을 형성했다는 것을 추정하는 것도 가능하다[MEGA Ⅳ/1:233-251, Apparat 777-794]. 맑스는 『신성가족』* 등에서 스피노자의 실체 개념의 형이상학적 성격을 비판하기도 하지만, 한편으로 그의 체계 자체에 잠재하는 스피노자주의의 영향은 무시할 수 없다고 하는 해석도 플레하노프*, 데보린 이래로 있었으며 상호간의 관계는 오늘날에도 미묘한 문제가 되고 있다.

1960년대의 구조주의 혁명 이후 스피노자 철학의 재평가가 특히 L. 알튀세르, P. 마슈레, E. 발리바르 등 프랑스의 맑스주의자들에 의해 이루어졌다. 그들은 스피노자를 경유함으로써 헤겔*에게 있던 '목적론'의 잔재를 맑스로부터 제거해 '목적 없는 유물변증법'을 맑스의 성숙한 사상 속에서 발견할 수 있다고 생각했다(알튀세르, 『자본을 읽다』, 마슈레, 『헤겔인가 스피노자인가』 등). 한편 G. 들뢰즈의 스피노자 독해에서 영향을 받은 이탈리아의 맑스주의자 A. 네그리는 스피노자 사상의 핵심에 있는 역능(*potentia*)의 집단적인 구성의 이론과 변증법*의 화해는 불가능하다고 생각한다(네그리, 『야만적 별종—스피노자에의 권력과 역능』). 그는 인간*의 본질을 노동*이 아니라 스피노자의 코나투스(노력) 개념을 확장한 힘에의 의지*로 파악하고 자본*의 명령에 의한 노동의 거부와 프롤레타리

아트의 자기가치 결정에 기초하는 새로운 혁명이론의 구축을 시도하고 있다. ☞노트

참 P. マシュレ(鈴木一策 外 譯),『ヘーゲルかスピノザか』, 新評論, 1986. E. バリバール(水島一憲 譯),「スピノザ―大衆の恐怖」,『現代思想』, 1987年 9月号. A. ネグリ(杉村昌昭 外 譯),『構成的權力』, 松籟社, 1999.

—아사노 도시야(淺野俊哉)

시니어 [Nassau William Senior 1790-1864]

버크셔 출생. 이튼교에서 옥스퍼드의 맥덜린 칼리지에 입학, 논리학자·경제학자인 R. 훼이틀리가 지도교수였다. 1812년에 B. A.를, 1815년에 M. A.를 취득했다. 링컨즈 인에서 공부하고, 1819년에 법정 변호사가 된다. 1823년에는 정치경제학 클럽*의 회원이 된다. 이후 1848년부터 53년까지를 제외하고 사망할 때까지 그 멤버였다. 1825년, 옥스퍼드 대학에 신설된 경제학 강좌(드러먼드 강좌)의 교수가 되어 1830년까지 재직(1847-52년에도 재임)했다. 후임은 훼이틀리였다.

1832년부터 34년까지 그는 구빈법 감시위원이 되어 『구빈법에 관한 보고서』(1834)를 쓰고, 1836년의 아일랜드 구빈법에 대해 J. 러셀로부터 자문을 요청받는다든지 『공장법에 관한 두 개의 서간』(*Two Letters on the Factory Act*, 1837)을 간행하는 등, 30년대부터 40년대에 걸쳐 구빈법 개혁과 공장법* 개혁에 노력했다. 나아가 1857년의 영국 사회과학진흥협회* 창립 이후에는 그 교육부회의 의장을 맡는 등, 교육문제를 중심으로 활동했다.

그는 부를 교환가능하고 생산에 제한이 있으며 직간접적으로 쾌락을 낳고 고통을 피할 수 있는 것으로 정의하고, 그 부의 생산·분배를 합리성의 원칙, 맬서스 인구론, 농업*의 수확체감, 공업의 수확체증이라는 4가지 전제로부터 추론하는 과학*이 경제학이라고 주장했다. 그는 『정치경제학 개요』(*An Outline of the Science of Political Economy*, 1836)에서 리카도*의 노동가치설*에 반대하여 이윤*은 자본가의 노동*에서, 이자는 자본가의 절욕(節欲)에서 발생한다는 '절욕설'을 주장했다. 또한 앞에서 언급한 『두 개의 서간』에서는 이자·이윤은 본질적으로는 하루 12시간 노동의 마지막 1시간에 의존한다는 '최종 1시간설'을 주창하고 노동시간 단축에 반대했다. 맑스는 시니어의 이러한 주장을 "가치*의 생산과정을 가치의 표현방식과 혼동한 잘못"[16:107]이라 하고, 나아가 『자본』*에서 자본의 생산과정에 포섭된 살아 있는 노동의 이중 작용으로부터 그 잘못된 까닭을 설명했다[23a:291-298]. ☞영국 사회과학진흥협회, 자유시간, 속류경제학, 공장법

참 シーニア(高橋誠一郎·浜田恒一 譯),『シィニオア經濟學』, 岩波書店, 1929(제2판 일본어 역). M. Bowley, *Nassau Senior and Classical Economics*, 1937. S. L. Levy, *Nassau W. Senior, 1790-1864*, 1970.

—이노우에 다쿠토시(井上琢智)

시민사회 市民社會 [(영) civil society (독) die bürgerliche Gesellschaft]

다의적이고 중층적으로 관련된 맑스의 기축 개념. 그의 정치경제학 비판*의 과제 가운데 하나는 이른바 '시민사회'의 다의적 구조 연관의 분석에 있다. 시민사회는 네 가지 의미를 갖는다. (1) 사유재산 소유자가 동등 권리자로서 주로 상품*=화폐 관계에서 결합하는 시민사회. (2) 그 상품=화폐 관계에 무산자가 자유로운 임금노동자*로서 참가하고, (1)의 시민사회가 자본가적 지배관계로 전화한 시민사회(부르주아 사회). (2)의 시민사회가 성립하면 (1)의 시민사회는 '부르주아 사회의 표면'이 되고, (2)의 시민사회는 부르주아 사회의 '심층부'가 된다[초1:296, 298]. (3) 앞의 (1)과 (2)의 근대 시민사회와 동종의 경제적 요소들이 실재하고 그 범주가 배태하고 있던 과거 인류사에서의 시민사회. (4) 모든 사유재산 제도의 역사적 단계들의 기초를 이루는, 특정한 생산력들에 조응하는 특정한 사회적 관련들(교통형태들)로서의 시민사회.

맑스는 (1)과 (2)의 근대 시민사회의 구성 요소들이 그것에 이르는 인류사에서 생성되는 과정을 (3)과 (4)의 시민사회에서 검증한다. "근대 시민사회는 과학*에

서도 또한, 그대로의 것으로서의 근대 시민사회가 문제로 되는 곳에서 비로소 시작되는 것이 결코 아니다"[초1:59]. 맑스는 A. 스미스*가 와야 할 사회를 문명사회(시민사회)라고 부른 데 반해, 그 자신은 그것을 '최후의 전사(前史)'(계급사회사)로 규정하고 인간*의 '본래적 역사(본사本史)'의 사회와 구별한다[13:7]. 맑스는 『독불연보』* 논문(1844) 무렵에 "이 {헤겔*이 말하는} 시민사회의 해부학은 경제학에서 찾아져야만 할 것이다"[같은 책:6]라고 규정하고, 그것을 위해 읽은 『국부론』에 자주 나오는 '문명사회(civilised society)'를 '시민사회(civil society)'와 같다고 보고 헤겔을 따라 "die bürgerliche Gesellschaft"라고 표현했다.

먼저 『경제학 · 철학 초고』*(1844)에서 그는 (1)의 시민사회가 (2)의 시민사회로 전화하는 사태를 '소외된 노동'의 네 가지 규정으로 분석했다. "시민사회에서 각 개인은 다양한 욕망의 하나의 전체다"[40:479]. "가장 부유한 사회상태, 그것은 하나의 이상이지만 근사적으로밖에 도달할 수 없는 이상이며 적어도 시민사회의 목적인 동시에 국민경제학의 목적이기도 하지만, 그와 같은 상태는 노동자에게는 지속적인 궁핍이다"[같은 책:396]. 첫 번째 인용은 (1)의 시민사회이며, 두 번째 인용은 (2)의 시민사회이다.

맑스가 F. 리스트* 『정치경제학의 국민적 체계』의 노트에 쓴 평주(1845)에 "애덤 스미스가 경제학의 이론적 출발점이라고 한다면 이 경제학의 현실의 출발점, 그 현실의 학교는 '시민사회'이며, 경제학 안에서 이 '시민사회'의 다양한 발전단계를 정확하게 거슬러 올라갈 수 있다"[보권1:109]고 한다. "시민사회의 다양한 발전단계"란 스미스가 『국부론』에서 역사의 단계들의 심층부에 사회의 궁극적인 자연스런 형태 · '문명사회'가 잠재하고, 반드시 역사의 표면으로 부상한다고 서술한 것을 가리킨다. 이 시민사회는 (3)의 시민사회이다.

『독일 이데올로기』*(1845-46)에는 (4)의 시민사회의 명확한 규정이 나온다. "종래의 모든 역사적 단계들에 현전한, 생산력들에 의해 제약되고 생산력들을 다시금 제약하는 교통형태, 그것이 시민사회이다. …… 이 시민사회야말로 모든 역사의 참된 발생지(Herd)이자 현장(Schauplatz)이다"[廣38(엥겔스 필적, 이하 동일). "시민사회는 생산력들의 특정한 발전단계의 내부에서의 개인들의 물질적 교통의 전체를 포괄한다"[廣152]. 앞서 언급한 "모든 역사의 참된 발생지와 현장"이란 "모든 역사의 기초(Grundlage)"[廣48]와 동일한 뜻이다. 그것은 (4)의 시민사회이며, 역사 관통적인 '생산 일반'(뒤에서 서술)의 규정이 아니다.

「안넨코프에게 보내는 편지」(1846)에서도 "만일 생산과 교통과 소비*의 특정한 발전단계를 가정한다면, …… 이 단계에 조응하는 가족, 신분 혹은 계급*의 하나의 조직, 한 마디로 말하면 이 단계에 조응하는 하나의 시민사회를 얻을 것이다. 만일 특정한 시민사회를 가정한다면, 시민사회의 공적 표현에 지나지 않는 특정한 정치상태를 얻을 것이다"[27:389-390]라고 말하여 (4)의 역사 단계들의 시민사회는 각각 특정한 사회형태임을 분명히 말하고 있다.

『철학의 빈곤』*(1847)에서는 봉건제도를 "낡은 시민사회"라고 말하고[4:145], "노동자계급은 그 발전과정에서 계급과 계급의 적대관계를 배제하는 하나의 아소시아시옹*으로써 낡은 시민사회를 대체할 것이다"[같은 책:190]라고 쓴다. (2)의 시민사회(부르주아 사회)를 포함하는, 역사상의 모든 사유재산 사회는 계급사회이자 "la société civile"(시민의 사회)라고 말하고, 특히 (2)의 근대 시민사회를 "la société bourgeoise"(부르주아가 지배하는 사회)라고 규정한다.

『요강』*(1857-58)에 이르러 (4)의 각각의 시민사회에서의 특정한 생산양식*을 구성하는 사회적 규정들과 모든 생산형태에 공통된 "생산 일반"[초1:28]을 구별한다. 이러한 구별의 시각은 『경제학 · 철학 초고』에서의 자연사로부터의 인간의 생성사론[40:465]이나 노동과정론[같은 책:432-433]에서 연원한다. 『요강』에서도 "자본*이 일체를 지배하는 시민사회이다"[초1:60]라며 (2)의 시민사회의 의미로 사용하는 한편, 사회란 개인들의 다양한 상호관련의 총화라고 하는 의미에서의 "사회적 관련(시민사회의 관련)"[같은 책:312], 즉 (4)의 시민사회의 의미에서도 사용하고 있다. 당시 엥겔스에게 보내는 편지(1857년 9월 25일)에서 "군대의 역사는 생산력과 사회관계들의 관련에 대한 우리 견해의 올바름을 선명하게 부각시키고 있다. …… 시민사회의 모든 역사는 매우 적절히 군대에서 요약되고 있다"[29:153-154]고 지적한다. 고대 로마의 군대에 근대 시민사회와 동일한 경제적 요소들(임금*, 가장이 아닌 자의 동산 소유권의 승인, 기계*의 응용, 화폐*로서의 금의 사용, 분업*)이 실재하고 있었음을 지적한다. 이 서간의 시민사회는 (3)과 (4)의 시민사회이다. 이와 동일한 취지의 문장이 「서설」*에도 있다[초1:62].

『독일 이데올로기』[廣152]를 계승하여 『요강』에서도 18세기가 되어 비로소 "근대 시민사회"[초1:26, 59]가 출현하며, 사회적 관련들이 개개인의 사적 목적의 단순한 수단이 된다고 말한다. 이 시민사회는 "시민사회의 유년시대"[『정치경제학 비판을 위하여』, 13:129]이며, (1)의 시민사회이다. 거기에 자유로운 임금노동자*가 참여하여 (2)의 시민사회로 전화한다. 『자본』*에서는 (1)의 시민사회의 의미에서 "시민사회에 있어서는 노동생산물의 상품형태 또는 상품의 가치형태가 경제적 세포형태이다"[23a:8]라고 하는 한편, (2)의 시민사회인 "자본주의 사회"[같은 책:23], 즉 "부르주아 사회에서 장군이나 은행가는 커다란 역할을 수행한다"[같은 책:60]고 말한다. 맑스는 자본주의 사회가 소멸한 뒤에 도래해야 할 사회를 '시민사회'라 하지 않고 "자유인의 연합"[같은 책:105]이라고 말했다. 그러나 인권·평화·사회적 공생·환경 등의 사회적 가치로 재정의된 새로운 시민사회 개념은 현대 사회를 개혁하고 그것을 넘어서는 사회를 건설하는 실천에 있어서 불가결한 개념이다. ☞아소시아시옹, 협회

참 平田淸明, 『市民社會と社會主義』, 岩波書店, 1969. 望月淸司, 『マルクス歷史理論の硏究』, 岩波書店, 1973. 廣松涉, 『讀み直されるマルクス』, 情況出版, 1995.

—우치다 히로시(內田 弘)

시민혁명 市民革命{**부르주아 혁명**} [(독) bürgerliche Revolution]

시민계급(부르주아지)이 정치적 권력을 잡기 위한 사회변혁에서는 구세력(군주 및 상층 성직자를 포함하는 귀족)의 저항으로 인해 다소간에 폭력을 수반한다. 그러나 혁명*과 그 전후의 계급들 간의 관계는 복잡하고 유동적이다. 구세력 측에도 자본주의화의 흐름에 편승하고자 하는 이(그 정도가 아니더라도 양보에 의해 지위의 온존을 도모하는 이)가 있고, 부르주아지 중에도 귀족화 혹은 귀족과의 타협을 바라는 이가 있으며, 다른 한편으로 부르주아지가 권력을 잡으려고 할 만큼 성장해 온 배후에는 그 경제력을 지탱하는 프롤레타리아트의 융성이 있었기 때문이다. 또한 여기서 말하는 시민이란 현재 한국에서 '시민운동'이라고 말할 때의 시민이 아니라는 점에 주의해야만 한다. 후자가 주로 소시민인 데 반해 시민혁명에서 소시민은 프랑스 혁명*의 경우와 같이 자멸하든가 영국 혁명 이후와 같이 급진파로서 남겨진다. 사유재산의 신성함과 영업의 자유*라는 원칙은 소시민의 평등의 이상을 파괴한다.

【Ⅰ】 프랑스 혁명

프랑스 혁명(1789년)은 봉건적 신분들과 그 특권을 폐지하고 정교(정치와 종교*)분리의 원칙을 확립하며, 광범위한 소토지 소유자(농민)를 만들어냈다는 점에서는 전형적인 부르주아 혁명으로 간주되지만, 세 번째 사항은 오히려 자본의 축적을 방해했으며 혁명정권 내부에서 루소적인 "그 누구도 지나치게 갖지 않고 그 누구도 부족하지 않은" 사회의 이상을 추구한 로베스피에르는 좌우로부터의 공격에 의해 자멸한다.

【Ⅱ】 영국 혁명

영국에서는 1640-60년을 내란, 대반란 혹은 (국왕의) 공위기(空位期)라고 부르고 있는데, 엥겔스*가 처음으로 이것을 영국혁명이라 부르고 "프랑스 혁명의 본보기"[『상태』, 1:608]로 규정했다. 이는 분명히 국왕의 재정정책에 대한 부르주아의 반란을 함의하고 국왕을 처형(1649년)하기에 이르는데, 다른 한편으로는 '퓨리턴 혁명'이라고도 불리는 대로 국교회에 대한 비국교회의 반란이라는 종교적 요소의 역할이 컸을 뿐만 아니라 1660년의 왕정복고에 의해 군주정치도 국교회도 비록 특권은 축소되었다고는 하지만 다시 부활한다.

의회가 군주정치를 받아들여 주권을 확립하는 것은 1688-89년의 명예혁명에 의해서인데, 제도로서는 국왕도 귀족도 사교도 그대로였다. 이 두 개의 혁명을 합쳐 영국의 시민혁명이라 부를 수 있을 것이다. 비록 프랑스 혁명에 비하면 타협적이지만, 이리하여 온존된 재산(귀족과 무역상인)이 의회 주도의 중상주의 정책의 도움으로 산업혁명*을 준비하게 된다.

【Ⅲ】 미국 혁명

미국 혁명(1776년)은 식민지 민중의 사유재산의 신성함과 영업의 자유에 대한 요구이기 때문에 순수한 부르주아 혁명처럼 보이지만, 원래 많은 식민지*가 본국의 종교 통제를 피해온 비교도(非敎徒) 이민에 기원을 갖고 있는 만큼 종교적 통제는 본국의 국교회보다 엄격했을 정도다. 게다가 흑인노예와 선주민(인디언이라 불렸다)은 혁명으로부터 완전히 배제되고, 남북전쟁*(1861-65, 내전이라 불린다)으로 노예제도* 자체는 폐지되었지만 차별은 여전히 남았다. 맑스는 『자본』*에서 "18세기 미국의 독립전쟁이 유럽의 중간계급을 위해 경종을 울린 것처럼, 19세기 미국의 내전은 유럽의 노동자계급에 대해 출동준비의 종을 울렸다"[23a:10]라고 썼지만, 이를 시민혁명으로 평가한 표현은 보이지 않는다. 앞의 인용문에서도 추측할 수 있듯이 그에게는 동시대의 내전으로서의 평가 쪽이 노동운동과의 관계에서 보더라도 중요했다. 엥겔스도 『상태』*에서 영국의 사회혁명, 프랑스, 독일의 혁명을 언급하면서도 미국을 무시하고 있다[1:608].

【Ⅳ】 3월 혁명

엥겔스가 독일의 철학혁명이라고 말한 것은 헤겔*을 정점으로 하는 독일 고전철학을 가리키는 것이지 시민혁명이 아니다. 독일의 시민혁명이라 할 수 있는 것은 1848-49년의 3월 혁명*인데, 맑스와 엥겔스가 이를 시민혁명이라 부른 것은 아마도 『공산당 선언』(1848)에서 언급한 것이 유일할 것이다. 이 혁명은 프랑스의 2월 혁명*이 독일, 오스트리아와 그 밖의 유럽 각국으로 파급된 것으로, 맑스와 엥겔스도 실제로 참가했다. 『공산당 선언』은 그러한 그들의 활동의 하나이고 엥겔스는 군사행동에도 가담했다. 그들은 한편으로는 이 혁명을 부르주아지를 뛰어넘어 '공산주의혁명', '노동자혁명'으로까지 추진하려고 하고 있었고, 다른 한편으로는 핵심인 부르주아지가 구세력과 타협해버린 탓에 시민혁명이라는 표현을 사용하고 싶지 않았던 것인지도 모른다. 맑스는 『신라인 신문』*에 "1648년에 {영국의} 부르주아지는 근대적 귀족과 결탁해 왕권, 봉건귀족, 지배적 교회와 싸웠다. 1789년에 {프랑스의} 부르주아지는 인민과 손을 잡고 왕권, 귀족, 지배적 교회와 싸웠다. …… 프로이센의 3월 혁명에서는 그러한 일은 아무것도 없었다"고 썼다[「부르주아지와 반혁명」, 6:102-103]. "{1848년의} 3월부터 12월까지 독일 부르주아지가 보여준 것은 독일에서는 순수한 시민혁명 및 입헌군주제 하에서의 부르주아 권력의 수립이 불가능하다는 것이다"[같은 책:121]. 독일 부르주아지가 구세력과 타협한 것은 배후에서 노동운동이 다가오고 있었기 때문인데, 맑스는 『자본』 제2판에서 "학문으로서의 부르주아 경제학이 독일에서 가능케 되는 듯 보였을 때 또다시 불가능하게 되고 만" 것은 그 때문이라고 말하고 있다.

【Ⅴ】 일본의 시민혁명

엥겔스는 루터*와 칼뱅*의 종교개혁을 "부르주아지의 혁명 제1호"[「『농민전쟁』을 위하여」, 21:404]라고 부르고 『공상에서 과학으로』*에서는 루터를 부정하고 칼뱅을 평가하고 있지만, 그런 평가는 사실 과한 것이다. 맑스와 엥겔스는 동시대의 메이지유신(1868년)에는 관심이 없었는데, 이것이 일본의 시민혁명인지 어떤지는 일본 자본주의 논쟁의 중요한 쟁점 가운데 하나였다. 그것은 부르주아지 주도가 아니었고, 군주제(천황제)는 오히려 강화되었다. 그러나 자본주의*의 발전은 궤도에 올라섰던 것이다. ☞시민사회, 프랑스 혁명, 루소

참 浜林正夫, 『増補版 イギリス市民革命史』, 未來社, 1971. 柴田三千雄, 『フランス革命』, 岩波書店, 1989. 良知力, 『向う岸からの世界史』, 未來社, 1978. 山崎隆三, 『近代日本經濟史の基本問題』, ミネルヴァ書房, 1989.

―미즈타 히로시(水田 洋)

시스몽디 [Jean-Charles-Léonard Simonde de Sismondi 1773-1842]

제네바에서 태어난 경제학자. 부친이 성직자였기 때문에 프랑스 혁명*이 제네바에 파급되기에 이르러 일가는 이탈리아의 토스카나로 이주했다. 이곳에서 시스몽디는 투옥되기도 했지만, 정작 그 자신은 혁명*에 호의적이었다. 그곳의 풍요로운 농업지대를 염두에 두고서 집필한 것이 처녀작인 『토스카니 농업 개관』(*Tableau de l'agriculture de la Toscane*, 1801)이고, 이어지는 『상업의 부』(*De la Richesse Commerciale*, 1803)는 스미스 경제학을 조술한 것이다. 그 뒤 잠시 경제학과 거리를 두고 문학과 역사를 연구하고 있던 시스몽디가 다시 경제학 저술로 회귀한 것은 『백과사전』에 '경제학' 항목을 집필했기 때문이다. 이 과정에서 그는 스미스 이론의 '수정' 필요성을 통감하고 『정치경제학의 새로운 원리들』(*Nouveaux principes d'économie politique*, 1819. 2e éd., 1827)을 간행했다. 이 저서에서 그가 논한 가장 중심적인 테마는 전반적 과잉생산 공황이다. 통상적으로 그의 공황론은 한정된 소득에 기초하는 협애한 소비*에 그 논거가 있는 것으로 보이고 생산수단 생산을 위한 수요가 간과되어 있다는 데서 과소소비설로 특징지어지고 있다. 그러나 이런 이해는 일면적이다. 오히려 그는 공황*의 근거를 시장*을 둘러싼 자본들 간의 경쟁*에 의한 새로운 생산 방법의 도입과 생산의 확대, 그 결과로서의 생산과 소비의 불균형에서 찾고 있다. 만년에 간행된 논문집 『경제학 연구』(*Études sur l'économie politique*, 1837-38)에서 전개되고 있는 '상상적 자본(capital imaginaire)'이 『자본』* 제3권 제30장에서 인용되는 등, 맑스의 신용론에는 시스몽디의 영향이 강하게 보인다. 덧붙이자면, 시스몽디의 공황 회피책이 생산억제를 위한 정부 개입과 좀 더 평등*한 분배에 있다는 점에서 그를 사회주의자로 특징짓는 견해도 있다. ☞공황

㊟ 中宮光隆, 『シスモンディ經濟學硏究』, 三嶺書房, 1997. 吉田靜一, 『フランス古典經濟學硏究』, 有斐閣, 1982. 吉田靜一, 『異端の經濟學者―シスモンディ』, 未來社, 1974.

―나카미야 데루타카(中宮光隆)

시장 市場 [(독) Markt (영) market]

【Ⅰ】 시장의 역사성

시장은 역사적으로는 예부터 사람들이 상품*을 매매하기 위해 모이는 장소를 가리켰다. 거기서는 상품거래에 화폐*가 사용되며, 나아가 화폐의 증식을 위해 화폐를 사용하는 상인자본이나 대금업 자본도 점차 중요한 역할을 담당하게 되었다. 그러나 자본주의*에 선행하는 사회들에서 재생산*의 기본은 시장에 의거하지 않은 공동체적 관계들에 기초하고 있었기 때문에, 맑스가 『자본』*에서 지적하고 있는 바와 같이 "상품교환은 공동체*가 끝나는 곳에서, 공동체가 다른 공동체 또는 그 구성원과 접촉하는 지점에서 시작되는"[23a:118] 것이어서 사회생활에 대해 외래적 역사성을 지니고 있었다. 시장은 그와 같은 상품교환이 집중되는 곳으로서, 열리는 장소나 기간이 한정되어 있는 경우가 많고 사회의 생산, 분배, 소비*에 대해 외접적(外接的)이고 부분적인 관련을 유지하고 있었을 뿐이다. 맑스는 그와 같은 시장이 16세기 이후 세계시장*으로서의 새로운 확대를 이루어 영국 등의 서구 국가들에서 각 사회 내부의 경제생활의 항상적이고 보편적인 조직 형태로 전화되어 가면서 자본주의 시장경제로서 고도의 발달을 이루게 되는 과정을 이론적으로 명확히 하고 있다. 시장경제를 인간의 '교환성향'(A. 스미스*)에서 유래하는 자연적 자유의 질서로 간주하고 있던 고전파 경제학*에 반해, 맑스의 경제학은 시장경제의 구조를 사회생활에 있어서 외래적인 교역에서 유래하고 근대 자본주의에서 사회의 내적 경제 질서가 된 특수한 역사성과 함께 밝히는 체계를 이루고 있다.

【Ⅱ】 시장의 조직 원리와 가치법칙*

신고전파 경제학에서 시장은 재화와 서비스의 가격*이 수요와 공급의 균형으로 결정되고, 그에 따라 초기 부존량(賦存量)에 따라 사회적인 소득배분도 합리적으로 결정되며 자원과 노동*의 조화로운 이용이 실현되어가는 효율적이고 자연스러운 질서로 상정되고 있다. 이에 반해 『자본』에서는 서로 이질적인 사용가치를 지니면서 교환을 원하는 동질적인 가치*를 가지는 상품의 상호 관계로부터 직접적인 교환가능성을 독점하

는 일반적 등가물로서 화폐가 추출되고, 상품에 대한 화폐의 기능들을 매개로 하여 더 나아가 화폐를 사용해 그 증식을 꾀하는 자본*의 운동형식이 형성되는 이론이 우선 발생론적으로 해명되어간다. 그에 의해 시장에서의 화폐나 자본의 특이한 권능, 지배력 혹은 그것을 둘러싼 물신성의 의의가 명확히 밝혀진다.

자본주의는 노동력의 상품화라는 '역사적 조건'을 전제로 그와 같은 시장경제의 구조를 사회생활의 보편적인 기초로 하여 철저한 시장경제 사회를 형성한다. 거기서는 생산물의 거의 모두가 상품형태를 취하고 시장을 매개로 거래되어간다. 그와 더불어 시장에서의 자유롭고 평등한 계약 형식을 매개로 자본은 노동력을 상품으로서 구입 사용하고 잉여노동*을 착취*하면서 직장에서의 전제적 지배를 관철하게 된다. 동시에 시장의 수급에 의해 변동하는 가격의 기준은 생산물에 있어 재생산에 사회적으로 필요한 노동량을 그 상품가치의 사회적 실체로서 포함하고, 그것에 의해 전면적으로 규제되기에 이른다. 그 규제 관계는 산업 간의 자본 경쟁*을 매개로 하여 잉여노동의 평균이윤으로서의 배분관계 범위에서 부등(不等)노동량 교환의 여지를 수반하면서 생산가격*의 형태로 드러난다. 다른 한편으로 각 산업 내에서의 자본의 경쟁은 생산조건의 차이를 둘러싸고 플러스・마이너스의 초과이윤을 발생시킴으로써 기술혁신이나 그 보급을 촉진하는 작용을 수행한다. 대략 이러한 고찰을 통해 『자본』은 경제학은 시장에서의 가격의 변동이 자본의 무정부적 경쟁을 매개로 사회적 재생산을 어떻게 동적으로 조정하고 조직하는지를 가치법칙*의 관철 기구로서 해명하고 있다. 그것은 "서로 독립적으로 영위되면서, 게다가 사회적 분업의 자연 발생적인 고리들로서 전면적으로 서로 의존하는 사적 노동들이 끊임없이 그것들의 사회적으로 균형이 잡힌 한도로 환원되는 것은 사적 노동의 생산물의 우연한, 끊임없이 변동하는 교환비율을 통해 그것들의 생산물에 사회적으로 필요한 노동시간*이 …… 규제적인 자연법칙*으로서 강력하게 관철되기 때문이다"[23a:101]라는 가치법칙의 작용을 자본주의 시장경제의 조직적 기능으로서 밝히는 이론체계를 이루고 있다.

【Ⅲ】 시장의 중층성과 자기파괴성

자본주의 하에서 시장이 사회적으로 필요한 생산물의 재생산의 조정 기능을 전개하는 과정*에서 노동력의 시장에서의 수급은 자본의 축적과정에서의 산업예비군의 흡수와 반발의 교체를 통해 특수한 조정 메커니즘 아래 놓인다[『자본』, 제1권 제23장]. 상대적 과잉인구로서의 산업예비군의 존재야말로 자본축적*에 의한 생산 확대와 노동 배분의 조정을 순조롭게 실현하는 기초적 조건이 된다. 다른 한편으로 자본의 경쟁과정에서 유휴 화폐자본의 상호융통을 조직하는 신용제도가 화폐시장을 구성하고 자본축적의 진전이나 조정으로의 고도로 탄력적인 보조기구를 이룬다[『자본』, 제3권 제5편]. 자본주의는 이리하여 생산물, 노동력, 자금에 걸쳐 시장을 중층적으로 조직하고 재생산의 확대와 조정을 유연하게 실현해간다.

그렇지만 시장은 일면적으로 조화롭고 효율적인 경제 질서로만 간주되어서는 안 된다. 예컨대 자본축적의 진행이 노동력 상품의 공급 제약을 넘어서서 과잉화되어 어려움에 빠지면 시장의 중층적인 조정 기능은 상실되고, 그 탄력성은 종종 신용*을 이용한 투기적 거래의 팽창을 가져와 그 반동으로 신용의 수축 붕괴를 수반하는 공황*과 그 후의 불황과 같은 시장의 자기파괴와 정체를 발생시키도 한다. 맑스는 자본주의적 경제의 내적 모순의 발현으로서 공황과 불황에서 드러나는 바와 같은 시장의 자기 파괴나 재앙, 그리고 그것을 매개로 한 자본의 자기혁신에 의한 호황으로의 변전을 포함하는 경기순환의 필연성에 대해 이론적 고찰을 진행하고 있다. 거기에 고전파 경제학이나 신고전파 경제학에서는 보이지 않는 『자본』의 경제학의 또 하나의 뛰어난 특징이 있다.

이리하여 시장의 질서를 매개로 하여 노동자의 착취, 실업*, 생활의 불안정이나 재앙을 초래하는 자본주의의 역사적 한계를 돌파하는 협동사회(아소시아시옹*)는 시장을 배제하고 사회적인 계획경제를 실현하는 것이라고 하는 발상을 『자본』에서도 읽어낼 수 있는 점이 있었다. 그렇지만 소련형 사회의 관료적 억압지배의 질서는 맑스가 구상한 협동사회에서의 노동자의 자기해방에는 크게 반하는 것이었음에 틀림없다. 그리하여 맑스의 자본주의 시장경제의 비판적인 해명에 기초하는 사회주의*의 미래를 재고하는 다양한 시도가 제시되고 있으며, 중국의 실험을 포함해 시장을 넣은 사회주의 경제체제의 이론적 가능성도 다시금 모색되고 있다. ☞가치[1], 『정치경제학 비판 요강』, 공황, 경쟁, 상품, 자본, 자본주의, 『자본』, 사회주의, 신용, 세계시장

㊟ 宇野弘藏, 『經濟學方法論』, 東京大學出版會, 1962. 伊藤誠, 『信用と恐慌』, 東京大學出版會, 1973. 同, 『市場經濟と社會主義』, 平凡社, 1995.

—이토 마코토(伊藤 誠)

시장가격 市場價格 [(독) Marktpreis (영) market price]

수요-공급의 균형화에 의해 결정되는 거래 가능한 상품*의 가격*을 시장가격이라고 한다. 평균이윤율에 의해 조절된 생산가격*과 달리 시장가격은 자본주의적 시스템의 n부문 편성에서 n개의 상이한 이윤율(특수적 이윤율)을 허용하는 가격이다.

【Ⅰ】 시장가격의 변동 범위

자본주의적 시스템에서 자본가가 생산을 속행하는 유인은 시장가격이 플러스의 이윤*을 실현하는 데 있다. 시장가격은 수요-공급의 균형화에 의해 변동하지만, 나카타니 다케시(中谷武), 오키시오 노부오(置塩信雄)가 증명한 바와 같이 플러스의 이윤을 보증하는 시장가격은 상대가치에 의해 변동 범위가 규제되고 있다. 생산수단 투입계수 a, 노동 투입계수 L, 실질임금률 w, 균등잉여가치율 e, 가치* Λ로 표기하고, 생산수단 부문 Ⅰ, 소비수단 부문 Ⅱ로 편성되는 두 부문 시스템을 가정할 경우, 플러스 이윤의 존재를 가능케 하는 시장가격은,

$$\text{I} \quad p_{\text{I}} > p_{\text{I}} a_{\text{I}} + p_{\text{II}} w L_{\text{I}}$$

$$\text{II} \quad p_{\text{II}} > p_{\text{I}} a_{\text{II}} + p_{\text{II}} w L_{\text{II}}$$

이다. 상대시장가격의 변동 범위는 연립부등식을 상대시장가격 $Q=p_{\text{I}}/p_{\text{II}}$로 표시하면,

$$(1-wL_{\text{II}})/a_{\text{II}} > Q > wL_{\text{I}}/(1-a_{\text{I}})$$

인데, 이 부등식은 상품의 1단위의 가치,

$$\text{I} \quad \Lambda_{\text{I}} = \Lambda_{\text{I}} a_{\text{I}} + \Lambda_{\text{II}} wL_{\text{I}} + \Lambda_{\text{II}} ewL_{\text{I}}$$

$$\text{II} \quad \Lambda_{\text{II}} = \Lambda_{\text{I}} a_{\text{II}} + \Lambda_{\text{II}} wL_{\text{II}} + \Lambda_{\text{II}} ewL_{\text{II}}$$

에 의해 다음과 같이 다시 고쳐 쓸 수 있다. 상대가치 $Z=\Lambda_{\text{I}}/\Lambda_{\text{II}}$, 제Ⅱ부문의 자본의 유기적 구성* $h_{\text{II}}=\Lambda_{\text{I}} a_{\text{II}}/\Lambda_{\text{II}} wL_{\text{II}}$로 표기하면,

$$Z([e+h_{\text{II}}]/h_{\text{II}}) > Q > Z(1/[1+e])$$

이다. 플러스 이윤을 보증하는 상대시장가격의 변동 범위는 균등잉여가치율의 증가함수이고, $e=0$이면 $Z=Q$가 된다. 상대생산가격 $T=p_{\text{I}}^{+}/p_{\text{II}}^{+}$는 평균이윤율로 조절된 상대시장가격이므로 부등식의 범위 내에 존재한다. 가치에 의한 시장가격의 규제성은 n부문 편성으로 확장 가능하지만, 그 경우 상대시장가격은 n-1 차원 단체(單體)의 내부에서 변동 가능하다.

【Ⅱ】 시장가격의 순환적 변동

『자본』*의 제3권 제2편 제10장에서 고찰되고 있는 시장가격론의 주안점은 가격 조절 메커니즘의 안정성(초과수요{공급} → 시장가격 상승{하락}),

$$dp/dt = f(D[p]-S[p]),\ f'>0$$

및 자본가 간의 경쟁*이 유도하는 수요-공급의 균형화로부터 가치의 전형 절차에 따라 논리적으로 도출된 평균이윤율과 생산가격의 현실적인 성립 과정을 설명하는 데 놓여있다. 그러나 가격 조절 메커니즘이 결정하는 시장가격은 수요-공급의 강제적 균형화를 유도하는 가격이다. 수요-공급의 강제적 균형화가 결정한 특수적 이윤율 $r(t_0)$과 균형시장가격 $p(t_0)$은 자본가의 투자함수로 전도(傳導)되고 차기의 총생산량 $X(t_1)$과 물량적 편성 $a(t_1)X(t_1)+L(t_1)X(t_1)$의 결정을 유도한다. 하지만 불가역적으로 산출된 $X(t_1)$이 수요-공급을 균형화하는 필연성은 없다. 수요-공급의 균형화는 초기상태 $\Omega(t_0)$에 의존한다. $\Omega(t_0)$이 불균형이면 자본가의 투자 함수를 매개하여 불균형을 누적한다. 자본가 간의 경쟁과 가격 조절 메커니즘은 평균이윤율과 생산가격의 성립 매체가 아니라 오히려 불균형 누적의 유도 매체이다. 평균이윤율 및 생산가격은 현실적인 경기순환의 조절적 메커니즘이 만들어내는 시장가격의 "지

나가버린 운동의 평균"[25a:239]으로서 성립한다. ☞ 가치[1], 가격, 공황, 경쟁, 시장, 자본축적, 생산가격, 이윤

참 A. Shaikh, "Neo-Ricardian Economics: A Wealth of Algebra, a Poverty of Theory", *Review of Radical Political Economics*, vol. 14, No. 2, 1982. 中谷武,『價値, 價格と利潤の經濟學』, 勁草書房, 1994. 西部忠,「競爭と動態の概念—市場價値論の課題」,『(北海道大學) 經濟學硏究』, 第44卷 第4号, 1995.

—다이 다카히코(田井貴彦)

식민지 植民地 {**식민정책** 植民政策} [(독) Kolonien {Kolonialpolitik}]

【 I 】본원적 축적

맑스는 식민지를 두 종류로 구분해서 이해하고 있다. 자본*과 노동력의 결합을 기본으로 하는 근대적 식민지와 그 이전의 본원적 축적*에 이용된 식민지가 그것이다. 이 구분을 바탕으로 맑스는 식민지를 두 가지 관점에서 고찰하고 있다. 하나는 근대적 식민지 이전의 것으로, 폭력을 행사해 소수자에게 부를 집적하는 역할을 역사적으로 수행한 식민지이다. 다른 하나는 자본관계가 성립하기 위해 필요한 조건을 이면에서 조명하는 것이다.

현실의 역사에서는 '폭력'이 커다란 역할을 하고 있었음에도 불구하고 '경제학'에서는 "처음부터 목가가 지배하고 있었다"[『자본』 제1권 제7편 제24장]. 근면의 성과가 사람을 자본가로 상승시키고 나태의 결과가 사람을 임금노동자*로 끌어내린다고 하는 것과 같은 다름 아닌 경제학의 목가성을 부정하는 역사적 사실을 식민지의 참상이 말해주고 있는 것이다. 자본관계란 자신의 생산수단을 빼앗긴 노동자가 살아가기 위해서는 생산수단을 소유하는 자본가 밑에서 노동* 하지 않으면 안 된다는 데서 성립한다. 폭력적으로 노동자로부터 생산수단을 빼앗는 한편, 이 또한 폭력적으로 소수자 밑에서 부를 집적시켜 나가는 과정이야말로 본원적 축적과정이다. 생산수단의 노동자 소유로부터의 분리는 봉건제적 생산양식의 해체로 실현되었지만 부, 그것도 화폐자본의 축적과 산업자본으로의 전환은 도시*의 동직조합제도(Zunft)에 의해 저지되고 있었다. 기존의 도시 이외에, 그것도 춘프트의 통제 밖에 있는 시골의 여러 곳들이나 수출항에서 부가 집적되고 있었다.

아메리카에서의 금은의 발견, 식민지 선주민의 광산으로의 강제연행, 식민지의 부의 약탈, 노예노동 조달을 위한 아프리카에서의 흑인사냥 등, 그 모든 것에 의해 "자본가적 생산시대의 서광이 나타난다"[23b:980]. 영국 동인도회사에 의한 차 무역과 그에 부수되는 아편 무역은 "버섯처럼 하루 만에 큰 재산을 출현시켜 1실링도 투하하는 일 없이 본원적 축적을 진행시켰다"[같은 책:982]. 식민지 제도는 상업과 항해를 육성하고, 국가*로부터 독점권을 부여받은 기업에게 있어 자본집적의 강력한 지렛대였다. 유럽 밖에서 직접적으로 약탈, 노예화, 강도・살인에 의해 노획된 재보는 모국으로 유입되어 자본으로 전화되었다. 기계제 대공업* 시대와는 달리 매뉴팩처* 시대에는 산업상의 우세를 부여하는 것은 상업패권이며 상업패권을 지탱하는 것이 바로 식민지였다. 식민제도야말로 "이식(利殖)을 인류의 최종적・유일한 목적이라고 선언"한 체제이다[같은 책:984]. 영국에서는 유트레히트 조약에 의해 스페인으로부터 아프리카와 스페인령 아메리카 사이의 흑인무역의 권리를 빼앗고 그것을 영국의 승리로서 선전했다. 노예무역*에 기초를 둔 리버풀은 상업적 기업정신과 막대한 부를 가져오는 해항으로서 절찬받고 있었다. 영국의 면공업*은 국내에서 노예적인 아동 노동*을 촉진시키고 아메리카에서는 상업적 착취에 기초하는 노예제도를 확대・심화시켰다. "뺨에 자연*의 혈흔을 묻혀 이 세상에 태어"난 것이 화폐*라고 한다면, "머리끝에서 발끝까지, 모공이라는 모공마다에서, 피와 기름을 떨어뜨리면서 태어난" 것이 자본이다[같은 곳].

【 II 】근대적 식민지

폭력적인 본원적 축적과정을 최고도로 진전시킨 것이 바로 식민지였다고 하는 역사인식에 더하여 맑스는 이론체계 속에도 식민지를 중요한 논리 전개의 계기로 삼고 있다. 산업자본의 순환이 매우 다양한

생산양식*의 상품유통과 교차하고 있다[『자본』, 제2권]고 하는 현상을 다루고 있듯이, 순수자본가적 생산양식을 다루고 있었을 맑스의 『자본』*에도 구체적인 당시의 세계시장*의 현실이 얼굴을 내민다. 그 중에서도 식민지에 관한 서술이 큰 비중을 차지하고 있다. 자본의 현실의 전개 국면에서는 잉여가치*의 실현에는 갖가지 어려움이 따라붙어 원활하게 진행되지 않게 마련이지만, 자본에 있어 궁극적인 제한은 '자본 그 자체'라는 논리를 전개하고자 한 맑스에게 있어 자본의 전개 과정에서 현실적으로 조우하게 되는 제한은 가능적으로 극복된 것으로서 상정되고 있다. 물론 그것은 어디까지나 가능적으로 극복된 것이지 현실적으로 극복된 것은 아니다[같은 곳]. 구체적으로는 판매시장과 원료[『자본』, 23a:588 이하]라는 커다란 제한은 '밖으로 향하는 국가'의 권능을 최대한 이용한 식민지 획득 경쟁에 의해 극복하는 충동을 낳는다. 이와 같이 맑스에게 있어서는 논리 전개의 중요한 계기로 식민지가 위치지어지고 있다.

더 나아가 『자본』 제1권 제7편 제25장(프랑스어판은 제8편 제33장—옮긴이)의 웨이크필드론에서는 근대식민지에 자본관계를 이식하는 것의 어려움을 언급하고 있는데, 자본관계란 일정한 역사적인 조건을 충족시킨 사회관계라는 것을 예증하는 것으로서 식민지를 다루고 있다. 요컨대 임금노동자는 토지를 포함한 생산수단을 얻을 수 없을 때만 그 지위에 머무는 것이며, 자본가는 임금노동자가 존재할 때만 존립할 수 있는 데 지나지 않는 것이다. ☞본원적 축적, 세계시장, 노예제{노예무역}, 웨이크필드

참 淡路憲治, 『マルクスの後進國革命像』, 未來社, 1971. 岩田弘, 『世界資本主義』, 未來社, 1964.

—모토야마 요시히코(本山美彦)

『신과 국가 神—國家』 [*Dieu et L'État*, 1871]

본래 『채찍의 게르만 제국과 사회혁명』의 일부로서 1871년에 집필되었지만, 신과 교회의 권위를 부정하는 이 부분이 후에 독립된 소책자로 간행된 바쿠닌*의 저작. 역사적 필연으로서의 국가악을 뒤에서 지탱하고 영혼과 정신을 지배하는 권위의 이름 아래 인간*을 예속의 길로 이끄는 것으로서 신을 비판, 자유*의 중요한 계기로서 종교적 권위에 대한 반역을 주장했다. 그 논조는 맑스의 종교 비판을 능가하는 전투적 무신론의 영역에 도달했다. ☞바쿠닌

참 外川継男・左近毅 編, 『バクーニン著作集 6』(全6卷), 白水社, 1973.

—사콘 다케시(左近 毅)

『신라인 신문 新—新聞』 [*Die Neue Rheinische Zeitung*, 1848-49]

맑스의 편집으로 1848년 혁명* 후 쾰른*에서 발행된 일간 신문. 1848년 4월 11일 맑스는 쾰른으로 옮겨가 헤스*, 안네케*, 고트샬크가 계획하고 있던 민주파 신문에 참가한다. 얼마 안 있어 헤스, 안네케, 고트샬크는 맑스파가 진출하는 가운데 물러난다. 고트샬크가 노동자협회를 장악하고 있었기 때문에(그의 체포 후 맑스가 노동자협회의 회장이 된다) 맑스파는 민주협회를 신문의 모태로 삼는다. 이러한 상황의 변화 속에서 주주 대부분이 신문에서 발을 빼고 있었다. 엥겔스*는 훗날 "제1호가 나오자 곧바로 주주의 절반이 우리를 버렸고 월말에는 한 사람도 남지 않았다"[「맑스와 『신라인 신문』」, 21:19]고 말하고 있다. 맑스는 부친의 유산 대부분을 신문에 쏟아 부어 결국 큰 손실을 보게 된다.

1848년 6월 1일에 『신라인 신문』이 발간되었다. 편집장은 맑스, 편집위원은 뷔르거스, 드롱케*, 엥겔스, 베르트*, 페르디난트 볼프*, 빌헬름 볼프*, 인쇄는 디츠, 발행인은 코르프였다. 『라인 신문』* 이상의 6,000부까지 발행부수를 늘렸지만, 48년 9월 26일 쾰른의 민주주의자에 대한 탄압을 위해 계엄령이 발포되었을 때 9월 28일부터 휴간 당했다(이 때 호외가 배포되었다). 이 계엄령은 9월 13일, 신문이 민주협회와 노동자협회에 호소한 6,000명의 집회에 기인하는 것이었다. 집회는 더 나아가 17일에 만 명이 넘는 규모에 달했기 때문에 당국은 계엄령을 발포했다. 10월 11일에 복간했

으나 이미 9월 25일 당국은 인민집회에 참가한 편집자 빌헬름 볼프, 뷔르거스, 엥겔스, 드롱케에 대한 체포영장을 발부했다. 엥겔스와 드롱케가 벨기에로 망명*함으로써 이듬해인 49년 5월 18일 신문은 발행을 정지하게 된다. 다음 날인 5월 19일호는 붉은색으로 인쇄되었다.

맑스는 이미 1845년에 국적을 상실했고 프로이센 정부에 대한 국적 재획득의 시도(1848년 8월 22일)도 실패하고 있었다. 그리하여 다른 편집원과는 달리 체포영장은 발부되지 않았다. 최초로 신문 기사에 대해 판사의 호출을 받은 것은 48년 7월 4일, 5일의 그의 기사 「체포」 건이었다. 이는 안네케와 고트샬크의 체포에 관한 비판 기사였다. 나아가 11월 14일에 맑스는 「예심법원 검사 헤커」[5:438-443]의 기사 건으로 다시 소환을 받는다. 이 직후 맑스는 신문에 「세금을 더 이상 한푼도 내지 말라」(11월 17일)[6:29]를 쓰고 프로이센 국가에 대한 납세거부를 호소하게 되지만, 당연히 소환을 받게 된다. 맑스는 프로이센 당국과의 교섭을 몇 차례 거듭하며, 결국 49년 5월 18일 외국인으로서 추방령을 받고 『신라인 신문』은 불과 1년 만에 발행금지 처분을 받게 되었다. ☞쾰른, 1848년 혁명, 볼프[1](빌헬름), 볼프[2](페르디난트), 헤스, 안네케, 드롱케

참 Reprint. Glashütten im Taunus, 1973. G. Becker, *Karl Marx und Friedrich Engels in Köln 1848-49*, Berlin 1963.

—마토바 아키히로(的場昭弘)

『신라인 신문 · 정치경제 평론 新—新聞政治經濟評論』 [*Neue Rheinische Zeitung. Politisch-Ökonomische Revue*, 1850]

1850년에 맑스와 엥겔스*에 의해 런던*에서 기획된 월간 잡지. 발행금지 처분을 받은 『신라인 신문』*의 속간지라는 성격이 처음부터 의도되어 있었다. 월간 잡지라는 것을 활용해 기사 대상으로 경제적 관계를 파악하는 것을 그 목표로 삼고 있었다. 1호당 5보겐(80페이지)으로 인쇄되었다. 인쇄는 함부르크*의 슈베르트가 떠맡았지만, 발행지는 런던, 함부르크, 뉴욕*이었다. 1848년 혁명* 이후 많은 독일인 혁명가들이 영국이나 미국에 살고 있었기 때문이다. 얼마 안 있어 자금이 넉넉해지면 주간지, 그리고 귀국하게 될 날이 오면 일간지로 발전시킬 작정이었다. 그러나 1850년 1월에 제1호가 발행된 이후 결국 마지막 호가 된 5, 6호 합병호가 11월에 나온 것으로 이 계획은 붕괴한다.

이 잡지에 발표된 논문 중에서 가장 유명한 것은 맑스의 「프랑스에서의 계급투쟁」*(1850)과 엥겔스의 「독일 헌법전쟁」(1850), 「독일 농민전쟁」*(1850)이다. 맑스의 논문은 1호부터 6호까지 매호에 게재되며, 엥겔스의 논문 중 전자는 1호부터 3호까지, 후자는 마지막 호에 게재되었다. 프랑스에서의 혁명*의 실패를 다룬 맑스의 저작이나 바덴봉기*를 다룬 엥겔스의 「독일 헌법전쟁」도 1849년 6월 이래의 혁명의 변화에 관한 것이었다.

맑스와 엥겔스에 의한 독자적인 신문이나 잡지 구상은 이로써 영원히 종언을 고한다. 이후 그들의 신문, 잡지와의 관계는 기사 집필에 한정된다. 예외적으로 『폴크』*(1858-59)에 관해서는 집필뿐만 아니라 편집과 재정을 지원하게 되지만 역시 이 신문도 단명으로 끝났다. ☞런던, 망명, 엥겔스, 함부르크

—마토바 아키히로(的場昭弘)

『신성 가족 神聖家族』 [*Die heilige Familie*, 1845]

정식 명칭은 『신성 가족, 혹은 비판적 비판에 대한 비판—브루노 바우어와 그 일파에 반대하여』(*Die heilige Familie, oder Kritik der kritischen Kritik. Gegen Bruno Bauer & Consorten*)이다. 책 제목 '신성 가족'('성 가족'이라고도 한다)은 종교 비판의 선봉이었던 바우어 일파를 유아 예수 · 성모 마리아 · 성 요셉의 이른바 신성가족에 비유한 것. 맑스와 엥겔스*의 최초의 공저로서 1844년 9~11월에 집필, 45년 2월에 프랑크푸르트 암 마인에서 출판되었다. 맑스는 일찍이 브루노 바우어*를 사사했고 엥겔스도 동생인 에드가 바우어*와 함께 공저(『신앙의 승리』, 1842)를 내놓기도 한 가까운 사이지만, 『신성 가족』은 바우어 형제와 그 일파에 대한 결별선언이 되었다. 바우어 형제는 헤겔 좌파*의 독특

한 총괄에 입각하여 43년 12월부터 월간지『게르마이네 리테라투르차이퉁』을 간행하고 있었다. 바우어파의 기관지 같은 모습을 드러낸 이 잡지에서 형제는 '순수 비판'이라고 칭하는 고답적 비판(『신성 가족』에서는 '비판적 비판'이라고 야유된다)으로 전환해 있었다. 이를 비판하는 것에서 의견이 일치한 맑스와 엥겔스는 당시 각자 다른 길을 통해 포이어바흐 철학의 실천적 적용을 시도하고 있었다. 두 사람에게 있어서 포이어바흐*에 대한 찬사가 절정에 달하는 것이『신성 가족』이다. 짧은 제1~3장과 제7장에서는 라이하르트, 파우허, 융그니츠 등이 비판되고 있다. 에드가는 제4장에서, 브루노는 가장 긴 제6장(여기에는 브루노의 맑스 비판에 대한 대응이 담겨 있다)에서 비판되며, 제5장과 제8장에서는 셀리가가 비판되고 있다. ☞바우어[1], 바우어[2], 헤겔 좌파, 포이어바흐

㊟ 廣松涉,『エンゲルス論』, 盛田書店, 1968(『著作集』, 岩波書店, 第9巻 수록). 良知力,「聖家族」,『マルクス・コメンタール II』, 現代の理論社, 1974.

—고바야시 마사토(小林昌人)

신용 信用 [(독) Kredit (영) credit]

신용이란 금전을 대차할 때 근거가 되는 것으로 인격적 신용, 혈연관계, 담보물건 등 다양한 것이 근거가 될 수 있지만, 그 내용은 결국 변제능력이며 금전을 빌려주는 쪽이 변제 가능성을 인식하는 것이다. 맑스는 자본*의 주기적 재생산운동에서의 화폐순환 속에서 변제 가능성을 발견하고 신용의 근거로 삼고 있다. 자기 증식하는 자본 자체가 신용을 매개로 하여 현실 화폐를 필요로 하는 것은 '유통시간의 지양' 때문이다. 생산에서 판매를 거쳐 현실 화폐를 획득한 뒤에 다음의 생산을 시작하는 것에서는 판매기간에 의한 생산의 중단이 발생하고 만다. 판매기간에 의한 중단을 피하는 것이 '유통시간의 지양'이며 이 기능을 담당하는 것이 상인자본이다. 이 단계에서 상인자본은 화폐자본을 대부해 생산적 자본을 위해 단계 W－G를 단축하는 상품취급자본으로서 기능하고 있다.

또한 생산규모가 확대하면 할수록 '유통시간의 지양'을 위한 신용량은 증대하기 때문에 유휴화폐를 효율적으로 집적해 화폐자본으로서 상인자본에 공급하는 근대적 신용제도의 확대・발전을 촉진한다. 이렇게 되면 상인자본은 반드시 직접 상품을 거래하는 것이 아니라 화폐*를 거래하는 화폐거래 상(商)자본으로서 근대적 금융업자로 전화해 간다.

『자본』*에서는 상인자본이 생산적 자본을 위해 단계 W－G를 단축하는 적극적 기능을 제3권 제4편 '상인자본'에서 중점적으로 논하고 있지만, 그와 동시에 독립화한 상인자본이 가상적인 수요에 의해 재생산과정을 한계를 넘어 확대하고 내적 관련이 폭력적으로 회복될 수밖에 없는, 즉 공황*에 의해 조정되는 수준으로까지 밀고나간다는 것을 지적하고 있다. 요컨대 유휴화폐를 효율적으로 집적하는 근대적 신용제도 하에서는 단계 W－G를 단축함으로써 자본의 운동을 효율화하고 자본의 회전*을 높이는 동시에 상인자본이 신용 공급함으로써 현실의 판매와는 무관하게 다음의 생산에 들어간다는 것으로, 이러한 가상적인 수요에 의해 생산과 소비*의 내적 관련이 단절되어 불안정한 구조를 발생시키는 것을 지적하고 있는 것이다.

자본주의적 신용관계를 자본의 재생산운동에 입각해 해명하는 것이 신용론에서의 맑스의 과제이며『자본』 제3권 제5편, 특히 제25장 이하에서 논의되고 있다. 신용의 근거는 변제 가능성이며 그것을 담보하는 것이 자본의 순조로운 주기적 운동이지만, 자본의 운동은 반드시 주기적으로 순조롭게 이루어지는 것이 아니라 공황이라는 폭력적 조정이 이루어진다. 게다가 공황이 먼저 출현하여 폭발하는 것은 직접 소비에 관계되는 소매업이 아니라 도매업이나 그것에 신용을 공여하는 은행업 부문이라는 인식이 맑스로 하여금 신용제도에 대한 연구에서 상인자본으로부터 이자 낳는 자본*으로 서술을 진전하게끔 하고 있다. ☞주식{주식자본}, 의제자본{가공자본}, 이자 낳는 자본

㊟ 大内力,『信用と銀行資本』, 東京大學出版會, 1978. 山口重克,『競争と商業資本』, 岩波書店, 1983.

—시바타 다케오(柴田武男)

신학 神學 [(독) Theologie (영) theology]

신학(theology)이라는 말은 고대 그리스와 로마의 신들의 이야기에서 유래하지만, 기독교*가 로마제국의 종교*가 된 이래로 다른 종교나 사조에 맞서 기독교의 교리를 정리하고 변증할 필요가 생겨나 그 영위를 독점적으로 신학이라고 부르게 되었다. 기독교에서는 인간*의 구원에 필요한 사항은 모두 신의 계시에 의해 제시되어 있기 때문에 인간의 기본적 자세는 신에 대한 신뢰와 감사라고 여겨진다. 신학도 신앙에서 출발하는 것이며 궁극적으로는 인간의 이성*이 아니라 신의 계시에 대한 신앙에 기초하는 것으로 간주되었다. 중세에는 교회의 권위에 기초하는 신학(스콜라학)이 국가*·사회를 지탱하는 것으로 생각되고, 신학은 학문들의 정점이며 철학*은 '신학의 시녀'로 간주되었다. 종교개혁 이래로 신학은 통일적 권위를 잃고 대립적인 것이 되어 예전의 확고한 권위를 상실했지만, 17세기의 30년 전쟁이 끝났을 때조차 '영주의 종교가 백성의 종교'라는 원칙이 확인되었으며, 신구파를 불문하고 기독교의 절대성이라는 관념은 여전히 강고하게 남아 있었다.

그러나 르네상스와 계몽주의를 거쳐 철학과 자연과학* 그리고 역사학의 대두에 따라 대학들에서 점차 '학부 논쟁'이 벌어지며[칸트의 『학부 논쟁』을 참조], 신학부는 서서히 최고 학부의 권위를 상실하고 있었다. 그렇지만 19세기에서도 국가들의 이데올로기*로서는 여전히 기독교가 군림하고 있었다. 기독교회의 권위는 절대적이었고 신학부의 교수가 아니라 하더라도 그들이 기독교를 공공연히 비판한다든지 하는 경우에는 그 자리에서 쫓겨나는 일도 종종 있었으며, 애당초 비판적인 학자는 대학*에서 자리를 얻는 일조차 불가능했다. 성서*에 대한 역사적·비판적 연구의 단서를 열어 신약성서의 신화적 성격을 비판한 슈트라우스를 비롯한 수많은 비판적 학자들이 고난을 겪었다.

그러한 투쟁 과정에서 포이어바흐*가 수행한 역할은 중대한 것이었다. 그는 『기독교의 본질』* 등의 저작에서 신학이 실은 인간학에 다름 아님을 지적하고 신학의 초월적인 기초를 뒤흔들었다. 근대 이후에는 철학·자연과학·역사학 등이 눈부신 기세로 진전되고, 기본적으로 신의 계시에 대한 신앙에 기초하는 신학이 참으로 학문적 음미를 견뎌낼 수 있는지의 여부가 물음의 대상이 되기 시작하여 신학은 오히려 자기 변명하지 않으면 안 되게 되었다. 더 나아가 종교가 사적인 사항으로 간주되고 정교분리의 원칙이 일반화함에 따라 신학도 교파의 자기음미라는 성격을 중심으로 하게 되었다.

맑스는 슈트라우스나 포이어바흐의 비판적 작업을 바탕으로 종교의 사회적 기능에 대해 변증법적인 비판을 심화시키고, "독일에서 종교 비판은 원리적으로 끝났다"라고 하면서 종교가 '민중의 아편'으로서 기능하는 동시에 아직 참된 자기실현에 도달하지 못한 인간 심정의 열매를 맺지 못한 꽃으로서 항의를 표현하는 것이기도 하다고 평가했다[「헤겔 법철학 비판 서설」]. 맑스의 시각이 인간의 현실을 참으로 총체적인 동시에 근원적으로 파악하고 있는지 여부는 윤리*의 근거짓기 과제를 바탕으로 해서 좀 더 검토되어야 할 것이며, 또한 사회 총체의 현실에서 종교의 긍정적·부정적 기능의 의미와 범위가 좀 더 깊이 음미되어야만 한다. 현재의 이데올로기성이 농후한 종교부흥이나 여러 컬트에 담겨 있는 허무적 종말관이나 새로운 우익의 만연 등의 현상의 근원을 찾아 그것을 극복하기 위한 근본적이고 철저한 비판과 실천이 불가피하다. ☞기독교, 성서, 신화, 윤리

㊟ 津田雅夫, 『マルクスの宗教批判』, 柏書房, 1993. 瀧澤克己, 『バルトとマルクス』, 三一書房, 1981. 同, 「マルクス主義と實存主義」, 『瀧澤克己著作集5』 수록, 法藏館, 1973. 柴田隆行·河上睦子·石塚正英 編, 『神の再讀·自然の再讀―いまなぜフォイエルバッハか』, 理想社, 1995.

―다카오 도시카즈(高尾利數)

신화 神話 [(독) Mythologie (영) mythology]

18세기 이후 특히 주목받게 된 개념이지만, 여기서 거론하는 것은 헤겔학파*의 슈트라우스가 기독교 비판에서 활용하고 맑스가 정치경제학 비판*에서 원용

한 술어로서의 신화이다. 슈트라우스는 1835-36년에 출판한 『예수의 생애』*에서 성서 이야기로 결실을 맺게 되는 다양한 구전이나 전설은 뛰어난 개인의 의식적인 작위가 아니라 민중의 정신, 공동체*의 정신이며 그 이야기의 무대가 된 민중(공동체)이나 시대의 산물이라고 말했다. 슈트라우스가 말하는 신화란 무언가의 실생활을 토대로 해서 민중의 상상력이 생성시킨 것이다. 맑스가 신화에 주목하는 데는 두 가지 이유가 있다. 하나는 이를 비유로 사용한다는 수사적인 이유이다. "마지막으로 상대적 과잉인구 또는 산업예비군을 언제든 축적의 규모 및 에너지와 균형을 유지해 둔다는 법칙은 헤파이스토스의 망치가 프로메테우스*를 바위에 못 박아 둔 것보다도 더 단단하게 노동자를 자본*은 못 박아 둔다"[『자본』, 23b:840]. 맑스가 신화에 주목하는 또 하나의 이유는 신화 속에 선사의 사회와 그에 대한 고대인의 기억이 존재하고 있기 때문이다. 예를 들면 그리스인의 신화는 그리스인 속에서 전개된 "모종의 사회적인 발전 형태에 결부되어 있다"[『정치경제학 비판 요강』, 「서설」, 13:637]는 것이다. 나아가 맑스에 따르면 인류의 유년기=신화적 고대사회에는 현대의 모범이 될 요인이 포함되어 있으며, 현대인은 "다시금 보다 높은 단계에서의 어린이의 진실함을 재생산하는 데 스스로 노력해야"[같은 곳] 하기 때문이다. ☞『예수의 생애』

참 布村一夫, 『神話とマルクス』, 世界書院, 1989. 大井正, 『ヘーゲル學派とキリスト敎』, 未來社, 1985. 石塚正英, 「聖書の神話的解釋とフェティシズム—シュトラウスを論じてフォイエルバッハに及ぶ」, 『理想』, 第635号, 1994.

—이시즈카 마사히데(石塚正英)

실러 ⇨고전주의 문학[독일]

실러협회—協會 [(독) Schiller-Anstalt]

엥겔스*가 맨체스터 시절에 회장을 맡고 있던 독일인 사교조직. 1859년 11월 10일 실러 탄생 100주년을 기념하여 열린 기념행사의 일환으로 각지에서 결성되었다. 영국에서는 처음에 킨켈*과 블린트*가 장악하고 있었는데 독일인에게 미치는 영향을 고려하여 맑스와 엥겔스도 그러한 동향에 관심을 갖게 되었다. 11월 10일 크리스털 팰리스에서 개최된 기념제에는 2만 명이나 되는 사람들이 모였지만 런던*에서는 협회가 결성되는 데 이르지 못했다.

당시 맨체스터*에는 2,000명 정도의 독일인이 체류하고 있었는데 정치망명자보다 업무상 관계로 거주하는 이들이 많아 실러협회가 결성되었다. 11월 프리트레이드 홀에서 열린 식전에서 150파운드의 기부가 모여 이를 기초로 마을 중심에 협회의 사무소가 설립되고 도서실도 설치되었다. 엥겔스와 협회와의 관계는 당초에는 그리 좋지 않았다. 책 반환 독촉장을 받은 엥겔스는 거기에 적혀 있던 "24시간 이내에 반환할 것"이라는 말에 프로이센 관료의 말을 떠올리고는 격분했다. 그러나 그 후 협회는 엥겔스를 받아들이며 엥겔스는 1864년에 회장에 취임한다. 회장으로서의 일은 4,000권으로 늘어난 장서를 위한 새로운 사무소의 건축이었다. 그 일을 위한 많은 노력과 시간을 들이게 된다. 회장직은 1868년까지였지만 협회와의 관계는 런던으로 옮길 때까지 이어졌다. ☞킨켈[1](고트프리트), 블린트, 엥겔스, 맨체스터

참 F. P. Schiller, "Friedrich Engels und die Schiller-Anstalt in Manchester", in: *Marx-Engels Archiv*, Bd. II. 1927.

—마토바 아키히로(的場昭弘)

실업 失業 [(영) unemployment (독) Arbeitslosigkeit]

맑스는 실업을 '산업예비군' 혹은 '상대적 과잉인구'라 부르며 자본주의적 축적에 있어 불가결한 전제이고 또 그 결과라고 설명하고 있다. 이에 기초하여 노동자 계급의 상태를 자본주의*의 장기적인 동태와 산업순환의 관점에서 논하고 있다.

【 I 】『자본』에서의 '상대적 과잉인구'론

맑스는 『자본』* 제1권 제23장 '자본주의적 축적의 일반적 법칙'에서 자본의 유기적 구성*(불변자본/가변

자본*)의 고도화가 '상대적 과잉인구'의 누진적 생산을 초래한다고 설명한다. 즉 "노동인구는 그 자신이 산출하는 자본축적*에 따라 더욱더 대량으로 그 자신의 상대적 과잉화의 수단을 산출하는"[23b:821] 것이며, 그것이 "자본주의적 생산양식에 특유한 인구법칙"[같은 곳]이라고 하는 것이다. 그리고 이 '상대적 과잉인구'는 "자본주의적 생산양식의 하나의 존재 조건"[같은 책:823]이어서, 자본축적에 적합하도록 노동력에 대한 수요공급이 작용하는 전제를 형성하고, 그에 의해 노동자가 자본*에 속박된다는 점이 강조되고 있다. 다만 여기서의 '상대적 과잉인구=실업'은 "직접적 생산과정의 한 계기"[같은 책:736]로서 고찰되어 유효수요의 문제가 도외시되어 있는 자본축적론에서의 설명이기 때문에 유효수요의 부족으로 발생하는 케인즈적 실업과는 다른 종류의 공급 사이드를 원인으로 한 실업이라는 점이 중요하다.

이 '상대적 과잉인구의 누진적 생산'은 충분한 설명이 이루어졌다고는 말하기 어렵다. 여기서 실업자 수를 U, 노동력 인구를 L, 고용노동자 수를 N, 불변자본을 C, 생산수단의 양을 K, 생산수단 1단위의 가치를 λ_1, 가변자본을 V, 소비수단 1단위의 가치를 λ_2, 실질임금률을 w, 노동자 1인당 노동시간을 Θ라고 한다면 실업자 수 U는 다음과 같은 식으로 표현된다. $U=L-N=L-\{1/(C/V)\}\cdot(\lambda_1/\lambda_2)\cdot(K/w\Theta)$. 따라서 설령 생산수단 부문과 소비수단 부문 각각의 노동생산성(λ_1, λ_2의 크기를 규정), 실질임금률 w, 노동시간 Θ가 일정하고 '기술적 구성'의 반영으로서 '유기적 구성'(C/V)이 고도화했다고 하더라도 실업자 수 U의 증감은 자본축적의 크기(K의 크기를 규정)나 노동력 인구 L의 성장률 등에 의존하여 일률적으로는 결정할 수 없는 것이다.

【Ⅱ】 '산업예비군 효과'의 현대적 해석

설령 '상대적 과잉인구의 누진적 생산'이 일반적으로 증명될 수 없다 하더라도 산업예비군이 '자본주의적 생산양식의 하나의 존재 조건'이라는 점은 매우 중요한 이론 문제다. 예를 들면 M. 칼레츠키는 완전고용 상태가 노동자의 규율을 약화시킨다고 하여 '완전고용의 역설'을 제기했다. 또한 미국의 '사회적 축적구조(SSA) 이론'에서는 실업의 위협에 의한 노동자의 규율 세우기와 임금*의 억제효과를 '산업예비군 효과'라 부르며 그 중요성을 강조하고 있다. 다만 노사관계나 노동시장의 제도적 편성이 다른 모든 유형의 자본주의에 관해 산업예비군이 '자본주의적 생산양식의 존재 조건'이라 말할 수 있을지의 여부는 기업조직이나 노동시장에서의 제도화의 영향을 어느 정도 중시하느냐에 따라 견해가 나뉘는 문제다. ☞자본축적, 이윤, 자본의 유기적 구성

㊂ 富塚良三, 『蓄積論硏究』, 未來社, 1965. M. カレツキ(淺田統一郎・間宮陽介 譯), 『資本主義經濟の動態理論』, 日本經濟評論社, 1984. S. ボールズ/D. ゴードン/T. ワイスコフ(都留康・磯谷明德 譯), 『アメリカ衰退の經濟學』, 東洋經濟新報社, 1986.

—우에무라 히로야스(植村博恭)

실증주의 實證主義 ⇨콩트

실천 實踐 ⇨이론과 실천

실체 實體 ⇨관계와 실체

ㅇ

아나키즘 [(영) anarchism (불) anarchisme (독) Anarchismus]

인간*에 의한 인간에 대한 지배가 없는 자유*로운 사회, 특히 국가* 없는 사회를 지향하는 사상과 운동의 총칭. 아나키라는 말은 고대 그리스에 기원을 지니는데, 애초에는 군사적 혹은 정치적인 지도자의 부재를 형용하고 있었다. 여기서 파생한 것이 아나키스트라는 말이다. 근대 유럽에서는 대부분의 경우 전자는 정치적 지배의 결여가 초래한 혼란을 형용하는 말로서, 후자는 그와 같은 사태를 초래하는 인물이라는 의미의 경멸적 명칭으로서, 둘 다 부정적인 의미에서 사용되었다. 하지만 얼마 안 있어 아나키는 지배 없는 자유로운 사회이며, 이것을 추구하는 이가 아나키스트라는 등의 긍정적인 해석이 나타난다. 다만 아나키스트를 자인하는 사람들이 다수 나타나게 되는 것은 1870년대 후반부터이다. 더 나아가 그들이 아나키즘이라는 말을 빈번히 사용하는 것은 1880년 이후이며, 그 주요한 목적은 국가를 중심으로 하여 사회주의*의 실현을 지향하는 세력과 구분지어 아나키라는 이념을 내걸고 그들에게 대항하는 데 있었다. 이러한 대립의 단서는 제1인터내셔널*의 분열에 있다. 총평의회의 권위주의를 비난한 쥐라연합은 노동자계급에 의한 정치권력의 획득을 거부하고, 국가의 파괴 및 자유와 연대에 기초한 생산자 그룹의 연합체를 목표로 삼았다. 또한 바쿠닌*은 '전 인민의 봉기'와 '아래로부터 위로의' 조직에 의해서만 자유는 실현 가능하다고 주장했다.

그 후 쥐라연합에서는 최종 목표는 자치단체(코뮌)의 연합이지만, 혁명* 직후에는 다양한 사회시스템이 병존한다는 견해와, 또는 생산력이 증대한 결과 각자의 노동*에 따라 생산물을 분배하는 시스템(집산주의)으로부터 각자의 욕구*에 따른 자유로운 소비*가 실현되는 시스템(공산주의*)으로 서서히 이행한다는 등의 생각이 제시되었다. 하지만 1880년이 되자 이 연합에서는 집산주의가 배척되고 공산주의가 기본 원칙으로 채택된다. 이 원리는 유럽 각지에서 지지를 얻게 되지만, 동시에 집산주의자와 공산주의자의 대립을 초래하기도 한다. 다른 한편으로 이 시기에는 프루동*의 사상 등에서 배운 개인주의적 아나키스트들도 영향력을 갖기 시작한다. 그들은 재산의 공유화와 폭력혁명에 반대하고, 화폐*의 발행과 토지 소유에 대한 국가의 독점권의 폐지, 더 나아가서는 관세나 저작권 등의 철폐 등을 통해 사유재산이 보장된 국가 없는 사회를 실현할 수 있다고 주장했다.

개인주의자를 제외한 아나키스트들 사이에서는 1870년대 후반부터 '행동에 의한 프로파간다'가 주장되었다. 이 말은 상징적 행위에 의해 사상을 광범위하게 전하는 방법을 의미하는데, 애초에는 봉기 등을 의미하고 있었지만, 1880년대가 되면 개인*에 의한 테러를 의미하게 된다. 프랑스 혁명*은 이와 같은 행위가 대중의 '반역의 정신'을 각성시켜 발발했다고 크로포트킨은 주장했다. 당시 아나키스트들은 공황*이나 전쟁 등을 단서로 하여 혁명이 발발한다고 생각하고, 그때까지 준비하는 일을 중시했다. 미국에서는 노동자의 무장조직이 결성되고, 또한 노동조합*에 대한 영향력 확대가 시도되었다. 모스트*와 『프라이하이트(Freiheit, 자유)』파는 폭탄 등의 제조와 사용 혹은 공장이나 주택 점거를 전술로서 지지하고, 또한 점거한 사람들에 의한 조직이 새로운 사회의 기초가 된다고 주장하며 아나키에 이르는 경로를 제시했다. 하지만

1886년 이후에는 미국의 운동이 탄압으로 붕괴하고 폭력혁명 노선에 한계가 보이기 시작하는 한편, 크로포트킨이 공산주의 이론을 구축하여 점차 영향력을 강화시켜 나가던 시대이기도 했다. ☞바쿠닌, 모스트, 프루동

참 M. Nettlau, *Geschichte der Anarchie*, Bd. I-III, Berlin 1925-31, rpt. Münster 1993. M. バクニン(左近毅 譯),『國家制度とアナーキー』, 白水社, 1999. 渡辺孝次,『時計職人とマルクス―第一インターナショナルにおける集權主義と連合主義』, 同文館, 1994. 田中ひかる,『アナーキストの未來社會論爭―1884年-1886年』, 一橋大學社會科學古典資料センター, Study Series No. 40, 1998.

—다나카 히카루(田中ひかる)

아르님 [Bettina (Bettine) von Arnim(옛 성 Brentano) 1785-1859]

독일의 작가. 이탈리아계 상인의 딸로 프랑크푸르트에서 태어난다. 낭만파* 시인인 클레멘스 브렌타노(Clemens Brentano)의 여동생. 오빠의 영향을 받아 어릴 적부터 여러 시인과 예술가, 문화인에 둘러싸여 성장하면서 다채로운 재능을 보인다. 1811년, 오빠의 친구인 시인 아힘 폰 아르님과 결혼, 베를린*과 아르님가의 영지 비퍼스도르프에 거주. 1831년 아힘이 사망하자 베를린의 사교계에서 활약하기 시작한다. 한편 베를린에서 콜레라가 만연하자 구제활동에 분주히 뛰어다닌다. 1835년, 소녀 시절에 괴테 및 그 모친과 주고받은 서간과 일기를 바탕으로『괴테가 한 아이와 나눈 편지들Goethes Briefwechsel mit einem Kinde』을 정리하여 괴테에 대한 동경과 찬미를 노래한다. 괴팅겐 7교수 사건*에서는 면직추방 처분을 받은 교수들을 지원. 사비니와 함께 은밀히 그림 형제*의 베를린 초빙을 위해 힘쓴다. 1840년, 젊었을 때 깊은 감명을 받은 시인 카롤리네 폰 귄데로데에 대한 회상록을 출판. 1843년, 익명으로 베를린 교외의 빈민가 조사를 첨부한『이 책은 국왕의 것』을 출판하고, 프로이센 국왕 프리드리히 빌헬름 4세*에게 사회개혁을 하도록 진언한다. 1844년, 슐레지엔의 직조공들의 궁핍한 상황에 대해 자료를 수집하지만, 직조공 봉기로 인해 출판을 단념한다. 같은 해에는 죽은 오빠를 회상하는『클레멘스 브렌타노의 봄의 화환』을 출판한다. 1846년에 폴란드*의 혁명가 미에로슬라프스키, 1849년에는 킨켈*을 국왕에 맞서 변호하는 등, 정치적으로 박해를 받은 사람들을 위해 노력했다. 덧붙이자면, 맑스는 아르님과는 베를린 시절 이래로 친밀한 관계를 맺고 있었다. ☞괴팅겐 사건, 슐레지엔의 직조공 폭동, 낭만파

참 Sibylle von Steinsdorff, "Bettine von Arnim", in: *Deutsche Dichter. Bd. 5 Romantik, Biedermeier und Vormärz*, Stuttgart 1989. 深田甫・矢川澄子・池田香代子 譯,『ブレンターノ・アルニム集』(ドイツ・ロマン派全集　第4卷), 國書刊行會, 1984.

—다카기 후미오(高木文夫)

아르장퇴유 [Argenteuil]

맑스의 장녀 제니와 샤를 롱게 부부가 살고 있던 파리 교외의 마을. 만년(1882년)에 맑스는 알제리에서 온천 치료를 할 때 이곳에 들러 6월부터 8월까지 머무른다. 그 후 제니는 9월 16일에 출산하고, 산후 회복이 나빠 누워 있었다. 맑스는 9월 29일부터 10월 3일까지 다시 여기에 머무른다. 이듬해 1883년 1월 12일에 제니가 갑자기 사망한다. 맑스는 충격으로 쓰러져 장례식에도 참석하지 못했고, 그해 3월 14일 사망한다. ☞알제리 여행, 맑스의 요양, 맑스 가

—마토바 아키히로(的場昭弘)

아리스토텔레스 [Aristoteles 기원전 384-22]

그리스의 철학자. 플라톤의 제자. 알렉산드로스 대왕의 가정교사. 이데아가 보편의 참된 실재이고 현실은 그 그림자에 지나지 않는다고 생각한 플라톤과는 반대로, 변화하는 성질을 지속적으로 짊어지는 실체는 주로 현실의 개물(個物)이라고 생각했다. 이런 점에서 아리스토텔레스 철학의 본질은 현실중시이자 경험론적이다. 그런 까닭에 토마스 아퀴나스*에 의해 기독교

신학에 교묘하게 편입되기까지 그의 철학*은 종종 교회로부터 위험사상으로 간주되었다.

현실적 인간에서 출발하는 맑스는 그리스 철학자 중에서 헤라클레이토스와 함께 아리스토텔레스를 가장 높이 평가하고 있다[라살레에게 보낸 편지(1857. 12. 21), 29:427]. 『자본』*의 가치형태론 항목에서, 『니코마코스 윤리학』에서의 집과 침대의 교환이 집과 침대분의 화폐*의 교환과 동일하다는 기술로부터 맑스는 사물들의 교환가능성에 선행하는 공통의 실체인 본질의 동등성(추상적 인간노동)의 논의를 이끌어내고 있다[23a:80-81]. 또한 '자본*의 일반적 정식'이라는 항목에서 화폐의 무한한 자기 증식운동 G－W－G′와 화폐를 계속 축적하는 자본가를 규정할 때 『정치학』에서의 상인에 의한 화폐획득의 자기목적화(화식술)에 관한 기술을 참조하고 있다[같은 책:199].

자본주의의 전도성(顚倒性)에 대한 파악으로 이어지는 아리스토텔레스의 이러한 통찰은 노동*이나 생산이 아니라 유통 · 시장* · 희소성에서 출발하는 신고전파 경제학이나 삼림파괴와 환경오염을 초래하고 있는 소비우선, 영리우선의 현대인의 경제생활과 기업의 경제활동에 대한 원리적인 비판의 입각점을 지금도 여전히 제공하고 있다. ☞토마스 아퀴나스

참 有江大介, 「アリストテレスにおける經濟的社會把握の方法」, 『勞働と正義』 수록, 創風社, 1990. 『アリストテレス全集』, 全26巻, 岩波書店.

―아리에 다이스케(有江大介)

아소시아시옹[독일] [(독) Assoziation]

『공산당 선언』*(1848), 국제노동자협회 「중앙위원회 대의원에 대한 지시」(1867)에서 맑스가 언급하는 아소시아시옹 원리란 "자유*롭고 평등*한 생산자들"의 결합인바, 그것은 생산력과 사회적 교통의 세계사적 확대를 기초로 한 사회변혁(=혁명*)을 전제로 한다. 이 아소시아시옹이라는 외래어는 1830년대 프랑스에서 생시몽주의*나 푸리에*의 사상과 함께, 또한 1840년대에는 프루동 사상의 유입에 따라 독일에 퍼져간다. 1830년대 반체제적 저널리스트인 빌헬름 슐츠*는 벨커와 로텍 편 『국가사전』(1845-48)에서 오언*, 생시몽*, 푸리에의 사상을 소개하고, 특히 푸리에의 생산공동조직(팔랑주) 구상 속에서 자유롭고 전면적으로 발달한 개인*의 집합원리인 아소시아시옹을 찾아내고 있다. 편자인 벨커 자신은 이 『사전』에서 '아소치아치온'의 원리를 "무언가의 욕구나 필요에서 무언가의 목적을 위해 집합하는 것(Vergesellschaftung), 혹은 집합적인 상호 결합"이라고 정의했다. 벨커의 경우는 이 용어의 독일어 표기로서의 Verein(협회*), 특히 구체적으로는 정치적 협회에 대해서 그것이 국가*의 생명력을 높인다는 적극적 의의와 이 정치적 협회 형성의 자유를 국가가 억압하는 것에 대한 비판에 중점을 두고 있다. 빈 체제* 하에서 결사의 자유가 엄격하게 제한되어 있던 독일에서 프랑스로부터 유입된 아소시아시옹 원리와 사상은 1830년대 이후에는 실천적인 정치적 결사의 자유의 주장과 결부되어 있었다.

이러한 경향은 로베르트 블룸*이 편찬한 『국가학 및 정치의 국민적 핸드북』(1848)에도 나타나는데, 여기서는 아소시아시옹을 "명기한 목적을 위해 집합하는 것(Vergesellschaftung), 공동조합적 협동(genossenschaftliche Zusammenwirken)"으로 정의하고, 인류의 발전을 촉진하는, 이 인간*에 내재하는 아소시아시옹의 충동에 의해 문명의 진보가 조건지어져 있다고 지적한다. 이는 생시몽주의의 영향에 의한 것으로 보인다. 더 나아가 아소시아시옹권 및 그것과 밀접하게 연결되어 있는 인민집회의 권리를 인정하지 않는 정부에 대한 비판을 행한다. 이 『핸드북』의 '협회'라는 항목에서는 협회가 "시민의 활동성, 교양, 행복, 힘의 원천이고", 공동정신을 발전시키는 것이며, 국가의 번영과 힘을 촉진시킨다고 언급되어 있는데, 내용은 아소시아시옹과 거의 동일하다.

1840년대의 독일에서는 아소시아시옹 원리의 구체적 형식으로서의 협회조직이 다양한 목적으로 설립되고 있었다. 그 중에서도 정치적 협회가 각국 정부에 의한 제한에도 불구하고 조직 활동을 전개하여 1848/49년 혁명을 준비했다. 또한 칼 그륀*에 의해 프루동

사상도 소개되어 노동자(수공업 고용직인층)도 아소시아시옹 원리에 기초한 협회를 조직하기 시작했다. 『공산당 선언』에서 보이는 아소시아시옹 구상은 이러한 사회적 배경에 기초하는 것으로 생각된다. ☞협회, 빈 체제, 생시몽, 푸리에, 프루동, 『공산당 선언』{『공산주의자 선언』}

图 社會思想史の窓刊行會 編, 『アソシアシオンの想像力―初期社會主義思想への新視角』, 平凡社, 1898. 植村邦彦, 『シュルツとマルクス―「近代」の自己意識』, 新評論, 1990. 田畑稔, 『マルクスとアソシエーション』, 新泉社, 1994.

―무라카미 슌스케(村上俊介)

아소시아시옹[프랑스] [(불) association]

【Ⅰ】 아소시아시옹 개념의 기초

프랑스어로서는 15세기부터 사용되어 '연합', '협회'*, '결사' 등 다양한 의미로 사용되는데, 19세기 사상사에서는 고유한 개념으로서 나타난다. 추상적으로는 '협동', 구체적으로는 자율적인 개인들이 만들어내는 '협동조직'을 의미하며, 피와 대지를 원리로 하는 '공동체'*와는 범주적으로 구별된다. 19세기 중엽에 프랑스에서 독일, 영국 등 유럽으로 널리 파급되었다.

그 연원은 루소*의 『사회계약론』에 있다. 루소는 사회계약의 목적을 '아소시아시옹의 한 형태'를 찾아내는 것으로 정하고, 단순한 '집합체(agrégation)'와는 구별되는 '아소시아시옹'의 기초를 자율적인 개인들이 공통의 목적을 위해 의지적으로 결합되는 데서 찾았다. 다만 루소의 과제는 정치적 협동체의 창출에 있는바, 국가 아소시아시옹 이외의 '부분적 아소시아시옹'은 일반의지의 형성을 저해하는 것이라며 거부했다.

이 개념의 전환을 도모한 것이 생시몽주의자이다. 그들은 『생시몽 학설 해설 1828-29』에서 스승 생시몽*의 사상을 보급할 때 이 용어를 중심 개념으로 삼아 광범위하게 유포시켰다. 인류사를 '협동성(아소시아시옹)의 중단 없는 진보'로 파악하고, '인간*에 의한 인간의 착취'가 종언을 고하고 협동성이 전면적으로 개화한 사회, '근로자(travailleurs)'의 국가적 혹은 세계적 규모에서의 산업적 협동사회를 '보편적 협동사회(association universelle)'라 불렀다.

【Ⅱ】 아소시아시옹 개념의 전개

7월 왕정기(1830-1848)에는 아소시아시옹 개념이 프랑스를 석권하는데, 그 계기가 된 것은 일찍이 생시몽파에 속해 있던 뷔셰*가 1831년에 제시한 '노동자 아소시아시옹*(생산협동조직)'의 구상이다. 이것은 임금노동자*가 합법적으로 생산수단의 협동소유자가 될 수 있는 해방*의 수단으로서 제기되어 이전의 직인조합을 대신하는 새로운 노동자 조직으로서 노동운동에 커다란 영향을 주었다. 위로부터의 산업화를 통해 거대 협동체를 지향한 생시몽주의*와는 대칭적인 발상이었다.

이 시기에 활약한 사회주의자나 공화주의자는 노동자 아소시아시옹의 이념을 받아들여 각각 독자적인 아소시아시옹 개념에 기초하는 사회개혁 계획을 다듬고 있었다. 루이 블랑*은 『노동의 조직』*(1840)에서 '개인주의'에 대립하는 개념으로서 아소시아시옹을 파악하고, 아소시아시옹 체제를 구축하기 위해 '사회적 작업장'의 구상을 제시했다. 블랑키*도 '종합적 아소시아시옹'으로서 미래의 공산주의 사회를 전망하고 있다. 프루동*은 『19세기에서의 혁명의 일반이념』(1851)에서 기존의 아소시아시옹 구상을 엄격하게 비판하는데, 그의 사상적 영위는 아소시아시옹 개념과의 격투였다고도 말할 수 있다. 푸리에*의 팔랑주 협동체의 구상 또한 아소시아시옹 개념에 의거하고 있다. 이른바 사회주의자에 그치지 않아, 토크빌*은 『미국의 민주주의』(1835, 1840)에서 "민주주의 국가들에서 아소시아시옹의 과학은 모체적 과학이다"라며 루소와는 다른 다원적 민주주의의 기초에 다양한 중간집단을 두고 이것을 권력의 비대화와 폭정의 방파제로 삼았다.

【Ⅲ】 아소시아시옹 개념의 파급

아소시아시옹 개념이 널리 침투한 배경에는 프랑스 혁명*에 의한 중간단체 폐지 후의 사회의 재조직화라는 공통의 과제가 있는데, 직접적으로는 본격적인 공업화가 진전되는 가운데 노동자의 빈곤에서 유래하는 사회문제의 발생이 있었다. 인적 결합관계의 재편이 새롭게 문제로 되었기 때문이다. 그러나 아소시아시옹이 '메시아적 공식'으로서 시대의 사상이 된 것은 역으로 그 개념을 애매하게 만들었다고도 말할 수 있다. 예컨대 J. S. 밀*의 『경제학 원리』에서 전형적으로 보이듯이 구체적인 형태로서 노동자 아소시아시옹과 병렬적으로 노동자의 이윤*에 대한 참가라는 '노동자와 자본가의 아소시아시옹'이 주창되어 아소시아시옹 개념의 양가적인 인식을 부각시키게 되었다.

아소시아시옹의 조류는 영국에서는 앞서 언급한 밀 이외에 기독교 사회주의자 운동에 직접적인 영향을 미쳤다. 독일에서는 갈*, 바이틀링*, W. 슐츠*, 그륀*, 러시아에서는 게르첸* 등에까지 퍼져나갔다. 맑스도 개인들의 자유로운 연합으로서의 '아소치아치온'을 전망하고 있는바, '아소시아시옹'은 19세기 유럽 사상사를 총체로서 이해하기 위한 하나의 중추적인 개념이라 말할 수 있다. ☞노동자 아소시아시옹, 루소, 생시몽주의, 7월 왕정기의 프랑스, 바이틀링, 뷔셰, 갈, 게르첸, 슐츠, 토크빌, 밀

㊟ バザール 外(野地洋行 譯),『サン-シモン主義宣言―『サン-シモンの學說・解義』第一年度、1828-1829』, 木鐸社, 1982. 社會思想史の窓刊行會 編,『アソシアシオンの想像力―初期社會主義思想への新視角』, 平凡社, 1989. 谷川稔,『フランス社會運動史―アソシアシオンとサンディカリスム』, 山川出版社, 1984. 阪上孝,『フランス社會主義』, 新評論, 1981. 田畑稔,『マルクスとアソシエーション』, 新泉社, 1994. 的場昭弘・高草木光一 編,『一八四八年革命の射程』, 御茶の水書房, 1998.

–다카쿠사기 고이치(高草木光一)

아시아적 생산양식—的生産様式

맑스는 그의 최초의 저서『정치경제학 비판을 위하여』*의 '서문'에서 "대략적으로 말해 오리엔트적, 고전고대적, 봉건적, 근대 부르주아적 생산양식이 경제적 사회구성체의 잇따른 시기들로서 표시될 수 있다"고 적었다. 이러한 생산양식*의 계속적 발전의 처음 단계로 상정된 '오리엔트적(orientalisch)' 생산양식 개념을 둘러싸고 논쟁이 되풀이 되어왔다. 그때 '오리엔트적'은 무슨 연유에서인지 '아시아적'이라는 말로 바뀌게 되었다.

아시아적 생산양식이 최초로 커다란 문제가 된 것은 1920년대였다. 그것은 당시 국제 공산주의 운동이 직면한 최대 과제인 중국혁명의 전략・전술과 관련된 문제였다. 중국혁명이 변혁의 대상으로 삼고 있는 사회는 대체 어떠한 성질의 사회인가 하는 것이 중국혁명은 무엇을 지향하는 변혁인가 하는 것을 규정하기 때문이다. 이리하여 아시아적 생산양식의 문제는 그야말로 정치의 문제가 된 것이다. 그러나 중국혁명의 과제를 중국 사회 그 자체에 대한 연구로부터 위치짓고자 하는 것이 아니라 맑스의 말에 대한 고증학적 검토에서 찾아내고자 하는 그 기본적 자세에는 커다란 문제가 있었다고 말하지 않을 수 없을 것이다. 그런 점에서는 1930년대 '일본 자본주의 논쟁'과 관련하여 나카니시 쓰토무(中西功), 오우에 스에히로(大上末廣), 오자키 호쓰미(尾崎秀実) 등에 의해 행해진 '만주경제 논쟁'과 '중국통일화 논쟁' 쪽이 좀 더 중국 사회에 밀착한 논의를 펼쳤다고 할 수 있다[小谷汪之,「(半)植民地・半封建社會構成の概念規定」,『歷史學硏究』 446)].

아시아적 생산양식 논쟁은 1960년대에 재연되었다. 그 불씨를 당긴 것이 장 셰노였다는 데서도 알 수 있듯이 재연된 이 논쟁을 촉진시킨 것은 이번에는 아프리카 각국의 독립을 향한 투쟁이었다. 그러나 이 논쟁은 정치 문제와는 직결되지 않고 오히려 학술적 논의로서 국제적으로 전개되었다. 그와 관련해서 일조한 것은 맑스의 유고「자본주의적 생산에 선행하는 형태들」(『정치경제학 비판 요강』의 일부)의 발견과 소개였다. 여기서 맑스가 지적한 본원적 소유의 세 가지 형태들 중 제1형태인 '아시아적 기본 형태'가 아시아적 생산양식 개념의 내실을 드러내고 있는 것은 아닌가 하고 생각되었기 때문이다. 이 논쟁에서 '총체적 노예제'(아시아적 전제국가의 지배 하에서는 모든 직접 생산자가 총체적으로 노예였다고 하는), '국가적 노예제' 등의 논리가 제기되었다.

그렇다면 맑스 자신은 '오리엔트적(아시아적)' 생산양식이라는 말로 도대체 무엇을 의미하고자 했던 것일까? 이 문제는 맑스가 아시아로 간주한 지역, 특히 인도와 중국, 그리고 터키와 러시아에 관한 맑스의 기술을 꼼꼼히 살펴보고 검토해야만 밝힐 수 있을 것이다. 그것은 바꾸어 말하자면 맑스의 '아시아관'을 재검토하는 것이다. 맑스의 '아시아관'은 18세기 이후의 서구에서의 '아시아관'의 변천과 거의 나란히 진행되는 형태로 변화했다고 볼 수 있다. 그것은 간단히 말해서 아시아적 전제국가론에서 '아시아적 공동체'론으로의 역점의 이동이다. 아시아적 전제국가론을 대표하는 것은 몽테스키외의 『법의 정신』(1748)인데, 그의 "아시아에서는 예속성의 정신이 지배하며, 결코 소멸한 적이 없다. 그리고 이 지방의 모든 역사에서 자유로운 정신을 나타낼 만한 단 하나의 흔적도 발견할 수 없다"는 지적은 헤겔*의 『역사철학』을 거쳐 맑스의 '아시아관'에도 흘러들고 있다. 애덤 스미스*는 이 아시아적 전제국가가 권농(勸農) 기능을 담당하고 있었다고 지적하는데(『국부론』), 이러한 사고방식 또한 맑스의 '아시아관'에 계승되었다. 다른 한편으로 '아시아적 공동체'론은 19세기 초에 영국 동인도회사의 행정관들이 인도 각지와 자와에서 토지공유에 기초한 것으로 보이는 공동체를 '발견'한 데서 연원한다. 1830년대 이후 서구주의와 슬라브주의 간의 논쟁을 통해 러시아적인 공동체(토지의 정기적인 분배를 수반하는 미르 공동체)에 주목이 집중된 점도 있고 해서, 이 '아시아적 공동체'는 '태곳적' 공동체의 잔존이라 간주되기에 이르렀다. 맑스 또한 이와 같은 '아시아적 공동체'론을 받아들여 그것을 아시아적 전제국가의 숨은 기반으로 생각한 것이다("이들 목가적인 공동체가 설령 무해하게 보일지라도 그것이 언제나 동양 전제정치의 강고한 기초가 되어왔다는 점……을 잊어서는 안 된다"[맑스 「영국의 인도지배」(1853), 9:126]). 이와 같이 맑스가 '오리엔트적' 생산양식이라는 말로 의미한 것은 <아시아적 전제국가―'아시아적 공동체'>라는 사회=국가 체제인바, 양자를 매개하는 것은 국가적 권농(공공사업)이었던 것으로 생각된다.

이와 같은 것으로서의 '아시아적 생산양식'이 20세기의 아시아나 아프리카에 존재하는지 어떤지는 논의하는 것 자체가 시대착오적이라 할 수밖에 없지만, 고대사 이해를 위한 하나의 시도로서는 여전히 검토할 가치가 있을 것이다. ☞생산양식, 인도론・중국론, 경제적 사회구성체, 공동체, 러시아의 공동체

참 小谷汪之, 『マルクスとアジア』, 青木書店, 1979.

―고타니 히로유키(小谷汪之)

『아우크스부르거 알게마이네 차이퉁』 [*Augsburger Allgemeine Zeitung*, 1798-1929]

19세기 독일의 대표적 신문. 괴테나 실러의 저작과 『도이체 피어텔야르스쉬리프트』(*Deutsche Vierteljahrsschrift*) 등의 전문잡지를 출판하고 있던 코타가 1798년에 발간했다. 처음에는 『노이에스테 벨트쿤데』(*Neueste Weltkunde*)라는 명칭이었지만, 같은 해에 『알게마이네 차이퉁』으로 명칭을 변경했다. 출판지는 슈투트가르트, 울름, 아우크스부르크, 뮌헨으로 바뀌어 간다. 그것은 검열이 엄격했던 뷔르템베르크에서 검열이 느슨한 바이에른으로 서서히 옮겨갔기 때문이기도 했다. 그러나 그 명칭은 1929년에 폐간되기까지 100년 이상 변하지 않았다.

1만부가 넘는 발행량을 달성하고 유럽 각지에서 읽히는 독일의 대표적인 신문이 된 것은 편집자 슈테그만의 능력에 의한 것이었다. 그는 1804년부터 37년까지 편집장이었다. 『라인 신문』*의 최초의 편집자인 회프켄도 이 신문의 편집을 하고 있었다. 또한 집필자도 다양했다. 하인리히 하이네*나 『파리에서 온 편지』의 루트비히 뵈르네*는 파리 통신원이었고, 『그렌츠보텐』의 발행자인 쿠란다도 파리*와 브뤼셀*의 통신원이었다. 리프크네히트*도 런던*의 통신원을 하고 있었다.

맑스는 칼 포크트에 대한 반비판을 하기 위해 칼 블린트의 문장을 이 신문에 게재하고 포크트와 격렬한 논쟁을 벌인다. ☞『라인 신문』, 하이네, 리프크네히트, 『포크트 씨』

참 E. Heyck, *Die Allgemeine Zeitung 1798-1898*, München 1898.

—마토바 아키히로(的場昭弘)

「아이제나흐 강령—綱領」 [Eisenacher Programm, 1869]

1869년 8월, 아이제나흐에서 열린 사회민주주의 노동자당*의 결성대회에서 채택된 당의 강령. 주로 베벨*에 의해 기초된 강령은 3개조로 이루어지는데, 제1조에서는 당의 목적으로서 "자유로운 인민국가의 수립"을 내걸고, 제2조에서는 6개 항목으로 이루어진 당의 기본원리를, 제3조에서는 10개 항목의 당면 요구를 설정하고 있다. 결성된 당이 전독일노동자협회*(라살레파) 내의 반(反)슈바이처파였던 브라케 등과 반라살레 운동인 전독일노동자협회연맹의 베벨, 리프크네히트* 등의 두 조류가 합류하여 형성된 것임을 반영하여 기본 원리에는 "노동 계급의 해방*을 위한 투쟁"이 "평등한 권리 및 의무와 모든 계급지배의 폐지를 지향하는 투쟁"이라는 점, "노동자의 자본가에 대한 경제적 종속은 모든 형태의 예속의 기초를 이룬다"는 점 등, 전독일노동자협회연맹의 「뉘른베르크 강령」에서 따온 점이 많으며, 이에 반해 당면 요구는 다양한 차원의 의회·대의기관 선거에서의 모든 성인 남자의 "보통·평등·직접·비밀선거권"과 "자유로운 생산협동조합에 대한 국가*의 신용 공여"의 요구 등, 전독일노동자협회의 강령에 기초하는 것이 많다. 기본 원칙 자체에도 '국제노동자협회의 지부'로서 활동하는 것이 포함되는 등, 맑스파의 의향이 받아들여져 있는 한편, '노동수익' 등 라살레*의 영향도 보인다. 나중에 「고타 강령」*의 기초의 하나가 된 강령이다. ☞사회민주주의 노동자당, 전독일노동자협회, 「고타 강령」, 『고타 강령 비판』, 라살레, 리프크네히트

㊟ D. フリッケ(西尾孝明 譯), 『ドイツ社會主義運動史 1869-1890년』, れんが書房, 1973.

—시노하라 도시아키(篠原敏昭)

아이히호른 [Johann Albrecht Friedrich Eichhorn 1779-1856]

1840년, 국왕 및 문부대신 알텐슈타인이 사망하고 새로운 왕으로 F. 빌헬름 4세*가, 문부대신에는 아이히호른이 오른다. 새로운 정권은 사회 문제가 조성되는 가운데 체제비판적인 사조에 감시의 눈을 강화한다. 아이히호른은 신학 문제와 관련해 본 대학에서 B. 바우어*를 면직에 처한다(1842년). 헤겔학파*에 분열이 발생하여 헤겔 좌파가 탄생한다. 맑스의 사상 형성은 이런 과정 속에 있다. 덧붙이자면, 아이히호른은 1848년 혁명*으로 실각한다.

—다키구치 기요에이(瀧口淸榮)

아일랜드 [(영) Ireland]

아일랜드는 1801년 영국에 병합되어 1921년 북아일랜드를 남기고 영국으로부터 자치를 획득하기까지 영국의 하나의 농업지대로서 식량과 노동력을 제공함으로써 영국 자본주의*의 발전에 커다란 역할을 해왔다. 또한 아일랜드는 맑스가 영국 자본주의의 구조에 대한 인식을 심화시키는 데 있어서도 그 계기를 제공하는 중요한 역할을 담당했다.

첫 번째 계기는 영국 자본주의가 산출하는 노동자의 빈곤에 대한 인식이다. 1845년 맑스는 엥겔스*의 『영국 노동자계급의 상태』*(1845)를 읽었다. 특히 엥겔스가 기술하는 맨체스터*의 빈민가에 사는 아일랜드 이민은 영국 자본주의 하의 빈궁에 허덕이는 전형적인 프롤레타리아트 상(像)으로 간주되었다. 평화롭고 목가적인 생활을 하고 있던 농민이 농업구조의 변화와 더불어 지주에게 토지를 몰수당하고 대도시로 이주하여 하층의 프롤레타리아트가 된다. 나중에 맑스는 이 과정을 자본주의* 성립에서 필요불가결한 농공분리의 역사적인 과정, 즉 자본*의 본원적 축적* 과정이라고 이론화했다.

런던*에 망명하여 영국 자본주의 연구에 본격적으로 착수한 맑스는 1861년부터 1865년까지의 아일랜드의 통계자료*를 분석하고, 20년간 인구를 3분의 1이나 감소시켜 미국으로 대량의 이민*을 보낸 아일랜드를 문제 삼았다. 곡물에서 축산으로 급격하게 변화하는 아일랜드 농업의 구조 변화, 미국에서의 아일랜드 이

민의 증가, 그리고 1858년에 미국에서 결성된 아일랜드인 결사 페니언(Fenians)의 활약과 같은 사항들이 두 번째 계기가 되었다. 자본주의 생산은 끊임없이 기술혁신과 산업구조의 변화를 필요로 하고, 따라서 실업*(상대적 과잉인구)을 끊임없이 창출한다. 맑스는 이런 맥락에서 『자본』*(제1권)의 결론 패러다임인 자본축적*의 일반법칙을 제기했다. 자본주의가 산출하는 실업으로 굶주리게 된 프롤레타리아트는 미국으로 건너가 페니언이 되어 영국 자본주의에 맞서게 된다.

세 번째 계기는 1867년 초 맨체스터에서 일어난 페니언의 봉기, 즉 '맨체스터의 수난' 사건이었다. 맑스는 이 사건에 커다란 관심을 기울이고, 영국 식민지*로서의 아일랜드의 대의에 깊이 공감했다. 그리고 이 이후 아일랜드 민족주의가 영국 자본주의를 해체하는 힘을 갖게 될지도 모른다고 맑스는 기대하게 되었다. 1867년 말에 엥겔스에게 보낸 편지에서 맑스는 아일랜드에 필요한 것은 '자치'와 '토지 혁명'과 '보호관세'라고 하고 있으며[31:336], 영국 지배계급에 대한 타격은 아일랜드에 의해서만 가해질 수 있다고 아우구스트 포크트에게 적어 보냈다[1870. 4. 9, 32:549].

1880년대가 되어 아일랜드는 맑스가 예측한 것과 같은 길을 걷기 시작했다. 토지 투쟁과 자치를 키워드로 하여 아일랜드는 영국 정치를 뒤흔들고, 20세기의 아일랜드 독립을 향한 긴 여정을 걷기 시작한 것이다. ☞『영국 노동자계급의 상태』, 이민

㊂ 安川悅子, 『アイルランド問題と社會主義』, 御茶の水書房, 1993. P. B. エリス(堀越智 外 譯), 『アイルランド史—民族と階級』, 論創社, 1991. K. Marx/F. Engels, *On Ireland*, London, 1971.

—야스카와 에쓰코(安川悅子)

『아틀리에』 [(불) *L'Atelier*, 1840-50]

1840년 9월에 파리*에서 창간되어 1850년 7월까지 월간으로 나온 노동자 신문. 표제는 '작업장'이라는 뜻. 발행부수는 창간호가 1,200부, 평균 1,700부 정도라고 한다. 주간은 후에 제2공화정의 입헌의회 부의장에 취임하는 목판공 코르봉이며, 그 밖에 보석 세공공 르로와, 인쇄공 르느브, 목공공 페르디기에, 열쇠공 모로, 시계공 고몽 등, 숙련공으로 당시 노동운동의 활동가들이 편집진에 참여하여 노동자에 의한 공동 편집체제를 취했다. 정치적 원리로서의 인민주권과 산업적 원리로서의 아소시아시옹*의 결합을 표방하고, 뷔셰*가 제창한 노동자 아소시아시옹*의 구상을 현실의 노동자 입장에서 다양한 논쟁을 통해 구체화하여 노동운동 속에 정착시켰다. 『아틀리에』의 특징은 철저한 노동자 중심주의에 있는바, 노동자 아소시아시옹을 노동자의 자율적인 조직으로서 위치짓고, 루이 블랑*의 '사회적 작업장'과는 대조적으로 조직 내부에 대한 국가*의 개입이나 자본가의 참가를 인정하지 않았다는 점에 있다. 또한 공산주의*와 개인주의라는 두 가지 원리의 통일을 주장하고, 생산재의 공유와 소비재의 사유, 임금*의 비례적 평등 등을 요구하며, 병자나 노인 등의 약자에 대한 보장 규정도 규약에서 제외했다. ☞아소시아시옹, 노동자 아소시아시옹, 뷔셰, 블랑

㊂ 河野健二 編, 『資料フランス初期社會主義—二月革命とその思想』, 平凡社, 1979. 阪上孝, 『フランス社會主義—管理か自立か』, 新評論, 1981. 谷川稔, 『フランス社會運動史—アソシアシオンとサンディカリスム』, 山川出版社, 1983. A. Cuvillier, *Un journal d'ouvriers: "L'Atelier" (1840-50)*, Paris 1954.

—다카쿠사기 고이치(高草木光一)

안네케 [Friedrich (Fritz) Anneke 1818년경-72년경]

공산주의자동맹* 쾰른 반의 멤버이자 쾰른 노동자협회 창립 멤버 중 한 사람. 원래 프로이센 군 장교였던 안네케는 1849년의 바덴 봉기*에 부인 마틸데와 함께 참가하여 지휘를 맡았다. 그 후 부인과 함께 미국으로 건너갔다. 미국으로 건너간 후의 안네케에 대해 맑스는 1853년 6월 29일자의 엥겔스에게 보낸 편지에서 빌리히*나 바이틀링*과 더불어 "우리 자신의 동료들 사이에 다툼의 씨앗을 뿌려"[28:223] 문제를 일으킬 인물이라 말하고 있다. ☞공산주의자동맹, 바덴 봉기,

미국 이민, 미국의 노동자운동

참 A. E. ツッカー(石塚正英 譯),「アメリカに渡った三月革命人・人名辭典(1)」,『社會思想史の窓』, 第21号, 1986.

—이시즈카 마사히데(石塚正英)

안넨코프 [Pavel Wassiljewich Annenkov 1812-87]

러시아로부터의 수차례의 여행에서 맑스와 알게 된 뒤 그로부터 프루동 비판에 관한 장문의 서간(1846년 12월 28일자)[27:388-399]을 받은 인물. 1846년 9월 단계에서 엥겔스*는 그를 러시아의 스파이*라고 생각하고 있었지만[「엥겔스가 공산주의 통신위원회에게」(1846. 9. 16) 같은 책:41], 맑스는 그해 4월 단계에 하이네*에게 보내는 편지에서 "매우 친절하고 교양 있는 러시아인 안넨코프 씨"라고 적고 있다[같은 책:380]. 맑스는 그 다음 달 프루동*에게 서간을 보내 통신을 중요한 수단으로 삼아 자신과 협력할 것을 요청했다. "프랑스에 관해서는 당신 이상으로 뛰어난 통신원을 거기서 찾을 수 없다고 우리 모두가 생각하고 있습니다"[같은 책:382]. 그러나 지조가 굳건한 프루동은 자신과 주의주장이 다른 맑스의 이 요청을 거절한다. 그 결과 맑스는 입장을 바꾸어 프루동 비판에 나섰던 것이다. 그 내용은 같은 해 말에 안넨코프에게 보낸 서간에 표명되어 있다. 그것은 맑스가 주로 엥겔스와 함께 집필한 초고『독일 이데올로기』*에 기술된 견해들과 일치하는데, 맑스 사상의 새로운 전개를 암시한 대단히 의미 깊은 서간이다. 그러나 프루동을 대하는 태도에서는 실로 이용주의적인 측면이 있었다. 물론 맑스가 프루동 비판에 있어 직접 다룬 것은 1846년 10월에 간행된 새로운 저서『빈곤의 철학』*이긴 했다. 이것을 읽고 갑자기 프루동을 논란할 마음이 생겼을 수도 있을 것이다. 이러한 갑작스런 태도의 변화가 이용주의를 이야기해주는 것이 아니라고 한다면, 맑스에게는 어지간히 사람을 볼 줄 아는 눈이 없다는 말이 된다. 별달리 맑스에게 관심이 있었던 것은 아닌 안넨코프에 대한 과대한 평가도 마찬가지다. ☞프루동

참 藤田勝次郎,『プルードンと現代』, 世界書院, 1993.

—이시즈카 마사히데(石塚正英)

알제리 여행—旅行

1882년 2월부터 그해 10월에 이르는 맑스의 온천 치료 여행. 맑스 생애 최대의 여행으로 행선지는 알제, 몬테카를로이고 간장병 치료가 목적이었다. 8월 20일의 의사 푸지에의 처방전에는 "겨울, 매월 15일간 유황수를 마실 것"이라고 적혀 있다. 맑스는 이 여행 도중에 딸 라우라와 제니를 만난다든지 프랑스의 사회주의자를 만난다든지 했다. 그러나 알제에서의 상세한 행동에 대해서는 알려져 있지 않다. ☞맑스의 병, 맑스가, 맑스의 요양, 아르장퇴유

참 Karl Marx, "Lettres d'Alger et de Côte d'Azur, traduites et présentées par Gilbert Badia", in: *Le temps des Cerises*, 1997.

—마토바 아키히로(的場昭弘)

암스테르담 [Amsterdam]

제1인터내셔널의 헤이그 대회 때 맑스가 강연한 도시*. 1872년 헤이그*에서 개최된 제1인터내셔널 대회에 출석한 맑스는 9월 8일 암스테르담을 방문한다. 당시 암스테르 강변에 있던 달스트 홀에서 맑스는 프롤레타리아트가 평화적으로 권력을 획득하는 나라로서 영국, 미국, 네덜란드를 들었는데, 나중에 이것은 카우츠키*에 의해 평화적 혁명의 연설로서 인용된다. 그러나 레닌은 이 연설을 이들 나라 이외에서는 폭력혁명이 필요하다는 사례로서 인용한다. 맑스는 이곳에 살고 있는 사촌인 아우구스트 필립스를 방문한 적도 있다. ☞필립스 가, 카우츠키, 인터내셔널{국제노동자협회}

참 的場昭弘,「オランダの中のマルクス」,『JCCかわら版』137号, 1996. "Amsterdam meetings of the first international in 1872", in: *Bulletin of the International Institute of Social History*, vol. VI, 1951.

—마토바 아키히로(的場昭弘)

앙팡탱 [Barthélemy Prosper Enfantin 1796-1864]

프랑스의 사회주의자. 파리*에서 태어나 이공계 학교를 중퇴한 후 와인 도매상, 금융업자 밑에서 일한다. 생시몽*의 『산업자의 교리문답』에서 영향을 받아 생시몽이 사망한 후의 생시몽파의 기관지 『생산자』(1825-26년)와 연속 강연회 '생시몽 학설 해설'(1828-30년)의 중심 멤버가 된다. 1829년 12월, 바자르와 함께 생시몽 교단의 최고 교부(敎父)의 자리에 오르지만, 여성해방과 성의 자유를 둘러싼 문제로 인해 1831년 말 바자르 등의 이반을 초래한다. 이후 종교 섹트화된 생시몽 교단을 통솔하여 1832년 파리 메니르몬타 거리에서 공동생활을 하지만, 집회조례 위반 등의 혐의로 검거되어 그해 말에 수감된다. 이듬해 출옥하여 수에즈 운하의 개착과 동양의 여성 메시아의 탐색을 위해 이집트로 원정을 떠난다. 귀국 후 정부의 '알제리 과학위원회'의 일원으로서 알제리에 체류하고(1839-41년), 『알제리 식민론』(1843)을 저술한다. 귀국 후에는 파리-리옹 철도의 건설이나 수에즈 운하의 개착에 관여하는 등, 오로지 프랑스의 산업화의 발전에 관심을 기울이고 '산업주의'의 실천에 애썼다. 초기의 사상은 『지구』에 게재된 논문을 정리한 『경제학과 정치』(1831)에 나타나 있으며, 맑스도 이것을 참조하고 있다. 사후에 『생시몽 · 앙팡탱 전집(전 47권)』(1865-76년)이 간행되었다. ☞생시몽, 생시몽주의

[참] セバスティアン・シャルレティ(澤崎浩平・小杉隆芳 譯), 『サン＝シモン主義の歷史』, 法政大學出版局, 1986. 見市雅俊, 「サン=シンモ主義の社會觀と實踐」, 『思想』, 1976年 2月号.

―다카쿠사기 고이치(高草木光一)

양과 질 量―質 ⇨**질과 양**

언어 言語 [(독) Sprache (불) parole (영) language]

맑스에게 있어 언어란 실천적이고 현실적이며 물질적인 의식*을 말한다. 따라서 그것은 의식 그 자체가 그렇듯이 인간*의 자기대상화 활동이고 사회적 산물이며 존재로부터, 생활로부터 규정되고 있는 것이고, 또한 그렇기 때문에 전도되어 이데올로기*로 변할 수도 있는 것이다.

맑스는 엥겔스*와의 공저인 『독일 이데올로기』*에서 언어에 대해 많은 언급을 하고 있다. 거기서는 다음과 같이 말하고 있다. 순수의식 등이라는 것은 없으며, 본래 정신은 물질*에 사로잡혀 있는바, 다시 말하면 언어라는 형태로 나타난다. 언어는 실천적인, 즉 다른 인간에게서도 실존하는 까닭에 또한 나 자신에게서도 실존하는 현실적인 의식이다. 언어가 생성되는 것은 의식과 마찬가지로 우선은 다른 인간들과의 교통*의 욕구*, 필수에서 비롯된다. 혹은 이념, 표상, 의식의 생산은 우선은 직접적으로 사람들의 물질적인 활동이나 물질적인 교통, 현실적인 생활의 언어에 편입되어 있다[廣28-29]. 언어가 사람들의 생활, 그 물질적인 교통 속에서 형성되는 사회적 산물이라는 사실이 여기서 말해지고 있는 셈이지만, 그 문장들 모두에 '우선은'이라는 단서가 붙어 있다는 데 주목할 필요가 있다. 왜냐하면 분업*이 성립된 이래로 존재와 의식의 관계가 전도되어, 또는 의식이 존재로부터 분리되어 그 자체로 존재하는 것처럼 생각되었듯이, 언어 역시 인간의 실천적이고 현실적인 의식으로부터, 따라서 인간의 물질적인 교통으로부터 분리되어 그 자체로서 존재하는 것처럼 여겨지게 되기 때문이다. 그 결과 언어는 국가*라는 환상적인 공동 이해의 실재적인 토대 가운데 하나를 이루게 되기도 한다[같은 책:35].

구체적으로 말하자면, 예를 들어 소유*나 가치* 또는 교통이라는 말이 (독일어, 프랑스어, 영어 등에서) 원래 상업관계 및 개인들의 특성과 관계를 위해 만들어졌듯이 언어 그 자체가 부르주아지의 산물이었다든지(『독일 이데올로기』, 3:231), 혹은 한 나라 안에서 경제적이고 정치적인 집중에 기초하여 방언이 모여 국어가 된다든지 하는[같은 책:461] 것도 그런 현상 가운데 하나다. 언어는 근대에 루소*나 헤르더의 언어기원론 이래로 인간에게 외적인 도구가 아니라 인간의 자기표현 활동 그 자체로서 생각되어 오고 있고, 『독일 이데올

로기』에서의 맑스와 엥겔스의 언어론도 그 흐름을 따르는 것이며, 또한 그들의 노동과정론으로서의 언어론도 이 흐름 속에서 비로소 올바르게 이해될 수 있다. ☞의식, 이데올로기, 『독일 이데올로기』

㊟ 三浦つとむ, 『認識と言語の理論』 上・下, 勁草書房, 1967. T. D. タオ(花崎皐平 譯), 『言語と意識の起源』, 岩波書店, 1979.

—시바타 다카유키(柴田隆行)

에르멘 앤드 엥겔스 상회—商會 [(독) Firma Ermen & Engels]

엥겔스*의 부친이 부퍼탈의 에르멘 가와 공동으로 설립한 회사. 엥겔스키르헨과 맨체스터*에 있었다. 엥겔스는 영국 시절에 이 회사에서 일했다. 엥겔스의 부친은 영국의 제휴회사인 '윌리엄 셴튼'을 통해 맨체스터의 페터 알베르투스 에르멘을 알게 되고, 1837년 7월 1일에 '프리드리히 엥겔스 앤드 에르멘'의 설립 계약을 맺었다(이듬해 '에르멘 앤드 엥겔스'로 된다). 이리하여 엥겔스키르헨에 공장, 맨체스터에 면화 매입 회사가 설립된다. 그 때문에 이 해에 김나지움을 졸업하는 엥겔스는 지점 견학과 도제수업을 위해 학업을 그만둘 수밖에 없게 된다. 회사는 맨체스터의 세인트 메리즈에 있었다. 계약이 만료된 1852년에 엥겔스 가*는 엥겔스키르헨의 공장에서 철수한다. 얼마 안 있어 회사는 에르멘 형제의 맨체스터 공장을 포함하여 에르멘 가의 기업이 된다. 엥겔스는 연봉 100파운드의 통신업무 사무원 신분이었다(단, 처음 4년간은 공제 후 이익의 5%, 다음 4년간은 7.5%, 그 다음 4년간은 10%의 배당을 받는다). 그러나 1860년, 아버지 엥겔스의 사후에 재계약이 체결되어 연봉은 그대로였지만 공동경영자로서 순이익의 10%를 취득할 수 있게 된다. 나아가 1864년에 또다시 재계약이 체결되어 순이익의 20%로 인상된다. 엥겔스는 이 재계약과 맞바꾸어 상회의 업무에서 발을 뺐다. 그 후 회사명은 1875년에 '에르멘 앤드 로비 상회'로 된다. ☞엥겔스, 엥겔스 가, 맨체스터

㊟ M. Knieriem, "Gewinn unter Gottes Segen", in: *Nachrichten aus dem Engels-Haus*, Nr. 5, Wuppertal 1987.

—마토바 아키히로(的場昭弘)

「에르푸르트 강령—綱領」 [Erfurter Programm, 1891]

1891년 10월에 에르푸르트에서 열린 당 대회에서 채택된 독일 사회민주당의 강령. 사회주의자 진압법 하의 활동 경험을 통해, 또한 맑스와 엥겔스*의 사상이 당내에 침투하는 가운데 종래의 라살레주의적 색채가 짙은 「고타 강령」*을 개정하려는 기운이 높아져 1887년의 상트 갈렌 당 대회에서 새로운 강령의 작성이 제안되었다. 사회주의자 진압법 폐지 후, 1891년 6월에 당 간부회는 리프크네히트*가 기초하고 베벨*이 수정한 강령안을 엥겔스, 카우츠키*와 그 밖의 지도적 사회주의자에게 송부하여 의견을 모아 수정한 간부회 안을 7월에 공표하고, 그 이외의 문안을 포함하여 당의 기관지와 집회에서 대중적인 강령토의를 전개했다. 최종적으로는 카우츠키 등이 기초한 『노이에 차이트』 편집부 안을 약간 수정한 것이 에르푸르트 당 대회에서 결정되었다. 강령은 기본원리와 당면 요구라는 두 부분으로 구성되는데, 기본원리에는 『공산당 선언』*의 영향이 현저하여 '부르주아지와 프롤레타리아트의 계급투쟁'의 격화, 공황*에 의한 '전반적인 불안', '생산수단의 자본주의적인 사적 소유'의 '사회적 소유'로의 전환이 설명된다. 다만 '개인적 소유'의 실현이라는 맑스의 주장은 받아들여져 있지 않다. 당면 요구는 정치적 요구와 사회적 요구로 나뉘는데, 전자는 남녀의 구별이 없는 보통선거권과 인민의 직접입법 등 10개 항목, 후자는 최고 8시간 노동일의 확정과 단결권의 보장 등 5개 항목으로 이루어져 있다. 이 강령은 1921년 9월에 채택된 「괴를리츠 강령」까지 이어졌다. ☞독일 사회주의 노동자당, 「고타 강령」, 『고타 강령 비판』, 라살레주의

㊟ Dieter Fricke, *Die deutsche Arbeiterbewegung 1869-1914*, Berlin (DDR) 1976.

—시노하라 도시아키(篠原敏昭)

에이블링 [Edward-Bibbins Aveling 1849-98]

맑스의 막내딸 엘리노어 맑스의 남편이지만 법률상으로는 아니다. 에이블링은 1849년 11월 29일 스토크 뉴잉튼의 넬슨 테라스(그의 가명이기도 하다) 거리에서 태어났다. 그의 부친 토마스 윌리엄 벅스터 에이블링은 독립파 교회의 목사였는데, 폭넓은 문학적 취미를 갖고 있고 웅변술도 뛰어났다. 이 웅변술은 아들에게도 계승된다. 이윽고 에이블링은 비(非)국교회가 경영하는 학교를 거쳐 유니버시티 칼리지 런던에 입학하여 의학을 전공했다. 얼마 안 있어 전공은 의학에서 자연과학*으로 바뀌었다. 케임브리지 대학의 마이클 포스터의 조교가 되며, 1872년에 캄덴의 여학교 교사가 되었다. 부친을 통해 메이트랜드 파크로드의 맑스 가*와 가까운 고아직업학교에 관계하게 되며, 1872년 '곤충과 꽃'이라는 제목으로 강연을 했는데, 그때 맑스 부부와 딸 엘리노어를 소개받는다(맑스와는 그 후로 두 번 다시 만나지 않았다). 그때 그는 이미 이자벨 프랑크와 결혼한 상태였다. 결혼해서 몇 년 뒤에 에이블링은 그녀를 버리고 엘리노어 맑스와 동거하지만 이혼은 하지 않았다. 동거 후 두 사람은 연극이나 사회주의 운동에 참가하여 활약하지만, 에이블링은 각지에서 금전 문제를 일으켜 하인드먼*을 비롯한 영국인뿐만 아니라 엥겔스*를 제외한 많은 독일인들로부터도 신뢰를 잃어간다. 1892년 이자벨이 사망한 후, 97년 에이블링은 이름을 알렉 넬슨으로 바꾸어 여배우 에바 프라이와 결혼했다. 그 이듬해 3월 31일, 엘리노어는 독약을 마시고 사망한다. 그녀의 죽음에 대해서는 경찰 조사가 이루어졌지만 자살로 처리되었다. 에이블링도 그 해 8월 2일에 사망했다. 그는 엘리노어와 함께 맑스의 저작을 영역한다든지 교과서를 쓴다든지 했지만, 엘리노어를 비극으로 내몬 비열한 남자라는 이미지 이외에 이렇다 할 평가를 받지 못했다. ☞맑스 가, 엥겔스

㉝ H. Wessel. *Tussy oder dreißig Reisebriefe über das sehr bewegte Leben von Eleanor Marx-Aveling*, Leipzig 1977. 都筑忠七, 『エレノア・マルクス』, みすず書房, 1984. Y. Kapp, *Eleanor Marx*, Vol. 1, 2, London 1972, 1976.

—마토바 아키히로(的場昭弘)

에카리우스 [Johann Georg Eccarius 1818-89]

재단직인으로 공산주의자동맹*의 일원. 맑스와 친교를 맺는다. 에카리우스는 논문 「런던에서의 재단업, 또는 대자본과 소자본의 투쟁」("Die Schneiderei in London oder Kampf des großen und des kleinen Capitals", 1850)을 집필할 때 맑스에게 직접 지도를 받았다. 또한 맑스는 이 논문에 대해 바이틀링*과 달리 "여기서는 수공업이 대공업에 압도당하는 것은 진보라고 이해되고" 있다고 평했다[7:427]. ☞공산주의자동맹

㉝ F. メーリング(足利末男 外 譯), 『ドイツ社會民主主義史』, ミネルヴァ書房, 1968-69. U. Emmerich, *Johann Georg Eccarius*, Diss., Berlin 1986.

—이시즈카 마사히데(石塚正英)

엔제 ⇨파른하겐 폰 엔제

엘버펠트 [Elberfeld]

엥겔스*가 김나지움*에 다닌 마을. 당시 인구 4만여 명. 현재 부퍼탈의 일부. 엘버펠트는 염색 마을로서 15, 16세기부터 성장하기 시작했다. 엘버펠트라는 명칭은 12세기의 토지 소유자 엘버펠트에서 유래한다. 엥겔스는 1834년에 이 마을의 김나지움에 입학한다. 이 학교는 복음파의 라틴어학교를 개편한 김나지움이었다. 그러나 상인이나 공장주 자녀들이 많이 있었기 때문에 종교색이 있는 교육*보다 실용적인 어학교육이 중시되었다.

엘버펠트는 독일에서 가장 빨리 노동운동이 일어난 마을이었다. 헤스*가 편집하고 있던 『게젤샤프츠슈피겔』*(1845)이 발행되고 있던 곳도 이 마을이었으며, 시인인 베르트*나 프라일리그라트*도 이 마을에 거주한 적이 있다. 1849년의 '엘버펠트의 봉기'는 이 마을의 염색직인 바리케이드를 시작으로 일어났다. 그러나

실제로는 염색직인은 프롤레타리아트와는 거리가 멀며, 방적공이나 직조공보다 훨씬 윤택한 사람들이었다. 대부분의 직인들은 경건주의*에 감화되어 노동운동에 쉽게 찬동하지 않았다. 이리하여 봉기는 순식간에 붕괴된다. 봉기와 관련하여 바르멘*과의 경계에 있는 다리의 바리케이드 너머로 엥겔스가 자본가 측의 부친과 대면하고 헤어졌다는 일화가 남아 있다. ☞엥겔스, 엥겔스 가, 헤스, 프라일리그라트, 바르멘, 『게젤샤프츠슈피겔』

[참] W. Langewische, *Elberfeld und Barmen*, Barmen 1863. 的場昭弘, 「ヴッパータールとエンゲルス」, 石塚正英・柴田隆行・村上俊介・的場昭弘 編, 『都市と思想家 II』 수록, 法政大學出版局, 1996.

—마토바 아키히로(的場昭弘)

엥겔스 [Friedrich Engels 1820-95]

맑스의 친구. 맑스주의*의 최초의 유포자. 엥겔스라는 이름은 언제나 맑스와 나란히 언급되는 경향이 있다. 그 이유는 맑스 사후에 『자본』*의 제2권과 제3권을 편집, 가필한 사람이 엥겔스였다는 점, 또한 절판되어 있던 맑스의 저작이나 소책자, 입수하기 어려운 신문기사를 복원, 편집했을 뿐만 아니라 가필, 수정, 해설을 했다는 점, 더 나아가서는 맑스 저작의 번역에 대한 감시, 맑스의 유고와 장서에 대한 관리를 했다는 점에 있다. 맑스주의의 파수꾼으로서의 엥겔스는 그야말로 맑스의 망령이었다고도 말할 수 있다. 또한 맑스주의가 사람들 입에 회자되게 된 것은 엥겔스의 시대가 되고서부터였다는 점도 있고 해서 엥겔스라는 이름은 맑스와 한 몸을 이루는 인물로서 말해지기에 이르렀다.

그러나 엥겔스는 한 사람의 독립된 사상가인바, 맑스와 다른 환경에서 태어나 다른 생활을 하고 다른 사상을 지녔던 인물이기도 했다는 점을 확인해둘 필요가 있다.

【 I 】 환경

엥겔스가 태어난 환경은 모든 의미에서 맑스와 정반대였다. 우선 도시*를 보면, 부퍼탈은 트리어와는 달리 가톨릭이 아니라 프로테스탄트가 지배적인 지역이었다는 점, 공업도시로서 발전했기 때문에 이미 노동자의 빈곤 문제가 지역의 중요한 과제가 되고 있었다는 점, 나폴레옹 시대에는 라인란트가 아니었기 때문에 다른 독일 도시들과 마찬가지로 프랑스의 영향을 비교적 받지 않고 사상적으로 보수적이었다는 점을 들 수 있다.

생활환경을 보더라도 그 차이는 확연하다. 유대인으로 태어나 도중에 프로테스탄트로 개종한 맑스는 유대교를 토대로 생활하면서도 트리어라는 가톨릭 세계에서 살고, 나아가 프로이센의 종교*였던 프로테스탄트를 신앙으로 삼고 있다는 3중의 생활을 강요받아 언제나 이방인으로서 살아갈 수밖에 없었다. 그에 반해 엥겔스—브루흐라는 지역을 지배하는 공장의 장남(말하자면 영주의 적자)으로 태어나 조부가 창설한 교회에서 세례를 받고, 숙부가 사제로 있는 세계에서 자란 엥겔스는 이렇다 할 좌절 없이 생활했다고 말할 수 있다. 맑스의 부친 하인리히*가 유대교의 중심인물로 생활하면서도 변호사라는 직업을 얻기 위해 개종할 수밖에 없었고, 언제나 기독교 사회에서 정신적 불안과 물질적 불안을 짊어지고 있었던 데 반해, 엥겔스의 부친 프리드리히 시니어는 그 아버지로부터 물려받은 가업을 계승하여 지역의 중심인물로서, 그리고 경건한 프로테스탄트로서 살아감으로써 물질적 안정과 정신적 안정을 유지하고 있었던 것이다.

이러한 차이는 두 사람이 받은 교육*의 차이에서도 확연히 드러난다. 맑스의 부친은 나폴레옹 시대의 혼란 속에서 충분한 학교 교육을 받지 못한 채 변호사가 된 탓인지 아들에게 정규 학교 교육을 받게 하고 기독교 사회에 정문으로 들어가기를 요구했다. 그 때문에 맑스는 특히 고전어인 라틴어와 그리스어 등의 과목을 공부하며, 열심히 노력하여 대학*에 들어갔다. 한편 엥겔스의 부친은 가족의 전통에 따라 외국어 교육을 중심으로 하는 실리적인 교육을 아들에게 받게 하고, 최종적으로 도제수업에 의해 교육하는 길을 선택했다. 그리하여 엥겔스는 김나지움*을 나오자 바로 도제수업에 나서게 된다.

【Ⅱ】청년시절

그러나 김나지움을 마친 두 청년의 진로는 어떤 의미에서는 닮았다고도 할 수 있다. 엥겔스는 브레멘* 에서의 생활 속에서 고향의 교회를 지배하고 있던 경건주의*를 혐오하고, 고향 노동자의 빈곤을 지적하며, 실업적인 세계로부터 학문적인 세계를 동경하기 시작한다. 지원병이라는 특권으로 베를린 대학의 강의를 들은 엥겔스는 당시의 헤겔 좌파*에게 영향을 받아 점점 더 실리적 세계를 혐오하고 새로운 학문적 조류에 끌리게 된다. 맑스의 경우도 부친의 가업을 위해 선택한 법학 연구를 일찍이 포기하고 본 대학에서는 시에 열중하며, 베를린*에서는 헤겔 철학에 몰두하게 된다. 맑스는 유흥과 요양 그리고 부친에 대한 반감도 있고 해서 6년이나 걸려 법학이 아니라 철학*을 전공으로 대학을 마쳤다. 두 사람에게 공통된 것은 부친이 제시한 노선에서 이탈하여 자기를 확립하고자 하는 청년의 고뇌였다.

다만 그 차이는 엥겔스의 경우 비교적 좌절이 적었던 데 반해, 맑스는 커다란 좌절을 체험했다는 점이다. 엥겔스가 수업 시절부터 논단에 등장하여 가업과 문필의 양립을 도모한 데 반해, 맑스는 시, 법학, 철학에로 극단적으로 빨려 들어가 변호사라는 직업에 대한 희망을 포기함으로써 가족을 실망시켰을 뿐만 아니라 귀족의 딸과 결혼하여 유대 세계로부터 벗어나 불안정한 저널리즘*의 세계로 들어가고 있었던 것이다. 엥겔스가 실리적 세계와 이상의 세계를 이중으로 제어할 수 있는 세속적인 재능을 갖고 있었던 데 반해, 맑스는 실리적인 세계에 대한 철저한 경멸과 이상에 대한 지치지 않는 탐닉이라는 파멸적 성격을 지니고 있었다는 점이 두 사람의 운명을 크게 바꾼다.

【Ⅲ】엥겔스와 맑스

이미 『라인 신문』*의 주간으로 그 논리의 치밀함과 대담함으로 논단에 이름을 떨치고 있던 맑스와, 많은 글을 쓰지만 논단에서는 그리 인정받지 못하고 있던 엥겔스가 1842년 11월에 처음으로 만난다. 맑스는 맨체스터*의 부친 회사에 부임하고자 하는 실업계의 청년 엥겔스에게 차가운 시선을 던졌다. 그러나 그보다 2년 후의 8월에 파리*에서 재회하게 되자 맑스는 엥겔스를 경제학을 소개한 인물로서 따뜻하게 맞이한다. 맑스와 엥겔스의 평생에 걸친 우정관계는 이때 생겨났다고 한다. 그 최초의 공저가 『신성 가족』*(1845)이다. 다시 말해 1844년부터 1849년까지 상인과 문필업 및 활동가와 같은 지금까지의 이중생활에 큰 변화를 가져온 사건이 엥겔스에게 일어났던 것이다. 엥겔스는 이 시기에 잃어버린 청춘을 되찾는다.

엥겔스는 고향에 돌아간 후에도 『영국 노동자계급의 상태』*를 출판하고, 나아가 브뤼셀*의 맑스 가* 가까이에 거주하면서 거기서 민주주의협회*, 노동자협회, 의인동맹*에 접근하여 정치활동에 빨려 들어간다. 엥겔스가 이 시기에 경제학이나 유물론적 역사관*에서 맑스를 얼마간 앞서고 있었던 것은 틀림이 없다. 또한 공산주의자동맹*에서 『공산당 선언』*을 집필할 때에도 엥겔스는 주도적인 역할을 하고 있었다. 최종적으로는 맑스에게 집필이 위임되지만, 엥겔스가 수행한 역할은 매우 큰 것이었다.

1848년 혁명*이 일어나자 엥겔스와 맑스는 쾰른*에서 『신라인 신문』*을 편집한다. 맑스가 오로지 저널리스트로서 문필 작업을 펼쳤던 데 반해, 엥겔스는 정치적 조직과 문필이라는 커다란 과제를 짊어진다. 두 사람의 차이는 혁명*에 대한 관계라는 점에 있었다. 맑스가 어디까지나 논단 안에서 혁명 논의를 전개한 데 반해, 엥겔스는 엘버펠트*나 바덴 봉기*에 총을 들고 참가했다. 맑스는 혁명의 열광을 언제나 냉정한 눈으로 분석하는 것을 자신의 역할로 삼고 있었지만, 엥겔스는 혁명에 참가하는 것에 마음 쓰고 있었다.

【Ⅳ】두 사람의 분업

1849년 8월, 스위스로 피신해 있던 엥겔스가 런던*으로 옮겨간 맑스를 곧바로 뒤쫓아 온다. 혁명 후의 런던에는 많은 독일인으로 넘쳐나고, 망명자를 극도의 빈곤이 덮치고 있었다. 엥겔스는 송금된 자금으로 맑스와 함께 『신라인 신문』의 속간, '망명자 지원 사회민주주의위원회'의 결성, 공산주의자동맹의 패권 장악, '혁명적 공산주의자 세계동맹'의 결성 등을 시도하지만, 망명자 내부의 비방, 중상, 분파행동으로 모두 실패하게 된다.

재정적 빈곤에 직면한 엥겔스는 부친이 공동으로 경영하는 회사 '에르멘 앤드 엥겔스 상회*'에서 일하기로 결심한다. 여기서 또다시 엥겔스의 실리적 세계와 이상의 세계라고 하는 이중생활이 시작된다. 맑스는 대영박물관과 서재로, 엥겔스는 상인으로의 분리는 약 20년간 계속된다.

맨체스터에서의 엥겔스의 이중생활은 완벽했다. 엥겔스는 주거를 상인으로서의 공적 주거와 공산주의 관계의 자료를 보관하는 번스 자매*와의 사적 주거의 둘로 나누어 독신생활과 번스 자매와의 애인생활을 구별해서 사용했다. 또한 마찬가지로 알버트 클럽이나 실러협회*에서의 사교의 장과 혁명가로서의 장을 구분하고 있었다. 결과적으로 프로이센 스파이*의 관찰은 그렇다 치더라도 동료들이 본 엥겔스의 생활은 평범한 부르주아 계급의 그것과 그리 다르지 않은 것으로 보였을 것이다.

다만 그때까지의 문필가로서의 엥겔스는 어느 정도 정체되고 말았다. 엥겔스의 대표적 저작으로 들 수 있는 『자연변증법』*(1935), 『반뒤링론』*(1878)도 이 시대의 것이 아니다. 당시의 저작으로서는 『포 강과 라인 강』(1859), 『자보아, 니스와 라인』(1860), 『프로이센의 군사문제와 독일 노동자당』*(1865) 등을 들 수 있다. 그러나 이 저작들은 당시 오로지 군사문제에 대한 논문을 발표하고 있던 군사평론가로서의 엥겔스를 이해하는 데서는 중요한 저작이지만, 청년기의 저작에 비해 상당히 뒤떨어지는 것이라 말해도 좋을 것이다. 물론 엥겔스가 맑스 가를 위해 송금한 금액을 보면 엥겔스가 얼마나 자신을 희생하며 실리적 노동을 견뎌냈는지 알 수 있다. 또한 맑스와의 왕복 서간이나 맨체스터에서의 교류를 통해 맑스의 사상 형성에 커다란 영향을 준 것도 어느 정도는 이해할 수 있다. 그러나 맑스 사후에 맑스 사상의 체현자로서 나타나는 사상가로서는 이 시기의 저작은 너무도 빈약하다고 할 수 있을 것이다.

【V】엥겔스의 업적

그렇다면 엥겔스는 1870년에 일을 그만두고 런던으로 옮긴 이후에 커다란 진전을 이루게 되는 것일까? 엥겔스는 맑스의 집 가까운 곳에 주거를 마련하고 매일처럼 방문하여 밤늦게까지 거기서 토론을 벌인다든지 했다고 한다. 런던에서의 최초의 저작이 「주택문제」*(1872)이다. 거기서 전개되고 있는 현실 문제는 분명 엥겔스다운 예리한 구석이 있지만, 이론적 문제인 프티부르주아적 주택론 비판이라는 관점은 매우 조잡한 논의이다. 그러나 『자본』에 대한 예찬을 포함한 엥겔스식의 논리의 단순화는 그 이후 맑스의 저작에 대한 그의 해설의 원형을 이루고 있었다고도 할 수 있다. 엥겔스의 사고는 20년간의 공백으로 맑스와 결정적으로 달라져 버렸던 것이다.

1878년, 엥겔스는 20년의 공백을 만회할 만한 작품인 『반뒤링론』을 발표한다. 이 저작에는 나중에 『공상에서 과학으로』*(1880)라는 제목으로 별도로 인쇄되는 작품이 포함되어 있었다. 이 작품은 나중에 맑스 자신이 그 서문에서 쓴 것처럼[19:185] 맑스주의 입문서로서의 지위를 확립하는 것이지만, 엥겔스는 거기서 당시까지의 사회주의*(공상적 사회주의)와 앞으로의 사회주의(과학적 사회주의=맑스주의)를 『자본』을 사용해서 설명한다. 여기서는 표면적으로 엥겔스적인 사상이라는 것이 전개되어 있지 않다. 다시 말해 엥겔스는 맑스의 사상을 해설하고 있는 것이지, 엥겔스 자신의 사상을 전개하려고 하는 것이 아님을 반복해서 설명하고 있는 것이다.

엥겔스의 이 저작은 엥겔스가 맑스의 충실한 가복임을 드러냄으로써 엥겔스=맑스라는 등식을 만들어내고 있는데, 어떤 의미에서는 이것이야말로 엥겔스가 20년간의 공백 후에 새롭게 획득한 사상이었다. 그 후에 잇달아 저술되는 맑스의 저작에 대한 해설문들은 본문 이상으로 내용을 설명하여 독자들을 속박하는 결과를 초래하는데, 이는 엥겔스에게 있어 20년이라는 인내의 시간에 대한 보상으로 얻은 당연한 권리였던 것으로도 보인다.

1883년에 맑스가 사망한 이후부터 95년에 엥겔스 자신이 사망할 때까지 그는 맑스의 유고를 편집, 해설, 선전하는 맑스의 망령이었다. 엥겔스의 역린을 건드린 카우츠키*는 유고 관리 자격을 박탈당했지만, 엥겔스는 전능한 맑스 해석자 제우스가 되어버린 것이다.

【Ⅵ】 엥겔스라는 사상가

엥겔스라는 사상가는 대단히 기묘한 사상가이다. 왜냐하면 맑스가 있고 난 뒤의 엥겔스여서 맑스를 빼놓고서 홀로 언급되는 경우가 거의 없는 사상가라고 할 수 있기 때문이다. 엥겔스에 대한 연구에서 맑스의 이름을 빼놓고서 다루어지는 것은 초기의 저작 이외에는 없다고 할 수 있다. 굳이 말하자면, 맑스와 엥겔스는 1840년대까지는 각기 독립된 사상가로서 서로 절차탁마하는 관계였지만, 20년의 공백에 의해 그 관계는 완전히 바뀌고 말았던 것이다.

생활을 위한 일도 하지 않고 정치활동에도 직접적으로는 참가하지 않으면서 이상을 추구하는 가운데 학문을 연구하고, 또 중산계급에 합당한 생활을 유지하는 한편 여성 문제에서 엥겔스에게도 폐를 끼친 맑스는 엥겔스 입장에서 본다면 행복한 존재였던 셈이다. 엥겔스가 몇 년간을 제외한 대부분의 시간을 생활을 위한 노동에 구속되어 자유로운 활동도 할 수 없었다고 한다면, 사상적인 점에서 맑스의 뒷마무리를 하게 된 것은 어쩔 수 없는 일이었다. 그러나 이는 맑스와 엥겔스의 인생의 출발점에서 비롯된 성격이나 환경의 차이에서도 커다란 영향을 받고 있었다. 생활을 위해 이중생활을 감수하는 엥겔스에게는 이상을 위해 의지를 꺾지 않는 맑스와 같은 강인함은 없다. 그런 의미에서 두 친구는 서로를 보완하는 최고의 관계이기도 했으며, 엥겔스가 맑스 사상을 대변할 수 있었던 것도 당연한 일이었다. ☞엥겔스 가, 「주택문제」, 『반뒤링론』, 『공상에서 과학으로』, 맑스(하인리히), 브레멘, 트리어, 런던, 경건주의, 실러협회, 맨체스터, 망명, 맑스 평전

㊂ 的場昭弘, 「エンゲルス學事始め」, 『月刊フォーラム』, 7月号, 1995. T. カーヴァー(內田弘 譯), 『マルクスとエンゲルスの知的關係』, 世界書院, 1995. W. O. Henderson, *The Life of Engels*, Vol. 1, 2, London 1976. N. Levine, *The Tragic deception: Marx contra Engels,* Santa Barbara 1975.

―마토바 아키히로(的場昭弘)

엥겔스 가 ―家 [(독)Die Familie Engels]

프리드리히 엥겔스*의 선조는 17세기에 바르멘*과 엘버펠트* 사이의 부퍼 강 유역의 지주가 되었다. 이 지역은 그 이름도 엥겔스-브루흐라고 불릴 정도로 엥겔스 가와 인연이 깊은 곳이었다. 여기에서 18세기 중반에 염색 사업을 시작한 것은 프리드리히의 증조부 카스파 엥겔스 1세이며, 이는 엥겔스 상회의 시작이기도 했다. 그에게는 카스파 2세와 벤야민이라는 아들이 있었는데, 그들은 회사명을 '엥겔스와 아들'로 바꾸며, 프리드리히의 부친 프리드리히 시니어 시대에는 '카스파 엥겔스의 아들'이라는 회사명으로 바꾼다. 시니어는 1838년에 맨체스터*에서 에르멘 가와 '에르멘 앤드 엥겔스 상회*'라는 회사를 세운다.

【Ⅰ】 엥겔스 가의 전통

카스파 엥겔스 2세는 기업 활동뿐만 아니라 노동자에 대한 대책, 종교문제 등 다방면에 걸쳐 활약하여 엥겔스 가의 명성을 높였다. 특히 교회 건설의 중심적 역할을 담당한 것이 카스파 2세였다. 프리드리히 엥겔스가 「부퍼탈 통신」*에서 "계곡에서 가장 아름다운 건물이며, 가장 품격 있는 비잔틴 양식으로 매우 훌륭하게 만들어졌다"[1:450]라고 형용한 교회가 바로 엥겔스의 조부가 건립한 것이었다.

또한 엥겔스 가의 공장 주위에는 카스파 2세에 의해 노동자용 주택이 건립되어 있었다. 프리드리히 엥겔스는 「주택문제」* 제2판 서문에서 부퍼탈에서는 주택난이 별로 없다고 했으나[21:325], 이는 엥겔스 가나 융크가 등처럼 공장 주위에 노동자 주택을 건설하고 있던 자본가가 존재했던 경우에 지나지 않았다. 또한 카스파 2세는 노동자의 자제들을 위해 초등학교를 건설하거나 구빈원의 빈민을 보호하기도 했다.

카스파 2세가 만들어낸 엥겔스 가의 전통은 종교정신과 공장노동자에 대한 따뜻한 보호였다. 이 전통은 그의 아들 프리드리히 시니어의 가족에게도 이어진다. 카스파 2세의 아들로는 카스파 3세, 프리드리히 시니어, 아우구스트가 있었다. 그들은 공동으로 경영을 하지만, 마지막까지 엥겔스 가의 가업을 발전시킨 것은 프리드리히 시니어였다.

【Ⅱ】 프리드리히 엥겔스의 가정

카스파 2세의 아들 프리드리히 시니어는 이러한 뜨거운 종교정신과 노동자에 대한 보호와 같은 가정환경에서 자라난다. 그는 프랑크푸르트 암 마인의 에크하르트 상회에서 도제수업을 받았다(1812-14년). 그 후에 프리드리히 엥겔스도 브레멘*에서 도제수업을 쌓는데, 이는 엥겔스 가의 전통이었다. 이윽고 1819년에 그는 함의 김나지움* 교장 딸인 엘리자베트와 결혼한다. 이 두 사람 사이에서 태어난 첫 아이가 프리드리히 엥겔스였다.

그들의 자녀로는 그밖에 차남 헤르만, 장녀 마리, 차녀 안나, 3남 에밀, 3녀 헤드비히, 4남 루돌프, 5남 빌헬름, 4녀 엘리제가 있었다. 그 중에서 요절한 것은 빌헬름과 안나뿐이며, 그 이외에는 모두 다 장수했다. 차남 헤르만은 프리드리히가 맨체스터로 떠남으로써 대신 가업을 이어받게 된다. 장녀 마리는 프리드리히와 종종 편지를 주고받을 정도로 사이가 좋은 여동생이며, 사회주의*에 관심을 갖고 있는 바르멘의 상인 칼 블랑크와 결혼한다.

엥겔스 가는 음악가 집안이었다. 가족 모두가 악기를 연주하고, 음악회를 열기도 했다. 이러한 취미는 크룸마허(엥겔스가 비판한 급진적 경건주의자) 식의 경건주의*(Pietismus) 입장에서는 죄악이었지만, 카스파 2세가 건설한 교회에 거액의 기부를 한 점이나 엥겔스 가의 근처에 살고 있던 신부 칼 슈네트라게가 엥겔스 집안의 친척이었다는 점도 있고 해서 큰 문제는 되지 않았다. 프리드리히 자신은 바순과 첼로를 연주했다고 한다.

프리드리히 시니어가 일로 바쁜 탓도 있고 해서 모친과 아이들은 종종 모친의 고향 함에서 지냈다. 모친의 지성과 김나지움 교사였던 조부 베른하르트의 영향이 프리드리히에게 지적 호기심을 물려줬다고도 한다. 또한 사제였던 칼 슈네트라게 가는 엥겔스 가에게 있어 가장 가까운 친척이기도 했다. 프리드리히의 경건주의에 대한 냉엄한 비판의 눈은 숙부인 이 슈네트라게로부터 얻은 지식을 바탕으로 한 것으로도 보인다.

엥겔스의 집 근처에는 엥겔스 가가 경영하는 공장이 있고, 그 주위에는 조부 카스파가 건설한 노동자 주택이 있었다. 엥겔스의 일상생활은 자본가의 자식이면서도 다른 한편으로 노동자의 자녀들과도 사귀며 그들의 생활을 직접 보는 것이었다. 엥겔스의 『영국 노동자계급의 상태』*에서 정리되는 노동자에 대한 예리한 통찰은 이러한 환경에서 비롯되었다고도 할 수 있다. 하지만 부퍼탈 노동자의 생활은 엥겔스 가의 주위에 있는 노동자의 생활이 전부는 아니었다. 당시에는 방직기를 빌려 집안에서 일하는 직조공 숫자가 압도적으로 많았다. 엥겔스는 이러한 노동자에 대해서는 충분한 관찰을 하지 못했다. 그러나 엥겔스 가의 전통은 노동자에 대한 배려이며, 그런 의미에서 엥겔스의 관찰은 조부 이래로 내려온 전통을 답습한 것이었다고 할 수 있다.

☞엥겔스, 에르멘 앤드 엥겔스 상회, 바르멘, 엘버펠트, 「부퍼탈 통신」, 경건주의, 「주택문제」

㊟ 的場昭弘, 「ヴッパータールとエンゲルス」, 石塚正英・柴田隆行・村上俊介・的場昭弘 編, 『都市と思想家 Ⅱ』 수록, 法政大學出版局, 1996. M. Kliem, *Friedrich Engels, Dokumente seines Lebens*, Berlin 1977. M. Knieriem, "Die Entwicklung der Firma Caspar Engels Söhne", in: *Nachrichten aus Engels Haus* 1, Wuppertal 1978. "Die Herkunft aus Friedrich Engels. Briefe aus der Verwandtschaft 1791-1847", in: *Schriften aus dem Karl-Marx-Haus*, Nr. 42, Trier 1991.

―마토바 아키히로(的場昭弘)

『여성과 사회주의 女性─社會主義』 [(독) *Die Frau und der Sozialismus*, 1 Auflage, Zürich-Hottingen{Leipzig} 1879; 50 Auflage, Stuttgart 1910]

독일 사회민주당의 창립자 가운데 한 사람인 아우구스트 베벨*의 주저. 맑스주의 여성론의 고전. 베벨은 전시공채에 반대했다는 등의 이유로 31개월 동안 감옥에서 생활하며 이 책을 썼고, 사회주의진압법에 의한 탄압을 피해 출판지를 취리히*로 했다. 초판은 180페이지였지만 그 후 판을 거듭하면서 내용도 풍부해져 1910년의 제50판에서는 500페이지가 넘는 대저가 되었고 여러 외국어로 번역되었다. 전체는 4편으로 이루어지는데, 제1편 '과거의 여성'에서는 태고부터 18세기까지를 대상으로 삼고 있고 엥겔스*의 저작 성과도 받아들이고 있다. 제2편 '현재의 여성'에서는 자본주의 사회에서의 여성의 억압이 사례를 바탕으로 분석되며, 제3편 '국가와 사회'에서는 자본주의 사회의 위기를 논하고 있고, 제4편 '사회의 사회화'에서는 장래의 사회주의 사회와 거기서의 해방*된 여성의 상태가 묘사되고 있다. 교육*과 법적 권리를 요구하는 부르주아 여성운동의 성과를 인정하면서도 프롤레타리아 여성운동과의 동맹이 필요하다고 주장한다. 서두에서 "여성과 노동자는 피억압자라는 점에서 같다"고 말하고, 말미에서 "미래는 사회주의*의 것이다. 무엇보다도 우선 노동자와 여성의 것이다"라고 끝맺고 있듯이, 이 책이 노리는 바는 프롤레타리아 여성을 중심으로 한 여성운동*과 노동운동의 결합에 의한 사회주의의 실현이었다. 사회주의의 실현에 여성이 어떠한 역할을 수행하는지는 명확히 제시되어 있지 않지만, 사회주의 사회에서의 직업노동에 대한 종사와 가사의 사회화를 통해 여성이 해방된다는 주장은 여성론의 귀중한 유산이 되었다. ☞여성운동, 베벨, 『여성의 종속』

참 ベーベル(伊東勉・土屋保男 譯), 『婦人論』(上・下), 大月書店, 1958. 倉田稔, 『ベーベルと婦人論』, 成文社, 1989.

—미즈타 다마에(水田珠枝)

여성 노동/아동 노동 女性勞動/兒童勞動 [(독) Frauenarbeit/Kinderarbeit]

여성의 노동*이나 어린이 노동 그 자체는 옛날부터 존재했고 사회 속에서 그 나름의 역할을 인정받아 왔지만, 국가*나 경제학이 그것을 무시할 수 없는 사회문제라고 간주하게 되는 것은 산업혁명*과 더불어 기계제 대공업*이 확산되기 시작한 이후의 일이다. 특히 18세기 말 이래로 섬유산업을 주축으로 하여 떠오르는 영국의 산업에서 여성 노동과 아동 노동은 중요한 역할을 수행했다. 오언*이 뉴 래너크에서 면방적공장을 시작했을 때 거기서의 주요한 노동력은 구빈원으로부터 받아들인 아동의 노동이었으며, 엥겔스*가 『영국 노동자계급의 상태』*(1845)에서 인용한 애슐리 경의 의회에서의 연설에 따르면 1839년의 공장노동자 42만 명 가운데 거의 절반은 18세 이하의 노동자이며, 또한 여성 노동자는 24만 명으로 전체 공장노동자의 약 60%를 차지하고 있었다. 이 중에서 성인남성 공장노동자는 개략적으로 10만 명이 채 안 되었다. 공장노동자의 4분의 3이 여성과 아동 노동이었다는 셈이다.

이러한 여성 노동/아동 노동이 사회문제로 대두하게 되는 것은 공장에서 기계*와 함께 여성이나 어린이의 노동이 종래의 숙련 남성 노동자를 대체했기 때문만이 아니라 광산업 등 기계화가 미치지 않는 열악한 노동환경의 주변산업에서도 여성이나 어린이의 노동이 현저해졌기 때문이다. 여성이나 10세 이하의 아이들이 1일 12시간이라는 긴 시간 동안 주야 2교대로 열악한 환경에서 일하면 아이들의 건강이나 발달은 현저히 저해되고 여성이 지니는 '모성'도 현저하게 파괴된다. 산업혁명기 영국의 노동자에 대한 엥겔스의 이러한 설명을 맑스도 공유하고 있었다. 이와 같은 여성 노동/아동 노동에 대한 법적인 보호를 요구하는 '공장법*' 제정 움직임이 19세기 영국의 노동정책의 중심을 차지하고 있었다.

이를 둘러싼 논의는 맑스가 자본주의적 축적의 구조 인식을 심화시키는 데 도움이 되었다. 자본*의 끊임없는 이윤* 추구는 기계의 채택을 추진하고, 기계는 노동자 가족의 여성과 아이들을 노동시장으로 끌어낸다. 동시에 지금까지 성인 남성이 받고 있던 '가족 임금'은 해체되고 '노동력'의 가치*는 낮아진다. 맑스는 '상대적인 잉여가치*의 생산'을 이러한 줄거리로 설명했다. 자본주의 생산은 항상적으로 여성 노동/아동 노동으로 상징되는 '노동력'의 가치 하락을 필연적으로 가져온다. 이것을 맑스는 한편으로 자본이 초래하는 강한 욕구라고 비판했지만, 다른 한편으로 여성도 아이들도 노동자가 되어 사회적 분업에 참가하는 것은 역사의 발전이라고 보기도 했다. 그는 공장법의 교육조항이 아동에게 교육*을 부여하는 중요한 실마리가 된다고 보고 있었으며, 노동과 교육을 결부시키는 것의 적극적인 의의를 인정하고 있었다. 여성 노동/아동 노동은 분명히 "퇴폐나 노예상태의 해독(害毒)의 원천이긴 하지만 그에 상응하는 관계들 하에서는 역으로 인간적 발전의 원천으로 일변할 것임에 틀림없다"[『자본』, 23a:638]. ☞『영국 노동자계급의 상태』, 공장법, 하인드먼

참 F. エンゲルス(一條和生 外 譯),『イギリスにおける勞働者階級の狀態』(上・下), 岩波書店, 1990. V. ビーチ(高島道枝 外 譯),『現代フェミニズムと勞働』, 中央大學出版部, 1993.

―야스카와 에쓰코(安川悅子)

여성운동 女性運動 [(독) Frauenbewegung (영) Women's movement (불) mouvement des femmes]

【Ⅰ】개요

여성운동은 맑스가 살았던 19세기의 산물이다. 전근대적 공동체의 해체와 산업혁명*의 도래로 생산과 재생산*(노동력의 생산=소비생활)의 사이클이 이루어져 온 종래의 가족은 생산의 기능을 상실하고, 그 결과 상류계급의 여성은 생산 활동에서 떨어져 나와 가정에 구속되고 하층계급의 여성은 갈 곳을 잃었다. 다른 한편 프랑스 혁명*이 내건 자유*와 평등*이라는 인간해방 사상은 여성에게 자신이 처한 차별과 의존 상태를 인식시켰다. 이와 같은 사회적・사상적 변동을 배경으로 여성은 삶의 방식을 모색하고 상황의 변혁을 요구하게 되며, 그것이 조직적 운동으로 된 것이 여성운동이다. 여성운동의 내용은 생활 전반에 걸치는데, 자선사업, 정치적・시민적 권리의 요구, 결혼제도・가족제도의 개혁, 연애・이혼의 자유, 매춘금지, 교육*에서의 평등, 직업 노동에서의 평등 등 다양하다. 게다가 그 방향성은 여러 갈래로 나누어져 나라에 따라, 또 시기에 따라 운동의 중심점에는 차이가 있다.

인간*의 해방*을 주장하는 맑스는 기본적으로는 여성의 해방, 남녀의 평등을 지지한다. 『경제학・철학 초고』*에서는 "사랑은 오직 사랑과만, 신뢰는 오직 신뢰와만 교환"[40:489]되는 평등한 상태를 이상으로 하며, 「쿠겔만에게 보내는 편지」에서는 푸리에*의 말을 이용하여 "사회의 진보는 아름다운 성{여성}의 사회적 지위를 척도로 해서 정확하게 측정할 수 있다"[32:480]라고 쓰고, 『자본』*에서는 "대공업은 …… 가족이나 양성 관계의 보다 높은 형태를 위한 새로운 경제적 기초를 만들어낸다"[23a:637]고 말하여 장래의 여성의 해방을 상정하고 있다. 그러나 저작들 중에서 여성운동을 직접 언급한 부분은 얼마 되지 않는다.

【Ⅱ】각국의 여성운동

영국에서는 프랑스 혁명에 자극 받아 울스턴크래프트가 『여성의 권리 옹호』를 발표하고 여성 교육의 개선, 여성참정권, 직업노동에 대한 종사를 설파했지만, 여성운동은 그로부터가 아니라 혁명*에 위협을 느낀 한나 모어의 자선활동으로 시작되었다. 이 운동은 가정에 구속되어 존재 이유를 발견할 수 없게 된 수많은 여성을 사회로 끌어냄으로써 그 이후 전개되는 다양한 운동의 토대를 만들었다. 여성의 교육을 요구하는 운동은 더부살이하는 가정교사(거버니스)의 구제와 직업 확보의 필요에서 진행되어 이를 위한 칼리지가 설립되는데, 아카데미즘의 아성인 옥스퍼드나 케임브리지에도 여성의 칼리지가 설립되었다. 기혼여성의 권리를 요구하는 운동은 친권을 요구하는 노턴 사건을 계기로 일어나며, 부인의 재산관리권은 1870년에 성립되었다. 여성참정권 요구는 여성단체의 요청에 따라 J. S. 밀*이 하원에서 처음으로 청원서를 제출한 이래로 끈질긴 운동이 이어졌다.

프랑스에서는 대혁명 시기에 구쥬가 「여성과 여성 시민 권리 선언」을 쓰고, 파리*의 여성들은 빵을 요구하며 베르사유로 행진하는 등 독자적인 혁명조직을 만들었지만, 1804년의 '나폴레옹 법전'에 의해 여성의 지위는 억압되었다. 1830년대에는 생시몽주의*자나 푸리에주의자가 연애의 자유・가족의 해체에 의한 여성해방을 주장하고, 트리스탕*은 '노동자동맹'의 결성을 통한 남녀노동자의 해방을 부르짖었다. 1848년의 2월 혁명*에서는 니부아예가 신문 『여성의 목소리』를 발행하여 이혼의 자유, 노동자의 조직화, 여성의 해방을 주장했다. 1871년의 파리 코뮌*에서 여성은 독자적인 조직을 만들어 활동했다.

미합중국에서는 영국의 여성운동과 서로 영향을

주고받으며 참정권 운동이 진행되었다. 1848년에는 세네카 폴즈 회의에서 여성참정권이 결의되고, 미국 「독립선언」을 이용해 여성의 권리를 주장한 「감정선언」이 발표되었다. 우드헐은 여동생과 함께 주간지를 발행하여 여성참정권, 자유연애, 노동문제, 사회변혁을 주장하고, '평등권당'을 조직해 1872년 대통령선거에 입후보하고 제1인터내셔널과도 연대했다. 또한 여성은 노예해방운동, 금주운동, 복장개혁운동에도 참여했다.

독일에서는 프랑스 혁명기에 히펠이 여성 교육의 필요성을 주장하고 1848년의 3월 혁명*을 계기로 오토-페터스가 신문을 발행하여 여성의 노동권을 호소했다. 1865년에는 '전독일여성협회'가 결성되었지만 비스마르크* 정권 하에서 점차 보수적으로 변하고 있었다.

【Ⅲ】 맑스와 여성운동

특징적인 것은 다음의 네 가지 점이다. 첫째는 여성의 정치적·시민적 권리 획득 운동에 대한 관심을 보이지 않았다는 점이다. 맑스는 「유대인 문제에 대하여」*에서 프랑스 혁명의 「인권선언」과 관련하여 인권이란 사유재산을 중심으로 한 이기적 인간의 권리이며, 근대국가는 그러한 개인으로 이루어진 시민사회*를 토대로 하고 있다고 비판했다. 이러한 태도는 여성참정권에 대한 무관심과 공통된 것이다. 둘째는 생시몽주의자나 푸리에주의자와의 차이를 내세운 점이다. 『공산당 선언』*에서는, 공산주의*는 가족을 폐지하고 여성을 공유한다고 하는 부르주아의 비난에 대해, 그 어떤 급진적인 사람이라도 그와 같은 의도에는 분개할 것이라며 생시몽주의자나 푸리에주의자의 여성해방에는 동조하지 않는다는 것을 강조하는 동시에 부르주아 사회야말로 매춘에 의해 여성을 공유하고 있다고 반론했다. 셋째는 제1인터내셔널에 대한 우드헐의 조직(제12지부) 참가를 거부한 점인데, 거기서의 맑스의 발언은 여성운동에 대한 자세를 보여준다. 즉 우드헐은 미합중국 대통령의 지위를 노리고 있으며, 제12지부의 주장에는 "개인적 자유, 사회적 자유(자유연애), 복장의 개혁, 여성참정권, 세계어 등이 논의되고 …… 여성문제를 노동자문제보다 우선시하고 있으며 국제노동자협회가 노동자의 단체라는 원칙을 인정하려고 하지 않는다"[18:702]고 비난하고 있다. 넷째는 이와는 대조적으로 남성과 함께 투쟁한 여성들을 지지하고 있다는 점이다. 맑스는 파리 코뮌에서 헌신적으로 활동한 여성들에게 찬사를 보내고 있다. ☞『여성과 사회주의』, 베벨, 『여성의 종속』, 『인형의 집』

참 Ray Strachey, "The Cause", *A Short History of the Women's Movement in Great Britain*, London 1928. Richard J. Evans, *The Feminists, Women's Emancipation Movement in Europe, America and Australasia, 1840-1920.* London 1977. 水田珠枝, 『女性解放思想史』, 筑摩書房, 1979. サラ・M. エヴァンズ(小檜山ルイ 外 譯), 『アメリカの女性の歴史』, 明石書店, 1997.

—미즈타 다마에(水田珠枝)

『여성의 종속 女性—從屬**』** [*The Subjection of Woman*, 1869]

영국의 철학자 J. S. 밀*이 저술한 여성론의 고전. 밀은 해리엇 테일러의 영향을 받아 여성의 해방*에 열의를 보이며, 하원의원 당선 후인 1866년, 여성참정권의 청원을 하원에 제출했지만 부결되었다. 그러자 그는 이 책을 출판했는데, 외국에서도 번역되어 큰 반향을 불러일으켰다. 전체는 4장으로 나뉘는데, 제1장에서는 남녀평등의 정당성, 제2장에서는 가정생활에서의 남녀평등, 제3장에서는 사회생활에서의 남녀평등, 제4장에서는 남녀평등의 이익을 논했다. 현재의 남녀관계는 정의롭지 못할 뿐만 아니라 인류 진보의 장애이고 남녀동권의 원리 위에 재구성되어야 한다고 말하고, 여성에 대한 차별을 자연스럽게 보는 당시의 풍조와 지배적 사상을 논리적, 역사적, 성격학적으로 논파하며 남녀평등을 이론화했다. 따라서 이 책은 여성론에 의한 저자의 사상의 집약임과 동시에 사상계에서의 저자의 입장을 표명하는 것이기도 했다. 하지만 그 평등론도 기혼여성의 직업노동에 반대하고 여성이 경제적으로 자립하지 않아도 부부의 평등은 가능하다고 하는 것과 같은 모순을 포함하고 있었다. 이 책에 대해 맑스주의* 쪽에서는 베벨*의 『여성과 사회주의』*

가 평가와 비판이라는 이중적인 자세를 보였다. 베벨은 결혼과 가족 내에서의 여성의 종속에 대한 서술에 대해서는 찬성의 뜻을 표명하지만, 종속상태가 점차 개선되어왔다고 하는 밀의 주장에 대해서는 자본주의 사회의 결혼은 여전히 금전결혼이라고 비판하며, 또한 저자의 여성참정권에 대한 활동은 평가하지만 사회의 변혁 없이는 남녀평등은 실현되지 않는다고 주장했다. ☞『여성과 사회주의』, 여성운동

참 ミル(大内兵衛・大内節子 譯), 『女性の解放』, 岩波文庫, 1957. 水田珠枝, 『ミル「女性の解放」を讀む』, 岩波書店, 1984.

—미즈타 다마에(水田珠枝)

여자 교육 女子教育 [(독) Mädchenbildung]

근대 독일의 여자 교육에서는 남자의 경우와 마찬가지로 민중학교(초등교육)에서의 취학 의무의 보급이 이루어졌다. 하지만 중등교육과 고등교육에 대해서는 '남성우위'의 원칙이 관철되었다. 그것은 근대 산업사회의 전개에 따라 노동*에서의 '성별 분담'의 논리에 의해 뒷받침되고 있었다. 요컨대 남성은 '밖'에서 사회적으로 유용한 노동에 종사하고, 여성은 '안'에서 육아・가사라는 사회적으로 유용하지 않은 노동에 종사한다는 평가였다.

이러한 가운데 여자의 공립 중등학교도 등장하게 되었다. 1800년에는 독일 전체에서 6개교였지만, 1820년대까지 18개교, 40년대 말까지 28개교, 60년대 말까지 37개교, 80년대 말까지 76개교가 설립되어 95년에 이르러서는 총수 196개교가 되었다. 사립학교의 경우에는 1901년에는 656개교에 달했다. 이러한 학교들은 대개 상층시민(교양시민이나 부유시민)의 자녀 교육*을 목표로 하고 있었다. 거기서의 교육은 그녀들이 가정 밖에서 일하는 것이 아니라 사회적 지위에 상응하는 결혼을 할 것을 상정하고 있었던 까닭에 종교*나 외국어(프랑스어, 이탈리아어, 영어 등) 또는 기예를 중심으로 한 것이었다. 물론 대학 진학에 필요한 라틴어・그리스어와 같은 고전어는 교육되지 않았다. 그 때문에 여자 중등학교로부터의 대학 입학은 기본적으로 인정되지 않았다.

19세기 후반부터 전개된 여성해방운동이 이러한 사태를 외면할 리 없었다. '여성의 대학 입학'이 거기서의 주요한 요구사항 중 하나였다. 이러한 가운데 1901년에 김나지움*과 함께 실업계의 중등학교도 모든 대학 학부에 대한 입학권을 인정받게 되었다. 남성 세계에서 발생한 이 개혁은 여성 세계에도 좋은 영향을 주었다. 왜냐하면 남자 중등학교 중에서 고전어를 배우지 않는 중등학교(고등실업학교)도 대학 입학권을 인정받았기 때문에, 마찬가지로 고전어를 배우지 않는 여자 중등학교에 대학의 문호를 닫아 둘 수는 없었기 때문이다. 이리하여 1908년, 여성에게도 대학의 문호가 개방되었다.

하지만 대학 입학에서의 남녀의 동권화가 법제적으로 확립되었다고 해서 교육 현실에서도 그렇게 될 만큼 사태는 단순하지 않았다. 바이마르 시대가 되어서도 1920년대 말까지는 전 대학생 중에서 여성이 차지하는 비율은 10%를 넘지 않았고, 28년에 12%, 31년 16%에 도달하는 데 지나지 않았다. 그러나 여성의 진학률을 단년도로 보면 바이마르 시대에 교육에서의 여성의 해방*이 현저히 진전되었음은 확실하다. 예를 들어 프로이센에서의 아비투어(대학 입학 자격) 취득자를 단년도로 보면 1921년에는 전체 취득자 중 여성의 비율은 7% 정도(713명)였지만, 31년에는 23% 정도(5,744명)가 되었다. ☞교육, 김나지움(제도), 대학(제도), 여성 노동/아동 노동, 여성운동, 맑스(예니)

참 U. フレーフェルト(若尾祐司 外 譯), 『ドイツ女性の社會史』, 晃洋書房, 1990. 川越修 外編, 『近代を生きる女性たち—ドイツ社會史を讀む』, 未來社, 1990. 姫岡とし子, 『近代ドイツと母性主義フェミニズム』, 勁草書房, 1993. J. C. Albisetti, *Schooling German Girls and Women*, Princeton 1988.

—모치다 유키오(望田幸男)

역사 歷史 ⇨유물론적 역사관

역사법학파 歷史法學派 [(독) Historische Rechtsschule]

【Ⅰ】 역사법학파의 위치

독일 '역사법학파'는 근대 법학사에서 가장 중요한 학파 중 하나로, 이 흐름 속에서 대륙 법학계의 거의 모든 근・현대 법학이 탄생해 왔다. 현대의 사법이나 국제사법, 기초법학, 특히 법*의 역사사회학이나 법사학은 그것의 강한 영향 하에 성립했다. '자유법학'이나 '이익법학'을 매개로 그 영향은 오늘날의 민법 이론에까지 미치고 있다. 또한 그 흐름 속에서 판덱텐(Pandekten) 법학을 매개로 하여 독일 민법전을 성립시키며, 그 영향은 일본의 사법학이나 민법전에도 미치고 있다.

또한 그 영향은 적극적・소극적의 양 측면에서 유럽의 사회사상사에도 강한 영향을 미치며, 나아가서는 19세기 유럽사에서도 '역사법학파'는 무시할 수 없는 역할을 수행했다. 덧붙이자면, 맑스가 베를린 대학에서 처음으로 공부한 것은 바로 '역사법학파'의 이론으로, 이것과의 대질을 통해 초기 맑스의 사상이 형성되었다. 이와 마찬가지로 사회주의 운동의 영역에서 당시 맑스를 상회하는 영향력을 발휘하고 있던 라살레*도 이 학파의 법 이론을 평생 의식하고 있었는데, 그의 주저인 『기득권의 체계』(1861)는 '역사법학파'의 창시자인 사비니의 주저의 하나인 『현대 로마법체계』(1840-49)를 비판*・극복하고자 한 것이었다. '역사파 경제학'에 대한 영향도 당연히 지적할 수 있는데, 그것을 매개로 하여 막스 베버의 사상에도 영향을 주었다.

【Ⅱ】 현실 정치에 대한 대응

하지만 '역사법학파'의 영향을 고려하는 데서 특기해 두어야만 할 것은 법 실무나 사상의 차원에만 그치지 않고 실제의 권력정치에도 그 영향이 미치고 있었다는 점이다. '역사법학파'의 창시자 사비니는 프리드리히 빌헬름 4세*가 황태자 시절에 그를 교육하고, 나폴레옹 전쟁*에서 프로이센이 패배한 후에는 훔볼트, 피히테*, 슐라이어마허 등과 공동으로 '도래해야 할 통일 독일'을 위한 베를린 대학을 창설하며, 그 이후 독일의 법학계를 지배하면서 황태자가 즉위한 후에는 프로이센 재상인 '입법개정 장관'으로서 실질적으로 프로이센의 정치를 움직이고 있었다.

이른바 '해방전쟁' 후에 사비니의 주도로 결성된 '역사법학파'는 베를린 대학의 이념에 대응하여 '도래해야 할 통일 독일'을 위한 '통일 독일 시민법체계'를 수립할 것을 목표로 삼았다. 얼마 안 있어 이는 독일 민법전의 편찬이라는 형태로 열매를 맺는다. 또한 독일 3월 혁명* 당시에는 국왕의 측근으로서 혁명을 수습하고 혁명의 진행에 제동을 거는 한편 프로이센 주도의 독일 통일을 추진했다고 말할 수 있다. 훗날의 프로이센 재상 오토 폰 비스마르크*도 이 사비니의 제자였다.

【Ⅲ】 '역사법학파'의 이론

19세기에 커다란 영향력을 발휘한 이 '역사법학파'의 법 이론은 12세기의 볼로냐 학파의 로마학을 정통적으로 계승한 것이자 그와 아울러 19세기의 통일 독일 실정법을 정치권력에 의해서가 아니라 학문적으로 근거짓고자 한 것이기도 했다.

그 특징의 첫 번째는 방법적인 것이다. '역사법학파'는 새롭게 발견된 문헌자료 등도 참조하면서 그때까지 '성전'으로 간주되어온 『시민법대전』의 텍스트를 상대화하여 그것의 직접적 구속성을 부정하고, 해당 텍스트가 어떠한 의미를 갖고 있었는지를 고전문헌학의 수법으로 밝히고자 했다. 다만 이 작업의 결과, 중세 말부터 근세・근대에 걸쳐 유럽 법학이 달성해온 '판덱텐의 현대적 관용(慣用)'의 성과는 부정되게 되었다. 요컨대 로마법의 실용적인 응용 노력은 '무지', '곡해' 등 비학문적인 작업이었다고 하여 부정・청산되고 말았던 것이다. 로마법의 이름 하에서의 실질적인 서구 법조법의 형성이었던 것으로서 이 '판덱텐의 현대적 관용'이 재평가되고 '지나침'이 시정되는 것은 1970년 이후의 일이었다.

두 번째 특징은 그것의 법 형성론에 있었다. 단순화해서 말하면 '역사법학파'는 법의 성립을 국가권력이나 입법자의 자의성 등에 의해서가 아니라 '민족*의 정신' 깊숙한 곳에서 역사적으로 생성하는 것으로 간주했다. 이 '민족의 정신'이라는 표현은 종종 오해되어 왔지만, 창시자 사비니의 진의는 '민족(Volk)의 공통의 확신'이라는 것으로, 법은 언어*나 습속과 마찬가지로 사회로부터 역사적으로 산출된다는 것이었다. '관습법', '학식법(學識法)'과 같은 사고방식은 그러한 '역사법학파'의 이론에 의한 것이다.

그러나 '역사법학파'의 세 번째이자 최대의 이론적 특징은 유럽의 전통적인 고전문헌학의 성과를 '현대의', 즉 '당시의' 독일 실정법 체계의 구축을 위한 논의와 결부시키고자 했다는 점일 것이다. 요컨대 법률교의학(Dogmatik)을 역사적 문헌자료와 '민족정신'이라는 민족적인 감정을 환기하는 자원에 의해 근거짓고자 하는 동시에 성공했던 것이다. 학문의 이름 하에서의 정치적 실천 행위였다고 말할 수 있을 것이다. ☞법전 논쟁, 베를린, 비스마르크, 대학(제도)

囼 河上倫逸, 「歷史法學とマルクス」, 『ドイツ市民思想と法理論―歷史法學とその時代』 수록, 創文社, 1978.

—가와카미 린이쓰(河上倫逸)

역사적 유물론 歷史的唯物論 ⇨**유물론적 역사관**

『영국 노동자계급의 상태 英國勞動者階級―狀態』 [*Die Lage der Arbeitenden Klasse in England*, 1845]

이 책은 *Die Lage der Arbeitenden Klasse in England*라는 제목으로 1845년에 라이프치히*에서 출판되었다. 저자인 엥겔스*가 25세 때의 일이었다. 이 책이 미국에서 처음으로 영어로 번역되어 출판된 것은 1887년의 일이고, 영국에서는 1892년에 *The Condition of the Working Class in England in 1844*라는 제목으로 간행되었다. 그때까지 보통의 영국인은 대부분 이 책의 존재를 알지 못했다.

엥겔스는 1842년에 정기적으로 급진적인 『라인 신문』*에 기고하고 있었고, 그해 11월 영국으로 건너갔을 때 혁명적 사상가임을 자임하고 있었다. 그는 영국으로 건너간 후 3주간 런던*에 머물면서 그 첫 번째 주에 세 개의 기사를 『라인 신문』에 송고했다. 그는 그 기사 중 하나에서 영국 경제에 내재하는 모순은 혁명*에 의해서만 해결될 수 있다고 쓰고 있다. 그 후 그는 부친이 공동 경영자로 있는 목면회사의 경영 실무에 참가하기 위해 맨체스터*로 향했다. 맨체스터에서 어느 정도 자리를 잡게 되자 곧바로 그는 12월에 「영국 노동자계급의 상태」라는 제목의 기사를 보낸다. 그 기사의 서두에서 그는 맨체스터의 노동자가 대체로 독일이나 프랑스의 노동자보다 훨씬 벌이가 좋지만 그 상태는 나날이 불안정하게 되고 있는데, 왜냐하면 경기가 조금이라도 악화된다면 수만 명의 노동자가 실업*하게 되고 대불황이 초래되기 때문이라고 기술하고 있다[1:505].

엥겔스는 독일로 돌아가는 도중, 1844년 여름에 파리*에 들러 당시 파리에서 살고 있던 맑스를 만났다. 이때에 엥겔스와 맑스의 평생의 친교가 시작되었다. 맑스는 영국의 노동자계급의 상태를 한 권의 책으로 정리하도록 엥겔스에게 권유했다. 엥겔스는 이 책의 서설에서 공업화 이전의 영국 농촌에서 가내수공업을 겸업하고 있던 소농의 목가적인 생활을 그리고, 그 소농들이 산업혁명*에 의해 생산수단을 빼앗겨 공업 프롤레타리아가 되어 그들이 인구*의 3분의 2를 차지하기에 이르렀다고 기술했다. 그러나 소농의 목가적인 생활을 찬미한 것은 아니다. 엥겔스는 그 당시의 소농이 귀족에게 봉사하는 기계에 지나지 않으며, 정신적으로 죽어 있었다고 말한다. 엥겔스에게 있어 대중*의 프롤레타리아화, 궁핍화*, 도덕적 퇴폐는 사회혁명의 전제조건이었다. 그리고 혁명에 의해 인류의 대진보가 이루어질 것이었다. 엥겔스에 따르면 산업혁명의 역사적 의의는 프롤레타리아의 창출에 있었던 것이다. 무산노동자가 모여 살고 있던 도시*의 사회문제는, 악화됨으로써 그 자신을 해결한다는 것이 엥겔스의 변증법*이었다. 엥겔스는 그 악화를 보여주기 위해 의회보고, 신문, 책 등에서 수집한 기술, 일화, 통계를 이용하여 노동자계급의 열악한 생활 상태를 자세하게 묘사했다. 그 문서 인용의 정확성, 문서 그 자체의 정확성, 자료를 선택할 때의 엥겔스의 편향, 자료 그 자체의 편향, 엥겔스가 제시한 사례의 보편성 등에 대하여 1958년에 영국의 두 사람의 경제사가가 이 책을 번역·

간행했을 때 그 서문에서 의문을 제기하고 비판했다. 그 비판의 함의는 산업혁명이 공장노동자의 생활을 엥겔스가 기록한 만큼 악화시키지 않았으며, 또한 부르주아 계급은 무정하지 않았다는 것이었다. 그 비판은 매우 신랄하여 엥겔스가 기술한 것의 신빙성을 의심하게끔 하기에 충분한 것이었다. 이에 대해 맑스주의 역사가인 홉스봄은 상세한 반론을 펼친 다음, 10가지 정도의 오해를 일으키는 기술과 많은 사소한 기술상의 잘못이 있었다 하더라도 그들의 생활이 열악한 수준으로 저하된 것은 틀림없는 사실이었다고 말했다. 생활수준 논쟁이라 불리는 이 논쟁은 아직 매듭지어져 있지 않다. 그러나 엥겔스가 이 책에서 기대한 영국혁명은 끝내 일어나지 않았다. 그것이 일어나지 않은 이유를 엥겔스는 식민지 지배에서 얻어지는 초과이윤의 일부를 나누어 받은 영국 노동귀족의 노사협조에서 구했다. 영국의 노동자는 무산의 인민이 아니라 노동*이라는 재산의 소유자로서, 그 재산의 옹호를 위해 의회에 대표를 보낼 수 있는 선거권이 노동자에게도 필요하다는 차티스트*의 주장에서 나타나는 영국인의 전통을 엥겔스가 너무 경시한 것인지도 모르겠다.
☞엥겔스, 맨체스터, 빅토리아기의 생활수준, 영국 자본주의

㊟ Friedrich Engels, *The Condition of the Working Class in England*, translated by William O. Henderson/William H. Chaloner, Oxford 1958, Editors' Introduction, pp. xi-xxxi. E. J. ホブズボーム(鈴木幹久・永井義雄 譯),『イギリス勞働史研究』, ミネルヴァ書房, 1968.

—하라 쓰요시(原 剛)

영국 사회과학진흥협회 英國社會科學振興協會 [(영) The National Association for the Promotion of Social Science]

1857년, H. P. 브루엄을 중심으로 사회과학의 발전과 보급을 통해 빅토리아기의 번영 이면에서 발생한 사회문제를 해결하고 국민생활의 개선에 기여하기 위해 설립된 단체. 이 협회는 입법・법 개정부회, 교육부회, 공중위생부회, 사회경제부회, 범죄예방・범인처벌・교정부회라는 5부회제를 기본으로 하여 교역・국제법부회, 경제・교역부회, 여성회의 등의 부회제를 채택했으며, 제1회 버밍엄 대회 이후 마지막 대회가 된 1886년의 런던 대회까지 매년 1회 영국의 주요 도시에서 개최되었다. 협회의 최전성기였던 1860년대에 이 대회는 자연과학*의 계몽단체였던 영국 과학촉진협회와 함께 개최 도시의 달력에 기록될 만큼의 행사가 되었다. 각 도시는 이 협회에 재정적 지원을 포함하여 매우 우호적이었고, 대회의 진행 상황은 『타임스』를 비롯하여 각 지방지의 지면을 장식했다.

이 협회에는 많은 시민과 함께 영국 각계의 저명인사들도 다수 참가했다. 예를 들면 J. 러셀 경, 샤프츠버리 경 등 많은 귀족들과 상원・하원의원, 그리고 C. 킹즐리, J. 케이 셔틀워스, E. 채드윅, Dr. 파르, W. 모리스*, R. 오언*, J. 러스킨, J. S. 밀*, N. W. 시니어*, H. 포세트, W. S. 제본스 등 저명한 사회개량주의자, 소셜워커, 법률가, 교육자, 의사, 경제학자 등 사회개량에 관심이 있는 사람들이 다수 참가했다. 나아가 M. 카펜터, L. 트와이닝, F. 나이팅게일 등 이전에는 이런 종류의 협회에 참가할 수 없었던 여성의 적극적인 참가를 인정했다.

또한 법률개정협회, 구빈원방문협회, 여성위생협회, 여성산업고용진흥협회 등과 밀접한 관계를 유지하면서 운영됨으로써 이 협회는 그 운동의 폭과 깊이를 가질 수 있었으며, 『회보』(*Transactions*)나 『노동조합과 스트라이크—노동조합위원회 보고』(*Trade's Societies and Strikes, Report of the Committee on Trades' Society*)(1860) 등의 보고서 출판으로 커다란 영향을 주었다. 그 영향은 해외통신원 제도의 설치 등에서도 볼 수 있듯이 해외에도 미쳐, 미국 사회과학진흥협회와의 교류를 비롯하여 1872년의 노릿지 대회에 출석한 바바 다쓰이(馬場辰猪)에게 공존동중(共存同衆)의 결성을 촉구했다.

이 협회는 "이 시대의 입법에 대한 비판의 장이 된 것은 말할 필요도 없고, 하나의 압력단체가 되어 이 시대의 입법에 영향을 주었다"[J. Rodgers]. 이와 같은 성공은 밀이 지적한 바와도 같이 사회개량이라는 하나의 목적을 전면에 내세워 모든 입장의 사람들의 참가를

인정하고 협회의 운영과 보고자로 여성의 참가를 인정했기 때문이었다.

이 협회의 목적 가운데 하나였던 제3차 선거법 개정이 1884년에 성립하여 농업노동자·광산노동자의 참정권이 인정된 영국은 대중 민주주의 시대에 돌입하게 된다. 이러한 상황 속에서 자유통일당이 결성되고 독립노동당 결성의 기운이 거세지는 가운데 중산계급이 요구하는 사회개량을 목표로 한 이 협회는 그 역할을 끝낼 수밖에 없게 되었다. 1885년의 제29차 대회는 재정적 이유로 중지되고, 이듬해 금주법만을 테마로 한 제30차 대회의 개최를 마지막으로 이 협회는 30년 역사의 막을 내렸다.

이 협회에 대한 맑스의 언급은 1863년의 에든버러 대회의 교육부회에서 행한 시니어의 회장 강연에서 볼 수 있다[『자본』, 23a:630, 641]. ☞시니어, 영국 자본주의, 자유시간, 오언

㊟ *Transactions of the National Association for the Promotion of Social Science*, 1857-84. B. Rodgers, "The Social Science Association, 1857-1886", *The Manchester School*, vol. 20, 1952. 井上琢智, 「イギリス社會科學振興協會とヴィクトリア中期の女性問題—NAPSS(1857-1886)の『會報』を中心として」, 大阪女學院短期大學, 『紀要』, 第18号, 1987. 同, 「イギリス社會科學振興協會—その歷史」, 九保芳和博士退職記念出版物刊行委員會 編, 『上ケ原37年』, 創元社, 1988. 同, 「イギリス社會科學振興協會と經濟學—『會報』を中心として」, 關西學院大學經濟學部, 『經濟學論究』, 第42卷 第2号, 1988年 7月.

—이노우에 다쿠토시(井上琢智)

영국 자본주의 英國資本主義

【Ⅰ】 자본주의의 전형과 미래상

맑스에게 있어 영국 자본주의는 자본주의*의 '전형'이다. 그의 자본주의적 생산양식에 대한 연구에서 "전형적 장소(klassische Stätte)는 오늘날까지는 영국이다" [『자본』, 23a:8-9]. "우리는 다만 자본주의적 생산양식의 내적 편성을 이를테면 그 이상적 평균에서 나타낸다"[같은 책, 25b:1064]고 주장된다. 물론 영국 자본주의에는 중간계층·과도적 계층 등 불순한 요소들이 여전히 남아 있지만, 그 발전 과정에서 점차 소멸하여 자본주의의 '이상형'으로 순화되어 가리라고 맑스는 예견했다. "이와 같은 마찰(평균화 경향에 대한 장애)은 자본주의적 생산의 일반적인 연구에서는 우연적이고 비본질적인 것으로서 무시해도 좋다. 이와 같은 연구에서는 일반적으로 언제나 현실의 관계들은 그들의 개념에 일치한다는 것이 전제된다"[25a:182]. 영국 자본주의는 영국 이외의 나라들의 미래상을 보여준다. 영국 이외의 나라들은 영국의 뒤를 쫓아 영국과 동일한 발전 궤도를 걷게 된다. 영국 자본주의는 인류 전체의 세계사의 발전방향을 판단하는 기준이다. 『자본』*의 서문에서 "산업 발전이 보다 앞선 나라는 발전이 뒤처진 나라에 그저 이 나라의 미래 모습을 보여주고 있을 뿐이다"[23a:9]라고 그는 말한다. 이러한 발전단계설은 초기의 맑스 이래의 것이다. 하지만 만년의 맑스는 서구 나라들 이외의 국가들과 지역을 연구하고, 자술리치*에게 보내는 서간이나 『공산당 선언』* 러시아어판 서문에서 『자본』의 적용범위를 서구에 한정한다고 분명히 언급했다. 독일인인 맑스는 독일의 현재와 장래를 F. 리스트*처럼 독일의 특수 이해를 중심으로 생각하는 것을 거부하고, 서구 안에 독일을 위치지어 특히 영국에서 독일의 미래상을 통찰할 수 있다고 생각했다. 맑스는 독일도 영국처럼 될 역사적 경향 속에서 그것을 뛰어넘을 길을 탐구했다.

【Ⅱ】 팍스 브리태니커

1849년 이후로 영국에 영주하는 맑스는 영국 중심의 세계질서(Pax Britannica)의 중심으로서의 영국 자본주의에 관심을 지니고, 특히 런던*과 맨체스터*에 주목했다. 영국 자본주의는 19세기 세계의 패권을 장악한다. 맑스는 런던 만국박람회*의 개최(1851년) 이전부터 이 거대 이벤트에 관심을 지니고 있었다. 그리고 "이 박람회는 현대 공업이 이르는 곳마다 집중된 힘으로 민족적 경계를 없애고, 생산과 사회관계 그리고 각각의 민족*의 성격에서 나타나는 지방적 특수성을 점점 더 제거하고 있다는 것의 적절한 증명이다. …… 목면의 시대를 산출하는 것은 그 지성과 세계시장*과 거대한 생산력

을 갖춘 19세기에 남겨진 과업이며"[「평론」(1850년 5-10월), 7:441-442], "영국은 부르주아적 우주의 조물주이다"[같은 책:450]라고 말한다. 그에 토대하여 맑스는 영국의 면공업*이 미국 남부의 노예제* 면화 플랜테이션에 의존하고 있지만, 미국에서 공업이 발전하고 미국 이외의 나라가 미국보다 면화를 저렴하게 생산할 수 있게 되면 미국의 노예제는 붕괴할 것이라고 예견한다(1850년). 미국 남북전쟁*과 그것을 전기로 한 영국의 인도 지배는 맑스의 예견을 적중시켰다.

【Ⅲ】 산업 부르주아지와 토지귀족의 결합

그렇다면 영국 자본주의의 헤게모니는 누가 장악하고 있는 것인가? 산업 부르주아지인가? 프랑스 혁명*은 처음에는 보수적이었으나 뒤에 급진적으로 변했다. 그렇지만 영국 혁명은 종교적 성격을 띠고 하원이 왕권으로부터 기득권을 지킨다는 형태로 보수적 성격을 견지했다. 맑스는 영국 혁명의 보수성의 수수께끼가 부르주아지와 대토지 소유자의 동맹에 있다고 말한다. "영국의 대지주의 토지 소유는 실제로 봉건적 소유가 아니라 부르주아적 소유였다. 그들은 한편으로는 매뉴팩처*의 경영에 필요한 인구*를 산업 부르주아지에게 공급하고, 다른 한편으로는 상공업의 상태에 상응하는 발전을 농업*에 부여할 수 있었다. 따라서 그들은 부르주아지와 이해를 함께 하여 부르주아지와 동맹하고 있었던 것이다. …… 실제로는 입헌군주제가 확립됨과 더불어 비로소 영국에서의 시민사회*의 대규모 발전과 변혁이 시작된다"[맑스 · 엥겔스, 「서평」, 『신라인 신문 · 정치경제 평론』(1850년 2월, 제2호), 7:217]. 토지귀족은 농민층의 공업노동자로의 전화의 조장, 증가하는 공업노동자에 대한 식료공급이라는 역할을 담당함으로써 영국 시민사회의 주도 계급의 하나가 되었다.

영국 시민혁명은 16세기의 본래적 매뉴팩처 시기에서 시작하여 17세기의 두 번의 혁명*으로 완성되는 것이 아니다. 영국 시민혁명*의 완성에는 16세기 초부터 19세기 중엽까지의 350년간이 필요했던 것이다. 맑스는 산업혁명*까지의 영국은 상업자본이 헤게모니를 쥐고 있었다고 본다. "18세기는 상업의 세기였다. 핀토는 이 점을 분명히 말하고 있다. <상업은 우리 세기의 자랑이며>"[廣112], "근대적 공장의 지휘자가 된 것은 상인이다"[4:157]. 상인은 매뉴팩처를 경영하고, 반농반공의 직접 생산자를 도매제로 지배했다[초2:170, 755-756]. 매뉴팩처 시기는 절대적 잉여가치의 단계이다[같은 책:301]. 영국의 산업혁명(1870-1830년) · 노예제*의 폐지(1807-38년) · 선거법 개정*(1832년) · 관세 세제 개혁(1842 · 45년) · 필 조례(1844년) · 곡물법* 철폐(1846년) · 항해조례 철폐(1849년), 초기 공장법 완성(1851년)이라는 역사 과정에서의 산업자본가 · 금융업자 · 지주 · 임금노동자* 등 사이의 '대항과 동맹'을 통해 장기적으로는 토지귀족의 지위가 저하하고 산업 부르주아지가 헤게모니를 장악한다고 맑스는 생각하고 있었다. 그러나 1850년대 이후에도 영국 산업자본가는 정치적 심급뿐만 아니라 경제적 심급에서도 완전히 자립한 계급이 아니었다.

맑스는 산업자본이 영국 자본주의의 기축이라고 생각했지만, 산업자본의 운동에는 지주 · 금융업자 · 상업자본가가 필수 불가결한 요소라고 파악하고 있었다. 산업자본가는 석탄업 → 제철업 → 기계공업 → 면공업이라는 산업구조를 구축했지만, 산업자금은 런던 시티의 금융업자들에게 집중되는 지주 · 상업자본가들의 자금에 의존하고, 원료 · 식료의 수입과 공업제품의 수출에서도 그들에게 의존하고 있었다. 산업혁명 이래로 증가하는 노동자 인구를 위한 식료의 대부분은 수입에 의존하기보다 '농업혁명'을 추진하는 토지귀족 소유의 국내 농업에서 공급되었다. 1850-70년대는 영국 농업의 '황금시대'였다. 산업자본가와 지주귀족의 이해관계는 일치했고, 1870년대까지 그 동맹관계는 지속되었다. 자본주의적 생산양식이 발전함에 따라 화폐경제도 발전하고, 금리 생활자들의 수와 부가 증대한다. 신용제도가 가속적으로 발전하여 은행업자와 화폐 대부업자, 금융업자 등의 수도 증가한다[25b:653]. 금융업 전체는 공채용(公債用)과 밀접하게 연결되어 있었고, 은행*의 영업자본은 반드시 즉시 환금할 수 있는 국채증권에 투하되어 이자를 번다. 은행이 상인 · 산업자본가에게 분배하는 자본*은 국채이자 생활자들의 이자 수입에서 흘러들어왔다[『브뤼메르 18일』, 8:177]. 시티의 금융업자는 연합왕국의 대상인과 다면적으로 결합되어 있었다[「행정개혁—{헌장}」, 11:265]. 1855년부터 런던 시티의 금융업자・대상인이 벌인 관직 자리 요구인 '행정개혁협회' 운동은 1797년의 은행제한법에 연원을 지니는 운동이다. 그들은 의회개혁운동・반곡물법운동에는 참가하지 않았다. 맨체스터의 산업자본가는 시티 인맥을 능가하는 수완을 발휘하지 못한다면 "'헤게모니'를 유지할 수 없다"[같은 책:200]고 맑스는 생각하고 있었다. 당시 산업자본가는 경제적 헤게모니를 장악하지 못한 상태였다.

【Ⅳ】 잉여 흡착의 세계 시스템

물적 생산력과 상업망・철도・해운・전신・보험* 은 서로 연관되어 내외에서 잉여를 흡수한다. 영국은 인도・오스트레일리아・남북 아메리카 등지에서 배당・이자 수입을 흡착하고 있었다. 맑스는 이 흡착 시스템을 파악하고 있다. 즉 영국은 인도에 대한 '선정'의 대가로 약 100만 파운드의 공물(영국 자본의 이자・배당)을 확보하고 있다. 여기에는 관리・상인들의 영국으로의 송금은 포함되지 않는다. 영국 자본의 해외투자(철도・운하・광산 등)에 대한 배당액은 영국의 수출액을 뛰어넘는다. 이러한 송금에 비하면 영국 유가증권의 소유자에 대한 지불, 해외 영국인에 대한 영국에서의 송금은 매우 적었다[25b:762-763]. 이러한 잉여 흡착이 가능했던 것은 런던의 인도성이 인도정청이 지불의무를 지니는 인도 유지비(본국비)를 어음으로 청구했기 때문이다. 1855년 영국의 인도에 대한 수출액은 1,035만 파운드, 인도성의 어음액은 370만 파운드로서, 수출 총액은 합계 1,405만 파운드였다(본국비는 수출액에 산입된다). 1855년 영국의 인도로부터의 수입액은 1,267만 파운드이므로 1855년의 무역수지는 영국의 138만 파운드 흑자이다[같은 책:746]. 영국은 무역 외 수지의 흑자로 무역수지의 적자를 메우고도 여전히 막대한 잉여를 획득하고 있었던 것이다. 예를 들면 1866-70년의 무역 외 수지는 1056.4만 파운드, 무역수지는 −651.4만 파운드, 경상수지는 405만 파운드이다. 이 기간의 영국의 해외채권 잔고는 6,923만 파운드이고, 그 후에도 증가한다. 영국이 인도의 철도 건설에 투자한 금액은 맑스가 『자본』 제1부를 준비 중이던 1864년에서 보면 5,800만 파운드이지만, 인도정청의 부담액은 차액이자・외환차손・철도용지 취득비 등을 합하여 1236.5만 파운드이다. 이윤율은 21%에 달한다. 그 이윤율은 1854년 7%, 1859년 14.6%, 1869년 21%이다. 이처럼 높은 이윤율은 영국의 투자가들에게 약속하는 보증이자율 5%를 훨씬 뛰어넘는다. 이러한 렌트너 시스템(이자로 생활하는 자산가를 위한 제도)은 산업자본가(가령 제철왕 크로세이 가)가 기술혁신에서 손을 떼고 제철업 자산을 매각하여 렌트너(금리생활자)로 변신하는 길을 열었다. 렌트너로의 변신은 일찍이 1850년대에 시작되었다.

【Ⅴ】 젠틀맨의 정치적 헤게모니

영국의 헤게모니는 누가 장악하고 있었던 것일까? 맑스는 장기적으로 경제적 심급에서는 산업자본가가 헤게모니를 장악하고, 정치적 심급에서는 토지귀족이 헤게모니를 장악할 것이라는 '두 계급간의 타협설'에 입각해 있었다. 맑스는 1855년, 어느 신문에 다음과 같이 쓰고 있다. "영국의 헌법은 실제로는, **공적으로는 아니지만** 사실상 시민사회의 결정적인 부분들 모두를 **지배하고 있는** 부르주아지와 **공식적인 통치자**인 토지귀족 사이의 오랜 기간의 시대에 뒤처진 낡아빠진 타협에 지나지 않는다. 원래 1688년의 '명예'혁명 후에는 부르주아지의 한 분파인 **금융귀족**만이 이 타협에 참가하고 있었다. 1831년의 선거법 개정법은 다른 한 분파인 영국인의 이른바 **공업귀족**, 즉 산업 부르주아지의 거물들을 여기에 참가시켰다. 1831년 이후의 입법의 역사는 …… 모두 이 산업 부르주아지에 대해 이루어진 {토지귀족의} 타협의 역사이다. 부르주아지가 이처럼 일반적으로 **정치적으로도 지배하는 계급**으로 인정받게 된 것은 다만 …… 통치기구의 전체가 구석구석까지 입법권의 집행 부문, 즉 의회 양원에서의 본래의 입법까지지가 계속해서 토지귀족에게 확보된다는 조건에 의해서이다"[11:90-91].

맑스는 명예혁명 이후 토지귀족이 금융귀족과 타협하고, 19세기 전반기가 되면 공업귀족이 그 타협에 참여한다는 식으로, 토지귀족이 타협을 거듭함으로써 정치적 헤게모니를 약화시켜 왔다고 보고 있다. 그러나 문제는 산업 부르주아지가 토지귀족에게 '공식적인 통치자'의 지위를 인정할 수밖에 없었던 이유는 무엇인가 하는 데 있다. 사실은 토지귀족이 영국 경제의 불가결한 요소였기 때문에 계속해서 '공식적인 통치자'가 될 수 있었던 것이다. 그들은 산업자본이 필요로 하는 식량을 공급하고, 이를 통해 거액의 지대*를 획득하여 그 자금을 지방은행을 통해 시티의 금융업자(merchant banker)에게 공급한다. 그 자금은 국내산업의 자금이 되거나 혹은 정부보증의 증권=해외투자 자금이 되어 영국 공업제품을 사들이는 외국의 자금으로 전화되는데, 그 수출은 거액의 잉여(이자 · 배당)나 수입(운임 · 보험료 등)을 영국에 가져다주었다.

토지귀족이 산업자본을 강화하는 역설적인 관계는 이미 『경제학 · 철학 초고』*에서 파악되고 있다. "실제로 영국의 경우처럼 대토지 소유자는 인구의 압도적 대다수를 공업의 품 안으로 내몰고 …… 자신의 적인 자본과 공업의 힘을 기르고 강화한다"[40:428]. 토지귀족은 거액의 수입으로 100만 명이 훨씬 넘는 하인들을 거느리고 있다[23a:470]. 이는 하층노동자의 직종 중에서 가장 많은 숫자이다. 토지귀족은 엘리트 교육이나 무상의 명망가 정치활동 등, 젠틀맨적인 생활양식을 견지하고 젠틀맨으로서의 사회적 의무(noblesse oblige)를 이행했다. 그 생활 스타일은 산업자본가를 매료시켜 산업자본가도 자금을 축적하여 토지를 사고 귀족사회에 들어가고 싶어 한다. 임금노동자 역시 실질임금의 상승 등으로 영국 체제 내의 존재가 되어 젠틀맨을 전형적인 인간*으로서 존경하며, 선거에서는 젠틀맨을 지지하는 이들이 많았다. 토지귀족을 중심으로 하는 의회는 국민의 이해와 관심을 조직하고 조정하는 안정장치였다. 토지귀족의 정치적 헤게모니는 1870년대까지는 붕괴되지 않았다. 토지귀족은 국회의원 · 실업가 · 지식인 등을 조직하여 '영국 사회과학진흥협회*'(1857-86년)를 창설했다. 협회는 영국의 경제 · 공중위생* · 교육* · 여성 등의 문제들을 제기하고, 그 해결책을 제안하며, 협회에 국민을 동원하여 전국적으로 정책을 선전했다. 맑스는 『자본』에서 이 협회에 주목하고 있다[같은 책:630, etc]. ☞산업혁명, 지대, 세계시장, 자본의 문명화 작용, 『자본』, 런던, 맨체스터, 만국박람회, 인도론 · 중국론, 젠트리, 영국 사회과학진흥협회

참 飯沼二郎, 『地主王制の構造』, 未來社, 1964. 吉岡昭彦, 『近代イギリス經濟史』, 岩波書店, 1981. 入江節次郎 編著, 『世界經濟史—世界資本主義とパクス・ブリタニカ』, ミネルヴァ書房, 1997. P. J. ケイン/A. G. ホプキンズ(竹内幸雄 外 譯), 『ジェントルマン資本主義の帝國』, Ⅰ・Ⅱ, 名古屋大學出版會, 1997.

—우치다 히로시(內田 弘)

예나 [Jena]

독일의 튀링겐 주에 있는 예나 대학(별칭 '프리드리히 실러 대학')을 중심으로 이루어진 작은 대학 마을. 예나는 '정신의 자유향'이라고 일컬어지며, 괴테와 실러의 '고전주의'뿐만 아니라 칸트* 이후의 '독일 관념론'(특히 피히테*, 셸링*, 헤겔*), 이에 영향을 받은 '초기 낭만파'의 중심지였다. 베를린 대학에 재학하고 있던 맑스는 당시 철학박사 학위를 가장 많이 수여하고 있던 예나 대학에 학위 논문 「데모크리토스와 에피쿠로스의 자연철학의 차이」*를 제출하여 1841년 4월에 학위(철학박사)를 받았다. ☞「데모크리토스와 에피쿠로스의 자연철학의 차이」

참 木村博, 「イエナとフィヒテ」, 石塚正英 外 編, 『都市と思想家Ⅱ』, 法政大學出版局, 1996.

—기무라 히로시(木村 博)

예니 ⇨맑스(예니)

예링 [Rudolf von Jhering 1818-92]

1818년에 동 프리젠의 법률가 가정에서 태어났다. 1843년에 베를린 대학에서 교수자격을 취득. 45년 바

젤, 46년 로스톡, 49년 킬, 52년 기센, 68년 빈*, 72년 괴팅겐 등 여러 대학을 전전했다. 대단히 저명하고 대표적인 법학자이긴 하지만, 거대한 학파를 이루어 독일 내지 오스트리아의 법 실무를 지배한 것은 아니었다. 학문적으로는 위대한 족적을 남겨 학자로서의 최고의 명성을 얻었다. 전 4권의 대저 『로마법의 정신』(*Geist des römischen Rechts auf den verschiedenen Stufen seiner Entwicklung*, Bde. 4, 1852-65)을 비롯하여 전 2권의 『법의 목적』(*Der Zweck im Recht*, 1877-83)과 『법률학에서의 농담과 진지함』 등의 주저에서 대단히 유연하고 참신한 논의를 전개했다. 특히 소책자로서 일반 시민을 위한 강연의 기록이긴 하지만, 『권리를 위한 투쟁』(1872)은 시민의 의무로서의 법*과 정의를 위한 투쟁을 설파하여 높은 평가를 받았다. 오늘날에도 법학을 공부하는 이라면 반드시 한번은 읽어야 할 필수 문헌이다. 콩트*의 사회학적 실증주의, 벤섬*의 공리주의*, 다윈*의 자연선택 사상 등에 영향을 받았다. '역사법학파*'와 '사회법학파'를 이어주는 존재이기도 하다. ☞벤섬, 콩트, 다윈

―가와카미 린이쓰(河上倫逸)

『예수의 생애—生涯』 [*Das Leben Jesu, kritisch bearbeitet*, 1835-36]

헤겔 좌파*에 속하는 슈트라우스의 저작. 이 작품은 독일의 사상계에 큰 반향을 불러일으켜 그 평가를 둘러싼 대립이 헤겔학파*의 분열과 붕괴의 단서가 되었다. 그는 당시까지의 예수의 생애에 대한 해석을 (1) 복음서를 글자 그대로 받아들이는 초자연적 해석, (2) 자연주의적・합리주의적 해석, (3) 신화적 해석으로 정리하고 앞의 두 가지를 배척했다. 그에 의하면 복음서에는 거의 사실성(史實性)이 없고, 기적이나 메시아 이야기는 '기독교단' 안에서 '무의식적'으로 형성된 '신화*'일 따름이다. 그리고 신성은 참으로는 예수라는 하나의 인격에서가 아니라 인류 전체 속에서 나타난다고 주장되었다. 이러한 범신론적 신학은 그에게는 헤겔 철학의 필연적인 귀결로 생각되고 있었다. 기적과 예수전의 사실성을 부정함으로써 신학상의 모든 입장으로부터의 격렬한 비판*을 초래했지만, 이러한 비판들에도 불구하고 그의 저작 이후 예수전에 대한 비(非)기적적인 고찰의 시대가 시작된 것은 분명하다. 그런 의미에서는 다시금 부활하기 시작한 초자연적 성서 해석의 '최후의 발버둥'에 철학*의 입장에서 대항하고자 한 그의 의도는 충분한 성과를 거두었다고 할 수 있다. 다른 한편 헤겔 좌파에서는 슈트라우스, 바우어*, 포이어바흐*, 슈티르너*의 계보 안에서 복음서 비판이 기독교* 그 자체의 비판・무신론*으로까지 전개되며, 맑스에 이르러서는 천상과 신학*의 비판이 현실과 법철학의 비판으로 전환된다. ☞종교, 신화, 기독교, 신학, 헤겔학파, 헤겔 좌파, 바우어[1], 포이어바흐

圏 D. シュトラウス(生方卓 外 譯), 『イエスの生涯・緒論』, 世界書院, 1994. 同 (岩波哲男 譯), 『イエスの生涯』, 1.2, 教文館, 1996. 大井正, 『ヘーゲル學派とキリスト教』, 未來社, 1985.

―우부카타 스구루(生方 卓)

『오늘날 프랑스의 사회주의와 공산주의—社會主義—共産主義』 [*Der Socialismus und Communismus des heutigen Frankreichs. Ein Beitrag zur Zeitgeschichte*, 1842]

사회주의*, 공산주의*, 프롤레타리아트 등의 개념을 독일에서 처음으로 학문적으로 소개한 저작으로, 저자는 1841년 10월부터 43년 3월까지 파리*에 유학한 로렌츠 슈타인*이다. 이 책은 파리에 가기 전의 맑스에게 사회주의와 공산주의를 알기 위한 교과서의 하나가 되었다. 슈타인은 이 책의 서두에서 사회주의나 공산주의를 현대사의 생활과정*의 정리된 결과로서 알고자 한다면 프롤레타리아트나 사회, 소유*와 계급* 등의 본질을 우선 해명해야만 한다고 서술하고, 레보처럼 플라톤이나 모어, 캄파넬라 등의 유토피아*까지 함께 다루는 것은 잘못이라고 비판하고 있다. 맑스는 그륀*의 『프랑스와 벨기에에서의 사회운동』(1845)이 슈타인의 이 책을 바탕으로 삼고 있다고 지적하고, 적어도 슈타인은 사회주의 문헌을 프랑스 사회의 현실적인

발전과 관련시켜 서술하고자 한다는 점에서 더 뛰어나다고 평가하고 있다[『독일 이데올로기』, 3:534]. 분명히 슈타인은 파리에서 콩시데랑*이나 블랑*, 프루동*, 카베* 등 당시의 사회주의자와 공산주의자들로부터 직접 얘기를 듣고 또 그들의 저작을 소책자에 이르기까지 모아 읽는 동시에, 이러한 사상들이 태어난 사회적 배경을 탐구하기 위해 보댕이나 루소*, 케틀레*, 애덤 스미스*(프랑스어 역), 맬서스* 등의 사회과학 문헌도 상당수 읽고 상세한 노트를 작성하고 있는데, 혁명 후의 프랑스 사회를 직접 목격하고 거기서 새로운 시대의 동향을 본 슈타인의 감동을 이 책 속에서 읽어낼 수 있다. ☞슈타인[2], 프루동, 카베, 블랑

㊂ L. シュタイン(石川三義・石塚正英・柴田隆行 譯),『平等原理と社會主義—今日のフランスにおける社會主義と共産主義』, 法政大學出版局, 1990.『廣松渉コレクション 第2卷』, 情況出版, 1995.

—시바타 다카유키(柴田隆行)

오브라이언 [James Bronterre O'Brien 1804-64]

차티스트 운동*의 지도자 중 한 사람. 특히 운동 초기에 이론적 지도자로 활약했다. 아일랜드*의 롱퍼드 출신. 주류상 등을 경영하고 있던 가정에서 태어났다. 부친이 일찍 사망한 것도 있고 해서 법률가를 목표로 더블린의 트리니티 칼리지를 거쳐 런던*의 그레이즈 인에 입학했다. 1830년대 초부터 급진파의 저널리스트로서 활약하게 되고, 1832년 11월에 당시 신문인지세 반대운동에서 중심적인 역할을 하고 있던 『푸어 맨즈 가디언』(1831-35)의 편집자가 되어 그 지위를 확립했다. 그 이후로도 많은 급진적 신문의 편집자 혹은 중심적 집필자로서 활약하고, 나아가서는 차티스트 운동의 가장 중심적인 기관지인 『노던 스타』*에도 많은 기사를 기고했다. 초기의 차티스트 운동에서 지도자였던 오코너와 함께 그 일익을 담당했지만, 1841년의 총선거에 대한 대응을 둘러싸고 오코너와 대립하게 되면서 주류에서 멀어졌다. 그 후 1850년에 '전국개혁연맹'을 결성, 독자적인 사회개혁론을 주장했지만 별다른 영향을 주지는 못하고 실의에 빠진 가운데 사망했다. 초기에는 오언*의 영향도 보이지만, 1836년에 부오나로티*의 『바뵈프의 이른바 평등을 위한 음모』를 번역하고, 또한 1838년에는 『로베스피에르의 생애』를 집필하는 등, 자코뱅주의의 영향을 받은 인물로 계급투쟁론적 입장에 서서 한때는 토지국유론을 주장하기도 했다. 대표적 저작으로는 『인간 노예제의 출현, 발전 및 양상들』(1855)이 있다. ☞『노던 스타』, 부오나로티, 오언

㊂ A. Plummer, *Bronterre: a Political Biography of Bronterre O'Brien 1804-1864,* London 1971.

—오카모토 미치히로(岡本充弘)

오언 [Robert Owen 1771-1858]

영국의 사회운동가. 웨일즈에서 태어나 런던*, 맨체스터* 등에서의 도제생활을 거쳐 스코틀랜드의 뉴 래너크 면방적공장의 지배인이 된다. 개명적・박애적 노무관리법을 채용하여 노동조건의 개선과 기계제 공장의 생산성 향상의 양립이 가능하다는 원리를 '발견'하고 '성격형성의 원리'라 명명했다. 그리고 이것을 사회개혁에 적용할 수 있다고 확신하고 협동 공동체(Co-operative Community)를 기초로 하는 '협동사회주의'를 제창했다. 『사회에 관한 새로운 견해』(1813-14)에서 계몽사상으로부터 계승한 환경결정론・완성가능성론과 공리주의*를 결합하여 이 원리를 전개했다. 인간*의 성격은 가소적(可塑的)이어서 선천적으로 만들어진 자질에 한계지어지면서도 환경의 개선과 교육*을 통해 어떤 모양으로도 변형이 가능하여 '박애적・합리적 인간'이 된다. 이리하여 빈곤・악덕・타락・퇴폐가 없는 합리적인 사회를 실현시킬 수 있을 것으로 낙관했다. 『래크너 주에 보내는 보고』*(1820)에서는 완전 평등의 '협동 공동체'에 대한 구상을 제시하고 사회주의*로의 이행을 이룬다. 만일 그 모델이 하나 건설된다면 그 우수성을 인정받아 공동체가 사회 전체를 뒤덮어 '새로운 도덕 세계'가 실현된다고 주장했다. 그리하여 뉴 하모니 공동체(1825-28년), 노동공정교환소(National Equitable Labour Exchange 1832-34년), 크윈

우드 공동체(1839-44년) 등의 실험을 시도하지만 모두 실패로 끝나고 사회적 영향력도 잃게 된다.

『공산당 선언』*[4:503-506]에서 생시몽*, 푸리에*와 함께 '유토피아 사회주의자'로 불리고 있지만, 오언 자신은 이 사회주의*를 경험과 관찰에 의해 발견된 사회의 법칙에 준거한 과학적인 것으로 확신하여 사회주의의 과학화에 공헌했다. 만년에는 심령주의에 경도되지만, 이것도 과학과 사이비과학을 혼동한 데서 나타난 것이었다. 그리고 기존의 종교*를 모두 부정하고, '자애의 정신'을 교의로 하는 '새로운 종교'의 수립을 선언하여 불신앙운동의 중심인물이 됨으로써 빅토리아 시대를 향해 사회의 세속화 경향에 공헌했다. 오언을 추종하는 사람들에게 그의 사상은 현세에서의 구원을 약속하는 천년왕국론 같은 예언적인 성격을 지니는 것으로 받아들여지며, 1830년대에는 오언주의 운동* 이라 불리는 급진적인 사회개혁운동으로 성장하여 노동운동의 자립적 발전을 촉진하는 계기가 되었다.

오언의 유산은 사회주의나 교육사상에 그치지 않고 차티스트 운동*(남성 보통선거권 운동)을 비롯해 협동조합운동, 여성해방운동, 불신앙운동 등 다면적이다. J. S. 밀*은 협동조합을 조직하는 노동자계급의 성장에 주목하고[『경제학 원리』(이와나미 문고판), 제4권, 153-154], 맑스는 『국제노동자협회 창립선언』[16:9-10]과 『자본』*[25a:558-563]에서 오언주의 운동이 개척한 생산적 협동조합을 자본주의적 생산조직을 대체하는 것으로서 높이 평가하고 있다. ☞오언주의 운동, 『래너크 주에 보내는 보고』, 사회주의

참 オーウェン(白井厚 譯), 『社會にかんする新見解』(世界の名著・續8), 中央公論社, 1975. J. F. C. Harrison, *Robert Owen and the Owenites in Britain and America*, London 1969. 土方直史, 『協同思想の形成—前期オウエンの研究』, 中央大學出版部, 1993.

—히지카타 나오부미(土方直史)

오언주의 운동—主義運動 [(영) Owenite Movement]

1820년대 중반 무렵부터 1840년대 중엽에 걸쳐 영국에서 유토피아 사회주의자 로버트 오언*의 사상적 영향을 받은 사람들이 전개한 운동을 가리킨다.

1820년대에 오언은 『래너크 주에 보내는 보고』* 등에서 협동 공동체(Co-operative Community)에 관한 구상을 제시하고, 이상적인 평등사회의 실현을 지향하여 그 실험을 시작한다. 그 자신이 미국의 뉴 하모니에서 대규모의 실험을 하고 있는 사이에 영국에서는 노동자계급에게 그 사상적 영향이 침투하여 소규모 협동조합을 기초로 한 공동체 건설의 실마리를 찾고자 하는 대중적인 운동이 나타났다. 귀국한 오언은 지도자로서 환영받았고, 운동은 1832년에 시작되는 전국노동공정교환소, 1834년의 전국노동조합 대연합 운동으로 전국적인 규모로 확산되며, 더 나아가 국제적인 연대도 모색되었다.

차티스트 운동*의 고양과 연동되면서 오언주의 운동은 국제전계급협회의 설립(1835년)을 계기로 그 전성기를 맞이한다. 이 운동을 추진하는 조직은 기독교 메소디스트(methodist)파와 런던 정치동맹(1830년 결성)의 조직 형태를 본받으면서 강령과 규약을 지닌 근대적 노동자 정당의 원형을 제공할 만큼 성장했다. 중앙위원회(최고의결기관)를 중심으로 전국에 지부를 갖고, 각 지부는 반(班)으로 구성된 중앙집권적인 조직을 이루며, 사회선교사라 명명된 유급・전속 활동가를 전국적으로 배치하여 중앙위원회・지부・반 사이의 유기적인 연대를 유지하도록 했다. 나아가 가부장적 지도자인 오언의 개인 지도를 넘어서서 집단지도 체제를 지향했다.

공동체는 설립에 있어 협동조합 방식 혹은 주식회사 방식으로 자기자금을 조달하고, 그 자금이 상환된 후에는 구성원의 소유*가 되어 구성원 자신이 자주적으로 관리하는 것을 지향했다. 오언은 소규모의 협동조합으로는 전면적인 사회개혁은 불가능하다고 생각했지만, 오언주의에는 소규모 조합의 형성을 선행시켜 대규모 공동체로 나아간다고 낙관하는 경향이 있었다. 그러나 1844년의 로치데일 선구자협동조합의 성공을 계기로 협동조합운동이 정착하게 된다. J. S. 밀*이나 맑스는 거기서 자본주의적 생산조직을 대체하는 새로운

생산조직의 가능성을 발견했다[밀, 『경제학 원리』(이와나미 문고판), 제4권, 153-154, 『자본』, 25a:558-563]. 그들은 기독교 문화・부르주아 문화를 대신하는 노동자계급의 문화를 자각적으로 추구했다. 의식이나 예술・예능 분야에서, 예를 들면 '소셜 결혼식', '소셜송' 등 새로운 형식의 문화 창조에 의욕을 보였다. 또한 노동자계급의 운동이 계급 외부의 지원 없이 자립할 수 있음을 증명했다.

그러나 경제적인 수단으로 사회변혁을 추구하는 그들의 수법에는 한계가 있어 1840년대 중반에 급속하게 영향력을 상실한다. 그렇지만 정치운동・노동조합*・여성해방운동・협동조합운동・불신앙운동 등, 19세기 후반의 영국 사회운동의 다양한 영역에 인재를 공급하여 오언주의의 다양한 측면이 다면적으로 발전할 가능성을 보여주었다. ☞오언, 차티스트 운동

참 G. Cleays, *Citizens and Saints, Politicals and Anti-politicals in early Britain Socialism*, London 1989. N. Hajikata, "Owenism beyond the New Harmony Experiment" 『經濟學論纂』(中央大學), 34巻 第5-6号, 1994. 土方直史, 「Owenismと功利主義—協同社會における管理方式と株式會社」, 『經濟學論纂』(中央大學), 38巻 第3-4号, 1998.

—히지카타 나오부미(土方直史)

오코넬 [Daniel O'Connell 1775-1847]

아일랜드*의 민족운동 지도자. 아일랜드의 케리에서 태어나 변호사가 되었다. 아일랜드 통합(1800년)을 비판하는 입장에서 가톨릭 해방운동에 가담하고, 1823년에 가톨릭협회를 결성한다. 하원의원에 당선되었지만 가톨릭이라는 이유로 의석을 거부당하는데, 이를 계기로 고양된 해방운동의 지도자로서 상징적 존재가 되었다. 1829년의 가톨릭 해방법에 의해 의원으로서의 자격을 인정받자 의회 내 아일랜드파의 중심인물이 되어 병합철폐운동을 추진했다. 그 후로도 1843년에 체포되는 등 대중적 지도자로서 변함없는 지지를 받았지만, 차티스트 운동*과 노동자 운동에 종종 비판적인 태도를 보이고 또 의회주의적인 운동을 중시했기 때문에 급진적인 직접행동파로부터는 비판의 대상이 되었다. ☞차티스트 운동, 아일랜드

참 D. Gwynn, *Daniel O'Connell; The Irish Liberator*, London 1947. O. MacDonagh, *The emancipist: Daniel O'Connell, 1830-47*, London 1989.

—오카모토 미치히로(岡本充弘)

오토메이션 [(영) automation]

생산 공정의 일부 또는 전부에 능력을 갖게 하여 인간*이 거의 혹은 전혀 관여하지 않은 채로 인간이 행하고 있던 일련의 작업을 자동적으로 실행할 수 있도록 한 생산 시스템. '자동적'을 의미하는 오토매틱(automatic)과 '조작'을 의미하는 오퍼레이션(operation)을 합성한 오토매틱 오퍼레이션(automatic operation)을 줄인 조어이다. 1948년, 미국의 포드 자동차는 엔진블록 가공의 자동화를 촉진하기 위해 오토메이션부를 설립, 트랜스퍼머신을 설비한 조립라인을 가동시켜 일손을 대폭 절감시키는 데 성공했다. 이 생산시스템은 미국 자동차산업의 메카인 디트로이트의 이름을 따서 '디트로이트 오토메이션'이라 불렸다. 이 이후로 오토메이션은 자동화된 작업 시스템의 대명사가 되었다.

【Ⅰ】 맑스와 오토메이션

오토메이션의 역사는 산업혁명*의 원동력이 된 공장의 기계화 역사와 직접 연결되어 있다. 18세기 후반, 영국의 방적공장에서는 작업의 분업화가 진행되어 별다른 고도의 기능을 필요로 하지 않고서도 생산성을 올릴 수 있게 되었다. 거기에 새로이 발명된 방적기와 방직기 등이 도입되고, 나아가 와트의 증기기관과 결합됨으로써 기계제 대공업*으로 발전한다. 이러한 공장에서 다수의 작업기를 공정 순서대로 늘어놓고, 가공대상을 작업기에서 작업기로 차례로 이동시켜 생산하는 오늘날의 대량생산 시스템의 기초가 가능해졌다. 이 생산 시스템을 분석한 맑스는 『자본』* 제1권에서 기계설비 체계가 "그 자체로서 하나의 커다란 자동장치를 이루"게 되어 작업기가 인간의 관여 없이 원료의

가공을 행하는 "기계*의 자동적 체계가 나타난다"고 서술하여 오늘날의 오토메이션을 예언했다. 더 나아가 맑스는 이러한 기계설비 체계가 초래하는 문제점도 예리하게 선취하고 있다. 노동자는 기계화에 적응하기 위해 노동규율의 준수, 생활양식의 개선, 교육 등을 통해 기계 운동의 습관화를 요구받게 된다. 이 요구는 자본주의적 생산양식의 요구들의 결과인데, 노동자가 이를 자명한 자연법칙으로 인정함으로써 기계에 종속되어 가는 것이다. 19세기 후반, 기계의 양산을 가능케 한 생산부품의 호환성 생산 시스템과 미국의 프레더릭 테일러가 제창한 공장의 과학적 관리법에 의해 대량생산 시스템은 한층 더 발전하고, 1910년대의 포드 자동차 공장에서 포드 시스템으로서 하나의 완성에 도달했다. 그러나 이때는 아직 작업기나 이동 공정에 대량의 일손이 관여하고 있었기 때문에, 다음 단계에서는 인간으로부터 자립한 작업기의 자동화와 가공대상의 이동의 연속화, 기계화가 요구되었다. 그 열쇠가 된 것은 자동제어 기술이다. 자동제어 기술은 일반적으로 시퀀스 제어(연속제어)와 피드백 제어로 크게 구별된다. 시퀀스 제어란 한 번 작업이 시작되면 정해진 공정을 기계가 연속적으로 행하는 것인데, 가공에서 문제가 발생해도 기계 자체에서는 수정할 수 없다. 이에 반해 피드백 제어에서는 기계 자체가 언제나 공정 상태를 파악하여 그 데이터를 지령부분에 되돌림으로써 자동적으로 수정할 수 있게 된다. 1920년대, 시퀀스 제어를 지향하여 벨트 컨베이어 주위에 많은 전용 작업기를 배치함으로써 공정간 이동을 기계화한 트랜스퍼머신이 개발되었지만, 자동제어 기술이 아직 성숙되지 않았기 때문에 실용화되지는 못했다. 시퀀스 제어가 본격적으로 완성된 것은 제2차 세계대전 후의 일이었다.

【Ⅱ】사이버네틱스

한편 피드백 제어의 시작은 와트의 증기기관에 적용된 조속기(調速機, governor)에서 비롯되었다고 한다. 제2차 세계대전 중에 레이더나 고사포의 자동조준 장치 연구와 더불어 발달하여 대전 후에 노버트 위너가 이를 통신과 제어의 일반이론으로 체계화했다. 사이버네틱스(cybernetics)라 명명된 이 제어 이론은 오토메이션의 기본개념이 되었다. 피드백 제어가 최초로 도입된 것은 화학플랜트이다. 화학플랜트에서는 원재료를 다루는 관계로 작업이 비교적 자유롭지 못했는데, 공정 도중에 설치된 계측기나 조절기로 온도, 습도, 압력, 유량 등을 검측하여 피드백 제어를 함으로써 비교적 용이하게 자동제어를 할 수 있었다. 이 방식의 자동제어는 프로세스 제어라 불리면서 철공업, 제지업, 시멘트공업, 전력업 등에도 파급되어 갔다. 피드백 제어는 일렉트로닉스와 컴퓨터의 발전으로 기계공장에도 채택되고, 시퀀스 제어와 맞물려 고도의 자동화가 실현되게 되었다. 초기의 오토메이션은 소품종 대량생산에 의한 비용 절감을 지향하고 있었지만, 1970년대에는 소비자 욕구의 다양화로 다품종 소량생산에 적합한 시스템이 요구되게 되었다. 이에 따라 등장한 것이 플렉시블 생산 시스템(Flexible Manufacturing Systems: FMS)이다. 수치제어를 행하는 NC공작기계, 복수의 가공이 가능한 머시닝 센터(Machining Center: MC), 로봇, 자동반송차(Automatic Guided Vehicle: AGV), 자동창고 등을 컴퓨터로 통괄 제어함으로써 시스템에 유연성을 가져올 수 있게 되었다. 오토메이션은 오피스의 사무작업에도 파급되어 문서작성 시스템이나 경리 시스템에 의해 작업의 합리화를 가져왔다.

【Ⅲ】오토메이션과 노동자

오늘날 오토메이션은 모든 산업 분야에서 이용되어 생산성 향상, 비용 절감, 노동시간* 단축, 실질임금 향상 등을 가져오고, 대량생산과 대량소비의 순환에 의해 경제성장을 촉진시켰다. 그러나 그 반면에 과잉생산, 노동자의 정신장애, 실업* 등의 문제도 발생시켰다. 과잉생산은 오늘날 공해나 지구 규모의 환경파괴의 원흉 가운데 하나로 간주되고 있다. 또한 오토메이션에 필요한 노동자는 보수요원, 전기 기술자, 공구제작자 등의 숙련 노동자이다. 미숙한 노동자의 기능은 자동화된 기계로 대체되고, 그 결과 배치전환이나 해고 등이 어쩔 수 없게 된다. 장기적으로 보면 산업 전체가 좀 더 많은 고용을 창출하여 노동자를 흡수하지만, 단기적으로는 그들은 직장과 안정된 생활 그리고 삶의 보람을 빼앗기게 된다. 또한 오토메이션 시대의 노동자는 고도의 전문성, 변화에 대한 정확하고 신속한 대응, 고독하고 단조로운 작업에 대한 내성 등을 요구받는 결과, 스트레스에서 기인하는 육체장애나 정신장애가 심각한 문제가 되고 있다. 이와 같이 오토메이션에 기초한 생산 시스템은 노동자의 생활양식이나 정신생활과의 밀접한 결합 위에 성립하고 있으며, 이는 현대의 선진 자본주의 나라들의 사회 시스템의 기초를 이루고 있다. ☞기계, 기계제 대공업, 배비지

㊟ 中山秀太郎, 『オートメーション』, 岩波書店, 1957. 和田弘, 『オートメーション』, 紀伊國屋書店, 1957. ノーバート・ウィーナー(池原止戈夫 譯), 『人間機械論』, みすず書房, 1954. L. T. C. ロルト(磯田浩 譯), 『工作機械の歴史』, 平凡社, 1989.

—신도 마사아키(新戶雅章)

오펜부르크 집회—集會 ⇨바덴 봉기

외국무역 外國貿易 [(독) Außenhandel]

자본제 생산양식의 외국무역이 그 이전의 것과 결정적으로 다른 점은 세계시장*의 각지에 세계상품의 생산을 조직화한 데 있다. 다시 말해 이전에는 수평적 특산품 무역이었던 것이 자본제 생산양식에서는 중심・주변의 무역이 된다. 맑스는 외국무역을 (1) 소비욕망을 자극해서 생산을 규정하고, (2) 국민적 노동가치와는 다른 가치*를 지니는 외국인의 노동*을 드러내며, (3) 공황*을 발현시키는 매개가 된다고 하는 세 가지 측면에서 이해하고 있다.

첫 번째 측면을 맑스는 외국무역의 '문명화 작용(zivilisierende Wirkung)'이라 부른다. 외국무역에 의해 새로운 소비욕망이 개발되고, 그러한 상품*을 얻기 위한 교환가치를 만들어 내기 위해 국내생산이 자극받는다. "그 경우 교환가치를 정립하는 운동이 어디까지 생산의 전체를 파악하는지는, 일부는 이러한 외부로부터의 작용의 세기에, 일부는 분업* 등 국내생산 요소들의 발달 정도에 의존한다"[초1:298]. 한 장소에서 생산된 잉여가치*는 그것과 교환되어야 할 다른 잉여가치의 존재를 필요로 하고, 그 때문에도 현재의 욕망의 양적 확대, 새로운 욕망의 창조, 새로운 사용가치의 발견과 창조 등등, 유통권역의 부단한 확대가 요청된다. 다시 말해 자본*에 대응하는 생산양식*이 세계적으로 보급된다. "세계시장*(Weltmarkt)을 창조하고자 하는 경향은 직접적으로 자본 자체의 개념 속에 주어져 있다"[초2:15]. "외국무역에 의해 교환부분의 제한은 확대되어 자본가는 보다 많은 잉여노동*을 소비할 수 있게 되었다"[같은 곳].

두 번째 측면은 국제가치론으로서 일본이나 구동독에서 1970년대까지 세계적으로 큰 논쟁을 일으킨 것이다. 국제분업의 형성 근거를 국민적인 노동가치의 차이에서 찾는다는 것이 국제가치론의 목적이었다. 생산력이 높은 선진국의 노동은 보다 많은 금 분량으로 표현되고 생산력이 낮은 후진국의 노동은 보다 적은 금 분량으로 표현된다는 전제와, 각 나라마다 상품의 상대가격이 다르다는 전제에 의해 맑스에 의거하고자 한 무역론은 비교생산비설적인 2국 2재(財)적 분업을 전개해왔다. 『자본』* 제1권 제6편 제20장 '노동임금의 국민적 차이'에서의 기술이 국제가치론의 전거가 되고 있다.

다만 맑스는 그 부분에서 국제분업 형성의 논거를 제시하고자 했던 것이 아니다. 각국에는 일정한 중간 정도의 노동 강도가 있고 그 강도 이하의 노동은 고용되지 않는다. 노동자가 그의 노동력의 재생산 가치 이상의 가치를 생산해주지 않는다면 자본가는 잉여가치를 취득할 수 없기 때문이다. 그러나 국내 기준에서 보면 강도가 낮고 생산성도 낮은 노동의 성과인 상품은 국내유통에 들어갈 수 없지만, 그 상품이 외국에서 생산된 것이라면 그 상품을 생산한 외국의 노동력의 재생산 가치를 국내 자본가는 헤아릴 필요가 없으므로 그러한 상품이더라도 유통에 들어갈 수 있다는 논의 맥락이 『자본』의 해당 부분의 내용이다.

세 번째 측면은 공황을 발현시키는 계기를 가장 풍부하게 내포하는 것이 세계시장이며, 외국무역을 매개로 하여 공황이 세계적으로 진행한다는 맑스의

이해다. 맑스의 표현에 따르면 생산, 소비*, 분배, 교환이라는 것이 서로를 상호적으로 계기로 삼아 '계기 상호간의 일정한 관계'가 '규정'된다. 시장*이 확대되고 교환 범위가 확대되면, "생산은 그 규모를 증대시키는 동시에 한층 더 깊이 분화한다"[초1:48]. "사적 교환은 세계 상업을, 사적 독립성은 이른바 세계시장에 대한 완전한 의존성을 산출한다". 그리고 "교환가치에 입각한 부르주아 사회 내부에서 이 사회를 폭파하기 위한 그만큼의 수많은 지뢰를 의미하는 교역관계 및 생산관계가 산출된다"[같은 책:140]. 세계시장에서는 생산과 소비가 서로 깊이 연관되어 전면적인 의존관계가 존재하고 있음에도 불구하고, 생산자와 소비자는 서로 제각각이고 상호간에 무관심하다는 상태가 교역의 확대와 더불어 증대된다. "이 모순이 공황으로 이끈다"[같은 책:143]. 그런 의미에서 세계시장이야말로 자본이 현실적으로 전개되는 구체적인 '장'이다. ☞자본의 문명화 작용, 가치[1], 공황

圖 吉信肅,『國際分業と外國貿易』, 同文館, 1997. 吉岡昭彦,『インドとイギリス』, 岩波新書, 1975.

―모토야마 요시히코(本山美彦)

욕구 欲求 [(독) Bedürfnis (영) need; want]

대상과의 분리를 파기하고자 하는 의지*가 정념의 형식을 취했을 때 이를 욕구라 한다. 분리의 파기는 '충족'이다. 어떠한 주체가 어떠한 대상을 욕구하고 어떻게 충족하는가에 따라 욕구는 충동(Betrieb), 욕망(Begierde)과 구별되기도 한다. 욕구의 개념이 사회이론에서 결정적인 의의를 부여받게 되는 것은 헤겔*의 법철학에서 시민사회*가 '욕구의 체계'로 파악되었을 때이다. 철학*의 역사에서 욕구는 종종 비이성적인 것, 영혼의 동물적 부분, 혹은 이기적인 것으로서 부정적으로 다루어져 왔지만, 헤겔은 한편으로는 주관성이라는 근대 원리의 시민사회에서의 발현 형태로서 '욕구'의 무정부성과 그 귀결을 용인하는 동시에, 다른 한편으로는 화해와 통일을 요구하는 철학의 사변적 욕구를 자기 철학의 원리로 삼고 있었다. 이 '철학의 욕구'는 본질적으로는 예술의 욕구, 종교*의 욕구와 동일한 것이 된다.

맑스는 헤겔의 '시민사회'를 존재의 하부구조・토대로 새롭게 파악했는데, 거기서 그가 발견한 것은 '생산'의 무정부성과 그 귀결이며, 이는 '소외*', '물상적 의존성'의 세계로서 역사의 새로운 단계로 비약하기 위해서는 극복되어야 하는 것으로 간주되었다. 맑스는 생산의 무정부성이 근원적으로는 욕구의 무정부성에 기초하고 있음을 보지 못했다. 다른 한편으로 맑스가 추구한 것은 '보편적 해방의 욕구', '욕구의 근본적인 혁명*'이었다. 이는 인간적 본질인 공동성을 회복하고자 하는 욕구, 즉 '인간적 욕구'이며, 그것은 철학의 욕구와 프롤레타리아의 욕구의 합일에 의해 실현되는 것으로 생각되었다[「헤겔 법철학 비판 서설」, 1:423-428].

맑스는 분명히 욕구에 관해 어떤 서열을 생각하고 있다. 그가 『자본』*에서 "노동자는 정신적 및 사교적인 욕구들의 충족을 위해 시간을 필요로 하며, 그러한 욕구들의 범위와 숫자는 일반적인 문화수준에 의해 결정된다"[23a:302]라고 쓸 때, 그는 정신적 및 사교적 욕구들을 단순한 생리적・육체적 욕구보다, 또 시민사회에 전형적인 것으로 간주되는 소유욕보다 고차적인 것으로 파악하고 그 충족을 위한 자유시간*의 확대를 바라는 동시에 그 실현의 역사적 필연성을 상대적 잉여가치의 생산에 기대고 있는 것이다. 다른 한편, 노동*의 세계를 이와 같이 '필연의 영역'으로 파악하고 그 축소와 자유시간의 확장을 전망한 『자본』 단계의 맑스가 이미 『독일 이데올로기』* 단계에서 노동의 폐지와 그 자유로운 자기활동으로의 전화를 구상하고 있었을 뿐만 아니라[廣144-153], 만년의 『고타 강령 비판』*에서 "공산주의*의 더 높은 단계"에서는 "노동이 단지 생활을 위한 수단일 뿐만 아니라 노동 그 자체가 제일의 생명욕구"가 된다[19:21]라고 전망할 때 그는 필연의 영역과 자유*의 영역의 구별까지도 넘어서는 지평을 시야에 넣고 있다. 가장 중요한 것은 '인간적 욕구'라는 개념인데, 이는 포이어바흐적인 인간주의의 영향을 강하게 받은 개념으로 보인다. 그것은 인간

적 본질에 대한, 즉 유적 본질*・사회・타자에 대한 욕구이며, 더 나아가 그것은 분업*의 일면성과 상즉적인 욕구의 일면성을 뛰어넘은 전면적인 욕구로 간주된다. ☞헤겔, 시민사회, 노동, 자유시간

㊟ アグネス・ヘラー(良知力・小箕俊介 譯),『マルクスの欲求理論』, 法政大學出版局, 1982. 幸津國生,『哲學の欲求―ヘーゲルの「欲求の哲學」』, 弘文堂, 1991. William Timothy O'Hare, *The Siginificance of "Need" in the Philosophy of Karl Marx*, Michigan 1974.

―우부카타 스구루(生方 卓)

우애회 友愛會 ⇨노동자우애회

우편(제도) 郵便(制度) ⇨교통/통신

원시적 축적 原始的蓄積 ⇨본원적 축적

웨이크필드 [Edward Gibbon Wakefield 1796-1862]

영국의 식민개혁론자, 경제학자. 자치식민지(후에 영국연방의 핵심이 된다)의 창설자로 평가받는 실천가.

1820년대 말기, 유괴결혼 죄로 투옥되었을 때에 형법 개정과 관련하여 식민 문제를, 나아가 경제사회 문제를 연구하기 시작하며, 출옥한 뒤에는 실천 활동에 들어간다. 주저 『영국과 미국』(1834)은 영국에서의 번영과 빈곤의 동시 존재, 그리고 미국에서의 자본*과 노동*의 부족, 시장*의 미발달, 노예제도*의 존속을 분명히 밝히고, 그 문제들의 해결책으로서 '조직적 식민'론을 제기했다. 그에 의하면, 1825년 이후의 영국 경제와 민중의 곤경은 자본과 노동의 과잉(그것들의 충용장면의 부족)에 따른 것이며, 그 해결책은 식민지*로의 자본과 노동의 조직적인 이동(양질의 노동자 선발, 남녀동률의 이민*, 도항보조금)과 거기서의 시장경제 발전이다. 그 핵심은 미개간지 무상공여의 정지와 적정한 토지가격 설정(이민노동자가 간단히 토지를 취득하여 생산의 장에서 벗어나는 것이 가능하지 않은 높은 가격, 그러나 4-5년 이내에는 취득할 수 있는 낮은 가격으로)에 있다.

그는 전국식민협회(1830년), 남오스트리아협회(1834년), 뉴질랜드협회(1837년)의 설립에 진력하며, 조직적 식민의 생각을 정책에 반영시키고자 했다. 그의 식민론은 벤섬*을 비롯하여 철학적 급진주의자 불러와 몰즈워스 등에게 받아들여졌다. 그는 1838년에 캐나다의 새로운 총독 더럼 경의 사설고문으로 반란 후의 캐나다에 부임하여 자치의 부여를 명확하게 제언한 「더럼 보고서」(1839)에 커다란 공헌을 했다. 그 후 뉴질랜드에 이주하여 거기서 사망한다.

맑스는 『자본』* 제1권 제7편 제25장 「근대적 식민이론」(프랑스어판은 제8편 제33장―옮긴이)의 서두에서 웨이크필드의 경제학사에서의 공적은 식민지에서 "본국의 자본주의적 관계들에 대한 진리"[23b:998], 즉 "자본은 사물이 아니라 사물에 의해 매개된 사람과 사람의 사회적 관계다"[같은 책:999]라는 사실을 '발견했다'는 점이라고 말한다. 『영국과 미국』을 인용하면서 맑스는 식민지에서의 인위적인 자본관계의 유지책으로서의 '조직적 식민론'을 묘사한다. 웨이크필드에게 있어 식민지에서의 최대 문제는 "무수한 자영적 소유자로의 생산수단 특히 토지의 분산"[같은 책:1005]인데, 그것은 자본의 집중*과 결합노동이라는 경제발전의 기초를 파괴해버리는 것이다. 토지에 대한 '충분한' 가격설정은 자본주의 발전의 이러한 조건들을 정비하는 식민지용 '본원적 축적*'의 방법이다. 그리고 맑스는 그 계획의 실패를 이민의 방향전환(미국으로의) 등을 예로 하여 추적한다. 맑스는 정책에 대해서는 웨이크필드에 신랄한 비판을 가하지만, 경제학에서의 자본축적*, 노동의 과잉, 협업・결합노동 등에 관한 그의 선견에 대해서는 『자본』의 다른 장에서도 충분한 평가를 부여하여 그를 "그 시대의 가장 중요한 경제학자"라고 표현하고 있다. ☞본원적 축적, 식민지{식민정책}

참 P. Bloomfield, *Edward Gibbon Wakefield: Builder of the British Commonwealth*, Longmans 1961. J. C. Wood, *British Economists and the Empire*, Croom Helm 1983.

—다케우치 유키오(竹內幸雄)

유대인 문제—人問題 [(독) Judenfrage]

독일의 유대인 상황은 십자군시대 이후 두드러지게 악화되어 직업과 주거지에 엄격한 제한이 가해지는 것 외에 유대인에 대한 집단적 박해와 추방이 반복되었다. 유대인의 해방 문제가 사람들의 의식에 오르기 위해서는 18세기 말의 계몽사상*의 등장을 기다려야만 했다. 그러나 그것은 프랑스 혁명*과 나폴레옹 전쟁*의 충격에 의해 빠르게 현실적인 정치문제로 전화했다. 나폴레옹 전쟁에서의 패배는 프로이센에게 있어 봉건적 신분제 사회로부터 법*에 의해 통치되는 근대적 시민사회로의 전환이 급선무임을 알렸다. 프로이센의 유대교도에 대한 1812년의 해방칙령은 프랑스로부터의 외압에 의해 시작된 근대화 정책의 성과 가운데 하나에 다름 아니다. 즉 프랑스에서는 1789년의 『인권선언』에 의해 신앙의 자유*가 보장되고, 1791년의 법률에 의해 유대교도에 대한 모든 예외법이 폐지되었지만, 프로이센의 해방칙령 또한 유대교도를 기독교도와 마찬가지로 프로이센 시민으로 인정하고 시민적 권리와 의무에서의 중세 이래의 차별을 폐지했다. 해방*되는 쪽인 유대인도 해방칙령의 정신에 적극적으로 응답한다. 유대교 개혁운동은 유대교로부터 시온으로의 귀환을 바라는 기도 등의 민족종교적인 요소를 제거함으로써 유대인 또한 독일을 조국으로 하는 독일 국민임을 표명하고 독일 사회의 풍속과 습관에 적합하지 않는 유대교의 의식이나 계율의 개혁을 추진했다. 그들은 그와 같이 독일화된 유대교를 신앙하는 독일인으로서, 기독교*를 신앙하는 독일인과 평등한 국민이 될 것을 지향했다.

이러한 유대교 개혁운동의 성패는 '기독교 국가'를 표방하는 프로이센 국가원리의 자유주의적 개혁의 진전과 나누기 어렵게 결부되어 있었지만, 빈 체제* 하에서 프로이센의 근대화가 후퇴하는 가운데 유대인에 대해서도 개혁과는 역행하는 차별정책이 잇따라 추진되었다. 1842년의 라인 지방에서 불붙은 일련의 유대인 문제 논쟁은 프리드리히 빌헬름 4세*의 반동적인 유대인 법안과 칼 하인리히 헤르메스에 의한 국왕의 '기독교 국가' 옹호론을 배경으로 한다. 빌헬름 4세의 유대인 법안은 해방칙령이 인정한 시민적 권리들을 유대교도로부터 박탈하고 그들을 기독교 국가 속의 이방인 집단으로 간주하여 중세적인 격리 지배를 부활하고자 하는 것이었다. 1842년 1월부터 3월에 걸쳐 법안의 개요가 밝혀지자 프로이센 각지의 유대교도 지도자들은 법안에 반대하는 청원서를 국왕에게 보낸다. 당시의 『라인 신문』*은 초기 사회주의자이자 그 자신도 유대인이었던 헤스*가 사실상의 편집주간을 맡고 맑스도 기고자가 되어 마치 헤겔 좌파*의 기관지처럼 되고 있었는데, 이 문제에서는 유대인 측의 기본적으로 자유주의적인 해방 요구를 지지하고 기독교 국가 프로이센을 매우 혹독하게 비판했다. 그런데 이 논쟁에서 헤겔 좌파의 태두인 브루노 바우어*의 『유대인 문제』(1843)는 유대인의 해방운동에 찬물을 끼얹는 것이었다. 당시 급진적인 기독교 국가 비판으로 인해 본 대학에서 파면될 처지에 놓여 있던 바우어는 유대교에 대해서도 비판*의 칼날을 들이대고, 헤겔 좌파적인 무신론 입장에서 유대인이 참된 인류국가에서 인간*으로서 해방되기 위해서는 유대교도임을 그만두고 보편적 인간으로 주체적인 자기변혁을 이루어야만 한다고 주장했던 것이다. 바우어에 대해서는 유대교 개혁파의 논자를 중심으로 하여 자유주의적인 신앙의 자유를 옹호하는 입장에서 많은 반론이 제기되었는데, 『독불연보』*(1844)에 게재된 맑스의 「유대인 문제에 대하여」*도 바우어의 『유대인 문제』에 대한 서평이다. 그러나 맑스의 비판은 바우어의 시민사회*와 정치적 국가의 파악 방식 자체로 향한다. 맑스는 부친이 개종한 유대인이었음에도 불구하고 논쟁의 초점이었던 유대인 해방 문제에는 특별한 관심을 보이지 않았다. 1848년 혁명* 전후에도 맑스 등의 사회주의 노동운동에서 유대인 문제가 독립된 문제로서 논의되는 일은 없었다.

독일의 유대인의 법적 평등은 1869년의 북독일연방의 해방 입법이 1871년에 독일 제국 전역에 적용됨으로써 달성되었다. 그러나 유대교도의 해방 문제가 해결되자 일찍이 1873년에는 유대인을 게르만 민족국가 내의 민족적·인종적 소수자로서 배제하려는 새로운 반유대주의가 대두하게 되고, 1880년대 초두의 베를린*에서는 정치운동이 되어 전개된다. 이러한 움직임에 대해 사회주의 진영에서는 반유대주의의 위험성이 충분히 인식되어 있었다고는 말할 수 없다. 1890년의 『노동자신문』에서 엥겔스*는 반유대주의는 봉건귀족이나 수공업자, 소상인 등 중세적인 몰락한 사회계층의 근대 사회에 대한 반작용이라고 규정하고, 본질적으로는 자본가와 임금노동자*로 이루어지는 근대 사회에서 이와 같은 전근대적인 요소가 완전히 몰락한 뒤에는 반유대주의가 발생할 여지는 없다고 한다. 엥겔스의 낙관론은 독일의 사회민주주의자가 답습하게 되었다. ☞「유대인 문제에 대하여」, 해방

참 植村邦彦,『同化と解放—十九世紀「ユダヤ人問題」論争』, 平凡社, 1993. 良知力·廣松涉 編,『ヘーゲル左派論叢 第3巻 ユダヤ人問題』, 御茶の水書房, 1986. 野村眞理,『西歐とユダヤのはざま—近代ドイツ·ユダヤ人問題』, 南窓社, 1992. Walter Grab/Julius H. Schoeps (hrsg.), *Juden im Vormärz und in der Revolution von 1848*, Stettgart/Bonn 1983. Werner E. Mosse/Arnold Paucker/Reinhard Rürup (hrsg.), *Revolution and Evolution. 1848 in German-Jewish History*, Tübingen 1981.

—노무라[나카자와] 마리(野村[中澤]眞理)

「유대인 문제에 대하여—問題—」 [Zur Judenfrage, in: *Deutsch-Französische Jahrbücher*, hrsg. von Arnold Ruge/Karl Marx, 1844]

맑스에 의해 1843년 10월 중순부터 12월 중순에 걸쳐 집필되었다. 제1부는 B. 바우어*의 『유대인 문제』(1843)의 서평. 기독교*에 대한 가차 없는 비판*으로 알려진 바우어는 그 책에서 유대교도의 해방운동도 비판하고 그들이 인간*으로서 해방*되기 위해서는 유대교도임을 그만두고 보편적 인간으로 주체적인 자기변혁을 이룰 필요가 있다고 주장한다. 이에 의해 비로소 참된 인륜국가에서의 정치적 해방이 가능하다는 것이다. 이에 대해 맑스는 바우어가 정치적 해방 그 자체를 비판하지 않는다고 지적한다. 정치적 국가는 종교*나 사유재산의 구별을 그 자체로 용인하는 이기적인 시민사회*의 존속을 전제로 하여 그것과 대립하는 데서만 자신의 보편성을 발휘한다. 유대교도가 보편적 인간의 모습과 모순될 때 그 모순은 정치적 국가와 시민사회 사이의 일반적 모순의 일부에 지나지 않는다. 이렇게 말함으로써 맑스는 『라인 신문』* 시절의 '이성국가' 입장을 자기비판하고 자신의 이론과 실천*의 대상을 시민사회에서 확인한다. 제2부는 『스위스에서 보낸 21보겐』(1843)에 게재된 바우어의 논문 「현대의 유대교도와 기독교도가 자유로워질 수 있는 능력」의 서평이다. 여기서 맑스는 바우어가 유대교도의 해방 문제를 종교 문제로 전화시키고 있다고 비판하고 유대교의 본질로 간주되는 에고이즘이나 화폐숭배는 그대로 시민사회의 원리라고 주장한다. 그런 의미에서 시민사회의 인간은 모두 유대적 인간이며, 그런 까닭에 '유대교로부터의 인간의 해방'이 문제로 간주된다. ☞유대인 문제, 바우어[1]

참 植村邦彦,『同化と解放—十九世紀「ユダヤ人問題」論争』, 平凡社, 1993. 良知力·廣松涉 編,『ヘーゲル左派論叢 第3巻 ユダヤ人問題』, 御茶の水書房, 1986.

—노무라[나카자와] 마리(野村[中澤]眞理)

『유럽 삼두제—三頭制』 [*Die europäische Triarchie*, 1841]

골트만*의 빈 체제* 옹호론인 『유럽 오두제』(1839)에 대한 반론의 책. 이 책에서 헤스*는 체시코프스키*의 행위의 철학*을 이론적 기초로 받아들이면서 재산공동체의 실현을 지향한 유럽혁명의 구상을 특별히 문제 삼는다. 여기서 헤스는 미래에 대한 매개 계기로서 영국의 사회적-정치적 상황에 주목하고, 혁명*의 불을 붙여 그것을 실천적으로 담당하는 것은 빈곤과 화폐귀족의 대립이 혁명적 높이에까지 도달해 있는

영국밖에 있을 수 없다고 주장한다. 그러나 사회・정치적 자유의 추구에서는 영국을 뒤따라가는 프랑스와 독일도 각각 사회・인륜적 자유와 사회・정신적 자유라는 독자적인 요소에서 미래를 추구하고 있다. 세 나라의 삼두제에서 바로 3개의 요소(element)를 통과함으로써 유럽혁명에 의해 실현되는 재산공동체는 인간에게 '참으로 완전한 자유'가 된다는 것이다. 삼두제는 독일의 초기 사회주의자에게 있어서는 필연적인 구상이었다. 재산공동체 형성사로서의 세계사에서 여전히 전근대에 머물러 있는 독일의 현 상황에서 사회혁명의 노선을 책정하고자 할 때 그들은 독일의 미래를 프랑스나 영국의 현 상황 속에서 찾는다. 그렇게 함으로써 그들은 세계사를 이론적으로 짊어지고자 하는 것이다. 청년 맑스도 세계사를 중층적으로 파악하고 「헤겔 법철학 비판 서설」*에서 독일인은 세계사적 현대의 '역사적 동시대인'은 아니지만 자신의 후사(後史)를 철학* 속에서 체험하기 때문에 현대의 '철학적 동시대인'이라고 말하고 있다. ☞헤스

㊟ 神田順司, 「行爲の哲學とドイツ初期社會主義」, 『史學』 第50卷 기념호, 1980. 神田順司, 「モーゼス・ヘスとヘーゲル主義の問題(上・下)」, 『史學』 第52卷 第3・4号, 1982, 第53卷 第1号, 1983.

-야자와[나카자와] 마리(野村[中澤]眞理)

유물론 唯物論 [(독) Materialismus]

【Ⅰ】 맑스 유물론의 이중구조

맑스 유물론의 이중구조를 자각화하여 맑스 유물론이 동시에 본질적으로 <유물론 비판>이기도 하다는 점을 자각화하는 것. 오늘날 맑스 유물론을 다룰 때의 핵심은 여기에 있다. 맑스의 용례를 보면 한편으로 '참된 유물론', '새로운 유물론', '실천적 유물론자들' 등 맑스 자신의 입장 표명으로서의 '유물론' 계열이 있고, 다른 한편으로 '시민사회의 유물론', '추상적 유물론', '일상시민의 유물론', '추상적 자연과학적 유물론' 등 지양 대상으로서의 '유물론' 계열이 있다. 맑스는 '인간들의 물질적 생활'의 <역사적 양식>이라는 관점을 바탕에 두고 역사를, 특히 근대 시민사회를 총체적으로 파악하고자 한다. 그 속에서 근대 인간들의 행동, 가치*, 사고의 자생적인 양식으로서 '시민사회*의 유물론'의 형태들이 반성되고 비판*된다. '시민사회의 유물론'은 '물건화(물화*)' 내지 '페티시즘*' 개념에 직접 연결되어 있으며[초2:466 참고], 따라서 유물론 비판은 정치경제학 비판*에 직접 연결되어 있다.

【Ⅱ】 맑스 유물론의 기본 모티브

청년 맑스는 '법*' 연구에서 출발하여 '철학* 밖으로의 전회'를 감행했다. 거기에 나타난 '고유의' 물질 영역이란 무엇인가? 헤겔*은 '객관정신'이 그 위에서 작용하는 '유한성의 대지'에 대해 "자유*는 …… 자신을 외적인 눈앞의 객체성에게로 관계시킨다. 이 객체성은 특수한 욕구들이라는 인간학적인 것, 의식*에 대해 어떤 외적 자연 사물, 그리고 개별의지에 대한 개별의지의 관계……로 분열한다"[『엔치클로페디』, 제483절]라고 쓰고 있다. 요컨대 (1) 개인들의 '특수한 욕구들', (2) '외적 자연사물', (3) '개별의지 대 개별의지'의 배타적 상호관계, 이들의 총체가 '유한성의 대지'(물질 영역)를 형성하고 있는 것이다. 다만 헤겔=청년 맑스에서는 '유한성의 대지' 일반과 그것의 특정한 역사적 형태 규정의 구별이 완전하지 않다. 바로 이 구별의 자각이 맑스 유물론의 이중구조적인 전개로서 열매를 맺는 것이다.

【Ⅲ】 맑스 '유물론'의 3단계 구분

제1단계 '구제하기 어려운 유물론'. 맑스는 "철학 밖으로의 전회" 도상에서 "이를테면 물질적 이해(利害)에 개입해야만 한다"는 점에 "당혹스러워" 한다[『정치경제학 비판을 위하여』, 13:5]. 그는 마른가지를 모으는 관습적 권리를 박탈하고자 하는 삼림 소유자나 그 대리인의 언동을 "구제하기 어려운 유물론"[제6회 라인 주 의회의 의사(제3논문), 1:172]이라고 하여 논박하고 있다. 왜냐하면 그들은 "소원한 물질적 존재자를 자기의 최고 본질"이라고 의식하고 있기[같은 책, 1:141] 때문이다.

제2단계 '정신주의'와 '유물론'의 '추상적 반성적 대립'. 제1단계에서 맑스는 '이성적 국가의 이념'으로

'구제하기 어려운 유물론'에 대항하고자 했다. 그러나 이제 이 '이념' 자체가 '구제하기 어려운 유물론'이라는 동전의 뒷면이라는 것이 자각된다. "시민사회의 유물론"과 "국가*의 정신주의"의[「헤겔 국법론 비판」, 1:312-313], "추상적 유물론"과 "추상적 정신주의"의[같은 책, 1:329] "추상적 반성적 대립"[같은 책, 1:266]이 근대사회 그 자체의 기본구조를 이루는 것이다[「유대인 문제에 대하여」, 1:405].

제3단계 '참된 유물론'. 『경제학 · 철학 초고』* 제3노트에서는 "성취된 자연주의 내지 인간주의는 관념론*과도 유물론과도 구별되며, 동시에 양자를 통일하는 진리이다"[40:500]라는 웅대한 구상을 목격할 수 있다. 그런데 같은 제3노트에는 <또 하나의> 유물론, 즉 "완성된 유물론"[MEGA Ⅰ/2:263]이라든가 "참된 유물론"[40:492]이라는 표현이 등장한다. 유물론이 여전히 지양되어야 할 '추상적 반성적 대립'의 하나의 항으로 여겨지면서도 <게다가 동시에> 이 대립을 이론적으로 반성하고 실천적으로 지양하고자 하는 운동 그 자체 역시 유물론이라는 방향에서 구상되기 시작했다. 유물론의 바로 이러한 이중구조의 성립에서 유물론으로의 맑스의 이행에서의 비약점을 보아야 한다.

【Ⅳ】 유물론으로의 맑스의 이행시기 논쟁

A. 코르뉘 등 <너무 빠른> 크로이츠나흐 시기 이행설(주어-술어 전도설)도, L. 알튀세르나 히로마쓰 와타루(廣松涉) 등 <너무 늦은> 브뤼셀 시기 이행설(반휴머니즘설)도 외삽법으로서 배척되어야 할 것이다. J. 회프너나 다바타 미노루(田畑稔)의 파리 시기 이행설이 채택되어야 하지만, 이행의 지표는 이중구조의 성립에 놓여야 한다(이중구조설). 이행을 촉진한 영향으로서는 당시 파리*에 실재한 '유물론적 사회주의', '유물론적 공산주의'가 경제학 연구의 시작이나 포이어바흐*의 동향과 더불어 좀 더 주목받아야만 한다. 무신론*은 독일에서는 '자기의식의 철학', 프랑스에서는 유물론이라는 형태를 취하고 있었다. 그리고 영국과 프랑스의 사회주의*나 공산주의*가 내세우는 '물질적 생활의 협동의 조직화'라는 실천목표의 중요성을 '자기의식의 철학'은 전혀 이해하고 있지 못하다는 피아간의 차이에 대한 자각이 맑스에게는 결정적이었다.

【Ⅴ】 '시민사회의 유물론'과 '물건화'

자본론 체계에 입각하여 '시민사회의 유물론'을 특징짓는다면 다음과 같이 될 것이다.

(1) '물건적 의존 위의 인격적 독립'. 근대 시민사회에서 인간들은 "물건적 의존 위에 근거지어진 인격적 독립"[『1857-58년의 경제학 초고』, 초1:138]이라는 기본적 존재구조를 지니며, '물건'이 '참된 공동체'로 되어 있다[초2:150]. (2) 에고이즘. 따라서 사적 이익을 추구하는 개인*이 목적이 되고, 사회나 자연*은 그것을 위한 수단으로서 나타난다[같은 책:150]. (3) 치부욕(致富欲). '교환가치'라는 '보편자'가 '화폐*'라는 "손으로 잡을 수 있는 개별화된 대상"으로 나타나기 때문에 개인들은 무제한의 '치부 추구'에 사로잡힌다[『1857-58년의 경제학 초고』, 초1:244]. (4) 직관적 유물론. 상품의 페티쉬로부터 이자 낳는 자본*까지 하나의 사태를 성립시키고 있는, 몇 겹이나 되는 상호 행위적 매개가 해당 개인들로부터 은폐되고 말기 때문에 개인들은 몰개념적 직관주의와 무비판적인 실증주의에서 살아가고 있으며, 그들 자신의 사회관계들도 그들에게는 '물건'이 지니는 신비한 자연속성으로서 나타난다. (5) '무한판단'. "정신이란 뼈이다"라는 '무한판단'에서 헤겔이 '유물론'을 보았듯이[『정신현상학』], "자본*이란 사물이다"라는 '무한판단'이 시민사회의 일상의식을 이룬다. (6) '자본의 문명화 작용*'과 계몽주의. 새로운 유용적 속성을 발견하기 위한 '지구의 전면적 탐사', '자연과학*의 정상까지의 전개'. "그 자체로서 숭고한 것, 그것만으로 <의로운 것>으로서 사회적 생산과 교환의 이 사이클의 외부에 현상하는 것은 아무것도 없다"[『1857-58년의 경제학 초고』, 초2:17]. 그러나 "추상적 자연과학적 유물론"[『자본』 제1권, 23a:487]에는 세계의 총체에 대한 전도된 진술이 수반된다. (7) '물건적 권력'으로서의 자본. '상호 자유롭게 만난다'는 '표층'의 자유에도 불구하고 개인들 자신들은 자신의 물건적 관계들에 '운명'처럼 지배되며, 자본이라는 '물건적 권력'이나 그것이 제어하는 '자동기계의 체계'에 복속되어 있다. (8) '조야한 유물론'. 노동자들은 '물질

적 생활'의 위기에 직면하여 반란하지만, 종종 문화적 형식을 추상적으로 부정하는 "조야한 문명화되어 있지 않은 유물론자들"[『신성 가족』, 2:137]이 등장한다.

【VI】 '시민사회의 유물론'에서 '새로운 유물론'으로

맑스의 '새로운 유물론'도 '시민사회의 유물론'의 이러한 전개를 전제로 하면서 그 성립 근거에 대한 반성, 이론적 비판, 실천적 지양의 의식과 행동으로서 성립하게 된다. 맑스의 '새로운 유물론'은 '물질적 생활의 생산의 양식'이 다른 생활 과정들을, 따라서 노동자의 자기해방의 과정을 '제약한다'고 보는 <제약의 유물론>이지만, 물질적 생활이 자기목적화하는 <목적의 유물론>도 인간들의 생활을 물질적 생활로 환원하는 <환원의 유물론>도 아니다. 맑스에게 있어 '현실'은 계기들을 '과정하는' 작동적(wirklich=wirkend)인 총체이며, 맑스에게 있어 목적은 '자유로운 생산자들의 어소시에이션'을 바탕으로 '자유의 나라'로 인류가 전진하는 것이다. 맑스는 생리학적 유물론자도 철학적 유물론자도 아닌, "실천적 유물론자, 요컨대 공산주의자"[『독일 이데올로기』, 廣16]이며, 그의 유물론은 "비판적 유물론적 사회주의"[「『철학의 빈곤』에 대하여」, 19:226]라는 형태 규정성과 근본성격을 지니고 있다('새로운 유물론'의 개념체계는 '물질*' 항목에서 다룬다). ☞물질, 물화, 페티시즘, 유물론적 역사관, 시민사회

㊟ 田畑稔, 「マルクス唯物論の二重構造」, 『情況』, 1991年 9月号. 同, 「唯物論者, 唯物論, 唯物論的の, マルクスにおける用例一覧」, 季報 『唯物論研究』 43/44号, 1992. Joachim Höpner, "Marx und das Materialismusproblem bei Fourier," in: *Der Bürgerlichen Gesellschaft und theoretischen Revolution*, hrsg. von M. Hahn usw., Köln 1978.

—다바타 미노루(田畑 稔)

유물론적 역사관 唯物論的歷史觀 [(독) materialistische Anschauung der Geschichte (영) historical materialism]

헤겔 철학은 머리를 땅에 대고(요컨대 거꾸로 서) 있다. 맑스는 이렇게 혹평했지만, 그것은 헤겔*의 변증법*을 "뒤집어" "신비적 외피 속의 합리적 핵심을 발견"[『자본』* 제2판 후기, 23a:22-23]하기 위해서였다. 그리고 그렇게 뒤집고자 하는 맑스가 입각해 있었던 것은 "경제적 사회구성의 발전을 하나의 자연사적 과정으로 생각하는 입장"[『자본』 제1판 서문, 같은 책:10-11], 즉 유물론적 역사관이었다.

헤겔 철학의 진수는 '실체=주관'이라는 등식을 바탕으로 한 장대한 역사철학 · 철학적 신의론(神義論)에 있다. 데카르트에 의한 '주관'의 '발견'은 '실체'에 관해서는 '공간적 사물 vs 비공간적인 의식*'이라는 물심이원론(物心二元論)에 귀착했다. 그러나 비공간적인 의식인 주관은 공간 내에서 위치를 차지하는 것을 본질로 하는 이런저런 실체들과 어떻게 관계 맺고 있는 것인가? 이것이 데카르트 이후의 근대 철학의 근본문제였다. 이 문제에 대해 헤겔이 내놓은 해답은 다음과 같다. 물심이원론은 '마음'을 개개인의 심리로 해석하고 있기 때문에 앞으로 더 나아갈 수 없다. 자연*은 개개인의 의식에 있어서는 공간 내의 사물의 체계로서 인식과 독립적으로 존재하고 있다. 그러나 자연 역시 개개인의 '마음'이라는 형태로 이를테면 분산되어 있는 '절대정신'이 스스로를 대상화('외화entäußern')한 산물, 요컨대 절대정신의 자기표현이다. 따라서 자연의 발전도 그 인식도 스스로를 대상화하고 그것을 스스로 인식해 가는 절대정신의 자기완성 과정, 즉 세계사의 계기에 다름 아니다, 운운.

헤겔이 말하는 '절대정신'을, 한걸음 더 나아가 '마음을 벗어나' 실재적인 연관으로 바꾸어 놓는 것. 이것이 바로 맑스가 말하는 헤겔 철학의 '뒤집기'였다. 그러나 그것은 '관념론*인가 유물론*인가' 하는 동위적(同位的) 이항대립을 전제로 하여 '정신'이라고 되어 있는 곳에 그저 '물질'을 대입할 뿐인 '오로지 물질론'적인 전도가 아니다. 본래 헤겔에게서조차 '정신'은 개개인의 의식이 아니며, 따라서 헤겔 철학은 물질의 존재를 개인*의 심적 과정으로 환원하는 '관념론'도 아니다. '유물론적 역사관'이라고 말할 때의 맑스의 유물론은 일찍이 히로마쓰 와타루(廣松涉) 등이 밝혔듯이 일체의 존재를 물리 과정으로 환원하는 '과학적 유물론' · 물

리주의(physicalism)가 아니다.

맑스에 따르면 헤겔뿐만 아니라 포이어바흐*, 바우어* 등의 헤겔 좌파*도 마찬가지로 '관념론'적으로 '머리를 땅에 대고 있다.' 즉 그들은 "협동연관의 바탕에 놓여 있는 개인들의 세대적으로 계기하는 계열"을 '절대정신'이나 '유(類)' 혹은 '인간 자체'와 같은 "유일자적인 개체로서 표상하고, 이것이 자기산출이라는 기적을 행하는 것처럼 간주한다"[『독일 이데올로기』, 廣44]는 점에서 동일한 것이다. 따라서 '절대정신'을 대신하여 놓여야 하는 것은 '자연에 대해 그리고 서로에 대해(zur Natur und zueinander)' 활동하는 협동 체계이지, 관념에 맞서 놓여 있는 물질이 아니다.

'의식(das Bewußtsein)'이란 '의식된 존재(das bewußte Sein)'에 다름 아니며, "의식은 언어*와 같은 나이인" 까닭에 "'정신'은 본래 처음부터 물질에 '홀려'" 있고 "의식은 본래 처음부터 하나의 사회적 생산물이다"[廣28]. 이와 같이 자신들의 자연인식・사회인식, 그리고 자기이해를 '자연에 대해 그리고 서로에 대해' 활동하는 협동연관의 산물로서 그 역사적인 존재 피구속성에 있어서 비판적으로 다시 파악하면서 협동연관의 역사를 인식해 나가는 것. 이것이 맑스가 말하는 유물론적 역사관의 근간이며, 이것은 일체를 물질로 환원해가는 '오로지 물질론'・물리주의와는 아무런 인연도 없다. 헤겔 변증법의 이러한 뒤집기가 맑스에게 있어서는 어째서 '유물론'인 것인가? 그것은 바로 위에서 말하는 역사적인 존재 피구속성이란 바로 "우리 자신의 생산물이 우리를 제어하는 하나의 물상적인(sachich) 강한 힘이 된다"는 '사회적 활동의 자기교착(自己膠着)'・물화*의 산물에 다름 아니기 때문이다. 각 사람의 사회활동의 네트워크로서의 협동연관이 개개인의 의식에 의해서는 파악도 제어도 할 수 없는 '사물'로서 이를테면 자기운동해 가는 모습을 문제로 한다는 의미에서 헤겔 변증법의 뒤집기는 '유물론'인 것이다.

따라서 맑스의 유물론적 역사관은 이른바 경제결정론도 아니다. 경제란 넓은 의미에서는 자연에 작용을 가하여 생산함으로써 삶을 재생산*하는 활동의 총체이다. 이러한 사물의 생산을 통한 삶의 재생산이라는 생산관계들이 사회의 토대를 이루고 거기에 참여하여 스스로를 재생산하고 있는 개인의 의식도 규정한다[『정치경제학 비판을 위하여』 서문, 13:6-7]. 이러한 이른바 '유물론적 역사관의 공식'은 '사회적 활동의 자기교착'의 위력을 지적한 것이긴 하더라도 이른바 경제결정론의 제창은 아니다. 더 나아가 일찍이 히로마쓰 와타루가 제시했듯이 이 협동연관의 '역능(力能)'이 '생산력'이며 협동연관을 구성하고 있는 대(對) 자연적・사회적 관계가 '생산관계'이다. 따라서 "발달한 생산력에게 있어 기존의 생산관계가 질곡이 된다"는 '공식'도 '생산력주의'・기술결정론이 전혀 아니다.
☞헤겔, 헤겔학파, 의식, 유물론, 포이어바흐, 바우어[1]

㊟ 廣松渉, 『唯物史觀の原像』, 三一新書, 1971(『著作集』, 岩波書店, 第9巻 수록).

-오바 다케시(大庭 健)

6월 봉기 六月蜂起 [(불) Les journées de Juin]

프랑스의 제2공화정 하의 파리*에서 1848년 6월 23일부터 26일에 걸쳐 발생한 민중봉기. 이를 맑스는 근대사회를 양분하는 부르주아지와 프롤레타리아트 간의 최초의 대전투라고 지적했다. 봉기의 발생과 동시에 육군 장관 카베냐크*는 파리에 계엄령을 발포하고 모든 권력을 장악했다. 정규군과 실업 중인 노동자 청년들을 모집해서 치안 목적으로 훈련한 유동대, 나아가 국민군 일부가 봉기의 진압에 투입됐다. 군사법정의 판사(군인)로 구성된 '군사조사위원회'가 설치되어 봉기에서 체포된 자는 곧바로 이 위원회 판사의 예심 심문을 받고 군사법정의 재판으로 보내지든가 재판 없이 알제리로 추방되든가 아니면 석방되든가가 결정되었다. 예심의 판결을 받은 체포자는 11,722명이며, 이 가운데 석방된 자는 6,658명, 해외영토 추방은 4,283명, 군사법정에 소추된 자는 212명이다. 그밖에 상세한 것을 알 수 없는 자들 등이 있다.

이 민중봉기를 담당한 사람들은 전통적인 수공업에 속하는 파리의 노동자와 당시의 파리 시외의 라 샤펠 마을에 있던 북부철도회사의 차량공장 노동자 집단,

교외인 베르빌 마을의 '산악파 클럽'을 중심으로 하는 노동자들이었다. 특히 라 샤펠의 공장노동자 숫자는 1,409명으로, 전원이 봉기에 참여한 것은 아니지만 이 방면의 봉기세력의 중심이었다. 그들의 활동분자는 파리 시내의 그랑 블루바르에 라 샤펠 공화 클럽이라는 정치 클럽을 열고 있어 그들의 높은 정치의식을 보여주고 있다.

2월 혁명*을 실현시킨 민중운동 속에서 노동자들은 '노동의 조직', '노동의 권리'라는, 그들의 요구를 총괄하는 슬로건을 제출하고 있었다. 이에 대해 공화파 정부는 뤽상부르 위원회라는 노동자를 위한 정부 위원회를 설치해 '노동의 조직'에 대한 플랜을 토의하도록 해 노동자의 요구를 흡수하고자 했지만 실패한다. 또한 국립작업장을 설치하지만 노동자를 각자의 직업에 따라 작업장에 조직하는 것이 아니라 단지 실업자를 토목공사에 종사하도록 한 것에 지나지 않았다. 게다가 남성 보통선거에 의해 선출된 공화정 의회는 지방의 명망가들이 다수를 차지해 노동자들이 내세운 목표는 정치 무대에서 배제되어 갔다.

그러나 민병조직인 국민군에는 혁명 후에 노동자도 가입하게 되어 그들은 무기를 손에 쥐게 되었다. 그 결과 민중 거주 지구에서는 부르주아의 국민군 병사들과 작업복의 병사들이 주도권을 다투고, 국립작업장 해산에 따라 실업자를 파리에서 내쫓는 정책이 취해졌다. 이를 계기로 작업복의 국민군은 노동자의 봉기집단이 되어 민중 거주 지구에 바리케이드를 쌓고 부르주아파의 국민군과 대결하는 데서 봉기가 시작되었다. 봉기는 전체를 통일하는 조직을 갖지 못했다. ☞카베냐크, 2월 혁명

참 喜安朗, 『夢と反亂のフォブール—1848年パリの民衆運動』, 山川出版社, 1994. Charles Tilly/Lynn Lees, "Le peuple de Juin 1848", in: *Annales E. S. C. 29*, année N°5, septembre-octobre 1974.

—기야스 아키라(喜安 朗)

『유일자와 그 소유 唯一者—所有』 [*Der Einzige und sein Eigentum*, 1844]

슈티르너*의 주저. 이미 헤겔 좌파*는 몇 개의 조류로 분리되어 내부논쟁이 발생하고 있었다. 이 책은 기독교적 종교, 독일 관념론, 특히 헤겔*, 포이어바흐*, B. 바우어*, 나아가 포이어바흐의 인간주의를 기반으로 하는 사회주의*를 시야에 둔 사상적 총괄문서라는 성격을 지닌다. 이러한 명확한 자세로 인해 반향은 맹렬했다.

슈티르너는 유럽 정신사의 특징을 현존재를 가상(假象)으로 보고 이념적인 것을 참된 실재(實在)로 본다는 점에서, 또한 특수・실존이 보편・본질에 통일되어야 한다는 생각에서 찾는다. 이것의 완성형태가 포이어바흐의 '인간*', '유적 존재*'이며 그 실천적 귀결이 사회주의나 공산주의*라고 주장된다. 그에 의하면 포이어바흐의 종교 비판은 철저하지 못하며 거기서는 새로운 신(神)인 '인간인 것', '유적 본질인 것'에 대한 개인*의 굴종관계가 생겨나는 데 지나지 않는다. 본질로 여겨지는 이러한 것들이 일종의 추상에 지나지 않는다고 다시 파악하고, 이 '홀린' 상태에서 벗어나는 것이 다른 것으로 치환할 수 없는 '유일자'의 입장이다. 인륜국가이든 공동사회이든 그것이 본질로 여겨지고 있는 곳에서는 개인의 예속, 개인의 고유성의 폐기가 발생한다. 예속을 낳는 제3자를 폐기한 개별과 개별의 직접적인 관계가 '연합'의 구상이다. 덧붙이자면, 이 책은 맑스에 대해서는 포이어바흐 아류의 방증으로서 한 군데서 언급하고 있을 따름이다(「유대인 문제에 대하여」로부터의 인용). 이 책은 좌파의 분해를 가속화하며, 맑스도 이 논쟁의 와중에 몸을 맡기게 된다. ☞슈티르너, 헤겔 좌파

참 『ドイツ・イデオロギー内部論爭』 ヘーゲル左派論叢 第1卷, 御茶の水書房, 1986. 瀧口淸榮, 「傳統との斷絶, あるいは知の轉換」, 『理想』, 653号, 1994.

—다키구치 기요에이(瀧口淸榮)

유적 존재 類的存在 {유적 본질 類的本質} [(독) Gattungswesen]

포이어바흐*의 철학적 중심 개념. 『경제학・철학

초고』*에서 맑스는 이를 기축 개념으로 수용했다. 포이어바흐는 『철학과 기독교에 대하여』(1839)에서 인류의 '유(類)' 개념을 철학*에 도입한 공적을 칸트*(「세계공민적 견지에서의 보편사의 구상」, 1784)나 헤르더까지 소급시킨다. 유적 존재 개념은 기독교 비판의 기축이 되고, 또한 헤겔 좌파*의 사상가들에게 철학과 현실의 가교 역할을 하는 것으로서 커다란 자극을 주었다.

인간*이 인간인 까닭은 개체성의 의식*을 지닐 뿐만 아니라 자신의 '유'에 대한 의식을 갖고 자신의 '본질'을 문제 삼을 수 있다는 점에 있다. 유적 본질은 이성*·의지*·심정으로 이루어지며, 그것들은 완전한 것이자 인간의 현존재의 목적이다. 개인*의 유한성의 의식은 유의 무한성·완전성에 뿌리내리고 있다. 이 유적 본질이 대상화·외화되어 특권적인 하나의 인격과 직접적으로 동일시된 것이 신이다. 신의 본질은 사실은 인간의 본질이고 주어는 인간에 다름 아니다. 여기서 인간이 "가장 적극적인 실재적 원리"로서 제시된다[『기독교의 본질』*]. 유적 존재에는 이념적인 성격과 경험적인 성격이 병존하고 있지만 자연 종교로 중심축이 이동하는 가운데, 또한 슈티르너*가 환기한 논쟁을 거쳐 전자가 자취를 감추게 된다.

M. 헤스*는 「독일에서의 사회주의 운동」(집필 1844년, 발표 45년 5월)에서 포이어바흐의 유적 존재를 이어받아 그것을 여전히 추상적이라고 하면서도 '개인들의 협동*'으로서 '보다 상세하고 구체적으로' 규정하고자 한다. 같은 취지의 언급은 「화폐체론」*(집필 1843년 말에서 이듬해 초두, 발표는 45년)에서도 볼 수 있다. 헤스는 이렇게 해서 포이어바흐의 현실적 인간주의와 사회주의*의 결합을 구상한다. 맑스와 엥겔스*도 당시 이 사조의 담당자로 간주되고 있었다. 그러나 45년 후반에는 이론적 자기점검을 거쳐 이 사조와 결별한다. 그들은 비판에 있어 다소 비꼬면서 상대를 '진정사회주의*'라 부른다.

맑스는 『경제학·철학 초고』에서 포이어바흐의 사상적 공적을 대단히 높이 평가한다. 다만 그의 '종교적 소외'론에 대해 "현실적 생활의 소외*"[40:458]를 부각시킨다. 유적 존재로서의 인간은 노동*이라는 자기대상화·자기확증 활동의 주체로서 사회적·경제적으로 구체적으로 규정된다. 이로부터 국민경제학은 인간의 유적 활동 및 개체적 활동을 소외된 형태 그대로 받아들이는 것으로 간주된다. 또한 이러한 주체가 정립됨으로써 역사는 인간의 유적인 본질적 힘들인 노동의 소외와 그 자기지양이라는 시야에서 파악된다. 그러나 슈티르너의 『유일자와 그 소유』*에 의한 논쟁의 파도 속에서 포이어바흐주의의 자기점검이 이루어지고, 유적 존재의 위상이 비판적으로 총괄된다[「포이어바흐 테제」* 제6테제, 3:4]. 이러한 전환은 『독일 이데올로기』*의 집필 사정과 깊은 관련을 지닌다. ☞포이어바흐, 『경제학·철학 초고』, 「포이어바흐 테제」, 『독일 이데올로기』, 협동

㊟ 廣松涉, 『青年マルクス論』, 平凡社, 1971. 瀧口清榮, 「L. フォイエルバッハの思想的轉回とシュティルナー」, 『社會思想史研究』, 13号, 北樹出版, 1989.

—다키구치 기요에이(瀧口清榮)

유토피아 [(독) Das Utopia]

1516년 토마스 모어의 『유토피아』 이래로 이상향으로서의 '그 어디에도 없는 나라'라는 의미에서 사용되어왔다. 19세기가 되면 이상향의 의미보다도 오히려 '실현 불가능한 계획'이라는 의미가 강해지며, 초기 사회주의자들이 논적을 비판할 경우에 사용되게 된다. 프랑스에서는 샤를 푸리에*가 1818년에 초고 「복합적 균형의 일반이론」(1858년 간행)에서, 생시몽*도 1820년에 『조직자』(제2분책)에서 유토피아를 유효한 수단이나 방법을 결여한 이상 혹은 실행 불확실·불가능한 것으로 규정하여 논적을 비판했다. 그 후 후세의 '유토피아' 이미지를 결정지은 것은 맑스와 엥겔스*에 의한 『공산당 선언』*(1848) 혹은 엥겔스의 『공상에서 과학으로의 사회주의의 발전』*(1880)이다. 맑스와 엥겔스는 유토피아적인 사회주의자로서 생시몽, 푸리에, 로버트 오언*을 거론하고, 한편으로 그들 초기 사회주의자·공산주의자의 현존 사회에 대한 비판적 요소를 높이 평가한 다음, 다른 한편으로 그들의 사상과 운동

이 계급투쟁의 역사와 그 물질적 기반의 분석, 그 산물로서의 프롤레타리아트의 해방*으로 향하는 것이 아니라 한 발짝 건너뛰어 작은 공동사회 계획이나 실험으로 향하는 까닭에 '유토피아적'이라고 비판한다. 그러나 이 '유토피아 사회주의' 비판에는 전사가 있다. 1830년대에 아돌프 블랑키(오귀스트 블랑키*의 형)가 『유럽에서 정치경제학의 역사』(1837)에서 푸리에와 오언의 구상을 유토피아적이라고 자리매김했다. 같은 무렵 루이 레보도 어느 잡지(*Revue des deux mondes*)에서 1836년부터 38년에 걸쳐 생시몽, 푸리에, 오언 등의 구상을 사회주의적 유토피아로서 취급하고, 이를 『개혁자 혹은 현대 사회주의자에 대한 연구』(1841)로 정리한다. 독일에서는 1846년 빌헬름 슐츠*가 로텍/벨커의 『국가사전』을 위해 쓴 '공산주의' 항목에서 "공산주의적, 사회주의적 유토피언"으로서 토마스 모어로부터 에티엔느 카베*(『이카리아 여행』, 1842)까지를 다루고 있다. 하지만 여기에는 프랑스 초기 사회주의자는 포함되어 있지 않다. 이러한 전사를 이어받아 맑스와 엥겔스의 『공산당 선언』에서의 "비판적 · 유토피아적 사회주의 및 공산주의" 비판이 등장한다. 이후 맑스주의* 측으로부터 유물론적 역사관*과 잉여가치* 이론을 바탕에 두지 않은 사회개혁 이론은 모두 '유토피아적'이라 명명되어 왔다. 하지만 『공산당 선언』에서의 '자유로운 개인*의 아소치아치온{아소시아시옹*}', 혹은 『자본』* 제48장에서의 '자유의 왕국'은 설령 그것이 단연코 '필연의 왕국'을 기초로 삼고 있다 하더라도 그것은 맑스와 엥겔스가 품고 있는 '가치*'로서의 유토피아가 아닐까? 그들이 아무리 비판*했다 하더라도 일반적으로 현존 사회의 비판과 장래 사회의 구상을 유토피아는 자극하고 촉진한다. ☞『공상에서 과학으로의 사회주의의 발전』, 푸리에, 생시몽

참 坂本慶一, 『マルクス主義とユートピア』, 紀伊國屋新書, 1970. 伊達功, 『ユートピア思想と現代』, 創元社, 1971.

—무라카미 슌스케(村上俊介)

윤리 倫理 [(독) Ethik (영) ethic]

어떤 사상이 도덕* · 모럴에 대해 어떻게 생각하고 있는지, 어떠한 윤리학적 입장에 서 있는지를 파악하기 위해서는 그 사상이 (1) 기존의 실정도덕의 기원 · 기능을 어떻게 분석하고 있는가(도덕사회학), (2) 규범명제 · 규범적 판단의 논리를 어떻게 생각하고 있는가(메타윤리학), (3) 어떤 규범을 우리가 따라야 할 것으로서 제시하고 있는가(규범윤리학) 하는 사상 내재적인 측면들뿐만 아니라, 나아가 (4) 그 사상이 어떠한 규범의식 · 가치판단을 전제로 하여 문제를 설정하고 논의를 전개하고 있는가 하는 측면도 파악하지 않으면 안 된다.

맑스의 경우 (1)에 관해서는 매우 분명한 태도를 취하고 있다. 어떤 시대에서도 "지배계급은 자신의 목적인 <지배>를 수행하기 위해서라도 자신의 이해를 사회의 모든 구성원들의 공동이해로 주장하고, …… 자신의 사상을 보편타당한 사상으로 주장하지 않을 수 없게"[『독일 이데올로기』, 廣70]되며, 법*은 물론이거니와 도덕도 포함해서 실정적인 규범은 이와 같이 '보편이해를 위장한 특정 계급의 이해'라는 측면을 반드시 지닌다. 그러나 이러한 도덕사회학적인 분석이 (2)로부터 (4)의 분석과 어떤 관계를 맺고 있는지를 파악하는 것은, 특히 맑스 자신이 규범윤리학에 관해서는 방법적으로 금욕하고 있기 때문에 매우 어려운 일이다.

다른 한편 (4)에 관해 말하자면, 자본제 사회를 경제적으로 분석할 때의 문제 설정도, 또한 당시의 노동자계급의 생활상태에 대한 조사들을 상세히 원용할 때에도 맑스의 관점은 의분(義憤)이라 말해도 좋을 깊은 윤리적 개입(commitment)으로 틀지어져 있다. 이 점은 의심의 여지가 없다. 그 개입의 핵심은 '인간*의 존엄', '무엇과도 바꿀 수 없는 개인*의 소중함', '그러한 사람들끼리의 상호 승인'과 같은 개념으로 파악할 수도 있을 것이다. 그러나 그가 개입하고 있던 가치* · 규범을 보편타당한 체계로서 명시적으로 제시하기는 어렵다. 왜냐하면 어떠한 사상도 사회적인 존재 피구속성을 피할 수 없다는 진리는 그 자신의 사상에 관해서도 타당하다. 이 점을 무시할 정도로 맑스는 자신을 특권

화하고는 있지 않다. 따라서 맑스는 『고타 강령 비판』* 에서 볼 수 있듯이 미래 사회의 구상에 관해서 구체적으로는 거의 아무 말도 하지 않은 것과 마찬가지로 보편타당한 가치규범에 관해서도 명시적으로는 아무 말도 하지 않는다.

그럼에도 불구하고 도덕규범의 발생 · 기능의 분석과 전(前)이론적인 윤리적 개입이라는 쌍방에서 파악해 간다면 (2)의 메타윤리적 분석이나 (3)의 규범윤리학적 주장에 관해서도 대강의 전망은 얻을 수 있을지도 모른다. 메타윤리적인 분석에 관해 말하자면, 맑스가 '도덕 판단이란 주관의 감정의 표출이다'라고 하는 종류의 비인지주의(정감주의)에 서 있었다고는 생각할 수 없다. 맑스의 메타윤리적인 입장은 '도덕 판단이란 명령이다'라고 하는 비인지주의(명령주의)와 한정된 의미에서의 도덕적 사실의 존립을 인정하는 인지주의라고 하는 쌍방의 측면을 지니고 있는 것으로 보인다. 왜냐하면 맑스는 일관되게 '자연* vs 사회', '자연 vs 이성*'과 같은 근대적 이분법 그 자체에 대해 비판적이었기 때문에 메타윤리에 관해서도 '사실 vs 가치*'라는 이항대립을 전제로 한 입장에는 완전히 수렴되지 않는 사고를 함께 갖고 있었던 것으로 볼 수 있기 때문이다.

규범윤리학으로서의 주장은 앞서 보았듯이 '인간의 존엄', '개인의 유일성을 서로 인정하는 상호 승인', '상호 승인에 기초한 분배적 정의'와 같은 개념을 핵심으로 한 이론이 되겠지만, 그러나 이 경우에도 '사고의 존재 피구속성'이라는 맑스의 방법적 기준에서 본다면 그 규범윤리학 역시 '인간의 본질'이라든가 '자유로운 인간적 교통의 초월론적 조건'이라는 방식으로 전개되는 것으로는 보이지 않는다. 오히려 '기본권에서의'와 같은 근대의 규범적 개념을 계승하면서, 그러나 "공동의 생산수단 하에서 자신의 개인적 노동력을 자각적으로 사회적 노동력으로서 지출하는 자유인의 결합체"[『자본』, 23a:105]에서 "능력에 따라 · 필요에 따라" 기회와 성과가 배분되고, 이로써 "각인의 자유* 가 만인의 자유의 조건이 되기" 위한 규범적 요건을 이론화하는 것이 그 축이 될 것이다. 어쨌든 맑스의 사상 총체를 윤리학으로서 검토하는 작업은 대단히 어려운 일이며 지금까지 거의 이루어지지 않았다고 말할 수 있을 것이다. ☞인간, 가치, 도덕

—오바 다케시(大庭 健)

은행銀行 [(영) bank (독) Bank]

은행의 기원은 화폐 취급업에 있다. 화폐 취급 자본은 자본가의 화폐 지불 · 수취의 기술적 조작을 대행하는 것을 업무로서 영위하며, 구매 · 지불수단의 준비금(축장화폐의 제1형태)을 자신의 수중에 집중하지만, 이에 의해 사회 전체로서 필요한 준비금의 액수는 크게 절약되고 잉여가 된 준비금은 대출의 기초 자금으로서 사용된다. 또한 이윤* 중에서 곧바로 재투자되지 않는 부분과 고정자본 감가상각 적립금(축장화폐의 제2형태)도 예금으로서 그들의 수중에 유입되어 대출의 기초 자금으로서 사용된다. 대출에 의한 이자수입의 일부는 예금이자로서 지불되고 나머지는 지불 · 수취 대행의 수수료 및 이윤으로서 화폐 취급업자의 수중에 남아 축장화폐가 이자 낳는 자본*으로 전화된다. 지불 · 수취 대행 업무는 당초에는 현금 거래를 수반했지만, 이윽고 화폐 취급업자에게 보내는 지불지도서나 지불 약속서의 거래나 예금계좌 간의 이체에 의해 이루어지게 된다. 이와 같은 업무를 하는 곳을 이체은행이라 한다. 그리고 이체은행의 지불 약속서는 현금과 마찬가지로 제3자 사이에서의 거래에 사용되게 된다. 그 때문에 이체은행은 지불 약속서=은행권을 발행한다든지 차입자 명의의 예금구좌에 대부금액을 납입함으로써 대출을 하게 된다. 이와 같이 자기에 대한 요구불 채무를 창조하여 대출을 행하는 것이 근대적 은행의 본질적 업무다. 이체은행은 이 단계에서 본래의 은행으로 전화했던 것이다. 은행은 은행권 발행 또는 예금창조에 의해 대부 가능한 화폐자본(이하 자금이라 부른다)을 창조하며, 이를 대출하여 이자를 얻는다. 이것을 신용창조라고 하지만, 그 액수는 존재하는 현금 액수를 훨씬 초과하며, 이를테면 무에서 유가 창조되므로 그것을 의제자본*이라 부를 수

있다.

문제는 신용 창조의 한계다. 창조된 은행권 또는 예금은 요구불 채무이기 때문에 발권액 또는 예금액에 대해 일정비율의 현금 준비를 해두어야만 한다. 그리하여 신용 창조의 한도는 현금 준비액÷현금 준비율이 된다. 다음으로 현금 준비액을 결정하는 것은 무엇인가 하는 것이 문제가 된다. 맑스는 자금의 양은 유통수단의 존재량과는 관계가 없다고 강조하고 있지만, 동시에 유통수단의 양이 높은 수준이면 자금이 부족하여 금융은 핍박되고, 그 반대는 반대라고도 말한다.[25b:678]. 이것은 중요한 지적이다. 현금의 양이 일정해도 노임 지불이 늘어나 일반적 유통의 규모가 확대되면, 은행예금의 현금에 의한 인출이 늘어나고 은행의 현금준비는 감소하여 예금=대출=자금은 감소한다. 오늘날에도 선진 각국의 중앙은행권 발행 증가가 금융핍박의 요인으로 간주되고 있는 것은 이러한 이유 때문이다. 역으로 현금의 양 증가 또는 유통수단의 양 감소로 인해 현금준비가 늘어났지만 재생산* 규모는 일정하다고 해보자. 그 경우 산업 측으로부터의 자금수요도 일정하기 때문에 은행은 잉여가 된 현금준비를 운용하기 위해 주식*, 채권 등의 자산을 구입한다. 그 매입대금 지불을 위해 증권 매도자 계좌의 예금 대기(貸記) → 예금 증가가 생기고, 동시에 자산가격의 상승=그 수익률의 저하 → 이자율 전체의 저하가 발생한다. 19세기에는 현금의 공급량을 결정하는 것은 오로지 금의 대외수지=국제수지였지만, 관리통화제인 오늘날 그것은 중앙은행의 제어와 재정자금 대 민간수지에 의해 결정된다. 국제수지 결산을 통한 영향은 이 후자 속에 포함된다. ☞의제자본{가공자본}, 신용, 이자 낳는 자본

㊟ 西村閑也・深町郁弥・小林襄治・坂本正,『現代貨幣信用論』, 名古屋大學出版會, 1991. 深町郁弥・浜野俊一 編,『資本論體系6 利子・信用』, 有斐閣, 1985.

—니시무라 시즈야(西村閑也)

의식 意識 [(독) Bewußtsein (영・불) conscience]

영어나 프랑스어의 conscience는 라틴어의 cum-scientia에서 유래하며, 지식의 일정한 집합・일치를 의미한다. 이것은 독일어의 Bewußtsein에서도 마찬가지다. 맑스의 의식론은 바로 이 어원에 입각한 형태로 전개된다. 즉, 맑스는 의식을 결코 고립된 순수의식으로 파악하는 것이 아니라, 그것을 인간의 대상적 존재 내지는 유적 존재*에서 설명하거나[『경제학・철학 초고』], 또한 다른 인간과의 관계에서 언어*로서 현실화한 것으로 파악하고 있다[『독일 이데올로기』]. 게다가 맑스는 이러한 저작들에서 이데올로기*와 같은 의식의 전도 형태의 원인을 탐구하고, 그것을 처음에는 사적 소유에서, 나중에는 분업*에서 발견했다.

【Ⅰ】『경제학・철학 초고』의 의식론

맑스는『경제학・철학 초고』* <제1초고>에서 다음과 같이 말하고 있다. 동물은 직접적으로 그의 생명활동과 하나이지만, 인간*은 자신의 생명활동 자체를 자신의 의욕이나 의식의 대상으로 삼으며, 그로 인해 자유*롭다. 그것은 인간이 유적 존재이며[40:435], 자기에 대해 자유로운 존재로서 행동할 수 있기 때문이다. 인간이 자유로운 자기활동의 주체인 것은 인간의 이러한 자기대상화 활동에 의한 것인바, 이 자기대상화 활동이야말로 인간의 의식 활동이다[같은 책:437]. <제3초고>에서는 개인*을 사회적 존재로서 정의하고, "나의 보편적 의식의 활동 또한 사회적 존재로서 나의 이론적인 현존이다"[같은 책:459]라고 한다. <제1초고>에서와 마찬가지로 여기서도 인간의 대상화 활동이 말해지지만, 여기서는 더 나아가 그 대상이 인간적 대상이라는 점이 강조된다. 게다가 인간적 대상을 비인간적인 대상으로 바꾸어버리는 현실이 고발되며, 그 원인이 규명된다. 맑스에 의하면 이 원인은 사적 소유에서 찾을 수 있다. 사적 소유가 이 관계를 파괴한다. 사적 소유에 의해 인간은 자기를 자기에게서 소원한 비인간적인 대상으로 하며, 그로 인해 유적 생활로부터 소외*된다. 따라서 역으로 사적 소유의 지양에 의한 인간적인 감각이나 특성의 해방이 요구되는데, 그것을 실현하는 것이 공산주의*라고 말해진다. 또한『경제학・철학 초고』에서는 다음과 같은 헤겔* 비판

도 보인다. 즉, 헤겔의 『정신현상학』*에서는 의식의 대상이 자기의식 이외의 아무것도 아닌 까닭에 의식이 지니는 이 대상성이 발견될 수 없다. 아니 오히려 헤겔의 경우에는 의식대상의 극복이 지향된다. 하지만 이에 대해서는 비대상적 존재란 비존재라고 하는 비판이 제기되지 않을 수 없다[같은 책:497]. 이상에서 보았듯이 『경제학 · 철학 초고』에서는 의식주체와 의식대상이 논리적으로 불가분한 것으로 생각되고 있다는 점이 특징이다.

【Ⅱ】『독일 이데올로기』의 의식론

『독일 이데올로기』*에서는 인간의 사회적 존재성이 한층 더 강조된다. 즉 의식은 하나의 정신적 교통(Verkehr)으로서 고찰된다. 인간은 의식을 지니지만, 그것은 결코 순수의식 따위가 아니다. 정신은 물질*에 '붙들려 있다'는 주술에 걸려 있다. 다시 말해 의식은 운동하는 공기층, 소리, 요컨대 언어로서 나타난다. "언어는 실천적인, 즉 다른 인간에게도 실존하는 까닭에 또한 나 자신에게도 비로소 실존하는 현실적인 의식이다"[廣28]. 본문 중에서 "다른 인간에게도 실존하는 까닭에 또한 나 자신에게도"라는 부분, 바로 거기에 있는 타자와 자기와 관련된 논리적 순서가 특히 중요하다. 이 순서를 거꾸로 하면 '순수의식'이라는 것이 앞에 나오기 때문이다. 이 관계*를 좀 더 구체적으로 말하기 위해 여기서도 인간과 동물의 대비가 보인다. 맑스와 엥겔스*에 따르면 동물은 그 무엇과도 관계하지 않는바, 애당초 관계한다는 것을 하지 않는다. 다른 것과의 관계가 있다 하더라도 동물에게 그것은 관계로서는 실존하지 않는다. 인간은 타자와 관계하며, 따라서 사회적 존재인바, 그러한 인간에게 의식은 처음부터 이미 하나의 사회적 산물이며, 인간이 인간으로서 실존하는 한 계속해서 그러하다. "내 주위와 관계하는 나의 관계가 나의 의식이다"[廣28]라고 하고 있듯이, 인간은 다른 인간들과의 교통*의 욕구로부터 타자를 대상화하고 타자와 관계를 맺으며, 게다가 그 관계를 관계로서 안다. 이러한 관계성 없이는 의식 자체가 성립하지 않는다. "의식이란 의식된 존재 이외의 그 무엇도 아니다. 그리고 인간의 존재란 그들의 현실적인 생활과정*을 일컫는다"[같은 책:29]라고 말해지는 까닭이다. 그리고 여기서 또한 "의식이 생활을 규정하는 것이 아니라 생활이 의식을 규정한다"[같은 책:31]라는 유명한 구절이 말해진다.

그런데 『경제학 · 철학 초고』에서 보였던 바와 같은 사적 소유에 의한 인간의 자기소외라는 관점 대신에 『독일 이데올로기』에서는 분업의 문제성이 물어지고 있다. 분업은 물질적 노동과 정신적 노동의 분열이 나타나서야 비로소 현실적으로 분업이 되는데, 이 순간부터 의식은 현존하는 실천적 의식과는 다른 어떤 것인 것처럼 행동하게 된다. 이때부터 의식은 자기를 세계로부터 해방시켜 <순수한> 이론, 신학*, 철학*, 도덕* 등등으로서 나타날 수 있게 된다[廣30]. 분업에 의해 의식은 다른 인간과의 교통 · 관계를 그 본질로 하는 인간의 생활로부터 유리되어 그 자체로 존재할 수 있는 듯이 생각되며, 생활이 의식을 규정하는 것이 아니라 의식이 생활을 규정하게 된다. 지배계급의 사상을 지배계급 자신으로부터 분리하여 그것을 자립화시키며, "어떤 시대에는 어떠어떠한 사상이 지배하고 있었다"고 하는 이데올로기도 이로부터 발생한다[같은 책:68]. 이리하여 『경제학 · 철학 초고』에서 서술된 의식의 전도에 대한 비판으로서의 사적 소유 비판과 헤겔 철학 비판이 결코 다른 것이 아니라는 사실이 『독일 이데올로기』에 의해 명확하게 되었다. 그것은 당시로서는 브루노 바우어*의 자기의식의 철학에 대한 비판을 의미하고 있었다. ☞『경제학 · 철학 초고』, 『독일 이데올로기』, 분업, 언어

囹 岩佐茂 · 小林一穗 · 渡辺憲正 編, 『「ドイツ · イデオロギー」の射程』, 創風社, 1992. 廣松涉, 『存在と意味』, 岩波書店, 1982.

—시바타 다카유키(柴田隆行)

의인동맹 義人同盟 [(독) der Bund der Gerechten]

의인동맹(사료에 따라서는 '독일정의동맹der deutsche Bund der Gerechtigkeit', '정의자동맹'이라는 역어도 있다)은 급진적 공화주의 결사인 '추방자동맹*'(혹은 '망명자동맹')으로부터 1837년 무렵에 분리되어 결

성된 최초의 독일인 공산주의 결사. '공산주의자동맹*'의 전신으로 알려져 있다.

【Ⅰ】동맹의 결성과 전개

1834년에 결성된 추방자동맹은 파리 거주 독일인 망명자와 수공업자를 중심으로 한 비밀결사*로, 사형을 포함한 엄격한 규율을 갖고 있었다. 의인동맹에는 선거에 의한 지도부 선출 등 민주화된 측면도 있으나 비밀결사라는 점에는 변함이 없으며, 가입할 때 의무적으로 하는 '선서'에는 비밀 준수 의무를 깨뜨릴 경우 "명예박탈과 죽음을 달게 받아들인다"라고 하는 추방자동맹 규약(상급규약)과 동일한 문구도 남겨졌다('죽음'은 복자(伏字)). 의인동맹 결성 직후에 만들어진 이 규약은 "굴욕적 억압의 굴레로부터 독일의 해방*, 노예상태로부터 인류의 해방에 대한 협력, 인간* 및 시민의 권리안에 포함되는 원리들의 실현"을 '동맹의 목적'으로 하는 등, 추방자동맹의 공화주의적 자취를 남기고 있었다. 그러나 38년에는 공산주의적 지향을 명확히 하는 강령을 목표로 하여 샤퍼*가 「재산공동체」라는 제목의 초안(미완)을, 바이틀링*이 『인류, 그 현실과 이상』*을 집필하고, 후자가 동맹 강령으로 채택되어 익명의 소책자로 간행되었다(38년 말경). '공산주의*'라는 용어는 사용되지 않고 현존 사회의 전면적인 부정 위에 도입되어야 할 사회는 '재산공동체(Gütergemeinschaft)'라 불렸는데, 이것은 당시 공산주의자와 같은 뜻으로 사용되었으며 이를 지향하는 자가 공산주의자라고 불렸다.

동맹의 조직적 중심은 파리*에 있었다. 1839년 5월의 블랑키*, 바르베스* 등 '계절협회'에 의한 파리의 무장봉기에 동맹이 직접 관여한 증거는 발견되지 않았지만, 봉기가 일어난 날 밤에 샤퍼가 체포되고, 탄압은 동맹에도 파급되었다. 주요 간부는 파리로부터 흩어져 40년 이후 샤퍼는 런던*에서, 바이틀링은 스위스에서 새로운 활동을 전개한다. 중앙본부(정식으로는 '인민회당')는 계속해서 파리에 있었지만, 지도는 신참인 에버베크가 맡았다. 샤퍼와 에버베크는 계절협회 봉기* 패배의 교훈에서 노동자의 장기적 교육과 계몽을 새로운 노선의 기초로 하며, 규약의 엄격한 운용도 점차 유명무실해졌다. 바이틀링도 당면해서는 계몽적 선전을 할 수밖에 없었지만, 폭동—무장봉기 노선은 단념하지 않으며, 1843년에는 '도탈(盜奪)'이론을 주창하고 사회적 혼란의 야기를 계획, 5월에 스위스 경찰에 체포된다. 다수의 문서도 압수되어(이를 관헌이 편집해서 출판한 것이 블룬칠리*의 『바이틀링에게서 압수한 자료에 의한 스위스의 공산주의자』*) 동맹은 또다시 위기에 직면했다. 이를 계기로 바이틀링파(스위스와 파리 소수파)와 반(反)바이틀링파(런던과 파리 다수파)의 내부 대립이 심화된다. 45년 2월-46년 1월의 런던에서 열린 연속 토론에서는 바이틀링과 샤퍼가 직접 논쟁을 벌여 대립은 결정적인 것이 되었다. 바이틀링은 재산공동체의 폭력적 도입노선을 고집하고 바뵈프파적인 절대적 평등주의 논조를 강화하며, 샤퍼파는 대중적 계몽과 '인격적 자유'를 대치시켰다. 이미 파리에서는 에버베크와 그륀*이 포이어바흐*의 인간주의에 기초하는 '철학적 공산주의'로 반바이틀링파를 조직하고 있었다. 샤퍼파도 포이어바흐 철학에서 새로운 전망을 찾아간다.

【Ⅱ】동맹의 재편과 맑스 · 엥겔스*

맑스와 엥겔스는 1846년 2월 무렵 '브뤼셀 공산주의 통신위원회'를 결성하고 독자적인 실천 활동에 착수했다. 위원회에는 당초 런던에서 내쫓긴 꼴인 바이틀링도 참가했으나 곧바로 맑스와 논쟁을 일으켜 결별한다. 위원회는 의인동맹 내 분파투쟁에 대한 개입을 시도하고, 7월에는 샤퍼 등이 '런던 공산주의 통신위원회'라는 형태로 맑스파와 제휴한다. 8월에는 에버베크의 협력으로 엥겔스가 파리에 도착하여 그륀파 멤버의 조직화를 시작한다. 위원회로서의 활동 그 자체는 확고한 성과를 거두지 못했지만, 맑스파는 다른 한편으로 벨기에의 민주주의자와 함께 투쟁하면서 공산주의자의 조직화를 시도하며, 이는 일정한 진척을 보았다. 또한 독일 국내에서도 작게나마 영향력을 갖게 되었다.

의인동맹 쪽에서는 커다란 변화가 생겨나고 있었다. 파리는 조직의 혼란과 침체로 더 이상 동맹의 지도부일 수 없게 되어 10~11월 무렵에 중앙본부가 런던으로 이전했다. 새로운 중앙본부=샤퍼파는 반바이틀링파의 결집에 의한 동맹 재건을 목표로 하여 11월에 「동맹원을 향한 호소」를 내놓고 동맹대회의 개최를 제기했다. 그러나 바이틀링파의 끈질긴 저항, 그륀파와 그 밖의 중간파의 무관심으로 인해 소기의 응답을 얻을 수 없었으며, 나아가 12월에는 베를린 지구 멤버의 일제 체포와 간부의 전면적인 자백이라는 사태가 일어나 계획은 일찍부터 심각한 곤란에 직면했다. 그리하여 중앙본부는 47년 1월, 맑스파에게 동맹에 대한 가맹을 요청하게 된다. 맑스 등의 가맹 직후에 나온 중앙본부의 「동맹원을 향한 호소」(2월)는 공산주의를 사회주의*와 명확히 구별하여 전자야말로 동맹의 입장임을 역설하고 새로운 강령의 작성, 공적 기관지의 발행 등의 방침을 제기했다.

동맹대회는 47년 6월에 런던에서 개최되었다. 여기서 동맹은 명칭을 '공산주의자동맹'으로 변경하고 새로운 규약과 강령 초안인 「공산주의의 신조 표명」을 채택했다. 의인동맹의 최초이자 최후의 이 대회가 공산주의자동맹의 제1회 대회가 된다. 여기서 채택된 규약・강령 초안이 모두 잠정적인 것이라고 하여 제2회 대회(11월 말~12월)로써 공산주의자동맹이 정식으로 출발했다고 하는 견해도 있지만, 규약은 제1회 대회의 정식 결정사항이며 대회 후의 절차도 이 「공산주의자동맹 규약」에 따라 진행되었기 때문에 의인동맹으로서의 활동은 공식적으로는 6월의 대회로써 종료되었다고 말할 수 있다. 다만 의인동맹의 지부나 개별반, 개개의 동맹원이 모두 공산주의자동맹으로 이행한 것은 아니며, 활동을 정지한다든지 바이틀링파처럼 의인동맹의 정통을 자임하며 독자적으로 활동을 계속한 부분도 있었다. 이런 의미에서는 의인동맹과 공산주의자동맹은 한 시기에 병존했던 셈이다. ☞추방자동맹, 공산주의자동맹, 비밀결사, 계절협회의 봉기, 공산주의, 샤퍼, 바이틀링, 『바이틀링에게서 압수한 자료에 의한 스위스의 공산주의자』

참 Werner Kowalski, *Vorgeschichte und Entstehung des Bundes der Gerechten*, Berlin 1962. 良知力, 『資料・ドイツ初期社會主義—義人同盟とヘーゲル左派』, 平凡社, 1974. 石塚正英, 『三月前期の急進主義—青年ヘーゲル派と義人同盟に關する社會思想史的硏究』, 長崎出版, 1983. 廣松渉, 「『共産黨宣言』の思想」, 『廣松渉コレクション』, 第3巻 수록, 情況出版, 1995.

—고바야시 마사토(小林昌人)

의제자본 擬制資本{가공자본 架空資本} [(영) fictitious capital (독) fiktives Kapital]

【Ⅰ】 의제자본의 형성

의제자본은 이자 낳는 자본* 범주의 성립을 전제로 하여 규칙적으로 반복되는 일정액의 수익이 이자로 간주되고 일반적 이자율로 자본으로 환원되어 성립하는 가공자본이다. 구체적으로는 국채, 사채, 주식* 등으로 대표된다. 예를 들면 일정액의 정기적인 수익 1,000엔, 일반적 이자율 5%로 하여 그 수익청구권인 증권이 20,000원의 가격*으로 거래된다. 이 증권 가격이 의제자본 가치의 표현이며, 이 의제자본(20,000원)이 1,000원의 수익을 낳는다. 수익률=이율은 5%이다.

【Ⅱ】 의제자본의 가공성・환상성

의제자본은 '대부—변제', '대부원금—이자'의 이를테면 역전된 관계 개념인데, 이러한 추상적인 규정에 머무르는 한에서 순수하게 가공적・환상적이다. 그것만으로는 '의제자본의 자립'이 설명되지 않는다. 국채의 경우에 현존하는 자본*・이자는 없으며 단순한 국가의 채무가 자본으로서 나타난다. 국가에 빌려준 화폐*는 비생산적으로 지출되어 존재하지 않는다. 국채는 소멸된 자본의 종이로 만든 복제에 지나지 않는다. 그것은 순수하게 가공적・환상적이다. 그러나 국채는 국가의 조세를 원천으로 하는 이자의 지불보증을 전제로 양도・매각 가능성을 부여받아 자립화한 의제자본의 유통운동을 형성한다. 국채시장은 화폐자본의 투하부문이 되며, 국채는 실재하는 자본인 듯한 가상을 확정적이게 한다. 주식증권의 경우에 주식은 장래의 수익에 대한 청구권이다. 이 수익이 자본으로 환원되어 주식의 가격이 된다. 이 주가에서 현실에서 기능하고 있는 자본과는 별개의 자본이 실재하고 있는 것처럼 보인다. 이 자본은 순수하게 가공적・환상적이다. 현실에 존재하는 것은 산업자본과 그 이윤*뿐이다. 그러나 그 점은 이 자본이 계산상 존재하고 수익을 전제로 양도・매각 가능성을 부여받아 자립화한 의제자본의 유통운동을 형성하는 것을 방해하는 것이 아니다.

【Ⅲ】 의제자본의 특유한 유통양식

주식회사의 경우에 출자 자본은 산업자본으로 전화되어 재생산 과정에서 기능자본의 순환운동 $G-W<^{Pm}_{A}$ …P－W′－G′를 형성하고 잉여가치*・이윤을 산출하지만, 다른 한편으로 이 자본액을 표시하는 주식자본이 지분으로 분할・증권화되어 증권시장에서 수시로 매매=거래된다. 주식증권은 이자를 낳는 증권이 되어 자립한 의제자본의 유통운동 A－G－A를 형성한다. 그것은 각각의 개별 주주에게는 이자 낳는 자본의 운동 G－A－G′로서 나타난다. 배당은 이자화된다. 주주는 화폐자본가와의 형태적 동일성을 부여받으며, 역으로 화폐자본가는 그 신분 그대로 주주가 될 수 있다. 증권시장은 화폐자본의 새로운 투자부문이 되고, 주식회사는 자본의 집중기구가 된다.

【Ⅳ】 의제자본의 유통운동과 투기

주주는 배당의 증감을 예상하여 그 증가분의 획득을 목적으로 하는데, 배당액의 변화는 증권시장에서의 주가의 변화로서 나타나며, 이 변화가 가격차=매매차익의 획득을 동기로 하는 투기를 가능케 한다. 투기는 의제자본의 운동에 기생하면서 그 대상의 불확실성에서 생기는 변화를 통해 끊임없이 변화하는 수급관계를 창출하는 동시에, 의제자본의 운동과의 형태적 동일성에서 투기거래로서의 독자적인 운동을 형성한다. 맑스의 주식회사론은 주식회사가 철도업・수도업 등의 공공적 부문으로부터 화학・전기・철강업 등의 일반적 산업부문으로 진출하는 과도기를 대상으로 한 것이다. 주식회사는 아직 평균이윤율의 형성에 참가하지 않고 이윤도 이자 정도에 지나지 않았다. 기업자 이득은 불안정・불확실했고, 그 자본 환원에 의한 의제자본의 형성은 미성숙했으며, 주가의 변동에 따른 매매차익의 창출도 투기성이 강한 것이었다. 주식회사가 평균이윤율의 형성에 참가하고 자본제 생산의 내부장치로서 주목받게 되는 것은 중화학공업의 발전을 기다려야만 했다. ☞이자 낳는 자본, 기능자본가, 주식{주식자본}, 신용

㊟ 浜野俊一郎・深町郁彌 編, 『資本論體系6 利子・信用』, 有斐閣, 1985.

—나카다 쓰네오(中田常男)

의지 意志 [(독) Wille (불) volonté (영) will]

의지는 본질적으로 충동이나 본능과 구별되는 자유*의 주체적 능력을 의미한다. 맑스도 기본적으로 이 어법을 답습하지만 비판적인 맥락에서 사용하는 경우가 많다. 우선 '현실적인 자유'를 추구하지 않는 의지는 '유심론적 자유'로서 비판*된다[『신성 가족』, 2:96]. 교환의 장면에서 생산자와 구매자를 '자유로운 의지'에서 행위를 하는 것으로 보는 프루동*도 근대적 생산과 사회조직이 무엇인지를 간과한다고 해서 비판된다[『철학의 빈곤』, 4:71-72]. 혹은 국가*가 환상적 공동성이라는 외관을 취할 때에 법률이 현실적 관계들로부터 분리된 "자유의지에 기초하는 듯한 환상이 생긴다"고 비판된다[『독일 이데올로기』, 廣156]. '자유로운 의지'는 사회적 관계들로부터 고립된 개인*을 전제할 수밖에 없기 때문이다.

자유의지의 문제는 적극적으로는 역사가 일정한 국면에서 법칙적으로 나타난다고 하는 문제와 결부된다. 분업*에서 규정된 개인들의 "협동* 그 자체가 자유의지적인 것이 아니라 자연발생적인 것이므로", 그 합성된 힘이 "사람들의 의사나 동향으로부터 독립적인 일련의 국면과 발전단계의 계기를 관통해간다"[廣36]. 자유로운 주체・자유의지의 문제는 역사의 법칙성이 어떻게 해서 성립하는가 하는 문제를 제기한다. 이에 대한 대답은 유물론적 역사관에서 제시된다. ☞자유, 유물론적 역사관

—다키구치 기요에이(瀧口淸榮)

의회보고서 議會報告書 [(영) parliamentary papers]

【Ⅰ】 영국 의회 자료(British Parliamentary Papers)

영국 의회가 그 기능을 수행하는 데 있어서 공적으로 간행한 활동기록인 의회 자료는 크게 (1) 의사일정이

나 독회의 심의내용을 기록한 의회일지 · 의사록 종류와, (2) 원 내외로부터 제출된 보고서 종류로 구별할 수 있다. 전자로서 알려져 있는 것이 *Journal of House of Lords*와 *Journal of House of Commons*라는 귀족원 및 하원의 의회일지이다. 19세기 이전 시기에는 이 의회일지 속에 의회 내에 설치된 위원회의 보고서 등도 기재되어 있다. 『핸서드 의회 의사록』(*Hansard Parliamentary Debates*)이라는 제목으로 알려져 있는 것은 18세기 이래로 코베트가 간행하고 있던 『코베트 의회사』(*Cobbett's Parliamentary History of England & Parliamentary Debates*)를 인쇄업자였던 핸서드가 1803년 이래로 의회 의사록으로서 간행 · 시판한 것인데, 의회 독회에서의 심의 발언을 그대로 기록하고 있다는 점에 그 특징이 있다.

(2)의 의회보고서는 (1)의 의회일지 · 의회록 종류와는 명백히 구별된다. 의회보고서는 회기(Session) 중에 의회에 제출된 법안(Bills and Local Acts), 의회 명령에 의해 설치된 각종 위원회의 보고서(Report)나 증언(Evidence), 의회가 정부나 그 밖의 다른 부처와 기관에 제출케 한 통계보고서(Return이나 Statistical Statement) 등으로 이루어져 있다. 19세기 의회는 중대한 정치 · 경제 · 사회문제가 발생했을 때에는 언제나 그 조사를 위해 의원으로 구성되는 '특별위원회(Select Committee)'를 의회 내에 설치하여 관계자를 증인으로 환문 · 조사했다. 다만 세기말에 이르면 '특별위원회' 외에 '칙명위원회(Royal Commission)'도 설치된다.

의회보고서는 방대한 분량에 달해 일설에 따르면 800만 페이지를 넘어서며, 그 내용도 법률, 정치, 외교, 경제, 사회, 노동*, 군사, 문화, 자연과학*과 근대 영국이 관여한 모든 분야를 망라하게 된다(1970년대에 일본의 학계를 풍미한 *IUP 1000 Volume-series of British Parliamentary Papers, 1801-1899*는 그 아주 작은 일부분을 포드 부부의 편집으로 복각한 것이었다). 의회보고서는 의회에 제출되는 동시에 의회의 명령으로 영국정부출판국(HMSO)에서 인쇄되었고, 1836년 이후에는 시판되기도 했다. 많은 경우에 청색 표지를 하고 있어서 '블루 북'이라는 별칭이 붙었다.

의회보고서는 회기 때마다 분류되어 각 권으로 정리되고 바인더로 묶였다. 표시 방법을 예시하면, 1857년의 「은행법 특별위원회 보고서(Report from the Select Committee on Bank Acts)」는 'British Parliamentary Papers (혹은 B. P. P.라고 약기), 1857(220, Session 2), X-Part Ⅰ'으로 표시된다. 이것이 의미하는 바는 1857년 의회의 제2회기에 제출된 자료번호 220, 바인더로 묶인 권수 X, 제1부 보고서가 된다. 1870년 이후의 시기가 되면, C., Cd. 혹은 Cmd.라는 '커맨드 번호'가 도입된다.

의회보고서는 생생한 증언록이라는 점에서 맑스가 분석 대상으로 삼은 19세기 영국 자본주의 사회에서 발생한 각종 문제의 실태를 독자들에게 전하고도 남음이 있지만, 그 이용에는 주의가 필요하다. 이해관계를 지니는 증인이 위원회에 소환되어 있기 때문에, 그 증언의 신빙성이 사본 등의 다른 자료와 대조하여 검증되어야만 하고, 심문자인 의원의 정치적 기반이나 증인과의 관계 등의 정보도 동시에 고려하여 질문이나 증언의 내용이 평가될 필요가 있다.

【Ⅱ】 맑스의 의회보고서 이용

『자본』*에서는 (1) 19세기의 영국 자본주의*의 기축산업이 된 면업 공장에서의 경영이나 노동의 실태, (2) 잉글랜드 은행*을 중심으로 한 당시의 금융 · 은행제도나 상업계의 거래관행 등을 설명할 때 의회보고서에서 풍부한 역사적 사실을 끌어내고 있다. 전자로서는 제1권 제13장 '기계와 대공업'이나 제3권 제6장 '가격변동의 영향'의 각 장에서 「공장 감독관 보고서」(Reports of the Inspectors of Factories to Her Majesty's Principal Secretary of State for the Home Department) 등의 의회보고서가 이용되어 노동, 기계*, 고용, '면화 기근'에 관한 기술이 이루어지고 있다.

의회보고서가 가장 중요하게 사용되고 있는 것은 앞서 언급한 (2)의 부분인 제5편 '이자 낳는 자본' 부분이다. 맑스는 영국에서의 19세기 중엽 시기의 통화나 은행제도를 논할 때 1848년의 「(귀족원)상업자 곤경 비밀위원회 보고서」(Report from the Secret Committee of the House of Lords appointed to inquire into the Causes of the Distress, B. P. P., 1847-48[565], Ⅷ, Part Ⅲ), 같은 해의 「(하원)상업불황에 관한 비밀위원회 제1차 보고서」(First Report from the Secret Committee on Commercial Distress, B. P. P., 1847-48[395], Ⅷ, Part Ⅰ), 앞서 언급한 1857년의 「은행법 특별위원회 보고서」, 1858년의 「은행법 특별위원회 보고서」(Report from the Select Committee on the Bank Acts, B. P. P., 1857-58[381], Ⅴ)와 같은 의회보고서에서 ① 상업어음의 발행・할인, 콜머니의 예탁 등의 거래를 통한, 잉글랜드 은행을 정점으로 한 어음중개인(bill broker), 시티-지방은행을 연결하는 신용제도의 작용, ② '필 은행법' 하의 통화와 자본*을 둘러싼 논쟁문제, ③ 철도 투기와 신용의 창출 및 그것이 산업계에 준 영향 등에 관한 잉글랜드 은행 총재・이사, 런던・지방은행가, 상인, 경제평론가 등의 다채로운 증언을 인용하고 있다. ☞『자본』, 파머스턴

㊟ H. V. Jones, *Catalogue of Parliamentary Papers 1801-1900*, London n. d. *Indexes of British Parliamentary Papers CD-ROM Edition*, Bunsei Shoin, Tokyo 1997. W. T. C. キング(藤澤正也 譯), 『ロンドン割引市場史』, 日本經濟評論社, 1978. 米川伸一 外, 『英國19世紀"ブルー・ブック"研究の手引』, 丸善, 1973. 鈴木俊夫, 『金融恐慌とイギリス銀行業』, 日本經濟評論社, 1998.

-스즈키 도시오(鈴木俊夫)

의회제 민주주의 議會制民主主義 [(독) parlamentarische Demokratie]

19세기 독일에서의 민주주의 사상에는 두 계보가 있다. 첫 번째 계보는 "국가*는 인륜적 이념의 현실태이다"라고 하는 헤겔*의 『법철학』*의 규정에 기초하여 민주주의*를 구체적인 정치형태로서가 아니라 오히려 국가의 이념의 실현문제로서 파악한 헤겔 좌파*이다. 예를 들어 루게*는 1843년의 논문 「자유주의의 자기비판」에서 "모든 영역에서 자유로운 인간*을 원리로 하여 인민을 목적으로까지 높이는 새로운 의식"을 정체*로서의 민주제와는 구별해서 '민주주의(Demokratismus)'라 부르고 자유주의*에서 민주주의로의 의식 변혁을 주장했다. 두 번째 계보는 정치형태를 중시한 서남독일의 공화주의*인데, 예를 들어 빌헬름 슐츠*는 1843년의 주저 『생산의 운동』에서 물질적 생산력의 발전에 대응한 정체의 발전단계론을 전개한 다음, '대의민주제(repräsentative Demokratie)'야말로 "국가체제의 가장 새로운 형태로서 가장 큰 장래성을 갖는다"고 주장했다. 루게나 B. 바우어*와 협력관계에 있었던 초기의 맑스는 분명히 첫 번째 계보에 속하며, 1843년에는 민주주의를 "인민의 자기규정인 국가체제"[『헤겔 국법론 비판』, 1:263]라고 정의하고, 민주주의 국가를 "인간들의 최고 목적을 위한 공동체"[『독불연보』로부터의 편지, 1:375]와 동일시하고 있다. 그러나 그 후에는 민주주의에 대해 적극적으로 의미를 부여한 적이 없었으며, 의회제에 대해서는 애당초 긍정적으로 평가한 적이 한 번도 없었다. 맑스는 의회제가 민주주의를 보장하는 정치형태라고는 생각하지 않았고, 동시대의 민주주의자와는 달리 의회제 민주주의라는 개념을 적극적인 의미에서는 사용하지 않았다.

의회제에 관한 맑스의 이해의 근저에 있는 것은 1843년에 확립된, 정치적 국가와 시민사회*의 분열과 대립이야말로 시민혁명*이 가져다준 근대의 현실이라고 간주하는 독자적인 인식이다. 「유대인 문제에 대하여」*에서의 간결한 정리에 따르면, 근대국가는 현실의 시민사회에서의 출생・교양・재산・직업・계급*의 구별과 불평등을 전제로 한 다음, 이들 구별을 없애고 모든 국민을 국민주권에 대한 평등*한 참여자라고 선언함으로써 성립하며, 그 안에서 살아가는 인간은 국가*의 구성원으로서의 '공민*'과 시민사회의 구성원으로서의 '시민'으로 분열되어 이중의 생활을 영위할 수밖에 없게 된다. 의회라는 제도는 시민사회에서 선출된 대표에 의해 국가 전체의 이익을 논의하는 장(Element)인 까닭에 "국가의 내부에 설정된, 국가와 시민사회의 모순"[『헤겔 국법론 비판』, 1:305]이며, "시민사회의 정치적 환상"[같은 책, 1:299]에 다름 아니다. 다시 말하면, 평등한 국민으로 이루어진 공동체*이어야 할 국가에서 불평등한 시민 간의 계급대립이 드러나는 장이 의회인 것이다. 맑스는 프랑스 혁명*이 이와 같은 의미에서의 정치적 국가와 시민사회의 분리를

완료했다고 간주했지만, 2월 혁명*이 유럽에서 처음으로 성인남성의 보통선거권을 실현하기까지는 계급투쟁에서 의회가 수행하는 기능에 관한 고찰은 여전히 불충분한 것에 머물러 있었다.

1848년의 독일 혁명 패배 후, 맑스의 정치적 관심은 오로지 프랑스로 향했다. 의회제의 의미도 그 후로는 프랑스의 정치과정에 입각해서 고찰되고 있다. 2월 혁명에 의해 성립한 공화제는 의회의 다수파를 차지한 부르주아지의 분파들이 연합하여 지배하는 정체였다. 맑스는 『프랑스에서의 계급투쟁』*에서 이러한 의회적 공화제를 "완성된, 순수한 형태로 나타난 전체 부르주아계급의 지배"[7:56]라는 의미에서 "부르주아 독재"[같은 책:31]라고 부르고 있다. 이 의회는 성년남성의 보통선거에 의해 선출되었는데, 그 결과는 "유한계급 전체를 정치권력의 권역 안으로 들어가게 함으로써 부르주아지의 지배를 완전한 것으로 하는 것"[같은 책:15]에 다름 아니며, 실현된 것은 의회제 민주주의가 아니라 "의회적 전제"[같은 책:67]였다. 그는 『브뤼메르 18일』*에서도 마찬가지로 "부르주아지가 군주제에서와 같이 집행 권력의 거부권이나 의회의 해산 가능성에 제한됨이 없이 의회라는 형태로 지배하는 것"[8:139]이야말로 "의회적 공화제"의 의미이며, 의회란 지배계급의 법률을 국민의 일반의지로 높임으로써 지배를 정당화하는 제도라고 지적하고 있다. 따라서 의회적 공화제는 프롤레타리아 혁명에 의해 타도되어야 할 "부르주아지계급의 지배"의 "가장 광범위하고 가장 일반적인 최후의 표현"[같은 책:190-191]에 다름 아닌 것이다.

이와 같이 맑스는 일관되게 의회적 공화제를 비판했지만, 그가 부정한 것은 의회제이지 공화제가 아니다. 보통선거제 하에서 왜 의회가 광범위한 피지배계급의 대표기관이 될 수 없는가 하는 문제에 대해 맑스는 『브뤼메르 18일』에서 프랑스 인구의 압도적 다수를 차지하는 분할지 농민의 사회적 의식에 입각하여 계급적 이해의 대표·표상에 관한 허위의식(나폴레옹 환상)에 대한 분석을 시도하고 있다. 그러나 그는 대표제에 관해 그 이상으로 정리된 이론적 고찰을 남기지 않았다. 맑스가 의회적 공화제를 대신하는 공화제의 새로운 형태에 대해 언급하는 것은 파리 코뮌*의 시도에 직면했을 때이다. 그는 『프랑스 내전』*에서 코뮌을 "지배계급 그 자체를 폐지하는 것과 같은 공화제의 명확한 형태"라고 규정하고, 그 특징을 "보통선거에 의해 선출되어 책임을 지고 즉시 해임할 수 있는 의원"으로 구성되어 있으나 "의회 식의 기관이 아니라 동시에 집행하고 입법하는 행동적 기관"[17:315]이라는 점에서 보았다. 이것이야말로 노동자계급 통치의 "마침내 발견된 정치형태"[같은 책:319]인 것이다. 따라서 맑스에게 있어서는 코뮌적 공화제야말로 민주주의를 실현하는 정치형태이게 된다. ☞민주주의, 프롤레타리아트 독재, 파리 코뮌, 『프랑스에서의 계급투쟁』, 『루이 보나파르트의 브뤼메르 18일』, 『프랑스 내전』

참 E. バリバール(今村仁司 譯), 『史的唯物論研究』, 新評論, 1979. 淡路憲治, 『西歐革命とマルクス, エンゲルス』, 未來社, 1981. 渡辺憲正, 『近代批判とマルクス』, 青木書店, 1989. 大藪龍介, 『國家と民主主義』, 社會評論社, 1992.

—우에무라 구니히코(植村邦彦)

이데올로기 [(독) Ideologie]

맑스가 사용한 이래로 일반적으로 정착한 용어들 중 하나. 프랑스의 철학자 드 트라시가 1796년에 처음 이 용어를 사용했을 때, 그것은 인간 인식을 감성*에 근거짓는 입장을 의미했다. 그 후 나폴레옹 보나파르트*가 드 트라시 등의 관념론자들이 자신의 정책에 비판적이었기 때문에 그들을 이데올로그라고 부른 뒤부터 의미가 역전되어 그대로 맑스로 이어졌다. 이데올로기는 이데아가 아니라 베이컨의 이돌라(선입관)에서 유래한다는 설도 있다. 『독일 이데올로기』*에 따르면 이데올로기란 분업*의 결과로서의 정신적 노동과 물질적 노동의 분리에서 발생하여 현실적인 생활과정*으로부터 분리된 이념, 표상, 의식*을 가리킨다[廣 30-33]. 그러나 현실로부터 유리된 공리공론만이 이데올로기인 것이 아니라 도덕*이나 종교*, 형이상학 등도 이데올로기로 간주된다.

맑스와 엥겔스*에 따르면 의식이 생활을 규정하는 것이 아니라 생활이 의식을 규정하기 때문에, 현실로부터 유리되어 있는 듯이 보이는 공리공론 또한 생활로부터 규정된 하나의 의식형태이다. 그것은 지배적인 물질적 관계들의 관념적 표현 혹은 사상으로 포착된 지배적인 물질적 관계들에 다름 아니다. 그리고 지배계급의 사상이 지배적인 사상이 되기 때문에[廣66], 이데올로기가 이데올로기로서 언제나 폭로된다고는 할 수 없으며, 오히려 영원하고 보편적인 진리로서 등장하는 것이 일반적이다. 거기에 이데올로기가 허위의식으로서 기능하는 까닭이 있다. 이데올로기란 인간 및 인간의 관계들이 거꾸로 서서 현상하는 장이라고 맑스와 엥겔스는 쓰고 있다[같은 책:29]. 마치 도덕이나 종교가 그 자체로서 물질적 관계들로부터 독립적으로 존재하는 듯이 생각되는 것도 하나의 이데올로기 형태이다. ☞『독일 이데올로기』, 의식

㊟ 山本新, 『イデオロギー論』, 近代思想硏究會, 1963. J. ハーバーマス(長谷川宏・北原章子 譯), 『イデオロギーとしての技術と學問』, 紀伊國屋書店, 1970.

―시바타 다카유키(柴田隆行)

이론과 실천 理論—實踐 [(독) Theorie und Praxis]

이론이야말로 최강의 실천이다. 실천적 경력에 투신하고자 하는 청년 맑스에 대해 브루노 바우어*는 이렇게 논하고 있다[MEGA Ⅲ/1:355]. 바우어의 이러한 생각은 그의 스승인 헤겔*에게서 이어받은 것이다. 헤겔은 분명히 자타가 인정하는 관념론자이지만, 그는 자신의 관념론 철학이야말로 실천이며 철학*에 의해 세계를 변혁할 수 있다고 확신하고 있었다.

아리스토텔레스*는 인간*의 지적 행위를 제작과 실천과 이론이라는 세 가지로 나누고 있다. 이론이란 테오리아(theoria), 즉 보는 것이다. 그것은 제작이나 실천처럼 사물과 직접 접촉하는 것이 아니라 그것이 있는 그대로를 자유롭게 고찰하는 것을 이점으로 지닌다고 그는 생각했다. 이러한 생각을 체계적으로 전환시킨 이가 프랜시스 베이컨인데, 그 이래로 이론과 실천을 분리해도 좋다고 하는 철학 사상가는 존재하지 않게 되었다. 따라서 그들은 언제나 타인을 비판할 때 이론이 실천에서 분리되어 공론이 되고 있다는 비판을 퍼붓는다.

맑스 역시 빠지지 않고 그러한 비판을 빈번히 내놓고 있다. 예를 들면 포이어바흐*의 것을 포함해 지금까지의 모든 유물론*은 대상을 감성적으로 인간적인 활동, 실천으로서 파악하지 않는다고 하는 주요 결함을 갖고 있다[「포이어바흐 테제」, 3:3]는 것 등이다. "철학자는 세계를 그저 다양하게 해석해왔을 따름이다. 중요한 것은 세계를 변혁시키는 것이다"[같은 책:5]는 「포이어바흐 테제」*에 있는 가장 유명한 구절이다. 맑스는 여기서 세계를 해석하는 것을 부정하고 단지 실천만을 이야기한 것이 아니다. 그렇다면 그것은 이론과 실천의 분리이다. 따라서 문제는 세계의 해석 방식, 이론의 모습에 있다.

맑스는 「헤겔 법철학 비판 서설」*에서 이렇게 말한다. 사상이 현실에 다가서는 것으로는 불충분하다. 현실이 스스로 밀고나아가 사상이 되어야만 한다[1:423]. 그러나 독일에서는 현실이 아직 그 정도로는 성숙해 있지 않으며 이론만 앞서 달려가고 있다. 선행하는 이 철학을 실현할 수 있는 것은 오직 프롤레타리아트뿐이다. 보편적인 인간의 해방*은 프롤레타리아트를 폐기할 수 있는 철학을 구축하고 또 철학을 실현할 수 있는 프롤레타리아트를 형성함으로써만 실현 가능하다는 것이다. 이것이 그 후의 맑스의 과제가 되며, 그 나름의 그에 대한 해답이 『자본』*이었다. ☞「포이어바흐 테제」, 『자본』, 철학

㊟ 梅本克己, 『唯物史觀と現代 第2版』, 岩波書店, 1974.

―시바타 다카유키(柴田隆行)

이만트 [Peter Imandt 1823-97]

맑스와 동향의 친구. 맑스와 같은 김나지움*에 다닌 적이 있다. 그 후 본 대학, 그라이프스발트 대학을 졸업하는데, 거기서 형 카스파의 영향으로 체조협회, 민주운동에 참가한다. 1849년, 트리어* 근교인 프륌의

무기고 습격에 가담한 후, 바덴 봉기*에 참가하며 스위스로 망명*한다. 52년, 런던*으로 망명하여 공산주의자동맹*에 참가하지만, 55년에 친구를 찾아 스코틀랜드로 간다. 시드넘의 그의 집은 맑스 가*의 휴양소가 된다. 이후 맑스 가와의 관계는 70년대까지 계속된다. 영국 북부 던디의 고등학교에서 독일어 교사로서 생애를 마감한다. ☞망명, 트리어

㊟ E. Kiehnbaum, *Peter Imandt* (*1823-97*), Greifswald 1987.

—마토바 아키히로(的場昭弘)

이민 移民 [(영・불) migration (독) Migration]

상주 지역의 변경을 수반하고 행정 경계를 뛰어넘는 움직임을 의미하는 인구 이동. 고정된 거주지를 지니지 않는 사람들(유목민들)의 움직임(movement)에는 이민의 개념이 적용되지 않는 경우가 많다. 다른 한편, 돈을 벌기 위해 타지로 나가는 등의 상주 지역의 변경을 동반하지 않는 일시적인 인구의 움직임(temporary movement)은 사회경제적 중요성으로 인해 이민(migration)에 포함되는 경우가 있다. 인구 변동과 관련되는 주요 지표(출생, 사망, 이동) 중에서 인구 이동은 가장 사회경제적 요인의 영향을 받기 쉬운 지표이다.

맑스는 상대적 과잉인구의 형성과 관련하여 아일랜드인 이민에 대해 많이 언급하고 있다. 이 이민은 1846년의 아일랜드*에서의 대기근(Great Famine)과 곡물법*(Corn Law)의 폐지를 계기로 격증하는데, 이민으로 인한 인구 유출은 1851년 5월부터 1865년 7월 사이에 159만 1,487명이며, 그 가운데 1861년부터 1865년의 5년 사이에 50만 명 이상에 달해 "100만 명 이상의 인간을, 그것도 단지 가난한 자만을 죽였다"[『자본』, 23b:919]는 1846년의 대기근과도 맞물려 아일랜드의 인구*를 20년이 채 되지 않는 동안에 약 3분의 2까지 격감시켰다. 아일랜드에 있어 이러한 이민의 유출은 "그 수출업의 가장 유리한 부문의 하나"가 되어 "일시적으로 주민들 속에 출구의 구멍을 뚫는 것이 아니라 매년 주민들 중에서 다음 세대에 의해 보충되는 것보다도 더 많은 인간을 끌어내는 것인바, 그 때문에 절대적 인구 수준은 해마다 저하한다"[같은 책:920].

그러나 이러한 대이민은 아일랜드뿐만 아니라 당시 유럽에서 전반적으로 나타난 현상으로, 5,000만 명 이상이 19세기에 유럽으로부터 이민했다고 한다. 이러한 대이민의 원인은 우선 첫째로 소득부족이었다. 19세기 유럽의 많은 나라에서 이 한 세기 이내에 100% 이상의 인구증가가 기록되었지만, 이렇게 증가한 인구에 걸맞은 신규 직장이 충분하게 제공되지 않았던 것이다. 그 때문에 예를 들어 독일에서는 18세기 후반 이후의 급격한 인구증가가 공업화 이전의 농업*을 중심으로 한 사회에서 광범위한 궁핍화 현상을 불러일으키는데, 구역사학파에 속하는 힐데브란트는 자본주의 발전의 결과로서의 궁핍화*를 이야기하는 엥겔스*의 『영국 노동자계급의 상태』*의 견해에 반대하여 공업의 미발달에 따른 소득부족이야말로 궁핍화의 원인이라고 주장했다.

독일에서는 이러한 '과잉인구'의 증가가 이른바 '프로토 공업'의 위기의 산물이며, 또한 사회구조를 근저에서부터 뒤흔들 가능성이 있는 사회위기의 원인이라고도 생각되고 있었다. 즉 이 인구증가는 종래에 봉건제 아래에서 증가가 억제되고 있던 하층민(Pöbel)을 중심으로 한 현상인바, 그들이 19세기 전반기에 소득부족에 기인하는 폭동에 참가하여 부와 권리를 요구하는 '프롤레타리아트'로 전화하고(콘체), 또한 공산주의자와 이 하층민과의 결합이 두려움의 대상이 되고 있었던 것이다(공산주의라는 유령[4:475]). 이러한 상황 하에서 해외이민은 사회위기의 완화수단('사회적 안전장치')으로서 주목받으며, 특히 1840년대 및 1850년대의 서남독일에서는 과잉인구의 해외이민을 자금 측면에서 지원한 영방(바덴 등)도 있었다. 이는 영방 내의 빈민을 구빈금고의 자금으로 지원하기보다도 미합중국 등에 이민시키는 쪽이 장기적으로 주민 및 영방 정부의 이해와 일치한다고 생각했기 때문이다. ☞아일랜드, 미국 이민, 궁핍화, 『공산당 선언』, 『영국 노동자계급의 상태』, 곡물법, 인구, 실업

㊟ N. J. G. パウンズ(櫻井健吾 譯), 『近代ヨーロッパの人口と都市—歷史地理學的槪觀』, 晃洋書房, 1991. W. アーベル(寺尾

誠 譯), 『農業恐慌と景氣循環―中世中期以來の中歐農業及び人口扶養經濟の歷史』(復刊版), 未來社, 1986. W. Conze, "Vom 'Pöbel' zum 'Proletariat'", in: *Moderne deutsche Sozialgeschichte*, Köln etc. 1966 (hrsg. v. H.-U. Wehle), S. 111-136.

—시바타 히데키(柴田英樹)

이성 理性 [(독) Vernunft (불) raison (영) reason]

맑스는 이성 그 자체의 의의를 인정하지만 모든 것을 이성으로 해결하고자 하는 입장에는 반대했다. 이성이 철학*의 개념으로서 처음으로 중요한 위치를 차지한 것은 고대 그리스의 철학자 아낙사고라스에서인데, 그는 그것을 누스(nous)라고 부르며 우주의 근원으로 삼았다. 누스는 그 후 intellectus(지성)로서 파악되어 비교와 고려를 의미하는 ratio(이성)와 구별되었다. 양자는 언제나 대비적으로 파악되어 지성은 존재의 근거로서 혹은 직관적 인식능력으로서 이성보다 우위에 놓였다. 이러한 지성에 Verstand(오성), 이성에 Vernunft라는 독일어를 붙인 이는 바움가르텐이며, 그 이후 지성(오성)과 이성의 우열이 역전하게 된다. 칸트*는 『순수이성비판』(1781)에서 지성은 현상*을 통일하는 능력이고 이성은 지성규칙을 원리적으로 통일하는 능력이라고 자리매김했다. 헤겔*의 『정신현상학』*(1807)에서는 감각이 사물을 언제나 개별적으로 파악하고 지각이 개별적으로 파악된 사물의 상호관계를 파악하며, 지성이 그 법칙성을 파악하고, 나아가 그 법칙성의 파악으로부터 자기의식이, 또한 자기의식의 상호관계로부터 보편적 자기의식으로서의 이성이 도출된다고 생각되고 있다. 『논리학』(1812-1816)에서 헤겔은 지성이 사태를 분별하고 대립시켜 고정하는 판단력인 데 반해 이성은 그 고정적으로 분별되고 대립된 사태를 부정적・매개적으로 파악해 그 진실을 밝히는 추리능력이라고 생각했다. 헤겔 자신은 지성의 역할을 반복해서 강조했지만, 감성*과 지성을 이성에 종속시켰다는 느낌을 지우기 어려워 포이어바흐*와 키르케고르의 격렬한 비판을 받았다.

맑스는 지성과 이성 내지 오성과 이성을 둘러싼 철학 논의에는 거의 관심을 보이지 않았지만, 그가 포이어바흐의 감성의 입장에 공감을 표시하면서도 이성을 존중한 것은 틀림이 없다. 예를 들면 「역사법학파의 철학적 선언」에서는 역사법학파*의 후고가 이성에 대항한 것을 거론하며 18세기의 회의파는 현존하는 것의 이성을 의심했지만, 후고는 이성의 현존을 의심하고 있다고 맑스는 지적한다[1:92]. 「『쾰른 신문』 제179호 사설」에서는 기독교 국가에 대해 이성적 자유*의 실현으로서의 국가*라는 개념을 대치시키고 그것을 옹호하고 있다[같은 책:118-119]. 하지만 「헤겔 국법론 비판」*에서는 헤겔의 이성국가를 현존 프로이센 국가의 검열체제를 지탱하는 것으로서 비판하고 있다. 다만 거기서는 이성적인 국가가 부정되고 있는 것이지 이성 그 자체가 부정되고 있는 것은 아니다. ☞헤겔, 감성, 현실성

㊟ H. マルクーゼ(桝田啓三郎 外 譯), 『理性と革命』, 岩波書店, 1961.

—시바타 다카유키(柴田隆行)

2월 혁명 二月革命 [(불) Révolution de Février]

1848년 2월 22일 파리*에서 발생한 민중운동에 의해 24일에 공화주의자를 중심으로 하는 임시정부가 성립하여 1830년의 7월 혁명*으로 성립한 루이 필리프*의 왕정을 무너트린 프랑스의 혁명. 임시정부는 낭만파 시인 라마르틴을 중심으로 집행위원회를 조직하고 남성 보통선거제를 도입해 헌법제정의회를 조직함으로써 제2공화정을 실현했다. 이 혁명의 특징 가운데 우선 주목할 만한 것은 자발적인 민중운동이 급격하게 확대되었다는 점이고, 둘째로는 그 속에서 '노동의 조직화'라는 목표가 노동자계급으로부터 광범위하게 출현했다는 점이다.

첫 번째의 민중운동에 대해 말하자면 민중계층에게는 1830년의 7월 혁명 이래로 정치적 또는 사회적인 불만이 축적되고 있었다. 그들은 7월 혁명에서 적극적으로 무기를 들고 싸웠음에도 불구하고 정치에서 배제

되고 여전히 빈곤에 빠져 있다고 하는 의식을 강하게 지니고 있었다. 이 때문에 1830년대에는 혁명결사 운동이나 몇몇 민중봉기가 발생했다. 실제로 루이 필리프의 왕권과 정부가 의회선거권을 납세액에 따라 제한한 결과 유권자는 불과 20여만 명의 명망가 계층에 국한되었던 것이다. 행정이 일정한 정치 그룹에 독점되고 이권에 의한 부패가 횡행했다. 국왕 루이 필리프는 "주식꾼의 왕"이라 불리고, 저속한 투기가 왕권을 상징하는 것으로 여겨졌다. 맑스는 이 체제를 금융귀족의 왕조라고 지적하고 있다.

왕권은 치안유지에 임하는 민병조직 국민군에 의지하고 있었지만, 1847년 이래로 전개된 선거법 개정 운동에 소상인계층을 중심으로 하는 파리의 국민군도 가담하게 되어 왕권의 최후 버팀목을 잃었다. 이리하여 파리의 민중운동이 실현될 가능성이 생겼다. 운동이 확대되는 계기는 2월 23일 밤에 외무부 앞에 모인 군중들에게 수비병이 발포한 것으로, 군중들은 사망자를 짐마차에 싣고서 카니발 형식으로 시내를 행진하고, 그것이 총봉기 상태를 만들어냈다. 이와 같이 민중운동을 급격히 확대시킨 것이 전통적인 민중적 축제에 의한 상징적 행위였다는 점은 2월 혁명기의 민중운동의 자발성을 보여주는 것으로서 주목할 만하다.

이상이 2월 혁명을 낳은 전통적 요소라고 한다면, 두 번째의 '노동의 조직화'라는 목표의 출현은 그것의 새로운 요소였다. 이 점에 특별히 주목한 것은 맑스였다. '노동의 조직'에 대한 제안은 1840년대부터의 사회주의* 유파들의 활동 속에서 다양하게 나왔던 것이지만, 2월 혁명에서는 이 혁명을 특징짓는 것이 되었다. 임시정부에 가담한 루이 블랑*은 3월 1일에 '뤽상부르 위원회'를 조직하고, 가두 등에 출현한 각각의 동일 직업의 노동자 집단마다 3명의 대표를 선출하게 하여 '노동의 조직'에 대한 계획 작성에 착수한다. 이는 결국 좌절하게 되지만 노동자의 집단=코르포라시옹은 자주적으로 '노동의 조직'을 계획하기 시작하고 생산과 소비*를 자주적으로 관리하는 조직체를 구상하기에 이른다. 이러한 동향은 기존의 혁명에서는 볼 수 없었던 2월 혁명의 특징이 된다. ☞7월 혁명, 루이 필리프, 플로콩, 블랑, 『노동의 조직』

참 喜安朗, 『夢と反亂のフォブール—1848年パリの民衆運動』, 山川出版社, 1994. R. Gossez, *Les ouvriers de Paris, L'organisation 1844-1851*, Paris 1967.

—기야스 아키라(喜安 朗)

이윤 利潤 [(독) Profit (영) profit]

【 I 】 정의

맑스에 따르면 이윤이란 잉여노동*의 전화 형태이다. 상품*의 가치* W는 c를 생산수단의 가치이전 부분(불변자본*), v를 노동력의 가치(가변자본*), 그리고 m을 잉여가치*라고 한다면, W=c+v+m으로 표시된다. 이 가운데 잉여가치(m)는 노동자가 새로이 부가하는 살아 있는 노동가치가 노동력의 가치보전인 v를 상회하는 초과부분이다. 따라서 양자의 비율인 잉여가치율(m/v)이 자본*에 의한 노동자 착취의 정도를 나타낸다. 그러나 자본제 사회에서 자본은 선대(先貸)하고 총자본량에 대해 동일한 잉여가치량을 추구하기 때문에 자본의 부문간 이동의 결과로서 각 부문에서 동일한 일반적 이윤율(=m/(c+v))이 성립한다. 이 일반적 이윤율은,

일반적 이윤율=잉여가치율/(자본의 유기적 구성*+1)

이라고 바꾸어 표시할 수 있다. 여기서 자본의 유기적 구성이라는 것은 불변자본의 가변자본에 대한 비율(c/v)이다. 따라서 이윤율은 잉여가치율 외에 자본의 유기적 구성에도 의존한다. 유기적 구성은 생산부문에 따라 다르기 때문에 각 부문에서 동일한 이윤율이 성립하기 위해서는 잉여노동의 부문 간 이전이 필요하게 된다. 이렇게 해서 투하자본에 대해 동일한 이윤율을 요구하는 자본의 운동은 필연적으로 가격*의 가치로부터의 괴리를 초래한다. 이러한 괴리로 인해 상품들의 불변자본이나 가변자본에 대한 평가는 재수정할 필요가 생기고 이른바 전형문제가 발생한다. 맑스는 이 전형 절차를 제1단계에서 멈췄을 뿐이지만, 그 수정 절차를 철저화하면 평균이윤율 및 그것을 성립시키는

생산가격*으로 수렴된다는 것이 나중에 논증되고 있다(置塩{1977}, 제4장). 가치에서 출발하여 가격을 설명하고 잉여노동에서 출발하여 이윤을 설명하는 맑스의 상향법은 이윤의 원천이 잉여노동임을 논증하는 점에서 유효한 것이었다.

【Ⅱ】 이윤율의 결정

이윤의 일부는 차기의 추가적인 불변자본 및 가변자본에 충당되는데, 이 비율을 α라고 하면 $\alpha m=\Delta c+\Delta v$가 된다. 양변을 자본(c+v)으로 나누고, m/(c+v)는 이윤율, (Δc+Δv)/(c+v)는 자본축적률이라는 점에 주의하면 결국,

α × 이윤율 = 자본축적률

을 얻는다. 이 관계를 이윤율 → 자본축적률이라고 읽는다면, 자본축적*이 언제나 노동자의 잉여노동에 그 원천을 지닌다는 것을 보여주고 있다. 또한 자본축적률 → 이윤율이라고 읽는다면, 이윤율을 결정하는 주된 요인이 자본축적률이라는 것을 표시하고 있다. 여기서 주의해야 할 점은 자본축적률이 다수의 자본가의 분산된 결정을 집계한 종합 결과로서 결정된다는 것이다. 왕성한 투자 의욕에 의해 자본축적률이 높아지면 생산물 시장에 초과수요가 발생하고 생산이나 가격의 증대, 실질임금률의 저하, 잉여가치율의 상승, 이윤율의 상승이 발생한다.

【Ⅲ】 이윤율의 경향운동

맑스는 자본제 경제의 장기 이론으로서 이윤율의 경향적인 저하법칙을 주장했다. 그 근거는 유기적 구성의 고도화에 있다. 즉 자본제 경제에서 자본가는 경쟁 압력에 의해 보다 생산성이 높은 기술 도입을 강요받는다. 생산성을 높이는 신기술은 살아 있는 노동*에 대해 죽은 노동의 비율(생산의 유기적 구성)을 높이는 것이다. 생산의 유기적 구성이 일정 한도를 넘어서 계속 상승하면 이윤율은 저하한다. 왜냐하면 생산의 유기적 구성은 살아 있는 노동을 n(=v+m)이라 한다면 c/n이라고 표시할 수 있으므로,

$$\text{이윤율}=m/(c+v) < (v+m)/c=n/c$$

가 되고, 생산의 유기적 구성이 계속 증대하는 한에서 우변은 계속 저하하고 이윤율은 하락할 수밖에 없기 때문이다. 이 명제는 설령 잉여가치율이 아무리 상승하더라도 반드시 성립된다. 실제로 우변의 생산의 유기적 구성의 역수는 잉여가치율이 무한대, 즉 살아 있는 노동 전부가 이윤이 되었을 경우의 이윤율에 다름 아니다.

이상의 논의는 생산의 유기적 구성의 증대라는 기술에 대한 전제가 성립하는 한에서 옳다. 그러나 자본가는 실질임금률이 상승하지 않는 한에서 그와 같은 기술을 도입하지 않는다. 지금은 실질임금률을 일정하게 하고 그때의 가격으로 측정하여 유리한 신기술을 도입하면 새로이 성립하는 평균이윤율은 반드시 상승한다는 사실이 알려져 있다(오키시오 정리[置塩定理]). 이는 자본가적인 기술 도입 조건을 고려하면 무한히 생산의 유기적 구성을 높이는 신기술은 도입되지 않는다는 것을 의미한다. 또한 신기술이 신상품의 등장(product innovation)인 경우에도 오키시오 정리가 성립한다는 사실이 알려져 있다. 그러나 이는 이윤율의 저하 명제가 성립하지 않는다는 것을 의미하는 것이 아니다. 실질임금률이 일정하다는 가정은 현실적으로는 타당하지 않으며 이윤율의 장기 동향에 영향을 주는 다른 많은 요인들이 존재하기 때문이다. 맑스의 장기 명제의 옳고 그름은 보다 신중한 검토를 필요로 한다. ☞착취, 생산가격, 자본축적, 자본의 유기적 구성

㊟ Nobuo Okishio, "Technical Change and the Rate of Profit", in: *Kobe University Economic Review*, 1961. 置塩信雄, 『マルクス經濟學』, 筑摩書房, 1977.

—나카타니 다케시(中谷 武)

이자 낳는 자본 利子—資本 [(영) interest-bearing capital (독) zinstragendes Kapital]

【Ⅰ】 이자 낳는 자본의 성립

자본제 생산의 기초 위에서는 화폐*는 본래의 사용가치 외에 또 하나의 추가적 사용가치, 요컨대 평균이윤을 낳는다는 사용가치를 갖게 된다. 평균이윤율을 20%라고 한다면 100억 원의 화폐는 20억 원의 이윤*을 낳는 능력을 지닌다. 이 화폐의 소유자는 이러한 이윤

을 낳는 능력을 지니고 있게 된다. 이 화폐를 소유자가 기능자본가*에게 일정기간 대여하면 전자는 후자에게 20억 원의 이윤을 낳는 능력을 양도하게 된다. 100억 원을 실제로 자본*으로서 충용하면 기능자본가는 20억 원의 이윤을 취득한다. 그의 손에 100억 원+20억 원이 되돌아온다. 그는 이윤 중에서 일정액(가령 5억 원)을 이자로 지불한다. 화폐 소유자에게는 100억 원+5억 원이 되돌아온다. 대부액에 대한 이자의 비율을 이자율이라 부른다. 이상과 같이 거래되는 화폐가 이자 낳는 자본이다.

역사적으로는 이자 낳는 자본의 성립은 '고리에 대한 반작용'으로서 실현된다. 그것은 선자본제적인 이자 낳는 자본=고리자본을 자본제 생산양식의 조건들·요구들에 적합하게 만들어 산업자본에 종속시키는 것이었다. 그 참된 방법은 산업자본에 특유한 형태=신용제도를 창조하는 것이다. 그것은 매뉴팩처*와 함께 시작되어 대공업과 더불어 발전했다. 신용제도는 재생산과정의 외부에서 자립적 현존재를 획득하고 독자적인 운동을 전개하게 된다. 그 중심이 은행업이고 은행*을 매개로 이자 낳는 자본은 산업자본에 접촉하고 종속하게 된다.

【Ⅱ】 이자 낳는 자본의 특유한 유통양식

이자 낳는 자본의 특유한 유통양식은 G−G−W−G′−G′이다. 화폐의 투하와 환류(還流)는 이중화한다. G−G, G′−G′와 G−W−G′이다. 후자는 산업자본의 순환운동 $G-W<^{Pm}_{A}\cdots P\cdots W'-G'$에서의 G−W−G′이다. 이 과정*이 이자 낳는 자본의 운동 G−G, G′−G′의 실재적 근거를 이루는데, G−W−G′는 역으로 G−G, G′−G′에 제약된다. G−G는 산업자본의 순환과정을 도입하고, G′−G′는 이 과정을 보완하여 그 재도입을 가능케 하기 때문이다. 이자 낳는 자본의 운동은 대부 G−G에서 시작하여 변제 G′−G′에서 끝난다. 이러한 대부−변제(G−G′)가 이자 낳는 자본의 운동이다. 출발점도 종점도 화폐 G인 까닭에 G=G′로는 무의미하다. 이 화폐가 이자 낳는 자본이기 위해서는 G<G′(=G+g)가 되어야만 한다. G′는 다음의 가치증식의 출발점 G가 되고 이자를 증식하여 G′가 되어 되돌아온다. 그 무한한 과정이 이자 낳는 자본 운동의 특징이다.

【Ⅲ】 이자율의 운동

자본이 상품*으로서 매매되고 이자가 그 가격*으로서 나타나는 곳은 화폐시장이다. 거기서는 이자 낳는 자본의 수요와 공급이 집적되고 수급 조건들의 적합이 추구되어 이자율이 결정된다. 이자율은 일반 이윤율과는 달리 그것을 결정하는 내적 법칙은 없다. 빌려주는 쪽과 빌리는 쪽의 경쟁관계에서 우연하게 규정되고 끊임없이 변동한다. 그런 의미에서는 고전파 경제학자들이 자연적 이자율이라고 부르는 평균적인 이자율이라는 것은 존재하지 않는다. 그러나 이자율은 과정의 출발점에서는 언제나 확정적·균일적인 것으로서 나타난다. 이자율 운동의 자립화, 이자의 자립화이다. 이 자립화에서 이자는 기업자 이득과 대립하고 역으로 노동*과의 대립을 소멸시킨다.

【Ⅳ】 이자 낳는 자본의 물신성

이자 낳는 자본의 운동 그 자체는 재생산과정에서의 기능자본의 순환과정 밖에서의 빌려주는 쪽·빌리는 쪽 사이의 대부 거래에 의해 매개된다. 이자는 경제행위의 성과가 아니라 법률적 거래의 산물로서 나타난다. 이자는 이윤의 일부로는 보이지 않고 독립된 한 항목으로서 자립화하며 과정의 출발점에서 화폐자본의 열매로서 나타난다. 이자를 낳는 것이 자본의 자연적 속성이라고 표상되고 만다. 모든 자본은 이자 낳는 자본으로서 나타나고, 화폐가 화폐인 채로 화폐를 낳고 시간이 경과하는 것만으로 이자를 낳는 것으로서 나타난다. 이러한 전도성이야말로 바로 이자 낳는 자본의 물신성이며, 자본물신이라는 표상의 완성이다.

☞의제자본{가공자본}, 신용, 주식{주식자본}, 물화

㊟ 浜野俊一郎·深町郁彌 編, 『資本論體系6 利子·信用』, 有斐閣, 1985.

—나카다 쓰네오(中田尙男)

이카리아 공동체—共同體 [(불) communauté icarienne]

카베*가 『이카리아 기행』(1840)에서 묘사한 이상적인 공산주의 사회 '이카리아'에서 유래한 실험적 공동체. 1847년 5월 카베파의 기관지 『르 포퓔레르(민중)』에서 '이카리아 이주선언'을 발표한 카베는 오언*의 조언을 받아 텍사스에 공동체* 건설을 결의한다. 1848년 2월, 2월 혁명*이 발발하기 이전에 선발대 69명은 르아브르 항을 출발했다. 1848년 혁명*에서 프랑스에서의 공산주의 사회 건설을 단념한 카베 자신도 같은 해 말 미국으로 건너갔다. 텍사스 지역은 선발대에 의해 식민이 절망적이라고 밝혀지고, 최초의 이카리아 공동체는 400명 규모로 일리노이 주 노부(Nauvoo)에 건설되었다. 대통령제의 '민주주의적 공화국' 체제를 취한 농업* 중심의 공동생활체로, 교양과 오락에도 중점을 두었다. 성도덕은 엄격하고 위반자는 추방되었다. 대통령 카베의 독재적 체제에 기인하는 내부 분열이 한창일 때 카베가 사망하고(1856년), 이후 반카베파가 살아남았지만, 1870년대 중엽 구세대와 신세대 간에 공동체의 형태를 둘러싼 대립이 일어났다. 두 파 모두 다양한 내부개혁을 시도하였으나 이주 50주년이 되는 1898년에 8명의 노인만 남은 최후의 이카리아 공동체가 정식으로 해산하면서 그 역사는 막을 내렸다. ☞카베, 1848년 혁명

㊜ Robert P. Sutton, *Les Icariens*, Urbana 1994. F. Rude, *Voyage en Icarie. Deux ouvriers Viennois aux État-unis en 1855*. Paris 1952.

—다카쿠사기 고이치(高草木光一)

『이코노미스트』 [*The Economist*, 1843-]

영국에서 은행가, 하원의원, 재무성 재정 비서관, 상무차관, 인도의 재정 멤버, 지불총감 등으로 다방면의 활약을 펼친 J. 윌슨이 창간한 잡지. 창간호는 1843년 9월 2일자이다. 그는 1837년 공황 당시 인디고 투기에서 실패하여 재산의 대부분을 잃은 경험을 갖고 있다. 『이코노미스트』는 기록과 통계, 수량적 파악을 중시하여 영국을 중심으로 한 세계 각국의 사회・정치・경제 정세에 대한 객관적 분석을 행했다. 또한 『이코노미스트』는 곡물법*, 자유무역, 필 은행조례, 철도 투자, 금융시장과 공황*과 같은 시대의 주요한 화제들에 관해 적극적인 논진을 펼쳐나갔다. 윌슨은 1843년부터 1859년까지 이 잡지의 편집주간을 맡았고, 이후에는 그의 사위인 W. 바조트가 이어받았다. 맑스는 영국 경제와 세계시장*의 분석, 런던 금융시장과 신용예측 묘사, 귀금속의 유출입과 환율 문제 등을 고찰할 때에 『이코노미스트』를 일급 자료로서 활용했다. 그런 의미에서 『이코노미스트』는 맑스에게 있어 사실의 관찰이나 문제의 고찰을 위한 중요한 매체였다. 예를 들면 1850년대의 맑스는 이 잡지에서 전개된 공황 학설(유동자본 스톡의 고정자본 생산으로의 과잉 전화를 공황의 원인으로 보는 생각)에 강한 영향을 받았다. 그는 『자본』*의 단계에 이르면 독특한 베일관(화폐*나 신용은 실물경제를 은폐하는 베일에 지나지 않는다고 하는 견해)이나 스미스*의 도그마에 사로잡혀 있던 이 학설에 대한 비판적 섭취를 거쳐 독자적인 신용론을 구축하고자 했다.

㊜ W. Bagehot, "Memoir of the Right Hon. James Wilson", in: *Supplement to the Economist*, Nov. 17, 1860. エコノミスト社,『エコノミストの百年』, 日本經濟評論社, 1994.

—가와나미 요이치(川波洋一)

이탈리아 여행—旅行

엥겔스*가 1841년 5월에 아버지와 함께 간 여행. 이 여행은 브레멘*에서의 수업을 수료한 시기와 베를린*에서의 지원입대 사이의 시기에 이루어졌다. 1840년의 아버지와의 맨체스터 여행과 마찬가지로 사업상의 여행으로, 스위스 롬바르디아 지역의 면공업, 견직물공업 시찰이 목적이었다. 이 여행에 대하여 『아테네움』에 「롬바르디아 편력」이라는 소론을 게재한다. 또한 엥겔스는 바덴 봉기* 이후 런던*으로 망명*하는 도중인 1849년 10월에 토리노와 제노바를 통과한다. ☞망명, 브레멘, 맨체스터

—마토바 아키히로(的場昭弘)

이행논쟁 移行論爭 [(영) controversy of the transition from feudalism to capitalism]

【Ⅰ】 논쟁의 발단

이행논쟁이란 1950년대에 행해진 '봉건제에서 자본주의*로의 이행'에 관한 문제들을 둘러싼 국제논쟁을 일컫는다. 돕의 『자본주의 발전 연구』(*Studies in the Development of Capitalism*, 1946)의 간행을 계기로 *Science and Society* (XIV/2, 1950)는 『연구』에 대한 스위지의 「비판」 논문과 돕의 「답변」을 동시에 게재하고, 이어서 다카하시 고하치로(高橋幸八郞), 힐턴과 힐의 논문(XVI/4, 1952, XVII/4, 1953) 등을 발표했다. 논쟁은 봉건제의 정의, 봉건제를 해체하여 자본주의를 생성시킨 기동력(prime mover), 봉건제와 자본주의의 과도기에 대한 규정, 산업자본가의 기원, 본원적 축적*론(원시적 축적)을 둘러싸고 전개되었다.

【Ⅱ】 맑스의 이행문제

스미스 비판으로서의 맑스의 원시적 축적론은 『자본』* 제1권의 원시적 축적(원축)에 관한 장의 서두에 명시되어 있다. 자본*이란 단순한 생산수단이나 화폐*가 아님에도 불구하고 스미스*는 소유자의 차이를 고려하지 않고서 단순한 자재(스톡)=물적 생산수단의 비축을 자본의 '선행적 축적'으로 간주했다. 맑스에 따르면 원시적 축적이란 자본관계의 본원적인 창출과정이다. 『자본』 제3권의 '상인자본에 관한 역사적 사실'은 봉건적 생산양식에서 자본가적 생산양식으로의 이행에 관해 '두 가지 길'을 제시한다. 첫 번째의 '참으로 혁명적인 길'은 생산자가 상인이나 자본가가 되는 길이다. '두 번째 길'은 상인이 직접 생산을 장악하는 길이다. 이 길은 상인자본이 선자본가적 생산양식들을 접합하면서 온존시키기(konservieren) 때문에 낡은 생산양식*을 변혁할 수 없다[25a:417]. '두 가지 길'은 『잉여가치학설사』에서 정식화되었는데, 여기서는 두 가지 형태가 전적으로 병립적이다[초7:427-428]. 현행판 『자본』의 제1권은 첫 번째 길, 즉 시민적 원축의 역사이론을 기본으로 삼아 원시적 축적사의 구체적인 역사과정에 입각하여 상인 → 산업자본가의 코스도 병기했지만, 제3권은 이행의 논리적 유형화를 시도한다.

【Ⅲ】 논쟁의 쟁점과 문제점

논쟁의 중심은 봉건제에서 자본주의로의 이행에서의 기동력은 무엇인가 하는 문제이다. 스위지에 따르면 상업자본, 특히 원격지 무역이 사용가치 생산의 시스템(봉건사회)을 교환가치 생산의 시스템으로 변혁할 때의 기동력이다. 이에 반해 돕은 '첫 번째 길'의 계보에 입각하여 봉건제의 내부에서 태생하는 '소생산양식(petty mode of production)'에 주목한다. 돕에 따르면 '상인자본'이 봉건제를 해체하여 자본주의를 창출하는 것이 아니다. '생산양식으로서의 자본주의'를 창출하는 것은 계급투쟁의 결과로 봉건제 안에서 소생산자층이 독립하여 그것이 임금노동자*와 자본가로 양극 분해한 후, 양자가 재결합하는 과정에 있다. 자본가적 생산양식의 생성 기점은 자본 '관계'의 본원적 축적*에 있다. 원시적 축적은 자금 원축과 노동력 원축을 필수요소로 하지만, 스위지의 견해로는 체계적 정책 원축의 대상이 되는 자금 원축 요소의 역사적 기원을 자본가적 생산양식의 기원과 동일시하는 유통주의적 해석이 가능하다. 한편 돕은 맑스의 생산양식론을 제일의적인 것으로 하여 봉건적 생산양식의 한쪽에서 태생한 시민적 생산양식[초9:581]의 자본가적 생산양식으로의 전회를 이행의 주요 계기로 간주한다. 하지만 현재의 역사학 및 역사이론의 수준에서 본다면, 이행논쟁에서의 인식 기준은 중심부의 봉건제에서 자본주의로의 이행 패턴에만 한정되어 있었다고 할 수 있다. 그러한 말하자면 제1차 이행논쟁의 한계를 타파하는 계기가 된 것은 제3세계 문제의 현실화와 그에 대응한 신종속이론, 세계 시스템론, 생산양식의 접합이론을 둘러싼 제2차 이행논쟁이다. 오늘날 제3세계에서의 자본주의의 외생적 생성에서는 생산과정의 외부 이식에 따른 종속적 발전을 매개로 한 자본주의로의 이행이 시민사회화 과정의 계기가 될 수 있다. 이행논쟁의 현대적 의의는 여기에 있다. ☞생산양식, 경제적 사회구성체, 본원적 축적

㊟ M. ドッブ(京大近代史硏究會 譯),『資本主義發展の硏究』, Ⅰ・Ⅱ, 岩波書店, 1954-55. R. ヒルトン 編(大阪經濟法科大學經濟硏究所 譯),『封建制から資本主義への移行』, 柘植書房,

1982. I. ウォーラースティン(藤瀨浩司 外 譯),『資本主義世界經濟 Ⅰ 中核と周邊の不平等』, 名古屋大學出版會, 1987. S. アミン(野口祐 外 譯),『世界資本蓄積論—世界的規模における資本蓄積 ≪第1分冊≫』, 柘植書房, 1979. 望月淸司,「第三世界を包みこむ世界史像—新世界史論爭と再版農奴制」,『經濟評論』, 1981年 4月号.

—다카하시 마코토(高橋 誠)

인간 人間 [(독) Mensch; Menschheit]

맑스의 「포이어바흐 테제」*(6)에 그 '인간' 개념이 집약되어 있다. "포이어바흐*는 종교적 본질을 인간적 본질로 해소한다. 그러나 인간의 본질이란 결코 한 개인에 내재하는 추상물이 아니다. 현실성*에서 그것은 사회적 관계들의 총화(ensemble)이다"[3:4].

포이어바흐는 인간의 개별 신체에 유적 본질*이 깃들어 있다는 것이 인간의 개념을 형성한다고 생각하고 있었다. 이를테면 "인간의 특색은 종교성을 갖는 것이다"라는 기독교 문화 속의 상식적인 인간관에 맞서서, 또한 그것을 뒷받침하는 것처럼 보이는 헤겔 철학과도 대결하면서 '인간의 유적 본질'이 인간을 인간이게끔 하는 것이라고 간주한다. 여기서는 박애주의적인 휴머니즘이 생겨난다. 칼 그륀*이 그 입장을 대변한다.

슈티르너*는 이 '본질'이 '절대적 자아'나 '유'이어서 보편적인 것이기 때문에 그것은 헤겔적 '이념', '이성*', '신성'과 다르지 않다고 비판*했다. 그는 개인*으로서의 존재방식을 넘어선 데서 비로소 인간이게 된다고 비판한다. 슈티르너는 보편적인 본질에 흡수되지 않는 자아 그 자체를 입각점으로 하여 모든 것을 그 자아의 굶주림을 채우기 위한 수단으로 간주하는 에고이즘을 주장했다.

이러한 에고이즘을 『독일 이데올로기』*의 맑스와 엥겔스*는 '벤섬*의 공리주의*'와 동일시하고 헤겔*이 『정신현상학』*에서 다룬 '유용성'(Nutzbarkeit, Nützlichkeit, Brauchbarkeit로 다양한 단어가 교차하고 있다)의 입장이라고 한다. 그러나 헤겔이 벤섬을 알고 있었다는 증거는 없다. 독일의 사상가는 칸트*의 쾌락주의 비판(쾌락주의=에고이즘)을 바탕으로 프랑스의 유물론*에 나타난 쾌락주의를 비판하고 있었다. 맑스는 헤겔의 '유용성' 개념을 벤섬과 중첩시켜 공리주의=에고이즘=슈티르너주의라는 레테르를 만들어 냈다.

슈티르너의 사상은 개체주의이긴 하지만 자기의식이라는 자아의 자기관계성을 근거로 하는 것으로서, 그 자아는 어디까지나 주체이지 객관적인 개체가 아니다. 슈티르너적 자아는 이를테면 <에고이스트일 수밖에 없는> 것인바, 박애적일 수도 있는 개인이 에고이즘이라는 비도덕적인 태도를 선택하고 있는 것과는 다르다.

맑스는 개별 인간도 "현실성에서는 사회적 관계들의 총화"라고 말한다. 개인이란 다양한 인간관계, 사회관계라는 끈의 결절점이다. 그 인간을 아톰으로서 보는 것이 아니라 관계의 덩어리로서 본다. 알튀세르는 이 관계성을 근거로 하여 개체 부재의 순수한 관계 그 자체(즉 구조)로 인간을 해소하고자 하지만 맑스는 관계의 결절점으로서의 개체, 개체와 개체의 관계들이라는 이중의 구조에 그 인간관의 기초를 두고 있었다. ☞포이어바흐, 슈티르너, 관계와 실체, 개인

圖 加藤尙武,「マルクス主義における人間の問題」,『哲學の使命』 수록, 未來社. 1992.

—가토 히사타케(加藤尙武)

인과성 因果性 [(독) Kausalität]

맑스는 '인과성'이라는 말을 많이 사용하지 않지만, 원인과 결과라는 범주를 사용하는 경우에는 헤겔*의 규정을 의식하고 있는 것으로 보인다. 헤겔의 논리학에서는 본질과 현상*의 통일로서의 필연적인 존재인 '실체'가 자기의 단순한 가능성을 부정하여 자기를 현실적인 것으로서 정립할 때, 실체는 '원인'(Ursache)이며 정립된 것이 '결과'(Wirkung)이다. 따라서 원인은 결과 안에서 현실적이며, 양자 사이에는 내용상의 동일성이 보존되어 있다. 그리고 헤겔에게 있어 '인과성'은 '본질론'에서의 반성(상호 전제) 관계의 틀 안에 있기 때문에, 원인과 결과는 상호간에 서로 규정하여

'상호작용'으로 되는바, 양자의 '사유'에서의 조화적인 통일인 '개념'으로 전개되어 간다. 맑스도 헤겔처럼 원인이 결과에, 결과가 원인에 매개되는 반성 구조를 파악하고, 그것을 '주기성'으로서 특징짓기도 한다. 그러나 그에게 있어 실체는 자연사적인 자기생산 활동이자 사회적 생산유기태이기 때문에 헤겔과는 달리 규정하는 것과 규정받는 것의 구별을 유지하는바, 원인과 결과가 동격으로 상호작용이 되는 것은 아니다. 예를 들면 사물에 대한 인간*의 노동*, 노동에 대한 자연*이라는 경우에는 후자 쪽이 어디까지나 규정하는 것이다. 또한 허위의식의 경우에는 사물이 인간에 대해 주체화하고 인간 주체가 물화한다고 하는, 원인과 결과의 전도를 비판*한다. 인과성에서 논할 경우, 맑스는 사회적 실체에 대한 실증주의적인 인과론적 인식을 하는 것이 아니라 어디까지나 살아 있는 대상의 발생운동을 서술하고 있는 것이다. ☞관계와 실체, 본질과 현상, 헤겔 논리학

㊟ 見田石介, 『ヘーゲル大論理學研究③』, 大月書店, 1980.

―구로사키 쓰요시(黒崎 剛)

인구 人口 [(독) Bevölkerung (영) population]

【Ⅰ】 자본축적론으로서의 상대적 과잉인구론

인구에 관한 맑스의 사상을 요약하면, 사회의 발전단계에 따라 그 사회에 고유한 인구법칙이 있다고 하는 것이고, 자본주의* 사회에 특유한 인구법칙은 맑스에 따르면 '상대적 과잉인구'이다[『자본』, 23b:821-827].

19세기의 영국에서 지식인이 인구문제를 언급했을 때 맬서스*의 『인구의 원리』가 그것에 대한 찬반의 반응을 수반하면서 뇌리에 떠올랐을 것은 확실할 것이다. 맬서스의 주장의 일부는 노동자계급의 빈곤문제를 해결하기 위해서는 노동자가 인구의 원리를 이해하고 결혼을 자제하여 인구증가를 제한하고, 또한 빈곤한 자의 인구증가를 허용하는 제도인 구빈법을 정부가 폐지해야 한다는 것이었다. 맬서스에 대한 맑스의 태도는 "그가 그 이론에서 이끌어낸 유일한 실제적인 측면에 대한 적용은 …… 귀족을 위한 추종적 봉사 및 부의 생산자들의 빈곤에 대한 새로운 변호였다. 이 측면에서 본다면 산업자본을 위한 추종적 봉사이기도 했다. 근성이 철저하게 비열하다는 것이 맬서스를 특징짓고 있다"[초6:160]라는 말에 나타나 있다.

맑스의 상대적 과잉인구론은 노동자의 빈곤 원인이 인구증가의 자연법칙*에 있다고 하는 맬서스의 설을 타파하고자 하는 것이었기 때문에 그것은 인구론이라기보다 자본주의 사회에서의 자본축적*과 불평등의 축적 이론이었다고 말해야 할 것이다. 따라서 자본주의 이전의 사회에 대해서도 자본주의 사회에 대해서도 출생률과 사망률의 관계의 분석에 의해 그 사회에 고유한 인구법칙을 설명하는 참된 의미에서의 인구이론을 맑스의 저작에서 발견할 수는 없다. 맑스는 1811-61년의 영국 인구의 10년마다 연평균 성장률을 제시하여 그 증가율이 점차 감소하고 있음을 지적하고 있지만, 그 변화를 분석하는 것은 물론이거니와 그 변화의 이유를 설명하는 것도 시도하고 있지 않다. 다만 그에 이어서 노동자계급의 영양, 주거, 도시환경, 실업* 등의 악조건에 대해 언급하고 인구증가율 감소의 이유를 제시하고자 하고 있다[『자본』, 23b:845-894].

【Ⅱ】 인클로저와 농촌 인구

잉글랜드의 인구는 1085년에 약 350만 명, 1700년에 약 500만 명이었으며, 1750년에 약 570만 명, 1800년에 약 860만 명, 1850년에 약 1,650만 명이 되었다. 맑스는 18세기 이후의 이러한 현저한 인구증가의 이유에 대해 직접적으로는 언급하고 있지 않다. 또한 맑스가 "노동자 수의 자연적 증가가 자본의 축적 욕망을 만족시키지 않는다"[『자본』, 23b:827, 835]라고 했을 때의 '자연적 증가'가 어떠한 것인지도 분명하지 않다. 아마도 맑스는 그러한 급증이 농촌에서 일어났다고는 생각하지 않았을 것이다. 맑스는 15세기 후기에 시작된 본원적 축적*, 즉 봉건영주에 의한 농민 보유지와 공동지의 수탈 및 농민의 오두막집의 파괴와 추방(=인클로저)이 18세기에 가속되었다고 언급하고 있기 때문이다[같은 책:944]. 인클로저에 대해서는 토마스 모어가 『유토피아』에서 쓴 비난이 16세기에는 대세를 차지했지만, 17세기 중반을 지나면 인클로저는 농지의 최적의 이용

을 가능케 한다는 논조가 나왔다. 그러나 인클로저 후의 농촌 인구에 대해서는 17세기의 포트리(Samuel Fortrey)와 같이 인클로저가 농촌 인구는 감소시켰지만 다른 지역으로 이주한 주민은 그 땅에서 모직물 공업에 고용되었다고 하는 설과, 18세기의 아서 영(Arthur Young)과 같이 인클로저가 농업고용을 증가시킴으로써 인구가 증가했다는 설이 있었다. 맑스는 인구에 관한 한 포트리의 설을 취하여 농촌에서 내쫓긴 농민이 공업 프롤레타리아가 되었다고 했다[같은 책:947]. 그러나 16, 17세기의 것은 제쳐놓는다 하더라도 18세기와 19세기 초기의 인클로저는 농촌의 인구를 감소시키지 않았다고 하는 설이 1953년의 체임버스의 논문 이후 표준적인 설이 되었다. 또한 산업혁명기의 잉글랜드 북부의 공업노동력의 대부분은 공업지역의 높은 출생률에서 발생한 것으로 생각되고 있다. 알렌은 잉글랜드 중・남부 농촌의 인클로저가 창출한 것은 공업 프롤레타리아가 아니라 구빈수당 수급 빈민이었다고 말하고 있다.

【Ⅲ】 공업화와 인구

그런데 맑스는 공업노동자의 공급원 모두가 농촌이었다고는 말하지 않는다. 또한 자본주의적 확대 재생산 속에서 일시적으로는 자본*이 과잉되어 임금*을 인상시키고 노동자계급의 결혼을 용이하게 함으로써 노동자 인구를 증가시키는 경우가 있다고 하여 공업지대에서 인구의 증가가 일어날 수 있는 조건을 시사하고 있다[『자본』, 23b:831]. 그러나 생활수준과 인구증가의 관계에 관한 맑스의 발언에는 모순도 보인다. 즉 다른 곳에서는 임금의 액수와 얻을 수 있는 생활재료의 양은 아이들의 숫자와 반비례한다며 "빈곤은 생식에 안성맞춤으로 보인다"라는 애덤 스미스*의 말을 인용하고 있는 것이다[같은 책:838].

맑스의 상대적 과잉인구론은 19세기 초기에 25만 명의 수직공이 기계*에 일자리를 빼앗기고 가족을 포함하면 인구의 9분의 1 내지 8분의 1이 극도의 빈곤에 빠진 일이 조부모들의 기억에 남아 있던 영국인에게는 충분히 납득할 만한 것이지 않았을까. 산업혁명*의 본질은 경쟁*이며 경쟁에 이기기 위해서는 보다 많은 기계에 투자하여 고용노동을 줄일 필요가 있었다. 자본주의적 생산양식의 발전은 필연적으로 과잉노동과 실업을 창출한다. 그러나 19세기 동안에는 어떤 한 산업부문의 자본의 유기적 구성*의 고도화나 기술혁신에 의한 실업은 다른 산업부문의 발달, 예컨대 철도의 발달에 의해 흡수되고 또한 경제성장과 주택이나 위생의 개량운동 속에서 다수의 노동자들의 생활수준 상승이 이어졌다. 문제는 다소 주택 사정이 개선되더라도 부자들의 대저택을 보면 노동자계급의 사회적 불만은 끊이지 않는다고 맑스가 말하고 있는 바와 같은 의미에서의[『임금노동과 자본』, 6:407] 노동자의 상대적 궁핍화이자 불공평의 증대였다.

【Ⅳ】 상대적 과인인구론의 오늘날의 의미

그러나 20세기 후기의 자본주의 사회는 점차 많은 오토메이션*이나 로봇의 이용에 의해 사회 전체가 자본의 유기적 구성을 더욱더 고도화하고 생산에 필요한 노동의 대부분을 필요 없게 만들기 시작했다. 고도의 지식과 기술이 없는 일반적인 노동자에게 남겨진 일자리로서는 숙련을 그다지 필요로 하지 않는 대인 서비스와 같은, 임금이 상대적으로 낮은 것이 많아질 것으로 예견된다. 그리고 그것마저도 기계화될 날이 그리 멀지 않을지도 모른다. 맑스의 상대적 과잉인구론은 맑스가 생각한 이후 150여 년 가까이 되어 가장 선진적인 자본주의 나라들에서 그 법칙이 현실적인 의미를 갖기 시작하려 하고 있다. 그러한 나라들에서는 자유시장의 경쟁원리가 아니라 소득의 재분배 문제가 다시금 중요해질 날이 올 것이다. ☞맬서스, 빅토리아기의 생활수준, 실업, 자본축적

㉾ トマス・モア(平井正穂 譯),『ユートピア』, 岩波文庫, 1957. Samuel Fortrey, *England's Interest and Improvement, consisting in the Increase of the Store and Trade of this Kingdom*, 1663. Arthur Young, *Political Arithmetic*, 1774. J. D. Chambers, "Enclosure and Labour Supply in the Industrial Revolution", in: *Economic History Review*, 2nd series, vol. 5, 1953. R. C. Allen, *Enclosure and the Yeoman: The Agricultural Development of the South Midlands 1450-1850*, Oxford 1992. Id., *Population, Economy, and Society in Pre-Industrial England*, Oxford 1972.

—하라 쓰요시(原 剛)

인도론 · 중국론 印度論 · 中國論

맑스가 인도나 중국에 대해 입수할 수 있는 한에서 문헌을 읽고 글을 쓰게 된 것은 1853년, 런던*에 망명하고 있을 때부터이다. 그것은 현실적으로는 생활을 꾸려가기 위해 『뉴욕 데일리 트리뷴』*에 정기적으로 시평 기사를 써 보낼 수밖에 없었기 때문이었지만, 전 세계의 정보가 모이는 런던이었기에 맑스의 관심 또한 전 세계로 확대되어간 데서 기인하는 것이기도 하다.

당시 맑스가 전망하고 있던 세계사의 앞날은 '자본의 문명화 작용*'에 의해 전 세계의 낡은 사회형태들이 해체되고 자본제 관계 속으로 편입되어 세계시장*이 완성됨으로써 사회주의 혁명에 대한 물질적 기초가 준비된다는 것이었다고 생각된다. 따라서 맑스는 "영국의 증기력이나 영국의 자유무역의 작용에 의해" 인도의 공동체적 사회관계가 파괴되어 자급자족적인 "손뜨개질과 베틀 작업, 손으로 경작하는 농업의 독특한 조합"이 해체되는 것을 "아시아에서 이전에 볼 수 있었던 최대의, 실은 유일한 사회혁명"[「영국의 인도 지배」(1853), 9:126]으로 간주할 수 있었던 것이다.

그러나 세계시장의 완성, 거기서 해방된 생산력과 자본제적 생산양식의 충돌, 세계공황의 발생, 그리고 사회주의 혁명으로라는 전망은 쉽사리 실현되지 않았던바, 1850년대 후반의 맑스는 런던에서 세계공황의 도래를 손꼽아 기다리고 있었다. 그런 가운데 맑스는 낡은 사회관계들이 쉽사리 해체되지 않는 이유가 무엇일까 하는 물음에 부딪치게 되었다. 그리하여 새롭게 생각해낸 것이 "농업*과 수공업의 가내적 결합"이 갖는 강한 저항력이었다. 맑스는 「중국과의 무역」(1859)에서 「미첼 보고서」로부터 장문의 인용을 하고, 중국 농민경영에서의 "농공의 가내적 결합"의 강고함을 지적했다("중국으로의 수출의 급격한 증대를 방해하고 있는 주요 장애는 영세농업과 가내공업의 결합에 기초를 두는 중국 사회의 경제적 구조이다." 맑스는 이러한 동일한 "농공의 가내적 결합"에 기초하는 저항력이 인도에서도 보인다고 하고 있지만, 인도에 대해서는 구체적인 자료를 제시하고 있지 않다). 그러나 「미첼 보고서」에 묘사된 중국(복건성) 농민경영은 자기의 생산물인 사탕을 북방산 면화와 교역하고 가내제 면포를 지역시장에서 판매하는 상업적 경영인바, "농공의 가내적 결합"에 기초하는 자급자족의 경영과는 거리가 멀다. 오히려 이와 같은 상업적 농민경영의 방식이 확대되어 가는 자본제적 시장관계 속에서도 중국 농민경영이 살아남을 수 있게 만들었다고 생각할 수 있다. 이 점에서 맑스의 파악방식은 아시아 사회를 정체적, 자급자족적인 것으로 간주하는 서구 근대적 발상의 틀에 갇혀 있었다고 말해야만 할 것이다. 거기서는 '자본의 문명화 작용'에 대한 아시아인들의 주체적 저항의 모습은 파악되고 있지 않는 것이다. ☞자본의 문명화 작용, 세계시장

圏 小谷汪之, 『マルクスとアジア』, 青木書店, 1979. 田中正俊, 『中國近代經濟史硏究序說』, 東京大學出版會, 1973. 布村一夫, 『マルクスと共同體』, 世界書院, 1986.

—고타니 히로유키(小谷汪之)

『인류, 그 현실과 이상 人類—現實—理想』 [*Die Menschheit, wie sie ist und wie sie sein sollte*, 1838]

의인동맹*의 지도자 바이틀링*이 1838년 말에 발표한 동맹의 강령적 문서. 파리*에서의 독일 수공업 직인의 결사운동은 그의 등장으로 명확하게 공산주의적으로 되어 가지만, 그 방향을 결정지은 것이 바로 이 문서다. 거기서 그는 '사회혁명(eine soziale Revolution)'이라는 술어를 사용한다. 다만 당시의 노동대중의 지적 환경을 고려하여, 또한 그 자신의 신조에서 보더라도 당연하듯이 문체를 기독교적으로 특징지었다. ☞바이틀링, 의인동맹

圏 良知力 編, 『資料・ドイツ初期社會主義—義人同盟とヘーゲル左派』, 平凡社, 1974. 石塚正英, 『三月前期の急進主義—青年ヘーゲル派と義人同盟に關する社會思想史的硏究』, 長崎出版, 1983.

—이시즈카 마사히데(石塚正英)

『인류에서의 질서 창조 人類—秩序創造』 [*De la Création de l'ordre dans l'humanité, ou principes d'organisation politique*, 1843]

저자 프루동*은 1840년의 『소유란 무엇인가』*에서 전개한 방법론을 여기서 포기하는 방향으로 향한다. 다시 말해 모순(예컨대 소유와 공유)을 보다 높은 차원의 제3항에서 해결한다는 아이디어를 버리고 "모순의 해소는 다음 모순으로 이어지고, 모순은 계열적으로 연쇄한다"는 계열의 법칙, 계열변증법을 발견한다. 그륀*은 이 책에 감명을 받아 초역을 하고 프루동을 '프랑스의 포이어바흐*'라고 불렀으며, 게르첸*은 '순수한 헤겔주의자'라며 칭송했지만 그러한 평가는 모두 적확한 것이 아니다. 프루동은 자각적으로나 용어법적으로도 같은 동향의 선배인 푸리에*의 사상을 계승하여 다시 과학주의로 윤색해 발전시키고자 했던 것이다. 대립・모순이 역동성을 낳고 일단 균형을 잡더라도 그것은 얼마 안 있어 무너져 다음 운동으로 이어진다고 보았다. 사회를 정지 상태에서가 아니라 동태로서 파악하고자 하는 강렬한 지향성이 프루동에게는 있다. 사회에 내재하는 법칙, 계열변증법을 과학적으로 발견하고 적극적으로 그 법칙에 따르는 것이 인류의 과제이며, 그것이야말로 사회변혁의 지름길이라고 한다. 이러한 생각을 더욱 구체적이면서 설득적으로 전개한 것이 1846년의 저작 『빈곤의 철학—경제적 모순의 체계』*이다. ☞프루동, 『빈곤의 철학』, 변증법

㊟ P. Haubtmann, *Proudhon, Marx et la pensée allemande*, Grenoble 1981.

—사이토 요시노리(齊藤悅則)

『인민의 벗 人民—』 ⇨**『프렌드 오브 더 피플』**

인민헌장 人民憲章 [(영) The People's Charter]

1838년 5월 8일에 공간된 성인남성 보통선거, 무기명 투표, 의원에 대한 급여 지급, 의회의 매년 개선(改選), 선거구의 평등*, 의원 재산자격의 철폐라는 6개 항목의 의회개혁 요구를 열거한 문서. 1837년 2월, 런던*의 직인 계층을 중심으로 조직되어 있던 런던 노동자협회의 주최로 런던에서 개최된 집회에서의 결의가 바탕이 되었다. 이 결의를 바탕으로 오코넬*과 로벅 등 급진파 의원 6명과 협회의 지도자(헤더링턴, 클리브, 왓슨, 무어, 러벳, 빈센트) 6명으로 구성된 총 12명의 위원회가 결성되고 그 위탁을 받아 러벳이 집필했다(프랜시스 플레이스가 집필했다는 설도 있다). 그 내용은 기본적으로는 18세기 후반 이래의 급진적인 의회개혁운동의 주장을 이어받은 것이었지만, 6개 항목을 중심으로 300선거구 소선거구제도, 유권자 등록제도, 선거관리인의 업무내용, 선거일, 선거위반에 대한 벌칙 등 상당히 상세한 점에 이르는 선거의 실제적인 시행규칙도 포함되어 있어 의회제도의 개혁을 요구하는 운동이 노동자를 중심으로 차티스트 운동*으로서 전국적으로 퍼져나감에 있어 대단히 큰 역할을 수행했다. ☞차티스트 운동, 오코넬

㊟ 都築忠七 編, 『資料イギリス初期社會主義－オーエンとチャーティズム』, 平凡社, 1975. I. J. Prothero/D. J. Rowe, "Debate: The London Working Men's Association and the People's Charter", *Past and Present*, no. 38 Dec. 1967.

—오카모토 미치히로(岡本充弘)

인식론 認識論 [(독) Erkenntnistheorie (영) epistemology]

【Ⅰ】19세기와 인식론의 성립

인식론이라는 개념이 확립, 보급된 것은 19세기이다.

넓은 의미에서의 인식론적 탐구는 고대와 중세를 통해 찾아볼 수 있다. 그러나 좁은 의미의 인식론, 요컨대 인식의 원리, 기원, 전제, 한계 등에 관한 탐구가 철학*의 중심 과제로 된 것은 근대에 특유한 현상이다. 일반적으로 로크*의 『인간지성론』(1690)을 그 효시로 보고 칸트*의 초월론적 철학의 성립을 한 시기를 긋는 것으로 보는 경우가 많다. 이러한 일련의 시도는 인간 이성에 의한 자연*의 대상화라는 근대 과학에 체현된 세계관에 조응하는 것이며 주관성과 객관성의 대립을

전제 요건으로 한다. 이에 대해 헤겔*은 인식에 앞서 인식능력을 음미하는 인식론을 방바닥 위에서 하는 수영 연습에 비유하여 야유하고, 의식*의 자기 음미라는 변증법*의 입장에서 메타 수준의 반성적 지식의 자립화를 수반하는 인식론적 문제설정 그 자체에 대해 비판을 가한다.

인식론(Erkenntnistheorie)이라는 말은 헤겔의 변증법적 체계에 대항하여 로크 · 칸트적인 전통으로 되돌아가는 새로운 근본학의 확립을 지향하는 표현으로서 만들어졌다. 이 개념은 1820년대부터 30년대에 걸쳐 베네케, I. H. 피히테, E. 라인홀트에 의해 각각 사용되며, 특히 라인홀트의 『인간의 인식능력의 이론 및 형이상학』(1832)에서 명확한 규정을 부여받았다.

또한 이 개념의 보급에는 1848년 혁명* 패배 후의 독일 대학*의 자기폐쇄 상황이 많은 영향을 준 것으로 지적되고 있다. 50년대의 정치반동 속에서 정치적-실천적인 철학은 대학에서 쫓겨나며, 이에 따라 헤겔학파*의 쇠퇴는 결정적이게 된다. 철학은 이러한 억압을 통해 외부세계에 대한 지향을 잃고 하나의 개별 학문으로서의 폐쇄적인 강단철학으로 수렴되어간다. 나아가 50년대 후반에는 자연과학*의 흥륭과 그에 따른 소박유물론 · 경험론의 발호를 계기로 하여 헬름홀츠 등에 의해 사변철학과 소박유물론의 쌍방을 극복하는 방도로서 칸트를 다시 바라보는 기운이 생겨난다. 인식론이 개념으로서 확립되고 칸트로 돌아가는 경향이 본격화한 것은 첼러의 강연 「인식론의 의의 및 과제에 대하여」(1862)에서였는데, 신칸트학파의 등장 · 흥륭으로 그것은 결정적인 것이 된다. 덧붙이자면, 초기의 뒤링이 칸트에 경도되어 과학론(Wissenschaftstheorie)이라는 용어를 만든 것(1878년)은 유명하다.

【Ⅱ】맑스 · 엥겔스의 인식론

맑스주의*에서의 철학의 결여가 20세기 초두에 선전되었다. 그러나 이는 당시 전성기를 누리던 인식론 지상주의적인 입장에서 나온 소급적 견해라고 말해도 큰 지장이 있는 것이 아니다. 맑스와 엥겔스*의 입장은 인식론주의로 향하는 대학 철학의 동향과는 반대로 헤겔의 비판적 계승을 통한 인식론 그 자체의 협애함에 대한 비판 내지 변증법적 존재 이해와 상즉적인 형태에서의 과학적 인식에 대한 비판이라는 점에서 찾는 것이 타당하다.

먼저 『경제학 · 철학 초고』*에서 맑스는 "오감의 형성은 지금까지의 전 세계사의 노작이다"[40:463]라며 감성*=수용성의 제1차성을 강조하면서도 인간*의 자연사라는 인간학주의적인 견지에서 감각의 본원적인 사회성을 주장한다. 동시에 맑스는 주관주의-객관주의, 유심론-유물론* 등의 대립에 대해서는, 이것들은 이론의 관점에서 발생하는 것이고 실천적인 방법에 의해서만 해결 가능하다고 하여 독일 관념론을 한걸음 진전시키는 형태로 테오리아에 대한 프락시스의 제1의성을 설파하는 입장을 취한다. 더 나아가 헤겔에서의 사고의 자기운동이라는 논리 구성에 대해서는 『신성 가족』*에서 <과일인 것>인 본질=보편에 위탁하는 형태로 그러한 사변적 구성의 비밀 폭로가 시도된다.

『독일 이데올로기』*에서는(이른바 지분 문제는 여기서는 문제되지 않는다) 인간과 자연의 통일을 산업에서 찾는 입장이 확립되고 이런 관점에서 인식은 역사 사회적인 산물로 파악된다. 즉, 맑스와 엥겔스는 특정한 역사적 산물로서의 감성세계가 감성적 지각에 대한 전제라며 "인간의 두뇌에서의 막연한 이미지조차 그들의 물질적인, 경험적으로 확정할 수 있는, 그리고 물질적인 전제들과 결부되어 있는 생활과정*의 필연적 승화물인 것이다"[廣31]라고 주장한다. 또한 일종의 인식의 역사적 발생론의 관점에서 순수한 이론 형성의 기원이 정신노동과 육체노동의 분열에 의해 생긴 현존하는 실천적 의식으로부터의 해방*에서 찾아지는 한편, 현실의 역사로부터 괴리된 사변적인 철학을 "현실적이고 적극적인 학문"이 대체해야 한다는 주장이 이루어진다.

더 나아가 『정치경제학 비판을 위하여』「서설」에서는 인식을 하나의 생산행위로 파악하는 입장을 취한다. 맑스는 경제학적인 개념 파악에 입각해 추상적인 것으로부터 구체적인 것으로의 상향법을 제시한다. 즉 그는 사고에 대한 외부를 인정하고 개념 파악이 직관과 표상을 개념으로 가공하는 것이라고 보는 한편, 경험주의에서와 같이 그것들이 사고의 '출발점'인 것이 아니라 총괄의 결과이며, 추상적 규정들이 사고의 길을 거쳐 구체적인 것의 재생산*으로 향한 '산물'이라고 생각한다. 이 때 실재적인 것을 개념의 자기생산 운동의 결과로 보는 헤겔식 이해에 맞서 맑스는 실재적인 것은 "변함없이 두뇌 밖에서 자립성을 유지하고 계속 존립한다"[『1857-58년의 경제학 초고』, 초1:51]고 생각한다. 따라서 개념 파악은 실재적인 것 그 자체의 생산이 아니라 사고라는 하나의 독특한 정신적 양식에서의 '재생산'이라고 자리매김 된다.

덧붙이자면, 70년대 이후의 엥겔스는 당시의 자연과학의 자기이해나 신칸트주의와 대결하는 형태로 다시금 인식에 관한 고찰을 남기고 있다.

그는『자연변증법』* 등에서 귀납주의적 과학 이해의 일면성을 지적하는 동시에, 인식의 근거짓기가 이론 영역에서 완결되지 않고 실험이나 노동*과 같은 인간의, 특히 제작적인 실천적 활동에 의한 음미가 불가결하다는 점을 주장한다[20:537]. 엥겔스는 또한 감성적 사물에서 괴리된 물질*, 운동, 금속 등의 본질을 상정하고 그 불가지성을 주창하는 네겔리 등의 논자들에 대해 "물질 그 자체라는 것은 순수한 사유 창조물, 순수한 추상이다"[같은 책:561]라며 반론하고, 현상-본질*(본체)의 대립의 고정화에서 그 잘못의 원천을 발견하고 있다. 칸트의 사물 자체에 대한 유명한 비판도 이러한 기본노선에서 시도된 것으로 볼 수 있다. 만년의『포이어바흐론』*에서는 사물 자체가 실험과 산업과 같은 인간의 실천에 의해 반박되었다고 하고, 오로지 헤겔의 술어에 의거하는 가운데 예를 들어 아리자린의 유기합성에 의해 그것이 Ding an sich에서 Ding für uns가 되었다고 주장한다[21:281]. 즉 엥겔스는 이러한 대(對)자연적 활동에 의해 우리에게 열리는 사물의 규정들에 자리 잡음으로써 그것들과의 반조관계로부터 자립화된 '사물 자체'를 단순한 사유의 산물로서 부정하고, 또한 대자연적 활동의 역사적 발전을 염두에 두고 an sich가 고정적일 수 없다는 입장을 취하는 것이다. ☞변증법, 본질과 현상

참 廣松涉,『マルクス主義の理路』, 勁草書房, 1974. バリバール(杉山吉弘 譯),『マルクスと哲學』, 法政大學出版局, 1995. リュベ(今井道夫 譯),『ドイツ政治哲學史』, 法政大學出版局, 1998.

—나오에 기요타카(直江淸隆)

인클로저 [(영) enclosure; inclosure]

영국의 인클로저(토지 둘러싸기 운동)는 16-17세기의 '제1차 인클로저'와 18-19세기의 '제2차 인클로저'로 나누어진다. 16세기 이전에도 소규모의 인클로저는 있었으나 맑스는 문제 삼지 않는다. 왜냐하면 인클로저가 자본*의 본원적 축적* 과정에서 수행한 역할을 문제 삼는 맑스의 시각 속에는 농업혁명(agrikole Revolution)의 '폭력적 지렛대'[『자본』, 23b:944] 이외의 것은 들어오지 않기 때문이다. 맑스의 제1차 인클로저론은 양모 가격의 상승을 원인으로 하는 목양을 위한 인클로저, 즉 국내 양모공업에 대한 원료 공급을 목적으로 하는 봉건영주의 농민 추방적 인클로저(depopulating enclosure)설이다. 또한 제2차 인클로저론에서는 의회 인클로저, 특히 공유지의 인클로저 법에 기초하는 농민으로부터의 공유지의 수탈('토지청소{clearing of estates}'[같은 책:952-954])에 역점을 두고 있다. 인클로저 일반법(General Enclosure Acts)에 선행하는 개별법(Private Acts)에 기초하는 경지 인클로저와 협의에 기초하는 인클로저(Enclosure by Agreement)는 거의 문제가 되지 않는다. 인클로저를 둘러싼 '해먼드파(the Hammondites)'와 '클래펌파(the Claphamites)'의 대립은 맑스의 관점을 계승하는 전자에 대한 후자의 비판에서 발생했다. ☞농업, 본원적 축적

참 小松芳喬,『イギリス農業革命の硏究』, 岩波書店, 1961. 椎名重明,『イギリス産業革命期の農業構造』, 御茶の水書房, 1962.

—시이나 시게아키(椎名重明)

인터내셔널{국제노동자협회} [(영) International

Workingmen's Association(IWA) (불) L'Association internationale des Travailleurs(AIT) (독) Internationale Arbeiter-Assoziation(IAA)]

【 I 】 성립과 연차대회

사상 최초의 노동자에 의한 국제조직. 정식 명칭은 국제노동자협회. 1864년 9월 28일, 런던*에서 결성되었다. 그 동기가 된 것은 다음의 두 가지 사건이었다. (1) 1862년에 런던에서 개최된 만국박람회*에 프랑스에서 노동자 대표가 파견되어 트레이드 유니온의 실력을 알게 되었다. (2) 1863년 7월에 폴란드 봉기에 대한 러시아의 탄압(1월)에 항의하는 집회가 런던에서 개최되고 프랑스 대표도 참가함으로써 국제적 연대의 기운이 고조되었다.

맑스는 창립대회에서는 조연에 머물렀지만, 창립선언과 잠정규약의 기초를 의뢰받으며, 머지않아 '중앙평의회(총평의회의 전신)'의 주도권을 잡았다. 이어지는 1865년에는 중앙평의원만의 협의회가 개최되어 연차대회 개최를 준비했다. 1866년 9월에는 60명의 출석자가 참석하여 제네바에서 제1회 연차대회가 개최되며, 정식으로 규약을 채택했다. 1867년 9월에는 로잔*에서 제2회 대회(64명 참석), 1868년 9월에는 브뤼셀*에서 제3회 대회(99명 참석), 1869년 9월에는 바젤에서 제4회 대회(78명 참석)가 열렸다. 이 대회에서는 토지공유의 결의가 채택되며, 또한 이른바 맑스-바쿠닌 논쟁의 단초가 펼쳐졌다. 1870년의 대회 개최는 프로이센-프랑스 전쟁의 발발로 불가능하게 되고, 1871년 대회도 파리 코뮌*에 따른 혼란으로 개최가 어렵다고 판단되었지만, 런던에서 총평의원을 중심으로 한 협의회만은 개최되었다. 그러나 이때의 결의에 의해 맑스가 새로운 방침을 내세운 것을 둘러싸고 논쟁이 격화하여 1872년 9월의 헤이그 대회(제5회, 65명 참석)에서는 사실상의 조직 분열이 일어났다.

그 후 뉴욕*으로 이전된 총평의회는 1876년에, 유럽에 머물렀던 반(反)총평의회파는 1878년에 해산했다.

【 II 】 역사적 의의

존속 기간은 십여 년간으로 그리 길지는 않았으나 사상 최초의 노동자 국제조직으로서 이 조직은 19세기 후반부터 20세기 전반의 국제노동운동사에 있어 상징적인 의미를 지니며, 그 후 몇 번이고 재건되었다. 또한 이데올로기상으로도 조직 내부에서 이루어진 논쟁은 오늘날에 이르기까지 결론이 나지 않았다고 해도 지나친 말이 아니다. 그것은 대략 다음의 세 가지로 정리할 수 있다.

(1) 본부인 총평의회의 통솔력을 강화시킬 것인가 지부의 자치권을 지킬 것인가, 요컨대 조직 원리로서 중앙집권 모델을 취할 것인가 연합주의적인 모델을 취할 것인가. (2) 혁명운동에서의 국가권력의 의의를 어떻게 파악할 것인가, 요컨대 노동자계급에 의한 국가권력의 탈취를 목표로 할 것인가, 아니면 그것의 파괴를 목표로 할 것인가. (3) 노동운동의 주도권을 잡는 것은 정당이어야 하는가, 아니면 노동조합이라고 생각해야 하는가.

【 III 】 논쟁의 시작

제1인터내셔널의 내분에 대해 종래에 이루어져 온 설명은 대략 다음과 같이 정리할 수 있다. 이 조직은 바쿠닌*이 가맹하여 맑스의 주도권을 위협하게 되는 1860년대 말까지는 순조롭게 성장했다. 그러나 그 후 바쿠닌이 쥐라 지방의 노동자를 자기편으로 끌어들여 총평의회에 대항한다. 그로 인해 조직 내부에 논쟁이 일어나 헤이그 대회에서 바쿠닌과 쥐라연합의 지도자인 기욤이 제명되었다, 라고. 그러나 이 통설은 모든 것을 맑스와 바쿠닌이라는 사상가의 다툼으로 돌리고 있다는 점에서 문제가 있으며, 또한 각각의 지부가 왜 맑스나 바쿠닌을 지지했는지에 대해 충분한 설명을 할 수 없다. 내분에서 중심적인 역할을 담당한 쥐라연합에 관해서조차 구성원들이 맑스에 반대한 이유는 충분히 해명되지 못했다. 통설이 불충분한 것은 분명했다. 헤이그 대회에서 반총평의회파를 형성한 것은 이탈리아, 스페인, 네덜란드, 벨기에 그리고 스위스 쥐라 지방의 지부들이었다. 그러나 각 지부가 그와 같은 태도를 취한 이유는 다양하여 일반화할 수 없다. 여기서는 쥐라의 지부들이 취한 대응과 그 이유를 개략적으로 설명하는 데 그친다.

쥐라의 지부들은 1869년 이른 봄에 바쿠닌의 방문을

받은 이래로 그의 사상에 강하게 공명하게 된다. 그 이유로는 장기적인 사정과 단기적인 사정이라는 두 측면이 있었다.

(1) 장기적 사정. 쥐라의 노동자들 사이에서 소수파로서의 자치의식이 강했다는 사실이 여기에 해당한다. 이와 같은 의식이 생긴 이유는 프랑스어 계의 주민이 스위스라는 나라의 내부에서 소수파였다는 점과 더불어 뉴샤텔이 오랜 기간 프로이센의 영지였기 때문이며, 더 나아가 '베르너쥐라'는 빈 회의에 의해 칸톤 베른에 병합되었던 까닭에 독일어 프로테스탄트의 칸톤 내에서 프랑스어 가톨릭 지역이라는 지위에 놓여 있었기 때문이다.

(2) 단기적 사정. 그 지역의 급진파로부터 홀로 서고자 노력을 거듭하는 가운데 1868년에 선거에 기대하지 않는다는 '정치적 기권주의'의 방침이 인터내셔널 산하의 쥐라 노동자들 사이에서 자생적으로 생겨난 것이 이에 해당한다. 이러한 방침은 바쿠닌의 사상과 매우 가깝고, 역으로 점차 의회활동을 중시하게 된 맑스의 입장과 대립했다(이 점이 이른바 '정치활동의 의의'를 둘러싼 논쟁의 핵심이다).

의회활동을 중시할 것인가 아닌가를 둘러싸고 쥐라의 지부들은 점차 제네바의 지부들과도 대립하게 되었다. 또한 바쿠닌이 결성한 비밀결사*인 '사회민주동맹'을 받아들일지 아닐지를 둘러싸고서도 제네바(거부)와 쥐라(찬성) 사이에서는 완전히 의견이 나뉘어 1870년 4월, 결국 로망연합은 분열했다. 그리하여 총평의회가 중재에 나서지만, 중재가 반드시 공정했다고는 할 수 없다. 왜냐하면 총평의회는 분열에 있어 쥐라 대표 쪽이 다수를 차지한 사실을 중시하지 않고, 제네바야말로 로망연합의 정통 후계자라고 결정했기 때문이다. 그로 인해 쥐라의 지부들은 기관지 『연대』(*Solidarité*)지에서 총평의회가 산하에 있는 로망연합의 규약을 무시하고 '권위주의적'으로 내부 간섭했다며 항의했다.

【Ⅳ】 분열

내분의 조짐이 나타난 1870년 여름에 프로이센-프랑스 전쟁이 일어났기 때문에 논쟁은 일시 미뤄졌다. 그러나 파리 코뮌의 진압 후에는 이 사건을 어떻게 해석할 것인지를 둘러싸고 논쟁이 다시 일어났다. 맑스 측의 해석은 이것은 사상 최초의 노동자 정부라는 것이었고, 다른 한편으로 바쿠닌 측에서는 프루동적인 연합주의야말로 코뮌이 내건 이상이었다고 주장했다. 조직의 취약함이야말로 파리 코뮌이 패배한 원인이라고 생각한 맑스는 1871년 9월에 열린 런던협의회에서 조직의 집권화와 총평의회의 권한 강화라는 새로운 방침을 제시했다. 그러나 많은 지부들 사이에서는 같은 해 11월에 쥐라연합이 내놓은 송빌리에 회람장의 주장, 즉 느슨한 연합체로서의 조직이야말로 창립 이념이었을 터라는 주장에 대한 지지 쪽이 강했다. 그로 인해 총평의회는 1872년 가을의 헤이그 대회에서 다수를 차지하기 위해 어떤 의미에서는 수단을 가리지 않는 갖가지 공작을 펼쳤다. 이 시점부터 제1인터내셔널의 분열은 피하기 어렵게 되었다.

헤이그 대회에서는 (1) 총평의회의 권한 강화, (2) 정치활동의 의의 강조, (3) 총평의회의 뉴욕 이전, (4) 바쿠닌과 기욤의 제명이 결정되었다. 그러나 앞서 언급한 나라들의 대표들은 이 결정을 인정하지 않고, 일주일 후에 쥐라 지방의 상티미에에서 반총평의회 집회를 개최하여 앞으로는 총평의회를 통하지 않고 연락을 취하기로 결정했다. 이 일로 분열은 결정적인 것이 되었다.

【Ⅴ】 분열 후

E. H. 카 등의 학설에 따르면, 맑스는 총평의회를 뉴욕으로 이전시킴으로써 제1인터내셔널의 자살을 도모했다고 한다. 그러나 이 학설은 이전 후의 맑스 등의 태도를 보면 지지할 수 없다. 실제로는 뉴욕의 조르게를 통해 맑스는 주도권을 계속 유지할 생각이었던 것으로 보인다. 그러나 미국에서 유럽대륙의 운동을 지도할 수 없다는 사실이 1873년에는 분명해졌다. 9월에 개최를 계획했음에도 불구하고 총평의회파의 대회는 실패로 끝났기 때문이다. 다른 한편의 '반권위'파는 소규모이긴 하지만 대회를 성립시켰다. 맑스가 제1인터내셔널에 대한 기대를 단념한 것은 이 시점이며, 1873년 이후 제1인터내셔널의 주력은 '반권위'파로

옮겨갔다. ☞바쿠닌, 헤이그, 아나키즘

참 渡辺孝次,『時計職人とマルクス—第一インターナショナルにおける集權主義と連合主義』, 同文館, 1994. Jacques Freymond (éd.), *La Première Internationale, Recueil de documents*, Ⅰ-Ⅳ, Genève 1962-71. James Guillaume, *L'Internationale. Documents et souvenirs (1864-1878)*, 4 tomes, Paris 1905-10, rpt. vol. Ⅰ(t. 1+2), Genève 1980, vol. Ⅱ(t. 3+4), Paris 1985. *The General Council of the First International. Minutes. 1864-1872*, 5 vols., Moscow 1963-68. *The Hague Congress of The First International, September 2-7, Minutes and Documents*, Moscow 1976.

—와타나베 고지(渡辺孝次)

『인형의 집 人形—』 [(노르웨이) *Et dukkehjem*, 초연 1879 (영) *Nora*, 1882]

노르웨이의 극작가 헨리크 입센의 희곡. 19세기 후반의 북구에서는 공업화에 따른 경제구조의 변화, 인구의 급증, 남성들의 이민으로 부친으로부터도 남편으로부터도 부양받지 못하는 대량의 '잉여' 여성들이 발생했다. 그러나 종교(루터주의)에 뒷받침된 기존 도덕은 남편의 권위에 복종하고 가족에게 봉사하는 것을 여성의 신성한 의무로 간주하고 있었다. 여성의 자아의 각성과 부인의 가출을 소재로 한 이 희곡은 이러한 도덕*의 기만성을 폭로한 작품으로서 반향을 불러일으켰다. 작은 새처럼 쾌활하고 남편으로부터 인형처럼 귀여움을 받고 있던 여주인공 노라에게는 비밀이 있었다. 결혼하고 얼마 지나지 않아 남편이 큰 병에 걸리자 그 치료비를 마련하기 위해 위독한 부친의 서명을 위조해서 돈을 빌린 것이다. 병에서 회복하여 출세한 남편은 이 사실을 알고는 지위를 잃을까 두려워 부인을 비난한다. 친구의 노력으로 위조문서를 되찾은 부부는 위기를 벗어나지만 이 사건을 통해 자신이 인형에 지나지 않았음을 알게 된 노라는 가출을 결심한다. 남편과 아이들에 대한 의무를 버리는 것이라고 비난하는 남편에게 노라는 "자기 자신에 대한 의무가 있다"고 대답했다. 이 희곡은 부인의 가출의 옳고 그름, 가출을 한 후의 노라의 생활과 남겨진 가족들의 생활에 대한 판단을 독자와 관객들에게 맡기고 있다. 영국에서 번역되어 상연되었을 때, 여성들의 자아의 각성을 지지하고 가출을 긍정하는 그룹과 그것을 여성들의 의무 포기, 가정의 파괴라며 비난하는 그룹 사이에서 논쟁이 벌어졌다. 맑스의 막내딸 엘리노어 맑스와 유대인 작가 장그윌은 영국의 정숙한 여성들에게도 받아들여지기 쉽도록 결말 부분을 고쳐 써, 노라가 남편에게 순종하고 남편과 아이들과의 접촉을 금지당한 상태로 가정에 머물게 되는 『인형의 집의 수선(修善)』을 발표했다.

참 イプセン(原千代海 譯),『人形の家』(イプセン戲曲全集第4卷), 未來社, 1989. 都築忠七,『エリノア・マルクス』, みすず書房, 1984.

—미즈타 다마에(水田珠枝)

1848년 혁명—八四八年革命 [(독) 1848 Revolution; Revolution 1848/1849]

1848년에 이탈리아에서 시작되어 프랑스, 독일, 오스트리아 등으로 파급되어간 유럽 동시혁명. 혁명*의 내용은 각각의 지역에 따라 달랐지만 그 이념은 유럽의 민주화였다. 혁명이 연쇄적으로 일어난 이유는 1847년의 경제공황과 각 나라가 안고 있던 문제가 공통적이었다는 점에 있었던 것만은 아니다. 교통・통신*의 발달로 뉴스가 그날 안에 유럽 전역으로 퍼져 각지에 흩어져 있던 망명자들이 수일 내에 귀국할 수 있었다는 상황, 망명자들이 이웃 나라들로부터 급진적 사상을 본국으로 보내 본국 사람들과 밀접한 연락을 서로 취하고 있었다는 것에 의해 가능한 것이었다.

【Ⅰ】혁명의 연쇄

나폴레옹 체제 붕괴 후의 유럽은 빈 체제*에 의해 왕정이 부활해 보수화되었지만 나폴레옹*이 가져다준 자유*는 각지에 독립운동을 불러일으켰다. 부활한 왕정도 헌법이나 출판*의 자유를 요구하는 목소리를 일방적으로 억압하는 것은 어렵게 되고 있었다. 물론 그러한 민주주의 운동에 대해 당국은 탄압을 반복했지만 수많은 사람들이 이웃 나라들, 예를 들면 프랑스나 스위스로 망명*함으로써 그 에너지를 온존시키고 있었다. 1830년에 스위스에서 시작되는 청년 유럽운동은 청년 이탈리아, 청년 독일, 청년 폴란드 등의 형태로 각 지역의 혁명가들을 모아갔다. 그들은 스위스에서 탄압된 후에도 프랑스, 영국, 미국으로 망명지를 옮겨가면서 혁명의 도래를 간절히 기다리고 있었다.

혁명의 소식이 파리*에서 들려오자 각국에 있던 망명자들은 귀국을 결심한다. 맑스는 브뤼셀*에서 공산주의자동맹*의 『공산당 선언』*을 집필하던 중에 파리에서 혁명의 소식이 전해지자 파리로 향한다. 망명지로부터 파리에 모인 망명자들은 거기서 각 지역에 혁명을 유포하기 위한 준비를 한다. 그러던 중에 독일과 오스트리아에 혁명 소식이 전해진다. 독일인들은 헤커의 혁명군에 합류해 무장투쟁을 하려고 하는 독일인 민주협회 그룹과 합법적인 조직과 선거에 대한 참가를 추진하는 노동자 그룹으로 나뉜다. 맑스는 후자 그룹에 참여해 쾰른*으로 돌아가 공산주의자동맹 조직의 확충과 기존의 민주주의협회*를 통한 선거운동을 전개한다. 그 중심에 『신라인 신문』*이 있었다.

【Ⅱ】 혁명의 패배

원래 국제적 연대라는 형태로 시작된 혁명운동도 혁명이 진전되는 가운데 국가들의 대립으로 나아갔다. 폴란드*를 둘러싸고 독일도 프랑스도 러시아의 남하를 저지하기 위해 폴란드 혁명군을 지원한다는 점에서 일치했지만, 현실적으로는 프랑스 군이 독일을 통과하는 것에 독일인들은 반대했다. 또한 국내에서의 혁명운동도 민주파와 노동자의 분리, 국왕의 교묘한 공작, 민족주의의 대두, 보수파의 반격 등에 의해 프랑스와 독일에서 모두 혁명 후 수개월 만에 상황은 진정되어 간다. 이리하여 혁명정권이 보수파의 반격으로 힘을 잃어감에 따라 혁명가들은 다시금 망명하게 된다.

혁명 최후의 보루인 바덴 봉기*도 패배로 끝나면서 혁명의 움직임은 거의 소멸한다. 수천 명의 망명자들을 받아들인 프랑스나 스위스도 혁명의 위기와 불온함을 피하기 위해 이러한 망명자들을 벽지로 몰아넣든가 미국으로의 추방을 획책했다. 이리하여 혁명은 실패하고 프랑스, 이탈리아, 독일 등에서 망명자들이 영국과 미국으로 몰려든다. 맑스나 엥겔스*의 런던*으로의 망명도 그런 흐름의 하나에 지나지 않는다.

【Ⅲ】 혁명의 결과들

혁명 후의 유럽에서는 다시 보수적 정권이 탄생한다. 맑스는 1848년 혁명의 실패를 되돌아보고 민주파가 노동자를 배신한 것을 지적하지만, 맑스 자신이 독일과 같은 지역에서는 민주파와의 공조가 없으면 노동자만으로 혁명을 성공시킬 수 없다고 생각하고 있었다. 의회에서의 민주파의 승리와 보통선거의 실시, 그 후의 노동자에 의한 민주파의 정화. 이러한 도식이 맑스에게 있었지만, 실제로는 쾰른에서도 민주파는 잇따른 프로이센 정부의 공격으로 위축하게 되었고 국왕에게 접근해 갔던 것이다.

맑스는 이러한 1848년 혁명의 실패 결과로 다음에 일어날 혁명은 연쇄적인 우연에 의해 일어나는 혁명이 아니라 경제공황에 의해 필연적으로 발생하는 혁명일 것이라는 결론을 도출한다. 맑스의 경제학에 대한 본격적인 몰두는 바로 이러한 혁명론의 변화에 나타나 있다. "새로운 혁명은 새로운 공황*에 이어서만 일어날 수 있다. 그러나 혁명은 공황이 확실한 것처럼 확실하다"[7:450]라는 확신을 지닌 발언이 그것을 의미하고 있다.

그러나 맑스의 이런 시각은 단기적으로는 틀린 것이었다. 첫째로, 공황이 맑스가 예측한 대로는 혁명을 불러일으키지 않았기 때문이다. 둘째로, 혁명가들이 당장이라도 혁명을 일으킬 수 있다고 생각하고 있던 가운데, 공황을 기다려야만 한다는 생각은 맑스파를 약체화시키고 망명자들 사이에 분열을 불러일으켰기 때문이다. 알궂게도 맑스의 분석은 순환공황을 설명할 수는 있어도 혁명을 설명할 수는 없었던 것이다.

이는 맑스에게만 책임이 있는 것은 아니다. 혁명에 질린 보수파는 온갖 수단을 동원해 혁명가들을 잡아들였고 혁명의 원인이었던 빈곤문제도 표면적으로는 해결할 수 있을 것 같은 시스템의 도입을 시도했기 때문이다. 결국 1848년과 같은 동시혁명은 두 번 다시 일어나지 않았다. ☞3월 혁명, 2월 혁명, 망명, 바덴

봉기, 빈 체제, 청년독일파, 파리, 브뤼셀, 쾰른, 런던, 공황

㊟ 的場昭弘・高草木光一 編, 『一八四八年革命の射程』, 御茶の水書房, 1998. 的場昭弘, 「1848年革命」, 『マルクス・カテゴリー事典』 수록, 青木書店, 1998.

—마토바 아키히로(的場昭弘)

1848년 혁명 후의 독일 —八四八年革命後—獨逸

【Ⅰ】 정치적 반동 하의 경제발전

3월 혁명* 패배로부터 1871년 제국 창설까지의 독일의 20년간은 정치적인 반동과 경제적인 비약으로 특징지어진다. 급속한 공업화에 따라 50년대에는 질식 상황에 처해 있던 정치적 자유주의가 50년대 말에 재생하게 되고 그에 대항하는 형태로 비스마르크*가 등장한다. 60년대 후반은 정치적 자유주의의 추동력이었던 내셔널리즘에 기초한 독일 통일의 에너지가 국가*의 권력정치에 흡수되어 가는 과정이다.

1849년 7월, 3월 혁명은 패배로 막을 내렸다. 1851년 5월 프랑크푸르트 암 마인에서 독일 연방회의가 다시 개최되고 48년 말에 국민의회가 가결한 '독일 국민의 기본권'을 폐지했다. 연방 내 각국에서도 집회・결사・출판의 자유, 배심재판제 등의 이른바 '3월의 성과'가 잇달아 폐지되었다. 프로이센에서는 1849년 5월에는 전년도 말의 흠정헌법에 '3계급 선거권'(납세액에 따라 제1계급의 4%와, 제3계급의 80%가 같은 수의 선거인과 대의원을 내세운다)이 덧붙여지고, 더 나아가 50년에 헌법이 개악되었다.

정치적 반동화에도 불구하고 경제적으로는 3월 혁명 후에 본격적인 '산업혁명*'이 시작된다. 철도망은 1850년의 약 5,900km에서 60년 11,000km, 70년에는 19,000km로 비약적으로 연장되었다. 철 생산도 40년대 후반에 패들법이, 또한 50년대 전반에는 연료를 목탄에서 코크스로 교체한 고로 생산이 급속히 보급되었다. 기계생산도 63년 수출이 수입을 상회하기에 이르렀다. 나아가 50년대 이후에는 주식회사의 설립과 자본수요의 증대에 대응한 주식은행이 설립되었다. 농업*에서도 기계*의 도입, 광물비료 혹은 기술 보급을 위한 농업협회 등에 의해 생산력을 상승시켰다. 광공업의 발전은 공업도시나 루르(Ruhr) 지방의 공업지대를 향해 동쪽에서 서쪽으로의 국내적인 인구이동 현상을 낳았다. 또한 3월 혁명 직후부터 해외이민도 급증했다. 행선지는 90%가 북미대륙이다. 이미 30년대부터 서남독일에서 증가하고 있던 해외이민은 45-49년의 약 31만 명에서 50-54년에는 주로 독일 동부 출신자를 중심으로 약 73만 명으로 늘어나, 80-84년의 86만 명을 제외하고 하나의 절정을 이룬다. 50년대 전반기의 이민 급증에는 3월 혁명 후의 정치적 망명자들도 포함되어 있지만 주로 생활의 궁핍이 원인이다. 3월 혁명을 싸운 뒤 조국을 버린 사람들 중에는 미국 남북전쟁*에서 적극적으로 북군에 가담해 싸운 이도 많이 있다.

【Ⅱ】 '새로운 시대'의 자유주의화

산업자본가의 성장 앞에서 1850년대 후반에는 3월 혁명 후의 반동정치를 그대로의 형식으로 속행하는 것은 불가능하게 되었다. 프로이센에서는 1858년 황태자 빌헬름이 섭정이 된 것을 계기로 그에 의한 개혁의 약속이 이른바 '새로운 시대'의 도래를 예감케 했다. 사실 같은 해의 의회선거에서는 자유주의자가 약진하여 보수파에 육박하는 의원을 의회에 보냈다. 또한 바이에른이나 바덴에서도 1859년, 1850년대형 반동정치로부터의 일정한 자유주의적인 방향전환을 이룬다. 1862년 프로이센에서는 프랑스와 체결한 무역협정에 의해 보호무역주의에서 자유무역주의로의 전환을 이루었다. 하지만 융커 계급의 곡물수출에서도 이 전환은 유리한 것으로, 산업자본의 이해관계에 저촉되는 것은 아니었다.

더 나아가 1860년대에는 사회운동도 활성화된다. 3월 혁명기에 좌절한 '국민의회와 중앙권력 창설에 의한 독일 통일'을, 이번에는 프로이센 주도로 실현할 것을 요구하는 독일 내셔널협회가 59년 9월에 설립되었다. 시민층을 중심으로 한 이 내셔널협회를 기반으로 하여 프로이센에서는 61년 독일 진보당이 결성되고, 이것이 근대적 정당으로서 같은 해 말의 프로이센 의회선거에 승리하여 강력한 정부 반대파로서 의회활

동을 전개한다. 62년, 독일 진보당은 프로이센의 군제 개혁에 강력하게 반대하고, 그 결과 군제 개혁을 포함한 예산은 의회에서 부결되었다. 그 밖에도 포어메르츠기*에 자유로운 독일 통일의 상징이었던 프리드리히 실러의 인기가 이 시기에 재연되고, 59년에는 탄생 100주년 기념제가 각지에서 개최되었다. 체조협회도 이 시기에 잇달아 다시 설립되었다.

또한 사회적 하층계급은 1850년대 이후 중간계급의 협회운동에 흡수되는 일 없이 독자적인 조직과 정치이념을 주장하기 시작했다. 이미 50년대 당초부터 헤르만 슐체－델리취(Franz Hermann Schulze-Delitzsch)에 의한 수공업자・소상점주를 위한 협동조합 혹은 소비조합운동이 일어났고, 나아가 63년 페르디난트 라살레*의 지도 아래 설립된 '전독일노동자협회*'는 노동자계급을 조직했다. 3월 혁명에서부터 독일 통일까지의 20년간 급속한 공업화를 이룩한 프로이센을 보더라도 전체 취업자에서 차지하는 공장노동자의 비율은 분명히 상승하지만, 수공업 직인의 비율도 늘어나고 수공업 주인의 비율은 하락하지 않았다. 두드러진 것은 '일용직・비숙련노동자'의 비율 증가인데, 61년의 시점에서 그들은 전체 취업자의 약 30%를 차지하고 있었다. 그들은 생존 최저한의 경계선상에 있었다. 라살레가 호소하는 것은 순수한 공업 프롤레타리아트가 아니라 이와 같은 '노동자'에 대해서였다.

【Ⅲ】 내셔널리즘의 재연(再燃)

프로이센 의회에서의 독일 진보당에 대항해서 1862년 오토 비스마르크가 프로이센의 수상에 임명되었다. 그는 의회의 승인을 거치지 않고서 군제개혁비를 포함한 국가예산을 집행했다. 한편으로 비스마르크는 3월 혁명 이래로 제자리에 맴돌고 있었던 슐레스비히－홀슈타인 문제*를 덴마크와의 전쟁의 승리로 해결하고, 더 나아가 66년 오스트리아와의 전쟁에서 승리하여 독일 통일의 주도권을 잡고, 나아가 종래 반정부적 방향을 취하고 있던 민족적인 감정을 프로이센 정부로 끌어들였다. 내셔널리즘은 비스마르크의 권력정치에 대해 독일의 민족국가 실현을 기대하기에 이른다. 결국 독일 진보당은 프로이센－오스트리아 전쟁*을 계기로 분열하고 다수파는 정부 여당화되었다. 71년에는 프랑스와의 전쟁에 승리하고, 프로이센의 국가권력과 독일의 영주들에 의한 독일제국이 창설된다. ☞1848년 혁명, 3월 혁명, 비스마르크 시기의 독일, 비스마르크, 라살레

㊫ 川本和良,『ドイツ産業資本成立史論』, 未來社, 1971. 肥前英一,『ドイツ經濟政策史序說』, 未來社, 1973. ディーター・ラフ(松本彰・芝野由和・清水正義 譯),『ドイツ近現代史』, シュプリンガー・フェアラーク東京, 1990.

－무라카미 슌스케(村上俊介)

「18세기의 비밀 외교사－八世紀─秘密外交史 」 ["Secret diplomatic history of the eighteenth century", 1856]

1856년에 『셰필드 프리 프레스』(*Sheffield Free Press*)와 『프리 프레스』(*Free Press*)에 게재된 맑스의 러시아에 관한 논문. 영국의 비밀 외교문서를 사용한 이 논문은 소련에 의해 편집된 전집 및 저작집에는 들어가 있지 않다. 여기서 맑스는 18세기 이후의 유럽사를 지배하는 프로이센과 프랑스, 영국과 러시아의 관계를 분석 대상으로 한다. 영국이 러시아 차르의 전략에 놀아난 이유는 무엇인가 하는 문제를 대영박물관에서 잠자고 있는 외교문서를 구사하여 쓰고 있다. 차르의 근대 러시아는 서구적 근대화가 산출한 국가가 아니라 몽골 지배 속에서 비굴하고 끈질기게 살아온 슬라브인이 정신적・문화적으로는 몽골 속에서 자랐음에도 불구하고 정치적으로 독립함으로써 성립한 국가에 지나지 않는다. 따라서 근대 러시아는 아시아적 외교정책을 영국에 대해 밀어붙인 것이다. 러시아는 상트페테르부르크에 수도를 둠으로써 서구의 문명을 수입하여 외관상으로는 유럽적이지만 정신적으로는 아시아적인 그대로였다고 한다. 맑스는 여기서 러시아의 차르가 야만적인 몽골의 대리자라고 주장하고 있는데, 그 점이 소련에서 이 논문이 의도적으로 출판되지 않은 이유일 터이다. 러시아에 대한 맑스의 엄격한 견해는 루이 나폴레옹*의 프랑스와 러시아의 동맹에 대한 비판에서도 같은 논조를 유지하고 있으며, 이러

한 맑스의 태도가 루이 나폴레옹의 스파이인 포크트에 의한 맑스 비판을 불러일으킨다. ☞러시아의 공동체, 러시아 사상, 나폴레옹 3세, 1848년 혁명, 『포크트 씨』

囹 カール・マルクス(石堂淸倫 譯), 『18世紀の秘密外交史』, 三一書房, 1979.

—마토바 아키히로(的場昭弘)

『19세기의 공산주의자의 음모 —九世紀—共産主義者—陰謀』 [Die Communisten-Verschwörungen des 19. Jahrhunderts, 1853-54]

독일 연방 경찰의 자료에 기초하여 하노버의 경찰서장 벨무트와 프로이센의 경찰서장 슈티버가 편집한, 외국에 존재하는 독일인 공산주의자의 활동보고서. 상권(1853)은 본론 13장 부록 25편으로 이루어지며, 하권(1854)은 본론 4장과 부록(인상서)으로 이루어진다. 먼저 상권 본론은 다음과 같이 구성되어 있다. 로렌츠 슈타인*의 저작을 원용한 '공산주의자와 사회주의의 개념'을 필두로 추방자동맹*, 의인동맹*, 바이틀링*, 런던 공산주의자동맹 및 런던의 빌리히-샤퍼파와 맑스-엥겔스파, 각국의 공산주의자와 노동자협회, 가창협회, 체조협회 등의 연대. 베를린*과 브레멘*의 조직들. 또한 부록은 다음과 같이 구성되어 있다. 추방자동맹・독일인동맹의 각 규약, 바이틀링의 해방동맹 문서, 슐뢰펠과 부름이 설립한 동맹 규약, 『공산당 선언』*, 헤첼이 설립한 혁명당 규약, 런던*과 그 밖의 각 지역의 공산주의자동맹 관련 자료, 스위스, 독일 각지에 존재하는 조직들의 규약과 호소문. 하권의 본론은 재봉공 티츠의 재판, 재봉공 라이닝거의 재판 등이 게재되어 있다. 부록의 인상서는 샤퍼*, 맑스 등 이른바 거물일수록 상세하지만, 충분히 기재되어 있을 만한 인물이 나오지 않는다고 하면 그 인물은 경찰 스파이였다고 생각해볼 수도 있다. ☞추방자동맹, 공산주의자동맹, 바이틀링

囹 石塚正英, 『三月前期の急進主義—青年ヘーゲル派と義人同盟に關する社會思想史的硏究』, 長崎出版, 1983.

—이시즈카 마사히데(石塚正英)

19세기의 미디어 —九世紀— ⇨**저널리즘**

19세기의 역사 연구 —九世紀—歷史硏究

【Ⅰ】역사주의의 서막

18세기의 계몽주의자는 인간 이성에 절대적인 신뢰를 두고 이성*이야말로 이 세계를 지배하는 가장 근원적인 법칙이며, 따라서 역사는 이 보편법칙의 나타남이라는 견해를 표명했다. 하지만 이러한 입장은 얼마 안 있어 18세기 말부터 세력을 얻은 낭만주의자들에 의해 비판된다. 즉, 낭만주의자들은 계몽주의자들이 주창한 보편주의를 버리고 모든 사물에 대해 그 자체에 특유한 개성을 인정하는 입장으로 옮겨갔다. 그것도 단지 인간* 한 사람 한 사람의 개성에 주목했을 뿐만 아니라 하나의 민족*, 하나의 시대에서 각각의 개성을 발견했다. 이는 고대 그리스의 헤로도토스 이래로 연면히 이어져온 순환사관이 극복되었음을 의미한다. 즉, 개성의 발전으로서의 역사는 일회성을 지니는 것으로 결코 반복하지 않는다. 역사를 개성의 발전으로 간주하는 이러한 입장은 '역사주의'라 불리는데, 19세기 전반기부터 특히 독일에서 명확해졌다. 그 때문에 19세기는 '역사주의의 세기'로 불리기까지 한다. 그러한 19세기의 독일 역사학을 크게 나누면, (1) 정치사적 경향(랑케가 대표), (2) 경제사적 경향(맑스가 대표), (3) 문화사 혹은 정신사적 경향(부르크하르트가 대표)이라는 세 방향으로 구별할 수 있다.

【Ⅱ】랑케 사학과 그 반대자

우선 첫 번째 경향을 대표하는 레오폴드 폰 랑케에 대해 검토해 보자. 그는 1818년 라이프치히 대학을 졸업한 후 1825년까지 프랑크푸르트 암 오데르의 중등학교 강사가 된다. 그 사이에 니부어의 감화를 받아 역사 연구에 들어서며, 1824년에 『로마 및 게르만 민족들의 역사』를 발표하여 인정받고 1825년 이후 베를린 대학 교단에 섰다. 1828-31년에 사료 조사를 위해 이탈리아를 여행했다. 이 성과는 저작 『로마 교황사』(1834-37)로 나왔다. 또한 귀국 후 한때 정부의 의뢰를 받아 프랑스적인 자유주의 사조에 대항하는 학술 잡지 『역

사정치잡지』를 편집하지만, 1836년 다시 베를린 대학으로 돌아가 교수가 된다. 랑케에 따르면 역사가의 임무는 "그저 과거가 어떠했는지를 보여줄 뿐이다." 또한 랑케와 마찬가지로 실증적인 로마사 연구를 행한 학자로 『로마사』(1854-56)의 저자 테오도르 몸젠이 있다. 다만 그는 랑케와 달리 반(反)비스마르크파의 자유주의자였다.

한편, 랑케 사학에 반대하며 활약한 역사가로 칼 람프레히트가 있다. 그는 1885년 본, 1890년 마르부르크, 1891년 라이프치히 대학에서 각각 교수를 역임했다. 처음에는 치밀한 중세경제사 연구에 종사하는데, 그의 대표작은 『중세 독일의 경제생활』(전 3권, 1885-86)에서 볼 수 있다. 나중에 정치, 경제, 문화의 통일적 파악을 지향하여 각 시대는 각각 일정한 심리적 특징을 지닌다는 관점 하에 대저 『독일사』(1891-1909)를 저술했다. 람프레히트에 따르면 역사는 개인 심리가 아니라 사회 심리가 나타난 것이다. 그런 점에서 개인*, 개성을 중시하는 랑케 사학과 충돌했다. 람프레히트에 따르면 역사는 전설이어서는 안 된다. 전쟁의 역사, 정치의 역사는 전적으로 개인의 역사일 뿐이다. 역사는 그러해서는 안 되며 집합적인 역사여야만 한다.

그 밖에 랑케의 몰정치성에 만족하지 못하여 역사 연구와 정치활동을 결부시킨 랑케 아류라고도 말해야 할 일파로 프로이센학파가 있다. 대표자는 요한 구스타프 드로이젠이다. 그는 1848년에 프랑크푸르트 국민의회*의 의원이 되어 세습 제정파(소독일주의)에 가담했다. 젊은 시절에는 고대사 연구에서 성과를 거두어 예를 들면 『알렉산드로스 대왕전』(1833), 『헬레니즘사』(1836-43) 등을 발표했지만, 후에는 프로이센 통일이라는 정치과제와 결부시킨 『프로이센사』(1855-86)를 발표한다. 덧붙이자면, 프로이센학파의 막내로 하인리히 폰 트라이치케가 있는데, 그는 『19세기 독일사』(전 5권, 1878-94)를 집필한다.

【Ⅲ】 맑스의 유물론적 역사관

두 번째 경향을 대표하는 맑스는 유물론적 역사관*의 창시자로서 역사학에 커다란 영향을 주었다. 맑스에 따르면 인간의 사회생활에서는 일정한 생산력에 따라 일정한 생산관계들(인간들끼리의 결합, 즉 생산양식*)이 성립하며, 그것이 사회의 하부구조를 형성한다. 이를 토대로 하여 현실적 개인들은 그 위에 정치·법률·사상 등의 상부구조를 만들어낸다. 생산력 즉 인간의 힘들의 발전에 따라 생산관계들(인간관계들)과 생산력(인간의 힘들) 사이의 모순이 커지게 되고, 일정한 단계에 도달하면 이 모순을 해결하기 위해 사람들은 혁명*을 일으켜 경제적 토대를 재편성한다. 맑스는 이와 같이 역사는 인간의 힘들과 관계들을 통해 변증법적으로 발전한다고 보고, 인류 사회는 원시공산제·노예제*·농노제·자본제의 각 단계를 경과하여 이윽고 사회주의 사회로 이행한다고 이야기했다. 『독일 이데올로기』*(1845-46), 『정치경제학 비판을 위하여』*(1859) 서설 등에서 그 이론이 전개되고, 『혁명과 반혁명』(1815-52), 『프랑스 내전』*(1871), 『독일 농민전쟁』*(1850) 등에서 실제의 역사 서술에 사용되었다. 그렇지만 맑스는 역사의 단계들이 어느 민족·지역에서도 똑같이 경과하거나 역사가 개인들의 개입 없이 자연적으로 전개한다는 등으로는 말하고 있지 않다. 상부와 하부의 상호작용도 충분히 의식하고 있다. 또한 역사의 유물론적=**물질적인 파악**이라고 말하는 경우에 **물질적**이란 인간들의 물질적 생활을 의미하고 **파악**이란 역사 분석의 실마리를 의미할 뿐으로, 노년의 엥겔스가 암시한 자연법칙* 따위가 아니다.

【Ⅳ】 부르크하르트에 의한 문화사의 체계화

세 번째 경향을 대표하는 야콥 부르크하르트는 바젤에서 태어나 바젤 대학을 마치고 베를린*에서 랑케 등의 영향을 받는다. 1857년 이래로 바젤 대학에서 미술사를 강의하고, 특히 문화사 연구에서 업적을 쌓았다. 저작으로는 『콘스탄티누스 대제의 시대』(1853), 『이탈리아 르네상스의 문화』(1860) 등이 있다. 덧붙여 사후 간행된 것으로 『그리스 문화사』(1902), 『세계사적 고찰』(1905)이 있다. 부르크하르트는 정치사나 경제사에는 관심을 보이지 않으며, 미적 관조(관찰력)로써 문화현상을 파악하고 묘사하는 방법으로 역사를 파악했다. ☞유물론적 역사관, 역사법학파, 생산양식

圏 R. K. ブルトマン(中川秀恭 譯),『歷史と終末論』, 岩波書店,

1959. 山之内靖, 『マルクス・エンゲルス世界史像』, 未來社, 1969. 西村貞二, 『歷史觀とは何か』, 第三文明社(レグルス文庫), 1977.

—이시즈카 마사히데(石塚正英)

임금 賃金 [(독) Arbeitslohn (영) wage]

임금은 통상적으로는 노동*의 대가로 간주되지만 맑스는 본래 그것은 노동력 상품의 가격*이며, 따라서 노동력 상품의 가치*가 전화된 형태라고 생각했다. 노동과 노동력을 구별하고 임금을 노동력의 가격으로 본 점은 중요하지만, 맑스의 임금론은 임금이란 노동력 상품의 가치라는 본질의 현상 형태라는 도식으로 끝나는 것이 아니다. 맑스의 임금이론에서 주목할 만한 것은 성과급제 임금이야말로 자본제적 생산양식에 가장 걸맞은 노임형태라고 하는 점이다. 맑스는 성과급제 임금이 한편으로는 "노동시간*을 연장하여 노임을 인하하기 위한 지렛대"로서 사용된다는 것을 지적하면서 다음과 같이 말하고 있다. "성과급제 임금이 개성(個性)에 제공하는 보다 큰 활동의 여지는, 한편으로는 노동자들의 개성을, 따라서 자유감·자립성 및 자제심을 발전시키는 경향이 있으며, 다른 한편으로는 그들 상호간의 경쟁을 발전시키는 경향이 있다"[『자본』, 제1권 제6편 제19장, '성과급제 임금', 23b:721]. 맑스는 임금의 수준 그 자체는 대체로 노동력의 재생산비에 의해 규정되는 것이라고 하고 있지만, 개개의 임금은 일정한 폭으로 그로부터 괴리될 수 있다고 본다. 성과급제 임금은 노동에 대한 유인(誘因)을 제공함으로써 노동의 강도를 유지하는 기능을 갖는다. 그러나 그것은 노동자 자신이 자신의 노력에 의해 생산성을 향상시킬 여지를 남긴다는 것을 의미한다. 더군다나 노동자에 대한 그와 같은 동기부여는 노동자에게 지불된 것이 "그의 생산물이지, 그의 노동력이 아닌 것 같은 가상(假象)"을 부여함으로써 강화된다. 일하면 일한 만큼 보상을 받는다고 하는 임금제도는 자본제적인 잉여가치 생산 시스템의 구조를 보이기 어렵게 만든다. 그것이 비록 소외*된 형식이긴 하지만 노동에 대한 충실감을 노동자들에게 주는 것이다. 맑스는 노동력으로부터 노동을 이끌어내기 위한 수단으로서 위에서 언급된 것과 같은 임금형태를 파악하고 있었다고 말할 수 있을지도 모른다. ☞노동, 가치[1], 노동시간

참 M. ドッブ(氏原正治郎 譯), 『賃金論』, 新評論, 1966.

—이시즈카 료지(石塚良次)

『임금, 가격, 이윤 賃金價格利潤』 [*Lohn, Preis und Profit*, 1865]

1865년 6월 20일과 27일에 맑스가 국제노동자협회(인터내셔널*)의 중앙평의회에서 행한 강연 초고(영문). 맑스 사후, 1898년에 딸인 엘리노어에 의해 간행되며, 같은 해 E. 베른슈타인*의 번역으로 『노이에 차이트』지에 위 표기의 표제로 게재되었다. 그것은 같은 중앙평의회 멤버 가운데 한 명인 영국의 오언주의자 존 웨스턴의, 노동조합*의 임금인상 요구는 물가의 상승을 초래할 뿐으로 유해하다는 의견에 대해 그 논거의 임금기금설 등을 비판*하고, 임금률의 일반적 상승은 이윤율의 일반적 저하를 초래할 뿐 물가에는 아무런 영향을 주지 않는다고 비판하고 있다. 이어서 이러한 물가*나 임금*의 기초범주로서의 상품일반의 가치*와 노동력 상품의 가치, 후자에서의 역사적 사회적 요인 및 노동*과 노동력의 구별의 중요성, 더 나아가서는 그것들에 기초하여 잉여가치*의 법칙(절대적·상대적 잉여가치)과 자본축적*의 일반법칙 등 당시 맑스 자신이 집필 중이었던 『자본』* 제1권의 요점을 평이한 언어로 설명하고 있다. 나아가서는 호황 국면에서의 노동자계급의 임금인상 투쟁은 불황 국면에서 강요당한 임금인하의 보완에 지나지 않으며, 그것도 결국에는 노동과 자본 간의 힘 관계로 결정되고, 그 때문에도 노동조합은 '유해'하기는커녕 '유익'하며, 그것의 단결에 의해 임금인상을 획득하고 나아가서는 그 기초인 '임금제도' 그 자체의 '최종적 폐지'로 나아가야만 한다는 것을 마지막으로 이야기한다. 맑스 경제학의 뛰어난 입문서이다. ☞『자본』, 인터내셔널{국제노동자협회}

—야마나카 다카지(山中隆次)

『임금노동과 자본賃金勞動—資本』 [*Lohnarbeit und Kapital*, 1849]

1848년 혁명*의 진전과 변모에 따라 그때까지의 민주통일 노선으로부터 노동자계급의 독자성을 강화할 필요성이 생기고, 이에 노동과 자본의 경제대립과 프롤레타리아 혁명의 필연성을 밝히기 위해 49년 4월 『신라인 신문』*에 5회에 걸쳐 연재된 맑스의 논설. 47년 브뤼셀*의 '독일인 노동자협회'에서의 강연을 기초로 하고 있다. 임금*이란 노동자가 타인에게 종속되는 일 없이 인격적으로 자유*롭지만 생산수단으로부터 배제되고, 따라서 생산수단을 사유하고 있는 자본가에게 고용되지 않고는 살아갈 수 없는 특수한 역사적인 조건 하에서 노동자가 자본가에게 파는 노동*이라는 상품*의 가격*이다. 이 임금 부분 이상의 가치*(이윤*)를 부가함으로써 자본가가 사유하는 생산수단은 자본*이 되고 임금과 이윤은 상반관계에 있으며(상대임금), 거기서 이미 노사의 경제대립이 나타나고, 따라서 명목임금이나 실질임금만으로 파악해서는 안 된다. 또한 자본의 급속한 증대(고도성장)는 임금노동자*에게는 판매시장에서 유리한 것처럼 보이지만, 그것은 실질임금이나 상대임금의 하락과 이윤의 증대를 수반하며, 그에 더하여 자본가들 사이의 자유경쟁의 격화는 대량생산 방법의 채용, 기계제 대공업*의 진전을 초래함으로써 자본의 유기적 구성*의 고도화, 산업예비군의 발생, 중소자본가의 프롤레타리아트로의 전락, 그리고 프롤레타리아트의 누진적 궁핍화를 초래한다고 하여 자본주의 붕괴의 불가피성이 마지막에 지적된다. 이 맑스의 논설은 그 후의 혁명*의 진전으로 인해 미완으로 끝났지만, 1891년 엥겔스*가 여기서의 이론적으로 미숙한 표현인 '노동의 가격'을 '노동력의 가격'으로 정정하여 한 권의 책으로 출판했다. ☞『임금, 가격, 이윤』, 『신라인 신문』

—야마나카 다카지(山中隆次)

임금노동자賃金勞動者 [(독) Lohnarbeiter (영) wage-labourer]

노동력을 판매하는 대가로 임금*을 받아 생활하는 사람들을 말한다. 사회편성의 기초를 자본*—임금노동 관계에 두는 자본주의 사회에서 취업자의 대다수는 임금노동자로 구성되는데, 이와 같은 사회관계는 어느 시대에도 공통적으로 보이는 역사 관통적인 형태가 아니다. 그것은 자본의 본원적 축적*이라 불리는 일정한 역사적 과정의 산물이며, 그 과정*을 거쳐 생산수단으로부터 분리되어 자신의 노동력을 상품*으로서 내다파는 자유로운 노동자, 즉 임금노동자가 산출되어 갔던 것이다.

이와 같은 노동자를 맑스는 "이중의 의미"에서 자유로운 노동자라고 부르고 있다[23a:221]. 그것은 한편으로는 신분적인 종속관계에서 해방*된 자유로운 인격 주체라는 의미와 다른 한편으로는 일체의 생산수단으로부터 자유*라는 것, 요컨대 생산수단을 지니지 않는다는 의미이다. 따라서 이 경우 노동자는 자기 자신에게 속하는 노동력을 어떻게 처분할 것인지에 대해서는 전적으로 자유로우며 그런 한에서는 자본가와도 형식적으로는 대등한 관계에 있다. 그러나 자신의 노동력을 상품으로서 파는 것 이외에는 생활을 꾸려나갈 수 없다는 점에서는 그 상품의 구매자인 자본가에 대해 실질적으로는 종속된 관계에 놓여 있다. 게다가 노동력은 팔기를 꺼려하거나 미룰 수 없는 상품이기 때문에 노동자는 거래상 불리한 입장에 놓여 있으며, 게다가 그 노동력이 현실에서 소비*되는 과정, 요컨대 자본의 생산과정에서는 자본가의 지배하에 종속된 노동*을 강요받게 된다.

이러한 불리한 입장을 극복하기 위해 노동자가 어떻게 해서 노동력 상품의 판매자로서의 권리를 주장하며 표준 노동일을 쟁취해 갔는지에 대해서는 맑스가 『자본』*의 '노동일'에 관한 장에서 상세히 논하고 있지만, 이는 임금노동자의 양적 창출의 문제와 더불어 그 질적인 형성의 문제의 중요성을 시사하고 있다. 즉 여기서는 다음의 두 가지 문제가 서로 관련되어 있다. 하나는 노동자의 임금노동자로서의 자기 형성에 관련된 문제이고, 또 하나는 임금노동자의 노동자계급으로서의 자기 형성에 관련된 문제이다.

왜냐하면 산업혁명*을 거쳐 하루아침에 기계제 대공업*이 확립되고 일거에 대량의 임금노동자가 출현한 것은 아니기 때문이다. 노동자가 시장*을 통해 결정되는 '게임의 규칙들'을 체득하고 임금노동자로서의 행동양식을 몸에 익히기 위해서는 그 나름의 시간이 필요했으며, 영국에서는 겨우 19세기 말에 이르러서야 그러한 경향이 정착하게 되었다고 한다. 또한 19세기 후반까지 가내공업이나 매뉴팩처*의 형태가 광범위하게 잔존했었기 때문에 한 마디로 임금노동자라 하더라도 그 관습이나 이해관계에서, 더 나아가 고용관계의 성질이나 착취*의 상황에서 상당한 차이와 격차가 나타났다. 이 점은 긴 시간에 걸쳐 이른바 근대적 노동자계급의 성립을 방해하고 있었던 것이다. 숙련, 미숙련을 불문하고 임금노동자가 노동자계급으로서 동질적인 성격을 갖게 되는 것은, 이 경우에도 19세기 말이 되고서부터라고 한다. ☞임금, 노동, 공장법

참 M. ドッブ(京大近代史硏究會 譯),『資本主義發展の硏究』, 岩波書店, 1955. E. J. ホブズボーム(鈴木幹久・永井義雄 譯),『イギリス勞働史硏究』, ミネルヴァ書房, 1968. 同 (安川悅子・水田洋 譯),『市民革命と産業革命—二重革命の時代』, 岩波書店, 1968. E. P. Thompson, *The Making of the English Working Class*, Penguin Books, Revised Edition, 1968.

—안보 노리오(安保則夫)

임머만 [Karl Leberecht Immermann 1796-1840]

독일의 작가. 괴테나 낭만주의* 문학을 계승하면서 새로운 비판적 리얼리즘을 지향했다. 자신의 시대를 포괄적으로 서술・분석하여 왕정복고 시대(1815-48년)의 대표적 산문작가로 여겨진다. 이 시대는 문학적으로 보면, 낭만주의에서 리얼리즘으로의 이행기에 해당하고, 소시민적인 비더마이어 문학과 청년독일파*와 같은 혁명적 문학운동이 병존하고 있었다. 그는 그 두 요소를 내포하고 있었는데, 그 중에서도 특히 하이네*와는 청년시절에 서로 창작활동을 격려하면서 적지 않은 영향을 받았다.

마크데부르크에서 관리의 아들로 태어나 엄격한 부친의 의향에 따라 예나 대학에서 법률을 공부하고, 1827년 뒤셀도르프 지방법원에 부임했다. 그러나 언제나 판사로서의 직분과 시인으로서의 천분 간의 갈등이나, 전통적・보수적 자질과 현실적・실천적 경향을 강화하는 시대정신의 알력으로 고뇌했다. 그것은 위대한 지난 시대에 대한 심정적인 애착과 분열적인 사회상황이나 아류화한 문화에 대한 혐오감, 그리고 과학기술이 약진하는 새로운 시대에 대한 이성적인 시인과의 상극이기도 했다. 20세기 초에 이르기까지 오로지 이 중소설『뮌히하우젠』(1839)의 농촌묘사 부분인「오버호프」의 저자로서 친숙해져 향토문학의 시조로 간주되어왔으나 그의 본령은 오히려 사회비평・풍자에 있는데, 위의 소설과『에피고넨』(1835)은 독일 최초의 포괄적 사회비판 소설로서 특기할 만하다. 거기서는 초기 자본주의 산업사회에서의 비인간성이나 시대착오에 빠진 귀족사회의 퇴폐를 특히 날카롭게 공격하고 있다. 또한 그는 뒤셀도르프 시립극장의 감독을 맡아 괴테의 흐름을 잇는 연극개혁에 몰두했지만, 재정난 등으로 인해 그의 뜻은 중도에 좌절했다. 1840년, 엥겔스*는 그의 갑작스런 죽음을 애도하고, 그의 문학적 활동을 칭송한 글인「임머만 '회상록'」[41:149-158]을 남겼다.

참 平川要,『インマーマン硏究』, 藝林書房, 1994.

—히라카와 가나메(平川 要)

입헌주의 立憲主義 [(독) Konstitutionalismus]

일반적으로는 헌법의 제정에 의해 전근대적인 영주재판권 등 권력의 자의성을 배제하고 권력의 분할 내지 제한을 명문화하는 동시에, 국민의 권리를 규정함으로써 근대적 정치체제를 지향하는 사상과 운동을 가리킨다. 그러나 독일에서의 1848/49년 혁명기에서는 군주제의 유지 및 군주의 절대적 거부권, 이원제, 중간신분・토지 소유자의 이해 옹호, 소유 일반의 보호, 제한선거제를 내거는 사상과 운동을 말한다. 포어메르츠기*에 불분명했던 자유주의*와 민주주의*의 구별이

혁명기에 두 조류로 나누어졌을 때 민주주의자와 대항하는 온건한 자유주의파가 당시 스스로 입헌주의를 내세우고 또 그렇게 불렸던 것이다. 하지만 입헌주의도 기본적인 '3월 요구'(독일 통일, 반봉건 입장에서의 사법·행정·경제제도 개혁, 기본적 인권의 자유*)를 내거는 점에서는 민주주의파와의 차이는 없지만, 체제 문제에서는 현존 국가들 내에서의 입헌군주제와 이원제, 전국 차원에서는 연방제에 의한 독일 통일, 혁명의 성과로서의 프랑크푸르트 국민의회*와 빈 체제* 하의 제후에 의한 연방회의와의 협력을 지향하여 민주주의파와의 차이를 분명히 했다. 민주주의파는 연방회의와 격렬하게 대립하고, 프랑크푸르트 국민의회를 독일에서의 유일한 권력으로 만들고자 했다.

프랑크푸르트 국민의회에서는 카지노, 란츠베르크, 아우크스부르거호프 등의 조직(fraction)에 입헌주의적 자유주의자들이 결집하고, 특히 확실했던 왕당파는 카페 밀라니에 속했다. 최대 조직인 카지노에는 상급관리가 많았고 왕당파의 카페 밀라니에는 상급관리와 대토지 소유자들이 비교적 많았다. 카지노에서는 전 헤센-다름슈타트 대공국의회 의원으로 프랑크푸르트 국민의회의 초대의장이 된 입헌주의자 하인리히 폰 가게른이 지도적 입장에 있었다. 의회 바깥의 운동체로서의 협회조직의 경우 독일협회, 입헌협회, 내셔널협회 등의 명칭으로 각지에 설립되고, 사회계층으로서는 상층과 중간계층의 사람들, 교양시민계층(관리, 지적 직업, 학생) 외에 상인, 공장주, 수공업장인 등이 회원이었다. 이들 계층의 회원 분포는 지방의 특성에 따라 다르다. 또한 보수주의자는 프로이센에서는 독자적인 협회*를 조직하지만, 그 밖의 나라들에서는 입헌주의 협회에 참가해 그 안에서 우파를 형성하는 경우가 많았다.

민주주의자들에 의한 프랑크푸르트 암 마인에서의 전국회의(1848년 6월)에 대항하여 같은 해 7월 베를린*에서 '입헌 클럽'에 의해 전국회의가 개최되고 전국조직화의 시도가 이루어졌다. 이와는 별도로 프로이센을 제외한 나라들의 입헌주의자들이 9월에 카셀 '시민협회'의 주도로 전국조직으로서의 '내셔널협회' 설립을 호소하고 11월에 회의를 개최했다. 이 협회는 중앙3월협회(1848년 11월 프랑크푸르트 국민의회가 작성한 '독일 국민의 기본권' 및 '헌법'에 대한 각국 정부의 승인을 요구하기 위해 조직된 협회)와는 당초 거리를 두며, 1849년 5월이 되어 합동을 시도하지만 실패하고 다음 달 소멸한다. ☞프랑크푸르트 국민의회, 자유주의, 민주주의

참 Wolfram Siemann, *Die deutsche Revolution von 1848/49*, Frankfurt a. M. 1985. 増谷英樹,「西南ドイツ憲法闘争と自由主義」,『歴史學硏究』, 367号, 1970.

—무라카미 슌스케(村上俊介)

잉글랜드 은행—銀行 [(영) The Bank of England]

『자본』*은 잉글랜드 은행(1694년 설립)을 세계 최초의 주식 조직 근대적 발권은행으로서 주목한다. 전근대적 고리대부업자의 귀금속 독점이 이 은행의 발권=신용창조에 의해 타파되어 금리의 대폭 저하가 발생했기 때문이다. 다음으로 1844년의 필(R. Peel) 은행법이 거론되고 있다. 이 은행은 발권부와 은행부로 분할되어 발권부는 1,400만 파운드+금 준비의 은행권을 기계적으로 발행하고, 은행부는 이 은행권을 어음할인, 예금지급을 통해 민간에 넘기고 나머지를 은행부 준비로 삼았다. 즉 금 유출입 → 발권증감 → 물가상하가 되도록 화폐*를 공급하여 무역수지의 자동조절을 도모하려 했던 것이다. 『자본』은 화폐 공급의 외생적 증가가 축장화폐를 증가시킬 뿐, 물가상승에는 직결되지 않을 뿐만 아니라 은행부 보유 은행권=은행부 준비<발권부 금 준비로 되기 때문에 공황* 시에는 대외금 유출 → 금 준비 감소 → 발권 감소 → 은행부 준비의 대폭 감소로 이어져 이 은행의 예금지불이 곤란해짐으로써 패닉을 유발한다고 비판했다. 이로 인해 1847, 57, 66년의 공황 때에는 필 법이 일시적으로 정지되고 이 은행권의 추가발행이 가능해졌지만, 66년 이후에는 그러한 일은 발생하지 않게 되었다. 민간은행이 예금통화의 창조를 본격적으로 행하게 된 것과 국제 단자(短資) 이동이 대규모화하여 공정금리 인상 → 단자 유

입→금 유입이 된 덕분에 이 은행의 금 준비가 극단적으로는 감소하지 않게 되었기 때문이다. 덧붙이자면, 『자본』은 주의해서 읽지 않으면 현금통화로서 유통되고 있었던 것은 오로지 이 은행권인 듯한 인상을 주지만, 현금통화로서 일반적 유통에서 사용된 것은 금은 동화이며, 잉글랜드 은행권은 최저액면이 5파운드로 주급 노임을 크게 웃돌고 있었기 때문에 오로지 민간은행 현금준비로서 사용되고 있었다. ☞은행, 공황, 금본위제

㊟ 浜野俊一郎・深町郁弥 編, 『資本論體系6 利子・信用』, 有斐閣, 1985.

—니시무라 시즈야(西村閑也)

잉여가치 剩餘價値 [(영) surplus value (독) Mehrwert (불) plus-value]

【Ⅰ】 일상어로서의 '잉여가치'

일본어의 '잉여가치'는 Mehrwert의 번역어로 맑스 경제학의 가장 기본적인 범주로 간주되고 있다. 그러나 그것은 맑스가 경제학이라는 전문 과학을 위해 만든 것이 아니다. 근대 시민사회의 발전과 더불어 사용되게 된 일상어다. 맑스의 시대에도 가치*의 양적 증가를 나타내는 용어로서 일반적으로 사용되고 있었다(plus-value는 1457년 이후, Mehrwert는 1809년의 사전에 등장). 예를 들면 '부동산 가치의 증가분'이라든가 '국고세입의 자연 증가분'과 같이 어떤 일정액에 부가된 가치량을 의미한다. 증가한 가치는 모두 Mehrwert인 것이다. 이 일반적 형태의 증가가치가 통상적으로는 지대*・이자・이윤* 등의 구체적인 소득형태로 의식된다. 이와 같이 일상어 Mehrwert는 '증가'의 의미이기 때문에 '잉여가치'라는 번역어의 '여분'이나 '나머지'와는 오히려 반대다. '나머지'라는 것은 예를 들어 나눗셈에서 어떤 총액을 나누었을 때, 다 나누어지지 않은 채 남은 부분이다. 또한 잉여금이라는 것은 총수입(X)에서 지출(a)을 빼고 남은 것이다. 다시 말해 어떤 일정한 총액(X)이 주어지고 그 중의 특정액이 무언가의 사정으로 '필요'부분(a)으로 간주되기 때문에 나머지(X-a)는 '필요'부분에 대한 '여분', 요컨대 '잉여'로 규정된다. 따라서 Mehrwert는 '잉여가치'라기보다 우선 '증가가치'이다. 맑스도 『자본』* 제1권 제2편 제4장 「화폐의 자본으로의 전화」에서 Mehrwert를 다음과 같이 확인하고 있다. "100파운드로 구매된 면화가 예컨대 100 더하기 10파운드, 즉 110파운드로 팔린다. 이 과정의 완전한 형태는 G－W－G′이며, 이 G′는 G+ΔG, 즉 최초에 투하된 화폐액 더하기 증가분과 같다. 이 증가분 또는 최초의 가치를 넘어서는 초과분을 나는 Mehrwert(surplus value)라고 부른다"[23a:196]. 이런 한에서는 Mehrwert를 가져오는 것은 모두 '자본*'으로 표상된다. 자본이란 Mehrwert를 낳는 가치이다. 배나무에는 매년 배가 열린다. 이러한 표상과 담론이 지배하는 사회가 '자본이라는 것(Das Kapital)'이 군림하는 근대 시민사회이다.

하지만 이 표상과 담론은 무개념적이다. 왜냐하면 일상어로서의 Mehrwert는 자신의 발생 근거를 보여주지 않기 때문이다. 증가 사실을 보여줄 뿐이다. 근대 시민사회는 이 무개념적 일상어로서의 증가가치가 지배하는 시대다. 따라서 이 일상어의 지배는 역사로서의 근대 시민사회에 독자적인 것이다. 맑스의 과제는 일상어로서의 Mehrwert를 비판적으로 새롭게 파악하고 증가가치의 무개념적 사고를 사람들에게 강제하는 근대 시민사회의 메커니즘을 해명하는 일이다. 중요한 것은 일상어로서의 Mehrwert를 비판적으로 다시 자리매김하는 것이지 그것을 대신하는 새로운 전문적 용어를 창작하는 것이 아니다. 이런 점에서 동시대의 프루동*이나 시스몽디*가 시민사회*에서의 '착취'의 본질을 폭로한다는 비판 의식을 가지고서 plus-value의 반대인 mieux-value라는 특수어를 만든 것과는 대조적이다. 맑스는 오히려 이 일상어를 자신의 정치경제학 비판 체계에 도입하여 자본의 계급적 본질을 열어 보이는 비판적 범주로서 재구성한다. 그리고 일상어로서의 Mehrwert가 보여주는 사회적 사태를 비판적으로 개념 파악한다. 그것이 『자본』 전체를 관통하는 테마이다.

【Ⅱ】 Mehrwert의 비판적 재규정

비판적 범주로서의 '잉여가치'를 살펴보자. 그 존재는 일상적으로는 지각되지 않는다. 지각되는 것은 유통과정 G－W－G′에서의 증가가치인 ΔG의 형태, 혹은 그 분배과정에서의 개개의 수입형태인 이윤 · 이자 · 지대 등이다. 하지만 이 유통과 분배의 과정에서는 등가교환의 법칙이 지배한다. 만일 여기서 부등가교환이 행해지게 되면 그것은 시민법의 정의에 반한다. 그러나 또한 등가교환은 가치를 증가시키지 않는다. 따라서 증가가치는 유통=분배과정의 바깥, 요컨대 생산과정에서의 노동*에서 발생할 수밖에 없다. 여기에 발생의 근거를 지니는 증가가치가 본질로서의 '잉여가치'이다[『자본』, 23a:230]. 이와 같은 비판적 개념으로서의 잉여가치의 재규정은 노동력 및 노동개념의 비판적 재정립을 수반한다.

자본－임금노동 관계에 기초하는 생산과정에서 생산물은 근로자의 노동에 의해 생산되면서도 그 소유권은 근로자의 노동력을 구입한 자본가에게 귀속된다. 하지만 이 자본가적 생산이 지속적으로 반복할 수 있기 위해서는 생산물 가치 총액의 일정부분이 근로자에게 귀속되어 노동력이 사회적으로 재생산*되어야만 한다. 노동력을 상품*으로서 판매하는 자유*로운 노동자의 존재가 자본가적 생산의 절대적 조건이기 때문이다. 이 귀속관계(생산물 가치의 사회적 분배)는 노동자의 생존에 있어 필요하지만, 그 이상으로 자본의 계속적 재생산에 있어 '필요'한 것이다. 그리고 이 '필요'부분과의 관계에서의 잔여부분이 자본가에게 귀속하는 '잉여'가치 부분이 된다. 요컨대 '잉여가치'란 하루 노동일 가운데 노동력 가치부분을 재생산하는 '필요노동' 이상의 '잉여노동*'이 산출하는 가치로 규정된다[23a:282]. 따라서 잉여가치는 필요노동시간을 초과하는 노동일의 연장(절대적 잉여가치 생산)이나 또는 주어진 노동일에서의 필요노동시간의 단축(상대적 잉여가치 생산)에 의존한다. 여기서 '필요'와 '잉여'의 사회적 정의를 둘러싼 투쟁이 시민적 사회형성의 핵심적 과정이 된다. 하지만 노동력의 재생산을 둘러싼 투쟁은 동시에 근대적 노동의 물상성도 문제 삼는다. 노동이 이중화하고 대립적 성격을 띠기 때문이다. 구체적 유용물을 생산하는 노동이 동시에 가치라는 사회적 추상물을 생산하는 노동이 되어 일반적으로 노동은 가치생산을 위한 수단에 지나지 않게 된다. 그것뿐만이 아니다. 노동은 특정한 노동대상에 작용하여 그것을 새로운 생산물로 다시 만드는데, 이러한 유용노동의 작용도 추상화한다. 왜냐하면 자본의 생산과정에서는 이 구체적 노동의 유용성은 상품으로서 구입한 노동수단이나 노동대상의 가치를 효율적으로 새로운 생산물로 이전한다고 하는 것으로 기능 전환하기 때문이다. 이리하여 노동의 이중성은 한층 더 이중화한다. 자본가적 생산과정에서 구체적 유용노동은 가치 생산적 추상노동의 물질적 기초로서 의미지어짐과 동시에 생산수단의 가치이전이라는 기능을 부여받게 된다. 이와 같은 기능의 추상화가 근대에 독자적인 노동의 물상성이다.

【Ⅲ】'잉여가치'의 '증가가치'로의 전화

하지만 본질로서의 잉여가치는 그 자체로 존재하는 것은 아니라 유통－분배과정에 매개됨으로써 비로소 구체적인 실존형태를 취한다. 따라서 '잉여가치'를 규정하기 위해서는 자본가적 생산의 독자성을 고찰할 뿐만 아니라 유통－분배과정을 적극적으로 개념 전개할 필요가 있다[『자본』 제2 · 3권]. 유통과정에서의 자본의 운동은 G－W－G′로 표시할 수 있다. 여기서 투하자본가치*G는 증가가치 ΔG를 포함하는 G′로서 회수되는데, ΔG는 생산과정에서의 잉여노동의 성과이다. 그것은 생산과정에 투하된 자본가치 가운데 노동력에 투하된 가치부분(가변자본* V)의 생산적인 작용의 결과이며, 생산수단으로의 투하가치부분(불변자본* C)과는 관계가 없다. 그러나 자본의 유통과정에서는 투하자본가치의 이와 같은 구별은 소멸한다. 불변자본과 가변자본은 생산물의 판매로 회수되어야 할 투하자본가치의 단순한 두 가지 부분(G=C+V)에 지나지 않는다. 따라서 생산물 가치 W 가운데 자본가치를 공제한 나머지 가치 M은 오히려 투하자본가치의 증가분(증가가치)으로서 현상한다. 요컨대 투하자본가치 G+증가가치 M=생산물가치 W′(－G′)이다. 이리하여 유통과정에서 회수되는 증가가치는 잉여노동과는 관계없는 가치로서 현상한다.

이 일반적 형태의 증가가치가 일상적으로는 이윤·이자·지대 등의 개별적 분배형태로 실존하고 의식된다. 그것은 증가가치가 경제 활동의 다양한 인격적 담지자에게 분배되는 형태이다. 이 분배형태로서의 증가가치는 사물이나 돈으로서의 자본이 산출하는 장래가치, 또는 일부가 매각되는 토지의 가격 상승분에 지나지 않는다. 그와 마찬가지로 노동도 임금 수입을 산출하는 원천이 된다. 이리하여 자본·토지·노동은 생산의 독립된 3요소로서 각각 증가가치를 산출하는 것으로서 의식된다. '자본-이윤(이자)' '토지-지대' '노동-임금'이라는 표상이다. 맑스는 『자본』 제3권 제48장에서 이 물화*된 표상과 담론의 공간을 "경제적 삼위일체"의 세계라고 부르고, 거기서 지배하는 사고의 무개념성을 비판한다[25b:1043]. 이와 같이 맑스의 『자본』은 일상어로서의 Mehrwert(증가가치)에서 출발하여 그것을 잉여노동의 가치형태(잉여가치)로서 비판적으로 다시 자리매김하는 가운데, 더 나아가 잉여가치가 왜, 어떻게 증가가치로서 현상하는지를 체계적으로 범주 전개함으로써 자본이 군림하는 근대 시민사회의 물화된 메커니즘을 해명한다. ☞잉여노동, 불변자본/가변자본, 물화, 이윤, 프루동, 시스몽디

참 平田清明, 「日常言語と科學的概念」, 『現代思想』, 1975年 12月 임시 증간호. 同, 『コンメンタール「資本」2』, 日本評論社, 1981. 工藤秀明, 「剩餘價値の生産」, 『經濟原論』 수록, 青林書院新社, 1983.

—사사키 마사노리(佐々木政憲)

『잉여가치학설사 剩餘價値學說史』 ⇨**『자본』**

잉여노동 剩餘勞動 [(독) Mehrarbeit (영) surplus labour]

어떠한 인간* 사회에서도 역사적·습관적으로 주어진 최저의 생활수준이라는 것이 있다. 또한 이 수준을 충족시키는 이상의 사회적 잉여도 잠재적으로 존재한다. 그리고 이 양자는 사회를 구성하는 사람들의 해마다의 노동*에 의해 유지된다. 따라서 인간 사회를 지탱하는 노동은 개념으로서는 두 가지로 구별할 수 있다. 하나는 직접생산자가 자신의 생활수준을 유지하기 위해 필요한 노동이고, 다른 하나는 이 필요노동을 초과하는 여력으로서의 잉여노동이다. 이와 같이 노동이 필요노동과 잉여노동으로 이루어진다는 것은 사회가 지속적으로 재생산*되기 위한 조건이며 인류사에 공통된 것이다. 중요한 것은 사회적 잉여 혹은 잉여노동 일반이 역사적으로 어떠한 형태를 취하는가 하는 점이다. 잉여노동의 역사적 형태야말로 사회의 경제적 구조와 정치적 통치의 구조를 규정하기 때문이다.

첫째로, 임금노동 관계를 기초로 하는 자본주의 사회에서 잉여노동은 잉여가치*(통상적으로는 이윤*·이자·지대* 등의 증가가치)라는 형태를 취한다. 이 점에 자본주의 사회의 가장 깊은 비밀이 있다. 맑스는 '경제적 사회구성'을 역사적으로 구별하는 것은 "잉여노동이 직접생산자로부터 착취*되는 형태"[『자본』, 23a:282]라고 하여 임금노동 사회에서의 잉여노동을 부역노동과 대비하면서 설명한다. 당시의 도나우 주변의 부역농민은 자신의 토지를 소유하고 있으면서 확연히 다른 두 종류의 노동에 종사하고 있었다. 그들은 1년 중에, 예를 들어 반년은 자신의 토지에서 일하여 생활을 유지한다. 그러나 나머지 반년은 '보야르(봉건영주)'의 토지에서 노동한다. 후자는 연간 총노동일 중에 부역농민이 자신의 생활을 유지하는 데 필요한 노동을 초과한 잉여노동이다. 여기서는 필요노동과 잉여노동의 구별이 시간적 공간적으로 분리되어 있고, 게다가 잉여노동을 둘러싼 투쟁도 직접적인 인격적 지배종속 관계로서 나타난다.

그렇지만 근대의 임금노동 사회에서 잉여노동의 착취는 부역노동과 같은 직접적인 인격적 지배관계에 기초하는 것이 아니라 노동생산물의 매매라는 가치관계에 매개된다. 그리하여 필요노동과 잉여노동은 하나의 노동일 안에 융합되고 모두 생산물가치로서의 대상화된 형태를 취한다. 그뿐만이 아니다. 잉여가치는 그대로 개개의 자본*에 귀속하는 것이 아니다. 사회의 잉여가치 총액은 자본들의 경쟁*에 매개되면서 산업

부문들의 투하자본량에 따라 재분배되어 이윤이라는 형태로 전화한다. 이윤도 잉여노동의 대상화된 가치형태지만 노동과의 관계는 사라진다. 잉여노동 일반은 사회적 필요의 수준을 넘어서는 노동으로서는 언제나 잔존하지 않으면 안 된다. 또한 잉여노동을 둘러싼 적대적 관계는 계급사회 일반에 공통적이다. 그러나 필요노동과 잉여노동이 자본이 자유롭게 처분할 수 있는 하나의 노동일 안에 융합되어 가치형태를 취하는 것은 임금노동 사회에 특징적인 것이다. 따라서 임금노동 사회에서는 잉여노동 혹은 사회적 잉여를 둘러싼 투쟁은 노동 그 자체의 자유 처분권을 둘러싼 투쟁으로서 나타날 수밖에 없다.

둘째로, 잉여노동이 잉여가치(혹은 이윤) 형태를 취한다고 하는 것에는 자본주의*의 또 하나의 특징이 있다. 그것은 잉여노동이 이용되는 방식에 관계된다. 잉여노동의 이용형태로서는 (1) 공동체*의 정치적·종교적 행위나 그 연장으로서의 전쟁, (2) 지배계급 내지는 사회구성원 전체의 소비수준의 향상, (3) 자연적 사회적 리스크에 대한 준비 원금이나 생산규모 확대의 투자 원금 등이 있다. 이 가운데 자본주의에 특징적인 것은 투자 원금으로서의 이용, 즉 자본축적*이다. "축적하라, 축적하라"라는 명제가 자본의 내재적 논리이다. 자본이란 자기 증식하는 가치*의 운동이기 때문이다. 생산된 잉여가치는 보다 큰 자본으로서 축적된다. 하지만 자본축적은 생산규모의 확대와 생산양식*의 질적인 변혁과정이기도 하며, 이 변혁을 통해 사회적 생산력의 발전과 노동시간* 단축의 물질적 기초를 제공한다. 이 과정*은 자기 모순적이다. 한편으로 절대적 및 상대적 잉여가치를 증가시키는 동시에 인간적 능력의 개발과 자유시간*의 가능성을 엶으로써 새로운 사회 형성의 요소들을 준비하기 때문이다. 맑스는 다음과 같이 말한다. "노예제*나 농노제 등의 형태들과 비교해서 자본이 잉여노동을 생산력들과 사회적 관계들의 발전을 위해, 보다 고도한 새로운 사회의 요소들의 창조를 위해 이용될 수밖에 없다는 것은 자본의 문명적 측면이다"[『자본』, 25b:1050]. ☞잉여가치, 물화, 자유시간

참 內田義彦, 『資本論の世界』, 岩波書店, 1966. 平田清明, 『經濟學批判への方法叙說』, 岩波書店, 1982. 內田弘, 『自由時間』, 有斐閣, 1993.

—사사키 마사노리(佐々木政憲)

ㅈ

자동화 自動化 ⇨**오토메이션**

자본 資本 [(독) Kapital (영) capital]

고전파 경제학도 신고전파 경제학도 자본주의 경제를 자연적 자유의 질서로 간주하고 그 특수한 역사성을 이론적으로 고찰하려고 하지 않는다. 따라서 그 경제 질서를 체계적으로 지배하고 있는 자본도 초역사적으로 경제생활 일반에서 발견되는 축적된 노동*, 생산수단 내지 자본재 또는 그 이용에 의해서 발생하는 소득 유량을 이자율로 나눈 화폐평가액 등을 의미하는 것으로 보아 그 규정에서 자연주의적이고 비사회적인 불충분함을 벗어나지 못한다. 맑스는 그의 주저를 '정치경제학 비판'이라는 표제 하에 준비해 나가는데, 1857-58년의 제1초고 『정치경제학 비판 요강』*에 이어 제2초고인 23권의 노트(1861-63)를 거의 다 쓴 1862년 말에 표제를 『자본』*으로 고쳐 자본 규정의 체계적인 전개에 의해 부르주아 사회의 경제 질서의 총괄적 해명을 행한다고 하는 그 주제를 명확히 한다. 그와 동시에 그 주저를 통해 맑스는 고전파와 신고전파에게서 보이지 않는 다음과 같은 특징들을 지니는 자본의 규정을 부여하고 있다.

【Ⅰ】 자기 증식하는 가치의 운동체

자본은 화폐* G를 사용해 화폐를 증식하는, 화폐의 특수한 사용방법을 이루는데, 일반적으로는 상품* W를 싸게 사서 비싸게 파는 G−W−G′의 유통형식으로서 나타난다. 근대적인 산업자본도 이 유통형식을 가지고서 생산 P를 조직하여 G−W…P…W′−G′의 운동형식을 그린다. 자본은 이러한 형태에서 화폐, 생산요소들, 상품의 자태를 취하고는 버리며 변태하는 가치*의 자기 증식 운동을 이루고 있다. 각각의 자태를 고정해서 분리해 보면 그것들 자체로 자본의 성질을 드러낸다고는 말할 수 없지만, 그것들이 화폐의 증식운동의 과정*에 자리매김되어 자기 증식하는 가치 운동체의 자태변환을 구성하는 맥락에 편입되면 자본운동의 계기들을 이루게 된다. 이리하여 맑스에게 자본은 스톡으로서의 정지적인 화폐액과 생산재로서가 아니라 운동체로서, 자기 증식하는 가치운동의 주체로서 규정되고 있다. 그리고 자본가는 "이 운동의 의식 있는 담지자로서"[23a:200] 규정된다. 법인 간의 주식 균형 하에 있긴 하지만, 현대 일본의 사기업과 그 경영자들도 분명히 이러한 자본과 자본가의 특성을 지니고 있다고 말할 수 있을 것이다.

【Ⅱ】 사회적 생산관계

자기 증식하는 가치의 운동체로서의 자본은 근대사회의 경제생활을 지배하고 고대 노예사회나 중세 봉건사회와는 다른 특징적인 생산관계를 형성한다. 즉 "자본은 하나의 생산관계이다. 그것은 부르주아적 생산관계이며 부르주아 사회의 생산관계이다"[『임금노동과 자본』, 6:403]. 특히 자본은 그 생산관계 하에 직접적 생산자를 임금노동자*로서 편입해 그 노동력을 상품으로서 구입하여 사용한다. 그 때 자본은 노동력 상품의 가치로서 노동력의 유지 재생산에 필요한 필요노동시간을 건네주고 노동력 상품의 사용가치로서 잉여노동*을 포함한 전체 노동시간을 입수하여 잉여가치*를 생산한다. 고전파 경제학은 노동가치설*을 취하면서 자본가가 노동자에게 '노동의 가치'를 지불하고 이윤*으로서의 잉여가치를 손에 넣을 수 있는 원리를 밝힐 수 없었는데, 그것은 자본을 축적된 노동 일반으로 간주하여 자본을 특수 역사적인 생산관계로서 고찰하지 못하고, 따라서 또한 노동력 상품의 특수한 가치와 사용가치의 규정을 내용적으로 밝힐 수 없었기 때문이라고 말할 수 있을 것이다.

자본을 특수 사회적인 생산관계로서 이해하는 맑스는 본래는 구상과 실행의 두 측면을 지니고서 자연*과의 물질대사*를 주체적으로 매개하는 인간*의 노동과정이 자본의 지휘감독 하에 놓여 자본의 가치증식의 수단이 되는 가운데 노동의 소외*와 억압을 초래하는 논리에 대해서도 고찰을 심화시키고 있다. 특히 협업과 그에 기초하는 분업*, 나아가서는 기계제 대공업*의 직장편성에서 어떻게 노동자의 주체적 능력이 국부적으로만 이용되거나 혹은 단순화되어 노동 강화가 진행됨으로써 신경피로가 심화되는지에 대해서도 분석을 진행하고 있다. 맑스의 이러한 고찰은 브레이버만의 『노동과 독점자본』(1974) 등에서 재발견되어 서구 맑스학파의 노동과정 분석의 활발한 전개로도 이어지고 있다. 자본을 사회적 생산관계로 보는 맑스의 발상은 또한 국가*도 단순한 지배계급의 억압 장치로서가 아니라 다양한 이해나 세력이 서로 다투는 사회관계의 장으로서 이해하고자 하는 서구 맑스파의 국가론에도 중요한 시사점을 주고 있다.

【Ⅲ】 역사적 규정성

자본을 하나의 사회적 생산관계로서 규정하는 한에서 그 자본은 말할 필요도 없이 생산과정을 조직하는 근대적 산업자본을 의미하게 된다. 그와 같은 근대적 자본은 "이중의 의미에서 자유로운"[23a:221] 임금노동자의 사회적 존재를 전제로 하여 비로소 발생하는 것이며, 그 역사적 전제조건에서 "사회적 생산과정의 한 시대"를 형성하게 된다[같은 책:223]. 맑스는 이러한 맥락에서 『자본』의 '화폐의 자본으로의 전화'라는 장에서는 원래 공동체*와 공동체 간의 교역관계로서 발생하고 예부터 다양한 경제적 사회구성체의 주변에 발달하고 있던 상품・화폐유통과 자본의 역사성을 구분하고 있다. 그러나 『자본』 제3권 제20장과 제36장 등에서도 지적하고 있듯이 맑스는 상인자본과 대금업자본이 고대 이래로 상품・화폐유통의 어느 정도의 발달과 더불어 공동체적 사회들 사이나 틈에서 성장하여 기존의 생산조직에 외래적인 분해 작용을 일으키는 역사적 사실도 밝히고 있다. 그 점에서 돌이켜 보면, '화폐의 자본으로의 전화'라는 장에서의 자본의 규정은 생산관계를 조직하는 근대적 산업자본에만 자본 개념을 너무 좁게 한정하고 있다고도 말할 수 있다. 상품, 화폐와 더불어 상인적 내지 대금업적 자본 형식도 공동체적 사회들에 외래적인 시장경제 속에서 오래 전부터 성장하고 있었다고 한다면, 자본주의*를 넘어서는 사회주의*는 그것들을 배제하는 계획경제로 향할 것인지, 아니면 사회화된 기업들의 조정양식에 시장*을 이용하는 시장사회주의의 방향에서 상품, 화폐와 더불어 자본의 기능도 사회화하면서 활용할 수 있을 것인지, 즉 중국의 사회주의 시장경제의 실험과 함께 사회주의의 미래에 자본의 원리적 규정이 어떻게 관계하게 될 것인지에 대해서도 주목할 필요가 있을 것이다. ☞시장, 자본주의, 『자본』, 본원적 축적, 노동

图 宇野弘藏, 「『貨幣の資本への轉化』について」, 『マルクス經濟學の諸問題』 수록, 岩波書店, 1969. H. ブレイヴァマン(富澤賢治 譯), 『勞働と獨占資本』, 岩波書店, 1978. 伊藤誠, 『價値と資本の理論』, 岩波書店, 1981. 同, 『市場經濟と社會主義』, 平凡社, 1995.

-이토 마코토(伊藤 誠)

『자본 資本』 [(독) Das Kapital (불) Le Capital (영) Capital]

맑스의 주저. 그의 학문적 생애의 주요 성과. 자본주의*적 생산양식이 지배하는 "근대사회의 경제적 운동법칙"[23a:10]을 해명한다. 제1권 '제1부 자본의 생산과정'(초판 1867), 제2권 '제2부 자본의 유통과정'(초판 1885), 제3권 '제3부 자본주의적 생산의 총 과정'(초판 1894), 제4권 '제4부 잉여가치에 관한 학설들'의 4권 4부로 구성된다. 제2부, 제3부는 엥겔스*가 「『자본』 초고」*를 편집했고, 제4부는 『1861-63년 초고』의 「잉여가치에 관한 학설」을 K. 카우츠키*(1908)와 구동독의 맑스-레닌주의연구소가 편집했다(3분책; 1956, 59,

62).

맑스의 최종 계획에서 『자본』은 3권 4부 구성이었다[23a:11]. 제1권은 제1부만을 포함하고, 제2권은 제2부・제3부로 이루어지는데, 제3부의 제목은 그의 예정으로는 '총과정의 형태 전개'(Die Gestaltungen des Gesamtprozesses)이며, 제3권에는 제4부가 '이론의 역사'(Die Geschichte der Theorie)라는 제목으로 수록될 예정이었다. 그가 공표한 것은 제1부뿐으로, 그것의 독일어 초판, 제2판(1872-73), 제3판(1883)과 프랑스어판(로아 역, 1872-75; 사실상 번역자는 맑스)이다. 현행 『자본』 제1권은 엥겔스 편(1890)인데, 축적론 부분에는 프랑스어판 문장이 삽입되어 있다. 『자본』은 6편으로 이루어지는 정치경제학 비판* 체계의 제1편의 첫 부분에 지나지 않는다.

【Ⅰ】이론과 역사

맑스는 헤겔* 『법철학』*[§4 보충]을 참고로 이론과 역사의 상호매개 관계에서 『자본』을 구성했다. 어떤 사회적 사실의 개념적 파악은 그 사실이 역사적으로 주어져 있다는 것을 전제하여 이루어질 수 있으며, 역으로 그 사실의 역사적 발생의 기술은 그 개념적 파악에 의해 이론적으로 근거지어진다. 제1・2・3부에서는 그가 "이상적 평균"[25b:1064]으로 상정하는 자본주의적 생산양식을 염두에 두고 "자본주의적 생산양식이란 무엇인가"를 개념적으로 해명한다. 이어서 이 개념적 파악이 부여하는 이론 기준에 기초하여 "자본주의적 생산양식이 어떻게 역사적으로 발생했는지"를 제시한다. 이론과 역사의 상호매개는 더 나아가 『자본』의 이론 편(제1・2・3부)과 이론사 편(제4부) 사이에서 관철된다. 그 자신의 이론적인 주장의 정당성은 잉여가치론을 배태한 경제학의 역사를 전제하고 있으며, 역으로 그때까지의 이론사는 그의 이론에 근거지어진다. "최후의 형태는 과거의 형태들을 자기 자신에 이르는 단계들로 간주한다"[초1:58]. 이와 같이 『자본』은 평면적인 역사주의적 저작이 아니라 이론과 역사의 이중의 상호매개 관계에서 구성함으로써 역사의 흐름을 내면적으로 절단하고 그 흐름에서 자립한 학문체계를 지향하는 저작이다.

【Ⅱ】다양한 편성의 가능성

『자본』의 이론편은 제1부의 가치*・잉여가치*・임금*(노임)・자본축적*・본원적 축적*(원시적 축적), 제2부의 자본의 순환*・자본의 회전*・재생산*, 제3부의 이윤*・이자・지대*의 이론들로 이루어진다. 『자본』의 형성사가 보여주듯이 이러한 이론 구성은 제2・3부가 엥겔스 편집이라는 점을 포함해서 맑스에게 있어 완성되고 고정된 것이 아니다. 예를 들어 『정치경제학 비판을 위하여』*의 간행 직후에 기록된, 그 속편의 구상 「자본 장에 관한 계획 초안」(1859)의 제1부 '자본의 생성과정'을 보면 '1. 화폐의 자본으로의 전화', '2. 절대적 잉여가치', '3. 상대적 잉여가치'까지는 현행 『자본』과 기본적으로 동일하지만, 그 뒤에는 임금・본래적 축적(본축)이 아니라 '생산과정의 결과'가 이어지며, 이어서 '4. 본원적 축적'이라는 표제 하에 본원적 축적・원시적 축적・(자본* 아래로의 노동*의) 포섭을 예정하고 있다. 이어지는 '5. 임금노동과 자본'에는 라살레*가 출판할 계획인 『자본과 노동』(1864)에 대한 비판적 의미가 담겨져 자본생산성・임금・자유시간*・전유법칙의 반전*에 관한 이론들이 예정되어 있다. 「계획 초안」은 『1861-63년 초고』의 집필 과정에서 현행 『자본』에 가까운 편성으로 바뀐다. 이론 요소들은 "사회적 생산유기체"[23a:107]의 편성=접합(Gliederung)의 다양성이나 조정기능으로서의 절단=결합능력을 표현한다. 서술자는 현실의 생산유기체에서 품는 문제 관심의 변화에 맞추어 이론 요소의 편성양식을 변용시키거나 자본주의적 생산양식의 동적인 변화에 새로운 이론 요소를 창조하여 접근할 수 있다.

【Ⅲ】진동・요소 접합・평균

자본주의적 생산양식에서 사적 노동들을 통일하는 사회적 형태는 어떻게 발생하는지, 사적 노동들의 담당자는 어떠한 의식 형태를 지니고 행동하는지, 그 행동은 개개인의 목적을 넘어선 어떠한 사태와 운동 형태를 산출하는지 등이 맑스의 방법적 시각이다.

개인들의 목적의식적 행위는 그것을 초월하는 사회적 과정=결과를 초래한다. 자본주의적 생산양식의 법칙들은 있는 그대로의 형태로 주어지지 않는다. 당초의 "전체에 대한 혼돈된 표상"[초1:49]・우연한 세계상의 배후에 끊임없이 생성-소멸하고 진동하며 상호작용하는 요소들이 복잡하게 조직된 총체를 파악하는 작업을 통해 그 법칙들은 파악된다. 그 생산양식*에서의 여러 우연적인 사건들은 합성되어 평균화 경향으로서 현현하고, 수량적으로는 "비슷할 뿐"[25a:221]이어서 확률적・통계학적으로 파악된다. "대체로 자본주의적 생산 전체에서는 언제나, 그저 대단히 복잡한 근사적인 방식에서만, 그저 영구한 진동들의 결코 고정되지 않는 평균으로서만 일반적인 법칙은 지배적인 경향으로서 관철된다"[같은 책:205]. 사회적 생산유기체는 끊임없이 요동치며 변용하는 생명체이다. 생산유기체의 재생산과정은 본성상 탄력적이다[25a:562]. 그것은 "결코 고정된 결정체가 아니라 자태변환이 가능한, 더구나 언제나 자태변환의 과정*에 있는 유기체"[23a:11]이며, 그 경계는 끊임없이 변화하고 있다. 생산・소비*・분배・교환 등의 계기들은 상호 매개하는 접합지(Glieder)이며, 다른 계기를 전제하여 접합을 통해 생산유기체를 조직하는 지극히 요소적인 존재다. "계기들 간의 상호작용"[초1:48]은 중층적으로 파급되고 그것들이 종합되어 평균들이 된다. 요소들의 접합=변용의 가능성은 본원적으로는 인간*의 다면적 능력에 근거지어져 분업*의 형태들로 편성되어 있다. 생산유기체는 필요한 요소가 이미 있는 경우에는 그것을 끌어들이고, 없는 경우에는 그것을 창조한다[같은 책:332].

요소들을 자본주의적으로 접합하는 기본 형태는 상품*・화폐*다. 그에 대응하여 자연사적 차원의 생산유기체에 고유한 리듬='자연시간'은 '자본시간'으로 재편되어 가속된다. 수요와 공급의 "진동 운동이 노동시간*을 가치의 척도로 삼는다"[『철학의 빈곤』, 4:92]. 이미 구성되어 있는 것이 아니라 "구성하고 있는 하나의 운동이 존재할 뿐이다"[같은 곳]. 사적 노동들의 생산물(상품)은 "우연적이고 언제나 진동하고 있는 교환 비율로"[23a:101] 교환된다. 개개의 생산물(상품)의 "가치량은 교환자들의 의지*나 예견이나 행위에는 관계없이 끊임없이 변동한다. 교환자들 자신의 사회적 운동이 그들에게 있어서는 사물들의 운동 형태를 취하고, 그들은 이 운동을 제어하는 것이 아니라 이 운동에 의해 제어된다"[같은 곳]. 통념적으로는 교환자들은 "백과전서적인 상품 지식"을 지니고 있다고 상정되지만, 이는 "허구"[23a:49]이며 그들의 지식에는 한계가 있다. 그들에게 있어 다종 다량의 상품세계는 "추상적인 카오스"[초1:316]이다. 그들이 현실에서 상대하는 상품의 묶음들은 그들 자신의 "문화단계・관습"이 규정하는 "생활수단의 평균 범위"를 중심으로 구성되어 있다[23a:224].

자본주의적 시장에서는 각 주체가 완전한 정보를 갖고서 각자의 목적을 자각적으로 조정하며 일반적 균형을 실현하는 것이 아니다. 그들은 '의지・예견'을 가지고서 '행위'한다고 상정되지만, 그들이 작용을 가할 수 있는 현실의 범위는 한정되어 있다. "그들의 의지를 무효화하는 자연법칙*"・"예견할 수 없는 필연성"[25b:1064]이 그들을 지배한다. 그들의 환경에는 그 사태 당사자들을 놀라게 하는 예측 불가능한 일이 잠재해 있다. 개개의 우연한 현상은 서로 얽혀 있고 그 연쇄를 관철하는(durchschneiden) "사회적으로 비례하는 기준"[같은 곳], 즉 여러 평균(Durchschnitt)을 형성한다. 평균수는 개별적인 사항들이 모이는 동시에 괴리하는 중심점이다.

케틀레*가 사회적 현상에 대해 지적하고 있는, 비교적 좁은 범위로 수렴되는 "괴리들의 균등화가 규칙적으로 이루어진다"는 "조정적 평균들의 지배"[25b:1101]는 경제적 현상에서도 관찰할 수 있다고 맑스는 생각한다. 『정치경제학 비판을 위하여』・「직접적 생산과정의 결과들」・『자본』 등에서 '대량의 상품'을 전제하고 있는 것은, 동일한 범주에 속하는 것이 대량으로 있으면 거기에 대수법칙이 관철되고 경향법칙과 평균수가 추상되어 간다는 케틀레의 생각에 의거하고 있기 때문이다. "단순 노동은 모든 통계에서 확인할 수 있듯이 부르주아 사회의 모든 노동의 압도적인 대량을 이루고 있다"[『정치경제학 비판을 위하여』, 13:16-17]라든가, "일반적 인간노동이라는 이 추상은 어떤 주어진 사회의 각각의 평균적 개인이 이룰 수 있는 평균노동"[같은 책:16]이라고 말할 때 맑스는 케틀레의 '평균적 인간'을 참조하고 있다.

자본주의적 생산양식의 법칙들은 현상들이 나타내는 경향=현실적 추상의 내실을 드러내 보이는 이론적 추상과, 그것을 수량적으로 나타내는 확률적 통계로 파악된다. 맑스의 이러한 법칙관은 헤겔의 『법철학』[§189 추기]에 의거하고 있다. 헤겔에 의하면 국민경제*는 "태양계와 닮은 것"이다. 거기서 불규칙한 운동으로 보이는 것은 일관된 운동법칙의 현상 형태이다. 개개인의 자의적이고 무질서한 욕망 추구는 서로 포함하고 상호 촉진하거나 억제하면서 그 대량의 우연한 상호작용으로부터 일반적 규정들과 필연성이 자생해 간다. 그것들을 발견하는 것이 국민경제학의 목적이다. 맑스는 자본주의적 생산양식의 물화* 구조나 그 생산양식의 무정부성=우연성(Zufälligkeit=contingency, 즉 불확실성)으로 인해 인간은 직접적으로는 '철의 필연성'을 인식할 수 없다고 생각한다. 진리가 내재하는 구조적 특성 때문에 진리는 직접적으로는 인식할 수 없다. 이러한 한계의 설정은 모든 개물(個物)을 필연적 존재로 보고, 우연을 인식자의 무지로 돌리며 '놀라움의 감정'을 부인하는 스피노자*의 규정[『에티카』]과는 다르다. 개물은 우주의 역사 이래의 모든 계열에 관련되어 근거지어져 신에게조차 인식 불가능한 존재이며 우연으로서 현상한다고 하는 라이프니츠*의 생각[『단자론』 등]과도 다르다. 맑스에 따르면 자본주의적 생산양식에서의 개개 인격과 물건은 단지 현실적인 것, 내적인 가능성에 머무는 우연적인 것이다. 인격들이 맺는 물건관계는 물화하고(versachlichen), 끊임없이 진동하는 가치관계와 자본관계로서 자립한다.

총체적으로 자본은 처음에는 외부로부터 우연히 주어진 가능성, 즉 조건(물건으로서의 생산수단)·활동(사물화된 인격=노동력)을 "자본의 사항(Sache)"[초 1:450]으로 통일하고, 생산과정 내부로부터 동일한 조건·활동을 필연적 결과로서 정립한다. 소유*와 노동의 분리는 "필연적 귀결"[23b:760]이다. 재생산과정이 확립되면, 각각의 자본가와 임금노동자*는 "보이지 않는 실"[같은 책:747], 즉 "과정 그 자체의 필연적인 형세"[같은 책:752]에 이끌려 반복적으로 결합된다. 『경제학·철학 초고』*의 '소외*된 노동'에서의 결과 → 과정 → 전제(=결과)라는 재생산과정의 하향 분석은 헤겔이 시민사회*에서 상정하는 홉스적인 자연 상태(우연성으로 가득 찬 시민사회)가 실은 자기 유지하는 필연적 근거를 지닌다는 것을 해명하는 작업이다. 맑스는 미래의 음식점의 조리법은 쓰지 않겠다고 자제했지만[23a:19], "오랜 고난으로 가득 찬 발전사의 자연발생적 산물인 일련의 물질적 실존 조건들"[같은 책:106]의 실현 뒤에 세계사적 개인들은 널리 확산된 분업을 통해 풍요로운 부를 서로 향유하고 그 관련들이 "투명한 합리적 관계"[같은 책:106]가 되어 계획과 제어가 가능하게 되는 장래를 전망했다. 그러나 개개인의 행위의 관련들은 자립하여 그들에게 우연으로서 작용하고 그들을 계속 제어하는 것은 아닐까.

【Ⅳ】우연적 사건·연속성·완충장치

우연적 사건에 어떻게 대처할 것인가 하는 인간의 근본문제는 자본주의적 생산양식에서는 어떠한 형태를 취하는가? 그 형태는 새로운 우연적 사건을 초래하는 것은 아닐까 하는 것이야말로 맑스의 주요한 문제다.

자본주의적 생산양식에서의 예측 불가능한 사태·우연적 사건에 대한 대응 형태에는 화폐·잉여생산물·보험*·신용* 등이 있다. 화폐의 저축은 생산적 소비·개인적 소비의 유예형태이다. 화폐는 그 유예의 일반적 현실태이다. 화폐에는 현재와 미래의 다양한 생산물이 대응하고 있다. 다양한 생산물 중에서 원하는 것을 임의로 손에 넣을 수 있는 지배력으로 인해 화폐는 모든 인간이 추구하는 대상이 된다. 생산물의 상품화가 잉여생산물을 뛰어넘어 상품이 생산물의 지배적인 규정적 성격이 될 때, 필요생산물(노동력의 재생산재)도 상품화하고 노동자는 자유로운 임금노동자*로서만 나타나게 된다[25b:1124]. 그 때 화폐는 유통과정으로부터 발을 빼는 것(저축)이 아니라 유통에 머물러 잉여생산물을 잉여가치로 전화=증식하여 자본으로 생성한다. 이제 화폐는 자본주의적 생산의 무정부성·우연적 사건에 대응하는 형태인 동시에 자기 증식하는 가치의 집약적 실존형태이다. 인간의 공존권역(Gemeinwesen)은 자연재해 · 전쟁 등의 예측 불가능한 재난에 대비해 "공동의 비축, 말하자면 보험"[초2:121]을 위해 잉여를 생산해야만 한다. 재생산의 불균형에 대비하기 위해 잉여생산물로 조정한다[24:578]. 자본주의적 생산에서는 비축 · 재생산 조정용 잉여 · 생활향상 기초자금이 대부분 자본축적의 형태를 취하고 일부는 임금노동자의 "잉여노동"[초2:63]의 저축형태를 취한다. 자본주의적 생산의 과정들은 우연적 사건의 충격을 흡수할 목적에서 분리되는 동시에 결합해야 할 상태에 놓여 있다. 그 때문에 "생산의 총과정을 구성하는 다양한 과정의 연속성이 만들어질지의 여부는 우연적인 것으로서 나타난다"[같은 책:209-210]. 소비과정을 포함하는 과정들의 예측 불가능한 불연속성에 대응하기 위해 개별자본은 내부조직에 구매, 생산, 광고 선전 · 판매, 재고(반제품 · 완성품), 자금관리 · 자금조달(신용), 각종 보험, 기술관리 · (맑스가 비용 제로로 본) 기술개발 등으로 완충장치를 설치한다.

맑스는 개별자본의 내부 환경은 완전히 계획할 수 있는 영역, 외부는 무정부적인 영역으로 양분했는데, 내부조직에도 예상치 못한 우연한 사건이 발생한다. 내외 양측의 예상치 못한 사태에 대응하여 문제를 조속히 해결하는 능력 · 장치를 마련하는 것이 개별자본의 불가피한 과제다. 화폐는 완충수단이면서 화폐자본 순환을 그리는 주체가 되어 상품자본 순환으로부터 자립하고 투기자금이 되어 물적 재생산과정의 탄력성의 한계 지점까지 불균형을 확대한다[25a:562]. "전체 신용제도나 이와 결부된 과잉거래, 과도투기 등은 유통의 제한 및 교통권역의 제한을 확대하여 뛰어넘을 수밖에 없는 필연성에 의거하고 있다"[초2:28]. 신용은 우연성의 리스크를 축소하기도 하고 확대하기도 한다. 총자본은 개개의 자본에서 발생하는 우연을 관철하는 평균화 작용을 통해 재생산을 실현 가능한 규모로 수정한다. 그 경우 평균이윤은 "생산 일반의 조정기"[25b:1004]가 된다. 총자본은 평균 이하의 자본과 노동을 진부화=감가하여 사회적으로 도태시키고 시스템 전체의 존속 조건을 확보한다. 상품 · 자본 · 노동인구의 잉여화는 자본가와 노동자를 경쟁으로 내몰고 좀 더 높은 자본 합리성을 지닌 산업분야를 개발시켜 자본과 노동을 투입시키는 총자본의 완충장치다. 이와 같이 『자본』은 현대 경제의 중요한 논점에 시사적인 시각과 개념을 포함하고 있다. ☞「『자본』 초고」, 자본주의, 시장, 보험, 자유시간, 케틀레, 『경제학 · 철학 초고』

㊟ 平田清明, 『經濟學と歷史認識』, 岩波書店, 1971. 廣松涉 編, 『資本論を一物象化論を視軸にして一讀む』, 岩波書店, 1986. 『資本論體系』, 全10卷(11冊), 有斐閣. M. C. ハウード/J. E. キング(振津染純雄 譯), 『マルクス經濟學の歷史』, ナカニシヤ出版, (上)1997, (下)1998.

—우치다 히로시(內田 弘)

자본수출 資本輸出 [(독) Kapitalexport]

【Ⅰ】 맑스와 동시대의 자본수출

산업자본주의 시대의 자본수출은 나폴레옹 전쟁* 후에 네덜란드를 대신해 대두한 영국이, 나아가 1850년대부터 채권국으로 발돋움하기 시작한 프랑스 등이 담당했는데, 특히 영국의 자본수출의 규모와 효과는 주목할 만하다. 영국의 자본*은 영구공채나 국내 장기대부 이자보다 높은 명목이자율을 가지고서 머천트뱅크 등에 의해 런던*에서 발행된 해외 이자부증권에 투자하는 형태로 수출되었지만, 투자 잔고는 1850년대에는 국민소득의 50%를 넘고, 산업자본주의 시대의 마지막인 1871년에는 80% 이상이 되었다. 국민소득비로 본 19세기 후반의 영국 장기 재외자산은 1990년의 일본과 미국, 독일의 그것을 능가하고 있었던 것이다. 투자의 대부분은 인프라스트럭처, 특히 철도 건설에서 이루어지며, 영국의 철과 섬유제품의 시장*을 인도, 아메리카대륙, 해외식민지 등으로 외연적으로 확장하는 효과를 지니고 있었다. 또한 이와 같은 영국 재외자산의 축적은 산업자본주의 확립기에 이미 재화와 서비스의 무역수지 흑자를 훨씬 상회하는 이자 · 배당수지 흑자를 낳았다.

【Ⅱ】 고전파와 맑스의 공통 인식

맑스는 생전에 간행된 저작들에서 자본수출에 대해 체계적으로 서술할 기회를 갖지 못했다. 하지만 남아 있는 초고는 그가 한편으로 고전파 경제학*의 자본수출론과 공통된 인식을 명확히 지니고 있었음을 보여준다. 첫째로 스미스*[『국부론』 제1편 제9장, 제4편 제7장], 리카도*[1819년 12월 24일 하원 연설], J. S. 밀*[『경제학 원리』, 제3부 제3편 제14-15장]은 이윤율의 차이에 따라 자본이 국제적으로 이동하는 것을 명확히 인식하고 있었는데, 동일한 것을 맑스도 『직접적 생산과정의 결과들』의 '총생산물과 순생산물'[MEGA Ⅱ/4. 1:117-119]이나 『자본』* 제3권 제3편 제14-15장[25a:298-299] 등에서 언급하고 있다. 둘째로 고전파 중에서도 영국 자본수출의 발전을 지배적인 사실로서 이론화를 시도한 밀은 고이자율을 추구하는 자본수출 자체와 그에 의해 새로운 시장 등이 개척되는 데 기초하여 자본축적*에 수반되는 이윤율의 저하를 저지하는 효과가 있다는 것을 언급했는데[『경제학 원리』, 제4편 제4장], 맑스도 마찬가지의 인식을 『자본』[25a:297-301]이나 「다니엘손에게 보내는 1879년 4월 10일자 서간」[34:299-300] 등에서 명확히 밝히고 있다.

【Ⅲ】 맑스의 이윤론과 자본수출

고전파 경제학은 자본축적의 결과 이윤율이 저하하고 결국 사회는 정지 상태에 이르게 된다고 전망하고, 그런 맥락에서 이윤율의 국제적 차이를 계기로 하는 자본수출을 고찰하고 있었다. 그러나 이윤율 저하의 원인과 이윤율 저하나 자본수출과 사회발전의 관계에 대해서는 의견을 달리 하고 있었다. 스미스는 자본량 증대가 경쟁을 격화시켜 이윤율 저하를 초래하지만, 화폐적 축적이 정체함에 따라 산업적 축적은 추진되는 것으로 보고 이윤율 저하를 낙관적으로 바라보았다. 리카도는 곡물임금 상승이 이윤율 저하를 가져와 사회의 정체를 초래한다며 비관적으로 바라보고 사회진보의 원인인 자본을 수출하는 것에 부정적인 태도를 취했지만, 다른 한편으로 '세이의 법칙'에 입각해 자본이 일국에서 과잉이 되는 일은 없다는 입장에서 스미스를 비판했다. 밀은 이윤율 저하의 원인에 대해서는 리카도와 거의 동일한 인식을 가지면서도 과잉이 된 자본은 '상업적 반동'(공황*)이나 자본수출에 의해 제거되고 게다가 자본수출은 외국시장을 확대하여 축적에 자극을 준다고 주장했다.

맑스의 이윤율 저하론의 구성은 형식적으로는 밀의 그것과 매우 가깝다. 하지만 맑스는 고전파 비판을 통해 확립한 잉여가치론 위에서 이윤율을 전개하려고 시도하고, 이윤율 저하의 원인을 생산력 발전에 따른 자본의 유기적 구성*(가치적으로 본 자본－노동비율)의 상승에서 찾는 동시에 거기서 자본축적에 내재하는 모순・긴장을 보았다. 그에 의하면 수출되는 자본은 리카도가 의미하는 바와 같이 국내에서 절대적으로 사용할 수 없기 때문에 과잉이 되는 것은 아니다. 하지만 자본은 외국에서 좀 더 높은 이윤율로 사용될 수 있다고 한다면 국내의 투하부문이 있거나 실업*이 있다 하더라도 외국으로 수출되는 것이며, 그런 의미에서 과잉이라고 말할 수 있는 것이다. 이는 밀의 견해에 가깝다고 할 수도 있겠지만, 맑스는 밀이나 동시대의 고전파가 한편으로 '세이의 법칙'을 승인하여 '상품의 과잉'을 부정하면서도 '자본과잉・과다'를 인정하는 절충론을 강하게 비판했던 것이다[초6:698-701]. 맑스는 '세이의 법칙'을 비판하는 동시에 금융・자본시장 특유의 현상과 당시 생각되었던 '자본과잉'이 '상품의 과잉'과 관련되어 있다는 것도 전망하고 있었던 것이다[『자본』, 제3권 제5편, 25a:315, 321-323]. 이 점은 케인즈에 의해 훗날 따로 정식화되었다. 맑스는 비록 미완성이긴 하지만 고전파를 넘어서는 이윤론, 자본수출론의 데생을 그리고 있었던 것이다. ☞자본축적, 자본의 유기적 구성, 고전경제학, 스미스, 리카도, 밀, 세이, 이윤

참 C. K. ホブソン(楊井克巳 譯), 『資本輸出論』, 日本評論社, 1968. P. L. コトレル(西村閑也 譯), 『イギリスの海外投資』, 早稲田大學出版部, 1992. L. H. Jenks, *The Migration of British Capital to 1875*, New York/London, Alfred. A. Knopf, 1927. 佐々木隆生, 『國際資本移動の政治經濟學』, 藤原書店, 1994.

－사사키 다카오(佐々木隆生)

자본의 문명화 작용 資本—文明化作用

자본주의적 생산양식의 역사적 사명을 특징짓는 용어. 자본주의적 생산양식은 단순한 착취*의 제도가 아니다. 문명의 보급이나 생활의 세련을 발판으로 소비욕망을 높여 국내시장을 확대할 뿐만 아니라 세계시장*을 창조하여 새로운 소비욕망을 상품형태로 개발하고 보급함으로써 착취하는 시스템을 구축한다.

【Ⅰ】 자본의 본질 규정으로서의 문명화 작용

맑스는 1851년의 런던 만국박람회*로 대표되는 1850년대의 영국 자본주의*의 강력한 약진을 직시하고 『요강』*에 "자본*의 단순한 개념 속에 즉자적으로 그 문명화를 행하는 경향이 포함되어 있어야만 한다"[초2:26]고 쓴다. 자본은 문명화 작용을 통해 자기를 전개하는 본질적인 특징을 지닌다. 자본의 문명화 작용은 국경을 넘어선 곳에서 비로소 시작되는 것이 아니다. 자본은 우선 그 모국을 문명화하여(civilise) 시민사회*(civil society)를 만들어내고 자본에 있어 과잉화한 부를 외국으로 수출한다. "대외무역의 문명화 작용"[초1:298] · "세계시장 창조 경향"[초2:15]에 의해 자본의 문명을 보급한다. 자본 그 자체를 수출하여 "자본의 위대한 문명화 작용(the great civilising influence of capital)"[같은 책:18]을 전 지구적인 규모로 보급한다.

첫째로 상품경제를 알지 못하는 지역에 상품경제를 보급한다. "자본주의적 세계무역이 중국인이나 인도인, 아랍인 등과 같은 민족들에게 끼친 최초의 영향처럼"[24:49], 자본은 과잉생산물만을 상품교환하는 생산형태를 자본에 적응시키기 위해 (온존하는 것이 아니라) 변용시키면서 그것과 교역한다. 자본주의적 생산양식은 교역관계에서 자본에 선행하는 생산양식*에 접합하고 노예제 생산양식 · 라이오트 생산양식 · 농노제 생산양식 · 반(半)미개사회의 생산양식 등 "매우 다양한 사회적 생산양식"[같은 책:135]과 접합한다. 상품*은 뛰어난 접합 가능태이다. 자본에 이용될 수 있는 상품이라면 어떠한 생산형태 하에서 생산되었는가는 문제가 되지 않는다.

그러나 둘째로 자본과 교역하는 지역에 자본주의적 생산양식이 뿌리를 내리기 시작하면 그 지역의 "자본에 선행하는 생산 단계들은 …… {자본에 있어서} 속박이 되고"[초2:27], 자본은 그것을 파괴하여 자본주의적 생산양식을 보급한다. 자본에 필요하고 수입 가능한 것이라면 무엇이든 수입하고 자국에서의 생산을 멈춘다. 가공제품을 수출하고 가공용 원료나 증가하는 공업노동자 인구를 위한 식료를 수입한다.

맑스는 19세기 영국 자본주의의 가공무역 구조를 단적으로 파악하고 있다[보권1:126]. 맑스는 상품경제가 보급되면 자본주의적 생산양식으로 전화한다고 전망했는데, 영국의 인도 지배의 경우 인도는 자본주의적 생산양식이 쉽사리 일어나지 못할 정도로 파멸적으로 수탈당했다. 자본의 문명화 작용은 일직선이자 단기적으로 전개되지 않으며, 자본주의적 생산양식에 접합된 지역의 내부에서 어떠한 생산양식이 생성할지는 일률적인 것이 아니다.

【Ⅱ】 사치와 노동

자본주의적 생산이 모국의 시민사회에서 절대적 잉여가치 단계(매뉴팩처*)로부터 상대적 잉여가치 단계(기계제 대공업*)로 나아가듯이, 자본은 대외적으로도 우선 자본에 선행하는 생산양식과 접하는 교환점을 좀 더 많이 만들고 그것을 확대한다. 자본주의적 생산양식은 두드러지게 생산력적인 시스템이며, 그 발전은 새로운 소비욕망을 개발하여 그에 부응한다. 다면적 소비는 다면적인 소비능력과 고도의 세련을 필요로 하기 때문에 '욕망의 체계'가 시민사회에서도 대외지역에서도 개발된다. 그리고 "자연*과 인간*의 성질들을 일반적으로 개발하는 체계 · 일반적인 효용성의 체계"와 "전반적인 노동의 창조"[초2:17]가 결합하여 전개된다. "기관차 · 철도 · 전신 · 뮬 방적기"[같은 책:492]라는 영국 자본주의의 문명품은 국내를 문명화할 뿐만 아니라 유럽 · 북중남 아메리카 · 중동 · 아프리카 · 인도 · 중국을, 따라서 지구 전체를 영국을 위한 세계로 변화시킨다. 그것들은 "인간의 노동의 산물"이며 "자연을 지배하는 인간 의지*의 기관으로, 혹은 자연에서의 인간 의지의 실증 기관으로 전화된 천연재료"[같은 곳]이다.

맑스는 이미 『경제학 · 철학 <제3> 초고』에서 국민경제*의 분열을 반영하여 국민경제학이 "노동과 금욕의 경제학"과 "사치와 낭비의 경제학"으로 분열되어 있다고 지적했다. 이 모순은 자본의 모국의 문명화뿐만 아니라 대외지역의 문명화에서도 나타난다. '설탕붐'으로 아프리카에서 이입된 흑인노예는 해방*되어 생활에 필요한 물건을 손에 넣을 수 있게 되면 더 이상 일하고자 하지 않는다. 이렇게 한탄하는 서인도의 농장주는 자본주의적 세계시장에서 자본가의 변종(Anomalie)으로 규정되지만[초2:174], 그들은 흑인노예제 부활을 주창하여 몰락을 피하려고 하면서[초1:399], 자기의 지위를 표현하는 품격 있는 생활(respectability)에 사치를 부린다.

【Ⅲ】 문명화 작용론의 계보

"대외무역의 **문명화 작용**이라 불리는 것"[초1:298]이라고 맑스 자신이 말하듯이 문명화 작용론은 맑스의 독창적인 것이 아니다. 이미 A. 스미스*가 『국부론』 제4편 제7장에서 아메리카대륙 발견・인도항로 발견 이래로 인도의 아편재배가 초래하는 기아 등의 비참한 상황을 수반하면서도 서구 문명사회가 무역을 통해 문명을 보급하여 결국 인류에게 대등한 관계가 구축될 것으로 예견하고 있다. D. 리카도*도 『경제학 및 과세의 원리』 제7장에서 "완전한 자유무역제도 하에서는 …… 노동*은 생산물들의 총량을 증가시킴으로써 일반적 이익을 보급하고, 이해(利害)와 교통이라는 하나의 공통된 유대에 의해 문명화된 세계를 통해 각 국민들을 보편적인 사회로 결합한다"고 전망하고 있었다.

맑스는 그 기술에 주목하여 「헤겔 법철학 비판 서설」*(1844), 「자유무역 문제에 대한 연설」(1848), 『공산당 선언』*(1848), 「리카도 경제학 노트」(1851) 등을 통해 **모순을 수반하는** 자본의 문명화 작용의 역사적 사명을 통찰하고 있다. 『요강』이나 『자본』*에서의 자본의 문명화 작용론은 그것들을 바탕으로 한 논의다.

현대에서는 자본의 문명화 작용을 식민지 지배의 형태로 경험한 여러 민족들이 자립하기 시작하면서 식민지 지배 이후의(포스트 콜로니얼) 문명들의 대등한 교류가 모색되고 있다. ☞외국무역, 세계시장, 영국자본주의, 시민사회

㉗ 望月清司, 「資本の文明化作用—『資本の文明化作用』を巡って」, 『經濟學論集』(東京大學), 第49卷 第3号, 1983. 入江節次郎 編著, 『世界經濟史—世界資本主義とパクス・ブリタニカ』, ミネルヴァ書房, 1997. 大沼保昭, 『人權, 國家, 文明』, 筑摩書房, 1998.

—우치다 히로시(内田 弘)

자본의 순환 資本—循環 [(독) Kreislauf des Kapitals]

자본순환론은 현행 『자본』* 제2권 제1편의 주제를 이룬다. 이 부분은 맑스의 초고를 엥겔스*가 편집한 것인데, 그 집필 시기는 1864년부터 1881년까지의 긴 기간에 걸쳐 있다. 이러한 긴 세월은 동일한 주제가 지속적으로 추구되었다 하더라도 그 사이에 주안점이나 자리매김의 변경을 가져오기에 충분할 것이다. 어쨌든 맑스가 말년까지 병마와 싸우면서 집필을 계속한 초고 가운데 하나가 자본순환론이라는 점은 유의해 둘 필요가 있다.

【Ⅰ】 형태변화와 순환

자본*이란 단순한 사물이 아니다. 그것은 노동*과 소유의 분리를 내용으로 하는 역사적으로 독자적인 사회관계이다. 게다가 이 사회관계는 자본의 특유한 형태운동을 통해 재생산*된다. 맑스는 『자본』 제2권 제1편에서 이 형태운동을 자본의 '형태변화(Metamorphose)'와 '순환'이라 명명하고 다음과 같이 세 가지 측면으로 나누어 분석한다(그림 1).

[그림 1]

① 화폐자본 순환	G－W…P…W′－G′ (G…G′)
② 생산자본 순환	P…W′－G′－W…P (P…P)
③ 상품자본 순환	W′－G′－W…P…W′ (W′…W′)

이 세 가지 순환형태는 모두 다음과 같은 점에서 공통적이다. 첫째로 자본은 화폐자본 G・생산자본 P・상품자본 W′로 모습을 바꾸면서 자기 증식하는 가치*의 운동체이다. 맑스는 이 운동의 특질을 '자본의 형태변화'라는 생물학 용어로 설명한다. 이것은 곤충

이 번데기에서 나비로 크게 모습을 바꾸는 것과 같은 유기체의 생리(économie)를 의미한다. 자본의 운동은 이런 의미에서의 형태변화라고 하기에 걸맞다. 예를 들어 화폐자본 순환에서 최초의 G－W는 기업이 노동자를 고용하고 생산수단을 구입한다고 하는 일반적인 사항인데, 맑스는 이를 화폐형태에서 생산형태로의 자본가치의 형태변화라고 말한다. 노동력이나 기계* 그 자체는 자본이 아니지만, 자본순환 과정에서 그것들은 자본가치의 담지자로서만 기능하게 되기 때문이다. 둘째로 이 운동은 항상 최초의 모습으로 복귀하는 원환운동을 이루고 있다. 맑스는 이 운동을 '순환(Kreislauf)'이라는 개념으로 파악한다. 순환이란 단순히 흐름(flow)이 아니다. 그것은 시간의 경과와 함께 같은 상태로 복귀한다는 의미에서의 원환운동, 더구나 과정*의 귀결에서는 과정의 전제가 재생산되는 자기회귀적 운동이다.

【Ⅱ】 자본순환의 세 가지 형태

이와 같이 자기 증식하는 가치로서의 자본은 유통과정과 생산과정의 각 단계에서 세 가지 모습으로 자신을 변환하면서, 게다가 언제나 출발점으로 복귀하여 동일한 운동을 반복한다. 따라서 이 순환적 형태변화의 과정은 어떤 것을 순환운동의 출발점으로 하는가에 따라 상이한 세 가지 양상을 드러낸다. 첫째로 출발점과 종점이 모두 화폐*인 경우, 이 운동은 화폐자본의 순환 G…G′가 된다. 이 자본순환은 자본의 일반적 본성을 단적으로 보여주는 운동 형태라 할 수 있다. 순환의 목적은 가치증식(G′>G) 이외에는 있을 수 없기 때문이다. 따라서 화폐자본순환의 시각에서 자본을 파악하게 되면 증가된 가치를 낳는 것은 모두 자본으로 간주된다. 중상주의의 자본관이 그러했다. 둘째로 생산과정을 시작점으로 하여 자본순환을 이해하게 되면 생산자본의 순환 P…P가 된다. 순환은 생산과정에서 시작하고 가치생산물의 유통과정(W′－G′－W)에 매개되어 다시 생산으로 복귀한다. 따라서 가치증식은 생산과정에 근거지어지고 생산의 연속성이야말로 자본순환의 기초라는 사실이 명확해진다. 그러나 재생산으로서의 경제순환은 인간*과 자연*의 물질대사*로서의 인류사적 과정이다. 따라서 생산자본순환의 시각에서는 재생산의 자본주의적 형태를 인류사의 자연적인 질서로 간주하게 된다. 고전경제학*의 입장이 그러하다. 셋째로 상품자본을 출발점으로 하게 되면 자본순환은 상품자본의 순환 W′…W′로서 파악된다. 이 순환에서는 상품자본의 유통과정(W′－G′－W)과 생산과정(P)이 서로 의존하고 상호 전제하고 있다. 생산과정이 유통과정을 매개하는 G…G′와 역으로 유통과정이 생산과정을 매개하는 P…P는 대조적이다. 요컨대 W′…W′에서는 출발점에서의 가치생산물 W′의 사회적 유통(자본가치의 유통 W－G－W와 잉여가치*의 유통 w－g－w)이 생산과정을 준비한다고 한다면, 그 생산과정의 귀결에서는 출발점과 동일한 가치생산물이 재생산된다. 따라서 상품자본순환 시각은 사회적 생산관계들과 질료적 생산관계의 재생산을 분석하는 데 도움이 된다. 케네의 경제표는 이러한 분석 시각을 개척했다. 하지만 이 시각을 일면적으로 고정화하게 되면 생산과정의 모든 요소가 유통과정에서 유래하게 되어 시장*의 외부에 경제는 존재하지 않게 된다. 자본순환은 이상의 세 가지 순환형태에서 복합적으로 고찰되어야 한다. 산업자본의 현실적 순환은 이들 세 가지 순환의 통일이기 때문이다.

【Ⅲ】 세 가지 순환의 통일

산업자본에서의 세 가지 순환의 통일은 다음과 같은 구조를 이루고 있다. 현실에서 기능하고 있는 산업자본의 단면도(그림 2)를 작성해 보자.

[그림 2]

시간적 계기	t_1	t_2	t_3	t_4	t_5
공간	G_1-G_1	G_2-W_2 $\cdots P_1 \cdots$	G_3-W_3 $\cdots P_2 \cdots$ $W'-G'$	G_1-W_1 $\cdots P_3 \cdots$ $W'_2-G'_2$	G_2-W_2 $\cdots P_1 \cdots$ $W'_3-G'_3$

예를 들어 자본가치의 어느 한 부분이 화폐자본(G_3-W_3)으로서 기능하고 있는 t_3 시점에서는, 다른 자본가치 부분은 생산자본(P_2)으로서 혹은 상품자본(W'_1－

G'_1)으로서 기능하고 있다. 자본가치의 어느 한 부분이 G…G′을 시작할 때 다른 부분은 P…P순환을, 혹은 W′…W′순환을 시작한다. 적정한 비율로 셋으로 분할된 자본가치는 서로 적정한 시간적 차이를 유지하면서 상대적으로 자립한 세 가지 순환운동을 나타내고 있는데, 그것들은 총체로서의 자본을 내부 편성하는 세 가지 구성 계기를 이루고 있고, 그에 따라 총체로서의 자본은 언제나 동일한 구성을 유지하고 있다. 현실에서 기능하고 있는 산업자본은 세 가지 자본가치 부분이 일정한 리듬으로 순환하는 통일적 운동체를 이룬다. 이와 같이 산업자본은 세 가지 순환의 통합으로서 운동함으로써 인간과 자연의 사회적 물질대사를 형태적으로 매개한다. 그런 까닭에 이 사회적 물질대사의 형태적 특질을 분석하는 자본의 형태학은 자본이 주체로서 군림하는 근대 시민사회의 비판적 자기이해에 있어서 빼놓을 수 없는 이론 장치다. ☞화폐, 자본, 『자본』, 「『자본』 초고」

㊟ 平田清明, 『コンメンタール「資本」3』, 日本評論社, 1982. 佐々木政憲, 「資本の姿態變換とその循環—過程する資本價値の形態形成」, 『經濟原論』 수록, 靑林書院新社, 1983. 富塚良三・柴田信也, 「資本の姿態變換とその循環」, 『資本論體系 第4卷』 수록, 有斐閣, 1985.

—사사키 마사노리(佐々木政憲)

자본의 신비화 資本―神秘化 [(독) Mystifikation des Kapitals]

자본의 신비화란 일반적으로 자본*의 본질이 사회적 관계들(자본・임금노동 관계)을 표시하는 것임에도 불구하고 사회적 관계들이 물상(Sache) 그 자체의 속성들로 전화하여 사물의 내적 관련이나 본질을 은폐해버리는 사태를 가리킨다. 그런 까닭에 자본의 신비화 과정*은 물화* 과정과 축을 같이한다.

속류경제학*이 자본주의적 생산의 표면적인 외관을 반영하는 생산 당사자의 관념이나 동기를 단순히 번역하고 외관적 현존재의 내적 관련이나 매개적 중간항을 무시한 데 반해, 『자본』*으로 열매를 맺는 맑스의 정치경제학 비판*은 표상에 수렴된 구체적인 것의 단편들을 고전파 경제학*의 비판적 성찰에 의해 추출한 본질적인 것(가치*=잉여가치*)과의 내적 관련 및 가치와 사용가치의 양자 투쟁적인 파악에서 탐구하면서 이를테면 개념적 파악을 축적시켜가며 상향법적으로 전개된 것이다. 그런 까닭에 맑스의 전개방법은 경제학적 범주들을 무개념적으로 서술하는 "속류들의 종교"[초 7:404]를 비판*하는 의도를 아울러 지니고 있다.

그런데 자본제적 생산의 내적 법칙이 각각의 생산 당사자에게 어떠한 자태로 관념되고 동기지어져 가는가 하는 문제들이 '자본 일반'의 정치경제학 비판 체계에 도입되어 가는 것은, 사용가치의 계기가 역동적으로 도입되는 '23권의 노트'(1860-63)부터다. 하지만 동시에 그것은 '경쟁*'의 강제적 법칙이 관철되는 영역에서 전개되기 때문에 '자본들'이 '자본 일반'으로의 부분적인 포섭 시기와 조응하고 있다(노트 xv, '수입과 그 원천들'에서 일정한 도달점을 볼 수 있다[초7:404 이하]). 『직접적 생산과정의 결과들』[MEGA Ⅱ/4.1:24-130]에서도 맑스는 고정자본의 사용가치가 산출하는 방대한 생산력에 주목하여 "불변자본가치의 절대적인 증대 하에서의 불변자본*의 상대적인 저렴화"는 "공동적인 노동 조건들의 경제적인 사용에 의해" 이윤*을 높이지만 그것들은 "자본가의 직접적인 행위나 의도로서 나타난다"[MEGA Ⅱ/4.1:120-121]라며 자본의 신비화 과정을 '사용가치'와 관련시키고 있는 점에 유의할 필요가 있다. 이를테면 "노동*의 사회적인 자연력은 가치증식 과정 그 자체에서가 아니라 현실의 노동과정에서 발전한다. 바로 그렇기 때문에 그것은 사물로서의 자본에 구비된 속성들로서 자본의 사용가치로서 나타나는 것이다"[같은 책:137-138].

사회적 관계들과 역사 관통적인 질료적 형태의 합성에 의해 산출되는 자본의 신비화 과정은 잉여가치의 분지 형태들을 전개하는 『자본』 제3부의 기본 테마가 된다. 즉 학지적(學知的) 분석에 의해 석출된 잉여가치에서는 그것이 부불(不拂)노동을 표시함으로써 자본과 임금노동의 (적대적인) 사회적 관계가 명시되는데, 개개의 생산 당사자에게는 비용가격의 초과분으로서 '질료적 형태'(=사용가치)로서의 생산수단과 관련되어 이윤이라는 표상을 받아들여 신비화된다. 여기서는 잉여가치와 이윤은 형태적 차이에 지나지 않고 양적으로는 아직 대등하다. 그러나 이윤의 평균이윤으로의 전화에 의한 투하자본액에 따른 이윤배분에서는 각각의 개별 자본이 생산한 잉여가치와는 형태적으로뿐만 아니라 양적으로도 다르며 자본의 신비화는 한층 더 진전한다. 나아가 상업이윤은 잉여노동*에 그 원천을 가짐에도 불구하고 생산과정과는 무관하게 발생하는 것 같은 가상(假象)이 생기고, 또한 이자 낳는 자본*에서 이자는 생산과정이나 유통과정에 관련된 기능자본과는 무관하게 사물로서의 자본 그 자체에서 산출되는 것 같은 착각을 준다. 마지막으로 지대*는 잉여가치의 하나의 분지라는 관계가 완전히 상실되고 토지라는 질료적 형태(=사용가치)에서 산출되기라도 하는 것 같은 가상이 성립하여 사회적 관계들의 신비화가 완성된다. 노동−노임, 자본−이자(이윤), 토지−지대라는 삼위일체 정식('가상의 형태들')은 이러한 신비화 과정의 완성 형태로서 『자본』의 권말 가까이에 자리매김되어 있다. 그러나 신비화 과정은 동시에 자본주의*의 구체적인 측면의 전개 서술과 평행되어 있으며, 그런 의미에서 『자본』은 정치경제학 비판이라는 성격을 지니는 동시에 자본주의의 경제적 기본구조의 체계적 전개를 통해 장래 사회의 주체적·객체적인 형성 요인을 검출한다는 작업을 수반하고 있는 점에 유의할 필요가 있다. ☞소외, 물화, 『자본』, 「『자본』 초고」, 잉여노동, 이윤, 이자 낳는 자본, 지대, 기능자본가

㊟ 廣松涉, 『廣松涉著作集』, 8, 12, 13巻, 岩波書店, 1996. 廣松涉 編著, 『資本論を一物象化を視軸にして一讀む』, 岩波書店, 1986. 平子友長, 「マルクス經濟學批判の方法と弁証法」, 『唯物論』, 第8号, 1977.

−니시무라 히로시(西村 弘)

자본의 유기적 구성 資本—有機的構成 [(독) organische Zusammensetzung des Kapitals (영) organic composition of capital]

자본의 유기적 구성(이하 유기적 구성)은 자본주의적 시스템의 장기적 경향 법칙을 확정하는 기축적인 개념이다. 맑스는 『자본』* 제1권 제7편 제23장 서두에서 이 유기적 구성에 대해 개념 규정을 하고 있다. 생산수단 투입계수 a, 노동 투입계수 L, 총생산량 X, 실질임금률 w, 가치 Λ, 잉여가치율 e, 생산수단 부문 Ⅰ, 소비수단 부문 Ⅱ로 표기하고 다음과 같은 자본주의적 생산의 2부문 가치체계,

Ⅰ $\Lambda_{\mathrm{I}} X_{\mathrm{I}} = (\Lambda_{\mathrm{I}} a_{\mathrm{I}} + \Lambda_{\mathrm{II}} wL_{\mathrm{I}} + \Lambda_{\mathrm{II}} ewL_{\mathrm{I}}) X_{\mathrm{I}}$

Ⅱ $\Lambda_{\mathrm{II}} X_{\mathrm{II}} = (\Lambda_{\mathrm{I}} a_{\mathrm{II}} + \Lambda_{\mathrm{II}} wL_{\mathrm{II}} + \Lambda_{\mathrm{II}} ewL_{\mathrm{II}}) X_{\mathrm{II}}$

를 가정한 경우에 유기적 구성 h_i는,

$h_i = (a_i/L_i) \cdot (1/w) \cdot (\Lambda_{\mathrm{I}}/\Lambda_{\mathrm{II}}),\ i = \mathrm{I},\ \mathrm{II}$

로 주어진다. h_i는 불변자본*의 가변자본*에 대한 비율을 의미한다. a_i/wL_i는 "자본의 기술적 구성"[23b:799]이다. 유기적 구성은 자본노동비율 a_i/L_i, 상대가치 $Z = \Lambda_{\mathrm{I}}/\Lambda_{\mathrm{II}}$, 실질임금률 w의 세 가지 요인으로 분해된다. 맑스는 노동생산성 증대와 가치증식을 유인으로 한 자본가계급에 의한 자본노동비율의 증대가 자본주의적 생산 시스템의 장기적 변동과정에서 유기적 구성을 고도화한다고 인식했다. 맑스는 생산 공정의 기계화를 의미하는 자본노동비율의 고도화가 유기적 구성의 고도화로 귀착한다고 분석한다. 유기적 구성의 고도화 과정은 『자본』에서 정초된 필연적인 장기적 경향 법칙으로서의 상대적 과잉인구 누적, 이윤율의 경향적 저하 메커니즘을 고찰하는 경우에 결정적으로 중요한 의미를 갖는다.

【Ⅰ】 상대적 과잉인구 누적과 유기적 구성

맑스는 유기적 구성의 고도화에 의해 자본*의 동태 과정 자체가 상대적 과잉인구를 창출한다고 지적했다. 자본 투입량 K, 노동 투입량 N으로 표기하고 유기적 구성 h_i를 총생산량으로 가중한 사회적 유기적 구성 h로 변환하면,

$$h = Z(a_{\mathrm{I}} X_{\mathrm{I}} + a_{\mathrm{II}} X_{\mathrm{II}}) / w(L_{\mathrm{I}} X_{\mathrm{I}} + L_{\mathrm{II}} X_{\mathrm{II}})$$
$$= ZK/wN$$

이 된다. 시간 t를 도입해서 로그를 취하면 사회적 유기적 구성과 노동 투입량 N의 관계는,

$$\log N(t) = \log K(t) - \log h(t) - \log w(t) + \log Z(t)$$

인데, 로그미분법에 의해,

$\dot{N}(t) = \dot{K}(t) - \dot{h}(t) - \dot{w}(t) + \dot{Z}(t)$

가 된다. $\dot{N}(t)<0$이면 상대적 과잉인구 누적의 진행을 의미한다. 그러나 사회적 유기적 구성의 고도화와 상대적 과잉인구 누적의 관계는 단선적이지 않다. 노동투입량 변화율 $\dot{N}(t)$의 동향은 사회적 유기적 구성 고도화율 $\dot{h}(t)$, 실질임금률 변화율 $\dot{w}(t)$, 상대가치 변화율 $\dot{Z}(t)$, 자본 투입량 변화율 $\dot{K}(t)$의 변동 방향 및 변동 수준의 중층적 결과이다.

【Ⅱ】 이윤율의 경향적 저하와 유기적 구성

맑스는 가치*의 생산가격*으로의 전형 절차에 있어서 평균이윤율 r을,

$r = \Lambda_{\mathrm{II}} ewN / (\Lambda_{\mathrm{I}} K + \Lambda_{\mathrm{II}} wN) = e / (1+h)$

로 결정했다(이는 평균이윤율 r이 자본가의 전체 투입[자본투입(생산수단, 불변자본)+노동투입(가변자본)] 대비 잉여가치량으로 정의된다는 것을 의미한다. 참고로 잉여가치량은 잉여가치율(e=s/V)에 노동투입 가치량(V)을 곱한 것과 같다—옮긴이). 맑스는 이러한 평균이윤율의 결정식으로부터 사회적 유기적 구성이 고도화됨으로써 평균이윤율이 저하한다고 결론을 내린다. 그러나 사회적 유기적 구성의 고도화로부터 이윤율의 경향적 저하를 도출하기는 어렵다. 맑스의 평균이윤율 r은 유기적 구성이 불균등할 경우 총비용가격 $\Lambda_{\mathrm{I}} K+\Lambda_{\mathrm{II}} wN$을 생산가격화할 필요가 있기 때문에 평균이윤율 m, 상대생산가격 T, 생산가격 차원의 제Ⅰ부문 유기적 구성 $u=Ta_{\mathrm{I}}/wL_{\mathrm{I}}$, 신기술(+)로 표기하고 부동의 실질임금률 하에서 제Ⅰ부문의 기술만 변동했다고 가정한다. 기술 변동 전의 균형화된 생산가격 체계,

Ⅰ $T = (1+m)(Ta_{\mathrm{I}} + wL_{\mathrm{I}})$

Ⅱ $1 = (1+m)(Ta_{\mathrm{II}} + wL_{\mathrm{II}})$

와 기술 변동 후의 균형화된 생산가격 체계,

Ⅰ $T^{+} = (1+m^{+})(T^{+}a_{\mathrm{I}}^{+} + wL_{\mathrm{I}}^{+})$

Ⅱ $1 = (1+m^{+})(T^{+}a_{\mathrm{II}} + wL_{\mathrm{II}})$

의 평균이윤율비 $R=m/m^{+}$을 검토한다. 균형화되어 있기 때문에 제Ⅰ부문의 물량적 편성에 의해,

$R = (T/T^{+}) \cdot ([1+u^{+}]/[1+u]) \cdot (wL^{+}/wL)$

을 얻는다. $R>1$이면 평균이윤율 저하를 의미하는데, 제Ⅰ부문 유기적 구성 고도화율,

$\dot{u}(t) = \dot{T}(t) + \dot{a}(t) - \dot{w}(t) - \dot{L}(t)$

의 규정인의 동향은 다양하며, 실질임금률의 변동도 포함시키면, $\dot{T}(t)$, $\dot{a}(t)$, $\dot{w}(t)$, $\dot{L}(t)$의 변동 방향과 변동 수준을 특정화하지 않으면 유기적 구성의 고도화 자체로부터 평균이윤율의 변동 방향을 확정할 수 없다.

【Ⅲ】 생산가격과 유기적 구성

유기적 구성이 불균등할 경우 맑스의 가치 차원의 이윤율 r은 보정(補正)을 필요로 하지만, 유기적 구성이 균등하다면 평균이윤율 r의 보정을 필요로 하지 않는다. 가치와 생산가격은 비례하기 때문이다. 이제 $Za_{\mathrm{I}}/wL_{\mathrm{I}}=h_{\mathrm{I}}=h_{\mathrm{II}}=b$로서 유기적 구성의 균등성을 가정한다. 또한 가치 체계와 기술 변동 전의 생산가격 체계가 동일한 물량 편성을 갖는다고 한다. 제Ⅰ부문의 가치 체계에서,

$Z = (1+h+u)wL_{\mathrm{I}}$

을 얻지만, 위의 식과 생산가격 체계에서,

$T = ([1+m]/[1-a_{\mathrm{I}} - ma_{\mathrm{I}}][1+e+b])Z$

가 된다. 따라서 T와 Z는 비례한다. 또한 그런 까닭에 총계일치 2명제(총가치=총생산가격, 총잉여가치=총이윤—옮긴이)는 동시에 성립한다. 이상의 유기적 구성의 균등성에서 유래하는 특성은 n부문 편성에서도 증명 가능하다. ☞가치혁명, 공황, 자본축적, 생산가격, 실업, 불변자본/가변자본, 이윤

참 森嶋通夫(高須賀義博 譯),『マルクスの經濟學—價値と成長の二重の理論』, 東洋經濟新報社, 1974. 置塩信雄,『增訂版 資本制經濟の基礎理論—勞働生産性・利潤率及び實質賃金率の相互關連』, 創文社, 1978. J. E. Roemer, *Analytical Foundations of Marxian Economic Theory*, Cambridge 1981. 中谷武,『價値, 價格と利潤の經濟學』, 勁草書房, 1994.

–다이 다카히코(田井貴彦)

자본의 집적 · 집중 資本—集積・集中 [(독) Konzentration und Zentralisation des Kapitals (불) concentration et centralisation du capital]

자본*의 집적과 집중은 자본축적론의 가장 중요한

테마 가운데 하나다. 맑스는『자본』* 제1권의 자본축적론에서 자본축적*이 노동자계급에 미치는 영향을 '자본가적 축적의 일반적 법칙'으로서 고찰한다. 그 이론 전개를 뒷받침하는 열쇠가 되는 것이 '자본의 유기적 구성*' 및 '자본의 집적과 집중'이라는 개념이다. 하지만 이 '일반적 법칙'의 이론 전개는 독일어 초판(1867), 제2판(1872-73), 프랑스어판(1872-75)에서 현저한 차이를 보이고 있다. '자본의 집적과 집중' 개념도 마찬가지다. 이 가운데 독일어 제2판과 프랑스어판은 시기적으로 겹치지만, 전자에 대해 맑스가 수정할 수 있었던 것은 제3편 '잉여가치율'까지이고 그 이후의 편(특히 '축적에 관한 장들')에 대해서는 프랑스어판을 참조하도록 지시하고 있다. 맑스 · 레닌주의연구소가 최종 텍스트로 간주한 엥겔스 편 제4판(=현행판)은 부분적으로 프랑스어판을 참조하고 있을 뿐이고 게다가 그 기준은 명확하지 않다. 어쨌든 '자본의 집적과 집중' 및 '자본의 유기적 구성' 개념을 기축으로 하는 '자본가적 축적의 일반적 법칙'은『자본』각 판에서 여전히 형성 중에 있었으며, 맑스가 스스로 책임을 짊어질 수 있었던 최후의『자본』은 프랑스어판이라는 사실에 주의해야 한다. 아래의 논의는 프랑스어판에 의거한다(인용은 모두 프랑스어판의 제25장에서).

【Ⅰ】자본축적과 자본의 집적

'자본의 집적'이란 자본축적의 진전에 따라 사회적인 부의 주체적 · 객체적 조건들(노동력과 생활 및 생산수단들)이 개별 자본 아래 사적으로 집적되는 사태로, 맑스는 그것을 "축적의 필연적 귀결로서의 집적"이라고 말한다. 그것은 사적 자본들에 포섭된 노동*의 사회적 생산력을 나타내는 개념이다. 이에 반해 '자본의 집중'은 사적 자본들에서 분산적으로 집적된 "부의 재생산 수단"이 자본들의 합병 · 융합 등을 통해 사회적으로 배분 변경되는 사태를 의미한다. 요컨대 "기존 자본의 단순한 배분의 변경"이다. 중요한 것은 이와 같이 분석적으로 정의된 '자본의 집적 · 집중'이 자본축적의 역동성('자본가적 축적의 일반법칙')을 어떠한 것으로서 제기하는가 하는 점이다.

자본축적이란 "잉여가치*의 자본으로의 재전화"이며 자본관계의 재생산*이다. 하지만 이 과정*은 자본의 단순한 양적 확대인 것이 아니다. 자본축적의 진전은 동시에 생산양식*의 변화를 일으키고 노동의 사회적 생산력을 발전시킨다. 그러나 생산력의 발전은 역으로 자본축적을 촉진하여 다시금 생산양식을 변혁한다. 이러한 상호 촉진적인 과정 속에서 자본의 내적 구성도 변화한다. 맑스는 축적과정에서 발생하는 생산양식의 변혁을 자동식 회전로의 철강 일관 공장을 확립한 철강업 역사에서 추적하고 거기서 "자본의 기술적 구성의 점진적 변화"를 확인한다. 즉 주어진 노동력이 갖추는 생산수단들의 규모가 비약적으로 확대되어 자본의 주체적 요인에 비한 객체적 요인의 비율이 누진적으로 증가하는 것이다. 한 명의 작업자가 다루는 기계*와 원재료의 규모는 수십 년 만에 수백 배로 확대된다. 이러한 자본의 기술적 구성의 변화는 자본의 가치구성에 반영되어 가변자본*에 대한 불변자본*의 누진적 증대로 나타난다. 자본의 유기적 구성의 고도화다. 그러나 이 변화는 자본축적의 속도에 비해 노동수요의 증가속도를 끌어내려 노동 측에 상대적 과잉인구의 중압이 되어 되돌아온다. 이와 같은 축적법칙의 역동성을 매개하는 계기가 자본의 집적과 집중이며 집적의 집중으로의 부단한 전화이다.

노동의 사회적 생산력의 발전은 언제나 협업 · 분업* · 기계제 생산 등의 생산양식의 변혁을 기초로 하지만, 그것은 '임금노동 제도'에서는 "사적 기업가의 수중에 축적되는 자본의 크기"에 의존한다. 즉 생산력의 발전은 직접 생산자가 사회적 부의 공동적 소유로부터 분리되고(노동과 소유의 분리) 이 부가 자본들의 사적 소유로 전화되는 과정에 따라 실현된다. 이 분리와 전화의 과정은 '본원적 축적*'이라 불리는데, "자본가적 생산양식이라는 독자적인 사회적 결합과 기술적 공정의 출발점"이다. 하지만 본원적 축적의 진전이 자본가적 생산양식을 확립한다고 한다면 이번에는 이 생산양식이 사적 기업가의 생산규모를 확대시켜 자본가적 축적을 촉진한다. 개개의 자본은 누진적으로 확대되는 규모로 생산수단을 집적하고 노동자를 지휘한다. 이리하여 노동의 사회적 생산력의 발전은 "사적 기업가의 수중으로의 자본의 축적"에 매개되어 전개된다. 축적이란 무엇보다도 우선 자본에 의한 "사회적 부의 세계의 정복"으로서의 지배=전유과정이다. 이와 같이 맑스는 "사회적 부의 재생산 수단"이 개별적 자본들의 사적 소유로 전화하는 과정을 "축적의 필연적 귀결로서의 집적"이라 부른다. 따라서 자본의 집적이란 무엇보다도 우선 자본의 본원적 축적의 본래적 축적으로의 부단한 전화를 매개한다.

【Ⅱ】 집적의 집중으로의 전화

그런데 "축적의 필연적 귀결로서의 집적"은 서로 경쟁*하는 사적 자본들로의 사회적 자본의 분산이라는 형태로 전개된다. 철강업의 초기 퍼들법(Puddling process)에서는 인력에 의한 교반 작업이라는 생산양식의 기술적 조건으로 인해 실로 수많은 소기업이 경쟁적으로 난립했다. 따라서 분산된 개별 자본은 "집적의 상대적 원점"으로서 기능하고, 집합적 노동의 조직화는 개별적 자본들의 사적 분산을 통한 집적이라는 형태로 전개되었던 것이다. 하지만 축적의 진전은 구식 생산양식을 변혁하고 새로운 기술과 노동편성을 촉진한다. 그 때 자본축적에서는 사회적 자본으로서의 통합력이 작용한다. 그것은 개별적 자본들의 상호흡수라는 작용력이다. 기존의 자본들은 사적 자립성을 포기하고 소수의 대자본으로 전화한다. 구체적으로는 자본들의 합병이나 주식회사의 형성이다. 이러한 통합과정은 축적에 내재하는 것이긴 하지만 개별 자본의 분산적인 '집적운동'과는 다르다. 그것은 "현재 기능하고 있는 자본들의 배분을 변경한다"고 하는 '사회적 축적'의 새로운 운동이며, "축적과 집적으로부터 구별된 본래의 집중"이라고 말할 수 있다. 이 집중에 의해 작업규모와 산업설비는 일거에 확대되고 자본의 유기적 구성은 급속히 고도화된다. 게다가 자본의 집적이 "나선형의 재생산에 의한 자본의 점차적 증대"이기 때문에 "사회적 부의 절대적 증가나 축적의 절대적 한계"에 의해 제한되어 있는 데 반해, 집중은 "사회적 자본의 구성 부분의 양적 배분을 변경"할 뿐이어서 집적의 제한을 극복하고 있다. 집중은 집적의 한계를 지양한 '사회적 축적'의 양식이다. 철도망의 발달이 집중의 위력을 보여준다. 세계의 철도망은 주식회사 방식에 의한 자본 집중에 매개되어 순식간에 확산되었다. 이리하여 집중이 단기간에 대자본을 탄생시킨다고 한다면 다음으로는 대자본이 자본축적을 가속화하여 사회적 생산력을 발전시킨다. 그야말로 자본의 집중은 "사회적 축적의 강력한 동인"이라 할 수 있다. 그렇지만 집적과 집중 모두, 또한 집중이 합병 방식이냐 주식회사 방식이냐에 상관없이 그 경제적 작용은 기본적으로 동일하다. 그것은 "사회적 집합노동의 대규모 조직화", "사회적으로 결합되고 과학적으로 편성된 생산과정의 창출", 요컨대 인간*과 자연*의 사회적 물질대사에 있어서 인간적 능력들의 비약적 발전이다. 그러나 이 인류사적 성과는 자본의 유기적 구성의 고도화라는 형태로 발현함으로써 노동자계급의 운명에 심각한 영향을 준다. 그것은 상대적 과잉인구 창출의 물질적 기초로서 작용하고 임금노동자*를 "자본주의 제도의 인구법칙"에 붙들어 맨다. 맑스의 '자본의 집적과 집중' 이론은 근대 시민사회의 물화*된 계급성에 대한 비판적 자기이해와 사회투쟁의 이론적 무기에 다름 아니다. ☞자본축적, 실업, 인구, 자본의 유기적 구성, 본원적 축적

참 平田清明, 『コンメンタール「資本」2』, 日本評論社, 1981. 野矢テツヲ, 「『資本論』における『集積』についての覺え書き」, 『東京大學經濟論集』, 第39卷 第4号, 1974. 鶴田滿彦, 「＜資本の集積・集中＞概念の檢討」, 『資本論體系3』 수록, 有斐閣, 1985.

—사사키 마사노리(佐々木政憲)

자본의 회전 資本—回轉 [(독) Umschlag des Kapitals]

현행 『자본』*에서는 자본회전론(제2권 제2편)은 자본순환론(제1편)의 구체화로서 전개된다. 하지만 두 편 모두 다듬어지지 않은 초고를 엥겔스*가 편집한 것이고, 게다가 회전론의 집필 시기(1868)는 순환론 대부분의 집필 시기(1877)에 10년 가까이 앞서 있다. 자본회전론은 현행 『자본』에서 가장 미완성된 초고 부분인바, 그에 대한 검토는 『정치경제학 비판 요강』*

이나 「1861-63년 초고」도 참조할 필요가 있다. 이하에서는 『자본』에 입각해 서술한다.

자본의 순환*은 그에 필요한 시간과 주기적 반복성에서 규정될 때 자본의 회전이라 말해진다. 자본의 회전은 회전시간과 회전수(회전속도)를 그 내용으로 한다. 전자는 투하자본이 생산과 유통을 경유해서 출발점으로 복귀하기까지의 시간(생산시간+유통시간)이며, 후자는 이 1회전이 일정기간에 반복되는 횟수다. 양자는 역비례의 관계에 있다. 요컨대 회전시간이 짧으면 회전수는 많아진다. 예를 들면 1년을 기준으로 할 경우 회전시간(u)이 6개월이면 회전수(n)는 2회, 회전시간이 3개월이라면 회전수는 4회가 된다(n=12/u). 이 관계는 투하자본의 효율(수익률)을 측정하는 기준이 된다. 왜냐하면 투하자본량이 같더라도 회전수의 증대(=회전시간의 단축)와 더불어 일정기간에 충용되는 자본량은 증가하고 그로 인해 이윤양이 증가하기 때문이다. 생산과 유통의 효율적 편성에 의한 회전속도의 상승은 자본의 내재적 경향이다.

맑스는 자본의 회전을 화폐자본 순환과 생산자본 순환이라는 관점에 입각하여 분석한다. 상품자본 순환의 경우에는 투하자본이 아니라 이미 증식한 자본*이 출발점인 데 비해, 이 두 가지 순환형태의 경우에는 투하자본 가치로부터 그것으로의 복귀가 표현되어 있기 때문이다. 생산자본 순환의 관점에서 자본의 회전양식을 고찰할 때 유동자본과 고정자본이라는 새로운 자본 범주가 획득된다. 유동자본이란 원재료 등과 같이 생산적 노동에 매개되어 모두 생산물로 변환되는 노동대상을 가리킨다. 이에 비해 고정자본이란 기계*・건물 등의 노동수단을 가리키는데, 이것은 생산과정에 머물면서 계속 기능한다. 이와 같이 생산과정에서의 생산 요소들의 기능이 다르기 때문에 생산자본 가치의 회전양식도 한 가지 모양이 아니다. 유동자본은 1회의 생산에서 생산물로 전면적으로 가치 이전하고 유통과정을 거쳐 회수된다. 다른 한편 고정자본은 그 내구 연수에 따른 수차례의 생산과 유통을 거쳐 부분적으로 가치 이전하여 점차적으로 그 가치*가 회수된다. 따라서 유동・고정이라는 자본 범주는 생산자본 순환에서의 가치의 이전과 유통에 대응한 자본의 규정이다. 그렇다면 생산과정의 주체적 요소인 노동력은 어떨까? 노동력에 투하된 생산자본 부분은 생산과정에서는 새로운 가치증식을 담당하는 가변자본*으로 기능하여 노동대상이나 노동수단 등의 불변자본*과 결정적으로 다르다. 그러나 투하자본가치의 회전양식에서는 이와 같은 차이는 중요하지 않다. 노동력에 투하된 자본과 원재료 등의 노동대상에 투하된 자본은 동일한 생산자본의 두 가지 구성 부분에 지나지 않으며, 생산물에 그 가치를 이전하여 유통과정을 거쳐 회수된다. 따라서 자본의 회전과정에서는 투하자본가치의 회전양식의 차이(유동・고정)와 그에 따른 회전시간 혹은 회전수의 차이야말로 가치증식의 원인으로 현상한다.

이와 같이 고정자본과 유동자본은 그 가치의 회전양식과 기간이 다르기 때문에 그것들을 포함하는 투하총자본의 전체적인 회전의 겨냥도를 이해하기 위해서는 그 자본의 다양한 구성부분의 평균적인 회전을 계산해야만 한다. 이를 위해서는 소재적으로 다른 자본부분을 화폐로 환산하여 회전기간 내지 회전수만을 계산할 필요가 있다. 이 경우에는 화폐자본 순환 G…G′의 관점에서 분석하지 않으면 안 된다. 예를 들어 총자본을 ① 10년 갱신의 건물이나 기계에 1,000만 원, ② 5년 갱신의 도구에 500만 원, 그리고 ③ 500만 원을 임금과 원료(연 2회 회전)로 배분하여 투하한다고 가정해보자. 이 투하 총자본가치 G가 1년간 순환하여 기말에 회수되는 금액(1년간의 가치회전 총액)은 건물・기계 1,000×0.1+도구 500×0.2+임금・원료 500×2=1,200만 원이다. 따라서 투하 총자본 2,000만 원의 회전기간은 약 20개월이 된다. 다른 한편 건물・기계 등의 고정자본이 10년간 갱신되는 사이에 도구・임금・원료 등의 자본가치가 반복해서 회전하고, 더구나 좀 더 큰 가치 G′로서 회수된다. 따라서 한편으로 고정자본의 가치이전을 가속시키고, 다른 한편으로 유동자본을 가능한 한 반복적으로 충용하는 것, 요컨대 투하자본의 총 회전시간을 단축하고 회전속도를 가속시키는 것이 가치증식의 가장 중요한 수단이 된다. 이는 개별

기업에서도 투하자본의 수익률의 기준이 된다.

이리하여 산업자본의 일상적 실천은 투하자본의 효율화를 지향하여 회전시간의 단축(회전속도의 증대)을 시도한다. 그 방법으로서 생산과정의 합리적 편성이나 운수·교통망의 정비 등이 도모된다. 하지만 이러한 시책들은 다시 고정자본의 규모 확대를 초래해 자본의 회전시간을 장기화한다. 그것은 다시 새로운 기술혁신을 촉진하여 사회적 생산력과 교통* 을 발전시킨다. 자본의 회전은 이와 같은 모순으로 가득한 산업자본의 역동적인 경제과정이다. ☞자본의 순환

[참] 平田清明,『コンメンタール「資本」3』, 日本評論社, 1982. 安孫子誠男, 「資本の回轉と再生産ー資本家的交通=再生産樣式の構造形成」,『經濟原論』 수록, 靑林書院新社, 1983. 川鍋正敏, 「資本の回轉」,『資本論體系 第4卷』 수록, 有斐閣, 1985. 宮川彰, 「資本の循環・回轉論の形成,『資本論體係 第4卷』 수록, 有斐閣, 1985.

—사사키 마사노리(佐々木政憲)

자본주의 資本主義 [(독) Kapitalismus (영) capitalism]

자본주의는 인류사적으로 보아 아시아적, 고대노예제적, 중세봉건제적인 경제적 사회구성체에 이어 근대 이후의 세계에 지배적인 경제사회 질서를 이루며, 자유로운 시장경제를 기본으로 하면서 자본*의 지배하에 독자적인 계급사회를 형성한다. 맑스는 이 자본주의로써 계급사회의 역사로서의 인류 전사(前史)가 매듭지어진다고 보고, 사회주의*로의 인간 해방의 전제 조건을 준비하는 것으로서 자본주의 경제의 해명에 몰두하여 자신의 주저 『자본』*을 집필했다.

【Ⅰ】용례

하지만 맑스가 자본주의라는 용어를 처음부터 사용했던 것은 아니다. 오히려 헤겔 법철학에서의 가족, 시민사회*, 국가*라는 트리아데(Triade)에서의 경제적 생활관계들의 총체를 맑스는 당초 부르주아 사회 내지는 부르주아적 생산관계들로서 고찰하고 있었다. 그러나 그의 주저를 『정치경제학 비판 요강』*(1857-58)부터 써 나가는 가운데 근대사회의 경제구성의 지배적 질서를 점차 상품관계에 기초하는 자본의 운동 체계로서 파악해감에 따라 맑스는 부르주아적 생산양식 대신에 자본주의적 생산양식이라는 용어를 사용하게 된다. 그리고 『잉여가치학설사』를 포함하는 주저의 제2초고(1861-63)를 집필하는 가운데 그 표제도 『정치경제학 비판을 위하여』*에서 『자본』으로 바꾸며, 그와 더불어 "자본주의가 발전함에 따라 그와 동일한 정도로 노동*에 대한 수요는, 설령 절대적으로는 증가한다 하더라도 상대적으로는 감소한다"[초6:692-693)와 같은 용례를 보이게 된다. 『자본』에서도 그 고찰 과제를 "자본주의적 생산양식과 이에 대응하는 생산관계 및 교역관계이다"라고 하고, "치부 그 자체가 아니라 향락이 추진 동기로서 작용한다는 전제에 의해서는 자본주의는 이미 그 기초에서 폐지되어 있다"[24:147]와 같은 용례를 보이고 있다. 시게타 스미오(重田澄男)에 따르면 자본주의라는 어휘의 용례는 『잉여가치학설사』와 『자본』을 통틀어 이 두 가지 사례에 그친다. 그렇지만 내용적으로는 부르주아적 생산관계들로서 있던 근대사회의 특징을 맑스는 자본이 지배하는 경제사회 질서로서 좀 더 명확하게 규정하기에 이른다. 맑스는 그와 같은 자본주의에 대해 대체로 다음과 같은 특징을 인정하고 있었다.

【Ⅱ】철저한 상품경제사회

자본주의는 철저한 상품경제사회로서 나타나는데, 생산물의 거의 모든 것이 상품형태를 취하는 것은 "자본주의적 생산양식의 기초 위에서만 일어나는 일"[23a:222]이다. 자본주의에 선행하는 사회들에서도 상품경제는 다른 사회와의 교역관계를 이루어 주변적으로 생산물의 어느 한 부분을 처리하는 경제 형태를 형성하고 있었다. 그렇지만 사회의 중추를 이루는 직접적 노동자는, 예컨대 노예와 농노와 같이 신분적 지배관계 아래 공동체적이고 비시장적 경제생활을 영위하고 있었다. 이에 반해 자본주의 사회에서는 직접적 생산자가 그 노동력을 상품*으로서 판매하고 그 대가에 의해 기본적 생활수단을 모두 상품으로서 구입해야만 하게 된다. 거기서는 자본 하에서 영위되는

생산 활동에서 생산수단도 상품으로서 구입되고 그 생산물은 모두 상품으로서 판매되어야만 한다. 이리하여 상품에 의한 상품의 생산으로서의 철저한 상품경제 사회가 형성된다. 그와 아울러 자본주의에서는 원래 대외적인 교역에 사용되고 있던 무정부적이고 사적인 상품경제 거래가 사회내부 경제 질서의 기본으로 전용된다. 따라서 대외적 경제관계와 사회내부의 경제 질서의 방식이 기본적으로는 동질적으로 되는 특수한 경제사회가 구성된다. 그에 따라 사회적인 생산, 분배, 소비*의 전체가 상품경제에 의해 자율적으로 진행되게 되고, 유물론적 역사관*에서의 사회의 경제적 하부구조가 현실적으로 정치, 법률, 사회의식 등의 사회의 상부구조에 대해 상대적으로 독립하여 자율적으로 운동하는 성질을 드러내기에 이른다.

【Ⅲ】노동력의 상품화

그와 같은 자본주의가 성립하는 기본적 전제는 인간*의 노동력이 사회적 규모에서 상품화되는 것이다. 그 전제는 노동자가 신분적 지배로부터 해방*되어 자유*로운 인격으로서 자신의 노동력을 상품으로서 처분할 수 있다는 의미와, 토지나 그 밖의 생산수단으로부터 분리되어 노동력을 판매하는 것 이외에 일할 방도가 없다는 의미에서, 즉 맑스가 말하는 "이중의 의미에서 자유로운 노동자"[23a:221]가 형성됨으로써 성립한다. 역사적으로는 영국에서 16세기부터 18세기에 걸쳐 진전되었듯이 농민으로부터 전통적인 경작권을 빼앗아 종종 폭력적으로 토지를 둘러쌈으로써 목장이나 대농장 경영으로 전용하는 '자본의 본원적 축적* 과정'이 그 조건을 준비했다. 봉건사회의 붕괴과정에서의 토지의 사적 소유화가 노동력 상품화의 전제를 이루는 것이다. 자유로운 임금노동자*는 노동력의 가치*로서 필요생활수단을 거기에 포함되어 있는 필요노동시간과 함께 받아들이면 노동력의 사용가치로서 잉여노동*을 포함하는 전체 노동시간을 자본에 넘겨주고 자본가의 지휘감독 하에 일하지 않으면 안 된다. 민주주의*는 공장의 입구까지라고 말해지는데, 형식적인 계약의 자유 아래 자본에 의한 잉여노동의 착취*와 전체 노동시간의 관리 억압이 계급사회의 실질을 존속시키고 있는 것이다.

【Ⅳ】세계 시스템과 다양성

자본주의는 신대륙의 발견과 세계항로의 개발에 이어, 그 생성기 이후 세계시장*을 확대하여 생산과 소비를 세계주의적인 것으로 만들고 자본의 문명화 작용*에 각 사회들을 끌어들이는 세계 시스템을 이루고 있다. 그 점은 『공산당 선언』*과 『정치경제학 비판 요강』에서도 지적되어 있었다. 다른 한편 『자본』 제1판 서문 등에서 맑스는 자본주의의 발전에 대해 선진적인 영국에 의해 제시된 상태가 이윽고 독일 등의 후진적인 나라들에도 관철되어간다는 보편적 법칙성을 강조하고 있었지만, 자본주의의 세계사적 발전에서는 구체적으로 그것만으로는 다 드러나지 않는 바가 있었다. 그 점은 19세기 말에서 20세기를 통해 자본주의의 발전에 따른 농업문제나 국가의 경제정책의 역할, 나아가서는 노자관계의 조정양식 등 시대와 나라에 따라 다른 다형적인 전개로 나타나는데, 그것은 사회주의를 지향하는 노동자운동에서도 노선의 선택을 둘러싸고 중요한 문제를 이루기에 이른다. 맑스에 의한 자본주의의 기본원리에 대한 인식은 이러한 자본주의의 세계성과 거기서의 다양한 변용과도 결부시켜 현대사회의 구체적 고찰에 도움이 되도록 해야 할 것이다. 맑스에 의한 자본주의의 기본원리만으로 현대세계가 해명될 수는 없겠지만, 그러나 또한 자유로운 경쟁*을 다시 강화하는 세계화(globalization) 속에서 도리어 자본주의의 기본적 작용이 새로운 양상을 띠며 중요성을 더하고 있다고도 말할 수 있는 것이다. ☞『공산당 선언』, 『정치경제학 비판 요강』, 상품, 자본, 『자본』, 세계시장, 본원적 축적, 유물론적 역사관

㊟ 宇野弘藏, 『經濟學方法論』, 東京大學出版會, 1962. 重田澄男, 『資本主義の發見』, 御茶の水書房, 1983. 伊藤誠, 『現代のマルクス經濟學』, 社會評論社, 1988.

-이토 마코토(伊藤 誠)

자본주의적 생산에 선행하는 형태들 資本主義的生産―先行―形態 ⇨**공동체**

「『자본 資本』 초고 草稿」

【Ⅰ】「『자본』 초고」의 범위

이론적 전개의 제1-3부와 학설사의 제4부로 이루어져야 할 『자본』* 전 4부 가운데 맑스의 생전에 간행된 것은 제1부의 각 판들(독일어 초판, 독일어 개정 제2판, 저자 교열 프랑스어판, 러시아어판)뿐이고, 『자본』과 그것으로 결실된 '정치경제학 비판'*의 작업을 위해 작성된 방대한 양의 초고가 사후에 남겨졌다(현재 그것들의 거의 모두가 사회사국제연구소(암스테르담) 또는 현대사 문서 보관・연구 러시아센터(모스크바)에 보관되어 있다). 그 가운데 일부를 이용해서 엥겔스*가 『자본』 제2부 및 제3부를, 카우츠키*(그리고 나중에 소련의 맑스・레닌주의연구소)가 『잉여가치 학설사』를 편집・간행했지만, 초고 자체가 공간된 것은 극히 일부여서 오랜 기간 그 전모를 아는 것은 대단히 어려웠다. 1975년에 간행되기 시작한 제2차 MEGA(Marx-Engels-Gesamtausgabe)는 그 제2부를 "『자본』과 그 준비 노작"에 맞추고, 맑스 자신이 간행한 『정치경제학 비판을 위하여(제1분책)』* 및 그가 관여한 『자본』 제1부의 모든 판과 엥겔스가 편집・간행한 『자본』 제2부 및 제3부의 모든 판 외에 전해져온 1857년 이후의 일체의 경제학 초고를 집필시기 순서대로 수록한다.

일반적으로 「『자본』 초고」로 총칭되고 있는 것은 MEGA 제2부에 수록되는 이 초고들인데, 맑스가 그의 저작을 『자본』 전 4부로 간행하기로 결정한 후에 작성된 초고뿐만 아니라 맑스가 전 6부(6 Bücher)로 이루어지는 '정치경제학 비판'(Zur Kritik der politischen Ökonomie)이라는 저작의 간행을 기도하여 그를 위한 집필을 시작한 시기인 1857년 이후의 초고 전부다. 그것은 『자본』이 '정치경제학 비판'(Kritik der politischen Ökonomie)라는 그 부제가 보여주듯이 '정치경제학 비판' 작업의 결실로 간주해야 할 것으로 생각되기 때문이다. 따라서 그 이전 시기에 작성된 경제학에 관한 초고, 예를 들어 1844년의 『경제학・철학 초고』*나 1851년의 「성찰」은 여기에 포함되지 않는다. 한편 MEGA 제2부에 수록된, 엥겔스 편의 『자본』 각 판을 위해 그가 작성한 준비 초고도 「『자본』 초고」라 불리는 경우가 있다.

【Ⅱ】「1857/58년의 경제학 초고들」

MEGA는 그 제2부 제1권에 1857년 10월부터 1858년 5월에 걸쳐 7권의 노트에 작성된 『정치경제학 비판 요강』*과 그것에 직접 선행하는 「바스티아와 케어리」(1857년 7월) 및 「서설」*(1857년 8월)을 「1857/58년의 경제학 초고들」이라고 명명하고 수록했다. 『정치경제학 비판 요강』을 MEGA 편집자는 「제1의 『자본』 초안」이라 부르고 있다. '정치경제학 비판'이라고 제목이 붙여진 저작을 위해 이러한 초고들을 집필하는 중에 전 6부로 이루어지는 '정치경제학 비판'의 체계 구상이 다듬어져 확립되었다.

【Ⅲ】「정치경제학 비판 원초고」

1858년 8월에 맑스는 저서 '정치경제학 비판'의 인쇄용 원고에 착수했지만, 같은 해 10월에 '제3장 자본', 'A. 자본의 생산과정', '1. 화폐의 자본으로의 전화' 도중에 집필을 중단했다. 이후 같은 해 11월 무렵부터 1859년 1월에 걸쳐 새롭게 처음부터 '제2장 화폐 또는 단순유통'까지 써내려간 원고가 저서 『정치경제학 비판을 위하여』(제1분책)로서 1859년 6월에 간행되었다. 중단된 초고 가운데 전해지고 있는 '지불수단으로서의 화폐' 이후 부분이 MEGA 제2부 제2권에 수록되어 있다.

【Ⅳ】「1861-63년 초고」

1861년 8월부터 63년 7월에 걸쳐 맑스는 23권의 노트로 이루어진 방대한 초고를 썼다. 그는 『정치경제학 비판을 위하여(제1분책)』의 속편이 되어야 할 '제3장 자본 일반'부터 쓰기 시작했지만, '제1장 자본의 생산과정'의 '3. 상대적 잉여가치'를 중단하고 1861년 12월에 '제3장 자본과 이윤'을 마무리한 다음, 1862년 3월부터 12월에 걸쳐 제1장 '5. 잉여가치에 관한 학설들'을 썼다. 12월 28일에 맑스는 쿠겔만*에게 보내는 편지에서, 이미 쓴 것을 퇴고하고 깨끗이 정리하여 『자본—정치경제학 비판—』으로 간행한다고 알렸다. MEGA는 이 초고를 「1861-63년 초고」라는 명명하여 제2부 제3권에 수록했는데, 편집자는 이 초고를 「제2의 『자본』 초안」이라 부르고 있다.

【V】「1863-65년 경제학 초고」

「1861-63년 초고」의 집필을 마치기 직전인 1863년 5월 29일에 맑스는 엥겔스에게 "경제학을 인쇄를 위해 깨끗이 정리하고 있다"고 알리고, 같은 해 8월부터 '제1장 화폐의 자본으로의 전화'로 시작되는 『자본』의 '제1부 자본의 생산과정'의 원고를 쓰기 시작해 1864년 여름까지 '제6장 직접적 생산과정의 결과들'로 끝나는 제1부를 마쳤다. 이 제1부 초고 가운데 정리된 형태로 전해지고 있는 것은 MEGA 제2부 제4권 제1분책에 수록된 '제6장'뿐이다. 「1861-63년 초고」에서는 아직 이론적 전개 중간 중간에 삽입하기로 되어 있던 학설사적인 서술이 여기서는 이미 '제1부 자본의 생산과정', '제2부 자본의 유통과정', '제3부 총과정의 형상화들'이라는 이론적인 세 개의 부분 뒤에 제4부로서 통합되기로 확정되어 『자본』 제4부 구상이 확립되어 있었다. 1864년 여름 막바지에 맑스는 제3부를 쓰기 시작했는데, 같은 해 끝 무렵에 제3부의 집필을 중단하고 그때까지 편별 구성도 정해지지 않았던 제2부의 전 3장을 1865년 전반까지 단숨에 써내려갔다. 나중에 맑스가 그 표지에 'Ⅰ'라고 표기한 이 제2부 '제1고'는 MEGA 제2부 제4권 제1분책에 수록되어 있다. 맑스는 그 후에 다시 제3부로 돌아가 1865년 말까지 그것의 전 7장을 완성했다. 엥겔스가 그가 편집한 제3부 서문에서 제3부의 '제1고' 또는 '주요 초고'라 부른 이 초고는 제3부 모든 장을 포괄하는 유일한 초고이며, MEGA 제2부 제4권 제2분책에 수록되었다.

이렇게 해서 1863년부터 65년 말까지 『자본』의 이론적인 세 개의 부의 초고가 마무리되었고, MEGA 편집자는 이를 정리해 「1863-65년 경제학 초고」라고 명명하고, 또한 「제3의 『자본』 초안」이라 부르고 있다.

【VI】「1865-67년 경제학 초고들」

맑스는 1866년 초부터 제1부를 깨끗하게 고쳐 쓰기 시작하며, 1867년 4월 12일에 마이스너 서점에 건네진 인쇄용 원고는 같은 해 8월에 『자본』 제1부 초판으로 간행되었다. 제1부에 힘을 쏟고 있던 이 1865-67년의 시기에도 맑스는 제2부 및 제3부의 초고에 대한 수정·보완·전개의 필요를 느끼고 있었으며, 주로 이 두 부를 위해 이 시기에 작성된 다양한 초고가 전해지고 있다. 이것들은 「1865-67년의 경제학 초고들」로서 MEGA 제2부 제4권 제3분책에 수록된다. 맑스가 나중에 첫 페이지에 'Ⅲ'이라고 표기한, 주로 집필을 위한 재료를 포함하는 이른바 '제3고'에는 "제2부에 속하는 것"과 "제3부에 속하는 것"이 포함되어 있고, 맑스가 나중에 첫 페이지에 'Ⅳ'라고 표기한 제2부의 이른바 '제4고'는 제2부 제1장과 제2장의 최초의 절들로 이루어진 "인쇄할 수 있기까지 마무리된 초고"(엥겔스판 제2부 서문)였다.

【Ⅶ】「1868-81년의 『자본』 제2부 초고들」

『자본』 제1부를 간행한 뒤 맑스는 제2부 및 제3부의 마무리를 위해 노력했는데, 특히 제2부에 대해서는 반복적인 수정을 포함한 길고 짧은 다양한 초고를 남겼다. 1868년 12월 초순부터 70년 중반까지의 시기에 맑스는 그가 첫 페이지에 'Ⅱ'라고 표기한, 제2부의 전 3장을 포함하는 방대한 초고를 썼다. MEGA 제2부 제11권 제1분책에 수록되는 '제2고'는 "제2부의 초고 중에서 어느 정도까지 완성되어 있는 유일한 것"(엥겔스판 제2부 서문)이다.

이 이후 오랜 중단 후 1877년 3월 말에 제2부의 작업을 재개한 맑스는 우선 제1-4고부터의 '지시 및 메모'를 작성한 뒤, 4월부터 이듬해인 78년 7월까지 세 번에 걸쳐 제1장의 마무리를 시도했다. 이 세 개의 초고는 후에 엥겔스에 의해 '제5-7고'라고 명명되었다(엥겔스판 제2부 서문). 그 뒤 1880년 말경부터 81년에 걸쳐 맑스는 제3장을 새롭게 써내려갔다. 엥겔스가 '제8고'라고 명명한 이 초고가 『자본』 전 3부를 위한 초고의 마지막 것이 되었다.

이상의 다섯 개의 제2부 초고는 그것들에 속하는 단편원고들과 함께 MEGA 제2부 제11권 제2분책에 수록된다.

【Ⅷ】「1867년 이후의 『자본』 제3부 초고들」

「1863-65년 경제학 초고」의 제1부를 이루는, 앞서 언급한 '제1고' 외에 제3부를 위한 초고로서 남겨져 있는 것은 1870년대에 들어서서 작성된, 제1장의 첫머리를 시도한 네 개의 단편뿐이다(이 가운데 두 개는 엥겔스가 편집한 제3부의 서두 부분에 이용되었다). 그러나 이 밖에 맑스가 1867년의 제1부 간행 이후 제3부의 대상들에 대해 사색을 거듭하고 있었음을 보여주는 많은 단편적 노트가 남아 있으며, 그것들은 앞서 언급한 네 개의 단편과 더불어 MEGA 제2부 제14권에 수록된다. ☞『정치경제학 비판 요강』, 『자본』, 정치경제학 비판

참 *Marx-Engels-Gesamtausgabe, Zweite Abteilung: "Das Kapital" und Vorarbeiten*, Bd. 1, Berlin 1976/81. Bd. 2, Berlin 1980. Bd. 3, Berlin 1976-82. Bd. 4, Teil 1/2, Berlin 1988/92. Bd. 6, Berlin 1987. 『資本論草稿集』(全9卷), 大月書店, 1981-94. 大村泉, 『新MEGAと≪資本論≫の成立』, 八朔社, 1998.

—오타니 데이노스케(大谷禎之介)

자본축적 資本蓄積 [(영) accumulation of capital (독) Akkumulation des Kapitals]

자본축적은 맑스의 『자본』*과 『정치경제학 비판 요강』*의 중심 테마이며, 그 성과는 맑스 이후 20세기 경제학의 거시 동학 분석에 커다란 영향을 주고 있다. 여기서는 『자본』에서의 자본축적론에 한정해 그 기본적 논리를 정리함으로써 맑스의 당시에 지니고 있던 의미를 제시하고 아울러 현대적 평가를 행하고자 한다.

【Ⅰ】『자본』에서의 자본축적론과 그 특징

자본축적론은 제1권 제7편 '자본의 축적과정'에서 전개되고 있지만, 제2권 제3편 '총자본의 재생산과 유통'과 제3권 제3편 '이윤율의 경향적 저하의 법칙'도 이와 밀접한 논리적 연관을 지닌다고 말해지고 있다.

제1권 제7편 '자본의 축적과정'에서는 '자본*의 생산과정'이 갱신의 부단한 흐름에서, 즉 '재생산과정'으로서 고찰되어 자본주의적 축적과정의 진행 그 자체에 의해서 어떻게 자본관계(=자본・임금노동 관계)가 재생산*되는지, 나아가 어떻게 해서 그 해체의 물질적 조건들이 생산되는지가 제시되고 있다. 다만 여기서는 자본축적이 "직접적 생산과정의 한 계기"[23b:736]로서 고찰되고 있기 때문에 한정된 조건 하에서 이론 전개가 이루어지고 있다. 즉, 첫째로 "자본은 그 유통과정을 정상적인 방식으로 통과한다"[같은 책:735]는 것이 전제로 되고 있는데, 이는 현대 경제학의 언어로 말하자면 유효수요에 의한 제약 문제가 사상되어 있다는 것을 의미한다. 둘째로 자본가적 생산자는 전체 잉여가치의 소유자로 간주되어 이윤*, 이자, 상업이득, 지대* 등의 '잉여가치*의 전화형태'에 대한 분석은 제3권으로 미루어지고 있다.

여기서 맑스의 논리의 핵심어는 '자본의 유기적 구성*'인데, 그것은 "자본의 기술적 구성에 의해 규정되고 그 변화들을 반영하는 한"[23b:799]에서의 '자본의 가치구성'이라 정의되고 있다. 상품*의 가치* W는 불변자본* C, 가변자본* V, 잉여가치 M의 합이기 때문에 $W=C+V+M$이 되는데, C/V가 '자본의 유기적 구성'이다. 맑스는 C/V가 일정하게 진행되는 자본축적과 그것이 상승하는 자본축적을 나누어 분석하고 있다. C/V가 일정한 경우에는 자본축적의 진행에 따른 산업예비군이 흡수되어 임금*이 상승함으로써 자본축적이 감퇴하며, 그 다음에는 그에 의해 다시금 산업예비군이 산출되고 임금이 떨어져 자본축적이 회복된다고 하는 순환적 축적의 운동이 제시되고 있다. 또한 C/V가 상승하는 경우에는 자본축적 그 자체에 의해 '상대적 과잉인구'가 누진적으로 생산된다고 설명되는데, 그로부터 장기적으로 부와 빈곤의 대극적인 축적이 전망되고 있다.

또한 제3권에서는 C/V의 상승이라는 마찬가지의 전제 하에서 '이윤율의 일반적 저하법칙'이 설명되고 있다. 즉 C/V가 상승하는 동시에 잉여가치율 M/V가 상승하지 않을 때에는 이윤율 $r=M/(C+V)=(M/V)/\{(C/V)+1\}$은 저하하게 되는데, 이것이 자본주의*의 경향 법칙이라고 설명되는 것이다. 또한 이와 같은 자본축적의 논리의 실현 기구로서 자본의 증대가 이윤율의 저하를 초래하는 '자본의 절대적 과잉생산'이 제시된다. 이리하여 '자본주의적 생산의 제한, 그 상대성'이 논의되게 되는 것이다. 그러나 자본축적의 경향 법칙(상대적 과잉인구의 누진적 생산과 이윤율의 경향적 저하)은 『자본』에서 논증되었다고는 말하기 어렵다. 또한 『자본』의 기본적인 분석 틀이 '이념적인 평균적 자본주의'

였던 탓도 있어서 본격적인 공황론은 미완성이었다고 할 수 있을 것이다. 나아가 20세기에서의 상이한 자본축적 유형의 전개나 노동자 대중의 소득이 크게 상승할 가능성도 19세기의 맑스는 인식하지 못했던 것이다.

【Ⅱ】 맑스 경제학 연구에서의 자본축적론

맑스의 자본축적론은 미완성이며, 특히 공급요인과 수요요인의 순환적인 상호작용에 관해서는 충분히 이론화하는 데 이르지는 못했다. 따라서 맑스의 자본축적론을 소재로 하여 공황론이나 자본축적론을 재구성하는 다양한 연구가 이루어져 왔다. 일본에서 대표적인 것으로는 *C/V*가 일정한 경우와 상승하는 경우를 경기순환의 두 국면으로 파악하고 노동력 상품의 수급 압박에 따른 '자본의 과잉'을 이론화한 우노 고조(宇野弘藏)의 공황론, 상품시장에서의 불균형의 누적과정을 모델화한 오키시오 노부오(置塩信雄)의 축적론, '상품의 과잉'과 '자본의 과잉'을 통일하는 입장에서 전개된 다마가키 요시노리(玉垣良典)의 경기순환론 등이 있다. 다른 나라에서는 비선형동학 모델로 노동시장의 수급 변화에 따른 순환적 축적을 그린 굿윈 모델(Goodwin's Model)이 중요하다. '이윤율 저하법칙'에 대해서는 오키시오 노부오에 의해 엄밀한 수리경제학적 검토가 이루어져 '오키시오 정리(定理)'(실질임금률이 일정한 경우에서의 비용저하적 기술 변화는 오히려 일반적 이윤율을 상승시킨다)로 정식화되었다. 또한 제2차 세계대전 후의 '풍요로운 사회'의 대량생산 · 대량소비의 자본축적에 관해서는 M. 아글리에타가 노사관계의 제도화와 유효수요 요인을 중시하면서 '포디즘'으로 이론화했다. ☞이윤, 착취, 자본의 유기적 구성, 실업

㊂ 宇野弘藏, 『恐慌論』, 岩波書店, 1953. 置塩信雄, 『蓄積論』, 筑摩書房, 1976. 玉垣良典, 『景氣循環の機構分析』, 岩波書店, 1985. 高須賀義博, 『マルクスの競爭・恐慌觀』, 岩波書店, 1985. R. グッドウィン, 「成長循環」, C. フェインシュタイン 編(水田洋 外 譯), 『社會主義, 資本主義と經濟成長』 수록, 筑摩書房, 1967. M. アグリエッタ(若森章孝 外 譯), 『資本主義のレギュラシオン理論』, 大村書店, 1989.

—우에무라 히로야스(植村博恭)

자술리치 [Vera Ivanovna Zasulich 1849-1919]

'흑토 재분할파'에 속한 러시아 여성으로 나로드니키(Narodniki) 운동가. 일반적으로 러시아의 자연발생적인 사회개혁운동은 테러리즘 전술의 빈발에서 엿볼 수 있듯이 성급한 정치변혁을 추구하는 경향이 있었지만, 이 그룹에서는 생산력들에 대한 분석과 같은 경제요인도 중시하여 맑스주의적 운동에 접근하는 움직임이 생겨나 마침내 '노동해방단'으로 발전했다. 나아가 자술리치의 경우, 맑스에게 보낸 그녀의 질문장(1881년)이 발단이 되어 맑스의 러시아 인식이라는 측면에서도, 또한 러시아 혁명의 전망에 있어서도 역사상 중요한 문제제기가 이루어진 것으로 알려져 있다. 즉 러시아에서의 나로드니키 운동의 장래 방향성을 모색하는 과정에서 봉착한 문제, 정체성과 제약들이 제거된 후의 러시아 농촌공동체는 장래의 사회주의*에 대해 조직적 기반을 제공할 수 있는지의 여부 문제를 맑스주의* 관점에서 어떻게 생각해야 할 것인지가 그것이었다. 몇몇 초고를 거쳐 이에 대해 이루어진 맑스의 대답은 긍정적이었지만, 아울러 논지의 공개를 삼가도록 요구했다. 이 때 얻게 된 확신으로 자술리치는 더욱더 맑스의 이론에 경도되게 되었다. 그러나 그때까지 일반적으로 해석되어 온 것과는 달리 자술리치가 맑스에게서 본 것은 서구사회주의 이론가로서의 그것이 아니라 오히려 러시아의 독자적인 혁명운동과 나로드니키주의를 적극적으로 평가하는 방향으로 전환한 전술가였다고 말할 수 있을 것이다. 제1차 러시아 혁명 때 귀국하여 상트페테르부르크에서 사망했다. ☞러시아의 공동체

㊂ J. バーグマン(和田あき子 譯), 『ヴェーラ・ザスーリチ ロシア女性革命家の生涯』, 三嶺書房, 1986. W. Geierhos, *Vera Zasulic und die russische revolutionäre Bewegung*, München 1977.

—사콘 다케시(左近 毅)

자연 自然 [(독) Natur (영) nature]

【Ⅰ】 자연과 인간의 자연

"인간*은 자신 바깥의 자연에 작용을 가함으로써 그것을 변화시키고, 또 그렇게 함으로써 동시에 자기 자신의 자연을 변화시킨다"는 것은 '노동과정'론[『자본』, 23a:234] 속의 맑스의 말이다. 인간의 "정신적 생활이 자연과 연관"되어 있다[『경제학・철학 초고』, 40:436]고 말하는 맑스에게 있어 인간과 자연의 관계가 노동과정론으로서만, 혹은 노동과정을 매개로 하여 경제학적으로만 파악하고 있는 것은 아니다. 'Menschennatur'가 '인간의 자연'인 동시에 '인간의 본성'을 의미하는 이상, 자연적・사회적・의식적 존재인 인간의 본성이 단지 사회과학적으로 파악될 뿐만 아니라 동시에 자연과학적이고 인문과학적—특히 철학적—으로 파악된다는 것은 새삼 말할 필요도 없다. 인간이 작용을 가하는 대상인 자연 그 자체의 인식—혹은 인식된 것으로서의 자연개념—에 대해서도 마찬가지라 할 수 있다. 인간에게 자연이란 무엇인가 하는 것의 인식이 인간과 자연의 역사적・사회적 관계에 관련되는 이상, 맑스의 자연 개념 또한 역사적으로 제약되고 있다는 것은 새삼 말할 필요도 없다.

"자본주의적 생산양식이 지배적으로 행해지는 사회의 부"는 "방대한 상품*의 집적으로 나타난다"는 말로 시작되는 『자본』*에서 맑스는 계속해서 그 사회적 부의 유일한 원천이 노동*인 것은 아니라고 말한다. "노동은 그것에 의해 생산되는 사용가치의, 소재적 부의 단 하나의 원천인 것은 아니다. 윌리엄 페티가 말하듯이 노동은 소재적 부의 아버지이며, 토지는 그 어머니이다"[23a:58]. 인간이 생산에서 이룰 수 있는 것은 "단지 자연 그 자체가 하는 대로 하는 것뿐"이며, "소재의 형태를 바꾸는 것뿐"이다. 그뿐만 아니라 그 형태 변화를 위한 "노동 그 자체에서도 인간은 언제나 자연력에 뒷받침되고 있다"[같은 곳]. 노동은 "인간의 자연력에 다름 아닌 노동력의 발현"이다[『고타 강령 비판』, 19:15].

【Ⅱ】 물질대사*

맑스의 이와 같은 자연 인식에는 두 가지 전제가 있다. 그 하나는 대상인 외적 자연은 '자연 그 자체'이며, '인간의 조력 없이 천연에 존재하는 것'이라는 점이다. 그것은 맑스의 유물론*의 근저이며, 그 배후에는 헤겔*에 이르는 독일 관념론 철학의 자연 개념에 대한 비판*의 체계가 있다. 또 하나는 '자연 그 자체'는 공기나 물, 흙, 광물 등의 무기질적 자연과 유기질적 자연 곧 '살아 있는 자연'으로 이루어져 있다는 점이다. 맑스는 때로는 양자의 구별을 무시하여 '사물', '소재', '원료' 등에 농작물이나 종자, 가축 등을 포함시키는 경우도 있고, '물질대사'를 생명체에 매개되지 않는 단순한 '질료 변환' 혹은 '소재의 형태 변화'와 동일하게 취급하기도 한다. 예를 들면 "철이 녹슬고 나무가 썩는" 것을 "자연적 물질대사의 파괴력"[『자본』, 23a:240]이라 말하고, 상품교환을 "사회적 물질대사 과정"[같은 책:138-140, 151]이라고 표현하는가 하면 사육의 대상이 되는 가축을 '원료'라고도 말한다. 그러나 그것은 살아 있는 자연이나 살아 있는 자연력을 생명이 없는 자연소재나 기계력 등과 본질적으로 동일시한 것은 아니며, 물리적・화학적 법칙들과 생물학적 법칙들의 구별을 무시한 것도 아니다.

"꿀벌은 서투른 목수를 부끄럽게 할 정도로 능숙하게 벌집을 만들지만, 최악의 목수라 하더라도 꿀벌과 다른 점은 만들기 전에 머릿속에 설계도를 갖고 있다는 것이다"[23a:234]라고 말할 때, 맑스는 살아 있는 자연 그 자체의 본능적 작용과 인간 특유의 의식적・합목적 노동의 구별에 역점을 둔다. "인간은 생산에서 자연 그 자체가 하는 대로 한다"는 것은 자연법칙*을 발견하고 그 법칙성에 따라 생산을 행한다는 것이다. 따라서 인간의 자연력, 특히 개개인의 정신적 힘들은 그 자체가 사회적・역사적 발전의 소산이다. 개개인의 노동력이 육체적・정신적 힘들로서 역사의 선물인 이상, 그것의 발현에 다름 아닌 노동에 역사가 각인되는 것은 말할 필요도 없다. 그뿐만이 아니다. 맑스의 이른바 노동과정의 세 가지 계기—노동수단, 노동대상, 노동 그 자체—가운데 나머지 두 가지, 즉 노동수단과 노동대상은 그야말로 역사적 발전의 소산이다. 설계도에 따라 건물을 짓는 목수는 머릿속에 뿐만 아니라 종이나 도구와 기계*를 사용해서 설계도를 작성한다. 그것들은 역사적으로 발전되어온 기술의 결과인 동시에, "분업*이나 협업 등에서 발생하는 노동의 사회적 자연력"[『자본』, 25b:830]의 소산이다.

【Ⅲ】 자연의 인간화

수렵・채취 시대의 인간에게 토지가 "근원적인 식료창고이자 무기고"[『자본』, 23a:235-236]였던 것처럼, 현대의 채취산업(광업, 수렵업, 어업 등)에서도 "노동대상은 자연에 의해 주어져 있다"[같은 책:238]. 물론 그러한 부문들에서도 자연의 '인간화'는 진전되고 있다. 그러나 맑스에게 있어서는 노동과정에 의한 '자연의 인간화', 자연소재의 '형태 변화'를 통해 인간화할 수 없는, 변화하지 않는 자연의 인식이 얻어지는 것은 아니다. 리비히*가 말하듯이, "농업자는 작물을 창조할 수 없"으며 "어떠한 인간도 소다나 비누를 창조할 수 없다"[Liebig, *Chemie*, 9. Aufl, S. 77-78]는 인식은 '창조'의 시도에 의해 생겨나는 것이 아니다. 맑스의 경우도 '인간의 조력 없이 존재하는 자연'의 자립성의 인식은 그의 철학*에서 생겨난다. 그리고 인간이 창조할 수 없는, 마음대로 바꿀 수 없는 자연 및 그 자연과의 끊임없는 교류 속에서 살고 있는 인간의 자연이라는 관점이야말로 토지나 인간(노동력)을 자신이 산출한 상품처럼 취급하고 자연과 인간의 물질대사를 '교란'시키는 자본주의*에 대한 그의 비판의 기점을 이루는 것이다. ☞물질대사, 자연법칙, 노동, 농업

㉾ A. シュミット(元浜清海 譯),『マルクスの自然概念』, 法政大學出版局, 1972. H. L. Parsons (ed.), *Marx and Engels on Ecology*, 1977. 椎名重明,『農學の思想—マルクスとリービヒ』, 東京大學出版會, 1976. 同,『マルクスの自然と宗教』, 世界書院, 1984.

—시이나 시게아키(椎名重明)

자연과학 自然科學 [(영) natural science (독) Naturwissenschaft]

맑스와 엥겔스*의 사상적 입장은 독일 고전철학의 완성자인 헤겔*의 비판적-역사적 관점을 '유물론적'으로, 즉 현실적・구체적으로 고쳐 파악하고자 하는 것이었다. 그들이 자신들이 살았던 19세기 중엽부터 후반에 걸친 시대의 자연과학 사상을 이해하는 관점도 그 입장에서 나온 것이다.

그들은 동시대의 자연과학 사상에 대한 비판적 소견을 글로 남겼다. 특히 엥겔스는 『자연변증법』*을 1873년부터 써나갔지만 생전에는 완성하지 못한 채 남겼다. 이 저작은 주로 유럽 노동자운동 속에서 사상적 영향력을 행사하고 있던 뷔히너, 포크트, 몰레스호트* 등의 '자연과학적 유물론'과 다윈*의 진화론을 사회에 적용한 사회 다윈주의*에 대한 비판을 의도하여 『반뒤링론』*과 동일한 사상체계를 구성하기 위해 기획되었다. 엥겔스의 구상은 헤겔의 자연철학의 통찰을 이어받아 그 사변성을 제거하고 좀 더 현실적인 비판의 형태로 다시 정리하고자 하는 것이었다고 추측된다. 논의의 소재는 수학, 실험물리학, 화학, 자연지(생물학) 등의 상당히 '통속적'인 화제들로부터 채택되고 있는데, 반드시 당시의 자연과학 이론의 최전선에 있는 문제들까지 다룬 것은 아니다. 엥겔스의 논의에는 분명히 통찰력이 드러나 있고 그의 비범함은 부정할 수 없다. 특히 변증법*을 자연과학의 현장에 덮어씌우는 것이 아니라 그 현장에서 추출해 나가고자 하는 자세는 훌륭한 것이다. 그러나 동시에 급속한 전문화가 진행되는 가운데 스스로도 인정하고 있던 '딜레당트'적 한계성도 감추기 어렵다.

『자연변증법』에는 또 다른 문제가 있다. 그것은 텍스트의 편찬 문제다. 그 일부인 「원숭이가 인간으로 진화할 때 수행한 노동의 역할」이라 이름 붙여진 논고는 엥겔스의 사망 직후인 1896년에 베른슈타인*에 의해 『노이에 차이트』에 게재되었는데, 전모가 모습을 드러낸 것은 1925년 러시아의 랴자노프에 의해서였다. 랴자노프는 엥겔스의 유지에 충실하게 그 유고를 연대순으로 놓았다. 그리고 엥겔스가 원용한 변증법에 가치를 발견하지 못한 베른슈타인과는 달리 그 사상적 의의를 합당하게 평가했다. 동시에 그 유고를 신격화하지도 않았다. 하지만 미틴을 편집책임자로 하여 1941년에 간행된 판에서는 초고가 체계적인 체제를 갖추고 있다고 해석되고, 스탈린주의적 '변증법적 유물론'의 철학적 체계 속에서 레닌의 『유물론과 경험비판론』(1909)과 동등한 지위를 부여받았다. 이와 같은

해석은 일부에서 오늘날에도 계승되고 있다.

맑스는 수학에 관한 유고를 남기는 한편, 『자본』*의 준비 초고에서 산업자본주의에서 근대 자연과학이 수행하는 역할을 비판적으로 분석했다. 맑스에 따르면 19세기 중반에 과학자는 기술의 발명가로서 자본*을 위해 봉사하게 된다. 근대 자연과학의 성과는 대공장 내의 기계 설비를 매개로 상대적 잉여가치를 생산하는 빼놓을 수 없는 요소가 되는 것이다. 이상이 고전적 맑스주의의 자연과학 사상에 관한 유산의 요약이다.

근대과학은 20세기 초엽에 대대적인 혁명을 경험했다. 물리학에서의 상대성 이론과 양자역학은 그와 같은 혁명의 성과다. 20세기의 맑스주의자가 모두 이 혁명에 부정적으로 대응한 것은 아니다. 그러나 마흐주의적 철학을 부정한 『유물론과 경험비판론』을 교조주의적으로 수용한 1929년 이후의 소련공산당과 그 동맹자였던 각국 공산당은 20세기 과학사상의 창조적 측면을 평가하는 데서 어려움을 겪었다. 그뿐만 아니라 생물학에서의 뤼센코(T. D. Lysenko) 학설처럼 유전학을 부정한 사이비과학을 산출하기도 했다. 하지만 보리스 헤센과 같이 스탈린주의 이데올로기에 최대한 양보하면서 사회사적 과학사의 탄생에 공헌한 사례도 있음을 잊어서는 안 된다. 21세기의 맑스주의*는 맑스와 엥겔스의 사회 분석의 유산에서 배우면서 20세기의 비판적 총괄을 바탕으로 어떠한 선입견도 갖지 않고 새로운 이론 구축을 위해 노력해야만 할 것이다. ☞과학, 「수학 초고」, 『자연변증법』

㊟ 佐々木力, 『マルクス主義科學論』, みすず書房, 1997. 廣松涉, 「弁証法三題」, 『廣松涉著作集 第9卷』 수록, 岩波書店, 1997.

—사사키 지카라(佐々木 力)

자연법 自然法 [(영) natural law (독) Naturrecht (불) loi naturelle]

자연* 또는 인간*의 세계를 보편적인 동시에 항구적으로 지배하고 있는 법*(칙). 인위(nomos)가 아니라 자연(physis)에 유래하고 공간적・시간적인 제약을 받지 않는다는 점에서 자연법은 실정법이나 관습법에 대치된다. 자연법론자에 따르면 자연법은 인류에 공통된 본성에서 도출되며, 그 준칙은 이성*에 의해 인식된다고 한다. 다만 각 사상가가 제창하는 자연법에는 사상가가 살아온 시대의 정치・사회 상황의 영향을 받게 되어 반드시 자연법이라 일컬어지는 사상 내용에 공통된 이해 사항이 있는 것은 아니다. 인간의 사회생활이나 법제도에 적용될 때 자연법은 인간이 따라야 할 가장 고차원적인 도덕규범으로서 기능하여 실정법의 우위에 선다. 자연법의 준칙은 원래 추상적이고 일반적인 것이 많은데, 그것을 구체적인 시민생활의 규칙으로서 명문화하고 합리적으로 체계화하고자 하는 시도가 17・18세기에 독일과 네덜란드 등의 대륙계 자연법 학자들에 의해 이루어졌다. 그러나 19세기 이후 법실증주의자와 역사법학파*의 등장으로 자연법의 보편적인 실재성은 부정되게 된다. 그들은 자연법은 '있어야 할' 법에 지나지 않으며 실재하는 것은 제정된 법뿐이고, 법은 신의 의사가 아니라 인간의 의사에 의해 작성되는 것으로 그 내용은 역사적・민족적・상대적인 것이라고 주장했다.

맑스는 『독일 이데올로기』*와 『경제학・철학 초고』*에서 법과 도덕*, 정치제도 등은 그 시대에 펼쳐져 있는 생산양식에 의해 최종적으로 규정된다고 논하고 있다. 따라서 맑스 자신은 도덕규범으로서의 자연법에는 그다지 관심을 가지지 않은 듯하지만, 인간의 사회가 어떠한 경제법칙에 따라 발전해 나가는가 하는 좀 더 넓은 의미에서의 자연법(칙)에는 강한 관심을 지니고 있었다. 그러나 부르주아 사회를 사상적으로 옹호한, 특히 17세기 이후의 근대 자연법사상은 맑스가 먼저 이론적으로 대결하여 극복하지 않으면 안 되는 사상이었다.

일반적으로 근대 자연법사상은 홉스*, 로크* 등의 사회계약론과 그로티우스, 푸펜도르프로 대표되는 대륙 자연법학이라는 두 가지 사상계보로 구분된다. 사회계약론은 신흥 부르주아지가 전제군주를 타도한 영국 시민혁명 시대에 탄생하여 근대 정치사상의 중심을 이루는 기본원리가 되었다. 홉스는 자연 상태에서 개인*이 가지는 자기보존=자연권에서 자연법을 도출한다고 하는 대단히 개인주의적인 정치이론을 전개하고, 국가*(=리바이어던)는 개인들이 체결하는 사회계약에 의해 작위적으로 구축되고 그 목적은 자연권의 보존과 생명의 안전에 있다고 주장했다. 로크는 정치권력은 각 사람이 지니는 소유권(생명 · 자유* · 재산)을 보호하기 위해 설립된다고 이야기하고, 국민의 소유권을 침해하는 정부에 저항하여 그것을 교체시키는 혁명권을 인정했다. 한편, 대륙 자연법학은 자연법의 세속화와 체계화에 그 주된 관심을 집중했다. 그로티우스와 푸펜도르프는 자연법의 보편타당성의 근거를 도덕신학에 두는 중세적 · 스콜라적 자연법론을 비판하고, 자연법의 적용범위를 현세의 영역에 한정하고자 했다. 나아가 그들은 자연법학을 일상적인 시민생활을 규제하는 규칙들로서 체계화하여 근대적 시민을 위한 도덕철학을 구축하고자 했다.

대륙 자연법학에서는 고전적인 시장경제학의 단초도 나타난다. 예를 들어 푸펜도르프는 국가 설립 이전의 자연 상태에서 이미 소유물의 교환에 기초하는 상업적인 사회의 성립을 인정하고 있는데, 경제적인 분업*의 진전이나 사회계층의 분화가 화폐*를 발생시킨다고 지적하고 시장*에서 어떻게 사물(상품*)의 가치가 결정되는지 그 메커니즘을 상세히 분석하고 있다. 대륙 자연법학은 소유의 교환과 계약관계에 기초하는 시민사회*를 규제하는 도덕철학으로서의 성격을 강하게 지니고 있었지만, 홉스와 로크의 사상과 함께 스코틀랜드 계몽사상에 수용되었다. 그로티우스와 푸펜도르프의 자연법론은 허치슨과 스미스*가 교편을 잡았던 글래스고 대학 '도덕철학' 강좌에서도 표준적인 텍스트로 채용되었다. 시민사회 이론으로서의 두 가지 근대 자연법사상의 조류는 스미스의 사회 · 경제사상에서 그 사상적 통합이 이루어졌다. ☞자연법칙, 자연사적 과정, 역사법학파, 홉스, 로크, 스미스, 시민사회

참 A. P. ダントレーヴ(九保正幡 譯), 『自然法』, 岩波書店, 1952. H. ロンメン(阿南成一 譯), 『自然法の歴史と理論』, 有斐閣, 1971.

―마에다 도시후미(前田俊文)

자연법칙 自然法則 [(영) natural law (독) Naturgesetz (불) loi naturelle]

17세기 서구에서 탄생한 근대 과학은 아리스토텔레스* 이래의 코스모스적 · 목적론적 · 생물태적인 세계관에 맞선 기계론적인 세계관을 기반으로 하고, 관찰과 구별된 실험에 의해 자연현상을 수학적으로 파악하여 법칙 정립을 목적으로 하는 것을 그 기본으로 한다. 이와 같은 근대과학의 중심을 이루는 개념이 자연법칙이다. 자연법칙 개념은 우선 F. 베이컨과 데카르트에 의해 명시되었다. 이러한 과학혁명기에 갈릴레이의 낙체법칙과 케플러에 의한 행성운행의 세 가지 법칙의 도출을 거쳐 뉴턴이 지상의 운동과 천상의 운동을 운동의 법칙과 만유인력의 법칙으로 역학적으로 통합했다.

자연법칙의 개념적 등장과 그 탐구는 근대적인 자연법 개념의 주창과 나란히 진행된 사태다. 또한 근대과학과는 대립하는 것으로 보이는 기독교*의 영향 하에 있다고 말할 수 있다. 즉, 신이 창조한 세계에는 명확한 질서=법칙이 깔려 있으며, 인간*은 그 자연법칙을 파악함으로써 신의 숭고한 뜻에 다가갈 수 있다는 발상이다. 하지만 계몽기에 걸쳐 자연법칙 구명의 의식은 초월론적인 신을 필요로 하지 않는 자립적인 것으로 나아간다.

이리하여 19세기 전반기까지 자연*의 법칙화는 확장되고 심화된다. 역학은 칸트*에 의해 철학적으로 근거지어지고, 또한 라플라스가 역학법칙에 기초하여 결정론을 주창하면서 역학적 세계관이 지배적으로 되었다. 한편, 실험물리학이 수학적으로 이론화되어 앙페르에 의한 전류 요소 간 관계의 방정식, 카르노에 의한 열역학 제2법칙의 원형 등이 도출되었다. 여기에 역학법칙 이외의 법칙화도 진전되었다. 화학에서는 호흡=연소의 산화기구를 발견한 라부아지에가 화학반응의 전후에 반응물질의 중량은 변화하지 않는다는 물질(열소) 보존법칙을 수립했다. 또한 돌턴은 배수비례의 법칙을 창안하여 화합물을 분자식으로 표시했다. 생물에 관한 학문은 그때까지 동물학과 식물학으로 나누어져 있었지만, 생물학이라는 새로운 개념 아래 통일이 시도되

었다. 이러한 동향도 법칙정립 지향의 발로라고 볼 수 있을 것이다. 자연사에서는 생물의 다양성을 역사적 변천과정에서 생성론적으로 파악하는 진화설이 등장하며, 또한 지구생성의 통일적 설명을 시도하는 지질학이 탄생했다.

맑스와 엥겔스*가 활약한 19세기 중・후기에는 자연현상의 법칙화 경향이 한층 더 강화된다. 전자기학・열학이 진전을 보이는데, 전자에서는 패러데이가 제창한 전기장의 개념을 맥스웰이 발전시켜 수학적으로 법칙화했다. 열학에서는 J. P. 줄, 마이어, 헬름홀츠 등이 힘의 보존원리를 정식화했고, 그것을 열역학 제1법칙=에너지 보존법칙으로 다시 파악한 클라우지우스는 한걸음 더 나아가 열역학 제2법칙=엔트로피 법칙을 제창했다. 화학에서는 무기화학과 신흥 유기화학의 통일원리가 모색되는 가운데 멘델레예프가 원소의 성질에서 주기적인 법칙성을 발견하고 주기율표를 작성했다. 생물학에서는 슈반, 슐라이덴이 생물의 구조적-기능적 단위로서의 세포설을 수립하고, 프랑스에서는 생물학의 법칙과학화가 주창되었다. 다른 한편 다윈*이 자연선택을 원리로 하는 진화법칙을 제창하고 헤켈은 그것을 일원론적으로 체계화하며, 또한 스펜서*는 진화 사상을 인간 사회의 법칙으로 확장했다.

일반적으로 이 시대의 자연법칙에 대한 인식은 크게 3종류로 나눌 수 있을 것이다. 운동을 자연현상의 기저로서 파악하고 모든 자연현상을 역학법칙으로 환원하는 것(역학적 자연관), 힘을 포함해 모든 자연현상을 물질의 성질에 기초하여 파악하고 물질의 보편법칙을 구하는 것(속류유물론), 여러 자연현상의 축약적인 기술을 법칙화로 파악하는 것(현상론)이다. 또한 자연법칙관은 통시적으로 보면 자연법칙을 현상의 배후에서 현상을 일의적・필연적으로 규정하는 근거로 보는 것으로부터 자연법칙을 현상의 형식 그 자체로 보는 현상론적인 인식으로 서서히 이행한 것으로 간주할 수 있을 것이다. 맑스와 엥겔스의 자연법칙관이 이것들 가운데 어디에 위치하는가는 확정하기 어려운 문제다. ☞과학, 자연과학

참 M. Mandelbaum, *History, Man, Reason*, Baltimore and London 1971. 村上陽一郎,『西歐近代科學 — その自然觀の歷史と構造』, 新曜社, 1971. A. シュミット(元浜清海 譯),『マルクスの自然概念』, 法政大學出版局, 1972. 山本義隆,『重力と力學的世界 — 古典としての古典力學』, 現代數學社, 1981. 河本英夫,「一九世紀生物學の流れ」,『20世紀自然科學史6』 수록, 三省堂, 1982. 廣松涉,『存在と意味 — 事的世界觀の定礎 第1卷』, 岩波書店, 1993. 佐々木力,『科學革命の歷史構造』 上・下, 講談社學術文庫, 1995.

-고마쓰 요시히코(小松美彦)

『자연변증법 自然辨證法』 [Naturdialektik]

자연*(자연과학*)과 변증법*(철학*)의 관계를 주제적으로 논한 엥겔스*의 일군의 초고에 대한 총칭. 책 제목에 해당하는 전체의 표제는 없으며, 내용도 완성되어 있지 않다. 초고가 크고 작은 다양한 논문과 잡다한 단편들로 이루어지고 집필시기도 1873년부터 86년까지로 장기간에 걸치기 때문에 이를 어떻게 편집해야 할 것인가가 오늘날까지 논란거리가 되고 있다. 최초의 간행본인 랴자노프판(『맑스-엥겔스 아르히프』, 제2권, 1925년 러시아어판=독러 대역, 27년 독일어판)은 텍스트를 집필 순서대로 배열했다. 책 제목은 『변증법과 자연』(25년판), 『자연변증법』(27년판)으로 되었다. 스탈린 시대에 재편집된 아도라츠키판(『맑스・엥겔스 전집』[구MEGA] 별권, '체계적'으로 다시 배열되고 제목도 『자연의 변증법』으로 고쳐졌다(이후 오늘날까지 이 명칭이 일반적으로 사용되고 있다). 체계적 배열 방침을 한층 더 철저히 한 미틴판(41년 러시아어판)은 그 후의 모든 판의 저본이 되었다. 최신 간행본인 신MEGA(Ⅰ/26, 85년)판에는 당시의 동독과 소련의 편집자 간의 대립을 반영하여 '연대적 배열'과 '체계적 배열'이라는 두 가지 편집으로 수록되어 있다. 전자는 랴자노프판의 방침으로 돌아간 것이고, 후자는 미틴판을 좀 더 '체계화'한 것이라 말할 수 있다.

엥겔스가 초고를 아무렇게나 방치한 것은 아니었다. 그는 만년에 『자연변증법』용으로 집필한 초고에 그 밖의 관련 원고들(『반뒤링론』*과 『포이어바흐론』*용

원고의 미발표분 등)도 더해서 전체를 4개의 묶음으로 분류·정리했다. 각 묶음의 표지에는 엥겔스의 손으로 ① '변증법과 자연과학', ② '자연연구와 변증법', ③ '자연의 변증법', ④ '수학과 자연과학, 그밖에'라는 표제가, 또한 묶음 ②와 ③에는 내용 목차도 기입되어 있다. 하지만 엥겔스 자신이 최종적으로 정리한 이 네 묶음 분류는 종래의 어떤 판에서도 편집방침에 활용되지 않았다. 아도라츠키판 이래로 책 제목으로 되어 있는 '자연의 변증법(Dialektik der Natur)'은 묶음 ③의 표제이지 전체의 표제가 아니며, 이 점에서도 문제가 남아 있다. 1873년에 집필을 시작하고부터 『반뒤링론』을 위해 중단하는 76년까지 쓴 부분에는 엥겔스가 용지마다 '자연변증법(Naturdialektik)'이라는 표제를 붙이고 있으며, 맑스의 죽음(83년)으로 중단하기 직전에도 작업의 전체를 '자연변증법'이라고 부르고 있다[맑스에게 보내는 서간(1882. 11. 23), 35:98].

『자연변증법』은 다채로운 내용을 담고 있고 시대와 상황에 따라 다양한 방식으로 읽혔다. 1920년대의 소련에서는 '기계론적 유물론자' 대 '변증법적 유물론자'(데보린파)의 논쟁과정에 랴자노프판이 투여되어 후자의 이론적 무기가 되어 승리를 이끌었다. 데보린파는 변증법적 자연관을 선양한 공적을 남겼지만, 다른 한편으로 루카치로부터의 비판에 대해서는 변증법의 객관주의적 이해를 대치시켰다. 데보린파의 숙청 후 소련 철학계를 지배한 미틴과 스탈린은 자연의 객관적 법칙성(결정론적·기계론적 필연성)으로서, 또 이 법칙성을 과학적 사유에 가져오는 반영론철학으로서 자연변증법을 이해하고 이용했다. 이로 인해 반스탈린주의 진영에서는 『자연변증법』이 객관주의·과학주의이며 스탈린주의의 원점이라고 하는 비판도 뿌리 깊다. 그러나 최근 '체계적 저작'으로서 편집된 스탈린 시대의 유물을 청산하고 엥겔스 자신의 『자연변증법』을 복원하고자 하는 지향성이 일어나면서 안이한 자연변증법 비판에 대해서는 회의가 제기되고 있다. 『자연변증법』은 일부의 사회 다윈주의나 이른바 속류 유물론 등, 19세기 후반에 대두한 사조들에 대한 논박이라는 성격을 지니는데, 19세기 과학사 맥락에서의 정당한 평가가 기다려진다. 『자연변증법』에는 데카르트, 뉴턴 이래의 근대과학이 입각해온 세계관적 패러다임에 대한 예리한 비판이 담겨 있으며, 이런 면에서 재평가하고자 하는 움직임도 나타나고 있다. ☞자연, 변증법, 과학, 『반뒤링론』

㊟ 秋間實·渉谷一夫 譯, 『(新メガ版)自然の弁証法』, 新日本出版社, 1999. 廣松渉, 「弁証法三題」, 京都大學新聞, 1969(『著作集』, 岩波書店, 第9卷 수록). 小林昌人, 「『自然弁証法』をめぐって」, 『月刊フォーラム』, 1995年 7月号. 佐々木力, 『マルクス主義科學論』, みすず書房, 1997.

—고바야시 마사토(小林昌人)

자연사적 과정 自然史的過程 [(영) a process of natural history (독) ein naturgeschichtlicher Prozeß]

인류의 자기 형성사는 자연사를 기초로 소외*=물화* 과정을 통해 전개된다는 맑스의 역사관을 보여주는, 『자본』*의 초판 서문에 있는 용어. "경제적 사회구성체*의 발전을 하나의 자연사적 과정으로 생각하는 내 입장은 다른 어떤 입장보다도 관계들의 책임을 개인*에게 돌릴 수 없다. 왜냐하면 그가 주관적으로는 아무리 관계들로부터 초월해 있더라도 사회적으로 개인은 역시 관계들의 소산이기 때문이다"[23a:10-11].

이러한 자연사적 과정론은 자연의 빛에 의해 이성을 꽃피우는 인류의 역사를 '보편적 자연사'에 자리매김하는 스피노자*의 자연철학에서 섭취한 것이다. 그 원형은 이미 『경제학·철학 초고』*(이하 『초고』)의 다음과 같은 기술에 놓여 있다. "모든 자연적인 것이 **생성되어**(*entstehen*)야만 하는 것과 마찬가지로 **인간*** 또한 자신의 생성행위, **역사**를 지니고 있다. 그러나 이 역사는 인간에게 있어서는 하나의 의식*된 생성행위이며, 또한 그런 까닭에 의식을 수반하는 생성행위로서 자기를 지양하는 생성행위이다. 역사는 인간의 참된 자연사"[40:502]이며, "역사 그 자체는 **자연사**의, 자연*의 인간으로의 생성의, 하나의 **현실적인** 부분이다"[같은 책:465]. 자연사로부터 생성된 인간은 개인들의 오감·정신적 실천적 감각을 사회적인 기관들에 접합하고 거기에 자기의 감각을 매개한다. "역사는 모든 인간 본성의 부단한 변화에 다름 아니다"[『철학의 빈곤』, 4:165]. 인간은 자연을 의식적 행위의 대상으로 삼아 물질적·정신적 부의 세계를 창조한다. "역사의 운동은 사회적 관련들을 산출하고, 산업의 운동은 우리에게 각종 산업생산물을 준다"[같은 책:131]. 산업은 현재 "인간의 생명능력(Psychologie)"[40:463]의 외면적인 효용성으로 발달하고 있다. 산업 활동의 역사적 규정성을 사상한, 자연사적 과정에서의 인간의 자기 생성행위가 노동과정이다. "자연, 즉 감성적인 외계는 노동자의 노동*이 거기서 실현되고 그 속에서 활동하며, 그것을 바탕으로 하고 그것을 매개로 하여 생산하는 소재다"[같은 책:432-433].

이 『초고』의 기술은 맑스의 노동과정의 최초의 규정이며 『요강』*[초1:366ff.]·『자본』[23a:233ff.]의 노동과정론으로 계승된다. 그의 자연사적 과정론은 그의 유물론적 역사 파악(유물론적 역사관*)이라 말해지는 것을 정확하게 이해하기 위해 필수적이다. 자연사적 과정의 차원에서는 인간의 자기 생성행위가 그 과정에 매개되고 거기에 의거하는 행위라는 의미에서 인간은 형상인(eidos, forma)이자 자연이라는 질료인(hysis, materia)에 근원적으로 의거하고 있다. 이 관점이 맑스가 말하는 <Materialismus>이다.

인간은 자연사적 과정에서는 질료인(자연)에 대한 형상인이지만, 자본주의*의 역사과정에서 인간은 자본가라는 형상인과 임금노동자*라는 질료인으로 분리된다. 따라서 자본가는 "형상인으로서의 형상인"이며, 임금노동자는 자본가에 대한 질료인, 자연에 대한 형상인이다. 자연이야말로 "질료인으로서의 질료인"이다. 맑스는 이중의 형상인(인간·자본가)에 대한 이중의 질료인(자연·임금노동자)의 근원적 우월성이라는 관점에 입각하여 그 관점에서 경제학적 사회구성체를 분석한다. 그의 <Materialismus>란 '질료인의 근원성'을 지시하는 것이지 결코 모사설적·반영론적으로 오해해서는 안 된다. 개개인의 의식적 행위가 사회에서 직접적으로 실현된다고는 단정할 수 없으며, 자본주의적 산업 활동에서는 "물화되고 소외된"[3:248] 자립적인 형태들이 되어 운동한다. 자립한 운동과정은 반영론으로는 분석할 수 없다. 그 과정은 개개인의 사회적 관계행위를 소외=물화하는 자본주의적 소유관계들의 소산이다. ☞소외, 물화, 유물론적 역사관, 유물론, 『경제학·철학 초고』

㊟ A. シュミット(元浜清海 譯),『マルクスの自然概念』, 法政大學出版局, 1972. Scott Meikle, *Essentialism in the thought of Karl Marx*, Duckworth 1985. 内田弘,「スピノザの大衆像とマルクス」,『専修經濟學論集』, 2000年 3月.

—우치다 히로시(内田 弘)

자연주의 문학 自然主義文學 [프랑스]

19세기 전반기의 낭만주의적 풍토 하에서 스탕달, 발자크* 등에 의해 개척된 리얼리즘 수법은 7월 왕정기 중엽 이후 실증주의적 과학사상의 조류를 타고 제2제정기에 들어서자 그 전성기를 맞이하며, 플로베르의 『보바리 부인』(1857), 『감정교육』(1869)의 성공으로 문학양식으로서의 정점을 맞이한다. 그리고 이러한 리얼리즘(시대의 현실을 과학적 엄밀성을 가지고서 묘사한다는 의식*)의 계보 끝에서 태어난 이를테면 극한적인 형태가 바로 자연주의 문학이다. 좁은 의미로는 에밀 졸라를 중심으로 한 문학 '운동'을 가리키지만(뒤에서 언급), 넓은 의미로는 제3공화제 하에서 소설과 연극 분야에서 활약한 신세대에 공통된 문학의식이었다고 생각된다. 대표작으로서 졸라의 『제르미날』(북프랑스 탄광의 낙반사고와 파업), 모파상의 『비곗덩어리』(프로이센-프랑스 전쟁 하의 잔혹한 에피소드), 알퐁스 도데의 『풍차방앗간 편지』(남프랑스의 자연과 다정한 사람들), 쥘 발레스의 『자크 반트라스』(파리 코뮌*에의 참가, 망명*, 반체제 신문 『인민의 외침』의 주간이기도 했던 작가의 자전적 3부작), 공쿠르 형제의 『일기』(동시대의 증언) 등이 있고, 연극으로서는 앙리 베크의 『까마귀떼』와 또한 앙트완느의 자유극장 창설 등이 있다. 해외에 미친 프랑스 자연주의 문학의 영향은 엄청난 것으로, 하우프트만, 드라이저, 입센, 스트린드베리 등의 걸출한 이름들에, 말할 필요도 없이 일본 자연주의 작가들의 이름이 더해진다. 특히 일본문학에 대한 영향을 생각할 때 근대화의 단초에 시대적으로 선행하는 스탕달, 발자크, 플로베르의 소개가 뒷전으로 밀리고 우선은 당시 융성하던 자연주의 문학이 수입되었다는 사정은 고려되어야 할 점일 것이다.

저널리즘*에 의한 '자연주의' 문학이라는 명명은 1877년 졸라의 『선술집』에서 비롯되어 1880년 바로 그 졸라의 『실험소설론』에서 정식화되는데, 거기서는 실증주의자 이폴리트 테느, 실험의학자 클로드 베르나르, 유전학자 뤼카 등의 이론이 원용되며, 결국은 실증적 자료와 객관적 관찰에 기초하는 과학적 문학 창조가 제창된다. 인간 묘사를 위한 생리학적 생물학적 관점이 도입되어 작자=실험관찰자의 엄밀한 시선을 통해 작중인물과 그를 둘러싼 환경, 사회적 · 정치적 상황이 묘사되어야만 한다. 그러나 졸라의 연작소설 모음인 『루공 마카르 총서』가 유전적 숙명론에 의거하는 알코올중독 집안인 마카르 가문과 훌륭한 집안인 루공 가문의 연대기로서 기도되었을 때, 문학에 적용된 장대한 과학적 결정론의 차질은 명확해졌다. G. 루카치가 발자크의 『인간희극』이 자본주의 사회에서 살아가는 인간*과 '문학*'의 소외*를 묘사할 수 있었다고 평가한 반면, 그 점에서 졸라는 운명론에 빠지고 말았다고 평가하는 까닭이다. 그렇지만 기계문명 발흥기의 군중과 사회를 역동적인 서사시적 상상력을 구사하여 형상화한 졸라의 문학적 공적은 매우 크다. ☞발자크

㉾ ピエール・マルチノ(尾崎和郎 譯),『フランス自然主義』, 朝日出版社, 1968. 本田喜代治,「バルザックとゾラ:フランス文學と社會思想」,『本田喜代治フランス社會思想硏究』, 第3卷 수록, 法政大學出版局, 1969. 河內淸,『ゾラとフランス・レアリスム—自然主義形成の一考察』, 東京大學出版會, 1975. 同,『ゾラと日本自然主義』, 梓出版社, 1990. 尾崎和郎,『ゾラ—人と思想』, 淸水書院, 1983. 佐々木基一 外 譯,『ルカーチ著作集』, 第8卷(리얼리즘론), 白水社, 1987. ミッシェル・セール(寺田光德 譯),『火, そして霧の中の信号—ゾラ』, 法政大學出版局, 1988. 淸水正和,『ゾラと世紀末』, 國書刊行會, 1992.

—니시오 오사무(西尾 修)

자유 自由 [(독) Freiheit (불) liberté (영) liberty]

자유는 인간*의 본질이다. 어떠한 사람이라 하더라도 자유와 싸울 수는 없다. 기껏해야 타인의 자유와 싸울 뿐이다. 맑스는 『라인 신문』*의 1842년 5월호에서 이렇게 쓰고 있다[1:58]. 그는 출판*의 자유를 강조하여 그것은 국민정신의 열린 눈이며 국민의 자기 자신에 대한 신뢰의 구현이라고 말한다. 맑스의 학위 논문(1841)은 데모크리토스와 에피쿠로스의 자연철학의 차이를 해명하는 것이었는데, 그 모티브는 자연 필연성에 맞서 자기의식의 자기 규정성 즉 자유를 부각시키는 데 있었다.

근대인의 이상은 예를 들어 홉스*에게서 볼 수 있는 바와 같이 낡은 공동체*로부터 자기를 해방시키고 자신을 위해 자기 자신의 힘을 사용하여 자기 자신의 목적을 실현하는 것이었다. 하지만 그와 같은 자립적 자유는 인간과 인간을 결합하는 것이 아니라 분열시키는 결과를 낳았다. 맑스에 따르면 그렇게 되는 원인은 근대인의 자유가 사적 소유를 근본 요인으로 지니는 데 있었다. 개인적 자유란 부르주아 사회의 기초를 형성하는 것일 뿐이었다[「유대인 문제에 대하여」, 1:402]. 인간과 인간을 결합시킬 수 있는 자유란 어떻게 해서 실현될 수 있을까? 이것이 19세기 철학사상의 주요 과제가 되었다. 피히테*는 『학문론의 원리들에 따른 자연법의 기초』(1796)에서 어떠한 예외도 없이 각인이 평등*하게 자신의 자유를 제한함으로써 자유로운 공동체를 만들 수 있다고 주장했지만, 헤겔*은 『피히테와 셸링의 철학체계의 차이』(1801)에서 피히테의 공동체는 각인이 자신의 이름에 있어 자유를 포기할 수밖에 없는 최고의 압제라고 비판했다. 그리고 헤겔 자신은 『법철학』*(1821)을 저술하고 거기서 추상적인 법 권리로서의 자유로부터 주체적 도덕을 거쳐 자유로운 인간 상호의 관계의 장으로서의 인륜*에 이르는 공동체론을 전개했다. 헤겔의 인륜은 더 나아가 직접적 자연적 공동체로서의 가족, 욕구*의 체계로서의 시민사회*, 그리고 시민사회의 모순을 해결하는 기관으로서, 직업단체(Korporation)의 연합으로서의 국가*라는 식으로 전개된다.

루게*나 맑스는 헤겔의 이러한 국가론에서 현존하는 프로이센 국가의 냄새를 맡고서 이를 혹독하게 비판했다. 『독일 이데올로기』*의 서술에 따르면[廣 126], 국가 안에서 인격적 자유는 지배계급의 관계들 속에서 육성된 개인들에게 있어서만, 그것도 그들이 지배계급의 개인들인 한에서만 실존하는 것이었다. 따라서 피지배계급에게 있어서는 자유로운 공동체로 간주되는 근대국가는 완전한 환상이었을 뿐만 아니라 새로운 질곡이기도 했다. 그렇지만 개인들의 자유로운 발전은 공동체를 떠나서는 실현될 수 없으며, 그것은 분업*을 지양한 참다운 공동사회인 아소시아시옹*에서만 가능하다. ☞『법철학』, 시민사회, 윤리, 국가, 아소시아시옹, 검열(제도), 출판

참 内田義彦, 『社會認識の歩み』, 岩波書店, 1971. 柴田隆行, 『ヘーゲルにおける自由と共同』, 北樹出版, 1986.

—시바타 다카유키(柴田隆行)

자유시간 自由時間 [(영) disposable time (독) freie Zeit]

자유시간론은 맑스의 초기 · 중기 · 후기를 관통하는 필생의 테마 가운데 하나다. 그것은 자유론 · 인간해방론이자 정의론이다. 자유시간이란 맑스에게 있어 "인간적 교양을 위한, 정신적 발달을 위한, 사회적 역할을 수행하기 위한, 사회적 교류를 위한, 육체적 · 정신적 생명력의 자유로운 놀이를 위한 시간"[『자본』, 23a:346]이다. "노동자는 지적 및 사회적인 욕구들의 충족을 위해 {자유}시간을 필요로 하며, 그러한 욕구*들의 범위와 숫자는 일반적인 문화 수준에 의해 결정된다"[같은 책:302].

맑스는 초기의 『경제학 · 철학 초고』*에서 국민경제학자(A. 스미스)는 불평등에도 불구하고 부유가 문명사회에 보급되어 만민이 덕이 있는 사람이 될 것이라고 주장하지만, 현실에서는 부의 직접 생산자가 물질적 정신적으로 가난하고, 노동*하지 않는 덕 있는 부자로부터 '부-덕'을 시혜 받는 것은 어째서인지 묻는다. 더 나아가 W. 슐츠*의 『생산의 운동』으로부터 "정신적으로 창조하고 정신적으로 향유할 수 있는 시간"이라는 문장을 인용하여 만민이 자유시간을 획득하는 목표를 내걸었다. 『철학의 빈곤』*에서는 국민경제*(자본주의*)에서 부등가교환이 아니라 등가교환에도 불구하고 소유*의 불평등이 발생하는 이유는 무엇인가 하는 잉여가치론의 문제를 제기하고, '교환의 정의'와 '분배의 정의'가 양립하지 않는 원인의 해명에 착수했다.

【Ⅰ】『요강』의 자유시간론

자유시간론은 중기의 『정치경제학 비판 요강』*을 관철하는 테마 가운데 하나다. 즉, '화폐에 관한 장'의 '시간의 경제'론에서, 노동시간*의 단축이야말로 인류사를 관통하는 염원이며 자본주의가 이 염원에 응답하는 조건을 의도하지 않고서 준비하는 까닭을 분석한다고 하는 주제를 제기했던 것이다. 그 분석은 『요강』의 요소요소에서 이루어지는데, 맑스는 '자본에 관한 장'의 초두에서 노동능력 개념을 도입하여 가치*=잉여가치론을 확립했다. 잉여가치*로서 자본가에게 취득되는 잉여노동시간이 자유시간으로서 노동자에게 탈환되는 실천적 가능성을 제시하고 자유시간론에 이론적 근거를 부여했다. 거기서 그는 익명의 소책자 『국민의 고난의 근원과 구제책』(1821; 그 저자가 초대 Ch. W. 딜크라는 사실은 스기하라 시로(杉原四郎)가 밝혔다)에서의 "부란 자유시간에 다름 아니다"[초1:518]라는 문장을 인용했다.

『요강』의 자유시간론은 오토메이션*론에서 중점적으로 전개되고 있다. 즉 개별 자본은 초과이윤을 획득하기 위해 생산 · 유통 · 통신의 기술혁신을 추진하고 생산력들을 발전시켜 필요노동시간을 단축하며, 그 단축분을 잉여노동시간으로 전화하여 이윤*의 형태로 전유한다. 임금노동자*는 '문명'의 생산과 향유에 참가하도록 조직되고, 그들의 지적 · 도덕적 역량은 점차 높아져 간다. 그 역량은 자신의 이해의 틀을 넘어서는 보편성을 지닌다. 그들은 자본*의 증대되는 이윤이란 다름 아닌 자신들이 담당하는 생산력들이 산출한 것이라는 사실을 인식하게 된다. 그 인식은 부의 분배 기준에 대한 재고를 촉진하고, 잉여노동시간은 축적기금뿐만 아니라 실질임금 상승 · 노동시간 단축이라는 형태로도 분배되기에 이른다. 이것이야말로 노동자에게

있어서의 '교환의 정의'와 '분배의 정의'의 점진적인 실현에 다름 아니다.

자본가와 그 변호론자가 "금욕의 공덕"[23a:251]으로서 부(자본과 이윤)를 정당화하는 데 맞서, 맑스는 '교환의 정의'와 '분배의 정의'의 모순을 푸는 열쇠를 잉여가치론에서 찾고 자본가의 부는 노동자의 잉여노동*의 축적물임을 해명했던 것이다.

자유시간을 실현하기 위해서는 자본의 잉여노동 흡수를 합리화하는 종교적 이데올로기를 극복해야만 한다. 자본가가 부유하고 덕이 있는 것은 열심히 일하여 축적했기 때문이며, 자본가가 되고 싶다면 금욕과 근로의 생활태도를 몸에 익혀야 한다는 교설은 자본주의가 확립된 뒤에는 전혀 실천적 의미를 지니지 않는 "자본주의적 생산의 정신"[23a:521]이다. 맑스는 『요강』과 1850년대의 시평[11:321, 376]에서 지금도 여전히 끈질기게 살아 숨 쉬고 있는 금욕—근로 이데올로기*의 기만과 위선에 항의하는 대중*과 노동자의 운동을 거론했다. 노동생산성 향상의 수단은 노동자 수의 삭감에도 노동시간 단축에도 활용되는 양면성을 지닌다.

아리스토텔레스*는 자동기계가 발명되면 지배-비지배 관계가 없어질 것으로 생각했다. 물론 이러한 소박한 고전 고대인은 기독교*와 자본주의 경제의 관계에 대해 아무것도 알지 못한다. 금욕·근로의 설교와 착취율 강화를 위한 기계 활용은 유착되어 있다고 맑스는 지적한다. 기계*의 자본주의적 활용은 "문명화되고 세련된 착취*의 하나의 수단"[23a:478]이다. 따라서 노동시간 단축-자유시간 획득이란 단순한 경제 요구에 머물지 않고 자신들의 생활관·세계관을 재고하는 작업을 요구하는 것이다.

맑스는 1864년의 「국제노동자협회 창립선언」이 협동조합의 결성과 함께 노동시간 단축을 슬로건으로 내건 것을 '원리의 승리'라고 평가하고, 노동시간을 단축하여 자유시간을 획득하는 것은 "노동자계급을 정신적 육체적으로 향상시켜 그들의 궁극적인 해방*을 달성하기 위한 첫걸음이다"[16:553]라고 역설했다.

【Ⅱ】『자본』의 자유시간론

맑스의 학문 추구의 집대성인 후기의 『자본』*에서도 자유시간론은 관철되고 있다. 맑스는 제1부 '제8장 노동일'에서 노동시간의 법제적 제한의 역사를 상세히 서술하고, 임금*·노동시간 등의 노동 조건에 대해 자본가와 대등한 교섭권을 확립함으로써 비로소 노동자는 시민적으로 동등한 권리를 획득하게 되고 '정의'를 주장할 수 있게 된다고 지적했다. 맑스는 자유시간의 요구 속에서 노동자가 인간*으로서의 존엄을 확보하고 인간적인 발달을 요구하는 절실한 목소리를 들었던 것이다. 『자본』의 끝에 가까이 가서는 "노동일의 단축이 (참된 자유의 왕국에 이르기 위한) 근본 조건이다"[25b:1051]라고 적고 있다. 물론 자유시간의 요구는 무노동 사회를 전망하는 것은 아니며 그 실현은 불가능하다. 맑스는 영국의 지배층이 조직한 '영국 사회과학 진흥협회'*(1857-86년)의 1863년 연차총회에서 N. 시니어*가 지배층의 아동에 대한 과잉된 교육은 아동의 건강·에너지·시간을 헛되게 한다고 비판한 것에 주목하고, "전면적으로 발달한 인간"을 육성하는 조건은 일정 연령 이상의 모든 아동에게 생산적 노동을 지적 교육 및 체육과 결합할 가능성에 내재해 있다고 지적했다[23a:629-630]. 맑스의 자유시간론은 노동이 자발적 욕구가 되는, 노동시간의 자유시간으로의 전화와 노동의 인간화를 전망하는 것이다. ☞오토메이션, 『정치경제학 비판 요강』, 인터내셔널{국제노동자협회}, 『자본』, 노동

㊂ 杉原四郎, 『ミルとマルクス』, ミネルヴァ書房, 1957. 同, 『經濟原論 I』, 同文館, 1973. 同, 「ある匿名パンフレットとその著者」, 『資本論體系』, 月報 No. 2, 有斐閣, 1984. 內田弘, 『經濟學批判要綱の硏究』, 新評論, 1982. 同, 『自由時間』, 有斐閣, 1993.

—우치다 히로시(內田 弘)

자유신앙교회 自由信仰敎會 [(독) Die Freie Gemeinde (영) The Free Congregation]

1840년대 중엽의 독일에서 민중운동을 지도한 민주주의적·합리주의적 프로테스탄트 세력. 1845년 여름,

프로이센 정부와 작센 정부는 그 무렵 정치적으로 점차 급진적으로 변하고 있던 민주주의적 프로테스탄트 세력인 빛의 벗* 협회를 탄압하고 집회를 금지했다. 이를 계기로 비슬리체누스를 리더로 하는 빛의 벗 협회 내의 극좌파는 이듬해인 46년 10월 할레에서 새로이 자유신앙교회라고 불리는 독립교회를 설립했다. 이것은 같은 해 1월 쾨니히스베르크에서 율리우스 루프가 이미 설립한 것을 이어받아 설립된 것으로, 여기서 그들은 프로이센과 작센의 두 정부 및 프로이센 영방교회와 전면적으로 대립하기에 이르렀다. 같은 파의 울리히, 둘롱을 비롯한 그 누구보다도 급진적인 비슬리체누스는 영방교회 종교국이 목사에게 강제하는 예배의식문에 반발하여 기관지 『교회개혁』(*Kirchliche Reform*)에서 "신앙의, 인식으로의 해소"를 주장한다. 그때 이 급진적 종파는 헤겔 좌파*, 특히 포이어바흐 사상을 받아들이며, 1848년 혁명* 시기에는 프랑스 사회주의, 특히 프루동 사상에 접근한다. 또한 조직 측면에서는 1849년부터 50년 말까지 프로이센과 작센에 다수의 교회를 설립한다. 교회 가입자의 사회적 구성은 수공업직인이 대다수를 차지했다. 1852년 이후 정치 정세의 안정화에 발맞추듯이 자유신앙교회는 비정치화를 진행시켰고 그런 만큼 한층 더 신앙의 자유를 추구하게 되었다. ☞3월 혁명, 독일 가톨릭교회, 빛의 벗

㊟ 石塚正英, 『三月前期の急進主義—青年ヘーゲル派と義人同盟に關する社會思想史的硏究』, 長崎出版, 1983. 下田淳, 「ドイツにおける<心性の近代化>とキリスト教」, 『社會思想史の窓』, 第96号, 1992. 同, 「ドイツ1840年代の自由プロテスタンティズムと權力の論理」, 『歷史學硏究』, 第637号, 1992.

—이시즈카 마사히데(石塚正英)

『자유여성 自由女性**』** [La Femme libre, 1832-34]

1832년 여성을 남성에 대한 예속으로부터 해방하고 자유로운 새로운 여성상의 확립을 추구하여 여성 생시몽주의자인 데지레 게이와 마리 렌느 등에 의해 발간된 여성지.

프랑스 혁명*이 가져온 성과는 봉건체제의 파괴와 근대 부르주아 사회의 수립을 비롯하여 많지만, 여성에 국한해서 말하자면 우선 첫째로 국가*와 교회가 강고하게 지켜온 결혼의 불가해소제(不可解消制)의 철폐를 들지 않으면 안 된다. 그러나 그 성과도 나폴레옹*의 등장과 '나폴레옹 법전'에 의해 뒤집어지고, 그 이후 왕정복고와 7월 왕정으로 이어지는 체제 하에서도 그러한 상황은 강화될지언정 부활하는 일 등은 있을 수 없었다. 이와 같은 상황을 변혁하고 자유*를 빼앗겨 억압된 여성들의 해방*을 요구하는 목소리를 대변하면서 새로운 남녀의 모럴에 기초한 평등사회의 건설을 호소하며 7월 혁명* 직전에 등장한 것이 앙팡탱*을 교부로 하는 생시몽주의*자들이었다. 그들은 독특한 계층제와 색다른 공동생활로 파리 사람들의 관심을 끌었지만, 1832년 당국으로부터 해산을 명령받게 되고 교부 앙팡탱은 풍속문란 혐의로 유죄 판결을 받아 투옥되고 만다. 이 사건을 계기로 생시몽주의 운동은 해체되지만 남은 일부의 생시몽주의자들은 이상향을 찾아 이집트로 건너간다든지 했으며, 나아가 여성 생시몽주의자 데지레 게이와 마리 렌느 등은 스승 앙팡탱의 가르침과 푸리에*의 사상을 받아들인 여성 해방지 『자유여성』을 발간하면서 운동을 계속해 나갔다. ☞생시몽주의, 여성운동

㊟ アラン・ドウコー(山方達雄 譯), 『フランス女性の歷史 4』, 大修館書店, 1981. ロール・アンドレール(加藤節子・杉村和子 譯), 『黎明期のフェミニスム』, 人文書院, 1981. セバスティアン・シャルレティ(澤崎浩平・小杉隆芳 譯), 『サン・シモン主義の歷史』, 法政大學出版局, 1986. 加藤節子, 『1848年の女性群像』, 法政大學出版局, 1995.

—고스기 다카요시(小杉隆芳)

자유의 왕국 自由—王國 ⇨**자유시간**

자유주의 自由主義 [(독) Liberalismus]

19세기 독일에서 자립적 개인의 형성을 사상적 기반

으로 하여 입헌주의*와 독일 통일을 지향하는 사상과 운동. 이 자유주의는 1848/49년 혁명을 경계로 위상을 달리 한다. 1806-13년의 나폴레옹*에 의한 독일 지배는 전통적 사회관계들로부터의 탈피를 독일인에게 촉구하는 동시에 프랑스에 대항하는 민족적 의식도 형성했다. 1815년 이후의 빈 체제*는 그 태동을 억누르고 영방국가 체제로의 복귀를 지향하는 것이었기 때문에 입헌주의와 독일 통일을 내건 자유주의는 광범위한 사회계층을 끌어들였다. 포어메르츠기*의 독일은 전통적인 신분적 결합의 해체로부터 자본주의적인 사회적 관계들의 형성으로 향하는 과도기에서 중간 신분인 시민계급이 사회 일반을 대표하는 말하자면 무계급적인 시민사회*의 이념이 사회계층 종단적인 흡인력을 지니는 상황에 있었다. 그 현실적 운동체가 협회*이며, 협회조직을 기반으로 한 1832년 함바흐 축제*는 그 표현이었다. 다른 한편, 이러한 현실적인 사회운동 혹은 1830년을 전후하여 중소 영방국가에서 제도화된 의회에서의 정부 반대파의 등장과 더불어 독일 특유의 철학적 자유주의도 존재했다. 헤겔* 이래의 이성적 개인의 확립을 자유*의 궁극 목적으로 하는 사상은 헤겔 좌파*에 농후하며 3월 혁명 전기의 사상을 주도했다. 그 영향은 서남독일 자유주의*에도 미쳐 로텍과 벨커에 의한 『국가사전』(1845-48)에서도 자유주의를 "이성적 법의 확립으로 향한 노력의 총체", "이성적 국가 목표의 확실하고 완전한 달성과 결부된 가능한 한에서의 자유"라고 정의하고 있다.

1848/49년의 혁명은 당시까지 구별이 분명치 않았던 자유주의와 민주주의*를 특히 운동론 차원에서 구분하게 된다. 자유주의란 입헌군주제를 목표로 하는 온건파의 운동·사상을 의미하고 이를 담당하는 사회계층은 관리, 교양인, 상인, 수공업 고용자층 등이다. 다른 한편 민주주의란 공화주의*를 극좌익으로 지니는 급진파를 의미하며 이를 담당하는 계층은 교양인, 수공업 피고용 직인, 사회적 하층의 사람들이었다.

이러한 조류의 분기는 1848/49년 이후부터 명확해지는데, 1859년에 설립된 독일국민협회에 결집하는 것은 주로 사회적으로 상위·중간계층이며, 노동자층은 별도로 63년의 전독일노동자협회* 등 독자적인 목표와 조직을 형성하게 된다. 그럼에도 불구하고 1860년대에 프로이센 의회에서의 독일 진보당(1861년 설립)에 의해 자유주의는 반동정치와 대결 자세를 보였다. 즉, 의회주의에 의한 입헌국가를 지향하여 국왕 지배와 군국주의에 대항해 싸웠던 것이다. 그러나 프로이센-오스트리아 전쟁*(1866년)을 계기로 독일 진보당은 분열하고, 우파는 국민자유당을 결성해서 민족국가의 형성을 근본 과제로 하여 비스마르크*의 여당이 된다. 그 후 제국주의 시기의 독일의 자유주의는 프리드리히 나우만의 국민사회협회에서 볼 수 있듯이 국내에서의 자유주의적 개혁을 주장하는 동시에 대외적으로는 식민지 정책을 적극적으로 지지했다. ☞민주주의, 입헌주의, 3월 혁명, 1848년 혁명 후의 독일, 비스마르크 시기의 독일, 비스마르크

㊟ Dieter Langewiesche, *Liberalismus in Deutschland*, Frankfurt a. M. 1988.

—무라카미 슌스케(村上俊介)

장 파울 [Jean Paul(본명 Johann Paul Friedrich Richter), 1763-1825]

독일의 작가. 루소* 등 계몽주의의 영향을 받지만 근대에서의 자아의 위기, 신앙 없는 죽음, 사상과 현실로서의 무(無)를 예견하고 극복을 지향한다. 동시대의 고전주의*나 낭만파*와는 선을 긋고 독자적인 입장을 관철한다. 대표작 『거인』(1800/03)은 고전주의에 대한 응답이다. 프랑스 혁명*에 대해서는 나중에 다소 후퇴는 있긴 하지만 시종일관 지지한다. 만년에는 이론적 저작에 전념한다(『미학입문』 등). 그 산문정신은 후세에 커다란 영향력을 지닌다. 뵈르네*의 추도사는 잘 알려져 있다.

—다카기 후미오(高木文夫)

재생산 再生産 [(독) Reproduktion (영) reproduction]

자연사적 과정*의 일환인 인간*과 자연*의 물질대사*

에서 재화의 생산–소비를 계속 반복하고 사회 전체가 존속해 가는 것을 재생산이라고 한다. 인류사를 관통하는 재생산 과정*은 『자본』* 제1권 제3편 제5장의 노동과정에서 추상적으로 기술되어 있다. 그러나 이러한 역사 관통적인 노동과정은 물질대사 과정의 두 요인인 노동력과 생산수단의 자본주의적 시스템에서의 분리(노동과정 소외)를 확정하는 범주로서 배치되어 있으며, 『자본』의 직접적인 고찰 대상은 아니다. 『자본』의 주안점은 자기 재생산적인 자본주의적 시스템의 작동, 자본주의적인 물량적 생산 편성의 연속적 복원 및 자본주의적 생산관계의 재생산을 이상적 평균에서 서술하는 데 있다.

【Ⅰ】 물량적 생산 편성과 자본관계의 재생산

연속되는 생산기간(…, t_0, t_1, t_2, …) 내에서 육체적 및 정신적 능력의 총체인 노동력 A를 활동시킴으로써 사회의 노동력은 생산수단 부문 Ⅰ로부터 생산재 K, 소비수단 부문 Ⅱ로부터 소비재 B를 산출하여 t_1기 총생산물을 형성한다. 이 t_1기 생산 활동은 연속되는 생산기간의 관점에서 보면 t_0기 생산활동의 결과인 (1) 특정 수준의 사회적 생산력, (2) 생산요소의 존재량, (3) 총생산물의 사회적 분배를 전제로 하여 실행되고 있다. 따라서 t_1기 생산 활동의 결과가 t_2기 생산 활동의 전제가 되기 위해서는 t_1기 생산 활동은 (4) 특정 범위 내의 생산수단/소비수단(K/B)을 실현하는 생산 활동이어야만 한다. t_1기 생산 활동은 총생산물의 산출과정인 동시에 노동력 및 생산수단(노동수단, 원재료, 보조재료)의 소모과정이기도 하며, t_0기와 마찬가지로 (3) 총생산물의 사회적 배분(B의 소비*에 의한 노동력의 회복{$B \rightarrow A_{\mathrm{I}}+A_{\mathrm{II}}$} 및 K의 재투입에 의한 생산수단의 보전{$K \rightarrow K_{\mathrm{I}}+K_{\mathrm{II}}$})을 필요로 하기 때문이다. (1)(2)(3)(4)를 재생산의 조건으로 하는 투입–산출의 순환 상호의존적 루프 구조가 물량적 생산 편성의 재생산과정이며, 맑스는 연속되는 생산기간에 존속하는 노동과정을 역사 관통적인 재생산과정으로서 인식했다[23a:238, 241, 23b:737].

맑스의 재생산론의 수리 모델로서 이용되는 레온티에프의 산업 연관 분석은 맑스가 인류사를 관통하는 과정으로서 인식한 물량적 재생산과정을 기술적 네트워크로서 기술하고 있는 한에서 재생산과정으로서의 노동과정에 조응한다. 이 레온티에프 산업 연관 분석을 맑스의 자본주의적 시스템의 재생산론으로 전개하기 위해서는 자본주의적 생산관계를 도입할 필요가 있다.

『자본』의 경우, 자본주의적 생산관계는 자본가–노동자의 생산관계로서 나타난다. 이 자본관계는 본원적 축적*에 의한 노동과정 소외의 구조, 다시 말하면 "객체적인 노동 조건들과 주체적 노동력의 분리"[23b:742]를 기반으로 한다. 인류사를 관통하는 재생산 과정이 노동과정 소외 구조로서의 자본주의적 생산의 형태로 나타난다. 이 자본주의적 시스템은 물량적 생산 편성과 동시에 자본관계 자체를 다음과 같이 재생산함으로써 존속한다.

노동자계급은 자본가계급이 선대(先貸)하는 것으로 상정된 화폐임금과 노동력 상품을 교환하여 자본가계급의 통제 아래 t_1기 생산 활동을 시작한다. 노동자계급의 노동*은 불변자본*을 가치로서 상품*에 이전하는 작용인, 가치로서 가변자본* 및 잉여가치*를 창조하는 작용인으로서 동시에 기능한다. 시장*이 균형 상태에 있으면 상품은 화폐*와의 교환에 의해 완전히 실현된다. 불변자본은 t_2기의 재투입 부분으로서, 가변자본은 노동자계급의 소비지출로서, 잉여가치는 자본가계급의 투자 및 소비지출로서 분배되어 물량적 생산 편성이 재생산된다. 노동자계급은 화폐임금과 자본가계급이 판매하는 소비수단을 교환함으로써 자기를 재생산하는데, 화폐임금은 초기 보유자인 자본가계급으로 회귀하기 때문에 노동자계급은 생산수단으로부터 소외*된 노동력 상품만을 소유하는 계급으로서 복원된다.

이상과 같이 자본주의적 생산과정은 물량적 생산 편성을 재생산하는 과정 자체에서 자본관계를 재생산한다. 이 자본주의적 재생산은 재생산 표식*에서 총괄된다.

【Ⅱ】 자본주의적 의식의 재생산

맑스의 자본주의적 재생산론은 물량적 생산 편성 및 자본관계의 재생산을 주축으로 하여 전개되고 있다.

하지만 자본주의적 시스템의 원활한 재생산과정은 자본주의적 행동규범, 사적 소유 관념, 근대적 법체계, 자본주의적 국가정책을 자연시하는 이데올로기*가 개인들의 의식*에 내면화하여 재생산되는 것을 통해 보장된다. "교육*, 전통, 습관에 의해 생산양식*의 요구들을 자명한 자연법칙*으로 인정하는 노동자계급이 발달해 가는"[23b:963] 것이 자본주의적 시스템의 재생산에서 필요하다. ☞의식, 이데올로기, 재생산 표식, 자연사적 과정, 소외, 물질대사, 불변자본/가변자본, 본원적 축적, 노동

[참] 置塩信雄, 『再生産の理論』, 創文社, 1957. 内田義彦, 『資本論の世界』, 岩波書店, 1966. 宮島喬・藤田英典 編, 『文化と再生産—差異化・構造化・再生産』, 有信堂, 1991. H. D. Kurz/N. Salvadori, *Theory of Production: A Long-Period Analysis*, Cambridge 1995.

—다이 다카히코(田井貴彦)

재생산 표식 再生産表式 [(독) Schema der Reproduktion (영) schema of reproduction]

개별 자본을 생산수단 부문과 소비수단 부문으로 집약한 2부문 구성의 자본주의적 시스템의 지속적인 재생산 구조를 상품자본 순환의 물량—가치의 이상적 편성에서 분석하는 도구를 재생산 표식이라고 한다. 재생산 표식은 『자본』*의 제2권 제3편에 제시되어 있다.

맑스의 재생산 표식은 ① 균등잉여가치율 100%, ② 수요—공급의 균형, ③ 상대적 과잉인구의 존재, ④ 유통 필요 화폐량의 충족, ⑤ 유기적 구성 불변을 전제로 한다. 플로우(flow, 유량)와 스톡(stock, 저량)을 노동가치량으로 기술하고, 불변자본* C, 가변자본* V, 잉여가치* M=확장적 불변자본투자 Mc+확장적 가변자본투자 Mv+자본가계급의 개인적 소비 Mk, 축적률 $g=(Mc+Mv)/M$, 생산수단 부문 Ⅰ, 소비수단 부문 Ⅱ의 2부문 생산 시스템을 가정하면, 재생산 표식은 다음과 같다.

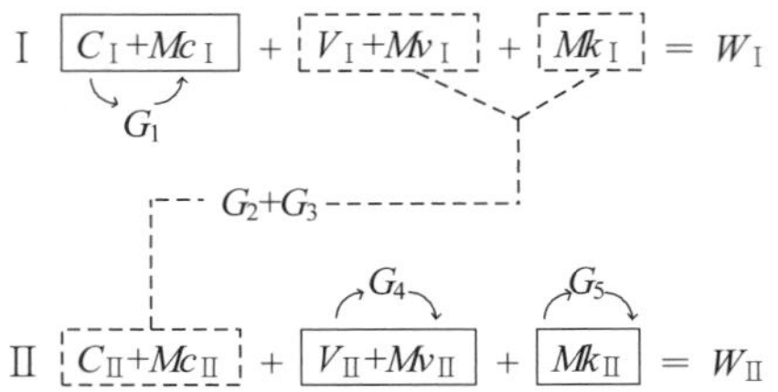

자본주의적 시스템의 2부문 구성은 주어진 생산력 체계에 조응하는 물량적 편성을 의미하며, $W_{Ⅰ}$와 $W_{Ⅱ}$는 사용가치적으로 다르다. C, V, M은 수요—공급의 두 측면을 지니고 특정 물량의 가치를 나타내고 있다. 실선부는 부문 내 교환, 점선부는 부문 간 교환, G_1은 상품교환에 필요한 유통화폐량을 의미한다.

【Ⅰ】이상적 편성의 재생산 가능구조

맑스가 제시한 재생산 표식은 자본주의적 시스템이 정태 순환하는 유형(단순 재생산 표식, $g=0$)과 균형 성장하는 유형(확대 재생산 표식, $g>0$)으로 분류된다. 자본주의적 시스템의 지속적인 재생산*을 가능케 하는 물량—가치의 교환구조를 맑스는 재생산 표식의 다음과 같은 세 가지 경로에서 설명한다. 수요를 D, 공급을 S라고 한다. α, β를 특정비율이라고 한다.

(1) 제Ⅰ부문 내 교환의 경로: 생산적으로 소모한 $C_{Ⅰ}$의 보전과 차기의 생산을 확장하는 투자 $Mc_{Ⅰ}$의 G_1에 의한 제Ⅰ부문 내 자본가 간의 물량—가치의 교환 경로. 균형 조건은,

$g=0$의 경우,

$$S_1(C_{Ⅰ})=D_1(C_{Ⅰ}),\ Mc_{Ⅰ}=0$$

$g>0$의 경우,

$$S_1(C_{Ⅰ}+Mc_{Ⅰ})=D_1(C_{Ⅰ}+Mc_{Ⅰ})$$

이다. 제Ⅰ부문 내 자본가 교환이므로 $S_1=D_1$이면 G_1은 제Ⅰ부문 자본가로 회귀한다.

(2) 제Ⅱ부분 내 교환의 경로: 제Ⅱ부문 자본가가 선대(先貸)한 G_4의 노동자에 의한 소비지출 $V_{Ⅱ}+Mv_{Ⅱ}$, 제Ⅱ부문 자본가의 G_5에 의한 소비지출 $Mk_{Ⅱ}$의 경로. 균형 조건은,

$g=0$의 경우,

$$S_2(V_{Ⅱ}+Mk_{Ⅱ})=D_2(V_{Ⅱ}+Mk_{Ⅱ}),\ Mv_{Ⅱ}=0,$$

$g>0$의 경우,

$$S_2(V_{\text{II}}+Mv_{\text{II}}+Mk_{\text{II}})=D_2(V_{\text{II}}+Mv_{\text{II}}+Mk_{\text{II}})$$

이다. $S_2=D_2$이면, ① 제II부문 자본가의 소비지출 Mk_{II}는 G_5에 의한 제II부문 내 자본가 간 교환이므로 G_5는 제II부문 자본가로 회귀한다. ② 제II부문 노동자는 제II부문 자본가가 선대한 화폐임금 G_4와 제II부문 자본가가 소유하는 소비수단 $V_{\text{II}}+Mv_{\text{II}}$를 교환−소비함으로써 자기를 재생산하고, G_4는 제II부문 자본가로 회귀하므로 노동력 상품만을 소유하는 제II부문 노동자와 생산수단을 제II부문 자본가의 생산관계가 재생산된다.

(3) 두 부문 간 교환의 경로: 사용가치적으로 보면 $V_{\text{I}}+Mv_{\text{I}}+Mk_{\text{I}}$는 생산수단, $C_{\text{II}}+Mc_{\text{II}}$는 소비수단이어서 (1)(2)의 경로와 다르며, 자본주의적 시스템의 지속적 재생산을 가능케 하는 물량−가치의 교환 메커니즘이 두 부문 간에 존재해야만 한다. 물량으로서 보면 $V_{\text{I}}+Mv_{\text{I}}+Mk_{\text{I}}$는 제II부문에 대한 생산수단 공급·소비수단 수요이고, $C_{\text{II}}+Mc_{\text{II}}$는 제I부문에 대한 소비수단 공급·생산수단 수요이다. 가치로서 보면 $V_{\text{I}}+Mv_{\text{I}}+Mk_{\text{I}}$는 생산수단의 가치, $C_{\text{II}}+Mc_{\text{II}}$는 소비수단의 가치이다. 따라서 제I부문과 제II부문으로부터의 물량으로서의 공급−수요가 가치로서 등가이면 자본주의적 시스템의 재생산을 가능케 하는 두 부문 간 교환은 가능하다. 자본주의적 시스템의 재생산은 ① 제I부문 자본가가 선대한 제 I 부문 노동자의 화폐임금 G_2의 소비지출, ② 제I부문 자본가 및 제II부문 자본가가 보유하는 G_3의 소비지출에서 시작되는 두 부문 간 교환이 정상임을 전제로 한다. ① 제I부문 노동자는 제 I 부문 자본가가 선대한 화폐임금 G_2와 제II부문 자본가가 소유하는 소비수단 $\alpha(C_{\text{II}}+Mc_{\text{II}})$를 교환−소비함으로써 자기를 재생산한다. 제II부문 자본가는 취득한 G_2를 전액 지출하여 제I부문 자본가가 소유하는 $\beta(V_{\text{I}}+Mv_{\text{I}}+Mk_{\text{I}})$와 교환한다. 제I부문 노동자에게 선대한 G_2는 제 I 부문 자본가로 회귀한다. 따라서 제I부문의 생산관계가 재생산된다. ② 제I부문 자본가 및 제II부문 자본가가 보유하는 G_3의 소비지출은 $(1-\beta)(V_{\text{I}}+Mv_{\text{I}}+Mk_{\text{I}})=(1-\alpha)(C_{\text{II}}+Mc_{\text{II}})$가 되는 두 부문 교환을 실행한다. 좌변은 제I부문 자본가에 의한 소비수단 수요·생산수단 공급, 우변은 제II부문 자본가에 의한 생산수단 수요·소비수단 공급이다. 균형 조건은,

$g=0$의 경우,

$$S_3(V_{\text{I}}+Mk_{\text{I}})=D_3(C_{\text{II}})$$

$$S_4(C_{\text{II}})=D_4(V_{\text{I}}+Mk_{\text{I}})$$

$$Mv_{\text{I}}=0,\ Mc_{\text{II}}=0,$$

$g>0$의 경우,

$$S_3(V_{\text{I}}+Mv_{\text{I}}+Mk_{\text{I}})=D_3(C_{\text{II}}+Mc_{\text{II}})$$

$$S_4(C_{\text{II}}+Mc_{\text{II}})=D_4(V_{\text{I}}+Mv_{\text{I}}+Mk_{\text{I}})$$

이다. 맑스 자신은 $S_3=D_3=S_4=D_4$라고 했다. 그러나 유효수요와 화폐회귀의 정상성을 고찰하기 위해서는 $S_3=D_3$, $S_4=D_4$로서 양자를 분리할 필요가 있다.

맑스는 $S_i=D_i(i=1, 2, 3, 4)$를 실현하는 물량 편성 $W_{\text{I}}:W_{\text{II}}$, 가치 편성 $C:V:M$, 유효수요 $\sum D_i$, 화폐량 $\sum G_i$, 투자결정 $g\geqq 0$의 존재가 추상적으로 설계된 이상적 편성에서의 자본주의적 시스템의 지속적 재생산을 가능케 한다고 인식했다.

【II】재생산 표식론과 경기순환론

재생산 표식의 균형 조건식은 네 가지이지만, 표식적 균형은 유효수요에 의해 제어되고 있다. D_2, D_4는 노동자와 자본가의 소비수요이고 소비수요는 생활의 재생산을 의미하며 유효수요 동향으로서 비교적 안정적이다. 불안정한 유효수요는 D_1, D_3이다. 자본주의적 시스템의 성장요인은 잉여생산수단 $W_{\text{I}}-(C_{\text{I}}+C_{\text{II}})$의 존재에 있는데, 잉여생산수단은 고정자본을 포함한다. 고정자본의 감가상각 자금은 저축이 되고, 주식발행 및 은행대출 자금과 결합한 감가상각 자금의 지출과 시간적·주체적으로 분리되기 때문이다. 또한 투자수요는 유효수요 동향을 투자결정 요인으로 하는 자본가의 투자함수 및 전략에 의존하고 있다. D_1, D_3은 유효수요로서 기능하지 않을 가능성이 있다. 자본주의적 시스템은 계획적으로 재생산 표식을 편성하지 않는다. 저축−투자의 시간적·주체적 분리는 화폐적 체계의 메커니즘에 의해 재결합하지만, 케인즈가 개념화한 것처럼 투자=저축은 회계상의 사후적 항등식이며 투

자수요가 자본주의적 시스템의 동향을 결정한다. 가격 조절 메커니즘이 기능함에도 불구하고 불균형을 누적하는 것은 화폐적 체계가 허용하는 투자수요의 긍정적·부정의 계기적 파급효과가 충격을 주기 때문이다. 자본주의적 시스템은 "재생산과정의 거대한 탄력성"[25a:380]이 제어하는 영역의 외부로 내모는 계기를 지닌다. 지속적 재생산은 경기순환의 조절 메커니즘에 의해 실현된다. 맑스의 재생산 표식은 이 경기순환 메커니즘이 결과로서 이끌어내는 균형 축적 궤도에서의 재생산 구조를 고찰한 것이다. ☞화폐, 공황, 경쟁, 재생산, 시장가격, 자본축적, 신용, 실업, 불변자본/가변자본

㊀ 高須賀義博, 『再生産表式分析』, 新評論, 1968. 玉垣良典, 『景氣循環の機構分析』, 岩波書店, 1985. M. Itoh, *The Basic Theory of Capitalism: The Forms and Substance of the Capitalist Economy*, London 1988. 長島誠一, 『景氣循環論』, 青木書店, 1994. 松尾匡, 『セイ法則體系—マルクス理論の性格とその現代經濟學體系への位置づけ』, 九州大學出版會, 1996.

—다이 다카히코(田井貴彦)

저널리즘

맑스의 직업. 맑스는 평생 저널리스트였다. 『라인 신문』*, 『독불연보』*, 『포어베르츠』[1]*, 『브뤼셀 독일인 신문』*, 『신라인 신문』*, 『폴크』*, 『뉴욕 데일리 트리뷴』* 등을 비롯해 게재된 기사 수는 당시 출판되어 있던 그의 모든 저작 양을 상회할 정도였다. 맑스는 저널리스트로서의 생활 속에서 정치운동과 저작활동을 펼쳐 나가는데, 스스로 얻은 수입의 대부분이 저널리즘으로부터 나왔다는 점뿐만 아니라 그의 기본적인 자세 그 자체가 당시의 저널리즘 정신과 밀접하게 결부되어 있었던 것은 주목해야 할 점이다.

【Ⅰ】 19세기의 저널리즘

19세기 전반까지의 신문과 잡지의 특징은 당시의 인쇄기술과 문맹률에 영향을 받아 수준 높은 내용을 지니는 적은 부수의 출판이었다는 점이다. 그러나 1830년대부터 인쇄기술이 대폭 개선되어 1시간에 1,000매의 인쇄가 가능하게 되고, 일간 1만부 이상의 신문이 등장하기 시작했다. 신문의 발행량의 증대는 기사의 내용과 신문의 형태, 독자와 가격, 나아가서는 저널리즘 전체를 변용시켜 나간다.

19세기 전반까지의 대부분의 신문은 많아야 일간 수천 부이고 그 독자층은 엘리트층에 한정되어 있었다. 각 신문은 정치적 자세를 명확히 드러냄으로써 그 독자들을 끌어들였다. 맑스가 편집에 참가한 『라인 신문』이나 『신라인 신문』은 그러한 신문 가운데 하나였다.

이러한 신문의 지면 구성은 정치논설, 각 도시로부터의 정치정보가 주된 것으로 광고와 연재소설, 그 밖의 정보 등은 기본적으로 중요하지 않았다. 첫 페이지부터 마지막 페이지까지 거의 일정한 방향에서 주장되는 정치기사는 신문의 특징이기도 하며, 그러한 사상에 기울어져 있는 사람들만 구매했다. 따라서 판매부수는 처음부터 멈춘 상태이고, 엄격한 검열*과 높은 보험금 지불 등으로 순식간에 사라질 수밖에 없는 운명을 지니고 있었다.

그러나 1830년대에 파리*에서 저널리즘을 뒤흔드는 혁명이 일어난다. 에밀 드 지라르댕의 등장이었다. 지라르댕은 1828년 『도둑』(*Voleur*)이라는 신문을 만들었다. 이 신문의 특징은 관심 있는 기사를 다른 신문에서 발췌하는 것이었다. 기사의 신선함이나 당파성과 같은 지금까지의 신문의 특징들을 모두 버리고 기사의 비교와 뛰어난 센스로 다른 신문과 경쟁한다는 전략이었다. 이리하여 그동안 신문기사의 정형이었던 정치성이 사라지고 온갖 기사를 게재하는 정보지가 태어났던 것이다. 더 나아가 지라르댕은 『모드』라는 이름의 정보지를 창간했는데, 이것은 정치기사를 전면적으로 폐지하고 유행을 내보내는 것이었다. 이 두 신문은 신문의 사명으로 간주된 정치·사건의 전달과 기사의 품질이라는 가치관을 근본적으로 뒤엎어 기사의 내용이나 질보다 화제성에 그 중점을 두게 된다.

지라르댕에게 불후의 이름을 부여한 것은 『프레스』의 창간이다. 『프레스』는 발행부수의 확대, 예약구독료 인하, 광고수입 증대를 기둥으로 하여 1836년에

창간되었다. 이 신문의 특징은 각 신문의 논조 비교와 실용기사, 연재소설을 배치하고 있다는 점이다. 구독자 층은 특정 사상을 지닌 계층이 아니라 정치에는 관심이 있지만 어느 당파에도 속하지 않는 사람, 상인 등과 같이 실용적 지식을 필요로 하는 사람, 연재소설에 흥미가 있는 사람, 광고에서 최신 유행을 알고 싶어 하는 사람 등이었다.

특히 연재소설은 신문의 구독자 수 증가에 공헌했다. 발자크*(맑스가 좋아한 소설가 중 한 사람)의 『노처녀』의 연재를 시작으로 잇달아 소설이 연재되는데, 가장 큰 화제를 불러일으킨 것은 『프레스』가 아니라 『주르날 데 데바』(Journal des débats)에 게재된 슈*의 『파리의 비밀』*이었다.

이러한 『프레스』의 등장은 그때까지의 저널리즘을 근본적으로 변화시키고 있었다. 발자크는 『저널리즘 박물지』에서 신문발행을 출세나 돈을 벌기 위한 수단으로 생각하는 사람들과 천직으로 생각하는 사람들이 존재한다고 하고 있는데, 지라르댕은 돈벌이와 출세를 위해 신문을 이용하는 전자의 전형이었다. 신문은 여론을 환기하는 수단이라기보다 이름을 알리고 돈을 벌기 위한 방책이 되고, 논설이 얼마만큼의 내용을 호소할 수 있는가보다 얼마나 많은 독자들이 구매하는 상품인가 하는 것으로 된다.

맑스가 저널리즘에 등장한 1842년에는 파리에서는 이러한 혁명이 끝나고 있었다. 분명히 『라인 신문』 시절의 맑스는 한 시대 전의 저널리즘 스타일을 지닌 편집자였다. 그러나 맑스는 거기서 끝날 인물이 아니었다는 점도 확실하다. 맑스가 루게*와 함께 『독불연보』를 간행할 장소를 파리로 정한 것은 그들이 새로운 시대의 감성을 지니고 있었기 때문이다. 『독불연보』라는 작명, 독・불의 집필자에게 원고를 의뢰한다고 하는 방식은 시대의 흐름에 부합하는 것이었기 때문이다. 물론 현실에서는 독・불 대립이라는 여론이 『독불연보』에 화를 입히게 되었지만, 『독불연보』가 성공할 것이라는 발상은 오히려 새로운 시대의 저널리즘 감각이었다. 그러나 『독불연보』가 실패하고 『포어베르츠』를 통해 공산주의 운동으로 관심이 향하는 가운데 맑스는 신문, 잡지의 저널리즘에는 무관심해져 간다. 그 후의 맑스의 신문 편집은 『라인 신문』 시절 이상으로 정치성을 드러내고 구독자가 얼마 되지 않는 고품질의 신문에 한정되어 간다. 따라서 새로운 신문의 편집자로서의 맑스의 인생은 고품질의 작품을 남겼다는 점에서는 성공이었지만, 많은 독자에게 읽혀 영향력을 지닌다는 점, 나아가서는 그것이 출세나 돈벌이와 결부된다는 점에서는 실패였다고 할 수 있다. 그런 의미에서 본질적으로 맑스는 한 시대 이전의 저널리스트였다.

【Ⅱ】저널리즘과 수사법

하지만 새로운 시대에 요청되고 있던 맑스의 저널리스트 감각이 감퇴했던 것은 아니다. 맑스가 비판할 때 사용하는 수사법은 새로운 시대의 저널리즘의 요소를 다분히 포함하고 있었다. 책을 문화가 아닌 하나의 상품으로서 판매한다는 발상은 그 작품의 타이틀에 나타난다. 맑스의 저서에는 그러한 것이 많이 있다.

엥겔스*와의 최초의 공저인 『신성 가족』*은 제목 그 자체가 기독교*의 '신성 가족'을 의미하는 화제성 있는 명명이며, 나아가 서두에서 언급된 작품은 당시 가장 평판 있던 슈의 『파리의 비밀』이다. 파리에 체류하고 있던 필자가 썼다는 점도 가미한다면 독일어권 독자들에게 대단히 매력적인 것이었다고 말할 수 있다. 맑스는 굳이 판매부수도 생각해서 이런 제목을 붙이고 슈에 대한 언급을 행한 것으로 보인다.

그러한 제목 중에서도 가장 자극적인 것이 『철학의 빈곤』*이다. 이것은 프루동*의 『빈곤의 철학』*을 야유한 것인데, 이러한 수사법은 『빈곤의 철학』의 판매와 평판에 편승하고 나아가서는 그 작품에 대한 비판을 겸하고 있다. 그러나 그 작품의 판매 부진은 맑스의 패러디에도 반영되어 판매 상승으로 이어지지는 않았고, 또 프루동에 대한 평판 이상으로 맑스의 이름이 알려지는 일도 없었다.

맑스의 풍자・공격문 작가(pamphleteer)로서의 재능이 가장 잘 발휘된 것은 생전에는 간행되지 못한 『망명자 위인전』*, 생전에 출판된 『포크트 씨』*, 『쾰른 공산주의자 재판의 진상』*이다. 『망명자 위인전』에서 맑스는 런던*의 망명자 중에서도 명성이 높았던 킨켈*, 맑스의 예전의 친구이자 라이벌인 루게를 철저하게 비판하고 있다. 문장은 비유, 은유, 신화*, 시나 소설 인용과 전면적인 수사법으로 가득하다. 킨켈은 그의 감옥 탈출극에서 영국에서도 그 이름이 알려져 있는 전 본 대학 교수이고, 루게는 마치니* 등 유명인과 함께 유럽 민주협회를 만들고 있던 유명인이라는 점에서, 맑스에게는 역겨움을 참을 수 없는 인물의 전형이었다. 맑스의 비판은 그들의 과거, 성격, 인간관계를 낱낱이 폭로하면서 전개하는 선정적인 것이지만, 그것을 완화하기 위해, 또 그것을 역으로 강조하기 위해 수사법이 구사되고 있는 것이다. 그러나 『망명자 위인전』은 공교롭게도 인쇄하기 위해 건넨 반자 대령이 스파이*였기 때문에 결국 인쇄되지 못하고 당국의 손에 넘어가게 되었다. 그로 인해 이 책은 도리어 루게나 킨켈의 고귀함을 증명하는 꼴이 되고, 스파이에게 흘렸다는 점에서 맑스의 인격을 모욕하는 것이 되고 말았던 것이다.

맑스의 저널리스트로서의 격렬함은 정치적으로 스스로를 지켜야 할 입장이 되었을 때 가장 잘 드러난다. 『쾰른 공산주의자 재판의 진상』에서는 공산주의자동맹*의 맑스에게 음모 의혹이 제기된 것에 맞서 자신의 결백과 공산주의자동맹의 간부들, 샤퍼-빌리히파의 박멸이라는 일석이조를 노리게 된다. 여기서는 불필요한 수사법은 신중히 피하고 있다. 대가로부터의 인용도 없고 비유도 없다. 오로지 사실 관계를 자료에 따라 추적하는 수법은 사건기자의 르포르타주를 연상케 한다.

어투가 가장 거친 것은 『포크트 씨』이다. 그 이유는 포크트가 맑스 자신의 명예를 직접 공격했기 때문이다. 이 책에는 수사법이 많이 사용되고 있을 뿐만 아니라 방대한 자료의 수집, 포크트가 나폴레옹의 스파이라는 특종도 포함되어 있다. 맑스는 포크트의 비판을 받은 뒤 이 책자를 출판하기 위해 『자본』*의 작업도 중단하고 불과 몇 개월 만에 완성한다. 런던의 독일인 망명자의 폭로 이야기 등 읽을거리로서의 가치, 방대한 자료집으로서의 가치를 지니고 있는 이 책을 통해 저널리스트로서의 맑스의 실력이 어느 정도인지 엿볼 수 있다. 게다가 제목인 『포크트 씨』는 『망명자 위인전』에서 사용한 은근무례한 수법을 그대로 사용하고 있어서 기발하고 주목을 끌 만한 제목이다.

그러나 맑스의 문장 표현은 그 수사법이나 방대한 지식의 양에 있어서 아마 기존의 저널리스트의 대부분을 능가하겠지만 문장력이나 문학적 센스는 약하다. 그런 까닭에 콩스탕*이나 샤토브리앙에게는 미치지 못할 뿐만 아니라 작품의 영향력에서도 거의 무에 가까운 상태다. 몇 개월 만에 단숨에 완성하는 센스, 논적의 약점을 간파하는 힘 등 그 어느 것을 보더라도 당대 저널리스트의 최고 수준이지만 끝내 명성을 얻지는 못했다. 공교롭게도 학자다운 태도로 쓴 『자본』과 같은 책에 의해, 또한 인쇄되지 못한 『독일 이데올로기』*나 『경제학・철학 초고』*와 같은 거친 글쓰기에 의해 명성을 얻게 되는 것이다.

【Ⅲ】 맑스와 프루동—저널리스트로서의 차이

그런 의미에서 맑스는 호적수였던 프루동과 좋은 대조를 이루고 있다. 프루동은 출판사로부터 미리 원고료를 받고서 부지런히 책을 써나간다. 이러한 책은 그런대로 팔리고 영향력도 갖게 된다. 후세에 이름을 남기는 『소유란 무엇인가』*(1840)나 『빈곤의 철학』(1846)은 그리 많이 팔리지는 않았지만 『주식시장에서의 투기자 매뉴얼』(1854)이나 『철도 개혁론』(1855) 등은 몇 번이나 판을 거듭했다. 프루동은 그의 사상가로서의 측면은 차치하더라도 출판사로부터 매달 받는 사례금으로 시론적인 문제를 1년에 한 권씩 저서를 내놓아야만 했다. 거기서는 팔리는 것이 철칙이었다.

맑스의 경우에는 엥겔스의 자금 원조도 있고 해서 저널리스트로서의 활동이 반드시 생활비와 결부될 필요는 없었다. 『뉴욕 데일리 트리뷴』의 기사는 생활의 양식이자 매주 찾아오는 작업이긴 하면서도 신문사의 재촉을 받으며 부지런히 쓰지 않아도 되는 것이었다. 직업으로서의 저널리즘은 때때로 벌어지는 런던 내부에서의 망명자 간의 패권다툼, 해외에서의 비판, 중상모략에 대응하는 것 이외에는 그 힘을 발휘할 장이 없었다. 게다가 관계한 신문 대부분이 판매부수가 얼마 되지 않고 구독자 수준이 높은 신문이었기 때문에 비판의 수준을 낮추는 일 없이 유지할 수 있었다고도 할 수 있다.

맑스는 시론적인 전개나 서둘러 쓰지 않으면 안 되는 작업과 『자본』과 같은 필생의 저작을 구분할 수 있었던 행운의 인물이라고 할 수 있다. 런던에 온 독일인 망명자 중에서 저널리즘을 직업으로 갖지 않고 정치운동도 직업으로 생각하지 않은 채 좀처럼 진척되지 않는 『자본』과 같은 대작에 전력을 기울일 수 있었던 망명자는 그 외에는 존재하지 않는다. 맑스가 비판한 루게, 킨켈, 샤퍼* 등 모든 망명자는 금전적 수입을 위해 뜻을 굽히게 되지만 맑스는 그럴 필요가 없었던 보기 드문 인물이었다고도 말할 수 있다.

19세기의 저널리즘의 변화 속에서 상품으로서의 저작에 전념함으로써 생활의 양식은 얻었지만 사상가로서는 평생의 저작을 완성할 수 없었던 프루동에 비해 맑스는 출판사로부터의 선불(1845년의 레스케와의 계약의 경우에는 받았지만)에 의해 저작을 쓰는 활동을 하지 않고서 초연히 살아갈 수 있었던 것이다. 그러나 내용이야 어쨌든 맑스는 자신의 작품의 시장성에 대해서는 평생 불만을 갖고 있었던 것으로 보인다. 사상으로서의 가치는 제자들 덕분이지만 생전에 사상적으로 영향력을 지닐 수 없었던 것에 대해 저널리스트로서는 불만이었을 것이다. 그렇지만 모든 분야에 정통하고 시론을 즉각적으로 채택하여 정리하는 재능은 저널리스트 그 자체였다고 할 수 있다. ☞『철학의 빈곤』, 『신성 가족』, 『자본』, 『망명자 위인전』, 『포크트 씨』, 『독불연보』, 『포어베르츠』[1], 『라인 신문』, 발자크, 슈, 『파리의 비밀』, 『쾰른 공산주의자 재판의 진상』, 프루동, 『빈곤의 철학』

㊟ 鹿島茂, 『新聞王ジラルダン』, ちくま文庫, 1997. E. Hatin, *Histoire du journal en France, 1631-1853*, Paris 1853. バルザック(鹿島茂 譯), 『ジャーナリズム博物誌』, 新評論, 1986.

—마토바 아키히로(的場昭弘)

전독일노동자협회 全獨逸勞動者協會 [(독) Allgemeiner Deutscher Arbeiterverein]

1863년 5월에 성립한 독일 최초의 노동자 정당(약칭 ADAV). '라살레파'라고도 불린다. 1850년대 말 독일 영방들에서 자유주의적인 정책 전환이 진행된 '새로운 시대'의 도래와 더불어 1848/49년의 혁명 후 침체기를 맞이한 노동자의 조직 활동이 다시금 활성화되었다. 다만 당시 성립한 노동자협회 내지 노동자교육협회*의 거의 대부분이 자유주의적 명망가 계층의 주도 하에 있었고, 거기서는 독자적인 '제4신분'으로서의 노동자의 존재가 부정되어 오히려 교육*을 통해 노동자를 '시민'으로 끌어올릴 것이 의도되고 있었다. 이와 같은 명망가 계층의 족쇄를 끊어내고 노동자들의 독자적인 운동을 조직하기 위해 전독일노동자협회를 개최하고자 하는 움직임이 1862년 여름 베를린*에서 나타났다. 이 '회의운동'은 그 자체는 결국 좌절했지만, 회의 준비를 위해 설치된 라이프치히*의 중앙위원회는 이 사이 급속하게 접근한 라살레*의 제언에 따라 전독일적인 노동자 정당의 결성을 제기했다. 이를 바탕으로 성립한 것이 ADAV이다. 한편, 자유주의적 명망가 계층은 ADAV가 결성된 다음 달에 이에 대항하는 형태로 노동자협회의 연합체인 '독일노동자협회연맹(Verband/Vereinstag der Deutschen Arbeitervereine)'(약칭 VDAV)을 조직했다. 다만 후자는 얼마 안 있어 좌우로 분열하게 되고, 1869년에는 베벨*, 리프크네히트*의 주도 하의 '사회민주주의 노동자당*(약칭 SDAP. '아이제나호파'라고도 불린다)'으로 발전・해소된다. ADAV와 SDAP는 당초부터 격렬하게 대립하고 있었지만, 1875년의 고타 합동대회에서 새로이 결성된 '독일 사회주의 노동자당*'으로 합류한다. 자유주의자와 노동자운동의 연합('리버럴・레이버 연합')이 20세기에 들어설 때까지 유지된 영국에 비해 양자의 조기 분리, 독자적인 노동자 정당의 조기 성립은 독일의 노동자운동의 중요한 특질을 이룬다.

ADAV와 SDAP의 대립에 대해서는 이를 두 조직이 신봉하는 라살레주의*와 맑스주의*의 대립으로 설명하는 생각이 있지만, 근래의 연구는 이에 의문을 드러내고 있다. 예를 들어 SDAP가 맑스주의적이었다고 하는 근거로 이 당이 제1인터내셔널(국제노동자협회)

의 기본 강령을 받아들여 1869년의 창립대회에서 스스로를 "국제노동자협회의 지부로 간주한다"라고 선언한 것을 들고 있는데, 실제로는 SDAP가 '지부'로서 회비를 내는 등의 의무를 짊어졌던 것은 아니며, 또한 인터내셔널*의 개개의 결정에 SDAP가 구속받은 것도 아니다. 애당초 인터내셔널 자체도 반드시 맑스의 사상적 산하에 있는 조직이었다고는 말하기 어렵다. 두 당의 대립의 초점은 오히려 주로 다음의 두 가지 점에 있었다. 즉, 하나는 1860년대의 가장 중요한 국정상의 과제였던 독일 통일문제에 대해 SDAP가 오스트리아를 포함하는 대(大)독일적 통일을 일관되게 주장한 데 반해, ADAV는 늦어도 1866년의 프로이센-오스트리아 전쟁* 이후 프로이센 주도 하의 소(小)독일적 통일이라는 현실을 받아들여 프로이센 국가에 사회개혁의 기대를 걸었다는 점. 그리고 또 다른 하나는 당의 조직구조에 대해 매우 중앙집권적인 ADAV에 반해, SDAP는 보다 민주적인 조직구조를 추구했다는 차이이다. 사상적인 면에서 말하자면, ADAV뿐만 아니라 SDAP에서도 적어도 당초에는 라살레의 사상이 압도적인 영향력을 발휘하고 있었다. 고타 합동대회 시점에서 임금 철칙 등 라살레의 이론적 핵심으로부터 당 지도부는 이미 거리를 두고 있었지만, 특히 일반 당원 대중 사이에서는 라살레 숭배가 뿌리 깊게 남아 있었다. 당의 독트린으로서 맑스주의가 관철되는 것은 겨우 1890년대 초 이후의 일이다. ☞「아이제나흐 강령」, 「고타 강령」, 『고타 강령 비판』, 자유주의, 인터내셔널{국제노동자협회}

圖 山井敏章, 『ドイツ初期勞働者運動史研究—協同組合の時代』, 未來社, 1993. 後藤洋, 「1860年代初期のドイツ勞働運動と自由主義」, 『社會科學雜誌』(鹿兒島大學), 第6号, 1983. S. Na'aman, *Die Konstituierung der deutschen Arbeiterbewegung 1862/63. Darstellung und Dokumentation*, Assen 1975.

—야마이 도시아키(山井敏章)

전신 電信 ⇨**교통/통신**

전염병 傳染病 ⇨**공중위생**

전유법칙의 반전 專有法則—反轉 [(독) Umschlag des Aneignungsgesetzes]

【Ⅰ】개념과 문제의 소재

(1) 전유법칙의 반전론이란 자본축적*이 등가교환에 의해 발생했다고 하는 부르주아적 소유론에 대한 맑스의 비판*이다. 그것은 시민적인 전유법칙의 반전을 통해 자본가적 사유(私有)가 발생하는 메커니즘을 해명하는 역사이론이기도 하다. 다만 맑스의 독자적인 전유법칙 반전론에는 역사적 해석과 논리적 해석의 뒤섞임이 엿보여 그에 대한 통일적 해석이 과제가 되어 왔다. Aneignung은 '전유'라고 번역된다. 그 의미는 노동자가 공동노동이나 개인노동에 기초하여 생산물을 자신의 것으로 하는 행위를 말한다.

(2) 전유법칙 반전론의 통설은 『자본』*의 독일어 제2판의 '논리적 가상설'이다. 그에 따르면 전유법칙이란 노동자가 자신의 노동에 기초한 생산물을 직접적으로 혹은 타인의 노동생산물과 상품교환에 의해 등가교환에서 간접적으로 전유하는 것이다. 하지만 자본가가 자신을 노동자에 견주어 본원적 자본을 자기의 노동에 기초하는 산물이고 자본축적은 등가교환에 의해 생기는 당연한 결과라고 주장하면 사태는 완전히 달라진다. 요컨대 자본가가 본원적 자본(G_0)을 자본*의 제1순환에 투입하고 그 결과 얻어진 화폐가치($G+g_1$) 내의 잉여가치*('잉여자본 Ⅰ': g_1)를 제2순환의 초기에 추가 투자하면 자본가는 타인의 노동을 착취*해서 얻어진 잉여가치와 노동력을 교환하게 된다. 이 사실은 '제2순환의 끝'('잉여자본 Ⅱ': g_2)에서 사후적으로 입증된다. 이 이후 등가 없는 '비교환'이 발생하고 노동*과 소유*의 분리가 영속적으로 재생산*된다. 등가교환이라는 전유법칙이 자본가적 부등가교환의 전제가 되는 데 그치지 않고 전자가 후자를 발생시켜 전자 그 자체를 형식화한다. 요컨대 자기의 노동에 기초하는 소유가 자본가적인 사적 소유로 내적 전화를 이루어 역으로 자본가적 전유를 은폐하는 가상으로서 법적으로 확립되고

사회의 공인원리가 된다. 이 이데올로기 장치는 노동자의 자본에 대한 예속관계를 재생산하는 요인이 된다.

【Ⅱ】 전유법칙 반전 개념의 중층성

(1)『요강』*의 전유법칙 반전론은 '잉여자본 Ⅰ'이 '잉여자본 Ⅱ'를 낳는 '제2순환의 끝'에 이르는 과정을 '자본의 형성사'(자본가적 생산양식의 성립사)라 불러 그 이후의 '자본의 현대사'(자본가적 축적구조의 재생산)와 범주적으로 구별한다[초2:99]. 따라서『요강』의 전유법칙 반전론은 역사 이론적으로 해석될 수 있다. 즉 전유법칙의 반전과 본원적 축적*(가치법칙*에 기초하는 중산적 생산자층의 양극 분해과정)의 역사 이론적 상즉성(相卽性)을 강조하는 것이다.

(2)『1861-63년 초고』의 전유법칙 반전론은『요강』의 역사 이론적인 해석을 계승하여 논리적 해석을 허구(fiction)로 판단한다. '근본원리로서의 무소유의 노동자'의 존재는 자본가적 생산양식이라는 특수한 역사단계에서 '수탈(expropriation)의 법칙'의 하나의 현상이지 '전유(appropriation)의 법칙'의 대상이 아니라고 하여 역사 이론적인 전유법칙 반전론을 채용한다[초8:461-463].

(3)『자본』의 전유법칙 반전론은 초판과 프랑스어판이 서로 다르다. 프랑스어판은 역사 이론적인 전유법칙 반전과 논리 가상설적인 전유법칙 반전의 이론적 통일을 의도했지만 끝내 성공하지 못했다. 현행(엥겔스)판은 초판 규정과 프랑스어판 규정이 병기된 특이한 구성을 취하고 있다. 때문에 전유법칙의 반전론은 이론적, 문헌적으로 해결되지 않은 채로 남아 있다.

【Ⅲ】 전유법칙 반전론의 핵심

전유법칙의 반전론은 본래적인 역사 이론적 전유법칙 반전론(전유법칙 반전의 제1규정)과 인식론 차원에서만 유효한 축적론 차원적인 전유법칙 반전론(전유법칙 반전의 제2규정)으로 구별함으로써 이론적 정합성을 유지할 수 있다.

논리적 가상설은 분석 차원을 표면의 유통과정으로부터 심층부의 생산과정으로 이행시킴으로써 '자기의 노동에 기초하는 전유법칙'이 실은 타인의 노동의 착취라는 것을 알 수 있다고 주장한다. 즉 '자기의 노동에 기초하는 전유법칙'이라는 단순 상품생산의 외관은 물상적 세계가 드러내는 자의적이지 않은 '필연적인 외관'이며, 그것은 자본가적 잉여수탈을 지탱하는 사회적 의식형태이다(제2규정).

『요강』의 전유법칙 반전론은 원시적 축적론으로서의『자본주의적 생산에 선행하는 형태들』과 밀접한 역사 이론적인 관계를 갖는다. 본원적 비영여자본이 자기의 노동에 기초하는 소유였다 하더라도 제n순환 후에는 잉여가치로 전화한다. 따라서 역사 이론적으로는, 부분적이긴 하지만, 시민적 소유(자기의 노동에 기초하는 소유)를 인정하지 않으면 단초에 잉여가치를 설정할 수밖에 없고 전유법칙 반전의 범식 그 자체가 성립 불가능하다. 소상품 생산에서의 '시민적 단순유통'은 전유법칙 반전에서의 '본래적 과정'이며 그 전회 과정에서야말로 자본가적 생산양식이 성립하는 역사 이론적 근거가 있다(제1규정). ☞자본, 잉여가치, 자본축적, 재생산, 착취, 본원적 축적

㊟ 平田清明,『經濟學と歷史認識』, 岩波書店, 1971. 望月清司,『マルクス歷史理論の硏究』, 岩波書店, 1973. 內田弘,『<經濟學批判要綱>の硏究』, 新評論, 1982. 山田鋭夫,『經濟學批判の近代像』, 有斐閣, 1985. 佐藤金三郎,『<資本論>硏究序說』, 岩波書店, 1992. 高橋誠,『世界資本主義システムの歷史理論』, 世界書院, 1998.

—다카하시 마코토(高橋 誠)

전제 專制 ⇨**정체**

전체적 인간 全體的人間 [(독) ein totaler Mensch]

인간*의 자기소외*에 대한 안티테제로서 청년 맑스에 의해 묘사된 인간상으로, 포이어바흐*의 철학*에서 그 선례를 찾을 수 있다.『경제학・철학 초고』*에 따르면 인간은 유적 존재*이며[40:435], 그 유(類)에는 인류로서의 타자, 사회가 포함되는 동시에 자연*도 포함된다. 자연은 인간의 비유기적 신체이며[같은 책:436], 인간은 자연적 존재이다[같은 책:500]. 그렇지만 인간

이 곧 자연은 아니다. 자신의 자연을 자기의 외부에 지니지 않는 존재는 자연적 존재가 아니다. 그 외적인 자연을 자신의 대상으로 하여 자신에 대해 맞서 있는 것(Gegenstand)으로서 느끼고 수고하는 까닭에 정열적으로 활동을 가하는 존재야말로 인간이다[같은 책:501]. 자연 내지 세계에 대한 이 활동이란 구체적으로 말하면 보는 것, 듣는 것, 냄새 맡는 것, 맛보는 것, 만지는 것, 생각하는 것, 직관하는 것, 느끼는 것, 의지하는 것, 활동적인 것, 사랑하는 것 등이며, 이와 같은 대상적 행위를 하는 인간이 전체적 인간이다[같은 책:460]. 하지만 이 인간의 감성*의 완전한 해방*은 사적 소유로 인해 방해받고 있다. 사적 소유 하에서 인간은 자연을 자연으로서, 인간을 인간으로서, 사랑을 사랑으로서 받아들일 수 없으며, 일체를 환금(換金) 대상으로서밖에 볼 수 없다. 이것이 자본제 생산관계 안에서 인간이 처해 있는 상황이다. ☞소외, 포이어바흐, 유적 존재, 『경제학 · 철학 초고』

㊟ H. マルクーゼ(良知力 · 池田優三 譯), 『初期マルクス研究』, 未來社, 1968.

—시바타 다카유키(柴田隆行)

점유 占有 ⇨**소유와 점유**

정당 政黨 [(독) Partei (영) party]

전국 규모 내지 그에 준하는 규모로 지지자를 획득하고 일정한 계층의 이익을 대표하며 의회 내지 대중단체를 매개로 지지자의 요구를 받아들여 그것을 일정한 정치적 방향으로 향하게 하는 조직. 17세기 후반 영국에 출현한 토리당과 휘그당은 시민혁명 이후 영국의 지배계층이 된 지주층과 상업자본가층의 이익을 대표하는 지배적 의회정당이었는데, 산업혁명 후 19세기가 되면 노동자계급의 이익을 대표하는 정당이 출현했다. 그것은 1840년 7월 맨체스터*에서 결성된 전국헌장협회(The National Charter Association)이다. 정당(party)이라는 명칭이 없긴 하지만 전국적인 규모로 조직망을 갖추어 공공연한 정치적 획득 목표—인민헌장*—를 내걸고 전년도의 128만 명의 서명으로 뒷받침된 이 지방 · 중앙을 관통하는 정치조직은 역사상 최초의 노동자 정당이다.

이 영국 최초의 혁신정당은 차티즘이라는 대중운동 · 대중단체를 배경으로 하면서 의회정당을 지향했고, 그 방침 아래 1847년의 영국 총선거에서 휘그당이 승리해 제2차 러셀 내각이 성립했을 때 단 한 사람의 대표자로서 오코너를 노팅엄 선거구에서 당선시켰다. 그러나 전국헌장협회는 이듬해 1848년에는 지지기반인 차티스트의 분열을 통해 스스로 분열해간다. 1832년의 제1차 선거법 개정*으로 참정권을 부여받지 못한 노동자와 농민은 1848년의 시점에서도 아직 자신들의 대표를 의회에 보낼 수단, 즉 참정권을 쟁취하지 못했던 것이다. 그들은 1884년의 제3차 개정에 이르러서야 겨우 성인남성과 만 30세 이상의 여성들에 의한 보통선거권을 획득하며, 여기서 비로소 본격적인 노동자 정당 시대가 도래하게 된다. 즉 1881년에 하인드먼* 등이 민주연맹(3년 후에 사회민주연맹*으로 개칭)을, 84년에는 쇼* 등이 페이비언 협회*를, 93년에는 케어 하디 등이 독립노동자당을 각각 결성했다.

정당이란 기본적으로는 의회를 전제로 하고 있으며 결사의 자유가 존재하지 않는 시대나 지역에서는 정당은 존립하기 어렵다. 또한 반의회주의 내지 의회에 대표를 보내지 않는 조직이나 선거에 의한 승인을 얻지 못한 조직은 정당이 아니다. 예를 들면 프랑스혁명* 시대의 자코뱅파는 정당이지만 바뵈프 등의 평등당은 결사(비밀결사*)이다. 맑스가 설립에 관여한 비합법 노동자조직으로, 가령 그것이 사회주의*이든 공산주의*이든 일단 스스로를 의회 내 세력으로 자리매김하고 그 범위 내에서 정권획득을 지향한다면 그 조직은 더 이상 당초 유지하고 있던 결사의 성격을 잃고 정당으로 전환되게 되는 것이다. 그런 점에서 본다면 맑스 등이 1847년에 런던*에서 설립한 공산주의자동맹*은 결사이지 정당이 아니다. 그 조직의 강령문서의 서명이 『공산당 선언』*으로 되어 있긴 하지만 이 조직은 정당(Partei)이 아니다. ☞차티스트 운동, 선

거법 개정, 비밀결사, 사회민주연맹, 공산주의자동맹, 『공산당 선언』{『공산주의자 선언』}

참 D. トムソン(古賀秀男・岡本充弘 譯), 『チャーティスト』, 日本評論社, 1988.

—이시즈카 마사히데(石塚正英)

『정신현상학 精神現象學』 [Phänomenologie des Geistes, 1807]

청년 헤겔*의 최초의 체계적 저작. 이것은 학적 체계로의 '도입'이면서 '학적 체계의 제1부'이기도 하다는 미묘한 성격을 갖는다. 헤겔학파*에는 헤겔이 '논리학'을 기초로 하여 '철학*'을 완성시켰다는 의식이 있으며, 따라서 제자들의 과제는 '엔치클로페디'적 체계의 개별적 학문영역에서 스승이 남긴 것을 완성하는 것으로 간주되었다. 헤겔 좌파*에서도 『정신현상학』은 그다지 주목을 받지 못했다. 『경제학・철학 초고』*는 거기서 "헤겔 철학의 탄생지와 그 비밀"[40:493]을 보고 헤겔과의 대결을 시도한다. 이는 맑스의 독특한 태도를 드러내고 있다.

『정신현상학』은 의식*과 그 대상의 밀접한 상관성 속에서 '의식의 경험'의 진행으로부터 새로운 의식이 형성되는 것과 더불어 그에 조응하는 새로운 대상이 출현하는 단계들을 그려낸다. 거기서는 자연적 의식이 출발점이 되어 주체적 지(知)의 활동과 객관적 진리가 일체화하는 '절대지'가 도달점이 된다. 그것은 자기의식이 스스로를 교양 형성하여 보편성을 지니는 자기로 만드는 것('정신' 장) 및 "실체가 스스로를 외화하여 자기의식이 되는 것"('종교' 장, 특히 '계시종교')이라는 이중의 '외화'를 통해 성립한다. '정신' 장의 '자신으로부터 이반하는 정신(der sich entfremdete Geist)'('자기소외된 정신'이라고도 번역된다)에서, 자기의식은 스스로의 자연성으로부터 '이반'하여 대상적 세계에 적극적으로 관여하고 거기에 자신의 지의 힘을 미침으로써 결국에는 세계에서의 자기실현을 이루고자 한다('절대적 자유와 공포'). 이러한 『정신현상학』의 소외론은 헤겔 좌파적인 자기소외론과는 틀이 완전히 다르다.

『경제학・철학 초고』는 '현실적 인간'을 '주체'로서 정립하고 자기소외와 그 지양이라는 역사구상을 드러낸다. 『정신현상학』은 애써 인간*의 '자기소외'와 그 지양을 문제 삼고 있지만 '자기의식'은 '현실적 인간'을 사상한 것이며 대상도 '정신적 존재'가 되고 '소외*'는 "사상 그 자체 내부에서의 대립"[40:494]으로 폄하된다. '인간적 본질의 힘들'의 획득은 추상적 사유 안에 놓여 있다. '인간의 자기산출' 행위를 적확하게 파악하는 '부정의 부정'도 현 상황에 대한 추인으로 귀착한다고 한다. 『경제학・철학 초고』의 커다란 특징은 『정신현상학』에서 '자기소외'론을 읽어내고 이 관점에서 『정신현상학』을 비판하는 점에 있다. 『독일 이데올로기』*에서는 시민사회적 관계들에 입각해 '자기로부터 이반하는 정신' 장에서의 관념의 자립화가 비판되고 그 현실적 관계들이 적출된다. 덧붙이자면, 『정신현상학』에서의 의식과 대상의 밀접한 상관성, 의식의 경험 영역들을 관통하는 일상적 당사자 의식과 그것을 비판적으로 파악하는 학적(學的) 의식이라는 서술 스타일과 『자본』*의 서술 스타일과의 관계는 충분히 문제가 될 수 있다. ☞헤겔, 체계와 방법

참 加藤尙武 編, 『ヘーゲル「精神現象學」入門[新版]』, 有斐閣, 1997. 廣松涉著作集 第12巻, 『資本論の哲學』, 岩波書店, 1996. 瀧口清榮, 「<哲學>の解體, 現場としての知—マルクスの反哲學」, 『理想』, 662号, 1999.

—다키구치 기요에이(瀧口清榮)

정의자동맹 正義者同盟 ⇨**의인동맹**

정체 政體 [(독) Regierungsform (영) forms of government]

【Ⅰ】초기의 논의

대체로 19세기 전반기까지의 근대 정치사는 절대군주정과 입헌군주정의 대립, 그리고 그와 아울러 입헌군주정에 대한 공화정이나 민주정의 대항이라는 이중의 구분선을 내포하며 이루어지고 있었다. 거기서는 플라톤이나 아리스토텔레스* 이래의 전통인 군주정,

귀족정, 민주정이라는 정체의 분류가 다소 변형되면서 답습됨과 동시에, 다른 한편으로는 미국의 독립혁명과 프랑스 혁명*을 계기로 실현된 공화정이 민중, 노동자 계급에 의한 현행 체제 변혁이라는 취지의 의미를 강하게 띠기에 이른 민주정과 교차하고 있었다. 이러한 시대의 통념을 따르면서 맑스는 정체 혹은 국가형태(Staatsform)에 대해 설명했다.

입헌군주정을 근대 국가의 모델로 설정한 헤겔*을 비판하는 데서 출발한 맑스였지만, 그에 의하면 근대에 있어서의 군주정이냐 민주정이냐와 같은 논쟁은 시민사회*를 기반으로 한 정치적 국가 내부에서의 하나의 대립에 지나지 않으며 본질적인 동일성을 지니고 있었다. "민주정과 귀족정과 군주정 사이의 항쟁 …… 등은 다양한 계급들 간의 현실적인 투쟁이 취하는 바의 환상적인 형태들에 지나지 않는다"[『독일 이데올로기』, 廣35]. 그러나 다른 측면에서 그는 그러한 정체들 사이에 현실적으로 차이성이 존재한다는 것도 이해하고 있었다. 군주정이 봉건시대의 잔재를 남기고 있는 데 반해 공화정은 근대의 첨단이자 진보적이었다. 따라서 정체를 둘러싼 투쟁은 무의미할 수 없었다. 프롤레타리아 계급의 투쟁, 혁명*의 이익에서 보자면 "가장 좋은 국가형태란 사회적 대립으로 하여금 자유로운 투쟁을 하도록 하고 그에 의해 해결에 도달하게끔 하는, 그런 국가형태이다"[「6월 혁명」, 5:131]. 맑스가 언급한 적이 있는 버지니아의 권리장전에는, 정체는 다양하지만 최대한의 행복을 달성하는 것이 최선의 것이라고 선언되어 있었다. 맑스는 전제 개념도 빈번하게 사용했는데, 전제라는 것은 대개 무법의 지배이자 입헌주의의 반대를 의미했다. 그는 오스트리아, 이탈리아, 스페인 등 부르주아 혁명을 달성하지 못한 나라들의 정체, 그에 더하여 나폴레옹*의 제1제정을 각각의 특징을 드러내고 있는 전제로 규정했다.

【Ⅱ】 48년 혁명기의 이론적 난점

1848년 혁명*은 근대 정치사의 새로운 단계로의 이행의 시작을 의미하고 있었다. 프랑스 제2공화정으로부터 제2제정으로의 진행과정을 대상으로 한 맑스의 분석은 프롤레타리아 혁명의 조기 도래라는 주관주의적 관망으로 인해 난점이 적지 않았다. 정체에 관해서도 "왕정복고인가 아니면 적색공화정인가"[「파리의 상태」, 6:207-208]라는 양자택일로서 전망을 세워 "부르주아 공화정은 하나의 계급*의 다른 계급들에 대한 무제한의 전제를 의미한다"[『브뤼메르 18일』, 8:115]라고 주장하는 등 과녁에서 벗어난 논의가 포함되어 있었다. 부르주아 민주공화정의 성립, 그리고 보나파르티즘*으로의 변화는 맑스에게 있어서는 불의의 일격을 당한, 그야말로 기대와 예상에 반하는 진행이었다. 새로운 역사적 사태의 진전에 직면하여 기존의 정체론의 틀로는 대응할 수 없다는 사실이 드러난 것이라고 말할 수 있을 것이다. 또한 이 시기의 맑스는 프랑스의 정치적 상황에 대한 분석에 있어 전제와 더불어 독재의 개념을 남용했다. 전제와 독재의 같음과 다름에 관련해서는 비상사태 하에서의 임시적인 독재가 일시적이 아니라 장기화하면 전제로 변한다는 것은 루소*의 『사회계약론』 이래의 통념이었다.

【Ⅲ】 새로운 사태에 대한 이론적 접근

1860년대에는 영국에서의 제2차 선거법 개정, 프랑스에서의 제2제정의 '자유제정'으로의 진화, 독일에서는 '위로부터의 혁명'의 진전 등, 근대 정치사의 새로운 발전단계로의 이행을 알리는 중요한 사건들이 잇따르고 정체를 둘러싸고서도 새로운 양상이 드러나고 있었다. 영국에서는 이미 "왕권은 단순한 명목상의 권력"[「의회정보」, 9:252]이 되었지만, 그러나 국왕은 내외를 향해 국민적 통합을 상징하는 이데올로기적 기관으로서 정착하고 있었다. 귀족 또한 부르주아계급 속에 동화하여 "이전의 귀족적 전통이 가장 근대적인 사회 속으로 들어와 번영하고 있는 나라"[「추문」, 15:493]가 출현하고 있었다. 산업 부르주아계급을 대표하는 당파로서 부르주아 공화정을 내세워 신장한 맨체스터 일파는 이전의 당파를 모태로 한 보수당, 자유당으로의 정당* 재편성이 진행되는 가운데 후퇴할 수밖에 없게 되었다. 영국은 여전히 왕국이었지만 부르주아 정신이 곳곳에 침투하여 의회제 민주주의*의 체제가 구축되고 있었다. 유럽대륙에서는 산업적 약진을 달성한 프랑스 제2제정이 각광을 받았고, 독일 등에서는 그것을 본받은 동일한 유형의 국가 건설이 추진되고 있었다. 프랑스 제2제정은 "적어도 유럽대륙에서는 근대의 계급지배의 국가권력 그 자체이다"[「『내전』 제2초고」, 17:579]. 제2제정 보나파르티즘에 대해 맑스는 여전히 '전제제정'의 측면만을 강조하는 데서 벗어나지 못했지만, "내실의 전제주의와 겉보기의 민주주의*"[「프랑스-프로이센 전쟁에 대한 국제노동자 총평의회의 첫 번째 호소」, 17:5]라고 말하고 있듯이 민주주의의 요소가 들어 있다는 사실 또한 인정할 수밖에 없게 되었다.

왕정, 제정과 일체화한 구조에서의 부르주아 민주주의화의 진보, 의회로부터 내각 또는 정부로의 국가권력기구 중추의 이동, 나아가 정당을 비롯한 비국가적 정치조직의 진출에 의해 이전의 군주정인가 공화정인가와 같은 대립은 형식적인 것이 되면서 이전의 의미를 상실하기에 이르렀다. 기존의 개념 장치로는 더 이상 현실을 파악할 수 없고 정치나 국가*의 실상에 다가서기 위해서는 새로운 이론적 틀의 개발이 불가결했다. 그러나 맑스는 물론이거니와 엥겔스*에 의해서도 그러한 이론적 작업은 수행되지 못했다. 근대 정치사의 발전적 전개에 따라 정체 혹은 국가형태로부터 "정치적 관계들"[『자본』, 제1판 서문, 23a:9]의 전체로 풍부해져온 맑스의 논설을 발전적으로 계승해서 (1) 정치적 이데올로기, 규범, (2) 정당, 그 밖의 정치집단, (3) 국민대표제, 선거제, (4) 의회와 정부를 양대 기관으로 삼아 관료적, 군사적 장치를 갖춘 국가권력기구, (5) 국가형태 등에 걸친 정치의 전체적인 구조를 분석적으로 해명할 필요가 있으며, 그것을 예를 들면 맑스가 사용한 '사회 시스템'[『요강』, 초1:402]이라는 용어를 본따 정치 시스템(System der Politik, political system)으로서 총체적으로 개념화할 수 있을 것이다. 더 나아가 각각의 시대와 국가에 따라 다른 정치 시스템의 다양한 존재형태를 보나파르티즘, 의회제 민주주의*, 의회과두제(영국 명예혁명 체제 등), 군주주의적 입헌제(프랑스 복고왕제 등) 등으로 구체적으로 연구하고 이론화해갈 필요가 있을 것이다. ☞국가

참 ソ連邦科學アカデミー國家・法研究所(藤田勇 監譯), 『マルクス=レーニン主義 國家・法の一般理論』, 日本評論社, 1973(第5章, 「國家の概念」). 大藪龍介, 『マルクス・エンゲルスの國家論』, 現代思潮社, 1978.

―오야부 류스케(大藪龍介)

정치경제학 비판 政治經濟學批判 [(독) Kritik der politischen Ökonomie]

맑스의 『자본』*에 덧붙여진 부제가 '정치경제학 비판'이었다는 사실은 잘 알려져 있다. 맑스의 저서 중에는 같은 제목의 책도 있지만, 여기서는 부제의 이론적 함의만을 문제로 한다.

【Ⅰ】 '정치경제학 비판'의 함의

1858년의 라살레*에게 보내는 편지에 나타나 있는 바와 같이 맑스는 체계의 서술임과 동시에 체계의 비판*이기도 한 비판적 서술을 지향하고 있었는데, 그 서술은 구체적인 사태를 망라해서 기술하는 것이 아니라 범주, 즉 기본적인 개념들의 비판적 서술이다. 그리고 『자본』에서는 부르주아 경제학의 범주들이 "상품 생산이라는 이 역사적으로 규정된 사회적 생산양식의 생산관계에 대해 사회적으로 타당한, 그런 까닭에 객관적인 사상형태이다"[23a:102]라고 규정되어 있다. 현행의 역사적・문화적인 체제 하에서 "사회적으로 타당한", "그런 까닭에 객관적인" 사상형태, 요컨대 해당 사회에 내재적인 해당 주체의 시각에서는 그야말로 진리로 간주되고 있는 것, 그것의 체계적인 비판적 서술이야말로 문제인 것이다. 이러한 체계적 서술방식은 '상품세계'에 있어서는 "생산자들에게는" 내지 "상품생산 안에 사로잡혀 있는 사람들에게는" "그들의 사적 노동들의 사회관계는 …… 개인들이 자신들의 노동* 그 자체에서 맺는 사회적인 관계로서가 아니라, 오히려 개인들의 사물적인 관계들 및 사물들의 사회적 관계들로서 나타난다"[23a:99]라고 하는 후기 맑스의 물화론에 의해 요청된 것이다. 물화*란 간단히 말하자면 사람과 사람의 관계가 해당 주체들의 직접적인・일상적인 의식*에는 사물적 대상으로서 굴절되어 나타나는 사태를 가리킨다. 해당 주체로서의 사람들의 일상적인 의식에 있어서는 물화된 현상이

그대로 객관적 사실로서 나타나는 이상, 사람들은 이 '객관적 사실'에 입각하여 일상적으로 실천을 행하고, 바로 그렇게 함으로써 물화 현상을 재생산*한다. 경제학이란 이와 같은 물화된 '객관적 사실'을 이론적으로 정식화한 것에 다름 아니며, 저 뛰어난 고전파 경제학* 조차 기껏해야 물화된 대상 인식의 테두리 안에 있다.

그런데 이 '객관적인 사상형태'를 체계적으로 서술하는 것은 분명히 맑스적 비판의 하나의 요건을 이루지만, 그러나 맑스적 비판은 그것의 단순한 추인에 그치는 것이 아니다. 왜냐하면 그것은 '역사적으로 규정된' 일정한 생산양식에 대해서만 '사회적으로 타당한' 것이지 무조건적인 영원한 진리가 아니기 때문이다. 해당 사회에 내재적인 해당 주체에게 진리로 간주되고 있는 것은 분석자 맑스(=우리)에게는 결코 단적인 진리인 것이 아니다. 그렇지만 저자인 분석자로서는 해당 주체들에게 진리로 간주되고 있는 것을 단순히 참일 수 없는 것으로서 물리치는 것만으로는 본래 독자인 해당 주체들과의 사이에 의사소통 그 자체가 성립할 수 없는 형편에 처하고 만다. 그렇다면 저자인 분석자로서는 해당 주체들에게 그것이 매우 자연스러운 필연적인 진리로 간주되는 존립기제를 해명해 보이고, 그러한 진리의 피매개적인 존립구조를 규명해 보여야만 한다. 그러기 위해서는 해당 사회에 내재적인 해당 주체에게 진리로 간주되고 있는 것을 그 기초 범주로부터 체계적으로 서술하는 동시에, 그에 대한 '비판'을 또한 체계적으로 수행해 나갈 필요가 있다. 또한 그러한 '비판'은 당시 주체들에 의해 진리로 간주되고 있는 것이 "상품세계의 사회적 관계들 속에 사로잡혀 있다"고 하는 존재 피구속성을 띠고 있다는 의미에서 그야말로 일종의 이데올로기*에 다름 아닌 이상, 이데올로기론적 비판의 형태를 지니는 인식 비판이 될 수밖에 없다. 그렇지만 그러한 인식 비판은 동시에 물화 현상을 재생산하는 해당 주체들의 일상적 실천에 대한 비판이기도 한 이상, 제1의적으로는 기성 학문으로서의 경제학에 대한 비판을 의미한다고 하더라도, 그와 동시에 '객관적 사실'로서의 자본제 정치경제 시스템에 대한 비판도 함의하고 있다.

'정치경제학 비판'이란 이리하여 단적으로는 사람들의 일상생활에서 질곡으로 변하고 있는 물화에 대한 비판이다. 추상적 위상에 입각하는 한에서 맑스의 '정치경제학 비판'이란 이상과 같은 구조를 의미한다.

【Ⅱ】'추상적 인간노동'

맑스의 '추상적 인간노동'론을 예로 들어보자. 자본제 사회에서는 경제적 물신성이 보편적으로 완성된다. 그러나 상품의 물신성은 그것이 바로 보편적이라는 점에서 해당 주체의 일상적 의식에서는 쉽사리 자각되지 않는다. 그것은 바로 물신숭배에 빠져 있는 당사자에게는 그것이 물신숭배라는 사실이 자각되지 않는다는 동어반복적인 이유에 따른 것이다. 맑스에 의하면 "(맑스 자신에 의해 정식화된) 상품*은 사용가치*와 가치*라는 두 가지 요인을 갖는다. 전자는 구체적 유용노동의, 후자는 추상적 인간노동의 대상화이다"라는 사태야말로 실은 상품의 물신성의 근본현상에 다름 아니다. 시험 삼아 다음과 같이 물어보자. 본래 '추상적 인간노동'이란 무엇인가? 과연 그러한 것이 실재하는가? 그것은 동물이나 자연*의 힘과 어떻게 다른가? 실재한다고 강변할 때 그것은 형이상학적·초자연적인 실재를 들고 나오는 셈이 되지 않을까? 그와 같은 '정체를 알 수 없는 상품'의 '응결'이란 확실히 진기한 것이 아닐까?

맑스적 비판이 본격적으로 전개되는 상품의 물신성론에 따르면 "노동생산물은 그것들의 교환의 내부에서 비로소 그것들의 감성적인 상이한 사용대상성으로부터 분리된, 사회적으로 서로 동등한 가치대상성을 받아들인다"[23a:99]. 다시 말해 앞서 언급한 사태는 (해당 주체의 일상적 의식에 입각하여) 마치 노동과정 그 자체가 가치응결의 과정*, 추상적 인간노동의 대상화=물질화의 과정인 것처럼 취급하는 데서 발생한 "형이상학적인 계략으로 가득 찬" 오류추리에 다름 아니며, "추상적 인간노동의 응결"이라는 표현 그 자체가 실은 상품세계에서의 보편적인 물신성에 입각한 표현에 다름 아니었던 것이다. 이리하여 '추상적 인간노동'이란 속류적 이해와는 동떨어진, 생산자의 배후적 과정(즉 교환과정)에서 "매일 현실에서 수행되는 추상"에 의해 정립되는 바의 "서로 독립적으로 영위되고 있기는 하지만 사회적 분업의 자연발생적 분지로서 전면적으로 상호의존적인 사적 노동들"[23a:101]이 "사회적 총 노동에 대해 갖는 관계"[같은 책:102], 다시 말하자면 상품경제적으로 편제된 특수한 역사적인 사회적 관계들의 '반성규정'에 다름 아닌 것이다.
☞『자본』, 물화, 가치[1], 상품, 이데올로기

㉾ 廣松涉, 『資本論の哲學』(廣松涉著作集 第12卷), 岩波書店, 1996. 同, 『物象化論』(著作集 第13卷), 岩波書店, 1996.

—요시다 노리오(吉田憲夫)

『정치경제학 비판 요강 政治經濟學批判要綱』

맑스가 1843년 가을 이래의 '15년간의 연구 성과'로서 1857년 8월부터 58년 5월까지 집필한 정치경제학 비판*의 초고. 책 제목 『정치경제학 비판 요강』(*Grundrisse der Kritik der politischen Ökonomie*)은 맑스-엥겔스-레닌주의 연구소가 1939년 및 1941년에 두 권으로 출판했을 때 최초에 붙인 것이다. 이 제목은 맑스 자신이 이 초고에 '정치경제학 비판'(critique of political economy)이라는 표제를 붙이고, 엥겔스*에게 보내는 서간에서 지금 정치경제학의 '요강'(Grundrisse)을 집필 중이라고 알린 데서 나온 것이다. 이 두 권은 1953년 사진복제판·합본으로 출판되어 널리 세계에 알려지고서부터 『경제학·철학 초고』*와 『자본』*을 매개하는 문헌으로서, 또 그동안의 맑스에 대한 이해를 수정하는 전거로서 연구되어 왔다.

【 I 】 정치경제학 비판 체계와 『요강』

맑스는 영국 자본주의*가 오토메이션*·증기기관차·기선·전신전화 등으로 생산·교통·통신*을 조직해가는 사태나 런던 만국박람회*(1851년)로 상징되는 '자본의 문명화 작용*'으로 인류가 현실적으로 세계시장*에서 통합되어 가는 운동을 떠올리며 『요강』을 집필했다. 그때 그는 '제1편 자본, 제2편 토지 소유, 제3편 임금노동, 제4편 국가, 제5편 외국무역, 제6편 세계시장'이라는 6편으로 이루어진 계획을 구상하고 있었다. 그 가운데 '제1편 자본'은 '(a) 자본 일반, (b) 자본들의 경쟁, (c) 신용, (d) 주식자본'으로 이루어진다. '계획'에서 돌이켜보면, 40년대의 정치경제학 비판은 '(b) 자본들의 경쟁'의 차원에 속하지만, 『요강』은 '(a) 자본 일반'이라는 체계의 가장 심층부에 속하는 것으로 그로부터 자본*의 세계시장 창조 경향이 시작된다고 그는 본다.

【 II 】 『요강』의 구성

『요강』의 착종된 기술에는 정치경제학 비판의 골격이 구축되어 있다. 『요강』은 「서설*」, '화폐에 관한 장', '자본에 관한 장'으로 이루어진다. 「서설」에서는 정치경제학 비판의 주제·방법·체계를 논하고 있다(상세한 것은 별도의 항목 「서설」을 참조). '화폐 장'에서는 맑스가 분석의 당면한 발판으로 삼은 상품유통으로부터 그 가장 심층부, 즉 (1) 가치실체까지 하강하고, 그로부터 (2) 의존관계사(물화*·시간의 경제), (3) 가치형태=교환과정, (4) 상품유통, (5) 화폐*의 자본으로의 이행까지 상승하여 대체로 『자본』의 상품·화폐론의 이론 요소를 분석했다. 또한 '화폐 장'에서 처음으로 '사회적 실체' 개념을 확립하게 된다. 그 확립은 '자본 일반'이라는 기저적 관점 설정에 따른 것이다. 화폐란 인간 상호간의 관계가 사유관계에 의해 분리-매개된 물적 형태라고 파악하고, 상품물신성론을 정초했다. 가치형태론과 교환과정론은 미분화된 채 『정치경제학 비판을 위하여』*에게로 계승된다.

'자본에 관한 장'은 'Ⅰ. 자본의 일반성', 'Ⅱ. 자본의 특수화', 'Ⅲ. 자본의 개별성'으로 나뉜다. 이러한 3구분은 『자본』의 '자본의 생산과정' '자본의 유통과정' '자본주의적 생산의 총과정'이라는 3구분에 대응한다. 'Ⅰ. 자본의 일반성'은 (1) 화폐의 자본으로의 이행(자본과 노동*의 교환), (2) 노동과정, (3) 가치증식과정, (4) 상대적 잉여가치, (5) 생산과정의 결과, (6) 자본의 실현과정, (7) 자본의 축적과정, (8) 공동체*의 3형태, (9) 본원적 축적과정으로 이루어진다. 이 가운데 (5)(6)(8)은 『자본(제1부)』에는 없다. '잉여가치*' 개념은 (3)에서 처음으로 확립되었다. 절대적 잉여가치는 (5)에서 처음으로 논의되었다. 'Ⅱ. 자본의 특수화'는 (10) 자본의 유통(순환), (11) 자본의 회전*, (12) 자본의 재생산*으로 이루어져 『자본(제2부)』의 기본구성에 가깝지만, (12)의 재생산론은 기본적으로는 생산재를 내부 조달하여 소비재를 상품 생산하는 '단수 자본'의 재생산이며, 재생산 표식*은 아직 정식화되어 있지 않다. 'Ⅲ. 자본의 개별화'에서는 리카도적 틀을 순화한 토지 소유=지대 제로(0)라는 전제에서 산업자본이 생산한 잉여가치의 분배 형태들을 (13) 산업이윤, (14) 상업이윤, (15) 이자로 분석한다. 이윤율의 경향적 저하법칙, 총계일치 2명제(총 가치=총 {생산}가격, 총 잉여가치=총 이윤)가 처음으로 제시되었다. 『요강』의 마지막의 짧은 기술인 '1) 가치*'에서 '서두 상품'이 확정되어 『자본』의 상품자본 순환에 의한 체계 구성의 출발점이 확정되었다. 이러한 정초는 『요강』의 화폐자본 순환에 의한 체계 구성으로부터의 선회이다.

【Ⅲ】『요강』의 특징

맑스의 정치경제학 <비판*>이란 경제이론상의 비판으로 끝나지 않는다. 맑스의 비판이란 인식 가능한 대상을 자연 일반・인간 일반이 아니라 자본이 지배하는 근대 시민사회에 한정하는 것을 의미한다. 그의 주제는 현전하는 근대 시민사회가 역사적 개체임을 논증하고, 형상(forma)에 대한 질료(materia)의 근원성, 이론(theoria)에 대한 실천(praxis)의 근원성을 논증하는 것이다. 그 때문에 자연적 질료와 사회적 형상을 분석 기준으로 한다. 사회적 형상이 자연적 질료에 물화하고 물적 형태들로 재생산구조가 조직되어 현전하는 사회가 자연 질서로서 현상하는 것을 논증한다. 더 나아가 이와 같이 이론으로 정의된 실천적 세계(재생산구조)의 최초 전제의 역사적 발생과정을 더듬어 감으로써 사회적 형상이 생성・발전・소멸하는 역사적인 형상이며, 그것이 소멸된 후에도 그 형상이 발전시킨 질료가 존속한다는 것을 논증한다. 실천은 이론에 의해 정의되고 역으로 이론에 실재적 근거를 부여한다. 이론과 실천*은 각각 인간행위에서의 형상과 질료에 해당하고, 실천의 근원성은 '질료의 근원성(Materialismus)'에 다름 아니다. 경제적인 이론・형상은 세속 내 종교의 신과 서로 동등하며, 그 이론・형상의 역사적 유한성을 폭로하는 정치경제학 비판은 종교 비판의 철저화이다. 진리의 근거는 인식 주관의 무한성을 전제하는 인식 구성(사실은 역사적 형상) 그 자체에 있는 것이 아니라 존속하는 존재(질료)에 있다. 맑스는 유한한 인간*은 물화하는 재생산구조를 자기의 실천 결과로서 반성하는 이론 과정에서 점진적으로 존재를 인식해 간다고 생각한다. 근대 시민사회를 역사적인 개체로서 파악하는 작업이 맑스의 <비판>이며, 역사적 개체에서의 '질료의 근원성'에 관점을 두는 방법적 태도가 맑스의 <유물론(Materialismus)>이다. 맑스의 비판적=역사적 유물론은 '자본의 문명화 작용' '자유시간*' '헤겔 논리학*'의 비판적 섭취와 함께 『요강』을 관통하고 있는 특징이다. ☞「서설」, 자본의 문명화 작용, 『자본』, 자유시간, 만국박람회, 헤겔 논리학, 유물론

囹 A. シュミット(元浜清海 譯),『マルクスの自然概念』, 法政大學出版局, 1972. 內田弘,『經濟學批判要綱の硏究』, 新評論, 1982. 山田鋭夫,『經濟學批判の近代像』, 有斐閣, 1985.

—우치다 히로시(內田 弘)

『정치경제학 비판을 위하여政治經濟學批判─』 [Kritik der politischen Ökonomie]

6편 계획으로 이루어진 맑스의 정치경제학 비판 체계의 제1분책. F. 라살레*의 도움으로 둥커(Duncker) 서점에서 1859년에 간행. '서문', '제1장 상품', '제2장 화폐 또는 단순유통'으로 이루어진다. '서문'에는 그때까지의 이력이나 이른바 '유물론적 역사관*의 공식'이 기록되어 있다. '서문'(Vorwort)과 「서설」(Einleitung)은 별개의 것이다. 1857년 8-9월에 『요강』*의 서두로 씌어진 「서설」*은 1907년에 간행된 카우츠키* 편의 『정치경제학 비판을 위하여』(이하 『비판』)의 부록에 수록되어 널리 알려지게 되었다.

『비판』은 『요강』의 '화폐에 관한 장'을 바탕으로 작성한 '원초고(Urtext)'를 좀 더 수정하여 이루어졌다. 제1장에는 'A 상품의 분석에 관한 사적 고찰', 제2장에는 'B 화폐의 도량단위에 관한 이론들'과 'C 유통수단과 화폐에 관한 이론들'이 들어 있다. 당시의 계획으로는 각 이론의 기술 뒤에 그 이론의 역사를 덧붙이는

체재를 제2분책 이후에도 계속할 예정이며, 그에 따라서 『1861-63년 초고』에서도 '잉여가치에 관한 이론들'을 집필했다. 그러나 이 계획은 1865년 7월 말경에 파기되고 책 제목은 『자본』*으로 변경되며, 이론사는 '제4부(das 4. Buch) 역사적-문헌적인 부'로 일괄하는 계획으로 바꾸었다.

【Ⅰ】 가치론의 구성

『비판』은 기본적으로 이후의 『자본』 제1부 '제1편 상품과 화폐'의 모체이다. 『비판』의 가치론의 구성은 (1) 가치실체 → (2) 상품물신 → (3) 가치형태=교환과정 → (4) 단순유통이다. 이러한 구성은 『요강』의 가치론의 구성을 거의 계승하고 있다. 그러나 『자본』에서는 (1) 가치실체 → (3′) 가치형태 → (2) 상품물신 → (3′) 교환과정 → (4) 단순유통으로 변화한다. 이러한 가치론의 변화는 재생산*=축적론의 변화에 조응한다. 『1861-63년 초고』의 기계론(전반부)에서 '기계*(불변자본*)의 사회적 재생산'과 '기계의 채용동기와 결과'의 '이중의 불변자본 문제'와 조우하고, 그 가운데 불변자본의 재생산 문제에 대해서는 (a) '하나의 자본*'을 전제로 가치*의 축적=재생산을 분석하는 차원('자본의 생산과정'의 최종편)과, (b) '두 개의 자본'을 전제로 사용가치 및 가치의 재생산=유통(실현)을 분석하는 차원('자본의 유통과정'의 최종편)을 분리했다. 이러한 분리에 대응하여 가치의 표현양식을 전개하는 가치형태론과 가치 및 사용가치의 동시 실현을 논하는 교환과정론을 분리했다. 가치론에는 축적=재생산론이 잠재되어 있다.

【Ⅱ】 맑스의 수사법

『비판』의 가치론은 정치경제학 비판*인 동시에 프루동주의* 비판이기도 하다. 맑스는 라살레에게 보낸 편지에서 "사적 생산은 존속시키지만 사적 생산물의 교환은 조직화하는 사회주의*, 다시 말하면 상품*은 바라지만 화폐*는 바라지 않는 사회주의가 근저로부터 타파된다"[29:449]고 말한다. 우선 프루동주의자도 공유하는 '상품'이라는 '공통의 광장(locus communis)'으로 끌어들인다. 그런 다음 상품으로부터 화폐가 필연적으로 발생한다는 것을 논증하여 "상품은 바라지만 화폐는 바라지 않는다"라고는 주장할 수 없음을 보여준다. 『요강』에서의 연구를 바탕으로 제2분책 이후에는 인간*이 생활과 생산으로 결합하는 공동체(Gemeinwesen)가 기본적으로 상품-화폐관계로 조직되면 잉여생산물뿐만 아니라 필요생산물(노동력의 재생산 펀드)도 상품화하고, 따라서 노동력도 상품화하여 화폐는 자본으로 전화한다는 점을 논증할 예정이었다. 다시 말해 상품을 전제로 하면 화폐와 자본은 필연적으로 발생하는 것이다. 프루동주의자의 주장은 불가능하다. 맑스는 이와 같이 프루동주의자를 전면적으로 비판하는 전략을 펼친다. 정치경제학 비판의 "전체가 매우 엄밀하고 학문적인 형태를 취하고 있기 때문에, 앞으로 자본에 관한 나의 견해도 꽤 진지하게 고려하도록 그들에게 강요하게 된다"[29:300]라며 싸움을 건다. 그리고 "제3장부터 진정한 전투가 시작된다"는 "정치적 이유"[같은 책:459]에서 우선 제1·2장을 내놓는다. 수사법은 논전의 순서(dispositio)를 중시한다. 소크라테스가 수사가인 고르기아스를 비판하는 수법이 수사적이듯이, 맑스의 비판은 수사적이다.

【Ⅲ】 세계상품과 세계시장*

이후의 『자본』과 같이 『비판』에서 거론되는 상품은 차·커피·밀·캘리코·브라질산 목재·탄산칼륨·금 등, 영국이 세계시장으로부터 수입하는 세계상품이 대부분이다. 아마포도 원래 유럽에서 들여온 수입품이었다. 맑스는 정치경제학 비판의 서두를 기술할 때도 마지막의 제6편 '세계시장'을 표상에 떠올리고 있는 것이다. "커피의 가치로 표시되는 등식들의 계열은 커피가 교환될 수 있는, 커피가 교환가치로서 기능하는 한계를 표현한다"[13:25]고 말한다. 본성상 상품시장에는 장벽이 없다. 현실에 있더라도 뛰어넘는다. 상품의 한계는 상품 자체의 교환능력에 있다. 상품교환 관계가 생산을 좀 더 깊이 조직함으로써 상품의 경계는 전진한다. "화폐가 세계화폐로 발전하듯이 상품 소유자는 세계인으로 발전한다. …… 상품 소유자에게 있어 전 세계가 귀결되는 숭고한 이념은 하나의 시장, 세계시장이라는 이념이다"[같은 책:129-130]. 인류라는 이념은 자본의 문명화 작용*에 의해 우선 세계시장으로서 실현된다. 인권은 처음에는 세계인의 상품 소유의 권리들로서 주장된다.

【Ⅳ】 엥겔스의 서평

맑스는 『비판』 간행 직후부터 엥겔스*에게 그에 대한 서평을 되풀이해서 의뢰했다. 엥겔스는 세 번 쓸 예정이었으나 무슨 까닭인지 두 번에 그쳤다. 그 서평에서 엥겔스는 정치경제학 비판에서의 '논리적인 것'과 '역사적인 것'의 관계를 다루었다. 그에 의하면 역사는 지그재그로 나아가며, 그 진행에 대한 기술은 매우 길어지기 때문에 역사적인 기술양식보다 논리적인 기술양식이 타당성을 갖는다. 논리적인 기술양식은 "역사적 형태와 혼란스러운 우연적 사건을 제거한 역사적인 기술양식(Behandlungsweise)에 다름 아니다"[13:477]. 역사적 진행에서의 우연적인 것을 사상하여 얻어지는 규칙성이야말로 기술해야 할 논리적 순서라고 말한다.

맑스는 '역사적인 것'과 '논리적인 것'은 무조건적으로는 조응하지 않으며, "그것은 상황에 따른다(ça dépend)"[초1:52]고 생각했다. 맑스는 우연적인 것이 없다면 이 세계는 신비적인 것이 되며, 현상은 모두 우연적인 것인바, 이런저런 우연한 사건들의 상호작용을 통해 관철되는 필연적 경향을 분석하는 것이 정치경제학 비판의 이론적 과제라고 생각했다. 『정치경제학 비판을 위하여』가 간행될 무렵부터 엥겔스는 경제학 연구를 오로지 맑스에게 맡겼다. ☞상품, 화폐, 『정치경제학 비판 요강』, 『자본』, 「『자본』 초고」, 세계시장, 저널리즘, 엥겔스

참 荒木廸夫, 『經濟學批判と資本論』, 新評論, 1974. 内田弘, 「二重の不變資本問題の理論射程」, 『専修經濟學論集』, 第12巻 第1号, 1986年 9月. テレル・カーヴァー(内田弘 譯), 『マルクスとエンゲルスの知的關係』, 世界書院, 1995.

—우치다 히로시(内田 弘)

『정치경제학 비판을 위하여 政治經濟學批判—』「서설」 ⇨ 「서설」

정치경제학 클럽 政治經濟學— [(영) Political Economy Club]

1821년 4월, 투크, 토렌스, 제임스 밀, 리카도, 맬서스* 등을 주요 회원으로 하여 런던*에서 창립. 그 전년에 투크가 기초한 「자유무역에 관한 런던 상인의 청원」에서 제시된 자유무역의 원리를 정책에 반영하고, 경제학의 이론과 실제를 보급한다는 목적을 갖는다. 당초의 회원 수는 30명. 실업가, 정치가, 저술가 등이 중심으로, 대학의 제도화가 진행됨에 따라 대학교수와 같은 전문적인 경제학자도 참가하게 되었다. 리카도의 『경제학 및 과세의 원리』를 비롯한 경제학사에 있어 중요한 저작들의 간행이나 급진파의 잡지 『웨스트민스터 리뷰』의 창간, 런던 대학의 설립 등이 이어지고 '정치경제학'이라는 호칭과 학문체계가 일반에 보급되어 가는 19세기 전반기에 등장한 이 클럽의 행보는, 영국의 폴리티컬 이코노미의 형성・전개・쇠퇴의 역사와 밀접하게 관련되어 그 변천을 측면에서 비추어준다. 회원의 자유로운 토론을 촉진시키기 위해 토의내용에 대해 클럽은 공식기록을 전혀 남기지 않았다. 그러나 의사록에 남아있는 회원이나 토론 의제 리스트 등에서 그 추이와 개요를 알 수 있다. 거기에는 정치경제학의 성격이나 특징, 이론이나 정책을 둘러싼 대립과 교차도 있었지만, 큰 틀에서는 초기의 클럽은 보수주의자와 '사회주의'자 양쪽과 대치하는 하나의 커다란 조류를 이루고 있었다고 말할 수 있다. 폴리티컬 이코노미는 이코노믹스라는 명칭으로 대체되는 1880년 무렵부터 쇠퇴해 가지만, 정치경제학 클럽은 그 후에도 거의 같은 형태를 유지하며, 제본스, 마샬, 피구, 케인즈 등 주요한 경제학자를 회원 또는 명예회원으로 맞이하면서 계속된다. ☞리카도, 맬서스

참 藤塚知義, 『經濟學クラブ』, ミネルヴァ書房, 1973. Political Economy Club of London, *Political Economy Club*, 5 vols., Tokyo, Reprinted 1980.

—이즈모 마사시(出雲雅志)

제2제정기의 프랑스 第二帝政期—

제2제정(Second Empire)은 1852년 12월, 나폴레옹 1

세*의 조카로 태어난 루이 나폴레옹*이 나폴레옹 3세로 즉위했을 때에 시작되어 1870년 9월 보불(프로이센-프랑스) 전쟁의 패배로 붕괴했다. 나폴레옹 1세의 제1제정(1804-14년)에 빗대어 제2제정이라 불린다.

【Ⅰ】제2제정의 성립과정

제2공화정 하의 1848년 12월 대통령 선거에서 루이 나폴레옹은 유효투표의 72.4%를 획득하여 부르주아 공화파의 카베냐크*를 이기고 당선됐다. 이 승리는 '나폴레옹 전설'에 의한 농민층의 과거 복귀 희망의 표현이라기보다 오히려 명망가 지배로부터의 탈피로서 루이 나폴레옹이 적극적으로 지지받은 결과라고 볼 수 있다. 『빈곤의 절멸』(1844)로 대표되는 그의 사상은 프랑스 내셔널리즘을 기조로 하며, 인민주권 원리와 권위의 원리의 결합, 계급평등의 실현, 농업 콜로니의 건설과 실업자 대책에 의한 빈곤의 절멸 등을 주장하고 있다. 생시몽주의적인 '국가사회주의'의 구상을 지니고 있었다고 말할 수 있다.

루이 나폴레옹은 대통령 권력에 대한 대항자인 입법 권력을 압박해 49년 1월에 입헌의회를 해산시킨다. 이 선거에서는 질서당이 승리했으나 같은 해 10월에 질서당 내각을 사임시키고 의회 바깥에서 각료를 등용, 입법 권력의 적대관계를 낳았다. 50년 5월의 보통선거 폐지로 루이 나폴레옹은 중요한 지지기반을 잃게 되지만 샹가르니에 장군의 파면 성립 후 질서당은 해체된다. 임기 4년, 재선 금지라는 대통령 임기 규정을 둘러싼 헌법 개정 문제로 경제계도 루이 나폴레옹 지지를 굳혀간다.

1851년 12월 2일의 쿠데타에 의해 질서당 지도부의 체포, 의회의 해산, 보통선거의 부활이 실시된다. 쿠데타는 파리*에서는 큰 반란을 초래하지 않으며 지방에서도 나폴레옹에 반대하는 특별한 움직임은 보이지 않는다. 쿠데타 후의 인민투표에서 새로운 체제는 압도적 다수로 승인되고, 다음 해인 52년 1월 대통령 권한을 대폭 확장한 새로운 헌법이 공포되었다. 대통령의 임기 10년제, 원로원, 입법원, 국사원에 의한 입법 기관의 구성 등 나폴레옹 1세의 통령제(統領制)를 모방한 제도가 도입되었다. 나아가 52년 11월, 인민투표에 의한 압도적인 지지를 얻어 12월 2일 나폴레옹 3세로서 대관식을 거행함으로써 제2제정이 시작되었다.

【Ⅱ】제2제정의 정치체제

제2제정에서는 행정, 입법, 사법, 외교 등의 모든 권력이 황제에게 집중된다. 보통선거가 입법원, 지방의회 등에 보편적으로 적용되는 한편으로, 장관, 원로원, 국사원, 지사, 군수, 시장, 촌장의 임명제를 취했다. 그리고 특히 지사와 경찰을 통해 국내 질서를 도모했다. 권력의 원천을 인민에 두면서도 모든 권력을 황제에게 집중한다는 역설적인 통치구조가 되었던 것이다.

제2제정은 부르주아 세력과 프롤레타리아트 세력의 균형 위에 성립하는 과도기적 · 예외적인 통치형태로 간주되는 경우도 있지만, 나폴레옹 3세는 직접적인 민중의 지지를 획득한데다가 교묘한 여론조작으로 권력을 유지할 수 있었으며 현대 민주주의의 원형을 제시했다고도 말할 수 있다.

제2제정은 일반적으로 1860년까지의 '권위제정'과 그 이후의 '자유제정'이라는 두 시기로 나눌 수 있다. '권위제정'의 시기는 나폴레옹 3세가 행정 · 군사 · 외교의 전권을 장악하고 언론 · 출판* · 집회 · 결사의 엄격한 통제를 실시하여 강력한 질서유지 정책이 전개되었다. 다만 이 시기에 프랑스의 경제발전이 이루어지게 된다. 1860년 영국과의 통상조약을 대권에 의해 체결하여 보호무역에서 자유무역으로 전환하는 동시에 국내정치에서도 헌법을 수정하고 의회의 권한을 확대하는 등 자유화 정책이 실시되었다. 이 자유화 정책으로 공화주의 세력이 대두하고 노동운동도 다시금 활성화되었다. 69년의 입법원 선거에서는 제정 반대파가 약진하게 되고, 70년 황제는 입법원의 다수파에 의한 올리비에 내각을 조직하여 '의회제정'으로의 전환을 도모하게 된다.

제2제정의 대외정책은 나폴레옹 1세와는 다른 대영협조를 기본으로 하면서 프랑스의 영광을 회복할 것을 지침으로 삼았다. 국내에 강력한 당파적 기반을 갖고 있지 않은 나폴레옹 3세에게 있어 군사적 영광은 국민적 지지를 굳히는 데서 중요한 위치를 차지했다. 터키령 내의 가톨릭교도 보호를 구실로 영국과 함께 터키를 지원해서 러시아를 물리친 크리미아 전쟁*(1853-56년)은 내셔널리즘을 고양시켰다. 전 외교관인 레셉스의 노력에 의한 수에즈 운하의 건설(1854년 이집트로부터 영업 허가권, 1869년에 완성)도 일반적으로 나폴레옹 3세의 외교정책의 성공사례로 간주된다. 중국에서는 영국과 함께 애로우 전쟁(1856-60년)을 일으켜 광저우를 점령하고 베트남에도 군사개입을 하여 62년에 코친차이나(Cochin-China) 동부를 획득, 이듬해 63년에는 캄보디아를 보호국으로 삼으며, 67년에는 코친차이나 전역을 지배하에 두었다. 그러나 이탈리아 통일전쟁(1859-61년)에 대한 군사개입에서는 일정한 주견의 결여를 폭로하게 되고, 게다가 멕시코 간섭(1861-67년)은 참담한 실패로 끝났다. 64년에 오스트리아 황제의 동생 막시밀리안을 멕시코 황제로서 옹립하지만 멕시코 국내 및 미합중국의 반발로 좌절함으로써 황제의 권위는 실추되었다. 1870년에는 스페인 왕위계승 문제를 계기로 프로이센에 전쟁을 선언하고 독일의 연합군에 패했다. 패배의 소식을 듣고 파리 민중들이 일제히 봉기하면서 나폴레옹 3세는 퇴위할 수밖에 없게 된다. 대외팽창 정책에 의해 내셔널리즘을 고무하고 국민적 지지를 얻겠다는 계획은 프로이센-프랑스 전쟁의 패배로 결정적으로 어긋나게 된다.

【Ⅲ】 제2제정기의 경제발전

제2제정기는 프랑스 산업혁명의 완성기에 해당한다. 1848년의 캘리포니아 금광의 발견, 1851년의 오스트리아 금광의 발견 등 우발적인 요소도 있고, 제2제정 초기는 세계적인 경기의 회복기에 있었다. 금의 유입으로 프랑스는 만성적인 화폐부족에서 벗어났다. 그러나 이 시기의 경제발전이 국가권력의 강력한 개입에 의해 이루어진 것은 틀림이 없다. 생시몽주의*의 산업화의 꿈을 현실화한 것이 나폴레옹 3세이며, 페레르 형제를 비롯한 수많은 생시몽주의자가 제2제정의 산업화 정책을 적극적으로 추진하는 담당자가 되었다. 제2제정이 최종적으로 부르주아지의 지배를 확립하는 체제였다 하더라도 농민과 노동자에 대해 배려하면서 '국민'적 관점에서 산업화를 도모했다는 점은 생시몽주의와 공통적이며, 노동자 주택의 건설 등 그 시책에서 '사회주의'적 요소를 발견할 수도 있다.

구체적으로 제정은 철도 건설과 금융 개혁을 중심으로 프랑스의 근대화를 이루었다. 1852년의 철도법은 사기업에 활력을 불어넣으려는 의도를 갖고 있고, 7월 왕정기에 시작된 철도 건설은 이 시기에 급속도로 발전하여 제정 말기에는 16,000km 이상의 철도망이 완성되었다. 파리를 중심으로 하는 현재의 철도망의 원형이 거의 완성되었다고 말할 수 있다. 제정 말기에는 철도에 의한 화물수송이 50%를 넘어서며, 우편・전신제도의 발달과 상품유통 기구의 정비도 촉진했다. 금융제도의 개혁은 7월 왕정기, 제2공화정기의 주요한 과제이며, 1848년 혁명* 이후 몇몇 신용개혁이 이루어졌지만, 1852년에 페레르 형제에 의해 설립된 크레디 모빌리에*는 최초의 산업투자은행으로서 제2제정 하의 경제발전에 크게 기여했다. 그 밖에도 크레디 리요네, 소시에테 제네랄 등의 은행*이 설립되어 금융 시스템의 정비가 시도되었다. 오트 방크(금융귀족)의 비중은 저하되고 소액 주식이나 채권에 의해 모인 대중자금의 도입에 의한 경제발전이 도모되었다. 이와 같은 사람과 사물의 이동이 전국적인 네트워크를 구축하여 통일적 국내시장이 이 시기에 완성되었다.

수도 파리의 대대적인 개조도 1853년에 황제가 임명한 세느 주지사 오스만에 의해 감행되었다. 리보리 거리, 생미셸 대로 등의 기간도로가 만들어지고, 상하수도가 정비되었다. 중앙시장, 루브르 궁전, 오페라하우스 등이 건설되고, 또한 브로뉴, 방센느 등의 공원도 정비되어 부르주아 사회의 물리적 기초가 완성되었다. 콜레라와 범죄, 폭동의 소굴인 불결하고 좁은 골목길과 변두리 길은 일소되었다. 부르주아와 노동자가 혼재되어 거주하고 있던 파리는 중심부로부터 서부의 부르주아 거리와 그것을 '붉은 띠'로서 동쪽에서 둥글게 둘러싸는 노동자들의 거리로 분리되었다. 리옹과 마르세유 등에서도 도시 개조가 착수되었다. 1855년과 1867년의 파리 만국박람회는 국내외에 프랑스의 발전과 수도의 번영을 과시하는 절호의 기회가 되었다.

프랑스의 경제발전은 복고왕정기・7월 왕정기를 통해 고관세 정책에 의거하고 있었지만, 제2제정 하에서 공업력이 발전하게 되자 1860년의 영불통상조약에 의해 자유무역주의로 전환했다. 자국의 수입금지와 고관세를 철폐하는 대신 영국에 대해서는 수입관세의 철폐와 포도주 관세의 인하를 요구했다. 그 후에 이와 동일한 조약을 벨기에, 독일 관세동맹, 이탈리아 등과 체결하고 이로써 국민총생산에서 차지하는 외국무역* 의 비율은 비약적으로 높아져 프랑스 산업의 새로운 발전의 기반이 되었다.

맑스가 『루이 보나파르트의 브뤼메르 18일』*이나 『프랑스 내전』*에서 제시한 나폴레옹 3세상(像)이나 제2제정기를 보는 시각은 역사연구의 관점에서 본다면 현재로서는 많은 점에서 수정할 수밖에 없다. 예컨대 나폴레옹 3세의 정책이 프랑스의 근대화나 경제발전에 기여한 것은 맑스의 인식에서 결여되어 있다. 다만 그것을 어떻게 평가하는지는 저작에 대한 성격부여에 기인하는 바가 크다.

【Ⅳ】 제2제정기의 문화와 사회운동

제2제정기는 부르주아 사회의 형성기로서도 특징지어진다. 부시코의 '봉 마르셰(Bon Marche)'를 비롯하여 다종다양한 상품*을 대량으로 진열 · 판매하는 백화점이라는 새로운 형식이 탄생하면서 화려한 소비문화가 전개되었다. 오펜바흐의 오페레타로 대표되는 성숙한 부르주아 문화도 이 시기에 개화했다. 보들레르나 플로베르 등의 새로운 문학도 등장한다.

한편 노동운동은 '권위제정'기에는 진압되어 있었지만, 64년의 파업권 허용 등 나폴레옹 3세의 노동자 회유정책에 의해 60년대에 다시금 활성화되었다. 나폴레옹 3세는 1862년의 런던 만국박람회*에 노동자 대표를 파견했지만, 이는 노동자들 사이에 프랑스 내셔널리즘을 불어넣는 효과를 갖지 못하고 노동자 대표단은 영국의 선진적인 노동조합*의 실태에 자극을 받고 귀국한다. 대표단이 중심이 되어 63년의 입법원 총선거와 이듬해 64년의 보선에 노동자 후보를 내세우고 노동자의 정치적 자립을 주장하는 『60인 선언』(1864)을 발표했다. 1865년에 창설된 국제노동자협회(제1인터내셔널) 파리 지부는 톨랭이나 프리부르 등의 프루동주의자가 중심이 되어 노동자의 자율성에 기초하는 '사회혁명' 노선을 전망했다. 파리 코뮌*에서 총살당한 발랭에게는 이후의 생디칼리슴을 선취하는 발상이 있었다. 이에 반해 이 시기 혁명*의 화신인 블랑키* 주위에는 이후에 파리 코뮌의 투사가 되는 트리동을 비롯한 많은 젊은이들이 집결하여 새로운 블랑키파가 형성된다. 사회혁명 노선의 비정치성 · 비현실성을 비판하고 정치혁명운동으로서 영향력을 지녔다. 프루동주의*와 블랑키주의라는 이질적인 혁명을 지향하는 사상이 집단적 운동의 차원에서 대결할 수밖에 없는 시대가 여기서 시작되었다. ☞7월 왕정기의 프랑스, 2월 혁명, 파리 코뮌, 나폴레옹 3세, 프루동, 블랑키[1], 인터내셔널{국제노동자협회}, 생시몽주의, 파리, 크레디 모빌리에, 『루이 보나파르트의 브뤼메르 18일』, 『프랑스 내전』

㊟ 中木康夫, 『フランス政治史(上)』, 未來社, 1975. 河野健二 編, 『フランス・ブルジョワ社會の成立』, 岩波書店, 1977. 河野健二 編, 『資料フランス初期社會主義―二月革命とその思想』, 平凡社, 1979. 西川長夫, 『フランスの近代とボナパルティズム』, 岩波書店, 1983. 社會思想史の窓刊行會 編, 『アソシアシオンの想像力―初期社會主義思想への新視角』, 平凡社, 1989. 服部春彦・谷川稔 編, 『フランス近代史―ブルボン王朝から第五共和政治まで』, ミネルヴァ書房, 1993. 小田中直樹, 『フランス近代社會1815-1852』, 木鐸社, 1995.

–다카쿠사기 고이치(高草木光一)

젠트리 [(영) gentry]

영국에서는 다의적인 의미를 지닌 단어임과 동시에 영국 사회의 역사를 이해하는 데서 가장 중요한 개념 가운데 하나다. 좁은 의미에서 '젠트리'란 출생에 따른 사회적 계층에서 귀족(nobility, peerage) 바로 아래에 위치하고 있으며, 계속해서 역사적으로 두터운 층을 이루는 유력한 존재였다. 본래 봉건제 사회의 하층귀족(기사)으로 거슬러 올라가는 이 계층은 중세 말부터 근세에 걸쳐 지주농업 경영에 대한 적극적인 관여와 상공업에 대한 투자 등을 통해 경제적으로 융성해가는 한편, 언제나 명망가로서 전통적인 지방자치의 담당자였다. 유동성 · 개방성도 결여하고 있지 않았던 이 계층의 존재가 19세기에 이르기까지 영국의 정치적 · 사회적 형세의 큰 틀을 유지하는 완충기적 역할을 수행했다고 할 수 있을 것이다.

거의 동의어로서도 사용되는 '젠틀맨'의 경우는 좀 더 넓고 종종 귀족도 포함한 상류계층 전반을 의미한다. 근래의 영국사학 이해에서는 이 계층이 '시민혁명*' '산업혁명*'을 거친 근대를 통해 정치 · 사회적으로뿐만 아니라 경제적으로도 일관되게 주도권을 잡고 있었다는 견해가 강화되고 있다. 이른바 젠틀맨 자본주의론의 주장에 따르면 전통적으로 토지 소유에 부의 기반을 두고 있던 귀족 · 젠트리 계층은 시대의 흐름에 따라 점점 더 상업 · 금융업과의 관계를 강화해 영국의 제국 확장노선 및 세계적 서비스 · 금융센터화 정책을 뒷받침했다. 산업혁명(공업화)은 이미 이와 같은 관계 하에서 고도로 기능하고 있었던 자본주의 시스템 안에서 생기했던 것에 지나지 않으며, 재산소유의 패턴이나 정치 · 사회적 세력 배치에 근본적인 변화를 초래하는 일은 없었다고 한다.

19세기 중반의 빅토리아조 영국에서는 이와 같은 지주 · 젠틀맨 지배가 기본적으로는 잔존 · 계속되면서도 지방도시에서는 산업을 배경으로 경제적 실력을 축적한 중간계급이 각종 단체나 협회*를 통해 일정한 사회적 주도권을 잡아가는 중이었다. 당시 그들은 합리적 · 시장적 행동원리를 다양한 정책결정의 장에 반영시키는 한편, 젠트리적 이해를 배려해 개인적 관계를 공장이나 생활의 장에 끌어들이는 기능도 하고 있었다. 맑스는 『뉴욕 데일리 트리뷴』*지의 사설 「영국의 중간계급」(1854)[10:652-657, 또한 같은 권 709쪽 주해를 참조]에서 "자신보다 높은 자에게는 비굴하고 자신보다 낮은 자에게는 횡포한" 중간계급이 새로이 획득한 영향력을 어떻게 사용하고자 하는지에 대해 의심의 눈길을 보낸다. 높은 급의 중간계급이 귀족계급의 생활양식을 흉내 내며 그것과 결합하고자 노력하고 있었기 때문에 영국의 '봉건제'는 중간계급의 변질 · 해체 과정 하에서는 여전히 사멸하지 않았던 것이다. ☞산업혁명, 빅토리아기의 생활수준, 영국 자본주의

참 R. H. トーニー(浜林正夫 譯), 『ジェントリの勃興』, 未來社, 1957. P. J. ケイン/A. G. ホプキンス(竹内幸雄 外 譯), 『ジェントルマン資本主義帝國(Ⅰ · Ⅱ)』, 名古屋大學出版會, 1997.

—시게토미 기미오(重富公生)

조르주 상드 ⇨상드{조르주 상드}

조트랑 [Lucien Jottrand 1804-77]

브뤼셀 민주주의협회 의장으로 맑스와 가까운 관계에 있었던 인물. 민주파의 기관지 『데바 소시알』(*Débat Social*, 1844-49)의 편집자. 조트랑이 이상으로 삼는 나라는 영국이었다. 벨기에를 영국적인 국가*로 만들기 위해 결사의 자유, 집회의 자유를 요구하고, 특권계급에게 한정된 정치로부터 인민의 정치로의 변혁을 요구했다. 이를 위해 그는 제한선거 하에서 선거권을 갖고 있지 않은 노동자층의 지지를 얻기 위해 민주파와 사회주의자의 연합을 모색했다. 그 표현이 민주주의협회*이며 그것의 노동자협회와의 연합이었다.

그는 노동*을 부의 유일한 원천이라 생각하고 노동자의 정치참여에 기대를 걸었다. 납세액에 따른 제한선거의 철폐, 상속권의 폐지, 대토지 소유의 폐지, 노동자를 위한 아틀리에의 건설, 국가에 의한 아동의 무상교육과 같은 정책을 제창했다. 이러한 정책은 『선언』*에서 언급되어 있는 것과 유사하다. 또한 그는 게르만권을 중심으로 한 소국가에서의 민주주의*의 실현과 국제연합을 주장함으로써 벨기에인 이외의 외국인과의 연합을 도모했다.

그러한 관점에서 조트랑은 독일인 노동자협회와 함께 민주주의협회를 설립하고 외국인과 노동자의 참여를 호소했다. 그가 의장으로, 부의장 중 한 명으로 맑스가 선출되었다. ☞민주주의협회, 브뤼셀

참 L. Bertrand, *Histoire de la démocratie et du socialisme en Belgique depuis 1830*, 2vol. Bruxelles 1906-07.

—마토바 아키히로(的場昭弘)

『조화와 자유의 보장 調和―自由―保障』 [*Garantien der Harmonie und Freiheit*, 1842]

독일의 직인 혁명가 바이틀링*의 주저. 1841년부터 스위스에서 비밀결사* 의인동맹*을 지도하는 바이틀링은 1838년 파리*에서 기초한 동맹의 강령 『인류, 그 현실과 이상』*의 내용을 한층 더 심화시켜 1842년 말에 이 저작을 직접 출판했다. 편력 직인*인 바이틀링은 유럽 여러 도시에서 다양한 사회문제에 직면하고, 또한 이를 해결하고자 하는 사상가・이론가의 학설을 접해 나갔다. 그 중에서도 특히 18세기 프랑스의 루소*, 19세기 초 프랑스의 생시몽*과 푸리에*(직접적으로는 푸리에파의 콩시데랑*)에게서 많은 것을 배웠다. 그 성과는 이 책에 충분히 표명되어 있다. 그 구성은 제1부가 '사회적 폐해의 기원', 제2부가 '사회 재조직의 이념'으로 되어 있다. 이 저작이 간행되자 파리와 런던*의 의인동맹 지도자들은 감격하고, 에버베크는 파리에서 바이틀링에게 편지를 보냈다. 또한 독일의 시골에서 사색에 전념하고 있는 철학자 L. 포이어바흐*, 러시아인 혁명가 바쿠닌*, 그리고 청년 맑스도 이 저작을 높이 평가했다. 제2판은 1849년에 간행되며, 바이틀링 사망 후인 1879년 뉴욕*에서 신판이 간행되었다. 맑스는 1879년 9월 19일자 조르게에게 보낸 서간에서 다음과 같이 말하고 있다. "바이틀링의 신판을 나는 받지 못했네"[34:335]. 이 책의 애독자였다는 것을 엿볼 수 있다. ☞바이틀링, 의인동맹

참 良知力, 『マルクスと批判者群像』, 平凡社, 1971. 森田勉, 『初期社會主義思想の形成』, 新評論, 1972. 石塚正英, 『三月前期の急進主義―青年ヘーゲル派と義人同盟に關する社會思想史的硏究』, 長崎出版, 1983.

―이시즈카 마사히데(石塚正英)

존스[1] [Richard Jones 1790-1855]

영국의 경제학자. 존스는 12년간의 국교회 목사 시절에 활동 근거지인 켄트와 서섹스 주 농업노동자의 궁핍과 폭동을 목격하고 경제학자가 되었다. 1831년에 경제구조론을 중심으로 한 『분배론』 구상의 일부인 『지대론』을 발표했다. 1835년부터 사망하기 전년까지 맬서스*의 후임으로 동인도 칼리지의 교직에 있었다. 허셜, 휴얼, 배비지* 등의 과학자와도 친교를 맺고 1834년에 왕립통계학협회의 설립에 참가했다. 허셜식의 '관찰' 중시의 과학론과 통계학이 그에게 역사적 관점과 비교사회론적 관점에서 시장사회를 파악하는 독자적인 방법을 가능케 했다. 그는 고립된 역사학파의 창시자・유물론적 역사관*의 선구자・곡물법* 옹호의 보호주의자・리카도 비판자라고도 평가되었지만, 자본 인식에서 리카도파 사회주의자와 대립하여 이윤 목적으로 선불을 지급하는 자본*과 자본가의 기능이 노동*의 계속성과 능률의 증대에 유용하다는 재생산 인식을 보였다. 그는 역사의 하나의 과도기적 단계로서의 자본주의 사회가 부의 증대뿐만 아니라 노동자의 시민적 권리와 자유*의 확대, 정신적 향상을 가져왔다고 생각한다. 맑스는 존스의 주저인 『지대론』을 1851년 런던 초고 제9권에, 1852년에 간행된 『국민경제학 교과서』를 1859-62년 노트 제7권에 발췌하고 이것을 1861-63년 초고에서 이용했다. 절대적 잉여가치론의 역사적 서술의 보론, 상대적 잉여가치론의 '기계' 항목, 특히 기계*를 매개로 해서 노동과정과 가치증식과정을 구별하는 논의에서 존스가 이용되고 있다. 맑스의 초고 집필 경과에서 보자면 존스는 자본론의 계획 문제에 깊이 관계되고 있다. 엄밀한 부분을 특정하기는 곤란하지만 맑스는 존스에 대한 언급이 있는 항목에서 1862년 3월 노트 제5권의 집필을 중단하고 노트 제6권의 잉여가치학설사에 들어갔다. 학설사 부분은 스튜어트*에서 시작해서 존스로 끝나고 있다. 1863년 1월이 되어 제15권의 상인자본의 문제, '덧붙인 논의, 화폐의 유통운동', '자본과 이윤'의 계획 초안을 쓴 다음 노트 제5권으로 돌아가 마무리하고 노트 제19권으로 나아간다. 자본론 제1권과 3권을 잇는 매개항으로서의 존스의 이론적 의의는 경시해서는 안 된다. 맑스는 "생산양식들의 역사적 차이에 대한 감각에 의해 돋보인다"[초8:491]고 평가했다. ☞리카도

참 大野精三郎, 『ジョーンズの經濟學』, 岩波書店, 1953. 鷲見硏作, 「ジョーンズの自由貿易論」, 『マルクス・エンゲルス・マ

ルクス主義研究』, 第13号, 八朔社, 1991. 出雲雅志, 「資本認識をめぐるリカードゥ後の論爭とジョーンズ」, 『市場社會の檢証』 수록, ミネルヴァ書房, 1993.

-오시마 고지(大島幸治)

존스2 [Ernest Charles Jones 1819-69]

후기 차티스트 운동을 대표하는 지도자 가운데 한 사람. 군인인 부친이 나중의 하노버 공(빅토리아 여왕의 숙부)의 시종이었기 때문에 베를린*에서 태어나 19세까지 독일에서 지냈다. 시인으로서의 재능이 있어 처음에는 문학자가 되고자 했으나 1844년 변호사 자격을 얻고 1846년 무렵부터 차티스트 운동*에 가담했다. 월간지 『노동자』(*The Labourer*)(1847-48)를 차티스트 운동의 최대 지도자였던 오코너와 함께 편집하며, 당시 오코너가 적극적으로 추진하고 있던 차티스트 토지계획의 좋은 협력자로서 지도적 지위를 맡았다. 48년의 제3차 청원이 실패로 끝났을 때에는 이 시기의 운동의 가장 중심적인 지도자 중 한 사람으로서 체포되어 2년형을 선고받았다. 50년 7월에 출옥한 뒤에는 오코너와 대립하게 되고, 하니* 등과 함께 전국헌장협회의 집행위원의 지위에 올라 후퇴기에 접어든 운동의 재건에 노력했지만 얼마 안 있어 하니와도 대립하게 된다. 하니가 운동에서 멀어진 후에는 『인민신문』(*The People's Paper*)(1852-58)을 발행해 차티스트 운동의 최종적 국면에서 가장 커다란 영향력을 지니는 지도자로서 활약했다. 맑스와 엥겔스*가 가장 신뢰한 영국의 급진적 활동가 중 한 사람으로 사상적으로는 사회주의적 경향을 갖고 있었지만 차티스트 운동의 재건 가능성이 사라져감에 따라 중산계급과의 협조를 지지하게 된다. 만년에는 맨체스터*에서 변호사업에 종사하면서 중산계급적인 개혁론자로서 제2차 선거법 개정(1868년)을 위해 노력했다. ☞차티스트 운동, 하니

참 J. Saville, *Ernest Jones: Chartist*, London 1952.

-오카모토 미치히로(岡本充弘)

종교 宗教 [(독) Religion]

맑스가 종교에 대해 언제나 비판적인 입장에서 발언했다는 점에 대해서는 의심할 여지가 없다. 그가 종교적 신앙을 고백한 일이나 종교에 대한 경향을 드러낸 적은 한 번도 없다. 격렬한 종교 비판은 종종 그때까지의 종교와의 긴밀한 관계의 반동인 경우가 많지만, 맑스의 경우에는 그와 같은 전기적 사실도 보고되지 않았다. 그리고 맑스의 종교 비판은 반드시 격렬한 격투의 성과라고 할 정도의 것도 아니다. 분명히 유물론자로서의 맑스와 엥겔스*는 무신론자라고 하는 자각을 지니고 있었다. "맑스와 나는 오랜 전부터 좋은 무신론자 · 유물론자"라고 엥겔스는 쓰고 있다[카를로 카피에로에게 보내는 서간(1871. 7. 1, 33:539]. 그러나 훗날 엥겔스는 청년시절에 포이어바흐*의 철학*을 자신들이 얼마나 열광적으로 수용했는지를 회상하고 있지만, 그들의 포이어바흐에 대한 심취는 그의 유물론이나* 무신론* 때문이라기보다는 그의 인간주의 때문이었던 것으로 보인다. 『경제학 · 철학 초고』*에서는 "신의 폐기로서의 무신론은 이론적 인간주의의 생성이며, 사유재산의 폐지로서의 공산주의*는 …… 실천적 인간주의의 생성이다"[40:506]라고 쓰고 있다. 여기서도 중심 개념은 인간주의인 것이다.

맑스의 종교 비판의 입장이 최초로 드러나는 것은 학위 논문인데, 거기서 맑스는 바우어*의 자기의식의 철학의 입장에 의거하면서 철학과 신의 대립을 선언하고 있다. 그러나 그의 종교 비판의 기본자세를 보여주는 것으로 가장 잘 알려져 있는 것은 「헤겔 법철학 비판 서설」*에서의 서술이다. 그에 따르면 포이어바흐에 의해 독일에서의 종교 비판은 본질적으로는 끝났다. 인간*이 종교를 만드는 것이지 종교가 인간을 만드는 것이 아닌데, 어째서 전도된 세계의식인 종교를 인간이 만들었는가 하면 국가* · 사회 자체가 전도되어 있기 때문이라고 말하는 것이다. 종교는 현실의 불행으로 고뇌하는 민중의 '한숨', '아편'이며, 이러한 환상적 행복을 폐기하는 것은 민중의 현실적 행복을 요구하는 것, 환상을 필요로 하는 상태를 버리라고 민중에게 요구하는 것이라고 간주된다. 이리하여 이제 종교 비

판은 법*의 비판*으로, 신학*의 비판은 정치의 비판으로, 더 나아가 비판은 실천으로 바뀌는 단계에 이르렀다는 것이다.

이와 관련하여 종교를 아편으로 간주하는 표현은 맑스의 독창적인 것이 아니라 당시의 헤겔 좌파*에게서 널리 보이는 것이었다. 또한 아편이라는 표현은 종교의 폐기라는 주장을 연상케 하지만, 그것도 맑스의 진의로는 보이지 않는다. 종교적 소외는 현실적 소외의 반영에 지나지 않는 이상, 기본적으로 맑스는 종교의 폐기를 요구하고자 하지는 않는다. 그는 현실의 모순이 극복되면 종교의 존재 근거가 사라져 종교는 자연스럽게 소멸한다고 이야기하는 것이다.

포이어바흐에 의한 종교 비판은 "인간에게 최고의 존재는 인간이다"라는 휴머니즘의 교설, 따라서 이 인간을 비참한 상태에 묶어두는 일체의 관계들을 전복하라는 지상명령으로써 끝난다고 간주된다. 이리하여 신의 지배로부터의, 사유재산과 화폐*로부터의, 더 나아가서는 자본*의 지배로부터의, 그리고 궁극적으로는 자연*의 필연성으로부터의 인간의 해방*이 실천적 과제로서 내세워지게 된다.

헤겔*의 철학 체계에서는 한편으로는 예술과 종교와 학문(철학)이 절대정신의 세 가지 영역으로서 등가라고 간주되었던 데 반해, 다른 한편으로는 예술은 종교로, 종교는 학문으로 각각 지양되는 것으로 이해되는 측면도 분명히 존재하고 있었다. 그리고 헤겔 좌파의 운동이란 후자의 측면에 대한 강조가 슈트라우스, 바우어, 포이어바흐, 슈티르너* 등에게서 종교 비판으로서 첨예화되고 종교 비판의 현실 비판적 성격이 맑스에게서 두드러지게 나타나 드높이 선언된 과정이라고도 말할 수 있을 것이다. 이것이 맑스에 의한 종교 비판의 사상사적 맥락이다.

사람의 마음을 치유하는 기능을 지닐 수 있는 것은 비단 종교만이 아니다. 자연미와 예술미, 학문과 스포츠, 그리고 이데올로기*마저도 '현실의 불행'을 일시적으로나마 치유할 수 있을 것이다. 그럼에도 불구하고 종교 영역만이 아편으로서 공격의 대상이 된 것은 이 시대에 종교가 기성의 정치적 현실을 신성화하는 도구로 변했기 때문인데, 그것은 프랑스에서 시민혁명*을 수행하기 위해 계몽사상*이 앙시앵 레짐의 특권들과 결탁한 기독교*와 대결할 수밖에 없었던 것과 마찬가지 사정에서 기인하는 것이다. 종교 비판은 이 점에서는 정치와 종교의 유착에 대한 고발을 의미하고 있었다.

「헤겔 법철학 비판 서설」 이후 맑스는 시민사회* 그 자체를 비판의 중심에 두어가며, 종교에 관해서는 적극적인 고찰을 할 기회를 갖지 못했다. 그에 반해 엥겔스는 만년에 이르러 다수의 종교사적인 논문을 남겼는데, 거기서는 인간이 외적인, 즉 자연적・사회적인 힘들의 지배 아래 있는 한 종교는 존속할 수 있다는 것을 인정하기에 이르렀다. ☞「헤겔 법철학 비판 서설」, 「데모크리토스와 에피쿠로스의 자연철학의 차이」, 신학, 무신론, 기독교, 이데올로기, 소외, 해방, 포이어바흐

囹 椎名重明, 『マルクスの自然と宗教』, 世界書院, 1984. 松田賀孝, 『人間・宗教・國家』, 勁草書房, 1992. 津田雅夫, 『マルクスの宗教批判』, 柏書房, 1993.

—우부카타 스구루(生方 卓)

『종의 기원 種—起源』 [*On the Origin of Species by Means of Natural Selection or the Preservation of Favoured Races in the Struggle for Life*. 1859. (제6판에서는 첫 부분의 On이 생략되었다)]

생물이나 인간*의 자연*에서의 자리매김을 그 이전과는 크게 다른 위상으로 바꾸어 놓은 진화론에 관한 저작. 특히 진화를 자연선택이라는 기제를 중심으로 설명했다. 1859년 11월에 출판되며, 저자는 찰스 다윈*이다. 다윈은 58년에 월리스와 함께 자연선택의 이론을 간결하게 공표했는데, 보다 상세한 이론과 당시의 생물학적 분야들의 현상들을 진화론 및 자연선택과 결부시키는 해석을 저작의 형태로 곧바로 준비하여 『종의 기원』으로 출판했다.

『종의 기원』의 내용은 크게 나누면 두 가지이다. 첫째로, 인위선택과의 유비를 사용하면서 생물이 진화

하는 요인으로서 '자연선택'의 이론을 제시했다. 그것은 무작위적인 변이 속에서 생존투쟁을 거침으로써 유리한 형질을 지니는 개체가 잔존하고 불리한 것은 배제된다고 하는 생각이다. 둘째로, 생물적 현상들과 진화론 및 자연선택설의 관련을 밝히면서 그러한 생물적 현상들이 어떻게 진화론이나 자연선택으로 설명될 수 있는가(혹은 설명하기 어려운가)를 전개했다. 이 저작 전체는 당시의 생물학적 학문이나 자연사에 대한 광범위한 논의이다. 생물이 창조되었다고 하는 창조설을 비판 대상으로 정하고 진화론이야말로 생물이나 유기적 자연을 이해하는 유일한 과학적 견해라는 점을 강조한 것이다. 그 가운데 특히 초판에서는 자연선택을 비록 진화 요인의 유일한 것은 아니라 하더라도 가장 중요하고 넓은 범위에 걸쳐 있는 원인이라고 강하게 주장했다. 덧붙이자면, 『종의 기원』은 제6판 최종쇄(1876)까지 개정 출판되지만 자연선택에 대한 강조는 서서히 약화되었다.

다윈이 진화론(전성론轉成論)에 도달한 것은 비글호에서의 항해(1831년 12월-36년 10월)를 마친 뒤 얼마 되지 않아서인데, 자연선택설을 발견한 것은 1838년 가을이었다. 그 때 맬서스*의 『인구의 원리』(제6판)가 일정한 의미를 지녔다.

『종의 기원』은 자연과학*의 역사에서 특히 생물학에 혁명적인 영향을 주었지만, 거기에 머물지 않고 광범위하게 사상*이나 철학, 인문과학에도 깊은 영향을 주어 오늘에 이르고 있다. 『종의 기원』에서는 인간의 문제에 대해서는 거의 언급하지 않고, 진화론이나 자연선택설에 의해 "인간의 기원과 역사에 대해 밝은 빛이 비쳐질 것이다"라고 되어 있을 뿐이다. 그러나 그것이 함의하는 바는 곧바로 드러나 19세기 후반에는 자연에서의 인간의 위치의 이해에 관해 커다란 변혁이 일어났다. 우주 내에서, 특히 신에 의해 특수한 자리매김을 부여받고 있는 기독교*적인 관념이 타격을 받고, 원숭이 같은 것에서 변화한 동물로서의 인간이라는 상(像)이 큰 힘을 얻으며 나타났다.

생물로서의 인간이라는 관점은 인간에 대한 다양한 과학적 지식을 가져오며, 또한 억압적인 종교*나 보수사상에 대한 무기가 되기도 했다. 그러나 동시에 인종론, 우생학, 사회 다윈주의 등의 기반이 되어 억압이나 차별의 과학화를 추진하기도 했다. 또한 생물 환원적 사상이나 사회이론이 다수 등장했는데, 그 대표는 인간 이해는 일원적으로 진화론과 생물학에 의거해야만 한다고 강조한 독일의 진화론자 헤켈이며, 그의 저작은 전 세계적으로 보급되었다. 그러한 생물 환원적 인간관에 입각한 사회이론에 대치하는 형태로 뒤르켐이나 M. 베버 등의 사회학이 탄생하는 한편, 특히 헤켈의 인간론을 비판하는 형태로 엥겔스*에 의해 인간에서의 노동*의 역할이 지닌 본질적 중요성에 대한 해명도 이루어졌다. ☞진화론 논쟁, 다윈, 다윈주의

㊟ ダーウィン(小杉龍一 譯),『種の起原』上・下, 岩波書店, 1990. ピーター・J・ボウラー(横山輝雄 譯),『チャールズ・ダーウィン 生涯・學說・その影響』, 朝日新聞社, 1997.

—사이토 히카루(齋藤 光)

『주르날 데 제코노미스트』 [(불) *Le Journal des Economistes, revue mensuelle de l'économie politique et des questions agricoles, manufacturières, et commerciales / revue mensuelle de la science économique et de la statistique*, 1841-1940]

주르날 데 제코노미스트 지(기요망 사에서 1841년 창간, 1940년까지 6시리즈로 나누어 총 347호 간행)는 19세기 프랑스를 대표하는 자유주의 경제학자의 활약 무대였다. 1842년에 설립된 '경제학회'의 학회지 성격과 당시의 사회경제 상태의 조사보고서 역할을 지니고 있었다. 주요 편집자는 아돌프 블랑키*, F. 바스티아*, C. 뒤느와예, M. 슈발리에*, J. 가르니에 등의 학사원, 도덕정치학 아카데미에 속한 이코노미스트들이며, 경제학 보급과 경제 문제의 해결을 목표로 했다. 그들은 프랑스 자유주의 경제학의 선구자 J.-B. 세이*의 교의(방법론적 개인주의, 자유경쟁의 촉진, 공권력의 개입에 대한 반대, 자유무역)에 입각하여 1830년대부터 급속히 고양된 사회주의 운동에 대해 엄격한 대결 자세를 취하는 동시에 보수주의, 보호주의에 대해서도 격렬하게 논진을 펼쳤다. 뒤느와예, 바스티아 등의

초자유주의자는 사회주의*가 제창하는 '노동권'과 '노동*의 조직화'를 비판*하고, 노동자의 모럴의 향상과 자기책임의 자각을 주장하면서 부의 분배의 불공정은 산업의 생산력 상승에 따른 사유권의 확립과 시장*의 확대에 의해 해결된다고 했다. 제2제정기 이후의 슈발리에, 르루아-볼리외는 철저한 생산력주의의 입장에서 자유무역 정책의 추진과 식민지 형성을 위한 자본수출이 빈곤 문제와 인구 문제, 나아가 전반적 공황을 일거에 해결할 것으로 생각하고 세이의 판로설을 수정했다. 또한 볼리외는 경제발전을 위한 온건한 개입정책의 필요성을 주창하고 각종 중간 조직이 수행하는 사회적 역할을 평가했다. 맑스는 바스티아의 자유무역 주장에 대해 그것이 각국 간의 생산 내 격차를 무시하고 후진국 경제에 대해 영국의 모델을 끼워 맞춘 데 지나지 않는 "공상적이고 반역사적"인 프랑스 특유의 사상이라고 보고 있다[초1:3-13]. ☞슈발리에, 가르니에, 세이, 블랑키[2]

㊟ Y. Breton/M. Lutfalla, *L'Economie politique en France au XIXe siècle*, Paris 1991. E. Laurent/L. Marco, "Le "Journal des économistes," ou l'apologie du libéralisme (1841-1940)," in: *Le Revues d'Economie en France, genèse et actualité 1751-1994*, Paris 1996.

–이케가미 슈(池上 修)

주식 株式 {주식자본 株式資本} [(영) Shares; Stocks (독) Aktien]

경제활동이 일정 규모를 넘어서면 개개의 자본*으로는 대응이 어렵게 되어 여기서 자본 결합의 필연성이 발생한다. 이와 같이 개개의 자본 결합이 사회에서 광범위하게 나타나게 되면, 그것은 일정한 형식을 지니며 제도화의 요인이 된다. 이러한 자본 결합의 제도화된 형식을 회사라 부르고, 주식에 의해 자본 결합이 행해지는 것이 주식회사이다.

다만 자본 결합의 유일한 형식이 주식회사인 것은 아니며, 역사상으로나 일본의 법제상으로도 그밖에 합명회사, 합자회사, 유한회사라는 세 가지 형식이 있다. 이 세 가지와 주식회사의 차이점은 출자증권(주식)이 유동성(취득이나 양도를 쉽게 할 수 있다)을 지닐 수 있다는 점이며, 이런 점에서 불특정 다수로부터의 출자를 기대할 수 있다. 다시 말해 일반대중의 부의 축적이 어느 정도 진행된 근대 자본주의 사회에서는 주식회사가 자금을 광범위하게 모으기에 가장 적합한 회사조직이라고 할 수 있다.

【 I 】 주식회사의 역사적 인식

R. 힐퍼딩이 '천재적 스케치'라고 평가했듯이, 『자본』*에서의 주식회사론은 체계적으로 정리된 것은 아니지만, 이 점이 맑스가 주식회사의 중요성을 경시했음을 의미하지는 않는다. 이미 1850년대 말의 경제학 연구 계획에서 '주식자본으로서의 자본'이라는 항목을 예정하고 있으며, 『정치경제학 비판 요강』*에서는 자본의 궁극 형태로서 주식자본을 논하고 있다. 『자본』에서의 주식회사론은 제3권 제5편 제27장에서 중심적으로 논의되고 있는데, 주식회사의 형성에 의해 (1) 개인자본으로는 불가능했던 거대규모의 기업이 등장하여 정부기업을 대체했다는 점, (2) 그것은 직접적으로 결합된 개인들의 자본, 즉 사회자본으로서 등장해 왔다는 점, (3) 이로 인해 기능자본가*가 화폐자본가로 전화될 수 있다는 점이 지적되고 있다. 여기서 중심적인 것은 (2)의 논점인데, 주식제도는 자본주의 체제의 기초 위에서의 사적 산업의 폐지라고 하여 새로운 생산형태로의 통과점이라는 평가가 이어진다.

이와 같은 주식자본에 대한 맑스의 인식은 당시의 주식회사의 실태에 영향을 받고 있다. 당시 런던 증권거래소의 주요한 거래증권은 국채이며, 주식 그 자체의 거래는 한정되어 있고, 또한 거래소 그 자체가 자본주의*의 이차적인 요소였다. 주식회사에서도 철도, 운하, 전신 등의 공공적인 동시에 거대한 고정자본을 필요로 하는 산업부문에 한정되어, 민간부문에서는 광산회사에 주식회사 형태가 있는 정도였다. 현대와 같이 일반대중이 광범위하게 주식을 구입하고, 모든 산업부문에서 크고 작은 주식회사가 영리활동의 중심에 위치하고 있는 상황과는 크게 다른 것이었다.

【 II 】 주식회사론의 가능성

당시의 역사적 배경을 전제로 하여 맑스가 개별자본

의 결합을 통해 공공사업을 담당하고 있는 주식회사에 대해, 사회자본과 이미지를 중첩시켜 주식회사가 직접적 사회소유로서의 소유로 재전화될 필연적인 통과점이라고 평가한 것으로 이해하는 것은 그리 어렵지 않다. 그러나 이러한 이해는 한편으로는 올바르다 하더라도 맑스의 주식회사론의 가능성을 역사적 인식의 한계 속에 가둬버리고 만다. 당시의 상황 인식에 이끌리면서도, 동시에 맑스는 신용제도의 발달을 시야에 넣고서 개인자본이 결합되어 자본의 집적・집중*과정을 통해 주식회사 제도가 자본주의적 생산의 중심에 위치하리라는 점을 이론적으로 예견하고 있다.

맑스의 주식회사론에는 일관되게 이 두 개의 주식회사의 이미지가 혼재되어 있지만, 이 두 개의 이미지는 대립된 것이 아니라 사회자본을 담당하는 주식회사뿐만 아니라 직접생산적 사업에 종사하는 주식자본도 집적・집중과정에서 대규모화하고, 그와 동시에 개별 자본가의 통제에서도 벗어나 결합된 생산자로서 사회적으로 관리될 가능성을 상정하고 있는 것이다. 거대화된 주식회사가 개별 자본을 흡수해가는 과정에서 생산자의 결합과 생산의 사회화를 보고, 자본과 노동*의 대립이 해소되고 있는 노동자들 자신의 협동조합공장과 비교하여 결합생산양식으로의 과도기적 형태라는 유사성 또한 지적하고 있다. 그것은 결합된 생산이 새로운 사회형태로의 이행의 기초조건이라는 인식이 맑스의 사고 저변에 깔려 있기 때문이다.

맑스가 예견한 바와 같이 신용제도와 증권유통제도의 발달로 모든 산업부문에 거대 주식회사가 출현하여 생산력의 비약적인 확대를 달성하고 있다. 사회적 자본을 떠맡아온 정부기업이 민간의 주식회사로 대체되는 과정은 실제로 우리 눈앞에서 진행되어왔다. 그러나 발달한 주식회사 제도를 조망하더라도 자본형식의 궁극적인 형태인 주식회사가 그 정반대의 존재로 전화할 수 있는 가능성을 그리 쉽게 발견할 수는 없다. 하지만 주식회사에 의해 초래된 거대한 생산력과 시장지배력을 어떻게 통제할 것인가 하는 문제는 주식자본이 우리에게 제기하는 여전히 낡고도 새로운 문제이다. ☞의제자본{가공자본}, 신용, 기능자본가

참 鈴木芳德, 『信用制度と株式會社』, 新評論, 1974.

—시바타 다케오(柴田武男)

주식회사 株式會社 ⇨**주식{주식자본}**

주체 主體 ⇨**객체와 주체**

「주택문제 住宅問題」 [“Zur Wohnungsfrage”, 1872]

엥겔스*가 1872년에 라이프치히*의 『폴크스슈타트』*에 게재한 논문. 이 논문은 같은 신문에 게재된 A. 뮐베르거의 논문 및 E. 작스의 저서에서 주장되고 있는 주택정책에 대한 비판으로서 3회에 걸쳐 게재되었다. 1887년에 제2판 소책자로 나오는데, 그 서문에서 엥겔스는 중심은 주택문제가 아니라 프루동주의*라고 말했다. 이로 인해 프루동주의는 노동자에 의한 소(小)소유라는 인상이 일반에 보급되게 되었다. 프루동 비판이라는 관점을 제외한다면 논문의 내용은 1845년에 출판된 『상태』*와 비교할 수 있다. 30년 전에 있었던 도시 중심부의 노동자의 빈곤주택 지역이 교외로 옮겨졌지만 중심부에서의 노동자 주택 사정은 더욱 나빠졌다는 것이 엥겔스의 주장이었다. 엥겔스의 주장에서도 볼 수 있듯이 1850년 이후 유럽의 각 도시에서는 중심부의 빈민가가 일소되고 주택은 교외로 확산되고 있었다. 맑스가 살았던 런던 북부의 주택 지역도 그렇게 해서 개발되어간다. 그러나 도시 내의 빈곤 지역은 점차 그 장소를 바꾸면서도 계속해서 존재하고 있었다. 그 때문에 엥겔스는 이러한 정책이 결국 빈곤 지역을 개선할 수 없었다는 결론을 내렸다. 엥겔스는 주택문제에 대한 논의는 사소한 것으로서 본질적인 것은 자본주의 제도 자체에 대한 비판이며, 해결 방법은 프롤레타리아계급이 권력을 장악하여 주택의 적정한 배분이 이루어지는 것이라고 말한다. ☞엥겔스, 프루동주의, 엥겔스 가

참 H. J. Dyos, *Victorian Suburb*, Leicester, 1961.

—마토바 아키히로(的場昭弘)

중농주의 重農主義 ⇨**케네**

중상주의 重商主義 ⇨**상업혁명**

지고 [Philippe Gigot 1820-60]

맑스의 브뤼셀 시대의 친구로 노동자협회 회원이자 민주주의협회 회원. 브뤼셀*의 고문서관에서 일하는 공무원. 지고는 테데스코와 더불어 맑스가 가장 친하게 지낸 벨기에 사람이다. 1848년 3월 4일 맑스가 체포될 때 예니*를 경찰서로 안내하는 도중에 예니와 함께 체포된다. 맑스의 이 체포는 이윽고 벨기에에서도 문제가 되어 부당 체포라는 것으로 일단락된다. ☞민주주의협회, 브뤼셀, 맑스(예니)

㊟ Th. Basyn, "L'Arrestation de Karl Marx à Bruxelles le 4 mars 1848", in: *La Revue Générale*, 15 Sept. 1928.

—마토바 아키히로(的場昭弘)

지대 地代 [(독) Grundrente (영) ground rent]

【Ⅰ】자본제 지대의 발생사

맑스는『정치경제학 비판 요강』*이나『잉여가치학설사』에서도 지대에 대해 논하고 있지만, 그 체계적 서술은『자본』* 제3권 제6편에서 행하고 있다. 거기서는 '초과이윤의 지대로의 전화'라는 표제에서 볼 수 있듯이 자본제 농업이 낳는 초과이윤의 하나의 형태로서의 지대, 즉 자본제 지대론이 중심 테마로 되어 있으며, 자본주의 이전의 지대형태의 전화는 '자본제 지대의 생성'이라는 관점에서 마지막 장(제47장)에서 요약적으로 서술된다. 왜냐하면『자본』의 관점에서는 자본주의 이전 사회들의 토지 소유자의 수입도 "지대라고 불릴지도 모르지만, {자본제}지대와는 본질적으로 다르며"[25b:1128], 본래 "토지 소유를 그 다양한 역사적 형태에서 분석하는 것은 이 저작{『자본』}의 한계 밖에 있기"[같은 책:793] 때문이다. 따라서 부역(Arbeitsdienst, corvée, labour service)을 '지대의 가장 간단하고 가장 본원적인 형태인 노동지대(Arbeitsrente)'로서 규정하고 생산물지대(Produktenrente)를 '단지 노동지대가 전화한 것', 화폐지대(Geldrente)를 '생산물지대의 단순한 형태 전화'로 파악하고, 그러한 세 가지의 '본원적 지대형태로부터 자본주의적 지대로의 과도적 형태'로서 '분익농제(Metäriewirtschaft)'를 둔다고 하는 '자본주의 지대의 발생사'에 관한 서술은 맑스적인 의미에서의 역사적 분석이 아니다. 왜냐하면 그것은 "생산과정과 사회적 생활과정 전체의 지휘자, 지배자"인 토지 소유자[같은 책:1128]를 사상(捨象)하는 것이기 때문이다.

【Ⅱ】차액지대

자본제 지대의 이론적 분석은 차액지대(Differentialrente)의 제1형태(Ⅰ), 제2형태(Ⅱ), 최열등지의 차액지대, 그리고 절대지대(absolute Grundrente)의 순서로 전개된다.

차액지대 Ⅰ은 토지의 자연력인 비옥도의 차이에 기초하는 초과이윤에서 생긴다. 농업*에서는 자본주의적 경영(자본투하)이 이루어질 수 있는 가장 열등한 토지의 생산가격*이 조정적 시장가격인 이상, 비옥도가 높은 우량지의 초과생산물은 초과이윤이 된다. 이 초과이윤이 지대로 전화하여 다른 형태의 지대와 함께 차지료(借地料, Pachtgeld)로서 (근대적) 지주에게 지불된다. 초과이윤 자체는 토지생산물의 시장가치의 규정—그 규정이 이른바 '허위의 사회적 가치'를 산출한다—에 기초하는 것으로, "토지나 그 비옥도의 차이에 기초하는 것이 아니"[25b:852]지만, 초과이윤의 지대로의 전화 원인은 토지 소유에 있다. 차액지대 Ⅱ는 비옥도에 차이가 있는 다른 토지가 아니라 같은 토지에 자본이 계기적으로 투하되는 경우의 자본*의 생산성 차이에 기초하는 초과이윤에서 발생한다. 그러나 차지계약 기간 중의 추가투자(집약적 경영)에서 발생하는 초과이윤은 지대로 전화하지 않는다. 토지개량 투자의 "남겨진 가치(unexhausted value)"를 보상한 후에 "실체의, 즉 토지의 우유성(Akzidens der Substanz, des Bodens)

으로 귀속"[같은 책:800]되는 부분—그것은 '토지자본(Erde-Kapital)'일 수 없다—은 그 토지의 자연력으로서 지주의 소유로 귀속되고, 차액지대 Ⅰ의 원인이 된다. 다만 "자본제 농업의 모든 진보는 …… 토지에서 약탈하는 기술의 진보이다"[『자본』, 23a:657]라고 한다면 그와 같은 일은 현실에서는 일어날 수 없게 된다. 가장 열등한 차액지대는 가장 열등한 토지에 추가투자가 이루어지는 경우의 차액지대 Ⅱ라고 말할 수 있지만, 『자본』의 설명에는 다소 혼란이 있어서 연구자들 사이에서 논란이 있다.

【Ⅲ】 절대지대

절대지대의 경우에는 차액지대와는 달리 토지 소유가 지대 발생의 원인이 된다. 차액지대의 이론적 전제였던 가장 열등한 토지의 지대를 제로로 보는 상정은 비현실적이다. 최열등지라 하더라도 지주의 소유에 속하는 이상, 지대를 지불해야만 한다. 그 지대가 평균이윤으로부터의 공제가 아니기 위해서는 농산물 가격은 그만큼 높아야만 하고 현실적으로도 높아진다. 그러나 어느 정도 높아지는가는 시장상태에 의해 결정되는 것이지 토지 소유에 의한 것이 아니다. 토지의 비옥도 차이에 따르지 않는다는 의미에서 절대지대인 것이지 잉여가치*의 일부분인 점에 변함은 없다. 그런 까닭에 차액지대와 절대지대는 "지대의 유일한 정상적 형태"[『자본』, 25b:980]라고 불린다.

아울러 차액지대는 토지의 위치(의 우열), 낙류(落流)와 같은 독점할 수 있는 자연력에 의해서도 발생한다. 건축지대와 광산지대 등도 마찬가지다. 마지막으로 맑스의 자본제 지대론의 귀결로서 주어지는 '근대적 토지 소유' 개념은 역사적 개성을 지니는 영국의 근대적 토지 소유의 실태 그 자체가 아니라는 점에 유의해야만 한다. 그 점은 영국의 지주·차지농 관계법(Landlord and Tenant Law)이 맑스의 시야에 들어 있지 않다는 것에서 단적으로 드러난다. ☞농업, 이윤

圖 宇野弘藏, 『經濟原論』, 岩波全書, 1964. 大內力, 『地代と土地所有』, 東京大學出版會, 1958. 椎名重明, 『近代的土地所有—その歷史と理論』, 東京大學出版會, 1973.

—시이나 시게아키(椎名重明)

지킹겐 논쟁—論爭 [(독) Die Sickingendebatte]

라살레*가 1859년 3월에 간행한 사극 『프란츠 폰 지킹겐』을 둘러싸고 1859년 4-5월에 라살레와 맑스 및 엥겔스* 간에 서간을 통해 벌어진 논쟁. 라살레가 3월 6일자의 편지와 함께 보내 비평을 부탁한 데서 논쟁이 벌어졌다.

사극의 소재는 1522-23년의 제국기사 지킹겐이 일으킨 독일의 기사 반란. 역사상의 지킹겐은 인문주의자 울리히 폰 후텐이 주창하는 교회재산 몰수, 제후타도, 제국통일의 이상에 공명하여 반란을 계획, 1522년 라인강 유역의 기사를 규합하여 먼저 트리어*의 대주교 겸 선거후(選擧侯)를 공격했지만 제후 세력의 반격으로 패퇴, 1523년에 사망했다. 기사 반란은 제국의 부흥이라는 이름 아래 몰락하고 있던 하급귀족의 이해를 추구한 행동으로, 이 패배 이후 기사 세력은 급속하게 쇠퇴해갔다.

이에 대해 라살레의 사극은 지킹겐과 후텐의 패배를 통해 독일의 자유*와 국민적 통일을 실현하려 한 1848-49년 혁명 패배의 비극을 묘사하고자 한 것이었다. 『지킹겐』의 서문 및 맑스 등에게 보낸 편지에 동봉한 「비극의 형식적 이념에 대하여」라는 제목의 메모에서 라살레는 지킹겐의 죄과를 혁명적인 목적을 제후 공격과 같은 술책에 의해 실현하려고 한 점에서 찾고, 거기서 비극의 원인을 보고 있었다. 그는 또한 실러의 사극에 대해 셰익스피어*를 능가하는 진보를 인정하고 있었다.

맑스는 이에 대해 4월 19일자 편지에서 희곡의 테마가 저 1848-49년의 혁명적 당파의 패배 원인이 된 비극적 갈등을 묘사하는 데 어울리지 않았다는 점에서 『지킹겐』을 비판했다. 그에 의하면 지킹겐이 몰락한 것은 술책 탓이 아니라 몰락하는 계급*의 대표자로서 현존하는 것의 새로운 형태에 반역했기 때문이다. 그는 라살레에게 오히려 지킹겐이 몰락한 것은 자신을 근대사상의 전달자라고 하면서도 실제로는 반동적인 계급이해를 대표했기 때문이라고 해야 했다고 말하고, 농민이나 도시*의 혁명적 분자의 대표자를 등장시켰더라면 좀 더 '셰익스피어풍'이 되었을 것이라면서

개인*을 시대정신의 단순한 메가폰으로 만들어버리는 '실러풍'을 라살레의 결점으로 들었다. 엥겔스도 5월 18일자 편지에서 맑스와 거의 마찬가지로 비평하고 있다.

라살레는 5월 27일자의 장문의 편지를 보내 "연극은 비판적 · 철학적인 역사의 저작이 아니며, 중요한 것은 미적인 속임수"라고 주장하며 반론했다. 맑스와 엥겔스가 특별히 이에 응수하지 않은 채 논쟁은 끝났다. ☞1848년 혁명, 라살레

참 ペーター・デーメツ(船戶滿之 譯),『マルクス, エンゲルスと詩人たち』, 紀伊國屋書店, 1972. Georg Lukács, "Die Sickingendebatte", in: *Marx und Engels als Literaturhistoriker*, Berlin 1948.

—시노하라 도시아키(篠原敏昭)

직인 職人 ⇨편력 직인

진정사회주의 眞正社會主義 [(독) Der wahre Sozialismus]

1840년대, 독일 및 재외 독일인 노동자에게 일정한 영향력을 지닌 사회주의 사상. 맑스와 엥겔스*가 1847년부터 이에 대한 비판을 시작하고 특히 『공산당 선언』*에서 비판한 것으로 알려져 있다. 진정사회주의자라고 말해지는 이론가로는 모제스 헤스*, 칼 그륀*, 프리드리히 헤르만 제미히 등이 있다. 하지만 그들 자신이 스스로를 '진정사회주의자'라고 특징지은 적은 없으며 일정한 그룹을 형성한 것도 아니다. 그들에게 공통된 것은 독일 철학에서의 이성주의 내지 인간주의를 내용으로 하는 사회주의*의 실현을 구상하는 데 있다. 그 경우 그들은 프랑스 사회주의의 영향을 받고 있다. 헤스는 1843년 『스위스에서 보낸 21보겐』에서 평론을 하나 쓰고 거기서 사회적 평등을 지향하는 프랑스 사회주의와 인격적 자유를 내적으로 획득하고자 하는 독일 철학을 통합하고 그것을 기초로 노동*과 향유가 동등해지는 장래의 공동체*를 구상했다. 더 나아가 45년에는 「화폐체론」*(『라인 연보』*)에서 포이어바흐*에 의한 신학 비판 방법을 빌려 화폐*를 협동적 존재인 인간*의 소외형태라고 주장했다. 이러한 헤스로부터 영향을 받은 그륀은 독일 철학과 프랑스 사회주의의 가교를 목표로 45년 『프랑스와 벨기에에서의 사회운동』을 저술하고, 나아가 1847년에는 프루동*의 『빈곤의 철학』*의 독일어판을 출판했다.

그륀은 1840년대 중엽에 파리* 거주 독일인 노동자에 대한 계발 활동을 하며, 거기서 인간주의적인 사회주의, 즉 독일 철학이나 프루동의 아소시아시옹*(협회*) 구상을 전하는 동시에 『트리어 신문』* 등 독일 신문에 많은 기고를 함으로써 노동자나 지식인에게 영향력을 발휘했다. "각 사람의 힘에 따른 생산과 각 사람의 요구에 따른 소비*에 의해" 각 사람과 모든 사람의 행복과 자유*를 주창하는 그륀의 사상은 일견 추상적이지만 프루동으로부터 받아들인 아소시아시옹 구상은 당시의 노동자에게 영향력을 가질 수 있는 것이었다. 1840년대, 재외 독일인 노동자들은 파리와 런던*에서 의인동맹* 혹은 그 대중조직인 노동자교육협회* 등에 의한 자기계발 · 상호구제조직을 형성하고 있고, 독일 국내에서도 종래의 자유주의자에 의한 협회운동에 더하여 노동자 교육 · 구제를 위한 협회 설립 기운이 높아지고 있어 그의 주장은 이러한 시대 조류를 읽은 것이었다.

1847년에 맑스와 엥겔스는 독일인 노동자와 지식인들에게 자신들의 영향력을 발휘하기 위해 한편으로는 『다스 게젤샤프트 슈피겔』(1847년 8, 9월호)이나 『브뤼셀 독일인 신문』*(9-12월)에서 그륀 비판을, 『철학의 빈곤』*에서는 프루동 비판을 시작하고, 다른 한편으로 엥겔스가 직접 파리에 감으로써 그륀의 영향권에 있던 의인동맹 내의 그룹에 개입을 시도했다. 덧붙이자면, 헤스와 맑스, 엥겔스의 관계는 일관되게 나쁜 것은 아니었다. ☞아소시아시옹[독일], 그륀, 포이어바흐, 헤스

참 良知力 編,『資料ドイツ初期社會主義』, 平凡社, 1974.

—무라카미 슌스케(村上俊介)

진화론 논쟁 進化論論爭

진화론은 과학계의 지배적인 지위를 확립하는 과정에서 다양한 논쟁을 경험해왔다. 여기서는 생물진화론과 종교*(특히 기독교*)의 논쟁, 생물진화론 내부의 논쟁, 사회진화를 둘러싼 논쟁이라는 세 가지를 거론한다.

【Ⅰ】생물진화론과 종교

19세기 전반기까지는 자연신학에 기초한 세계관이 지배적이었다. 당시의 박물학자는 신에 의한 세계의 창조, 아리스토텔레스* 이래의 목적론적 설명, 지구의 짧은 시간, 종의 불변, 자연*에서의 다른 생물과는 다른 인간*의 지위 등을 전제로 하고 있었다. 또한 생물의 구조나 행동, 생물끼리의 포식관계가 생물계 전체의 유지와 조화에 적합하게 형성되어 있다고 생각하고 거기서 신의 예지를 보고 있었다. 이에 반해 다윈*은 자연 속에서 생물은 방대한 시간에 걸쳐 투쟁과 도태를 반복함으로써 방향 없이 계속 변화하고 인간도 그 목적 없는 과정의 하나의 산물에 지나지 않는다는 세계관을 제기하며, 다윈주의자들은 기독교적 세계관을 지니는 박물학자들에 대한 논쟁을 시작했다. 그 중에서 가장 유명한 것은 1860년 옥스퍼드의 영국 과학진흥협회의 회합에서 이루어진 옥스퍼드 주교 W. 윌버포스와 T. H. 헉슬리의 논쟁이다. 어느 쪽이 우세했는지는 알 수 없지만, 헉슬리는 "당신 부모 중 어느 쪽이 원숭이 가계입니까?"라는 빈정대는 질문에 "이해할 수 없는 이론을 공격하기 위해 자신의 재능을 쓸데없이 사용하는 좋은 집안의 자손이기보다는 원숭이의 자손이고 싶소"라는 말로 되받아쳤다고 한다. 여성들 중에 실신자도 나온 이 논쟁은 헉슬리의 승리가 다윈주의*에 대한 사회적 인지를 가져다준 것으로서 전설화되고 있다. 1925년 미국의 스코프스 재판에서의 창조론자와의 대결 경우에서도 알 수 있듯이 기독교와의 논쟁에서는 실제 결과와는 별도로 진화론 측의 승리가 전설화되는 경향이 있다. 다만 기독교적 세계관이 완전히 일소된 것은 아니다. 진화의 사실을 인정하는 사람들 중에는 영국의 지질학자 라이엘이나 가톨릭교도인 동물학자 마이바트, 미국의 식물학자 그레이와 같이 진화과정에서의 신의 개입이나 인간의 특수한 지위 등을 주장하는 학자도 있고 해서 이러한 다윈주의 내부의 어긋남이 생물학 내부의 논쟁으로 이어지고 있었다.

【Ⅱ】생물학에서의 진화론

생물학 내부를 보면 19세기 초의 프랑스에서 진화를 부정한 퀴비에에 맞서 조프루아 생틸레르가 환경 변화에 따라 새로운 기관이 생겨 생물이 변화한다는 일종의 진화론을 전개한 적이 있었다. 다윈 이후로는 우선 지구의 연령에 대해 W. 톰슨(켈빈 경)이 지구의 내부온도와 냉각률에서 보건대 1억년을 넘지 않는다고 추정하고 다윈이 생물진화에 필요하다고 생각하는 시간은 너무 길다고 주장했다. '자연선택'설에 대해서는 신종형성 작용을 강조하는 다윈에 반해, 영국의 저술가 P. 매튜나 독일의 박물학자 M. 바그너는 종을 일정하게 유지하는 보존 작용을 중시하고 있었다. 그 밖에도 선택이 작용하는 단위는 개체인가 집단인가 하는 논쟁이나, 생존에 관계가 없는 특질의 발달을 설명할 수 있는지의 여부에 관한 논의도 있었다. 일반적으로 라마르크주의라 불리는 '획득형질의 유전'에 대해서는 이를 지지하는 스펜서*, 로마니즈, 발생학자 맥브라이드에 반해, 독일의 동물학자 바이스만은 생식세포는 유전되지만 체세포는 유전되지 않기 때문에 획득형질은 유전되지 않는다고 반론하고 진화의 주요한 요인으로서 자연선택설을 지지했다. 진화의 방향에 대해서는 생물진화에 특정한 방향은 인정되지 않는다고 하는 다윈주의에 반해, 독일의 W. 하케는 비적응적인 일정 방향의 직선적 진화를 제창하고 그것을 정향(定向)진화라고 불렀다. 이와 마찬가지로 미국에서는 코프, 하이엇, 오스본 등의 고생물학자들이 일정한 방향을 지향하는 단선적인 진화를 주장했다. 20세기에 들어서서 멘델의 법칙의 재발견이나 돌연변이설에 의해 자연선택설은 다시금 공격 받았지만, 1930년 무렵에는 양자의 종합이 시도되어 오늘날의 다윈주의의 기초가 형성되었다. 한편 라마르크주의나 정향진화설은 완전히 쇠퇴했다. 결국 생물학 내부의 다양한 진화론 논쟁은 다윈주의를 단련하는 역할을 수행했다고 할 수 있다.

【Ⅲ】사회에 대한 적용을 둘러싸고

생물진화론의 사회에 대한 적용으로서 성립하는 사회진화론에서는 많든 적든 생물학 내부에서의 논쟁이 반영된다. 예를 들면 스펜서로 대표되는 바와 같이, 개인 간의 경쟁*에 '적자생존'의 원리가 작용하여 사회는 완성을 향해 진보해 간다고 주창하고 자유방임주의를 지지하는 사람들이 있었다. 다른 한편 이와 같은 이기적인 개인주의를 비판하는 사상가들도 많이 있었다. 존 피스크나 헨리 드러먼드는 이타주의가 인간 사회를 진화시켰다고 반론하며, 크로포트킨은 상호부조를 주장했다. 또는 획득형질의 유전이라는 라마르크주의의 신념에 기초하여 제도개혁이나 교육*을 통해 인간 사회를 진보시키고자 한 사람들도 있다. 또한 라마르크주의를 인정하지 않는 사람들은 이러한 사회개량 정책에는 한계가 있다고 비판하고 우생학 사상으로 도태를 인위적으로 실시해야 한다고 생각했다. 예를 들어 골턴은 '우수한 소질'의 개인*의 결혼・다산과 '열등한 소질'의 개인의 산아제한을 장려했다. 이러한 반자유방임주의의 사상들은 모두 사회진화를 인위적으로 통제할 수 있다는 전제에 서기 때문에 국가통제를 용인하는 경향이 있다. 요컨대 개인 간의 경쟁・도태를 부정했다 하더라도 집단 간(국가 간, 민족 간, 인종 간)의 투쟁을 받아들여 그 속에서 살아남기 위한 방편으로서 집단주의 사상에 빠지기 쉬웠다. 키드나 바조트에 의한 제국주의 활동의 정당화나 로렌츠의 게르만 민족에 의한 지배의 정당화가 여기에 해당된다. 그러나 스펜서의 사회진화론을 포함하여 이러한 대립하는 논점들은 생물계의 법칙으로부터 인간 사회의 법칙이나 윤리*를 유추함으로써 사회의 진보가 보증된다는 신념에서 생겨나고 있지만 그와 같은 보증은 전혀 없다. 헉슬리는 생물진화는 오히려 진보와 무관하기 때문에 사회의 규칙이나 윤리는 인간의 양심에 기초해서 생각해야 한다고 주장하여 생물이론의 안이한 적용을 경계하고 있었다. ☞다윈주의{다위니즘}, 다윈

참 エルンスト・マイヤー(八杉貞雄・新妻昭夫 譯),『進化論と生物哲學』, 東京化學同人, 1994. 松永俊男,『近代進化論の成り立ち』, 創元社, 1988. ピーター・J. ボウラー(鈴木善次 外 譯),『進化思想の歷史』, 朝日選書, 1987. 柴谷篤弘 外 編,『講座≪進化≫ 第2卷 進化思想と社會』, 東京大學出版會, 1991. 鵜浦裕,『進化論を拒む人々』, 勁草書房, 1998.

—우노우라 히로시(鵜浦 裕)

질과 양 質—量 [(독) Qualität und Quantität]

맑스가 양에서 질로의 전화를 말하는 경우에 다음과 같은 헤겔*의 용법을 의식하며 사용하고 있는 것으로 보인다. 헤겔의 논리학에서 '질'은 어떤 것이 무엇인가라는 그 존재와 직접 결합된 규정성이며, '양'은 어떤 것의 존재와는 무관한, 증감할 수 있는 규정성이다. 그리고 일정한 양에 일정한 질이 결합되어 있다는 것을 나타내는 것이 '도량(Mass)'이라는 범주이다. 양이 증감하여 한계를 넘어서면 다른 질로 이행하는데, 양자는 서로 전화하면서 결합되어 있다. 질과 양이 서로 자립적인 소원한 규정성이면서 직접적으로 통일되어 있다는 이러한 존재방식이 양자의 무한진행적인 상호전화를 낳는다. 그러나 이와 같이 부단히 서로 전화함으로써 두 규정의 자립성은 폐기되고, 그 과정* 속에 있더라도 자기동일성을 유지하는 매개된 통일이 '본질(Wesen)'로서 실재화한다. 맑스의 사용방식을 들자면, 예를 들어『자본』*에서는 "화폐* 또는 상품*의 소유자{질}는 생산에 선대되는 최소액이 중세적 최대한{양}을 훨씬 넘어설 때 현실의 자본가{본질}가 된다"[23a:405]고 하고 있다. 엥겔스*는 이를 '변증법*'의 주요 법칙으로까지 높였는데, 그를 비롯한 이후의 맑스주의*에서 이른바 '질량전화의 법칙'은 단순히 양적 변화가 질적 변화를 초래한다는 이행의 현상에만 주목하고 있어, 헤겔 및 맑스의 "질과 양의 직접적 통일의 자기부정으로부터 본질이라는 매개된 통일로"라는 용법을 진부하게 만들어버린 느낌이 있다. ☞헤겔 논리학, 변증법

참 松村一人,『ヘーゲル論理學』, 勁草書房, 1959. 本多修郎,『ヘーゲルと自然弁証法』, 未來社, 1970.

—구로사키 쓰요시(黑崎 剛)

ㅊ

차티스트 운동—運動 [(영) Chartist Movement]

1830년대 후반부터 1850년대 전반기에 걸쳐 영국에서 이루어진 의회개혁 운동. 보통선거를 비롯한 6개 항목의 요구로 이루어진 인민헌장*을 내건 데서 이 이름이 붙었다. 1832년의 제1차 선거법 개정이 불충분한 것에 그치고, 이와 동시에 선거법이 개정되었음에도 불구하고 신구빈법(1834년)을 비롯한 노동자에게 불리한 개혁이 진행된 것이 계기가 되었다. 1838년 5월의 인민헌장의 간행에 이어서 이루어진 1839년 제1차 청원이 최대의 고양기였지만, 1842년의 제2차 청원과 유럽 전체의 혁명운동의 고양을 배경으로 이루어진 1848년의 제3차 청원 역시 제1차 청원 이상의 서명인들을 모아 4월 10일의 케닝턴 커먼(Kennington Common)에서 열린 대규모 집회 등의 정치적 위기를 만들어냈다. 1848년 이후 대륙의 혁명운동이 후퇴함에 따라 이 운동 역시 크게 후퇴하여 중산계급과 협조하는 흐름이 강화되었지만 일부 지도자들은 대륙의 운동으로부터 영향을 받아 사회주의적인 노선을 취하며, 또한 그 후에도 일부는 제1인터내셔널에 가담했다.

운동의 중심적인 지도자는 아일랜드*의 지주 출신으로 전 하원의원이었던 퍼거스 오코너(Feargus O'Conner)였다. 그는 1847년에 차티스트 후보자로서 노팅엄에서 하원의원에 선출되며, 기관지 역할을 수행한 『노던 스타』*나 유세 활동을 통해 가장 큰 영향을 미쳤다. 이 밖에 런던 노동자협회의 지도자로서 초기에 활약한 W. 러벳, 이론적 지도자였던 오브라이언*, 후기의 사회주의적인 방향을 향한 전환에 일정한 역할을 수행한 하니*, 어니스트 존스*가 잘 알려져 있고, 또한 제1인터내셔널에 가담한 인물로서는 B. 루크래프트 등을 들 수 있다.

구체적인 운동의 형태는 다양한데, 청원에 대한 서명을 비롯하여 집회, 시위행진, 선거에 대한 참여, '토지계획'이라고 불린 입식지 운동, 더 나아가서는 무력의 보유 혹은 행사를 포함하는 실력 행동이 취해지며, 그 중에서도 1839년 말부터 40년 초에 걸쳐서는 웨일즈 남부에서 일어난 뉴포트 봉기를 비롯한 실력투쟁이 이루어졌다. 또한 비록 자연발생적인 것이긴 했지만 1842년 8월에는 인민헌장을 요구의 하나로서 내세워 랭카셔로부터 스태포드셔, 웨일즈의 일부에 이르는 대규모의 플러그 플롯이라 불린 총파업이 이루어졌다. 운동이 이와 같은 확산을 보인 이유는, 여성 참가자들도 있었다는 사실에서 볼 수 있듯이 지역 공동체를 단위로 한 폭넓은 노동자계급의 지지를 얻었기 때문이었다. 또한 조직적인 면에서 이 운동에서는 상시적인 지도조직, 직업적 지도자를 볼 수 있다. 그 중에서도 1840년 7월에 조직된 전국헌장협회는 '노동자계급 최초의 당'이었다고 평가되는 경우도 있듯이 운동의 전국적 통합에 커다란 역할을 수행했다. ☞인민헌장, 인터내셔널, 『노던 스타』, 오브라이언, 하니, 존스

참 D. トムスン(古賀秀男・岡本充弘 譯),『チャーティストー産業革命期の民衆運動』, 日本評論社, 1988. G. D. H. コール(古賀秀男・岡本充弘・增島宏 譯),『チャーティストたちの肖像』, 法政大學出版局, 1994. David Jones, *Chartism and The Chartists*, London 1975. R. G. Gammage, *The History of the Chartist Movement*, London 1855.

—오카모토 미치히로(岡本充弘)

착취 搾取 [(독) Ausbeutung (영) exploitation]

【Ⅰ】 정의

맑스에 따르면 착취란 계급사회에서 생산수단을 소유하는 지배계급이 피지배계급이 행하는 노동*, 따라서 노동생산물을 합법적인 동시에 강제적으로 취득하는 것이다. 계급사회에서 생산자는 직간접적으로 무언가의 강제력에 의해 노동력을 유지하기 위해 필요한 가치부분(필요노동)을 넘어서서 타인을 위한 노동(잉여노동*)을 할 수밖에 없게 된다. 맑스가 『자본』*에서 강조한 것은 (1) 계급사회에 공통적인 착취의 자본주의적인 특징을 밝히는 것, (2) 착취된 잉여노동이 이윤*의 원천이며, 따라서 착취 강화가 자본주의 생산의 기저에 놓여 있는 동기라는 것, (3) 자본주의*에서의 노동자와 자본가의 대립관계는 착취율에 의해 가장 정확하게 표현된다는 것이다.

(1) 계급사회란 사회적 재생산의 기초를 이루는 노동의 장에서 사람과 사람이 맺는 관계(생산관계)가 지배종속관계를 특징으로 하는 사회다. 이 지배와 종속을 성립시켜 타인의 노동 취득을 강제하는 장치는 각각의 생산양식*에 따라 다르다. 노예사회에서는 상품*인 노예의 노예주에 대한 인격적 예속이, 봉건사회에서는 봉건적 토지 소유를 기초로 한 농노 혹은 예농의 봉건영주에 대한 종속이 타인의 노동을 수탈하는 강제력이다. 이에 반해 자본제 사회에서 노동자는 형식상으로는 인격적으로 독립되어 있고, 자유로운 계약에 기초한 시장경제가 사회의 구성 원리가 되고 있다. 그러나 토지나 자본재 등의 노동의 실현수단을 갖고 있지 않은 노동자는 개개의 자본가에 대해서는 어쨌든 간에 자본가계급 전체에 대해서는 종속관계에 있다.

(2) 맑스에 따르면 상품들의 가치*는 그 상품의 생산에 사회적으로 필요한 추상적 인간노동으로 결정된다. 노동력도 상품의 하나이고, 그 가치는 노동력 상품의 유지 재생산에 필요한 노동시간*에 의해 결정된다. 노동력 상품을 구입한 자본가는 그 가치한계를 넘어서서 사용함으로써 새로운 가치를 산출하고 그 성과를 취득한다. 이것이 잉여노동이며 이윤의 원천이다. 즉 상품경제에서 이윤이 발생하기 위해서는 잉여노동이 존재해야만 한다. 이 명제를 맑스는 등가교환을 전제로 하여 제시했다. 그 후 오키시오(置塩, 1963)는 가치와 가격*이 비례하지 않는 일반적인 교환경제에서도 이 명제가 성립한다는 것을 엄밀하게 논증했다[『マルクスの基本定理』].

(3) 자본가에게 있어서는 선대자본에 대한 이윤량, 즉 이윤율이 가치증식의 효율을 나타낸다. 맑스에 따르면 자본*은 그 크기에 따라 동등한 착취의 몫을 요구하기 때문에, 가격은 가치로부터 괴리되어 자본・임금노동의 착취관계는 한층 더 은폐된다. 그러나 자본의 노동자 착취는 필요노동과 잉여노동의 비율, 즉 잉여가치율에 의해 가장 정확하게 표현된다. 이 잉여가치율의 크기는 노동자가 수취하는 임금 바스켓, 노동시간의 길이 및 상품가치를 규정하는 노동생산성이라는 세 가지에 의존한다. 따라서 실질임금의 억제, 노동시간의 연장, 생산성의 향상에 대한 욕구는 이윤을 추구하는 자본의 본성에서 발생하는 것이다.

【Ⅱ】 착취 명제의 이론적 범위

맑스의 착취 이론은 사람들에게 막대한 영향을 주었고, 그것을 둘러싼 논쟁이 오늘에 이르기까지 계속되고 있다. 또한 현대경제의 새로운 문제들이 등장함으로써 착취 명제의 이론적 범위가 시험받고 있다.

(1) 착취 명제는 잉여노동과 이윤의 동치(同値) 관계를 주장하고 있다. 잉여노동이 이윤의 원천이라는 의미는 전자가 후자를 양적으로 결정하는 것이 아니라 이윤이 존재할 때는 반드시 잉여노동이 행해져 있어야만 한다는, 이윤 존재의 사회적 조건이 되어 있다는 것이다. 이 명제는 이윤이라는 일상적 표상을 사회를 근본에서 지탱하는 노동과정에까지 파헤쳐 내려가 동치 조건을 밝힌 데 독자적인 의의가 있다. 착취 개념의 또 하나의 중요성은 착취가 무언가 강제와 관련되어 있다는 데 있다. 강제력은 그것이 영주의 토지 소유에 기초하고 있다 하더라도, 자본가의 생산수단의 사유에 기초하고 있다 하더라도, 혹은 국가권력의 강제에 기초하고 있다 하더라도 착취라는 점에서는 공통적이다. 설령 그 사회가 사회주의*의 간판을 내걸고 있더라도 생산을 담당하는 경제주체에 대한 강제적 수탈이 있다

면 그것은 착취 사회다.

(2) 착취가 없는 사회란 경제주체에 대한 강제적인 수탈이 없는 사회다. 일부에는 노동자의 자유선택권의 존재를 내세워 자본제 사회에서의 착취를 부정하는 논의도 있지만, 자유선택은 선택지의 범위에 관한 결정을 포함하고 있지 않으면 참으로 자유*라고는 말할 수 없다. 거꾸로 말하면, 개인 결정의 틀에 관한 사회적 합의가 있으면 시장*과 가격 메커니즘의 도입 자체는 비(非)착취 사회와 모순되지 않는다. 분명히 시장과 가격 메커니즘은 개개인에게는 일정한 외적 제약을 수반한다. 그러나 시장과 가격의 역할과 한계를 분명히 한 다음, 일정한 목적과 범위에서 시장 기구를 사회의 틀로서 공동체*가 합의하고 채택할 경우에는 그에 기인하는 외적 제약을 착취라고는 말하지 않는다.

(3) 기계화와 오토메이션*의 진전에 의해서도 착취 명제의 유효성은 상실되지 않는다. 기계화가 가령 완전히 노동을 몰아내는 극단적인 경우에는 물론 노동가치는 의미를 잃는다. 그러나 기계화에 의해 기계*의 유지관리와 관계되는 노동업무는 늘어날지언정 없어지는 일은 없다. 노동의 필요성이 없어지지 않는 한에서 기계화는 노동효율을 높일 뿐으로 착취 명제는 성립한다. ☞잉여가치, 잉여노동, 자본축적

참 Nobuo Okishio, "A Mathematical Note on Marxian Theorems", *Weltwirtschaftliches Archiv*, Vol. 91, No. 2, 1963. 置塩信雄, 『マルクス經濟學』, 筑摩書房, 1977(第4章). 中谷武, 『價値, 價格と利潤の經濟學』, 勁草書房, 1994(第1章).

—나카타니 다케시(中谷 武)

책 대여점 ⇨독서 클럽

철학 哲學 [(독) Philosophie]

맑스는 자신의 철학사상이 어떠한 것인지에 대해서는 정리된 저작을 남기지 않았다. 그 때문에 엥겔스*가 자신을 '제2바이올린'이라며 『반뒤링론』*과 『포이어바흐론』*에서 애써 맑스의 사상으로서 서술한 것을 직접적으로 맑스 자신의 것으로 여기는 사상적 태도가 생겨났다. 맑스의 철학에는 세 가지 국면이 있다. (1) 우선 철학적인 출발점은 헤겔*의 사상권에 있다. (2) 그리고 점차 자신의 테마를 추구하는 가운데 그 사상권에서 자각적으로 벗어난다. 『정치경제학 비판을 위하여』* 「서문」의 "그동안의 철학적 양심을 청산(abbrechen, 대차결산표를 만듦)할 것을 결의했다"고 하는 언명은 이런 사정을 전해준다. (3) 그러나 훗날 맑스는 의식적으로 헤겔을 평가하는 발언을 하게 되며 그 비판적 계승자임을 공언한다(「정치경제학 비판」에 대한 서설(1857) 13:5-9, 엥겔스에게 보내는 서간(1858. 1. 16일 무렵) 29:206, 쿠겔만에게 보내는 서간(1868. 3. 6) 32:441-442, 『자본』* 제1권 제2판 「후기」(1873) 23a:20-23].

【Ⅰ】이념으로서의 철학

맑스의 학위 논문은 철학에 대해 다음과 같이 말하고 있다. '이론적 정신'이 역사의 일정한 단계에서 '내적인 자기충족과 완성'으로부터 세계를 향한 '실천적 에너지'로 탈바꿈한다. 그러나 이와 같은 세계와의 대치는 세계의 결함을 드러내는 동시에 철학의 결함을 보여주는 것이기도 하다. 철학의 실현과 세계의 철학화는 일체성을 이루고 있으며 개개의 현실을 이념에 의해 측정하는 것이 '비판*'의 의미이다[40:225-258]. 이리하여 "신비적인, 그 자체가 불명료한 의식*을 분석함으로써 의식을 개혁하는 것"[루게에게 보내는 서간(1843. 9), 1:382-383]이 슬로건이 된다. 여기에는 포이어바흐*의 종교 비판에 대한 높은 평가가 담겨있다. 이념에 의해 개개의 현실을 비판하고 이념의 실현을 도모한다는 시각은 헤겔 좌파*의 특질을 이룬다. 「헤겔 법철학 비판 서설」*은 더 나아가 시민사회*의 한 계급이면서 '인간*의 완전한 상실'로 인해 '인간의 완전한 재획득'을 통해 자기를 획득할 수밖에 없는 '프롤레타리아트'와 철학의 결합을 말한다. 이는 "보편적 인간적인 해방*"[1:424]이라는 의의를 지니며, 철학의 실현과 프롤레타리아트의 지양은 상즉(相卽)한다고 한다. 세계에 대치해 온 "철학의 지양"[같은 책:421]은 세계에서의 철학의 실현과 표리 관계에 있다.

【Ⅱ】'철학'의 비판과 과학

『경제학・철학 초고』*는, 슈트라우스나 바우어*는 여전히 헤겔의 사상권에 머물러 있으며 포이어바흐야말로 헤겔에 대한 참된 비판자라고 말한다. '철학'이 인간적 본질의 소외*의 하나의 형식임을 증명한 것, '감성적=확실한 것'을 출발점에 두고 "참된 유물론*과 실재적인 과학(Wissenschaft)을 근거지은 것"[40:492], 그 경우 '인간의 인간에 대한' 사회적 관계를 이론의 근간에 둔 것, "적극적으로 자기 자신을 근거로 하는 긍정적인 것"을 추상적 일반자라는 소외태에서 출발하는 헤겔 변증법에 대치시킨 것이 포이어바흐의 공적으로 간주된다. 이 경우의 '철학'이란 헤겔 및 헤겔 아류를 가리킨다. 맑스는 포이어바흐의 '인간', '유적 존재*'를 노동*이라는 자기활동의 주체로 파악하고 '현실적 생활의 소외'를 절개하고자 한다. '참된 유물론과 실재적인 과학'은 관념론*과 유물론의 통일로서 "관철된 자연주의 혹은 인간주의"[40:500]라고 말해지고, 실천적 인간주의의 생성은 인간적 본질의 자기소외로부터의 자기지양, 공산주의*의 현실적 생성이라는 의미를 갖는다. "역사 그 자체가 자연사의, 인간에 대한 자연*의 생성의 현실적인 한 부분이다"[같은 책:465]. '철학'을 대신하는 이러한 '과학'의 구상은 결국 전개되지 못했다.

『독일 이데올로기』*에서 '철학'은 분업*에 의한 개인들의 자연적인 협동이 물상적인 위력으로서 현상하는 가운데 그 현실적 발생기반을 망각한 사상 형태로서 파악된다('자립적인 철학'). 이러한 망각을 '관념론적', '이데올로기*적'이라고 한다. 철학자들은 개념, 보편적인 것의 지배를 신빙하고 있다. 그들은 분업에 포섭되지 않는 개인들을 '인간'으로서 표상하여 이상화하고 역사의 주체에 둔다. 이리하여 그 "전 과정이 '인간'의 자기소외 과정으로서 파악되었다"[廣152]. 이와 같은 헤겔 좌파 특유의 자기소외론의 문제성은 특히 역사의 장면에서, 또한 M. 슈티르너*의 『유일자와 그 소유』*가 환기한 일대 논쟁 속에서 부상했다. 맑스와 엥겔스는 여기서 관념론의 뼈대를 자각적으로 다시 파악하고, '인간'과 '유일자'의 대립이 초래한 문제들을 협동-관계론에서 넘어선다. 『독일 이데올로기』는 상호적으로 제약하는 자연의 역사와 인간의 역사를 두 측면으로 하는 "단 하나의 과학, 역사의 과학"[廣23]을 표방하고, 다양한 의식 형태들을 생산적 협동과 그에 조응하는 교통형태로부터 성립하는 시민사회*를 역사의 기초로 삼으면서 해석(解析)한다. 이러한 유물론적인 '과학'은 "역사적으로 창조된 대(對)자연 및 개인 상호간의 관계"[廣50]에 자리 잡는다. 이 '과학'은 특히 헤겔-헤겔 좌파적인 사상권역과의 결별을 의미하며, 더 나아가 근대사회 비판의 바탕이 된다. 자기소외론, 그에 토대한 독특한 본질-현존재 관계가 '철학'의 하나의 특질이었지만 이것들이 자각적으로 새롭게 파악된다.

【Ⅲ】 가능성으로서의 과학

이러한 과학의 관점에서 사회적 생산관계들과 경제학적 범주들의 연관을 무시하고 후자의 자립적인 운동을 구성하고자 하는 프루동 비판도 나타난다[『철학의 빈곤』]. 범주들의 자립적 운동은 일종의 전도(顚倒)로서 비판된다. 『정치경제학 비판을 위하여』「서문」의 이른바 유물론적 역사관*의 공식도 "보편적 발전과정의 역사철학적 이론"[19:117]이 아니다. 정치경제학 비판*의 체계적 서술에 있어 맑스는 헤겔이 '죽은 개'로 간주되던 시대에 그의 변증법*을 칭송하는 말을 남기고, 엥겔스에게 보내는 서간(1858. 1)[29:206]에서는 헤겔 논리학*을 다시 읽은 것이 "도움이 되었다"고 말하고 있다. 그러나 이러한 일련의 언급들은 맑스와 헤겔의 지적 관계 혹은 맑스의 '철학'을 읽어내기에는 너무나도 단편적이다. 맑스 자신에 입각해서 이것들을 재구성하는 작업은 여전히 과제로 남아 있다. ☞헤겔, 헤겔 좌파, 엥겔스, 유물론, 변증법, 『경제학・철학 초고』, 『독일 이데올로기』

圏 廣松渉, 『物象化論の構圖』, 岩波書店, 1983. 鷲田小弥太, 『哲學の構想と現實―マルクスの場合』, 白水社, 1983. T. カーヴァー(内田弘 譯), 『マルクスとエンゲルスの知的關係』, 世界書院, 1995. 瀧口清榮, 「<哲學>の解體, 現場としての知―マルクスの反哲學」, 『理想』, 662号, 1999. L. アルチュセール(河野健二・田村俶 譯), 『マルクスのために』, 平凡社ライブラリー, 1994.

—다키구치 기요에이(瀧口清榮)

『철학의 빈곤 哲學—貧困**』** [*Misère de la philosophie*, 1847]

맑스가 쓴 프루동* 비판의 책. 맑스는 프루동이 1846년에 간행한 『빈곤의 철학』*의 제목을 거꾸로 뒤집어 패러디의 재능을 보여주는 동시에 전체적인 서술에서 프루동에 대한 비난을 담아 과학적 사회주의의 선배를 언어의 기세로 뛰어넘으려고 시도했다. 9살 연상인 프루동이 노동자계급 출신이면서 1840년의 『소유란 무엇인가』*로 이름을 알려 유럽 전체에서 지적 스타로 존재하고 있었던 데 반해, 당시의 맑스는 아직 무명인 채로 파리*, 브뤼셀* 주변을 어슬렁거리는 독일인 망명자에 지나지 않았다. 따라서 상대의 나쁜 머리를 격렬히 비판하는 이 책은 지성을 자랑하는 저자의 질투심과 공명심의 산물로 받아들여질 뿐, 프랑스어로 씌어진 것이면서도 프랑스의 지식인・노동자에게는 거의 아무런 충격도 주지 못했다. 프루동도 저자로부터 이 책을 기증받아 읽었지만 '비판'에 대해서는 별다른 자극을 받지 못하고 오히려 저자를 동정한다. 기증받은 책의 난외에 프루동은 다음과 같이 써넣는다. "맑스의 저작의 진의는, 그가 생각할 만한 것은 모두 내가 이미 생각하고 그보다 먼저 발표했기 때문에 분하다는 감정이다. 맑스는 내 책을 읽고 이것은 바로 자신의 생각이라며 이를 갈고 있다. 그것이 훤히 들여다보인다. 참으로 기가 막힌 녀석이다!" 분명히 맑스는 비판을 하고 있다고 생각했겠지만 그것은 상대가 도달한 높이의, 그 본질적인 부분에서 대결하여 논의의 차원을 높여가는 종류의 비판이 아니다. 상대의 주장을 제멋대로 왜곡한 다음 그 왜곡된 것을 공격한다. 예를 들면 "경제학적 범주의 좋은 면을 보존하고 나쁜 면을 제거하라"는 것이 프루동의 형이상학이라고 조소한다[4:136]. 이 부분에 대한 프루동의 메모는 다음과 같다. "뻔뻔스런 중상!"

그러나 맑스 개인의 사상적 성장에 있어서는 이 저작은 매우 중요한 위치를 차지한다. 맑스 자신은 후에 『정치경제학 비판을 위하여』* 「서문」에서 이렇게 술회하고 있다. "우리 견해의 결정적인 점들은 1847년에 간행된 『철학의 빈곤』 속에서 단순히 논쟁의 형태이긴 했지만 처음으로 과학적으로 제시되었다"[13:8]. 즉, 파리 체류 중에 "시민사회*의 해부학은 경제학 안에서 찾아져야만 할 것이다"[같은 책:6]라고 터득하여 시작한 경제학 연구의 최초의 학문적 성과가 『철학의 빈곤』이었다. 그 '과학적' 방법이 『자본』*의 방법의 원형으로 되어간다는 의미에서도 맑스 경제학 형성사에 있어서 '결정적인' 작품이다. 프루동 비판으로서는 빗나간 것이긴 하지만 맑스는 이 저작에 의해 그 자신의 "이전의 철학적 의식을 청산"[13:7]하는 데 성공했다. 유물론적 역사관*이 여기서 확립되어 간다. ☞프루동, 『빈곤의 철학』

㊟ P. Haubtmann, *Marx et Proudhon*, Paris 1947. P. Ansart, *Marx et l'anarchisme*, Paris 1969. 森川喜美雄, 『プルードンとマルクス』, 未來社, 1979.

—사이토 요시노리(齊藤悅則)

청년독일파 青年獨逸派 [(독) Das Jung-Deutschland (영) the Young-Germany]

1830년대 독일에 프랑스의 자유주의적・민주주의적 사회사상을 소개한 독일 인문학자 집단. 1830년의 프랑스 7월 혁명*을 계기로 루트비히 뵈르네*, 하인리히 하이네*, 칼 구츠코, 테오도르 문트, 루돌프 빈바르크 등 독일의 젊은 작가들과 시인들은 동시대 프랑스의 사회사상, 특히 생시몽주의*에 주목했다. 그들은 문학의 영역을 발판으로 때로는 사회문제에 관심을 보이고 때로는 정치적 사건에 관여하면서 점차 공화주의적인 정치활동에 들어가기 시작했다. 그때 그들이 독일의 정치적 변혁에 프랑스의 사회사상을 채용하려고 생각한 이유는 무엇일까? 그것은 독일의 미래는 종교개혁 이래의 독일 정신과 계몽기 및 대혁명 시기 이래의 프랑스 정신의 결합에 달려 있다고 상정했기 때문이다. 이미 1820년대부터 파리에 체류한 경험을 쌓은 뵈르네는 파리*에서 7월 혁명이 발발하자 그곳으로 달려가 『파리 소식』(*Briefe aus Paris*)을 기초하고 프랑스에서의 두 번째 혁명*에 의해서도 여전히 빈자(die armen Leute)와 부자(die Gutsbesitzer)의 대립이 해소되지 않았다는 점을 지적했다. 또한 하이네는 1834년 11-12월에 파리에서 『두 세계 평론』(*Revue des deux Mondes*)지에 「루터 이후의 독일」(de l'Allemange depuis Luther)이라는 제목의 논설을 발표하고, 거기서 생시몽주의자가 이야기하는 범신론적 종교관에 주목하면서 전체적으로 유물론*에 압도되어 있는 프랑스 사상계에 마찬가지로 범신론적인 독일의 철학·문학을 알리고자 했다. 그 외에 구츠코는 1832년에 『문예신문』(*Literaturblatt zum Morgenblatt*)에 게재한 한 글에서 생시몽주의자가 목표로 내건 착취* 없는 공동사회에 동조했다.

생시몽주의에 대해 청년독일파가 일제히 주목한 또 하나의 특징은 <육체의 복권>이다. 여기서 말하는 육체란 영혼에 대립하는 것으로, 특히 생시몽주의자들의 지도자 앙팡탱*은 이 <육체의 복권>을 기존의 기독교*와 대결해 남녀의 동권을 획득하기 위한 수단이라고 주장했다. 그와 마찬가지로 청년독일파는 <육체의 복권>을 문학적으로 표현함으로써 암암리에 프로이센 영방교회의 루터적 정통신앙을 비판했는데, 그로 인해 그들은 독일연방 당국의 감시를 받게 되고 결국 1835년 말에 독일연방의회는 청년독일파의 작품에 대해 발행금지 처분을 의결했다. 이후 이 문학 집단은 급속히 그 윤곽이 희미해져 갔다. 덧붙이자면, 청년독일파에 대해서는 동시대 사람인 멘첼에 의한 비평이 있고, 엥겔스*도 「부퍼탈 통신」*(1839)[1:449-470]과 「알렉산더 융 『독일 현대문학 강의』」(1842)[같은 책:471-485]에서 언급하고 있다. ☞생시몽주의, 하이네

㊂ F. メーリング(足利末男 外 譯), 『ドイツ社會民主主義史』 上·下, ミネルヴァ書房, 1968, 69. 石塚正英, 『三月前期の急進主義―青年ヘーゲル派と義人同盟に關する社會思想史的研究』, 長崎出版, 1983. W. Marr, *Das junge Deutschland in der Schweiz*, Leipzig 1846.(Reprint 1976)

—이시즈카 마사히데(石塚正英)

청년 헤겔학파 青年―學派 ⇨**헤겔 좌파**

체계와 방법 體系―方法 [(독) System und Methode]

맑스에게 있어 체계와 방법은 일체가 되어야 하는 것이었지만 방법이 체계로 인해 왜곡되는 것은 엄격히 배격했다. 칸트*가 이론과 실천*, 현상과 사물 자체, 필연과 자유* 등과 같이 모든 것을 이분법으로 생각했던 데 반해 헤겔*은 모든 것을 삼분법으로 생각했다. 삼분법이라 하더라도 그것은 사태를 세 개로 따로따로 나누는 것이 아니라 최초와 최후가 동일하게 되는 순환으로서 생각하는 것이다. 예를 들면 존재가 존재인 것은 존재의 부정태로서의 무(無)가 있기 때문이며, 무를 매개하지 않는 직접적 존재는 즉자존재, 무에 매개된 존재는 즉자·대자존재라고 불리지만, 어느 쪽도 존재라는 점에 변함은 없다. 무는 이 때 존재에 있어서 외적 대립물이 아니라 존재가 존재로 되기 위한 매개이며 존재의 자기부정태이다. 그러나 그것이 분명한 것은 철학적 고찰자인 <우리에게 있어서>이며 해당 존재 자체에 있어서 무는 외적 대립물에 지나지 않는다. 즉자존재, 자기부정태로서의 존재 즉 무, 그 부정태의 부정으로서의 즉자·대자적인 절대존재라는, 이 과정 전체가 존재 그 자체, 생성으로서의 존재이다. 이와 같은 순환적 생성과정 전체를 헤겔은 체계라고 부르며, 또한 이 과정*을 변증법*이라고 불렀다. 헤겔의 이러한 생각은 직접적으로는 피히테*의 자아론으로부터, 간접적으로는 신의 육화(肉化)와 죽음과 재생을 설파하는 기독교*로부터 얻어진 것이다.

맑스는, 변증법이라는 방법은 헤겔이 발견한 것이지만 헤겔은 동시에 그것을 신비화하고 말았다고 비판하고[1858년 1월자 엥겔스에게 보낸 서간, 29:206], 『자본』* 서문에서, 물구나무 서 있는 헤겔 변증법을 발로 땅을 디디도록 할 것을 주장했다. 맑스의 방법론은 『정치경제학 비판을 위하여』* 「서설」*에서 볼 수 있다. 그는 현실의 사태를 우선 원리로까지 분석적으로 파고 내려가는 것, 그리고 다음으로 그 원리로부터 역전해서 사태의 생성과정에 입각해 상향적으로 서술하는 것을 자신의 방법론으로서 그려냈다. 그리고 분석적 하향의 길은 종래의 경제학이 취한 길이고, 후자의 상향적 서술이야말로 학문적으로 올바른 방법이며

그것이 정치경제학 비판*이라고 했다. 그의 주저 『자본』에는 정치경제학 비판이라는 부제가 붙어 있다. ☞변증법, 『자본』, 정치경제학 비판

참 梯明秀, 『資本論の辨證法的根據』, 有斐閣, 1953.

―시바타 다카유키(柴田隆行)

체르니셰프스키 [Nikolai Gavrilovich Chernyshevskii 1828-89]

러시아에서의 농노제 · 토지 소유에 관해 일찍부터 경제적 해방을 주장한 나로드니키주의 이론가 중 한 사람. 1860년의 『자본과 노동』에서 애덤 스미스*의 노동가치설*을 이어받아 '근로자의 이론'을 설파하고 그 이론을 러시아에서 철저하게 발전시킴으로써 사회주의*에 도달했다. 1862년에 반체제 활동을 했다는 이유로 체포되어 투옥 · 징역 · 유형 등 27년간에 걸쳐 자유를 구속당했다. 체제로서의 자본주의 전반에 미친 맑스의 종합적 비판에는 도저히 미치지 못했지만 『J. S. 밀의 경제학 원리에 대한 평해』(1861)에서 체르니셰프스키가 독자적으로 전개한, 사회주의로 나아가는 불가피적인 발전에 관한 주장은 맑스가 주목하는 대목이었다. 그것을 읽은 것을 계기로 맑스는 러시아에서의 나로드니키 운동에 대해 종래와는 다른 평가를 내리기 시작했다. 나아가 체르니셰프스키는 1850년대 후반에 저술한 러시아의 공동체*와 관련된 논문들에서 사회주의로의 이행체제 모체로서의 농촌공동체에 주목하고 자본주의 발전단계를 뛰어넘을 가능성을 시사했다. 1870년대 초에 맑스가 접한 이 주장은 나중에 그의 러시아 혁명론에 변경을 가져오는 중요한 요소가 되었다. 즉 「자술리치에게 보내는 편지」에서 전개된 논지에서 볼 수 있듯이 맑스는 러시아에서의 이런저런 혁명 정세를 신중하게 참고하면서 공동체*를 기반으로 한 러시아 단독으로 이루어지는 혁명* 노선을 지지했다. ☞러시아의 공동체

참 金子幸彦 · 細谷新治 · 石川郁男 · 今井義夫 編著, 『チェルヌイシェフスキイの生涯と思想』, 社會思想社, 1981. 石川郁男, 『ゲルツェンとチェルヌイシェフスキー』, 未來社, 1988.

―사콘 다케시(左近 毅)

체시코프스키 [Graf August Cieszkowski 1814-94]

헤겔*의 철학*을 과거가 아니라 미래로 열린 것으로서 살리고자 평생 노력한 폴란드*의 철학자. 1832년에 베를린*으로 가 거기서 헤겔학파*의 미슐레와 친교를 맺고 만년까지 상호 비판을 교환하며 각각 자신의 철학을 형성했다. 주저 『역사지 서론(歷史知序論)』(1838)은 헤겔 좌파*에 의한 행위의 철학*의 선구를 이룬다. 헤겔을 이어받아 세계사를 조직화할 것을 지향하고 그것을 그리스도까지의 고대, 기독교 게르만 세계, 그 종합으로서의 미래라는 식으로 구분함으로써 기독교 게르만 세계까지를 논하는 헤겔의 역사철학을 한 걸음 더 앞으로 전진시킬 것을 노렸다. 또한 세계사를 자유*의 발전과정이라고 보는 헤겔의 생각은 아직 필연적 자유에 머물러 있다고 비판하고, 그것을 행위와 의지*에 기초하여 자유적 자유로 하는 것이 세계사의 목표라고 주장했다. 이런 생각을 종교론에 응용하여 『신과 재생』(1842)과 『우리 아버지여』(1848)를 저술하고 정신(영혼)의 불사를 주장했다. 나아가 가족 · 시민사회* · 국가*라는 전개를 취하는 헤겔 철학을 가족 · 국가 · 인간*으로 수정했다. 행위 · 미래 · 자유 · 정신 · 인간이라는 키워드는 맑스를 포함하여 헤겔 좌파에게 공유되었는데, 역사철학 이외에는 사변성이 높아 묵살되었다. 덧붙이자면, 파리* 유학 중의 작품으로서 생시몽*과 푸리에*를 언급한 『신용과 유통』(1839)이 있다. 49-62년에 포젠에서 선출된 프로이센 영방의회 의원으로서 포젠 대학을 설립하려고 했으나 실현되지는 못했다. ☞행위의 철학

참 W. Kühne, *Graf August Cieszkowski*, Leipzig 1938. H. Stuke, *Philosophie der Tat*, Stuttgart 1963.

―시바타 다카유키(柴田隆行)

총체성 總體性 [(독) Totalität]

맑스는 이 개념을 헤겔*의 『정신현상학』*에서의 의식*의 자기운동에서 도출하고 있다. 맑스는 헤겔의 의식론을, 의식이 자기를 외화하는 동시에 지양했을 때 의식은 스스로의 계기들의 총체성을 이룬다고 요약

하고(『경제학 · 철학 초고』, 40:498], 나아가 그것을 인간론에 적용한다. 인간*은 특수한 한 개인이긴 하지만 그 특수성이 인간을 개인*이게끔 하는 동시에 현실적으로 개별적인 공동존재로 만든다고 말하고, 인간을 총체성으로서 파악할 필요성을 강조하고 있다[같은 책:468]. 이로부터 맑스의 전체적 인간*이라는 개념이 얻어진다. 이 경우의 '전체적'이란 독일어로 total이다. ☞전체적 인간, 『경제학 · 철학 초고』

—시바타 다카유키(柴田隆行)

추방자동맹 追放者同盟 [(독) Der Bund der Geächteten]

1834년 파리*에서 비밀리에 결성된 독일인 망명자 · 편력 직인*의 정치결사. 당시 독일은 아직 시민혁명 전이고 통일도 달성되지 않았기 때문에 혁신적인 지식인들과 직인들은 스위스의 주들이나 프랑스의 도시들에서 독일 해방을 향한 비밀조직의 형성에 나섰다. 그와 같은 세력들 중 하나가 바로 추방자동맹이다.

동맹의 주요 지도자는 야콥 페네다이*, 테오도르 슈스터이다. 그들은 프랑스 경찰의 추적을 피하기 위해 카르보나리당을 본 따 상 · 하급 간의 엄격한 비밀유지 제도를 정해두고 있었다. 말단 세포에 해당하는 첼트에서 눈에 띄는 활약을 보인 인물은 중급의 라거로 발탁되었다. 이 동맹은 기관지로서 『추방자』(*Der Geächtete*)를 발행했는데, 거기서 당초 선전된 정치적 이념은 공화주의*로, 루소적인 평등주의 및 프랑스 혁명*의 슬로건인 '자유* · 평등*'으로 상징된다. 그러나 1836년 취리히 주 정부의 정치적 탄압을 피해 스위스에서 망명*해온 청년독일파*의 멤버들이 파리에 자파의 클럽을 결성하는 등으로 인해 정세 · 운동이 유동화하자 이윽고 추방자동맹 내에 한층 더 프롤레타리아적 · 공산주의적인 이념과 이해관계가 증폭되어 갔다. 그 과정에서 동맹은 내부분열에 부딪치고 그러한 움직임 속에서 1836년 말 공산주의적 비밀결사인 의인동맹* 이 탄생하게 된다. ☞의인동맹, 페네다이

참 石塚正英, 『三月前期の急進主義—青年ヘーゲル派と義人同盟に關する社會思想史的硏究』, 長崎出版, 1983.

—이시즈카 마사히데(石塚正英)

『추쿤프트』 [*Die Zukunft, Sozialistische Revue*, 1877-78]

독일 사회주의 노동자당*의 이론 기관지로 1877년 10월 1일호에서 1878년 11월 1일호까지 월 2회 발행되었다. 1875년 아이제나흐파와 라살레파가 합동하여 독일 사회주의 노동자당이 성립하고 「고타 강령」*이 채택된 뒤, 77년 5월 고타에서 개최된 회의에서 이론 기관지의 발행이 결정되었다. 이 결의에 따라 같은 해 10월 『추쿤프트(미래)』가 창간되었다. 주요 기고자로서는 아우구스트 베벨*, 요한 모스트*, 칼 아우구스트 슈람 등이 있다. 그 중에서 유명한 베벨은 제외한다 하더라도 『국민경제학 강요』(1876)의 저자 슈람은 특히 맑스도 인정하는 뛰어난 이론가로서 활약하며 『추쿤프트』에는 논설 「맑스의 가치론」을 게재했다. 또한 모스트는 이미 『자본과 노동』(1873)을 간행하여 맑스 『자본』*에 관해 대중들을 위한 해설을 하고 있었다. 물론 엥겔스*에 따르면 모스트의 『자본』 해석에는 난점이 있었고 맑스는 모스트에 대해 비판적이었다 [36:10-11]. 그러나 이론은 언제나 대중*에게 수용되어야만 비로소 이론일 수 있다는 입장에서 본다면 『추쿤프트』의 기고자가 수행한 역사적 역할은 의미를 갖고 있었다. 1878년 10월에 비스마르크*가 발효시킨 사회주의자 진압법에 의해 발매금지 처분을 받았다. ☞독일 사회주의 노동자당

참 ハンス=ヨーゼフ・シュタインベルク(時永淑・堀川哲 譯), 『社會主義とドイツ社會民主党』, 御茶の水書房, 1983.

—이시즈카 마사히데(石塚正英)

출판 出版

19세기 전반기까지의 출판 상황은 구텐베르크의 인쇄혁명이 일어난 350년 전과 별로 다를 바 없었다. 인쇄기, 활자, 제본, 종이 등 어느 분야에서도 커다란 기술혁명은 일어나지 않았고 또 출판의 수요 측인 독자층을 보더라도 큰 변화는 없었다. 소량부수 출판,

높은 정가, 왕의 인가에 의한 검열*은 출판부수를 항상 일정하게 유지하는 역할을 하고 있었고, 문맹률도 높아서 독자층을 일정하게 유지하는 원인으로 작용하고 있었다. 그러나 19세기 전반기의 커다란 기술혁명과 교육혁명으로 출판 상황은 일변한다.

【Ⅰ】출판혁명

19세기에 일어난 기술혁명은 출판 분야에도 미쳤다. 독일인 쾨니히가 영국에서 개발한 실린더 인쇄기에 의해『타임스』는 1814년에 대량 인쇄를 시작했다. 나아가 47년의 두루마리 종이에 직접 인쇄하는 윤전기 개발에 의해 고속인쇄 시대에 돌입한다. 활자 분야에서도 라이노타이프, 모노타이프의 출현으로 인쇄기술의 향상이 도모되고 있었다. 이러한 기술의 향상에 수반하여 제지기술의 변혁도 일어났다. 40년대부터 시작되는 쇄목펄프의 이용이 종이의 질을 떨어뜨리긴 했지만 생산량을 대폭 끌어올리게 된다.

인쇄기술의 혁명은 출판(édition, Verlag)을 서점(libraire, Buchhandlung)의 상업 활동에서 분리하여 출판자와 편집자를 만들어내고 있었다. 19세기 초까지는 서점이 판매의 독점에 의해 출판부수를 지배하고 있었다. 출판사와 서점의 분리는 1830년대에 일어나는데, 이렇게 해서 탄생한 출판사는 좀 더 잘 팔리는 책의 기획과 책 자체의 형태 변화(염가본이나 호화본)에 힘을 기울인다.

독서시장을 확장한 것은 인쇄와 출판의 변화만이 아니다. 읽는 측, 즉 독서인 측의 변화가 수요의 증가를 불러일으켰다. 교육*의 보급, 입신출세의 제도화에 의해 교양층이 상층계급에서 하층계급으로 확산되고 있었다. 대학을 졸업한 엘리트 계층뿐만 아니라 초등교육의 보급에 따른 식자율(識字率)의 상승은 노동자나 농민을 잠재적 독자층으로 형성해간다. 다만 독자층의 확대는 책 가격의 저하, 그들이 바라는 책의 출판에 달려 있었다.

【Ⅱ】검열과 외국에서의 출판

서적의 통계적 자료에서 빠져 있는 것으로 외국에서 출판된 서적이 있다. 샤르티에에 따르면 1760년대에 왕의 인가를 받지 않고 출판된 서적은 전체의 60%에 이르렀다고 한다. 외국에서 서적이 출판되는 이유는 특권적 서적상인과 왕권의 유착에 따른 검열제도에 있었다. 검열제도는 영국, 프랑스 등에서 점차 사라져 가지만, 19세기의 많은 나라의 사람들에게 있어 특히 신문과 잡지의 검열은 커다란 문제였다.

맑스를 비롯한 수많은 독일인이 외국으로 옮겨간 것은 정치적 망명이라기보다 자유로운 출판을 위한 것이었다. 당시 독일인이 출판을 위해 망명*한 나라는 스위스, 프랑스, 벨기에 등이며, 그 거점은 취리히*, 파리*, 스트라스부르*, 브뤼셀*이었다. 맑스에게 특히 중요한 장소는 파리다. 맑스는『독불연보』*의 출판 장소를 물색하러 파리로 갔는데, 파리에는 독일인 출판사와 인쇄업자가 다수 존재하고 있었다. 이들 대부분은 인쇄와 출판, 나아가서는 서적상도 겸하고 있는 종래의 출판사였다. 하이델로프, 피베크, 크링크제크, 블록하우스, 바이스, 슐레징거(음악 출판) 등은 파리에서도 중요한 출판사였다. 또한 인쇄업자에 관해서도『추방자동맹』을 인쇄한 피베크,『독불연보』를 인쇄한 볼무스, 셸프('독불인쇄소'), 하이델로프 등이 있었다.

비비엔느 가에 있었던 하이델로프의 가게는 훔볼트*, 뵈르네*, 하이네* 등의 만남의 장소였고, 그 출판물의 대부분은 독일에서의 출판이 어려운 민주적인 출판물이었다. 피베크도 이웃한 리슐리외 가에 자리 잡고 독일인 이외의 외국인들 작품도 출판하고 있었다. 피베크 자신은『포어베르츠』[1*](1844) 사건으로 맑스 등이 추방되었을 때 함께 추방령을 받았다. 프랑스의 인쇄업자들 중에도 독일어 인쇄도 취급하고 있는 곳이 있었다. 레누아르는 그 전형으로,『포어베르츠』는 거기서 인쇄되고 있었으며 독일어 서적도 취급하고 있었다. 국제적 거래라는 점에서는 블록하우스가 있었다. 라이프치히*에서 창설된 이 출판사는 파리에 지점을 두고 양국에서 출판을 하고 있었다.

그 밖에 브뤼셀에는 맑스의『철학의 빈곤』*을 출판한 포글러, 발라우 등의 출판사가 있었다. 그들은『브뤼셀 독일인 신문』*에 깊이 관여하고 있었다. 취리히에는 프뢰벨*의 출판사가 있었다. 프뢰벨은 루게*와 함께 파리에 본부를 옮길 예정도 있고 해서『독불연보』의 공동 출자자가 된다. 그러나 루게와의 사이에 금전적인 문제가 생겨 계획은 실패로 끝난다. 게다가 맑스와 프뢰벨의 관계도 좋지 않아 맑스와 엥겔스*의 『신성가족』*은 프뢰벨이 아니라 프랑크푸르트의 뢰벤탈에서 출판되었다.

독일인 망명자의 출판물 중에서도 『공산당 선언』*의 출판은 수수께끼로 싸여 있다. 런던*의 공산주의자동맹*의 강령으로서 출판되었지만, 초판 인쇄업자는 런던의 '독일인 교육자협회'의 부르크하르트로 되어 있었다. 그 인쇄 시기와 맑스의 집필 시기를 둘러싸고서는 여전히 문제의 결론이 나지 않을 정도로 불분명한 점이 남아 있다. ☞검열(제도), 스트라스부르, 파리, 브뤼셀, 라이프치히, 취리히, 하이네, 독서 클럽, 뵈르네

㊟ N. Felkay, *Balzac et ses éditeurs 1822-1837, Essai sur la libraire romantique*, Promodis 1987. H. Jeanblanc, *Des Allemands dans l'industrie et le commerce du livre à Paris*, Paris 1994. H. Keller, *Die politischen Verlaganstalten und Druckereien in der Schweiz 1840-1848*, Bern und Leipzig 1935. R. Mummendey, *Von Büchern und Bibliotheken*, Bonn 1950. W. Näf, *Das Literarische Comptoir Zürich und Winterthur*, Bern 1929. R. シャルチェ(福井憲彦 譯), 『讀書の文化史』, 新曜社, 1992.

—마토바 아키히로(的場昭弘)

취리히 [Zürich]

스위스 중앙부의 도시*. 오늘날에는 스위스 최대의 도시가 되었지만 19세기 중엽에는 인구 2만 명 정도(오늘날 시의 구획으로는 약 4만 명)의, 스위스에서 5번째 규모의 도시였다. 1830년에 파리*에서 일어난 7월 혁명*에 자극을 받아 이 이후 봉건적 제약의 폐기와 시민적 자유의 확립을 지향하는 '재생운동(Regeneration)'이 스위스 각지에서 일어났는데 그 중핵을 담당하는 역할을 했다. 1839년 9월에 이러한 움직임에 대한 보수파의 반격('9월 혁명' 또는 '취리푸취[Züriputsch]'라 불린다)이 펼쳐져 보수정권이 탄생했지만 급진파는 1842년의 의회선거에서 세력을 만회하여 1845년에 다시 정권의 자리에 복귀했다. '9월 혁명'의 중심인물은 블룬칠리*이며, '9월 정권'에 대한 논쟁에서 활약한 것이 프뢰벨*과 『슈바이처리셔 레푸블리카너』*지였다. 프뢰벨은 보수파 비판의 공적을 인정받아 1842년 말부터 『레푸블리카너』지의 편집을 맡게 되었지만 급진파 비판도 마다하지 않는 논조와 바이틀링 체포 사건의 여파로 인해 고립되어 1843년 여름에 편집을 포기했다. 그 2년 후, 감자 기근으로 대중빈곤(Pauperismus)이 심각해지는 가운데 청년교사 트라이힐러는 스위스에서 처음으로 사회주의 운동을 전개했다. 그러나 급진파는 이를 적대시하고 1846년 3월에는 '예외법'을 제정하여 모든 사회주의적 활동을 금지했다. 하지만 취리히 급진파는 스위스 연방 성립으로 귀결된 '분리동맹전쟁(Sonderbundkrieg)'에서는 핵심적인 역할을 했다. ☞프뢰벨, 『슈바이처리셔 레푸블리카너』, 블룬칠리

㊟ 渡辺孝次, 「工業化, 經濟危機と社會運動—チューリヒにおける初期社會主義運動成立の社會背景」, 森田安一 編, 『スイスの歷史と文化』, 刀水書房, 1998. Stiftung ≪Neue Zürcher Kantonsgeschichte≫ (hrsg.), *Geschichte des Kantons Zürich*, Bd. 3, Zürich 1994.

—와타나베 고지(渡辺孝次)

7월 왕정기의 프랑스 七月王政期—

1830년의 7월 혁명*에 의해 오를레앙 가의 루이 필리프*를 국왕으로 하는 7월 왕정이 성립했다. 1848년의 2월 혁명*까지 18년간을 7월 왕정기(Monarchie de Juillet)라고 부른다.

【 I 】 7월 왕정기의 정치체제

7월 왕정은 복고왕정헌장을 개정한 새 헌장을 기초로 한다. 새 헌장은 국왕의 신수권(神授權)을 부정하고 국민주권 원리에 기초하여 인민을 대표하는 하원과 국왕의 '계약'이라는 형식을 취한다. 상원의원의 세습제는 폐지되고 상하원은 국왕과 함께 법률 발의권을 갖는다. 독성죄(瀆聖罪) 처벌법은 폐지되고 가톨릭은 국정종교로서의 자리를 잃었다. 복고왕정과의 연속성

은 있으나 기본적으로는 1789년의 원리를 출발점으로 하는 '입헌군주정' 체제가 갖추어졌다. 다만 선거권의 재산자격은 직접세 300프랑에서 200프랑으로 낮아졌지만, 변함없이 엄격한 제한선거 체제를 취하고 있었다. 유권자 수는 7월 혁명 전의 약 9만 명에 비해 약 17만 명(나중에 24만 명)으로 여전히 총인구 3,500만의 1%에도 미치지 못한다. 영국에서는 1832년의 선거법 개정으로 유권자 수는 약 96만 명으로 늘어났다.

7월 왕정을 수립한 오를레앙파는 왕정 성립 직후부터 새 헌장을 출발점으로 하여 혁명*의 철저화를 도모하는 '운동당'과 새 헌장을 도달점으로 하여 혁명 진전의 저지를 도모하는 '저항당'으로 분파되었다. 라피트를 수반으로 하는 운동당 내각이 1831년 사직한 이래로 정권의 자리에 계속 앉아 있던 저항당의 주력은 기조*가 주도한 입헌왕당 좌파와 페리에가 주도한 중앙 우파이며, 금융귀족과 대기업가, 대토지 소유자를 지지기반으로 한다. 운동당은 중소산업자본도 지지기반으로 받아들이고, 오딜롱 바로가 이끄는 왕조 좌파와 티에르가 주도하는 중앙 좌파를 포함한다. 그것의 극좌에 위치하는 것이 공화파로 '인민의 벗 협회'(1830년), '인권협회'(1832년)라는 의회 외부조직을 통해 7월 왕정에 대항했다.

7월 왕정기는 정치적으로는 1830-40년의 동요기와 40년 이후의 기조 체제기로 구분된다. 7월 왕정은 체제 원리 자체 내에 국왕과 의회의 대립·항쟁관계를 내포하고 있었다. 영국형의 의회의 일원적 지배를 지향하는 의회 측과 어디까지나 통치권을 고집하는 루이 필리프 간의 대립은 1836년 대외강경 노선을 취하는 수상 티에르를 국왕이 해임함으로써 분명히 드러나게 되었다. 국왕의 통치권에 대한 관여에 대해 기조, 티에르, 오딜롱 바로 등은 의회주권을 위해 동맹을 맺고 38년 말부터 반격을 시작해 39년 2월의 선거에서 승리를 거두었다. 40년에 국왕과 기조의 타협의 산물로서 성립한 술트 내각은 외무장관 기조가 실질적인 수반을 담당함으로써 기조 체제가 성립한다.

기조 체제는 국외에 대해서는 티에르와는 달리 대영협조를 기축으로 하는 평화유지 정책을 내걸고, 국내에서는 일체의 정치적·사회적 개혁을 거부하는 보수적 체제를 펼쳤다. 반정부파는 선거법 개혁안 등을 몇 차례에 걸쳐 의회에 제출하지만 기조는 이를 모두 거부하며, 의회 내외의 비판세력은 『나시오날』지를 중심으로 하는 마라스트 등의 온건공화파와 『레포름』지를 중심으로 하는 르드뤼 롤랭* 등의 급진공화파로 결집되어 간다. 1847년 '개혁연회'의 형식을 취한 반정부운동은 파리*로부터 전국으로 확대되고 있었다. 2월 혁명의 직접적인 계기는 이 '개혁연회'에 대한 정부의 탄압이다.

【Ⅱ】7월 왕정기의 경제발전과 사회문제의 발생

7월 왕정기는 프랑스의 산업혁명*의 본격적인 진행기로서 자리매김할 수 있다. 노르망디, 놀, 알자스를 중심으로 한 면업부문과 로렌을 중심으로 한 제철부문이 거의 동시에 발전했다. 농민층의 분해과정은 대단히 완만하고, 반농반공의 농민적 노동자와 중소산업자본의 광범위한 존재 위에 우뚝 솟아있는 대자본의 존재라는 이중구조를 갖고 있다. 영국 자본주의*의 압력에 대항하는 대자본을 지탱하는 세력이 로트실트(로스차일드)로 대표되는 금융귀족=오트 방크이다. 오트 방크는 장기 고리의 신용대부를 행하고, 집적된 그 자금은 국공채, 주식투자 등으로 전환된다. 결과적으로 중소산업자본은 만성적인 화폐*·신용 부족에 빠지고, 이 문제가 제2제정기의 금융개혁으로 이어진다. 무역 면에서는 복고왕정의 고관세 정책이 유지되고, 국내산업의 보호정책이 관철된다.

1840년 이후의 기조 체제에서 경제적인 측면에서 중요한 점은 철도건설의 본격화와 대규모의 투기 활동이다. 1833년, 철도건설에 50만 프랑을 지출할 것이 의회에서 결정되고 나서 건설의 주체와 소유권에 관한 논전이 펼쳐졌는데, 42년 6월에 성립한 철도법은 토지의 수용과 노선·철교·터널 등의 '하부구조'의 건설은 국가*가, 레일·차량·역 등의 '상부구조' 건설은 사기업이 맡기로 정했다. 국가는 철도의 소유자로서 사기업에 기한부로 철도영업권을 부여한다. 사기업에 유리한 이 결정으로 오트 방크를 비롯해 대기업가, 대토지 소유자에 의한 미증유의 철도투기열이 일어났다. 1848년에는 1,930킬로미터의 철도망이 형성되었고, 그에 더하여 석탄과 철강 등의 관련 산업도 발전했다. 이러한 교통혁명으로 사람과 사물의 이동이 대폭 확대되어 통일적인 국내시장의 형성이 준비되었다.

한편 이와 같은 산업화를 배경으로 하여 도시*의 병리가 드러나게 된 것도 이 시대다. 노동자의 빈곤에서 비롯되는 소요, 범죄, 매춘 등 다양한 사회문제가 떠올랐다. 1832년에 콜레라가 크게 유행하면서 비위생적이고 건강하지 못한 도시의 주거환경이 백일하에 드러났다. 공중위생학자 파랑-뒤샤틀레의 『공중위생 · 도덕 · 행정과의 관계에서 고찰한 파리 시의 매춘』(1836)은 도시의 병리를 해부하는 사회조사*의 선구가 되었다. 1840년에는 도덕 · 정치과학 아카데미의 위탁을 받은 빌레르메의 『면 · 양모 · 비단공장에 고용된 노동자의 육체적 · 도덕적 상태』(1840), 아카데미의 현상논문인 뷔레*의 『영국과 프랑스에서의 노동자계급의 빈곤』(1840), 또한 프레지에의 『대도시의 위험한 계급과 그들의 현 상태 개선을 위한 수단에 대하여』(1840)가 간행되었다. 생시몽*이 『새로운 기독교』(1825)에서 제기한 "가장 많고 가장 가난한 계급*의 물리적 · 도덕적 상태의 개선"은 그야말로 7월 왕정의 과제가 되었다. 1833년의 기조 법에 의해 초등학교를 각 코뮌에 하나씩 설치하도록 규정되고, 1841년에는 프랑스에서 최초의 공장법*인 「아동노동제한법」이 제정되었다. 그 효과의 정도는 어쨌든 사회구조의 변화에 맞서 중간층 창출을 위한 시책이 펼쳐지고 있었다.

【Ⅲ】 7월 왕정기의 정치운동과 노동운동

7월 왕정기의 사회구조 변화는 정치운동과 노동운동의 양태와도 관련되어간다. 노동자 유대의 기초였던 '직인조합'은 산업화 · 도시화의 파고 속에서 그 존립 기반을 잃어가고, 의례 중시나 분파 간 분쟁 등으로 상징되는 그 낡은 체질은 페르디기에 등의 내부개혁 시도에도 불구하고 더 이상 시대에 어울리지 않게 되었다. 이 시기의 노동운동 주체인 재봉공, 제화공, 인쇄공 등 도시의 숙련노동자층은 새로운 연대적 조직을 지향하게 된다. 평화적인 시위행동에서 봉기로 노동운동의 전회를 가져온 것은 "일하며 사느냐, 싸우며 죽느냐"를 슬로건으로 내건 1831년의 리옹 봉기*이다. 그 이후 파리를 중심으로 공화파 운동과 노동운동의 연대는 강화되어 간다. 공화파 결사 '인민의 벗 협회'가 '인권협회'로 재조직되는 과정에서 노동자층이 대량 가입하고, 1833년의 파리의 파업에서 새로운 연대의 이념 · 조직으로서의 '아소시아시옹*'의 주장에서는 공화파 이념의 침투를 볼 수 있다. 이러한 운동의 고양에 대해 정부는 탄압정책을 취하여 1834년 결사금지법(20명 이상의 모든 결사의 금지)이 제정되고, 이에 항의한 파리의 봉기는 트랑스노냉 거리의 대학살이라는 형태로 진압되었다. 이듬해인 35년의 9월법(출판*, 결사에 대한 탄압입법)의 제정으로 정치운동과 노동운동은 모두 너무도 추운 겨울을 맞이했다. 비밀결사* '계절협회'로 상징되듯이 공화파 운동과 노동운동의 연대는 지하활동으로서 유지될 수밖에 없게 되었다. 1839년 계절협회의 봉기*가 좌절됨으로써 공화파가 사회주의적 요소로부터 분화하여 온건한 의회개혁 노선으로 향하는 것에 맞서, 노동운동 측에서도 1840년 파리의 대규모 파업을 거쳐 노동자 신문 『아틀리에』* 의 '노동자 아소시아시옹*'의 주장에서 볼 수 있듯이 노동자 자신의 자율적인 운동이 모색되어간다.

【Ⅳ】 7월 왕정기의 사상과 문화

7월 왕정기는 산업화의 진전에 따른 사회문제의 해결과 엄격한 제한선거제도에 대한 대항이라는 두 가지 관점에서 새로운 정치 · 사회체제를 갈망하는 수많은 사상이 나타났다. 각 정치집단은 『나시오날』이나 『레포름』 등의 자신들의 신문을 가지며, 생시몽파와 푸리에파를 비롯한 각 사상집단도 독자적인 구상을 자파의 신문을 통해 주장했다. 논전의 장으로서의 저널리즘*의 발흥이라는 점에서 이 시기를 특징지을 수도 있을 것이다. 루이 필리프를 서양배에 빗대어 철저하게 야유한 『샤리바리』 등의 풍자 신문은 도미에 등의 캐리커처를 게재한 일도 포함해 저널리즘에 새로운 바람을 불어 넣었다.

이 시기의 지배적 사상은 기조를 중심으로 하는 순리파(純理派)로 대표된다. 군주주권과 인민주권의 절충인 중용적 체제를 이론적으로 기초짓는 개념으로서 추상적인 '이성주권'이 주장되어 이것이 제한선거제를 뒷받침하는 이데올로기가 되었다. 프랑스 혁명* 의 시민적 평등 이념을 기초로 하면서도 대중민주주의를 회피하기 위해 '부'의 획득에 의한 사회적 상승이 고무되었다.

이에 대항하는 사상으로서는 보통선거를 요구하는 공화파의 인민주권론을 들 수 있는데, 정치변혁뿐만 아니라 사회변혁까지 시야에 넣은 독창적인 사상들의 전개가 이 시기의 특징이다. 영국에 대항하는 생산력의 관점을 확보하면서 사회의 재조직화라는 과제에 몰두한 것은 생시몽과 푸리에*였는데, 7월 왕정기에는 이러한 '구상'이 실천적인 '운동' 단계로 이행한다. '보편적 아소시아시옹' 개념을 중심으로 하는 생시몽파의 실천적인 사회변혁 사상은 7월 왕정기에 광범위한 영향력을 지니고 있었다. 푸리에의 '팔랑주' 구상은 그가 사망한(1873년) 뒤에 콩시데랑*을 비롯한 푸리에주의자들에게 계승되어 현실적인 개혁사상으로 전개되고 있었다. 뷔셰*와 라므네*의 가톨릭적 사회주의, 데자미* 등의 공산주의*도 일정한 영향력을 지녔다. 특히 1840년을 계기로 하여 노동자의 처우개선과 사회문제의 해결에 중점을 둔 사회조직 사상이 잇달아 나타난다. 카베*의 『이카리아 기행』(1840), 루이 블랑*의 『노동의 조직』*(1840), 프루동*의 『소유란 무엇인가』*(1840) 등, 노동운동 측에도 받아들여져 가는 대표적인 저작들이 잇달아 간행되었다. 1848년 혁명*을 준비하는 수많은 사상이 이 시기에 일제히 개화했다고 말할 수 있다. ☞7월 혁명, 2월 혁명, 제2제정기의 프랑스, 계절협회의 봉기, 『아틀리에』, 블랑, 『노동의 조직』, 사회조사, 파리, 생시몽, 푸리에, 콩시데랑, 뷔레, 뷔셰, 프루동, 카베, 라므네, 트리스탕, 아소시아시옹, 노동자 아소시아시옹, 기조

㊟ 中木康夫, 『フランス政治史』, 上, 未來社, 1975. 河野健二 編, 『資料フランス初期社會主義―二月革命とその思想』, 平凡社, 1979. 阪上孝 編, 『1848―國家裝置と民衆』, ミネルヴァ書房, 1985. 社會思想史の窓刊行會 編, 『アソシアシオンの想像力―初期社會主義思想への新視角』, 平凡社, 1989. 服部春彥・谷川稔 編, 『フランス近代史―ブルボン王朝から第五共和政へ』, ミネルヴァ書房, 1993. 小田中直樹, 『フランス近代社會1815-1852』, 木鐸社, 1995. 的場昭弘・高草木光一 編, 『一八四八年革命の射程』, 御茶の水書房, 1998.

—다카쿠사기 고이치(高草木光一)

7월 혁명 七月革命 [(불) Révolution de Juillet]

복고왕정(1815-30년)을 타도하고 7월 왕정을 성립시키게 된 프랑스의 혁명*.

【Ⅰ】혁명의 배경

나폴레옹* 몰락 이후 성립한 부르봉 왕조 루이 18세의 복고왕정은 흠정헌법인 1814년 6월의 '헌장'에 의해 그 기본적 성격을 규정받고 있다. '헌장'은 법* 앞의 평등*, 소유권의 불가침, 기본적 인권을 담고 있으면서도 국왕의 긴급대권을 규정하고 있고, 의회의 권리는 상대적으로 낮다. 가톨릭이 국정종교이며, 신수권(神授權)을 정통화 원리로 삼고 있다. 상원이 국왕이 임명하는 세습 귀족이었던 것에 더하여 하원의 선거권도 직접세 300프랑 이상을 납입하는 30세 이상의 남자 약 9만 명으로 한정되는 극단적인 선거제한제가 시행되었다. 복고왕정기에 가장 강력하게 국정에 영향력을 행사한 것은 토지귀족을 중심으로 하는 과격왕당파(Ultras)이다. 그들은 혁명과 제정을 부인하고 귀족특권 위에 서는 군주제 국가를 지향했다. 이에 대항하여 형성된 것이 구제도와 혁명이라는 두 원리의 화해를 기본정책으로 삼고 있는 입헌왕당파인데, 그들은 제한선거에 기초하는 온건한 입헌군주제를 지향했다. 그 이론적 지주는 기조*와 루아예 콜라르 등의 순리파(純理派)이다. 1815년의 선거에서 압도적으로 승리한 과격왕당파는 이듬해인 16년의 선거에서 소수파로 전락하지만, 24년의 선거에서는 다시 압도적 승리를 거두었다. 나아가 24년에 루이 18세가 사망함에 따라 과격왕당파의 수령인 아르투아 백작(루이 18세의 동생)이 샤를 10세로서 즉위하기에 이르러 반동적 입법들이 이어졌다. 독성죄(瀆聖罪) 처벌법, 망명귀족배상법이 성립하고, 장자상속 법안, 출판물통제 법안이 제출되었다. 이에 대해 반과격왕당파 세력은 27년의 선거에

서 승리하고, 29년 8월에 과격왕당파 극우의 폴리냐크 내각이 성립하기에 이르러 반정부 연합이 형성되어 7월 혁명의 전제가 되는 정치세력의 배치가 완성되었다. 또한 경제면에서는 1826년부터 시작된 전면적 불황에 더하여 1828년의 농업 흉작에 따른 식량위기, 음식물 가격의 상승이 일어나 특히 파리*에서는 금융불황은 건축과 수공업부문 등에 커다란 타격을 주고 있었다.

【Ⅱ】 혁명의 경위

7월 혁명의 직접적인 계기가 된 것은 7월 칙령이다. 폴리냐크 내각은 1830년 5월 16일에 국왕과 내각에 반대하는 세력을 의회에서 일소하기 위해 의회를 해산하지만, 6-7월의 총선거에서 대패하여 7월 25일, 대단히 반동적인 긴급칙령을 발동하기에 이른다. 출판*의 자유의 정지, 소집되지 않은 하원의 해산, 선거법의 개정 등을 내용으로 하는 이 칙령은 선거권을 상층 부르주아지로부터도 빼앗아 대토지 소유자에게만 한정함으로써 정권의 유지를 획책했던 것이다. 7월 칙령이 『모니투르(*Moniteur*)』(정부관보)에 발표된 7월 26일, 티에르를 비롯한 44명의 저널리스트가 항의문을 제출한다. 일부 학생의 항의집회도 있었지만 비교적 평온하게 지나갔다. 다음날 27일 『나시오날』, 『르 땅』, 『지구』지는 칙령을 무시하고 발행되었다. 파리의 중심부에서 수공업자, 직인, 소상인, 학생 등이 항의행동을 일으키고, 28일 아침에는 바리케이드가 구축되어 대중반란으로 발전했다. 시가전이 시작되자 정부군 일부가 혁명측에 합류하면서 29일 오전 중에 혁명 측의 승리가 확정되었다. 27일부터 29일까지 3일간의 전투는 '영광의 3일'이라 불리며, 그 희생자는 현재도 바스티유 광장에 서 있는 '7월의 기둥'에 그 이름이 새겨져 있다.

【Ⅲ】 혁명의 결과

'영광의 3일'을 쟁취한 것은 파리의 민중이었지만 샤를 10세의 사망*, 복고왕정 붕괴에 따른 사태수습에 나선 것은 대은행가이기도 했던 라피트를 중심으로 한 자유주의 정치가들이었다. 파리 민중에게는 스스로 공화정을 수립할 만한 능력은 없었고 공화정 성립을 위한 국내외의 환경도 정비되어 있지 않았다. 부르봉 왕조의 종언을 선언함으로써 사태는 수습되고 당시 자유주의자로서 알려져 있던 오를레앙 공 루이 필리프*를 왕으로 맞이해 7월 왕정이 성립했다. 덧붙이자면, 7월 혁명은 파리에 한정된 혁명이긴 했으나 노르망디, 알자스, 로렌 등 선진공업지역을 중심으로 광범위한 지지를 얻었다. 일반적으로 7월 혁명은 군주정 원리에 대한 투쟁이라기보다 귀족제도에 대한 투쟁으로서 위치지어진다. 혁명 후에도 귀족의 정치력과 경제력은 일부 강력하게 잔존하지만, 혁명을 계기로 하여 공적 영역에서의 귀족의 제도적 지배는 종언으로 고하게 된다. 국제적으로 보는 경우에 7월 혁명은 빈 체제*를 약체화시키고 유럽 각지에 자유주의*를 침투시킨 의의를 지닌다. ☞7월 왕정기의 프랑스, 기조, 나폴레옹

㊟ 中木康夫, 『フランス政治史』(上), 未來社, 1975. 服部春彦・谷川稔 編, 『フランス近代史―ブルボン王朝から第五共和政へ』, ミネルヴァ書房, 1993. 小田中直樹, 『フランス近代社會 1814~1852』, 木鐸社, 1995.

―다카쿠사기 고이치(高草木光一)

ㅋ

카바니스 [Pierre Jean Georges Cabanis 1757-1808]

프랑스의 철학자로 파리 대학의 위생학 교수(1795년), 내과학 교수(96년), 법의학 교수(99년)를 역임했다. 오노레 미라보와 함께 프랑스 혁명*에 참가하여 데스튀트 드 트라시와 어깨를 나란히 하는 이데올로그의 지도자의 한 사람이 되며, 근대적 의학교육의 발전에 기여했다. 주저 『인간심신 관계론』(1799-1802)에서 유물론적 생리학을 구상하고, 인간*의 정신활동의 생리학적 해명을 목표로 했다.

—안도 다카호(安藤隆穗)

카베 [Etienne Cabet 1788-1856]

프랑스의 공산주의자. 디종(Dijon)에서 직인의 아들로 태어나 법학을 공부한 뒤 변호사가 된다. 복고왕정 하에서 비밀결사* 카르보나리에 가입하고, 7월 혁명*(1830년)에도 참가한다. 7월 왕정 하에서는 공화파로서 활동하고, 1833년 『르 포퓔레르(민중)』지를 창간, 이듬해 그 필화사건으로 영국으로 망명*했다(1834-39년). 런던*에서의 망명생활 중에 모어와 오언*의 저작을 접하면서 그의 공산주의 사상의 골격이 형성되었다고 한다. 귀국 후 『이카리아 기행』(1840)을 발표하여 일약 프랑스를 대표하는 공산주의자가 되었다.

『이카리아 기행』은 1848년까지 5판을 거듭했다. 영국인 귀족 카리스달 경이 보고 들은 가공의 이상적 공산주의 사회 '이카리아'의 생활을 그린 소설 형식을 취하고 있다. 이카리아에는 상거래도 화폐*도 존재하지 않고 또 범죄의 가능성도 없어서 사법이나 경찰 조직도 필요 없다. 기계*의 사용으로 노동*은 경감되고, 여가와 교양이 중시된다. 철저한 평화적 유토피아*이긴 하지만, 푸리에*의 '팔랑주'처럼 매력적 노동에 의해 노동의 협동화를 도모한다는 발상은 존재하지 않는다.

1841년에 재간된 『르 포퓔레르』를 통해 카베의 공산주의 사상은 거의 프랑스 전역으로 보급되어 최대 10만 명 정도의 지지자들이 있었던 것으로도 추정된다. 지지자는 도시*의 숙련노동자 계층이 중심이다.

이카리아 공동체*를 지상에 건설하고자 하는 발상은 『이카리아 기행』 이전에 존재했다고 하지만, 1847년 5월 『르 포퓔레르』에 「이카리아 이주 선언」을 발표한 이래로 현실적인 움직임이 되었다. 카베는 오언에게 상담한 뒤 텍사스를 후보지로 선택했다. 그러나 1848년 2월, 선발대가 미국으로 출발한 뒤 2월 혁명*이 발발하자 카베는 방침을 전환한다. 혁명이 성립한 다음날 발표한 「이카리아주의자에게」에서 임시정부를 지지하고 언론・출판*의 자유 등 공화주의적인 요구를 내세우는 동시에 사유재산에 대한 공격을 삼가도록 자신의 지지자들에게 요청했다. 3월 17일의 보통선거 연기를 요구하는 데모에서 카베는 중심적인 역할을 수행했으나 반공산주의의 광풍 속에서 4월의 입헌의회 선거에서 낙선했다. 실의에 빠져 다시 이카리아 이주를 선언하고 그해 말에 미국으로 건너갔다. 덧붙이자면, 카베의 사상적 영향력은 의인동맹*・공산주의자동맹*에도 미치며, 1848년에 맑스와 엥겔스*는 카베와의 접촉을 시도하여 정치적 연대에 대한 의지를 드러내기도 했다.

일리노이 주 노부(Nauvoo)에서의 이카리아 공동체 실험은 대통령 카베의 독재적인 정치체제에 대한 불만으로 1856년에 두 파로 분열되며, 카베파가 노부를 떠나 세인트루이스에 집결하자마자 그해 11월 카베는 새로운 공동체를 건설하기 전에 사망했다. ☞1848년 혁명, 이카리아 공동체, 푸리에

참 Jules Prudhommeaux, *Icarie et son fondateur Etienne Cabet*, Paris 1907. Christopher H. Johnson, *Utopian Communism in France*, Ithaca 1974. Robert P. Sutton, *Les Icariens*, Urbana 1994. 中谷猛, 『近代フランスの思想と行動』, 法律文化社, 1988.

—다카쿠사기 고이치(高草木光一)

카베냐크 [Louis-Eugène Cavaignac 1802-57]

1848년 2월 혁명* 후에 공화정 정부에서 육군 장관이 되었지만, 6월 봉기*에 직면하여 파리*에 계엄령을 선포하고 의회로부터 모든 집행권을 위임받아 군사력으로 봉기를 진압했다. 그의 형 고드프루아는 혁명 전의 공화주의 운동의 지도자로 유명했는데, 그 영향도 있고 해서 공화주의* 입장에 서며, 6월 봉기의 진압에서도 공화정의 방위라는 사명감을 갖고 있었다. 1848년 12월의 대통령 선거에서 루이 나폴레옹*에게 패배, 1851년 12월의 쿠데타로 망명*했다. ☞2월 혁명, 6월 봉기

—기야스 아키라(喜安 朗)

카보우르 [Camillo Benso Cavour 1810-61]

이탈리아 북부 피에몬테의 귀족 출신으로 영국 의회정치에 심취했다. 1847년 11월, 체사레 발보와 함께 토리노에서 신문 『리소르지멘토』(*Risorgimento*, 부흥)를 창간하고 입헌운동을 전개한 자유주의적 온건파. 1852년 11월에 '대내각(grande ministero)'을 조직, 사르데냐 왕국의 근대화를 추진했다. 관세개혁, 영・불과의 통상조약, 국립은행의 설립, 세속교육, 군대의 충실을 도모했다. 56년 2월의 크리미아 전쟁* 후의 파리강화회의에서 로마교회와 오스트리아를 비판하여 서구열강에 외교수완을 보인다. 1861년 3월, 이탈리아 왕국 초대 수상에 취임한다.

참 R. ロメオ(柴野均 譯), 『カヴールとその時代』, 白水社, 1992.

—구로스 준이치로(黑須純一郎)

카우츠키[1] [Karl Johann Kautsky 1854-1938]

맑스 사후에 독일 사회민주당과 제2인터내셔널에서 활약한 대표적인 맑스주의 이론가. 프라하에서 태어났다. 빈 대학에 입학한 이듬해(1875년)에 오스트리아 사회민주당에 입당하며, 엥겔스*의 『반뒤링론』*의 영향으로 맑스주의자가 된다. 1881년에 처음으로 런던*의 맑스와 엥겔스를 방문하는데, 맑스의 그에 대한 인상은 "평범한 남자로 시야가 좁고 약삭빠르다"고 하는 대단히 나쁜 것이었다. 하지만 엥겔스와의 관계는 1881년의 체류 중에 개선되었고, 1884년과 1885-88년에 카우츠키가 런던에 체류하면서 더욱더 친밀하게 되었다. 또한 그는 1883년에 독일 사회민주당의 이론지 『노이에 차이트』를 창간하고, 이후 1917년까지 그 잡지의 편집자로서 맑스주의*의 보급과 발전에 노력을 기울였다. 이 시기의 그의 주요한 업적은 『자본』*의 '자본주의적 축적의 역사적 경향'론을 기초로 한 「에르푸르트 강령」*(1891)의 집필, 『자본』 제4권의 위치를 차지하는 『잉여가치학설사』(1904-10) 등의 맑스와 엥겔스의 유고에 대한 편집과 출판, 『토마스 모어와 유토피아』(1887)를 비롯한 맑스주의적 방법에 기초한 일련의 역사 연구, 그리고 민족 문제・제국주의 문제・인구 문제・유대인 문제* 등의 새로운 문제들에 대한 선구적인 분석 등이다. 이 시기에 "전 세계의 사회주의자는 카우츠키를 통해 맑스를 배웠다." 하지만 그는 1910년 이후 로자 룩셈부르크를 비롯한 맑스주의 급진파와 대립했을 뿐만 아니라, 제1차 세계대전 시기에는 독일의 전쟁정책을 지지한 독일 사회민주당 다수파와 '폭력혁명과 독재'를 부르짖는 레닌 등의 볼셰비키와도 대립했기 때문에 정치적인 고립상태에 빠져 '맑스주의의 교황'이라 불렸던 그의 권위는 급속하게 실추하게 되었다. 나치의 대두 후인 1938년에 망명지 암스테르담에서 사망했다. ☞「에르푸르트 강령」, 베른슈타인

참 相田愼一,『カウツキー研究ー民族と分權』, 昭和堂, 1992. E. マティアス(安世舟 外 譯),「カウツキーとカウツキー主義」,『なぜヒトラーを阻止できなったか』 수록, 岩波書店, 1984. G. スティーンソン(時永淑 外 譯),『カール・カウツキー—1854-1938』, 法政大學出版局, 1990. I. G. Holtey, *Das Mandat des Intellektuellen*, Berlin 1986. J. Kautsky, *Karl Kautsky*, New Jersey 1994.

—아이다 신이치(相田愼一)

카우츠키[2] [Louise Kautsky 1860-1950]

카우츠키[1]*의 첫 부인. 오스트리아 출신의 유대인 여성으로 옛 성은 슈트라서. 1889년에 카우츠키와 이혼한 뒤 런던*에서 엥겔스*의 비서로 일한다. 엥겔스의 전폭적인 신뢰를 얻어 그의 유언 집행인 중 한 명으로 지명된다. 엥겔스의 죽음을 맞이하여 그녀는 1894년에 재혼한 오스트리아 출신의 루트비히 프라이베르거와 함께 맑스의 유고와 장서 등을 독일 사회민주당의 관리 하에 두려고 한 베벨*과 V. 아들러 등에게 적극적으로 협력했다. 그 때문에 유고 등의 반환을 요구한 맑스의 두 딸 라우라와 엘리노어와 대립하게 되었다. ☞카우츠키[1], 엥겔스

참 都築忠七,『エリノア・マルクス』, みすず書房, 1984. G. スティーンソン(時永淑 外 譯),『カール・カウツキー—1854-1938』, 法政大學出版局, 1990. 佐藤金三郎,『マルクス遺稿物語』, 岩波新書, 1989.

—아이다 신이치(相田愼一)

칸트 [Immanuel Kant 1724-1804]

비판*을 철학원리로까지 높여 그것을 이론적 무기로 삼아 근대 자연과학을 독단적 형이상학으로부터 옹호하는 동시에 인간*의 자유의지를 철학적으로 선언한 독일의 철학자. 하이네*는 칸트를 로베스피에르에 빗대어 모든 독단적 형이상학의 머리를 잘랐다고 칭송했는데, 맑스도 칸트 철학을 독일에서의 프랑스 혁명*의 이론이라 부르고 있다[「역사법학파의 철학적 선언」, 1:93]. 다만 그것은 역사법학파*의 후고가 독일에서의 프랑스 구체제의 이론에 지나지 않는다고 비판하기 위한 전주곡으로서이다. 『독일 이데올로기』*에서 맑스와 엥겔스*는 칸트 철학을 18세기 말의 독일 부르주아지의 상태를 반영한 것으로 간주하고, 칸트의 선의지라는 것은 독일 부르주아지의 무기력과 나약함과 비참함에 완전히 대응하고 있다고 한다[3:188]. 또한 독일로의 프랑스 자유주의의 도입은 독일 부르주아지의 계급적 이해와 그 물질적 생산관계들에 제약되고 규정된 것이며, 그 이론적 표현이 바로 칸트 철학이라고 말하고 있다[같은 책:190]. 엥겔스는 차치하더라도 맑스에게서는 이 이상으로 상세한 칸트 철학에 대한 언급은 보이지 않는다. 19세기 후반에는 엥겔스도 포함하여 칸트 철학을 자연과학 기초이론으로서, 혹은 자연과학*에 공헌하는 인식론*으로서 재평가하는 움직임이 일어나 이른바 신칸트학파가 탄생했지만, 현대에는 아렌트를 대표로 하여 칸트의 정치철학을 적극적으로 평가하는 경향이 있다.

참 H. ハイネ(伊東勉 譯),『ドイツ古典哲學の本質』, 岩波書店, 1951.

—시바타 다카유키(柴田隆行)

칼라일 [Thomas Carlyle 1795-1881]

스코틀랜드 남서부 에클페칸(Ecclefechan)의 석공 가정 출신의 낭만주의자. 에든버러 대학에서 공부하고, 커콜디에서의 가정교사 등을 거쳐 문필가가 된다. 독일 낭만주의*의 영향 하에 「시대의 징후」(1829)와 「특성론」(1831) 등에서 산업주의를 자기의식에 속박된 '기계장치의 시대'로서 파악했다. 자전적인 『의상철학』(*Sartor Resartus*)(1834)에서 '영원의 부정'으로부터 '영원의 긍정'으로라는 표현에 기대어 자신의 통일성을 회복하는 길을, 가능성을 쏟아 부어야 할 노동*에서 구했다. 그 후의 문필활동에서는 『영웅과 영웅숭배』(1841) 등 정신적 통일의 지주를 구하는 논의와 『과거와 현재』(1843) 등 산업사회에 대한 비판이 주요한 두 가지 계보다. 「차티즘론」(1839)과 『과거와 현

재』에서는 하층민의 비참한 상황에 눈을 감는 지배층을 비판하고 '잉글랜드의 상태'에 대한 문제로서 고발했다. 향락주의나 배금주의에 대한 양면적 비판은 단순한 중세 회귀주의가 아니라, 노동의 능동성에 기대어 산업의 총수에게 지도를 요구하는 경제적 행동주의이다. 이 고발에 대해서는 엥겔스*도 공감하여 『영국 노동자계급의 상태』*(1844)에서 활용했다. 칼라일의 영웅론 계보로부터는 백인중심주의 발상이 흘러나오게 되어 자메이카 반란(1865-66년) 때에 J. S. 밀* 등과 대립했다. 칼라일은 일본에서도 주로 다이쇼(大正) 시기에 야나기다 이즈미(柳田泉) 등에 의해 활발하게 번역되었고, 니토베 이나조(新渡戸稲造)나 야나이하라 다다오(矢内原忠雄) 등이 호의적으로 해석했다. 전후의 번역으로 『칼라일 선집』(전 6권, 日本教文社, 1962) 등이 있다.

㊟ J. D. Rosenberg, *Carlyle and the Burden of History*, Oxford 1985. F. Kaplan, *Thomas Carlyle. a biography*, Berkeley, Cal. 1995.

―우카가이 야스노리(深貝保則)

칼뱅 [Jean Calvin 1509-64]

법학과 인문주의를 공부한 칼뱅은 루터*를 계승하면서 제네바에서의 신정주의적인 종교개혁을 수행했다. 그는 '오직 성서*'라는 원칙을 철저히 하여 그 권위는 어떠한 제도에도 의거하지 않으며 오직 '성령의 내적 증거'에 의거한다고 했다. 이것은 이후의 절대적인 '성서주의'로 나아가는 길을 마련하게 되며, 나아가 후대에는 성서의 '축자영감설(verbal inspiration)'이라는 경직된 사상으로 변질되었다. 또한 그는 신이 구원의 역사를 인도하고, 영원의 계획에 기초하여 구원·단죄의 '이중예정'을 관철한다고 주장했다. 가톨릭적인 제도에 의한 보증이 부정되었기 때문에 구원 예정의 확증은 신에 의한 '소명감'뿐이게 되었는데, 그것은 주관성을 벗어나지 못하여 구원의 확실성에 대한 불안을 야기했다. 그것을 확신으로 인도하기 위해서는 신의 계율에 대한 엄격한 복종, 성서의 충실한 학습, 엄격한 예배 참가 등이 불가결한 것으로 여겨지고, 나아가 일체의 태만을 배제하고 소박과 검약과 근면을 취지로 하는 생활이 의무로 간주되었다. 이러한 자세는 청교도적 생활 스타일을 낳는 데 공헌했고, 구원의 확인을 위한 근로라는 관념은 사업의 성공이야말로 구원의 보증이라는 사상을 발생시켜 "모든 것은 신의 영광을 위하여"라는 슬로건이 부의 축적과 확대라는 자본주의적 생활 스타일을 유발한다고 하는 아이러니를 초래했다. 칼뱅의 흐름에서 유래하는 청교도 운동은 영국과 미국에서 혁명*의 원동력이 되며, 자치의 정신, 민주주의*, 인권사상, 신교의 자유, 사회계약 관념 등의 성장과 발전을 촉진시켰다. 이것이 영국에서 자본주의*가 최초로 발전한 최대의 이유이며, 맑스가 영국에서 전형적인 자본주의의 전개를 확인하게 되는 것으로 이어지고 있었던 것이다. ☞루터

㊟ 渡辺信夫 譯, 『カルヴァン・キリスト教綱要』(全7冊), 著作集刊行會, 1962-65. M. ウェーバー(大塚久雄 譯), 『プロテスタントの倫理と資本主義の精神』, 岩波文庫, 1989. 出村彰 外 編, 『宗教改革著作集 9, 10 カルヴァンとその周邊』, 教文館, 1986. 高尾利數, 『キリスト教を知る事典』, 東京堂出版, 1996.

―다카오 도시카즈(高尾利數)

칼스바트 [Karlsbad; Karlovy Vary]

현재 체코에 있는 온천지. 맑스는 1873년, 74년, 76년에 세 차례 방문했다. 담낭과 간장의 병을 치료하는 것이 목적이었다. 그곳의 기록에는 "13316번 찰스 맑스 씨, 금리생활자, 게르마니아 체류"라고 적혀 있다. 금리생활자라고 쓴 것은 사람들 눈을 피할 요량으로 한 것이었지만, 그 때문에 이 온천에 비싼 세금을 지불하게 되었다. 그리고 결과적으로는 "러시아의 니힐리스트의 수령"이라고 기록되어 작전은 실패했다. ☞맑스의 요양, 맑스의 병, 빅토리아기의 영국 중산계급의 생활

㊟ E. E. Kisch, *Karl Marx in Karlsbad*, Berlin/Weimar 1968.

―마토바 아키히로(的場昭弘)

케네 [François Quesnay 1694-1774]

농민의 가정에서 태어나 궁정의사가 된 후에 독자적으로 「경제표(經濟表)」를 저술하고, 프랑스 혁명* 전야의 경제사회 병을 진단한 인물. 케네 및 그의 제자들은 경제학설사에 있어 최초의 '이코노미스트'로 평가받고 있지만, 그들은 처음부터 경제학자로서 출발한 것은 아니었다. 케네 자신은 외과 임상의이자 루이 15세의 시의로서 베르사유 궁전에 들어가 가운데 2층에 거실을 잡았다(1749년). 의사로서의 직업적 명예와 함께 학문적 명성도 이미 획득하고 있어서 그의 생애는 의학사에 이름을 남기는 것으로도 충분했을 터였다. 하지만 베르사유 왕조의 정치를 내부에서 관찰함으로써 의사로서의 그의 지적 호기심은 사회의 병으로 향하게 된다. 이후 부르봉 절대왕제의 전체적인 위기에 대한 진단과 처방전의 제시를 위해 그는 이론적 영위를 거듭하게 된다.

【Ⅰ】「경제표」의 세계

그의 저작활동은 대체로 60세부터 70세까지 겨우 10년간에 집중되어 있다. 대부분의 저작은 논문이었다는 점이 특징적인데, 그의 관심은 대작이라 할 만한 작품을 남기기보다는 그의 이론적 노력의 결정인 「경제표」를 완성하는 데 있었다. 프랑스 국내의 농업경제 통계 데이터를 직접 수집하면서 국민경제*의 재생산*의 구조를 한 장의 일람표에 표시함으로써 존재해야 할 정치경제 체제를 제시한 것이 「경제표」였다. 거기서는 농업노동이 유일하게 생산적이라고 간주되며, 농업에 매년 투하되는 자본의 회전=순환이 극명하게 분석된다. 그와 동시에 원표(原表)에서 약표, 범식으로 나아가는 「경제표」의 궤적은 그 자체가 연속과 비약을 내포하고 있으며, 고유의 분석 개념을 승화시키고 있다('연 전불', '원 전불', '원 전불이자', '순 생산', '연 수입').

【Ⅱ】학파의 흥망

케네와 미라보 후작*의 주위에는 당대의 걸출한 지식인(뒤퐁 드 느무르, 르 트로느, 라 리비에르, 보도)이 학문적 공감을 지니고서 결집했다. 그들은 경제학설사에서 최초의 학파를 형성했다. 그들은 '피지오크라시(physiocratie)'를 스스로 표방했는데, 그 의미는 '자연*의 지배'이며 '중농주의'로 번역되고 있다. 한 명의 지도자와 하나의 이론을 축으로 하여 학파는 본래 일체가 되어야 마땅했지만, 케네와 제자들 사이에는 일정한 차이가 생긴 것도 사실이었다. 케네가 자유무역을 둘러싼 당시의 경제정책 논쟁에 개입하는 일은 없었던 데 반해, 제자들이 「경제표」에 공을 들이는 일은 소수의 예외(미라보, 보도)를 제외하면 전무하다시피 했다. 이코노미스트들의 지적 활동은 일시적이긴 하지만 논단의 무대에 등장하여 생산적 노동 혹은 곡물 교역의 자유화를 둘러싼 논쟁에 관여한다. 그리고 튀르고*가 재무총감에 취임(1774년)할 때까지 광채를 발하지만, 그의 실각(1776년)과 동시에 그들에 대한 세상의 지적 관심도 급속히 약화되어간다.

19세기 전반, 스미스 경제학의 압도적인 우위 속에서 프랑스의 '이코노미스트'들은 완전히 잊힌 존재였다. 스미스*와 케네 사이의 학문적 계승관계는 착종되어 있는데, 스미스는 케네를 경외하는 동시에 그의 생각을 자신의 체계 속에 끌어들여 적극적으로 재구성하고자 노력한다. 케네가 살아 있었다면 스미스는 아마 『국부론』(1776)을 케네에게 헌정했을 것이다. 하지만 케네의 학설은 프랑스 혁명의 혼란 속에서 가라앉아 버리고, 영국 자본주의*가 대두하는 가운데 스미스의 학설이 높이 평가됨으로써 중농주의 그림자는 옅어진다. 그렇지만 1840년대 중반에 이렇듯 기억에서 사라진 경제학자인 그를 재평가하려는 움직임이 생겨나고, 케네와 그의 제자들의 저작집 『피지오크라트』(데르 편, 1846)가 간행된다. 케네에 대한 이러한 재평가에 따른 저작집의 간행은 그 자체가 이 시대의 하나의 '과학적 사건'[Auguste Oncken (éd.), *Œuvres philosophiques et économiques de F. Quesnay*, Frankfort s/m, Paris 1888]이었다. 분명히 스미스가 경제이론의 기초를 분업론=가치론의 영역에서 확립한 점은 그의 커다란 공적이다. 하지만 자본의 회전=순환 분석에서는 농업에서의 자본투하를 항상 염두에 두고 분석한 케네 쪽이 훨씬 독창적인 논점을 끄집어내고 있었다.

【Ⅲ】케네와 맑스의 뜻밖의 만남

맑스의 케네 연구는 『피지오크라트』에 기초하고 있다. 맑스에게는 '총 재생과정의 분석'을 위해 케네의 경제표는 결정적으로 중요하며, 맑스 자신도 '경제표'를 작성하고 있다[30:291]. 맑스가 이용할 수 있었던 것은 범식이었음에도 불구하고, 케네의 원표에 해당하는 사고과정을 그 자신이 추(追)사유하고 있다는 사실은 매우 흥미롭다. 맑스의 '경제표'는 더 나아가 그의 '재생산 표식*'으로 열매를 맺게 된다.

경제이론은 다른 학문적 사고와 마찬가지로 이론을 산출하는 사회적 공간 및 역사적 시간과 불가분의 관계에 있다. 케네의 학설도 그가 살아간 시공간과 그의 지적 호기심의 긴장관계에 의해 산출된 것이다. 하지만 독창적인 사고는 때때로 개별적인 시공간을 뛰어넘어 재발견되는 경우가 있다. '경제표'를 둘러싼 케네와 맑스의 관계가 그러하다. 더 나아가 현대적인 관심 속에서 케네의 '재생산' 개념은 현대경제학의 이론적 틀에도 영향을 주고 있으며, 지하수맥과 같은 역할을 계속해서 수행하고 있다. ☞재생산, 재생산 표식, 스미스, 프랑스 혁명, 자연사적 과정, 생산적 노동/비생산적 노동, 튀르고, 미라보

㊟ 平田清明, 『經濟科學の創造』, 岩波書店, 1965. ケネー(平田清明・井上泰夫 譯), 『ケネー經濟表』, 岩波書店, 1990. 我孫子誠男, 「社會的剩餘の發見とマルクス≪經濟表≫」, 『千葉大學教養部硏究報告』 A-13, 14, 14(續), 15, 1980-82. Yasuo Inoue, *N. Baudeau et le Tableau économique*, thèse de 3e cycle, Paris II, 1981.

-이노우에 야스오(井上泰夫)

케어리 [Henry Charles Carey 1793-1879]

아일랜드*에서 미국으로 망명*한 뒤 출판업을 하는 한편으로 보호주의 운동을 전개한 M. 케어리의 장자. 12세에 부친이 경영하는 출판업에 취직해 1835년까지 종사한다. 부친을 스승으로 삼아 독학으로 경제학을 공부하고, 출판업을 그만두고 나서는 경제학 연구에 전념했다. 주저는 『사회과학 원리』(*The Principles of Social Science*, 3 vols. 1859-60). 맑스가 50년대에 시론을 기고하고 있던 『뉴욕 데일리 트리뷴』*지의 편집자를 역임하기도 했다. 공화당의 지지자이기도 하다. 당초에는 자유무역론자였지만, 1842년의 관세법 이후로는 보호무역론자로서 활약했다. 사회적 분업과 협동(association)을 원리로 하여 상품생산을 기초로 한 자생적인 동시에 조화로운 국민경제*의 육성을 구상하고, 미국 경제의 보호와 육성이라는 견지에서 보호무역을 주장했다. 리카도*에 대한 비판*・대항의식이 강하며, 봉건제의 잔재가 없는 미국을 배경으로 하여 리카도식의 '부조화'(지주와 자본*, 노동과 자본의 대립)나 수확체감법칙을 비판하는 한편, 비교생산비설에 입각하여 세계무역을 주창하는 리카도 경제학에 대항하여 국내시장을 보호하는 입장에서 대외적으로는 '부조화'(=보호무역)를 주장했다. 맑스는 이 점에서 케어리를 "북아메리카의 독창적인 경제학자"라고 평가하고, 수고 「바스티아와 케어리」[초1:3-22]와 『정치경제학 비판 요강』*의 곳곳에서 그에 대해 언급하고 있지만, 국내적으로는 '조화', 대외적으로는 '부조화'를 주창하는 케어리의 부정합성은 범주들에 대한 모순적 파악이나 국가*의 위치짓기에 관한 맑스의 정치경제학 비판*에서의 전개방법상의 문제에 비추어 비판되고 있다. ☞「서설」, 『정치경제학 비판 요강』, 리카도, 바스티아, 「『자본』 초고」

㊟ 宮野啓二, 『アメリカ國民經濟の形成』, 御茶の水書房, 1971. 山田鋭夫, 「マルクス『バスティアとケアリ』の世界像」, 『彦根論叢』, 第190号, 1978. 西村弘, 「手稿『バスティアとケアリ』と『經濟學批判要綱』の分析視角 — 自由貿易か保護主義か —」, 『專修大學社會科學年報』, 第25号, 1991. 飯田裕康, 「手稿『バスティアとケアリ』について — 1850年代マルクスの古典派批判への一視角」, 『三田學會雜誌』, 第71卷 5号, 1978.

-니시무라 히로시(西村 弘)

케틀레 [Lambert Adolphe Jacques Quételet 1796-1874]

벨기에의 대표적 사회통계학자. 천문학자. 1853년에 국제통계회의를 발족시켜 초대 의장이 된다. 국세조사

기획의 표준화에 공헌했다. P. S. 라플라스나 J. B. J. 푸리에로부터 통계에 수학을 이용하는 점에서 강한 영향을 받아 지구물리학의 성과를 인간* 사회에 적용하는 '사회물리학(de physique sociale)'을 제창했다. 인구* · 출생 · 사망 · 체구 · 범죄 등을 확률통계 수법으로 분석하고, 큰 수의 통계 데이터는 중간 정도의 평균에 집중한다고 주장했다. 또한 평균 개념으로부터 인간의 일반적 개념으로서 도출된 '평균인(l'homme moyen)'은 통계 데이터 분석에 의한 이론적 개념일 뿐만 아니라 사회통제의 정상적인 기준이며, 인간이 그것을 향해 진화해가는 '이상형'이라고 생각했다.

맑스는 케틀레의 『사회체계』(1848)를 1849년에 읽었고, 케틀레의 『인간에 대하여』(1835)의 녹스에 의한 영역본(*A Treatise on man and the development of his faculties*, 1842)을 1851년에 읽고서 「런던 노트 XVI」에 기록했다. 맑스는 1853년에 『뉴욕 데일리 트리뷴』*에 쓴 시평에서 『타임스』의 사형제도 변호론을 비판하면서 사형제도가 범죄 방지에 도움이 되지 않는다는 사실을 입증하기 위해 케틀레의 『인간에 대하여』에서 인용하고, 사형제도가 있어도 범죄의 발생건수는 변하지 않으며 범죄 발생의 평균 건수의 근거는 근대 부르주아 사회의 기본조건에 있다고 주장했다[8:494-495].

나중에(1869년) 맑스는 쿠겔만*에게 보내는 편지에서, 사회생활에 있어 얼핏 보기에 우연으로 보이는 사건에는 주기적인 회귀와 주기적인 평균수를 통해 나타나는 내적 필연성이 있다는 것을 통계적으로 증명한 데는 케틀레의 공적이 있지만, 그는 이 필연성을 이론적으로 해명하지 못했다고 논평했다[32:490]. 맑스는 『자본』*의 두 군데[23a:424, 25b:1101]에서 케틀레의 『인간에 대하여』를 인용하고, 케틀레의 평균 개념을 자신의 평균 개념의 기본 전거로 삼고 있다. 『자본』의 주제인 자본주의적 생산양식 분석에는 "이상적 평균"[25b:1064]의 자본*을 상정하는 방법이 취해지고 있다. 현실의 영국에는 자본주의적 생산양식의 전개를 저해하는 요인이 여전히 실재하고 있지만, 그 저해요인은 언젠가는 타파되고 자본주의*의 '이상형'에 근접해갈 것으로 맑스는 예견하고 있었다. 이는 케틀레의 '이상형'은 미래상을 보여준다는 점에 대응한다. 맑스는 자본주의적으로 생산되는 '대량의 상품*'은 통계상 '큰 수의 법칙'에 해당하며, 그로부터 경제적 평균들이 발현한다고 상정하고 있다. 『자본』에서의 다양한 평균 개념(평균적 조건, 사회적 평균 노동, 평균 가격, 평균적 노동력, 총 자본의 평균 가치구성, 평균 이윤, 평균 시장가격 등)이 그것이다. 생산가격*에 관한 두 가지 총계일치 명제(총 잉여가치=총 이윤, 총 가치=총 생산가격)에 대한 맑스의 논증은 케틀레의 "평균으로부터의 괴리는 전체적으로는 상쇄된다"라는 생각에 따른 것이다. 케틀레의 정규분포의 중심을 차지하는 평균 개념은 다양한 개인*의 '정상(正常)'은 평균으로부터의 거리로 평가할 수 있다는 19세기의 사회통제 사상에 대응하는 것이었다.

맑스는 "노동*의 동형성 · 규칙성 · 질서"를 담지하는 "평균노동자"로의 자본주의적 도야를 거쳐 "노동의 다면성 · 전면적 발달"이 달성된다고 보았다[23a:424, 634, 654]. ☞『자본』, 생산가격, 통계자료, 사회조사

참 L. ケトレ(平貞藏 · 山村喬 譯), 『人間について』, 岩波文庫, 1939 · 40. 山本正, 「ケトレーの『平均人』について」, 『法經論集』(靜岡大學法經短期大學部), 53号, 1984. 重田(米谷)園江, 「19世紀の社會統制における<社會防衛>と<リスク>」, 『現代思想』, 1997年 3月. Frank H. Hankins, *Adolphe Quételet as statistician*, New York 1968.

—우치다 히로시(內田 弘)

코발레프스키 [Maksim Maksimovich Kovalevskii 1851-1916]

러시아의 역사가이자 사회학 · 인류학자. 하리코프 대학에서 법률을 공부하고, 베를린* · 빈* · 파리* · 런던*에 유학. 1874-75년 겨울에 맑스를 처음 방문한다. 그 후에도 종종 만년의 맑스를 방문하여 토지 소유의 역사, 유럽의 경제발전과 정치제도의 발전 등의 연구에 대한 자극을 받으며, 훗날 "나의 학문적인 작업 방향을 결정했다"고 회상할 정도로 커다란 영향을 받았다. 1877년에 미국을 방문하여 L. H. 모건의 『고대사회』*(1877)를 구입, 이듬해인 78년에 그것을 맑스에게

빌려줌으로써 맑스가 「고대사회 노트」(1880-81)를 작성하는 계기가 된다. 또한 79년의 저작 『공동체적 토지소유, 그 해체 원인, 경과 및 결과』를 맑스에게 기증했고, 맑스는 이를 발췌(1879-80년)함으로써 만년의 맑스의 고대공동체관에 커다란 영향을 주었다. 1877-79년에 모스크바 대학 조교수, 80-87년까지 동 대학 교수로 재직했다. 1887년에 '러시아의 국가제도에 대한 부정적인 태도'를 이유로 면직된다. 그 후 1905년까지 서구・미국에서 차리즘에 대한 민주화 운동을 한다. 그 사이에 『원시법』(1886), 『가족, 재산의 기원 및 발달 개요』(1890), 『코카서스의 법과 습관』(1890), 『러시아의 현재의 관습과 고대법』(1891) 등의 저작으로 만년의 엥겔스*에게 영향을 준다. 또한 프랑스 혁명* 이후의 서구를 연구하여 『현대 민주주의의 기원』(1895-97), 『인민의 직접 지배에서 대표제 정부로, 가부장적 왕제에서 의회제로』(1906), 『자본주의 경제제도의 출현 이전의 유럽의 경제성장』(1898-1903) 등을 저술하며, 『사회학』(1910)을 저술하기도 했다. 1905-16년에는 페테르스부르크 대학 교수로 재직. 1906년, 민주적 개혁을 위한 입헌당을 설립, 제1두마 의원이 된다. 1914년, 페테르스부르크 과학 아카데미 회원. ☞러시아 사상, 『고대사회』

참 マルクス, 「コヴァレフスキー『共同體的土地所有, その解體の原因, 經過及び結果』摘要」, 『マルクス・エンゲルス全集補巻 4』 수록, 大月書店, 1977. コヴァレフスキー(布村一夫 譯), 「マルクスとの出會い」, 『歷史評論』, 209号, 1968.

—이토 나리히코(伊藤成彦)

코슈트 [Kossuth Lajos 1802-1894]

헝가리의 정치가, 1848년 혁명*의 지도자. 맑스와 엥겔스*는 동시대에 전개된 헝가리의 1848년 혁명에 공감하면서 주목하고 있었다. 엥겔스는 독일을 중심으로 한 문명관과 혁명이론에 따라 폴란드인을 제외한 슬라브계와 라틴계, 루마니아인의 '역사 없는 민족'에 반해 마자르인을 '역사적 민족'이라 하고, 1848년 혁명에서의 그 진보성과 혁명성을 강조했다. 코슈트는 프랑스 혁명*에서의 당통과 카르노를 한 몸에 겸비한 인물이라고 평가되고 있다. 1832년 신분제 의회의 의원이 되어 반정부 개혁파의 운동을 확산시켰지만, 소수민족의 요구에 대한 경시는 비판을 받게 되었다. 1848년 파리 2월 혁명*의 소식에 3월 3일 합스부르크 제국의 개혁을 요구하는 연설을 하원에서 행하며, 같은 달 15일에 페슈트에서 시작된 페테피 등 급진적 지식인들의 운동에 합류하여 3월 혁명*을 지도했다. 책임내각제, 시민적 자유, 농노해방 등을 담은 3월 법령의 작성에 기여하고, 보트야니 수상의 취임과 함께 첫 책임내각의 재무장관이 된다. 9월, 실권을 장악한 국방위원회 의장에 선출된다. 1849년 4월, 독립선언을 하고 임시 국가 원수, 집정에 선출되지만, 러시아 군의 간섭으로 혁명전쟁에서 패배하여 8월에 괴르게이에게 권력을 빼앗긴다. 망명지인 런던*에서 마치니* 등 각국의 망명자와 친분을 맺었다. 1850년대에 열강 간의 분쟁이 헝가리 독립운동에 유리하게 작용할 것으로 보고 나폴레옹 3세*에게 원조를 요구해 맑스의 비판을 받는다. 헝가리 혁명정부의 전 내무장관・수상인 세메레(Bertalan Szemere, 1812-1869) 등이 망명지에서의 코슈트의 정치활동에 관해 맑스에게 정보를 제공한다. 1862년, 코슈트는 헝가리와 인접 민족들의 공화제에 의한 도나우 연방 구상을 제의했다. ☞엥겔스, 마치니, 나폴레옹 3세

참 南塚信吾, 「ハンガリーにおける48年革命」, 良知力 編, 『共同研究・1848年革命』 수록, 大月書店, 1979. Frank Tibor, *Marx és Kossuth*, Budapest 1985.

—야마모토 아키요(山本明代)

코타 ⇨『아우크스부르거 알게마이네 차이퉁』

콩스탕 [Benjamin Constant de Rebecque 1767-1830]

스위스 태생의 프랑스의 정치가, 정치사상가, 작가. 대혁명과 그에 이어지는 정치적 격동의 시대에 재원인 스탈 부인과 파란만장한 관계를 유지하며, 정치적으로

는 이 시기의 대표적인 자유주의자 가운데 한 사람으로서, 문학적으로는 낭만주의자로서 살았다. 나폴레옹*의 독재에 대한 적의로 인해 스탈 부인과 함께 추방되었지만, 백일천하 때에는 정령(政令) 기초에 협력했다. 나폴레옹 몰락 후의 왕정복고기에는 자유주의 정당의 지도자가 되었다. 프랑스의 정치적 질서를 제한선거권에 기초하는 의회주의적 군주제로서 구상한다. 그것은 공포정치가 상기시키는 집단의 전제는 물론이거니와 나폴레옹 개인의 전제나 광신적 왕당파(울트라)가 꿈꾸는 낡은 전제의 부활에도 반대하는 것이었다. 문학적 개인주의는 개인*의 내면적 자유를 의미하는데, 그것은 그의 신체적 자유, 종교적 자유, 의견의 자유, 재산의 자유에 대한 정치적 주장(『정치학 원리』, 1815)으로 이어지며, 나아가서는 세이*가 주장하는 경제적 자유주의로도 이어져 있다.

고대에는 시민의 주권은 정치에 대한 직접적 참가에 의해 표현되었지만 근대에는 대의제에 의존할 수밖에 없다면서 재산에 기초하는 제한선거제를 주장한다. 영국을 모델로 한 왕권, 입법, 행정, 사법의 4권분립의 정치조직을 생각하고 있다. 맑스는 『브뤼메르 18일』*에서 세이와 기조*와 나란히 그를 부르주아적 이해의 정치적 대변자라고 하고 있는데, 여기서의 맑스의 관심이 고유한 의미에서의 정치이론보다는 정치적 행위의 사회적, 계급적 성격을 밝히는 데 있었음을 엿볼 수 있다. ☞『루이 보나파르트의 브뤼메르 18일』, 세이, 기조

㉾ 田中治男, 『フランス自由主義の生成と展開』, 東京大學出版會, 1970. ピエール・マナン(高橋誠・藤田勝次郎 譯),『自由主義の政治思想』, 新評論, 1995.

—노지 히로유키(野地洋行)

콩시데랑 [Prosper Victor Considérant 1808-93]

에콜 폴리테크니크 출신의 푸리에*의 제자. 푸리에파의 기관 에콜 소시에테르의 지도자. 16세 때 수험준비를 위해 브장송으로 이주했을 때 푸리에 사상의 세례를 받아 팔랑주 구상에 강하게 공감한다. 그 이후 푸리에 사상의 전파에 일생을 바쳤다. 스승 푸리에의 난해한 사상을 알기 쉽고 좀 더 합리적인 형태로 해설하는 일에 노력하여 『사회의 운명』(1834-38), 『푸리에의 팔랑스테르의 체계 개략』(1845) 등 수많은 저작을 세상에 내놓았다. 다른 한편 1836년에는 기관지 『팔랑주』를 창간했다(1843년 이후에는 『평화적 민주주의자』로 개명). 이를 계기로 푸리에주의 운동은 팔랑주 건설을 위한 자금 제공자를 마냥 기다리고만 있던 푸리에 시대로부터 보다 널리 국민들에게 호소해 가는 선전활동 단계로 크게 전환한다. 문필활동을 하는 한편으로 콩시데랑은 수도 파리*와 리옹 등 지방도시들, 나아가서는 벨기에에서 정력적으로 강연활동도 전개했다. 또한 1848년의 헌법제정의회, 49년의 입법의회 의원으로 선출되자 푸리에파의 강령인 노동권과 여성의 선거권 승인을 주장한다. 1849년 6월 13일에는 로마에 군대를 파견하는 데 대한 항의 데모에 참가하도록 산악파 의원과 함께 호소했다. 그러나 이 '평화적 봉기'는 정부군에 의해 곧바로 진압되며, 콩시데랑은 체포를 피해 몸을 숨긴 뒤 나중에 벨기에로 망명*한다. 1854년에는 미국으로 건너가 텍사스에 팔랑스테르를 건설하고자 했지만 실패했다. 오랜 망명생활 후에 1867년에 파리로 귀환한다. 1870년에는 평화주의를 주창하며 프로이센-프랑스 전쟁에 반대하고, 미국시민으로서 비스마르크*에게 화평을 호소하는 편지를 보냈다. 파리 코뮌*이 성립하자 이를 지지하고 티에르를 비판한다. 그러나 이번에는 정치무대에 오르기를 거부하고 문필활동에 전념했다. 만년에는 은둔했지만 향학심을 잃는 일 없이 콜레주 드 프랑스 등에 다니면서 젊은 동료들의 존경을 받으며 조용한 여생을 보냈다.

『공산당 선언』*(1848)에 힌트를 주었다고 말해지는 『사회주의의 원리—19세기 민주주의 선언』(1847)에서 콩시데랑은 스승 푸리에를 따르면서 프랑스 혁명*후의 문제를 정치문제로서가 아니라 오히려 사회・경제적 문제로 파악하고 노동권을 소유권과 동등하게 인정할 것을 요구했다. 구체제 하의 귀족적 봉건제에 비견되는 '산업적 봉건제'를 타파할 필요성을 강조했다. 그리고 자본*과 노동* 및 재능이라는 생산의 3요소

를 조화적으로 결부시키는 산업의 조직화를 제창했다. 이러한 조직화에 기초한, 계급대립을 넘어선 국민적 통일이야말로 민주주의*의 기초가 된다고 주장했다. 말할 것도 없이 민주주의 개념은 정치적인 것 일체를 거부한 스승 푸리에의 것이 아니다. 콩시데랑의 주장에는 이성*과 정념의 조화, 기독교*를 우애와 통일의 기초로 파악하는 생각 등, 스승과는 무관한 요소가 여럿 보인다. 그러나 거기서는 스승에 대한 불성실이라기보다는 산업혁명*의 진전과 더불어 격렬해지는 계급대립 속에서 국민적 통일을 꾀하고 푸리에의 이상이었던 풍요롭고 평화로운 산업사회를 건설하기 위해 진지하게 투쟁한 한 사람의 활동가의 발자취를 보아야 할 것이다. ☞푸리에

㉭ Victor Considérant, *Principes du socialisme, Manifeste de la démocratie au XIX siècle*, Paris 1847. Michel Vernus, *Victor Considérant 1808-1893, le cœur et la raison*, Dole 1993. Maurice Dommanget, *Victor Considérant, sa vie, son œuvre*, Paris 1929.

—시노하라 히로하루(篠原洋治)

콩트 [Isidore Auguste Marie François Xavier Comte 1798-1857]

실증주의, 사회학, 인류학의 창시자. 헤겔*과 함께 맑스의 역사이론 형성에 영향을 준다. 남프랑스 몽펠리에에서 태어나 파리*의 에콜 폴리테크니크(이공계학교)에서 공부한다. 생시몽*의 제자로 출발해 『산업』, 『조직자』를 생시몽과 공동 집필한다. 두 사람은 이들 저작에서 프랑스 혁명* 후의 사회혼란을 종식시키고 새로운 사회 시스템을 수립하기 위해 새로운 정신적 권력의 조직화 문제에 과감히 몰두한다. 콩트가 처음으로 독창성을 발휘한 논문은 1822년에 생시몽이 발행한 『사회계약에 대하여』에 수록된, 나중에 「계획」 논문으로 유명해지는 「사회 재조직에 필요한 과학적 작업의 취의서」이다. 여기서 콩트는 인간*의 인식은 그 발전에 있어 "신학적 혹은 가상적 단계, 형이상학적 혹은 추상적 단계, 과학적 혹은 실증적 단계를 순차적으로 통과해야만 한다"는 유명한 '3단계 법칙'을 제시했다. 2년 후에 콩트는 이 논문을 역시 생시몽과 공동 저술한 『산업자의 교리문답』의 제3분책에 「실증정치학 체계, 제1권 제1부」로 제목을 바꾸어 다시 수록하게 되는데, 이 출판을 둘러싸고 생시몽과 대립하면서 독자적인 길을 걸어가게 된다. 대립의 주요 원인은 '정신력 권력'의 성격을 둘러싸고 콩트가 합리적 · 과학적 능력을 중시한 데 반해, 생시몽은 감정적 · 종교적 능력을 중시한 데 있었다.

그러나 콩트도 초기에는 과학주의를 고집하고 있었으나 만년에 이르러서는 역시 감정의 종교*로 귀착하게 된다. 1851년에 『실증정치학 체계』에서 선언된 '인류교'(Religion de l'Humanité)는 그야말로 인간의 감정적 능력을 기초로 한 것이었다. 콩트는 『실증정신론』(1844)에서 통례적으로 '실증적'이라고 번역되고 있는 '포지티프'(positif)는 '현실적', '유용', '확실', '정확', '조직적', '상대적'이라는 6가지 의미를 지닌다고 하고 있지만, 이 가운데 '조직적'이라는 의미를 특히 중시하고 있었다. 그는 생시몽과 마찬가지로 사회가 조직적으로 되기 위한 감정의 역할에 주목하게 된다. 이런 의미에서 그의 실증주의는 감정의 종교와 전혀 모순되는 것이 아니었다. ☞생시몽

㉭ Henri Gouhier, *La Jeunesse d'Auguste Comte et la formation du positivisme*, t. Ⅰ-Ⅲ, Paris 1933-41. コント(霧生和夫 譯), 『社會再組織に必要な科學的作業のプラン』, 『實証精神論』, 中央公論社, 『世界の名著』 36, 1970. 同, (土屋文吾 譯), 『科學および科學者に關する哲學的考察』, 河出書房新社, 『世界大思想全集』, 社會 · 宗教 · 科學思想 編 9, 1960. 本田喜代治, 『コント研究—その生涯と學說』, 芝書店, 1935. 淸水幾太郎, 『オーギュスト · コント』, 岩波新書, 1978.

—나카무라 슈이치(中村秀一)

쾨펜 [Karl Friedrich Köppen 1808-63]

1830년대 후반에 베를린 대학에서 맑스와 함께 박사클럽*에 소속한 헤겔 좌파*의 일원. 급진적 사상가인 쾨펜은 1840년에 저작 『프리드리히 대왕과 그 적대자』를 간행하여 프로테스탄트 국가인 프로이센과 계몽사상가인 프리드리히 대왕을 칭송했지만, 그 근거는

반드시 정부쪽으로 기운 현실 긍정적인 것이 아니라 오히려 그 변혁을 격렬하게 요구하는 것이었다. “신들의 황혼이 다가오고 있다. 서광이 비치고 세찬 바람이 불고 있다. 그러나 여전히 잔뜩 찌푸린 검은 구름이 가득 바다 위에 드리워져 있다. 언제쯤 태양이 떠오르려나.” 급진적 사상가 집단의 리더였던 쾨펜은 1842년에는 『라인 신문』*에 기고하고 있었는데, 그 후에는 점차 동양사상, 특히 불교에 접근한다. 맑스는 1848년 혁명 후인 1855년 12월 14일자의 엥겔스에게 보내는 서간에서 “쾨펜은 근래 몇 년 동안 불교에 관한 한 책을 쓰고 있다”[28:373]라고 적고 있다. 그 저작은 『붓다의 종교와 그 성립』(1857), 『라마의 교계제와 교회』(1859)라는 2권의 책으로서 간행되었다. 맑스는 그와 같은 종교 연구에 전념하는 쾨펜과 평생 친교를 쌓았고, 1861년 5월 10일자의 엥겔스에게 보내는 서간에서는 그에 대해 다음과 같이 호의적으로 평가하고 있다. “베를린*에서는 프리드리히 쾨펜을 방문했네. 그는 예전의 그와 조금도 변함이 없더군”[30:135]. ☞헤겔 좌파

㊟ K. F. ケッペン(石川三義 譯),「フリードリヒ大王とその敵」(초록),『社會思想史の窓』, 第3号, 1984. 廣松涉,『青年マルクス論』, 未來社, 1971. H. Hirsch, “Karl Friedrich Köppen, der intimste Berliner Freund Marxens”, *International review for social history*, vol. 1, 1936.

—이시즈카 마사히데(石塚正英)

쾰른 [Köln; Cologne]

쾰른 공산주의자 재판* 때까지의 맑스파의 중심지. 1814년까지의 프랑스 관할 하에서는 행정과 재판의 분리, 법* 앞의 시민평등이 실시되고 있었다. 그 후 가톨릭의 영향이 커지고 프로이센에 의해 주(州) 수도에서 일개 도시로 격하되면서 법적 권리와 종교적 권리를 박탈당했다. 1837년의 쾰른 교회투쟁*이 그 상징이다. 이 투쟁은 프로테스탄트에 유리한 결혼제도에 반대한 대주교 클레멘스 드로스테를 프로이센 정부가 체포함으로써 쾰른 시민이 프로이센과의 대결 양상을 강화한 데서 시작되었다. 문제는 단순한 종교문제에서 국가권력과 지방권력의 대립이라는 문제로 발전한다. 『쾰른 신문』*은 가톨릭을 대표했고, 『라인 신문』은 지방권력을 대표하고 있었다. 원래 한자동맹 도시로서 발전한 쾰른은 상업의 중심지였으나 19세기 전반기에는 독일의 대표적 산업도시로 변모해간다. 쾰른 상공회의소를 중심으로 헤겔 좌파*가 결집하여 쾰른 대성당의 첨탑 건설(1844년), 노동자협회 설립(1847년), 지방의회 선거 등을 통해 쾰른의 프로이센 대항 의식은 강화되어간다. 1848년 혁명* 때에도 쾰른은 혁명*의 중심이 되어 『신라인 신문』*이 발간되고, 공산주의자동맹*의 본부가 설치되어 시의 자치를 위한 투쟁이 일어난다. 그러나 혁명의 실패, 나아가서는 1852년부터 시작되는 쾰른 공산주의자 체포와 재판으로 그 힘을 급속히 잃게 되고, 맑스파의 영향력도 상실된다. ☞『라인 신문』, 『신라인 신문』, 1848년 혁명, 공산주의자동맹, 『쾰른 신문』, 쾰른 교회투쟁, 쾰른 공산주의자 재판

㊟ H. Billstein/K. Obermann, *Marx in Köln*, Köln 1983. Historisches Archiv der Stadt Köln, *Karl Marx und Köln 1842-1852, Ausstellung zum 100, Todestag*, Köln 1983. A. Klein, *Köln im 19 Jahrhundert*, Köln 1983.

—마토바 아키히로(的場昭弘)

쾰른공산주의자 재판 —共産主義者裁判 [(독) Kommunistenprozeß zu Köln]

프로이센 당국이 공산주의자를 박멸하기 위해 꾸민 계략. 맑스는 『쾰른 공산주의자 재판의 진상』*(1853)[8:395-458]이라는 익명의 소책자에서 이 재판이 프로이센 정부의 모략임을 주장한다. 원래 사건은 노트융이 라이프치히*에서 체포된 데서 비롯되었다. 소책자에 따르면 비밀경찰 슈티버가 거기서 쾰른*의 공산주의자 주소록과 런던*의 공산주의자 자료를 손에 넣었다. 얼마 안 있어 뷔르거스, H. 베커*, 다니엘스 등이 체포되어 국가*에 대한 대역죄로 쾰른에서 재판받게 된다. 맑스는 쾰른의 공산주의자의 음모가 날조된 것

이라고 주장했을 뿐만 아니라 내친 김에 공산주의자동맹*에서 결렬되어 나간 샤퍼-빌리히파를 절멸시키고자 생각한다. 그런 의미에서 맑스의 소책자는 대단히 전략적인 의도를 갖고서 씌어졌던 것이다.

맑스는 샤퍼-빌리히파가 경찰과 짜고서 고의로 공산주의자동맹의 자료를 넘겼다고 서술함으로써 샤퍼-빌리히파에 대한 견제를 노렸다. 한편 8월에는 파리*에서 공산주의자의 음모가 발각되어 셰르처, 셰르발, 기펄리히가 체포된다. 맑스는 이것도 샤퍼-빌리히파의 자료에서 벌어진 일이라고 생각했다. 게다가 셰르발은 공산주의자동맹에 그를 소개한 인물이 맑스라고 증언했는데, 맑스는 이는 완전히 거짓이며 모두 샤퍼-빌리히 파의 음모라고 주장했다. 파리의 음모는 사실은 독일에서의 체포와 직접적인 관계가 있었던 것은 아니다. 파리 음모는 이미 4월의 쉼멜페니히의 가택수색에서 나온 얘기로 노트융의 체포보다 빠르다. 더구나 체포된 셰르발, 셰르처, 기펄리히도 음모에 대한 엄한 판결을 받지 않고 결국은 외국으로 추방되는 것으로 끝났다. 어떤 견해에 따르면, 파리의 음모는 프랑스 정부에 의한 위험한 독일인 추방의 일환이었을 가능성이 높다. 프랑스 정부는 1849년 말부터 프랑스에서의 독일인들의 활동을 철저하게 감시하고 있었다. 그리하여 맑스를 포함한 많은 독일인들이 프랑스에서 추방당하게 되지만, 런던에서도 프랑스 경찰의 감시는 계속되었다. 게다가 루게*, 르드뤼 롤랭*, 위고, 슈* 등이 관계한 유럽 민주중앙위원회도 감시를 받고 있었는데, 성가신 외국인들을 섬멸하려는 의도가 숨어 있었다.

그러나 맑스로서는 이러한 프랑스나 독일 경찰의 책략으로 음모의 주역이 될 수는 없었다. 애당초 음모 자체가 존재한 흔적은 없지만, 런던에서 혁명 소요를 선동한 샤퍼-빌리히가 그러한 계략에 걸려들 가능성은 있었다. 맑스는 공산주의자동맹에서 추방당한 그들에게 죄를 뒤집어씌우고 공산주의자동맹 자체의 무죄를 주장하지만, 결국 쾰른의 재판 판결에서는 대부분이 6-7년의 금고형을 선고받는다. ☞파리, 쾰른, 공산주의자동맹, 런던, 망명, 빌리히, 루게, 르드뤼 롤랭

㊟ K. Bittel, *Der Kommunistenprozeß zu Köln im Spiegel der zeitgenössischer Presse*, Berlin 1955. H. Billstein, "Der Kölner Kommunistenprozeß in Jahre 1852", in: *Das andere Köln*, Köln 1979. 的場昭弘, 『フランスの中のドイツ人』, 御茶の水書房, 1995.

―마토바 아키히로(的場昭弘)

『쾰른 공산주의자 재판의 진상―共産主義者裁判―眞相』

[*Enthüllungen über den Kommunisten-Prozeß zu Köln*, 1853]

1853년 초에 스위스의 바젤과 미국의 보스턴(『노이 엥글란드 차이퉁』)에서 발표된 쾰른 공산주의자 재판*에 대한 맑스의 비판서. 1850년 9월 15일에 런던*의 공산주의자동맹* 중앙위원회는 맑스파와 빌리히-샤퍼파로 분열되고, 맑스파는 자신들의 중앙위원회를 쾰른*으로 옮겼다. 51년 5월 10일에 쾰른 중앙위원회의 밀사인 페터 노트융이 라이프치히*에서 체포되고, 그 결과 경찰은 쾰른 중앙위원회 거의 모든 멤버를 체포했다. 재판은 오랫동안 연기되다가 1852년 10월에 겨우 시작되었다. 검찰 측 증인인 프로이센 경찰 참사관 빌헬름 슈티버가 '맑스파'의 '증거문서'를 수집했는데, 맑스는 『진상』에서 그 증거들은 맑스파와는 관계가 없으며, 빌리히-샤퍼파의 것이거나 혹은 빌리히-샤퍼파와 손잡은 경찰 스파이*의 조작이라고 주장했다. 이 책은 경찰의 스파이 활동이나 증거 날조를 고발함으로써 1848/49년 혁명 후의 경찰에 의한 주도면밀하고 집요한 반체제파 탄압 상황을 우리에게 알려준다. 또한 동시에 그것은 빌리히-샤퍼파와의 대립을 짙게 반영하고 있었다. 맑스의 노력에도 불구하고 재판에서는 11명의 피고인 중 7명이 장기 금고형이라는 판결을 받았다. 덧붙이자면, 맑스파 공산주의자동맹은 1852년 11월 17일, 맑스의 제의에 기초하여 해산했다. ☞쾰른 공산주의자 재판, 공산주의자동맹, 스파이{비밀경찰}, 빌리히

㊟ K. Bittel, *Der Kommunistenprozess zu Köln 1852 im Spiegel der zeitgenössischen Presse*, Berlin 1955.

―무라카미 슌스케(村上俊介)

쾰른 교회투쟁—教會鬪爭 [(독) Kölner Kirchenkonflikt]

1835년부터 1840년까지 이어지는 가톨릭교회와 프로이센 국가 간의 이종교간 결혼(가톨릭과 프로테스탄트)을 둘러싼 분쟁. 1815년의 빈 회의에서 프로이센이 새로이 라인 지방을 영토에 포함시킴으로써 가톨릭이 지배적인 라인 지방에 프로테스탄트의 프로이센 병사와 관리가 부임하게 된다. 1825년에 정부는 종파가 서로 다른 결혼에서 부친이 프로테스탄트인 경우에는 아이들도 프로테스탄트가 되어야 한다는 것을 법률로 규정했다. 가톨릭교회는 이에 저항하여 결혼을 교회에서 할 경우에는 아이들에게 가톨릭 교육을 받게 할 것을 조건으로 했다. 1835년에 쾰른 대주교로 교황지상주의자 드로스테가 선출되자 그는 이를 엄격하게 지킬 것을 지시한다. 프로이센 정부는 이에 맞서 1837년에 드로스테를 해임, 민덴 요새에 그를 구금하고, 트리어 주교에 대해서는 그 교구에 대한 출입을 금지하는 조처를 취했다. 39년에 드로스테의 구금은 완화되었다. 40년에 프리드리히 빌헬름 4세*가 왕위를 계승하고, 교회와의 화해를 바라는 새로운 왕에 의해 이종교간 결혼의 처리에 대해서는 해당 장소의 성직자 재량에 맡기게 되어 사실상 가톨릭교회 측에 국가*가 양보한 모양새가 되었다. 이 종교상 분쟁의 배경에는 라인 지방에 좀 더 반동적인 제도와 법률을 수반한 프로이센이 지배하는 데 대한 민중적인 반감이 있었다. 덧붙이자면, 국가와 가톨릭교회의 분쟁은 1871-87년 비스마르크 시기*의 '문화투쟁'에서 재연된다.

㊟ 成瀬治・山田欣吾・木村靖二 編,『世界歴史大系ドイツ史 2』, 山川出版社, 1996.

—마루카미 슌스케(村上俊介)

『쾰른 신문—新聞』 [*Die Kölnische Zeitung*, 1801-1945]

『라인 신문』*의 라이벌 신문. 1763년에 『쾰른 왕립중앙우편국신문』으로서 발간된 쾰른*의 대표적 신문으로 1801년 나폴레옹 통치하에서 『쾰른 신문』으로 개명. 1832년부터 일간지로 바뀌며, 1838년에 독일 최초로 연재 기사를 게재한다. 1805년에 두몽-샤우베르크(Dumont-Schauberg) 가문의 소유가 되며, 한때 프랑스 정부로부터 발행금지 처분을 받기도 했지만 1945년까지 이어진다. 이렇게 계속 발간할 수 있었던 것은 정치적으로 비교적 온건했기 때문이다. 본래는 가톨릭계의 보수적인 신문이었지만, 독자층은 자본가와 서민에 이르기까지 폭넓었다. 특히 쾰른 교회투쟁*에서는 가톨릭 측에 섰기 때문에 프로이센은 『쾰른 신문』에 대항하는 신문을 만들도록 획책했다. 1840년에 계획된 것은 『라이니셰 알게마이네 차이퉁』(*Rheinische Allgemeine Zeitung*)이었는데, 가톨릭의 끈질긴 저항으로 예약 구독자를 300명밖에 확보하지 못하여 계획은 파탄된다. 결국 최초의 대항 신문으로 등장한 것이 『라인 신문』이었다. 그러나 『쾰른 신문』의 구독자 수가 8,000명이었던 데 반해, 『라인 신문』은 1,000명 이하여서 열세를 뒤집을 수는 없었다. 『라인 신문』은 조금씩 구독자를 늘려 1,000명을 넘어서게 되지만, 1843년에 발매금지 처분을 받아 또다시 『쾰른 신문』의 독점이 시작된다. 그러나 『쾰른 신문』은 1845년에 브뤼게만이 편집장이 된 이후에는 자유주의*의 신문으로 바뀌었다.
☞『라인 신문』, 저널리즘

㊟ K. Buchheim, *Geschichte der Kölnischen Zeitung 1831-1850*, Köln 1930.

—마토바 아키히로(的場昭弘)

쿠겔만 [Ludwig Kugelmann 1830-1902]

맑스가 두터운 신뢰를 둔 활동가이자 의사로, 특히 제1인터내셔널에서의 맑스 등의 다수파 공작을 위해 분주히 뛰어다녔다. 맑스는 가끔 짬을 내서 쿠겔만에게 편지를 보내 건강이 생각 같지 않다는 등의 사적인 내용과 함께 종종 이론적・사상적으로 매우 탁월한 논의를 주고받았다. 예를 들면 1869년 11월 29일자 서간에서는 아일랜드 문제를 언급하여 아일랜드*의 분리야말로 영국 프롤레타리아트의 이익이 된다고 하고 있다[32:524-525]. 70년 2월 17일자 서간에서는 옛 게르만 공동체는 인도의 그것의 변형이라고 하고 있다[같은 책:535-537]. 나아가 71년 4월 12일자 서간에서는 "프랑스 혁명*의 다음 시도는 더 이상 지금까지와 같은 관료–군사기구를 한쪽 손에서 다른 쪽 손으로 옮기는 것이 아니라 이를 쳐부수는 것"이며, "이것이 대륙에서의 모든 참된 인민혁명의 전제조건입니다"[33:173-174]라고 하고 있다. 이러한 소견은 분명히 같은 해 3월에 탄생해서 5월까지 존속한 파리 코뮌*에 뒷받침되고 있었다. 쿠겔만은 제1인터내셔널 대회에서는 1867년의 로잔 대회와 1872년의 헤이그 대회에서 대의원을 맡아 다양한 결의에 참가했다. 특히 헤이그 대회에서는 하노버에서 온 맑스파의 주도권 장악에 협력했다. 그 결과 참석한 6명의 대의원 중에는 자격이 확실치 않은 인물도 포함되어 있었다. 『자본』* 제1권 프랑스어판 및 제2권 간행을 위한 작업으로 쫓기고 있던 맑스는 쿠겔만에게 기대하는 바가 컸다. ☞인터내셔널{국제노동자운동}

참 渡辺孝次, 『時計職人とマルクス—第1インターナショナルにおける連合主義と集權主義』, 同文館, 1994. M. Hundt, *Louis Kugelmann. Eine Biographie des Artzes und Freundes von K. Marx und F. Engels*, Berlin 1974.

—이시즈카 마사히데(石塚正英)

쿨만 [Georg Kuhlmann 1821-?]

『독일 이데올로기』* 제2권 '독일 사회주의—그 다양한 예언자들—의 비판'에 등장하는 사상가, 사회운동가. 홀슈타인 출신의 쿨만은 하이델베르크에서 대학 생활을 보낸 뒤 스위스의 취리히*로 건너가 거기서 의인동맹* 지도자 바이틀링*에게 접근한다. 그 사이에 시점이 언제인지는 확실치 않지만 오스트리아 정부 경찰의 스파이가 된다. 쿨만은 바이틀링에게는 무시당했지만 다른 의인동맹의 간부, 예를 들어 아우구스트 베커에게는 높이 평가받았다. 그의 이론은 일종의 천년왕국론으로, 수공업 직인 등 하층 노동대중에게는 인기를 누렸다. 쿨만의 저서 『신세계 혹은 지상에서의 영혼의 나라, 선포』(1845)는 그와 같은 직인들 앞에서 행한 강연 원고를 편집한 것이다. 그 내용은 맑스가 인정할 만한 것이 아니었고, 『독일 이데올로기』의 쿨만에 관한 장을 집필하는 데 관여한 모제스 헤스*, 바이데마이어*에 의해서도 비판받았다. 요컨대 "이미 시대에 뒤떨어진 사회주의*의 이론들을 가장 빈약하고 가장 엉성한 추상물로 환원하는 이 『신성한 영혼』이라는 책 속에는 그 어디에도 독창적인 사상이 하나도 없다. 심지어 형식이나 문체에서도 무엇 하나 독창적인 것이 없다. 성서의 신성한 문체는 이미 다른 사람들도 교묘하게 모방하고 있다. 이 점에서 쿨만은 라므네*를 모범으로 삼았다"[3:582]. 그러나 당시 직인이나 농민은 오히려 천년왕국론에 현실성을 느끼고 있었다. ☞바이틀링, 『독일 이데올로기』

참 石塚正英, 『三月前期の急進主義—青年ヘーゲル派と義人同盟に關する社會思想史的研究』, 長崎出版, 1983.

—이시즈카 마사히데(石塚正英)

크레디 모빌리에 [Crédit Mobilier]

제2제정이 시작되는 1852년에 생시몽주의자였던 유대인 은행가 페레르 형제가 창설한 동산신용은행(Société Générale du Crédit Mobilier). 6,000만 프랑의 자본금으로 발족한 뒤, 거액의 사채 발행을 자금원으로 삼아 프랑스 내외의 철도건설을 중심으로 운하 건설, 제철소 건설 등의 사업에 대한 적극적인 투자활동을 전개함으로써 산업기반의 확립에 커다란 공헌을 했다.

나폴레옹 3세* 자신이 '말 위의 생시몽'이라 불리었듯이 제2제정은 이를테면 생시몽주의*의 실험장이었는데, 바로 크레디 모빌리에도 페레르 형제가 생시몽주의의 이상을 신용 시스템의 측면에서 실현하고자 한 것이었다. 크레디 모빌리에는 단순한 주식투자은행으로서 구상된 것이 아니었다. 비록 실현될 수는 없었지만, 금을 바탕으로 한 태환은행권이 아니라 유럽 전역에서 유통되는 신용화폐를 발행하는 국제적인 발권은행을 목표로 하고 있었다. 즉 이 은행*은 생시몽파가 주창하는 '보편적 아소시아시옹'의 중핵으로서 구상되었던 것이다.

그러나 이 구상에 위기감을 느낀 기존의 오트 방크(haute banque, 고도금융)라 불리는 금융귀족과 그 수령,

로트실드(국제적 은행가 로스차일드의 파리 가문)의 격렬한 저항에 부딪쳤다. 정부에 대한 로트실드 등의 활동으로 크레디 모빌리에의 사채 발행은 극도로 제한되고, 점차 단순한 주식투자은행으로 폄하되고 있었다. 창설된 지 15년이 지난 1867년, 직접적으로는 마르세유에서의 종합개발사업의 실패가 원인이 되어 도산하게 된다. 비록 단명으로 끝나기는 했으나 지도자 페레르 형제의 금융이론의 참신함, 국제적 규모에서의 활동범위의 넓이, 발기한 기업의 숫자와 투하자본량의 방대함, 산업금융에서의 주식*・사채 발행의 유효성을 밝힌 공적으로 크레디 모빌리에는 유럽 금융사에서 특별한 영향력을 가졌다.

덧붙이자면, 맑스는『뉴욕 데일리 트리뷴』*에「프랑스의 크레디 모빌리에」라는 논설을 6회에 걸쳐 게재했으며, 또한『정치경제학 비판을 위하여』*에도 언급이 있다. ☞생시몽주의, 제2제정기의 프랑스

㊟ 次田健作,「クレディ・モビリエ研究の一視覺(上)」,『大阪大學經濟學』, 24卷 4号, 1975. 同,「クレディ・モビリエ」, 原輝史 編,『フランス經營史』수록, 有斐閣双書, 1980. 中川洋一郎,「クレディ・モビリエの成立―金本位制への挑戰とアソシアシオン」,『思想』, 645号, 1978. 同,「クレディ・モビリエの展開」, 岡田与好 編,『十九世紀の諸改革』수록, 木鐸社, 1979.

—나카무라 슈이치(中村秀一)

크로이츠나흐 [Kreuznach]

나에 강변에 있는 온천지. 칼 맑스와 예니 베스트팔렌은 1843년 6월 19일, 이곳에 있는 파울스 교회에서 결혼했다. 예니는 1842년부터 모친 카롤리네와 함께 이곳에서 요양을 하고 있었는데, 맑스는『라인 신문』*의 편집 일을 하는 한편, 몇 차례 이곳을 방문했다. 베를린*에서 알게 된 베티나 폰 아르님*이 1843년 5월에 방문했을 때는 근교인 라인그라펜슈타인까지 안내하기도 했다. ☞맑스의 요양, 맑스(예니), 베스트팔렌 가

㊟ H. Monz, "Bettina von Arnim und Karl Marx in Bad Kreuznach", in: *Internationales Jahrbuch der Bettina-von-Arnim-Gesellschaft*, Bd. 2, 1988.

—마토바 아키히로(的場昭弘)

크리게 [Hermann Kriege 1820-50]

1848년을 전후한 뉴욕*에서 미국에 거주하는 독일인 노동자・농민의 사회개혁운동을 지도한 독일인 사상가이자 노동운동 지도자. 베스트팔렌 출신인 크리게는 독일에서 L. 포이어바흐*와 그 밖의 헤겔 좌파 사상을 공부하고, 1845년 런던*으로 건너간 뒤에는 그곳에 존재했던 의인동맹*에 가입하여 바이틀링*의 사상과 인품에 매료되었다. 그 후 같은 해에 뉴욕으로 건너가 그곳에서 의인동맹의 미국 지부 설립에 분주히 뛰어다니며, 독일 청년-아메리카 게마인데(Deutsche Jung-Amerika Gemeinde)라고 하는 비밀결사* 및 사회개혁협회(Sozialreformassoziation)라고 불리는 공적인 대중단체를 설립했다. 그런데 크리게는 뉴욕에서 단순히 재미 독일인 노동자를 지도하는 일뿐만 아니라 더 나아가 미국 태생의 민주주의자와 협력하기 위해 전국개혁협회(National Reformassociation), 통칭 내셔널 리포머(National Reformer)에 접근했다. 그러나 이 단체는 예를 들면 맑스가「크리게에 반대하는 회람」(1846)[4:3]과「도덕적 비판과 비판적 도덕」(1847)[같은 책:360]에서 예상하고 있었던 바와 같은 공산주의적인 것이 아니라 노동자의 지배권 수립 등을 목표로 삼지 않고 소유*의 평등*을 기반으로 한 경제적 민주주의 사회를 이상으로 하고 있었다. 크리게는 우선 이와 같은 미국적 개혁운동과 제휴하여 이 운동에 참가하는 평등주의적인 노동자를 지도할 생각이었다. ☞미국 이민, 미국의 노동자운동, 바이틀링

㊟ 良知力,『マルクスと批判者群像』, 平凡社, 1971. 石塚正英,『ヴァイトリングのファナティシズム』, 長崎出版, 1985.

—이시즈카 마사히데(石塚正英)

크리미아 전쟁—戰爭 [(독) Krimkrieg]

터키령이었던 성지 예루살렘의 관리권을 요구하는 러시아가 1853년에 일으킨 터키와의 전쟁으로, 맑스가

거기서 표트르 1세(재위 1682-1725년)가 구축한 제국 러시아의 국위쇠퇴의 조짐을 느낀 사건. 개전 당시 몰다비아, 왈라키아 지방을 점령해 기세를 올린 러시아는 이듬해 터키 측에서 참전한 영국과 프랑스의 공격을 받게 되고, 다음 55년에 참전한 사르디니아로부터도 공격을 받아 패배했다. 이 전쟁은 이미 산업혁명*을 거쳐 증기선과 그 밖의 근대적인 군비를 갖춘 영국과 프랑스군의 힘을 보여준 것이었다. 맑스는 그의 논설 「동방전쟁」에서 "만사는 유럽의 해군국이 단호하고 강력한 행동을 취하는 데 달려 있다"[10:24]라며 러시아의 패배를 환영했다. 나아가서는 격전지 "인케르만은 러시아가 표트르 대제 이래로 이루어온 저 온실적인 발전이 쇠퇴의 길로 들어섰다는 거의 확실한 징후로도 보인다"[「크리미아 전쟁 회고」, 같은 책:600]라고 논평했다. 1848-49년의 혁명*에서 노동자 계급에게 엄청난 타격을 준 프랑스 정부에 대해 맑스는 단호한 군사행동을 기대하고 있다. 한편으로 선진자본주의 국가가 더욱더 강대해짐으로써 그들 국가에서 다음 혁명*의 담당자인 프롤레타리아트가 서서히 강력해져 간다고 생각하는 맑스는, 다른 한편으로 그동안 강대한 전제국가로 존속해온 러시아의 쇠퇴에서 동구·러시아 여러 민족들의 독립운동이 활성화되기를 기대했던 것이다. ☞러시아-터키 전쟁

참 山之內靖, 『マルクス・エンゲルスの世界史像』, 未來社, 1969.

—이시즈카 마사히데(石塚正英)

클라이스트 [Heinrich von Kleist 1777-1811]

독일의 극작가. 오데르 강변의 프랑크푸르트에서 프로이센 군인귀족 가계에서 태어나며, 그 자신도 군속. 칸트*의 불가지론에 결정적인 영향을 받으며, 몇 차례 정신적인 위기를 맞이하고, 최후에는 베를린 교외에서 유부녀와 권총으로 동반 자살한다. 현대적인 소외감에 시달려 당시로서는 특이했던 작법은 항상 무이해와 오해를 불러일으켰다. 대표작은 『홈부르크 공자』, 『헤르만의 싸움』 등이 있다. 그 밖에도 『미하엘 콜하스』와 『O 후작 부인』 등의 단편소설도 수작이다. ☞고전주의 문학[독일], 낭만파

—다카기 후미오(高木文夫)

킨켈[1] [Gottfried Kinkel 1815-82]

1849년 5-7월의 바덴·팔츠 봉기*에 참가한 시인이자 저널리스트. 본* 근교의 오버카셀에서 프로테스탄트 목사의 아들로 태어난다. 1831-35년 본, 베를린 대학에서 공부하고, 37년 본 대학 신학부 강사가 된다. 39년, 서적상 부인으로 음악과 문학에 재능이 있는 요한나*와 알게 되고, 이듬해 그녀와 시인협회 '풍뎅이'를 만든다. 페르디난트 프라일리그라트*와도 친분을 맺는다. 43년, 『시집』을 발표하여 세상에 알려진다. 요한나는 이혼하고, 43년 킨켈과 결혼한다. 이혼한 가톨릭교도 부인과의 결혼으로 킨켈은 강사직을 잃게 되지만, 새롭게 본 대학 철학부 교원자격을 취득하여 46년 본 대학에서 예술·문학사 조교수가 된다. 또한 『본 신문』의 편집인으로서 민주주의 운동에 관여하게 되고, 1848/49년 혁명에서는 프로이센 하원의 의원으로서 베를린*에서 활동한다. 의회 해산 후에는 49년 5월에 친구인 칼 슈르츠*와 함께 라인-팔츠의 혁명 임시정부에 참여하고, 이어지는 바덴 봉기에서는 의용병으로 싸우는데, 최후의 결전 장소인 무르크 강변 전투에서 부상당하여 체포된다. 종신금고형을 받아 슈판다우 형무소에 복역 중, 1850년에 칼 슈르츠의 도움으로 탈주에 성공한다. 런던*으로 도망쳐 독일어 강사를 하면서, 또한 저널리스트로서 망명자 서클에서 정치활동을 계속했다. 런던 체류 중이던 58년의 부인의 죽음으로 60년에 쾨니히스베르크 출신의 민나와 재혼한다. 1866년 취리히 고등공업학교의 고고학과 예술·문학사 교수로서 스위스로 건너가 거기서 사망한다. ☞바덴 봉기, 『망명자 위인전』

참 マルクス, 「亡命者偉人傳」, 『マルクス・エンゲルス全集』(第8卷) 수록, 大月書店, 1962. *Neue Deutsche Biographie*, Bd. 11., Berlin. R. Sender, *Gottfried Kinkels Selbstbiographie*, Bonn 1931.

—무라카미 슌스케(村上俊介)

킨켈[2] [Johanna Kinkel 1810–58]

킨켈[1]*의 부인. 남편 킨켈의 명성을 높이는 슈판다우 감옥으로부터의 구출을 C. 슈르츠*에게 요청한 것은 그녀였다. 그 일로 킨켈 부부는 런던*의 망명자 중에서도 스타와 같은 존재가 되었다. 두 사람의 행동은 런던의 독일인 망명자들 사이의 소문거리가 되었는데, 요한나는 킨켈의 외도벽에 고민하다가 결국 자택에서 뛰어내려 자살하기에 이른다. 그녀가 쓴 『한스 이벨스』(1860)(킨켈이 편집한 『헤르만』[*Hermann, Londonerzeitung*, 1859-71]에 연재되었다)는 런던의 독일인 망명자의 상황을 그린 작품으로 망명자의 굴절된 모습이 묘사되어 있다. ☞킨켈[1](고트프리트), 망명, 런던

참 R. アシュトン(的場昭弘 監譯),『小さなドイツ』, 御茶の水書房, 2000. J. Kinkel, *Hans Ibels*, Stuttgart 1860.

—마토바 아키히로(的場昭弘)

ㅌ

『텔레그라프 퓌어 도이칠란트』 [*Telegraph für Deutschland*, 1837-48]

청년독일파*의 지도적 인물 칼 구츠코가 창간한 잡지. 1837년에는 프랑크푸르트 암 마인에서, 38년부터 48년까지는 함부르크*에서 출판되었다. 구츠코는 43년까지 편집자로 일하며, 잡지의 경향도 청년독일파에 의해 규정되고 있다. 엥겔스*는 이 잡지에 39년 3월과 4월에 「부퍼탈 통신」*을, A. 루게*는 44년 말과 45년 초에 걸쳐 「일개 애국자들」을 기고했다. ☞청년독일파

—무라카미 슌스케(村上俊介)

토마스 아퀴나스 [Thomas Aquinas 1225-74]

중세 기독교 신학의 집대성자. 13세기 초두에 설립된 양대 탁발수도회의 하나인 도미니크회에 소속했다. 이 수도회는 프란체스코회와 더불어 서유럽에 국제상업권이 성립된 13세기 이후 도시*의 수공업자들을 주된 기반으로 하여 발전했다. 토마스는 불합리하기 때문에 나는 믿는다고 하는 아우구스티누스주의와 이데아론에 기초하는 플라톤주의에 의해 정비되어온 계시신학에 현실적이고 이성주의적인 경향 탓에 무신론*의 색채가 강하고 위험사상으로 간주되고 있던 아리스토텔레스 철학을 교묘하게 접합시켰다. 인식론적인 실재론과 신학*의 진리와 철학*의 진리는 최종적으로 일치한다는 이중진리설에 토마스의 신학사상의 특색이 집약되어 있다. 오컴에 의한 이성*과 계시의 분리를 준비했다고도 말할 수 있다. 당시 토마스는 혁신자라 불리며 교회의 보수층으로부터 위험시되는 경우도 있었지만, 이후 그의 사상은 현대에 이르기까지 토마스주의로서 가톨릭 신학의 근간을 형성해왔다.

사회이론으로서는 노동가치론*이야말로 토마스의 교의를 이어받는 것인데, 맑스를 최후의 스콜라 철학자라고 말한 토니[『종교와 자본주의의 융흥』]의 평가가 내용 이해의 실마리가 된다. 토마스는 주저 『신학대전』에서 『자본』*의 가치형태론에서도 언급되고 있는 아리스토텔레스*의 『니코마코스 윤리학』의 공동체*에서의 재화의 분배에 대한 특수적 정의론(正義論)에 의거하면서 상업적 교역에서의 공정가격(justum pretium)론을 제시하고 있다. 토마스는 상업을 조건을 붙여 정당화한 다음, 원재료비+노고에 대한 보수+그 밖의 비용(운송비, 위험부담, 가격변동분)+절도 있는 이익을 공정가격의 구성부분으로 보고 이 가격*에 따른 등가교환을 교환적 정의의 실현으로 간주했다.

이러한 논의는 다음의 3가지 특색을 갖는다. 첫째로 목적론에 입각한 분배적 정의가 아니라 형식적・실정적 규칙으로서의 교환적 정의만을 가지고서 통상적인 경제활동 원리로 삼은 점. 둘째로 재화가 어떤 척도에 따라 등가교환되는 것만이 정의의 요건인 까닭에 토마스의 논의에서는 경제거래의 장면에 나타나는 당사자가 신분이나 인격적 종차를 묻지 않는, 단지 욕구*를 지닌 추상적 개인으로서 파악될 수 있다는 점. 셋째로 선행자인 알베르투스 마그누스를 계승하여 재화의 가치를 공급 측의 사정인 노동*과 비용으로 환원한 점. 이것들은 중세의 신분제적인 직분사회 변호론의 대표자로 간주되는 경향이 있는 토마스가 실은 사회 파악・인간 파악의 관점에서 혁신성과 근대성을 지니고 있음을 보여주고 있다. 특히 노동이 등가적인 교환

계약을 매개로 정의 개념에 결부되어 있다는 점은 정의에 반하는 부등노동량 교환으로서의 착취*라는 맑스적 파악의 선구로 간주할 수 있다. 또한 분석의 기점인 욕구를 지닌 주체로서의 현실적 개인이라는 개념은 포이어바흐*를 경유해서 맑스에게 계승되었다. 이러한 귀납적인 현실 중시의 자세의 기원이 정의 개념의 경우와 마찬가지로 아리스토텔레스에 있다는 것은 말할 것도 없다. ☞아리스토텔레스

圖 上田辰之助,『トマス・アクィナス研究 上田辰之助著作集 2』, みすず書房, 1987. トマス・アクィナス,『神學大全』, 創文社, 1960-. 有江大介,「トマス・アクィナスの交換的正義と公正價格」,『勞働と正義』 수록, 創風社, 1990.

—아리에 다이스케(有江大介)

대한 위기의식이 미국에서의 경험에 비추어서 평등사회 자체의 빛과 그늘이 예감되고 있다. 그의 '데모크라시'란 정치제도뿐만 아니라 사회제도나 정신상황을 의미하기도 한다. 평등화는 한편으로 다수자의 전제와 중앙집권화를, 다른 한편으로는 동질화된 개인*의 자발적 예종(隷從)을 낳는다고 주장되며, 그 분석의 시야는 현대의 대중사회에 미치고 있다. ☞『루이 보나파르트의 브뤼메르 18일』

圖 中谷猛,『トクヴィルとデモクラシー』, 御茶の水書房, 1974. 松本礼二,『トクヴィル研究—家族・宗教・國家とデモクラシー』, 東京大學出版會, 1991.

—노지 히로유키(野地洋行)

토크빌 [Charles Alexis Clérel de Tocqueville 1805-59]

귀족 출신의 프랑스의 정치학자, 정치가, 역사학자. 제정기로부터 왕정복고, 7월 왕정, 제2공화제, 제2제정이라는 격동의 시대를 살았다. 7월 왕정 정부의 위임을 받아 미국의 행형제도의 조사 여행을 떠나며, 그 성과인 『미국의 민주주의』 두 권(1835・40)이 유럽적 명성을 가져다주었다. 7월 왕정 하에서 대의원이 되어 정계에 들어가며, 2월 혁명* 후에도 의원이 되고, 49년에는 대통령 루이 나폴레옹* 밑에서 오딜롱 바로 내각의 외무장관이 된다. 51년 12월 2월의 나폴레옹의 쿠데타 때 체포되어 정계에서 물러나 연구에 전념한다. 『구체제와 혁명』(1856)도 반향을 불러일으켰다. 『회상록』은 2월 혁명의 동시대의 기록으로서 알려져 있다. 저작에서 보이는 투철한 지성과 통찰에 비해 정치가로서의 모습은 그리 눈부신 것이 아니다. 맑스가 직접 그를 언급하는 경우는 적지만, 『브뤼메르 18일』*에서 수상 바로와 자유주의자는 2월 혁명의 성과를 제정에 빼앗기는 피에로 모습으로 묘사되고 있다. 토크빌은 역사를 평등*의 부단한 진전으로 보고 이 평등화의 발걸음은 신구 대륙을 불문하고 보편적이고 영속적인 신의 의지*이며 왕도 부르주아도 멈출 수 없다고 말한다. 마치 서로 맞대어진 거울처럼 프랑스의 정치적 상태에

통계자료 統計資料

맑스가 이용한 통계자료는 17-18세기 이래의 서구의 통계학・통계조사의 발달에 따른 성과다. 그는 1851년에 사회통계학의 정초자인 A. 케틀레*의 『인간에 대하여』를 로버트 녹스의 영어 번역본으로 읽었다. 케틀레는 거기서 사회현상의 통계적 집계는 일정한 법칙성(주기적 회귀와 주기적 평균수)을 보여준다는 것을 풍부한 통계 데이터로 실증함으로써 맑스에게 강한 인상과 영향을 주었다. 맑스가 정치경제학 비판*에서 행한 것은, 단적으로 말하자면 그 자신이 서간에서 말하고 있듯이[쿠겔만에게 보내는 서간(1869. 3. 3), 32:490], 케틀레의 통계학적인 사회현상 분석에 경제학적 근거를 부여하는 것이었다.

산업혁명*에 자극을 받아 과학기술에 관한 사람들의 지적 호기심이 확산되어가는 것에 부응하여 1831년에 설립된 영국 과학진흥협회(British Association for the Advancement of Science)에서는 그 협회의 창설자 중 한 사람인 배비지*가 케틀레의 자살과 범죄에 관한 통계학적 분석(『인간에 대하여』 등)에 자극을 받아 1833년에 통계부회를 설치했다. 그것이 계기가 되어 같은 해 맨체스터*와 런던*에 통계학회가 생겼다. 1838년에 『런던 통계협회연보』(*Journal of the Statistical Society of London*)가 창간되었다. 맑스는 1857-58년에

『정치경제학 비판 요강』*에서 자본*의 일반적 본질을 분석한 뒤, 1860년대에 들어서서 본격적으로 통계자료를 수집해 활용하게 되었다. 그것은 「1861-63년 초고」의 기계론에 기록되어 있다.

거기서 맑스는 다양한 통계자료를 인용하고 있는데, 그 중에서도 『공장』, 『공장 감독관 보고서』, 『연합왕국 통계요람』에 의해 영국 공업의 생산의 집적, 에너지의 집약적 이용, 노동력의 효율적 이용의 실태를 분석하고 있다. 『자본』*(제1권)에서는 그러한 통계자료들과 함께 『공중위생 보고서』, 『아동노동조사위원회 보고서』, 『잉글랜드와 웨일즈의 국세조사(1861년)』, 『농업통계(아일랜드)』 등으로부터 상세한 인용을 하고 있다. 그 중에서도 『아동노동조사위원회 보고서』로부터는 합계 59회의 인용을 행한다. 그 인용문헌에 기록된 당시의 아동 노동자의 노동*과 생활의 비참함에 독자들은 강렬한 인상을 받게 된다. 『자본』(제1권)에서 통계자료의 활용이 집중적으로 이루어지고 있는 것은 '제13장 기계와 대공업'과 '제23장 자본주의적 축적의 일반법칙'이다. 전자에서는 예를 들어 『공중위생 보고서』를 활용하면서 영국 공업노동자들 사이에 아편 소비가 침투하고 있는 실태를 지적하며 "인도나 중국이 어떤 보복을 하고 있는지를 알 수 있다"[23a:521]고 말하고 있다. 나아가 『연합왕국 통계요람』을 이용하여 영국의 면공업*을 중심으로 하는 섬유공업의 수출이 급속하게 증가하고 있는 실태와 남북전쟁*이 자극이 되어 가속된 기계 개량의 실태를 보여준다. 또한 『국세조사』에 의거해 당시 영국의 유산계급에게 봉사하는 하인계급 121만 명은 당시 영국의 전략산업인 면공업 노동자 64만 명의 2배에 가깝고, 이러한 방대한 비생산적 노동자는 대공업의 생산력이 지탱하고 있다고 지적한다. 『곡물・곡립・곡분 보고서』(1867)를 근거로 해서는 영국이 원료・곡물의 수입, 공업제품의 수출에서 세계시장*에 크게 의존하고 있는 실태를 보여주고 있다. 제23장에서는 다양한 통계자료에 의해 1846-66년의 영국의 인구*・소득*・광공업 생산을 개관하고, 이어서 노동자계급의 생활상태, 이민*, 농업 프롤레타리아트, 아일랜드*의 빈곤상태 등을 생생하게 묘사하고 있다. 이와 같은 영국 자본주의* 현실의 상세한 묘사는 맑스 시대까지 작성된 통계자료가 있었기에 가능했다. 맑스는 부르주아 통계자료의 진수를 적출하여 그것들이 자본주의*의 현실에 대해 자연스럽게 말해주는 것을 기술하는 방법을 취한 것이다. ☞케틀레, 영국 자본주의

㊟ ケトレ(平貞藏・山村喬 譯), 『人間に就いて』, 2分冊, 岩波書店, 1939-40. Jack Morrell/Arnold Thackray, *Gentlemen of Science; Early Years of the British Association for the Advancement of Science*, Oxford University Press 1981.

—우치다 히로시(內田 弘)

통신 通信 ⇨**교통/통신**

튀르고 [Anne-Robert-Jacques Turgot 1727-81]

중농주의의 가장 뛰어난 이론가 중 한 사람. 또한 리모주 지사로서, 나중에는 루이 16세의 재무장관으로서 그 이론을 정치무대에서 실천하고자 했다. 튀르고는 처음에는 구르네의 영향 하에 있었지만 구르네의 사후에는 중농학파 진영의 유력한 일원으로서 이 학파의 이론적, 실천적 활동을 담당했다. 주저 『부의 형성과 분배에 관한 고찰』(1766년 집필, 69-70년에 공표)에서 제시된 그의 이론적 공헌은 주로 케네*의 자본이론을 일반화해 축적론의 문을 열었다는 데 있다. 맑스 또한 농업노동에 의한 잉여가치*의 생산을 인정한 케네의 잉여가치설을 발전시켰다는 점에서 튀르고의 공헌을 높이 평가했다. 케네는 투하자본은 토지생산력과의 협동*이 가능한 농업부문에서만 잉여를 산출한다고 주장했지만, 튀르고는 어떤 부문이든 기업가는 자본*의 회수분을 상회하는 이윤*을 획득하고 자본의 형성은 여러 계급의 기업가에 의한 이 이윤의 절약(축적)에 의해 가능해진다고 생각했다. 여기서 말하는 기업가 이윤은 동일한 자본을 토지의 구입에 사용하면 획득할 수 있었을 이익과 리스크 부담 등에 대한 기업가의 경영적 이득의 합계이다. 그러나 튀르고는 다른 한편

으로 중농주의 체계의 논리를 유지하려고 했기 때문에 그의 자본이론은 그 논리와의 모순을 잉태하고 있었다. 그것은 중농주의의 체계적 틀을 극한으로까지 넓혀 그 한계점에서 사실상 그 틀을 기초에서부터 붕괴시키는 것이었다. 가치론에서는 나중에 갈리아니*나 그라슬랭의 영향으로 효용가치설을 전개한 것이 주목받고 있다. 튀르고가 지향한 곡물거래의 자유화, 부역의 폐지 등 봉건적 유제에 대한 '위로부터의' 급진적인 개혁의 좌절과 그의 실각(1776년)은 혁명*으로의 길을 암시하는 동시에 중농주의의 종언의 시작을 상징적으로 알리고 있다. ☞케네, 자본축적

참 津田內匠, 「解題—チュルゴの經濟思想形成に卽して」, (津田內匠 譯), 『チュルゴ經濟學著作集』 수록, 岩波書店, 1963. C. Bordes/J. Morange (éd.), *Turgot, Économiste et Administrateur*, Limoges 1982.

—요네다 쇼헤이(米田昇平)

트리스탕 [Flora Tristan 1803-44]

프랑스의 19세기 전반기 여성 및 노동자 해방운동의 선구자로, 화가 폴 고갱의 조모. 페루 출신의 대귀족 마리아노 데 트리스탕과 프랑스인 여성 테레즈 레네 사이에서 1803년 파리*에서 태어난다. 1807년 아버지 마리아노가 병으로 갑자기 사망했기 때문에 플로라에게 있어 아무런 부족함이 없는 행복한 시절은 불과 3살까지였고 그 이후 어머니와 딸 플로라 두 사람은 극도로 가난하고 형용할 수 없는 비참한 생활을 보낼 수밖에 없게 된다. 1821년 플로라는 18세 나이로 채색공으로 일하고 있던 화방 주인과 결혼하지만 남편의 성격 파탄으로 그 결혼생활도 불과 4년 만에 끝나게 된다. 남편과 장남을 남기고 딸을 데리고 가출해 때로는 영국인 가정의 가정부, 때로는 과자가게의 점원과 같이 다양한 직업을 전전한다. 이러한 역경에 처해 있으면서도—아니 오히려 그렇기 때문에 더 왕성했을지도 모르는—지식 습득에 대한 의욕을 잃지 않고 독학으로 철학*과 문학, 사회사상 등을 익혀 나갔다. 그녀의 운명을 결정지은 것은 당시 파리의 젊은이들을 매료시키고 있던 생시몽주의* 사상, 이단의 유토피아주의자, 샤를 푸리에*의 변혁사상, 로버트 오언*의 뉴하모니 구상에 접하게 된 일이다. 이리하여 당시의 다양한 사회개혁사상을 영양원으로 삼으면서 나중의 독자적인 '노동자연합' 구상으로 이어지는 사회사상을 만들어 나갔다.

그러나 그녀가 이러한 사상가들과 크게 다른 점은 당파적인 입장에 서지 않는 냉정한 현실 관찰과 그 분석력, 그렇게 해서 획득한 '노동자연합'에 관한 구상을 즉각적으로 실천으로 옮겨야만 한다는 강고한 사명감에 있을 것이다. 걸핏하면 동시대의 사상가들로부터 비판받고 야유를 받기도 한 정열적인 실천력은 차치하더라도 후대인들로부터 높이 평가받는 점은 당파성을 배제한 냉정한 그녀의 사회 관찰력에 있다. 그러한 능력을 그녀에게 가져다준 것은 남편과의 별거로부터 보르도에서 사망할 때까지 거의 평생에 걸쳐 끊임없이 시도한 수많은 여행이었다. 그 성과는 무엇보다도 우선 당시의 프랑스 여성 가운데 그 누구도 시도한 적이 없었던 거친 남자들 사이에 섞여 아버지의 조국 남미 페루로 떠난 여행과 거기서의 1년여에 걸친 체류와 그 경험을 엮은 『어느 파리아의 편력』(1838)에 드러나 있다. 이어서 네 번에 걸친 영국행과 수도 런던*의 호화주택가로부터 빈민굴까지 골고루 관찰하며 둘러본 르포르타주 『런던 산책』(1840)이 제시되고, 마지막으로 여성의 해방*과 노동자계급의 조직과 단결을 외치는 주저 『노동자연합』*(1843)을 손에 들고 프랑스 지방의 각 도시들을 돌아다니며 다양한 노동자계층과 집회를 개최하면서 선전활동에 전념했을 때의 여행일기 『프랑스 일주』로 실현되어 있다. 프로파간다의 색채가 농후한 『노동자연합』은 차치하더라도 이 세 작품에 공통적으로 드러나는 작자의 강한 의사는 단지 지배계급의 욕심, 기만, 위선을 고발하고 있을 뿐만 아니라 바로 그 노동자계급이 내부에 안고 있는 편협한 당파성이나 타락한 일상생활을 극복하지 못하는 한 그들의 참된 해방은 도래하지 않을 것이라는 예언에서 분명히 드러나 있다. 맑스와 엥겔스*가 그녀를 당시의 진보적인 사회주의자의 한 사람으로 평가한 것도 바로

그녀의 일관된 이러한 자세 때문일 것이다. ☞『노동자 연합』

참 ジャン・カスー(野澤協 監譯),『1848年二月革命の精神史』, 法政大學出版局, 1979. 黑木義典,『フロラ・トリスタン』, 青山社, 1980. フロラ・トリスタン(小杉隆芳・浜本正文 譯),『ロンドン散策』, 法政大學出版局, 1987.

—고스기 다카요시(小杉隆芳)

트리어 [Trier; Treves]

맑스가 태어난 라인 강 좌안의 도시*. 트리어는 독일에서 가장 오래된 도시의 하나다. 당시 트리어는 프로이센에 속했지만, 18세기까지는 독립된 선정후국(選定侯國)이었다. 프랑스 혁명* 발발과 동시에 라인 좌안의 가톨릭 지역에 프랑스에서 망명해온 이들이 피난하여 반혁명군을 조직했기 때문에 프랑스 혁명군은 라인 좌안의 트리어를 1794년에 점령한다. 이리하여 프랑스화가 시작된다. 프랑스에 병합됨으로써 트리어에서는 시민의 자유*가 확보되었다.

그러나 1815년 나폴레옹군의 패배 후 트리어는 프로이센에 병합된다. 프로이센에 병합됨으로써 그때까지의 프랑스의 제도는 폐지되고 시민의 권리도 상실된다. 맑스가 태어난 것은 그로부터 3년 뒤인 1818년의 일이었다. 맑스의 유년 시절에 트리어 시민들의 과제는 프랑스에서 달성된 자유를 되찾는 것, 프로이센의 종교인 프로테스탄트로부터 가톨릭을 지키는 것이었다. 트리어 시민들은 프로이센에 병합되기보다는 같은 가톨릭인 오스트리아나 바이에른에 병합되기를 바랄 정도였다. 프로이센은 구프랑스 하의 지역에 대해 상당히 차별적인 대우를 했는데, 그 점이 한층 더 시민들을 반프로이센적으로 만들고 있었다. 프랑스와의 교역에 의해 발전하고 있던 경제는 프로이센의 벽지로 내몰리게 됨으로써 쇠퇴해 간다.

맑스가 유년 시절에 본 트리어의 모습은 이러한 것이었다. 트리어 주변에서는 모젤 위기라 불리는 빈곤이 지배하고 있었다. 모젤 지역의 와인산업은 프로이센 지배로 한때 번성했지만 관세동맹에 의해 프랑스 와인에 자리를 내주게 되었다. 그것이 와인 농가에 빈곤을 초래하고 있었다. 또한 프랑스 시대에 허용되고 있던 공유지의 삼림이용이 프로이센에 의해 엄격히 단속되었기 때문에 농민들은 더욱더 빈곤에 허덕이게 된다. 이러한 가운데 루트비히 갈*은 와인 양조법의 연구, 미국 이민*, 아소시아시옹*을 연구하고, 시장 하브는 트리어의 자치를 지키려고 하며, 김나지움* 교장 비텐바흐*는 프랑스적인 자유로운 교육*을 실천하게 된다.

1844년에 이루어진 성의순례(그리스도가 입고 있었다고 하는 성의를 전시하여 각지에서 순례자가 모이는 것)는 쾰른 교회투쟁*에서의 프로이센의 탄압을 비판하는 가톨릭 세력의 반항과도 맞물려 그동안 볼 수 없었던 성황을 이루는데, 거기에는 100만 명이나 되는 사람들이 방문했다. 또한 카니발협회에 의한 대대적인 카니발 개최로 프로이센 지배 속에서 축적된 비판이 폭발한다. 트리어는 카지노 게젤샤프트라는 시민단체가 있었는데, 이 단체도 반프로이센 세력의 조직으로 변해갔다. 또한 『트리어 신문』*도 그러한 상황을 반영해서 사회주의 신문으로 변모해간다. 1848년 혁명*이 일어났을 때 트리어는 프로이센 내에서도 상당히 급진적인 마을이었는데, 그것은 이러한 점에서 영향 받고 있었던 것이다. ☞베스트팔렌 가, 맑스 가, 비텐바흐, 갈, 쾰른 교회투쟁, 김나지움(제도), 『트리어 신문』

참 的場昭弘,『トリーアの社會史』, 未來社, 1986. E. Zenz, *Geschichte der Stadt Trier im 19 Jahrhundert*, Bd. 1, 2, Trier 1979.

—마토바 아키히로(的場昭弘)

『트리어 신문—新聞』 [*Trierische Zeitung*; *Trier'sche Zeitung*, 1814-51]

1840년대에 사회주의적 경향을 띤 신문. 1814년 헤츠로트가 창간한 당초에는 보수적인 신문이었다. 처음에는 주 2회 발행이었지만 주 3회, 주 4회, 주 5회로 늘려가며, 1838년 일간신문이 되면서 정치적 색채도 강해진다. 1841년 프리드리히 3세의 즉위에 즈음해 검열*이 완화됨에 따라 양상이 일변한다. 편집장으로는 발터가 취임하고 지방신문에서 전국지로 확대하기 위해 칼 그륀* 등의 해외통신원을 둔다. 맑스에게 모젤 문제의 자료를 제공한 페터 코블렌츠나 하인리히 베티히 등도 통신원이었다. 사회주의적 경향이 나오기 시작하는 것은 1844년 이후이다. 트리어*에는 당시 『룩셈부르크 신문』(1844-45)과 『트리어 인텔리겐츠블라트』(1845-48)가 있어 격렬하게 경쟁하고 있었다. 이 둘은 보수신문이며, 『트리어 신문』의 독자층은 급진파에 국한되어 있었다. 『트리어 신문』은 1,000부가 넘는 부수를 인쇄하고 있었지만, 진정사회주의*의 철학 논의는 독자들로부터 외면 받고 있었다. 맑스 자신은 이 신문의 협력자임을 『라이니셔 베오바흐터』*에서 지적받고 그것을 부정했는데, 그 이유로는 그륀과의 반목관계가 있었다. 맑스의 친구인 바이데마이어*가 편집에 참가해 철학적 논의로부터 구체적인 논의로 기사의 내용을 바꾼다. 그러나 바이데마이어도 발터와 충돌하면서 이 신문과 맑스파와의 관계는 결렬된다. ☞그륀, 『라이니셔 베오바흐터』, 바이데마이어

㊟ 的場昭弘, 『トリーアの社會史』, 未來社, 1986. D. Dowe, "Die erste sozialistische Tageszeitung in Deutschland", in: *Archiv für Sozialgeschichte*, XII, 1972. E. Zenz, "Die Trierer Zeit Karl Grüns", in: *Kurtrierisches Jahrbuch*, Jg. 4, 1964.

—마토바 아키히로(的場昭弘)

ㅍ

파른하겐 폰 엔제 [Karl August Varnhagen von Ense 1785-1858]

독일의 외교관 · 문필가. 프랑스 혁명*에 영향을 받은 자유주의파로 알려져 있다. 나폴레옹 체제에서부터 왕정복고 시대에 다양한 외교 장면을 경험. 1824년, 칼스바트*의 결의가 연장되었을 때 활동의 장을 잃고 은퇴. 이후 문필 활동에 전념하며, 문예평론 · 사회평론에서 활약. 부인인 라엘(옛 성은 레빈)이 주최하는 살롱은 베를린 문화의 중심 가운데 하나가 되며, 하이네* 등과 교류. 사후에 조카가 출판한 일기가 프로이센 정부에 의해 곧바로 발매금지 처분을 받는다. ☞하이네

—다카기 후미오(高木文夫)

파리 [Paris]

19세기 전반기의 파리는 빛과 어둠의 두 가지로 구분된다. 즉 유럽의 수도로서 번영을 누리며 사람들을 매료시킨 동경의 도시*라는 빛의 부분과 산업도시로서 노동자, 이민*을 끌어들여 빈곤과 혁명*을 낳은 어둠의 부분으로 구분되는 것이다. 맑스가 파리에 온 1843년은 바로 그러한 빛과 어둠이 충돌하고 모순이 표출된 시대였다.

【Ⅰ】 바리케이드 도시 파리

약 100만 명의 인구*를 자랑하는 파리는 런던*에 이은 유럽 제2의 도시이자 자유*와 화려한 도시로서의 이미지를 내뿜는 한편, 성벽이 남아 있고 거리는 복잡하며 빈곤과 부의 동거라는 중세의 그림자를 여전히 남기고 있었다. 1830년 이후의 루이 필리프 왕정 하의 파리는 화려한 도시라는 허구와 빈곤과 위생 상태가 좋지 않은 악취 도시라는 모순을 안고 있고 정권은 불안정했다. 시테 섬을 중심으로 확대되는 빈민가는 정권과 허구를 일거에 파괴해버릴지도 모를 정도의 어두운 부분을 형성하고 있었다. 이러한 지역은 한편으로 직인들이 거주하는 노동자의 거리이기도 하며 빈곤에 대한 분노의 에너지를 축적하고 있었다. 때때로 그것이 분출되어 좁은 거리는 바리케이드에 의해 봉쇄되고 혁명적 소요의 양상을 드러내기도 했다. 거기에는 프랑스 각지에서 온 노동자와 이웃나라들에서 온 이민노동자들이 정착해 독자적인 콜로니를 형성한다. 독일인 콜로니는 가죽 직인, 가구 직인, 재봉 직인을 중심으로 팔레 루아얄 지역으로부터 생 탕트완느 지역까지의 세느 강변 오른쪽에 형성되어 있었다.

【Ⅱ】 빈부의 격차

파리는 그 중심부에 빈곤과 풍요로움이 동거하는 도시이기도 했다. 빈민가는 수평적으로 존재할 뿐만 아니라 수직적으로도 존재하고 있었다. 당시의 파리에는 4, 5층의 아파트가 많았는데, 거기서는 위층에 사는 빈민층과, 아래층에 사는 부유층이 동거하고 있었고, 빈민가에 인접하여 부유한 주택지가 확대되고 있었다. 부유층은 교외의 세느 강변 왼쪽 지역으로 이주하고 있었는데, 예를 들어 로스차일드가의 저택은 빈민가와 인접해 있었다. 그런 까닭에 빈곤과 부유의 대립은 여실히 드러나고 있었다.

【Ⅲ】 허구 도시로의 변화

일촉즉발의 위기를 잉태한 파리는 개혁을 향한 시기를 맞이하고 있었다. 도시 개조와 정신 개조가 그 수단이었다. 도시 개조는 1850년대에 오스만에 의해 철저하게 진행되는데, 이미 40년대에도 도로의 확장, 경관의

정비, 번지의 정리 등 부분적인 개조가 이루어지고 있었다. 그때까지의 도시구조에서 볼 수 있었던 빈부의 격차라는 이미지를 근대도시, 화려한 도시로서의 이미지로 바꾸는 것이 그 목적이었다. 그러나 그 이상으로 중요한 도시 개조는 빈부의 격차를 모순으로 해석하는 빈곤층의 의식 개조였다. 본질의 은폐라기보다 허구와 실체의 불분명함의 강조가 의식 개조의 목적이었는데, 그것은 파리를 동경하며 찾아오는 사람들의 잠재의식인 '꽃의 도시 파리'라는 이미지를 파리에 살고 있는 빈민층에게 각인시키는 것이기도 했다. 신문과 잡지에 의한 미디어 전략, 거기에 게재된 광고는 1840년대에 거대한 산업이 되어 사람들의 의식을 조금씩 변화시켜간다.

【Ⅳ】 맑스와 파리

맑스가 살고 있던 당시의 파리(1843-45년)는 그야말로 그러한 변화의 시대였다. 첨예화하는 계급대립과 그것을 마비시키는 허구 도시로의 변모는 맑스가 직접 관여하고 있던 신문과 같은 미디어에 여실히 드러나고 있었다. 『포어베르츠』[1]*는 독일인 콜로니를 위한 신문이었는데, 정치기사에 예민한 독자들과 파리에서의 생활정보에 예민한 독자들 사이에서 그 전략은 동요하고 있었다. 편집에 대한 맑스의 참여는 정치기사에 민감한 독자들을 획득하기 위한 방침으로 전환한 것을 의미했는데, 라이벌 관계에 있던 『독일인의 물길 안내인』(*Deutsche Steuermann*, 1844-46)은 오히려 생활 기사를 우선시하고 있었다. 이러한 대립은 운동 안에도 있었다. 비밀결사* 의인동맹*의 혁명 활동과 원조협회를 중심으로 하는 노동자의 생활지원과의 대립 등은 그 전형이었다. 파리 전체로서도 『프레스』(*La Presse*, 1831-66) 등과 같은 생활정보를 중심으로 한 대중지에 대해 정치적 프로파간다를 중심으로 하는 『콩스티튜시오넬』(*Le Constitutionel*, 1815-70)과 같은 신문은 열세에 놓여 있었는데, 독일인 콜로니에서도 그와 마찬가지로 『포어베르츠』와 같은 정치신문은 『독일인의 물길 안내인』에 비해 구독자 수에서 열세에 놓여 있었다.

맑스가 이러한 허구와 실체의 충돌 속에서 허구의 폭로로 나아간 것은 주목할 만한 일이다. 대부분의 저널리스트가 저속한 문사로 변모해 가는 가운데 정치적 자세를 지닌 저널리스트의 전통을 유지한 것은 그 후 맑스의 노동운동으로의 접근과 밀접한 관계에 있다. 파리 시절에 맑스가 그러한 운동과 구체적으로 관계를 가졌는지의 여부는 불분명하지만, 저널리스트 활동 자체가 미디어로서 허구의 형성에 일조할 뿐인 것이 되고 있는 가운데 맑스가 활동의 목적을 명확하게 바꾸었다는 것은 결정적인 일이며, 거기에는 당시 파리의 상황이 큰 영향을 미치고 있었다.

【Ⅴ】 2월 혁명과 파리의 변화

맑스는 1848년과 49년에도 파리에 일시적으로 살게 된다. 2월 혁명*의 실패가 주도면밀한 정보혁명, 도시 개조에 그 원인이 있는지의 여부에 대해서는 논의가 나누어지는 부분이지만 정치신문이라는 개념이 변화한 것만은 명확하다. 맑스는 그 후에도 수차례 신문 활동에 종사하지만, 그 관심은 급격하게 감소한다. 혁명 후의 파리는 오스만에 의해 개조되어 권력 도시로 변모하는 동시에 빈부 격차의 상징의 타파와 노동자 의식의 시민의식으로의 변환이 이루어진다. 물론 맑스의 직업이었던 저널리즘*이 그것에 협력하고 있었던 것은 말할 필요도 없다. ☞런던, 『포어베르츠』[1], 편력직인, 저널리즘, 도시, 『파리의 비밀』, 1848년 혁명

㊟ J. Grandjonc, *Marx et les communistes allemands à Paris. Vorwärts. 1844*, Paris 1974. J. Grandjonc/M. Werner, *Deutsche Emigranten in Frankreich-Französische Emigranten in Deutschland 1785-1945*, Paris 1984. I. Mieck, etc. (hrsg.), *Paris und Berlin in der Revolution 1848*, Sigmaringen 1995. 的場昭弘, 『パリの中のマルクス―1840年代のマルクスとパリ』, 御茶の水書房, 1995. 同, 『フランスの中のドイツ人』, 御茶の水書房, 1995. 山田登世子, 『メディア都市パリ』, 青土社, 1991.

―마토바 아키히로(的場昭弘)

『파리의 비밀―秘密』 [*Les mystères de Paris*, 1842-43]

『주르날 데 데바』(*Journal des Débats*)에 연재된 으젠느 슈*의 소설로 1840년대에 폭발적인 인기를 누렸다. 내용은 독일계로 보이는 게롤슈타인 공이 파리*의 빈

곤에 도전하여 다소 잔혹한 방식으로 문제를 자선적으로 해결해 나간다는 것이었다. 맑스는 『신성 가족』*에서 『파리의 비밀』에 대한 셀리가(프란츠 폰 치힐린스키)의 비평을 사용하여 바우어* 등이 주장하는 자선주의적 사회개량을 비판한다. 맑스가 이 작품을 사용한 것은 당시 이 소설이 절대적인 인기를 누리고 있어 『신성 가족』의 판매라는 점에서도 유리할 것으로 생각했기 때문이기도 했다. ☞『신성 가족』, 슈, 저널리즘

㊂ 的場昭弘, 『パリの中のマルクス』, 御茶の水書房, 1995. J.-L. Broy, *Sue, E.*, Paris 1962.

―마토바 아키히로(的場昭弘)

파리 코뮌 [(불) commune de Paris (독) Pariser Kommune (영) Paris commune]

1871년 3월 18일부터 5월 28일까지 72일간 파리*에서 민중 및 노동자들에 의해 수립된 정권. 파리 코뮌은 자연발생적인 민중행동을 발단으로 하여 성립했다. 프로이센-프랑스 전쟁의 패배 후에 성립한 임시국방정부 하에서 두 번에 걸친 반란계획이 있었다. 1870년 10월 31일과 1871년 2월 11일 사건이 그것들이다. 그러나 이 계획적인 반란은 모두 실패로 끝난다. 나폴레옹 3세*와 임시국방정부의 공화제 하에서 살아남은 민중운동 속에서 기획된 반란은 좌절되고, 1871년 3월 18일 이른 아침 몽마르트 언덕에서의 세 번째의 자연발생적인 민중행동에 의해 비로소 파리 코뮌의 성립과 연결되는 운동으로 발전한 것이다. 1871년의 파리 코뮌의 본질은 바로 여기에 있다.

【Ⅰ】 역사적 배경

파리 민중들은 1789년의 프랑스 혁명*에 의한 공화제 수립, 나폴레옹의 제정, 부르봉 왕제복고, 7월 혁명*에 의한 입헌왕제, 2월 혁명*에 의한 제2공화제, 나폴레옹 3세의 제2제정, 프로이센-프랑스 전쟁 패배에 따른 제3공화제 등 약 70년이라는 기간에 현기증 나는 정변을 경험했다. 평균하면 거의 10년마다 근본적으로 뒤바뀌는 정체*에 민중 스스로가 그 운명을 내맡길 수밖에 없었던 것이다. 이 정변에서의 민중들의 행동을 뒷받침한 것은 다시 말할 것도 없이 프랑스 혁명 이래의 자코뱅주의, 상퀼로트 사상이며, 초기 사회주의라고 불리는 사상이었다.

한편 국제노동자협회*(인터내셔널*)가 프랑스에서의 노동운동과 밀접한 관계를 갖고 있었던 것도 부정할 수 없다. 커다란 영향력을 갖고 있었던 것도 사실이다. 그러나 프랑스 지부나 파리 지부와 런던*의 총평의회와의 관계를 단순한 구도로 그려낼 수는 없다. 프랑스 노동운동을 둘러싼 프루동주의자와 인터내셔널파의 대립, 프루동*과 맑스의 경제사상 논쟁, 『빈곤의 철학』*과 『철학의 빈곤』*이라는 저작상의 논쟁이 프랑스 노동운동 내부의 상황에 그대로 반영되고 있었던 것은 아니기 때문이다. 파리 코뮌은 프루동이나 인터내셔널의 영향을 받은 노동운동과 프랑스 혁명 이래의 민중사상에 기초한 정치운동이 복잡한 관계를 이루는 지하수맥으로서, 그것이 프로이센이라는 외국 군대에 의한 포위와 국내 정치권력의 공동화 속에서 일거에 지상으로 분출한 사건이었다.

【Ⅱ】 맑스와 파리 코뮌

맑스와 맑스가 커다란 영향력을 지닌 인터내셔널의 활동이 이 당시의 프랑스, 파리의 노동운동에 커다란 영향을 주고 파리 코뮌에서도 직간접적인 영향을 준 것은 사실이다. 훗날 엥겔스*가 언급하고 나아가 그 말을 레닌이 인용한 바와 같이 파리 코뮌이 놓인 상황에 대해 맑스는 냉철한 판단의 눈을 지니고서 탁월한 이해를 보여주고 있다. 그러나 그것은 파리 코뮌에 관계되는 많은 사실들의 일부이지 전부에 대한 것은 아니다.

【Ⅲ】 맑스와 『프랑스 내전』

맑스는 『프랑스 내전』*에서 파리 코뮌 성립 이전의 상황 분석과 그것이 초래하는 결과에 대하여 개략적인 설명을 한 데 지나지 않는다. 현실적으로 눈앞에서 일어나고 있는 파리 코뮌의 개별적인 사태들에 대하여 단기간의 전망조차도 제시하지 못했을 뿐만 아니라 그것을 전망하기 위해 필요한 코뮌 내부에 관한 정보도 부족했다. 그 부족한 부분을 보완하고 이미 과거가 된 '현 상황의' 설명을 행한 것은 그로부터 20년이

지난 뒤에 출판된 독일어판 『내전』 제3판의 서문에서이다. 더군다나 그것은 맑스가 아니라 엥겔스에 의해서였다.

맑스와 파리 코뮌의 관계에 대하여 오해를 불러일으키는 담론이 있다. 예를 들면 맑스가 『내전』에서 서술한 "마침내 발견된 정치형태"[17:319]가 지금까지 수많은 저작에서 프롤레타리아트 독재*를 의미하고 있었다고 생각되고 있다. 그러나 파리 코뮌이 프롤레타리아 독재였다고 명료하게 단언한 것은 엥겔스이며, 1891년 3월 18일자의 『노이에 차이트』지에 발표되어 후에 앞서 언급한 독일어판 『내전』 제3판[22:205]에 수록되었던 것이다. 게다가 그것은 파리 코뮌 붕괴 후의 인터내셔널 내부에서의 당파간의 정치이론 항쟁의 소산이었다. 프롤레타리아트 독재론은 그 후 파리 코뮌이 사회주의 운동의 기념비로서 신화화되는 가운데 비맑스주의적 사회운동을 공격할 때의 정치이론상의 무기로서 맑스의 이름과 함께 이용되었다.

파리 코뮌은 그 사상의 후계자를 자칭하는 수많은 사람들에 의해 민중을 지도하는 전위당의 부재에 패배의 원인이 있다는 지적을 받아왔다. 그러나 전위당의 지도에 의해 혁명을 성취한 소비에트형 국가의 거의 모두가 스스로 붕괴한 것이 오늘날의 상황이다. ☞프롤레타리아 독재, 혁명, 해방, 인터내셔널{국제노동자협회}, 프루동, 엥겔스, 『프랑스 내전』

㊟ 岩本勳, 『パリ・コミューンとマルクス』, 世界書院, 1987. 柴田三千雄, 『パリ・コミューン』, 中央公論社, 1973. 高知聰, 『パリ・コミューンとハンガリア革命』, 國鐵青年勞働者出版會, 1975. H. ルフェーヴル(河野健二 外 譯), 『パリ・コミューン』, 岩波書店, 1967, 68. J. ルージュリ(上村祥二 外 譯), 『1871—民衆の中のパリ・コミューン』, ユニテ, 1987.

—다카하시 노리오(高橋則雄)

파머스턴 [Henry John Temple Palmerston 1784-1865]

영국의 정치가. 아일랜드 귀족으로서 1807년에 하원의원이 되며, 이후 육군 장관, 외무 장관, 내무 장관 등을 역임하고, 나아가 두 차례에 걸쳐 수상(1855-58, 1859-65년)을 역임했다. 처음에는 토리당에 속했지만 그 후 휘그당으로 옮겼다. 파머스턴 외교라고 불리는, 세력 균형과 국민적 이익의 확대를 의도한 외교정책을 전개하고, 세포이의 반란이나 애로우호 사건에 대해서는 강경한 자세를 취했지만, 다른 한편으로는 영국에 망명*해온 코슈트*를 지원하는 등 대륙의 자유주의적, 국민주의적 운동을 지지하는 입장을 취하기도 했다. ☞코슈트

㊟ D. Southgate, "The Most English Minister…" in: *The Policies and Politics of Palmerston*, New York 1966. M. E. Chamberlain, *Lord Palmerston*, Cardiff 1987.

—오카모토 미치히로(岡本充弘)

파우페리스무스 [(독) Pauperismus]

포어메르츠기*(3월 전기)에 동시대인이 주목하기에 이른 사회적 빈곤 상황을 가리킨다. 로베르트 블룸*이 편집한 1848년의 『국가학 및 정치의 국민적 핸드북』은 이 용어를 Verarmung과 동치시키고 "국민계급이 아무리 노력해서 일을 해도 그 생계를 위해 가장 필요한 것을 벌 수 없는" 근대의 고유한 상태라고 정의하고 있다. 포어메르츠기에는 농민해방과 농지 재분배, 토지의 개간과 개량 등으로 농업생산은 오히려 상승하고 있다. 이에 대응하여 급속한 인구증가(1816년부터 50년 동안 1.6배)가 이 시기에 나타난다. 다른 한편 1850년대 이후의 급속한 공업화에 비해 3월 전기의 공업화는 여전히 완만한 상태였다. 필연적으로 농촌의 인구증가는 도시*에서의 노동력 공급의 과잉을 초래해 생존선상의 주민(예를 들면 수공업 도제나 가내봉공인)을 증가시킨다. 이로 인해 서남독일에서는 결혼제한이나 북아메리카로의 이민*을 추진했다. 또한 장기적으로는 증가하는 농업생산도 단기적으로는 불안정하며, 풍작이 농산물 가격의 급속한 하락을 초래해 농촌을 피폐시키거나 거꾸로 흉작, 가축・작물의 역병 등으로 급속한 식량 가격의 상승이 초래되어 도시주민들에게 직접적인 충격을 가했다. 1827, 30, 45-47년에는 농산물 흉작으로 인해 식량 가격이 2배 내지 3배로 뛰어올

라 사회적 불안이 배양되었고, 이는 동시대인들로 하여금 심각한 사회문제로 인식하게끔 했다. 사실 1830년에는 독일 각지에서 식량 폭동이 일어나 자유주의적인 정치운동이 이와 맞물려 많은 연방 국가들에게 헌법 제정을 강요했다. 1845-47년의 경우에는 3월 혁명*으로 직결됐다. ☞포어메르츠기

㊟ Robert Blum (hrsg.), *Volksthümliches Handbuch der Staatswissenschaften und Politik, ein Staatslexicon für das Volk*, Bd. 1. Leipzig 1848. Mary Fulbrook/Arnold/a member of the Hodder Headline Group (ed.), *German History since 1800*, London/New York/Sydney/Auckland 1977.

—무라카미 슌스케(村上俊介)

『팔 말 가제트』 [*The Pall Mall Gazette*, 1865-1923]

런던*에서 발행되었다. 발행 당시는 2펜스였으나 이후 부수 확대로 인해 1펜스로 인하된 점도 있고 해서, 염가의 석간지로서 1865년부터 1923년까지 발행되었다. 처음에는 프레데릭 그린우드(-1880년), 이어서 존 몰리(-1883년) 등이 편집자를 맡았다. 기본적으로는 보수적인 입장에 선 신문으로 수에즈 운하 주식의 매수를 주장한 것으로도 잘 알려져 있지만, 한편으로는 엥겔스*의 프로이센-프랑스 전쟁에 대한 전황시평이 연재되고 하인드먼*도 집필자로서 가담한 시기가 있었다. 또한 후에는 B. 쇼*가 비평란을 담당했다.

㊟ Robertson Scott, *The Story of the Pall Mall Gazatte*, Oxford 1950.

—오카모토 미치히로(岡本充弘)

페네다이 [Jakob Venedey 1805-71]

부르센샤프트에서 활약하고 1848년에는 프랑크푸르트 국민의회* 의원이 된 공화주의적 급진주의자. 빈 체제* 하의 독일을 빠져나와 1830년대 초두에 스트라스부르*에 망명*했다. 그곳에서는 종종 레프휘네르라는 술집을 이용해서 망명자들과 정보를 교환했다. 그 후 1834년까지는 파리*에 가서 그곳에서 망명 독일인 비밀결사*인 추방자동맹*의 결성에 참가했다. 페네다이는 빈곤의 절멸과 평등*의 실현이라는 슬로건 하에 1834년 7월부터 동맹의 기관지 『추방자』(*Die Geächtete*)를 편집했는데, 거기서 다음과 같이 주장했다. "독일에는 3,000만 명이 살고 있지만 이 가운데 2,800만 명—농부·하인·일용직·직인과 그 밖의 노예—이 연말까지 단 하루도 쉬지 못하고 일만 하고 있다." 그는 이와 같은 기사를 게재한 기관지를 스트라스부르나 뮐루즈를 경유하여 프랑스에서 독일이나 스위스 등의 비밀결사로 보냈다. 1835년에 파리에서 추방당한 페네다이는 다음해인 36년에 동맹이 분열한 뒤에도 파리 외에 유럽 각 도시에 잔존하는 추방자동맹 관계자들과 연대를 확보해 갔다. 분명히 그는 1840년 이후 더 이상 비밀결사를 이끌지는 않으며, 1848년 혁명*에서는 급진적인 민주주의자와 온건한 자유주의자를 조정하는 입장으로 이행해 있었다. 그러나 그는 포어메르츠기*의 사회운동은 공산주의적이기 전에 민주주의적이라는 점을 몸소 증명했던 것이다. ☞추방자동맹, 포어메르츠기

㊟ 石塚正英, 『三月前期の急進主義—青年ヘーゲル派と義人同盟に關する社會思想史的硏究』, 長崎出版, 1983. 的場昭弘, 『フランスの中のドイツ人』, 御茶の水書房, 1995. H. Venedey, *Jakob Venedey*, Stockach 1930.

—이시즈카 마사히데(石塚正英)

페니언 ⇨아일랜드

페이비언 협회—協會 [(영) Fabian Society]

1884년 1월 런던*에서 설립된, 점진적인 개혁을 주장하는 사상 단체. 버나드 쇼*, 웨브 부부의 지도하에 사회주의적 경향을 강화해 1900년에 결성된 노동대표위원회, 나아가서는 1906년에 결성된 노동당을 통해 영국 사회주의 운동에 커다란 사상적 영향을 주었다. 1918년에 노동당에 정식 가맹했다. 영국 노동당 내각을 최초로 조직한 램지 맥도널드는 이 조직의 유력 멤버

중 한 명이었다. 또한 버나드 쇼, 웨브 부부를 비롯해 H. G. 웰스, G. D. H. 콜, 해럴드 라스키 등, 이 조직에 참가한 경험이 있는 사회주의적인 지식인들이 적지 않다. ☞쇼

참 Edward R. Pease, *The Story of the Fabian Society*, London 1916. Margaret Cole, *The Story of Fabian Socialism*, London 1961. A. M. McBriar, *Fabian Socialism & English Politics 1884-1918*, Cambridge 1962.

—오카모토 미치히로(岡本充弘)

페퀴르 [Constantin Pecqueur 1801-87]

프랑스의 사회주의자. 북프랑스 아를르(Arleux)의 부유한 가정에서 태어난다. 파리*에 온 지 얼마 지나지 않은 1830년 무렵부터 생시몽파로서 활동하지만 32년 경에 푸리에파로 옮겨가 『팔랑스테르』지 등에 기고한다. 36년에 푸리에파와도 결별하고, 이후 독자적인 저작 활동을 한다. 39년 『사회경제학』, 『자유와의 관계에서의 물질적 개선』, 42년 『사회・정치경제학 신이론』(맑스는 이 책을 『경제학・철학 초고』와 『자본』에서 인용하고 있다), 44년 『신의 공화국』을 간행했다. 또한 르드뤼 롤랭* 등 공화파 좌파의 『레포름』, 르루*, 조르주 상드* 등의 『독립평론지』에 기고하는 등 저널리스트로서도 활약한다. 1848년 2월 혁명* 때에는 루이 블랑*이 의장을 맡은 뤽상부르 위원회에 들어가 비달 등과 함께 「일반보고」를 집필, 위원회의 경제시책을 정리했다. 1851년의 루이 나폴레옹*의 쿠데타 때에 공화파로서 시가전에 가담하며, 제2제정 성립(1852년) 이후에는 언론활동에서 사실상 은퇴했다. 페퀴르의 사상은 생시몽주의*와 푸리에주의를 기조로 하면서도 양자를 극복하고자 하는 것이며, 최종적으로는 모든 생산수단을 국민적 소유로 하고 인민주권에 기초한 정부가 국민경제 전체를 계획적으로 운영하는 것을 구상했다. ☞블랑, 1848년 혁명, 생시몽주의, 르루, 상드{조르주 상드}

참 岩本吉弘, 「ペクール・ノート—國家社會主義構想の成立過程」, 『Study Series』(一橋大學社會科學古典資料センター) No. 30, 1993.

—다카쿠사기 고이치(高草木光一)

페티(윌리엄) ⇨고전경제학

페티시즘 [(독) Fetischismus (영) fetishism]

맑스의 경우에 자본주의 사회에서 상품*・화폐*가 사람들을 지배하는 현상을 설명할 때 사용한 원초적 신앙 형태. 종래에는 물신성, 물신숭배, 주물숭배 등으로 번역되어온 개념이다.

【Ⅰ】드 브로스의 페티시즘 정의

서아프리카 연안에서 15세기 중엽부터 교역활동을 시작한 포르투갈인은 연안의 부족들이 평소 숭배의 대상으로 삼고 있던 신적 자연물을 페티소(feitiço, fetisso)라고 총칭했다. 이 말은 포르투갈에서는 호부(護符)를 의미했다. 이후 18세기 프랑스의 비교종교학자 샤를 드 브로스*는 아프리카에 한정하지 않고 세계 각지의 민족들에게서 볼 수 있는 크고 작은 다양한 생물・무생물로 이루어진 페티소를 숭배 대상으로 하는 원초적 신앙을 페티시즘이라고 명명했다. 1760년 간행된 드 브로스의 익명의 저작 『페티쉬 신들의 숭배』(*Du Culte des dieux Fetiches*, 1760)에 따르면 페티시즘에는 다음의 특징이 있다. (1) 신앙자는 자기 자신의 신, 요컨대 페티쉬를 자연물 중에서 가시적인 존재로서 선택하든가 만들어내든가 한다. (2) 신앙자는 스스로 만든 신 그 자체를 숭배하는 것이지 그 배후나 하늘에 신령이 별개로 존재한다고는 생각하지 않는다. (3) 신앙자는 페티쉬가 자신의 의지대로 움직이지 않을 경우 이를 깨부수든가 내던져버리는 경우가 있다. 맑스는 이 책을 1842년 봄에 피스토리우스(Pistorius)의 독일어 번역판(1785)으로 읽고 독서 노트를 만들었다. 그리고 그 노트를 바탕으로 이번에는 『라인 신문』* 지상에서 독서 성과를 다음과 같이 표명했다. "페티쉬가 페티쉬 숭배자의 조야한 욕망을 가장 충실히 이루는 것을 그만둘 때에는 숭배자는 그 페티쉬를 파괴해버린다"

[같은 신문 제191호{1842. 7. 10}1:105]. "쿠바의 미개인은 황금을 스페인인의 페티쉬라고 간주했다. 그들은 그렇기 때문에 축제를 열고 그 주위에서 노래하고, 그런 뒤 그것을 바다에 내던졌다"[같은 신문 제307호{1842. 11. 3}같은 책:172]. 맑스가 드 브로스의 페티시즘론에 주목한 것은 그것과 거의 같은 시기에 그가 루트비히 포이어바흐*의 소외론에 주목한 것과 깊은 관련이 있다. 즉 한편으로 인간*에게 있어 신이란 숭배하는 것에 의해 자기 자신의 힘을 끌어내고 삶을 윤택하게 하는 수단이지만, 다른 한편으로 신이란 숭배되는 한에서 인간의 상위에 군림하고 신앙자에 대해 절대적인 힘을 지니는 존재라고 하는 페티시즘 개념의 2대 특징 가운데 후자가 포이어바흐의 소외론과 일맥상통하는 것이다. 그리하여 맑스는 드 브로스의 원본을 다소 수정하여 전자를 본래의 페티시즘, 후자를 종교*로 전화・전도되어버린 페티시즘이라는 식으로 구별하고, 또한 전자를 무생물숭배, 후자를 동물숭배로서 특징지었다.

【Ⅱ】 맑스의 경제학적 페티시즘론

『라인 신문』 시절에 신을 깨부수는 쪽의 적극적인 페티시즘에 주목한 맑스는, 그 후 신에게 엎드리는 쪽의 소극적인 페티시즘—요컨대 소외론으로 이어지는 의미에서의 페티시즘, 종교로 전화・전도되어버린 쪽의 페티시즘—에 더욱더 강하게 이끌리게 된다. 그러한 경향은 1844년에 기초한 『경제학・철학 초고』* 이후 1867년에 간행한 『자본』* 제1권에 이르기까지 일관되게 이어진다. 따라서 맑스는 소극적인 페티시즘을 종교 일반과 동일시해 가는 반(反)드 브로스적인 경향을 강화하면서 페티시즘을 경제학 분야에 적용했다고 말할 수 있다. "우리는 이미 화폐의 고찰에서 페티시즘을 이러한 전도의 표현으로서 제시했다"[초 9:410], "인간의 머리의 산물이 그 자신의 생명을 부여받아 그러한 것들 자체 사이에서나 인간들과의 사이에서 관계를 맺는 독립된 모습으로 보인다. 마찬가지로 상품세계에서는 인간의 손의 생산물이 그렇게 보인다. 이를 나는 페티시즘이라 부른다"[『자본』 제1권, 23a:98]. 맑스는 상품에는 페티쉬적인 성격이 부착되어 있다고 한다. 그 견해는 드 브로스가 이야기하는 페티시즘과 근본적으로는 모순되지 않는다. 노동생산물로서의 상품은 인간이 스스로 만든 것이며 사물인 한에서 눈으로 볼 수 있다. 상품이나 화폐를 자본*으로서 소유*하는 사람들은 이것들을 단적으로 신으로서 섬긴다. 그러나 상품=신으로서의 소용이 없어지면 그것들은 더 이상 만들어지지 않든가, 아니면 땅속이나 바다에 내던져지든가 한다. 경제공황은 어떤 의미에서는 페티쉬를 내던지는 것으로 볼 수도 있다.

【Ⅲ】 맑스 페티시즘론의 최종 형태

『경제학・철학 초고』로부터 『자본』에 이르는 동안 오로지 전도로서의 페티시즘에 고집한 맑스는 1870년대부터 사망하는 1883년까지 가장 초기의 『라인 신문』 시절에 파악한 페티시즘, 요컨대 삶을 윤택하게 하는 것으로서의 페티시즘으로 되돌아가게 된다. 말년인 1882년 가을(일설에는 1881년 봄)에 존 러보크의 저작 『문명의 기원과 인류의 원시 상태』를 읽었을 때 맑스는 다음과 같이 요약했다. "러보크는 알아차리지 못하지만 미개인의 '추리력'이 유럽인 신자의 그것보다 뛰어나다는 점에 관해서 러보크, 128쪽 이하를 참고하라", "우상숭배를 하위의 인종에게 일반적인 종교라고 간주하는 오인이 주로 우상숭배와 페티쉬의 혼동에 기인한다는 점은 의심의 여지가 없다. 하지만 페티시즘은 신에 대한 공격이고 우상숭배는 신에 대한 굴복이다"[러보크, 『문명의 기원과 인류의 원시 상태』 노트, 보4:553]. 이 러보크의 책을 읽은 다음해 3월에 맑스는 사망한다. 그 때문에 말년에 맑스가 다시 한 번 미개인의 추리력을 칭송하고 신에게 엎드리는 것이 아니라 이를 공격하는 페티시즘으로 어째서 되돌아갔던 것인지 그 이유를 밝히기는 어렵다. 그러나 초기에 드 브로스를 읽고 처음으로 알게 되고 말년에 러보크를 읽음으로써 새롭게 파악한 원초적 신앙에서의 페티시즘이야말로 맑스의 페티시즘론의 기반이 되고 있었다는 점은 틀림없다. ☞소외, 물화, 드 브로스

참 今村仁司, 「フェティシズム論からイデオロギー論へ」, 『社會科學批評』 수록, 國文社, 1993. 高橋洋兒, 『物神性の解讀』, 勁草書房, 1981. 布村一夫, 『マルクスと共同體』, 世界書院,

1986. 保井溫, 『人間觀の轉換—マルクス物神性論批判』, 青弓社, 1986. 石塚正英, 『フェティシズムの思想圈—ド・ブロス, フォイエルバッハ, マルクス』, 世界書院, 1991.

—이시즈카 마사히데(石塚正英)

편력 직인 遍歷職人 [(독) Wanderschaft der Handwerker]

중세부터 전해지는 직인이 되기 위해 각지를 전전하며 떠돌아다니는 도제수업 직인을 가리킨다. 사회주의 운동, 공산주의 운동은 이 직인들의 편력 코스와 미묘하게 일치한다. 취리히*, 바젤, 베른, 리옹, 파리*와 같은 도시*는 직인들의 편력 코스였다. 직인들은 그러한 도시를 편력하는 동시에 각 도시에서 최신 사상을 받아들여 각지로 확산시켰다.

독일에서도 이미 프랑스 혁명*의 영향 속에서 동업자조합(Zunft)은 소멸해 갔지만 직인의 편력제도는 남아 있었다. 직인이 되고자 하는 자는 각 동업자조합에 등록하고 거기서 3년 이상 도제생활을 해야만 했다. 나아가 장인이 되기 위해서는 외국에서의 수련이 필요했다. 직인은 '편력증(Wanderbuch)'이나 여권을 지니고서 미리 결정된 외국의 직인 숙사(Herberge)에 숙박하고, 거기서 새로운 장인을 찾아 일자리를 구해야만 했다. 이것이 편력이라는 제도다.

1830년대의 독일인 직인이 편력하는 나라는 프랑스, 스위스, 벨기에였다. 편력 직인의 필수품은 배낭과 최소한의 의류, 속옷이었고 무기 휴대는 엄격히 규제되고 있었다. 여행은 거의 도보이고, 이동 계절은 직종에 따라 달랐지만 3월부터 5월이 많았다. 이는 기후 문제라기보다 일자리를 구할 가능성의 문제였다. 직인들은 그 지역의 경찰에게 편력증을 건네고 거기서 비자를 받아야만 했다. 외국인 노동자에 대한 감시는 19세기 중반부터 엄격해지고 있었지만 원래는 그리 엄격한 것이 아니었다. 직인 숙사에서는 그곳의 주인이 경찰 대신 관리를 하고 있었기 때문이다. 그런 점에서 대도시의 외국인 직인들의 상황에 대해서는 당국 자신도 충분히 파악할 수 없었다. 그 때문에 파리 같은 대도시에서는 직인들의 비밀결사*를 쉽게 조직할 수 있었다.

19세기 중반에 독일인 편력 직인들이 가장 많이 모여 있던 곳은 파리였다. 개개의 직인 자체는 매년 교체되고 있었지만 직인 전체의 숫자는 변하지 않고 수만 명이 언제나 파리에 살고 있었다. 파리의 가구 직인의 1/5, 재봉 직인의 2/5, 가죽 직인의 1/3이 독일인으로 이루어진 형편이었다. 독일인 직인들이 추방자동맹*이나 의인동맹*의 중심을 차지한 것은 이러한 이유 때문이다. 직인들은 세느 강 우안의 생 앙트완느, 생 트노레, 비비엔느 지역에 살고 있었는데, 그 지역은 독일인 콜로니가 형성되고 독일인들을 위한 레스토랑, 호텔, 술집이 들어서서 독일인 지식인들이나 혁명가들도 그곳에 활동의 거점을 두고 있었다. 『포어베르츠』1*나 『독일인의 물길 안내인』(*Deutsche Steuermann*, 1844-46)과 같은 신문사 사옥도 이 지역에 있었다. 독일인들을 위한 교회, 합창협회, 독서 클럽*, 출판사, 인쇄업자와 같은 조직도 그러한 콜로니 안에서 형성되어 갔다. 편력 직인의 콜로니는 파리에 사는 독일인 전체의 가장 활동적인 부분이었던 것이다. ☞망명, 파리, 의인동맹, 추방자동맹

㊟ F. Grün (hrsg.), *Handwerker in der Fremde*, Hannau 1841. 的場昭弘, 『フランスの中のドイツ人』, 御茶の水書房, 1995.

—마토바 아키히로(的場昭弘)

평균 平均 ⇨**케틀레**

평등 平等 [(독) Gleichheit (불) égalité (영) equality]

자유*・평등・우애라는 프랑스 혁명*의 슬로건에도 있듯이 평등은 언제나 자유와의 관계에서 추구되었다. 하지만 자유가 정치적 문제인 데 반해 평등은 사회적 문제이다. 이런 차이를 명확히 하여 평등의 요구에서 생기는 사회문제에 몰두한 이가 로렌츠 슈타인*이다. 그는 평등이 현대사회의 필연적 귀결인 동시에 그 붕괴 요인이라고 말하고, 프롤레타리아트의 평등 요구의 해결은 절대적 불평등인 국가*에 의거하거나

불평등의 기초에 있는 인격적 소유의 폐지를 요구하는 공산주의*에 의거하는 수밖에 없다며 국가에 의한 해결의 길을 선택했다. 슈타인이 공산주의를 선택하지 않았던 까닭은 그것이 사적 소유의 폐지를 주장하면서도 실은 사적 소유권의 평등을 주장하는 입장이라고 생각했기 때문이었다.

맑스의 경우에는 평등에 대한 평가가 낮고, 따라서 언급도 적다. 맑스에게 있어 최대의 불평등인 계급차별의 폐지야말로 문제였기 때문이다. 공산주의의 고도의 단계에서 각 사람은 그 능력에 따라 일하고 각 사람에게는 그 필요에 따라 주어진다고 하는 『고타 강령 비판』*에서 볼 수 있는 구절[19:21]이 그의 평등사상을 단적으로 표현하고 있다. 프랑스 혁명에서의 평등은 1789년의 「인간과 시민의 권리 선언」에서 볼 수 있듯이 시민으로서의 권리의 평등이지 인간*으로서의 평등이 아니다. 루소*도 『인간 불평등 기원론』의 서문에서 단언하고 있듯이 인간 개인들은 신체적으로도 정신적으로도 평등할 수는 없으며, 여기서 요구되는 것은 인권으로서의 사회적 평등이다. 그러나 그 시민권의 평등이 현실에서는 사적 소유의 보장으로서 부르주아지의 권리 요구로서 현상한다. 따라서 맑스에 의하면 노동자가 임금*의 평등을 요구하는 것은 오해에 기초하는 어리석은 소망에 지나지 않고 단조로운 급진주의*의 산물이다. 이것은 맑스의 지적이지만[『임금・가격・이윤』, 16:130], 여기서 말하는 급진주의는 평등을 특히 강조한 바뵈프주의*와 평등주의 노동자 협회를 가리킨다. ☞프랑스 혁명, 루소, 슈타인[2]

囹 L. シュタイン(石川三義・石塚正英・柴田隆行 譯),『平等原理と社會主義—今日のフランスにおける社會主義と共産主義』, 法政大學出版局, 1990.

—시바타 다카유키(柴田隆行)

포어메르츠기—期 [(독) Vormärz]

【Ⅰ】3월 혁명의 태동기

'3월 전기', 즉 1848년 3월 혁명*의 태동기를 가리킨다. 넓은 의미로는 1815년 빈 체제*의 확립에서 1848년까지이며, 좁은 의미로는 1830년대부터 1848년까지의 시기.

정치적으로 빈 체제는 37개의 영방국가와 4개의 자유도시로 이루어져 '복고, 정통, 연대'라는 원칙 아래 나폴레옹* 이전 체제의 재편 확립을 지향했는데, 한편으로 연방의회제의 도입도 주창되고 있었다. 그런 까닭에 빈 체제 확립 후부터 1820년 무렵까지 우선 1816년의 작센-바이마르-아이제나흐 대공국의 헌법 발포와 2원제 의회의 설치를 시작으로 서남독일 국가들에서 입헌왕제 체재가 정비되었다. 그렇지만 하노버와 작센 두 왕국, 빈 체제를 지탱하는 양대 강국 프로이센과 오스트리아는 헌법을 아직 갖고 있지 않았다. 한편, 이 시기에는 복고체제에 대항하는 독일의 민족적인 재생=통일을 지향하는 운동이 발생했다. 1815년에 예나*에서 결성된 학생 조직 독일 부르셴샤프트는 1817년 아이제나흐의 발트부르크 성에 학생 500명이 모여 자유로운 통일 독일을 요구하는 집회를 개최한 뒤 1818년에 전국적인 조직을 형성했다. 이에 대해 주요 영방국들은 1819년 칼스바트 회의에서 지식인들의 반체제 활동을 억압할 것을 확인했다. 1820년대는 정치적으로는 비교적 평온하게 지나간다.

【Ⅱ】1830년대의 사회적 유동

3월 혁명을 향한 체제의 동요가 다양한 측면에서 나타나는 것은 1830년대 이후이다. 18세기부터 시작된 독일의 인구* 증가는 19세기가 되면서 가속화되어 1816부터 64년까지의 약 50년 동안 독일연방 영역 내 인구는 54%(나중에 독일제국 영역으로 넓히면 61%) 증가했다. 나아가 19세기 전반기에 각 영방국가들에서 시작되는 농민해방 과정에 따른 토지 소유의 유동화와 지역적 차이는 있으나 농민의 토지로부터의 분리 등에 의해 특히 도시* 인구의 과잉화가 생기고 있었다. 이 시기 산업의 발전은 증가하는 인구를 흡수할 수 있을 정도까지는 이르지 못했고 농업생산력은 19세기 전반기를 통해 착실히 상승하고는 있었지만 일단 한번 농산물 흉작이 발생하자 이른바 '파우페리스무스*(대량빈곤)' 현상이 생겨나 사회불안으로 직결되었다. 이러한 사회불안과 자유주의적인 반봉건 운동이 겹치면서 3월 혁명으로까지 이어지는 것이 3월 전기이다.

1828년과 30년의 농산물 흉작에 따른 사회불안이 생겨나고 있던 와중에 30년 프랑스 7월 혁명*이 일어나고, 이를 계기로 독일 각지에서 식량폭동과 정치적 민주화운동이 중층적으로 빈발했다. 그 결과 예를 들어 작센 왕국에서는 30, 31년의 라이프치히*, 드레스덴*에서의 폭동을 계기로 1831년 헌법이 발포되어 국내개혁이 시작된다. 32년에는 팔츠 지방(바이에른령)에서 2만 명 혹은 3만 명이라고도 하는 대중*을 모은 함바흐 축제*가 열려 출판 · 집회의 자유와 독일 통일을 외쳤다. 하노버 왕국에서도 1833년 헌법이 발포되었다.

【Ⅲ】 산업화의 완만한 진전

이러한 1830년대는 독일에서의 산업화가 서서히 도약을 시작한 시기이기도 하다. 라인란트, 작센, 슐레지엔 등의 공업 지대에서 증기기관이 주로 광산의 양수용으로 도입되기 시작하며 경공업에서는 특히 방적의 기계화가 진척되었다. 또한 1835년 뉘른베르크~퓌르트 간의 수 킬로미터에 철도가 독일에서 처음으로 개설되고, 이어서 38년에는 베를린*~포츠담 간의 영업노선이, 그리고 드레스덴~라이프치히 간에 최초의 장거리 노선이 개설되었다. 산업화 속도는 1840년대에 가속화되어 1841년에는 증기기관차의 자국 생산이 시작되고 철도노선은 일거에 연장되었다(1840년 약 460킬로미터, 1850년 약 5,900킬로미터). 덧붙이자면, 본격적인 산업혁명*의 진전은 3월 혁명 이후라고 말할 수 있다. 이러한 산업화의 '이륙'의 전제조건은 빈 체제 초기 이래로 '위로부터' 준비되고 있었다. 이미 나폴레옹 지배 하에서 시작된 농노해방 과정은 빈 체제 하에서도 각국에서 계속되고, 농지 · 공동지의 근대적 소유형태로의 이행, 그에 따른 농민의 토지로부터의 분리도 촉진되었다. 나아가 1834년의 독일 관세동맹은 통일된 국내시장의 틀을 만들었다. 하지만 산업화의 속도는 아직 느리고, '영업의 자유'는 3월 전기에는 오히려 수공업자를 증가시켰다.

1840년대가 되면 자유주의적인 반체제 운동이 민중 수준에서 확산되기에 이른다. 1844년의 슐레지엔의 직조공 폭동*, 나아가 1845, 46, 47년의 농작물 흉작에 따른 생필품 가격의 급상승이 각지의 식량폭동을 불러일으켰다. 사상계에서는 헤겔 좌파*가 왕성한 출판활동에 의해 자유주의* 내지 민주주의적인 사상을 확산시키는 한편, 종교계에서도 1841년에는 프로이센의 작센 지방에 프로테스탄트에 의한 빛의 벗*이, 1844년에는 슐레지엔에서 독일 가톨릭교회*가 설립되어 신교와 구교 모두 이성을 중시하는 반정통적인 신앙운동이 시작되었다. 또한 1845년, 뷔르츠부르크에서 열린 최초의 독일 합창축제에 각지의 남성합창협회 회원들이 모이고 1846년에는 하일브론에서 체조축제가 개최되며, 이러한 다양한 협회*가 반체제적인 민중운동의 결집 마당이 되어 1848년의 3월 혁명을 준비했다. ☞3월 혁명, 1848년 혁명, 빈 체제, 협회, 파우페리스무스

참 A. J. P. テイラー(井口省吾 譯),『近代ドイツのたどった道―ルターからヒトラーまで』, 名古屋大學出版會, 1992. 石塚正英,『三月前期の急進主義―青年ヘーゲル派と義人同盟に關する社會思想史的研究』, 長崎出版, 1983. 的場昭弘,『トリーアの社會史―カール・マルクスとその背景』, 未來社, 1986.

—무라카미 슌스케(村上俊介)

『포어베르츠』[1] [*Vorwärts*, 1844]

1844년 초에 파리*에서 발간된 주 2회(수요일과 토요일) 발행의 파리의 독일인을 위한 독일어 신문. 편집과 경영은 H. 뵈른슈타인*과 보른슈테트*, 인쇄는 레누아르였지만 프랑스인 레이노가 신고 책임자였다. 첫 호는 1844년 1월 2일에 간행되었다. 『포어베르츠』라는 명칭은 "전진(포어베르츠)은 우리 시대의 해답이며 개개인, 민족*의 말이다"라는 이유에서 붙여졌다. 요컨대 본래 모든 분야의 진보에 대한 정보를 제공하는 신문으로서 출발했던 것이다.

『포어베르츠』의 논조는 44년 1월부터 6월까지와 그 이후로 명확히 나뉜다. 게재된 최초의 논제는 프로이센에서의 검열*에 대한 비판과 출판*의 자유*에 대한 것이었고, 나아가 독일의 통일이라는 문제가 더해져 있었다. 이러한 문제는 자유주의자들의 테마이며, 『포어베르츠』는 당시까지 자유주의자의 신문이었음을

알 수 있다. 따라서 사회주의*, 공산주의*라는 말에 대해 엄격한 비판이 이루어지고 있었다. 또한 보른슈테트를 매개로 독일인 구제협회와도 깊이 관계하고 있었다. 이는 대개 200명으로 이루어진 파리에 체류하는 부유한 독일인들이 파리에 살고 있는 가난한 독일인을 구제하기 위해 만든 조직(맑스도 회원이었다)으로 보수적인 조직이었다.

『포어베르츠』의 변화는 7월에 베르나이스*가 편집에 참가하면서부터이다. 『포어베르츠』는 이 무렵 재정적인 문제를 안고 있어서 자금이 풍부한 『독불연보』*의 사람들을 편집에 끌어들이기 위해 노력한다. 이때 맑스도 편집에 참가한다. 이러한 신문의 변화에 대해 보수층은 파리에서 『독일인의 물길 안내인』(1844-46)이라는 신문을 만든다. 『포어베르츠』는 6월에 일어난 슐레지엔의 직조공 폭동*, 트리어*의 성의순례, 프리드리히 빌헬름 4세*의 암살사건 등을 다루어 프로이센에 대한 비판을 전개했다. 특히 8월 3일의 「프로이센 국왕 암살사건」은 암살이 프로이센 국왕의 신성성을 파괴한 점을 높이 평가하고 있었다. 그로 인해 프로이센 정부는 프랑스 정부를 움직여 『포어베르츠』에 대한 탄압을 시도한다. 베르나이스는 법원에 불려가 암살미수사건의 기사가 프랑스 국왕에 대한 불경죄의 의미를 지닌다는 점, 또한 신문 발행에 필요한 보증금 체불로 2개월의 금고와 300프랑의 벌금형에 처해진다. 12월에 베르나이스가 체포됨으로써 『포어베르츠』는 1845년부터 월간지로 바뀌게 되었지만 결국 폐간된다. 나아가 신문에 관계하고 있던 맑스, 루게*, 보른슈테트, 헤르베크* 등에게 프랑스에서 국외로 퇴거하라는 명령이 내려진다. 이러한 일련의 조처에 알렉산더 훔볼트*가 관계하고 있었다는 풍문이 있지만 증명되지는 않았다. ☞뵈른슈타인, 보른슈테트, 『독불연보』, 슐레지엔의 직조공 폭동, 베르나이스, 루게

[참] Reprint, Leipzig 1975. 的場昭弘, 『パリの中のマルクス』, 御茶の水書房, 1995. J. Grandjonc, *Marx et les communistes allemands à Paris. Vorwärts, 1844*, Paris 1974.

—마토바 아키히로(的場昭弘)

『포어베르츠』[2] [독일 사회주의 노동자당] [*Vorwärts. Central-Organ der Sozialdemokratie Deutschlands*, 1876-78]

독일 사회주의 노동자당*의 중앙기관지. 1875년 5월의 고타 합동에 의해 사회민주주의 노동자당*(아이제나흐파)과 전독일노동자협회*(라살레파)로부터 새로이 독일 사회주의 노동자당이 결성되고, 1876년 9월까지 두 파의 기관지 『폴크스슈타트』*와 『노이어 조치알데모크라트』가 병행하여 발행된 뒤 1876년 10월부터 『포어베르츠』가 '독일 사회민주주의의 중앙기관지'라는 부제를 달고서 라이프치히*에서 주 3회 발행되었다. 편집은 두 파의 이전 기관지의 편집자들인 리프크네히트*와 하젠클레버가 담당했다. 이 기관지에는 엥겔스*의 『뒤링 씨의 과학의 변혁』(『반뒤링론』*)이 1877년 1월부터 다음해 78년 5월에 걸쳐 연재되었다. 이 신문은 1878년 10월 사회주의자 진압법의 발효에 의해 발간이 금지되었다. ☞독일 사회주의 노동자당, 리프크네히트, 『폴크스슈타트』, 『반뒤링론』

[참] Repr. Leipzig: Zentralantiquariat der DDR. D. フリッケ(西尾孝明 譯), 『ドイツ社會主義運動史 1869-1890年』, れんが書房, 1973.

—시노하라 도시아키(篠原敏昭)

『포어베르츠』[3] [독일 사회민주당] [*Vorwärts. Berliner Volksblatt*, 1891-1914]

독일 사회민주당의 중앙기관지. 독일 사회주의 노동자당*은 1890년 10월의 할레 당 대회에서 당명을 독일 사회민주당으로 고치며, 당 기관지에 대해서도 1884년 4월부터 당의 베를린 지방 기관지로서 발행되고 있던 『베를리너 폴크스블라트』가 대회 결정에 기초하여 1891년 1월부터 『포어베르츠』라는 표제(이전 표제는 부제로)로 고쳐져 새로운 당 중앙기관지 겸 베를린*의 지방당 기관지로 발행, 1914년까지 이어졌다. 편집장은 리프크네히트*, 그의 사망 후에는 아이스너가 주필 편집자를 맡았다. 1891년 2월에는 맑스의 『고타 강령 비판』*이 엥겔스*의 서문을 빼고서 『노이에 차이트』로부터 전재되며, 또한 엥겔스는 몇 개의 논설을 기고했

지만 이 신문은 수정주의 내지 개량주의 논설을 많이 게재하게 되었다. ☞독일 사회주의 노동자당, 리프크네히트

참 Dieter Fricke, *Die deutsche Arbeiterbewegung 1869-1914*, Berlin (DDR) 1976.

—시노하라 도시아키(篠原敏昭)

포이어바흐 [Ludwig Andreas Feuerbach 1804-72]

포이어바흐는 형법학자 파울 포이어바흐의 넷째 아들로서 태어났다. 익명으로 쓴『죽음과 불멸에 관한 사상』(1830)으로 인해 아카데미로의 길은 막혔지만『기독교의 본질』*(1841)에 의해 일약 시대의 인물이 되었다. 그의 주요 업적은 (1) 헤겔 철학에 이르는 근대 철학에 대한 비판*, (2) 루터* 이래의 근대 신학에 대한 비판, (3) 종교적 표상을 품을 수밖에 없는 인간관에 기초한, 종교들에 대한 비판적 분석, (4) 인간학적 유물론과 그 윤리학의 제창이다.

포이어바흐는 학위 논문「이성의 무한성·통일성·보편성에 대하여」(1828)에서 데카르트의 "나는 생각한다, 고로 나는 존재한다"라는 테제에 "나는 생각한다, 고로 나는 모든 인간*이다"라는 테제를 대치시켰다. 이 테제에는 기독교*에서의 자연*에 대한 부당한 취급, 근대 신학에서의 인간중심주의적인 신에 대한 이해, 개체적 자아의 절대화 경향 등에 대한 비판이 담겨 있다. 이때 그는 범신론적 자연철학의 전통에 입각하여 자연과 이성*의 화해를 바라고, 헤겔적 이성을 인류의 유적 이성으로 전화시키고자 했던 것이다. 본래 포이어바흐는 일찌감치 종교성에 눈을 떠 부친의 애인 문제로 별거중인 모친에게 보낸 편지에서 여동생들에게 구약성서 외전이나 마태복음을 읽도록 권할 정도였다. 그러나 얼마 안 있어 신학자 다우프의 교의학에 의해 개체적 자아의 자아성을 단념하고 보편적 이성으로 초월할 것을 시사 받고 헤겔 철학을 받아들이게 되었던 것이다.

포이어바흐는 에어랑겐 대학에서의 논리학 강의나 근세 철학사에 관한 일련의 저작을 통해 자연과 이성의 화해의 길을 모색하고, 베르타 뢰브와 결혼한 1837년 전후에는 사랑에 의한 양자의 화해를 구상하지만 구체화에는 이르지 못했다. 같은 시기에 계몽가 피에르 베일의 강한 영향을 받아 철학*과 기독교를 그리고 이성과 신앙을 준별하게 되고, 신앙인에게 있어서의 신이란 무엇인가를 새롭게 문제 삼지 않을 수 없게 되었다. 그는 자연과 이성의 동일성 사상을 지니면서도 신 존재의 존재론적 증명을 비판한 칸트*를 재평가하고 헤겔*로부터 더욱더 거리를 두게 된다. 그리고 칸트의『순수이성비판』을 염두에 두고『순수비이성비판』으로서 구상된 것이『기독교의 본질』이었다. 인간의 본질과 일치하는 한에서의 종교*를 긍정하는 그 저작의 제1부의 기본적 정신은『종교의 본질』이나『신통기』에도 계승되어 있으며, 그런 한에서 포이어바흐를 무신론자로서가 아니라 인간의 종교성을 고찰한 종교철학자로서 이해할 수 있다.

포이어바흐가 실천 개념을 '더럽혀진 유대적 현상형태'로 파악했다고 하는 맑스의 비판은 포이어바흐의 주장의 의도를 잘못 읽은 것이다. 자연을 의지*의 산물이라고 하는 유대적 창조설에는 자연에 대한 인간의 이기성이 잠재되어 있고, 그것을 교의로 삼는 신학*에서는 인간이 자연의 몸이 되어 느낀다든지 자연의 몸이 되어 생각한다든지 하는 능력을 박탈당해 있다는 것이 그의 진의였다. 근대 신학이나 근대 철학에서 볼 수 있는 인간중심주의적인 신에 대한 이해나 자연 지배의 사상과 포이어바흐가 어떻게 대결했는가를 살펴보기 위해서는 1830년대의 에어랑겐 대학에서의 강의들이나 철학사 연구에 대한 내재적 연구가 특히 필요할 것이다. ☞『기독교의 본질』

참 W. Schuffenhauer (hrsg.), *Ludwig Feuerbach Gesammelte Werke*, Akademie Verlag Berlin 1969ff. 船山信一 譯,『フォイエルバッハ全集』(全18巻), 福村出版, 1973-76.

—핫토리 겐지(服部健二)

『포이어바흐론』—論 [(독) *Ludwig Feuerbach und der Ausgang der klassischen deutschen Philosophie*]

1885년에 C. N. 슈타르케 『포이어바흐론』의 독일어판이 간행되었다. 이때 엥겔스*는 『노이에 차이트』로부터 비평을 의뢰받으며, 이 잡지의 86년 4호, 5호에 연재한 것이 이 논문이다. 2년 후인 88년(맑스가 사망한 지 5년 뒤)에는 가필된 뒤 단행본으로 출판되었다. 엥겔스는 서문을 덧붙여 이 논문이 '우리{맑스와 자신}의 견해'와 헤겔*과 포이어바흐* 그리고 철학 일반과의 관계를 처음으로 개괄적으로 서술한 것이라고 밝혔다. 게다가 맑스의 포이어바흐 테제를 (가필한 뒤) 부록에 덧붙였다. 그 결과 『포이어바흐론』은 '맑스주의 철학'의 가장 중요한 문헌으로 간주되어 조술, 해설, 부연이 반복되어왔다. 특히 이 논문에서 엥겔스가 도입한 '철학*의 근본 문제'라는 관점이나 유물론*과 관념론*의 '양대 진영'의 항쟁으로서 철학사를 도식화하고자 하는 관점은 '맑스주의 철학'에 계속해서 절대적인 영향을 주었다.

오늘날에는 맑스・엥겔스 일체설은 실증적으로 배척되고 있으며 엥겔스에 의한 '개괄' 대부분이 엥겔스의 독자적인 것이라는 사실이 밝혀졌다. 슈타르케의 『포이어바흐론』과의 대비도 이루어져 '철학의 근본 문제'가 슈타르케를 경유하여 도입된 경위, 엥겔스가 그때 집어넣은 독자성도 구체적으로 추적되고 있다. 맑스와 대비하여 본다면 철학적 의식형태들을, 철학적으로 사유하는 사람들이 <실제로> 얽혀 들어가 있는 생활 관계들로부터 파악하고 비판*하고자 하는 맑스적 시각은 뒤로 물러나고 초역사적 도식이 전면에 나서는 결과가 되었다. 또한 '철학의 지양'이라는 맑스적 관점은 형식적으로는 유지되고 있긴 하지만 신칸트학파에 의한 철학 부흥에 직면하고 있었다는 점도 있고 해서 실질적으로는 '맑스주의 철학'의 길을 크게 여는 결과를 가져왔다. ☞포이어바흐, 철학, 유물론, 관념론

참 C. N. Starcke, *Ludwig Feuerbach*, Verlag von F. Enke, Stuttgart 1885. プレハーノフ(川内唯彦 譯), 『評釋フォイエルバッハ論』, 叢文閣, 1930. 田畑稔, 「シュタルケとエンゲルスの『フォイエルバッハ論』」, 杉原四郎 外 編, 『エンゲルスと現代』 수록, 御茶の水書房, 1995.

–다바타 미노루(田畑 稔)

「포이어바흐 테제」 ["Thesen über Feuerbach", 1845]

1845년에 맑스가 수첩에 쓴 11항목의 테제의 통칭이다. 맑스 자신이 (아마 나중에) 부여한 표제는 '1) 포이어바흐*에 대하여'(ad Feuerbach)로, 『독일 이데올로기』*의 '제1편 포이어바흐'와의 관련을 시사하는 것으로 되어 있다. 『독일 이데올로기』의 해당 편에서는 엥겔스*가 집필한 본문에 맑스가 주석이나 첨삭을 덧붙이고 있는데, 거기서는 「테제」와 유사한 표현이 보인다. 스스로를 위한 메모이기 때문에 맑스의 생존 중에는 공표되지 않으며, 엥겔스가 "새로운 세계관의 천재적인 맹아가 기록되어 있는 최초의 문서로서 헤아릴 수 없는 가치를 지닌다"[21:268]라는 코멘트와 약간의 교정을 가하여 『포이어바흐론』*(1888)의 부록으로서 처음으로 공개했다. 수첩에 씌어진 그대로의 문언은 랴자노프 편 『맑스・엥겔스 아르히프』 제1권(1926)에서 처음으로 발표되었다. 「테제」는 "지금까지의 모든 유물론*(포이어바흐의 그것을 포함하여)의 주요 결함은 대상, 현실성, 감성이 단지 객체 내지 관조의 형식 하에서만 파악되고 감성적・인간적인 활동・실천으로서 주체적으로 파악되지 않았다는 점이다"로 시작하여 "철학자들은 세계를 단지 다양하게 해석하기만 했다. 중요한 것은 세계를 변혁하는 것이다"라고 끝맺고 있다[3:3-4]. 단지 포이어바흐와의 관계에서뿐만 아니라 맑스의 '실천철학'이 응축된 명제(테제)로서 빈번히 언급되는 까닭이 여기에 있다. 덧붙이자면, 「테제」의 집필 시기에 대해서는 종래의 1845년 봄에 집필했다는 설에 대해 근래에는 1845년 후반이라는 설(히로마쓰 와타루廣松涉)이나 5~7월이라는 설(타우베르트)이 제기되고 있으며, 「테제」에 대한 헤스*의 영향이나 유물론적 역사관*의 견해 창조와 관련한 맑스와 엥겔스의 주도권 등이 새롭게 검토 과제로 부상하고 있다. ☞『독일 이데올로기』, 포이어바흐, 헤스, 유물론적 역사관

참 インゲ・タウベルト(澁谷正 譯), 「『ドイツ・イデオロ

ギー』研究の新段階」, 大村泉 外 編, 『マルクスの現代的探究』 수록, 八朔社, 1992. (“Wie entstand die *Deutsche Ideologie* von K. Marx und F. Engels?”, in: Studien zu Marx’ erstem Paris-Aufenthalt und zur Entstehung der *Deutschen Ideologie, Schriften aus dem Karl-Marx-Haus* 43, Trier 1990의 초역). 廣松涉, 『マルクス主義の成立過程』, 至誠堂, 1968.(『著作集』, 岩波書店, 第8卷 수록)

—고바야시 마사토(小林昌人)

『포자우네』 [*Die Posaune des jüngsten Gerichts über Hegel den Atheisten und Antichristen*, 1841]

당초 신학자였던 B. 바우어*는 정통 헤겔학파의 젊은 지도자였는데, 그의 『포자우네(헤겔에 대한 최후 심판의 나팔)』와 더불어 헤겔학파*는 해체된다. 헤겔*에 의하면 “종교*의 대상도 철학*의 대상도 영원한 진리 그 자체 · 신이며, …… 철학은 이미 신에 대한 예배 · 종교”인 것이지만, 종교가 “표상 · 대상성의 형식”에 머무르는 데 반해 “철학은 신앙에 사유의 형식을 부여하고, …… 신앙이라는 형식 위에 선다.” 따라서 ‘즉자태—외화—타자존재에서의 자기존재’라는 헤겔 변증법의 틀은 (헤겔 자신이 『종교철학』뿐만 아니라 『정신현상학』* 등에서 강조하고 있듯이) 삼위일체의 신에 의한 창조에서 완성에 이르는 과정을 ‘개념화’한 것이었다.

따라서 헤겔 『종교철학』의 기본 테제를 “보편자가 유한한 의식에서 자신을 아는 것도, 유한한 정신이 보편자 속에서 자기의 본질을 직시하는 것도 실체의 동일한 자기의식이다”라고 바우어가 부연했을 때 거기에는 헤겔 철학으로부터의 일탈은 없다. 그러나 『포자우네』의 핵심은 이러한 부연에서 더 나아가 다음과 같이 계속한 데 놓여 있다. 요컨대 이 실체라는 것은 결국에는 “유한한 의식*이 자신의 유한성을 방기해가는 운동의 한 계기임에 지나지 않으며”, 모든 것은 “인간*의 자기의식”이다. 이것이 헤겔의 주장이며, 헤겔 철학은 신을 인간의 자기의식으로 해소하는 “무신론*의 체계”이다, 운운. 여기서부터 헤겔 변증법의 유물론적 전도까지는 불과 한 걸음의 거리에 불과하다. 그리고 그 한 걸음은 베를린 대학에서 바우어의 가르침을 받은 맑스에 의해 내딛어졌던 것이다. ☞변증법, 헤겔, 헤겔학파, 헤겔 좌파

참 大庭健 · 渡辺憲正, 「『ヘーゲルを裁く最後の審判ラッパ』解說」, 良知力 · 廣松涉 編, 『ヘーゲル左派論叢』 第4卷 수록, 御茶の水書房, 1987.

—오바 다케시(大庭 健)

『포크트 씨』—氏 [*Herr Vogt*, 1860]

맑스와 그의 당 동지들을 공격한 칼 포크트의 저서 『「알게마이네 차이퉁」에 대한 나의 소송』(1859)에 대한 반론으로 라이프치히*에서 출판된 맑스의 논란서. 포크트는 1848-49년 혁명 당시의 프랑크푸르트 국민의회* 좌파의 의원으로, 1849년 6월의 잔부의회(殘部議會)가 만든 5인으로 이루어진 독일 섭정부의 일원이자 당시에는 민주주의자, 자연과학자로서 상당한 정치적 영향력이 있었던 인물. 맑스는 당초 포크트의 저서를 소개한 베를린*의 일간지 『나치오날 차이퉁』에 대한 고소를 예정하고 있었으나 프로이센의 최고법원이 각하했기 때문에 자료를 포함한 12장으로 이루어진 대규모의 논란서를 간행했다. 이 책의 제1-2장은 ‘유황단(硫黃團)’이라는 독일인 망명자들의 한 무리가 런던*에서 맑스를 수령으로 하는 음모적인 프롤레타리아 비밀결사를 조직했다는 포크트의 기술이 근거가 없음을 밝히고 있다. 제3-4장은 공산주의자동맹*에 관하여 그 성립에서부터 1848-49년 혁명을 사이에 둔 시기의 활동, 동맹의 내부 대립과 맑스 자신의 태도를 처음으로 언급하고 있다. 제5-6장은 혁명기의 포크트의 타협적 태도를 비판하고, 제7-10장은 1850년대 말의 포크트의 언설을 검토하여 그를 나폴레옹 3세의 대외정책의 선전가라고 추정했는데, 사실상으로도 후에 나폴레옹 3세의 기밀비가 포크트에게 건너갔다는 사실이 문서에 의해 판명되었다. ☞공산주의자동맹

참 G. Helmholz, *Zur Geschichte der Entstehung des Werkes, “Herr Vogt” von Karl Marx*, phil. Diss., Halle 1975. Carl Vogt,

Mein Prozess gegen die Allgemeine Zeitung von Carl Vogt, Genf 1859.

—시노하라 도시아키(篠原敏昭)

폴란드

폴란드는 18세기 후반의 러시아, 오스트리아, 프로이센에 의한 세 차례의 분할로 국가*로서의 독립을 잃었다. 제2차 분할 이후의 코시치우슈코 봉기(1794년)를 시작으로 19세기에는 폴란드의 독립회복을 요구하는 슐라흐타(szlachta, 폴란드 귀족)가 수차례에 걸쳐 봉기를 일으켰다. 11월 봉기(1830-31년)의 패배 이후에는 서구 등으로의 대규모 망명*(대망명)이 발생함으로써 국외에도 해방운동의 거점이 만들어졌다.

맑스와 엥겔스*는 역사가 렐레벨을 비롯한 재외 폴란드인과의 교류나 그들의 저작을 통해 자신들의 폴란드관을 길러나갔다. 엥겔스는 폴란드인을 '역사 없는 민족*'인 체코인, 슬로바키아인, 남슬라브인 등과 대치시켜 '역사적 민족'이라 부르고 그 해방운동에 일찌감치 주목하고 있었다. 1848년 혁명*기에는 민주적인 러시아나 독일의 건설을 위해서는 폴란드의 해방*이 불가결하다고 하여 폴란드 국가의 재건을 지지했다. 맑스 등의 폴란드 문제에 대한 이해에서는 시대상황에 따른 변화가 보이지만 이러한 입장은 평생 일관되어 있었다. 나아가 파리 코뮌* 등 다른 국민의 혁명운동에도 자진해서 협력한 폴란드인을 유럽 민족들 중에서 유일한 '혁명*의 코즈모폴리턴적인 병사'라고 평가하며 이상화하고 있다. 그러나 오스트리아령에서 슐라흐타가 주도한 크라쿠프 봉기(1846년)가 갈리치아의 농민운동을 적대하고, 러시아에 대한 1월 봉기(1863년)가 농민해방을 제기하면서도 결국 농민들의 지지를 얻지 못하고 좌절했던 것처럼, 맑스 등이 폴란드 독립의 불가결한 조건으로서 기대한 농업혁명은 19세기에는 실현되지 못했다. 1월 봉기의 패배 후에 무장봉기에 의한 독립회복 노선이 후퇴하고 착실한 생산노동에 의한 자립을 지향하는 포지티비즘(positivism) 운동으로 대체된 이후 1870년대 후반에는 사회주의 운동이 조직화되어간다. 이후 사회주의 운동은 거의 동시기에 일어난 민족주의 운동에 대항하면서 폴란드의 해방이라는 과제를 짊어지게 된다.

1880년대 이후에는 정당*의 결성이 진행되는데, 폴란드에서는 그 모두가 맑스와 엥겔스의 생각에 찬동한 것은 아니었다. 1880년대 초두에 독립회복을 첫 번째 목표로 하는 그룹과 노동자계급의 국제적 연대를 주장하는 그룹의 두 조류가 형성되고, 1890년대에 들어서서 전자는 폴란드 사회당, 후자는 룩셈부르크 등을 중심으로 하여 폴란드의 최초의 사회주의 정당인 '프롤레타리아트'(1882년 결성)의 흐름을 흡수하는 폴란드 왕국 사회민주당을 결성한다. 양자의 대립은 제2인터내셔널로 넘겨졌다. 이때 맑스는 이미 사망한 뒤였고 만년의 엥겔스가 접촉한 것은 주로 사회당인데, 이에 따라 사회당은 인터내셔널*의 장에서 좀 더 유리한 입장에 선다. 제1차 세계대전 후에 성립한 독립 폴란드에서도 세계대전 중의 독립운동을 주도한 사회당 우파(1906년에 분열)의 지도자 피우스츠키가 권력의 자리에 오르게 된다. 사회민주당은 폴란드 독립 후에 사회당 좌파와 합동하여 폴란드 공산주의 노동자당(공산당의 전신)을 결성하고 레닌의 노선에 접근해간다.

☞1848년 혁명, 파리 코뮌

㊟ 阪東宏,『歴史の方法と民族』, 青木書店, 1985. 同,『ヨーロッパにおけるポーランド人—19世紀後半~20世紀初頭』, 青木書店, 1996.

—시바 리코(柴 理子)

『폴크』 [*Das Volk*, 1859]

런던*의 독일인 노동자교육협회*의 기관지로서 발행되고 있던 『노이에 차이퉁』지를 비스캄프가 1859년 5월에 제목을 바꿔 속간한 독일어 주간 신문. 같은 해 8월까지 16호가 발행되었다. 제2호 이후 맑스는 비공식적으로 협력하고, 제6호부터는 엥겔스*, 프라일리그라트*, W. 볼프* 등과 함께 정식으로 이 신문의 기고자가 되어 5편의 논설을 집필했다. 엥겔스도 맑스의 『정치경제학 비판을 위하여』*의 서평 외에 군사논

설 등 9편을 기고했다. ☞노동자교육협회

—시노하라 도시아키(篠原敏昭)

『폴크스슈타트』 [*Der Volksstaat*, 1869-76]

사회민주주의 노동자당*(아니제나흐파)의 기관지. 1869년 10월에 라이프치히*에서 창간되어 처음에는 주 2회 간행, 1873년 7월 이후 주 3회 간행으로 1876년 9월까지 발행되었다. 편집은 리프크네히트*, 발송은 베벨*이 담당했다. 맑스는 창간 당시부터의 기고자로 브렌타노의 논설에 대한 응답(1872) 등을 기고하며, 엥겔스*는 「주택문제」*(1872-73), 「바쿠닌주의자의 활동」(1873) 등을 기고했다. 국제노동자협회(제1인터내셔널) 관련 문서도 다수 게재했다. ☞사회민주주의 노동자당, 베벨, 리프크네히트

㊟ Repr. Leipzig: Zentralantiquariat der DDR.

—시노하라 도시아키(篠原敏昭)

푸리에 [François Marie Charles Fourier 1772-1837]

프랑스의 사회사상가. 브장송의 부유한 상인가에서 세 사람의 누이가 있는 외아들로 태어난다. 유년 시절부터 '거짓말을 신성시하는 상업'을 혐오했지만 9살 때 부친이 사망하여 가업을 잇기 위해 도제수업을 받지 않을 수 없었다. 1793년의 리옹 포위에서는 상속재산 대부분을 잃은 데다가 고향으로 돌아가는 길에 체포 감금된다. 그 이래로 정치혁명에 대해서는 뿌리 깊은 불신감을 갖게 되었다. 그 후에는 고용된 점원이나 행상인을 하면서 대혁명 후의 정치적 무질서와 경제적 위기를 극복하여 풍요롭고 평화로운 산업사회를 건설하기 위한 개혁 구상에 전념했다. 그리고 1808년, 임박한 인류사의 대전환을 예언하는 『4가지 운동의 이론Théorie des quatre mouvements et des destinées générales』을 세상에 내놓는다. 푸리에는 우주에는 물질적, 유기적, 동물적, 사회적 운동이라는 4가지 운동이 있다고 하고, 그 자신은 사회적 운동에서 물질적 세계에서의 뉴턴의 만유인력의 법칙에 필적하는 '정념인력의 이론'을 발견했다고 선언한다. 그리고 인류를 우리의 불행한 시대 '문명'으로부터 행복한 시대 '조화'로 인도하기 위해 정념인력론에 의거한 1,620명으로 이루어진 농업 아소시아시옹, 즉 팔랑주(phalange)의 건설을 제창했다. 하지만 기발하고 이색적인 우주론이나 반도덕적인 연애론을 전개하는 이 저작은 오히려 동시대인의 조소를 자아낼 뿐이었지만, 예외적으로 최초의 제자인 뮈롱 등 소수이긴 하지만 열성적인 독자를 얻으며 이것이 이후의 푸리에주의 운동의 맹아가 된다. 한편 푸리에 자신은 처녀작의 실패로 좌절하지 않고 누이들에게 신세를 지면서 사색과 집필에 전념하며, 조카들과의 교류에서 착상을 얻으면서 대저술인 '대개론(大槪論)'에 관한 구상을 다듬었다. 1967년이 되어서야 비로소 공간된 초고 『사랑이 넘치는 신세계Le nouveau monde amoureux』도 이 시기에 씌어진다. 1822년에는 뮈롱의 독촉을 받아 '대(大)개론'의 일부를 『가정적 · 농업적 아소시아시옹론Traité de l'association agricole domestique』으로서 상재한다. 1829년에는 그 요약인 『산업적 · 조합적 신세계Le nouveau monde industriel et sociétaire』를 출판하지만 역시나 많은 독자를 얻지는 못했다. 그래도 푸리에는 낙담하지 않고 매일 정오에는 귀가해 팔랑주 건설 자금을 제공해줄 자본가가 나타나기를 기다렸다고 한다. 만년에 콩시데랑* 등이 모여 에콜 소시에테르를 형성한다. 푸리에 자신은 별로 관심을 보이지 않았지만 그들에 의한 저작이나 초고의 출판, 혹은 기관지를 이용한 적극적인 선전활동에 의해 푸리에 사상은 널리 전파되었다. 실제로 프랑스나 미국에서는 비록 오래 지속되지는 않았지만 실험적인 팔랑주 건설이 시도되었다. 또한 푸리에의 사상은 19세기의 노동운동사에 커다란 영향을 주었을 뿐만 아니라 20세기 초두에 초현실주의(surrealism)의 기수 앙드레 브르통의 주목을 받으며, 나아가 1968년 5월 혁명 전후에는 지적 풍경의 일부를 이루었다.

【Ⅰ】정념의 해방

푸리에의 독창성은 철저하게 정념해방을 호소하는 정념인력론에 있다. 푸리에는 정념의 관찰과 분석을 출발점으로 하여 정념을 억압하는 이성*이나 도덕규

범에 의거해 사회질서를 건설하는 것의 불가능성을 호소하는 한편, 자유경쟁적인 시장기구의 매개에 의해 사회조화가 실현된다는 등의 경제학자의 주장을 기만으로서 거절하고 사회적 통일에 필요한 사회적 응집력을 오로지 사람들 사이에 작용하는 '정념인력'에서 찾았다. 팔랑주 구상은 정념해방이라는 견지에서 '문명' 사회 전반을 비판하는 것이며, 특히 그 비판의 창끝은 위선적인 가족제도와 무질서하고 비효율적인 산업을 향하고 있었다.

【Ⅱ】 가족 비판

푸리에는 일부일처제를 비판하는데, 그것은 이 작은 집단이 개인들을 고정된 점에 붙들어 두고 더 넓은 사회 영역에서의 정념의 해방*을 방해하기 때문이다. 단혼가족은 '사랑'의 비상을 방해한다. 예를 들면 '문명'의 도덕*은 부부간의 배타적 애정을 찬미하지만, 그 이면으로서 간통을 빈번히 초래하고 있다. 간통은 오히려 역설적으로 인간*이 갖고 있는 중혼으로의 피할 수 없는 경향을 보여주고 있는 것이어서, 정념이 불변인 이상 문제는 어떻게 정념 운동에 조화를 가져올 방도를 창설할 것인가 하는 것이다. 또한 혈연에 기초하는 단혼가족은 본래의 '가족애'를 억압한다. 태생적인 성향에 반하여 가업을 이어야만 하는 아이들은 불행한 한편 좋은 후계자를 얻지 못한 부친도 불행하다. 팔랑주는 산업 안에서 뛰어난 전문가와 재능이 뛰어난 아이들을 양자의 인연을 맺게 한다. 이 '산업적 양자제도'는 혈연가족의 폐해를 해소할 뿐만 아니라 노인과 아이들의 새로운 관계 형성의 가능성도 가리켜 보여주는 것이다.

【Ⅲ】 매력적 산업

무질서하고 일관성 없는 '문명'의 산업은 '노동권'을 보장하기는커녕 '풍요한 가운데의 빈곤'을 낳을 뿐이다. 팔랑주에서는 다양한 성격이나 성향을 지닌 사람들이 복잡하고 섬세하게 등급이 매겨진 '집단'과 '계열' 속에서 연결되며, 각 사람은 자신의 정념, 기호, 능력을 표현할 수 있다. 예컨대 집안일을 싫어하는 여성은 다른 산업 부문에서 활약할 것이다. 개개의 재능에 적절한 장소를 제공하는 노동*의 공동화는 커다란 열광을 불러일으켜 막대한 생산력을 낳는다. '문명'에 있어 기피의 대상이 되어 있는 노동을 쾌락으로 바꾸는 것이 팔랑주 구상의 요체다. 이 '매력적인 노동'의 실현에는 '복합', '음모', '변덕'이라 불리는 정념의 해방이 불가결하다고 생각된다. 우선 '복합' 정념을 해방하기 위해 팔랑주에서의 작업은 세분화되고, 같은 기호를 가지는 사람들은 '복합집단'을 형성해 좋아하는 각 부문의 한 부분에 종사한다. 그리고 비슷한 물건을 생산하는 집단은 인접한 곳에 배치되고 거기에서 생산물의 세련을 둘러싼 경쟁*이 조직된다. 이리하여 타자를 앞지르고자 하는 '음모' 정념이 해방된다. 나아가 변화를 요구하는 욕구*인 '변덕'에 부응하기 위해 '계열'은 사람들을 하나의 작업에 붙들어 두거나 하지 않는다. 직무는 1시간에서 1시간 반으로 한정되며, 각 사람은 잇따라 다른 작업으로 옮겨감으로써 나태에서 벗어날 수 있다. 이러한 사람들의 이동은 관계를 확대할 뿐만 아니라 집단 간의 경쟁으로 인해 내몰리게 된 대항심을 완화시키기도 한다고 한다. 이와 같은 유동화한 분업* 속에서 노동은 쾌락 그 자체가 되며, 각 사람의 다양한 기호를 충족시키는 '산업적 사치'가 실현된다고 말한다. 이러한 유동화된 분업의 아이디어는 『독일 이데올로기』*의 저자 맑스와 엥겔스*에게 '분업의 폐지'에 의해 실현되는 공산주의 사회의 이미지를 제공했다.

【Ⅳ】 맺는말

대혁명 후의 혼란을 극복하고 새로운 사회질서를 창설하는 수단으로서 산업의 조직화에 눈을 돌린 이가 푸리에 뿐만은 아니다. 예를 들면 생시몽*이 있었다. 그러나 생시몽이 한 나라 전체 수준에서의 효율적인 산업의 조직화를 지향한 데 반해, 푸리에는 가족으로부터 해방된 다양한 성격이나 기호를 지닌 개인들을 산업이라는 새로운 사회영역 속에서 연결함으로써 가족애, 연애, 노동의 존재방식을 근본적으로 변혁하고자 했다. '정념인력'의 계산에 의거하면서 어린이, 여성, 노인, 나아가서는 동성애자들도 사회 조화에 있어서 필요한 구성원으로 배치하고자 하는 이러한 공동체* 구상은 오히려 현대에 있어 그 빛을 발휘하고

있다고 말할 수 있을 것이다. ☞콩시데랑, 생시몽

㊟ *Œuvres complètes de Charles Fourier*, 12vol., Paris 1966-68. Hubert Bourgin, *Fourier. Contribution à l'étude du socialisme français*, Paris 1905. Jonathan Beecher, *Charles Fourier, the Visionary and his World*, Berkeley 1986.

—시노하라 히로하루(篠原洋治)

프라일리그라트 [Ferdinand Freiligrath 1810-76]

독일 3월 전기*(포어메르츠)의 가장 저명하고 영향력이 있었던 민주파 시인 중 한 사람. '프라일리히라트'라고도 하나 '프라일리그라트'로 표기하는 것이 올바르다. 데트몰트에서 태어나며 부친은 교사. 조스트에서 상인 수련을 마친 후 1832년부터 암스테르담*과 바르멘*에서 상점의 점원으로 일한다. 이 사이에 영시와 불시를 번역하거나 시작(詩作)을 시도한다. 샤미소 편집의 『독일 시집 연감』(1835)에 게재된 시에 의해 일약 시인으로서의 명성을 얻는다. 1838년 최초의 시집을 출판. 이후 문필 활동에 전념한다. 당초에는 이국적인 소재로 인해 '사막과 라이온'의 시인으로 알려진다. 당시 활기를 띠고 일어나고 있던 민주주의 운동과 대립. 1841년부터 43년에 걸쳐 시와 시인의 임무에 대해 헤르베크*와 논쟁을 벌인다. 프라일리그라트는 "시인은 당파의 첨탑보다도 높이 선다"[『스페인에서』]고 노래하지만 헤르베크는 민주파의 입장에서 그에 응수한다[『당파』]. 프라일리그라트는 이 이후 두 번째 시집 『신앙고백』(1844)에서 민주파로 방향을 전환한다. 여기에 수록된 「그래도 여전히」는 훗날 독일 노동운동의 중심 슬로건이 된다.

그 후 그는 프로이센 국왕으로부터 받고 있던 연금을 반환하고 망명생활에 들어갈 수밖에 없게 된다. 브뤼셀*에서 맑스와 만난 뒤로 오랫동안 교우를 지속한다. 다음 망명지인 스위스에서 시집 『사 이라!』(1846)를 출판해 혁명시인으로서의 지위를 확립한다. 1846년 7월부터 런던*의 상사에서 근무. 1848년 혁명*에 자극을 받아 잇따라 혁명시를 발표해 전단지로서 유포한다. 1848년 독일로 귀환하여 뒤셀도르프의 민주국민협회의 간부, 쾰른 노동자협회의 명예회원을 역임한다. 혁명시 「죽은 자가 산 자에게」(1848)는 9,000매의 전단지로 민중에게 전달되어 커다란 큰 영향을 준다. 그로 인해 '반체제 전복 교사'라는 혐의를 받고 체포되어 재판을 받게 된다. 같은 해 10월 여론의 압력으로 무죄로 방면. 맑스에 의해 『신라인 신문』* 편집부에 초청되어 외신부문의 책임자가 된다. 같은 시기에 공산주의자동맹*에 가맹. 『신라인 신문』 마지막 호에 「『신라인 신문』 결별의 노래」를 발표. 이 신문이 발매금지 처분을 받은 뒤 쾰른*에 머무르며 『현대 정치사회 시집 제1부』(1849)를 출판한다. 맑스와 엥겔스* 등의 중개자로서 공산주의자동맹 재건이라는 비합법적 활동에 종사. 1850년 말 쾰른으로 옮겨간 동맹의 중앙본부의 일원이 된다. 1850년 뒤셀도르프 교외로 이주해 『현대 정치사회 시집 제2부』(1851)를 출판함으로써 자신의 혁명*에 대한 확고한 신념을 표명한다. 당국으로부터 체포 명령이 내려지자 다시금 런던으로 망명*. 1856년에는 스위스 일반은행의 지점장이 된다. 망명 직후에는 맑스와 엥겔스 등과 밀접한 관계를 지니고서 혁명운동에 종사하지만 이윽고 전망을 상실하며, 1859년의 실러 탄생 100주년 기념제와 1860년의 K. 포크트를 둘러싼 소란을 거쳐 점차 맑스 등과 멀어지게 된다. 1865년 직장을 잃은 그에게 국민적인 기부금이 모이고, 그에 의해 1868년 독일로 돌아가 슈투트가르트로, 1874년에는 근교로 옮겨 은거하면서 만년을 보낸다. ☞헤르베크, 『가르텐라우베』, 『신라인 신문』

㊟ P. Zaunert (hrsg.), *Ferdinand Freiligrath Werke*, Leipzig o. J.. *Freiligraths Werke in einem Band* (ausg. u. eing. v. W. Ilberg), Berlin/Weinmar 1976[3].

—다카기 후미오(高木文夫)

『프랑스 내전—內戰』 [*The civil war in France. Address of the General Council of the International Working-Men's Association*, 1871]

파리 코뮌* 성립 후인 1871년 4월에 집필을 위탁받아 영어로 쓴, 국제노동자협회*의 전체 회원에게 보낸

「총평의회의 호소」이다. 코뮌 패배 직후인 5월 30일에 총평의회에서 승인받아 6월 중순에 런던*에서 35페이지의 소책자로 간행된 것 외에 주요한 유럽의 각국어로 번역되어 각지의 신문과 잡지에 게재되었다. 여기서 맑스가 시도한 것은 코뮌을 "계급지배 그 자체를 폐지하는 공화제의 명확한 형태"[『내전』, 17:315], 노동자계급의 통치의 "마침내 발견된 정치형태"[같은 책:319]로서 특징짓는 것이었다. 상비군의 폐지와 전인민의 무장. 보통선거에 의해 선출되어 책임을 지워 즉시 해임할 수 있는 의원. 의회가 아니라 동시에 집행하고 입법하는 행동적 기관. 노동자와 비슷한 임금을 받고 책임을 지워 즉시 해임할 수 있는 공직과 공무원. 생산자의 자치. 계급적 소유의 폐지와 협동조합적 생산의 전국적 조직화에 따른 개인적 소유의 실현. 이것이 맑스가 그린 코뮌의 이념적인 상이었다. 다만 이 문서는 순교자를 "새로운 사회의 명예 있는 선구자"[같은 책:340]로서 칭송하기 위한 추도문이기도 했다는 점에 주의할 필요가 있다. 맑스 자신이 1881년에는 네덜란드의 사회주의자의 편지에 답하면서, 파리 코뮌은 예외적 조건 하에서의 한 도시의 반란일 따름이고 민중 전체에게 있어 유리한 조건으로 베르사유와 타협하는 것이 당시 획득 가능한 유일한 것이었다고 말하고 있다[「맑스가 페르디난드 바메이 니웬호이스에게 보낸 편지」(1881. 2. 22), 35:131-132]. ☞파리 코뮌, 의회제 민주주의, 『프랑스에서의 계급투쟁』, 『루이 보나파르트의 브뤼메르 18일』

참 岩本勳, 『パリ・コミューンとマルクス』, 世界書院, 1987. J. ルージュリ(上村祥二 外 譯), 『1871—民衆の中のパリ・コミューン』, ユニテ, 1987.

—우에무라 구니히코(植村邦彦)

『프랑스에서의 계급투쟁—階級鬪爭』 [*Die Klassenkäpfe in Frankreich 1848 bis 1850*, 1850]

『공산당 선언』*에서 표명된 계급*·권력 인식의 틀 안에서 2월 혁명* 이후의 프롤레타리아트의 패배를 총괄하는 동시에 다음 혁명*에 대한 전망을 밝히고자 시도한 맑스의 논설. 1859년에 엥겔스*의 편집으로 처음으로 이 제목의 저작으로서 출판되었다. 내용은 1850년 1월에 맑스의 편집으로 함부르크*에서 창간된 잡지 『신라인 신문·정치경제 평론』*의 제1호부터 3호에 「1848년부터 1849년까지」라는 표제로 연재된 맑스의 세 개의 연속 논문과 같은 잡지의 제5·6호에 게재된 맑스와 엥겔스의 「평론—1850년 5월부터 10월까지」 중에서 프랑스에 관한 부분으로 이루어진다. 본서에 따르면 2월 혁명의 본래의 목적은 7월 왕정 하에서의 금융귀족의 지배에 대한 산업 부르주아지에 의한 권력 탈취였지만, 혁명이 실현한 남성 보통선거권에 기초하는 공화제는 소유계급들 전체가 정치권력을 유지하기 위한 타협에 기초하는 부르주아 공화제였다. 국민의회의 도발에 의해 파리*의 프롤레타리아트는 6월 봉기*를 강요당해 패배하지만, 이와 같은 결속된 강력한 반혁명=부르주아 독재를 산출함으로써 양대 계급간의 대립을 선명하게 드러낸 것이야말로 혁명 패배의 성과라고 생각된다. 맑스는 이 양대 계급간의 결전이 다음 공황*에 이어서 확실히 세계전쟁으로서 일어날 것이라고 예언했으나, 2년 후의 『브뤼메르 18일』*에서는 이러한 전망은 철회되고 계급관계의 중층성과 국가*의 자립성이 고찰의 중심을 차지하게 된다. ☞2월 혁명, 『공산당 선언』, 『루이 보나파르트의 브뤼메르 18일』, 『프랑스 내전』

참 淡路憲治, 『西歐革命とマルクス, エンゲルス』, 未來社, 1981. 喜安郎, 『夢と反亂のフォブール』, 山川出版社, 1994.

—우에무라 구니히코(植村邦彦)

프랑스 혁명—革命 [(영) French Revolution (독) Französische Revolution]

프랑스에서 중앙집권적 국가의 발전 및 부르주아적 소유의 확립에 걸림돌이 되고 있던 중세적 정치제도·법제도, 봉건적 소유관계를 일소한 사건으로, 맑스는 그 과정에서 새로운 운동·이념인 공산주의*의 선구적인 형태가 산출되었다고 본다.

귀족의 반항으로 시작되는 프랑스 혁명을 맑스는

분명히 영국혁명 이상으로 보수적으로 시작되었다고 이해하고 있다[『신라인 신문 · 정치경제 평론』의 서평, 7:215-216]. 그러나 일단 시작된 프랑스 혁명은 입헌파 → 지롱드파 → 자코뱅파로 지배권이 이행되고, "어느 당파도 혁명*을 너무 멀리까지 이끌고나가 더 이상 혁명을 따라 가는 것도, 하물며 혁명의 선두에 설 수도 없게 되면 곧바로 배후의 좀 더 대담한 동맹군에 의해 뒤로 밀려나고 단두대로 보내진다. 혁명은 이리하여 상승곡선을 그리며 앞으로 나아간다"[『브뤼메르 18일』, 8:128-129].

그렇지만 프랑스 혁명은 맑스의 사상권역에서는 결코 부르주아 혁명*을 뛰어넘어 프롤레타리아 혁명으로 이행하는 것은 있을 수 없었다. 혁명 말기에 출현한 바뵈프파와 그들의 공산주의 사상조차 "부르주아 혁명 내부에서 볼 수 있는"[「도덕적 비판과 비판적 도덕」, 4:358] 현상이었다. 바뵈프 출현에 관한 이러한 인식은 맑스와 동시대의 혁명가들, 예를 들어 블랑키* 나 바이틀링*에게는 결코 공유될 수 없는 것이었다.

블랑키에게 있어 프랑스 혁명은 부르주아 혁명으로서가 아니라 프롤레타리아 혁명으로서 의의가 있었다. 그 사건은 당초부터 노동자의 이익만을 실현하고 옹호하는 혁명이며, 비록 처절한 패배를 맛보긴 했으나 그 운동은 19세기로 계승되었던 것이다. 1830년, 1848년에 발생한 혁명은 1789년에 발생한 것과 같은 성질의 것이었다. 또한 바이틀링에게 있어 프랑스 혁명은 독일 농민전쟁에서 빈농들이 제기한 "살아가는 현장에서의 즉시 해방" 운동의 계속이었다. 그에 반해 맑스의 경우 프랑스 혁명의 의의는 무엇보다도 근대 부르주아 사회의 자유로운 발전의 기초를 형성한 데 있다. 프롤레타리아트는 무엇보다도 우선 부르주아 사회의 발전 과정에서 스스로를 해방*하는 물질적 조건들을 준비해야만 한다. 이것이 프랑스 혁명에 대한 맑스의 신념이었다.

언뜻 보면 블랑키 등과 맑스 사이에 접점은 발견되지 않는다. 하지만 맑스 역시 1789년 프랑스 혁명을 그것보다 더 넓은 개념이나 범위의 혁명 중 하나로 포함하고 있어서 접점이 발견되지 않는 것도 아니다. "1789년에 시작되는 프랑스 혁명의 전기(傳記)는 1830년을 가지고서는 아직 끝난 것이 아니다. 이 해에는 혁명의 계기 가운데 하나가 이제 그것이 사회적 의미를 지닌다는 자각을 풍부히 해서 승리를 얻은 것이다"[『신성가족』, 2:129-130]. 다만 블랑키 등은 실천=운동 속에서 그 운동 수행의 조건과 가능성을 창출하는 혁명 지도자였던 데 반해 맑스는 조건이나 가능성의 창조를 운동 수행보다 우선시하는 혁명 이론가였다. ☞시민혁명{부르주아 혁명}, 바뵈프주의, 블랑키[1]

㊂ F. François, *Marx and the French Revolution*, trans. by D. K. Furet, Chicago 1988. 阪上孝,「マルクスとフランスの謎」,『情況』, 1991年 9月号. 石塚正英,「『宣言』とユートピア社會主義」,『情況』, 1998年 7月号 별책.

—이시즈카 마사히데(石塚正英)

프랑켈 [Frankel Leo 1844-96]

헝가리의 국제적 노동운동 활동가. 금속가공 직인 출신. 파리 코뮌*에 인터내셔널*파로서 참가해 노동 · 공업 · 상업위원이 된다. 코뮌 패배 후 런던*에서 맑스 등과 친교를 쌓았고, 인터내셔널 총평의회 회원이 된다. 1876년 헝가리로 돌아가 80년에 헝가리 전노동자당을 설립하지만 체포된다. 83년에 석방된 뒤 파리*에서 엥겔스*를 도와 제2인터내셔널의 조직에 공헌. 90년에는 헝가리 사회민주당의 설립에 공헌한다. ☞인터내셔널{국제노동자협회}

㊂ Aranyossi Magda, *Frankel Leó*, Budapest 1952.

—미나미즈카 신고(南塚信吾)

프랑크푸르트 국민의회—國民議會 [(독) Die Frankfurter Nationalversammlung]

1848년 5월 18일부터 49년 6월 18일까지 열린 독일에서의 최초의 통일선거를 거친 헌법제정의회. 1848년 3월 5일의 하이델베르크 집회, 3월 31일부터 4월 3일까지의 프랑크푸르트 준비의회를 거쳐 5월 18일부터 프랑크푸르트 파울로 교회에서 본회의가 시작되었다.

혁명의 퇴조에 따라 1849년 5월 30일 슈투트가르트로 이전, 6월 18일에 해산.

1848년 4월, 일부 영방들과 자유도시는 직접선거로, 그 밖의 대부분의 나라들에서는 간접선거로 의원을 선출했다(예정 의원 수 649명). 북이탈리아, 베멘, 슬로베니아에서는 선거가 이루어지지 않으며, 다른 한편으로 독일연방에 속하지 않는 포젠, 슐레스비히에서 선출된 의원들이 인정되어 최종적으로는 585명이 선출되었다. 이 가운데 개최 기간 중에는 평균 400-500명이 출석한다. 보결을 포함해 개최 기간 중에 한 번이라도 출석한 자의 숫자는 809명이며, 이 800여 명의 의원들 가운데 대학교육을 받은 자는 600여 명, 직종으로는 공무원이 절반 이상을 차지하며, 그런 까닭에 중도우파가 헤게모니를 장악했다. 의회 내 분파들은 의회 밖의 집회장 이름과 관련하여 극좌파에 도너스베르크, 도이처호프, 중도좌파에 뷔르템베르거호프, 베스텐드할, 중도우파에 카지노, 란츠베르크, 아우크스부르거호프, 그리고 우파에 카페 밀라니, 슈타이너넨 하우스라는 포진이었다. 의장 하인리히 폰 가게른은 중도우파에 속한다.

6월 24일 독일국 섭정(오스트리아의 요한 대공)을 선출하고, 6월 28일 라이닝겐을 수반으로 하는 내각이 조직되어 임시 중앙권력이 만들어졌다. 그러나 군·경찰·공무원은 영방국가들에 의존하는, 이를테면 '몸뚱이 없는 머리'에 지나지 않았다. 더 나아가 9월 슐레스비히-홀슈타인 문제*로 영방국가들과의 대결인가 협조인가라는 기본자세에 관한 문제를 둘러싸고 의회는 동요한다. 이 지역의 지배권을 둘러싼 덴마크와의 전쟁에서 프로이센의 독자적인 이해관계에 기초한 휴전(말뫼 휴전)에 맞서 이 지역의 독일인 민족주의에 호응하는 국민의회는 9월 5일 격렬한 논쟁을 벌인 끝에 일단 이 휴전을 거부하긴 했지만, 16일에는 일변하여 휴전을 받아들였다. 이에 분개한 민중들이 18일 프랑크푸르트 시내에서 궐기한다. 의회는 구연방군에 그 진압을 맡겼다.

그 사이에도 의회는 독일국 헌법 작성을 진행하여 우선 국민의 기본권이 12월 21일에 제정되었다. 이는 전근대적인 신분특권·부역의 폐지, 통일적인 국가시민권과 법* 앞의 평등*, 나아가 출판·집회·결사·영업·거주의 자유 등 3월 혁명*에서 내건 요구들을 망라하는 것으로, 현재는 바이마르 헌법(1919), 본 기본법(1949)의 선구로서 평가되고 있다. 이어서 1849년 3월 27일 결의된 독일국 헌법에서는 이원제와 세습군주제를 정점으로 하는 연방국가 체제가 구상되어 프로이센 왕이 독일 황제로 선출되었다. 그러나 프로이센 왕은 이를 거부한다. 그로 인해 독일국 헌법의 제정은 이를 각 영방국가들이 승인하게끔 하는 운동으로 확대되어 1849년 봄부터 여름에 걸친 혁명의 최후의 고양에 계기를 마련했다. ☞입헌주의, 프로이센 국민의회

참 川越修,「1848年革命」, 木村靖二 外 編,『世界歴史大系ドイツ史2』 수록, 山川出版社, 1996.

―무라카미 슌스케(村上俊介)

『프레세』 [*Presse*, 1848-96]

『프레세』지는 1848년 혁명*의 한가운데서 7월 3일에 창(August Zang)에 의해서 빈*에서 발행되었다. 정부를 지지하는 자유주의파의 입장을 취했다. 1859년의 구독자 수 28,000명. 1861년 10월 20일호의「북아메리카의 내전」을 시작으로 맑스는 44개의 기사를 기고했다. 1864년 5월, 창의 독재적인 경영에 반발하는 사람들이『노이에 프라이에 프레세』를 발간하면서 분열.『프레세』지는 1896년까지 존속한다. 제2차 세계대전 후『노이에 프라이에 프레세』는『프레세』로 명칭을 변경해 현재에 이르고 있다.

참 A. Wandruszka, *Geschichte einer Zeitung*, Wien 1958.

―오쓰루 아쓰시(大津留厚)

『프렌드 오브 더 피플』 [*The Friend of the People*, 1850-51]

하니*에 의해『레드 리퍼블리컨』*의 후속지로서 1850년 12월 7일부터 1851년 7월 26일까지 주간으로 간행된 신문. 이 시기의 차티스트 운동*의 사회민주주의적인 방향으로의 전환을 보여주는 기사가 다수 게재

되고 있다. 또한 대륙의 혁명가들에 대해서도 마치니*, 르드뤼 롤랭*, 루이 블랑*, 코슈트*, 나아가서는 에카리우스* 등의 주장이나 그들의 동향에 대한 기사가 빈번히 게재되었지만, 전반적으로는 총화적인 편집 방침을 취하고 있어 이것이 맑스, 엥겔스*와 하니의 불화의 하나의 원인이 되기도 했다. ☞하니, 『레드 리퍼블리컨』, 차티스트 운동, 마치니, 르드뤼 롤랭, 블랑, 코슈트, 에카리우스, 엥겔스

참 *The Red Republican and the Friend of the People*, reprinted with an introduction by John Saville, London 1966. 岡本充弘, 「『共産黨宣言』とイギリス—最初の英語譯」, 篠原敏昭・石塚正英 編, 『「共産黨宣言」—解釋の革新』 수록, 御茶の水書房, 1998.

—오카모토 미치히로(岡本充弘)

프로메테우스 [Prometheus]

천상에서 훔친 불을 인간*에게 주어 제우스의 분노를 산 그리스 신화의 영웅. 맑스는 학위 논문의 서문에서 순교자로서의 프로메테우스를 "가장 고귀한 성자"라고 부름으로써 인간을 넘어선 존재를 거절하고 현실에서 살고 있는 개개의 인간에서 출발할 것을 선언한다[40:190-191]. 『철학의 빈곤』*에서도 사회를 인격화하여 프로메테우스라고 명명한 프루동*을 비판하고 살아 있는 개인*으로부터만 계급*의 현실성을 파악할 수 있음을 주장했다[4:124-126]. ☞『철학의 빈곤』, 「데모크리토스와 에피쿠로스의 자연철학의 차이」

참 Leonard P. Wessell Jr., *Prometheus Bound: The Mythic of Structure of Karl Marx's Scientific Thinking*, Baton Rouge and London 1984.

—아리에 다이스케(有江大介)

프로이센 국민의회—國民議會 [(독) Die preußische Nationalversammlung]

1848년 5월 22일 베를린*의 징-아카데미(Sing-Akademie)에서 개회되어 같은 해 11월 27일 정부에 의해 강제적으로 브란덴부르크 시로 이전된 이후, 12월 5일 해산. 의원 총수 약 400명 가운데 교양시민층이 많은 온건파가 우세했던 프랑크푸르트 국민의회*와 달리 농민과 수공업자의 대표도 선출되어 좌파가 100-130명, 중도좌파가 90-100명으로 과반수를 차지하며, 중도우파는 40-50명, 우파도 약 150명이다. 따라서 프랑크푸르트 국민의회보다 구세력과의 대립이 뚜렷이 드러났다.

6월 15일, 정부로부터 의회에 제출된 입헌군주제, 간접선거권, 이원제를 기축으로 하는 헌법안이 위원회에 회부되고, 7월 26일 헌법위원회 의장 이름에서 연유한 '발데크 헌장'을 상정, 10월부터 의회에서 심의되었다. 여기에는 의회주의를 기초로 입헌군주제, 국민무장 등이 담겨져 있다. 헌법심의와 함께 자유주의적 정부는 의회를 배경으로 전근대적인 제도들의 폐지를 지향하여 법안들을 제출, 심의되었다.

9월 이후 반혁명 측의 공세 속에서 11월에 국왕은 폰 브란덴부르크를 수상으로 지명하고, 이 수상은 11월 9일에 의회에 대해 11월 27일까지 브란덴부르크 시로 의회를 이전할 것을 지시한다. 좌파 의원들은 이에 반발해 베를린 시내의 여러 곳을 전전하면서 의회 계속을 시도했으나 군에 의해 무산되었다. 11월 27일에 브란덴부르크 시의 교회에서 의회가 재개된 후, 12월 5일에는 국왕에 의해 해산되었다. 이와 동시에 국왕과 정부는 헌법을 포고. 여기에는 국왕 대권을 전제로 하면서도 프로이센 국민의회에서 심의된 많은 근대적 제도들이 들어가 있었다. ☞프랑크푸르트 국민의회

참 Wolfram Siemann, *Die deutsche Revolution von 1848/49*, Frankfurt a. M. 1985. Susanne Böhr, *Die Verfassungsarbeit der preußischen Nationalversammlung 1848*, Frankfurt a. M./Bern/New York/Paris 1992.

—무라카미 슌스케(村上俊介)

「'프로이센 국왕과 사회개혁'에 대한 비판적 논평. 어느 프로이센인에 대하여—國王—社會改革—批判的論評」 ["Kritisches Randglossen zu dem Artikel: Der König

von Preußen und die Sozialreform. Von einem Preußen", 1844]

『포어베르츠』[1*]에 1844년 8월 7일에 게재된 맑스의 논문. 6월에 일어난 슐레지엔의 직조공 폭동*에 대해 루게*가 7월 27일의 『포어베르츠』에 「프로이센 국왕과 사회개혁」이라는 논문을 게재했다. 이 논문은 프로이센 국왕의 자선을 기대한다는 것이었지만, 『포어베르츠』 편집부는 국왕의 자선정책에 반대하고 있었다. 그리하여 베버가 8월 3일에 「프로이센의 공적 자선」을 『포어베르츠』에 게재해 자선은 빈곤을 멈추게 하지 못한다고 비판한다. 그것을 이어받아 맑스가 쓴 것이 이 논문이다. 따라서 부제에 있는 '어느 프로이센인'은 루게를 가리킨다. 맑스는 사회 위기의 원인 쪽에 눈을 돌려야 한다고 말하고, 슐레지엔의 폭동은 국왕을 향한 것이 아니라 부르주아를 향한 농민들의 저항임을 지적한다. 비판받아야 하는 것은 국왕의 자선이 아니라 이러한 빈곤을 낳은 국민경제학이었다. 이 논문은 『경제학 · 철학 초고』*를 집필할 무렵에 씌어졌다. 그 후 작성된 베버의 「알자스의 오스트발트 콜로니」(8월 10일), 「화폐」(8월 23일)라는 논문도 사적 소유를 전제로 한 국왕에 의한 자선은 무의미하다는 것을 주장하고 있으며, 내용적으로도 맑스의 『경제학 · 철학 초고』와 비슷한 점이 있었다. 따라서 베버의 논문은 『경제학 · 철학 초고』를 토대로 해서 씌어진 논문이었다고 말할 수 있을 것이다. ☞슐레지엔의 직조공 폭동, 『포어베르츠』[1], 『경제학 · 철학 초고』, 루게

㊟ 的場昭弘, 『パリの中のマルクス』, 御茶の水書房, 1995.

—마토바 아키히로(的場昭弘)

프로이센-오스트리아 전쟁—戰爭 [(독) Deutscher Krieg]

1863년에 독일연방에 속하는 슐레스비히 공국과 독일계 인구가 많은 홀슈타인 공국의 합병을 덴마크가 시도하자 오스트리아와 프로이센은 이에 항의해서 1864년 공동으로 출병하여(덴마크 전쟁) 두 공국을 점령했다. 65년의 가스타인 협정으로 슐레스비히는 프로이센의, 홀슈타인은 오스트리아의 통치하에 두기로 결정되었지만, 프로이센은 홀슈타인도 지배하에 둘 것을 요구하여 오스트리아와 대립하며, 1866년 6월에 양국 간에 전쟁이 벌어졌다(프로이센-오스트리아 전쟁). 그 배경에는 독일 통일을 둘러싼 프로이센과 오스트리아의 대립이 있었다. 프로이센 측에는 북독일의 17개의 영방이 가세하고, 오스트리아 측에는 바이에른, 작센, 뷔르템베르크 등이 편들었다. 전투는 H. 몰트케가 이끄는 프로이센 측이 유리한 형세로 진행되어 7월 3일 엘베 강 상류 쾨니히그레츠(현 체코령-흐라데츠크랄로베) 근교에서 오스트리아 군은 결정적인 패배를 당하고, 8월 23일에 프라하에서 평화조약이 체결되었다. 그 결과 독일연방은 해체되고 프로이센은 북독일연방의 맹주가 되어 독일 통일의 주도권을 잡았다. 엥겔스*는 프로이센-오스트리아 전쟁의 결과가 독일의 노동자계급에게 지닌 의미로서, 노동자가 입법의회에 직접 자신들의 대표를 보낼 권능을 획득했다는 점과, 독일에서의 혁명*의 중대한 적이 프로이센 정부 하나로 좁혀졌다는 점을 지적했다. 1871년의 프로이센-프랑스 전쟁에서 프랑스가 패하자 유력한 지원군을 잃은 바이에른, 뷔르템베르크도 프로이센에 굴복함으로써 독일제국이 성립했다. 다른 한편 독일 통일에서 배제된 오스트리아에서는 아우스글라이히 협정이 체결되어 오스트리아와 헝가리가 각각 자립적인 정부를 갖고 대등한 입장에서 동군연합(同君聯合, Personal union)을 체결하는 오스트리아-헝가리 제국이 성립했다. ☞나폴레옹 3세, 『포크트 씨』, 「18세기의 비밀 외교사」

㊟ Rudolph Broecker, *Erinnerungen an die Tätigkeit der 11. Infanterie-Division und ihrer Artillerie während des Feldzuges 1866*, Berlin 1867. 大津留厚, 『ハプスブルク帝國』, 山川出版社, 1996.

—오쓰루 아쓰시(大津留厚)

『프로이센의 군사문제와 독일 노동자당』—軍士問題—獨逸勞動者黨』 [*Die preußische Militärfrage und die deutsche Arbeiterpartei*, 1865]

1860년대 초 이래로 프로이센 왕국 정부와 하원의 진보당과의 헌법분쟁에서의 쟁점이었던 군제개혁 문제에 대한 태도에 대해 논한 엥겔스*의 저작. 당초 라살레파의 기관지 『사회민주주의자』(*Der Sozialdemokrat*)에 기고할 예정이었으나 이 신문의 비스마르크*에게로 기울어진 자세 때문에 1865년 2월 말에 함부르크*의 오토 마이스너 서점에서 소책자로 간행되었다.

소책자는 세 개의 장으로 이루어진다. 제1장에서 엥겔스는 군사과학적인 측면에서 검토를 가하여 프로이센 군제개혁에 대해, 본래의 병역의무로 돌아간다는 겉모습 하에서 간부군 제도로 방향을 전환함으로써 군제 안에 불안정 요소를 가지고 들여온다는 점을 결점으로서 지적한다. 제2장에서는 부르주아적 반대파인 진보당의 군사문제에 관한 정부에 대한 타협적 태도를 비판한다. 제3장에서는 무기의 취급에 익숙한 노동자가 많을수록 좋다는 견지에서 일반 병역의무를 철저하게 실시하는 것이 프로이센 군제개혁에 대한 독일 노동자계급의 유일한 관심사이며, 또한 일반 병역의무는 보통선거권의 필요한 동시에 당연하기도 한 보완물이라는 것이 주장되고, 노동자당이 취해야 할 정책으로서는 당을 현 상황이 허락하는 한에서 조직된 상태로 유지하면서 진보당을 가능한 한 급진적인 방향으로 밀고나가는 것이 제시되고 있다.

—시노하라 도시아키(篠原敏昭)

프롤레타리아트 독재—獨裁 [(독) Diktatur des Proletariats]

프롤레타리아트 혁명 후 자본주의 사회로부터 공산주의 사회로 이행하는 과도기에 등장한다고 맑스가 『독일 노동자당 강령 평주』(1875년 기초), 이른바 『고타 강령 비판』*에서 서술한 국가형태. 1848년 혁명* 패배 후 맑스는 50년 3월에 「공산주의자동맹 중앙위원회의 동맹원을 향한 호소」에서 프롤레타리아트 혁명 후의 행동방침을 다음과 같이 말하고 있었다. "우리의 이해관계와 임무는 크든 작든 유산계급이 지배의 자리에서 배제되고 국가권력을 프롤레타리아트의 수중에 넣어 프롤레타리아의 아소치아치온(아소시아시옹*)이 한 나라뿐만 아니라 전 세계의 모든 유력한 나라들에서 매우 광범위하게 전진하는 것으로, 이와 같은 나라들에서의 프롤레타리아들의 경쟁이 그치고 적어도 결정적인 생산력들이 프롤레타리아의 손에 집중할 때까지 혁명*을 영속시키는 것이다"[7:250-255].

이 문장에서 "국가권력을 프롤레타리아트의 수중에 넣어"라는 것에 의해 표현되는 내용은 후에 '프롤레타리아트 독재'라고 표현되게 된다. 맑스는 공산주의 혁명의 목표를 '아소치아치온'의 완성으로 보고, 그 출발점을 이루는 프롤레타리아트 혁명에서는 노동자계급에 의한 반혁명 세력들에 대한 독재를 상정한다. 그는 프롤레타리아트 혁명의 개시 이전에는 각지에 설립되는 혁명결사로서의 노동자당을 축으로 생각하지만, 그것들은 혁명 후에 등장하는 국가*로서의 프롤레타리아트 독재에 종속되며, 이 국가로서의 독재는 또한 그 때문에 다시 사회로서의 아소치아치온에 종속된다고 생각했다. 맑스에게 있어 궁극적으로는 국가가 아니라 사회가 제1원리였던 것이다. 그러나 맑스는 사회야말로 제1원리라는 것을 강령 수준에서는 확정할 수 없었다. 시장원리와 국가원리를 비판한 대목까지는 예리했지만, 사회의 원리가 갖고 있는 힘을 맑스는 국가원리와 구별하여 파악할 수 없었다. 어디까지나 국가를 강화하면서 사회를 개조하고자 기도했던 것이다. 국가 다음이 아니라면 사회는 문제가 되지 않았다.

그와 같이 맑스는 아소치아치온(사회)의 전제로서 독재(국가)를 두었지만, 그에 비해 아나키스트인 바쿠닌*은 맑스와 반대로 독재(결사에 의한)의 전제로서 아소치아치아(사회)를 두었다. 1872년 「루비코네와 다른 모든 친구에게 보내는 편지」에서 바쿠닌은, 노동자들은 혁명결사의 '집단적 독재'를 지주로 하면서 "아래로부터 위로의, 국가의 굴레로부터 해방*된 모든 종류의 노동자 아소시아시옹*의 자유로운 연합에 의한 재편"을 관철할 것을 설파하고 있다. 바쿠닌에게서는 먼저 아소시아시옹이 있고 그 연합을 실현하는 보좌역으로서 혁명결사의 집단독재가 있는 것이다. 바쿠닌의 집단적 독재이론은 맑스가 생각한 프롤레타리아트

독재와 대조적이다. ☞아소시아시옹, 『고타 강령 비판』, 바쿠닌

참 石塚正英, 「プロレタリアート革命と政黨の廢絶」, 『文化による抵抗』 수록, 柘植書房, 1992. 大井正, 「プロレタリア獨裁とマルクス」, 石塚正英 外 編著, 『マルクス思想の學際的研究』 수록, 長崎出版, 1983. M. A. バクーニン(黑澤岑夫 譯), 『バクーニン著作集』, 第6卷, 1973.

—이시즈카 마사히데(石塚正英)

프뢰벨 [Carl Ferdinand Julius Fröbel 1805-93]

독일의 저술가 · 정치가. 목사 집안에서 태어나 숙부 프리드리히의 유명한 카일하우 학교에서 교육*을 받았다. 1827년에 뮌헨 대학에 입학해 자연과학*을 전공하고, 1833년에는 예나 대학*에서 박사 학위를 받았다. 같은 해 취리히*로 옮겨 공업학교에서 교사를 하면서 1836년부터는 취리히 대학의 교수를 겸임했다. 1840년에 루게*와 공동으로 출판사 Das Literarische Comptoir의 경영을 인수하고, 헤르베크*의 저작을 출판하여 3월 전기의 독일의 운동에 있어 새로운 이념의 무기 제조소가 되었다. 1842년에 교수직을 사임하고 같은 해 말부터는 『슈바이처리셔 레푸블리카너』*지의 편집과 출판사 경영에 전념했다. 이 시기의 프뢰벨은 바이틀링*이나 바쿠닌*과 친하고 소유에 일정한 제한을 설정해야 한다고 생각했다는 점 등에서 사회주의*의 영향을 찾아볼 수 있었다. 그러나 그로 인해 점차 취리히 급진파와 대립하게 되었다. 1844년에 파리*의 자회사가 『독불연보』*의 출판을 실현하지만 같은 시기에 스위스 본사도 경영난에 빠져 1845년에는 더 이상 유지할 수 없게 되었다. 그 때문에 그도 1846년에는 귀국하여 드레스덴*에서 살았다.

1848년 혁명*기에는 공화주의적 · 민주주의적 입장에 서서 저술 활동을 전개하고, 6월에 민주당을 결성했다. 10월에 프랑크푸르트 국민의회의 의원에 선출되고, 빈 봉기를 격려하기 위해 이 도시에 파견되어 체포되었지만 곧바로 석방되었다. 이후 그는 '극좌' 노선에서는 멀어졌지만 대독일주의에 선 민주당의 입장은 변하지 않으며, 슈투트가르트의 잔해 의회에도 바덴 봉기*에도 참가했다. 혁명*이 좌절된 이후에는 미국으로 떠나며, 1857년에 귀국한 뒤에는 저술가로서 대독일주의 민주당의 입장에서 활동했다. 그러나 1866년에 소독일주의의 추세가 결정적으로 되자 이를 받아들이며 1873년에는 제국 관료가 되었다. ☞루게, 『슈바이처리셔 레푸블리카너』, 『독불연보』

참 Ernst Feuz, *Julius Fröbel. Seine politische Entwicklung bis 1849*, Bern/Leipzig 1932. Werner Näf, *Das Literarische Comptoir Zürich und Winterthur*, Bern 1929. Hans Gustav Keller, *Die politischen Verlangsanstalten und Druckereien in der Scweiz 1840-1848. Ihre Bedeutung für die Vorgeschichte der deutschen Revolution von 1848*, Bern/Leipzig 1935.

—와타나베 고지(渡辺孝次)

프루동 [Pierre-Joseph Proudhon 1809-65]

청년 맑스는 프루동을 프랑스 사회주의의 가장 양질의 부분으로 간주하며 "그의 저작은 프랑스 프롤레타리아트의 과학적 선언"[『신성 가족』, 2:39]이라고 말했지만, 1846년을 전후로 해서 평가는 일변한다. "그는 자본*과 노동* 사이를 …… 끊임없이 방황하는 프티부르주아에 지나지 않는다"[『철학의 빈곤』, 4:148, 149]고 생각되었다. 분명 프루동은 직인적인 노동자였고 어떤 시기에는 경영자이기도 했다. 그러나 그러한 경험의 뒷받침이 프루동의 사상에 독자적인 폭넓음과 설득력을 부여하고 있는 것이다.

【 I 】 직인적인 출신

프루동은 1809년 1월 15일 프랑스 동부의 도시 브장송에서 태어났다. 맑스보다 9살 연장자이다. 전원 속에서 자라며 집은 가난했지만 17살까지 학업을 계속할 수 있었다. 공공도서관의 단골이 될 정도로 책을 좋아하며, 콜레주를 중퇴한 후에는 시내의 인쇄소에 취직해 일을 통해 학자 · 지식인들과 알게 되고, 문장 기술을 배우고 학문 연구의 스타일을 체득한다. 같은 고향의 사회주의자 푸리에*와도 거기서 만나며, 본인의 술회에 따르면 한때 "이 기묘한 천재의 포로"가 된다.

인쇄 직인으로서도 착실한 경력을 쌓아 식자공에서 교정공이 되며, 직인들의 전통에 따라 '프랑스 순례'를 한 뒤 친구와 함께 공동 출자하여 브장송에서 인쇄소를 열어 27살이라는 나이로 '대표'가 된다. 능력의 다양화를 노동자의 인간적 성장과 중첩시켜 보고 노동자들에게 자립적인 창의적 공부의 노력과 자기책임의 윤리를 요구하는 프루동의 관점은 그의 직인적인 출신에서 유래한다. 인쇄소는 경영난으로 2년 뒤에 파산한다. 친구는 자살하고 프루동에게 거액의 빚을 남겼다. 프루동은 만년의 저작 『노동자계급의 정치적 능력』(1865)의 말미에서 "노동자들은 자기 자신의 고통밖에 시야에 없다. 부르주아의 어려움과 고뇌에는 생각이 미치지 않는다"라고 썼는데, 이것도 그의 경험에 기초한 독백이다.

【Ⅱ】 이론의 구축

인쇄 직인 시절에 프루동은 언어학에 흥미를 갖게 되며, 28살 때 최초의 저작 『일반문법론』을 자비로 출판하는데, 인쇄소 경영의 파탄을 계기로 학문 연구 지향을 점점 더 높여간다. 그 후 프루동의 두뇌의 우수함을 알고 있는 고향 지식인들의 권유로 응모한 슈아르 장학금(연 1,500프랑)에 당선해 1838년 11월부터 3년간 파리*에서 면학에 전념할 수 있게 되었다. 40년의 저작 『소유란 무엇인가』*는 그 시절의 뛰어난 성과이다. 초판 500부로 세상에 나온 이 책은 "소유*란 도둑질이다"라는 충격적인 구절로 점차 평판의 대상이 되어 판을 거듭한다. 청년 맑스를 크게 감동시킨 것도 이 책이었다. 프루동은 소유에 관한 저작을 41년과 42년에 잇따라 출판해 새로운 타입의 사회주의자, 경제철학자로서 유명해져 갔지만, 생활은 여전히 궁핍하여 43년에 같은 고향의 지인이 리옹에서 경영하는 수운회사에 회계 담당자로 고용된다. 그렇지만 이 일은 매우 여유 있게 할 수 있는 것이어서, 월급 200프랑을 받으면서 거의 자유롭게 연구가 가능했고 수차례에 걸쳐 장기간의 파리 체류도 허용되고 있었다. 이러한 입지를 이용하여 프루동은 43년에 『인류에서의 질서 창조』*를 마무리하여 출판한다. 파리 체류 중에는 맑스를 포함하는 다양한 망명 지식인들과 교류한다. 특히 독일인들은 각자 나름의 의도로 유명인인 프루동과의 결합을 심화시키고자 서로 경쟁했다. 44년 9월부터 45년 2월에 걸친 체류 중에 프루동은 맑스와도 수차례에 걸쳐 만나지만, 오히려 그륀*과 친하게 지낸다. 그륀은 독일 철학을 이해하기 쉽게 해설해 주는 인물로서, 또한 생활고 속에서도 분투하는 모습을 보여주어 파리의 지식인・노동자들 사이에서 받아들여지고 있었다. 맑스나 엥겔스*는 그런 모습에 초조해져 그륀에 대한 경계를 호소하는 편지를 프루동에게 보낸다(46년 5월 5일자). 프루동은 이 편지의 앞부분에 있는 독・불 동맹 결성 시도에 원칙적으로 찬성을 표명하면서도 그륀 공격에 대해서는 타이르는 답장을 써 보낸다(같은 해 5월 17일자). 이 일을 경계로 프루동은 맑스 등에게 있어 적으로 간주되게 된다. 46년 10월, 프루동이 『빈곤의 철학—경제적 모순의 체계』*를 출간하자 맑스는 이듬해 47년 7월 『철학의 빈곤』*에서 이를 격렬히 비난했다. 그러나 프루동은 묵살한다.

【Ⅲ】 이론에서 실천으로

1848년 혁명* 직후부터 프루동의 활동은 사회적 실천으로 크게 이동한다. 『빈곤의 철학』에서 획득한 상호주의 아이디어에 입각하여 경제문제 해결의 실마리를 금융의 장면에서 찾으며, '인민은행'이라는 이름의 상호신용금고의 창설을 시도했다. 신문 『인민의 대표』를 발간하고 은행 설립 계획을 알리는 데 노력한다. 신문의 발행부수는 평균 4만부, 하루 평균 250프랑의 이익을 올릴 정도였다. 48년 6월의 국회의원 보궐선거에 당선한 데서도 프루동의 인망과 명성의 정도를 엿볼 수 있다. 6월 봉기* 후의 반동의회 속에서는 고군분투하며, 맑스도 프루동의 사후에 그의 용감함을 칭송하고 있다[「P. J. 프루동에 대하여」, 16:28]. 프루동은 49년 3월, 대통령 루이 나폴레옹*을 중상한 죄목으로 금고 3년과 벌금 3,000프랑을 부과 받으며, 인민은행 계획도 이때 무너져버렸다. 『19세기에서의 혁명의 일반이념』(1851)은 옥중에서 집필한 것이다. 1853년에 생활비를 벌기 위해 쓴 『주식투자 매뉴얼』은 예상외의 판매고를 보인다. 프루동은 노동자의 중산계급으로의 육성을 기대했으나 그것은 인민의 자기통치 능력에 대한 신뢰와 일체를 이루는 것이다. 55년 무렵 프루동은 『경제학』이라는 제목의 대저를 집필하기 시작하고 집합존재로서의 사회의 동태를 전체적으로 파악하는 새로운 사회과학의 구축을 시도하지만 이는 간행되지 못한 채로 끝났다. 그 수고에서는 이전의 맑스의 논란에 응답하고자 하는 의도도 엿볼 수 있다. 58년의 대저 『정의』도 많이 판매되었지만, 역으로 그로 인해 공공질서와 미풍양속을 어지럽힌다는 비난을 받자 프루동은 벨기에로 도망갔다. 망명 중에는 물론이고 62년에 귀국한 뒤에도 여러 저작들을 발표해 사상계에 끊임없이 충격을 주었다. 소유를 개인*의 자유*・자립・자기책임의 근거로 간주하는 『소유의 이론』을 남기고 65년 1월 19일에 병으로 사망한다. ☞프루동주의, 편력 직인, 아나키즘, 『신성 가족』, 『철학의 빈곤』, 『빈곤의 철학』, 『인류에서의 질서 창조』, 그륀

참 P. Haubtmann, *Proudhon (1809-1849)*, Paris 1982. id., *Proudhon (1849-1865)*, 2vols., Paris 1988.

—사이토 요시노리(齊藤悅則)

프루동주의—主義 [(불) proudhonisme]

프루동*의 사후에 그의 사상적 영향력의 크기는 우선 국제노동자협회*의 성립 장면에서 나타난다. 앙리 톨랭을 비롯한 프랑스의 대의원들은 런던*의 중앙위원회에 대항하여 전체의 논의를 주도해간다. 1866년의 제네바 대회는 거의 프루동주의 일색으로 물들었다. 노동자계급의 해방*은 노동자 자신에 의한 사업이며 그 자율성을 발전시키는 데서는 아소시아시옹*(노동자를 하나로 묶으려는 것)은 유해하다고 주장한다. 그러나 1867년의 로잔 대회에서는 개개의 노동자들의 자립의 근거로서 소(小)소유를 용인하는 톨랭 등의 주장은 보수적이라고 간주되게 된다. 그리고 1868년의 브뤼셀 대회에서는 프루동주의자는 패퇴하고 말았지만 탈퇴하지 않으며, 1869년의 바젤 대회에서는 맑스와 바쿠닌*의 논쟁에 반권위주의 입장에서 개입해 맑스를 계속해서 아주 곤혹스럽게 만들었다. 1871년의 파리 코뮌*은 국가*의 폐지를 지향한 프루동의 사상을 체현하고자 하는 커다란 역사적 시도였다. 코뮈나르라고 불리는 활동가 대다수는 프루동주의자이며, 톨랭의 타협적 태도를 뛰어넘어 급진화한다. 결과는 비참한 패배로 끝났지만 프루동주의가 누구를 위한 사상인가를 널리 알리며, 후에 아나르코 생디칼리슴으로서 소생・발전해가는 바탕이 된다. ☞아나키즘, 인터내셔널{국제노동자협회}, 파리 코뮌, 바쿠닌

참 J.-H. Puech, *Le Proudhonisme dans l'Association Internationale des Travailleurs*, Paris 1907.

—사이토 요시노리(齊藤悅則)

프리드리히 빌헬름 4세 [Friedrich Wilhelm Ⅳ 1795-1861]

3월 전기부터 3월 혁명기의 프로이센 국왕. 1840년 6월에 프리드리히 빌헬름 3세가 사망한 뒤 4세로서 즉위한다. 그는 황태자 시절에 K. L. v. 할러와 A. 뮐러를 신봉하는 낭만주의적 성향의 소유자였다. 부왕의 시대부터 정치에 관여하여 그 주위에는 재상 K. A. v. 하르덴베르크의 정치개혁에 반발하는 보수파가 모여 있었다. '기독교 국가'를 이상으로 삼았지만 정치적 수완의 부족으로 '왕좌의 낭만주의자'라는 평을 들었다. 30년대를 통한 상공업의 발전에 따라 사회상황이 크게 변모하고 사회적 모순이 표면화되는 가운데 그는 발생하고 있는 모순을 회피할 시책을 내세우고자 했다. 헌법제정의 시사, 검열*의 완화 등 진취적인 방향도 제시했지만 이것들은 얼마 지나지 않아 포기되었다. 이런 가운데 1848년 혁명*을 앞두고 반체제적인 사조와 운동에 대해 탄압을 강화한다. 이러한 정세 속에서 헤겔 좌파*가 등장한다.

48년 3월 혁명*에서 그는 혁명에 일시적으로 양보했으나 그 퇴조와 더불어 베를린 국민의회를 해산하고 혁명파를 탄압하는 동시에 12월에는 흠정헌법을 발포했다. 또한 프랑크푸르트 국민의회*가 프로이센 국왕을 독일 황제로 선출했으나 대관을 거부했다(1849년 4월). 또한 프로이센을 맹주로 한 소독일주의적 국가통일에 대한 그의 집착은 열강의 지지를 얻지 못하고 좌절했다(1850년 11월, 올뮈츠 협약). 1857년에 정신병

에 걸리고, 58년에는 동생 빌헬름(훗날 1세)이 섭정을 맡았다. ☞프랑크푸르트 국민의회

참 『世界歷史大系 ドイツ史2』, 山川出版社, 1996.

—다키구치 기요에이(瀧口淸榮)

참 サミュエル・H. バロン(白石治朗 外 譯), 『プレハノーフ—ロシア・マルクス主義の父』, 恒文社, 1975. *Kniga v Rossii 1881-1895*, Sankt-Peterburg 1997.

—시모사토 도시유키(下里俊行)

플레하노프 [Georgii Valentinovich Plekhanov 1856-1918]

러시아의 직업 혁명가이자 사회민주주의자. 탄보프 지방의 타타르계 소지주로 군인 일가의 아들로서 태어났다. 페테르부르크의 포병학교에 진학한 후 광산전문학교로 전학하지만 중퇴한다. 1876년 12월의 카잔 광산의 데모에서 연설한 이후 혁명 조직인 '토지와 자유'의 활동가로서 공장노동자들의 선동에 종사했다. 1879년에 조직이 분열될 때 '인민의 의지'당의 정치테러에 반대하고 농촌에서의 선동을 중시하는 '흑토 재분할' 파를 데이치, 악셀로트, 자술리치* 등과 함께 결성했다. 80년에 제네바로 망명*하여 맑스의 저작들에 대한 연구에 전념하는 가운데 이전의 바쿠닌적인 무정부주의적 입장에서 정치투쟁을 중시하는 입장으로 전환했다. '인민의 의지'당과의 합동 교섭을 하는 가운데 '인민의 의지'당이 주도한 「러시아 사회혁명 문고」의 한 권으로서 『공산당 선언』*(러시아어판 서문, 1872년 독일어판 서문, 『내전』* 발췌, 「국제노동자협회 일반규약」)의 러시아어 번역을 행하고, 82년에 제네바에서 출판했다. 교섭이 결렬된 후 83년에 러시아 최초의 사회민주주의 그룹 '노동해방'을 결성하고, 맑스와 엥겔스*의 저작의 러시아어 번역과 '과학적 사회주의'의 보급을 위한 '현대 사회주의 총서'를 발간했다. 이 총서의 한 권으로서 『공상에서 과학으로』*(1884), 『자유무역론』(1885), 『철학의 빈곤』*(1886), 「포이어바흐 테제」*(1892) 및 「루게에게 보내는 서간」(1892년 『사회민주주의자』 지에 게재)의 러시아어 번역을 감수하는 동시에 '인민의 의지'당 계열의 사상가들을 비판했다. 1889년 파리 국제노동자대회에 러시아 사회민주주의자의 대표로서 참가해 러시아 혁명은 노동운동으로서 승리할 것이라고 연설했다. 후에 울리야노프(레닌)와 러시아 사회민주노동자당을 결성한다. ☞러시아 사상

플로콩 [Ferdinand Flocon 1800-66]

1848년 파리*의 2월 혁명*에 의해 성립한 임시정부의 일원이 되었을 때 맑스에게 편지를 보내(3월 1일) "용감하고 성실한 맑스"라 부르며 맑스의 프랑스 입국을 재촉한 인물. 맑스는 혁명으로 타도된 국왕 루이 필리프*의 정부에 의해 국외추방 처분을 받고 있던 상태였는데, 이 편지는 혁명에 의해 맑스의 프랑스 입국이 가능해졌음을 인정하는 것이었다. 플로콩은 저널리스트로서 활동하기 시작하여 1845년에 프랑스 급진공화파의 유명한 신문 『라 레포름』의 편집장이 되며 공화파의 활동가로서 알려지게 된다. 르드뤼 롤랭*과 마찬가지로 정치혁명을 사회혁명에 연동시킬 것을 주장했지만, 그것의 가장 좌익에 자리매김되었다.

2월 혁명을 실현시키게 되는 민중운동이 발생할 때에 그것을 선동하는 담론을 『라 레포름』의 전단지로서 유포한 것으로 주목을 받아 임시정부에 참여하게 되었다. 헌법제정의회의의 대의원에 당선되고 공화정의 새 정부의 농상무 장관이 되지만, 6월 봉기* 때에 그것을 진압하는 계엄령에 찬성한 것이 평생에 걸쳐 회한을 남기게 되었다. 1849년에 스트라스부르*에 가서 바덴 봉기*를 지원한다. 1851년 12월의 루이 나폴레옹*의 쿠데타 후에 스위스로 망명*. 만년에는 루이 나폴레옹의 요청을 받은 스위스 관헌의 감시 아래 놓이고 빈궁으로 고생한다. 서서히 시력이 나빠져 끝내 앞을 볼 수 없게 되며 로잔*에서 사망했다. ☞2월 혁명, 루이 필리프, 나폴레옹 3세, 로잔

참 *Dictionnaire biographique du mouvement ouvrier français 1799-1864*, tome 2, Paris 1965.

—기야스 아키라(喜安 朗)

피퍼 [Wilhelm Pieper 1826-99]

맑스의 1850년대 초의 비서. 1848년 혁명*에 괴팅겐 대학의 학생으로서 참가해 4주간 복역한 뒤 런던*으로 망명*한다. 런던에서는 은행가 라이오넬 로스차일드 가의 독일어 가정교사가 된다. 그러나 공산주의자동맹*의 회원이 되어 맑스를 지지한 점도 있고 해서 가정교사에서 해고된다. 그 후에도 맑스 가*에 들어가 살면서 영어를 가르치거나 번역을 한다. 여성편력 끝에 병에 걸려 1859년 독일로 돌아가면서 맑스와의 관계는 끝난다. ☞망명

㉾ B. Schwineköper, "Wihelm Pieper Teutoniae als Göttinger Revolutionär (1848) und als Emigrant in London im Kreise von Karl Marx und Friedrich Engels (1849-1859)", in: *Jahrbuch des Vereins für corpstudentische Geschichtsforschung*, 1964.

—마토바 아키히로(的場昭弘)

피히테 [Johann Gottlieb Fichte 1762-1814]

'독일 관념론'의 철학자 가운데 한 명. 신의 관념을 '우리의 내적인 도덕법칙의 외화(Entäußerung)' 내지 '전이(Übertragung)'로 파악하는 종교론(『계시비판』)을 제시하고 전기 대표작인 『모든 학문론의 기초』에서 자아의 철학을 설파했다. 이른바 '무신론 논쟁'의 영향으로 예나*에서 쫓겨나 베를린*으로 옮긴 뒤, 후기 피히테는 『1804년 학문론』에서 절대자의 개념을 중심으로 한 '이성론' 및 '현상론(Phänomenologie)'을 전개했다. 나아가 『현대의 근본 특성』에서는 '행동의 학문(Wissenschaft des Handelns)'을 주장하고, 수많은 정론(『독일국민에게 고함』 등)도 남겼다. 실천의 우위를 바탕으로 설파된 피히테의 자아의 철학 내지 자기의식론은 헤겔 좌파*뿐만 아니라 맑스・엥겔스*에게 있어서도 본질적인 의의를 갖는다. 분명히 『신성 가족』* 에서는 "피히테의 자기의식"[2:146]을 '일면적으로' 철저화한 것이 브루노 바우어*라고 하는 비판적인 견해가 제시된다. 하지만 거기서의 비판의 안목은 현실성 상실에 빠져든 자기의식을 향하고 있는 것이지 자기의식 그 자체의 청산인 것은 아니다. 실제로 『독일 이데올로기』*에서는 "생산력들에 의해 제약당하는 동시에 생산력들을 다시 제약하는 교통 형태"[廣38]로서의 시민사회*를 파악하는, 그 원점에 자기의식이 위치지어진다. 자연에 대한 관계 및 인간에 대한 관계라는 이중의 관계태는 "나에게 있어(für mich) 현존하는"[廣28] **자기** 관계태에 다름 아니다. 하지만 그렇다고 해서 그 '나'에 의해 매개된 온갖 관계태가 그대로 주관으로 해소된다는 것을 의미하는 것은 아니다. 근본적으로 말하자면 맑스・엥겔스의 실천적 의식은 "물질적 생산"뿐만 아니라 "정신적 생산"[廣29]도 포괄하는 중층적인 '교통*' 개념의 전개를 통해 온갖 관계태를 파악하는 피히테의 자기의식을 그 핵심에서 심화시킨 것이다. ☞의식, 바우어[1], 행위의 철학, 교통

㉾ 木村博, 「宗教批判と自己意識―ブルーノ・バウアー, フォイエルバッハとマルクス」, 岩佐茂 外 編, 『「ドイツ・イデオロギー」の射程』 수록, 創風社, 1992. 渡辺憲正, 『近代批判とマルクス』, 青木書店, 1989. ガローディ(河野健二 監譯), 「フィヒテとマルクス」, 『若きマルクスと現代』 수록, 合同出版, 1970, J. Mader, *Fichte Feuerbach Marx*, Wien 1968.

—기무라 히로시(木村 博)

필립스 가—家 [(독) Die Familie Philips]

맑스의 외가 쪽 친척. 유대계. 맑스 모친의 여동생 조피 프레스부르크가 시집을 간 곳은 네덜란드 잘트봄멜(Zaltbommel)의 리온 필립스였다. 맑스의 숙부에 해당하는 리온은 잘트봄멜에서는 커피・담배의 제조와 거래를 하고 있었다. 리온의 손자 안톤과 헤라르트가 전기회사 필립스의 창시자이다.

맑스 가*는 필립스 가와 깊은 교류가 있었다. 맑스의 여동생 조피의 시집에는 암스테르담*에서 변호사가 되는 아우구스트의 사인이 들어가 있다. 그 날짜와 장소는 "1835년 9월, 아헨"이다.

필립스 가와의 관계에서 가장 중요한 것은 리온이 하인리히 맑스*의 유산을 관리하고 있었다는 사실이다. 1847년부터 시작되는 맑스의 잘트봄멜 방문은 주로 이 유산에서 돈을 받아내기 위해서였다. 50년 이후

재정적으로 어려움에 처한 맑스는 빈번히 필립스 가를 방문한다. 이러한 교섭은 63년 모친의 죽음과 더불어 끝나고 맑스는 모친의 유산으로서 그의 몫인 나머지 모든 재산을 받는다.

그러나 맑스와 필립스 가와의 관계는 단지 금전 문제에만 한정되어 있지 않다. 맑스가 부친의 사망 후 여러 가지 문제를 리온에게 따져 물은 일은 서간에 의해 밝혀져 있다. 또한 맑스는 리온의 아들인 로테르담의 헨드릭과 정치문제를 의논하거나(서간은 존재하지 않는다) 암스테르담의 아우구스트에게는 『자본』*, 『정치경제학 비판을 위하여』*를 기증하기도 했다. 게다가 아우구스트는 『자본』의 프랑스어 번역자 라샤트르와의 계약에 대해 맑스에게 조언을 하고 있었다.

이러한 양가의 유대는 가족관계에서는 더욱 끈끈한 것이었다. 맑스의 여동생 조피와 슈말하우젠의 딸 베르타가, 리온의 딸 헨리에테와 판 안로외이의 아들 레오날드 페터와 혼인을 맺은 일, 또 맑스의 여동생 루이제가 필립스 가와의 관계에서 잘트봄멜의 얀 유타와 결혼한 일 등 필립스 가와의 관계는 깊다.

또한 맑스가 잘트봄멜을 수차례 방문한 또 하나의 목적은 종자매인 나네테 필립스였다고도 말해지고 있다. 맑스는 나네테를 특별히 여겨 그녀를 개인적으로 제1인터내셔널 헤이그 회의의 네덜란드 측의 통신원의 한 사람으로 삼고 있었다. 맑스와 나네테의 서간에서 엿보는 한에서 두 사람 사이는 매우 친밀했다. 물론 맑스의 편지는 나이 차이가 많은 숙부가 조카에게 보내는 것과 같은 편지였다. 그러나 나네테의 편지에는 맑스에 대한 존경 이상의 감정도 엿보이고 미묘한 분위기를 자아낸다. 그러나 현존하는 사료로 두 사람의 관계를 확정할 수는 없다. ☞『자본』, 『정치경제학 비판을 위하여』, 인터내셔널{국제노동자협회}, 헤이그, 암스테르담, 맑스 가, 맑스(하인리히), 맑스의 시

㊂ J. Gielkens, "Was ik maar weer in Bommel", in: *Karl Marx en zijn Nederlandse verwanten. Een familiegeschiedenis in documenten*, Amsterdam 1997. M. Witteveen-Jansen, *Twee Eeuwen Philips in Zaltbommel*, Zaltbommel 1991.

—마토바 아키히로(的場昭弘)

ㅎ

하니 [George Julian Harney 1817-97]

차티스트 운동*의 지도자 중 한 사람. 영국의 켄트에서 태어났다. 처음에는 선원을 꿈꿨지만 10대 무렵부터 신문 스탬프세 지불 반대운동에 가담해 체포되었다. 마라를 본 따 '인민의 벗'이라는 필명을 사용한 데서 볼 수 있듯이 오브라이언*의 영향을 받아 프랑스를 비롯한 대륙의 혁명운동에 관심을 보이며, 차티스트 중에서는 좌파적인 입장에 섰다. 1839년의 제1회 차티스트 전국대회에서는 대회의 극좌파로서 강경노선을 주장했다. 그 후 1843년에 『노던 스타』*의 부편집자에 등용되며, 그때 당시에는 리즈에 있었던 이 신문의 편집부를 방문한 엥겔스*와 교우를 맺은 것을 비롯해 마치니* 등과도 교류하고, 1846년에는 샤퍼* 등과 '우애 민주주의자협회'를 결성하는 등 대륙으로부터의 망명 활동가들과 차티스트 운동의 접점이 되었다. 1848년 이후 운동의 재편을 목표로 하여 1851년에 사회개혁 프로그램을 받아들인 사회민주주의적인 새로운 강령의 형성에 역할을 수행하는 동시에 『데모크라틱 리뷰』*, 『레드 리퍼블리컨』*, 『프렌드 오브 더 피플』* 등을 편집하고 대륙의 혁명운동·사상의 소개에 노력했다. 루이 블랑*을 비롯한 각국에서 온 망명자들과 폭넓은 교제를 한 탓에 1851년 2월 이후 맑스, 엥겔스와는 사이가 나빠지고, 또한 어니스트 존스*와의 지도권 다툼에 패해 53년 이후 사실상 운동의 지도부에서 물러났다. 그 후 뉴캐슬, 저지에서 저널리스트로서 활동한 뒤 63년부터 미국으로 건너갔다(-83년). 차티스트 운동의 지도부를 떠난 뒤부터는 특별히 눈에 띄는 정치활동을 하지 않았지만 엥겔스와는 57년에, 또한 맑스와도 79년에 재회하며, 특히 엥겔스와는 1870년대 중반부터 만년에 이르기까지 서신을 통한 교류가 있었다. ☞오브라이언, 『노던 스타』, 엥겔스, 샤퍼, 『데모크라틱 리뷰』, 『레드 리퍼블리컨』, 『프렌드 오브 더 피플』, 블랑, 존스[2]

참 A. R. Schoyen, *The Chartist Challenge: a Portrait of George Julian Harney*, London 1958. F. G. Black/R. M. Black (ed.), *The Harney Papers*, Assen 1969. Peter Cadogan, "Harney and Engels", *International Review of Social History*, vol. 10, pt. 1, 1965.

—오카모토 미치히로(岡本充弘)

하이네 [Heinrich Heine(유년기 이름 Harry Heine) 1797-1856]

독일의 시인. 맑스와 엥겔스*는 괴테 이후 최고의 독일 시인으로서 평가하며, 저작에서 그의 시문을 빈번하게 인용하고 있다.

【 I 】성장과정

뒤셀도르프의 유대인 상인 가정에서 태어난다. 1803년 유대계의 사립학교에 입학. 1806년 프랑스 군이 라인 지방에 진주, 통치를 시작하며, 프랑스의 제도들, 법령이 이 지역에 도입된다. '자유*·평등*·우애'라는 프랑스 혁명*의 이념은 이 지방에 거주하는 유대계 사람들에게도 시민적 평등을 가져와 하이네에게 강한 영향을 주며, 그는 평생 프랑스와의 강한 결속을 지닌다. 1807년 뤼체움(고등학교)에 입학, 칸트 철학의 신봉자인 샤를마이어 교장의 영향을 받는다. 1813년 프랑스 군이 철수, 1815년 이후 라인 지방은 프로이센령이 된다. 함부르크*에 이주한 후 상인 수련을 받기 시작한다. 사촌인 아말리에게서, 그리고 후에는 그녀의 여동생인 테레제로부터 실연의 아픔을 겪는데, 이 체험은 후에 수많은 연애시로 결정화된다. 숙부 잘로몬 하이네의 지원으로 상점을 개업하지만 얼마 안 있어 파산하며, 방향을 전환해 본 대학에서 법률학을 공부하기 시작한다. 본에서 독일 낭만파의 중심인물 A. W. 슐레겔 등을 알게 되고 그들의 강의를 수강한다. 1820년 첫 평론 『낭만주의』를 발표한다. 이후 괴팅겐으로 옮기지만 결투사건에 관여한 탓에 얼마 지나지 않아 베를린*으로 옮긴다. 베를린에서는 법률학의 사비니와 철학*의 헤겔 등의 강의를 청강하고, 특히 헤겔로부터는 역사관 등에서 강한 영향을 받는다. 훗날 하이네는 헤겔 철학의 혁신성을 평가하는데(『독일의 종교와 철학의 역사』, 1834), 엥겔스는 하이네의 통찰력을 높이 평가한다(『포이어바흐론』*, 1886). 베를린에서는 대학에 다니는 한편 라엘 레빈 등의 문예 살롱에 출입하며, 1821년 첫 시집을 출판하여 시인으로서의 명성을 얻는다. 한편으로 '유대인 문화학술협회'에 가입하는데, 그의 뿌리인 '유대성'은 1825년에 '유럽 문화로 들어가는 입장권'을 얻기 위해 기독교*로 개종한 후에도 평생 하이네 사상의 근저에 놓여 있으며, 그 극복이나 내셔널리즘에 대한 비판이 코스모폴리탄으로서의 하이네를 형성하는 바탕이 된다. 1824년 다시금 괴팅겐 대학으로 옮겨 이듬해 법학 박사 학위를 취득해서 학업을 마친다. 1826년 『여행 그림』 제1권을 출판(1829년의 제3권으로 이 시리즈는 완결), 새로운 양식의 기행문학으로서 평가를 얻는다. 1827년 시집 『노래책』을 출판, 판을 거듭한다. 1830년 파리*에서의 7월 혁명을 알게 되고, 다음해 파리로 이주한 이후 여러 차례의 여행을 제외하고는 1856년 사망할 때까지 파리에 거주한다.

【Ⅱ】 파리의 하이네

파리에서는 당초 생시몽주의자들과 교유한다. 그 후 정기적으로 독일의 신문 잡지에 프랑스의 실상을 전하는 기사를 보내며(이로부터 산문 『프랑스의 상태』[1833], 『루테치아』[1855] 등의 작품이 생겨난다), 다른 한편으로 프랑스의 신문 잡지에 독일 문화를 소개하는 기사를 기고하는(이것들은 『독일의 종교와 철학의 역사에 대하여』, 『낭만파』[1835]로서 독일어판으로서도 출판된다) 등, 독불 양국의 문화적인 가교역으로서도 활약한다. 1835년 독일연방의회에서 '청년독일파*'에 대해 독일연방 가맹국에서의 출판금지 처분이 결의되고 하이네도 그 대상이 된다. 1840년 『뵈르네 회상록』이 의도에 반한 제목으로 출판되어 뵈르네 지지파의 분노를 사서 고립하게 된다. 다음해인 1841년 결투사건으로 가벼운 상처를 입는다. 1843년 다양한 동물을 주인공으로 한 우화적인 서사시 『아타 트롤』을 발표한다. 이 무렵 두 번에 걸쳐 독일을 여행한다. 여행의 성과는 독일의 현 상태와 미래를 특히 내셔널리즘 비판의 관점에서 다룬 서사시 『독일 겨울 이야기』로 결실을 맺는다. 1843년 12월 맑스와 알게 되고, 1845년 5월 맑스가 파리에서 추방당할 때까지 밀접한 관계가 계속된다. 1840년대에 융성하게 된 독일의 일군의 정치시에 대해 1844년은 하이네가 비판적으로 참여한 정점에 해당한다(그 밖에 『신시집』 등). 하이네의 '시사시'가 그 밖의 정치시와 다른 것은 추상적인 슬로건을 피하고 사회적 현실을 구체적으로 소재로 삼았다는 점에 있다. 이 해에 맑스가 루게*와 공동으로 편집한 『독불연보』*에 풍자시 『루트비히 왕 찬가』를 기고한다. 파리에서 발행되고 있던 『포어베르츠』[1]*에도 다수의 시사시를 발표한다. 같은 해 6월 슐레지엔에서 직조공들의 봉기가 일어나자 서정시 『가난한 직조공』(후에 제목을 바꾸어 『슐레지엔의 직조공』) 을 발표하는데, 이것은 전단지 형식으로 널리 보급된다. 이 시에서는 구체제를 타도하는 주체로서의 민중이 명확하게 묘사된다. 엥겔스는 이를 영어로 번역하여 영국의 노동자들에게 소개했다.

【Ⅲ】 만년

1848년 혁명* 전후부터 병이 악화되어 '침구의 무덤'에 눕는 일이 많아진다. 1851년 시집 『로만체로』를 출판하지만, 그 주요 주제는 유대민족의 운명, 성자전설이나 신화에 기초하여 '신'으로의 회귀가 명확해진다. 그는 인류의 장래가 민중에게 속한다는 점을 확신을 갖고 단언하지만 불안 또한 완전히 숨길 수 없는[『루테치아』 서문] 양가적인 심정을 계속해서 지

닌다. ☞청년독일파, 낭만파, 유대인 문제, 뵈르네

참 Gerhard Höhn, *Heine-Handbuch, Zeit, Person, Werk*, Stuttgart 1987. Christian Liedtke, *Heinrich Heine*, Reinbek 1997. 木庭宏 編譯, 『ハイネ散文作品集』, 全5卷, 松籟社, 1989-95.

—다카기 후미오(高木文夫)

하인드먼 [Henry Mayers Hyndman 1842-1921]

1880년대부터 20세기 초에 활동한 영국의 보수주의자로 '사회주의*' 사상가. 1870년대 말에 시작되는 영국의 대불황 속에서 농업문제나 노동문제를 영국 제국의 위기라고 파악하며, 지금까지의 자유방임주의 경제학을 부정하고 맑스의 『자본』*(제1권)을 이용하여 집산주의(collectivism)를 주장했다. 1870년대 말의 아일랜드 농민의 토지투쟁에 강한 위기감을 느낀 하인드먼은 그때까지 영국에서 거의 무시되고 있던 맑스에게 관심을 갖고 1880년, 칼 히르쉬의 소개로 맑스를 만나 『자본』(프랑스어)을 읽었다. 하인드먼은 글래드스턴*의 아일랜드 탄압정책이 도리어 농민들의 혁명적 기운을 부추긴다며 반대하고, 1881년 6월에 런던*의 급진주의자들과 함께 아일랜드*의 입법적 독립과 토지국유화를 내걸고 '민주연맹(Democratic Federation)'(후에 '사회민주연맹[Social Democratic Federation]'으로 개칭)을 창립했다. 이 연맹의 창립대회 때 배포된 그의 저서 『모든 사람들을 위한 잉글랜드』의 제2장 '노동', 제3장 '자본'은 맑스의 『자본』을 바탕으로 한 것이었다. 하인드먼은, 이들 장은 어떤 위대하고 독창적인 저작가의 작업에 빚지고 있는 것이라고 말하며 『자본』을 처음으로 영국 사상계에 소개했다. 그 영향을 받아 '사회주의자 동맹'을 창립한 모리스*나 백스*와 함께 하인드먼은 1880년대의 영국에서의 사회주의의 부활, 요컨대 영국에 맑스주의*를 소개하는 계기를 만들어냈다. ☞아일랜드

참 C. Tsuzuki, *H. M. Hyndman and British Socialism*, Oxford 1961. 安川悅子, 『アイランド問題と社會主義』, 御茶の水書房, 1993. H. M. Hyndman, *The Record of an adventurous life*, London 1911.

—야스카와 에쓰코(安川悅子)

하인첸 [Karl Peter Heinzen 1809-80]

『브뤼셀 독일인 신문』* 지상에서 맑스와 엥겔스*의 비판을 받은 급진적 공화주의자. 뒤셀도르프 근교 그레펜브로이히에서 태어난 하인첸은 학생 시절에 급진적인 언행으로 인해 본 대학에서 쫓겨나며, 한때 『라인 신문』*에 관여하지만 44년에 스위스로 망명*한다. 1848년 혁명*에서 독일로 돌아와 49년에 바덴・팔츠 봉기에 참가했다. 혁명 패배 후 최종적으로 미국으로 이주하여 『파이오니아』지를 편집하는 등 민주주의적인 언론활동을 계속했다. 그동안 하인첸은 스위스 망명 중이던 1847년 9월 『브뤼셀 독일인 신문』에 글을 하나 기고했는데, 이에 대해 엥겔스는 10월 초 같은 신문에 「공산주의자와 칼 하인첸」을 기고해 반론했고, 맑스는 10월 말에 같은 지상에 「도덕적 비판과 비판적 도덕」을 게재해 반론했다. 그러나 두 사람 모두 하인첸이 해결하고자 했던 문제, 즉 직인・농민 등 19세기를 살아가는 노동대중을 괴롭히는 현실적 궁핍을 현장에서 극복하는 일에 대해서는 별다른 관심을 보이지 않는다. 맑스는 그러한 문제를 모두 "부르주아지와 노동자계급 사이의 근대적 대립"에 대한 공산주의적 해결에 맡겨버리고, 엥겔스는 "하인첸 씨는 19세기인 오늘날, 농민의 돌격에 기대를 걸고 있단 말인가?"라며 야유하는 것이지만, 하인첸을 비판할 수 있다 하더라도 그가 직시한 19세기 독일 땅을 떠도는 노동자를 비판할 수는 없다. ☞미국 이민

참 良知力, 『マルクスと批判者群像』, 平凡社, 1971. 的場昭弘, 『フランスの中のドイツ人』, 御茶の水書房, 1995. K. Heinzen, *Erlebtes*, Bd. 1, 2, Boston 1874. H. Huber, *Karl Heinzen 1809-1880*, Bern/Leipzig 1932. L. Wittke, *Against the current. The Life of K. Heinzen*, Chicago 1945.

—이시즈카 마사히데(石塚正英)

『할레 연보—年譜』 ⇨ **『독일연보—독일의 학예를 위한』**

함바흐 축제—祝祭 [(독) Das Hambacher Fest]

1832년 5월 27일부터 29일까지 팔츠 지방의 노이슈타트 시 교외에 있는 조금 높은 산 위의 폐성인 함바흐성에서 열린 독일 통일과 시민적 자유를 요구하는 포어메르츠기* 최대의 민중집회. 참가자는 2만 명 혹은 3만 명이라고도 말해진다. 빈 체제* 하에서 팔츠는 바이에른 왕국의 영지가 되어 있어, 이 거대 시위는 표면상으로는 1818년 바이에른 헌법제정 기념일을 축하하는 축제로서 실행되었다.

팔츠 지방은 프랑스령 알자스와 인접한 곳으로, 프랑스 혁명* 당시 프랑스 군이 이 지역을 단기간 점령한 1792-93년에 각지에서 자코뱅 클럽이 결성되어 공화제 선언을 한 경험을 갖고 있다. 나아가 바이에른령이 된 이후에도 나폴레옹 시기에 시행된 법제도(영업의 자유, 재판 공개제, 비교적 느슨한 출판규제)를 폐지하지 않으며, 바이에른의 란트 의회에서는 팔츠 대의원은 자유주의적 입장에 서는 정부 반대파에 위치했다.

1830년대에 이르러 사회적·정치적 정세가 변화한다. 이 시기에 팔츠의 주산업인 와인의 흉작이 1830, 31년으로 이어져 생활의 곤궁이 사회적인 문제가 된다. 그에 더하여 이웃나라 프랑스에서 7월 혁명*이 발발하자 그에 역행하는 듯이 바이에른 정부에 의한 팔츠의 바이에른화가 시작되었다. 더 나아가 1832년은 폴란드 혁명에서 패배한 망명자가 프랑스로 향하는 중에 마침 팔츠를 통과하는 시기이기도 해서 그들을 지원하는 행사가 통과 지역에서 차례로 이루어짐으로써 자유주의적 분위기가 전 지역으로 양성되어갔다.

이와 같은 정세를 배경으로 함바흐 축제는 팔츠로부터 주변국들 및 파리 지부까지 연계된 시민 네트워크 조직에 의해 준비된 것이지 자연 발생적인 것이 결코 아니다. 그 조직이란 바이에른의 저널리스트인 요한 게오르크 아우구스트 비르트와 그것을 지원하는 바덴 출신 전 지방 관리였던 저널리스트인 필리프 야콥 지벤파이퍼가 조직한 '자유로운 출판을 지원하기 위한 독일조국협회'이다. 1832년 2월 3일 그들이 발행하는 신문『트리뷴』에 설립을 호소하는 글이 게재되고서부터 9월 하순까지 팔츠에 67지구, 팔츠 이외 46지구로 멤버 5,000여 명을 포괄하는 조직이 되었다. 임시중앙위원회는 츠바이브뤽켄에 설치되고 중앙위원은 부친이 독일 자코뱅이었던 바이에른·란트 의회 의원 프리드리히 쉴러 등 3명의 변호사로 구성되었다.

이 협회*가 주도권을 잡고 함바흐 축제가 열렸다. 1848년 3월 혁명*에서의 이른바 '3월 요구'는 이미 이 시점에서 많은 연설자들에 의해 제기되고 있다. 함바흐 축제 직후 바이에른 정부는 탄압을 하기 시작해서 비르트와 지벤파이퍼는 6월에 체포되며, 실러는 프랑스로 망명*했다. 나아가 독일 연방 정부들은 반체제 운동에 대한 탄압 강화를 1832년 6월 28일 연방의회에서 결정했다. ☞서남독일 자유주의, 협회, 포어메르츠기

참 島崎晴哉,『ドイツ勞働運動史』, 青木書店, 1963.

—무라카미 슌스케(村上俊介)

함부르크 [Hamburg]

공산주의자동맹*의 거점 중 한 곳으로,『자본』*이 출판된 도시. 맑스는 1867년 4월『자본』 원고를 전달하기 위해 이곳에 머물렀다. 함부르크는 1840년대의 독일에서 공산주의 운동의 중심지였다. 브뤼셀*에서 결성된 공산주의 통신위원회*나 공산주의자동맹도 함부르크에 지부를 가지고 있었다. 이미 1830년대 추방자동맹* 시대 때부터 함부르크는 중요한 거점이며, 공산주의자동맹의 선언을 작성하는 가운데 브뤼셀과 함께 적극적인 의견을 개진한 것도 이 함부르크 지부였다. 1850년 이후에는 독일의 중심적 항구로서도 발전해 수많은 이민자를 내보낸다. ☞미국 이민, 마이스너,『자본』, 공산주의자동맹

참 的場昭弘,『フランスの中のドイツ人』, 御茶の水書房, 1995.

—마토바 아키히로(的場昭弘)

해방解放 [(독) Emanzipation]

타자의 권력, 예속, 억압, 종속, 의존, 소외* 등으로부터 자유*롭게 되는 것, 또는 그 상태를 가리킨다. 맑스가

해방의 문제에 대해 처음으로 상세히 논한 것은 「유대인 문제에 대하여」*에서이다. 독일에서의 유대인 해방 문제를 논의한 브루노 바우어*는 유대인이 정치적으로 해방되기 위해서는, 즉 공민*으로서 해방되기 위해서는 우선 유대인이 유대교로부터, 기독교도가 기독교*로부터, 일반적으로 인간*이 종교*로부터 해방될 필요가 있다는 논지를 펼치고 있었다. 맑스는 종교는 인간의 자기소외의 본질*이 아니라 그 현상*에 지나지 않는다는 입장에서 이를 비판*한다. 국가*가 종교로부터 해방되는 것만으로는 불충분하다. 국가 그 자체가 인간의 자기소외의 산물로 생각되기 때문이다. 포이어바흐*에 따르면 인간은 자기의 유적 본질*을 신으로서 소외시켰다는 것이지만, 그와 동일한 논법으로 맑스는 국가가 인간의 소외된 유적 본질이라 생각한다. 시민사회*와 정치적 국가, 부르주아(사인)와 시트와앵(citoyen, 공민), 유물론과 관념론, 에고이즘·더러운 장사와 인간의 유적 본질과 같은 분열·현실적 소외가 존재하는 한, 설령 국가가 종교로부터 해방되더라도 인간이 종교로부터 해방될 수는 없다고 주장된다. 맑스가 전망하는 것은 이러한 분열의 극복이며, 현실의 개인들이 동시에 유적 존재가 되었을 때 비로소 '인간적 해방'이 완성된다는 것이다. 루소*는 시트와앵에서 부르주아로의 인류사적 타락을 고발했었다. 청년시절에는 헤겔*도 이 사상을 수용하고 있었으나 그 이후에 근대인을 가족의 구성원, 사인, 공민의 통일로서 파악하게 되었다. 그러나 헤겔이 통일을 본 데서 맑스는 다시금 분열을 발견한다. 그리고 「헤겔 법철학 비판 서설」*에 이르면, 이러한 '보편적 인간적 해방'의 담당자는 '철학*'과 전체를 해방하지 않고서는 자기를 해방할 수 없는 '프롤레타리아트'와의 결합으로서 구체화되어 가는 것이다.

여기서 말하는 인간적 해방이란 이 시기의 '인간적 욕구', '인간적 유적 본질', '인간적 생활'[『경제학·철학 초고』, 40:456, 438, 436], '인간적인 눈'[같은 책:461], 공산주의*를 넘어서는 '인간적 사회'[같은 책:467] 등과 마찬가지로 포이어바흐의 인간주의의 영향을 강하게 받은 개념이다. 인간적 해방이란 인간이 자기의 유적 본질, 곧 공동성·사회성을 회복·재획득하는 것이자 자기소외를 지양하는 것이다. 그것은 자본*, 화폐*, 노동*, 사적 소유, 국가의 폐지일 뿐만 아니라(이러한 요소들은 그것들만으로는 조야한 공산주의의 특징으로 간주된다), '갖는다'는 것으로부터의 해방, '인간적인 감각'의 해방이라고 주장된다. 포이어바흐 철학과의 결별을 경계로 해서 '인간적'이라는 용어에 대한 맑스의 편애는 자취를 감춰간다. 그러나 맑스 사상의 요람기에 결정적인 의미를 갖고 있던 이 인간적 해방의 관점은 이후의 이론적 전개를 계속해서 그 근저에서 지탱하는 추동력의 원천이었던 것으로 보인다. ☞소외, 헤겔, 포이어바흐, 유적 존재

㊟ 大井正, 『唯物史觀の形成過程』, 未來社, 1968. 田口富久治, 『解放と自己實現の政治學—マルクスと共に, マルクスを超えて』, 近代文藝社. 1995.

—우부카타 스구루(生方 卓)

행위의 철학 行爲—哲學 [(독) Philosophie der Tat]

체시코프스키*, 브루노 바우어*, 헤스* 등 헤겔 좌파*의 철학*을 가리키는 말. 『공산당 선언』*에서는 진정사회주의*와 함께 프랑스의 사회주의*와 공산주의*를 거세하는 철학으로서 비판되고 있다. 행위의 철학은 헤겔 철학이 과거를 과거로서 파악함으로써 현재의 법칙성을 인식한다는 '황혼과 함께 날아오르는 미네르바의 올빼미'인 데 반해, '햇빛 아래 비상하는 철학'을 목표로 하여 피히테*의 실천이성 우위에 대한 공감을 바탕으로 구상되었다.

행위의 철학을 최초로 주창한 이는 폴란드*의 철학자 체시코프스키이다. 그는 1838년에 『역사지 서론』을 저술하여 "인류 사명의 실현을 서술하는 역사의 불가결한 부분"으로서의 미래의 인식을 강조했다. 미래를 행위의 산물로 파악하고, 행위의 영역인 사회생활이야말로 참으로 자유*의 단계에 있다고 주장했다. 한편 바우어는 『헤겔에 대한 최후의 심판의 나팔』{『포자우네』*}(1841)에서 "세계정신의 생명은 행위이다"라는 헤겔*의 말을 인용해 행위주체를 세계정신이 아니라

자기의식에서 찾았다. 헤스는 체시코프스키의 미래지향이 현실을 결여한 당위에 지나지 않는다는 점, 또 바우어의 <자기의식>이 신을 완전히 부정하지 못했다는 점을 비판하고, <현재에서 미래로>라는 방향에서 행위를 파악하여 현실 비판에 중점을 두었다. 그는 『유럽의 삼두제』*(1841)에서 독일에서는 피히테로부터 무신론*이, 프랑스에서는 바뵈프로부터 공산주의가 시작되었다 하고, 이 절대적 평등으로서의 프랑스의 공산주의와 절대적 자유로서의 독일의 무신론의 통일이야말로 행위의 철학의 과제라고 주장했다. 또한 「행위의 철학」(1843)에서는 오직 절대적 자유에 의해서만 절대적 평등*이 가능하다고 하고, 이를 실현하는 사상을 공산주의에서 찾고 있다. 하지만 그 공산주의를 어떻게 실현할 것인가 하는 문제가 되면, 헤스의 경우에는 이를 단지 실천적 윤리학의 과제로서 요청하는 데 머물렀다. 헤스는 피히테의 철학이 행위의 철학인 한에서 현대의 철학보다 훨씬 앞서 있다고 말하지만, 피히테도 헤스도 그 실천이성 우위의 사상은 요청의 영역에서 벗어나지 못하며, 오히려 존재하는 것의 개념 파악, 역사에서의 이성*(법칙성)의 파악을 지향하는 헤겔과 비교하면 일보후퇴라고 할 수 있다.

맑스는 1843년 9월의 루게*에게 보내는 서간에서 "세계에 대해 그 자신의 행동을 해명해 보이는 것"으로서 의식 개혁을 주창하고 "중요한 것은 과거와 미래 사이에 하나의 커다란 선을 긋는 것이 아니라 과거의 사상을 완성시키는 것이다"[1:383]라고 말하고 있는데, 이러한 생각은 헤겔적 의미에서의 행위의 철학에 기초한다. 동시대의 L. 슈타인*도 헤겔을 비판하여 행위의 철학을 주창했지만, 역사의 법칙을 사회의 개념과 그 운동법칙에서 구했다는 점에서 피히테와 헤스보다 헤겔과 맑스에 가까운 입장에 있다. 이와 같이 <행위의 철학>은 헤스의 그것에 한정되지 않는 시대의 사상이었다. ☞헤겔 좌파, 진정사회주의

㊟ 廣松渉, 『青年マルクス論』, 平凡社, 1971. 山中隆次, 『初期マルクスの思想形成』, 新評論, 1972. 植村邦彦, 『シュルツとマルクス』, 新評論, 1990. 『理想』, 第653号(헤겔 좌파 특집), 1994. M. ヘス(山中隆次 外 譯) 『初期社會主義論集』, 未來社, 1970.

―시바타 다카유키(柴田隆行)

헤겔 [Georg Wilhelm Friedrich Hegel 1770-1831]

【 I 】맑스에 대한 방법론적 영향관계―시민사회 · 역사 · 변증법

'독일 관념론의 완성자'라고 일컬어지며 관념론적 변증법의 철학*을 체계적으로 전개했다. 헤겔은 그의 『법(권리)철학』*에서 '시민사회*' 개념을 확립했는데, 이에 의해 토대(시민사회)와 국가*(상부구조)라는 맑스주의*의 기초범주 형성에 기여했다. 헤겔 『역사철학 강의』의 "최초에 동양인은 한 사람이 자유*임을 알고 있었을 뿐이고, 그리스인과 로마인은 소수의 사람이 자유임을 알고 있었던 데 지나지 않았다. 우리(게르만인)는 모든 인간*이 본래 자유라는 것, 즉 인간이 인간으로서 자유임을 알고 있다"라는 말이 자유라는 이념을 역사의 원동력으로 보는 관념론*의 특성과 역사의 과정을 발전적인 것으로 보는 변증법적인 특성을 보여주었다고 평가된다.

방법론의 측면에서는 헤겔이 원리로부터 전개하는 『논리학』의 내용을 역사적 형성과정으로서 새롭게 파악하는 『철학사』를 구성한 것과 마찬가지로, 맑스는 원리론으로서의 『자본』*에 대응시켜 『잉여가치학설사』를 썼다. 맑스는 베를린*에 유학한 지 얼마 지나지 않아 부친에게 보낸 편지에서 헤겔의 전집을 읽고 있으며 "저 울퉁불퉁한 바위"와 같은 논리에 몰두하고 있다고 써 보낸다. 부친은 사태에 지나치게 열중하는 맑스의 성격을 잘 알고 있었기 때문에 건강에 주의하라고 당부하는 답신을 보낸다. 맑스의 저작들 중에는 언제나 헤겔의 말이나 헤겔적인 표현이 보이며, 예를 들면 『자본』의 가장 중요한 개념인 '반성규정'은 헤겔의 『논리학』에서 유래한다. 그러나 더 중요한 것은 그의 모든 저작에 언뜻 보아 눈에 잘 띄지 않는 형태로 헤겔의 말이 빈번히 인용되고 있다는 사실이다.

【 II 】헤겔의 강의와 전집

헤겔의 영향이 크게 된 것은 그의 사후로, 엥겔스*는

"헤겔의 강의의 영향은 언제나 한정된 채로였다. …… 그러나 헤겔이 죽었을 때 마침내 그의 철학은 참으로 살아나기 시작했다. 그의 전집, 특히 강의의 간행은 헤아릴 수 없을 정도의 영향력을 낳았다"[「셸링과 계시」, MEGA Ⅰ/3:269-338]라고 쓰고 있다. 바우어*나 포이어바흐*가 직접 헤겔의 강의를 들었던 데 반해, 맑스는 '헤겔 전집'이 간행된 뒤에 헤겔과의 사상적 접촉을 경험한다.

『종교철학 강의』에 관해 바우어는 강의록의 편찬자인 까닭에 다양한 시대의 강의 노트를 볼 수 있었다. 그리고 비교 검토한 뒤 표면적으로 정합적으로 보이는 텍스트를 만들어내고 있다. 바우어는 후에 헤겔주의를 비판*하지만, 아무리 헤겔을 비판하더라도 그 비판은 실은 헤겔주의의 일부라는 의혹에 사로잡힌다. 그럴 정도로 헤겔의 원 텍스트는 다면적이고 복잡하게 뒤얽혀 있다. 포이어바흐는 1824년의 강의를 들었는데, "신과 세계의 화해가 기독교*의 본질이다"라는 헤겔 종교철학의 메시지를 있는 그대로 받아들일 수 있었다.

한편에서 보면 프로테스탄티즘의 변호이고 다른 한편에서 보면 종교* 그 자체의 반세속성에 대한 비판이기도 한 헤겔의 종교철학에서 벗어나 종교 비판의 관점을 확립하는 것은, 바우어와 포이어바흐에게 있어서는 정신적인 생사를 건 싸움이었지만, 맑스는 그 국면에서 다소 거리를 둔 곳에서 사상적인 출발을 이루었다.

맑스는 헤겔의 『종교철학 강의』에 그리 깊은 관심을 보이고 있지 않다. 텍스트를 아무리 읽더라도 그 핵심에 다가설 수 없다는 것을 어쩌면 바우어로부터 구두로 들어 알게 되었는지도 모른다. 종교 비판의 관점이 이미 확립되어 있다는 시대인식을 토대로 하여 맑스는 자신의 사상을 구축해 나간다.

【Ⅲ】 사회철학으로서의 『법(권리)철학』

맑스가 가장 즐겨 읽은 텍스트는 『법(권리)철학』(1821)이었다. 헤겔의 대표작으로 정식 제목은 『법(Recht)철학 강요 혹은 자연법과 국가학 요강』이다. '자연법과 국가학'이라는 제목은 당시 대학의 정식 강의 제목으로 사용되고 있던 것으로 헤겔 자신이 선택한 말이 아니다. 이 저작은 개인*의 소유권, 계약, 불법, 도덕성, 가족, 시민사회, 국가, 세계사를 다루고 있기 때문에 좁은 의미에서의 법률철학이 아니라 사회철학이라는 특징을 지니고 있다.

아리스토텔레스*나 공자뿐만 아니라 개인과 가족과 국가라는 구조에서 인간과 사회를 파악하는 것은 동서를 막론하고 전통적인 틀이었는데, 헤겔은 '시민사회'라는 새로운 사회의 양태를 끌어들여 가족, 시민사회, 국가라는, 사회집단과 개인의 관계를 고찰하기 위한 획기적인 틀을 만들었다. 엥겔스의 저작에 『가족, 사유재산 및 국가의 기원』*이 있는데, 헤겔의 『법철학』의 구성이 맑스주의의 이론 구성에 있어 기본적인 의미를 지닌다는 것을 보여준다.

헤겔은 1799년에 스튜어트*의 『국민경제학 원리의 연구』를 읽고 노트를 만들었다. 또한 시기는 불명확하지만 스미스*의 『국부론』도 읽었다. 경제학으로부터 헤겔이 배운 것은 개별적인 욕망의 추구(악)가 사회 전체로는 보편적인 이익(선)의 실현이 된다는 구조다. 이는 개별(소우주)이 전체(대우주)의 축도이어서 개별의 총화가 전체가 되는 구조와는 전혀 다른 것이었다. 개별과 전체는 동형적인 것이 아니라 역상관(逆相關)으로 되어 있다. 진실은 전체 쪽에 있다. 개별적인 것의 총화가 전체라는 방법론적인 개인주의를 헤겔이 엄격하게 배척한 것은 개별적인 것의 총화가 전체로 되지 않기 때문이다.

가족은 끊임없이 해체를 계속하여 시민사회에 일정한 인구*를 보충하고 있다. 가족은 붕괴하면서 존속한다. 헤겔이 파악한 가족은 세대를 통해 가계의 동일성을 유지하는 봉건적인 가족이 아니라 1세대로 태어나 붕괴해가는 핵가족적인 것이었다. 여기에는 가족의 윤리성을 자연적인 것으로 보고 시민사회와 국가를 정신적인 것으로 보는 헤겔의 반자연주의가 나타나 있다. 국가를 가족의 공동체성이 확장된 것으로 보는 국가상(像)은 헤겔에 의하면 정신적인 것인 국가를 자연적인 것으로 폄하하는 잘못인 것이다.

맑스가 처음에 헤겔의 『법(권리)철학』에 몰두하는 것은 헤겔의 군주제 옹호론을 내재적으로 반박하기 위해서였지만, 『자본』에서의 임금노동 개념에 대한 헤겔 『법(권리)철학』의 영향을 지적할 수 있는 바와 같이 대단히 장기간에 걸쳐 헤겔 철학이 영향을 주고 있다는 점이 맑스의 사상 형성상의 특징이다. 『경제학・철학 초고』*에서의 『정신현상학』*, 『신성 가족』* 에서의 『자연철학』, 『독일 이데올로기』*에서의 『논리학』에 대한 언급은 맑스야말로 헤겔의 말을 그 내용에 입각해 받아들일 수 있었던 단 한 사람의 대사상가임을 보여주고 있다. ☞변증법, 국가, 종교, 시민사회, 욕구, 헤겔학파, 헤겔 좌파

참 加藤尙武 外 編, 『ヘーゲル事典』, 弘文堂, 1992. 加藤尙武 編, 『ヘーゲル讀本』, 法政大學出版局, 1987. 加藤尙武, 『ヘーゲルの「法」哲學』, 靑土社, 1993.

—가토 히사타케(加藤尙武)

「헤겔 국법론 비판—國法論批判」

맑스는 헤겔 법철학 비판의 작업을 국가론 비판이라는 형태로 시작한다. 신혼 전후의 크로이츠나흐 시절에 집필된 이 수고는 「크로이츠나흐 노트」라고도 불린다. 이 수고를 포함해 이 시기에 전부 5권의 역사적・정치적 독서 노트가 남아 있다. 맑스는 『법철학』*의 '국내공법'론을 표적으로 삼아 축조적(逐條的) 비판을 가한다. "헤겔*은 어디에서든 이념을 주체로 하고, 본래의 현실적 주체를 술어로" 하여[1:240], "논리적 범신론적 신비주의"[같은 책:236]로 일관한다. 맑스는 이 점을 파고들어 "인간*을 체제의 원리"로 내세운다. 군주제는 이로부터 보자면 체제의 "하나의 종(種), 더군다나 불량 종"[같은 책:263]에 지나지 않는다. '참된 민주제'야말로 '체제의 유(類)'이다. 맑스는 정치적 국가와 시민사회*의, 또한 공적 인간과 사적 인간의, 유적 생활과 사적 생활의 이중화된 분열을 근대의 모순으로서 파악한다. 헤겔도 이런 점을 알아차리고 있었다. 그러나 주-술이 전도된 데다가 국가*의 정신에서 이루어지는 시도는 실패할 수밖에 없었다고 말한다. 이러한 분열의 지양은 '인간'을 체제의 원리로 하는 '참된 민주제'에서 찾을 수 있다. 이러한 입론은 포이어바흐*의 헤겔 비판의 자세와도 관련될 수 있다. 헤겔 법철학 비판의 작업은 이 수고를 기점으로 해서 크게 진전되어 간다. ☞『법철학』

참 津田道夫, 『ヘーゲルとマルクス—マルクス學徒のヘーゲル「法の哲學」解讀 I』, 季節社, 1970.

—다키구치 기요에이(瀧口淸榮)

헤겔 논리학—論理學 [(독) Hegels Wissenschaft der Logik (영) Hegel's science of logic]

맑스는 근대 시민사회 비판을 정치경제학 비판* 및 헤겔 철학 비판이라는 이중의 불가분의 과제로 수행했다. 헤겔 논리학의 비판적 섭취는 일찍이 『경제학・철학 초고』*(이하 『초고』)에서 이루어지며, 그 후 『신성가족』*, 『독일 이데올로기』*, 『철학의 빈곤』*, 『요강』*, 「소논리학 노트」(1860년대 초두), 『자본』* 등에서 그의 정치경제학 비판의 행보를 관철하는 주제였다. 헤겔*에게서의 역사는 역사적으로 특수한 형태가 없는 유기체의 자연사적 과정*, 영원한 자기 내 순환이며, 국민경제학자가 말하는 "자연적 자유의 체계"와 상동적(homologous)이다. 맑스는 이러한 관점에서 『초고』에서 "헤겔은 근대 국민경제학자의 입장에 서 있으며"[40:496], 『정신현상학』*의 절대지가 "현실적 인간과 현실적 자연"을 산출하는 실념론적인 "과정*으로서의 주체"[같은 책:507]임을 확인하고 헤겔 논리학을 "정신의 **화폐**(das *Geld* des Geistes)"[같은 책:493]라고 규정했다. 헤겔이 말하는 인격(Person)의 자유의지에 의한 지배, 정신노동에 의한 육체노동의 지배는 실은 근대 시민사회에 고유한 구성 원리다. 정신노동의 체화 형태가 화폐*다. 헤겔은 매개되고 통일된 이론적 관계행위와 실천적 관계행위를 <자유*>라고 정의했지만[『법철학』*§4Z], 맑스는 근대 시민사회에서는 양자의 관계행위가 분열관계에 있다고 본다. 임금노동자*는 자본가의 가치증식욕이라는 의향을 체현하고 실행하는 "실천적 관계행위"[40:443]에 종사하고, 자본가는 노동자의 실천적 관계행위를 관리하고 조작하는 "이론적 관계행위"[같은 곳]・"소원한=타인의 노동력

(fremde Arbeitskraft)에 대한 지휘"[廣34]에 종사한다.

맑스는 『요강』에서 『초고』 이래의 이러한 문제의식을 체계적으로 전개했다. 논리학은 그때 "대단히 유용했다"[29:206]. 『요강』의 「서설」*은 논리학의 개념론에, '화폐에 관한 장'은 존재론에, '자본에 관한 장'은 본질론에 각각 긴밀히 대응하고 있다[Uchida, p. 6]. 「서설」에서는 정치경제학 비판의 주제가 역사적으로 특수한 형태로 편성－접합된 생산유기체(자본*에 포섭된 근대 시민사회)에 있음을 지적하고 그것을 서술하는 방법을 논한다. 헤겔은 영원한 정신이 만물을 창조한다는 관점에서 서술과정(사태의 개념 파악)이 마치 서술대상의 현실적 생성과정인 것처럼 보는 잘못을 범했다. 맑스는 사태(근대 시민사회)의 역사적 특수성의 일반적 형태(상품*)를 분석하고 그 전개과정(상품 → 화폐 → 자본)에서 생산을 포섭적 계기로 하는 생산유기체를 서술하는 순서를 검토한다. <어떤 사태는 어떻게 생성되었는가>는 이후 논증으로 미루고(빚진 논증), 먼저 <그 사태란 무엇인가>, 즉 그 사태의 논리구조를 분석한다. 다음으로 그 분석을 기준으로 그 사태의 역사적 생성과정의 자취를 더듬는다(논증상의 빚의 청산). 이리하여 생산유기체를 조직하는 역사적 형태(상품 · 화폐 · 자본)의 개념 파악과 그 역사적 생성과정에 대한 반조의 추론구조(Schluß)를 구성한다. 맑스는 이러한 이론적 · 실천적 구성으로 미래의 잠재태를 통찰하고 그 가능성을 실현하는 실천에서 인간*은 자유롭게 된다고 본다.

'화폐 장'에서는 상품유통을 표상하면서 그것의 논리적으로 가장 심층부에서의 "노동생산물의 상품으로의 전화"로 하향 분석한다(헤겔 논리학에서의 현존재[『소논리학』 §89ff.에 대응(이하 같은 곳)]). 요컨대 상품의 교환관계를 가치형태=교환과정(대자존재, 즉 다수의 일자[一者]의 상호관계, 자아=같은 시민의 상품관계[§95ff. 69])으로 분석하여 화폐의 개념적 생성을 더듬어가는 것이다. 가치*는 상호적으로 특수한 사용가치(질)의 교환관계가 추상하는 정량(양적 현존재)이다. "정량의 가치는 그 관계에서만 존재한다"[§105]. 추상된 가치를 체현하는 특수한 사용가치(금은)로 체화한 형태가 화폐이다. 화폐의 최종 기능인 축장화폐는 화폐의 유통부면으로부터의 끌어올림이 화폐 자체를 사멸케 하는 자기모순을 잠재시킨다(자기를 해체하는 모순[§120]). 양적이고 가변적인 화폐가치는 한도 없이 증식하는 것으로 전화함으로써 모순을 지양한다[§106. Z]. 그 때문에 화폐는 자기의 생성지=상품생산을 조직하는 상품형태(생산조건들)로 변화하고 상품생산으로 복귀한다(근거로의 복귀[같은 곳]). 자기 안에 다양한 질(사용가치)을 지양하고 있는 자기 증식하는 가치는 외부의 다양한 질에 접합－변태하고 운동할 수 있는 잠재력을 지닌다. 그것이 '과정으로서의 주체', 즉 본질이다. 본질이란 현존 형태의 과거의 형태들에 대한 관계(반조)이며, 특수한 형태들 사이의 관계 일반이다[§112. Z]. 상품들(현존재)의 관계로부터 발생한 화폐(현존재의 자기관계=대자존재)가 자기유지를 위해 조직한 상품생산과 상품유통을 관통－운동하는 과정적 주체가 자본(본질)이다.

'자본 장'은 자본의 '일반성 · 특수성 · 개별성'을 전개한다. '자본의 일반성'에서는 자기 증식하는 과정적 가치로서의 '하나의 자본'의 개념(Begriff)에 대한 규정이 전화론 · 잉여가치론 · 자본순환－축적론에서 이루어진다. '자본의 특수성'에서는 규정된 자본 개념이 유동자본과 고정자본으로 근원－분할(판단{Urteil})되는 사태를 자본유통(순환)론 · 자본회전론 · 자본축적－재생산론에서 더듬어간다. '자본의 개별성'이란 유동자본과 고정자본으로 특수화한 자본이 재생산과정에서 상호적으로 전화하고, 복수의 특수성을 묶어닫아(schließen) '하나의 것'으로 복귀하는 사태, 즉 추론(Schluß)이다. 거기서는 '하나의 자본'을 기준으로 잉여가치*가 산업이윤 · 상업이윤 · 이자로 분화하는 과정이 파악된다.

이상의 논증 과정에서는 헤겔 논리학의 일반성 · 특수성 · 개별성에 각각 대응하는, 개념 · 판단 · 추론이 관철되어 있다. 『요강』에서는 대항관계가 자본가와 임금노동자에 한정되고, 생산수단과 생활수단을 '하나의 자본'이 생산하여 생활수단(노동력 재생산재)을 임금노동자에게 판매하는 것으로 상정되어 있었다.

하지만 『1861-63년 초고』에서는 자본가와 임금노동자의 대항관계가 자본 간 분업에 반조되고, 생활수단과 생산수단은 자본 간 분업에서 생산된다는 이론 구성으로 변화한다. 그 변화를 바탕으로 한, 일반적 개념규정, 일반적 개념의 특수태로의 근원-분할(판단), 특수태의 일반태로의 포섭(추론)이라는 논리 구성은 『자본』의 '제1부 자본의 생산과정', '제2부 자본의 유통과정', '제3부 자본주의적 생산의 총 과정'에 기본적으로 관철되어 있다. 다만 『1861-63년 초고』 이후에는 변증법적 방법은 "아득한 곳으로부터 숨겨진 것"[30:169]으로 되고 있다. ☞『정치경제학 비판 요강』, 「서설」, 헤겔, 『법철학』, 『경제학 · 철학 초고』, 『자본』

㊟ Marx (ed., F. E. Schrader) "Marx's Précis of Hegel's Doctrine of Being in the Minor Logic", *International Review of Social History*, Vol. 22, 1977. Hegel, *Jenaer Systementwürfe, I*, Hamburg 1986. 尼寺良弘, 『ヘーゲル推理論とマルクス價值形態論』, 晃洋書房, 1992. Hiroshi Uchida, *Marx's Grundrisse and Hegel's Logic*, London 1988.

-우치다 히로시(内田 弘)

「헤겔 법철학 비판 서설—法哲學批判序說」 ["Zur Kritik der Hegelschen Rechtsphilosophie. Einleitung"]

1843년 12월에 씌어져, 44년 2월에 간행된 『독불연보』*에 게재된 맑스의 논문. 여기서 그는 처음으로 자신이 프롤레타리아트의 입장에 서 있음을 선언했다. 브루노 바우어*의 지도 아래 헤겔*의 철학*을 연구하고 있던 맑스는 42년 3월에 기독교 예술과 헤겔 법철학을 비판하는 집필에 착수했음을 루게*에게 알린다[MEGA III/1:24]. 맑스는 후자에서 실체화된 헤겔의 국가*를 축조적(逐條的)으로 분석 · 비판하고, 또한 이듬해 바우어의 유대인론을 비판함으로써 인간*의 해방*은 국가 및 화폐*의 폐지에 의해서만 가능하다는 생각에 도달했다. 그리하여 「헤겔 국법론 비판」*의 서설로서 씌어진 것이 이 논문이다. 그 서두에 씌어진 "독일에 있어 종교* 비판은 본질적으로 끝났다. 그리고 종교 비판은 모든 비판의 전제다"[1:415]라는 구절은 맑스의 연구의 진전을 보여주는 것이다. 맑스에 따르면 헤겔에 의해 완성된 독일의 국가 · 법철학을 비판함으로써 현대 국가와 그 현실에 대한 비판적 분석과, 종래의 독일의 정치적 · 법적 의식의 양태에 대한 결정적 비판을 마칠 수 있었다[같은 책:420]. 다음 과제는 이러한 독일의 현실을 실천적으로 혁명*하는 일이다.

맑스는 여기서 비로소 프롤레타리아트를 자리매김한다. 프롤레타리아트 개념은 독일에서는 로렌츠 슈타인*이 1842년 10월에 처음으로 본격적으로 소개하며, 또한 같은 해 12월에는 바이틀링*의 『조화와 자유의 보장』*이 간행되어 노동자계급의 실태가 밝혀졌다. 이러한 문헌들을 통해 맑스는 지식으로서 프롤레타리아트를 알았지만, 살아 있는 프롤레타리아트를 접한 것은 43년 10월에 파리*로 가고서부터이다. 프롤레타리아트는 인간의 완전한 상실이며 인간의 완전한 회복 없이는 자기를 획득할 수 없다. 인간의 해방은 프롤레타리아트의 폐지에 의해서만 가능하며 그것을 가능케 하는 철학의 실현이 지향되어야만 한다. 그 경우 프롤레타리아트가 자연성장적으로 발생한 빈곤이 아니라 인위적으로 만들어진 빈곤에서 태어났다는 사실에 주목해야만 한다. 이러한 사회적 · 경제적 기구에 대한 해명이 당면한 맑스의 연구과제가 되고, 이듬해 44년 곧바로 그는 『경제학 · 철학 초고』*라고 불리는 노트를 집필하기 시작했다. ☞「헤겔 국법론 비판」, 비판, 철학, 해방, 계급

-시바타 다카유키(柴田隆行)

헤겔 좌파—左派 [(독) Linkhegelianer; Hegelsche Linke]

헤겔학파* 중에서 헤겔의 체계 가운데 특히 종교철학, 법철학, 역사철학의 영역에서 3월 전기(포어메르츠기*) 시대에 지배적이었던 종교적 정치적 가치들에 대해 비판적인 입장을 취한 사람들을 가리킨다. 처음으로 이 개념을 사용한 것은 D. 슈트라우스이다.

【 I 】헤겔학파의 분열과 좌파의 전개

헤겔과 프로이센의 개혁자 K. 슈타인*이 모두 1831년, 괴테가 32년, 슐라이어마허가 34년, K. W. 훔볼트가

35년에 각각 사망하고, 30년의 7월 혁명*, 35년의 독일에서의 철도 개통과 같은 현실의 움직임과 맞물려 시대의 전환기・세대 교체기의 의식*이 높아지고 있던 35년에 D. 슈트라우스의 『예수의 생애』*가 출판되었다. 그는 이 저작에서 복음서의 예수전의 역사적 사실성을 부정하고 예수 이야기는 원시 기독교 교단에서 무의식적으로 형성된 신화*일 뿐이라는 점, 신성과 인간*의 합일은 하나의 인격에서가 아니라 인류에서 실현된다는 점 등을 설파해 학파 내외에 커다란 논쟁을 불러일으켰다. 그는 그에 이은 『논쟁집』에서 자신의 입장을 헤겔 좌파, 그에 대한 반대파를 우파, 중간을 중앙파로 분류했는데, 그가 헤겔 좌파로서 이름을 거론한 것은 구체적으로는 그 자신뿐이며, 이에 반대하는 우파로서는 괴셸, 가블러, 브루노 바우어*, 중앙파로서는 로젠크란츠의 이름을 들었을 뿐이었다. 슈트라우스의 이 작품에 대한 평가를 둘러싸고 헤겔학파는 분열을 향해 한 걸음을 크게 내딛게 되었으며, 논쟁의 중심문제는 종교*・기독교*를 헤겔 철학 전체 속에서 어떻게 자리매김할 것이냐는 점에 귀착되었다. 슈트라우스의 범신론적 기독교 해석에 이어 바우어, 포이어바흐*, 슈티르너*에게로 기독교 비판*, 종교에서 철학*으로의 이행, 신으로부터 휴머니즘으로의 전환 경향은 점점 더 첨예화되어 그들은 그 경향의 본질적인 동일성에 의해 헤겔 좌파로 불리게 되었다. 1835년은 또한 프랑스 7월 혁명에 충격을 받아 헤겔주의와 생시몽주의*의 영향을 받은 구츠코, 하이네* 등의 급진적 문예비평 활동인 '청년 독일'(Das junge Deutschland) 운동이 그 정점에 달하는 동시에 전면적으로 금지된 해이기도 했다. 그뿐만 아니라 시대 쇄신을 위한 청년운동은 '청년 폴란드', '청년 아일랜드' 등 유럽으로 확산되고, 그러한 시대적 맥락 속에서 헤겔 좌파는 청년 헤겔학파(Junghegelianer)라고도 불리게 되었다.

브루노 바우어는 당초 우파적 입장에서 슈트라우스를 비평하고 있었는데, 후에 『공관복음서 이야기 비판』(1841, 42)에서 예수 이야기는 인류사의 일정한 발전단계 안에 있는 자기의식의 소산에 지나지 않는다고 논하고 기독교 비판으로 향했다. 포이어바흐는 헤겔 철학과 기독교가 동일한 의미에서 전도되어 있다고 이야기하고 유물론*과 인간주의의 입장에 섰다. 미학자 피셔는 슈트라우스의 영향 하에 '이념'을 인간학적으로 새롭게 파악하고자 했다. 아르놀트 루게*는 T. 에히터마이어와 함께 1838년에 『독일의 학문과 예술을 위한 할레 연보』를 창간하고, 여기에서 이른바 헤겔 좌파의 결집 장소가 형성되었다. 그러나 1840년에 프로이센 국왕과 헤겔학파의 비호자였던 알텐슈타인이 차례로 사망하면서 좌파의 급진화와 헤겔학파의 배제가 동시에 진행되었다. 헤겔 좌파는 대학*에서 추방당했고 헤겔 철학 비판을 위해 늙은 셸링*이 재등장했다. 『할레 연보』는 1841년에 『독일연보』*로 명칭이 바뀌었지만 결국 또 하나의 청년 헤겔학파 신문인 『라인 신문』*과 함께 폐간으로 내몰린다.

【Ⅱ】맑스와 헤겔 좌파

종교로부터 철학으로, 신에게서 인간으로 향하는 방향을 전진시킨 것이 헤겔 좌파였다고 한다면, 맑스 세대의 관심은 철학의 실천이었다. 맑스의 헤겔학파와의 접점은 처음에는 베를린 대학에서의 생시몽*에 공감을 표명한 간스* 교수의 강의를 열심히 청강한 것이며, 다음으로는 울퉁불퉁한 느낌으로 인해 당초에는 접근하기 어려웠던 헤겔 저작에 대한 침잠과 그의 철학의 수용이고, 나아가 베를린*의 독토르 클럽*에서 그 지도자격인 브루노 바우어와 동생 에드가 바우어*, 루텐베르크, 쾨펜* 등과의 교류였지만, 기독교 비판으로 인한 브루노 바우어의 해직으로 스스로의 대학 교직의 길을 단념하고 『라인 신문』의 편집을 이어받은 지 얼마 되지 않아 맑스는 그들 모두를 격렬히 비판하게 된다. 『라인 신문』에서 알게 된 모제스 헤스*, 헤스와 함께 열광적으로 그의 인간주의에 심취하게 된 포이어바흐, 그 후 파리*에서 『독불연보』*의 공동 편집자가 된 루게*, 그들은 모두 청년 헤겔학파이고 맑스는 그들로부터 결정적인 영향을 받았지만, 『신성 가족』*과 『독일 이데올로기』*에서는 그들 전체와 슈티르너가 비판의 대상이 되었다.

맑스에 의하면 슈트라우스의 신=‘인류’는 헤겔에서의 스피노자적 '실체'의 입장을, 바우어는 피히테적

'자기의식'의 입장을 신학* 영역에서 수미일관하게 전개한 것이지만, 그것은 동시에 헤겔 철학의 일면화일 따름이며, 포이어바흐의 '인간'의 입장이야말로 헤겔을 헤겔의 입장에 서서 완성하여 비판한 것으로 간주된다[『신성 가족』, 2:146]. 그러나 그 직후에는 청년 헤겔학파 전체가 종교적 표상들의 비판에 제한되어 있고 포이어바흐의 '인간이라는 것'도 슈티르너의 '유일자'도 "현실적이고 역사적인 인간", "역사 속에 살아 있는 개인들"과는 다른 추상물에 지나지 않는다고 맑스는 단언하는 것이다[『독일 이데올로기』, 廣20, 3:243]. 비판정신이 왕성했던 것은 맑스만이 아니다. 그들은 계승과 상호 비판에 의해 헤겔 좌파라는 사상운동의 통합되고 생생한 맥락을 형성했지만, 다름 아닌 그 상호 비판과 개개의 사상가의 자립적인 독자적 발전에 의해 학파로서의 정체성을 스스로 해체해 갔던 것이다.

☞헤겔, 헤겔학파, 청년독일파, 『예수의 생애』, 포어메르츠기, 간스, 헤스, 기독교, 종교, 바우어[1], 바우어[2], 루게, 슈티르너, 포이어바흐, 『라인 신문』, 『독불연보』, 『경제학·철학 초고』, 『독일 이데올로기』, 『신성 가족』

㉾ William J. Brazill, *The Young Hegelians*, New Haven and London 1970. 良知力・廣松渉 編, 『ヘーゲル左派論叢』, 1. 3. 4, 御茶の水書房, 1986-87. 石塚正英 編, 『ヘーゲル左派―思想・運動・歴史』, 法政大學出版局, 1992. 石塚正英 編, 『ヘーゲル左派と獨佛思想界』, 御茶の水書房, 1999.

―우부카타 스구루(生方 卓)

헤겔학파—學派 [(독) Hegelsche Schule; Hegelianer]

백과전서적인 성격을 지니는 헤겔 철학의 전체 내지 부분을 수용해 이를 발전시키고자 한 사람들, 또는 그 집단을 가리킨다. 좁은 의미로는 직접 헤겔*의 강의를 청강하고 그 학설을 받아들인 제자들을 의미한다. 그러나 예를 들어 맑스는 직접 헤겔을 접할 수 없었지만 헤겔을 근본적 비판의 대상으로 삼은 뒤에도, 게다가 헤겔학파가 몰락한 1870년대에 헤겔의 '학도'임을 공언하고 있다[『자본』 제2판 후기, 23a:23].

헤겔의 대학 경력은 예나*에서 시작되는데(1801-06년), 이 시절에 그는 적어도 6명의 열광적인 신봉자들을 만들어내고 있다. 하이델베르크 대학(1816-18년)에서는 후에 신학*과 법철학 저작을 내놓는 힌리히스, 나중에 법학자가 되는 간스*, 부르셴샤프트의 지도자로 후에 생시몽주의*를 독일에 소개하는 카로베, 그리고 그를 초빙한 신학의 다우프 교수 등이 헤겔 철학을 수용했다. 헤겔 학도가 급속히 늘어나는 것은 슈타인 개혁의 후계자 알텐슈타인이 프로이센의 문부장관이 되고나서 곧바로 헤겔을 베를린 대학에 초빙하여 헤겔의 철학*과 신생 프로이센의 이념이 결부된 베를린 대학 시절이다(1818-31년). 학파의 중심적인 기관지라고 할 수 있는 『베를린 연보』(『학문적 비판을 위한 연보』, 1827-46)가 공간되어 헤겔학파는 알텐슈타인의 비호 아래 전 독일적인 규모로 전성기를 맞이한다. 학파의 기세는 1831년에 헤겔이 사망한 후에도 약화되지 않으며, 사후 얼마 지나지 않아 마르하이네케, 간스, 호토 등 7명의 친구와 제자들에 의해 헤겔 전집이 간행되고, 그들 세대가 이 학파의 중심이 된다.

학파 내부에 잠재되어 있던 차이가 결정적인 대립으로서 드러나는 계기가 된 것은 보다 젊은 세대에 속하는 슈트라우스의 『예수의 생애』*의 간행이 불러일으킨 논쟁이다. 헤겔에게서는 한편으로 철학과 종교*가 동일한 것으로 간주되는 동시에 다른 한편으로는 철학 쪽이 절대정신의 보다 높은 단계에 위치하고 있었다. 근본적으로는 어느 측면을 강조하느냐에 따라 학파가 분열하는데, 동일성 입장을 취하는 쪽이 우파, 차이성 요컨대 철학의 우위를 강조하는 입장이 좌파, 중간 입장이 중앙파라 불리게 되었다. 철학에 의한 종교의 극복과 기독교 비판의 방향, 요컨대 신학으로부터 휴머니즘으로의 전환 방향은 슈트라우스에 이어 브루노 바우어*의 자기의식의 철학, 포이어바흐*의 인간주의와 유물론*의 철학, 루게*의 민주주의 사상, 슈티르너*의 유일자의 철학 속에서 첨예화되어 갔다. 직접적으로는 이 좌파의 영향 하에 다음 세대의 청년 헤겔학파인 모제스 헤스*의 진정사회주의*, 맑스, 엥겔스*의 공산주의*, 바쿠닌*의 무정부주의 등이 자라나 실천적 계기가 강조되어 간다. 이에 반해 헤겔 중앙파와 우파는 정치적으로는 헤겔 철학의 자유주의*를 계속 기조로 삼아 사회문제의 점진적 해결을 지향했다. ☞헤겔, 간스, 헤겔 좌파, 『예수의 생애』, 바우어[1], 포이어바흐, 슈티르너, 루게, 헤스, 바쿠닌

圖 大井正, 『マルクスとヘーゲル學派』, 福村出版, 1975. John Edward Toews, *Hegelianism, The Path Toward Dialectikal Humanism, 1805-1841*, London 1980. ヘルマン・リュッベ(今井道夫 譯), 『ドイツ政治哲學史』, 法政大學出版局, 1998.

—우부카타 스구루(生方 卓)

헤르베크 [Georg Herwegh 1817-75]

독일의 시인. 음식점 주인의 아들로 슈투트가르트에서 태어난다. 1831-35년 마울브론 신학교에서 공부하고, 1835년 가을부터 튀빙겐의 신학교에서 신학*을 공부한다. 2년 후에 대학을 그만두고 슈투트가르트에서 저널리즘* 관련 일을 시작한다. 1839년 뷔르템베르크 왕국의 군 당국과의 알력으로 인해 스위스의 에미스호펜으로 도망하며, 『도이체 폴크스할레』의 문예란을 편집한다. 1840년 4월 취리히*로 이주해 프뢰벨* 등의 망명 민주주의자 그룹에 들어간다. 1841년에는 시집 『어느 살아 있는 자의 시집』 제1부를 익명으로 출판(제2부는 1843년 간행)하는데, 독일 영방들에서 금지처분을 당했음에도 불구하고 단기간에 판을 거듭하여 1840년대에서의 가장 중요한 정치시집이 된다. 헤르베크는 이 시집에서 리듬감 넘치는 가곡 형식으로 정열적인 표현을 구사하여 자유*에 대한 열광이나 전제정치의 타도를 노래한다. 이 시집이 지니는 심정에 호소하는 듯한 추상성으로 인해 하이네*의 질책과 야유를 받게 되지만 그 영향력은 대단한 것이었다. 1841년 가을부터 이듬해 초에 걸쳐 파리*에 체류하며, 하이네와 딩겔슈테트 등과 알게 된다. 1842년 취리히로 귀환하며, 같은 해 가을에는 새로운 잡지의 협력자를 얻기 위해 독일을 여행한다. 이 때 맑스, 루게*, 프루츠, 구츠코 등과 만나지만, 11월 19일 베를린*에서 프로이센 국왕 프리드리히 빌헬름 4세*를 알현한다. 그 직후 계획 중이던 잡지의 프로이센 반입금지 조치에 대한 항의 편지가 원인이 되어 프로이센으로부터 추방 처분을 당한다. 이러한 일련의 사건들은 급진파 내부에서 찬반양론의 논쟁을 불러일으킨다. 이후 스위스로 돌아가지만 과격한 잡지의 강령에 대한 그의 찬성의 뜻이 원인이 되어 취리히에서도 추방 처분을 당하고, 바젤의 시민권을 획득한다. 스위스의 독일인 수공업자협회와 접촉하여 바이틀링* 등과 알게 된다. 계획된 잡지용 원고를 『스위스에서 보낸 21보겐』이라는 제목으로 출판. 여기에는 엥겔스*의 최초의 정치논문이 포함되어 있다. 1843년 파리로 이주해 빈번히 맑스 부부와 만난다. 1846-47년 포이어바흐 철학의 영향 아래 자연과학*을 공부했다. 포이어바흐*와는 평생 우정관계를 유지한다. 1848년 2월 혁명*이 일어나자 파리에 거주하는 독일인 망명자들이 공화주의자 위원회와 독일 민주의용군을 결성하며, 헤르베크는 리더로 선출된다. 맑스나 엥겔스 등의 저항에도 불구하고 독일로 진격하지만 격퇴 당한다. 헤르베크는 잠시 포로로 잡히지만 곧바로 스위스로, 이후 파리로 도망간다. 1851년 다시 취리히로 간다. R. 바그너나 젬퍼 등 독일을 비롯한 이탈리아와 프랑스에서 온 망명자들과 교류했다. 특히 라살레*와의 우정을 바탕으로 이후 노동운동에 시와 산문으로 관여한다. 『일반 독일노동자협회 연맹가』(1863)가 그 대표이다. 1866년 이후 독일의 바덴바덴에 거주했다. 1869년 제1인터내셔널의 명예통신원이 된다. ☞취리히, 하이네, 라살레, 프라일리그라트

圖 H. Vahl/I. Fellrath (bear.), *"Freiheit überall, um jeden Preis" Georg Herwegh 1817-1875*, Stuttgart 1992. H. Tardel (hrsg.), *Herweghs Werke in drei Teilen*, Berlin/Leipzig/Wien/Stuttgrat o. J.. *Herweghs Werke in einem Band*, Berlin/Weimar 1977[3].

—다카기 후미오(高木文夫)

『헤센의 급사—給仕』 [Der hessische Landbote, 1834]

게오르크 뷔히너와 루트비히 바이디히가 작성한 정치 팸플릿. "오두막에는 평화를! 궁전에는 전쟁을!" (프랑스의 작가 샹포르의 말)이라는 말로 시작하여

민중들에게 자신들이 놓인 비참한 처지에 눈을 뜨게 하고 봉건체제에 대한 봉기를 호소한다. 1834년 7월의 초판과 같은 해 11월의 제2판이 있는데, 후자는 '서문'이 빠져 있고 초판과의 약간의 차이가 있을 뿐이며, 바이디히만이 인쇄와 발행에 관여했다.

발행 당시 뷔히너는 기센 대학의 의학생, 후에 이색적인 희곡작가로서 알려진다. 바이디히는 목사 · 초등학교 교장으로 헤센의 중심적인 반체제 지도자. 두 사람은 1834년에 서로의 지인인 A. 베커의 소개로 알게 되며, 뷔히너의 제안으로 민중에 대한 정치선전 팸플릿 제작에 착수한다. 뷔히너는 이 해에 기센에서 프랑스의 예를 본 따 '인권협회'를 설립, 활동의 기반으로 삼는다. 그는 어릴 적부터 부친의 영향으로 프랑스 혁명*에 강한 관심을 보이는데, 이 무렵 그에 대해 집중적으로 연구하며 그 성과가 『헤센의 급사』나 희곡 『당통의 죽음』(1835)에 반영되어 있다. 운동의 방법에 대한 양자의 의견 차이에도 불구하고 격렬한 논의 끝에 뷔히너가 우선 초고를 작성하고 바이디히가 수정을 가하는 형태로 작업이 진행된다. '서문'은 바이디히에 의해 가필되었다. 본문의 가필 수정에 대해 뷔히너는 반발하지만 그 내용에 그가 손을 댔는지의 여부는 불분명하다. 그대로 비밀 인쇄소에서 인쇄, 초판 부수는 불분명하다(300부 정도로 추정). '기센 인권협회'의 멤버들에 의해 배포되는데, 그룹 내에 숨어 있던 당국의 스파이*에 의해 밀고당해 멤버들이 체포되고 팸플릿도 압수된다. 뷔히너의 신변에도 체포 위험이 다가오지만 법적 절차의 미비로 어려움을 벗어난다. 바이디히는 좌천 처분을 받는다. 1834년 말 바이디히가 독자적으로 제2판을 인쇄(400부). 1835년 초 뷔히너는 출두 명령을 받지만 같은 해 3월 슈트라스부르로 도망한다. 4월 바이디히가 구속된다. 1837년 2월 뷔히너는 당시 대학 강사를 맡고 있던 취리히*에서 티푸스가 발병하여 얼마 안 있어 사망. 2, 3일 뒤 장기간의 취조와 고문 끝에 바이디히가 옥중에서 자살했다.

바이디히의 '서문'은 팸플릿 성격을 "헤센 땅에 진실을 전하는" 것이라고 하고, 5개조의 주의사항을 포함하고 있다. 바이디히의 가필 수정은 그의 오랜 시간에 걸친 경험을 반영, 서두에서 뷔히너가 타도될 대상을 "부자"라고 쓴 부분을 "높으신 분"으로 변경하고, 또한 곳곳에 성서*로부터의 인용을 섞어 넣어 독자인 민중들의 지적 수준을 고려한다. 뷔히너는 이 팸플릿에서 프랑스 혁명의 이상을 가슴에 품고 헤센 농민들의 혁명의식을 시험하고자 했던 것이지만 그들은 이를 이해하지 못하며, 오히려 이 팸플릿을 위험물로 간주하여 경찰에 신고하는 모습에서 독일의 혁명운동의 어려움을 엿볼 수 있다. ☞급진주의

㉾ *Georg Büchner Werke und Briefe*, München 1981². Hans Mayer, *Georg Büchner und seine Zeit*, Frankfurt a. M. 1972. 手塚富雄 外 譯, 『ゲオルク・ビュヒナー全集』, 河出書房新社, 1970. ビュヒナー/ヴァイディヒ(H. M. エンツェンスベルガー 編・解説/森光昭 譯), 『革命の通信 ヘッセンの急使』, イザラ書房, 1971.

―다카기 후미오(高木文夫)

헤스 [Moses Hess 1812-75]

유대인 상인의 아들로 본에서 태어나 유소년 시기에 엄격한 유대교 교육을 받은 뒤 독학으로 독일 철학을 공부한다. 처녀작 『인류의 거룩한 역사』(1837) 및 『유럽 삼두제』*(1841)의 두 저술로 독일 초기 사회주의 사상의 선구자 중 한 명이 된다. 『삼두제』를 출판한 후의 헤스는 1841년 여름부터 『라인 신문』* 발행 준비에 참여하며, 신문이 발행된 뒤에는 사실상의 편집주간을 맡았다. 맑스와의 만남은 같은 해 8월 말이나 9월 초, 엥겔스*와의 만남은 1842년 10월 초의 일이다. 1842년 10월부터 맑스가 『라인 신문』의 편집주간이 된 후 헤스는 이 신문의 통신원으로서 파리*로 가며, 거기서 독일인 및 프랑스인 공산주의자, 사회주의자들과 접촉했다. 헤스는 엥겔스를 공산주의자로 만든 것은 자신이라고 자부하고 있는데, 당시의 헤스는 『라인 신문』을 비롯해 다수의 신문과 잡지에 기고하여 철학적 공산주의의 논객으로서 알려지며, 『스위스에서 보낸 21보겐』(1843)에 게재된 「행위의 철학」이나 「사회주의자와 공산주의자」, 또한 1844년에 『독불연보』*를

위해 집필된 「화폐체론」*은 포이어바흐*의 소외론의 사회・경제적 영역에 대한 적용과 그 밖의 점에서 청년 맑스에게 영향을 준다. 1845년 9월부터 다음해 2월이나 3월까지 헤스는 맑스, 엥겔스와 함께 브뤼셀* 에 체류하며 『독일 이데올로기』*의 공동 작업에 종사하지만 양자의 친밀한 관계는 이것이 마지막이었다. 독일혁명의 전략 확정을 둘러싸고 헤스는 맑스 등과 결정적으로 결별하게 된다. 즉 1848년 혁명* 전야의 '공산주의자동맹*'에서 맑스파가 프롤레타리아 혁명(사회혁명)을 원리로 삼으면서도 현 상황 분석에 기초하여 도래해야 할 독일혁명을 부르주아 민주주의 혁명(정치혁명)으로 규정한 데 반해, 바이틀링파는 매개 없이 프롤레타리아 혁명을 제기하고 있었던 것이다. 헤스는 『브뤼셀 독일인 신문』*에 게재된 「프롤레타리아 혁명의 귀결들」(1847)에서는 경제적 관계들의 파악에 관해 맑스의 압도적인 영향 하에 있으면서도 정치혁명에 대해서는 평가를 달리 함으로써 『공산당 선언』* 에서 맑스의 비판을 받게 되었다.

1848년 혁명의 좌절 후에도 헤스는 빌리히*, 샤퍼* 등의 그룹에 속하며 혁명*의 재발에 기대를 걸지만, 나폴레옹 3세*의 쿠데타를 계기로 일단 정치활동에서도 문필활동에서도 발을 빼게 된다. 그 뒤 1859년의 이탈리아 전쟁에서 민족문제에 관심을 보이면서 활동을 재개하며, 『로마와 예루살렘』(1862)에서는 자신의 유대인 민족의 해방*을 팔레스타인에서의 유대인 국가의 재건에서 찾았다. 이 책으로 헤스는 시오니즘의 사상적 선구자 가운데 한 명이 된다. 거기서는 역사에서 본원적인 것은 인종투쟁이며 계급투쟁은 부차적이라고 주장되지만, 다른 한편으로 헤스는 독일의 사회주의 노동운동에도 적극적으로 관여해 라살레*에게 협력하며, 나중의 국제노동자협회*에서는 맑스를 지지했다. 만년의 헤스는 유대민족주의적 사상과 국제주의적 노동운동의 틈바구니에서 흔들렸다. ☞유대인 문제, 『유럽 삼두제』, 『화폐체론』, 행위의 철학, 사회주의

㊟ Edmund Silberner, *Moses Hess. Geschichte seines Lebens*, Leiden 1966. Shlomo Na'aman, *Emanzipation und Messianismus. Leben und Werk des Moses Hess*, Frankfurt a. M./New York 1982. 野村眞理, 「後期モーゼス・ヘスにおけるユダヤ民族への回歸をめぐって」, 『一橋論叢』, 第93卷 第5号, 1985. 石塚正英, 「『三月前』期におけるドイツ革命の展望―ヘス・ヴァイトリング・マルクス」, 『立正西洋史』, 第5号, 1982.

―노무라[나카자와] 마리(野村[中澤]眞理)

헤이그 [Den Haag; 's-Gravenhage]

1872년, 제1인터내셔널 헤이그 대회가 개최된 네덜란드의 도시*. 맑스는 제1인터내셔널의 헤이그 대회에의 참가뿐만 아니라 근교의 스헤베닝겐에서의 치료를 겸해 부인 예니*와 딸 부부 라파르그 내외를 동반해 그랜드 호텔에 체류한다. 헤이그에서는 콘제르트잘에서 개최된 회의에서 바쿠닌파를 포함한 소수파로부터 권력을 탈취하고 패권을 장악한다. 이 대회에서 본부를 뉴욕*으로 옮기는 결의가 이루어져 제1인터내셔널 최후의 대회가 되고 말았다. ☞인터내셔널{국제노동자협회}, 맑스의 요양, 바쿠닌, 맑스 가, 암스테르담

㊟ 的場昭弘, 「オランダの中のマルクス」, 『JCCかわら版』, 137号, 1996.

―마토바 아키히로(的場昭弘)

혁명 革命 [(독) Revolution]

본래는 천체의 공전을 의미하는 이 용어가 정치질서의 근본적 변혁을 의미하는 것으로 사용되게 된 것은 17세기 이후지만, 맑스의 혁명 개념의 원형을 이루고 있는 것은 시민혁명*으로서의 프랑스 혁명*이다. 맑스에 의하면 프랑스 혁명의 역사적 의의는 정치적 국가와 시민사회*의 분리를 완료했다는 데에 있었다. 그 결과 현실의 시민사회에서의 출생・교양・직업・계급*의 구별과 불평등을 전제로 하여 이들의 구별을 없애고 모든 국민이 국민주권에 대한 평등*한 참여자임을 선언하는 근대국가가 성립한다. 맑스는 후년에 이르기까지 프랑스 혁명을 새로운 유럽사회의 정치질서를 선언한 것으로서 높이 평가하지만, 다른 한편으로는 일찍

부터 시민혁명의 한계를 지적하고 있었다. 「유대인 문제에 대하여」*에서는, 시민혁명은 '정치적 해방'이라고 바꿔 말해진 다음, 이를 넘어선 '인간적 해방'이 최종 목표로 설정된다. 그것은 인간이 자기의 고유한 힘을 정치적인 힘이라는 형태로 자신으로부터 분리하지 않고 사회적인 힘으로서 인식하고 조직하는 것에 의한 "시민사회의 구성부분 그 자체의 혁명"[1:406]이었다. 그리고 같은 해의 「헤겔 법철학 비판 서설」*에서 이러한 인간적 해방의 주체는 "철저하게 쇠사슬에 묶여 있는 하나의 계급"[같은 책:427]으로서의 프롤레타리아트로 규정된다. 이후의 맑스의 사상적 과제는 이와 같은 보편적 해방으로서의 프롤레타리아 혁명을 실현하는 역사적 조건들의 해명과 그 역사적 필연성을 논증하는 논리의 구축에 있었다고 말할 수 있다.

『공산당 선언』*은 부르주아지가 한편으로 세계시장*의 개발에 의해 생산과 소비*를 세계적 규모로 연결시키면서, 다른 한편으로는 정치적인 중앙집권에 의해 국민국가를 형성하고 자신의 계급이해를 국민적 이해로서 실현했기 때문에 프롤레타리아 혁명도 형식상으로는 국민적 투쟁으로서 수행된다고 주장했다. 1848년에 혁명이 유럽 전역에서 발발하여 좌절된 뒤, 맑스는 혁명은 다음 공황*에 이어 확실히 세계전쟁으로서 일어날 것으로 예측했지만, 1852년에는 이러한 예측을 철회하고 이후로는 정치경제학 비판* 작업을 통해 자본주의적 생산양식의 운동법칙을 해명하여 그 발전이 붕괴를 초래하는 자연사적 필연성을 밝히는 일을 필생의 과제로 삼았다. 『자본』* 제1권이 그 잠정적 결론인데, 거기서는 자본주의적 생산양식이 협업과 분업*을 통해 노동자 집단을 형성하고 그 다능성(多能性)을 개발함으로써 자기의 '무덤을 파는 사람'을 준비하고, 다른 한편으로는 축적과정을 통해 자본주의*의 내적인 비합리성과 모순이 첨예화됨으로써 '수탈자의 수탈'을 피할 수 없게 된다는 것이 강조되고 있다. 그러나 현실의 혁명의 발발은 오히려 구체적인 역사적 조건들에 의존하는 것인바, 1881년에 맑스는 자본주의의 세계체제의 주변인 러시아에서의 혁명이 유럽 혁명의 시발점이 됨으로써 러시아를 포함한 유럽 전역에서 사회주의*가 실현될 가능성을 시사하고 있다. ☞시민혁명, 2월 혁명, 3월 혁명, 파리 코뮌

참 山之內靖, 『マルクス・エンゲルスの世界史像』, 未來社, 1969. 淡路憲治, 『西歐革命とマルクス, エンゲルス』, 未來社, 1981.

—우에무라 구니히코(植村邦彦)

현상 現象 ⇨본질과 현상

현실성 現實性 [(독) Wirklichkeit]

현실적이라는 형용사와 더불어 맑스의 저서에서 자주 등장하는 단어 중 하나. 단 그 개념에 대한 분석은 「헤겔 국법론 비판」*에서 이루어질 뿐이며, 일반적으로는 눈앞에 나타나는 물질적 관계들이라는 평범한 의미로 사용되고 있다. "이성적인 것은 현실적이며, 현실적인 것은 이성적이다"라는 것은 헤겔*의 『법철학』*에 있는 유명한 구절인데, 이 구절은 당시 현존하는 프로이센 국가를 옹호하는 것으로 받아들여져 평판이 매우 나빴다. 헤겔 자신은 생존 시에 베를린 대학에서의 강의에서 현실성을 눈앞에 나타나는 현상*과 혼동해서는 안 된다고 분명히 지적한다.

현실성은 활동성(Wirksamkeit)과 어원적으로 뿌리가 같은 것으로 일하다(wirken)에서 나온 개념이다. 그것은 가능태의 실현인데, 그것을 일찍이 아리스토텔레스*는 이동으로서의 운동(키네시스)과 구별하여 에네르게이아라고 불렀다. 헤겔의 현실성론은 아리스토텔레스 이래의 철학적 전통을 따르고 있으며, 헤겔에 의하면 이성적인 것이 현실적인 것이어서 현실은 이성*의 자기실현태이다. 맑스는 헤겔의 진의를 제대로 파악하고 있었기에 헤겔을 강력히 비판할 수 있었다. 헤겔은 현실적인 이념, 즉 정신은 자기 자신을 자신의 유한태(有限態)로서 두 가지 개념 영역으로, 요컨대 가족과 시민사회*로 구분한다고 말하지만, 자기 분할하는 이 현실적 이념이란 바로 국가*이다. 헤겔의 서술에서는 국가가 가족과 시민사회 뒤에 위치지어져 있지만,

실은 국가가 선행한다. 다만 추상적 현실성 즉 실체성으로서 그렇다. 이 추상적 현실이 실체적 현실로 이행한 것이 국가권력이다.

이와 같이 신비화된 헤겔의 국가론의 본질을 맑스는 『헤겔 국법론 비판』에서 폭로하고, 눈앞에 나타나는 물질적 관계들로서의 국가에 대한 비판에 착수한다. 확실히 헤겔이 말하듯이 눈앞에 나타나는 현상과 현실성을 혼동해서는 안 되지만, 양자가 관계가 없다는 것 또한 있을 수 없다. ☞이성, 「헤겔 국법론 비판」, 시민사회, 국가

—시바타 다카유키(柴田隆行)

협동 協同 [(독) Zusammenwirkung; Zusammenwirken]

술어로서는 모제스 헤스*가 사용하기 시작하며, 후에 맑스와 엥겔스*가 『독일 이데올로기』*에서 독자적인 의미를 담아 핵심적 개념으로 채용한다. 거기에는 포이어바흐*의 사상적 틀 자체에 대한 비판적 검토가 개재되어 있다(1845년 후반).

M. 헤스는 「독일에서의 사회주의 운동」에서, 포이어바흐의 유적 존재*는 인간*의 본질을 다소간에 신비화하고 있는데, 그것은 '개인들의 협동'으로서 구체적으로 규정되어야만 한다고 말한다. 사유뿐만 아니라 행동을 포괄하는 '유기적인 협동'이 지향되어야만 한다. 그럼에도 불구하고 정치적으로는 국가권력, 실천적으로는 화폐권력, 종교적으로는 천상의 권력으로서 협동은 소외*된 모습을 취하는데, 사인의 자유*나 자유경쟁의 관념이 그 철학적 기반을 이루고 있다. 「화폐체론」*에서는 이러한 협동 및 교통 개념이 기축이 되어 소외의 역사적 전개와 그 지양에 대해 독자적인 구상이 제시된다. 덧붙이자면, 슈티르너*의 포이어바흐 비판을 받아들인 헤스의 『최후의 철학자들』은 계속해서 에고이즘을 시민사회*의 개인*의 이상화, 유적 협동의 수단화라고 하여 개인들의 사회적 도야 형성에 의한 상호 존재의 자각 필요성을 이야기한다.

맑스는 슈티르너의 포이어바흐 비판과 이를 둘러싼 논쟁을 자신의 사상 기반과 관련된 것으로 받아들여 포이어바흐 비판의 자세를 견지하고, 인간의 본질을 "사회적 관계들의 총화(ensemble)"로 보는 「포이어바흐 테제」*를 쓰기에 이른다. 거기서는 헤스의 지향을 의식한 흔적도 읽어낼 수 있다. 다만 헤스는 포이어바흐의 인간 개념에 대한 슈티르너의 비판을 그리 심각하게 받아들이지 않으며, 이기주의로부터 벗어나 자각되어야 할 협동적 본질이라는 자세를 굽히지 않았다. 그에 반해 「테제」는 포이어바흐의 유적 존재와 슈티르너적인 고립적 개인을 모두 추상의 소산으로 간주하고, 그것들을 추상적인 수준에서의 대립으로 본다. 더 나아가 현실적 관계들에 입각한다는 자세로부터는 관념적인(ideal) 것의 자립화를 실재적인(real) 것으로 되돌려 자립화의 굴절을 현실적 관계태로부터 해명한다고 하는 시각이 나타난다. 무엇인가 하는 것을 어떻게 존재하는가에 선행시키는 헤겔 좌파*의 이론적 틀이 다시 물음의 대상이 된다. 『독일 이데올로기』가 출발점에 두고 있는 '현실적 개인들'은 현실성*에 있어서 인간이 어떻게 존재하는가를 보여주는 것이지, 무엇인가(무엇이어야 하는가)를 보여주는 것이 아니다. 어떻게 존재하는가의 가장 기본적인 장면이 생산적 협동에서 확인되고, 그것이 대(對)자연적인 동시에 상호-인간적 활동이며, 더욱이 선행하는 세대들과의 협동임이 제시된다. 이와 같은 기본 이해 아래 헤겔적 내지 헤겔 좌파적인 역사 구성에 대해 유물론적인 역사관이 표명된다. 협동 개념은 인간·사회·역사에 걸친 구체적·동태적 파악에 길을 열게 된다. ☞「화폐체론」, 「포이어바흐 테제」, 『독일 이데올로기』, 교통, 관념론

㊟ 廣松渉, 『マルクス主義の地平』, 講談社學術文庫, 1991. A. コルニュ/W. メンケ(武井勇四郎 譯·解說), 『モーゼス・ヘスと初期マルクス』, 未來社, 1972.

—다키구치 기요에이(瀧口淸榮)

협회 協會 [(독) Verein]

【 I 】 새로운 조직체로서의 협회

전근대적인 신분적·사단적(社團的) 결합의 이완·해체로부터 자본주의적 계급이해에 따른 사회적 결합

의 과도기에 생겨난, 자유로운 개인*의 참가에 의한 문화적 · 정치적 그룹 내지 운동조직 형식. 18세기에 교양시민층에 의한 소규모 클럽이 탄생했고, 19세기 전반기에는 우선 문화적 협회(독서협회, 실러협회*, 체조협회, 가창협회, 폴란드 정치망명자 구원협회 등)를 선구로 하여 정치적 협회(노동자협회, 민주주의협회*, 입헌협회, 가톨릭의 피우스협회 등)가 기세를 떨친다. 그러나 대부분의 협회는 문화적 · 정치적 요소가 융합되어 문화적 자기형성(Bildung) 활동이나 집회(때로는 축하연 형식) 내에서 영방국가 체제의 틀을 넘어선 자유주의적이고 민족적인 의식을 육성 · 공유하면서 정치활동을 담당하기도 했다. 1830년대 이후 조직의 전국적 전개가 시작되자 본부에 간부회를 두고 독자적인 기관지를 갖고 있는 각 지구협회의 느슨한, 내지는 중앙집권적인 네트워크를 구축하여 1848/49년 혁명을 준비 · 추진한다. 또한 혁명기에는 반체제적 협회에 대항하여 보수주의적인 협회도 탄생했다. 덧붙이자면, 19세기 후반의 독일에서는 근대적 정당이 정치적 단체로서 등장하지만, 한편으로 협회운동도 산업화의 진전에 대응한 계급적 이해를 수반하면서 문화적 · 정치적 여론 형성 단체로서 존속한다.

【Ⅱ】 포어메르츠기*의 협회운동

18세기에 협회의 전신이라고도 말할 수 있는 교양시민층의 독서 클럽*이나 프리메이슨과 같은 비밀결사*가 각지에서 생겨난다. 18세기 말에 마인츠에 진주한 프랑스 혁명군 하에서 '평등과 자유의 벗 클럽(Gesellschaft)'(1792년), 이른바 독일 자코뱅이 결성되었다. 나폴레옹* 지배 하의 독일에서는 얀이 이끄는 애국주의적인 체조협회(Verein, 1811년 설립)나 가창협회, 사격협회 등이 다수 결성되고, 표면상으로는 비정치적 협회 체재를 취하면서 '독일 의식'을 함양했다. 같은 시기에 부르셴샤프트(1815년 설립)도 탄생했다.

1830년대에 빈 체제* 하의 반동에 대항하는 협회가 운동체로서 결성되었다. 1832년에 팔츠 지방에서 '자유로운 출판을 지원하기 위한 독일조국협회'가 설립되고, 이 협회가 같은 해 독일 통일을 외친 함바흐 축제*를 조직했다. 이 협회는 중앙위원회를 정점으로 하는 지구협회의 연합체 조직, 교양 · 소유시민층에 한정되지 않은 사회적 통합력을 보여주는 계급횡단적인 멤버 구성(절정기 5,000명), 지역적 한계성에서 벗어나 프랑크푸르트와 파리*에까지 지부를 둔 광역성, 독자적인 기관지, 반봉건제라는 확실한 목표 설정 등을 특징으로 하고 있었던, 1848년 3월 혁명*으로 직접 이어지는 1840년대 협회운동의 원형이다.

【Ⅲ】 1848/49년 혁명을 지탱하는 협회

1840년대부터 1848/49년 혁명에 걸쳐 독일의 영방국가 체제를 타파하는 반체제운동의 확대를 뒷받침한 것은 민주주의협회와 입헌협회이다. 민주주의협회는 지식인과 수공업자를 중심으로 구성되어 일반적으로 공화제를 지향하는 급진적 멤버가 각지에서의 무장투쟁의 중심이 되었다. 1848년 3월 19일의 오펜부르크 집회 결의에서는 이미 혁명*의 기본전략으로서 '협회'의 전국적 조직화를 구상하고 있다. 1848년 6월에 프랑크푸르트 암 마인에서 개최된 제1회 민주주의자회의에는 66개 도시에서 89개의 협회 대표 234명이 모였다. 다른 한편으로 입헌협회는 주로 관리 및 부유한 상공업자로 구성되어 입헌군주제를 지향하는 온건한 경향을 띠고 있었다. 48년 7월에는 베를린*에서 90개 협회 158명의 대의원으로 이루어진 입헌주의자의 전국회의가 개최되었다. 노동자의 독자적인 협회는 1840년대 직업적 자기교육, 상호부조, 정치적 계몽을 목적으로 하여 독일 여러 도시에서 설립되었다. 극좌로는 재외 독일인 수공업자 고용직인(Geselle)과 지식인으로 구성된 프랑스의 의인동맹*(1836년 설립), 런던*의 공산주의 노동자교육협회(1840년 설립)와 그 배후의 의인동맹 런던 지부(1847년 공산주의자동맹*으로 개편) 등이 있다. 1848/49년에는 슈테판 보른*이 이끄는 노동자우애회*가 베를린에서 결성되었다. 이것은 각지의 노동자 협회의 연합조직이었다. 그 밖에도 서남독일 각지에는 가톨릭교도로 이루어진 피우스협회, 프로이센을 중심으로 하는 보수주의자의 협회가 있었다.

1848/49년 혁명의 패배 이후 1860년을 전후하여 근대적 정당의 결성과는 별도로 자유주의적인 협회를 재건하는 붐이 일어난다. 소(小)독일주의적인 독일 통일을

지향하는 독일국민협회(1859년), 대(大)독일주의 입장에 선 독일개혁협회(1862년), F. 라살레*가 지도하는 노동자의 전독일노동자협회*(1863년) 등의 설립과 더불어 독일체조협회(Deutsche Turnerschaft, 1860년)도 이 시기에 재건된다. 그러나 1870년대 이후의 자유주의적 협회는 제국의 위로부터의 내셔널리즘에 흡수되어 제국주의적 반동의 분위기를 아래로부터 배양하는 역할을 하는 것으로 변질되었다. 중공업의 이해관계를 대표하는 독일함대협회(1898년 설립)는 독일의 제국주의적 확장정책을 선전했다. 덧붙이자면, 1878년의 사회주의자 진압법 하에서는 독서, 가창, 체조협회가 노동자들의 은신처 역할을 했다. ☞아소시아시옹(독일), 함바흐 축제, 전독일노동자협회, 민주주의협회, 노동자교육협회, 노동자우애회

참 「社會思想史の窓」刊行會 編,『アソシアシオンの想像力—初期社會主義思想への新視角』, 平凡社, 1989. 浜本隆志,『ドイツ・ジャコバン派—消された革命史』, 平凡社, 1991. 山井敏章,『ドイツ初期勞働者運動史硏究—協同組合の時代』, 未來社, 1993. 的場昭弘,『フランスの中のドイツ人—1848年革命前後の移民, 亡命者, 遍歷職人と社會主義運動』, 御茶の水書房, 1995.

–무라카미 슌스케(村上俊介)

형식과 내용 形式—內容 [(독) Form/Inhalt (불) forme/contenu (영) form/content]

철학사적으로는 아리스토텔레스* 이래의 형상과 질료의 개념에서 유래한다. 근대의 칸트 철학에서 형식은 현상을 질서지우는 선험적인(a priori) 조건이라는 의의를 지니지만, 헤겔*은 그것을 형식과 내용을 추상적으로 대립시키는 것이라고 비판한다. 또한 내용은 이미 질료와 같이 무규정이 아니라 형식을 갖춘 실재적인 규정성인바, 내용과 형식의 상호 매개성을 지적한다. 맑스는 이 내용과 형식의 분리와 통일이라는 논리를 다양한 장면에서 활용하고 있다.

「헤겔 국법론 비판」*은 기성의 내용을 받아들여 거기에 형식을 외적으로 덮어씌우고 있다며 헤겔 국가론을 비판하고, '민주제'를 그 참된 일체성으로 주장한다[1:264, 299]. 내용과 형식의 외면적 괴리라는 점에서의 현실 비판은『라인 신문』*의 논설에서도 볼 수 있다[1:171]. 역사에 있어서는 공업상의 생산력이 해방*되고 봉건적 형태들이 제거되어 새로운 사회구성체가 등장하는 장면도 내용과 형식의 어긋남과 그 제거로부터 말해진다[『브뤼메르 18일』, 8:116]. 또한 과정 개념은 어느 특정한 사회적 관계를 나타내는 형식(형태) 규정 하에서 소재가 되는 내용의 생산・재생산*을 나타내는 것이라는 점에서 형식-내용(내지 질료) 개념은 노동과정론이나 가치증식과정론에서도 활용되고 있다. ☞과정

참 內田弘,『中期マルクスの經濟學批判』, 有斐閣, 1985.

–다키구치 기요에이(瀧口淸榮)

홉스 [Thomas Hobbes 1588-1679]

영국 혁명기의 정치사상가. 윌트셔의 국교회 목사의 차남으로 태어나 옥스퍼드에서 공부한 뒤, 그는 생애 대부분을 귀족(주로 데번셔 후작)의 가정교사・학우로서 지냈다. 평등한 개인*의 자연권으로서의 생존권(자기보존권)을 확보하기 위한 사회계약이라는 논리적 가설에 의해 신학적 기원(예를 들면 왕권신수설)을 배제한 근대 국가론을 처음으로 제창했다. 기독교회(특히 로마교회)의 정치개입을 비난하는 동시에 신앙의 단순화와 내면화(정치권력은 속마음에는 관여하지 않는다)의 주장으로 종교적 관용론에 길을 열었다. 정치이론에서는 인권과 국권을 모두 절대적이라고 했기 때문에 그 후의 해석도 양분되었지만, 홉스는 국권은 생명・신체・속마음을 침범할 수 없다고 말하고 있다.

주저『리바이어던』(1651)은 영국혁명의 진행에 주목하면서 집필되었는데, 그 자신이 혁명*에 참가한 것은 아니며 절대주권론자로서 의회에서 추궁당하는 것을 피해 프랑스로 망명해 있던 중에 집필한 것이다.

맑스는 홉스가 자연 상태를 표현한 '만인의 만인에 대한 투쟁'을 다윈*의 자연도태설의 선구로서, 또한

자본주의 사회의 무정부적 경쟁을 나타내는 것으로서 인용하고, 노동력의 가치*에 대해서는 『임금, 가격, 이윤』*[16:129]과 『자본』*[23a:223]에서 『리바이어던』으로부터 인용하고 있다. 『독일 이데올로기』*[3:441]에서의 언급도 동일한 것을 가리키는 것으로 보인다. 엥겔스*는 『공상에서 과학으로』*의 영어번역 서문에서 "홉스는 베이컨의 유물론*을 체계화했다"고 말하고 있다 [19:546]. ☞시민혁명{부르주아 혁명}, 시민사회, 루소

㊟ ホッブズ(水田洋 譯), 『リヴァイアサン』, 岩波書店, 1954/93. 水田洋, 『近代人の形成』, 東京大學出版會, 1954.

—미즈타 히로시(水田 洋)

홉슨 [John Atkinson Hobson 1858-1940]

저널리스트, 경제학자, 세기 전환기 영국의 뉴리버럴리즘(수정자본주의)의 기수. 명저 『제국주의』(1902)에서 자본수출*·금융업자의 이해관계와 그 정치적 음모에 주목해 레닌의 제국주의론에 영향을 주었다. 머메리와의 공저 『산업의 생리학』(1889)과 『제국주의』에서 서술된 과소소비·과잉저축론은 고전파 경제학*의 주류를 비판하는 것으로 학계로부터 이단으로 간주되었다(훗날 케인즈가 높이 평가했다). 그러나 그는 그 논의의 기본에 세이 법칙의 '국내시장 무제한'론을 유지하고, 또한 코브던의 신념인 자유무역에 의한 세계평화를 가능성이 있는 것으로 보고 있었다. 그에 의하면 제국주의는 자본주의*에 의해 필연적으로가 아니라 일부의 이해관계에 따른 그 왜곡에 의해 산출되는 것이며, 왜곡의 시정은 부의 재분배 등의 '정책'에 의해 가능하다. 그는 러스킨의 '휴머니즘 경제학'에 공명하고 그것을 사회개량의 경제학으로 발전시켰다. 부의 재분배, 사회개량 그리고 민주주의*에 대한 끊임없는 노력에 의해 제국주의를 초래하는 자본주의의 왜곡은 시정되는 것이다. 그의 경제학과 제국주의론은 모두 단순히 경제적일 뿐만 아니라 다면적이다. 그는 뉴리버럴리즘(자유*·평등*·우애 중에서 무시되어온 평등에 적극적인 의미를 부여한다)의 친구들과 사회·경제개혁뿐만 아니라 국제연맹의 설립, 비밀외교의 억제, 국제조직에 의한 위임통치 등을 위해 논진을 펼치며 활약했다. ☞영국 자본주의, 영국 사회과학진흥협회

㊟ B. Porter, *Critics of Empire*, Macmillan 1968. ホブソン(高橋哲雄 譯), 『異端の經濟學者の告白: ホブソン自傳』, 新評論, 1983.

—다케우치 유키오(竹內幸雄)

화폐 貨幣 [(독) Geld]

【Ⅰ】상품화폐

『자본』* 제1권 제1편 제1장 '상품'에서는 그때까지의 경제학에서는 취급할 수 없었던 "화폐형태의 발생을 증명하는 일"을 이루었다고 하는 자부심이 엿보인다. 맑스는 상품 간의 교환에서 보이는 단순한 가치관계가 "눈부신 화폐형태로 발전해 간" 도정을 추적함으로써 '화폐의 수수께끼'를 해명했다고 자부했다. 사실 맑스적 화폐 이해의 최대 특징은 화폐를 상품*으로 보는 상품화폐설에 있다.

상품은 가치*의 시장화에 다름 아니다. 그러나 상품은 단독으로 자신의 가치를 표현할 수 없기 때문에 다른 상품으로 그것을 표현할 필요가 있다. 이에 적합한 '다른 상품'이란 다양한 상품에 의해 자기의 가치를 표현하는 수단으로서 선택된 것이며, 자연스럽게 고정되어간다. 다시 말해서 각 상품은 특정 상품(가치물)을 자기의 가치를 외적으로 표현하는 수단으로 삼게 된다. 맑스는 그 특정 상품을 '일반적 등가'라는 '사회적인 기능'을 담당하는 것으로서 자리매김했다. 그것은 상품의 사용가치를 가치로서 표현하는 등가의 제1형태, 구체적인 유용노동을 추상노동으로 표현하는 등가의 제2형태와 더불어, 사적인 노동형태를 사회적인 노동형태로 위치짓는 등가의 제3형태로서의 특성을 갖는 것이다. 맑스에 의해 '일반적 등가형태'라고 명명된 등가의 이 제3형태가 한걸음 더 나아가 금으로 고정되게 될 때 그것은 '화폐상품'으로서의 제4형태가 된다. 그러나 화폐는 어디까지나 그 자체가 가치를 지니는 다른 상품과 동일한 것임에도 불구하고, 등가 제4형태로서 다른 모든 상품의 가치를 표현하는 기능을 짊어지

게 되자마자 다른 상품에 가치를 부여하는 것으로서 사회적으로 오해되어왔다. '화폐의 물신숭배(페티시즘*)'라 불리는 것이 그것이다.

화폐란 일반적 등가형태를 지니는 특정 상품이 결정(結晶)된 것이지만, 어떤 상품이 화폐로서 결정될지는 역사의 우연에 따른다. 화폐는 우선 휴대 가능한 움직일 수 있는 것이어야만 한다. 고대에 노예가 화폐로 된 것도 움직일 수 있기 때문이다. 더 나아가 동질로 분할할 수 있는 것이어야만 한다. 이에 적합한 성질을 지니고 있는 것이 금, 은과 같은 귀금속이었다. 따라서 금은은 본래 화폐가 아니지만, 화폐는 본래 금은이다[『정치경제학 비판을 위하여』, 13:49]. 그리고 금은은 지폐나 수표와 같은, 귀금속이 아니라 내재적으로는 가치를 지니지 않는 단순한 증서=표장(標章)으로 치환될 수 있다. 이로부터 화폐 그 자체는 가치를 지니지 않는 것이라는 오해가 생긴다고 맑스는 논의했다.

맑스가 상세히 가치형태론을 전개한 것은 그저 '화폐가 상품이다'라는 점을 단순히 논증하고 싶었기 때문이 아니다. 맑스의 주된 관심은 "상품은 어떻게 해서, 왜, 무엇에 의해 화폐인가를 이해한다"라고 하는 어려운 문제를 푸는 데 있다[『자본』, 23a:123]. 다시 말하면, 인간*은 생활해가는 데 있어 서로를 의식하지 않고 그야말로 원자론적으로 행동하고 있지만, 개개인의 의식으로부터 독립된 생산의 사회적인 관계 속에서 무의식적으로 살아가고 있다. 그 때 자신의 노동생산물이 일반적인 상품형태를 취할 수밖에 없다는 점이야말로 자본가적 생산사회의 과도기적 특징이다. 과도기적이라 함은 이러한 전도된 사회관계가 머지않아 변혁되게 될 것이라는 의미에서이다. 맑스에게 있어 화폐란 자본가적 사회관계를 가장 상징적으로 표현한 것이었다.

아리스토텔레스*가 공동체적 공익을 무시한 사적인 화폐욕을 철저하게 배척하고, 화폐야말로 노모스, 그리고 또한 사회적 합의의 산물이라는 의미를 지닌 '노미스마'를 화폐가 본래 취해야 할 모습이라고 한 것은 물론이거니와, 애덤 스미스*가 해마다의 노동*의 성과를 무시한 화폐적 부를 거부한 것도 화폐야말로 올바른 사회관계를 체현한 것이어야만 한다는, 그 어느 시대에도 존재한 사회적 윤리관의 발로였다. 눈앞의 사회관계를 꺼림칙하게 생각하고 있던 맑스 또한 화폐의 올바른 위치부여에 마음 쓰고 있었다고 볼 수 있다.

맑스에 의한 사회관계의 응축으로서의 화폐 이해라는 개념은 당시까지의 경제학에서의 단조로운 사회관계 이해의 수준을 크게 뛰어넘는 것이었다. 그러나 그것은 어디까지나 자본가적 사회를 개념적으로 정의하는 데 그치는 것인바, 그 개념으로부터 화폐경제의 다이너미즘을 서술할 수 있는 것은 아니라는 점에 유의할 필요가 있다. 맑스의 화폐의 본질에 관한 개념 이해는 궁극적으로는 올바르다. 그러나 구체적으로 역사를 추진시킨 것은 맑스가 야유한 화폐의 물신숭배였다. 화폐야말로 사회적 심리를 응축한 것이었다.

【Ⅱ】사회심리를 반영하는 화폐

화폐는 화폐로서 사회적・국가적으로 인지되어 있는 까닭에 화폐로서의 기능을 발휘한다. 금이 화폐가 되었다 하더라도 유통과정에서 금화는 끊임없이 마모됨으로써 유통에 오래 머무는 금화의 내재가치는 액면가격보다 언제나 낮아진다. 마모된 금화가 액면가격으로 통용되고 있을 때, 국가*가 완전한 무게를 갖춘 금화를 아무리 주조하더라도 그것은 유통에 들어갈 수 없다. 완전한 무게의 금화는 받아들여지긴 하지만, 손해를 보면서까지 지불에 사용되는 일은 없기 때문이다. 하물며 그것이 은행예금으로 전화되는 일은 없다. 은행예금으로 해버리면 양화와 악화의 구별이 없어지고 양화를 예금하는 사람에게는 손해이기 때문이다. 유통에 들어가거나 은행예금으로 전화하는 금화는 많든 적든 마모된 금화뿐이다. 양화가 유통에 들어가지 않고 은행예금도 오래된 악화뿐이라는 사실은 유통화폐의 부족상태를 낳는다. 유통화폐량의 압도적 우위를 점하는 것이 금화가 아니라 그 표장인 은행권이라는 현실을 고려할 때, 금화유통을 수반하는 금본위제*야말로 만성적으로 유통화폐량의 부족으로 고민하는 체제였다.

바로 화폐야말로 사회의 마지막 거점이라고 하는

화폐의 물신숭배가 있기 때문에, 사회적으로 불안한 상태에 빠지게 되면 개인*이든 기업이든 화폐를 손에서 놓치고 싶어 하지 않는 성향을 갖게 된다. 그 결과 불경기 때에 경기를 부양시키기 위해 필요한 투자가 이루어지지 않게 된다. 투자란 소중한 화폐를 손에서 놓아버리는 행위이기 때문이다. 투자는 정체되고 사회는 더욱더 불경기에 빠져 사회불안이 도리어 증대한다. 이럴 때의 경제정책은 통화증발에 의한 화폐 보유심리의 감소를 목표로 하는 것이어야만 한다.

그리고 화폐가 화폐인 까닭은 다른 가치물로 신속하게 전환할 수 있다는 점에 있다. 그렇기 때문에 구매력이 높더라도 다른 화폐로 전환할 수 없는 화폐보다도, 구매력이 낮더라도 가치전환이 대단히 쉬운 화폐가 일상거래에서는 자주 사용된다. 장기적으로 대외가치가 떨어지고 있는 미 달러의 사용영역이 나날이 확대되고 있다고 하는 패러독스 역시 화폐가 지니는 물신성에 사로잡힌 거래행위이다. 다시 말해 사회적인 심리, 그것도 비합리적인 집단 심리를 고찰하지 않으면 실제적인 전개과정을 이해할 수 없다고 하는 것이 화폐라는 영역인 것이다. ☞상품, 시장, 가치[1], 금본위제, 스미스, 아리스토텔레스

참 本山美彦, 『ノミマス』, 三嶺書房, 1993. 岩井克人, 『貨幣論』, 筑摩書房, 1993.

—모토야마 요시히코(本山美彦)

화폐자본 貨幣資本 ⇨자본의 순환

「화폐체론 貨幣體論」 [“Über das Geldwesen”, 1845]

집필자는 독일의 진정사회주의자의 한 사람인 M. 헤스*. 이미 『21보겐』지에 게재한 논문 「사회주의와 공산주의」와 「행위의 철학체」(1843)에서 노동*의 소외*와 소유*의 관계를 통찰한 헤스는, 그에 이어 이 논문에서 당시의 포이어바흐*의 종교적 소외론을 현실의 경제사회에 적용하여 경제적 소외론을 전개했다. 그것을 당시 초기 맑스가 편집한 『독불연보』*(1844)에 송부했지만, 이 잡지가 1/2합병호로 폐간되었기 때문에 이듬해 1845년에 『라인 연보』*에 게재했다. 거기서 헤스는 인간*의 본질을 포이어바흐와 같이 ‘유적 존재’로 보고, 그것을 특히 인간의 협동*과 교통*이라는 경제적 사회활동에서 파악하여 거기서 인간의 참된 자유*도 실현된다고 본다. 그러나 현실 사회는 이기주의, 개인본위이다. 그렇지만 인간은 고립되어서는 생존할 수 없다. 따라서 개별화 속에서 다른 인간과 교통하며 자신의 생존을 도모할 수밖에 없다. 이러한 개별과 유(類)의 전도된 모순구조에서 각 사람의 노동생산물의 상품화와 화폐*의 물신성이 생기며, 또한 이러한 상품*・화폐경제의 보급은 “인간의 양도할 수 없는 재산인 고유한 능력, 생명활동”도 상품화하여 매매의 대상으로 만들게 되었다고 본다. 이처럼 헤스는 상품・화폐경제의 물신성뿐만 아니라 자본제 경제의 임금노동도 시야에 넣은 경제적 소외를 전개하여 당시의 초기 맑스에게도 영향을 주었다. 다만 자본제 경제의 임금노동에서 볼 수 있는 노동소외도 상품・화폐경제의 관점에서 파악하고 있기 때문에, 자본가와 노동자를 동등하게 취급하고 인간 일반의 상호간의 직접적인 결합(사랑)에 의해 경제적 소외의 극복=사회주의*를 수립하고자 하는 윤리적 사회주의의 경향이 강하다. ☞헤스, 진정사회주의, 『경제학・철학 초고』, 『밀 평주』

참 モーゼス・ヘス(山中隆次・畑孝一 譯), 『初期社會主義論集』, 未來社, 1970.

—야마나카 다카지(山中隆次)

훔볼트 [Alexander Friedrich von Humboldt 1769-1859]

베를린* 출생의 자연지리학자, 외교관. 1792년부터 96년까지 각지의 광산 관리로 근무. 1799-1804년, 중남미와 미합중국으로 조사연구 여행을 떠났다. 그 후 프랑스에 머무르며 연구를 하는 한편, 프로이센 정부의 외교적인 임무를 위해 활동했다. 그는 이 시기부터 1839년까지 34권에 이르는 신세계의 자연*・지지(地誌)에 관한 저작을 내놓았다. 그동안 1827년에 고향으

로 돌아가지만 1829년 시베리아로 조사 여행을 떠나며, 후에 『중앙아시아』(1844)를 저술한다. 그의 주저인 『코스모스』 전 5권(1845-62)은 '자연의 전체'를 경험적인 관점에서 그려내고자 했다. 그와 프로이센 정부와의 밀접한 관계 때문에 1845년의 맑스의 프랑스 추방에 모종의 관계가 있었던 것은 아닌가 하는 설도 있다. 형은 베를린 대학 창설에 일조한 언어학자 빌헬름 폰 훔볼트이다.

㊟ 的場昭弘, 『フランスの中のドイツ人』, 御茶の水書房, 1995.

—무라카미 슌스케(村上俊介)

흑인문제 黑人問題 ⇨**노예제**{**노예무역**}

부 록

- 맑스의 생애에 관한 간략 연표
- 전집 · 유고집의 편집
- 맑스 · 엥겔스 전집(신MEGA)의 간행 상황
- 맑스의 체류지
- 맑스 · 엥겔스 및 맑스와 관련된 자료를 보존하고 있는 기관 일람
- 맑스 가의 가계도/베스트팔렌 가의 가계도
- 『맑스 · 엥겔스 전집』(大月書店판)에 수록된 맑스 관련 주요 저작
- 한국어판 맑스 · 엥겔스 저작 및 연구문헌 일람

맑스의 생애에 관한 간략 연표

이시즈카 마사히데(石塚正英)

[범례] 본 연표는 맑스와 엥겔스의 생애를 한 묶음으로 하는 종래의 방침을 취하지 않고 맑스를 축으로 편집되어 있다. 말미의 ( )는 해당 연도의 달과 일, 계속년을 나타낸다. 작성에 있어서는 주로 이시즈카 마사히데 저『연표 · 3월혁명인年表 · 三月革命人』(秀文社, 1983)을 참조했다.

연호	생애 · 저작	동시대사 · 운동사
1818	• 라인란트의 트리어 시에서 유대인 변호사 아들로 태어난다(5). • 로마 제국의 수도 중 하나였던 트리어는 19세기 초, 주민의 95%가 가톨릭이었는데, 부친 하인리히 맑스는 칼 맑스가 태어나기 전에 프로테스탄트로 개종.	• 아헨 열강회의에서 5국동맹 결성. 자유주의 운동의 진압을 획책(9). • 작센 · 바이마르, 바이에른에서 헌법 제정. • 본 대학 창립. • 프랑스 · 낭만주의 문학 논쟁기(-30).
1820		• 스페인에서 혁명운동 발생(리에고 등).
1824	• 세례를 받고 개종.	• 영국에서 결사법 폐지, 노동조합 합법화.
1825		• 프로이센 인구 약 1,226만 명.
1830	• 트리어 시의 프리드리히 김나지움에 입학(10).	• 프랑스 7월 혁명이 일어난다. 그 여파로 독일의 여러 영방에서 자유주의적 소요 발생.
1832		• 함바흐 축제(5).
1835	• 트리어의 김나지움을 졸업하고 본 대학 법학부에 입학(10).	• 오스트리아 수상 메테르니히, 편력 · 집회 · 결사 금지령(1).
1836	• 베를린 대학 법학부로 옮긴다(10).	• 영국에서 사상 두 번째의 경제공황 발생(-39), 실업자가 넘쳐나다.
1837	• 헤겔 철학 연구에 전념하고, 또한 베를린 대학에서 B. 바우어 등 헤겔 좌파(베를린 그룹)와	• 괴팅겐 7교수사건(11). • 프로이센 인구 약 1,410만 명.

연호	생애 · 저작	동시대사 · 운동사
	교류한다.	• 영국에서 빅토리아 여왕 즉위.
1838	• 부친 하인리히 맑스 사망.	• 대서양에서 증기선 운행 개시.
1839	• 그리스 철학에 몰두한다. 박사 논문 「데모크리토스와 에피쿠로스의 자연철학의 차이」 집필.	• 영국에서 반곡물법동맹 결성. • 프랑스, 알제리 정복(30-) 완료. • 프랑스의 유권자 20만 명.
1840		• 프로이센의 새로운 왕 프리드리히 빌헬름 4세 즉위, 반동정치를 시작.
1841	• 예나 대학 철학부에서 박사 학위 취득(4). • 베를린 대학 졸업(5). • 포이어바흐의 『기독교의 본질』을 알게 된다(7 무렵). • 스피노자의 『신학 정치론』 및 『서간집』의 발췌 노트를 작성.	• 프랑스에서 소년보호법 성립. • 이탈리아에서 리소르지멘토가 일어난다.
1842	• 『독일연보』를 위해 「프로이센의 최신 검열훈령에 대한 견해」 집필(43년에 『아네크도타』에서 발표). • 『라인 신문』(1월 창간, 편집장 회프켄)에 일련의 논문을 기고한다(5-). 10월부터 실질적으로 이 신문의 편집장. • 트리어에서 루게에게 편지를 보내 베를린 자유인(E. 마이엔, L. 블루, E. 바우어, K. 나우베르크 등)을 비판. • 역사 연구 노트(크로이츠나흐 · 노트)를 작성.	• 프로이센 정부, 자유주의적 · 급진적 신문 잡지를 발매금지. • 프랑스에서 기조 내각, 의회를 해산. • 영국에서 차티스트 운동 격화. • 스페인의 바르셀로나에서 직물 노동자들이 역사상 최초의 집산적인 공장을 경영. • 덴마크에서 국민자유당 결성. • 로렌츠 슈타인 『오늘날 프랑스의 사회주의와 공산주의』 간행, 이에 의해 독일 국내의 많은 지식인들이 프랑스의 공산주의 사상을 알게 된다.
1843	• 『라인 신문』 편집부를 발매금지 직전인 3월 17일에 떠난다. • 그 후 루게, 헤스와 함께 『독일연보』를 대체하는 평론지 발행을 계획. 타이틀을 『독불연보』, 발행지를 파리로 결정. 프랑스 측 집필자와의 교섭 시작. • 크로이츠나흐에서 예니와 결혼(6).	• 영국에서 다니엘 오코넬의 아일랜드 분리 운동. • 나폴리, 토스카나 등에서 민중이 전면적 봉기를 시도. • 스페인에서 자유주의적 헌법 성립(-45). • 스위스에서 가톨릭의 존더분트 결성. • 이 무렵 스위스에 거의 4,000명의 독일인 망명 활동가들이 체류(마인츠 정보국의 비밀 보고).

연호	생애 · 저작	동시대사 · 운동사
	• 『독불연보』를 위해 「유대인 문제에 대하여」와 「헤겔 법철학 비판 서설」을 기초(-44.1). • 파리로 옮긴다(10-11, -45.1).	• 러시아의 바쿠닌, 스위스에서 바이틀링 등 독일인 활동가들과 교류.
1844	• 루게와 함께 『독불연보』 발행(2). 첫 호(1 · 2호 합병)만으로 폐간. 이 실패로 루게와의 사이에 불화 발생. • 런던의 엥겔스와 편지를 주고받기 시작(2). • 파리에서 바쿠닌, 보트킨 등 러시아인, 르루, 루이 블랑 등 프랑스인, 에버베크 등 독일인 활동가들과 의견 교환(3-5). • 세이, 스미스, 스카베르크 등의 경제학 노트, 「경제학 · 철학 <제1> 초고」, 리카도, J. 밀, 맥컬록, 엥겔스 등의 경제학 노트, 「경제학 · 철학 <제2> 초고」, 「경제학 · 철학 <제3> 초고」를 작성(3-8). • 『독불연보』에 발표한 논설에 대해 프로이센 정부가 반역죄와 불경죄로 고발, 맑스 체포장을 발행(4). • 프루동과 알게 된다(7). • 『포어베르츠』에의 기고와 편집에 대한 협력을 시작(7-). • 파리에서 엥겔스의 방문을 받는다(8). • 엥겔스와의 공저 『신성 가족』을 기초, 이듬해 2월 간행.	• 아마공업과 목면공업의 중심지 중 하나인 슐레지엔 주에서 직조공의 봉기(6). 첫째 날에는 페터스발다우에서, 둘째 날에는 랑엔비라우에서 발생, 참가자는 약 5,000명. 프로이센 군, 이틀 후에 봉기 진압. 프로이센 정부, 봉기에 관한 보도를 일절 금지. • 빌헬름 볼프, 슐레지엔의 직조공의 참상을 상세히 관찰, 피(被)구제 프롤레타리아트 아동교육협회 창립. • 전해에 취리히에서 체포된 바이틀링, 런던 도착(8), 차티스트 외 영국 거주 망명 활동가들의 집회에서 성대한 환영을 받는다(9). • 런던에서 샤퍼 등 독일인 활동가들(의인동맹)과 라베트 등 온건 차티스트가 협력하여 만국민주주의동지협회 설립(10).
1845	• 프랑스 정부, 프로이센의 압력으로 맑스 등 『포어베르츠』의 기고자에 대해 국외추방을 명령(1). 브뤼셀로 옮긴다(2). • 브뤼셀에서 『포이어바흐 테제』 집필(봄), 거기서 세계를 해석할 것이 아니라 그것을 변혁하라고 외친다. • 엥겔스를 따라 영국을 여행(7-8), 런던에서 줄리앙 하니 등 차티스트 좌파 및 의인동맹 런던 지부 지도자들과 만난다.	• 영국에서 철도 건설 절정. • 아일랜드에서 대기근과 경제공황 발생. • 유럽 전역에 감자 흉작 확대(해충). • 미국, 텍사스 병합. • 독일에서 철도가 7,000킬로미터에 달한다. • 프로이센 국내에서 합리주의적 · 민주주의적인 빛의 벗 협회, 자유신앙교회, 독일 가톨릭교회 등이 반정부적인 대중운동을 확대. • 스위스의 바트란트 주에서 일시적으로 민주주

연호	생애 · 저작	동시대사 · 운동사
	• 브뤼셀에서 엥겔스와 함께 『독일 이데올로기』 공동 집필 시작(9). 여기에는 마찬가지로 브뤼셀로 옮겨온 헤스도 참가.	의적인 정부 성립. • 런던의 의인동맹 내에서 혁명노선을 둘러싼 바이틀링 대 샤퍼 등의 연속 토론(-46.1). • 의인동맹 미국지부, 사회혁명협회라는 명칭으로 결성. 크리게의 영향이 크다.
1846	• 엥겔스와 함께 브뤼셀 공산주의 통신위원회를 조직(1-2). • 통신위원회를 거점으로 파리 진출을 시도. 그 일환으로 바이틀링 비판(3), 크리게 비판(5), 그륀 비판(5-)을 감행. 또한 프루동에게 접근하지만 실패(5). • 러시아의 문예평론가 P. W. 안넨코프에게 보낸 편지에서 프루동의 『빈곤의 철학』(10월 간행)을 비판하고 자신의 유물론적 역사관에 대해 서술한다(12). • 그러는 동안에도 엥겔스와 함께 『독일 이데올로기』 집필 계속.	• 슐레스비히와 홀슈타인 두 공국, 독일연방 가맹을 희망. • 크라쿠프 봉기, 뎀보프스키의 지도로 폴란드 공화국 국민정부 수립 선언을 발표(2). • 오스트리아 군, 크라쿠프 봉기를 진압하고 이를 병합. • 제네바에서 급진파 부르주아지의 반란. • 미국 · 멕시코 전쟁(-48)으로 미국이 캘리포니아를 점령. • 영국에서 곡물법 폐지, 자유무역 정책 실시. • 미국의 사절 비들, 우라가(浦賀)로.
1847	• 런던 의인동맹의 요청(1)을 받아 엥겔스와 함께 의인동맹에 가입. • 의인동맹 개편을 위한 제1회 국제공산주의자대회가 런던에서 개최되지만(6) 결석. 엥겔스는 출석. 또 대회에서 채택된 규약 초안에서는 "만국의 프롤레타리아여, 단결하라"를 내걸고 있다. • 『철학의 빈곤』을 출판(7). • 엥겔스와 함께 브뤼셀 독일인 노동자협회 설립에 진력(8). • 『브뤼셀 독일인 신문』에 기고하고 이를 기관지로 만들어간다. • 제2회 국제 공산주의자대회가 런던에서 개최되며, 여기에 출석해 엥겔스와 함께 새로운 조직(공산주의자동맹)의 강령(『공산당 선언』) 집필을 위임받는다(11-12).	• 프로이센에서 연합 주의회 소집(4-6). • 프로이센에서 영방교회의 이탈자 급증, 이듬해 1월까지 약 9,000명에 달한다. • 영국에서 10시간 노동법(공장법) 성립. • 이탈리아에서 카보우르 등이 입헌운동을 일으킨다. • 러시아 군, 헝가리의 독립운동을 진압(-49). • 프랑스 의회, 선거법 개정안을 부결(4), 전국에서 개혁연회(7-12), 그 사이에 기조 내각 성립(9). • 미국(아이오와 주)에서 공산주의적 콜로니 '코뮤니아(Communia)' 창설, 촌장 코흐. • 프랑스의 노동자 조직, 유물론적 공산주의파(데자미 지도)에 장기 금고형의 처벌(7). • 브뤼셀에서 국제 폴란드 축제(11).

연호	생애 · 저작	동시대사 · 운동사
	• 브뤼셀의 독일인 노동자협회에서 「임금노동과 자본」에 대해 강연(12), 1849년에 공표.	
1848	• 『공산당 선언』을 탈고하고 런던으로 발송(1-2), 직후 런던에서 출판(2-3). • 프랑스 2월 혁명 발발과 더불어 공산주의자동맹 본부(중앙위원회)를 런던에서 브뤼셀로 이전한 뒤 파리로 이전. 3월 3일 체포, 4일 추방, 5일 파리 도착. • 벨베크, 보른슈테트 등이 파리에서 독일인 망명자로 이루어진 무장군단을 결성해 독일로 진격할 것을 제안하지만, 이에 반대한다. 대신에 개인으로서 독일로 귀국해 활동하도록 제안(3). • 혁명에 합류하기 위해 엥겔스와 함께 마인츠를 경유해 쾰른으로. 그곳에서 『신라인 신문』 발행 준비에 착수(4). • 공산주의자 동맹원에 대해 적극적으로 각지의 민주주의자협회에 가입해 그 좌파로서 활동할 것을 주장(5). • 일간지 『신라인 신문』 창간(6.1). • 쾰른 시의 민주주의 단체들의 대표위원회 위원의 지명을 받는다(6). 그 이후에는 라인, 베스트팔렌 지방의 민주주의 극좌파로서 활동한다. • 파리 6월 봉기에서의 프롤레타리아트와 부르주아지의 역사적 결전에 대해 『신라인 신문』에서 보도한다(6). • 쾰른 민주주의자협회 총회에 출석해 슈나이더 2세와 함께 대표로 선출된다(7.21). 이 총회에는 바이틀링도 출석하여 반맑스적인 발언을 하지만 이를 일시적으로 무시. • 엥겔스와 함께 쾰른 민주주의자협회 총회에 출석해 부르주아 민주주의 혁명에 비판적인 바이틀링의 견해를 반박(8.4). 또한 엥겔스와	• 페레르모에서 봉기(1). • 밀라노에서 시민과 군대가 충돌(2). • 파리에서 개혁연회 금지, 마침내 2월 혁명 발발(2.24), 공화정 선언, 제2공화국 임시정부(-52). • 파리에서 뤽상부르 위원회가 설치되어 국립작업장의 설치를 포고(2). • 파리의 노동자들 사이에서 코르포라시옹(corporation) 형성이 진전(2). • 뮌헨에서 폭동 발생(2.8-2.11). • 파리 2월 혁명 소식이 독일에 전해지자 각지에서 폭동과 집회 발생. 특히 만하임에서 인민집회(2). • 프랑스에서 보통선거법 제정(3). • 하이델베르크에서 자유주의자와 민주주의자의 집회(3.5). • 밀라노 폭동, 이어서 이탈리아 전역에서 혁명운동 격화(3). • 빈 혁명 발발(3.13). • 베를린 혁명 발발(3.18). • 제1차 바텐 봉기(4). • 프랑크푸르트 국민의회 성립(5.18). • 프라하에서 슬라브계 주민대표에 의한 제1회 범슬라브대회 개최(6.1-6.12), 직후 그곳에서 반란이 발생하지만 빈디슈그레츠 군에게 진압된다(6.13). • 파리에서 노동자 폭동 발생(6.23), 카베냐크가 독재권을 장악하고 진압(6.27). • 체코 · 헝가리에서 혁명 탄압(6). • 코슈트, 헝가리 의회에서 국방의 필요성을 호소하고 반혁명에 저항(7). • 마치니, 밀라노에서 시민방위위원회 설립(7). • 라데츠키 군, 밀라노에 진군(8).

연호	생애 · 저작	동시대사 · 운동사
	함께 제1회 라인 주 민주주의자대회에 출석(8). 그 후 베를린, 빈 등 각지의 민주주의자들과 의견을 교환. 민주주의 혁명에서 노동자가 수행해야 할 역사적 의의에 대해 설명하며 다닌다(8). • 엥겔스 외의 동맹원들과 함께 쾰른 시의 프랑켄 광장에서 6,000명 규모의 민주주의자 집회에 출석. 치안위원회를 조직(9.13). •『신라인 신문』에 논설「위기와 반혁명」 연재. 거기서 혁명 후의 혁명적 독재를 주장(9.14). • 제2회 라인 주 · 베스트팔렌 민주주의자대회에 출석하지만 K. 샤퍼, A. 베커 등의 체포로 대회 무산(9.25). 같은 날 오후 쾰른의 민주주의자에 대한 경찰의 압력 강화되고, 다음날인 26일『신라인 신문』외의 민주주의적 신문은 발행금지 처분을 당한다. •『신라인 신문』(10.12 복간)에 논설「빈에서의 반혁명의 승리」를 게재해 오스트리아에서의 부르주아지의 배신과 빈 함락을 보도(11.7). 또한 납세 거부투쟁 및 반혁명에 대한 무장투쟁을 호소한다(11.13-14).	• 베를린에서 제1회 독일 노동자회의 개최(8.23-9.3). • 빈에서 왕당과 타협한 국민군과 노동대중이 격돌(8.23). • 프로이센 정부, 덴마크와 말뫼 휴전조약 체결(8.26). • 프랑크푸르트 국민의회, 말뫼 조약을 최종적으로 비준. • 프랑크푸르트, 쾰른, 바덴 등에서 의회의 말뫼 조약 비준에 반대하는 폭동 다발. 모두 프로이센과 오스트리아 양 군대가 진압. • 뢰라흐에서 슈트루페가 독일 공화국 선언, 이른바 슈트루페 봉기(9.21). • 라이프치히에서 전독일노동자우애회의 중앙위원회 결성(9-50.6), 회장 S. 보른, 기관지『우애』. • 옐라치치, 반혁명군을 이끌고 헝가리 진격(9). • 프랑크푸르트 국민의회 좌파, 빈 방어를 위해 L. 블룸과 J. 프뢰벨을 파견(10.17). 코슈트도 빈으로 향한다. • 베를린에서 제2회 독일 민주주의자대회 개최(10.24). • 빈디슈그레츠와 옐라치치의 반혁명군, 빈 포격 개시(10.30), 함락(11.1). • 프랑스에서 루이 보나파르트 대통령 취임(12).
1849	• 쾰른 노동자협회의 위원회 회의에서 연설(1.15, 29). •『신라인 신문』에 논설「쾰른 신문의 선거론」을 게재해 프롤레타리아트, 도시 소부르주아지, 농민을 가장 민주주의적인 계급이라고 표명(2.1). •『신라인 신문』에 논설「임금노동과 자본」 연재(4.5-4.11).	• 피렌체 공화국 성립(1). • 로마 공화국 성립(2). • 오스트리아 군, 노바라 전투에서 사르데냐 군을 격파한다(3.23). • 마치니, 공화혁명군 지원을 위해 리보르노, 피렌체, 로마에서 활약, 로마 의회에 들어간다(3). • 헝가리, 독립선언(4.14). • 피렌체에서 반혁명 승리(4).

연호	생애 · 저작	동시대사 · 운동사
	• 샤퍼 등과 함께 민주주의협회 라인 지구 위원회로부터의 탈퇴를 표명(4.15). 소부르주아와의 공동 투쟁을 유지하면서 독자적인 노동자 대중당의 형성으로 향한다. • 프로이센에서의 추방 명령(5.16). •『신라인 신문』이 발행 금지되어 최종호를 전면 붉은 색으로 인쇄(5.19), 엥겔스와 함께 프랑크푸르트 a. M.으로 가고, 다시 바덴, 팔츠로 간다. 각지에서 혁명군을 프랑크푸르트로 보낼 것을 호소한다(5.19-월말). • 파리로 옮겨 각종 민주주의 단체나 노동자 단체와 연락(6). • 프랑스 정부로부터 모르비앙으로 가라는 명령을 받고 파리에서 런던으로 망명(8.26). 런던에서 공산주의자동맹 중앙위원회를 재건(8). • 런던의 독일인 노동자교육협회에서 독일인 망명자 구원위원회 위원으로 선출된다(9.18).	• 프랑크푸르트 국민의회(좌파)의 저항에 호응하여 서남독일을 중심으로 헌법투쟁 확대(4). • 말뫼 조약, 슐레스비히-홀슈타인주의자에 의해 파기, 전쟁 재연(4.3-7월). • 드레스덴에서 무장봉기(5.3-5.8). 반란은 뷔르템베르크, 바덴, 팔츠로 확대. 제2차 바덴 봉기(5.13). • 프로이센 · 하노버 · 작센에서 3왕동맹 성립(5.26). • 프랑스 군, 로마에 침입(5). • 오스트리아 군, 토스카나에 침입(5). • 파리에서 6월 폭동. • 프랑스 군, 로마 공화국을 분쇄(7). • 바덴, 팔츠에서 혁명이 진압된다(7.23). • 오스트리아 군, 헝가리 혁명을 진압(8).
1850	• 엥겔스와 함께 공산주의자동맹을 재건(1). 다만 독일 본국에서는 쾰른을 중심으로 비합법 결사로서 반을 증설. • 함부르크에서 창간된『신라인 신문 · 정치경제 평론』에 논설「1848년 6월의 패배」(나중에 다른 논문과 함께『프랑스에서의 계급투쟁』에 수록)를 게재한다(3.6). • 엥겔스와 함께「공산주의자동맹 중앙위원회의 동맹원에 대한 호소」(3월 회람장)를 발표한다(3). • 동맹 중앙위원회 내부에서 빌리히와의 사이에 대립 발생(7), 비판 개시(8). • 동맹 중앙위원회에서 빌리히-샤퍼파를 비판. 그러나 이 파는 동맹 전체에서 다수파가 된다. 중앙위원회의 쾰른 이전 결의(9). • 쾰른의 중앙위, 맑스, 엥겔스 등의 제안을 받아 빌리히-샤퍼파 제명 회람장을 발송(12).	• 프로이센 왕, 흠정헌법 발포(1). • 프랑크푸르트 a. M.에 연방의회 재개. • 하노버, 작센, 바이에른, 뷔르템베르크에 의한 4왕 조약(2). • 프랑스에서 보통 선거제 폐지(5). • 마치니, 런던에서 르드뤼 롤랭, 아르놀트 루게, 구스타프 슈트루페 등과 협력하여 유럽 민주주의 중앙위원회 결성(6-7). • 슐레스비히-홀슈타인 두 공국, 덴마크와 싸운다(7). • 뉴욕의 바이틀링, 북아메리카로 이주한 독일인 활동가들을 규합해 제1회 독일인 노동자회의 개최(10). • 올뮈츠 협정(11), 독일연방 정책의 좌절. 프로이센, 오스트리아에 굴복. • 영국에서 철도가 23,500마일을 넘어선다.

연호	생애 · 저작	동시대사 · 운동사
1851	• 프랑스의 블랑키파 망명자들 및 루이 블랑, 그리고 빌리히-샤퍼파가 2월 혁명을 기념해서 개최한 집회 '평등자의 연회'를 엥겔스와 함께 비판(2). • 쾰른에서 헤르만 베커에 의해 『칼 맑스 논문집』 간행(4), 제1권뿐. • 런던의 대영박물관의 도서관에서 경제학(고전파), 토지 소유에 관한 연구에 들어간다. • 라인하르트(하이네의 파리 비서)로부터 루이 나폴레옹의 쿠데타에 대한 통지를 받는다. 이 이후 『디 레볼루티온』을 위해 『루이 보나파르트의 브뤼메르 18일』 집필을 시작(12). • 「런던 노트」 작성(-53).	• 런던에서 차티스트의 대표대회 개최(3-4), 신강령 채택. • 포르투갈에서 반란 발생(4), 자유주의 방향으로 향한다. • 오스트리아에서 금광 발견. • 러시아에서 모스크바-페테르부르크 사이에 철도 개통. • 런던에서 제1회 만국박람회 개최(5-10). • 오스트리아, 헌법을 폐지하고 일시적으로 전제정치 부활. • 프랑스에서 루이 나폴레옹의 쿠데타 발생, 공화파의 패배(12). • 프로이센, 덴마크에 간섭.
1852	• 쾰른에서 공산주의자 동맹원에 대한 재판(10.4-11.12), 그 사건에 대해 『쾰른 공산주의자 재판의 진상』을 저술하고 프로이센 정부를 비판. 그러나 그 이후 동맹 자체가 사실상 해체.	• 프랑스에서 인민투표에 의해 루이 나폴레옹의 황제 즉위, 나폴레옹 3세에 의한 제2제정(-70) 개시. • 런던 열국회의. • 카보우르, 사르데냐 수상 취임(-61).
1853	• 바젤에서 『쾰른 공산주의자 재판의 진상』을 간행(1). 그 가운데 독일로 보낼 2,000부가 압수되어, 다시 보스턴의 노이에 엔그란트 차이퉁사에서 소책자로 간행(4). • 영국에서 바쿠닌 스파이설이 돌지만 이를 부정, 바쿠닌을 옹호.	• 프로이센에서 노동보호법 성립. • 러시아-터키 간의 크리미아 전쟁(-56). 영 · 불 함대, 다다넬스 해협에 출동. • 미국의 사절 페리, 우라가(浦賀)에 내항. • 러시아의 사절 푸차틴, 나가사키에 내항.
1854	• 크리미아 전쟁에 대한 논설들을 기초(『뉴욕 데일리 트리뷴』에 게재).	• 레셉스, 수에즈 운하 개발권 취득.
1855	• 「화폐제도 · 신용제도 · 공황」을 『신오데르 신문』에 집필. • 경제학 연구에 관한 「참조사항」을 작성(1). • 크리미아 전쟁 및 영국의 동향에 관해 논설들을 발표(『뉴욕 데일리 트리뷴』에 게재).	• 러시아, 알렉산드르 2세 즉위. • 러시아 군, 세바스토폴 요새 포기.

연호	생애 · 저작	동시대사 · 운동사
1856	• 유럽의 경제공황에 관해 논설들을 발표(『뉴욕 데일리 트리뷴』에 게재).	• 중국 진출을 적극화하는 영국 · 프랑스의 중국 출병, 애로호 사건(-60). • 영국 사회과학진흥협회 창립(-86).
1857	• 유럽을 덮친 경제공황을 관찰하고 드디어 경제 연구에 몰두, 논문 발표(나중의 『정치경제학 비판을 위하여』). • 『정치경제학 비판 요강』 집필(8-58.5).	• 경제공황, 유럽 각국에 확대. • 프랑스, 알제리 정복을 거의 완료. • 인도에서 세포이(시파히)의 난.
1858		• 인도에서 무갈 제국 멸망, 영국령 인도 성립.
1859	• 베를린에서 『정치경제학 비판을 위하여』 제1분책 간행(6). • 「자본 장에 대한 플랜 초안」, 「발췌 노트」, 「인용 노트」, 「인용 노트에 대한 색인」, 「나 자신의 노트에 관한 요록」 작성(-61).	• 이탈리아 통일전쟁 발발. • 프로이센에서 몰트케 참모총장 취임. • 일본에서 안세이(安政)의 대옥.
1860	• 프로이센의 군제개혁 및 이탈리아 통일전쟁에 관한 논설 집필. • 프리드리히에게 보낸 편지에서 '동맹'은 역사의 하나의 에피소드에 지나지 않았다고 표명(2). • 『포크트 씨』 간행(12).	• 프로이센에서 군제개혁. • 미국 대통령선거에서 링컨 당선, 남부 여러 주들이 연방에서 이탈.
1861	• 미국 남북전쟁에 관해 논설들을 집필(-65). • 『1861-63년 초고』를 집필(8-63.8).	• 이탈리아 왕국 성립. • 러시아 농노해방령. • 미국에서 남북전쟁 발발(-65).
1862	• 런던에 온 라살레와 만나지만 노동운동이나 계급투쟁, 경제학상의 문제들 등에서 의견의 일치에 이르지 못한다(7).	• 비스마르크, 프로이센 수상 취임. • 런던에서 제3회 만국박람회. • 프랑스, 사이공 조약으로 코친차이나의 일부 전유.
1863	• 『1863-65년 초고』(제2부 「제1고」, 제3부 「주요 원고」를 포함) 집필(8-65.12). • 『재 런던 독일인 노동자교육협회의 폴란드인에 관한 격문』 기초(10).	• 폴란드에서 봉기(1), 러시아군 진압. • 링컨, 노예해방선언(1). • 면화공황 • 영국군, 가고시마 포격.

연호	생애 · 저작	동시대사 · 운동사
1864	• 제1인터내셔널(국제노동자협회), 런던에 창설(9.28-76). 이를 이어 『국제노동자협회 창립 선언』, 동 협회의 『잠정규약』 기초(10). • 런던에 온 바쿠닌에게 『공산당 선언』을 몇 부 건네고 제1인터내셔널에 대한 협력을 요청(11).	• 슐레스비히-홀슈타인(제1차 독일 · 덴마크) 전쟁(6). • 러시아에서 폴란드 농노해방, 젬스트보 설치. • 제네바 협정, 앙리 뒤낭의 제창으로 국제적십자 동맹 성립. • 4국 함대, 시모노세키 포격.
1865	• 『임금, 가격, 이윤』 기초. 또한 『존슨 대통령에게 보내는 국제노동자협회의 인사』 기초(5). • 『자본』 제2부 「제3고」 집필(-67).	• 미국에서 노예해방령(1). 링컨 암살. • 이탈리아, 토리노에서 피렌체로 천도.
1866	• 『자본』 제1부 초판 원고를 집필(1-67.4).	• 프로이센 · 오스트리아 전쟁(6-7). • 프로이센에서 비스마르크파의 국민자유당 결성(9).
1867	• 함부르크의 마이스너 사에서 『자본』 제1부를 1,000부 출판(9.14).	• 북독일연방 성립. • 파리 만국박람회. • 미국, 러시아로부터 알라스카 매수.
1868	• 『자본』 제2부 「제4고」 집필(4-5). • 「국제노동자협회와 영국 노동자 조직의 결합」(10). • 『자본』 제2부 「제2고」 집필(12-70.7).	• 영국에서 제1차 디즈레일리 내각(보수당, 2-12), 제1차 글래드스턴 내각(자유당, 12-74.2). • 일본에서 메이지유신.
1869	• 『루이 보나파르트의 브뤼메르 18일』 제2판에 대한 서문. • 「제1인터내셔널 총무위원회의 제4회 바젤 대회에 대한 보고」(9).	• 미국에서 대륙횡단철도 완성. • 수에즈 운하 개통. • 영국에서 국교 폐지. • 일본에서 판적봉환(版籍奉還), 관제개혁.
1870	• 「제1인터내셔널 총무위원회 제1선언」 기초(8.7), 「제2선언」(9.9).	• 프로이센 · 프랑스 전쟁(7-71.5). • 이탈리아, 교황령 병합(통일 완성).
1871	• 파리 코뮌에 관한 「제3선언」(5.13). 나중에 『프랑스 내전』으로 정리된다(6). • 엥겔스와 함께 제1인터내셔널 런던 대회를 위한 「총무위원회에 보내는 제안」, 「잠정적 결의안」(9.9). • 『자본』 제1부 독일어판의 개정 작업(12-73.4).	• 독일 제국 성립(1), 제국헌법 발포(4). • 파리 코뮌(3.18-5.27). • 영국에서 노동조합법 제정. • 일본에서 폐번치현(廃藩置県)(7), 이와쿠라 사절단 구미 파견.

연호	생애 · 저작	동시대사 · 운동사
1872	• 『자본』 러시아어판 초판, 페테르부르크에서 출판(3). • 『자본』 제1부 독일어판 제2판 출판(7). • 『자본』 제1부 프랑스어판 출판(9-75.4). • 인터내셔널 맑스파, 비밀 회람장 「이른바 인터내셔널의 분열」에서 바쿠닌파를 규탄, 이를 각 지부에 송부. • 인터내셔널 헤이그 대회, 맑스의 보고에 기초해 바쿠닌과 기욤의 제명을 결의. 아울러 인터내셔널 총평의회의 뉴욕 이전을 결의(9). 인터내셔널, 사실상의 붕괴.	• 베를린에서 3제회의(독일 · 오스트리아 · 러시아). • 프랑스에서 국민개병제. • 일본에서 학제 반포, 태양력 채용.
1873	• 「사회민주동맹과 국제노동자협회」(헤이그 대회 보고)에서 엥겔스와 함께 또 다시 바쿠닌을 공격.	• 3제동맹 성립(6). • 독일에서 문화투쟁 발생. • 스페인에서 제1공화제 성립.
1874	• 바쿠닌 저 『국가와 아나키』 강요(-75).	• 전독일노동자조합 해산 명령. • 독일에서 철강 카르텔 성립. • 스페인에서 세라노 독재정권 성립.
1875	• 「독일 노동자당 강령 평주(고타 강령 비판)」(4-5) 집필, 송부(공표는 1891년).	• 독일에서 아이제나흐파 · 라살레파 합동으로 독일 사회주의 노동자당 수립, 고타 강령 채택. • 영국, 수에즈 운하의 주식 매수. • 일본, 러시아와 치시마 · 사할린 교환조약(5).
1876	• 마우러 저작 독서, 노트.	• 필라델피아에서 만국박람회.
1877	• 『자본』 제2부 「제5고」, 「제6고」 집필. • 『오테체스트벤누이에 자피스키(조국잡지)』 편집부에 보내는 편지(11).	• 러시아-터키 전쟁(4-78). • 인도 제국 성립. 빅토리아 여왕, 황제 즉위.
1878	• 『자본』 제2부 「제7고」 집필.	• 베를린 열국회의(6-7).
1879	• 코발레프스키 저작 『공산체적 토지 소유』 독서, 노트.	• 프랑스에서 '라 마르세예즈'를 국가(國歌)로 정하고 국가 축제일(7.14)을 제정.
1880	• 『자본』 제2부 「제8고」 집필(-81).	• 러시아에서 인민의 의지파, 궁궐 폭파 음모.

연호	생애 · 저작	동시대사 · 운동사
		• 밀라노에서 직공당 결성. • 모로코, 독립선언.
1881	• 「베라 자술리치에게 보내는 편지」(3.8). • 모건 저작 『고대사회』 독서, 노트. • 부인 예니 사망(12.2).	• 3제협상(독일 · 오스트리아 · 러시아, -87). • 루마니아 왕국 성립. • 프랑스, 튀니지 점령.
1882	• 『자본』 제1부 독일어판 제3판을 위한 개정 작업(-83.1. 83년 미간 개정). • 러보크의 저작 『문명의 기원과 인류의 원시 상태』 독서, 노트.	• 3국동맹(독일 · 오스트리아 · 이탈리아).
1883	• 장녀 제니 사망(1.11). • 런던에서 사망(3.14).	• 전인도국민협의회 성립 선언.

전집 · 유고집의 편집

오타니 데이노스케(大谷禎之介)

Ⅰ. 맑스 · 엥겔스의 생전에서부터 러시아 혁명까지

맑스 및 엥겔스(이하 맑스 · 엥겔스)의 생전에는 1851년에 헤르만 베커에 의해 기획된 전 2권의 맑스 저작집 제1권 제1분책이 간행되었지만 두 사람 혹은 어느 한쪽의 전집이 기획된 적은 없었다. 맑스 사후에 엥겔스가 기획한 『맑스 초기 논문집』조차 실현되지 못했다. 하지만 엥겔스는 그와 맑스의 전집이 언젠가는 간행되기를 기대하여 베른슈타인과 카우츠키에게 맑스의 수고 해독법을 가르치는 등, 독일 사회민주당에 유고의 관리 · 이용을 맡겼다.

엥겔스 사후 그의 유고 및 그와 맑스의 왕복 서간은 베벨과 베른슈타인에게, 맑스의 그 밖의 유고는 맑스의 딸 엘리노어에게, 엘리노어의 사후에는 언니 라우라에게 맡겨졌다. 이를 이용해서 메링이 1902년에 『맑스 · 엥겔스 · 라살레 유고집』 제4권(그 중 제1-3권이 『맑스 · 엥겔스 저작집, 1841-1850』)을, 카우츠키가 1905년부터 1910년에 걸쳐 『잉여가치학설사』 전 3권을, 베른슈타인 · 베벨이 1913년에 『맑스 · 엥겔스 왕복 서간집』 전 4권을 편집, 간행했다. 그렇지만 독일 사회민주당은 맑스 · 엥겔스의 전집에 대해서는 기획조차 하지 않은 채 제1차 세계대전과 제2인터내셔널의 붕괴를 맞이했다.

Ⅱ. 맑스 · 엥겔스 연구소

1917년의 10월 혁명에 의해 성립한 소비에트 정권은 곧바로 맑스 · 엥겔스의 문헌적 유산 수집에 착수했다. 그러나 그 이듬해에 기획된 전 28권의 러시아어판 『맑스 · 엥겔스 저작집』은 1922년에 3권으로 중단되었다.

소련에서의 맑스 · 엥겔스의 문헌적 유산 수집 · 보관, 연구 · 간행의 중심이 된 것은 1921년에 발족한 맑스 · 엥겔스 연구소(ME연구소)이다. 초대 소장은 이미 1917년에 독일에서 전 4권의 『맑스 · 엥겔스 저작집, 1852-1862』 가운데 2권을 간행한 랴자노프였다. 1921년 독일에 파견된 랴자노프는 독일 사회민주당 지도자와의 친분을 이용해 그 당에서 관리하고 있던 맑스 · 엥겔스 유고의 포토카피를 작성하여 모스크바에 보내기 시작했다. 1924년에 독일 사회민주당과 체결한 협정에 의해 ME연구소는 모든 유고 카피를 작성해 국제판 전집으로서 간행하는 권리를 취득했다. ME연구소는 랴자노프의 지도 아래 정력적으로 자료 수집을 하는 동시에 유고의 해독이나 서지적 연구의 전문 인력을 육성하여 그것들의 간행에 힘쓰며, 유고의 일부를 『맑스 · 엥겔스 아르히프』(러시아어판 및 독일어판) 등으로 발표했다.

Ⅲ. 제1차 MEGA

레닌의 유지를 이어받은 러시아 공산당의 결정에 의해 1924년부터 ME연구소는 『맑스 · 엥겔스 전집』(Marx/Engels Gesamtausgabe, 약칭 MEGA)의 편집을 시작, 1927년에 제1권 제1분책을 간행했다. MEGA는 맑스 · 엥겔스의 저작, 유고, 단편, 서간 등 전부를 엄밀한 텍스트 비판에 기초하여 집필 시기 순으로 원전 그대로 재현하는 '역사적 · 비판적 전집(Historisch-kritische Gesamtausgabe)'임을 그 속표지에 명기하고 있었다. 전체는 『자본』과 그 초고들을 제외한 저작들인 제1부(17권), 『자본』과 그 초고들인 제2부(13권 이상), 서간인 제3부(10권), 총색인인 제4부(2권)로 나뉘어 42권을 넘는 것이 될 예정이었지만, 계획대로 간행된 것은 제1부의 7권(1927-33년), 제3부의 4권(1929-31년)으로 모두 11권(제1부 제1권이 두 책이었기 때문에 모두 12책)이었다. 그 후 1935년에 제1부에 수록될 예정이었던 『반뒤링론』 및 『자연변증법』을 수록한, MEGA의 엥겔스 사후 40주년 기념특별권이 간행되었다. 1939년에는 제2부에 수록될 예정이었던 1857-58년의 맑스의 경제학 초고인 『정치경제학 비판 요강』이, 나아가 1941년에는 그 보권이 간행되었지만, 모두 MEGA와 동일한 장정을 지니면서도 MEGA로서 간행된 것은 아니었다. MEGA 계획의 틀 밖에서 나온 이러한 출판들은 MEGA 간행 계획이 포기되었음을 나타내고 있었다.

나치의 정권 장악에 따른 독일에서의 인쇄 · 간행의 어려움, 사회민주주의를 적으로 간주하는 소련 공산당에 대한 독일 사회민주당의 비협력(1930년에 앞서 언급한 1924년의 협정 파기)은 물론이거니와 또한 MEGA의 중단을 결정적인 것으로 만든 것은 스탈린에 의한 ME연구소 편집자들에 대한 억압과 배제였다. 랴자노프는 1932년에 체포되어 1938년에 근거 없는 죄목으로 처형되었다(1958년에 명예회복). 맑스 · 엥겔스의 지적 유산을 있는 그대로 공개한다는 랴자노프 등의 자세가 스탈린에게는 허용하기 어려운 것이었던 것이다. 그 대신 소장으로 취임한 아드라츠키 밑에서 1931년에 맑스 · 엥겔스 · 레닌 연구소(MEL연구소)로 개편된 연구소의 운영 방침에도 변경이 가해지고, MEGA도 제1부 제4-7권과 제3부 제4권의 간행 후 당초의 계획이 포기되어 마침내 중단될 수밖에 없게 되었다.

Ⅳ. 러시아어판 『저작집』 제1판

제1차 MEGA와 병행해서 ME연구소에 의해 1928년에 시작된 러시아어판 『맑스 · 엥겔스 저작집』의 간행은 제2차 세계대전의 발발까지 계속되며, 전후에 3책을 추가해서 1947년에 29권(33책)으로써 완결되었다. 이는 보급판 저작집이었지만 맑스 · 엥겔스의 노작과 서간을 처음으로 방대하고 계통적으로 집대성한 것으로, 여기서 460점의 저작과 779점의 서간이 처음으로 공개되었다(일본에서는 이 저작집을 기초로 하여 『맑스 · 엥겔스 선집』 전 23권, 大月書店, 1949-53년이 편찬되었다). 1931년에 맑스 · 엥겔스 · 레닌 연구소(MEL연구소)로 개칭한 ME연구소는 1932년부터 러시아어판 『맑스 · 엥겔스 아르히프』의 새로운 시리즈를 시작하여 1941년까지 제1-7권과 제9권을 간행, MEGA로 간행할 수 없었던 맑스 · 엥겔스의 다수의 미공개 유고를 공개했다.

소련 이외에서도 1920년대 및 1930년대의 전반기에 맑스의 초기 노작들을 수록한 저작집이나 관계자별로 묶인 다양한 서간집이 간행되었지만, '전집'이라는 것을 내세우면서도 실질적으로는 선집인 것을 별도로 한다면 본격적인 전집은 기획된 것조차 없었다.

Ⅴ. 사회민주당 문고 보관 유고류의 행방

나치의 권력 장악으로 망명할 수밖에 없게 된 독일 사회민주당의 지도부는 보관에 종사한 사람들의 헌신적인 노력에 의해 덴마크와 프랑스로 옮겨진 맑스 · 엥겔스의 유고를 보관 경비의 삭감과 자금을 확보할 목적으로 팔기 위해 내놓았다. 이 사실을 알게 된 소련 공산당은 ME연구소를 통해 좋은 조건을 제시했지만 사회민주당은 끝내 받아들이지 않았다. 그러나 그 후 재정적으로 어려움에 처한 당 지도부는 매수자를 찾아다닌 끝에 결국 1938년에 유고 종류를 포함한 사회민주당 문고의 전 문서를 암스테르담의 사회사 국제연구소(IISG)의 후원자였던 네덜란드의 노동자보험예금 중앙은행에 헐값에 매각했다. 이리하여 유고류는 IISG에 일단 들어가게 되었지만 네덜란드에 침입한 독일군이 연구소를 덮치기 직전에 다시 영국으로 옮겨져 전후가 되어서야 겨우 IISG에서 안주할 곳을 찾았다. IISG에서 유고류가 정리되어 포토카피에 의해 공개되는 등, 유고류의 일부가 간행되기도 했지만 IISG에 의해 그것들 모두의 간행이 기획된 것은 아니었다.

모스크바의 MEL연구소는 독일 사회민주당으로부터 유고류를 구입하는 데 실패한 뒤에도 수집에 힘써 다양한 루트를 통해 수많은 문서를 입수했다. 그 중에는 1939년과 1941년에 동 연구소에서 간행된 『정치경제학 비판 요강』이 씌어져 있는 「7권의 노트」와, 나중에 제2차 MEGA에서 처음으로 공개된 『1861-1863년 초고』가 씌어져 있는 「23권의 노트」와 같이 분명치 않은 시점에 사회민주당 문고로부터 흘러나온 중요한 유고도 있었다.

Ⅵ. 러시아어판 『저작집』 제2판

제2차 세계대전 후에 활동을 재개한 모스크바의 MEL연구소는 새로 입수한 문서를 이용해서 러시아어판 『맑스 · 엥겔스 아르히프』의 속권이나 그 밖의 기관지 등에서 다수의 미발표 수고를 간행했다. 1955년에 동 연구소(다음해인 1956년에 맑스 · 레닌주의 연구소[ML연구소]로 개칭)는 러시아어판 『맑스 · 엥겔스 저작집』 제2판의 간행을 시작했지만, 당초에는 소련 공산당 중앙위원회가 전 30권(32책)의 규모밖에 승인하지 않았기 때문에 새로운 문헌도 부분적으로만 수록한 부분적 개정판에 지나지 않았다. 하지만 그 후 ML연구소 내에서 MEGA의 속권 간행이 논의된 것이 계기가 되어 제4권부터는 저작이나 서간을 완전하게 수록하게 되고, 1966년까지 본권 39권(42책)을 간행한 후, 1968년 이후 1981년까지 그것들에 수록되지 못한 초고나 발췌 노트를 포함한 문헌들을 보권 11권(12책)으로서 보완했다. 그 결과 이 제2판은 수록 내용에 대해 말하자면 매우 포괄적인 최대의 저작집이 되었다.

Ⅶ. 독일어판 『저작집』

제2차 세계대전 후에 맑스 · 엥겔스의 문헌 간행에 큰 역할을 수행한 것은 1949년의 독일민주공화국(DDR) 성립 후에 곧바로 설립된 MEL연구소(후에 ML연구소로 개칭)이다. 동 연구소는 맑스 · 엥겔스의 많은 문헌들을 다양한 형태로 그들의 모국어인 독일어로 간행했다. 특히 1956년부터 1968년에 걸쳐 간행된 『맑스 · 엥겔스 저작집』(Marx-Engels Werke, 약칭 MEW, 본권 39권 41책, 보권 2책)은 러시아어판 『저작집』 제2판을 모델로 하여 편집된 것이었지만, 두 사람의 저작을 독일어로 수록하고 있다는 점에서 독자적인 높은 가치를 지니고 있었다. 그 후 보권 2책이 제40권 및 제41권으로서 새로운 장정으로 다시 간행된 것 외에, ML연구소의 후계 기관으로서 잠시 존재했던 노동운동사연구소에 의해 1983년에 『1857-1858년의 경제학 초고들』(『정치경제학 비판 요강』과 그 외)을 수록한 제42권, 1990년에 『1861-1863년 경제학 초고』 제1분책을 수록한 제43권이 간행되었다. 일본에서는 이 『저작집』을 저본으로 하여 『맑스 · 엥겔스 전집』(본권 41권 43책, 보권 4책, 별권 4책)이 간행되었다(1959-91년). 동 『전집』의 보권은 러시아어 제2판 보권을 참고로 편집되었지만 번역에는 대체로 원전이 사용되었다.

Ⅷ. 제2차 MEGA

흐루시초프 하에서의 '해빙' 속에서 1955년, 모스크바 ML연구소의 맑스 · 엥겔스 부의 내부에서 당시 간행 중이던 러시아어판 및 독일어판 『저작집』에 포함되지 않은 문헌 전부를 간행하기 위한 형태라는 명목으로 제1차 MEGA를 속간하는 제안이 검토되었다. 비공식적으로 협력을 타진 받은 베를린의 ML연구소의 맑스 · 엥겔스 부의 유력 멤버들은 전면적인 협력을 약속했지만 이 기획은 소련 공산당 중앙의 개입으로 러시아어판 『저작집』 제2판의 수록 범위 확대로 끝났다.

'해빙'이 끝나자 다시 MEGA에 엄혹한 정치적 분위기가 돌아왔다. 레닌 전집의 두 배나 되는 규모의 전집 따위는 논외라고 말해진 일이 있는 데서 상징적으로 드러나 있듯이, 소련 공산당 입장에서는 레닌 이외의 인물의, 막대한 비용을 들인 역사적·비판적 전집은 정치적으로 중요한 의미를 갖는 것이 아니었던 것이다. 이에 반해 DDR 정권당인 독일 사회주의 통일당은 소련 공산당의 압도적인 영향 하에 있으면서도 MEGA의 간행에는 일관되게 대단히 적극적인 자세를 견지했다. 왜냐하면 이 당 입장에서는 '독일민족의 위대한 자식들'인 맑스·엥겔스의 완전한 전집의 간행은 자기의 정통화를 위한 깃발을 내세우는 것을 의미하고 있었기 때문이다. 이와 같은 상황 속에서 MEGA 기획의 주도권은 점차 베를린으로 옮겨갔다. 그리고 비용과 인원을 독일 측이 대폭적으로 부담하는 가운데 구MEGA의 계속이 아니라 새로운 MEGA를 편집·간행할 계획이 다듬어지고 소련 측도 이를 최종적으로 승인하기에 이르렀다.

MEGA의 공동 간행자인 두 ML연구소는 그에 더하여 맑스·엥겔스의 문헌적 유산의 3분의 1 이상을 소장하고 있는 IISG에 협력을 요청하고, IISG가 요구한 소장 문헌의 상호 공개 원칙을 두 ML연구소가 승인함으로써 3자의 협력협정이 성립했다.

1969년에 신MEGA의 성격에 대한 두 ML연구소의 기본 합의가 성립했다. 이 제2차 MEGA는 전승되고 있는 맑스·엥겔스의 문헌적 유산의 일체를 성립 시기 순으로 수록하는 동시에 그것들 모두를 원전에 충실하게 재현하는 역사적·비판적 전집이다. 제1차 MEGA가 모스크바로 들여온 포토카피를 이용해서 편집된 것인 데 반해, 제2차 MEGA는 전승되고 있는 일체의 초고 원본과의 철저한 조회와 텍스트 비판을 행하는 동시에 편집학의 새로운 성과를 받아들여 비판성에서도 완전성에서도 최고수준의 것으로 만드는 것을 지향했다. 전체는 제1부가 『자본』과 그 준비 노작을 제외한 '저서, 논설, 초안', 제2부가 '『자본』과 그 준비 노작', 제3부가 맑스·엥겔스의 서간뿐만 아니라 그들에게 보낸 제3자의 서간, 또한 필요한 경우에는 제3자 사이의 서간도 포함한 '왕복 서간', 제4부가 '발췌, 메모, 서적에 기입한 메모'라는 전 4부로 나누어진다. 제4부는 제1차 MEGA에서는 전혀 고려하지 못한 것이었다. 1984년에 확정된 권수는 제1부가 32권 33책, 제2부가 16권 24책, 제3부가 45권, 제4부가 발췌와 메모만으로 40권으로 모두 133권 142책이며, 나아가 서적에 기입한 메모로 예상된 제4부의 약 40권을 더하면 170권을 넘는 방대한 것이 되었다. 이처럼 방대한 권수는 소련과 동독의 두 당 지도부가 장대함을 자랑하고자 한 결과가 아니라 오히려 완성년도를 앞당겨 비용을 줄이기 위해 권수를 억제하려고 한 상급기관의 의향에 반하더라도 MEGA의 완전성을 지키려고 한 편집자들의 저항을 보여준 것이었다.

1972년에 간행된 시험작품에 대한 국제적 반향도 고려하여 다시 다듬어진 편집 기준에 따라 베를린과 모스크바의 분업체제 하에서 여러 권의 편집이 병행해서 진행되어 1975년부터 소련이 해체된 1990년까지 제1부 14권, 제2부 9권(15책), 제3부 8권, 제4부 6권으로 모두 37권(43책)이 간행되었다. 일본에서는 제2부 제1-3권의 일본어 역이 『자본론 초고집』 전 9권으로 간행되었다(1981-94년). 또한 국제적 협력을 통해 편집·간행되고 있는 영어판도 현재 간행 중인 중국어판 『전집』의 신판도 모두 제2차 MEGA를 기초로 하고 있다.

Ⅸ. 국제 맑스-엥겔스 재단(IMES)을 중심으로 한 제2차 MEGA의 계속

소련에서의 페레스트로이카에서 시작되어 베를린 장벽의 붕괴와 독일민주공화국의 소멸을 거쳐 소련 공산당의 해산과 소련 그 자체의 해체에 이르는 '현존 사회주의' 국가들의 격변 속에서 MEGA의 간행은 다시 중단의 위기에 처하게 되었다. 두 간행 연구소 중에 베를린의 ML연구소는 1989년에 노동운동사연구소로 바뀌었지만 1991년에는 소멸하며, 모스크바의 ML연구소도 '소련 공산당 중앙위원회 부속, 사회주의 이론 및 역사 연구소'로 개칭한 뒤 1991년에는 해체되어, 민간연구소인 사회 · 민족문제 러시아 독립연구소(RNI)와 러시아 정부 관리하의 현대사 문서보관 · 연구 러시아 센터(RZ)로 변신했다.

암스테르담의 사회사국제연구소는 이러한 격변이 시작되자 곧바로 MEGA 구제를 위해 움직이며, 마찬가지로 위기를 감지한 두 간행 연구소의, 특히 베를린의 MEGA 편집자가 이에 호응하여 간행체제의 커다란 변혁이 급속히 진행되었다. 1990년에 IISG, DDR 과학아카데미 MEGA 위원회, 모스크바의 ML연구소, 프리드리히 에베르트 재단의 칼 맑스 하우스의 4자에 의해 국제 맑스-엥겔스 재단(IMES)이 설립되어 MEGA의 편집 · 간행의 모든 권한이 이곳으로 넘어왔다.

MEGA 존속을 위해 IMES가 내세운 기본방침은 학술화와 국제화이다. 학술화란 직접적으로는 이미 간행된 권들의 특히 서문이나 주해에서 종종 보였던 '현존 사회주의'의 정통화 이데올로기인 '맑스 · 레닌주의'의 영향을 철저하게 배제하여 MEGA를 순수하게 학술적인 간행물로 만드는 것이지만, 그것은 동시에 MEGA의 재정적 기반을 확보하기 위해서도 긴요했다. 왜냐하면 DDR 정부에 의한 방대한 경비 부담이 소멸하여 MEGA의 편집 · 간행에는 더 이상 학술적 프로젝트에 대한 각종 학술 조성금 이외에는 기댈 곳이 없어졌기 때문이다. 다른 한편 국제화는 이전에 MEGA를 위해 일하고 있던 100명이 넘는 편집자들 중에 남을 수 있었던 것은 20명이 안 되는 상황에서 편집 작업에 전 세계의 맑스 · 엥겔스 연구자들의 힘을 빌릴 수밖에 없게 되었다는 것을 의미하고 있었다.

1992년 봄, 7명의 편집 전문가 내지 다른 역사적 · 비판적 전집의 편집자들을 초대해 새로운 체제 하에서의 편집 기준을 작성하기 위한 국제회의가 열려 여기서 논의된 사항을 바탕으로 그해 가을 새로운 편집 기준이 확정되었다. 이 해에 IMES는 독일 과학아카데미회의와 2년간의 협정을 체결하고, 이듬해 1993년에는 결성된 지 얼마 되지 않은 베를린 · 브란덴부르크 과학아카데미(BBAW)가 소멸한 DDR 과학아카데미를 대신해 IMES의 구성 기관이 됨과 동시에, 동 아카데미 내에 MEGA 위원회 및 MEGA 편집위원회가 설치되어 2015년까지 여기서 7명의 편집자가 MEGA 편집에 종사할 수 있게 되었다. 1992년의 국제회의 이래로 간행 계획, 특히 전체 규모의 재검토가 과제로 되고 있었는데, 1995년 가을에 제1부 및 제2부에 대해서는 부분적으로 압축, 제3부에 대해서는 부록을 필요불가결한 것으로 한정함으로써 45권을 35권으로 축소, 제4부에 대해서는 발췌는 완전하게 수록하지만 메모는 기재 방법을 궁리해 압축하고 서적에 대한 메모는 장서목록의 권을 마련해 거기에 필요사항을 기재한다는 결론을 내림으로써 약 170권이 114권으로까지 압축되게 되었다.

IMES에 의해 우선 1992년까지 구체제 하에서 편집된 4권(제1부 제20권, 제2부 제10권, 동 제4권, 제2분책, 제4부 제9권)이 간행되었다. 1998년 말에는 IMES의 새로운 체제 하에서 편집된 최초의 권인 제4부 제3권이 간행되어 'MEGA의 부활'로서 국제적으로 커다란 반향을 불러일으켰다. 1999년 말 현재, 베를린의 BBAW 편집위원회와 모스크바의 RZ 및 RNI의 편집 그룹 외에 미국, 엑상프로방스, 덴마크, 툴루즈, 베를린 · 암스테르담의 각 편집 그룹이 작업을 수행하고 있으며, 1998년에는 일본 편집위원회가 발족하여 7권의 편집을 담당하고 있다. 2000년에는 제4부 제31권이 간행될 예정이다. MEGA의 앞길에는 재정상의 제약이나 경험이 풍부한 편집자의 감소 등 많은 어려움이 놓여 있지만 전권 완결을 위해 이미 편집 작업 중에 있는 35권을 포함한, 남은 권들의 순조로운 간행이 기대된다.

참 村田陽一, 『マルクス=エンゲルス歴史的=批判的(メガ)とマルクス=エンゲルスの文獻的遺産』(雜誌 『創』 別卷), ナウカ, 1973. 佐藤金三郎, 『マルクス遺稿物語』, 岩波書店, 1989. 大村泉, 『新MEGAと≪資本論≫の成立』, 八朔社, 1998. D. Rjazanov,

"Vorwort zur Gesamtausgabe", In: *MEGA*①, Abt. 1, Bd. 1, Frankfurt a. M. 1927. P. Mayer, "Die Geschichte des Sozialdemokratischen Parteiarchivs und das Schicksal des Marx-Engels-Nachlasses", In: *Archiv für Sozialgeschichte*, Bd. Ⅵ/Ⅶ, 1966/1967. H. Stern/D. Wolf, "*Das große Erbe*", Berlin 1972(池田光義 譯),『偉大な遺産—マルクス遺稿物語』, 大月書店, 1983). J. Rojahn, "Die Marx-Engels-Gesamtausgabe(MEGA): Stand der Arbeit und geplante Fortführung", In: *IWK*, Jg. 28, H. 4, 1991. R. Dlubek, "Frühe Initiativen zur Vorbereitung einer neuen MEGA(1955-1958)", In: *Beiträge zur Marx-Engels-Forschung, N. F.*, 1992. M. Hundt, "Gedanken zur bisherigen Geschichte der MEGA", In: *Beiträge zur Marx-Engels-Forschung, N. F.*, 1992. R. Dlubek, "Die Entstehung der zweiten Marx-Engels-Gesamtausgabe im Spannungsfeld von legitimatorischem Auftrag und editorischer Sorgfalt", In: *MEGA-Studien, 1994/1*, 1994. J. Grandjonc/J. Rojahn, "Der revidierte Plan der Marx-Engels-Gesamtausgabe", In: *MEGA-Studien, 1995/2*, 1996.

맑스 · 엥겔스 전집(신MEGA)의 간행 상황(2000년 현재)

마토바 아키히로(的場昭弘)

1960년대부터 시작된 신MEGA의 편집은 1992년 국제 맑스 · 엥겔스 재단에 의해 대폭 수정되어 간행 권수도 제1부가 33권에서 32권으로, 제2부가 24권에서 15권으로, 제3부가 45권에서 35권으로, 제4부가 40권에서 32권으로 상당히 감소하고 있다. 새로운 편집 방침에 대해서는 *Editionsrichtlinien der Marx-Engels-Gesamtausgabe*, Dietz, Berlin, 1993.(地原健志 外 譯), 「マルクス・エンゲルス全集(MEGA)の編集要項」, 『マルクス・エンゲルス・マルクス主義研究』, 32권, 1998) 참조. 덧붙이자면, 일본인 연구자들도 현재 상당수가 편집에 참여하고 있다.

제1부 맑스 · 엥겔스 전집 제1부 저작, 논문, 초고

1. 『칼 맑스, 1843년 3월까지의 저작, 논문, 문학적 시론』, 베를린, 1975년
2. 『칼 맑스, 1843년 3월부터 1844년 8월까지의 저작, 논문, 초고』, 베를린, 1982년
3. 『프리드리히 엥겔스, 1844년 8월까지의 저작, 논문, 초고』, 베를린, 1985년
4. 『칼 맑스/프리드리히 엥겔스, 1844년 8월부터 1845년 12월까지의 저작, 논문, 초고』 미간
5. 『칼 맑스/프리드리히 엥겔스, 독일 이데올로기』 미간
6. 『칼 맑스/프리드리히 엥겔스, 1846년 1월부터 1848년 2월까지의 저작, 논문, 초고』 미간
7. 『칼 맑스/프리드리히 엥겔스, 1848년 2월부터 9월까지의 저작, 논문, 초고』 미간
8. 『칼 맑스/프리드리히 엥겔스, 1848년 10월부터 1849년 2월까지의 저작, 논문, 초고』 미간
9. 『칼 맑스/프리드리히 엥겔스, 1849년 3월부터 1849년 7월까지의 저작, 논문, 초고』 미간
10. 『칼 맑스/프리드리히 엥겔스, 1849년 7월부터 1851년 6월까지의 저작, 논문, 초고』, 베를린, 1977년
11. 『칼 맑스/프리드리히 엥겔스, 1851년 7월부터 1852년 12월까지의 저작, 논문, 초고』, 베를린, 1985년
12. 『칼 맑스/프리드리히 엥겔스, 1853년 1월부터 12월까지의 저작, 논문, 초고』, 베를린, 1984년
13. 『칼 맑스/프리드리히 엥겔스, 1854년 1월부터 12월까지의 저작, 논문, 초고』, 베를린, 1985년
14. 『칼 맑스/프리드리히 엥겔스, 1855년 1월부터 12월까지의 저작, 논문, 초고』 미간
15. 『칼 맑스/프리드리히 엥겔스, 1856년 1월부터 1857년 10월까지의 저작, 논문, 초고』, 미간
16. 『칼 맑스/프리드리히 엥겔스, 1857년 10월부터 1858년 12월까지의 저작, 논문, 초고』 미간
17. 『칼 맑스/프리드리히 엥겔스, 1859년 1월부터 1859년 12월까지의 저작, 논문, 초고』 미간
18. 『칼 맑스/프리드리히 엥겔스, 1859년 10월부터 1860년 12월까지의 저작, 논문, 초고』, 베를린, 1984년
19. 『칼 맑스/프리드리히 엥겔스, 1861년 1월부터 1864년 9월까지의 저작, 논문, 초고』 미간
20. 『칼 맑스/프리드리히 엥겔스, 1864년 9월부터 1867년 9월까지의 저작, 논문, 초고』 베를린, 1992년
21. 『칼 맑스/프리드리히 엥겔스, 1867년 9월부터 1871년 3월까지의 저작, 논문, 초고』 미간
22. 『칼 맑스/프리드리히 엥겔스, 1871년 3월부터 11월까지의 저작, 논문, 초고』, 베를린, 1978년

23.『칼 맑스/프리드리히 엥겔스, 1871년 11월부터 1872년 12월까지의 저작, 논문, 초고』 미간
24.『칼 맑스/프리드리히 엥겔스, 1872년 12월부터 1875년 5월까지의 저작, 논문, 초고』, 베를린, 1984년
25.『칼 맑스/프리드리히 엥겔스, 1875년 5월부터 1883년 5월까지의 저작, 논문, 초고』, 베를린, 1985년
26.『프리드리히 엥겔스, 자연변증법(1873-1882)』, 베를린, 1985년
27.『프리드리히 엥겔스, 반뒤링론』, 베를린, 1988년
28.『칼 맑스, 수학 초고(1878-1881)』 미간
29.『프리드리히 엥겔스, 가족, 사적 소유 및 국가의 기원』, 베를린, 1990년
30.『칼 맑스/프리드리히 엥겔스, 1883년 6월부터 1886년 9월까지의 저작, 논문, 초고』 미간
31.『프리드리히 엥겔스, 1886년 10월부터 1891년 2월까지의 저작, 논문, 초고』 미간
32.『프리드리히 엥겔스, 1891년 2월부터 1895년 8월까지의 저작, 논문, 초고』 미간

제2부 맑스·엥겔스 전집 제2부 자본론과 준비 초고

1.『칼 맑스, 경제학 초고, 1857년-1858년』, 베를린, 1976년(『맑스 자본론 초고집』 1권, 大月書店, 1981; 동 2권, 1993)
2.『칼 맑스, 경제학 초고와 논문, 1858년-1861년』, 베를린, 1980년(동 3권, 1984)
3.『칼 맑스, 정치경제학 비판(초고 1861년-1863년)』
    제1부 베를린, 1976년(동 4권, 1978)
    제2부 베를린, 1977년(동 5권, 1980)
    제3부 베를린, 1978년(동 6권, 1981)
    제4부 베를린, 1979년(동 7권, 1982)
    제5부 베를린, 1980년(동 8권, 1984)
    제6부 베를린, 1982년(동 9권, 1994)
4.『칼 맑스, 경제학 초고, 1863년-1867년)』
    제1부 베를린, 1988년
    제2부 베를린, 1992년
    제3부 미간
5.『칼 맑스, 자본론 정치경제학 비판 제1권, 함부르크, 1867년』, 베를린, 1983년
6.『칼 맑스, 자본론 정치경제학 비판 제1권, 함부르크, 1872년』, 베를린, 1987년
7.『칼 맑스, 프랑스어판 자본론, 파리, 1872년-1875년』, 베를린, 1989년
8.『칼 맑스, 자본론 정치경제학 비판 제1권, 함부르크, 1883년』, 베를린, 1989년
9.『칼 맑스, 영어판 자본론 자본주의 생산의 비판적 분석, 런던, 1887년』, 베를린, 1990년
10.『칼 맑스, 자본론 정치경제학 비판 제1권, 함부르크, 1890년』, 베를린, 1991년
11.『칼 맑스, 자본론 제2권 초고』
    제1부 미간
    제2부 미간
12.『프리드리히 엥겔스, 자본론 제2권에 대한 준비 초고, 1883년-1884년』 미간
13.『칼 맑스, 자본론 정치경제학 비판 프리드리히 엥겔스 편 제2권, 함부르크, 1885년』 미간

14.『칼 맑스/프리드리히 엥겔스, 자본론 제3권에 대한 초고와 준비 초고, 1867년-1894년』 미간
15.『칼 맑스, 자본론 정치경제학 비판 제3권, 프리드리히 엥겔스 편집, 함부르크, 1894년』 미간

제3부 맑스 · 엥겔스 전집 제3부 서간

1.『칼 맑스/프리드리히 엥겔스, 1846년 4월까지의 서간』, 베를린, 1975년
2.『칼 맑스/프리드리히 엥겔스, 1846년 5월부터 1848년 12월까지의 서간』, 베를린, 1979년
3.『칼 맑스/프리드리히 엥겔스, 1849년 1월부터 1850년 12월까지의 서간』, 베를린, 1981년
4.『칼 맑스/프리드리히 엥겔스, 1851년 1월부터 12월까지의 서간』, 베를린, 1984년
5.『칼 맑스/프리드리히 엥겔스, 1852년 1월부터 8월까지의 서간』, 베를린, 1987년
6.『칼 맑스/프리드리히 엥겔스, 1852년 9월부터 1853년 8월까지의 서간』, 베를린, 1987년
7.『칼 맑스/프리드리히 엥겔스, 1853년 9월부터 1856년 3월까지의 서간』, 베를린, 1989년
8.『칼 맑스/프리드리히 엥겔스, 1856년 4월부터 1857년 12월까지의 서간』, 베를린, 1987년
9.『칼 맑스/프리드리히 엥겔스, 1858년 1월부터 1859년 8월까지의 서간』, 베를린, 1999년(IMES 편집판. 아카데미 출판)
10.『칼 맑스/프리드리히 엥겔스, 1859년 9월부터 1860년 5월까지의 서간』 미간
11.『칼 맑스/프리드리히 엥겔스, 1860년 6월부터 1861년 12월까지의 서간』 미간
12.『칼 맑스/프리드리히 엥겔스, 1862년 1월부터 1864년 9월까지의 서간』 미간
13.『칼 맑스/프리드리히 엥겔스, 1864년 10월부터 1865년 12월까지의 서간』 미간
14.『칼 맑스/프리드리히 엥겔스, 1866년 1월부터 1867년 12월까지의 서간』 미간
15.『칼 맑스/프리드리히 엥겔스, 1868년 1월부터 1869년 2월까지의 서간』 미간
16.『칼 맑스/프리드리히 엥겔스, 1869년 3월부터 1870년 5월까지의 서간』 미간
17.『칼 맑스/프리드리히 엥겔스, 1870년 6월부터 1871년 6월까지의 서간』 미간
18.『칼 맑스/프리드리히 엥겔스, 1871년 7월부터 1871년 11월까지의 서간』 미간
19.『칼 맑스/프리드리히 엥겔스, 1871년 12월부터 1872년 5월까지의 서간』 미간
20.『칼 맑스/프리드리히 엥겔스, 1872년 6월부터 1873년 1월까지의 서간』 미간
21.『칼 맑스/프리드리히 엥겔스, 1873년 2월부터 1874년 8월까지의 서간』 미간
22.『칼 맑스/프리드리히 엥겔스, 1874년 9월부터 1876년 12월까지의 서간』 미간
23.『칼 맑스/프리드리히 엥겔스, 1877년 1월부터 1879년 5월까지의 서간』 미간
24.『칼 맑스/프리드리히 엥겔스, 1879년 6월부터 1881년 9월까지의 서간』 미간
25.『칼 맑스/프리드리히 엥겔스, 1881년 10월부터 1883년 3월까지의 서간』 미간
26.『프리드리히 엥겔스, 1883년 4월부터 1884년 12월까지의 서간』 미간
27.『프리드리히 엥겔스, 1885년 1월부터 1886년 8월까지의 서간』 미간
28.『프리드리히 엥겔스, 1886년 9월부터 1888년 3월까지의 서간』 미간
29.『프리드리히 엥겔스, 1888년 4월부터 1889년 9월까지의 서간』 미간
30.『프리드리히 엥겔스, 1889년 10월부터 1890년 11월까지의 서간』 미간
31.『프리드리히 엥겔스, 1890년 12월부터 1891년 10월까지의 서간』 미간
32.『프리드리히 엥겔스, 1891년 11월부터 1892년 8월까지의 서간』 미간

33. 『프리드리히 엥겔스, 1892년 9월부터 1893년 6월까지의 서간』 미간
34. 『프리드리히 엥겔스, 1893년 7월부터 1894년 8월까지의 서간』 미간
35. 『프리드리히 엥겔스, 1894년 9월부터 1895년 7월까지의 서간』 미간

제4부 맑스·엥겔스 전집 제4부 발췌, 평주, 난외주

1. 『칼 맑스/프리드리히 엥겔스, 1842년까지의 발췌와 평주』, 베를린, 1976년
2. 『칼 맑스/프리드리히 엥겔스, 1843년부터 1845년 1월까지의 발췌와 평주』, 베를린, 1981년
3. 『칼 맑스, 1844년 여름부터 1845년 여름까지의 발췌와 평주』, 베를린, 1998년(최초의 IMES 편집판. 디츠 출판사가 아니라 아카데미 출판사에서 나왔다).
4. 『칼 맑스/프리드리히 엥겔스, 1845년 7월부터 8월까지의 발췌와 평주』, 베를린, 1988년
5. 『칼 맑스/프리드리히 엥겔스, 1845년 8월부터 1850년 12월까지의 발췌와 평주』 미간
6. 『칼 맑스/프리드리히 엥겔스, 1846년 9월부터 1847년 12월까지의 발췌와 평주』, 베를린, 1983년
7. 『칼 맑스/프리드리히 엥겔스, 1849년 9월부터 1851년 2월까지의 발췌와 평주』, 베를린, 1983년
8. 『칼 맑스, 1851년 3월부터 6월까지의 발췌와 평주』, 베를린, 1986년
9. 『칼 맑스, 1851년 7월부터 9월까지의 발췌와 평주』, 베를린, 1991년
10. 『칼 맑스/프리드리히 엥겔스, 1851년 9월부터 1852년 6월까지의 발췌와 평주』(런던 노트 15-18권) 미간
11. 『칼 맑스/프리드리히 엥겔스, 1852년 7월부터 1853년 8월까지의 발췌와 평주』(런던 노트 19-24권) 미간
12. 『칼 맑스/프리드리히 엥겔스, 1853년 9월부터 1854년 11월까지의 발췌와 평주』(스페인 혁명 등) 미간
13. 『칼 맑스/프리드리히 엥겔스, 1854년 11월부터 1857년 10월까지의 발췌와 평주』(정치경제학, 외교사 등) 미간
14. 『칼 맑스/프리드리히 엥겔스, 1857년 10월부터 1858년 2월까지의 발췌와 평주』(세계경제공황) 미간
15. 『칼 맑스/프리드리히 엥겔스, 1858년 1월부터 1860년 2월까지의 발췌와 평주』(정치경제학) 미간
16. 『칼 맑스/프리드리히 엥겔스, 1860년 2월부터 1863년 12월까지의 발췌와 평주』(폴란드 역사, 군사) 미간
17. 『칼 맑스/프리드리히 엥겔스, 1863년 5월부터 6월까지의 발췌와 평주』(정치경제학) 미간
18. 『칼 맑스/프리드리히 엥겔스, 1864년 2월부터 1868년 8월까지의 발췌와 평주』(정치경제학, 농업) 미간
19. 『칼 맑스/프리드리히 엥겔스, 1868년 9월부터 1869년 9월까지의 발췌와 평주』(정치경제학, 화폐시장과 공황) 미간
20. 『칼 맑스/프리드리히 엥겔스, 1868년 4월부터 1870년 12월까지의 발췌와 평주』(아일랜드 역사, 정치경제학 등) 미간
21. 『칼 맑스/프리드리히 엥겔스, 1869년 9월부터 1874년 12월까지의 발췌와 평주』(아일랜드 문제) 미간
22. 『칼 맑스/프리드리히 엥겔스, 1875년 1월부터 1876년 2월까지의 발췌와 평주』(개혁 후의 러시아) 미간
23. 『칼 맑스/프리드리히 엥겔스, 1876년 3월부터 6월까지의 발췌와 평주』(생리학, 기술사 등) 미간
24. 『칼 맑스/프리드리히 엥겔스, 1876년 5월부터 12월까지의 발췌와 평주』(토지소유사, 헌법 등) 미간
25. 『칼 맑스/프리드리히 엥겔스, 1877년 1월부터 1879년 3월까지의 발췌와 평주』(정치경제학) 미간
26. 『칼 맑스/프리드리히 엥겔스, 1878년 5월부터 9월까지의 발췌와 평주』(지리학, 광물학 등) 미간
27. 『칼 맑스/프리드리히 엥겔스, 1879년부터 1881년까지의 발췌와 평주』(민속학, 토지소유사) 미간
28. 『칼 맑스/프리드리히 엥겔스, 1879년부터 1882년까지의 발췌와 평주』(러시아, 프랑스 역사) 미간

29. 『칼 맑스/프리드리히 엥겔스, 1881년 말부터 1882년 말까지의 발췌와 평주』(세계사 연표) 미간
30. 『칼 맑스, 1863년, 1878년, 1881년의 수학의 발췌』(삼각법, 대수학, 미분법) 미간
31. 『칼 맑스/프리드리히 엥겔스, 1877년 중반부터 1883년 초까지의 자연과학의 발췌와 평주』, 베를린, 1999년(IMES 편집판. 아카데미 출판사)
32. 『칼 맑스와 프리드리히 엥겔스의 장서. 확인된 장서와 난외 메모의 주해가 들어간 색인』, 베를린, 1999년(IMES 편집판. 아카데미 출판사)

참 J. Grandjonc/J. Rojahn, "Aus der MEGA-Arbeit, Der revidierte Plan der Marx-Engels-Gesamtausgabe", *MEGA-Studien*, 1995/2.

맑스의 체류지

마토바 아키히로(的場昭弘)

1818년-19년	트리어. 브뤼켄가세(Brückengasse) 664번지. 오늘날의 10번지(현재 칼 맑스 하우스).
1819년-35년	트리어. 지메온(Simeon) 거리 1070번지. 오늘날의 8번지(현재의 마르 안경점. 기념 현판이 걸려 있다.) (맑스의 누이가 갖고 있던 시집에서 맑스 일가는 잘츠봄멜, 아헨, 마스트리히트에 있는 친척을 방문했음을 알 수 있다).
1835년 10월	13일 아침 4시 트리어에서 추어라우벤(Zurlauben)으로. 저녁에 거기서 코블렌츠로. 14일 본 도착. 본 대학 법학부 입학.
1835년-36년 겨울학기	본. 요제프(Joseph) 거리 764번지(오늘날의 29-31번지).
1836년 여름학기	본. 슈토켄(Stocken) 거리 1번지(오늘날의 12번지). (알려져 있는 체류지. 고데스부르크(Godesburg)(선술집 '바이센 로스' 앞에 그려진 트리어 향토회의 동판화에 청년 맑스의 모습도 그려져 있다), 본의 트리어 향토회의 집합소 마르크트{Markt} 광장의 술집 룰란트{Ruland}).
1836년 여름	트리어. 지메온 거리 8번지.
1836년 10월 중순 -37년 3월	(우편마차를 사용해 베를린으로) 베를린 대학 법학부 입학. 베를린. 미텔(Mitell) 거리 61번지(트리어의 친구 노츠는 26번지에 살고 있었다).
1837년 3월-4월	베를린. 모렌(Mohren) 거리 17번지(1933년까지 이 건물에는 맑스의 기념 현판이 걸려 있었다. 그 뒤 전쟁으로 파괴).
1837년	당시의 베를린 교외 슈트랄라우(Stralau) 18번지에서 요양(현재 건물은 없지만 기념비가 세워져 있다).
1837년 4월-38년 3월	베를린. 알테 야콥(Alte Jakob) 거리 50번지(트리어의 친구 노츠는 59번지).
1838년 10월 -39년 3월	베를린. 루이젠(Louisen) 거리 45번지(맑스의 기념 현판이 있었다).
1839년 4월-9월	베를린. 샤리테(Charité) 거리 10번지.

1839년 10월 -40년 9월	베를린. 마르크그라펜(Markgrafen) 거리 59번지.
1840년 10월 -41년 4월	베를린. 쉬첸(Schützen) 거리 68번지. 맑스가 방문한 장소. 부친의 친구 에사 가(라이프치히 거리 100번지), 예닝겐 가(오라니에부르크 거리 33번지), 라인하르트 가(슈르가르텐 거리 1번지). 독토르 클럽(예거 거리와 샤를로텐 거리 모퉁이에 있었던 슈테헬리{Stehely}).
1841년 4월-7월	트리어. 지메온 거리 8번지.
1841년-42년	본. 룸기우스(Rumgius) 거리 277번지(맑스는 본에 살면서 종종 쾰른에 갔다).
1841년 7월	쾰른. 투른마르크트(Thurnmarkt)의 '케르니셰 호프'에 숙박. 케니그리히 호프에서 편집회의가 열렸다.
1841년 12월 -42년	쾰른. 글로켄(Glocken) 거리. 비너 호프와 글로켄가세의 마인츠 호프에 숙박.
1841년 12월 -42년 3월	트리어. 베스트팔렌 가에 체류.(베스트팔렌 가는 노이에가세 389번지{오늘날의 노이에슈트라세 83번지}에 살고 있었지만 1837년 로마인 거리로 이사했다고 한다. 그러나 로마인 거리란 노이에가세를 가리키는 것이라는 말도 있기 때문에 분명치 않다).
1842년 3월-4월 4월-6월 7월 말	쾰른(주소 불명) 트리어. 지메온 거리 8번지. 트리어. 베네디히(Venedig) 호텔(『트리어 신문』의 숙박명부에는 없다). 『라인 신문』 관련 주요 주소. 『라인 신문』의 본사. 쾰른의 노이 마르크트 1번지. 편집회의 '라허 호프'(라프 거리 6번지).
1843년 3월 말 5월 말 5월 말 6월 19일	네덜란드 여행. 나이메헨의 노넨 거리(유대인 교회). 프로테 거리(모친의 친정)(나이메헨 근교 잘츠봄멜의 필립스 가{모친의 여동생 조피가 시집간 곳}에 갔는지 어떤지는 불명. 그러나 맑스가 가장 친하게 지낸 친척. 맑스 일가가 몇 차례 이곳을 방문한 것으로 알려져 있다). 드레스덴 여행. 크로이츠나흐. 예니 베스트팔렌 가. 브뤼켄(Brücken) 거리. 크로이츠(Kreuz) 거리 26번지. 크로이츠나흐의 파울스 교회에서 예니와 결혼. 빙겐 근교를 신혼여행. 크로이츠나흐 관련 주소. 베티나 폰 아르님이 체류한 '추어 조네'(Zur Sonne). 라인그라펜슈타인으로, 아르님과 피크닉.
1843년 10월-11월	파리. 바노(Vaneau) 거리 31번지(오늘날의 39번지).

1843년 11월 -45년 2월 1일	파리. 바노 거리 38번지(오늘날의 40번지). 1844년 8월 엥겔스와 카페 드 라 레잔스에서 만난다. 『독불연보』의 편집장소, 바노 거리 22번지(오늘날의 26번지), 루게, 맑스, 헤르베크가 공동생활을 생각한 장소. 바노 거리 27번지(오늘날의 31번지). 『포어베르츠』의 주소, 물랑 거리 33번지.
1845년 2월 초 2월-3월 13일 3월 13일-5월 3일	브뤼셀. 호텔 작스(뇌브{Neuve} 거리 2번지). 프티 사블롱(Petit Sablon) 24번지(마인츠 교수의 집). 브뤼셀. 부아 소바주(Bois Sauvage) 거리 7번지의 부아 소바주 관(프라일리그라트, 엥겔스도 체류). 브뤼셀. 파셰코(Pacheco) 거리 35번지.
1845년 5월 3일 -46년 5월 7일	브뤼셀. 알리앙스(Aliance) 거리 5번지. 엥겔스도 같은 건물에 있었다. 7월부터 8월까지 영국 여행. 맨체스터의 체담 도서관에서 공부.
1846년 5월 7일 -10월 19일	브뤼셀. 부아 소바주관.
1846년 10월 19일 -48년 2월 26일	브뤼셀. 오를레앙(Orléan) 거리 42번지. 엥겔스도 근처 이젤 거리에 1847년 말까지 산다. 1847년 9월 맑스는 잘츠봄멜에 간다(아르트 마르트크 광장 9번지). 1847년 11월 말 런던의 공산주의자동맹과 민주협회 회의에 출석.
1848년 2월 26일 -3월 4일 3월 5일 4월 11일 4월-7월 7월-49년 5월	브뤼셀. 부아 소바주관. 브뤼셀과 관련된 주소. 민주협회, 테테 도르 거리 무니에관. 노동자협회, 그랑플라스의 카페 시뉴. 3월 4일 페르디난트 볼프와 파리로. 부인과 아이는 3월 4일-6일 사이에 슈테판 보른과 파리로. 파리. 편지에 적힌 주소(보마르셰{Beaumarchais} 거리 75번지, 장 자크 루소 거리 3번지). 실제 주소는 뇌브 메닐몽탕(Neuve de Menilmontant) 거리와 그라몽(Gramont) 거리 1번지의 맨체스터 호텔. 파리와 관련된 주소. 헤르베크의 민주협회 생트-노레 생트안느(St. Anne) 49번지. 독일인 노동자 클럽, 상드 290번지의 카페 피카르와 그루넬. 생트-노레 거리 카페 베르주. 마인츠를 경유해 쾰른으로. '라허 호프'에 머물다. 쾰른. 아포스텔른(Aposteln) 거리 7번지. 부인과 아이들은 트리어의 로마인 거리. 쾰른. 체칠리엔(Cäcilien) 거리 7번지. 가족과 동거(1848년 5월 엘버펠트, 8월 빈, 9월 베른, 1849년 4월~5월 브레멘, 함부르크 등을 여행). 『신라인 신문』의 주소. 장크트 아가타(St. Agatha) 거리 12번지(맑스의 두 곳의 주거

	근처). 그러나 디츠가 인쇄하게 되면서 라인 강가의 호이마르크 근처 운터 후트마허(Unter Hutmacher) 거리 17번지(현재 존재하지 않음)로 이전. 엥겔스의 주소, 횔레(Höhle) 거리 14번지.
1849년 5월 19일	프랑크푸르트 암 마인으로. 팔츠, 빙겐, 살기밍을 거쳐 6월 초 파리로.
1849년 6월 3일 -8월 26일 8월 26일 8월 26일-10월 초	파리. 릴(Lille) 거리 45번지, 볼테르 호텔에 체류(엥겔스는 릴 거리 23번지에 1846년까지 살고 있었다). 블로뉴를 경유하여 런던으로(부인과 아이들은 9월 19일 블로뉴 경유하여 런던으로). 런던. 레스터 스퀘어의 '보딩 하우스'(재봉직인 경영). (편지에 있는 주소, 로버트 거리 18번지의 피터슨즈 커피 하우스).
1849년 10월 -50년 3월	런던. 첼시 지구의 앤더슨(Anderson) 거리 4번지(월 6£의 집세), (엥겔스와 11월부터 12월까지 동거).
1850년 3월	런던. 레스터 스퀘어의 '독일인 호텔' 방 두 개(주 5.5£) (맑스는 11월 엥겔스가 있는 맨체스터로. 그레이트 듀시{Ducie} 거리 70번지).
1850년 4월 -51년 말	런던. 딘(Dean) 거리 64번지(유대인 레이스 직인의 방 두 개). (부인 예니는 8월 네덜란드 잘츠봄멜의 리옹 필립스를 방문・여행. 아르트마르크트 광장 9번지), 엥겔스는 1849년 말부터 1850년 11월 딘 거리 부근의 메이클즈필드 6번지에 체류.
1851년 말 -56년 10월	런던. 딘 거리 28번지(가장 꼭대기 방. 집세는 연 22£. 기록에는 이탈리아인 코크 부부와 메이드, 어학교사, 과자가게, 맑스 부부, 아이들 4명, 맑스 일가의 메이드와 간호부, 모두 13명이 이 건물에 살고 있었다). 맑스, 매년 맨체스터의 엥겔스를 방문한다. 엥겔스의 주소, 1850년 11월부터 1852년 9월까지 그레이트 듀시 거리 70번지. 1852년 10월부터 1854년 8월까지 그레이트 듀시 거리 48번지. 1854년 8월부터 1858년 4월까지 버틀러 거리 34번지. 엥겔스는 번스 자매 집에도 있었다. 자매의 주소는 1863년까지 하이드 거리 252번지. 부인 예니는 1854년 7-8월, 1856년 6-9월 트리어로(딸과 함께). 지메온 거리 8번지. 로마인 거리.
1856년 10월 -64년 4월	런던. 그래프튼 테라스(Grafton Terace) 46번지(중산계급용 교외 테라스하우스, 집세 연 36£. 지하 1층, 지상 3층. 정원). 맑스, 1857년 10월 저지 섬. 1858년-1862년 맨체스터. 엥겔스의 주소, 1858년부터 1864년 6월 또는 7월까지 손클리프 그로브(Thorncliffe Grove) 6번지. 부인 예니와 딸은 1858년 6-9월 람스게이트로. 1859년 부인과 딸은 볼튼으로. 1860년 8월, 1862년 12월, 1863년 12월-1864년 2월 부인 예니와 딸은 헤이스팅스로. 1862년 크리스마스, 부인 예니는 파리로. 맑스는 1861년 2-3월, 1863년 12월-1864년 2월 트리어와 잘츠봄멜로 간다.

1864년 4월 -75년 3월	메이트랜드 파크(Maitland Park)의 모데나 빌라스(Medena Villas)(세미 디태치드 형태. 집세 연 65£). 맑스, 1865년 1월, 10-11월, 1867년 5-6월, 9월, 1868년 5-6월, 8월, 1870년 5-6월, 8월 맨체스터로. 엥겔스의 주소, 1864년 8월부터 1869년 4월 도버 거리 58번지. 1869년 4월-1870년 8월까지 모닝턴 거리 86번지(리디아 번스의 주소). 번스 자매의 주소는 1863년-1864년 테넌트 거리, 1864년부터 모닝턴 거리 86번지. 1864년 맑스는 아헨으로 간다. 1864년 7-8월, 1868년 8월, 1870년 8월, 1871년 8-9월, 1872년 7월, 1874년 맑스는 람스게이트로 간다. 1866년 3-4월 맑스는 마게이트로 간다. 1871년 8-9월, 1873년 3월 맑스는 브라이튼으로 간다. 1867년 4-5월 함부르크, 하노버(쿠겔만의 집), 1869년 딸 제니와 하노버로. 1874년 8-9월 맑스는 칼스바트로 딸 엘리노어, 쿠겔만 부부와 간다(호텔 슐로스베르크{Schloßberg}, 호텔 게르마니아에 체류). 맑스 1869년 파리에 있는 딸 부부 라파르그의 집 셰르슈미디에 체류. 1872년 맑스 부부, 라파르그 부부 헤이그(호텔 피코) 체류. 그리고 암스테르담에서 강연(호헤스라우스스의 달스트 홀). 부인 예니, 1864년 7-8월 브라이튼 체류. 1866년 딸들은 마게트 체류. 1868년 5월 부인 예니, 파리(딸 라우라 라파르그의 집, 생 페르 거리 23번지) 체류.
1875년 3월 -83년 3월 4일	런던. 메이트랜드 파크 로드 41번지. 맑스 1875년 8-9월, 1876년 8-9월 칼스바트(모두 게르마니아 체류)로 간다. 맑스 부부 1877년 8-9월 노이엔아르 체류(호텔 플로라{Flora}). 맑스 1877년 9월 모르방 체류. 1879년 8-9월, 1880년 8-9월 람스게이트와 저지 섬 체류. 1881년 6-7월 이스트본 체류. 1882년 2월 마르세유(호텔 오 프티 루브르), 2-5월 알제(호텔 빅토리아, 그랑 도텔 드 리앙), 5-6월 몬테카를로(호텔 드 뤼시), 브베, 파리. 아르장퇴유(블루발 티에르 11번지, 딸 제니 · 롱게 부부의 집)에 체류. 1882년 10월-1883년 1월 벤트노어 체류(세인트 보니페이스 가든즈 거리 1번지). 맑스와 관련된 런던의 주요 주소. 공산주의자동맹 본부(독일 노동자교육협회), 소호의 그레이트 윈드밀 거리. 『공산당 선언』을 인쇄했을 때의 노동자교육협회의 주소는 이스트 엔드의 리버풀 거리 46번지. 제1인터내셔널 개최 장소인 세인트 마틴즈 홀은 코벤트 가든의 롱에이커 거리. 맑스가 단골로 간 술집은 1856년 이후 거주지 근처에 있는 켄티슈타운의 '올드 레드 캡'과 '마더 시프튼', 대영박물관은 소호의 북 블룸즈베리의 그레이트 러셀 거리. 맑스는 종종 런던의 북쪽에 있는 햄스테드 히스에 갔다. 이만트의 주거는 런던 남부의 고급주택지 캠버웰에 있는데, 맑스 가는 1855년 한때 빚에서 벗어나기 위해 이곳에 살았다. 엥겔스의 주소, 1870-1894년까지 맑스의 집과 비교적 가까운 리젠츠 파크 로드(Regent's Park Road) 122번지. 집세 연 40£. 1894년부터 95년에 걸쳐서는 리젠츠 파크 로드 41번지. 런던의 독일인은 처음에 소호 지구에 있었지만, 셋으로 나누어졌다. 먼저 부유층, 예컨대 킨켈 등은 런던 서북쪽의 패딩턴이나 세인트 존즈 우드에 살았다. 가난하지는 않지만 그렇다고 부유하지도 않은 층,

	예컨대 맑스 등은 리젠트 파크의 북쪽인 켄티슈타운에 살았다. 가장 빈곤한 층은 소호나 메릴본을 제외하면 달스톤, 해크니 지역에 살고 있었다.
1883년 3월 17일 -1956년	하이게이트 묘지에 잠들다. 부인 예니(1881년 12월 2일 사망), 딸 제니의 아들 해리 롱게(1883년 3월 20일 사망), 헬레네 데무트(1890년 11월 4일 사망)와 함께.
1956년-현재	하이게이트 묘지 내에서 묘 이전. 딸 엘리노어(1898년 3월 28일 사망)의 화장한 유골과 함께(1855년 사망한 맑스의 아들 에드가의 장례식은 소호의 북쪽 토트넘 코트 거리에 있는 '윗필드 거리 교회당'에서 거행되었다).

(맑스 체류지의 정확한 파악은 어렵다. 여기에 게재된 것에도 많은 누락이 있을 것으로 생각된다. 독자제현의 비판과 수정을 기대하는 바이다.)

참 H. Billstein/K. Obermann, *Marx in Köln*, Köln 1983. E. Gockel, *Karl Marx in Bonn*, Bonn 1989. E. Kiehbaum, "Karl Marx 1841/42", *Marx-Engels-Jahrbuch*, Nr. 11, Berlin 1989. M. Kliem, *Karl Marx und die Berliner Universität 1836 bis 1841*, Berlin 1988. M. Kliem, *Karl Marx. Dokumente seines Lebens 1818-1883*, Leipzig 1970. M. Kliem, *Friedrich Engels. Dokumente seines Lebens, 1820-1895*, Leipzig 1977. H. Monz, "Bettine von Arnim und Karl Marx in Bad Kreuznach", *Internationales Jahrbuch der Bettina-von-Arnim-Gesellschaft*, Bd. 2, 1988. H. シュタイナー(增谷英樹 譯),『1848年ウィーンのマルクス』, 未來社, 1998. A. ブリッグス(大内秀明 監修),『マルクス・イン・ロンドン』, 社會思想社, 1983. 的場昭弘,「ヴィクトリア時代のマルクス家の生活」,『近代思想のアンビバレンス』 수록, 御茶の水書房, 1997. 同,「オランダの中のマルクス」,『JCCかわら版』, 137号, 1996. 同,『トリーアの社會史』, 未來社, 1986. 同,『パリの中のマルクス』, 御茶の水書房, 1995. 同,「ブリュッセルとマルクス」,『都市と思想家』 第1卷 수록, 法政大學出版局, 1996. *Karl Marx Lettres d'Alger et de la Côte d'Azur*, traduites et présentées par Gilbert Badia, Le Tempa des Cerises, 1997.

맑스 · 엥겔스 및 맑스에 관련된 자료를 보존하고 있는 기관 일람

마토바 아키히로(的場昭弘)

1. 암스테르담 사회사 국제연구소

[주소] Internationaal Instituut voor Sociale Geschiedenis, IISG, Cruquiusweg 31, 1019 AT, Amsterdam ☎020-6685866 홈페이지 http://www.iisg.nl

[내용] 맑스 · 엥겔스의 주요 원고를 소장. (문헌 *Guide to the International Archives and Collections at the IISH, Amsterdam,* 1989)

[상세] 맑스 · 엥겔스의 유고와 관련해서는, 다음과 같이 분류되고 있다. *A*-맑스의 초고, *B*-맑스의 발췌, *C*-맑스의 편지, *D*-맑스에게 보낸 편지, *E*-맑스에 관한 자료, *F*-예니 맑스의 편지와 자료, *G*-맑스 가의 초고, 서간, 자료, *H*-엥겔스의 초고, *J*-엥겔스의 발췌, *K*-엥겔스의 편지, *L*-엥겔스에게 보낸 편지, *M*-엥겔스에 관한 자료, *N*-맑스, 엥겔스의 신문, 잡지 스크랩, *O*-자료, *P*-신문 스크랩, *Q*-제3자의 초고, *R*-제3자가 보낸 편지, *S*-인쇄물. (*Inventar des Marx-Engels-Nachlasses*, Bd. 1, 2.)

[특색] 소련 붕괴 이후 『맑스 · 엥겔스 전집』(신MEGA)의 편집을 이어받은 국제 맑스 · 엥겔스 재단 (Internationalen Marx-Engels Stiftung)의 본부가 있어 신MEGA 편집의 중심이다. 잡지로 *MEGA-Studien*이 있다.

2. 러시아 근현대사 연구소

[주소] Rossiiski Tsentr Khraneniia Izucheniia Dokumentov Noveisei Istorii, Bol'shaia Dimitrovka Ulica 15, 103821 Moskva ☎229-97-26 E-Mail rccsrmh@glasnet.ru

[내용] 구맑스주의 · 레닌주의 연구소의 자료를 보존. 맑스 · 엥겔스의 초고와 관련해서는, 암스테르담 사회사 국제연구소의 유고에서 빠진 것, 또 그 이후 발견된 것 및 맑스 가의 자손들로부터 양도받은 것이 있다.

(구맑스주의 · 레닌주의 연구소 당 중앙 아르히프의 주소 Sel'skokhoziais tvennyi proezd 4, I-256, Moskva)

3. 베를린 브란덴부르크 아카데미

[주소] Berlin-Brandenburgische Akademie der Wissenschaften, Jägerstraße 22/23, D-10117 Berlin ☎030-20370-578

[내용] 구맑스 · 엥겔스 연구소의 신MEGA의 편집 일부를 담당하고 있다. 맑스 · 엥겔스의 원본은 없지만 지금까지 연구되어온 신MEGA를 위한 자료가 있다.

(구맑스 · 레닌주의 연구소는 베를린, 빌헬름 피크 거리에 있었다.)

4. 구동베를린 당 조직 아르히프

[주소] Stiftung Archiv der Partei und Massenorganisation der DDR Berlin, Finckensteinallee 63, D-12205 Berlin
[내용] 구동베를린, 맑스・엥겔스 연구소의 자료를 보존하고 있다. 맑스・엥겔스에 관한 자료는 Marx-Engels-Archiv, SgY31로 분류되어 있다. 안내로서 *Stiftung Archiv der Parteien und Massenorganisationen der DDR Berlin*, Berlin, 1996이 있다.

5. 칼 맑스 하우스

[주소] Karl Marx Haus 박물관 Brückenstraße 10, D-5500 Trier
홈페이지 http://www.fes.de/marx/stui_en.htm
연구소 Johannisstraße 28, D-5300 Trier ☎0651-4301113
[내용] 칼 맑스가 태어난 집과 연구・집회동을 갖고 있다. 태어난 집은 박물관이 되어 있으며 맑스 자신의 초고나 관련 자료들을 전시하고 있다. 연구・집회동에는 도서관이 있고 맑스와 관련된 문헌들을 소장하고 있다. 맑스 연구로서 *Schriften aus dem Karl-Marx-Haus* 시리즈를 간행하고 있다. 맑스 하우스의 역사에 대해서는 J. Herres, *Das Karl-Marx-Haus in Trier 1727-Heute*, Trier, 1993이 있다.

6. 트리어 시립도서관, 아르히프

[주소] Trier Stadtbibliothek und Archiv, Weberbach 25, D-5500 Trier ☎0651-7182430
[내용] 트리어에 관련된 맑스 관계 자료가 보존되어 있다.

7. 엥겔스 하우스

[주소] Engels Haus, Engelsstraße 10, D-5600 Wuppertal 2 (Barmen) ☎0202-5636498
[내용] 전시실, 초기산업화 박물관(Museum für frühindustrierung), 직물박물관으로 구성되어 있다. 전시실에는 엥겔스 및 엥겔스 가에 관한 자료가 전시되어 있다. 엥겔스 하우스는 엥겔스에 관한 자료 *Narchrichten aus dem Engels-Haus* 시리즈를 출판하고 있다. (그 외에 부퍼탈 시립 아르히프{Stadtarchiv, Friedrich-Engels-Allee 89-91, 5600 Wuppertal ☎0202-5636623}, 시립도서관{Stadtbibliothek, Kolpingstraße 8, D-5600 Wuppertal ☎0202-5632139}도 있다.)

8. 베를린 비밀 아르히프

[주소] Geheimes Staatsarchiv Preussischer Kulturbesitz, Archivstraße 12-14, D-14195 Berlin (Dahlem) ☎030-8390100
[내용] 구메르제부르크에 있던 프로이센 시대의 외사경찰 자료가 보존되어 있다. 맑스, 엥겔스의 동향을 알기 위한 중요한 자료가 있다. (구메르제부르크 아르히프{Zentrales Staatsarchiv, Historische Abteilung II}의 주소, König-Heinrich-Straße 37, D-4200 Merseburg)

9. 코블렌츠 주립 아르히프

[주소] Koblenzlandesarchiv, Kameliterstraße 1-3, 5400 Koblenz
[내용] 트리어 시절, 본 대학 시절, 『라인 신문』과 『신라인 신문』 시절에 관련된 자료가 있다. 코블렌츠 국립 아르히프보다 주립 아르히프 쪽에 자료가 있는 이유는 당시 코블렌츠는 라인 프로이센의 주도(州都)였기 때문이다.

10. 쾰른 시립 역사 아르히프

[주소] Historisches Archiv der Stadt Köln, Severinstraße 222-228, D-5000 Köln

[내용] 『라인 신문』의 등기서나 서간, 『신라인 신문』의 자료 등이 있다. 맑스 사후 100년의 전시목록이 있다. *Karl Marx und Köln 1842-1852*, Köln, 1983. (그 외에 북 베스트팔렌 주립 중앙 아르히프{Nordrhein-Westfälisches Hauptstaatsarchiv, Mauerstraße 55, D-4000 Düsserdorf ☎0211-44971} 등도 있다.)

11. 프랑크푸르트 연방 아르히프

[주소] Bundesarchiv, Seckbächer Gasse 4, D-60311, Frankfurt ☎069-21235220

[내용] 1848년 혁명 관련 자료들이 소장되어 있다. 1848년 혁명에 관해서는 목록 *Vorparlament, Fünfzigeausschuß, Deutsche Nationalversammlung 1848/49*, Koblenz, 1980이 있다. 또한 아르히프 전체의 내용에 대해서는 *Das Bundesarchiv und seine Bestände*, Boppard, 1977이 유용하다.

12. 카를스루에 일반 아르히프

[주소] Generallandesarchiv Karlsruhe, Nördl. Hildapromenade 2, D-7500, Karlsruhe ☎0721-1352201

[내용] 바덴 봉기에 관한 자료 및 1830년대, 40년대의 망명자들에 관한 자료가 있다.

13. 비스바덴 · 헤센 주립 아르히프

[주소] Archiv des Hessischen Landtags, Schloßplatz 1, D-6200 Wiesbaden ☎06121-350397

[내용] 바덴 봉기에 관한 자료, 압수당한 『독불연보』 등이 있다. 목록으로서 *Hessisiches Hauptarchiv, Wiesbaden*, München, 1996이 있다.

14. 본 대학 도서관

[주소] Universität Bonn, Universitätsbiliothek, Adenauerallee 39-41, D-5300, Bonn 1 ☎0228-737350

[내용] 맑스의 본 대학에서의 청강 기록이 있다.

15. 베를린 훔볼트 대학 아르히프

[주소」 Humboldt-Universität zu Berlin, Universitätsarchiv, Unter den Linden 6, D-10099 Berlin ☎030-20332803

[내용] 맑스의 베를린 대학에서의 청강 기록이 있다.

16. 나이메헨 시립 아르히프

[주소] Gemeentearchief Nijimegen, Mariënburg 95, 6511 PS Nijmegen ☎080-235110

[내용] 맑스의 모친 쪽 가계에 대한 자료가 있다. (그 외에 필립스 가에 관해서는 Streekarchief Bommelerwaard, Markt 10, Zaltbommel. 맑스의 누이 조피 슈말하우젠에 관해서는 Gemeentelijke Archiefdienst, Grote Looierstraat 17, 6211 JH Maastricht)

17. 한자 자유도시 함부르크 국립 아르히프

[주소] Senat der Freien und Hansestadt Hamburg-Staatsarchiv, ABC Straße 19A, D-2000 Hamburg 36 ☎040-3681340
[내용] 공산주의자동맹의 자료.

18. 취리히주 국립 아르히프

[주소] Staatsarchiv des Kantons Zürich, Winterthurerstraße, 170, CH-8057 Zürich ☎01-3633606
[내용] 1830년대, 40년대의 독일인 망명자들의 자료가 있다. 그 외에 스위스에서는 제네바(Archives d'État de Genève, 1 , rue de l'Hôtel de Ville, 1204, Genève), 베른(Staatsarchiv des Kantons Bern, Falkenplatz 4, Bern), 누샤텔(Archives de l'État, Château de Neufchâtel, 2001 Neufchâtel) 등이 독일인 망명자들이나 제1인터내셔널 관련에서 중요하다.

19. 신문연구소

[주소] Institut für Zeitungsforschung, 4 Wißstraße, D-4600 Dortmund 1 ☎0231-54223216
[내용] 독일에서 발행된 독일어 신문에 관한 연구소. 독일에서 발행된 독일어 신문을 알기 위해서는 G. Hagelweide, *Deutsche Zeitungsbestände in Bibliotheken und Archiven*, Düsseldorf, 1974 참조. 이 연구소는 *Dortmunder Beiträge zur Zeitungsforschung* 시리즈를 내고 있다. 그 시리즈에는 『라인 신문』, 『브뤼셀 독일인 신문』에 관한 연구서도 있다. 또한 외국에서 나온 독일어 신문을 알기 위해서는 아헨의 국제신문박물관(Internationales Zeitungsmuseum der Stadt Aachen, Pontsraße 13)이 있다.

20. 브뤼셀 왕립 아르히브

[주소] Archives Générales du Royaume, 2-6, rue de Ruysbroek, 1000 Bruxelles ☎02-5123346
[내용] 맑스의 경찰 기록이 있다. 브뤼셀에 관해서는 그 외에 시립 아르히브(Archives de la ville, 65 rue des Tanneurs, 1000 Bruxelles ☎02-5137793)도 있다.

21. 파리 국립 아르히브

[주소] Archives Nationales, 11, rue des Quatre-Fils, 75003, Paris ☎1-40276419
[내용] 파리의 독일인에 관한 자료. 계절협회의 봉기 관련. "La Monarchie de Juillet 1835-1848", *Cour des Paris Procès Politiques*, III, Paris, 1984 참조.

22. 프랑스 외무부 아르히브

[주소] Archives des affaires étrangères, 37 Quai d'Orsay, 75000, Paris
[내용] 외교문서 중에 맑스에 관해 언급한 기술이 있다.

23. 파리 국립도서관

[주소] Bibliothèque Nationale, 58, rue Richeleiu, 75084 Paris ☎1-2666262
Quai Français Mauriac 75706 Paris ☎1-5395379
[내용] 맑스의 파리 시절의 독일인 신문이 소장되어 있다.

24. 런던 맑스 메모리얼 라이브러리

[주소] Marx Memorial Library, 37A Clerkenwell Green, London, EC1R0DU ☎071-2531485

[내용] 맑스주의에 관련된 자료를 모은 전문 도서관으로 1933년에 설립되었다. 국제노동자협회의 컬렉션이 있다. 레닌이 여기서 1902-03년 『이스크라』를 편집했다.

25. 퍼블릭 레코드 오피스

[주소] Public Record Office, Ruskin Av. Kew, Richmond, Surrey TW94DU ☎01-876344

[내용] 런던 시절의 맑스를 알기 위한 다양한 자료가 있다.

26. 대영박물관

[주소] British Library, Great Russel Street, London, WC1B3DG

[내용] 맑스가 연구에 이용한 도서관. 맑스의 런던 시절의 신문이 소장되어 있다.

27. 뉴욕 퍼블릭 라이브러리

[주소] New York Public Library, Fifth Av. & 42nd St., New York, 10018 ☎212-9300800

[내용] 『뉴욕 데일리 트리뷴』 등 맑스가 쓴 미국의 신문과 또한 미국에서 출판된 독일인 신문 등이 소장되어 있다.

K. Arndt/M. Olson, *Die deutschsprachige Presse der Amerikas*, München, 1976-. 참조.

28. 호세이 대학 오하라 사회연구소(法政大學大原社會硏究所)

[주소] 東京都町田市相原町4342 法政大學 ☎042-783-2306

[내용] 맑스가 쿠겔만에게 보낸 『자본』 등 수많은 노동운동 자료가 소장되어 있다. (그 외에 도호쿠[東北] 대학 부속 도서관에는 맑스의 손때가 묻은 『철학의 빈곤』이 있고, 가나가와(神奈川) 대학 부속 도서관에는 맑스의 누이 조피가 갖고 있던 시집 2점, 교토산교(京都産業) 대학에는 맑스의 서간 3통, 긴키(近畿) 대학에는 1통이 소장되어 있다)

[참] *International Directory of Archives*, München 1988. *Handbuch der Biliotheken Bundesrepublik Deutschland Österreich Schweiz*, München 1984. *Worldguide to Libraries*, 11th Ed., München 1993. *Les Archives, pourquoi ? comment ?*, Paris 1984. E. Franz, *Einführung in die Archivkunde*, Darmstadt 1991. R. Loew, *Historiographie der Arbeiterbewegung in Frankreich und Großbritannien*, Wien 1989.

맑스 가의 가계도

–마토바 아키히로(的場昭弘)

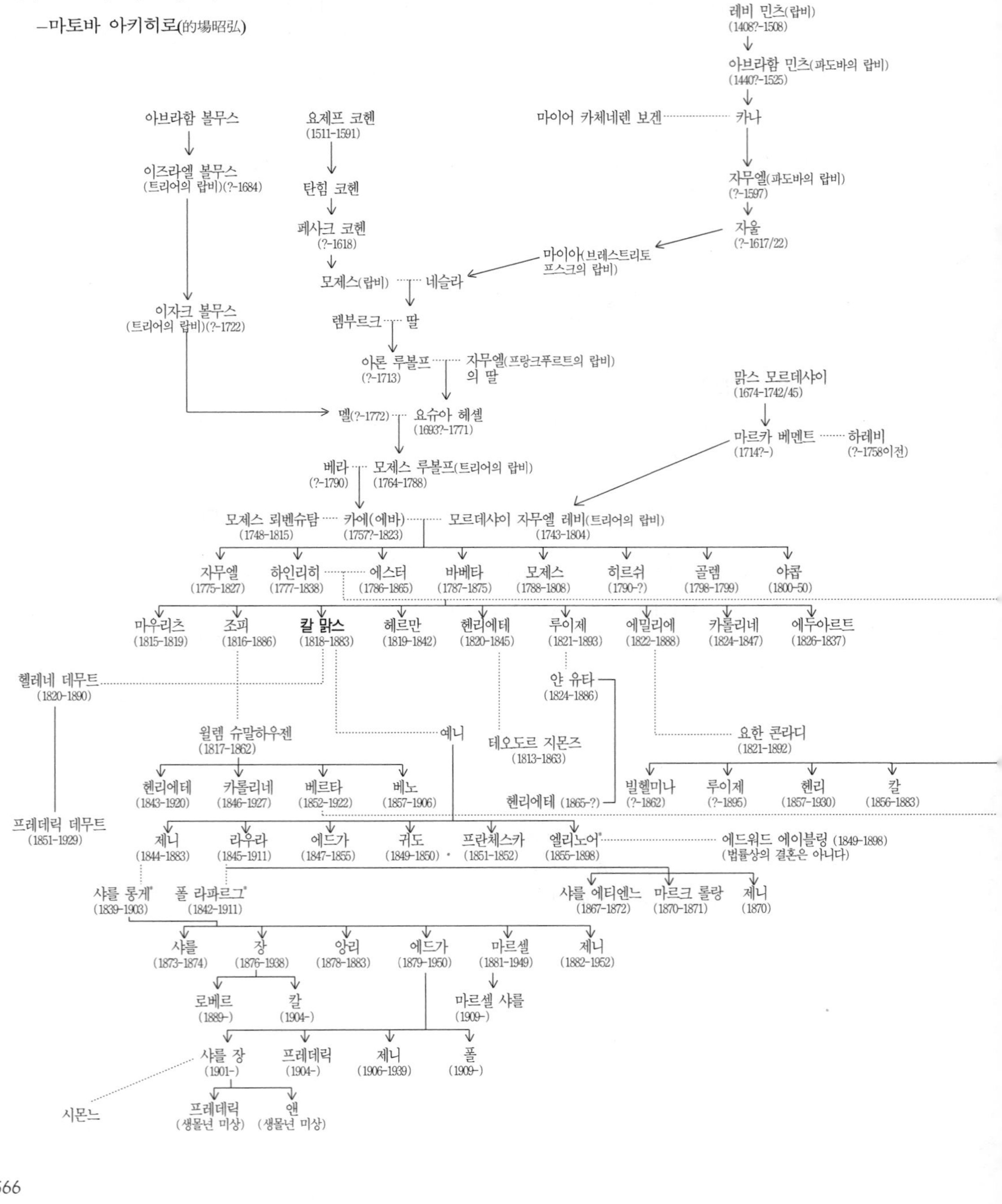

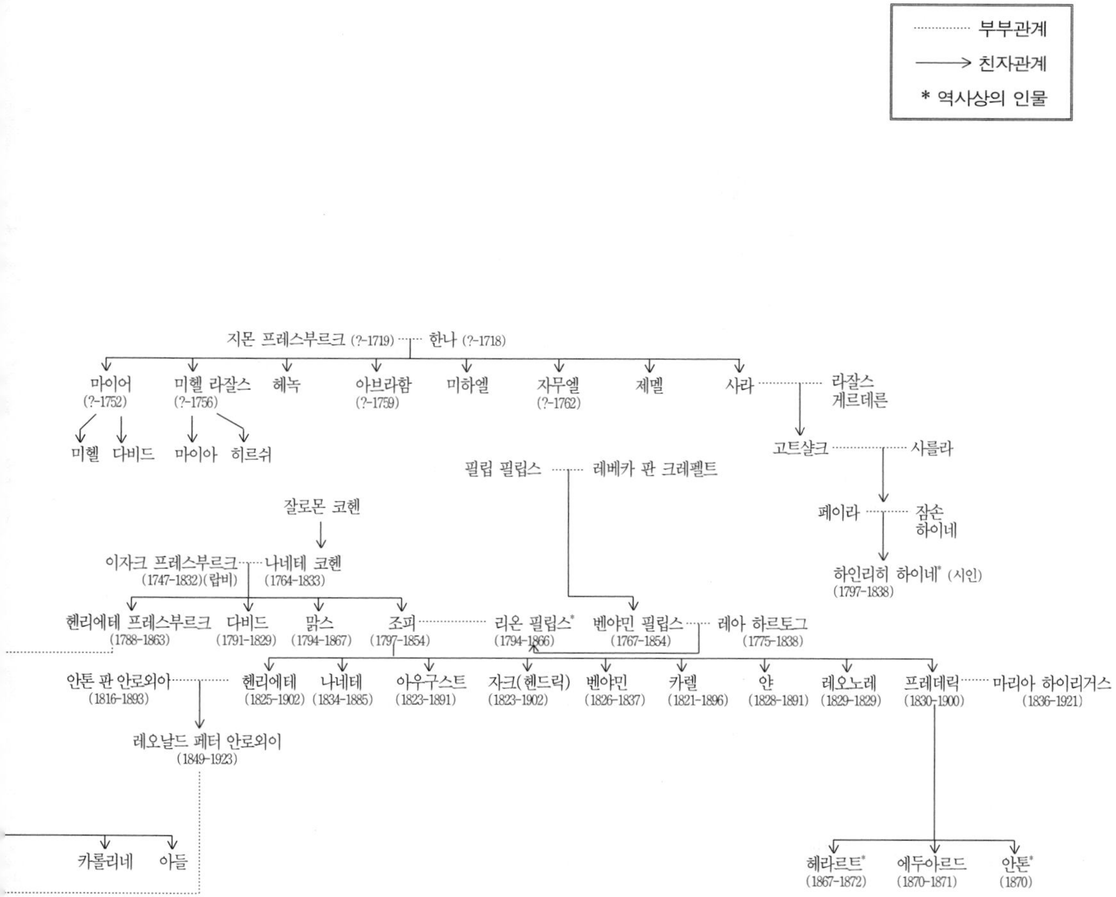

[주] 맑스 가의 선조에 대한 연구는 우선 부계 선조에 대한 연구에서 시작되었다. 본래 그 발단은 칼 맑스의 프랑크푸르트의 숙모(부친 하인리히의 여동생) 에스터 코셀(Ester Kossel)의 죽음이었다. 그녀는 1865년 7월 16일에 사망했는데, 그녀의 유서는 형식이 불충분했기 때문에 유산 분배가 법원에 맡겨지게 되었다. 때문에 법원은 맑스 가의 모든 가족관계를 조사했다. 그 결과가 빈에 남아 있다. 조사한 인물은 빈의 도서관 사서 바하슈타인이었다(이 유산에 대해 맑스는 1866년 3월 24일의 엥겔스에게 보낸 편지에서 언급하고 있다)[Eugen Lewin-Dorsch, "Die Familie und Stammbaum von Karl Marx", *Die Glocke*, 9, Jg., 1923]. 그러나 이 연구에서는 하인리히의 모계 선조에 대한 연구가 주된 것이었다. 그 후 30년간 연구의 진전은 없었다. 1958년 브릴링[B. Briling, "Beiträge zur Geschichte der Juden in Trier", *Triersches Jahrbuch*, 1985]이 유대인 공동체의 프로토콜을 연구한 결과 하인리히의 부계 선조의 가계도 밝혀지게 되었다. 그런데 칼 맑스의 모계에 대한 연구는 상당히 지지부진한 상태였다. 몬츠[H. Monz, *Karl Marx, Grundlagen der Entwicklung zu Leben und Werk*, Trier 1973]가 나이메헨의 아르히프를 조사한 것이 최초였다. 최근에는 힐켄스[J. Gielkens, *Was ik maar weer in Bommel*, Amsterdam 1997]가 네덜란드의 상세한 연구를 하고 있다. 또한 맑스 가에 관해서는 쇤케[M. Schöncke, *Karl und Heinrich Marx und ihre Geschwister Lebenszeugnisse, Briefe, Dokumente*, Bonn, 1993]가 상세하다.

베스트팔렌 가의 가계도

—마토바 아키히로(的場昭弘)

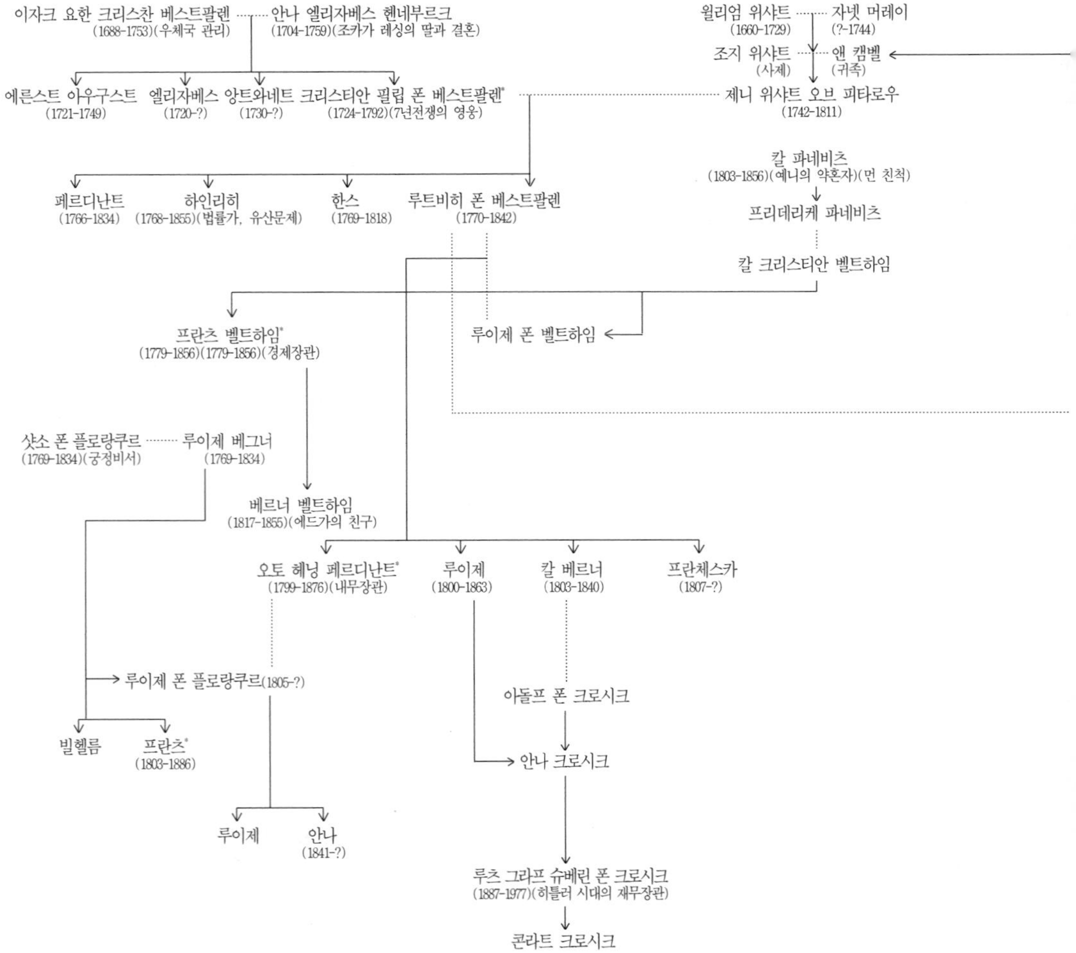

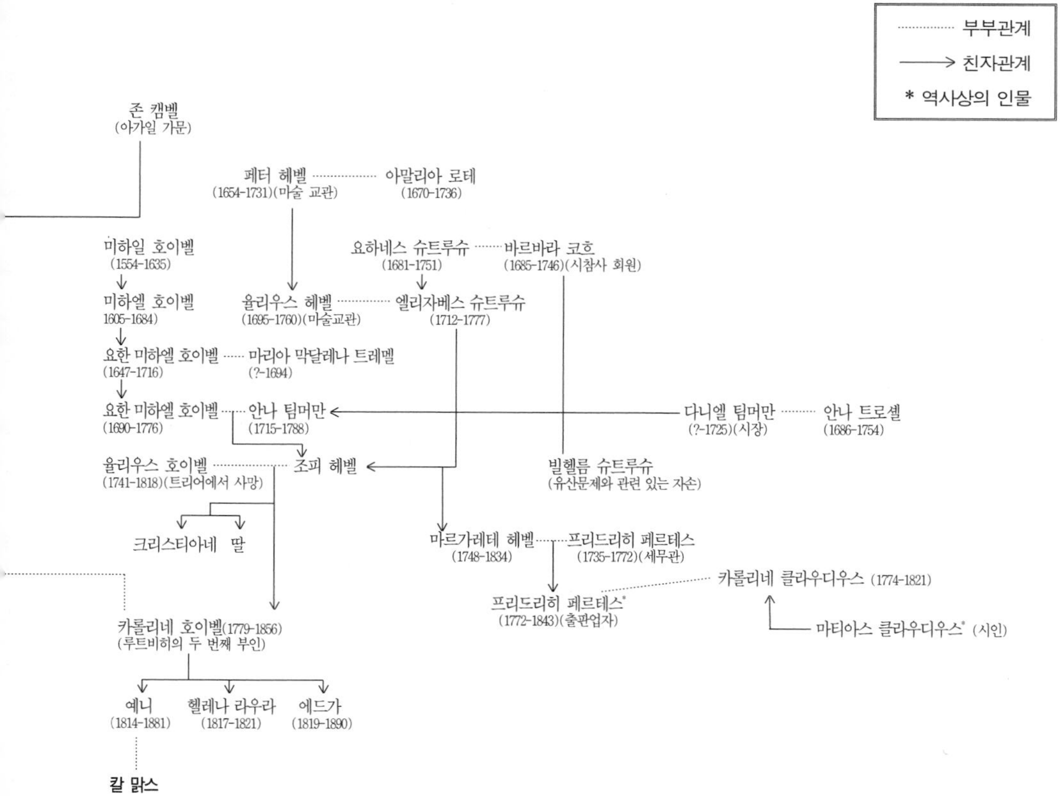

[주] 베스트팔렌 가의 가계에 대해서는 비교적 일찍부터 알려져 있었다. 이미 예니의 형부인 페르디난트가 조부 크리스티안 필립스에 대한 전기를 쓰고 있었기 때문이다{*Geschichte der Feldzüge des Herzogs Ferdinand von Braunschweig-Lüneburg*, Bd, 1, Berlin, 1859. *Westphalen der Secretär des Herzogs Ferdinand von Braunschweig-Lüneburg*, Berlin, 1866.}. 이미 메링의 『맑스 전』에도 소개되어 있었다. 그러나 본격적인 연구는 슈미트{Georg Schmidt, *Das Geschlecht von Veltheim*, 1912.}, 크로시크{Krosigk, *Die Grosse Zeit des Feuers*, Bd. 1, Tübingen, 1957.} 및 빌케{Gero Wilcke, "Marie von Ebner-Eschenbach und Luther", *Archiv für Sippenforschung und alle verwandten Gebiete*, 36, Jg. 1970.} 등에 의해 이루어지고 있다.

『맑스 · 엥겔스 전집』(大月書店판)에 수록된 맑스 관련 주요 저작

* 엥겔스와의 공저를 포함하지만 엥겔스 단독 저작은 생략했다.

제1권 [1842~44] 프로이센의 최신 검열훈령에 대한 견해, 제6회 라인 주 의회 의사(출판의 자유와 주 의회 의사의 공표에 대한 토론 · 목재 절도 단속법에 관한 토론), 헤겔 국법론 비판, 유대인 문제에 대하여, 헤겔 법철학 비판 서설

제2권 [44.9~46.2] 신성 가족

제3권 [45~46] 포이어바흐에 관한 테제, 독일 이데올로기

제4권 [46.5~48.3] 크리게에 반대하는 회람장, 칼 그륀에 반대하는 성명, 철학의 빈곤, 도덕적 비판과 비판적 도덕, 공산당 선언, P. W. 안넨코프에게 보내는 편지

제5권 [48.3~11] 『신라인 신문』 편집위원회의 성명(외 『신라인 신문』 게재 기사 다수)

제6권 [48.11~49.7] 베를린의 위기(외 『신라인 신문』 게재 기사 다수), 임금(외 유고 약간)

제7권 [49.8~51.6] 프랑스에서의 계급투쟁, 공산주의자동맹 중앙위원회의 동맹원을 향한 호소, 『신라인 신문 · 정치경제 평론』, G. Fr. 다우머 『신세기의 종교. 잠언의 조합에 의한 기초 부여 시도』(외 서평 약간)

제8권 [51.8~53.3] 루이 보나파르트의 브뤼메르 18일, 망명자 위인전, 쾰른 공산주의자 재판의 진상, 영국의 선거(외 『뉴욕 데일리 트리뷴』 게재 논설 다수)

제9권 [53.4~12] 영국의 인도 지배, 런던의 신문—터키 문제에 대한 나폴레옹의 정책(외 크리미아 전쟁에 관한 『뉴욕 데일리 트리뷴』 게재 논설 다수), 10시간 노동법안을 둘러싼 투쟁, 파머스턴 경(외 영국 정세에 관한 『인민신문』 게재 논설 약간)

제10권 [54.1~55.1] 서유럽 열강과 터키(외 크리미아 전쟁에 관한 『뉴욕 데일리 트리뷴』 게재 논설 다수), 스코틀랜드의 토지 청소, 몰다비아와 와라키아, 혁명의 스페인(외 스페인 정보에 관한 『뉴욕 데일리 트리뷴』 게재 논설 약간), 신문과 군사제도(외 『신오더 신문』 게재 논설 약간)

제11권 [55.1~56.4] 애버딘 내각의 붕괴, 영국의 헌법(외 크리미아 전쟁 중의 영국 정부 및 영국 국내정세에 관한 『뉴욕 데일리 트리뷴』 게재 논설, 서평 다수), 카르스의 함락(외 『인민신문』 게재 논설 약간)

제12권 [56.4~59.1] 유럽의 경제공황, 공장노동자의 상태, 프랑스의 크레디 모빌리에(외 1857년에 발생한 유럽 각국의 경제공황에 관한 『뉴욕 데일리 트리뷴』 게재 논설 다수), 중국에서의 영국의 잔학행위, 아편전쟁의 역사(외 1856년에 발발한 애로우 전쟁에 관한 『뉴욕 데일리 트리뷴』 게재 논설 약간), 인도군의 봉기(외 1857년에 발생한 세포이의 반란에 관한 『뉴욕 데일리 트리뷴』 게재 논설 약간)

제13권 [59.1~60.2] 정치경제학 비판 제1분책, 이탈리아는 무엇을 쟁취했는가(외 1859년에 발발한 이탈리아 통일전쟁에 관한 『뉴욕 데일리 트리뷴』 게재 논설 다수), 인도 재정의 중대한 곤란, 새로운 중국전쟁(과 함께 『뉴욕 데일리 트리뷴』 게재 논설)

제14권 [57.7~60.1] 포크트 씨, 『알게마이네 차이퉁』 편집자에게 보내는 편지(외 동 신문에 관련된 기사 약간)

제15권 [60.2~64.9] 시칠리아에서의 가리발디(외 이탈리아 통일운동에 관한 논평 다수), 북아메리카의 내전(외 1861년에 발발한 남북전쟁에 관한 논평 다수), 멕시코 간섭(외 1861년에 감행된 영불서 3국의 멕시코 출병에 관한 논평 약간)

제16권 [64.9~70.7] 국제노동자협회 창립 인사(외 제1인터내셔널에 관한 기사 다수), 미합중국 대통령 에이브러햄 링컨에게, P. J. 프루동에 대하여, 임금・가격・이윤

제17권 [70.7~72.2] 프랑스・프로이센 전쟁에 관한 총무위원회의 첫 번째 호소(외 제1인터내셔널 관련 기사 다수), 프랑스 내전, 독일에서의 언론과 출판의 자유

제18권 [72.3~75.4] 인터내셔널의 이른바 분열(외 제1인터내셔널에 관한 기사 다수), 파리 코뮌 1주년 기념집회의 결의, 토지의 국유화에 대하여, 『공산당 선언』 제2판 서문, 바쿠닌 『국가와 아나키』 노트

제19권 [75.5~83.5] 고타 강령 비판, 『조국잡지』 편집부에 보내는 편지, 노동자에 대한 앙케이트, V. I. 자술리치에게 보내는 편지, 『공산당 선언』 러시아어 제2판 서문

제23권 a/b2분책 자본론 제1권 제1부 자본의 생산과정

제24권 자본론 제2권 제2부 자본의 유통과정

제25권 a/b2분책 자본론 제3권 제3부 자본주의적 생산의 총과정

제26권 Ⅰ Ⅱ Ⅲ3분책 자본론 제4권 잉여가치학설사

제27권 [1842~51] 서간~**제35권** [1881~83] 서간, 엥겔스에게(1844.10~83.3), 그 밖의 사람들에게(1842.2~83.3)

제40권 [1837~44] 저작・서간, 데모크리토스의 자연철학과 에피쿠로스의 자연철학의 차이(학위 논문), 경제학・철학 초고

보권1 [1839~48] 자연철학의 노트, 구체적・역사적 국가형태와 추상적 국가이념과의 상호관계에 대한 헤겔의 견해에 관하여(1843년 크로이츠나흐 노트에서), 프리드리히 엥겔스의 논문 「국민경제학 비판 개요」 노트, 프리드리히 리스트의 저작 『정치경제학의 국민적 체계』에 대하여, 1837년 나의 사랑하는 아버지의 탄생에(시집)

보권2 [1848.6~49.5] 『신라인 신문』 게재 논설에서, 브뤼셀 경찰에 의한 바이틀링 볼프의 체포, 학대, 추방에 대한 메모

보권3 [1849년 이후] 논설・서평 등, D. 리카도의 저서 『경제학 및 과세의 원리』에 대하여(발췌, 각서, 노트), 1872년 여름에 총평의회에서 승인된 국제노동자협회 일반규약 및 운영세칙(외 인터내셔널에 관한 논설 다수)

보권4 [1867년 이후] 발췌・평주 등, 코발레프스키 『공동체적 토지 소유, 그 해체 원인, 경과 및 결과』 노트, 모건 『고대사회』 노트, 메인 『초기 제도사 강의』 노트, 러보크 『문명의 기원과 인류의 원시상태』 노트

한국어판 맑스 · 엥겔스 저작 및 연구문헌 일람

(수록 범위는 2011년 7월 현재까지의 단행본으로 출간된 맑스 · 엥겔스 저작의 번역들과 저서 및 번역서를 포함한 연구문헌들로 제한했다. 수록 순서는 연구사를 일별할 수 있도록 연대순으로 했으며, 판본이 여럿인 경우 개정작업과 독자의 편의 등으로 고려하여 최근 것을 병기하거나 따로 수록했다. 본 사전의 취지를 고려하여 일반적으로 '맑스주의'와 관련된 연구서들은 가능한 한 생략했다.)

Ⅰ. 맑스 · 엥겔스 저작의 번역들

■ 맑스 ■

『경제학 비판 서설』, 홍두표 옮김, 정음사, 1948.
『경제학-철학 수고』, 김태경 옮김, 이론과 실천, 1987.
『자본』(전 9권), 강신준 옮김, 이론과 실천, 1987-1990.
『프랑스 혁명 연구』(전 3권), 태백 편집부 옮김, 태백, 1987-1988.
『경제학 노트』, 김호균 옮김, 이론과 실천, 1988.
『철학의 빈곤』, 강민철 · 김진영 옮김, 아침, 1988.
『정치경제학 비판을 위하여』, 김호균 옮김, 중원문화, 1988(2007).
『노동자 경제학』, 정경진 편역, 일송정, 1988.
『(맑스 엥겔스의)노동조합이론』, 이경숙 옮김, 새길, 1988.
『(마르크스 · 엥겔스)노동조합론』, 전혜원 옮김, 시린새벽, 1988.
『(마르크스 · 엥겔스)문학예술론』, 김대웅 옮김, 한울, 1988(1992).
『마르크스 · 엥겔스 저작선』, 김재기 편역, 거름, 1988.
『자본주의적 생산에 선행하는 제형태』, 성낙선 옮김, 지평, 1988.
『마르크스 · 엥겔스 혁명론』(전 2권), 히로마쓰 와타루 엮음, 권명식 옮김, 지평, 1988.
『마르크스-레닌주의 민족이론: 민족해방이론의 주체적 정립을 위하여』, 나라사랑 편집부 옮김, 나라사랑, 1989.
『맑스, 엥겔스 교육론』(전 3권), 소련교육과학원 엮음, 김태성 옮김, 한울림, 1989.
『임노동과 자본』, 남상일 옮김, 백산서당, 1989.
『마르크스 엥겔스의 문학예술론』, 김영기 옮김, 논장, 1989(1991).
『독일 이데올로기(1)』, 김대웅 옮김, 두레, 1989.

『맑스주의 문학예술논쟁: 지킹엔 논쟁』, 조만영 엮음, 돌베개, 1989.
『식민지론』, 주익종 옮김, 녹두, 1989.
『(원전)맑스-레닌주의 입문』, 김소민 편역, 백의, 1989.
『당에 대하여(1)』, 한철 편역, 이성과 현실, 1989.
『공산당선언』, 남상일 옮김, 백산서당, 1989.
『공산당선언』, 박재희 옮김, 청년사, 1989.
『공산당선언』, 서석연 옮김, 범우사, 1989.
『프롤레타리아당 강령』, 소나무 편집부 편역, 1989.
『맑스 엥겔스 선집(1)』(전 2권), 맑스·레닌주의 연구소 엮음, 백의, 1989.
『잉여가치학설사: 자본론 제4권 제2부』, 이성과 현실, 1989.
『(칼 맑스)잉여 가치 학설사: 제1부-제2부』, 백의 편역, 백의, 1989.
『잉여가치학설사: 자본론 4. 1』, 아침 편집부 옮김, 아침, 1989.
『젊은 마르크스의 시』, 석지현·김형숙 옮김, 풍경, 1989.
『자본론』(전 5권), 김수행 옮김, 비봉출판사, 1989-1990.
『자본론』(전 6권), 백의, 1989-1990.
『마르크스주의자의 품성』, 이성과 현실 편집부 옮김, 이성과 현실, 1990.
『맑스-엥겔스 선집』, 석탑 편집부 편역, 석탑, 1990.
『신성가족』, 이웃 편집부 옮김, 이웃, 1990.
『임금, 가격, 이윤』, 남상일 옮김, 백산서당, 1990.
『(칼 맑스)임금, 가격, 이윤』, 최동술 옮김, 새날, 1990.
『엥겔스: 최초의 전기』, 헬무트 히르쉬 지음, 편집부 옮김, 아침, 1990.
『맑스·엥겔스의 농업론』, 김성한 옮김, 아침, 1990.
『자본론에 관한 서한집』, 김호균 옮김, 중원문화, 1990(2008).
『칼 맑스/프리드리히 엥겔스 저작 선집』(전 6권), 최인호 외 옮김, 박종철출판사, 1990-1997.
『프랑스 혁명사 3부작』, 임지현·이종훈 옮김, 소나무, 1991.
『공산당 선언』, 김기연 옮김, 새날, 1991.
『임노동과 자본』, 이재민 옮김, 새날, 1991.
『1844년의 경제학 철학 수고』, 최인호 옮김, 박종철출판사, 1991.
『프리드리히 엥겔스: 삶과 투쟁(전 2권)』, 소련 맑스-레닌주의 연구소 지음, 전진, 1991.
『헤겔 법철학 비판』, 홍영두 옮김, 아침, 1994.
『마르크스의 초기 저작: 비판과 언론』, 전태국 외 옮김, 열음사, 1996.
『(150주년 기념판)공산주의 선언』, 김태호 옮김, 박종철출판사, 1998.
『독일 이데올로기(1)』, 박재희 옮김, 청년사, 1998(2007).
『임금 노동과 자본』, 김태호 옮김, 박종철출판사, 1999.
『정치경제학 비판 요강』(전 3권), 김호균 옮김, 백의, 2000.
『데모크리토스와 에피쿠로스 자연철학의 차이』, 고병권 옮김, 그린비, 2001.
『공산당선언』, 이진우 옮김, 책세상, 2002.

『프랑스 내전』, 안효상 옮김, 박종철출판사, 2003.
『사회경제이론』, 류영박 옮김, 푸른사상사, 2005.
『경제학-철학 수고』, 강유원 옮김, 이론과 실천, 2006.
『마르크스 선집』, 조현수 옮김, 타임기획, 2006.
『정치경제학 비판 요강』(전 3권), 김호균 옮김, 그린비, 2007.
『공산당 선언』, 강유원 옮김, 이론과 실천, 2008.
『정치경제학 비판 요강』, 김호균 옮김, 지만지, 2008.
『경제학 · 철학 초고 / 초역 자본론 / 공산당선언 / 철학의 빈곤』, 김문현 옮김, 동서문화사, 2008.
『임금 노동과 자본』, 박광순 옮김, 범우사, 2008.
『자본』(전 5권), 강신준 옮김, 길, 2008-2010.
『공산당 선언: 세계 역사를 바꾼 위대한 선언』, 권혁 옮김, 돋을새김, 2010.
『공산당 선언』, 권화현 옮김, 웅진씽크빅, 2010.
『헤겔 법철학 비판』, 강유원 옮김, 이론과 실천, 2011.
『알제리에서의 편지—마르크스 최후의 서한집』, 정준성 옮김, 빛나는전망, 2011.

■ **엥겔스** ■

『반듀링론』, 김민석 옮김, 새길, 1987(중원문화, 2010).
『엥겔스의 독일혁명사 연구』, 박홍진 옮김, 아침, 1988.
『영국 노동자계급의 상태』, 박준식 외 옮김, 세계, 1988.
『영국 노동자계급의 상태』, 박준식 외 옮김, 두리, 1988.
『반뒤링론』, 이성과 현실, 1989.
『가족, 사적 소유, 국가의 기원』, 김대웅 옮김, 아침, 1989.
『자본론 보론』, 이양구 옮김, 두레, 1989.
『자연변증법』, 윤형식 외 옮김, 중원문화, 1989(2007).
『주택, 토지문제』, 김정수 옮김, 두레, 1990.
『공상에서 과학으로』, 나상민 옮김, 새날, 1990(2006).
『루트비히 포이어바흐와 독일 고전철학의 종말』, 양재혁 옮김, 돌베개, 1992.
『포이에르바하와 엥겔스』, 강대석 지음, 이론과 실천, 1993.
『공상에서 과학으로』, 박광순 옮김, 범우사, 2006.
『가족, 사적 소유, 국가의 기원』, 김경미 옮김, 책세상, 2007.
『루트비히 포이어바흐와 독일 고전철학의 종말』, 강유원 옮김, 이론과 실천, 2008.
『가족, 사유재산 그리고 국가의 기원』, 이현지 옮김, 계명대학교출판부, 2008.

Ⅱ. 맑스 · 엥겔스 관련 단행본 연구문헌

『칼 마르크스의 철학과 신화』, 로버트 터커 지음, 김학준 · 한명화 옮김, 한길사, 1982(1988).

『마르크스 사상의 구조—이론적 비판』, Melvin Rader 지음, 이용필 옮김, 교육과학사, 1983.
『칼 마르크스의 사회사상과 정치사상』, 쉴로모 아비네리 지음, 이홍구 옮김, 까치, 1983.
『인간 마르크스: 그의 사랑의 생애』, 피에르 뒤랑 지음, 나혜원 옮김, 두레, 1984.
『마르크스의 비서구사회론 : 후진국과 세계혁명이론』, 김세연 지음, 한울, 1985.
『마르크스주의와 민족문제』, 배동문 지음, 한울, 1985.
『정치사상사 3: 헤겔과 마르크스의 사회, 정치사상』, J. 플라므나츠 지음, 김홍명 옮김, 풀빛, 1986.
『자본론의 정치적 해석』, 해리 M. 클리버 지음, 한웅혁 옮김, 풀빛, 1986.
『마르크스의 이데올로기 과학비판』, D. 세이어 지음, 전우홍 옮김, 인간사랑, 1986.
『마르크스주의 역사과학연구 입문 : 사회구성체론과 변혁주체론』, 고타니 히로유키 지음, 한울, 1986.
『마르크스의 방법론 연구: 자본론의 방법』, 미타 세키스케 지음, 김정로 옮김, 지양사, 1986.
『자본론 해설』(전 3권), 궁천실 지음, 편집부 옮김, 두레, 1986.
『사회구성체론과 사회과학방법론』, 이진경 지음, 아침, 1986.
『마르크스에서 헤겔로』, 게오르그 리히트하임 지음, 김대웅 외 옮김, 문학과지성사, 1987.
『마르크스주의 정치이론』, 유창선 외 지음, 청아출판사, 1987.
『마르크스의 사회존재론』, 캐롤 C. 굴드 지음, 이정우 외 옮김, 인간사랑, 1987.
『마르크스 혁명론과 현대』, 고가 에이자부로 지음, 최준혁 옮김, 한울, 1987.
『마르크스 사상사전』, Tom Bottomore 외 지음, 임석진 편집 및 책임감수, 청아출판사, 1988.
『마르크스 이야기—마르크스 전기와 자본론 해설』, 스기하라 시로 외 지음, 권명식 옮김, 지평, 1988.
『마르크스주의 정치이론』, 임지운 엮음, 동녘, 1988.
『맑스 엥겔스 용어사전』, 제라르 베커만 지음, 이병수 옮김, 논장, 1989.
『마르크스의 가치론』, 아이작 일리치 루빈 지음, 함상호 옮김, 이론과 실천, 1989.
『마르크스 사상과 주변 이데올로기』, 노승우 지음, 전예원, 1989.
『헤겔과 마르크스』, K. 베커 지음, 황태연 옮김, 중원문화사, 1989(2010).
『엥겔스의 아내』, 다마이 시게루 지음, 정석암 옮김, 친구, 1989.
『마르크스주의 정치경제학 개론』, 서화 외 엮음, 일월서각, 1989.
『엥겔스 연구』, 이해영 지음, 녹두, 1989.
『마르크스주의의 현대적 과제』, 강재륜 지음, 인간사랑, 1989.
『마르크스』(전 2권) 맑스-레닌주의연구소 지음, 두레, 1989.
『한국사회와 자본론 강의』, 황태연 지음, 중원문화, 1990(2007).
『마르크스냐 베버냐』, 강신준 지음, 기린원, 1990.
『자본론 연구 1』, 김수행 지음, 한길사, 1990.
『맑스-연대기』, 막시밀리언 루벨 지음, 김영민 옮김, 아침, 1990.
『마르크스, 엥겔스와 민족문제』, 임지현 지음, 탐구당, 1990.
『소련의 마르크스주의』, 제임스 P. 스캔런 지음, 강재륜 옮김, 명문당, 1990.
『마르크스에 있어서 필요의 이론』, 아그네스 헬러 지음, 강정인 옮김, 인간사랑, 1990.
『마르크스주의』, 이용필 지음, 인간사랑, 1990.
『마르크스』, 최장집 엮음, 고려대학출판부, 1990.

『칼 마르크스와 막스 베버』, 이상률 편역, 문예출판사, 1990.
『마르크스 경제학』, 김광수 지음, 구민사, 1990.
『마르크스주의』, 유진 런 지음, 김병익 외 옮김, 고려원, 1991.
『마르크스의 역사적 유물론과 인간론』, 김창호 지음, 죽산, 1991.
『마르크스-레닌주의 철학사』, 마테우스 클라인 지음, 이재영 외 옮김, 이론과 실천, 1991.
『마르크스주의 종교이론』, D. B. 맥코운 지음, 서광사, 1991.
『칼 마르크스 전기(1)』, 소련공산당중앙위원회 지음, 김라합 옮김, 소나무, 1991.
『마르크스주의의 비판과 반비판』, 사끼사까 이쓰로 지음, 편집부 옮김, 일월서각, 1991.
『맑스와 엥겔스는 법을 어떻게 보았는가』, 모린 케인 지음, 민주주의법학연구회 옮김, 터, 1991.
『자본론을 읽는다』, 루이 알튀세르·에티엔 발리바르 지음, 김진엽 옮김, 두레, 1991.
『마르크스 산 것과 죽은 것』, 존 엘스터 지음, 박진환 옮김, 문우사, 1992.
『마르크스 사상의 이론구조』, 에른스트 피셔 지음, 노승우 옮김, 전예원, 1992.
『맑스주의의 역사』, 루이 알튀세르 외 지음, 윤소영 옮김, 민맥, 1992.
『베버와 마르크스』, 칼 뢰비트 지음, 이상률 옮김, 문예출판사, 1992.
『알튀세의 마르크스주의』, 알렉스 캘리니코스 지음, 녹두, 1992.
『마침내 맑스주의의 위기가』, 루이 알튀세르 지음, 김경민 옮김, 백의, 1992.
『마르크스와 프로이트를 넘어서』, 안정수 지음, 을유문화사, 1993.
『역사 유물론의 전화』, 에티엔 발리바르 지음, 서관모 옮김, 민맥, 1993.
『역사적 맑스주의』, 루이 알튀세르 외 지음, 서관모 엮음, 새길, 1993.
『알튀세르와 마르크스주의의 전화』, 에티엔 발리바르 외 지음, 윤소영 옮김, 이론, 1993.
『맑스 경제사상의 구조와 한계』, 홍훈 지음, 한울, 1994.
『마르크스의 사상형성과 초기 저작』, 정문길 지음, 문학과지성사, 1994.
『맑스로 가는 길』, 게오르그 루카치 지음, 김경식 외 옮김, 솔, 1994.
『마르크스의 역사적 유물론과 역사발전론』, 강성호 지음, 참한, 1994.
『모순의 정치경제학』, 양순창 지음, 백의, 1994.
『예니 마르크스 또는 악마의 아내』, 프랑수아즈 지루 지음, 이정순 옮김, 성현출판사, 1994.
『마르크스주의와 공황론』, 크리스 하먼 지음, 김종원 옮김, 풀무질, 1995.
『1980년대 이후 한국의 맑스주의 연구』, 김수행 외 지음, 과학과 사상, 1995.
『자본론의 이해』, 김춘송 지음, 민지사, 1995.
『맑스와 인간본성』, 노만 제라스 지음, 현신웅 옮김, 백의, 1995.
『맑스의 비서구사회관 연구』, 김세연 지음, 역사비평사, 1995.
『마르크스의 철학, 마르크스의 정치』, 에티엔 발리바르 지음, 윤소영 옮김, 문화과학사, 1995.
『현대철학의 두 가지 전통과 마르크스주의』, 알렉스 캘리니코스 지음, 정남영 옮김, 갈무리, 1995.
『마르크스의 역사이론』, 윌리엄 H. 쇼오 지음, 구승회 옮김, 청하, 1995.
『마르크스의 요강과 헤겔의 논리학』, 우찌다 히로시 지음, 김종기 옮김, 문원출판, 1995.
『마르크스를 넘어서 민주복지주의로 가는 길』, 윤원구 지음, 집문당, 1995.
『맑스주의와 민주주의』, 윤근식 지음, 성균관대학교출판부, 1996.

『계몽과 해방』(개정 증보판), 송두율, 당대, 1996.
『현대 사회와 마르크스주의 철학』, 한국철학사상연구회 지음, 동녘, 1996.
『마르크스의 유령들』, 자크 데리다 지음, 양운덕 옮김, 한뜻, 1996.
『철학과 맑스주의』, 루이 알튀세르 지음, 백승욱·서관모 옮김, 새길, 1996.
『칼 마르크스 전기(2)』, 맑스-레닌주의 연구소 지음, 김라합 옮김, 소나무, 1996.
『역사와 계급의식—마르크스주의 변증법 연구』, 게오르그 루카치 지음, 박정호·조만영 옮김, 거름, 1997(1999).
『맑스주의와 근대성』, 이진경 지음, 문화과학사, 1997.
『마르크스 이후』, 테렌스 볼 지음, 석영중 옮김, 신서원, 1997.
『마르크스의 유령들』, 자크 데리다 지음, 진태원 옮김, 이제이북스, 2007.
『맑스를 위하여』, 루이 알튀세르 지음, 이종영 옮김, 백의, 1997(2007).
『칼 마르크스와 희랍철학』, 김진 지음, 울산대학교출판부, 1998.
『마르크스』, 데이비드 매클릴런 지음, 정영목 옮김, 시공사, 1998.
『맑스주의와 이데올로기』, 호르헤 라라인 지음, 신희영 옮김, 백의, 1998.
『마르크스주의와 해체론』, 마이클 라이언 지음, 윤효녕 옮김, 한신문화사, 1998.
『맑스·엥겔스의 종교론』, 라인홀트 니버 지음, 김승국 옮김, 아침, 1999.
『베버와 마르크스』, 오오쯔카 히사오 지음, 신서원 1999.
『마르크스를 위하여』, 김용우 지음, 새로운 사람들, 1999.
『자본론을 넘어서』, 마이클 리보위치 지음, 홍기빈 옮김, 백의, 1999.
『마르크스 그 가능성의 중심』, 가라타니 고진 지음, 김경원 옮김, 이산, 1999.
『마르크스의 정치이론』, 최형익 지음, 푸른숲, 1999.
『엥겔스』, 테럴 카버 지음, 이종인 옮김, 시공사, 2000.
『디지털 시대 다시 읽는 자본론』, 가와카미 노리미치 지음, 최종민 옮김, 당대, 2000.
『마르크스와 오스트리아 학파의 경제사상』, 홍훈 지음, 아카넷, 2000.
『마르크스의 방법론과 가치론』, 경상대학교 사회과학연구소 엮음, 한울, 2000.
『신학의 주제로서의 맑스주의』, 배영호, 가톨릭대학교출판부, 2000.
『마르크스주의 철학 입문』, R. S. 바가반 지음, 정관현 옮김, 책갈피, 2001.
『맑스주의의 향연』, 마샬 버먼 지음, 문명식 옮김, 이후, 2001.
『칼 마르크스: 그의 생애와 시대』, 이사야 벌린 지음, 안규남 옮김, 미다스북스, 2001.
『마르크스 경제학 비판』(개정판), 윤소영 지음, 공감, 2001.
『자본론의 세계』, 강신준 지음, 풀빛, 2001.
『마르크스 평전』, 프랜시스 윈, 정영목 옮김, 푸른숲, 2001.
『맑스의 경제위기론』, 박대원 지음, 문원출판, 2002.
『헤겔과 맑스의 변증법 연구』, 문국진 지음, 변증법, 2002.
『요점 자본론』, B. 파인 L. 해리스 지음, 박희영 옮김, 시인사, 2002.
『맑스주의 정치 경제학』, 이갑영 지음, 박종철출판사, 2002.
『현대 마르크스 경제학의 쟁점들』, 김수행·신정완 지음, 서울대학교출판부, 2002.

『마르크스의 자본론의 형성』(전 2권), 로만 로스돌스키 지음, 양희석·정성진 옮김, 백의, 2003.
『마르크스주의 역사학의 새로운 시작을 위하여』, 강성호 지음, 책세상, 2003.
『사이버-맑스』, 닉 다이어-위데포드 지음, 신승철·이현 옮김, 이후, 2003.
『카를 마르크스』, 보리스 보브 지음, 김병욱 옮김, 동아일보사, 2003.
『마르크스의 복수』, 메그나드 데사이 지음, 김종원 옮김, 아침이슬, 2003.
『30분에 읽는 마르크스』, 질 핸즈 지음, 막시무스 옮김, 랜덤하우스 코리아, 2003.
『지구화시대 맑스의 현재성』(전 2권), 맑스코뮤날레 조직위원회 지음, 문화과학사, 2003.
『마르크스주의와 당』, 존 몰리뉴 지음, 지진한 옮김, 북막스, 2003.
『맑스 엥겔스 평전』, 하인리히 겜코브 지음, 김대웅 옮김, 시아출판사, 2003.
『맑스 다시 읽기』, 김춘호 지음, 서강대학교출판부, 2003.
『자본론 발췌 해석』, 송태복 지음, 한남대학교출판부, 2003.
『자본을 넘어선 자본』, 이진경 지음, 그린비, 2004.
『푸코의 맑스』, 미셸 푸코 지음, 이승철 옮김, 갈무리, 2004.
『마르크스주의와 정치철학 및 사회학 비판』, 박상현 외 지음, 공감, 2004.
『한국에서 마르크스주의 경제학의 도입과 전개과정』, 김수행 지음, 서울대학교출판부, 2004.
『한국 마르크스학의 지평』, 정문길 지음, 문학과 지성사, 2004.
『마르크스 뉴욕에 가다』, 하워드 진 지음, 윤길순 옮김, 당대, 2005.
『혁명의 만회』, 안토니오 네그리 지음, 영광 옮김, 갈무리, 2005.
『들뢰즈 맑스주의』, 니콜래스 쏘번 지음, 조정환 옮김, 갈무리, 2005.
『한 권으로 보는 마르크스』, 조너선 울프 지음, 김경수 옮김, 책과 함께, 2005.
『칼 마르크스』(살림지식총서 177), 박영균 지음, 살림, 2005.
『맑스, 왜 희망인가?』, 맑스코뮤날레 조직위원회 지음, 메이데이, 2005.
『세속의 철학자들』, 로버트 L. 하일브로너 지음, 장상환 옮김, 이마고, 2005.
『트랜스크리틱—칸트와 마르크스 넘어서기』, 가라타니 고진 지음, 송태욱 옮김, 한길사, 2005.
『칼 마르크스의 노동과 권리의 정치이론』, 최형익 지음, 한국학술정보, 2005.
『고전 마르크스주의 전통은 무엇인가?』, 존 몰리뉴 지음, 최일봉 옮김, 책갈피, 2005.
『자본의 두 얼굴』, 김동수 지음, 한얼미디어, 2005.
『헤겔에서 니체로』, 카를 뢰비트 지음, 강학철 옮김, 민음사, 2006.
『마르크스의 자본론』, 벤 파인·알프레도 새드-필호 지음, 박관석 옮김, 책갈피, 2006.
『엘리노어 마르크스』, 스즈키 주시치 지음, 김욱 옮김, 프로메테우스, 2006.
『강유원의 고전강의—공산당 선언』, 강유원 지음, 뿌리와 이파리, 2006.
『미래의 맑스주의』, 이진경 지음, 그린비, 2006.
『마르크스 평전』, 자크 아탈리 지음, 이효숙 옮김, 예담, 2006.
『마르크스와 트로츠키』, 정성진 지음, 한울, 2006.
『박영호 교수의 칼 맑스 정치경제학—『자본론』의 올바른 이해를 위하여』, 박영호 지음, 한신대학교출판부, 2007.
『HOW TO READ 마르크스』, 피터 오스본 지음, 고병권·조원광 옮김, 웅진지식하우스, 2007.

『에리히 프롬, 마르크스를 말하다』, 에리히 프롬 지음, 최재봉 옮김, 에코의 서재, 2007.
『「독일 이데올로기」 연구—역사적 유물론의 주요 개념 분석』, 손철성 지음, 영한, 2007.
『맑스와 사귀기』, 조현수 지음, 필맥, 2007.
『맑스, 탈현대적 지평을 걷다』, 박영균 지음, 메이데이, 2007.
『칼 맑스의 혁명적 사상』, 알렉스 캘리니코스 지음, 정성진·정진상 옮김, 책갈피, 2007.
『대중들의 공포—맑스 전과 후의 정치와 철학』, 에티엔 발리바르 지음, 서관모·최원 옮김, 도서출판 b, 2007.
『마르크스주의의 주요 흐름』(전 3권), 레셰크 코와코프스키 지음, 변상출 옮김, 유로서적, 2007.
『마르크스의 유령들』, 자크 데리다 지음, 진태원 옮김, 이제이북스, 2007.
『마르크스·레닌주의 그 진실을 찾아 60년』, 윤원구 지음, 현대사상연구원, 2007.
『자본론을 극복하고 포스트 마르크스주의로』, 윤원구 지음, 현대사상연구원, 2007.
『마르크스, 21세기에 끌려오다』, 마토바 아키히로 지음, 최민순 옮김, 시대의 창, 2008.
『자본론의 현대적 해석』(제2개정판), 김수행 지음, 서울대학교출판부, 2008.
『마르크스와 엥겔스의 변증법적 유물론과 사적 유물론』, 이을호 엮음, 중원문화사, 2008.
『마르크스주의와 문학』, 레이먼드 윌리엄스 지음, 박만준 옮김, 지만지, 2008(2009).
『원숭이도 이해하는 마르크스 자본론』, 임승수 지음, 시대의 창, 2008.
『니벨룽의 보물』, 정문길 지음, 문학과 지성사, 2008.
『헤겔 & 마르크스—역사를 움직이는 힘』, 손철성 지음, 김영사, 2008.
『마르크스 정치경제학의 새 발견』, 이채언 지음, 전남대학교출판부, 2008.
『마르크스의 「전쟁·평화」론』, 김승국 지음, 한국학술정보, 2008.
『마르크스, 니체, 프로이트 철학의 끌림』, 강영계 지음, 멘토프레스, 2008(개정증보판, 2011).
『마르크스의 자본』, 윤소영 지음, 공감, 2009.
『마르크스주의의 역사』(전 2권), P. 브라니츠키 지음, 이성백 외 옮김, 중원문화사, 2009.
『현대 마르크스주의 경제학』, 도미니크 레비·제라르 뒤메닐 지음, 김덕민 옮김, 그린비, 2009.
『맑스주의와 정치』, 맑스코뮤날레 조직위원회 엮음, 문화과학사, 2009.
『자본론』, 레닌 지음, 김승일 옮김, 범우사, 2009.
『마르크스주의와 해체 : 불가능한 만남?』, 자크 데리다 지음, 진태원·한형식 옮김, 길, 2009.
『히스토리아 대논쟁(5)』, 박홍순 지음, 서해문집, 2009.
『마르크스와 엥겔스의 철학의 제문제와 유럽철학』, 이을호 엮음, 중원문화사, 2009.
『무신론 마르크스주의 그리스도교』, 발터 케른 지음, 김진태 옮김, 가톨릭대학교출판부, 2009.
『청년 마르크스의 휴머니즘』, H. 포피츠 지음, 황태연 옮김, 중원문화사, 2009.
『Hi, 마르크스 By, 자본주의』, 강상구 지음, 손문상 그림, 레디앙, 2009.
『맑스주의 역사 강의—유토피아 사회주의에서 아시아 공산주의까지』, 한형식 지음, 그린비, 2010.
『마르크스의 생태학—유물론과 자연』, 존 벨라미 포스터 지음, 이범웅 옮김, 인간사랑, 2010.
『원숭이도 이해하는 마르크스 철학』, 임승수 지음, 시대의 창, 2010.
『마르크스, 자본주의의 비밀을 밝히다』, 조셉 추나라 지음, 차승일 옮김, 책갈피, 2010.
『맑스주의 철학』, 루이 알튀세르 지음, 서관모 옮김, 중원문화사, 2010.

『마르크시즘과 인식론』, 도미니크 르쿠르 지음, 박기순 옮김, 중원문화사, 2010.
『그들의 경제, 우리들의 경제학—마르크스 『자본』의 재구성』, 강신준 지음, 길, 2010.
『맑스를 읽자』(부커진 R No.3), 이진경 외 지음, 그린비, 2010.
『크리스 하먼의 마르크스 경제학 가이드』, 크리스 하먼 지음, 이승민 옮김, 책갈피, 2010.
『맑스의 경제학—가치와 성장의 이중이론』, 모리시마 이치오 지음, 류동민 옮김, 나남출판, 2010.
『맑스를 넘어선 맑스』, 안토니오 네그리 지음, 윤수종 옮김, 중원문화사, 2010.
『역사적 맑스주의』, 루이 알튀세르 지음, 서관모 옮김, 중원문화사, 2010.
『마르크스』, 로베르트 미직 지음, 이희승 옮김, 생각의 나무, 2010.
『이탈리아 맑스주의』, 프리스터 카린 지음, 윤수종 옮김, 중원문화사, 2010.
『엥겔스 평전: 프록코트를 입은 공산주의자』, 트리스트럼 헌트 지음, 이광일 옮김, 글항아리, 2010.
『맑스, 프로이트, 니체를 넘어서—근대성의 이론적 비판』, 서울사회과학연구소 지음, 중원문화, 2010.
『카를 마르크스』, 레닌 지음, 김승일 옮김, 범우사, 2010.
『청소년을 위한 자본론』, 김수행 지음, 두리미디어, 2010.
『마르크스의 가치론』, 알프레두 사드-필류 지음, 전희상 옮김, 2011.
『데이비드 하비의 '맑스' 자본 강의』, 데이비드 하비 지음, 강신준 옮김, 창비, 2011.

색 인

- 우리말 색인
- 구미어 색인
- 인명 색인
- 저작명 색인

| 색인 범례 |

1. 우리말 색인, 인명 색인, 저작명 색인은 가나다순으로, 구미어 색인은 알파벳순으로 배열했다.
2. 저작명 색인 중에서 맑스와 엥겔스가 저술한 이외의 저작에는 원칙적으로 ( ) 안에 편저자명을 보충했다.
3. 구미어 색인에서는 저작명이나 신문 · 잡지명을 제외하고 관사를 생략한 위치에 배열했다.
4. 관련하여 참조해야 할 용어는 →로 지시했다.
5. 색인 용어에 관한 보충 사항은 ( ) 안에 표기했다.

※ 우리말 색인 ※

(ㄱ)

(ㄴ)

(ㄷ)

(ㄹ)

(ㅂ)

(ㅇ)

(ㅈ)

(ㅊ)

(ㅋ)

(ㅌ)

(ㅍ)

(ㅎ)

※ 구미어 색인 ※

(A)

(B)

(C)

(D)

(E)

(F)

(G)

(H)

(I)

(J)

(K)

(L)

(M)

(N)

(O)

(P)

(Q)

(R)

(S)

(T)

(U)

(V)

(W)

(Y)

(Z)

※ 인명 색인 ※

(ㄱ)

(ㄴ)

(ㄷ)

(ㄹ)

(ㅁ)

(ㅂ)

(ㅅ)

(ㅇ)

(ㅈ)

(ㅊ)

(ㅋ)

(ㅌ)

(ㅍ)

(ㅎ)

⊠ 저작명 색인 ⊠

(ㄱ)

(ㄴ)

(ㄷ)

(ㄹ)

(ㅁ)

(ㅂ)

(ㅅ)

(ㅇ)

(ㅈ)

(ㅊ)

(ㅋ)

(ㅌ)

(ㅍ)

(ㅎ)

현 대 철 학 사 전 Ⅲ

맑 스 사 전

초판 1쇄 발행_2011년 10월 28일

엮은이_마토바 아키히로+우치다 히로시+이시즈카 마사히데+시바타 다카유키
옮긴이_오석철+이신철
펴낸이_조기조
기획_이성민+이신철+정지은+조영일
편집_김장미+백은주
표지디자인_미라클인애드
출력_엔컴
인쇄_상지사P&B
펴낸곳_도서출판 b

등록_2003년 2월 24일 제12-348호
주소_151-899 서울특별시 관악구 신림11동 1567-1 남진빌딩 401호
전화_02-6293-7070(대) / 팩시밀리_02-6293-8080
홈페이지_b-book.co.kr / 이메일_bbooks@naver.com

정가_80,000원

ISBN 978-89-91706-23-1 94100
ISBN 978-89-91706-20-0(세트)